广西高校人文社会科学重点研究基地——西江流域民间文献研究中心资助项目
中共梧州市委宣传部2023年重点文艺创作资助项目

西江流域珍稀文献丛书

丛书主编 杨奔

十八至二十世纪西江流域民间老票据汇编

陈宇思 余天佑 主编

2

中共梧州市委宣传部
西江流域民间文献研究中心 编
梧州市社会科学界联合会

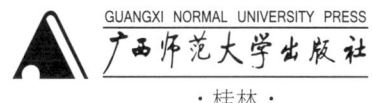

GUANGXI NORMAL UNIVERSITY PRESS
广西师范大学出版社
·桂林·

编委会

主　编　陈宇思　余天佑

编委会主任　黄　恩

编委会成员　蔡伟波　廖毅斌　覃成号　肖苗生
肖映霞　刘路遥

目录

新中国票据

梧州地区岑溪县

0001-1 一九五二年十月十六日岑溪第八区人民武装部汇票（正面）…………………… 003
0001-2 一九五二年十月十六日岑溪第八区人民武装部汇票（背面）…………………… 003
0002 一九五三年十一月十一日岑溪第八区人民武装部汇票…………………………… 004
0003-1 一九五八年十一月二十五日中国人民银行广西省分行农村定额储蓄存单（正面）………………………………………………………………………………… 005
0003-2 一九五八年十一月二十五日中国人民银行广西省分行农村定额储蓄存单（背面）………………………………………………………………………………… 005
0004-1 一九五八年十二月十九日中国人民银行广西省分行优待售粮定期定额储蓄存单（正面）………………………………………………………………………………… 006
0004-2 一九五八年十二月十九日中国人民银行广西省分行优待售粮定期定额储蓄存单（背面）………………………………………………………………………………… 006
0005-1 一九五八年十二月二十日中国人民银行广西省分行优待售粮定期定额储蓄存单（正面）………………………………………………………………………………… 007
0005-2 一九五八年十二月二十日中国人民银行广西省分行优待售粮定期定额储蓄存单（背面）………………………………………………………………………………… 007
0006-1 一九六二年广西壮族自治区岑溪县购货券（正面）……………………………… 008

0006-2 一九六二年广西壮族自治区岑溪县购货券（背面）………………………… 008
0007 一九六四年六月五日岑溪诚谏区供销社收购松脂信汇委托书 ……………… 009

梧州地区富川县、钟山县

0001 一九五〇年富川县唐志得完粮凭证 ………………………………………… 010
0002 广西省富钟县冼念秀一九五二年度农业税征收通知书 ……………………… 010
0003 广西省富钟县刘见芬一九五二年度农业税征收收据 ………………………… 011
0004 一九五三年富钟县刘建芳夏借通知书 ……………………………………… 011
0005 一九五四年六月六日富钟县征收冼念秀一九五三年度秋征地方附加粮收据 …… 012
0006 一九五四年七月二十四日中国人民银行广西分行人民币贰拾贰万伍仟元整
面值支票 ……………………………………………………………………… 012
0007 一九五四年广西省富钟县冼念秀农业税夏季征收收据 ……………………… 013
0008 一九五四年广西省富钟县征收刘建芳农业税夏季征收及随征带购通知书 ……… 013
0009 广西省富钟县刘建芬一九五四年度农业税收通知书 ………………………… 014
0010 广西省富钟县征收冼念文一九五四年度农业税夏季征收收据 ………………… 014
0011 一九五七年中国人民银行富阳营业所岑永明等贷款通知单 ………………… 015
0012-1 一九六二年广西壮族自治区钟山县购货券（正面）………………………… 016
0012-2 一九六二年广西壮族自治区钟山县购货券（背面）………………………… 016

梧州地区贺县

0001 一九五一年九月三日贺县人民政府税务局发票 ………………………………… 017
0002 一九五一年十月十六日中国人民银行人民币伍拾万元整面值支票 ……………… 017
0003 一九五一年十一月四日中国人民银行人民币壹拾万元整面值支票 ……………… 018
0004 一九五一年十一月六日中国人民银行人民币弍佰万元面值支票 ……………… 018
0005 一九五一年十二月二十七日中国人民银行人民币壹拾伍万整面值支票 ………… 019
0006 一九五一年十二月二十七日中国人民银行人民币弍拾万元整面值支票 ………… 019

0007 一九五二年五月二十六日中国人民银行广西省分行人民币叁佰伍拾柒万捌仟圆整面值支票 …… 020
0008 一九五二年七月七日中国人民银行广西省分行人民币壹佰万元整面值支票 …… 020
0009-1 一九五二年十月十九日中国人民银行广西省分行人民币伍万圆整面值定额储蓄存单（正面） …… 021
0009-2 一九五二年十月十九日中国人民银行广西省分行人民币伍万圆整面值定额储蓄存单（背面） …… 021
0010 一九五二年十一月七日中国人民银行人民币叁拾万元整面值支票 …… 022
0011 一九五二年十一月十日中国人民银行人民币陆佰万圆整支票 …… 022
0012-1 一九五二年十一月十一日中国人民银行广西省分行人民币贰万圆整面值定额储蓄存单（正面） …… 023
0012-2 一九五二年十一月十一日中国人民银行广西省分行人民币贰万圆整面值定额储蓄存单（背面） …… 023
0013-1 一九五二年十一月十二日中国人民银行广西省分行人民币拾万圆整面值定额保本保值储蓄存单（正面） …… 024
0013-2 一九五二年十一月十二日中国人民银行广西省分行人民币拾万圆整面值定额保本保值储蓄存单（背面） …… 024
0014 一九五二年十一月二十七日中国人民银行广西省分行人民币贰佰零叁万柒仟元整面值支票 …… 025
0015 一九五二年十一月二十七日中国人民银行广西省分行人民币肆拾伍万元整面值支票 …… 025
0016 一九五二年十一月二十八日中国人民银行广西省分行人民币捌拾壹万柒仟壹佰元整面值支票 …… 026
0017 一九五二年十一月二十九日中国人民银行广西省分行人民币式拾万元整面值支票 …… 026
0018 一九五二年十一月二十九日中国人民银行广西省分行人民币肆万元整面值支票 …… 027

0019 一九五二年十二月二十二日中国人民银行广西分行人民币
壹拾壹万元整面值支票 …… 027
0020 一九五二年十二月二十三日中国人民银行广西省分行人民币
贰佰万元整面值支票 …… 028
0021 一九五二年十二月二十三日中国人民银行广西省分行人民币
伍拾万元整面值支票 …… 028
0022 一九五二年广西省贺县征收黄振善一九五二年度农业税收据 …… 029
0023 一九五三年六月四日中国人民银行广西省分行人民币
弍拾万元整面值支票 …… 029
0024 一九五三年六月十一日中国人民银行广西省分行人民币柒万元整面值支票 …… 030
0025 一九五三年六月二十五日中国人民银行广西省分行人民币
肆佰万元整面值支票 …… 030
0026 一九五三年八月二十一日中国人民银行广西省分行人民币
壹拾玖万元整面值支票 …… 031
0027 一九五四年十月二十四日中国人民银行广西省分行人民币
弍拾万元整面值支票 …… 031
0028 一九五四年十一月十六日中国人民银行广西省分行人民币
贰拾万元整面值支票 …… 032
0029 一九五四年十二月八日中国人民银行广西省分行人民币
伍万圆整面值优待售粮定期定额储蓄存单 …… 032
0030-1 一九五四年十二月九日中国人民银行广西省分行人民币
伍万圆整面值优待售粮定期定额储蓄存单（正面） …… 033
0030-2 一九五四年十二月九日中国人民银行广西省分行人民币
伍万圆整面值优待售粮定期定额储蓄存单（背面） …… 033
0031-1 一九五四年十二月十七日中国人民银行广西省分行人民币
伍万圆整面值优待售粮定期定额储蓄存单（正面） …… 034
0031-2 一九五四年十二月十七日中国人民银行广西省分行人民币
伍万圆整面值优待售粮定期定额储蓄存单（背面） …… 034

0032 一九五四年十二月十七日中国人民银行广西省分行人民币
伍万圆整面值优待售粮定期定额储蓄存单 …………………………………… 035
0033-1 一九五四年十二月二十三日中国人民银行广西省分行人民币
伍万圆整面值优待售粮定期定额储蓄存单（正面） ………………………… 036
0033-2 一九五四年十二月二十三日中国人民银行广西省分行人民币
伍万圆整面值优待售粮定期定额储蓄存单（背面） ………………………… 036
0034 一九五四年十二月二十五日中国人民银行广西省分行人民币
伍万圆整面额优待售粮定期定额储蓄存单 …………………………………… 037
0035-1 一九五四年十二月二十五日中国人民银行广西省分行人民币
伍万圆整面值优待售粮定期定额储蓄存单（正面） ………………………… 038
0035-2 一九五四年十二月二十五日中国人民银行广西省分行人民币
伍万圆整面值优待售粮定期定额储蓄存单（背面） ………………………… 038
0036-1 一九五四年十二月二十六日中国人民银行广西省分行人民币
伍万圆整面值优待售粮定额定期储蓄存单（正面） ………………………… 039
0036-2 一九五四年十二月二十六日中国人民银行广西省分行人民币
伍万圆整面值优待售粮定额定期储蓄存单（背面） ………………………… 039
0037-1 一九五四年十二月二十七日中国人民银行广西省分行人民币
伍万圆整面值优待售粮定期定额储蓄存单（正面） ………………………… 040
0037-2 一九五四年十二月二十七日中国人民银行广西省分行人民币
伍万圆整面值优待售粮定期定额储蓄存单（背面） ………………………… 040
0038-1 一九五四年十二月二十七日中国人民银行广西省分行人民币
伍万圆整面值优待售粮定期定额储蓄存单（正面） ………………………… 041
0038-2 一九五四年十二月二十七日中国人民银行广西省分行人民币
伍万圆整面值优待售粮定期定额储蓄存单（背面） ………………………… 041
0039-1 一九五四年十二月二十七日中国人民银行广西省分行人民币
伍万圆整面值优待售粮定期定额储蓄存单（正面） ………………………… 042
0039-2 一九五四年十二月二十七日中国人民银行广西省分行人民币
伍万圆整面值优待售粮定期定额储蓄存单（背面） ………………………… 042

0040 一九五四年十二月二十七日中国人民银行广西省分行人民币伍万圆整面值优待售粮定期定额储蓄存单 …… 043
0041-1 一九五四年十二月二十七日中国人民银行广西省分行人民币伍万圆整面值优待售粮定期定额储蓄存单（正面） …… 044
0041-2 一九五四年十二月二十七日中国人民银行广西省分行人民币伍万圆整面值优待售粮定期定额储蓄存单（背面） …… 044
0042-1 一九五四年十二月二十七日中国人民银行广西省分行人民币伍万圆整面值优待售粮定期定额储蓄存单（正面） …… 045
0042-2 一九五四年十二月二十七日中国人民银行广西省分行人民币伍万圆整面值优待售粮定期定额储蓄存单（背面） …… 045
0043-1 一九五四年十二月二十七日中国人民银行广西省分行人民币伍万圆整面值优待售粮定期定额储蓄存单（正面） …… 046
0043-2 一九五四年十二月二十七日中国人民银行广西省分行人民币伍万圆整面值优待售粮定期定额储蓄存单（背面） …… 046
0044-1 一九五四年十二月二十七日中国人民银行广西省分行人民币伍万圆整面值优待售粮定期定额储蓄存单（正面） …… 047
0044-2 一九五四年十二月二十七日中国人民银行广西省分行人民币伍万圆整面值优待售粮定期定额储蓄存单（背面） …… 047
0045 一九五四年十二月二十七日中国人民银行广西省分行人民币伍万圆整面值优待售粮定期定额储蓄存单 …… 048
0046-1 一九五四年十二月二十七日中国人民银行广西省分行人民币伍万圆整面值优待售粮定期定额储蓄存单（正面） …… 049
0046-2 一九五四年十二月二十七日中国人民银行广西省分行人民币伍万圆整面值优待售粮定期定额储蓄存单（背面） …… 049
0047 一九五四年十二月二十七日中国人民银行广西省分行人民币伍万圆整面值优待售粮定期定额储蓄存单 …… 050
0048-1 一九五四年十二月二十八日中国人民银行广西省分行人民币伍万圆整面值优待售粮定期定额储蓄存单（正面） …… 051

0048-2 一九五四年十二月二十八日中国人民银行广西省分行人民币伍万圆整面值优待售粮定期定额储蓄存单（背面）…… 051

0049-1 一九五四年十二月三十日中国人民银行广西省分行人民币伍万圆整面值优待售粮定期定额储蓄存单（正面）…… 052

0049-2 一九五四年十二月三十日中国人民银行广西省分行人民币伍万圆整面值优待售粮定期定额储蓄存单（背面）…… 052

0050-1 一九五四年十二月三十日中国人民银行广西省分行人民币伍万圆整面值优待售粮定期定额储蓄存单（正面）…… 053

0050-2 一九五四年十二月三十日中国人民银行广西省分行人民币伍万圆整面值优待售粮定期定额储蓄存单（背面）…… 053

0051 一九五四年广西省贺县征收黄振喜农业税收据 …… 054

0052 一九五八年五月国营贺县医药采购供应站收购牌价表封面 …… 054

0053 一九五八年五月国营贺县医药采购供应站收购牌价表记录页（1）…… 055

0054 一九五八年五月国营贺县医药采购供应站收购牌价表记录页（2）…… 055

0055 一九五八年五月国营贺县医药采购供应站收购牌价表记录页（3）…… 056

0056 一九五八年五月国营贺县医药采购供应站收购牌价表记录页（4）…… 056

0057 一九五八年五月国营贺县医药采购供应站收购牌价表记录页（5）…… 057

0058 一九五八年五月国营贺县医药采购供应站收购牌价表记录页（6）…… 057

0059 一九五八年五月国营贺县医药采购供应站收购牌价表记录页（7）…… 058

0060 一九五八年五月国营贺县医药采购供应站收购牌价表记录页（8）…… 058

0061 一九五八年五月国营贺县医药采购供应站收购牌价表记录页（9）…… 059

0062 一九五八年五月国营贺县医药采购供应站收购牌价表记录页（10）…… 059

0063 一九五八年五月国营贺县医药采购供应站收购牌价表记录页（11）…… 060

0064 一九五八年五月国营贺县医药采购供应站收购牌价表记录页（12）…… 060

0065 一九五八年五月国营贺县医药采购供应站收购牌价表记录页（13）…… 061

0066 一九五八年五月国营贺县医药采购供应站收购牌价表记录页（14）…… 061

0067-1 一九五八年十一月二十九日中国人民银行广西省分行拾圆整面值定额储蓄存单（正面）…… 062

0067-2 一九五八年十一月二十九日中国人民银行广西省分行拾圆整面值定额储蓄存单（背面） …… 062
0068-1 中国人民银行广西省分行人民币伍万圆整面值定额保本保值储蓄存单（正面） …… 063
0068-2 中国人民银行广西省分行人民币伍万圆整面值定额保本保值储蓄存单（背面） …… 063
0069 中国人民银行人民币玖万元整面值支票 …… 064

梧州地区藤县

0001-1 一九五八年十月六日中国人民银行广西省分行伍圆整定额储蓄存单（正面） …… 065
0001-2 一九五八年十月六日中国人民银行广西省分行伍圆整定额储蓄存单（背面） …… 065
0002 一九五八年中国人民银行藤县支行工业投资储蓄伍圆面值存单 …… 066
0003 一九五九年十一月十五日中国人民银行广西壮族自治区分行零存整取有奖储蓄存单 …… 066
0004-1 一九六一年一月一日中国人民银行广西壮族自治区分行伍圆期票（正面） …… 067
0004-2 一九六一年一月一日中国人民银行广西壮族自治区分行伍圆期票（背面） …… 067
0005 一九六五年六月十日藤县太平镇具领退回多吃多占退赔30%的清册（1） …… 068
0006 一九六五年六月十日藤县太平镇具领退回多吃多占退赔30%的清册（2） …… 068
0007 一九六五年六月二十六日藤县太平镇具领退回多吃多占退赔30%的清册 …… 069
0008 一九六五年七月藤县太平镇具领退回多吃多占退赔30%的清册 …… 069
0009 一九七一年二月九日麦宝瑶定期整存整取储蓄存单 …… 070
0010 一九七一年二月九日麦宝瑶定期整存整取储蓄存单副票 …… 070
0011 一九七一年十月十七日朱棣鸿定期整存整取储蓄存单 …… 071

0012 一九七一年十月十七日朱棣鸿定期整存整取储蓄存单副票 …… 071
0013 一九七四年一月三十日莫金水定期整存整取储蓄存单 …… 072
0014 一九七四年一月三十日莫金水定期整存整取储蓄存单副票 …… 072
0015 一九七四年二月二十一日杨元泽定期整存整取储蓄存单 …… 073
0016 一九七四年二月二十一日杨元泽定期整存整取储蓄存单副票 …… 073
0017-1 广西壮族自治区藤县壹分购货券（正面） …… 074
0017-2 广西壮族自治区藤县壹分购货券（背面） …… 074
0018 周斯梦零存整取有奖储蓄存单 …… 075

梧州市

0001 一九五一年三月三日何牛缴交地产税缴款书 …… 076
0002 一九五一年三月三日何牛缴交地产税折谷缴款书 …… 076
0003-1 一九五一年十二月二十一日购买钢笔发货票（正面） …… 077
0003-2 一九五一年十二月二十一日购买钢笔发货票（背面） …… 077
0004 一九五三年六月十六日买旧算盘发票 …… 078
0005 一九五五年一月十五日汇款给关崇洁邮政汇费单 …… 078
0006 一九五五年八月三十日梧州市造纸厂股票 …… 079
0007 一九五五年八月三十日梧州市造纸厂股票附则 …… 079
0008 一九五五年关洪订阅《时事手册》杂志费收据 …… 080
0009 一九五五年关洪订阅《中国青年》杂志费收据 …… 080
0010 一九五六年五月二十一日关洪牙科诊理费收据 …… 081
0011 一九五六年九月二十五日购买日记本发货票 …… 081
0012 一九五六年关洪订阅《时事手册》杂志费收据 …… 082
0013 一九五六年关洪订阅《中国青年》杂志费收据 …… 082
0014 一九五六年关洪订阅《集邮》杂志费收据 …… 083
0015 一九五六年制线厂支部订阅《学习小报》杂志费收据 …… 083
0016 一九五七年关洪订阅《集邮》杂志费收据 …… 084

0017 一九五七年关洪订阅《时事手册》杂志费收据 …… 084
0018 一九五七年关洪订阅《支部生活》杂志收据 …… 085
0019 一九五七年关洪订阅《中国青年》杂志费收据 …… 085
0020 一九五八年关洪订阅《红旗》杂志费收据 …… 086
0021 一九五八年关洪订阅《红旗》杂志费收据 …… 086
0022 一九五八年关洪订阅《时事手册》杂志费收据 …… 087
0023 一九五八年关洪订阅《支部生活》杂志费收据 …… 087
0024 一九五八年邮电部汇费单 …… 088
0025 一九五□年七月二十三日梧州市统一发货票 …… 088
0026 一九六一年四月二十三日新华书店梧州支店另售发票 …… 089
0027-1 一九六二年梧州市十分面值购货券（正面） …… 090
0027-2 一九六二年梧州市十分面值购货券（背面） …… 090
0028-1 一九六二年梧州市五分面值购货券（正面） …… 091
0028-2 一九六二年梧州市五分面值购货券（背面） …… 091
0029-1 一九六二年梧州市一分面值购货券（正面） …… 092
0029-2 一九六二年梧州市一分面值购货券（背面） …… 092
0030 一九六三年二月七日周丘缴纳的房租、水电费收据 …… 093
0031 一九六三年四月一日周丘缴纳房租、水电费收据 …… 093
0032 一九六三年六月二十七日梧州市房地产管理局收取周丘房地租金收据 …… 094
0033 一九六三年十二月十七日周丘缴纳水电、房租费收据 …… 094
0034 一九六四年五月二十六日梧州市幸福幼儿园收费收据 …… 095
0035 一九六五年三月二十九日梧州市邮电局赖定强经济退赔清单（1） …… 095
0036 一九六五年三月二十九日梧州市邮电局赖定强经济退赔清单（2） …… 096
0037 一九六五年九月四日赖定强经济退赔现金收据 …… 096
0038 一九六五年十一月十三日陶年秋房地租金收据 …… 097
0039 一九六七年八月七日李九娣借款凭票 …… 097
0040 一九六七年十二月五日梁秀贞房地租金收据 …… 098
0041 一九六七年十二月十四日梧州市建筑工程公司支付职工工资表（1） …… 099

0042 一九六七年十二月十四日梧州市建筑工程公司支付职工工资表（2） …………100
0043 一九六七年梧州市李九娣借款凭票 ……………………………………………101
0044 一九六八年一月五日梁秀贞房地租金收据 ……………………………………101
0045 一九六八年二月十四日梧州市建筑工程公司支付职工工资表 ………………102
0046 一九六八年八月五日梁秀贞房地租金收据 ……………………………………103
0047 一九六八年九月五日梁秀贞房地租金收据 ……………………………………103
0048 一九六八年十一月五日梁秀贞房地租金收据 …………………………………104
0049 一九六八年十二月五日梁秀贞房地租金收据 …………………………………104
0050 一九六九年一月五日梁秀贞房地租金收据 ……………………………………105
0051 一九六九年一月十四日梧州市建筑工程公司革命委员会
支付职工工资表（1） …………………………………………………………106
0052 一九六九年一月十四日梧州市建筑工程公司革命委员会
支付职工工资表（2） …………………………………………………………107
0053 一九六九年二月五日梁秀贞房地租金收据 ……………………………………108
0054 一九六九年三月五日梁秀贞房地租金收据 ……………………………………108
0055 一九六九年四月十四日梧州市建筑工程公司革命委员会
支付职工工资表（1） …………………………………………………………109
0056 一九六九年四月十四日梧州市建筑工程公司革命委员会
支付职工工资表（2） …………………………………………………………110
0057 一九六九年五月九日梁秀贞房地租金收据 ……………………………………111
0058 一九六九年六月五日梁秀贞房地租金收据 ……………………………………111
0059 一九六九年七月五日梁秀贞房地租金收据 ……………………………………112
0060 一九六九年七月十四日李健华交房产局食堂伙食费收据 ……………………112
0061 一九六九年八月五日梁秀贞房地租金收据 ……………………………………113
0062 一九六九年九月五日梁秀贞房地租金收据 ……………………………………113
0063 一九六九年十月五日梁秀贞房地租金收据 ……………………………………114
0064 一九六九年十一月五日梁秀贞房地租金收据 …………………………………114
0065 一九六九年十二月五日梁秀贞房地租金收据 …………………………………115

0066 一九七〇年一月五日梁秀贞房地租金收据 …… 115
0067 周丘缴纳十一月份房租、水电费收据 …… 116

梧州市苍梧县

0001 一九五一年七月二十二日苍梧平村汇苏州中医进修社国内汇票 …… 117
0002 一九五一年七月二十二日苍梧平村汇苏州中医进修社国内汇票 …… 117
0003 一九五一年八月三日苍梧平村汇上海千顷堂国内汇票 …… 118
0004 一九五一年八月十七日苍梧平村汇苏州中医进修社国内汇票 …… 118
0005 一九五一年八月十八日苍梧平村汇苏州中医进修社国内汇票 …… 119
0006 一九五一年八月十八日苍梧平村汇苏州中医进修社国内汇票 …… 119
0007 一九五一年八月二十九日苍梧平村汇上海千顷堂国内汇票 …… 120
0008 一九五一年九月十五日苍梧平村汇苏州中医进修社国内汇票 …… 120
0009 一九五一年九月二十二日苍梧平村汇苏州中医进修社国内汇票 …… 121
0010 一九五一年九月二十二日苍梧平村汇苏州中医进修社国内汇票 …… 121
0011 一九五一年九月二十六日苍梧平村汇苏州中医进修社国内汇票 …… 122
0012 一九五一年十月十二日苍梧平村汇上海千顷堂国内汇票 …… 122
0013 一九五一年十一月十二日苍梧平村汇上海千顷堂国内汇票 …… 123
0014 一九五一年十二月二十三日苍梧平村汇上海千顷堂国内汇票 …… 123
0015 一九五一年十二月二十三日苍梧平村汇上海千顷堂国内汇票 …… 124
0016 一九五二年一月四日苍梧平村汇苏州中医进修社国内汇票 …… 124
0017 一九五二年一月四日苍梧平村汇苏州中医进修社国内汇票 …… 125
0018 一九五二年二月二十五日苍梧平村汇上海千顷堂国内汇票 …… 125
0019 一九五二年七月十三日覃选能手写收据 …… 126
0020 一九五二年九月三十日苍梧县工会联合筹委会保险费收据 …… 126
0021-1 一九五二年九月三十日苍梧县工会团体人身保险单（正面） …… 127
0021-2 一九五二年九月三十日苍梧县工会团体人身保险单（背面） …… 127
0022 一九五二年十月一日苍梧县团体人身险被保险人名单 …… 128

0023 一九五二年十一月一日苍梧县团体人身保险被保险人异动通知单 ………………… 129

0024 一九五二年十一月一日苍梧县工会筹委会保险费收据 …………………………… 130

0025 一九五二年十二月三日苍梧县工会联合筹委会保险费收据 ……………………… 130

0026-1 一九五二年胜洲镇冬季种痘纪录（正面） ………………………………… 131

0026-2 一九五二年胜洲镇冬季种痘纪录（背面为“种痘歌儿”） ………………… 132

0027 一九五三年一月一日苍梧县职工团体火险保险单（1） ………………………… 133

0028 一九五三年一月一日苍梧县职工团体火险保险单（2） ………………………… 133

0029 一九五三年二月一日苍梧县覃容华退保通知单 ………………………………… 134

0030 一九五三年二月五日苍梧县工会保险费收据 …………………………………… 134

0031 一九五三年三月二十五日六堡区塘平乡信用社陈伟全借据 ……………………… 135

0032 一九五三年十二月十九日盘结银借条 ………………………………………… 135

0033 一九五四年六月十八日六堡陈全佳住宿账单 …………………………………… 136

0034 一九五四年七月九日苍梧县塘坪乡第一组信用合作社认股花名册（1） ……… 136

0035 一九五四年七月九日苍梧县塘坪乡第一组信用合作社认股花名册（2） ……… 137

0036 一九五四年七月九日苍梧县塘坪乡第一组信用合作社认股花名册（3） ……… 137

0037 一九五四年七月九日苍梧县塘坪乡第三组信用合作社认股花名册（1） ……… 138

0038 一九五四年七月九日苍梧县塘坪乡第三组信用合作社认股花名册（2） ……… 138

0039 一九五四年七月九日苍梧县塘坪乡第三组信用合作社认股花名册（3） ……… 139

0040 一九五四年七月九日苍梧县塘坪乡第三组信用合作社认股花名册（4） ……… 139

0041 一九五四年七月九日苍梧县塘坪乡第四组信用合作社认股花名册 ………………… 140

0042 一九五四年七月九日苍梧县塘坪乡第五组信用合作社认股花名册（1） ……… 140

0043 一九五四年七月九日苍梧县塘坪乡第五组信用合作社认股花名册（2） ……… 141

0044 一九五四年七月九日苍梧县塘坪乡第五组信用合作社认股花名册（3） ……… 141

0045 一九五四年七月九日苍梧县塘坪乡第六组信用合作社认股花名册（1） ……… 142

0046 一九五四年七月九日苍梧县塘坪乡第六组信用合作社认股花名册（2） ……… 142

0047 一九五四年七月九日苍梧县塘坪乡第六组信用合作社认股花名册（3） ……… 143

0048 一九五四年七月九日苍梧县塘坪乡第六组信用合作社认股花名册（4） ……… 143

0049 一九五四年七月九日苍梧县塘坪乡第七组信用合作社认股花名册（1） ……… 144

0050 一九五四年七月九日苍梧县塘坪乡第七组信用合作社认股花名册（2） ……… 144
0051 一九五四年七月九日苍梧县塘坪乡第八组信用合作社认股花名册（1） ……… 145
0052 一九五四年七月九日苍梧县塘坪乡第八组信用合作社认股花名册（2） ……… 145
0053 一九五四年七月九日苍梧县塘坪乡第八组信用合作社认股花名册（3） ……… 146
0054 一九五四年七月九日苍梧县塘坪乡第八组信用合作社认股花名册（4） ……… 146
0055 一九五四年七月九日苍梧县塘坪乡第八组信用合作社认股花名册（5） ……… 147
0056 一九五四年七月九日苍梧县塘坪乡第九组信用合作社认股花名册（1） ……… 147
0057 一九五四年七月九日苍梧县塘坪乡第九组信用合作社认股花名册（2） ……… 148
0058 一九五四年七月九日苍梧县塘坪乡第十组信用合作社认股花名册（1） ……… 148
0059 一九五四年七月九日苍梧县塘坪乡第十组信用合作社认股花名册（2） ……… 149
0060 一九五四年七月九日苍梧县塘坪乡第十组信用合作社认股花名册（3） ……… 149
0061 一九五四年七月九日苍梧县塘坪乡信用合作社认股花名册（1） ……………… 150
0062 一九五四年七月九日苍梧县塘坪乡信用合作社认股花名册（2） ……………… 150
0063 一九五四年七月九日苍梧县塘坪乡信用合作社认股花名册（3） ……………… 151
0064 一九五四年七月九日苍梧县塘坪乡信用合作社认股花名册（4） ……………… 151
0065 一九五四年七月九日苍梧县塘坪乡信用合作社认股花名册（5） ……………… 152
0066 一九五四年七月九日苍梧县塘坪乡信用合作社认股花名册（6） ……………… 152
0067 一九五四年七月九日苍梧县塘坪乡信用合作社认股花名册（7） ……………… 153
0068 一九五四年七月九日苍梧县塘坪乡信用合作社认股花名册（8） ……………… 153
0069 一九五四年七月九日苍梧县塘坪乡信用合作社认股花名册（9） ……………… 154
0070 一九五四年七月九日苍梧县塘坪乡信用合作社认股花名册（10）……………… 154
0071 一九五四年七月九日苍梧县塘坪乡信用合作社认股花名册（11）……………… 155
0072 一九五四年七月九日苍梧县塘坪乡信用合作社认股花名册（12）……………… 155
0073 一九五四年七月九日苍梧县塘坪乡信用合作社认股花名册（13）……………… 156
0074 一九五四年九月二十四日苍梧县塘坪乡信用合作社记账本封面 ……………… 156
0075 一九五四年九月二十四日苍梧县塘坪乡信用合作社记账本（1） ……………… 157
0076 一九五四年九月二十四日苍梧县塘坪乡信用合作社记账本（2） ……………… 157
0077 一九五四年九月二十四日苍梧县塘坪乡信用合作社记账本（3） ……………… 158

0078 一九五四年九月二十四日苍梧县塘坪乡信用合作社记账本（4）…………………… 158

0079 一九五四年九月二十四日苍梧县塘坪乡信用合作社记账本（5）…………………… 159

0080 一九五四年九月二十四日苍梧县塘坪乡信用合作社记账本（6）…………………… 159

0081 一九五四年九月二十四日苍梧县塘坪乡信用合作社记账本（7）…………………… 160

0082 一九五四年九月二十四日苍梧县塘坪乡信用合作社记账本（8）…………………… 160

0083 一九五四年九月二十四日苍梧县塘坪乡信用合作社记账本（9）…………………… 161

0084 一九五四年九月二十四日苍梧县塘坪乡信用合作社记账本（10）…………………… 161

0085 一九五四年九月二十四日苍梧县塘坪乡信用合作社记账本（11）…………………… 162

0086 一九五四年九月二十四日苍梧县塘坪乡信用合作社记账本（12）…………………… 162

0087 一九五四年九月二十四日苍梧县塘坪乡信用合作社记账本（13）…………………… 163

0088 一九五四年九月二十四日苍梧县塘坪乡信用合作社记账本（14）…………………… 163

0089 一九五四年九月二十四日苍梧县塘坪乡信用合作社记账本（15）…………………… 164

0090 一九五四年九月二十四日苍梧县塘坪乡信用合作社记账本（16）…………………… 164

0091 一九五四年十月七日塘坪乡信用合作社钟配钦股金收据 ………………………… 165

0092 一九五四年十二月十三日苍梧县戎城镇龙华街56号冯木德契税缴款书 ………… 165

0093 一九五四年十二月十三日苍梧县戎城镇龙华街56号冯木德契税缴款书 ………… 166

0094 一九五四年十二月十三日苍梧县戎城镇龙华街56号冯木德契税缴款书 ………… 166

0095 一九五四年十二月十三日苍梧县戎城镇龙华街56号冯木德契税缴款书 ………… 167

0096 一九五四年十二月二十一日钟佩钦股金收条 …………………………………… 167

0097 一九五五年二月十六日塘平乡信用社餐费收据 ………………………………… 168

0098 一九五五年二月十六日塘平乡信用社购买月计表工本费收据 …………………… 168

0099 一九五五年三月十四日中国人民银行苍梧县支行六堡营业所收据 ……………… 169

0100 一九五五年三月十六日塘平信用社购物发货票 ………………………………… 169

0101 一九五五年三月二十六日塘坪乡第四组信用社员股部册 ………………………… 170

0102 一九五五年三月二十七日廖榜华借据 …………………………………………… 170

0103 一九五五年四月四日苍梧县住商统一发货票 …………………………………… 171

0104 一九五五年四月十五日陈洁英借据 ……………………………………………… 171

0105 一九五五年四月二十七日苍梧县住商统一发货票 ……………………………… 172

0106 一九五五年四月二十七日苍梧县住商统一发货票 …… 172
0107 一九五五年五月十四日苍梧县住商统一发货票 …… 173
0108 一九五五年五月十四日塘平乡信用社订阅《容县区信用合作》收据 …… 173
0109 一九五五年五月三十日塘平乡信用社石华方借据 …… 174
0110 一九五五年五月三十一日塘平乡信用社石萃界借据 …… 174
0111 一九五五年六月一日塘平乡信用社邓敏才借据 …… 175
0112 一九五五年六月一日塘平乡信用社空白凭证领用单 …… 175
0113 一九五五年六月一日塘平乡信用社李柏枚借据 …… 176
0114 一九五五年六月六日塘平乡信用社邓耀才借据 …… 176
0115 一九五五年六月七日梧洞信用社借据（1） …… 177
0116 一九五五年六月七日梧洞信用社借据（2） …… 177
0117 一九五五年六月十六日苍梧县住商统一发货票 …… 178
0118 一九五五年六月三十日梧洞乡信用合作社放款账 …… 178
0119 一九五五年七月十七日塘平乡信用社钟世钦借据 …… 179
0120 一九五五年七月二十九日苍梧县住商统一发货票 …… 179
0121 一九五五年八月十七日苍梧县住商统一发货票 …… 180
0122 一九五五年九月二十一日苍梧县住商统一发货票 …… 180
0123 一九五五年九月二十一日苍梧县住商统一发货票 …… 181
0124 一九五五年十月十二日苍梧县住商统一发货票 …… 181
0125 一九五五年十一月一日苍梧县住商统一发货票 …… 182
0126 一九五五年十一月二十三日塘平乡信用社空白凭证领用单 …… 182
0127 一九五五年十二月三日塘平乡信用社石松玉现金贷款 …… 183
0128 一九五六年一月四日塘平乡陈海文信用社股票存根 …… 184
0129 一九五六年一月四日塘平乡邓敏才信用社股票存根 …… 184
0130 一九五六年一月四日塘平乡邓秀清信用社股票存根 …… 184
0131 一九五六年一月四日塘平乡林彩亮信用社股票存根 …… 184
0132 一九五六年一月四日塘平乡林彩森信用社股票存根 …… 185
0133 一九五六年一月四日塘平乡吴秀华信用社股票存根 …… 185

0134 一九五六年一月五日塘平乡韦秀兰信用社股票存根 …………………………… 185
0135 一九五六年一月五日塘平乡韦可贞信用社股票存根 …………………………… 185
0136 一九五六年一月五日塘平乡韦显祥信用社股票存根 …………………………… 186
0137 一九五六年一月六日塘平乡邓进奇信用社股票存根 …………………………… 186
0138 一九五六年一月十三日塘平乡梁伯芝信用社股票存根 ………………………… 186
0139 一九五六年一月十四日塘平乡梁彩田信用社股票存根 ………………………… 186
0140 一九五六年一月十四日塘平乡梁华平信用社股票存根 ………………………… 187
0141 一九五六年一月二十七日塘平乡吴秀兰信用社股票存根 ……………………… 187
0142 一九五六年二月三日塘平乡梁保田信用社股票存根 …………………………… 187
0143 一九五六年二月三日塘平乡梁华元信用社股票存根 …………………………… 187
0144 一九五六年二月三日塘平乡梁敏田信用社股票存根 …………………………… 188
0145-1 一九五六年二月六日六堡区塘平乡第五农业社活期储蓄存折封面（正面）… 189
0145-2 一九五六年二月六日六堡区塘平乡第五农业社活期储蓄存折封面（背面）… 189
0145-3 一九五六年二月六日六堡区塘平乡第五农业社活期储蓄存折内页（1） …… 190
0145-4 一九五六年二月六日六堡区塘平乡第五农业社活期储蓄存折内页（2） …… 190
0145-5 一九五六年二月六日六堡区塘平乡第五农业社活期储蓄存折内页（3） …… 191
0145-6 一九五六年二月六日六堡区塘平乡第五农业社活期储蓄存折内页（4） …… 191
0145-7 一九五六年二月六日六堡区塘平乡第五农业社活期储蓄存折内页（5） …… 192
0146-1 一九五六年二月六日六堡区塘平乡高级农业社活期储蓄存折封面（正面）… 193
0146-2 一九五六年二月六日六堡区塘平乡高级农业社活期储蓄存折封面（背面）… 193
0146-3 一九五六年二月六日六堡区塘平乡高级农业社活期储蓄存折内页（1） …… 194
0146-4 一九五六年二月六日六堡区塘平乡高级农业社活期储蓄存折内页（2） …… 194
0146-5 一九五六年二月六日六堡区塘平乡高级农业社活期储蓄存折内页（3） …… 195
0146-6 一九五六年二月六日六堡区塘平乡高级农业社活期储蓄存折内页（4） …… 195
0146-7 一九五六年二月六日六堡区塘平乡高级农业社活期储蓄存折内页（5） …… 196
0147 一九五六年二月七日塘平乡邓庆才信用社股票存根 …………………………… 196
0148 一九五六年二月七日塘平乡邓世达信用社股票存根 …………………………… 197
0149 一九五六年二月七日塘平乡邓月群信用社股票存根 …………………………… 197

0150 一九五六年三月二十二日刘能兴、罗伟林申请借条 …… 198
0151 一九五六年三月二十四日六堡区陈有宏欠六堡中心校学杂费凭据 …… 198
0152 一九五六年三月二十五日六堡区陈家庆借款凭据 …… 199
0153 一九五六年三月二十六日苍梧县六堡区塘坪乡第六大队补镬付款凭证 …… 199
0154 一九五六年三月二十九日苍梧县六堡区塘平乡第四队各户交信用社
存款登记 …… 200
0155 一九五六年三月三十日苍梧县塘坪乡信用合作社存款纪录 …… 200
0156 一九五六年四月二十一日苍梧县六堡区塘坪乡高级社第二大队
斧制茶具开支凭条 …… 201
0157 一九五六年四月二十二日苍梧县六堡区塘平农业社第三队补镬付款凭条 …… 201
0158 一九五六年四月二十五日苍梧县六堡区塘平罗伯兴信用社证明 …… 202
0159 一九五六年四月二十五日苍梧县六堡区塘平乡信用合作社月计表（1） …… 203
0160 一九五六年四月二十五日苍梧县六堡区塘平乡信用合作社月计表（2） …… 204
0161 一九五六年四月二十五月苍梧县六堡区塘平梁柏先信用社证明 …… 205
0162 一九五六年五月六日廖汗华存入信用合作社定期储蓄存单50元 …… 206
0163 一九五六年五月七日老周补镬付款凭条 …… 206
0164 一九五六年五月九日苍梧县六堡区塘平乡第四队补镬付款凭条 …… 207
0165 一九五六年农历五月二十四日梁华栋代借人民券购买工具证明 …… 207
0166 一九五六年五月三十一日陈观然、陈叙然向塘平信用社借款证明 …… 208
0167 一九五六年五月三十一日梁志强向塘平信用社借款证明 …… 208
0168 一九五六年七月一日苍梧县住商统一发货票 …… 209
0169 一九五六年七月一日苍梧县住商统一发货票 …… 209
0170 一九五六年七月十三日倪端佳中国人民银行零存整取定期储蓄存款凭条 …… 210
0171 一九五六年七月十三日倪卓福信用部储蓄存款凭条 …… 210
0172 一九五六年七月十三日倪卓福中国人民银行零存整取定期储蓄存款凭条 …… 211
0173 一九五六年七月十三日倪卓深中国人民银行零存整取定期储蓄存款凭条 …… 211
0174 一九五六年七月三十日苍梧县六堡区塘平邓玉才信用社证明 …… 212
0175 一九五六年十一月二日出售花生壳通知 …… 212

0176 一九五六年十一月六日廖汗华信用合作社定期储蓄存单存根 ………………………… 213
0177-1 一九五六年十一月九日六堡区塘平乡信用社活期储蓄存折封面 ……………………… 213
0177-2 一九五六年十一月九日六堡区塘平乡信用社活期储蓄存折储蓄简章页 ……… 214
0177-3 一九五六年十一月九日六堡区塘平乡信用社活期储蓄存折年份信息页 ……… 214
0177-4 一九五六年十一月九日六堡区塘平乡信用社活期储蓄存折内页（1） ……… 215
0177-5 一九五六年十一月九日六堡区塘平乡信用社活期储蓄存折内页（2） ……… 215
0177-6 一九五六年十一月九日六堡区塘平乡信用社活期储蓄存折内页（3） ……… 216
0177-7 一九五六年十一月九日六堡区塘平乡信用社活期储蓄存折内页（4） ……… 216
0177-8 一九五六年十一月九日六堡区塘平乡信用社活期储蓄存折内页（5） ……… 217
0177-9 一九五六年十一月九日六堡区塘平乡信用社活期储蓄存折内页（6） ……… 217
0178-1 一九五六年十一月十六日六堡区供销社梨埠分站存中国人民银行印鉴片（正面） …………………………………………………………………………………… 218
0178-2 一九五六年十一月十六日六堡区供销社梨埠分站存中国人民银行印鉴片（背面） …………………………………………………………………………………… 218
0179 一九五六年十二月一日廖汗华存入信用合作社定期储蓄存单60元 ………………… 219
0180 一九五六年十二月一日廖汗华存入信用合作社定期储蓄存单存根 ………………… 219
0181-1 一九五六年苍梧县六堡区塘平乡信用合作社活期储蓄存折封面 ………………… 220
0181-2 一九五六年苍梧县六堡区塘平乡信用合作社活期储蓄存折内页（1） ……… 220
0181-3 一九五六年苍梧县六堡区塘平乡信用合作社活期储蓄存折内页（2） ……… 221
0181-4 一九五六年苍梧县六堡区塘平乡信用合作社活期储蓄存折内页（3） ……… 221
0181-5 一九五六年苍梧县六堡区塘平乡信用合作社活期储蓄存折内页（4） ……… 222
0181-6 一九五六年苍梧县六堡区塘平乡信用合作社活期储蓄存折内页（5） ……… 222
0182 一九五七年一月一日廖汉华存入信用合作社定期储蓄存单40元 ………………… 223
0183 一九五七年一月一日廖汉华存入信用合作社定期储蓄存单存根 ………………… 223
0184 一九五七年二月十四日石积玉存入信用合作社定期储蓄存单36元 ……………… 224
0185 一九五七年三月十二日陈美机存入信用合作社定期储蓄存单10元 ……………… 224
0186 一九五七年三月十二日李月兰存入信用合作社定期储蓄存单10元 ……………… 225
0187 一九五七年三月十二日李月兰存入信用合作社定期储蓄存单存根 ……………… 225

0188 一九五七年三月十四日梁春志存入信用合作社定期储蓄存单存根 ……………… 226
0189 一九五七年三月十四日梁华熙存入信用合作社定期储蓄存单存根 ……………… 226
0190 一九五七年三月十四日韦英祥存入信用合作社定期储蓄存单存根 ……………… 227
0191 一九五七年三月十四日梁春志存入信用合作社定期储蓄存单50.2元 …………… 227
0192 一九五七年三月十四日梁华熙存入信用合作社定期储蓄存单65元 ……………… 228
0193 一九五七年三月十四日韦英祥存入信用合作社定期储蓄存单30元 ……………… 228
0194 一九五七年七月十一日黎演培存入信用合作社定期储蓄存单100元 …………… 229
0195 一九五七年七月十一日黎演培存入信用合作社定期储蓄存单存根 ……………… 229
0196 一九五七年十一月二十三日陈玉文存入信用合作社定期储蓄存单18.9元 ……… 230
0197 一九五七年十一月二十三日陈玉文存入信用合作社定期储蓄存单存根 ………… 230
0198-1 一九五七年十一月二十四日苍梧县人民公社1元面值定额储蓄存单
（正面） …………………………………………………………………………… 231
0198-2 一九五七年十一月二十四日苍梧县人民公社1元面值定额储蓄存单
（背面） …………………………………………………………………………… 231
0199 一九五八年一月二十五日梁华贤存入信用合作社定期储蓄存单50元 ………… 232
0200 一九五八年一月二十五日梁华贤存入信用合作社定期储蓄存单存根 ………… 232
0201 一九五八年四月十二日盘富银存入信用合作社定期储蓄存单17元 …………… 233
0202 一九五八年四月十二日盘木保存入信用合作社定期储蓄存单20元 …………… 233
0203 一九五八年四月十七日邓肿贤存入信用合作社定期储蓄存单20元 …………… 234
0204 一九五八年四月十七日黄亚木存入信用合作社定期储蓄存单14元 …………… 234
0205 一九五八年四月十七日邵成金存入信用合作社定期储蓄存单20元 …………… 235
0206 一九五八年五月十三日黎宇兆储蓄存单 ………………………………………… 235
0207 一九五八年五月十六日大尧乡陈显光储蓄存单 ………………………………… 236
0208 一九五八年七月二十三日陈汉文储蓄存单 ……………………………………… 236
0209-1 一九五八年十二月二十三日苍梧县人民公社1元面值定额储蓄存单
（正面） …………………………………………………………………………… 237
0209-2 一九五八年十二月二十三日苍梧县人民公社1元面值定额储蓄存单
（背面） …………………………………………………………………………… 237

0210-1 一九五八年十二月二十三日苍梧县人民公社1元面值定额储蓄存单（正面）…… 238
0210-2 一九五八年十二月二十三日苍梧县人民公社1元面值定额储蓄存单（背面）…… 238
0211-1 一九五八年十二月二十四日苍梧县人民公社1元面值定额储蓄存单（正面）…… 239
0211-2 一九五八年十二月二十四日苍梧县人民公社1元面值定额储蓄存单（背面）…… 239
0212-1 一九五八年十二月二十六日苍梧县人民公社1元面值定额储蓄存单（正面）…… 240
0212-2 一九五八年十二月二十六日苍梧县人民公社1元面值定额储蓄存单（背面）…… 240
0213-1 一九五八年苍梧县六堡乡信用合作社梁伟廷活期储蓄存折封面 …… 241
0213-2 一九五八年苍梧县六堡乡信用合作社梁伟廷活期储蓄存折内页 …… 241
0214 一九五九年十一月二十日六堡区塘平大队生产队冬耕冬种及上调任务公布 …… 242
0215 一九五九年十一月二十五日六堡区塘平大队关于又快又好完成各种深耕的奖励办法 …… 243
0216-1 一九五□年供销合作社股票存根（正面）…… 244
0216-2 一九五□年供销合作社股票存根（背面）…… 244
0217 一九六一年七月十日陈伯桃定期储蓄存款凭条 …… 245
0218 一九六一年七月十二日陈菊莲定期储蓄存款凭条 …… 245
0219 一九六一年七月十二日陈南定期储蓄存款凭条 …… 246
0220 一九六一年七月十二日陈玉龙定期储蓄存款凭条 …… 246
0221 一九六一年七月十二日陈悦联定期储蓄存款凭条 …… 247
0222 一九六一年七月十二日黄玉芳定期储蓄存款凭条 …… 247
0223 一九六一年七月十二日林金南定期储蓄存款凭条 …… 248
0224 一九六一年七月十二日倪炼佳定期储蓄存款凭条 …… 248
0225 一九六一年七月十二日倪卓才定期储蓄存款凭条 …… 249

0226 一九六一年七月十二日苏日定期储蓄存款凭条 ······ 249
0227 一九六一年七月十二日覃玉行定期储蓄存款凭条 ······ 250
0228 一九六一年七月十二日周结兰定期储蓄存款凭条 ······ 250
0229 一九六一年七月十二日大尧乡福坤出售松脂广平区供销合作社收购票 ······ 251
0230 一九六一年七月十四日蒋伟成定期储蓄存款凭条 ······ 251
0231 一九六一年十二月黄玉连定期储蓄存款凭条 ······ 252
0232 一九六一年狮寨镇公坪队信用部库存簿（1） ······ 252
0233 一九六一年狮寨镇公坪队信用部库存簿（2） ······ 253
0234 一九六一年狮寨镇瓦屋队信用部库存簿（1） ······ 253
0235 一九六一年狮寨镇瓦屋队信用部库存簿（2） ······ 254
0236 一九六一年狮寨镇寨坪队信用部库存簿 ······ 254
0237 一九六二年七月十四日苍梧黎焕新出售松脂收购票 ······ 255
0238-1 一九六二年广西壮族自治区苍梧县一分面值购货券（正面） ······ 256
0238-2 一九六二年广西壮族自治区苍梧县一分面值购货券（背面） ······ 256
0239-1 一九六二年广西壮族自治区苍梧县十分面值购货券（正面） ······ 257
0239-2 一九六二年广西壮族自治区苍梧县十分面值购货券（背面） ······ 257
0240-1 一九六二年苍梧县塘平乡信用部黄少枝活期储蓄存折封面（正面） ······ 258
0240-2 一九六二年苍梧县塘平乡信用部黄少枝活期储蓄存折封面（背面） ······ 258
0240-3 一九六二年苍梧县塘平乡信用部黄少枝活期储蓄存折内页 ······ 258
0241-1 一九六二年苍梧县塘平乡信用部黎振民活期储蓄存折封面（正面） ······ 259
0241-2 一九六二年苍梧县塘平乡信用部黎振民活期储蓄存折封面（背面） ······ 259
0241-3 一九六二年苍梧县塘平乡信用部黎振民活期储蓄存折内页 ······ 259
0242-1 一九六二年苍梧县塘平乡信用部梁柏方活期储蓄存折封面（正面） ······ 260
0242-2 一九六二年苍梧县塘平乡信用部梁柏方活期储蓄存折封面（背面） ······ 260
0242-3 一九六二年苍梧县塘平乡信用部梁柏方活期储蓄存折内页 ······ 260
0243-1 一九六二年苍梧县塘平乡信用部梁华敬活期储蓄存折封面（正面） ······ 261
0243-2 一九六二年苍梧县塘平乡信用部梁华敬活期储蓄存折封面（背面） ······ 261
0243-3 一九六二年苍梧县塘平乡信用部梁华敬活期储蓄存折内页 ······ 261

0244-1 一九六二年苍梧县塘平乡信用部易群英活期储蓄存折封面（正面）………… 262
0244-2 一九六二年苍梧县塘平乡信用部易群英活期储蓄存折封面（背面）………… 262
0244-3 一九六二年苍梧县塘平乡信用部易群英活期储蓄存折内页 ……………………… 262
0245-1 一九六二年苍梧县塘平乡信用部黄玉胡活期储蓄存折封面（正面）………… 263
0245-2 一九六二年苍梧县塘平乡信用部黄玉胡活期储蓄存折封面（背面）………… 263
0245-3 一九六二年苍梧县塘平乡信用部黄玉胡活期储蓄存折内页 ……………………… 263
0246-1 一九六二年苍梧县塘平乡信用部梁柏坚活期储蓄存折封面（正面）………… 264
0246-2 一九六二年苍梧县塘平乡信用部梁柏坚活期储蓄存折封面（背面）………… 264
0246-3 一九六二年苍梧县塘平乡信用部梁柏坚活期储蓄存折内页 ……………………… 264
0247-1 一九六二年苍梧县塘平乡信用部梁春康活期储蓄存折封面（正面）………… 265
0247-2 一九六二年苍梧县塘平乡信用部梁春康活期储蓄存折封面（背面）………… 265
0247-3 一九六二年苍梧县塘平乡信用部梁春康活期储蓄存折内页 ……………………… 265
0248-1 一九六三年一月十六日梁柏煊总结（1） ……………………………………… 266
0248-2 一九六三年一月十六日梁柏煊总结（2） ……………………………………… 266
0248-3 一九六三年一月十六日梁柏煊总结（3） ……………………………………… 267
0248-4 一九六三年一月十六日梁柏煊总结（4） ……………………………………… 267
0249 一九六三年十二月二十六日陈锄行旅差费报告表 ……………………………… 268
0250-1 一九六三年苍梧县六堡区塘平黎松文信用部活期储蓄存折封面
（正面）……………………………………………………………………………… 269
0250-2 一九六三年苍梧县六堡区塘平黎松文信用部活期储蓄存折封面
（背面）……………………………………………………………………………… 269
0250-3 一九六三年苍梧县六堡区塘平黎松文信用部活期储蓄存折内页 ………… 269
0251 一九六四年一月三十日大尧陈永贤定期储蓄存单 ……………………………… 270
0252 一九六四年一月三十日大尧陈永贤定期储蓄存单存根 ………………………… 270
0253 一九六四年四月一日大尧陈瑞文信用部借款申请书 ………………………… 271
0254 一九六四年四月一日大尧严庆昌信用部借款申请书 ………………………… 271
0255 一九六四年四月一日大尧黎亚奴信用合作社收回放款本息凭证 ………… 272
0256 一九六四年四月一日大尧李克沛信用合作社收回放款本息凭证 ………… 272

0257 一九六四年四月三日大尧张仕昌信用部借款申请书 …… 273
0258 一九六四年四月五日活期存款科目日结单 …… 273
0259 一九六四年四月六日大尧陈道贤取款付出传票 …… 274
0260 一九六四年四月六日大尧乡二队取款付出传票 …… 274
0261 一九六四年四月六日大尧乡拱一队取款付出传票 …… 275
0262 一九六四年四月六日大尧乡药材店取款付出传票 …… 275
0263 一九六四年四月六日大尧乡药材店存款收入传票 …… 276
0264 一九六四年四月六日大尧乡中心校取款付出传票 …… 276
0265 一九六四年四月九日大尧代销店零售发货票 …… 277
0266 一九六四年四月十日大尧李春生定期储蓄收入传票 …… 277
0267 一九六四年四月十日大尧乡拱二队收入传票 …… 278
0268 一九六四年四月十日大尧乡拱四队收入利息传票 …… 278
0269 一九六四年四月十日大尧乡李惠志收回放款本息凭证 …… 279
0270 一九六四年四月十一日大尧二队取款购花生种付出传票 …… 279
0271 一九六四年四月十一日大尧乡甘达兴取款付出传票 …… 280
0272 一九六四年四月十一日大尧乡黄卓华收回放款本息凭证 …… 280
0273 一九六四年四月十一日大尧乡李克瑞收回放款本息凭证 …… 281
0274 一九六四年四月十一日大尧乡李石海取款付出传票 …… 281
0275 一九六四年四月十一日大尧乡社会救济款付款证明单 …… 282
0276 一九六四年四月十一日大尧乡石咀队购买化肥等取款付出传单 …… 282
0277 一九六四年四月十一日大尧乡石咀楷逢利息收入传票 …… 283
0278 一九六四年四月十一日大尧乡信用部存入救济款收入传票 …… 283
0279 一九六四年四月十一日大尧乡信用部购铅笔取款付出传票 …… 284
0280 一九六四年四月十一日大尧乡信用部取救济款转存付出传票 …… 284
0281 一九六四年四月十一日大尧乡信用部取救济款转存同城结算目录表 …… 285
0282 一九六四年四月十一日大尧乡信用部收回放款收入传票 …… 285
0283 一九六四年四月十三日大尧乡李火生收回放款本息凭证 …… 286
0284 一九六四年四月十三日大尧乡神一队火生利息收入传票 …… 286

0285 一九六四年四月十三日大尧乡中心校取款付出传票 …………………… 287
0286 一九六四年四月十四日大尧乡陈志文、杨昱志存款收入传票 …………… 287
0287 一九六四年四月十五日大尧生产队存款科目日结单 ……………………… 288
0288 一九六四年四月十五日大尧乡甘达兴取款付出传票 ……………………… 288
0289 一九六四年四月十五日大尧乡甘达兴提取利息付出传票 ………………… 289
0290 一九六四年四月十五日大尧乡拱四队购花生种付出传票 ………………… 289
0291 一九六四年四月十五日大尧乡李惠志存款收入传票 ……………………… 290
0292 一九六四年四月十五日大尧乡信用部李桂才领工资付出传票 …………… 290
0293 一九六四年四月十五日大尧乡信用社集体存款收入传票 ………………… 291
0294 一九六四年四月十五日大尧乡信用部收入利息传票 ……………………… 291
0295 一九六四年四月十五日大尧信用部定期储蓄科目日结单 ………………… 292
0296 一九六四年四月十五日大尧信用部付出利息科目日结单 ………………… 292
0297 一九六四年四月十五日大尧信用部各项费用科目日结单 ………………… 293
0298 一九六四年四月十五日大尧信用部集体存款转存款科目日结单 ………… 293
0299 一九六四年四月十五日大尧信用部其他存款科目日结单 ………………… 294
0300 一九六四年四月十五日大尧信用部社员放款科目日结单 ………………… 294
0301 一九六四年四月十五日大尧信用部收入利息科目日结单 ………………… 295
0302 一九六四年四月十五日大尧信用部购八开纸另售发货票 ………………… 295
0303 一九六四年四月十六日大尧信用合作社收回黄卓文放款本息凭证 ……… 296
0304 一九六四年四月十六日大尧信用合作社收回梁显森放款本息凭证 ……… 296
0305 一九六四年四月十七日大尧信用部付出传票 ……………………………… 297
0306 一九六四年四月十七日广平供销社另售发货票 …………………………… 297
0307 一九六四年四月二十五日大尧信用部传票封面 …………………………… 298
0308 一九六四年六月十四日广平供销社另售发货票 …………………………… 298
0309 一九六四年六月十五日大尧乡陈辉文卖猪收款单 ………………………… 299
0310 一九六四年六月十六日苍梧广平区大尧乡黄卓南出售松脂收购票 ……… 299
0311 一九六四年六月十六日大尧乡陈辉文存款收入传票 ……………………… 300
0312 一九六四年六月十八日苍梧广平区大尧乡炳新出售松脂收购票 ………… 300

0313 一九六四年六月十八日苍梧广平区大尧乡旭廷出售松脂收购票 …………………… 301
0314 一九六四年六月十八日苍梧广平区大尧乡寅瑞出售松脂收购票 …………………… 301
0315 一九六四年六月二十日大尧乡拱一队出售松脂存款凭条 ………………………………… 302
0316 一九六四年六月二十一日苍梧胜洲联庆四队购买耕牛信汇委托书 ………………… 302
0317 一九六四年六月二十三日苍梧广平区大尧乡顺齐二队出售樟粉收购票 ………… 303
0318 一九六四年六月二十三日苍梧广平区大尧乡榃本队出售樟粉收购票 …………… 303
0319 一九六四年六月二十三日苍梧广平区大尧乡榃逢队出售樟粉收购票 …………… 304
0320 一九六四年六月二十三日大尧乡李念瑞存款收入传票 ……………………………………… 304
0321 一九六四年六月二十三日大尧乡信用部严振庭存款收入传票 ………………………… 305
0322 一九六四年六月二十三日大尧乡严炳新存款收入传票 ……………………………………… 305
0323 一九六四年六月二十六日大尧乡拱三队存款收入传票 ……………………………………… 306
0324 一九六四年六月二十六日大尧乡李克贤借款申请书 ………………………………………… 306
0325 一九六四年六月二十六日大尧乡李振生借款申请书 ………………………………………… 307
0326 一九六四年六月二十六日大尧乡顺二队存款收入传票 ……………………………………… 307
0327 一九六四年六月二十六日大尧乡榃逢队存款收入传票 ……………………………………… 308
0328 一九六四年六月二十六日大尧乡榃一队存款收入传票 ……………………………………… 308
0329 一九六四年六月二十六日大尧乡严汉荣借款申请书 ………………………………………… 309
0330 一九六四年六月二十六日大尧乡严拾式借款申请书 ………………………………………… 309
0331 一九六四年六月二十八日大尧乡甘式借款申请书 …………………………………………… 310
0332 一九六四年六月二十八日大尧乡郭兆益借款申请书 ………………………………………… 310
0333 一九六四年六月二十八日大尧乡严汉荣借款申请书 ………………………………………… 311
0334 一九六四年六月二十八日大尧信用社付购买耕牛付款委托书 ………………………… 311
0335 一九六四年六月二十九日大尧乡李达修借款申请书 ………………………………………… 312
0336 一九六四年六月二十九日大尧乡李振生借款申请书 ………………………………………… 312
0337 一九六四年七月三日大尧乡黎柱昌借款申请书 ………………………………………………… 313
0338 一九六四年七月三日大尧信用部购买谷桶付款委托书 ……………………………………… 313
0339 一九六四年七月四日大尧乡李伟文借款申请书 ………………………………………………… 314
0340 一九六四年七月四日大尧乡李振生借款申请书 ………………………………………………… 314

0341 一九六四年七月七日地方国营苍梧县印刷厂发货票 …… 315
0342 一九六四年七月七日地方国营苍梧县印刷厂发货票 …… 315
0343 一九六四年七月七日地方国营苍梧县印刷厂发货票 …… 316
0344 一九六四年七月七日李桂才国营苍梧县旅店住宿发票 …… 316
0345 一九六四年七月八日大尧乡拱一队活期储蓄存款凭条 …… 317
0346 一九六四年七月十日大尧代销店发货票 …… 317
0347 一九六四年七月十一日大尧代销店发货票 …… 318
0348 一九六四年七月十一日大尧信用社现金付出传票 …… 318
0349 一九六四年七月十二日广平区供销合作社收购黎全才松脂收购票 …… 319
0350 一九六四年七月十二日广平商店收购大尧严庆朝出售松脂收购票 …… 319
0351 一九六四年七月十二日广平区供销合作社收购大尧黎美兴出售松脂收购票 …… 320
0352 一九六四年七月十二日大尧甘旺建交来上调猪收款单 …… 320
0353 一九六四年七月十二日广平区供销合作社收购大尧来强出售松脂收购票 …… 321
0354 一九六四年七月十三日广平区供销合作社收购大尧全才出售松脂收购票 …… 321
0355 一九六四年七月十四日广平区供销合作社收购大尧全才出售松脂收购票 …… 322
0356 一九六四年七月十五日大尧信用部付出传票 …… 322
0357 一九六四年七月十五日广平区供销合作社收购大尧老传才出售松脂收购票 …… 323
0358 一九六四年七月十六日广平区供销合作社收购大尧老传才出售松脂收购票 …… 323
0359 一九六四年七月十六日大尧信用部李桂才执茶付出传票 …… 324
0360 一九六四年七月十六日李桂才药费及事业费收据 …… 325
0361 一九六四年七月十六日李桂才执药处方笺 …… 325
0362 一九六四年七月十七日广平镇大尧李桂才复诊处方笺 …… 326
0363 一九六四年七月十七日李桂才药费及事业费收据 …… 326
0364 一九六四年七月二十一日苍梧县住商统一发货票 …… 327
0365 一九六四年七月二十二日广平镇大尧代销店发货票 …… 328
0366 一九六四年七月二十二日广平镇大尧信用部付出传票 …… 328
0367 一九六四年瓦屋队岑海琪信用部活期储蓄分户账 …… 329
0368 一九六五年狮寨寨坪队信用部库存簿 …… 329

0369 一九六九年九月二十七日狮寨镇安乐信用社月计表 …… 330
0370 一九六九年十月二十五日狮寨镇安乐信用社月计表 …… 331
0371 一九六九年十一月二十五日狮寨镇安乐信用社月计表 …… 332
0372 一九六九年十二月三十一日狮寨镇安乐信用合作社年度损益表 …… 333
0373 一九六九年十二月三十一日狮寨公社安乐大队信用合作社科目余额表 …… 334
0374 一九六九年十二月三十一日狮寨公社安乐大队信用合作社科目余额表 …… 335
0375 一九六九年十二月三十一日狮寨镇安乐信用社业务状况表 …… 336
0376 一九六九年十二月三十一日狮寨镇安乐信用社业务状况表 …… 337
0377 一九六九年狮寨镇安乐信用社中国人民银行对账单 …… 338
0378 一九六九年师寨镇安乐信用社中国人民银行对账单 …… 338
0379 一九六九年狮寨镇安乐信用社中国人民银行对账单 …… 339
0380 三月二十六日六堡区塘平乡信用社购凭证收据 …… 339
0381 七月五日徐寅才医师疗治药费及诊费收据 …… 340
0382 苍梧胜洲镇平村汇苏州中医进修社国内汇票 …… 340
0383 苍梧胜洲镇平村汇苏州中医进修社国内汇票 …… 341
0384 苍梧县调村信用合作社朱熙家活期储蓄存折 …… 341
0385 梨埠镇旺湾、九城仓库下属生产队款项统计 …… 342
0386 苍梧县狮寨公社廖创盛信用合作社活期储蓄存折 …… 342
0387 苍梧县狮寨庆安大队信用合作社陈胜松活期储蓄存折 …… 343
0388 苍梧县狮寨区安乐信用合作社红星生产队活期储蓄存折 …… 343
0389 苍梧县狮寨区安乐信用合作社活期储蓄存折（安乐大队赔退折） …… 344
0390 苍梧县长发区安乐乡公社新合水信用合作社活期储蓄存折 …… 344
0391 羊田乡大中村秦德纯借款单 …… 345
0392 韦萃亮户取晚造谷种证明 …… 345
0393 砥屋石爷名单 …… 346
0394 瓦屋队信用部库存簿 …… 346
0395 十元存单利息查算表 …… 347
0396 狮寨安乐信用社储户名单 …… 347

0397 六堡村民分配猪肉记数单 …… 348
0398 六堡区塘平乡信用合作社缴纳伙食费收据 …… 348
0399-1 六堡区塘平大队“大跃进”的十笔大账（第一页） …… 349
0399-2 六堡区塘平大队“大跃进”的十笔大账（第二页） …… 349
0399-3 六堡区塘平大队“大跃进”的十笔大账（第三页） …… 350
0399-4 六堡区塘平大队“大跃进”的十笔大账（第四页） …… 350
0400 黎宇森售粮单 …… 351
0401 胡振奇人民券借据 …… 351
0402 何汝南保证书 …… 352
0403 公平寨坪名单 …… 352
0404 发奉取币一张五角二分凭条（苍梧县六堡区供销合作社印章） …… 353
0405-1 第十组账本封面 …… 353
0405-2 第十组账本内页（1） …… 354
0405-3 第十组账本内页（2） …… 354
0406-1 第六组交来股金记录（1） …… 355
0406-2 第八组交来股金记录（2） …… 355
0407 村民缴纳信用社股银统计 …… 356
0408 九城仓库、旺湾仓库大队工资条 …… 356
0409 陈润联信用部储蓄存款凭条 …… 357
0410-1 苍梧县六堡区塘平信用部里屋生产队活期储蓄存折封面 …… 358
0410-2 苍梧县六堡区塘平信用部里屋生产队活期储蓄存折内页 …… 358
0411-1 苍梧县大尧甘达兴信用部活期储蓄存折封面及背面 …… 359
0411-2 苍梧县大尧甘达兴信用部活期储蓄存折存取登记页 …… 359

梧州市仁益庄外贸票据

0001 一九五一年五月六日仁益庄发货票 …… 360
0002 一九五一年六月五日藤县仁益庄购买印花收据 …… 360

0003 一九五一年七月三日藤县仁益庄座商发货票正单 …… 361
0004 一九五一年七月四日香港华联行代售桂油清单 …… 361
0005 一九五一年七月八日仁益庄购货发票 …… 362
0006-1 一九五一年七月十五日梧州仁益支庄对数单（1） …… 362
0006-2 一九五一年七月十五日梧州仁益支庄对数单（2） …… 363
0006-3 一九五一年七月十五日梧州仁益支庄对数单（3） …… 363
0007 一九五一年七月十五日香港华联行收仁益庄桂籽清单 …… 364
0008 一九五一年七月十五日香港华联行收仁益庄茴油清单 …… 364
0009 一九五一年七月十九日仁益庄交码头使用费收据 …… 365
0010 一九五一年七月二十一日仁益庄购货发票 …… 365
0011 一九五一年七月二十一日仁益庄购货发票 …… 366
0012 一九五一年七月二十一日仁益庄购货发票 …… 366
0013 一九五一年七月二十一日仁益庄购货发票 …… 367
0014 一九五一年七月二十一日仁益庄购货发票 …… 367
0015 一九五一年七月二十一日仁益庄购货发票 …… 368
0016 一九五一年七月二十一日仁益庄购货发票 …… 368
0017 一九五一年七月二十一日仁益庄购货发票 …… 369
0018 一九五一年七月二十一日仁益庄购货发票 …… 369
0019 一九五一年七月二十一日仁益庄购货发票 …… 370
0020 一九五一年七月二十一日仁益庄购货发票 …… 370
0021 一九五一年七月二十一日仁益庄购货发票 …… 371
0022 一九五一年七月二十一日仁益庄购货发票 …… 371
0023 一九五一年七月二十一日仁益庄购货发票 …… 372
0024 一九五一年七月二十一日仁益庄购货发票 …… 372
0025 一九五一年七月二十一日仁益庄购货发票 …… 373
0026 一九五一年七月二十一日仁益庄购货发票 …… 373
0027 一九五一年七月二十一日仁益庄购货发票 …… 374
0028 一九五一年七月二十一日仁益庄转账传票 …… 374

0029 一九五一年七月二十一日仁益庄转账传票 …… 375
0030 一九五一年七月二十二日仁益庄转账传票 …… 375
0031 一九五一年七月二十二日仁益庄转账传票 …… 376
0032 一九五一年七月二十三日仁益庄转账传票 …… 376
0033 一九五一年七月二十五日仁益庄缴纳梧州市政建设基金收据 …… 377
0034 一九五一年七月二十六日仁益庄转账传票 …… 377
0035 一九五一年七月二十六日仁益庄转账传票 …… 378
0036 一九五一年七月二十七日仁益庄转账传票 …… 378
0037 一九五一年七月二十七日仁益庄转账传票 …… 379
0038 一九五一年七月二十七日仁益庄转账传票 …… 379
0039 一九五一年七月二十七日仁益庄转账传票 …… 380
0040 一九五一年七月二十七日仁益庄转账传票 …… 380
0041 一九五一年七月二十七日仁益庄转账传票 …… 381
0042 一九五一年七月二十九日仁益庄转账传票 …… 381
0043 一九五一年七月二十九日仁益庄转账传票 …… 382
0044 一九五一年七月二十九日仁益庄转账传票 …… 382
0045 一九五一年七月二十九日仁益庄转账传票 …… 383
0046 一九五一年七月三十一日仁益庄转账传票 …… 383
0047 一九五一年七月三十一日仁益庄转账传票 …… 384
0048 一九五一年七月三十一日仁益庄转账传票 …… 384
0049 一九五一年七月三十一日仁益庄转账传票 …… 385
0050 一九五一年七月三十一日仁益庄转账传票 …… 385
0051 一九五一年七月三十一日仁益庄转账传票 …… 386
0052 一九五一年七月三十一日仁益庄转账传票 …… 386
0053 一九五一年七月三十一日仁益庄转账传票 …… 387
0054 一九五一年七月三十一日仁益庄转账传票 …… 387
0055 一九五一年七月三十一日仁益庄转账传票 …… 388
0056 一九五一年七月三十一日仁益庄转账传票 …… 388

0057 一九五一年七月份转账传票封面 …… 389
0058 一九五一年七月仁益庄固定工商业税缴纳证明书 …… 389

玉林地区

0001 一九五四年五月六日玉林梁仕岩屠宰报税证明单 …… 390

玉林地区北流县

0001 一九五〇年十二月十日第一甲捐助救济淮河流域寒衣粮食收据 …… 391
0002 一九五三年十二月二十八日北流县朱沃泉缴纳一九五三年度农业税收据 …… 392
0003 一九五六年一月二十九日北流县郑厚元货物税完税照 …… 392

玉林地区桂平市

0001-1 一九六二年五月桂平西山饭馆对账单（1） …… 393
0001-2 一九六二年五月桂平西山饭馆对账单（2） …… 393

玉林地区平南县

0001 一九五一年八月十九日平南支行对账一览表 …… 394
0002 一九五二年六月二十七日马练供销部转平南工业品批发部托收承付结算凭证 … 394
0003 一九五五年一月十七日伍崇荣存款凭条 …… 395
0004 一九五五年一月十八日黄惠容存款凭条 …… 395
0005 一九五五年一月十八日黄惠容存款凭条 …… 396
0006 一九五五年一月十八日潘华祺存款凭条 …… 396
0007 一九五五年一月十八日邵利敏存款凭条 …… 397
0008 一九五五年四月十八日益群转账支票 …… 397
0009 一九五五年五月十八日黄□似活期储蓄取款凭条 …… 398

0010 一九五五年五月十八日刘文英活期储蓄取款凭条 …………………………… 398
0011 一九五五年五月十八日物□□□活期储蓄取款凭条 ………………………… 399
0012 一九五五年五月三十日付出委托结算凭证资金平衡表外科目日结单 ……… 399
0013 一九五五年五月三十日中支出库命令资金平衡表外科目日结单 …………… 400
0014 一九五五年六月二日九区供销社转平南县供销社经理部结算凭证 ………… 400
0015 一九五五年七月三十日平南贸易支公司转第十二区供销合作社特种转账传票 … 401
0016 一九五五年七月三十日平南贸易支公司转贵县贸易公司特种转账传票 ……… 401
0017 一九五五年七月三十日平南贸易支公司转平南五区供销社特种转账传票 …… 402
0018 一九五五年七月三十日平南贸易支公司转容县贸易分公司梧州
推销组特种转账传票 ……………………………………………………………… 402
0019 一九五五年七月三十日平南贸易支公司转梧州石油供应站特种转账传票 …… 403
0020 一九五五年七月三十日平南油脂公司转五区供销合作社特种转账传票 ……… 403
0021 一九五五年八月三日平南县支行转账收入传票 ……………………………… 404
0022 一九五五年八月三日平南县支行转账收入传票 ……………………………… 404
0023 一九五五年八月三日平南县支行转账收入传票 ……………………………… 405
0024 一九五五年八月三日平南县支行转账收入传票 ……………………………… 405
0025 一九五五年八月三日平南县支行转账收入传票 ……………………………… 406
0026 一九五五年八月三日平南县支行转账收入传票 ……………………………… 406
0027 一九五五年八月三日平南县支行转账收入传票 ……………………………… 407
0028 一九五五年八月三日平南县支行转账收入传票 ……………………………… 407
0029 一九五五年八月三日平南县支行转账收入传票 ……………………………… 408
0030 一九五五年十一月一日思旺油脂营业处借款借据 …………………………… 408
0031 一九五五年十二月五日平南花纱布公司进货预付放款计算表 ……………… 409
0032 一九五五年十二月五日平南县社经理部代梧州松脂厂收账贷放通知单 …… 409
0033 一九五六年一月二十五日平南县支行现金付出日记簿 ……………………… 410
0034 一九五六年一月二十五日平南县支行现金收入日记簿 ……………………… 410
0035 一九五六年五月十八日邓上贞零存整取定期储蓄存款凭条 ………………… 411
0036 一九五六年五月十八日李玉荣零存整取定期储蓄存款凭条 ………………… 411

0037 一九五六年五月十八日平南支行转南宁市支行邮寄贷方报单 …………………… 412
0038 一九五六年五月十八日平南支行转梧州市支所邮寄贷方报单 …………………… 412
0039 一九五六年五月十八日平南支行转梧州支行电寄贷方补充报单 ………………… 413
0040 一九五六年五月十八日平南支行转梧州支行电寄贷方报单 ……………………… 413
0041 一九五六年五月十八日徐松明零存整取定期储蓄存款凭条 ……………………… 414
0042 一九五六年五月十八日平南支行转柳州支行电寄贷方补充报单 ………………… 414
0043 一九五六年五月二十日平南中学委托梧州高中印刷讲义邮寄贷方报单 ………… 415
0044-1 一九五六年六月二十九日中国人民银行平南支行日计表（1） ………………… 416
0044-2 一九五六年六月二十九日中国人民银行平南支行日计表（2） ………………… 417
0044-3 一九五六年六月二十九日中国人民银行平南支行日计表（3） ………………… 418
0045 一九五六年七月十二日平南县邮电局转账支票 …………………………………… 419
0046 一九五六年十一月八日平南县检察院取款收据 …………………………………… 419
0047 一九五七年一月十九日平南食品公司借款借据 …………………………………… 420
0048 一九五七年一月二十日安怀副食品采购供应站预付款支款凭证 ………………… 420
0049 一九五七年一月上渡杂货合作店合营商业存款 …………………………………… 421
0050 一九五七年四月上渡杂货合作商店合营商业存款 ………………………………… 421
0051 一九五七年五月二十一日黄海琼活期有奖储蓄取款凭条 ………………………… 422
0052 一九五七年五月二十一日莫健雄活期有奖储蓄取款凭条 ………………………… 422
0053 一九五七年五月二十一日欧文活期有奖储蓄取款凭条 …………………………… 423
0054 一九五七年五月二十一日谢彬活期有奖储蓄取款凭条 …………………………… 423
0055 一九五七年五月二十二日李骥活期有奖储蓄取款凭条 …………………………… 424
0056 一九五七年六月六日木圭锰矿基建课转中百平南公司特种转账传票 …………… 424
0057 一九五七年六月八日平南中百公司转木圭锰矿基建课信汇特约汇款通知书 …… 425
0058 一九五七年六月十一日木圭资司转中百平南公司信汇特约汇款通知书 ………… 425
0059 一九五七年六月十一日官成百货商店转中百平南公司特种转账传票 …………… 426
0060 一九五七年七月一日上渡杂货合作商店合营商业存款 …………………………… 426
0061 一九五七年八月一日上渡杂货合作商店合营商业存款 …………………………… 427
0062-1 一九五七年八月二十一日平南支行对账一览表（1） ……………………………… 427

0062-2 一九五七年八月二十一日平南支行对账一览表（2） …………………………… 428
0062-3 一九五七年八月二十一日平南支行对账一览表（3） …………………………… 428
0062-4 一九五七年八月二十一日平南支行对账一览表（4） …………………………… 429
0062-5 一九五七年八月二十一日平南支行对账一览表（5） …………………………… 429
0063 一九五七年十月十日思旺百货商店转中百平南公司特种转账传票 ……………… 430
0064 一九五八年一月二日平南县邮电局营支户空白凭证领用单 ……………………… 430
0065 一九五八年一月四日平南城厢镇公私合营国药业商店现金缴款单 ……………… 431
0066 一九五八年一月四日平南县新华书店空白凭证领用单 …………………………… 431
0067 一九五八年一月五日平南城厢镇公私合营国药业商店现金缴款单 ……………… 432
0068 一九五八年一月六日合营新联棉布商店现金缴款单 ……………………………… 432
0069 一九五八年一月六日平南县财政局空白凭证领用单 ……………………………… 433
0070 一九五八年一月六日平南县水利科空白凭证领用单 ……………………………… 433
0071 一九五八年二月六日平南城厢镇公私合营国药业商店现金缴款单 ……………… 434
0072 一九五八年二月七日公私合营百货商店现金缴款单 ……………………………… 434
0073 一九五八年二月七日平南县城厢镇百货商店现金缴款单 ………………………… 435
0074 一九五八年四月九日财政局转丹竹税所信汇委托书 ……………………………… 435
0075 一九五八年四月九日财政局转畅岩乡人委会信汇委托书 ………………………… 436
0076 一九五八年四月九日财政局转陈龙乡人委会信汇委托书 ………………………… 436
0077 一九五八年四月九日财政局转陈龙乡人委会信汇委托书 ………………………… 437
0078 一九五八年四月九日财政局转登明乡人委会信汇委托书 ………………………… 437
0079 一九五八年四月九日财政局转东平乡人委会信汇委托书 ………………………… 438
0080 一九五八年四月九日财政局转梅令乡人委会信汇委托书 ………………………… 438
0081 一九五八年四月九日财政局转平堈乡人委会信汇委托书 ………………………… 439
0082 一九五八年四月九日财政局转青梧乡人委会信汇委托书 ………………………… 439
0083 一九五八年四月九日财政局转镇西乡委会信汇委托书 …………………………… 440
0084 一九五八年四月九日财政局转严郁素信汇委托书 ………………………………… 440
0085 一九五九年一月四日平南县港务社空白凭证领用单 ……………………………… 441
0086 一九五九年一月三十日食品加工厂缴纳车船使用牌照税收入专用缴款书 ……… 441

0087 一九五九年一月三十一日戴秩礼缴纳车船使用牌照税收入专用缴款书 ………… 442
0088 一九五九年一月三十一日李显邦缴纳车船使用牌照税收入专用缴款书 ………… 442
0089 一九五九年一月三十一日吕盛金缴纳车船使用牌照税收入专用缴款书 ………… 443
0090 一九五九年五月安怀人民公社信用部月计表 ………… 444
0091 一九五九年五月城厢人民公社信用部月计表 ………… 445
0092 一九五九年五月大鹏人民公社信用部月计表 ………… 446
0093 一九五九年五月官成人民公社信用部月计表 ………… 447
0094 一九五九年五月思旺人民公社信用部月计表 ………… 448
0095 一九五九年五月镇隆人民公社信用部月计表 ………… 449
0096 一九五九年五月平南支行丹弘营业部月计表 ………… 450
0097 一九五九年六月二十九日马练供销部转平南食杂站异地托收承付结算凭证 …… 451
0098 一九五九年六月三十日大朋供销部转平南食杂站异地托收承付结算凭证 ………… 451
0099 一九五九年七月一日大朋供销部转平南食杂站异地托收承付结算凭证 ………… 452
0100 一九五九年七月一日大坡供销部转平南食杂站异地托收承付结算凭证 ………… 452
0101 一九五九年七月一日龙圩商业局转平南食杂站异地托收承付结算凭证 ………… 453
0102 一九五九年七月二日大新供销部转平南食杂站异地托收承付结算凭证 ………… 453
0103 一九五九年七月二日平南县食杂站异地托收承付结算凭证 ………… 454
0104 一九五九年七月二日平山供销社转平南食杂站异地托收承付结算凭证 ………… 454
0105 一九五九年七月二日容县工业品站转平南工业品批发部异地托收承付结算凭证 ………… 455
0106 一九五九年七月二日容县工业品站转平南工业品批发部异地托收承付结算凭证 ………… 455
0107-1 一九五九年七月八日平南农采医药部现金缴款单（正面） ………… 456
0107-2 一九五九年七月八日平南农采医药部现金缴款单（背面） ………… 456
0108 一九五九年七月八日平南农业工业部现金缴款单 ………… 457
0109-1 一九五九年七月九日平南工业品站现金缴款单（正面） ………… 458
0109-2 一九五九年七月九日平南工业品站现金缴款单（背面） ………… 458
0110 一九五九年七月九日平南工业品站现金缴款单 ………… 459

0111 一九五九年七月九日农业采购站现金缴款单 …………………………………… 459
0112 一九五九年十二月四日平南副食品商店托收承付结算部分拒绝承付理由书 …… 460
0113 一九六〇年九月十一日平南生产资料站转大安供销部异地托收承付结算凭证 …… 461
0114 一九六〇年九月十四日平南工业批发部转梧州工业品批发站异地托收承付结算凭证 …………………………………………………………………… 462
0115 一九六〇年九月十四日平南工业品采供站转玉林工业品批发站异地托收承付结算凭证 …………………………………………………………………… 462
0116 一九六〇年九月十五日平南工业品批发部转梧州工业品批发站异地托收承付结算凭证 …………………………………………………………………… 463
0117 一九六〇年九月十七日平南生产资料站转大安供销部异地托收承付结算凭证 … 463
0118 一九六〇年九月十八日平南生产资料站转大新生产资料门市部异地托收承付结算凭证 …………………………………………………………………… 464
0119 一九六〇年九月十八日平南生产资料站转平南丹竹分社供销部异地托收承付结算凭证 …………………………………………………………………… 464
0120 一九六〇年九月二十日平南县生产资料站转平南丹竹分社供销部异地托收承付结算凭证 …………………………………………………………………… 465
0121 一九六〇年九月二十一日平南工业品采供站转玉林工业品批发站异地托收承付结算凭证 …………………………………………………………………… 465
0122 一九六〇年九月二十一日平南生产资料站转玉林生产资料批发站异地托收承付结算凭证 …………………………………………………………………… 466
0123 一九六〇年九月二十二日平南生产资料站转武林供销部异地托收承付结算凭证 …………………………………………………………………… 466
0124 一九六〇年九月二十二日平南生产资料站转思旺供销部异地托收承付结算凭证 …………………………………………………………………… 467
0125 一九六〇年九月二十七日平南县人民公社安临分社托收承付结算部分拒绝承付理由书 …………………………………………………………………… 467
0126 一九六〇年九月二十九日平南工业品站托收承付结算部分拒绝承付理由书 …… 468
0127 一九六〇年九月二十九日平南工业品站托收承付结算部分拒绝承付理由书 …… 468

0128 一九六〇年九月二十九日平南县工业站托收承付结算部分拒绝承付理由书 …… 469
0129 一九六〇年九月三十日平南工业品站托收承付结算部分拒绝承付理由书 ……… 469
0130 一九六〇年九月三十日平南工业站托收承付结算部分拒绝承付理由书 ………… 470
0131 一九六〇年十月三日平南生产资料合作社托收承付结算部分拒绝承付理由书 … 470
0132 一九六〇年十月四日平南生产资料采购站托收承付结算部分拒绝承付理由书 … 471
0133 一九六〇年有奖储蓄凭证粘贴单 …… 472
0134 一九六一年四月二十一日大畲信用部空白凭证领用单 …… 473
0135 一九六一年六月二十二日食品杂货站空白凭证领用单 …… 473
0136 一九六一年六月二十二日提取现金支票与转账支票空白凭证领用单 …… 474
0137 一九六一年六月二十三日平南县航运站空白凭证领用单 …… 474
0138 一九六一年六月二十四日平南县粮所空白凭证领用单 …… 475
0139 一九六二年九月三十日梁彩英收到医师购货费付款证明单 …… 475
0140 一九六二年九月三十日梁美田收到医师购货费付款证明单 …… 476
0141 一九六二年九月三十日平南工业品站托收承付结算部分拒绝承付理由书 ……… 476
0142 一九六二年平山银行缴交报纸费收据 …… 477
0143 一九六三年四月二日官成营业所转平南支行辖内往来借方凭证 …… 477
0144 一九六三年四月八日大新营业所转平南支行辖内往来借方凭证 …… 478
0145 一九六三年四月九日大坡营业所转平南支行辖内往来借方凭证 …… 478
0146 一九六三年四月十六日六陈营业所转平南支行辖内往来借方凭证 …… 479
0147 一九六三年四月二十七日寺面税务所中央金库工商各税收入统计表 …… 479
0148 一九六三年四月二十九日安怀税务所中央金库工商各税收入统计表 …… 480
0149 一九六三年四月三十日丹竹税务所中央金库工商各税收入统计表 …… 480
0150 一九六三年九月十九日平南县支行城南营业所盖戳领取侨汇证收据 …… 481
0151 一九六三年十月二日平南县印刷厂转平南县税局企业收入专用缴款书 …… 481
0152 一九六三年十二月九日千和队集体支款凭条 …… 482
0153 一九六三年十二月十五日克石队集体支款凭条 …… 482
0154 一九六三年十二月十五日里屋队集体支款凭条 …… 483
0155 一九六三年十二月十九日容平队集体备取支款凭条 …… 483

0156 一九六三年十二月二十日大满队集体支款凭条 …… 484
0157 一九六三年十二月二十日圳上生产队集体支款凭条 …… 484
0158 一九六三年十二月二十一日石斤村民运茶饭费支款凭条 …… 485
0159 一九六三年十二月二十一日大朋村民运茶饭费支款凭条 …… 485
0160 一九六三年十二月二十一日里屋队集体支款凭条 …… 486
0161 一九六三年十二月二十一日外屋队集体支款凭条 …… 486
0162 一九六三年十二月二十四日何荣彪旅差费报告表 …… 487
0163 一九六三年十二月二十四日章秀彩旅差费报告表 …… 487
0164 一九六三年十二月二十六日肖仲金旅差费报告表 …… 488
0165 一九六四年一月二十六日平南县遥望乡人民委员会借款借据 …… 488
0166 一九六四年二月十四日平南县西村乡人民委员会借款借据 …… 489
0167 一九六四年四月三日马儿山金矿兑入黄金代付出传票 …… 489
0168 一九六四年七月十六日中国人民银行广西分行辖内往来电寄货方补充凭证 …… 490
0169 一九六四年九月三十日森林工作站工资基金专用冲账申请书 …… 490
0170 一九六四年十一月十一日平南地方金库付款委托书 …… 491
0171 一九六四年十一月十二日平南地方金库付款委托书 …… 491
0172 一九六四年十二月平南县马练区社会救济款报销花名册 …… 492
0173 一九六四年十二月平南县马练区优抚费报销花名册 …… 492
0174 一九六四年十二月平南县马练区社会救济款报销花名册 …… 493
0175 一九六五年一月十日三联乡独上队收回农业贷款凭证 …… 493
0176 一九六五年一月十六日马练乡收回农业贷款凭证 …… 494
0177 一九六五年一月十六日马练乡收回农业贷款凭证 …… 494
0178 一九六五年一月十八日九扶乡第四队收回农业贷款凭证 …… 495
0179 一九六五年一月二十八日马练乡古单队收回农业贷款凭证 …… 495
0180 一九六五年二月七日藤旺乡文廉队收回农业贷款凭证 …… 496
0181 一九六五年二月二十五日大成乡信用社转柘畬乡信用社付款委托书 …… 496
0182 一九六五年二月二十五日水晏乡木晏一队收回农业贷款凭证 …… 497
0183 一九六五年三月八日九扶乡第四队收回农业贷款凭证 …… 497

0184 一九六五年三月二十九日城厢粮所转柘畲乡信用社付款委托书 …………………… 498
0185 一九六五年葛庆元队贷款明细表 …………………………………………………… 498
0186 一九六六年九月五日平南县思旺招待所宿费收据 ………………………………… 499
0187 一九六六年九月五日平南县思旺招待所宿费收据 ………………………………… 499
0188 一九六六年九月五日平南县思旺招待所宿费收据 ………………………………… 500
0189-1 一九六六年十月中国人民银行广西分行平南支行甲种余额表封面 …………… 500
0189-2 一九六六年十月中国人民银行广西分行平南支行甲种余额表（1） ………… 501
0189-3 一九六六年十月中国人民银行广西分行平南支行甲种余额表（2） ………… 501
0189-4 一九六六年十月中国人民银行广西分行平南支行甲种余额表（3） ………… 502
0189-5 一九六六年十月中国人民银行广西分行平南支行甲种余额表（4） ………… 502
0189-6 一九六六年十月中国人民银行广西分行平南支行甲种余额表（5） ………… 503
0189-7 一九六六年十月中国人民银行广西分行平南支行甲种余额表（6） ………… 503
0190 一九六六年石祥平队贷款明细账 …………………………………………………… 504
0191 一九六七年四月十七日华有文定期整存整取储蓄账 ……………………………… 504
0192 一九六七年四月十七日李崇津定期整存整取储蓄账 ……………………………… 505
0193 一九六七年五月二十五日中国人民银行平南支行现金收支登记部 ……………… 505
0194 一九六七年五月二十五日中国人民银行平南支行现金收入登记部 ……………… 506
0195 一九六七年五月二十五日中国人民银行平南支行现金收支登记部 ……………… 506
0196 一九六七年五月二十五日中国人民银行平南支行现金收支登记部 ……………… 507
0197 一九六七年五月二十五日中国人民银行平南支行现金收支登记部 ……………… 507
0198 一九六七年十一月九日江万清定期整存整取储蓄账 ……………………………… 508
0199 一九六七年十一月十九日李成芳定期整存整取储蓄账 …………………………… 508
0200 一九六七年十一月十九日陈宝易定期整存整取储蓄账 …………………………… 509
0201 一九六七年十一月十九日江万清定期整存整取储蓄账 …………………………… 509
0202 一九六八年五月二十五日平南县丹竹供销合作社托收承付结算部分
拒绝承付理由书 ……………………………………………………………… 510
0203 一九六八年五月二十六日思旺供销社托收承付结算全部部分拒绝承付理由书 … 510
0204 一九七一年五月二十八日龙坪大队罗斗生产队现金支票 ………………………… 511

0205 一九七二年九月三日郭庭但活期储蓄取款凭条 …… 511
0206 一九七二年九月三日陆李秀活期储蓄取款凭条 …… 512
0207 一九七二年九月四日韩松林活期储蓄取款凭条 …… 512
0208 一九七二年九月四日林秀英活期储蓄取款凭条 …… 513
0209 一九七二年九月五日陈朝贤活期储蓄取款凭条 …… 513
0210 一九七二年九月六日津典光活期储蓄取款凭条 …… 514
0211 一九七二年九月九日谭福英活期储蓄取款凭条 …… 514
0212 一九七二年十月至十二月中国人民银行平南行马练所分辖对账单 …… 515
0213 关耀川活期有奖储蓄取款凭条 …… 515
0214 李贵学活期有奖储蓄取款凭条 …… 516

玉林地区容县

0001 一九五二年八月二十三日容县踏田乡梁秀华等收据 …… 517
0002 一九五三年三月一日容县梁积满土地房产所有证收费收据 …… 517
0003 一九五四年八月二日容县封业柱杂费收据 …… 518
0004 一九五四年八月二日容县封桂华杂费收据 …… 518
0005 一九五四年八月二日容县封伯华杂费收据 …… 519
0006 一九五五年八月六日容县陈景兆农业税夏征收据 …… 519

桂林地区灌阳县

0001 一九五〇年一月二十三日王熙品交易税收据 …… 520
0002 一九五〇年二月一日灌阳县征收王熙品公粮收据 …… 520
0003 一九五一年一月二十三日王熙品屠宰税票 …… 521
0004 一九五二年十二月二十五日谢元珍土地房产所有证收费收据 …… 521
0005 一九五二年十二月二十五日谢子能缴纳土地房产所有证费收据 …… 522
0006 一九五二年王熙品缴纳一九五二年农业税收据 …… 522

0007 一九五三年十月十二日谢元珍缴纳一九五三年农业税收据 ………………………… 523
0008 一九五三年十月十二日谢子能缴纳一九五三年农业税收据 ………………………… 523
0009 一九五四年一月九日谢子能爱国粮稻谷出售通知单 ………………………………… 524
0010 一九五四年一月十一日灌阳县福星乡周像益出售米谷证明 ………………………… 524
0011 一九五四年六月十五日灌阳县盘香清契税缴款书 …………………………………… 525
0012 一九五四年十一月二十二日王熙品缴交一九五四年度农业税收据 ………………… 525
0013 一九五五年一月十二日周象仪牲畜交易税完税证 …………………………………… 526
0014 一九五五年九月二十五日谢子能缴纳一九五五年度农业税收据 …………………… 526

桂林地区荔浦县

0001-1 一九五二年十二月三十日荔浦县顾素媛认购合作社股票（正面） …………… 527
0001-2 一九五二年十二月三十日荔浦县顾素媛认购合作社股票（背面） …………… 527
0002 一九五二年十二月三十日荔浦县韦祖杰认购合作社股票 ………………………… 527
0003 一九五三年一月六日荔浦县戴石氏、戴六凤认购合作社股票 …………………… 527
0004 一九五五年六月三十日荔浦县罗□才购买树麸证明 ……………………………… 528
0005 一九五六年五月七日荔浦县冯宋杰购买桐面证明 ………………………………… 528

桂林市临桂县

0001-1 一九五三年五月十九日临桂九区周家乡三兴村李家贷借麻麸名单（正面）… 529
0001-2 一九五三年五月十九日临桂九区周家乡三兴村李家贷借麻麸名单（背面）… 529
0002 一九五三年五月二十日临桂县周家乡三兴村赊借白麻麸借条 …………………… 530
0003-1 一九五三年五月二十二日临桂县九区大埠乡赊借白麻麸借条
并附各村花名册（1） ………………………………………………………………… 530
0003-2 一九五三年五月二十二日临桂县九区大埠乡赊借白麻麸借条
并附各村花名册（2） ………………………………………………………………… 531
0003-3 一九五三年五月二十二日临桂县九区大埠乡赊借白麻麸借条
并附各村花名册（3） ………………………………………………………………… 531

0003-4 一九五三年五月二十二日临桂县九区大埠乡赊借白麻麸借条
并附各村花名册（4） …… 532
0003-5 一九五三年五月二十二日临桂县九区大埠乡赊借白麻麸借条
并附各村花名册（5） …… 532
0004 一九五三年六月六日临桂县大埠乡赊借白麻麸借条 …… 533
0005 一九五三年六月九日临桂县大埠乡赊借麻麸借条 …… 533
0006 一九五三年六月九日临桂县罗安乡莫招福贷借肥料白麻麸证明 …… 534
0007 一九五三年十一月十八日临桂县毛贱孩缴纳工本费契税缴款书 …… 534
0008 一九五三年临桂县江口乡老屋里村购销麻麸花名册 …… 535
0009 一九五三年临桂县羊田乡六中村白麻麸借户名册 …… 535
0010 一九五五年八月八日临桂县周家乡购买禾粉贷款证明 …… 536
0011 五月二十日临桂县良丰乡莫蒋村赊借白麻麸借条 …… 536
0012 五月二十二日临桂县良丰乡竹六村贷借白麻麸借条 …… 537
0013 八月六日临桂县邦山乡莫家慈、刘初凤购买禾粉介绍信 …… 537
0014 八月六日临桂县第四区暂排药粉证明 …… 538
0015 八月六日临桂县东下乡葛临海购买药粉证明 …… 538
0016-1 贷借麻麸名单（正面） …… 539
0016-2 贷借麻麸名单（背面） …… 539

南宁地区

0001-1 一九五四年八月七日马山县第十区供销合作社股票封面 …… 540
0001-2 一九五四年八月七日马山县第十区供销合作社股票内页 …… 540
0002-1 一九六〇年九月十九日广西银行明江支行支票（正面） …… 541
0002-2 一九六〇年九月十九日广西银行明江支行支票
（背面为一九五〇年的转账凭据） …… 541
0003-1 一九六六年广西壮族自治区供销社伍市斤面值化肥奖售票（正面） …… 542
0003-2 一九六六年广西壮族自治区供销社伍市斤面值化肥奖售票
（背面为横州化肥供销社盖戳） …… 542

南宁市

0001 一九五六年三月三十日南宁市公私合营百货总店发票 …… 543

江门市

0001 一九五四年十一月六日广东省税务局颁给江门市李来妹屠宰税免税证 …… 544

江门市开平县

0001 一九五〇年十二月十七日里讴乡龙安村周瑞利缴纳公粮通知书 …… 545
0002 一九五二年七月十七日开平县张文常田租临时通知书 …… 545
0003 一九五二年十月二十三日开平县征收张文常夏秋农业税收据 …… 546
0004 一九五三年十二月二十一日开平县征收向瑞心农业税收据 …… 546
0005 一九五三年十二月二十一日开平县征收张文常农业税收据 …… 547

肇庆市新兴县

0001-1 一九五一年十二月二十一日新兴县第六区供销合作社社员证封面 …… 548
0001-2 一九五一年十二月二十一日新兴县第六区供销合作社社员证内页 …… 548
0002 一九五六年六月六日黄镇元缴纳鉴证费收据 …… 549
0003-1 一九六〇年发行新兴县购糖票（正面） …… 550
0003-2 一九六〇年发行新兴县购糖票（背面） …… 550
0004-1 新兴县二角面值饼类购买票（正面） …… 551
0004-2 新兴县二角面值饼类购买票（背面） …… 551
0005-1 新兴县伍分面值糖果票（正面） …… 552
0005-2 新兴县伍分面值糖果票（背面） …… 552
0006-1 新兴县一角面值饼类购买票（正面） …… 553
0006-2 新兴县一角面值饼类购买票（背面） …… 553

0007-1 新兴县一角面值糖果票（正面）…… 554
0007-2 新兴县一角面值糖果票（背面）…… 554
0008-1 新兴县二角面值饼票（正面）…… 555
0008-2 新兴县二角面值饼票（背面）…… 555
0009-1 新兴县二角面值饼票（正面）…… 556
0009-2 新兴县二角面值饼票（背面）…… 556

肇庆市郁南县

0001 一九五二年郁南县预征李子辉夏季农业税收据 …… 557
0002 一九五三年黎律南土地房产所有证缴费通知单及收费收据 …… 558
0003 一九五五年七月三十一日郁南县预征周悦和农业税通知书 …… 559
0004 一九五五年十月三十日郁南县征收周悦和农业税通知书 …… 559
0005-1 一九六〇年郁南县第四区历洞乡莫玖荣信用合作社借款证 …… 560
0005-2 一九六〇年郁南县第四区历洞乡莫玖荣信用合作社借款证记录页 …… 560
0005-3 一九六〇年郁南县第四区历洞乡莫玖荣信用合作社借款证注意事项 …… 560
0006-1 黎田兰社员劳动手折封面 …… 561
0006-2 黎田兰社员劳动手折内页 …… 561
0006-3 黎田兰社员劳动手折一月份工作记录 …… 562
0006-4 黎田兰社员劳动手折二月份工作记录 …… 562
0006-5 黎田兰社员劳动手折三月份工作记录 …… 563
0006-6 黎田兰社员劳动手折四月份工作记录 …… 563
0006-7 黎田兰社员劳动手折五月份工作记录 …… 564
0006-8 黎田兰社员劳动手折六月份工作记录 …… 564
0006-9 黎田兰社员劳动手折七月份工作记录 …… 565
0006-10 黎田兰社员劳动手折八月份工作记录 …… 565
0006-11 黎田兰社员劳动手折九月份工作记录 …… 566
0006-12 黎田兰社员劳动手折十月份工作记录 …… 566

0007-1 黄叔义社员劳动手折封面 ………………………………………………… 567
0007-2 黄叔义社员劳动手折内页 ………………………………………………… 567
0007-3 黄叔义社员劳动手折一月工作记录 ……………………………………… 568
0007-4 黄叔义社员劳动手折二月工作记录 ……………………………………… 568
0007-5 黄叔义社员劳动手折三月工作记录 ……………………………………… 569
0007-6 黄叔义社员劳动手折四月工作记录 ……………………………………… 569
0007-7 黄叔义社员劳动手折五月工作记录 ……………………………………… 570
0007-8 黄叔义社员劳动手折六月工作记录 ……………………………………… 570
0007-9 黄叔义社员劳动手折七月工作记录 ……………………………………… 571
0007-10 黄叔义社员劳动手折八月工作记录 …………………………………… 571
0007-11 黄叔义社员劳动手折九月工作记录 …………………………………… 572
0007-12 黄叔义社员劳动手折十月工作记录 …………………………………… 572

肇庆市德庆县

0001-1 一九五二年十月二十六日肇庆德庆县梁秀华入供销合作社股票（正面）…… 573
0001-2 一九五二年十月二十六日肇庆德庆县梁秀华入供销合作社股票（背面）…… 573
0002-1 德庆县壹角面额粮食换购金额票（正面） ……………………………… 574
0002-2 德庆县壹角面额粮食换购金额票（背面） ……………………………… 574
0003-1 德庆县伍角面额粮食换购金额票（正面） ……………………………… 575
0003-2 德庆县伍角面额粮食换购金额票（背面） ……………………………… 575
0004-1 德庆县壹元面额粮食换购金额票（正面） ……………………………… 576
0004-2 德庆县壹元面额粮食换购金额票（背面） ……………………………… 576
0005-1 德庆县伍元面值粮食换购金额票（正面） ……………………………… 577
0005-2 德庆县伍元面值粮食换购金额票（背面） ……………………………… 577

肇庆市封开县

0001 一九五六年二月二十三日封开县伍州垣返还猪仔本 …………………………… 578
0002 一九七二年一月十一日封开县食品公司食品站猪、牛收购单 ………………… 578
0003 一九七八年一月十二日封开县食品公司食品站猪、牛收购单 ………………… 579
0004 一九七八年三月三日封开县食品公司食品站猪、牛收购单 …………………… 579

肇庆市高要县

0001-1 一九六二年六月二十五日高要县乐城供销合作社第二队社员证封面 ………… 580
0001-2 一九六二年六月二十五日高要县乐城供销合作社第二队社员证附注 ………… 580
0001-3 一九六二年六月二十五日高要县乐城供销合作社第二队社员证内页 ………… 581
0001-4 一九六二年六月二十五日高要县乐城供销合作社第二队社员证登记页（1） 581
0001-5 一九六二年六月二十五日高要县乐城供销合作社第二队社员证登记页（2） 582
0001-6 一九六二年六月二十五日高要县乐城供销合作社第二队社员证登记页（3） 582
0002 高要县水南公社食品站壹角面额肉票 ……………………………………………… 583
0003 高要县水南公社食品站式角面额肉票 ……………………………………………… 583
0004 高要县水南公社食品站伍角面额肉票 ……………………………………………… 584
0005-1 高要专区农村居民购油证封面 …………………………………………………… 585
0005-2 高要专区农村居民购油证登记页 ………………………………………………… 585
0006-1 高要专区农村居民购油证封面 …………………………………………………… 585
0006-2 高要专区农村居民购油证登记页 ………………………………………………… 585

怀集县

0001-1 一九八八年怀集县粮油征收定购任务入库登记部 ……………………………… 586
0001-2 一九八八年怀集县粮油征收定购任务入库登记部内页（1） …………………… 586
0001-3 一九八八年怀集县粮油征收定购任务入库登记部内页（2） …………………… 587

信息不详

0001 一九五二年十二月十六日韦玉辉牲畜保险证 …… 588
0002-1 一九五四年十月二十四日中国人民银行货币定额储蓄存单（正面） …… 589
0002-2 一九五四年十月二十四日中国人民银行货币定额储蓄存单（背面） …… 589
0003 一九五五年四月十五日罗平安收到篾包支付挑价款证明 …… 590
0004 一九五六年五月十日邓志武向信用社借款批条 …… 590
0005 一九五六年五月十二日李英兰申请购买粮食证明 …… 591
0006 一九五六年十月五日邓超根交壹元壹角社费收据 …… 591
0007 一九五七年二月十四日石积玉信用合作社定期储蓄存单存根 …… 592
0008 一九五七年三月十二日陈美机信用合作社定期储蓄存单存根 …… 592
0009 一九五八年六月十二日木柱坤农业社付款证明单 …… 593
0010 一九五八年六月十二日邓恒志农业社付款证明单 …… 593
0011 一九五八年六月十二日邓□才农业社付款证明单 …… 594
0012 一九五八年六月十二日何启元农业社付款证明单 …… 594
0013 一九五八年六月十二日何汝江农业社付款证明单 …… 595
0014 一九五八年六月十二日胡振奇农业社付款证明单 …… 595
0015 一九五八年六月十二日梁美田农业社付款证明单 …… 596
0016 一九五八年六月十二日梁志田农业社付款证明单 …… 596
0017 一九五八年六月十二日邓进英农业社付款证明单 …… 597
0018 一九五八年七月二日陈恒才农业社付款证明单 …… 597
0019 一九五九年八月二十八日潘延纪安乐信用合作社定期储蓄存单 …… 598
0020 一九五九年十一月中国人民银行广西分行零存整取有奖储蓄存款凭证 …… 598
0021 一九五九年黄宝新信用部活期储蓄分户账 …… 599
0022 一九五九年潘玉花信用部活期储蓄分户账 …… 599
0023 一九五九年严靖昌信用部活期储蓄分户账 …… 600
0024 一九五九年岑吉光信用部活期储蓄分户账 …… 600
0025 一九六〇年一月二十三日何庆芳信用合作社定期储蓄存单 …… 601

0026 一九六〇年一月二十四日宋乐佳信用合作社定期储蓄存单 …… 601
0027 一九六〇年三月二十五日四化信用部定期储蓄存单 …… 602
0028 一九六〇年袁世兰信用部活期储蓄分户账 …… 602
0029 一九六〇年岑海楼信用部活期储蓄分户账 …… 603
0030 一九六〇年岑海奇信用部活期储蓄分户账 …… 603
0031 一九六〇年岑海球信用部活期储蓄分户账 …… 604
0032 一九六〇年岑海贤信用部活期储蓄分户账 …… 604
0033 一九六〇年岑若培信用部活期储蓄分户账 …… 605
0034 一九六〇年岑世奇信用部活期储蓄分户账 …… 605
0035 一九六〇年岑肇光信用部活期储蓄分户账 …… 606
0036 一九六〇年岑肇光信用部活期储蓄分户账 …… 606
0037 一九六〇年邓敬奇信用部活期储蓄分户账 …… 607
0038 一九六〇年黄宝彤信用部活期储蓄分户账 …… 607
0039 一九六〇年黎淑连信用部活期储蓄分户账 …… 608
0040 一九六〇年潘彩和信用部活期储蓄分户账 …… 608
0041 一九六〇年潘彩琼信用部活期储蓄分户账 …… 609
0042 一九六〇年潘海廷信用部活期储蓄分户账 …… 609
0043 一九六〇年潘继年信用部活期储蓄分户账 …… 610
0044 一九六〇年潘继猷信用部活期储蓄分户账 …… 610
0045 一九六〇年潘延记信用部活期储蓄分户账 …… 611
0046 一九六〇年潘延叫信用部活期储蓄分户账 …… 611
0047 一九六〇年潘延良信用部活期储蓄分户账 …… 612
0048 一九六〇年全航群信用部活期储蓄分户账 …… 612
0049 一九六〇年韦桂平信用部活期储蓄分户账 …… 613
0050 一九六〇年严华林信用部活期储蓄分户账 …… 613
0051 一九六〇年严华屏信用部活期储蓄分户账 …… 614
0052 一九六〇年严靖甫信用部活期储蓄分户账 …… 614
0053 一九六〇年严靖珪信用部活期储蓄分户账 …… 615

0054 一九六〇年严靖南信用部活期储蓄分户账 …… 615
0055 一九六〇年严靖年信用部活期储蓄分户账 …… 616
0056 一九六〇年严靖禧信用部活期储蓄分户账 …… 616
0057 一九六〇年严式乾信用部活期储蓄分户账 …… 617
0058 一九六〇年严华屏信用部活期储蓄分户账 …… 617
0059 一九六〇年严靖禧信用部活期储蓄分户账 …… 618
0060 一九六〇年全航群信用部活期储蓄分户账 …… 618
0061 一九六〇年中国人民银行广西分行零存整取有奖储蓄存款凭证 …… 619
0062 一九六一年四月十日吴福明零存整取定期储蓄存款凭条 …… 619
0063 一九六一年七月十二日唐玉华零存整取定期储蓄入账通知 …… 620
0064 一九六一年七月十三日李森秀零存整取定期储蓄入账通知 …… 620
0065 一九六一年七月十三日林春秀零存整取定期储蓄入账通知 …… 621
0066 一九六一年七月十三日林进奇零存整取定期储蓄入账通知 …… 621
0067 一九六一年七月十三日林秀蕃零存整取定期储蓄入账通知 …… 622
0068 一九六一年七月十三日林丘奇零存整取定期储蓄入账通知 …… 622
0069 一九六一年七月十三日林伟奇零存整取定期储蓄入账通知 …… 623
0070 一九六一年七月十三日林远奇零存整取定期储蓄入账通知 …… 623
0071 一九六一年七月十三日苏健民零存整取定期储蓄入账通知 …… 624
0072 一九六一年七月十三日苏永春零存整取定期储蓄入账通知 …… 624
0073 一九六一年七月十三日蒋前和零存整取定期储蓄入账通知 …… 625
0074 一九六一年七月十三日蒋伟新零存整取定期储蓄入账通知 …… 625
0075 一九六一年七月十三日李栋香零存整取定期储蓄入账通知 …… 626
0076 一九六一年七月十三日庆年零存整取定期储蓄入账通知 …… 626
0077 一九六一年七月十三日子全零存整取定期储蓄入账通知单 …… 627
0078 一九六一年七月十三日宏全零存整取定期储蓄入账通知 …… 627
0079 一九六一年七月十三日龙天年零存整取定期储蓄入账通知 …… 628
0080 一九六一年九月五日信用部储蓄取款凭条 …… 628
0081 一九六一年岑开光信用部活期储蓄分户账 …… 629

0082 一九六二年大焕信用部对账单 …… 629
0083 一九六二年蒙略信用部对账单 …… 630
0084 一九六三年十二月六日支款凭条 …… 630
0085 一九六三年十二月八日支款凭条 …… 631
0086 一九六三年十二月九日支款凭条 …… 631
0087 一九六三年十二月十一日支款凭条 …… 632
0088 一九六三年十二月十二日支款凭条 …… 632
0089 一九六三年十二月十二日支款凭条 …… 633
0090 一九六三年十二月十二日支款凭条 …… 633
0091 一九六三年十二月十三日支款凭条 …… 634
0092 一九六三年十二月十四日支款凭条 …… 634
0093 一九六三年十二月十四日支款凭条 …… 635
0094 一九六三年十二月十九日支款凭条 …… 635
0095 一九六三年十二月二十日支付凭条 …… 636
0096 一九六三年十二月二十日支款凭条 …… 636
0097 一九六三年十二月二十日支款凭条 …… 637
0098 一九六三年十二月二十日支款凭条 …… 637
0099 一九六三年十二月二十日支款凭条 …… 638
0100 一九六三年十二月二十一日支款凭条 …… 638
0101 一九六三年十二月二十一日支款凭条 …… 639
0102 一九六三年十二月二十一日支款凭条 …… 639
0103 一九六三年十二月二十二日支款凭条 …… 640
0104 一九六三年十二月二十四日支款凭条 …… 640
0105 一九六四年一月十一日中国人民银行活期储蓄取款凭条 …… 641
0106 一九六四年一月十二日中国人民银行活期储蓄取款凭条 …… 641
0107 一九六四年一月十二日中国人民银行活期储蓄取款凭条 …… 642
0108 一九六四年一月十二日中国人民银行活期储蓄取款凭条 …… 642
0109 一九六四年一月十三日中国人民银行活期储蓄取款凭条 …… 643

0110-1 一九六七年广西壮族自治区通用粮票拾市斤（正面）…………………… 644
0110-2 一九六七年广西壮族自治区通用粮票拾市斤（背面）…………………… 644
0111-1 一九七三年广西壮族自治区十市斤面值奖售粮票（正面）……………… 645
0111-2 一九七三年广西壮族自治区十市斤面值奖售粮票（背面）……………… 645
0112 粮食入库登记 ………………………………………………………………… 646
0113 伍角面值边防通行证工本费凭证 …………………………………………… 646
0114 中国人民银行广西省分行储蓄本封面 ……………………………………… 647
0115-1 中国人民银行广西省分行定额保本保值储蓄存单（正面）……………… 648
0115-2 中国人民银行广西省分行定额保本保值储蓄存单（背面）……………… 648
0116 发票说明 ……………………………………………………………………… 649
0117 借款人明细表 ………………………………………………………………… 649
0118 借款人明细表 ………………………………………………………………… 650

后记………………………………………………………………………………………… 651

新中国票据

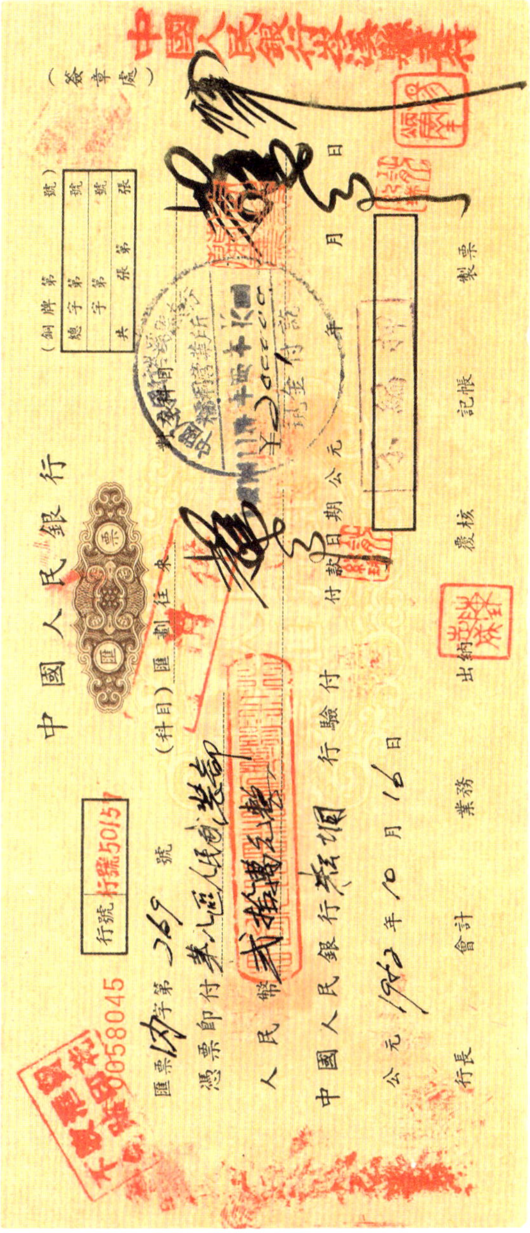

0001-1 一九五二年十月十六日岑溪第八区人民武装部汇票（正面）

0001-2 一九五二年十月十六日岑溪第八区人民武装部汇票（背面）

0002 一九五三年十一月十一日岑溪第八区人民武装部汇票

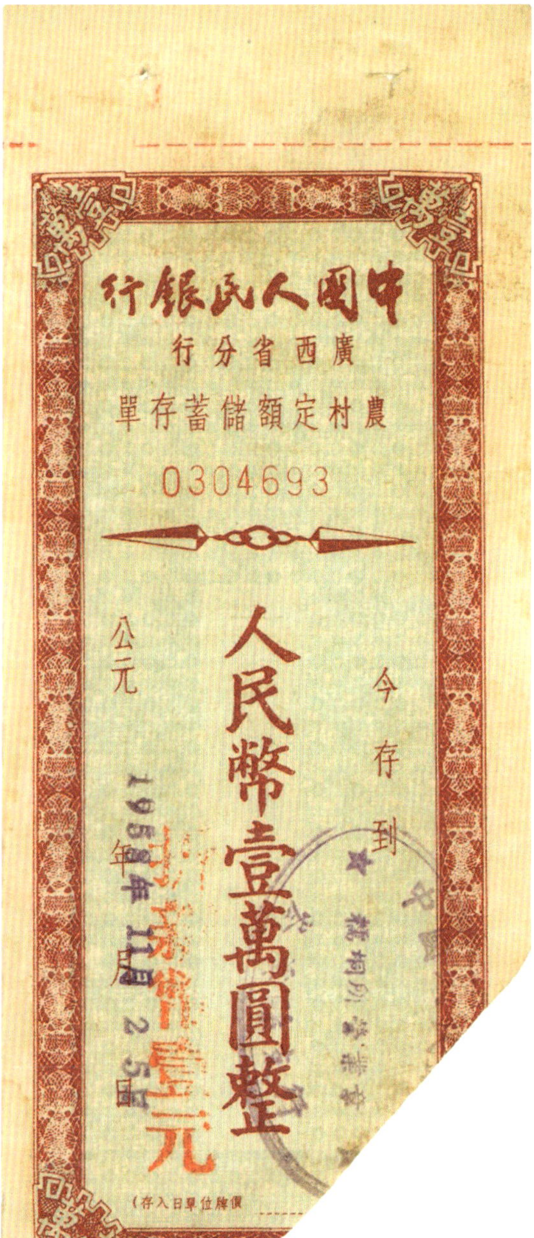

中國人民銀行

廣西省分行

農村定額儲蓄存單

0304693

公元 1958年11月25日

今存到

人民幣壹萬圓整

壹元

（存入日單位牌價）

0003-1 一九五八年十一月二十五日中国人民银行广西省分行农村定额储蓄存单（正面）

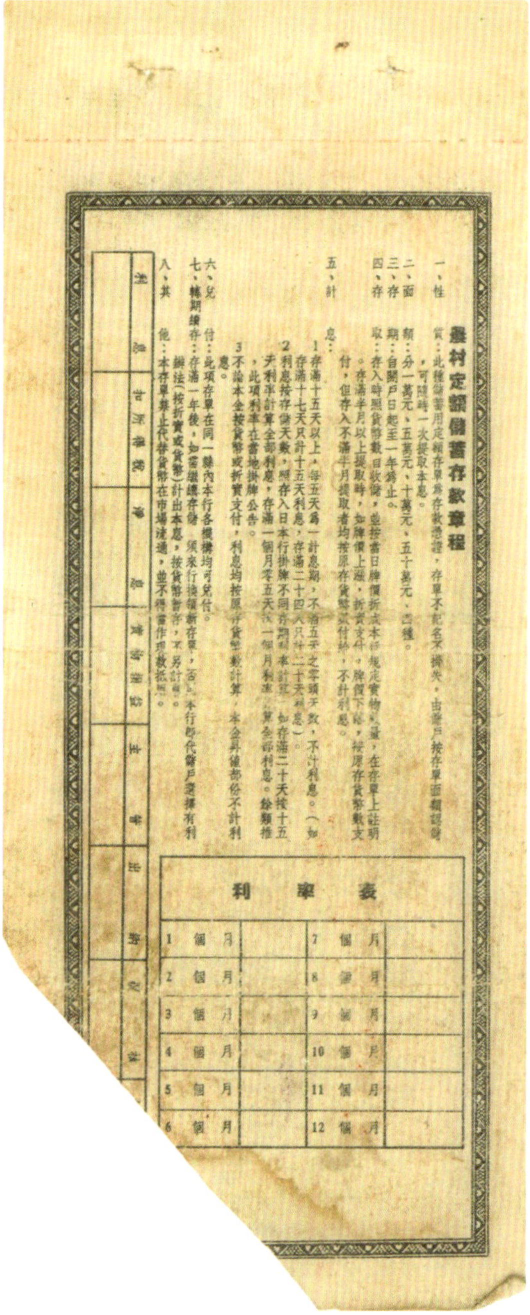

農村定額儲蓄存款章程

一、性 質：此種儲蓄用定額存單爲存款憑證，存單不記名不掛失，由儲戶按存單面額認購，可隨時一次提取本息。

二、面 額：分一萬元、五萬元、十萬元、五十萬元、四種。

三、存 期：自開戶日起至一年爲止。

四、存 取：存入時照貨幣數目收儲，並按當日牌價折成本行規定實物數量，在存單上註明。存滿半月以上提取時，如牌價上漲，折實支付，牌價下跌，按原存貨幣數支付，但存入不滿半月提取者均按原存貨幣數付給，不計利息。

五、計 息：

1存滿十五天以上，每五天爲一計息期，不滿五天之零頭天數，不計利息。（如存滿十七天只計十五天利息，存滿二十四天只計二十天利息）。

2利息按存儲天數，照存入日本行掛牌不同存期利率計算。如存滿二十天按十五天利率計算全部利息，存滿一個月零五天按一個月利率計算全部利息。餘類推，此項利率在當地掛牌公告。

3不論本金按貨幣或折實支付，利息均按原存貨幣數計算，本金升值部份不計利息。

六、兌 付：此項存單在同一縣內本行各機構均可兌付。

七、轉期續存：存滿一年後，如需繼續存儲，須來行換領新存單，否則本行即代儲戶選擇有利辦法（按折實或貨幣）計出本息，按貨幣暫存，不另計息。

八、其 他：本存單禁止代替貨幣在市場流通，並不得當作現款抵押。

利率表

1個月		7個月	
2個月		8個月	
3個月		9個月	
4個月		10個月	
5個月		11個月	
6個月		12個月	

0003-2 一九五八年十一月二十五日中国人民银行广西省分行农村定额储蓄存单（背面）

0004–1 一九五八年十二月十九日中国人民银行广西省分行优待售粮定期定额储蓄存单（正面）

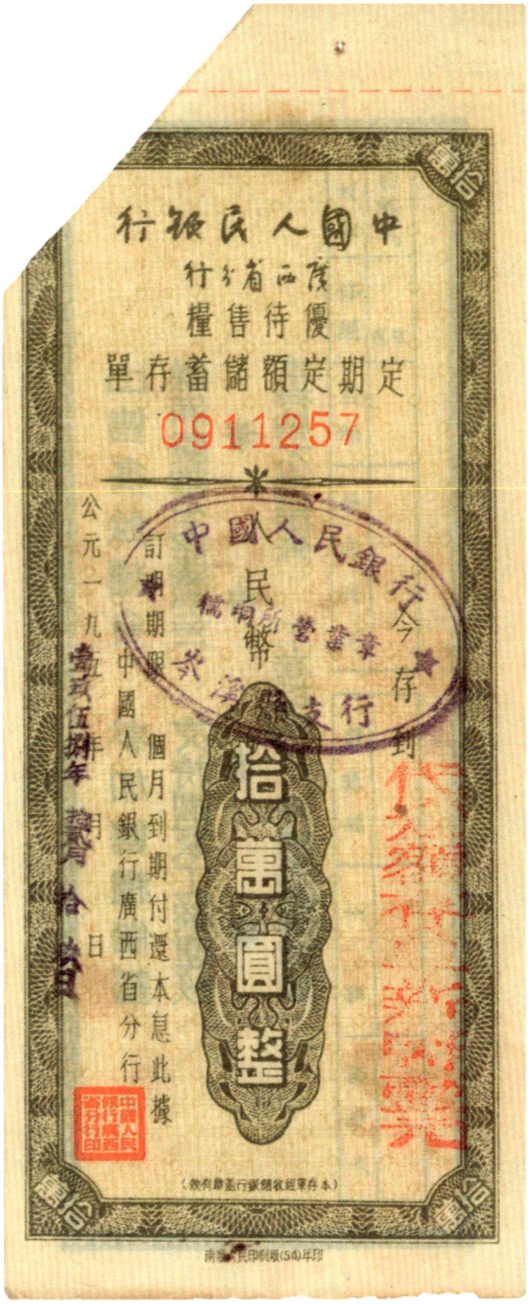

中國人民銀行
廣西省分行
優待售糧
定期定額儲蓄存單
0911257
今存到
民幣
拾萬圓整
前開期限 個月到期付還本息此據
中國人民銀行廣西省分行
公元一九 年 月 日

0004–2 一九五八年十二月十九日中国人民银行广西省分行优待售粮定期定额储蓄存单（背面）

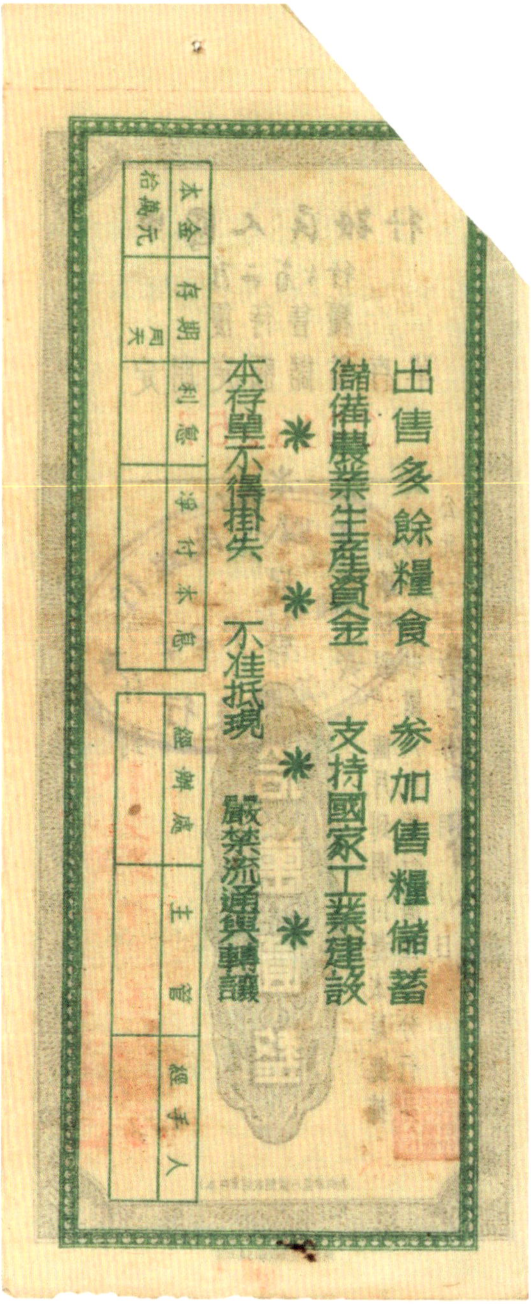

出售多餘糧食 參加售糧儲蓄
儲備農業生產資金 支持國家工業建設
本存單不得掛失 不准抵現 嚴禁流通買賣轉讓

本金	存期	利息	淨付本息
拾萬元	個月		

經辦處	主管	經手人

0005—1 一九五八年十二月二十日中国人民银行广西省分行优待售粮定期定额储蓄存单（正面）

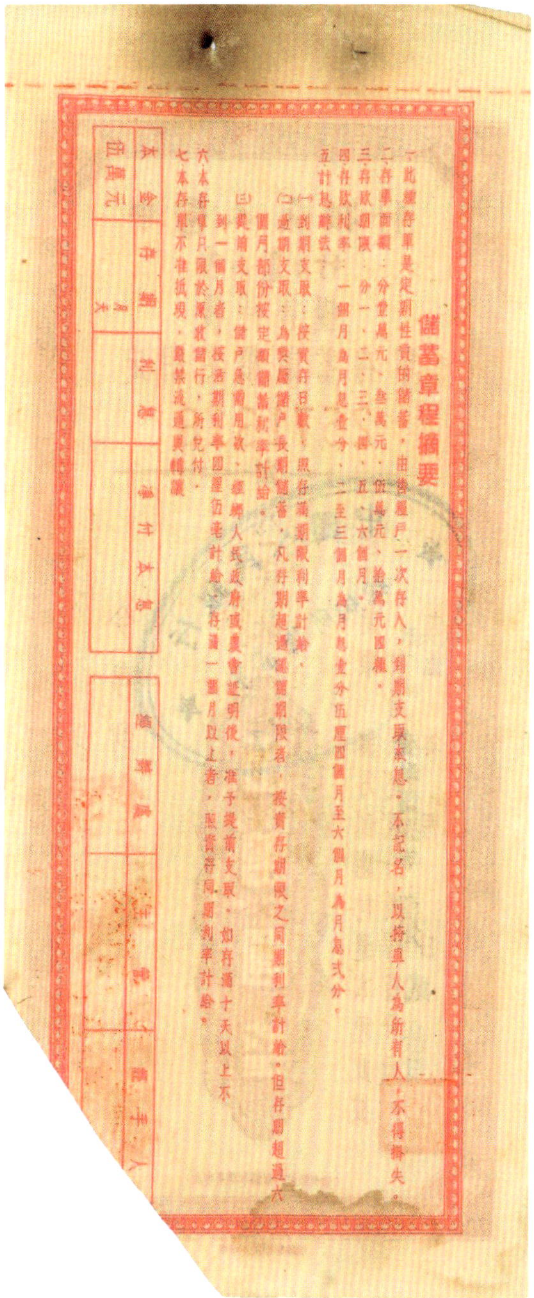

0005—2 一九五八年十二月二十日中国人民银行广西省分行优待售粮定期定额储蓄存单（背面）

0006—1 一九六二年广西壮族自治区岑溪县购货券（正面）

0006—2 一九六二年广西壮族自治区岑溪县购货券（背面）

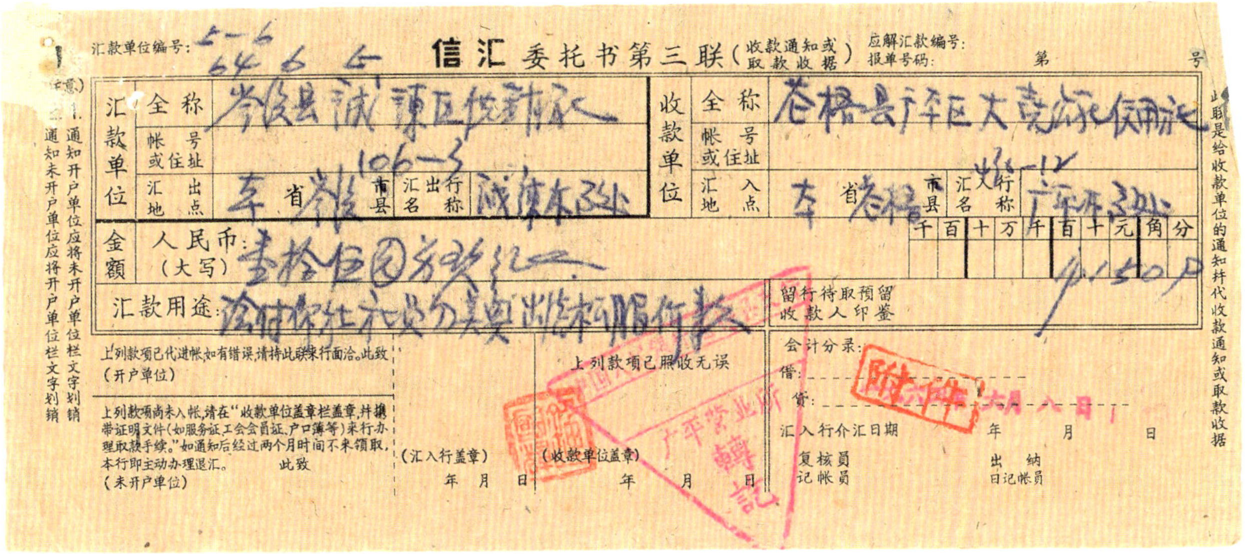

汇款单位编号：

信汇委托书第三联（收款通知或取款收据）

应解汇款编号：
报单号码：　　第　　号

汇款单位	全称		收款单位	全称	
	帐号或住址	106-3		帐号或住址	
	汇出地点	本省　　市县　汇出行名称		汇入地点	本省　　市县　汇入行名称
金额	人民币（大写）		千百十万千百十元角分		
汇款用途：			留行待取预留收款人印鉴		

上列款项已代进帐如有错误，请持此联来行面洽。此致（开户单位）

上列款项尚未入帐，请在"收款单位盖章"栏盖章，并携带证明文件（如服务证、工会会员证、户口簿等）来行办理取款手续。"如通知后经过两个月时间不来领取，本行即主动办理退汇。此致（未开户单位）

（汇入行盖章）年　月　日

上列款项已照收无误

（收款单位盖章）年　月　日

会计分录：
借：
贷：
汇入行介汇日期　年　月　日
复核员　出纳
记帐员　日记帐员

通知开户单位应将未开户单位栏文字划销
通知未开户单位应将开户单位栏文字划销

此联是给收款单位的通知并代收款通知或取款收据

0007 一九六四年六月五日岑溪诚谏区供销社收购松脂信汇委托书

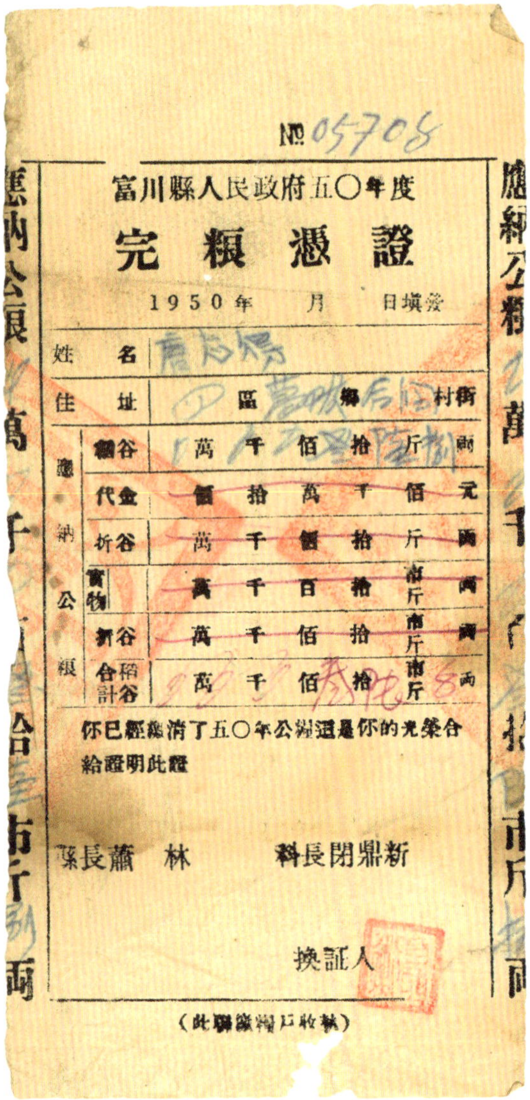
№05708

富川縣人民政府五〇年度

完糧憑證

1950年　月　日塡發

姓名　唐志得

住址　區　鄉　村街

應納公糧

你已經繳清了五〇年公糧這是你的光榮合給證明此證

股長蕭林　科長閉鼎新

換證人

（此聯繳糧戶收執）

0001 一九五〇年富川县唐志得完粮凭证

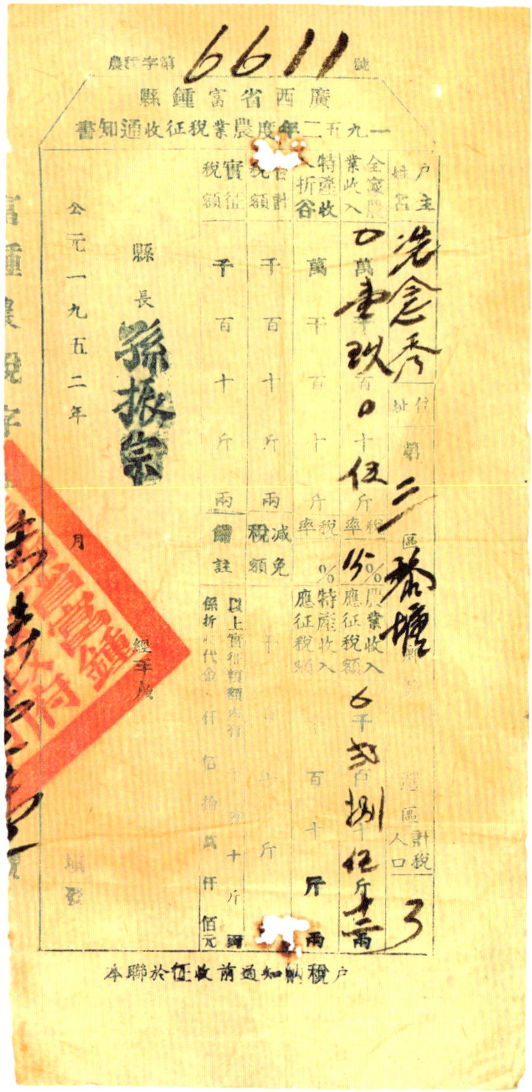
農字第6611號

廣西省富鍾縣

一九五二年度農業稅征收通知書

户主姓名　冼念秀

縣長　孫振宗

公元一九五二年　月　日

本聯於征收前通知納稅户

0002 广西省富钟县冼念秀一九五二年度农业税征收通知书

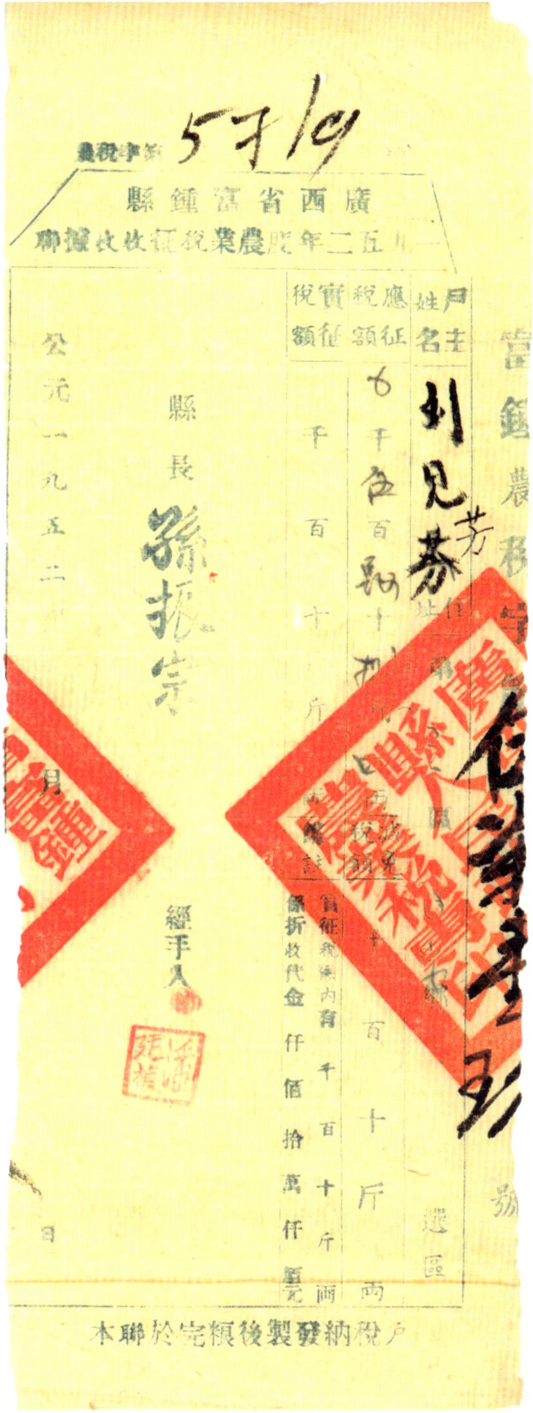
農稅字第 5319 號

廣西省富鍾縣

一九五二年度農業稅征收收據聯

戶主姓名 刘见芬

應征稅額

實征稅額

縣長 孫振宗

公元一九五二年 月 日

經手人

本聯於完納後製發納稅戶

0003 广西省富钟县刘见芬一九五二年度农业税征收收据

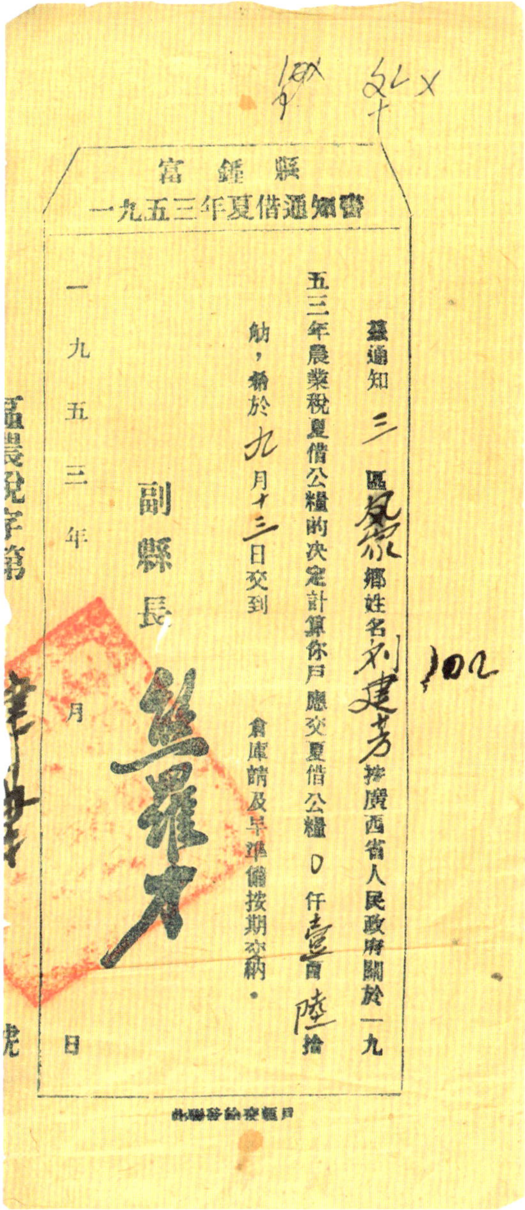
富鍾縣

一九五三年夏借通知書

茲通知 三 區 鄉姓名 刘建芳 按廣西省人民政府關於一九五三年農業稅夏借公糧的決定計算你戶應交夏借公糧 0 仟壹佰陸拾 斤，希於 九 月 十三 日交到 倉庫請及早準備按期交納。

副縣長

一九五三年 月 日

此聯發給交糧戶

0004 一九五三年富钟县刘建芳夏借通知书

0005 一九五四年六月六日富钟县征收冼念秀一九五三年度秋征地方附加粮收据

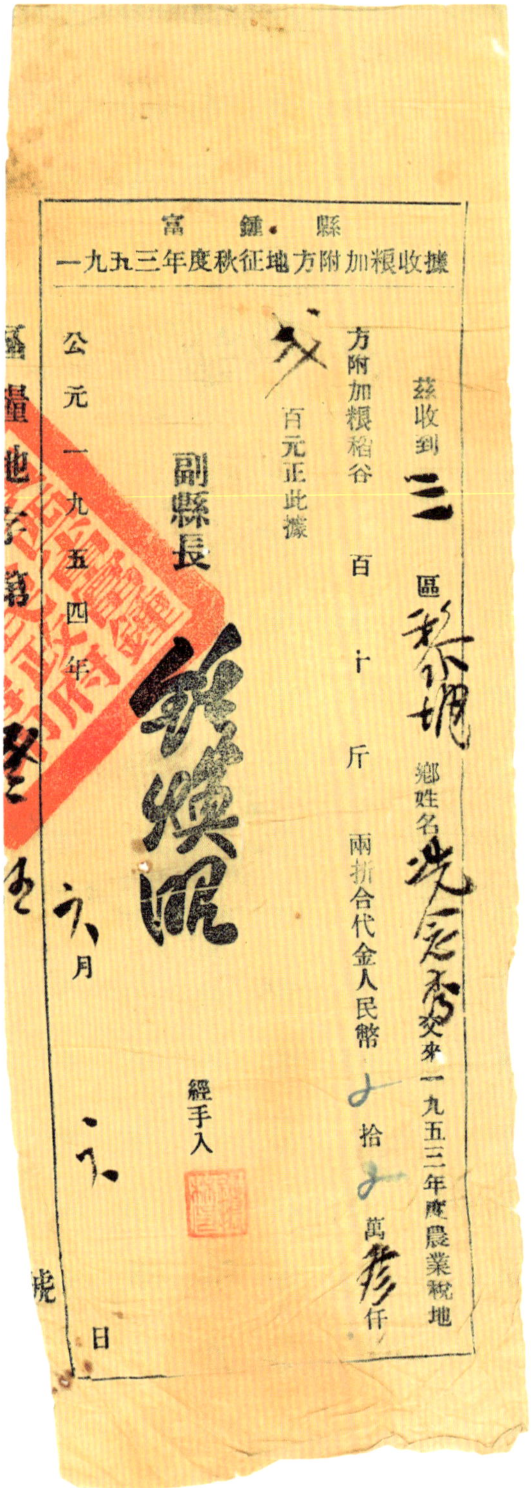

0006 一九五四年七月二十四日中国人民银行广西分行人民币贰拾贰万伍仟元整面值支票

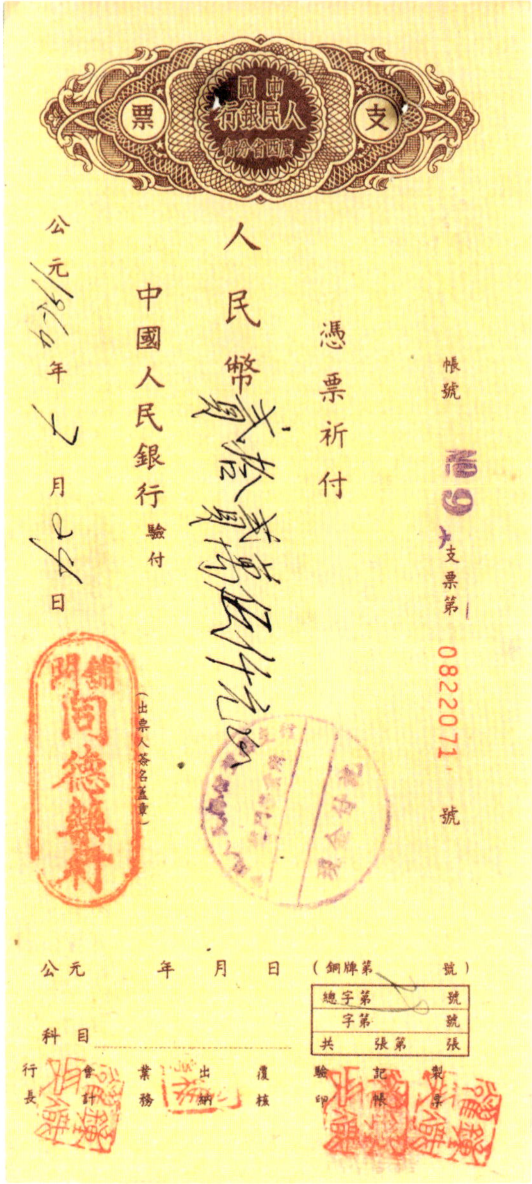

0007 一九五四年广西省富钟县冼念秀农业税夏季征收收据

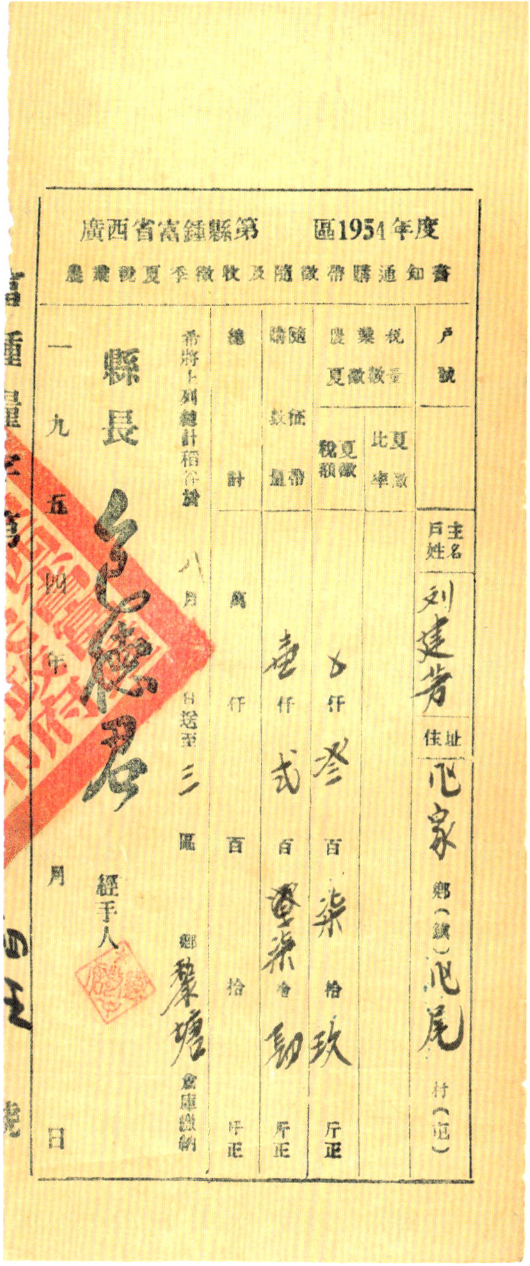

0008 一九五四年广西省富钟县征收刘建芳农业税夏季征收及随征带购通知书

0009 广西省富钟县刘建芬一九五四年度农业税收通知书

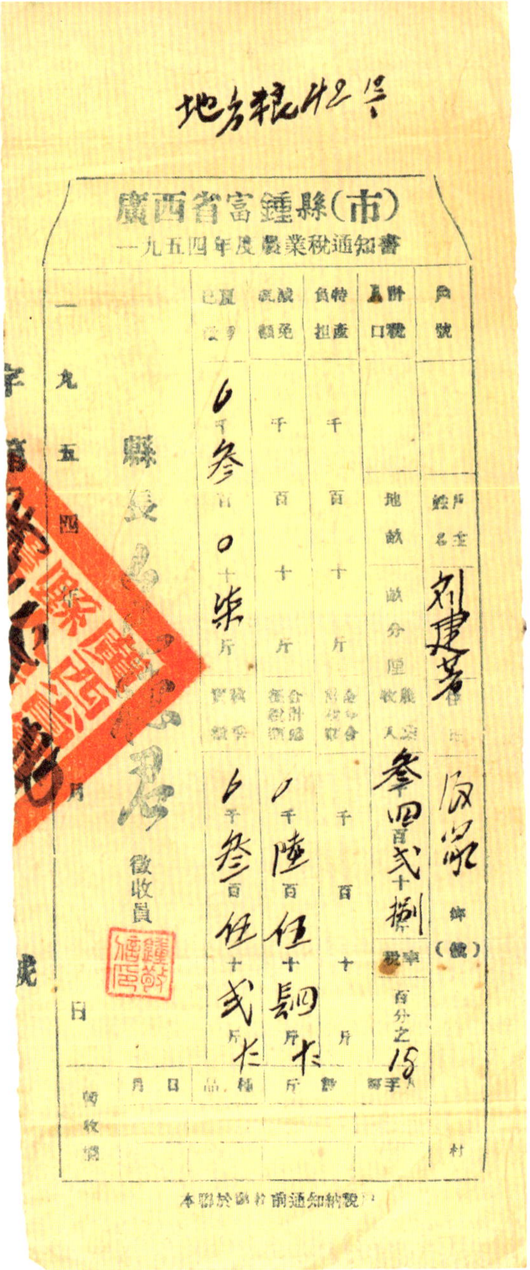
地方粮42号

廣西省富鍾縣(市)

一九五四年度農業稅通知書

戶號

戶主姓名 刘建芬

地畝

縣長

徵收員

0010 广西省富钟县征收冼念文一九五四年度农业税夏季征收收据

廣西省富鍾縣第　區1954年度

農業稅夏季徵收收據

戶號

縣長

經手人

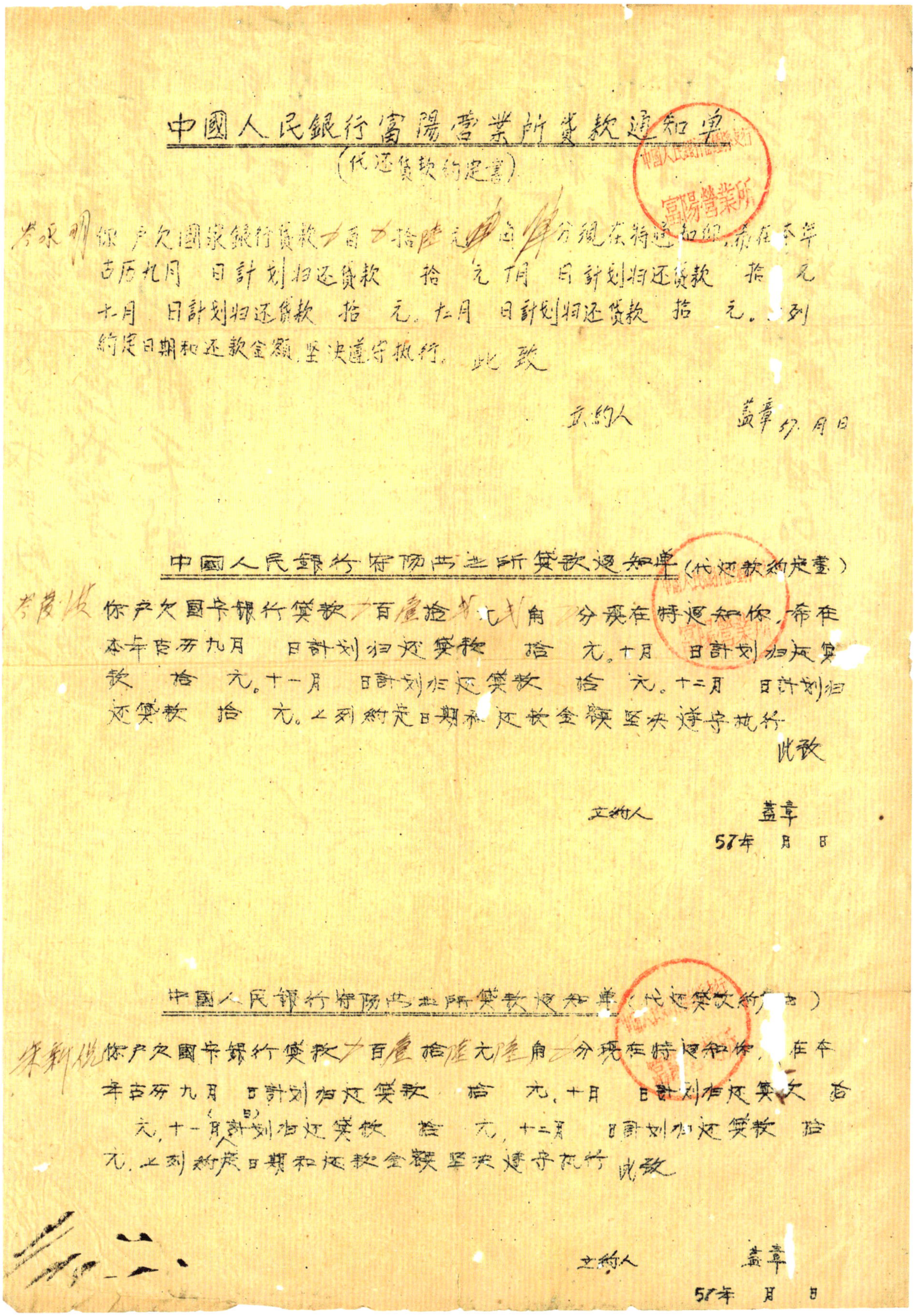

中國人民銀行富陽營業所貸款通知单
（代还貸款約定書）

岑永明 你户欠國家銀行貸款七百七拾陆元伍角伍分現在特通知你，希在本年古历九月 日計划归还貸款 拾 元十月 日計划归还貸款 拾 元十一月 日計划归还貸款 拾 元。十二月 日計划归还貸款 拾 元。上列約定日期和还款金額，坚决遵守执行。 此致

立約人 蓋章 57.月日

中國人民銀行富陽营业所貸款通知单（代还款約定書）

岑发洪 你户欠國家銀行貸款七百壹拾柒元弍角七分现在特通知你，希在本年古历九月 日計划归还貸款 拾 元。十月 日計划归还貸款 拾 元。十一月 日計划归还貸款 拾 元。十二月 日計划归还貸款 拾 元。上列約定日期和还款金額坚决遵守执行

此致

立約人 蓋章
57年 月 日

中國人民銀行富陽营业所貸款通知单（代还貸款約定書）

朱新侃 你户欠國家銀行貸款七百壹拾陆元陆角七分现在特通知你，希在本年古历九月 日計划归还貸款 拾 元，十月 日計划归还貸款 拾 元，十一月（日）計划归还貸款 拾 元，十二月 日計划归还貸款 拾 元，上列約定日期和还款金額坚决遵守执行 此致

立約人 蓋章
57年 月 日

0011 一九五七年中国人民银行富阳营业所岑永明等贷款通知单

0012–1　一九六二年广西壮族自治区钟山县购货券（正面）

0012–2　一九六二年广西壮族自治区钟山县购货券（背面）

發奉
合計人民幣（大寫）
一九五一年 月 日
貨物稅品填下列各欄（貨物稅最低分運數以下憑本票運銷）

原稅照名稱		原數量	
字軌號碼		原照有效期間	

（此聯隨貨運銷）

0001 一九五一年九月三日贺县人民政府税务局发票

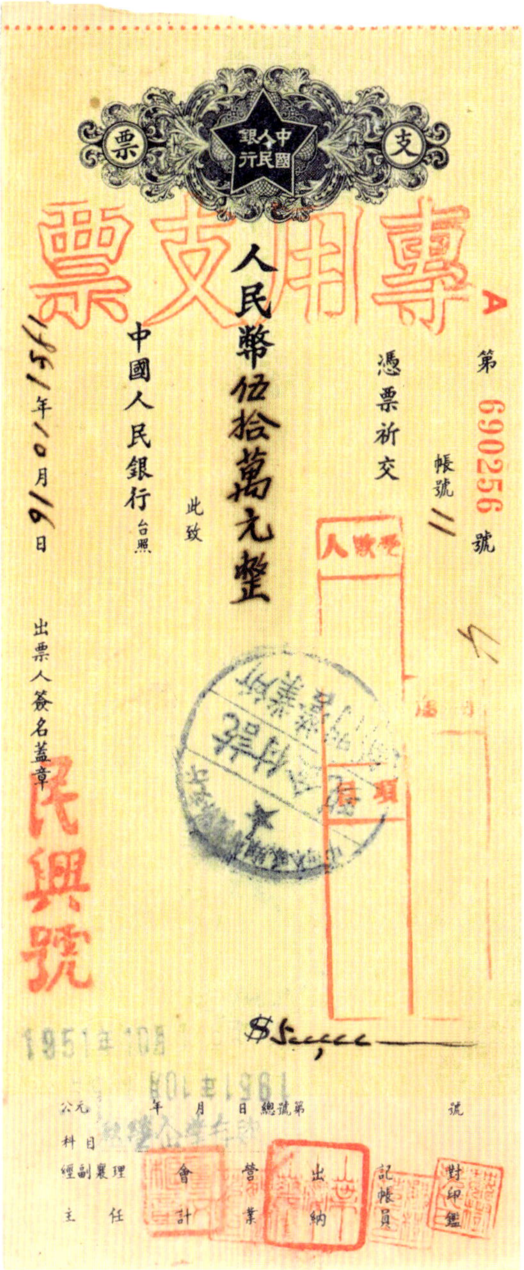
支 票
中國人民銀行
專用支票
A 第 690256 號
帳號 11
憑票祈交
人民幣伍拾萬元整
中國人民銀行 台照
此致
1951年10月16日
出票人簽名蓋章
民興號
公元 年 月 日 總號第 號
科目
經副襄理 主任 會計 營業 出納 記帳員 對印鑑

0002 一九五一年十月十六日中国人民银行人民币伍拾万元整面值支票

0003 一九五一年十一月四日中国人民银行人民币壹拾万元整面值支票

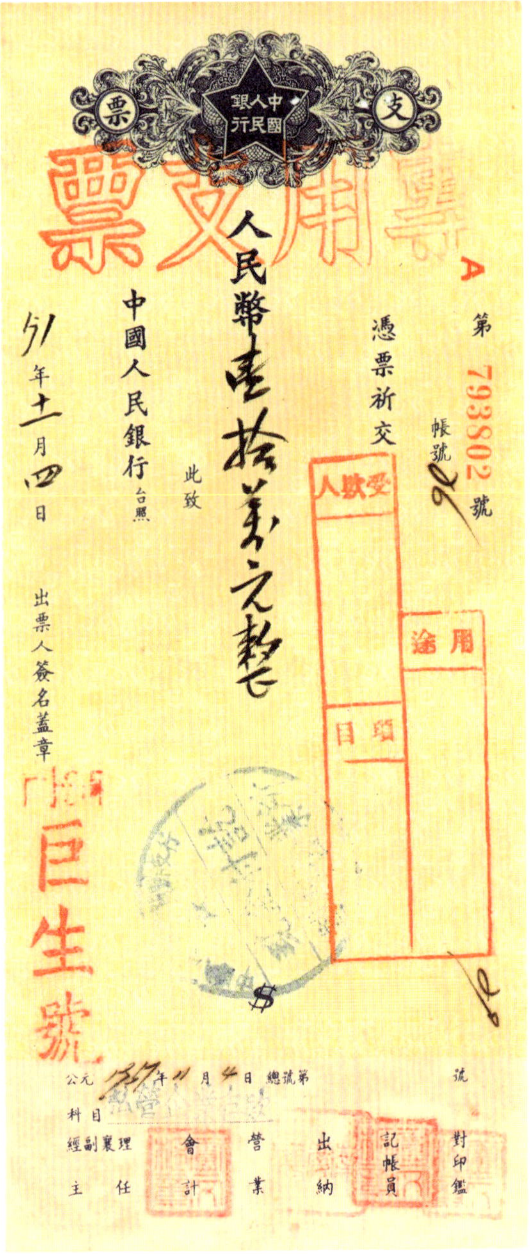

0004 一九五一年十一月六日中国人民银行人民币弍佰万元面值支票

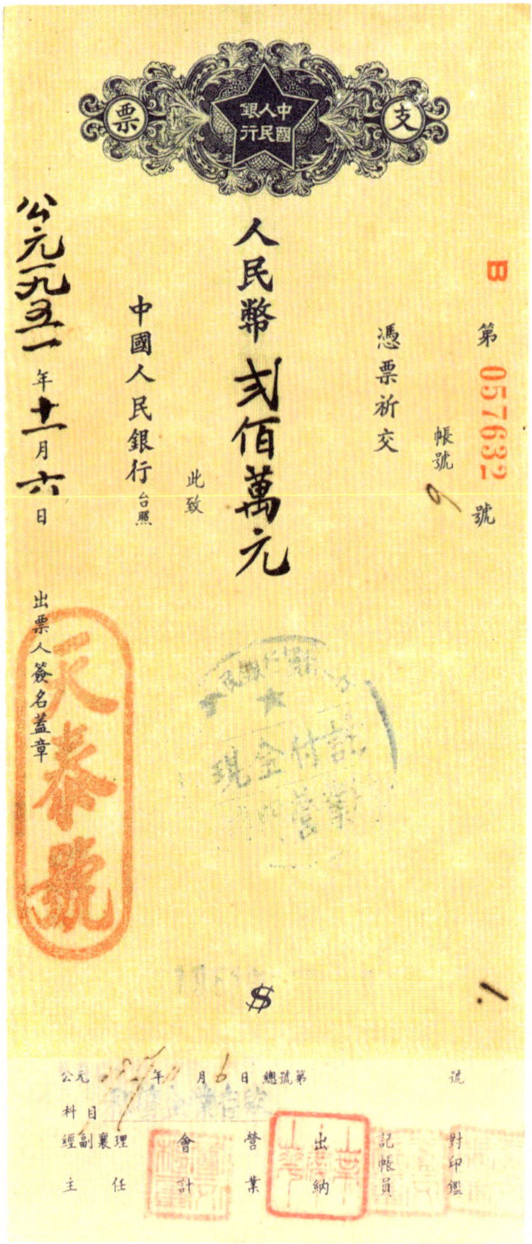

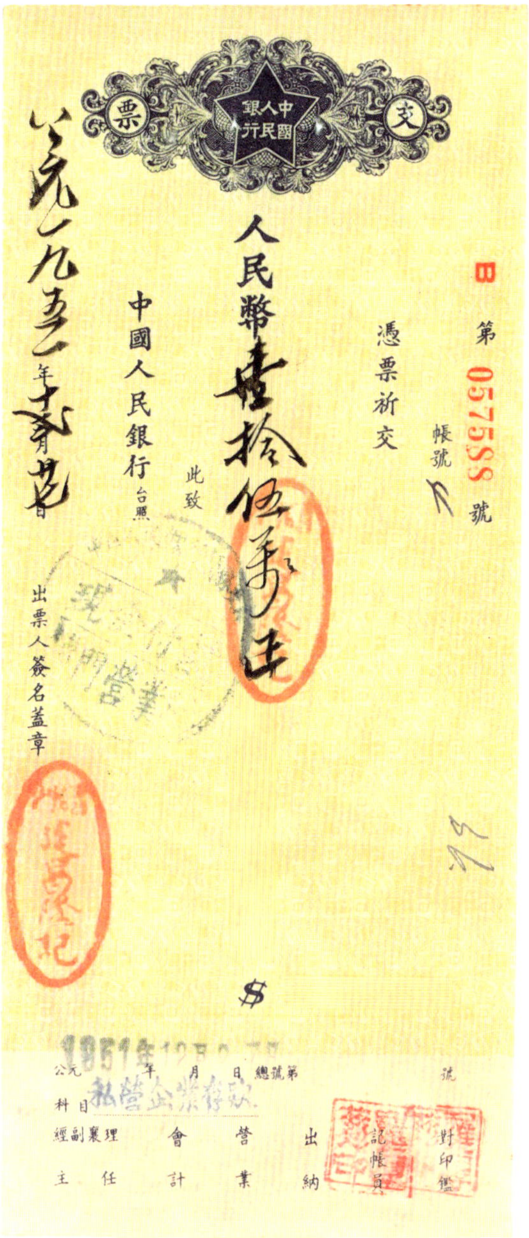

0005 一九五一年十二月二十七日中国人民银行人民币壹拾伍万整面值支票

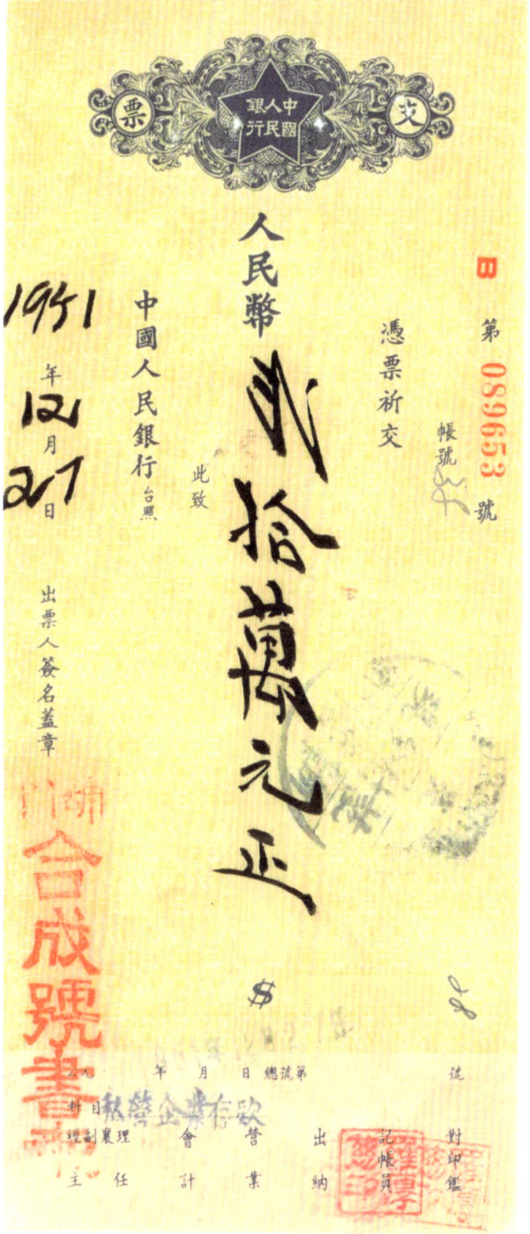

0006 一九五一年十二月二十七日中国人民银行人民币弍拾万元整面值支票

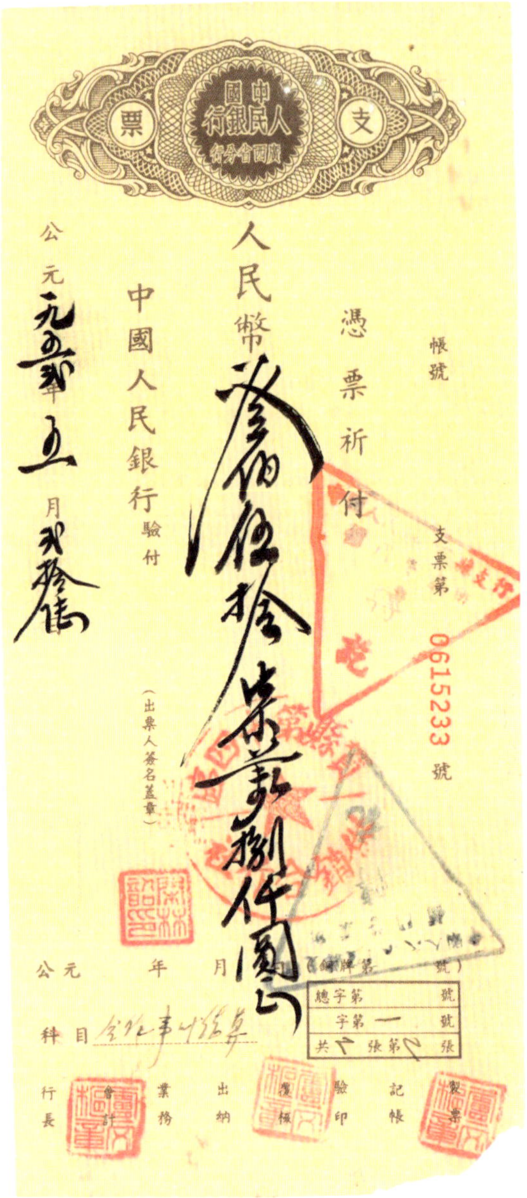

0007 一九五二年五月二十六日中国人民银行广西省分行人民币叁佰伍拾柒万捌仟圆整面值支票

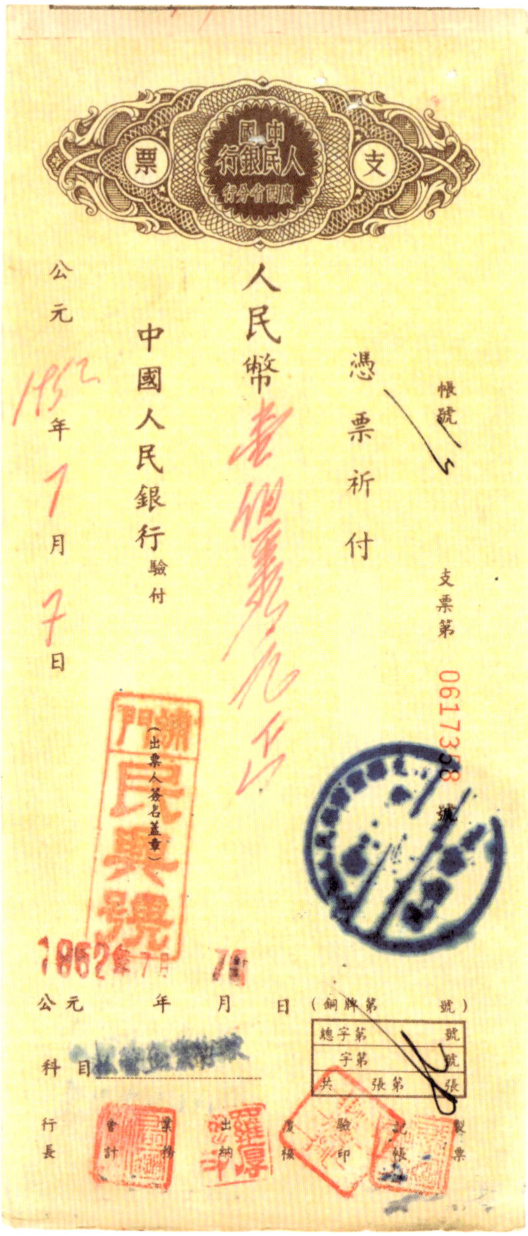

0008 一九五二年七月七日中国人民银行广西省分行人民币壹佰万元整面值支票

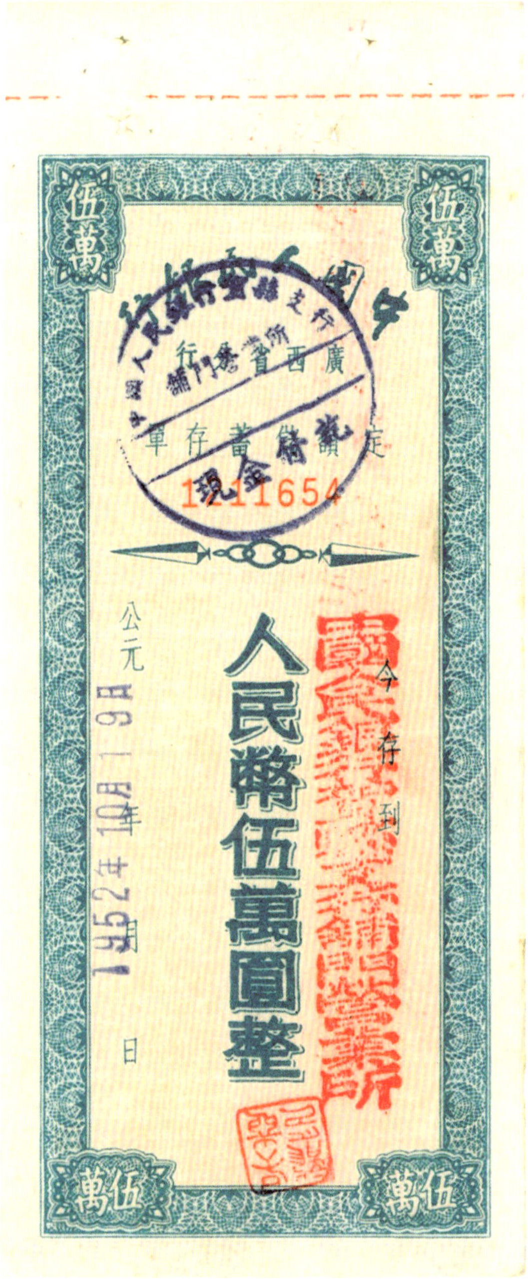

0009–1 一九五二年十月十九日中国人民银行广西省分行人民币伍万圆整面值定额储蓄存单（正面）

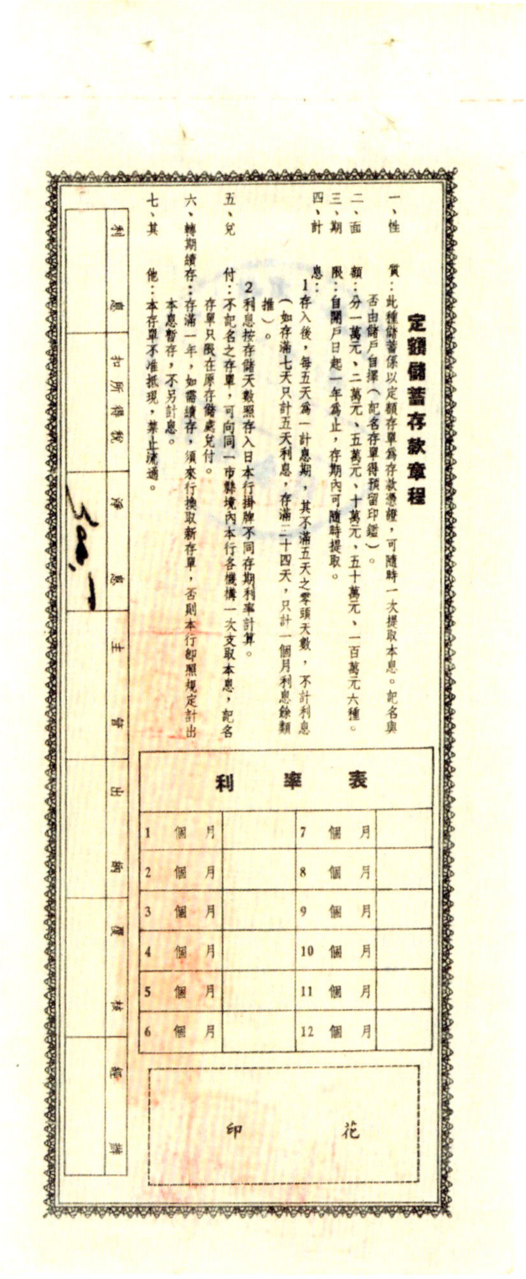

定額儲蓄存款章程

一、性　質：此種儲蓄係以定額存單爲存款憑證，可隨時一次提取本息。記名與否由儲戶自擇（記名存單得預留印鑑）。

二、面　額：分一萬元、二萬元、五萬元、十萬元、五十萬元、一百萬元六種。

三、期　限：自開戶日起一年爲止，存期內可隨時提取。

四、計　息：
1存入後，每五天爲一計息期，其不滿五天之零頭天數，不計利息（如存滿七天只計五天利息，存滿二十四天，只計一個月利息餘類推）。
2利息按存儲天數照存入日本行掛牌不同存期利率計算。

五、兌　付：不記名之存單，可向同一市縣境內本行各機構一次支取本息，記名存單只限在原存儲處兌付。

六、轉期續存：存滿一年，如需續存，須來行換取新存單，否則本行卽照規定計出本息暫存，不另計息。

七、其　他：本存單不准抵現，禁止流通。

利率表

1	個月		7	個月	
2	個月		8	個月	
3	個月		9	個月	
4	個月		10	個月	
5	個月		11	個月	
6	個月		12	個月	

印　花

利息	扣所得稅	淨息	主管	出納	覆核	經辦

0009–2 一九五二年十月十九日中国人民银行广西省分行人民币伍万圆整面值定额储蓄存单（背面）

0010 一九五二年十一月七日中国人民银行人民币叁拾万元整面值支票

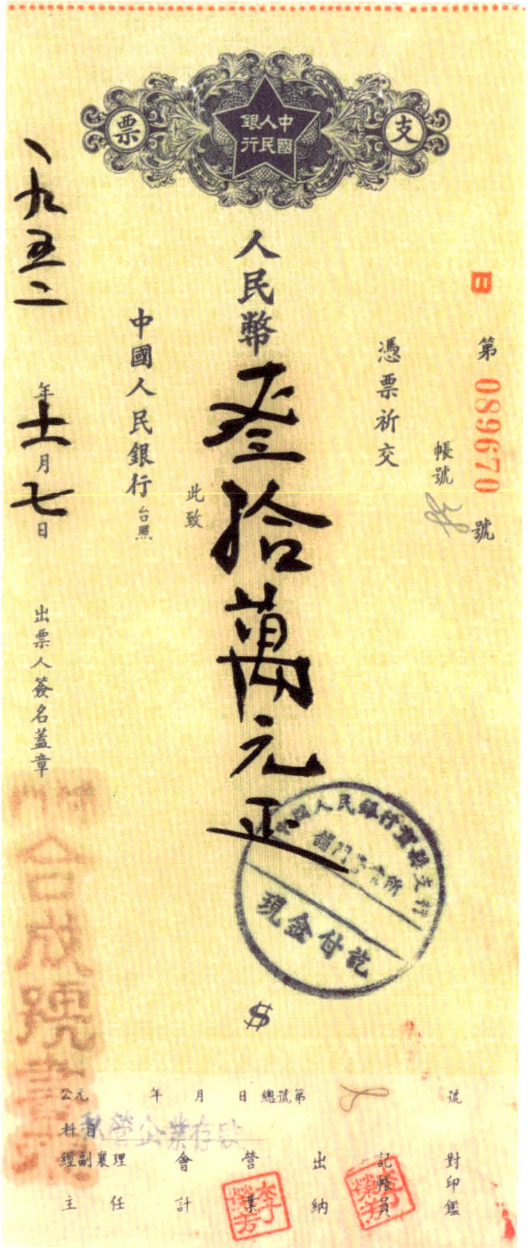

0011 一九五二年十一月十日中国人民银行人民币陆佰万圆整支票

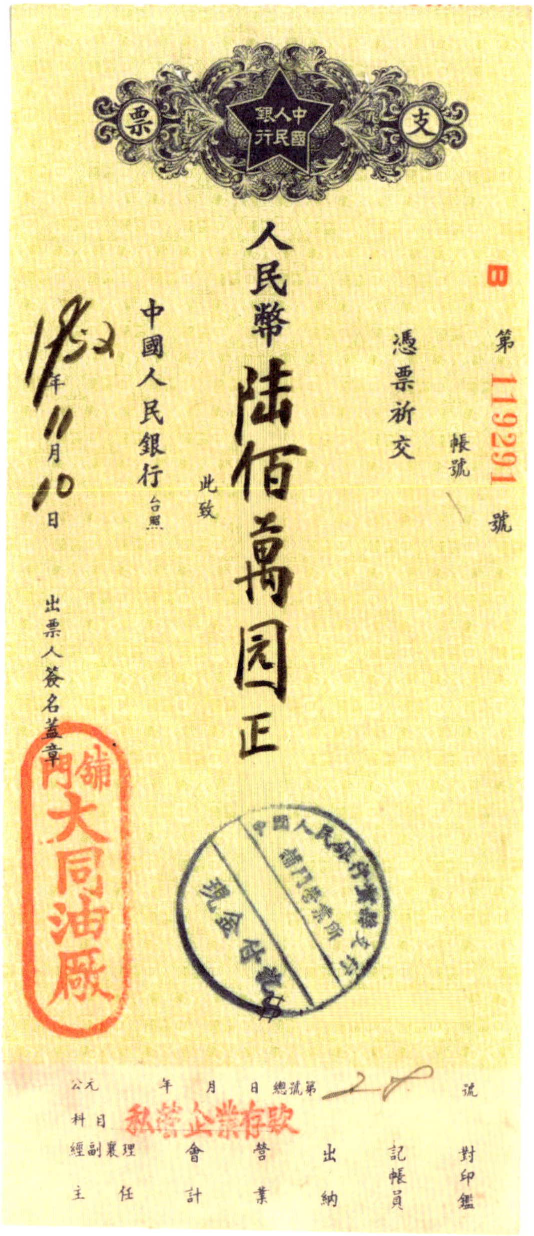

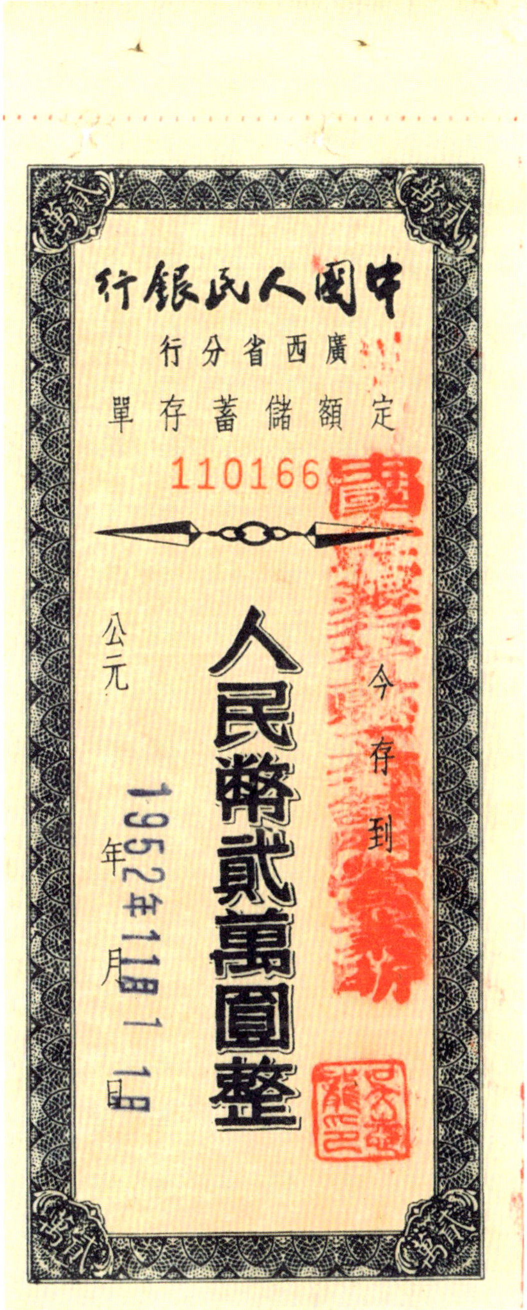

0012–1 一九五二年十一月十一日中国人民银行广西省分行人民币贰万圆整面值定额储蓄存单（正面）

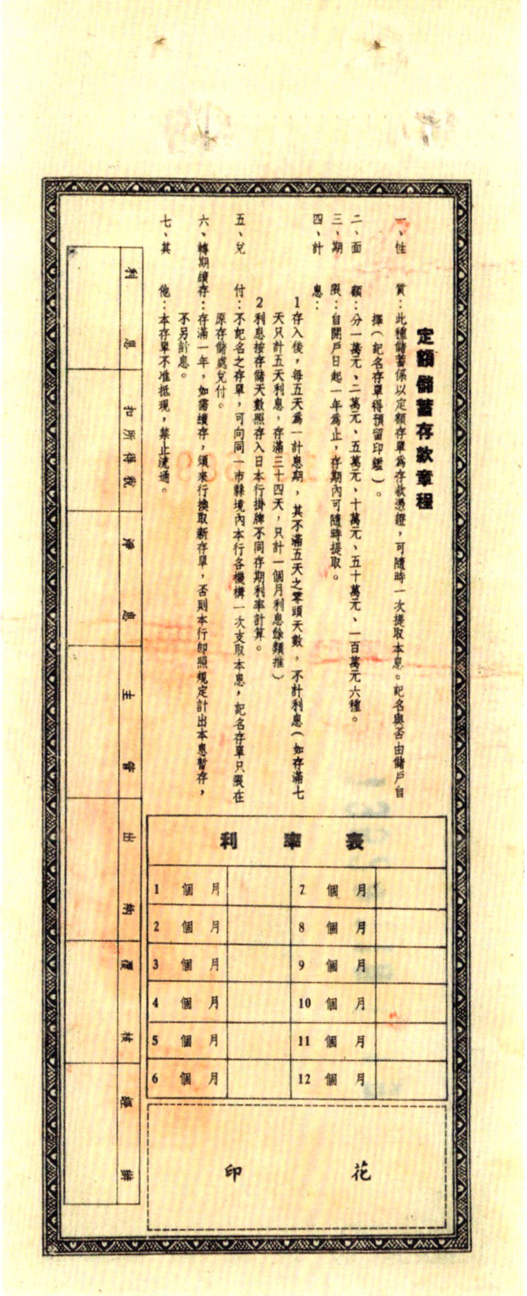

定額儲蓄存款章程

一、性　質：此種儲蓄係以定額存單爲存款憑證，可隨時一次提取本息。記名與否由儲戶自擇（記名存單得預留印鑑）。
二、面　額：分一萬元、二萬元、五萬元、十萬元、五十萬元、一百萬元六種。
三、期　限：自開戶日起一年爲止，存期內可隨時提取。
四、計　息：
1存入後，每五天爲一計息期，其不滿五天之零頭天數，不計利息（如存滿七天只計五天利息，存滿三十四天，只計一個月利息餘類推）
2利息按存儲天數照存入日本行掛牌不同存期利率計算。
五、兌　付：不記名之存單，可向同一市縣境內本行各機構一次支取本息，記名存單只限在原存儲處兌付。
六、轉期續存：存滿一年，如需續存，須來行換取新存單，否則本行即照規定計出本息暫存，不另計息。
七、其　他：本存單不准抵現，禁止流通。

利息 | 扣所得稅 | 淨息 | 主管 | 出納 | 覆核 | 經辦

利率表

1 個 月		7 個 月	
2 個 月		8 個 月	
3 個 月		9 個 月	
4 個 月		10 個 月	
5 個 月		11 個 月	
6 個 月		12 個 月	

印　花

0012–2 一九五二年十一月十一日中国人民银行广西省分行人民币贰万圆整面值定额储蓄存单（背面）

中國人民銀行

廣西省分行

定額保本保值儲蓄存單

0019588

今存到

人民幣拾萬圓整

公元一九五 年 月 日

1952年11月12日

（存入日折實牌價……）

0013–1 一九五二年十一月十二日中国人民银行广西省分行人民币拾万圆整面值定额保本保值储蓄存单（正面）

定額保本保值儲蓄存款須知

一、此種存款係以定額存單由儲戶按面額認儲，並照存入日折實單位牌價保本保值；不記名，以持有人爲所有人，不得掛失（但如儲戶爲恐存單遺失，便於止付，得預留印鑑，申請記名，憑印鑑支取）。

二、此項存單除在原存儲行處兌付外，並可在當地同屬機構及指定代理機構兌付（憑印鑑支取者必須向原存儲行處兌付）。

三、此項存單不准抵現，禁止流通，並不得參加票據交換。

四、此項存單依照本存款章則辦理。

利率表

1個月		7個月	
2個月		8個月	
3個月		9個月	
4個月		10個月	
5個月		11個月	
6個月		12個月	

利息	扣所得稅	淨息	實物損益

經辦處	主管	經手人

0013–2 一九五二年十一月十二日中国人民银行广西省分行人民币拾万圆整面值定额保本保值储蓄存单（背面）

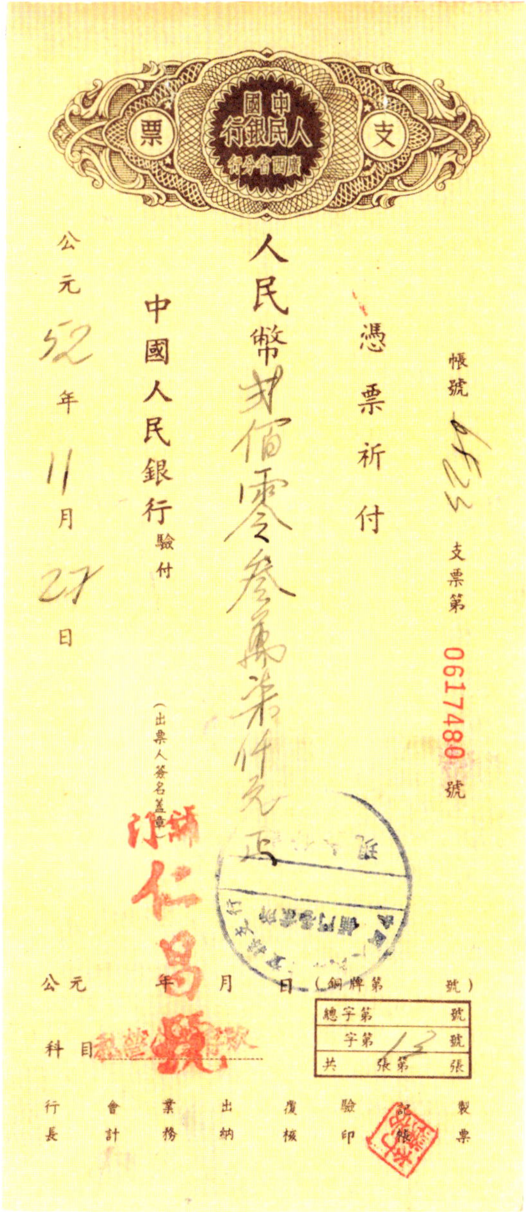

0014 一九五二年十一月二十七日中国人民银行广西省分行人民币贰佰零叁万柒仟元整面值支票

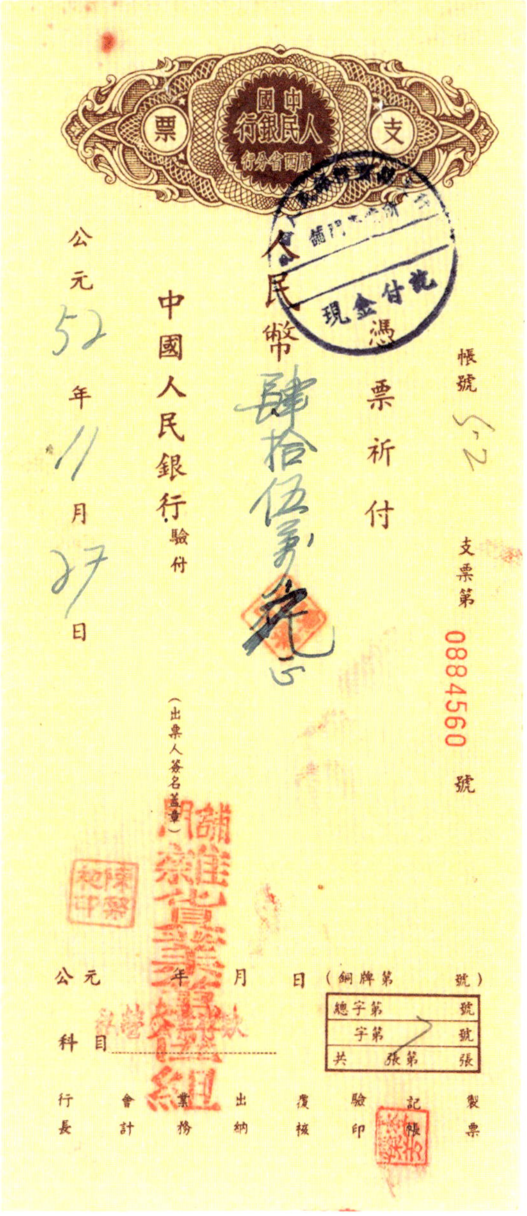

0015 一九五二年十一月二十七日中国人民银行广西省分行人民币肆拾伍万元整面值支票

0016 一九五二年十一月二十八日中国人民银行广西省分行人民币捌拾壹万柒仟壹佰元整面值支票

0017 一九五二年十一月二十九日中国人民银行广西省分行人民币弍拾万元整面值支票

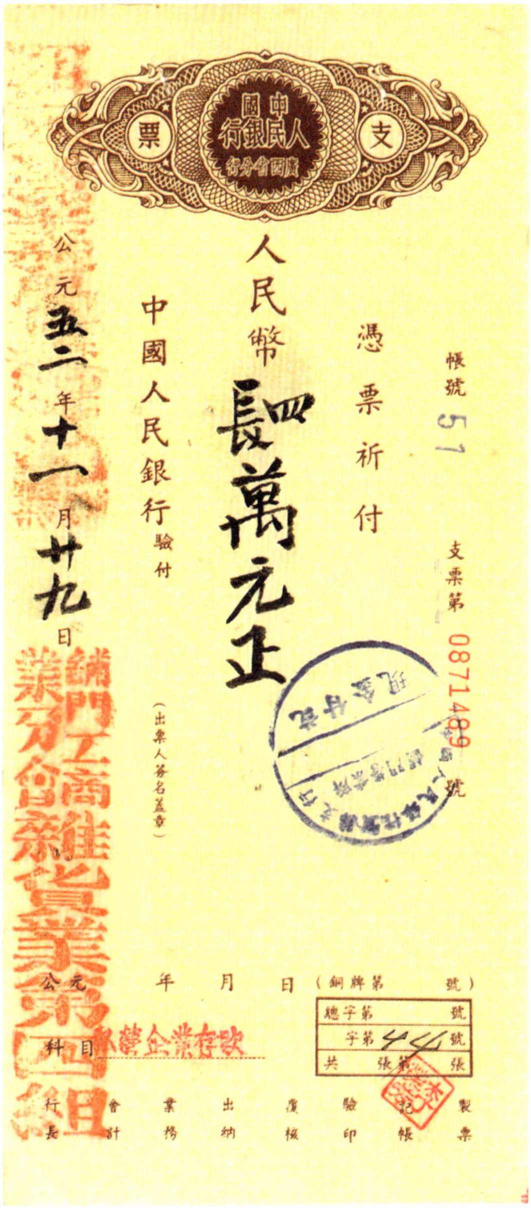

0018 一九五二年十一月二十九日中国人民银行广西省分行人民币肆万元整面值支票

0019 一九五二年十二月二十二日中国人民银行广西分行人民币壹拾壹万元整面值支票

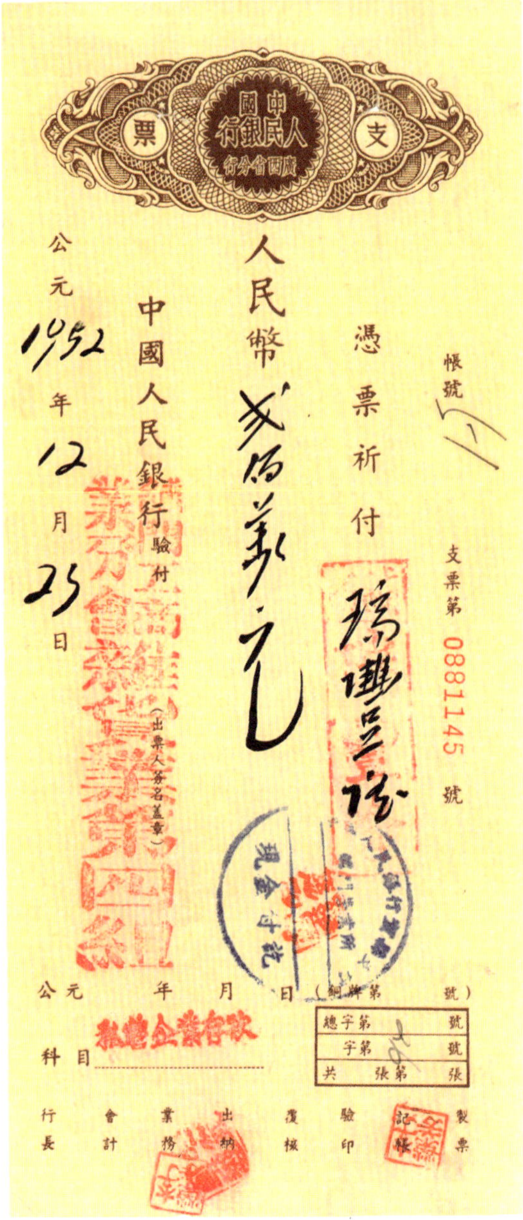

0020 一九五二年十二月二十三日中国人民银行广西省分行人民币贰佰万元整面值支票

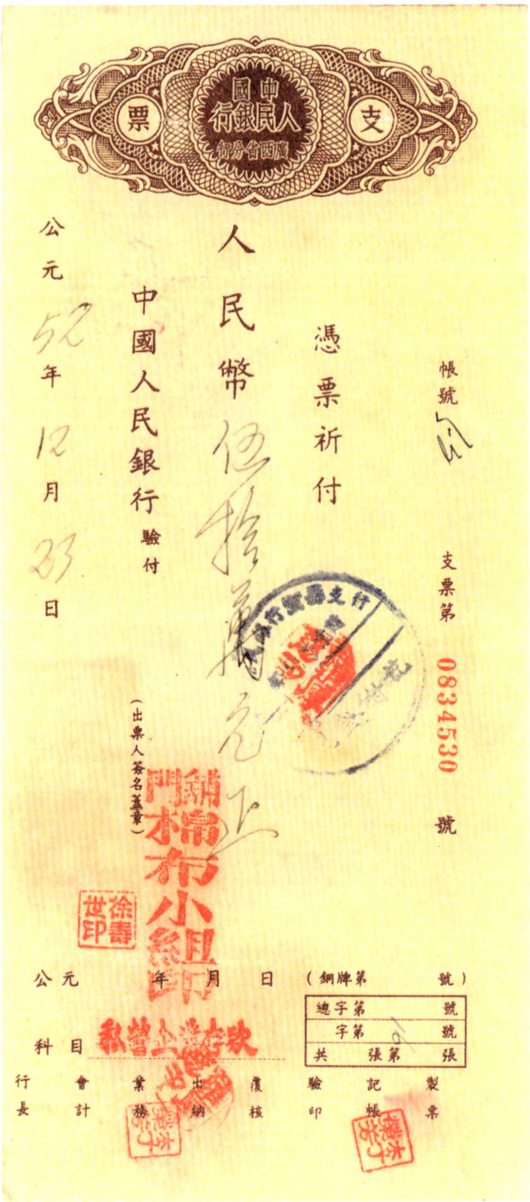

0021 一九五二年十二月二十三日中国人民银行广西省分行人民币伍拾万元整面值支票

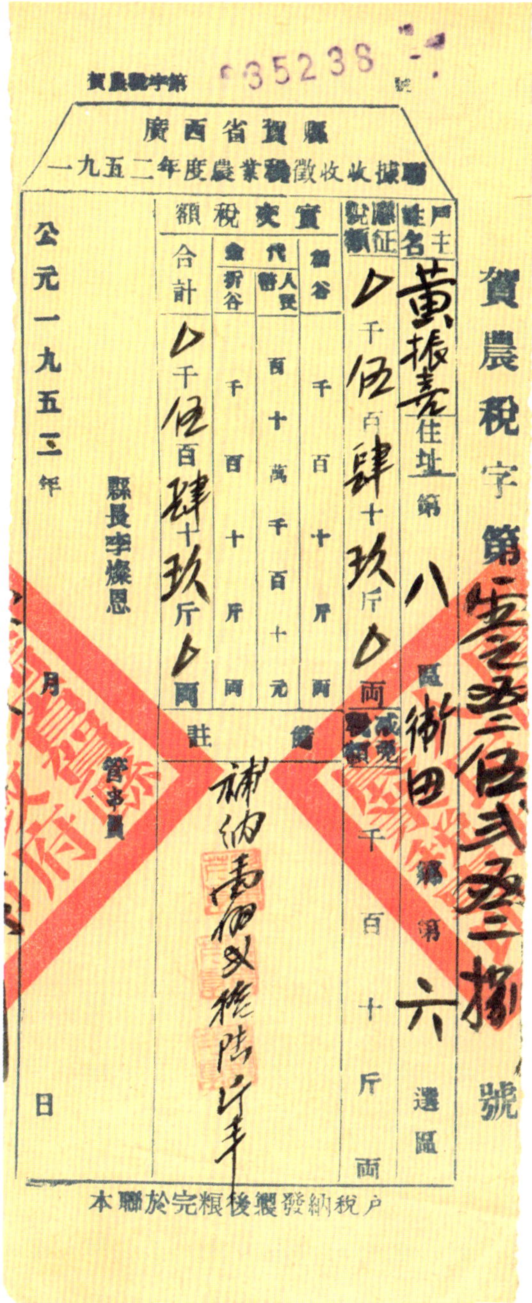
賀農稅字第 035238 號
廣西省賀縣
一九五二年度農業稅徵收收據
戶主姓名 黃振善 住址 第八區衛田鄉第六選區
應征稅額 實交稅額 合計
縣長李燦恩
公元一九五三年 月 日
本聯於完糧後發給納稅戶

0022 一九五二年广西省贺县征收黄振善一九五二年度农业税收据

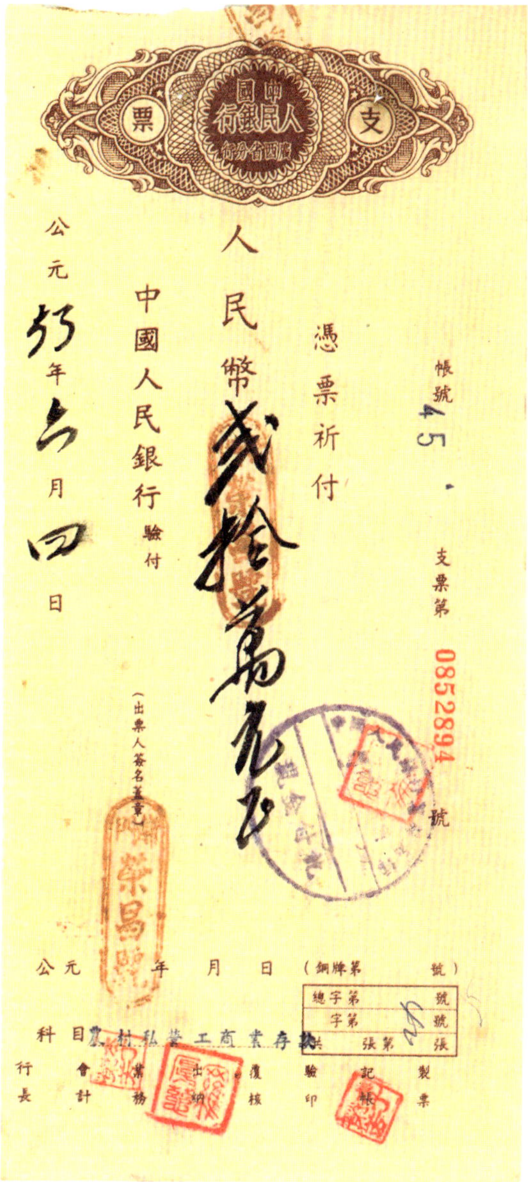
支票
中國人民銀行 廣西省分行
公元 53年 6月 4日
憑票祈付
人民幣 弍拾萬元
中國人民銀行 驗付
帳號 45
支票第 0852894 號
（出票人簽名蓋章）

0023 一九五三年六月四日中国人民银行广西省分行人民币弍拾万元整面值支票

0024 一九五三年六月十一日中国人民银行广西省分行人民币柒万元整面值支票

0025 一九五三年六月二十五日中国人民银行广西省分行人民币肆佰万元整面值支票

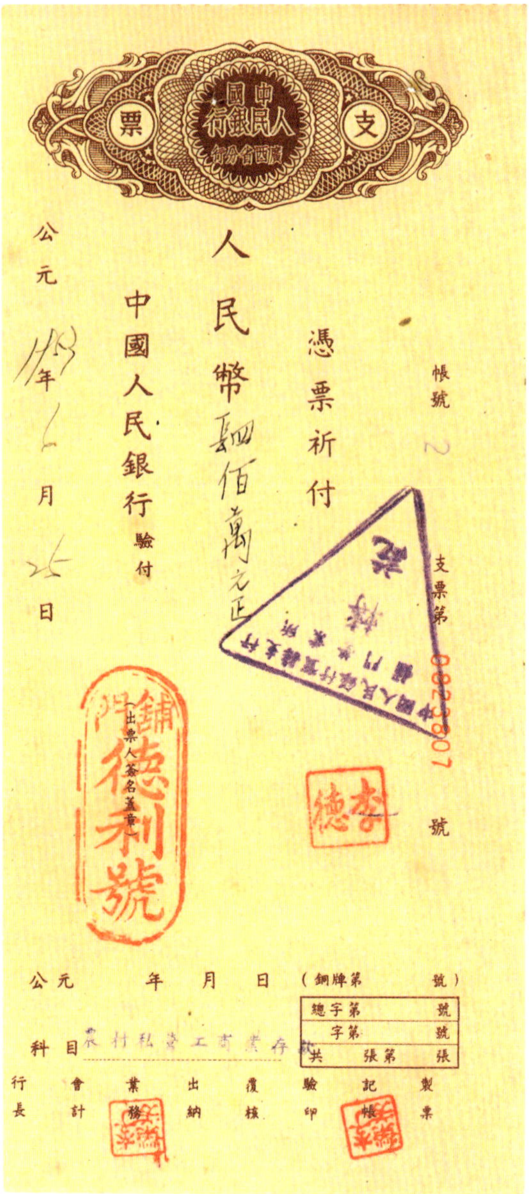

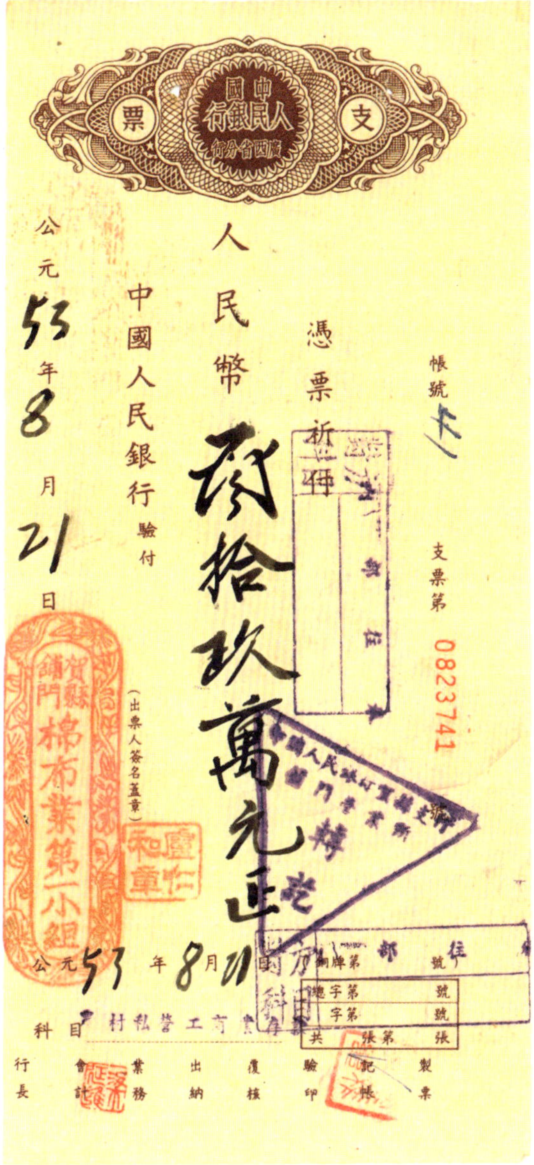

0026 一九五三年八月二十一日中国人民银行广西省分行人民币壹拾玖万元整面值支票

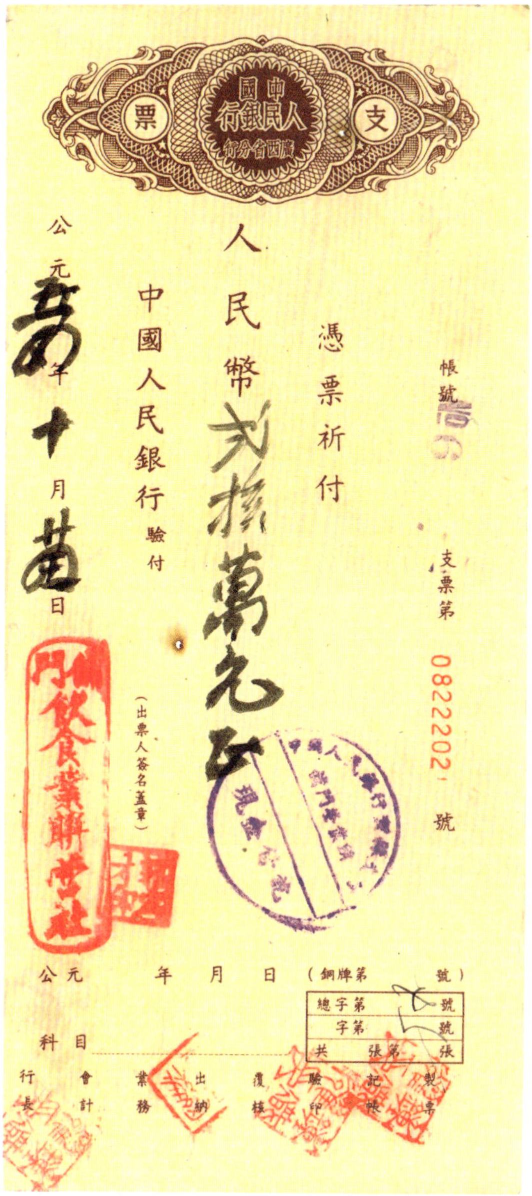

0027 一九五四年十月二十四日中国人民银行广西省分行人民币式拾万元整面值支票

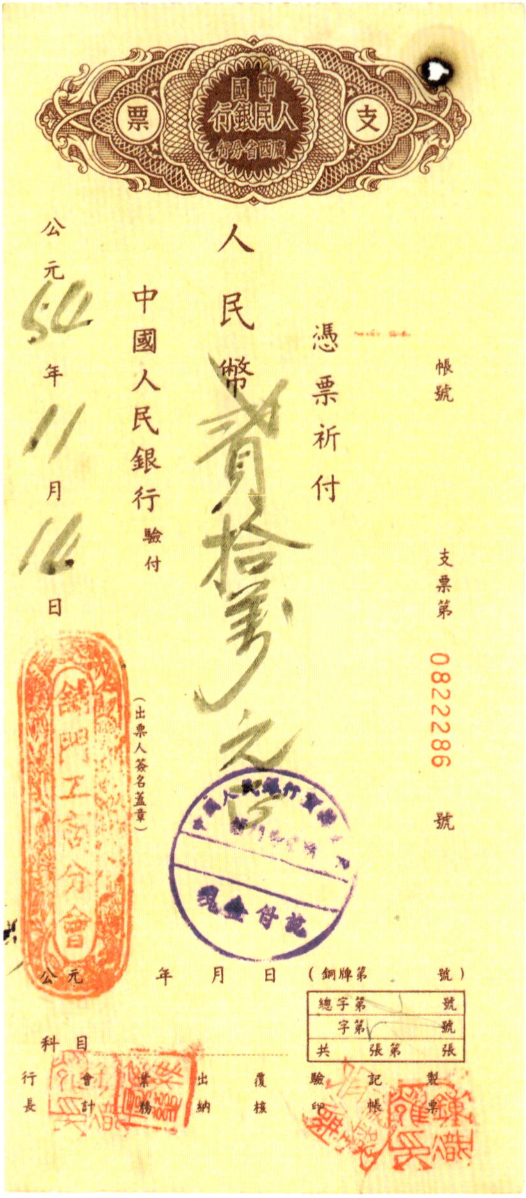

0028 一九五四年十一月十六日中国人民银行广西省分行人民币贰拾万元整面值支票

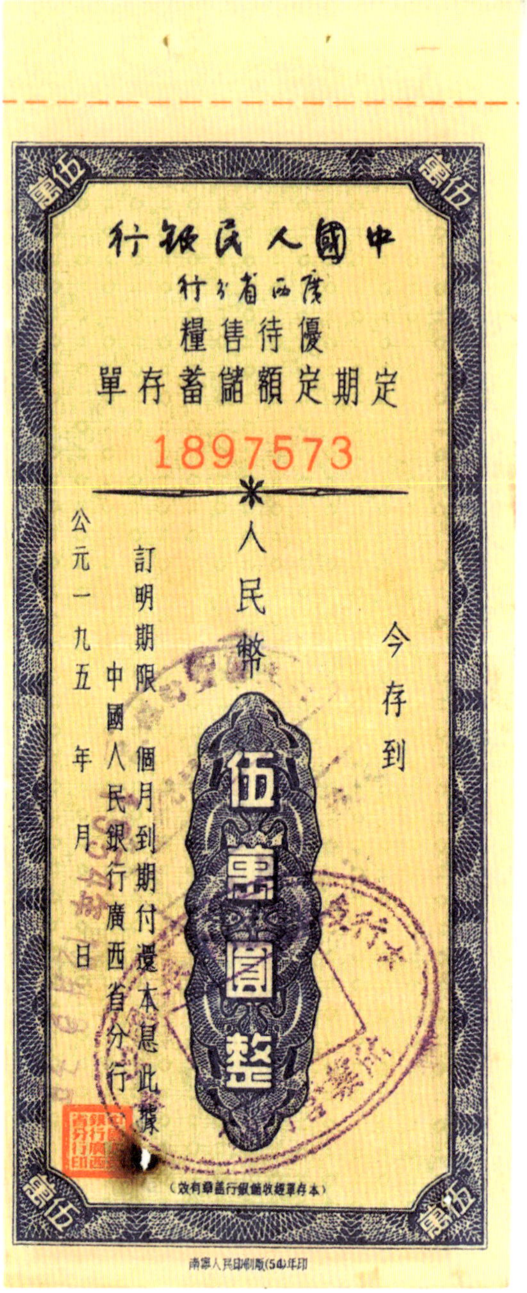

0029 一九五四年十二月八日中国人民银行广西省分行人民币伍万圆整面值优待售粮定期定额储蓄存单

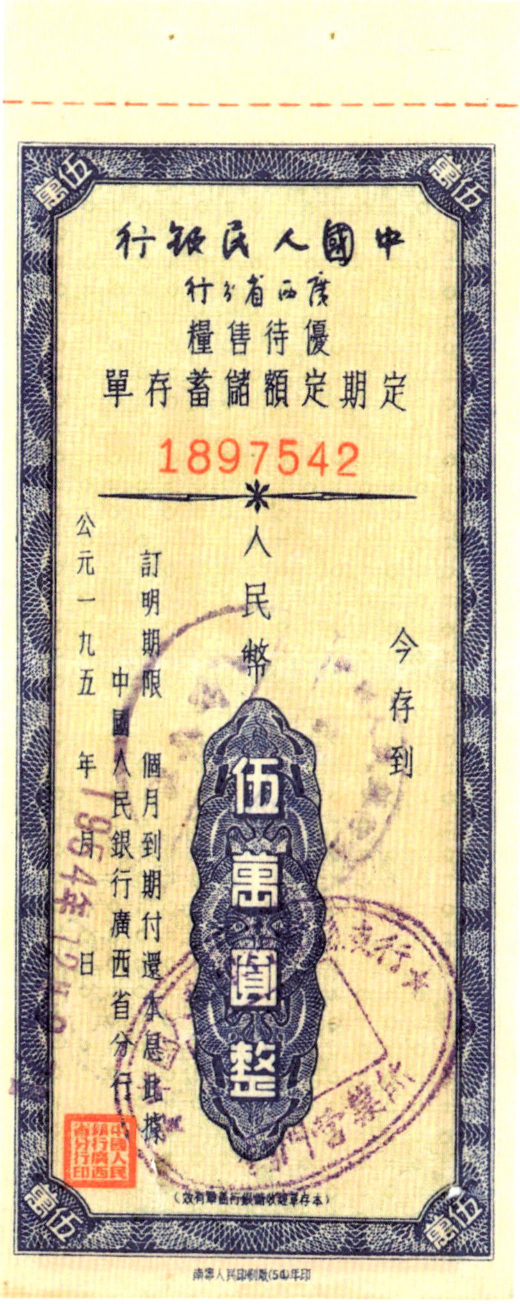

0030—1 一九五四年十二月九日中国人民银行广西省分行人民币伍万圆整面值优待售粮定期定额储蓄存单（正面）

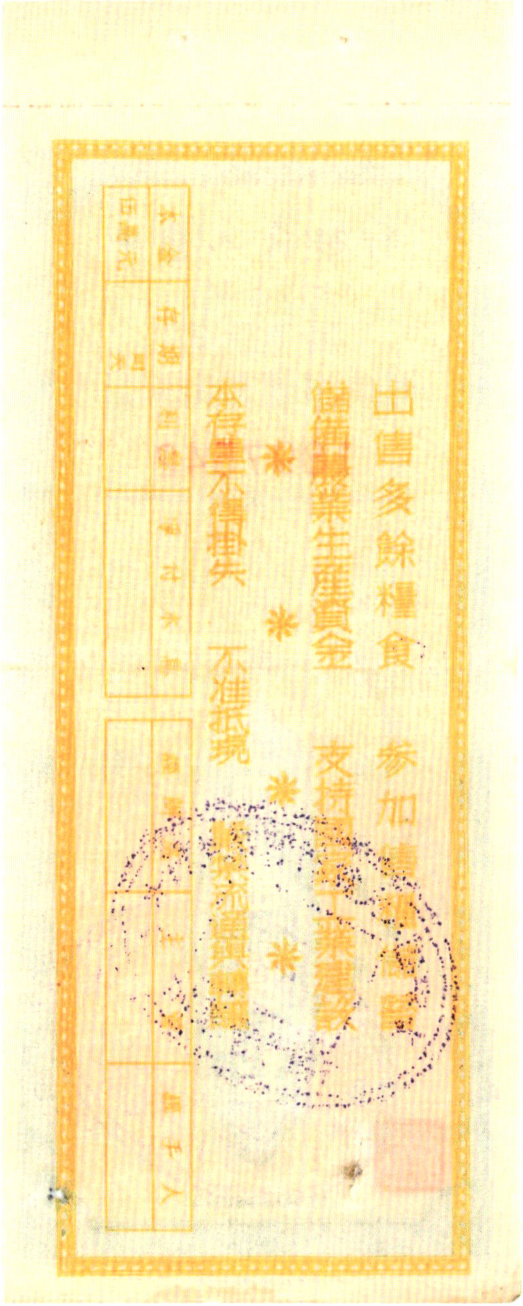

0030—2 一九五四年十二月九日中国人民银行广西省分行人民币伍万圆整面值优待售粮定期定额储蓄存单（背面）

0031–1 一九五四年十二月十七日中国人民银行广西省分行人民币伍万圆整面值优待售粮定期定额储蓄存单（正面）

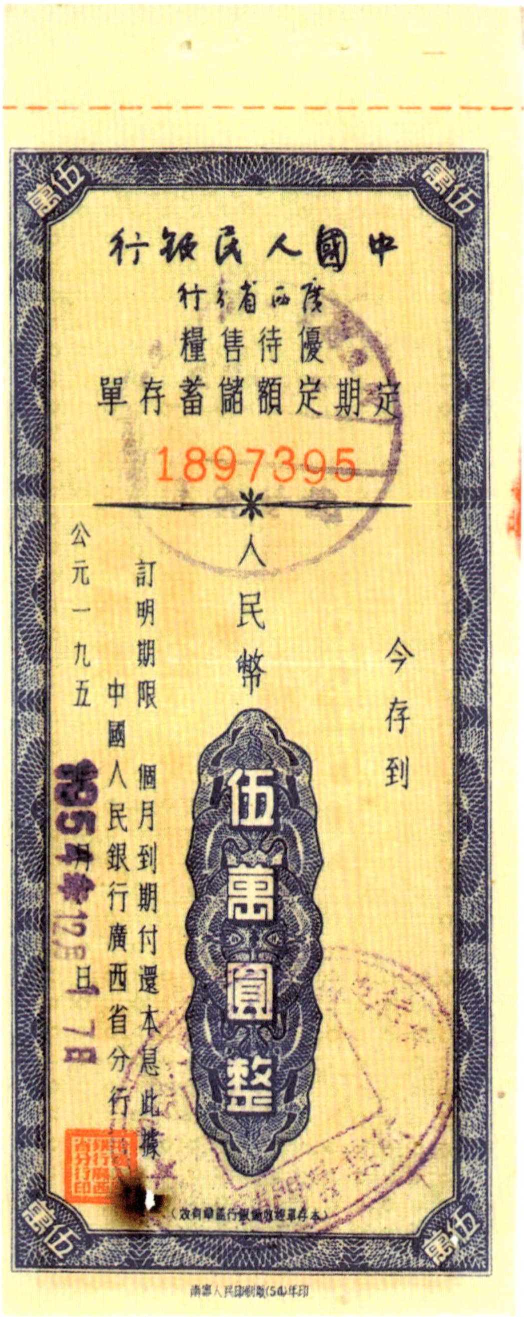

中國人民銀行
廣西省分行
優待售糧
定期定額儲蓄存單
1897395
今存到
人民幣
伍萬圓整
訂明期限 個月到期付還本息此據
中國人民銀行廣西省分行
公元一九五 1954年12月17日

0031–2 一九五四年十二月十七日中国人民银行广西省分行人民币伍万圆整面值优待售粮定期定额储蓄存单（背面）

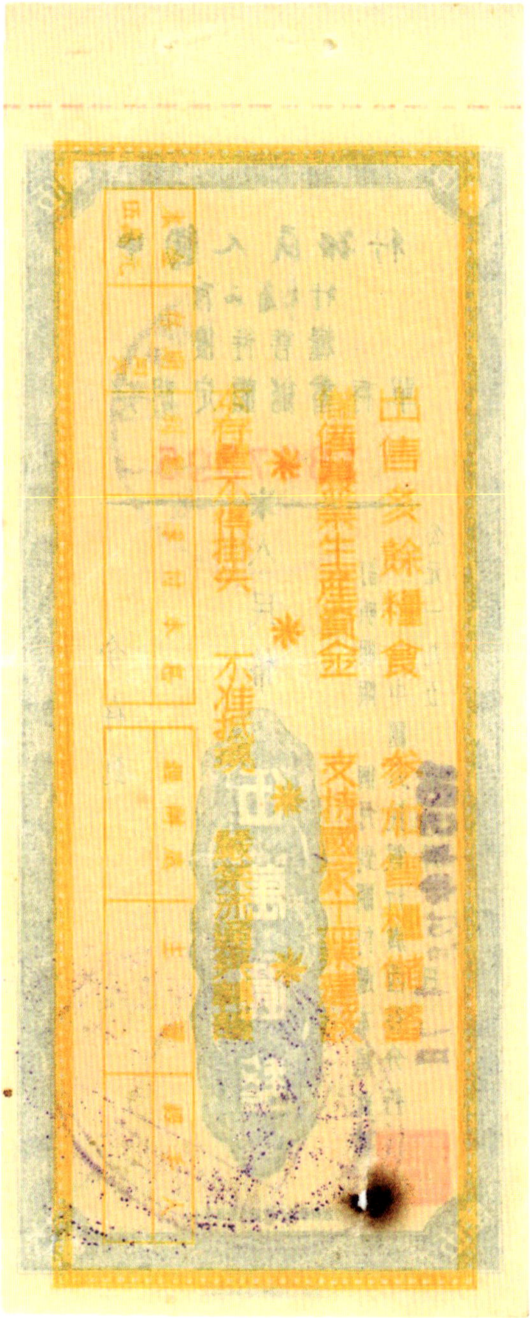

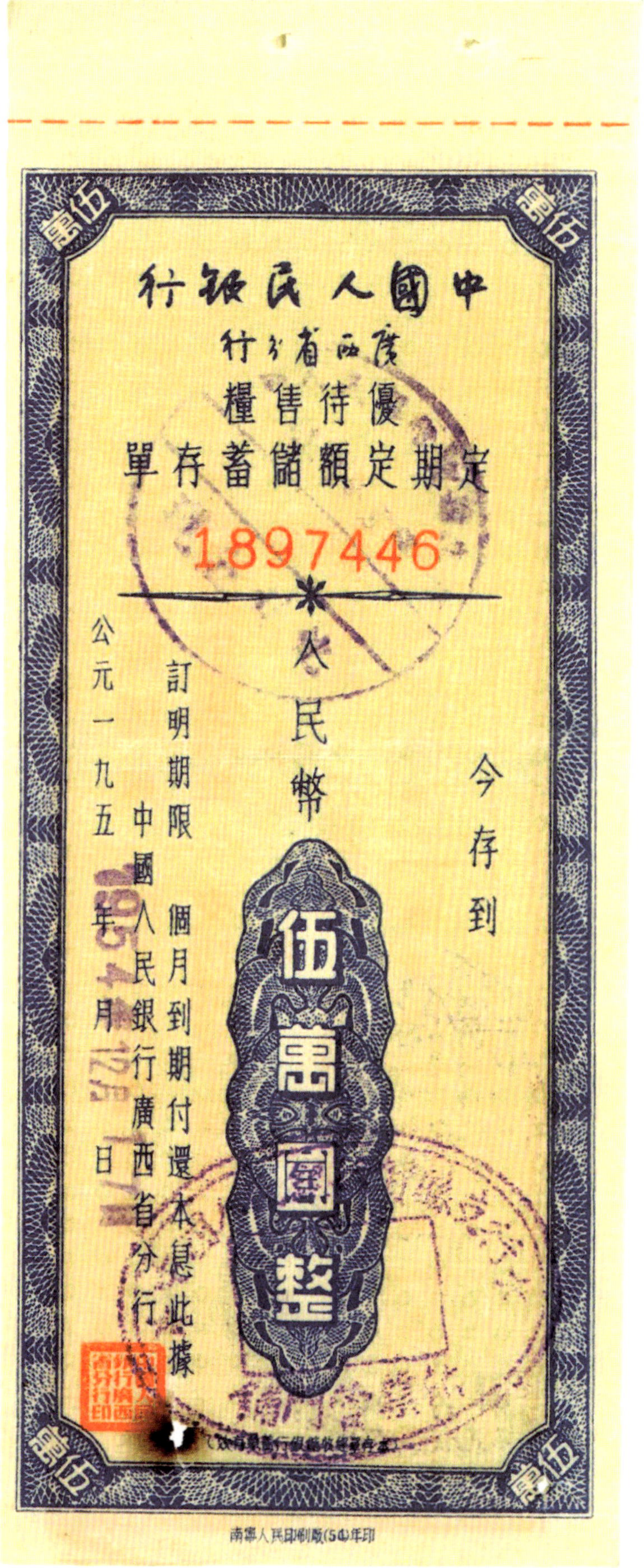
伍萬
中國人民銀行
廣西省分行
優待售糧
定期定額儲蓄存單
1897446
今存到
人民幣
伍萬圓整
訂明期限　個月到期付還本息此據
中國人民銀行廣西省分行
公元一九五　年　月　日
南寧人民印刷廠(54)年印

0032 一九五四年十二月十七日中国人民银行广西省分行人民币伍万圆整面值优待售粮定期定额储蓄存单

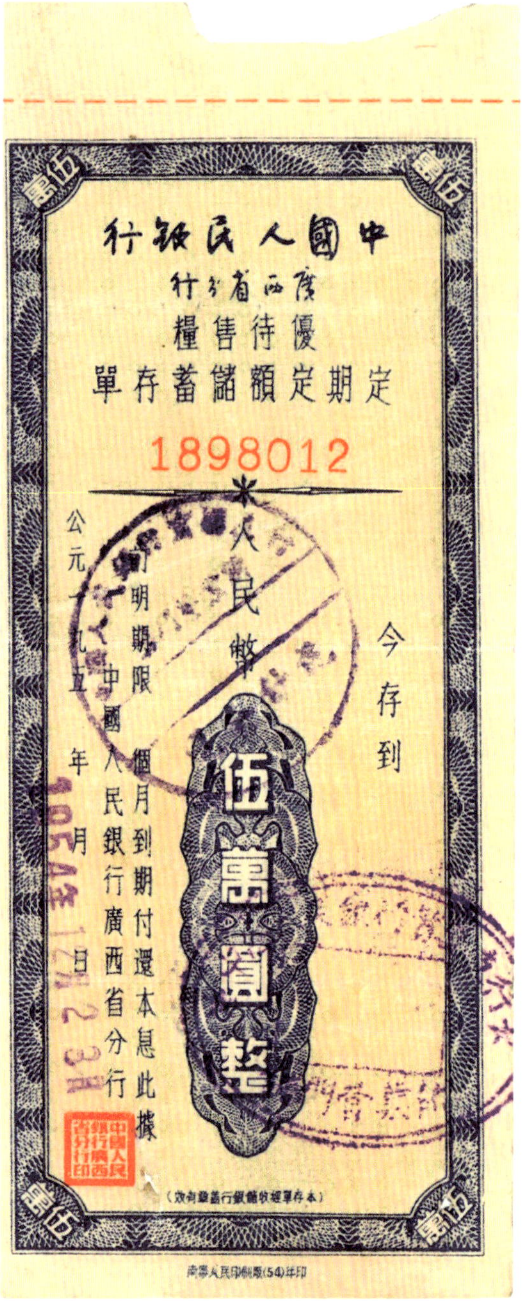

0033-1 一九五四年十二月二十三日中国人民银行广西省分行人民币伍万圆整面值优待售粮定期定额储蓄存单（正面）

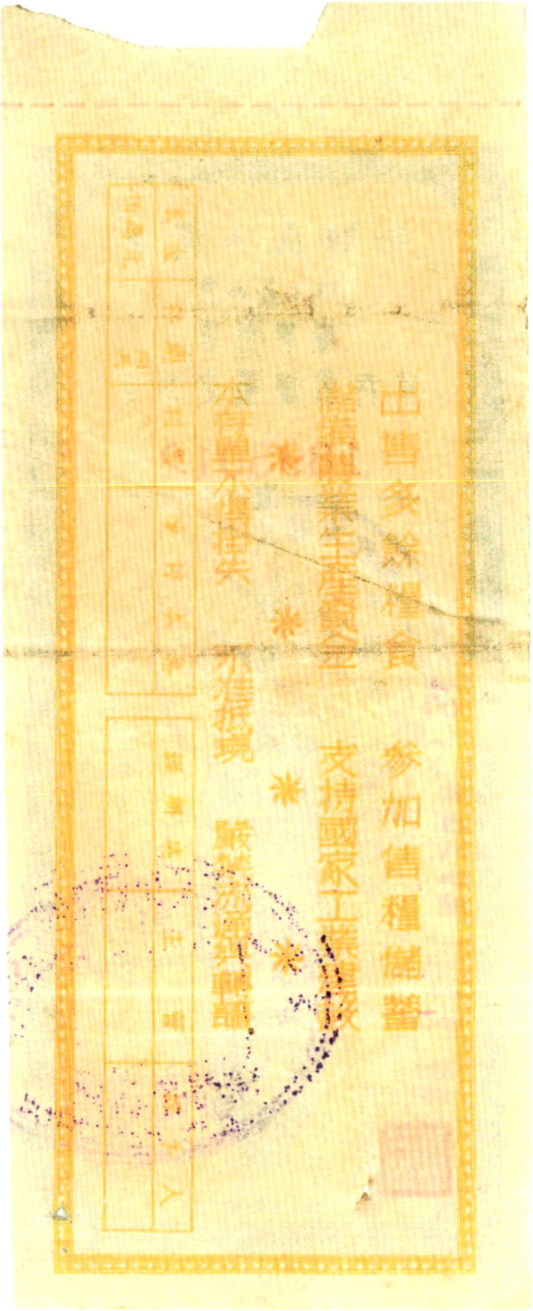

0033-2 一九五四年十二月二十三日中国人民银行广西省分行人民币伍万圆整面值优待售粮定期定额储蓄存单（背面）

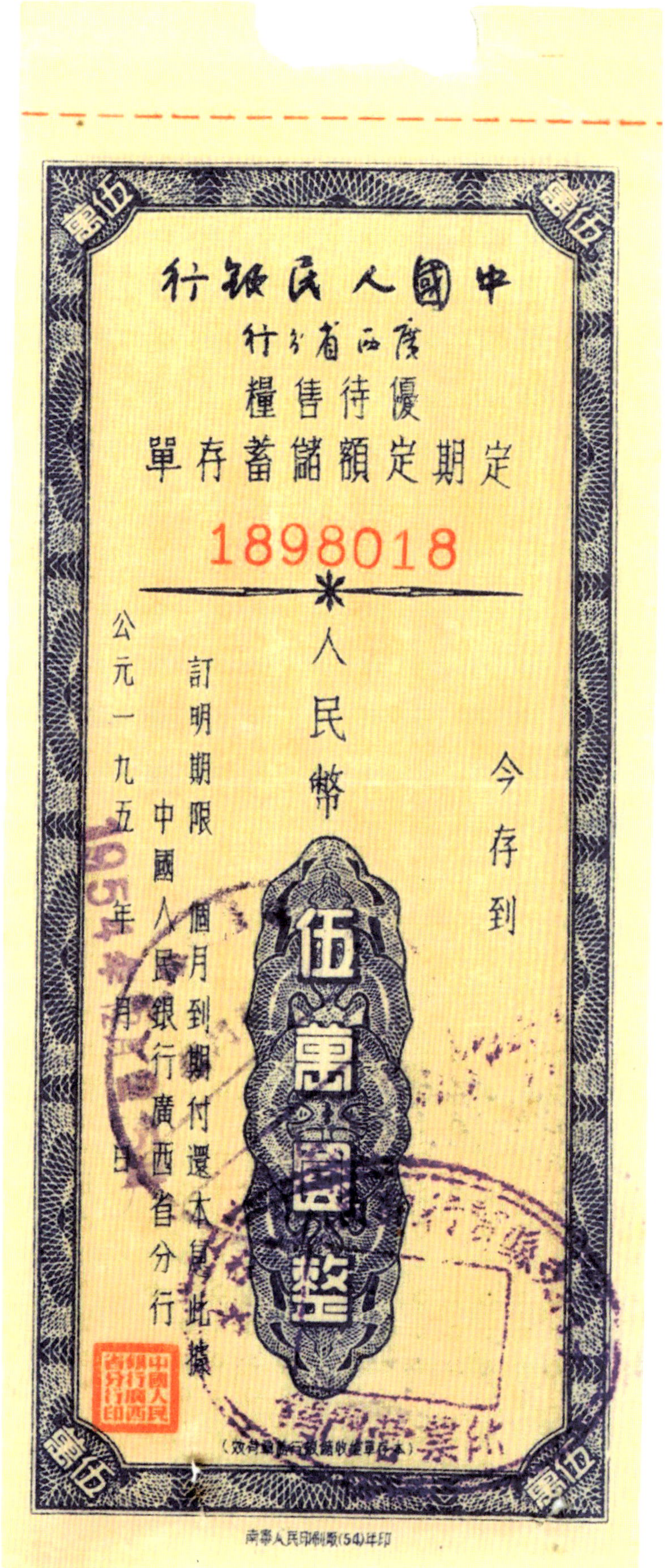

0034 一九五四年十二月二十五日中国人民银行广西省分行人民币伍万圆整面额优待售粮定期定额储蓄存单

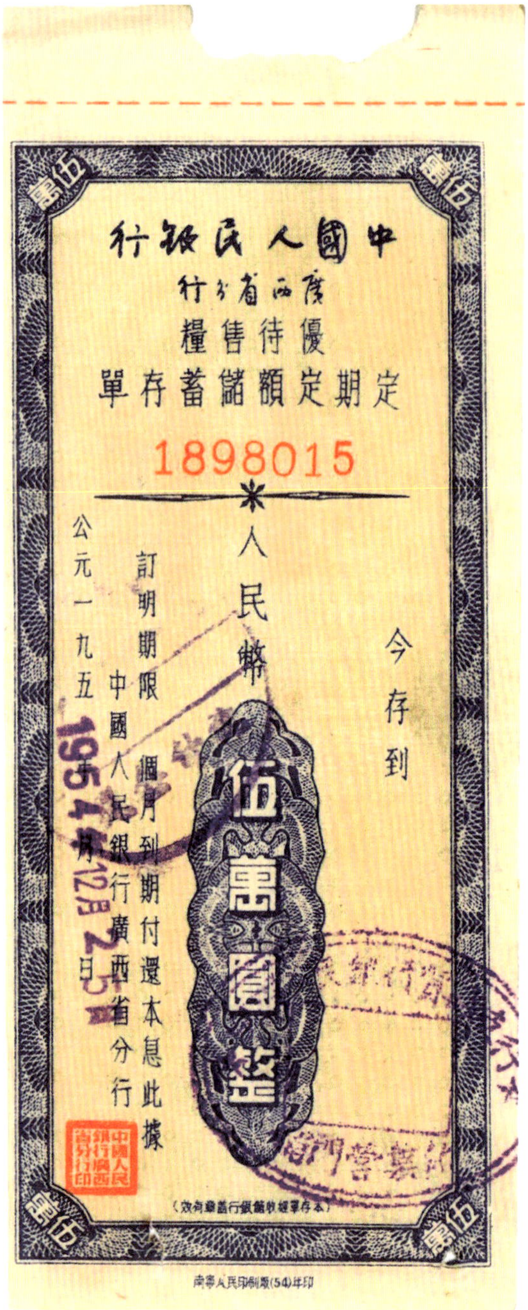
中國人民銀行
廣西省分行
優待售糧
定期定額儲蓄存單
1898015
今存到
人民幣
伍萬圓整
訂明期限 個月到期付還本息此據
中國人民銀行廣西省分行
公元一九五 年 月 日
1954年12月25日
(本存單須經銀行蓋章有效)
伍萬
南寧人民印刷廠(54)年印

0035-1 一九五四年十二月二十五日中国人民银行广西省分行人民币伍万圆整面值优待售粮定期定额储蓄存单（正面）

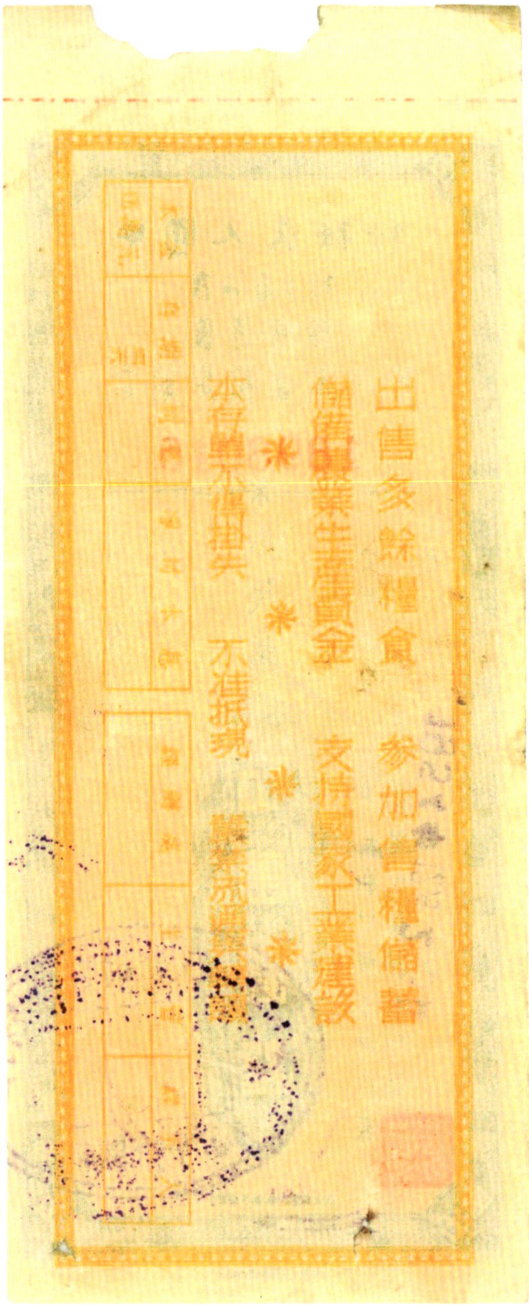
出售多餘糧食 參加售糧儲蓄
儲備購買生產資金 支持國家工業建設
本存單不得掛失 不准抵現

0035-2 一九五四年十二月二十五日中国人民银行广西省分行人民币伍万圆整面值优待售粮定期定额储蓄存单（背面）

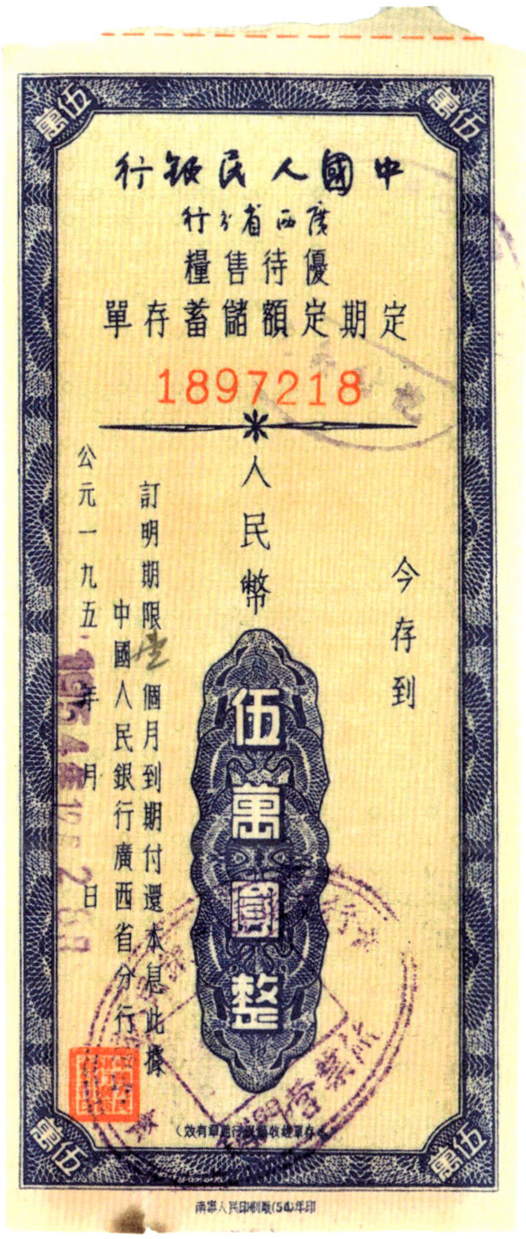

0036—1 一九五四年十二月二十六日中国人民银行广西省分行人民币伍万圆整面值优待售粮定额定期储蓄存单（正面）

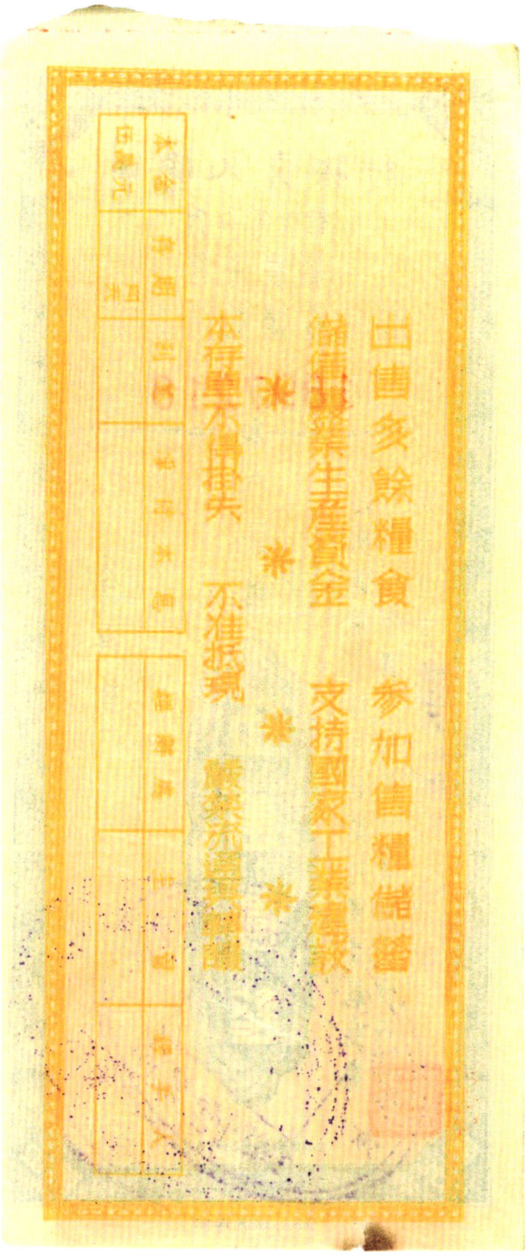

0036—2 一九五四年十二月二十六日中国人民银行广西省分行人民币伍万圆整面值优待售粮定额定期储蓄存单（背面）

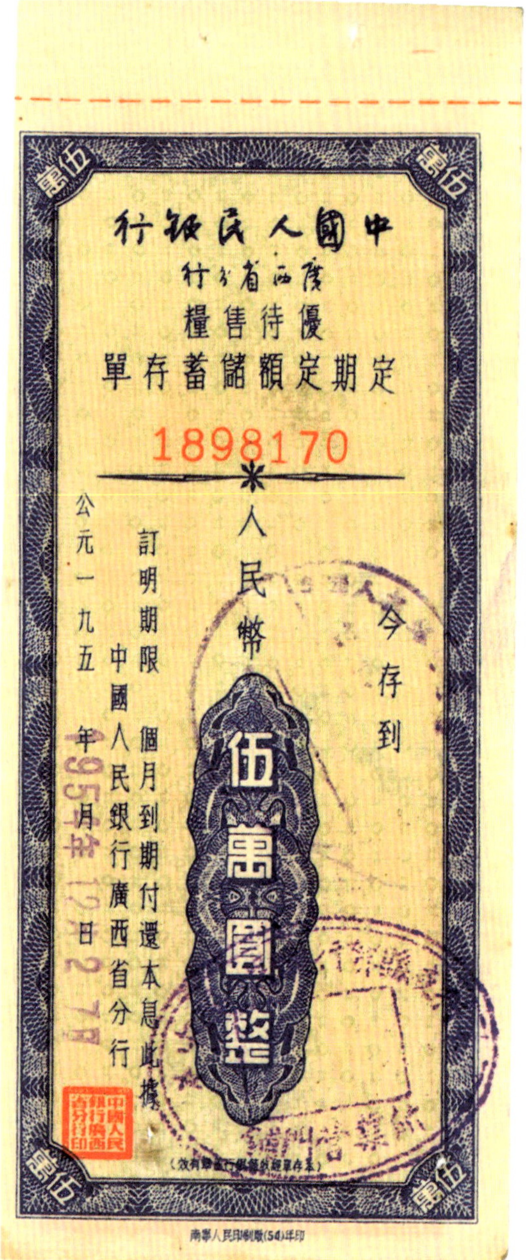

0037-1 一九五四年十二月二十七日中国人民银行广西省分行人民币伍万圆整面值优待售粮定期定额储蓄存单（正面）

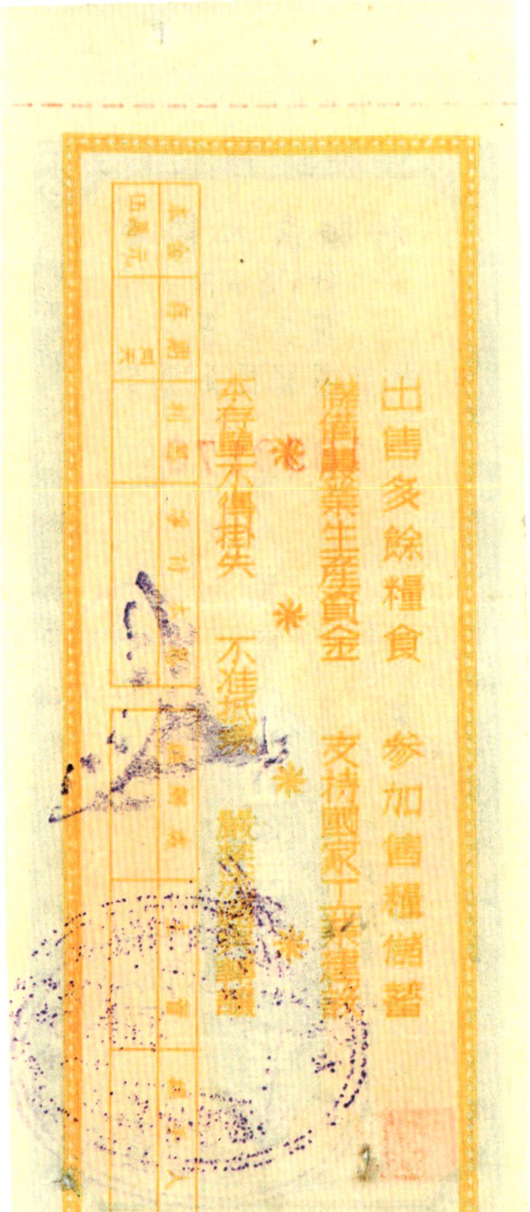

0037-2 一九五四年十二月二十七日中国人民银行广西省分行人民币伍万圆整面值优待售粮定期定额储蓄存单（背面）

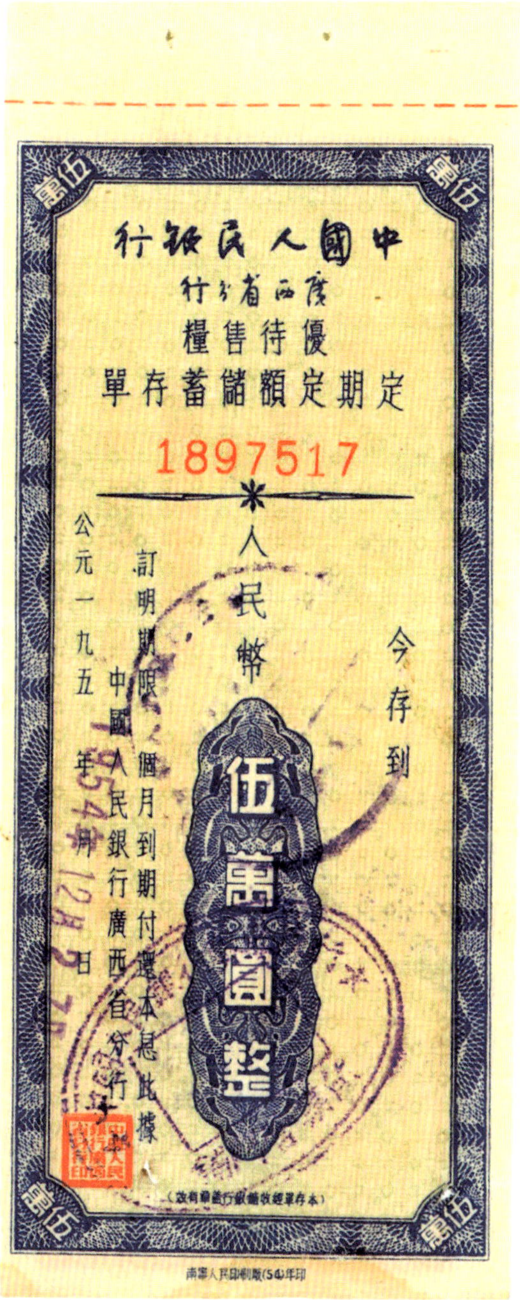

0038—1 一九五四年十二月二十七日中国人民银行广西省分行人民币伍万圆整面值优待售粮定期定额储蓄存单（正面）

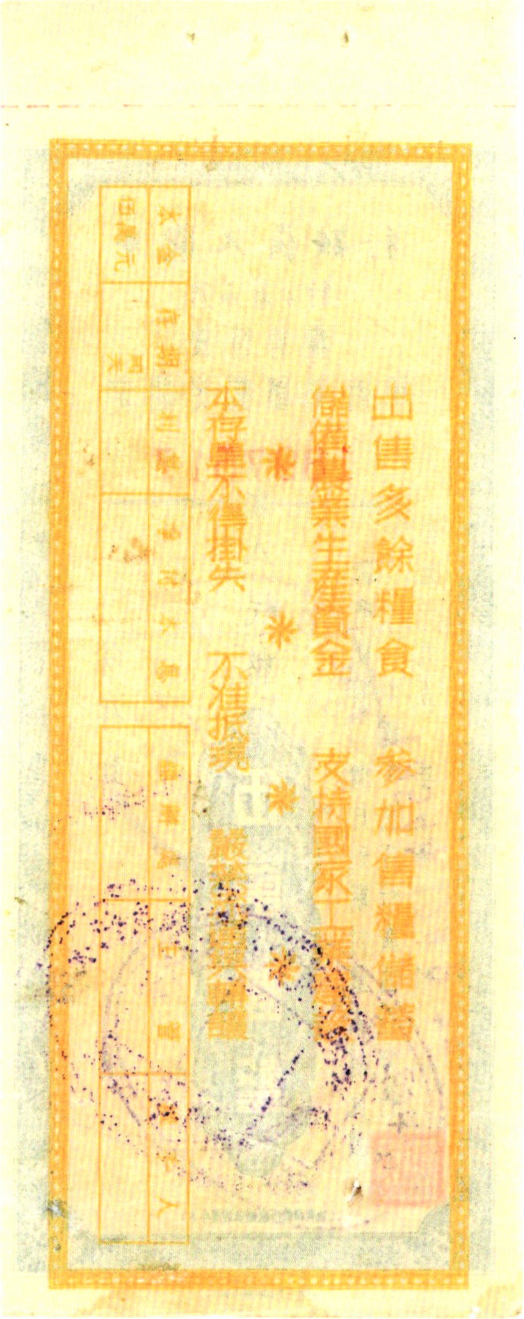

0038—2 一九五四年十二月二十七日中国人民银行广西省分行人民币伍万圆整面值优待售粮定期定额储蓄存单（背面）

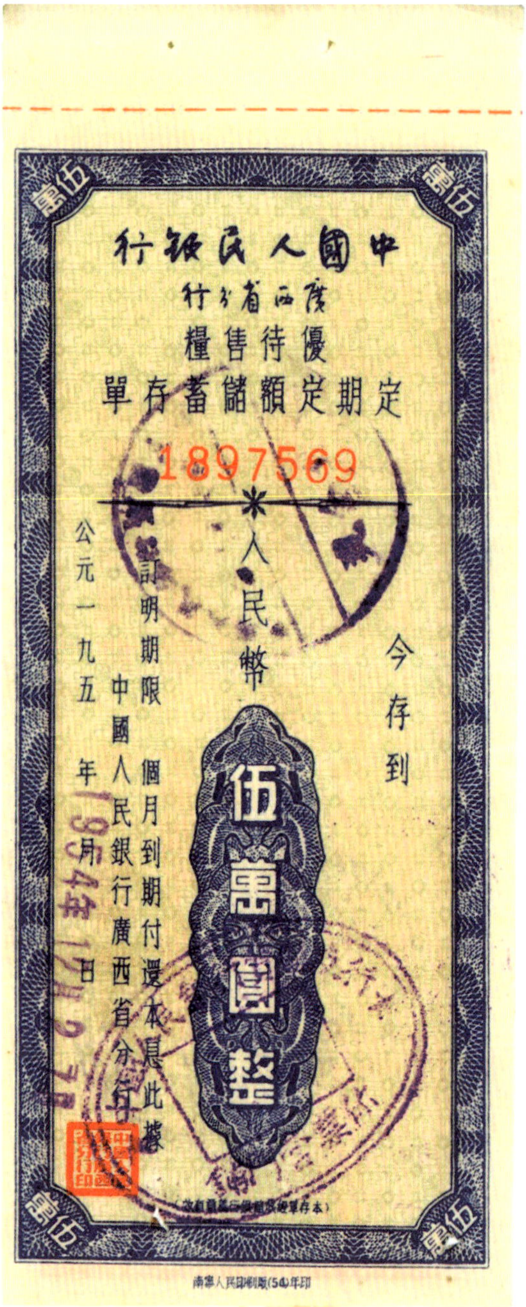
中國人民銀行
廣西省分行
優待售糧
定期定額儲蓄存單
1897569
今存到
人民幣
伍萬圓整
訂明期限　個月到期付還本息此據
中國人民銀行廣西省分行
公元一九五　年　月　日
南寧人民印刷廠(54年印)

0039—1　一九五四年十二月二十七日中国人民银行广西省分行人民币伍万圆整面值优待售粮定期定额储蓄存单（正面）

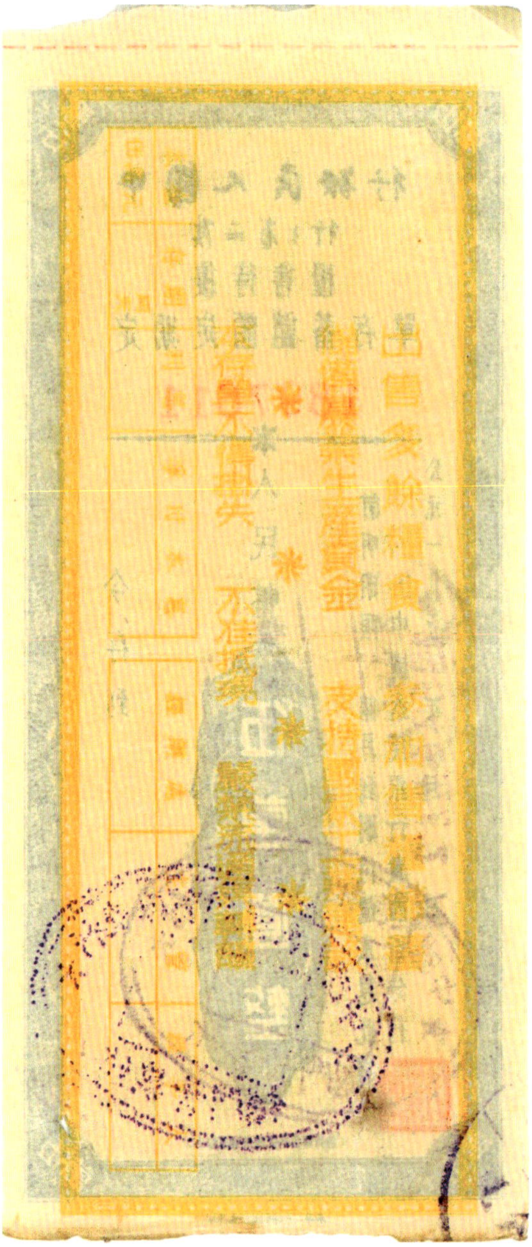

0039—2　一九五四年十二月二十七日中国人民银行广西省分行人民币伍万圆整面值优待售粮定期定额储蓄存单（背面）

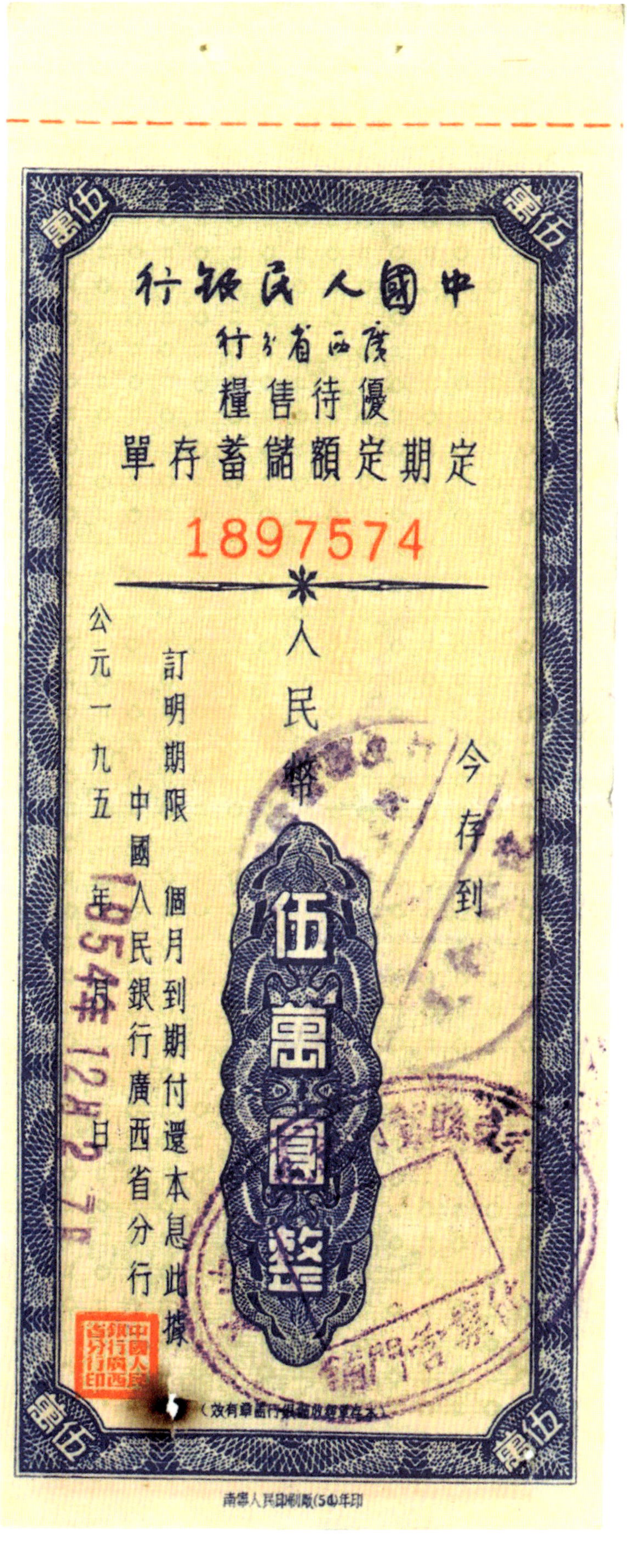

0040 一九五四年十二月二十七日中国人民银行广西省分行人民币伍万圆整面值优待售粮定期定额储蓄存单

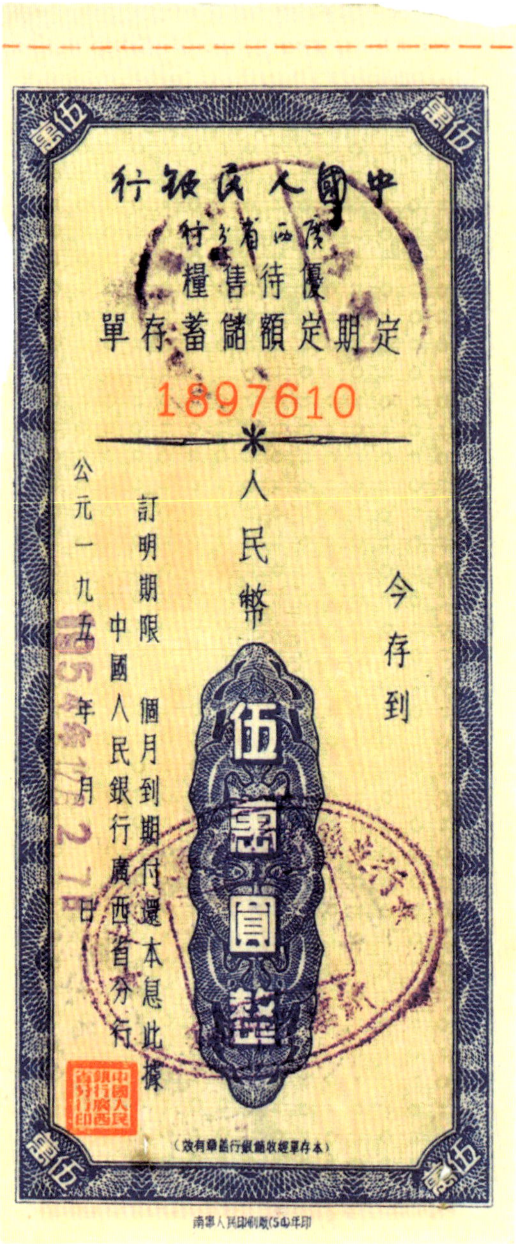
伍萬
中國人民銀行
廣西省分行
優待售糧
定期定額儲蓄存單
1897610
人民幣
今存到
伍萬圓整
訂明期限 個月到期付還本息此據
中國人民銀行廣西省分行
公元一九五 年 月 日
中國人民銀行廣西省分行印
（本存單經收款銀行蓋章有效）
南寧人民印刷廠(54年印)

0041—1 一九五四年十二月二十七日中国人民银行广西省分行人民币伍万圆整面值优待售粮定期定额储蓄存单（正面）

0041—2 一九五四年十二月二十七日中国人民银行广西省分行人民币伍万圆整面值优待售粮定期定额储蓄存单（背面）

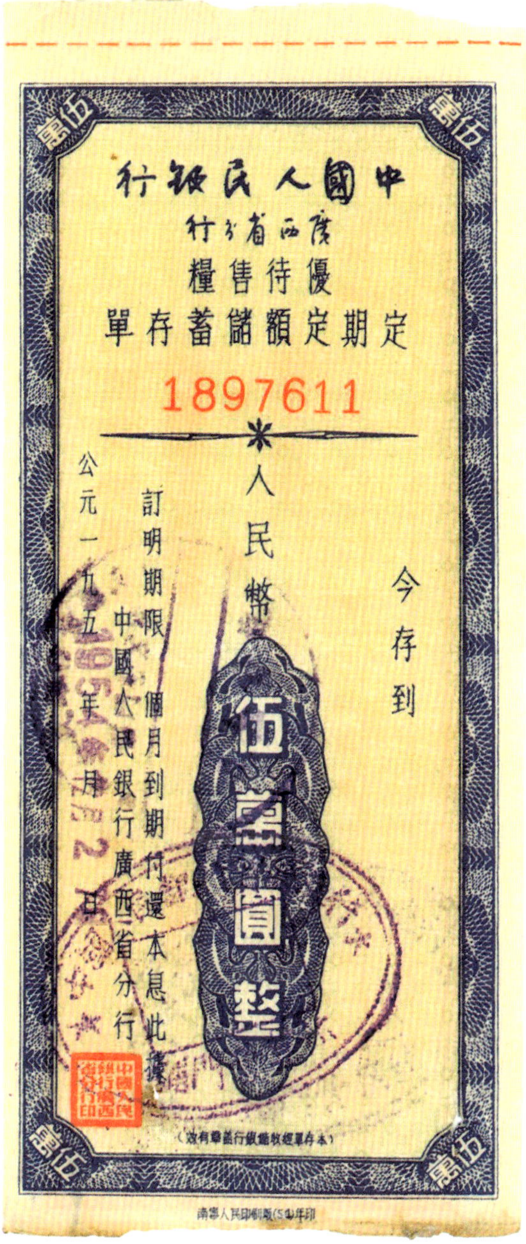
中國人民銀行
廣西省分行
優待售糧
定期定額儲蓄存單
1897611
今存到
人民幣
伍萬圓整
訂明期限 個月到期付還本息此據
中國人民銀行廣西省分行
公元一九五 年 月 日

0042–1 一九五四年十二月二十七日中国人民银行广西省分行人民币伍万圆整面值优待售粮定期定额储蓄存单（正面）

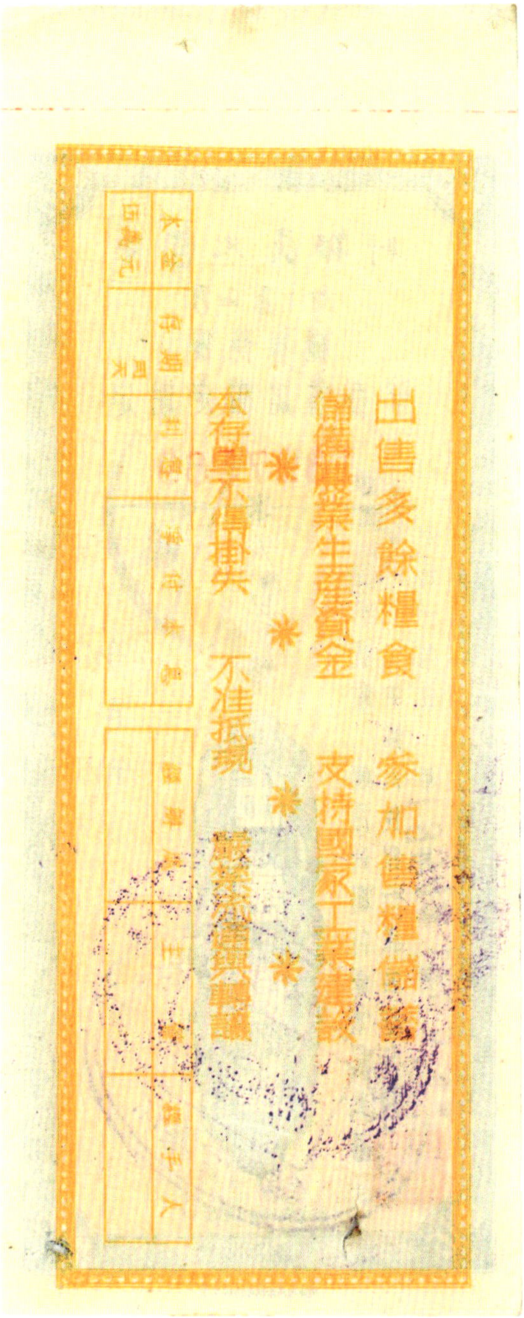
出售多餘糧食 參加售糧儲蓄
儲備興業生產資金 支持國家工業建設
本存單不得掛失 不准抵現

0042–2 一九五四年十二月二十七日中国人民银行广西省分行人民币伍万圆整面值优待售粮定期定额储蓄存单（背面）

0043-1 一九五四年十二月二十七日中国人民银行广西省分行人民币伍万圆整面值优待售粮定期定额储蓄存单（正面）

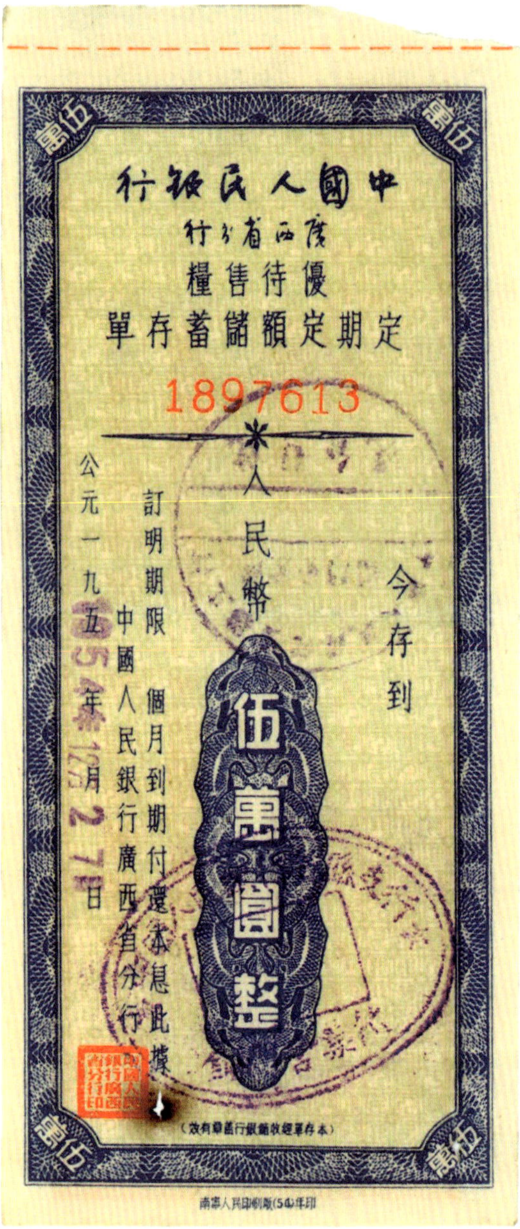
伍萬 伍萬
中國人民銀行
廣西省分行
優待售糧
定期定額儲蓄存單
1897613
人民幣
今存到
伍萬圓整
訂明期限 個月到期付還本息此據
中國人民銀行廣西省分行
公元一九五 年 月 日
(本存單經收款行蓋章有效)
伍萬 伍萬
南寧人民印刷廠(54年印)

0043-2 一九五四年十二月二十七日中国人民银行广西省分行人民币伍万圆整面值优待售粮定期定额储蓄存单（背面）

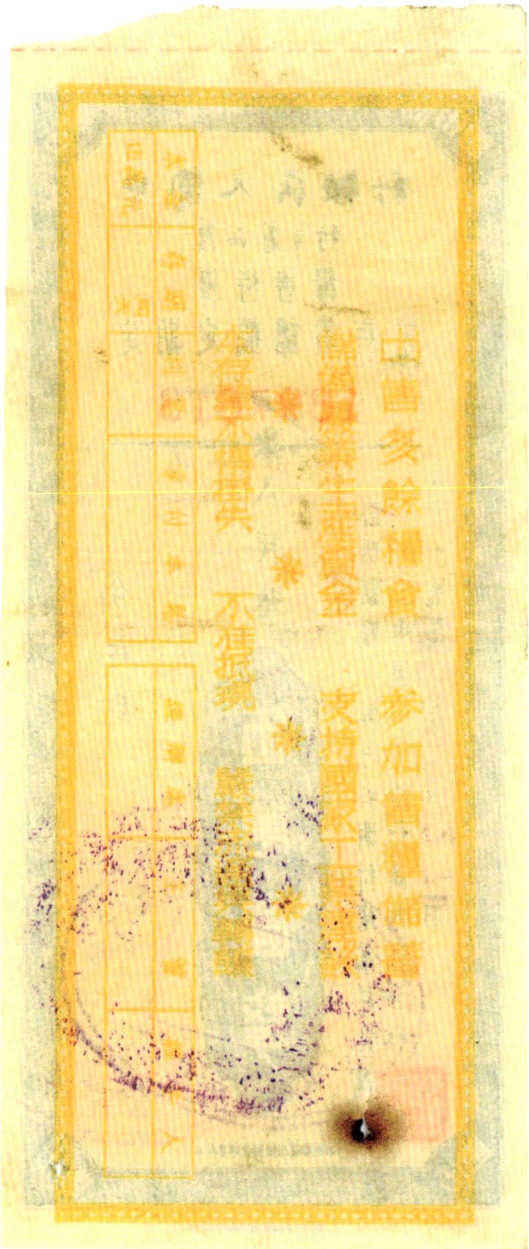
出售多餘糧食
参加售糧儲蓄

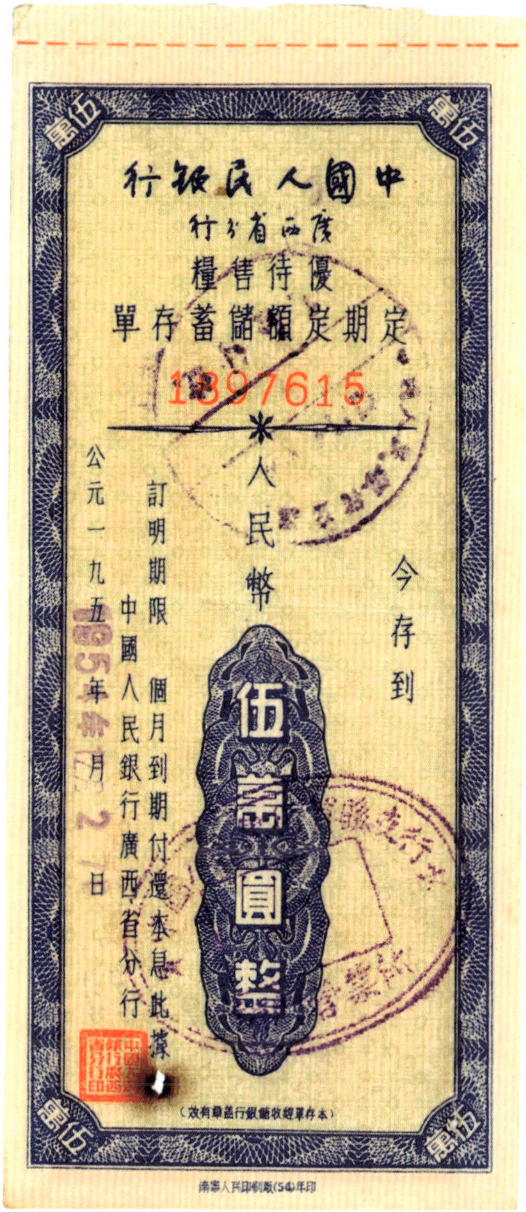

0044−1 一九五四年十二月二十七日中国人民银行广西省分行人民币伍万圆整面值优待售粮定期定额储蓄存单（正面）

0044−2 一九五四年十二月二十七日中国人民银行广西省分行人民币伍万圆整面值优待售粮定期定额储蓄存单（背面）

0045 一九五四年十二月二十七日中国人民银行广西省分行人民币伍万圆整面值优待售粮定期定额储蓄存单

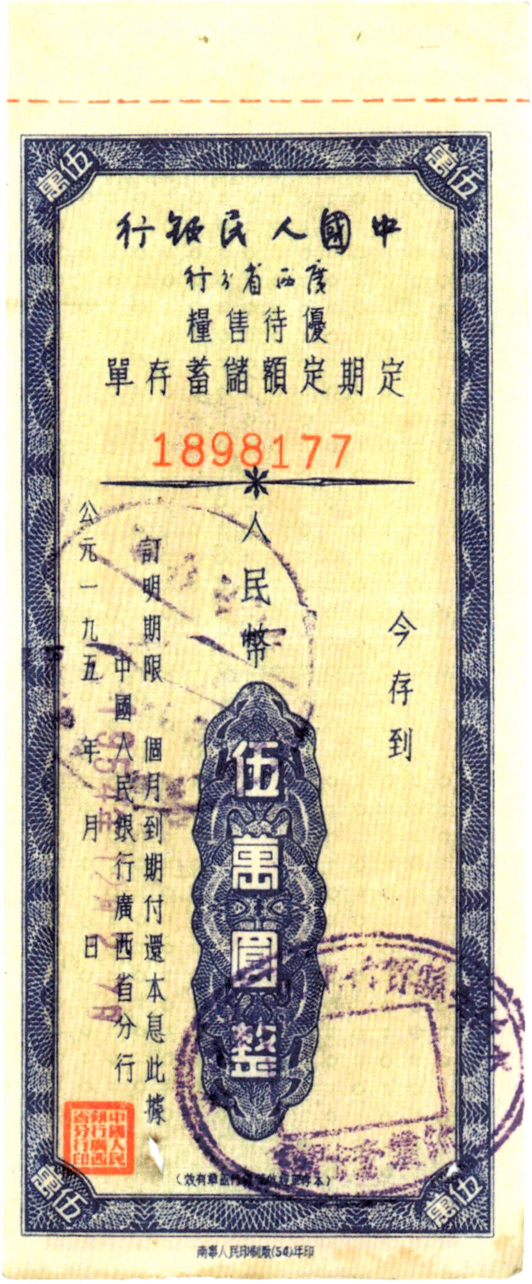

0046—1 一九五四年十二月二十七日中国人民银行广西省分行人民币伍万圆整面值优待售粮定期定额储蓄存单（正面）

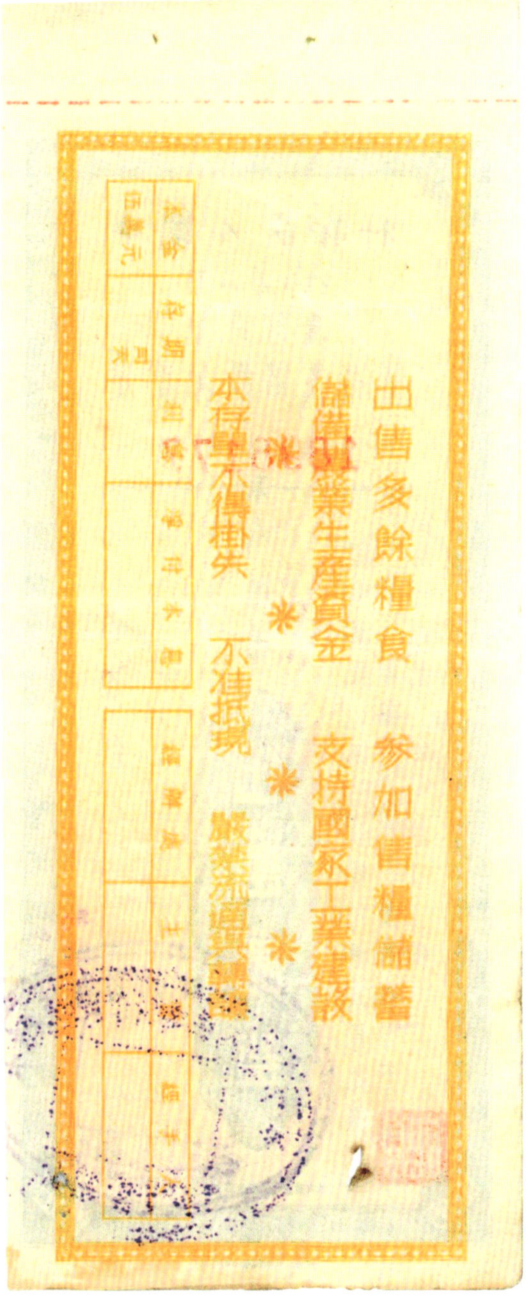

0046—2 一九五四年十二月二十七日中国人民银行广西省分行人民币伍万圆整面值优待售粮定期定额储蓄存单（背面）

0047 一九五四年十二月二十七日中国人民银行广西省分行人民币伍万圆整面值优待售粮定期定额储蓄存单

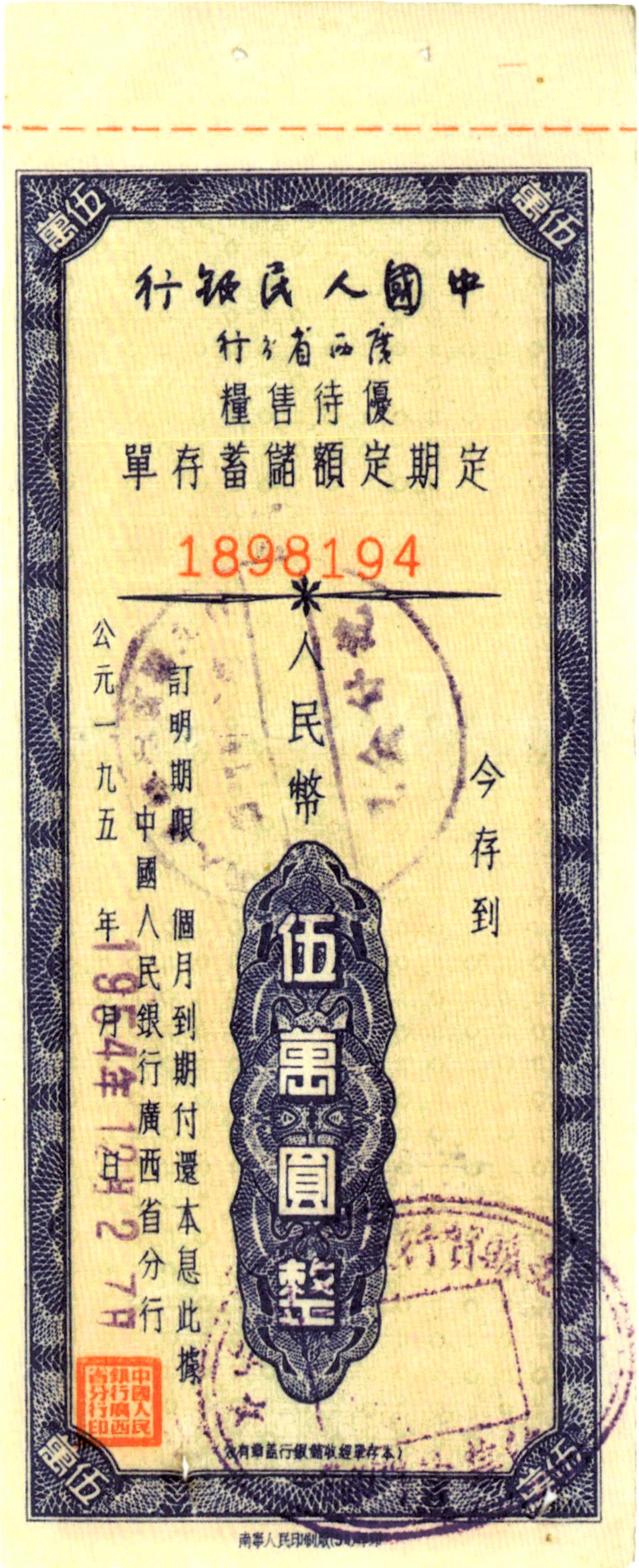
伍萬
中國人民銀行
廣西省分行
優待售糧
定期定額儲蓄存單
1898194
今存到
人民幣
伍萬圓整
訂明期限 個月到期付還本息此據
中國人民銀行廣西省分行
公元一九五 年 月 日
1954年12月27日
中國人民銀行廣西省分行印
(本存單經收銀行蓋章有效)

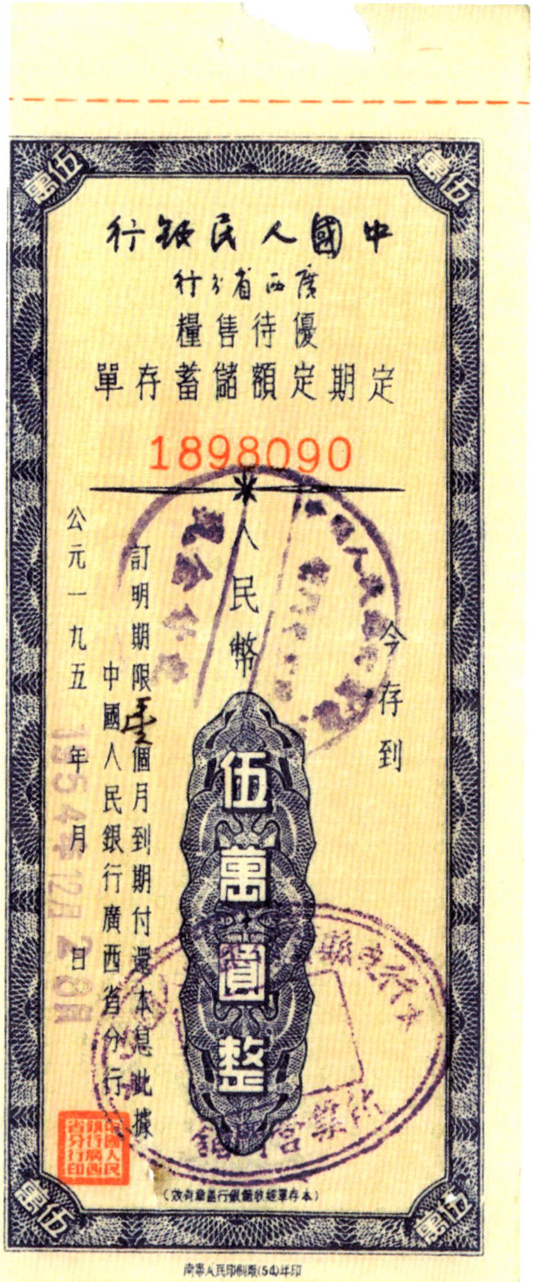

0048—1 一九五四年十二月二十八日中国人民银行广西省分行人民币伍万圆整面值优待售粮定期定额储蓄存单（正面）

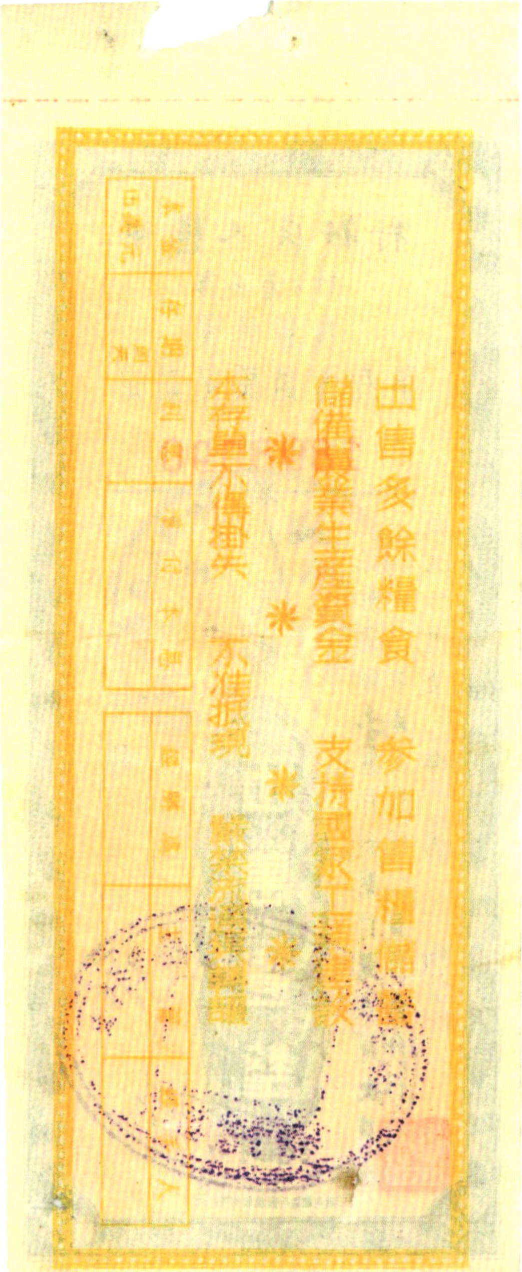

0048—2 一九五四年十二月二十八日中国人民银行广西省分行人民币伍万圆整面值优待售粮定期定额储蓄存单（背面）

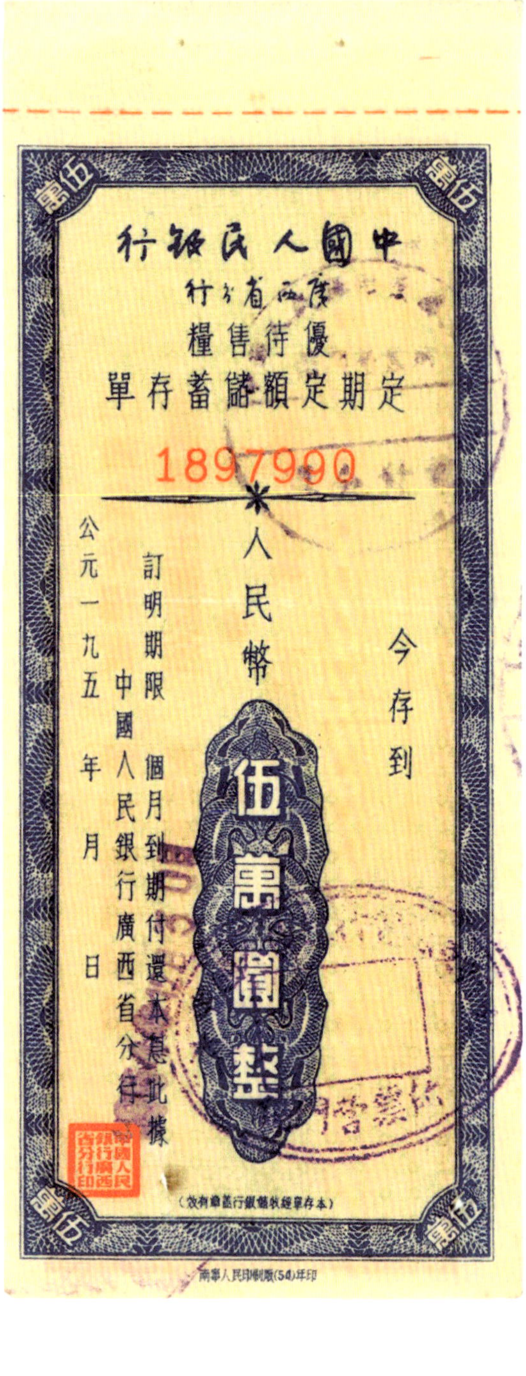

0049-1 一九五四年十二月三十日中国人民银行广西省分行人民币伍万圆整面值优待售粮定期定额储蓄存单（正面）

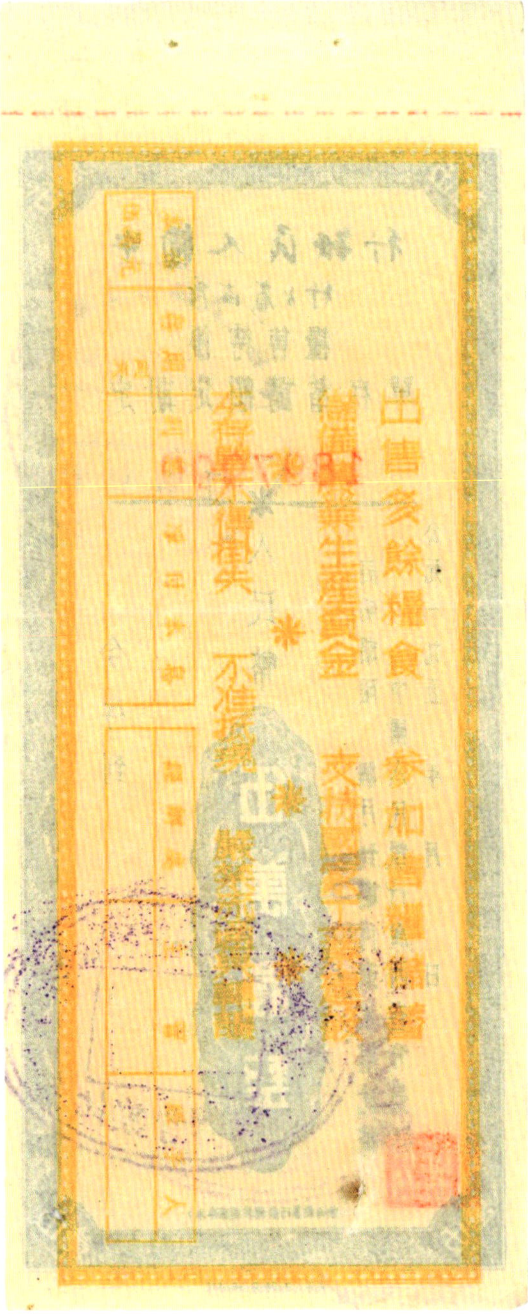

0049-2 一九五四年十二月三十日中国人民银行广西省分行人民币伍万圆整面值优待售粮定期定额储蓄存单（背面）

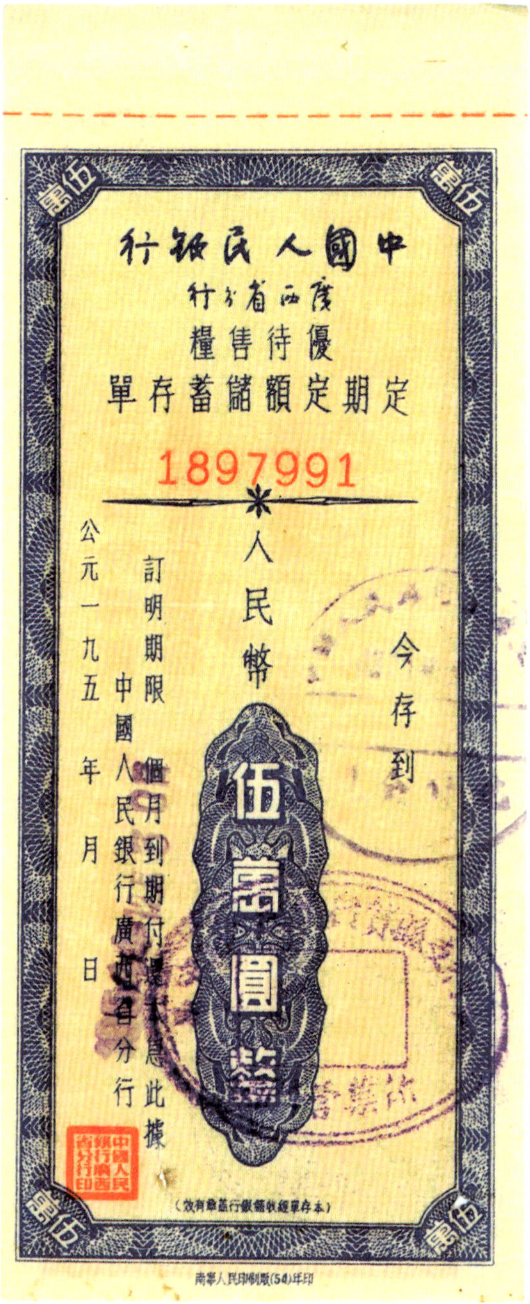

0050—1 一九五四年十二月三十日中国人民银行广西省分行人民币伍万圆整面值优待售粮定期定额储蓄存单（正面）

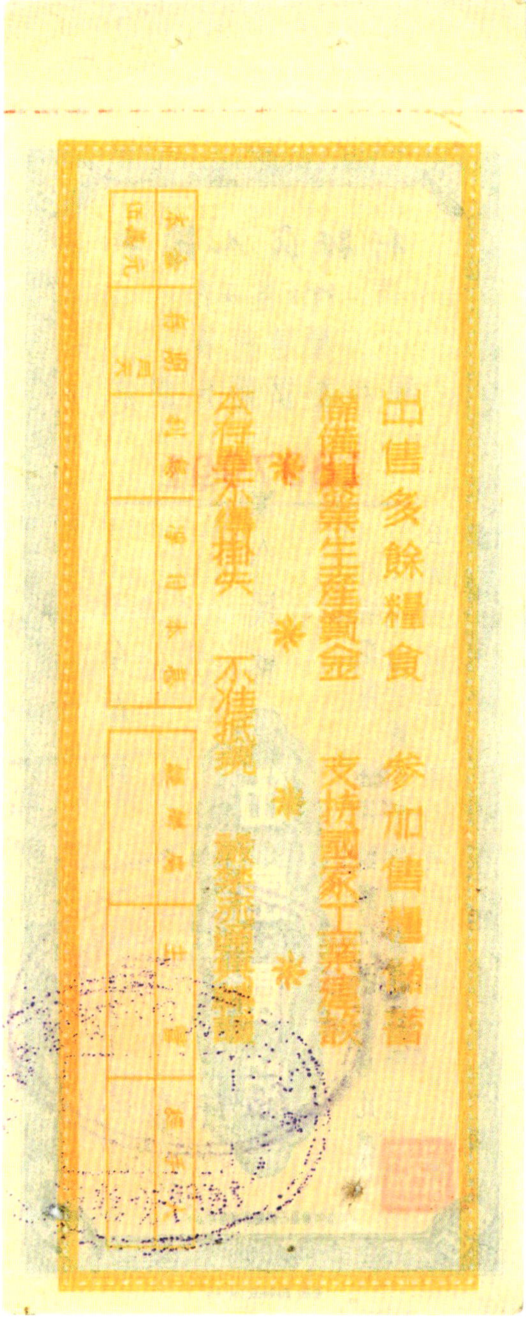

0050—2 一九五四年十二月三十日中国人民银行广西省分行人民币伍万圆整面值优待售粮定期定额储蓄存单（背面）

0051 一九五四年广西省贺县征收黄振喜农业税收据

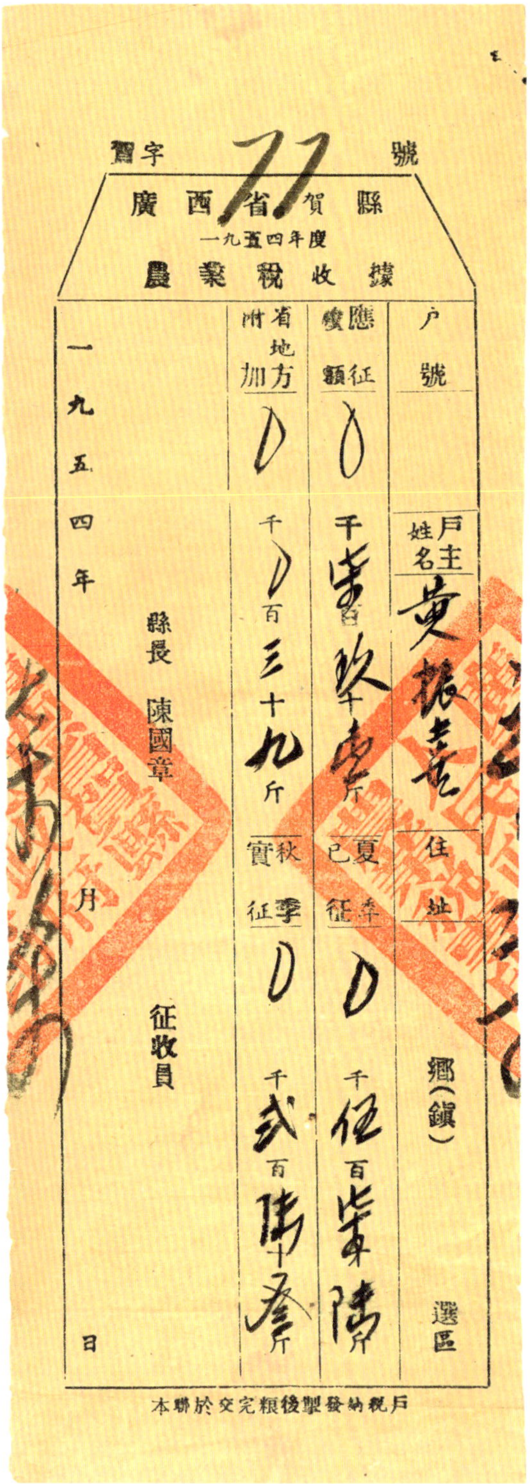

0052 一九五八年五月国营贺县医药采购供应站收购牌价表封面

品名	等级	规格	单位	下良 八步	贺街	步头	蓮塘	大宁	水口 大平 桂岭	黄田	道石 鹅塘 芦岗	永庆 新路 东水 沙田	公会	南乡 开山	信都	仁义 扶隆 铺门	里松
红豆和	1	红色大粒无枝梗	担	41.10	39.90	39.70	40.20	38.70	35.10	40.30	40.20	39.70	38.70	34.10	39.10	38.80	36.90
〃	2	稍次於一级	〃	38.80	37.70	37.50	38.00	36.60	32.80	38.10	38.00	37.50	36.60	31.80	36.90	36.70	34.90
茶(吴于)辣	大花	大粒无枝叶无什质 +70%	〃	526.00	524.50	524.10	524.80	522.80	517.60	525.00	524.80	524.10	522.80	516.20	523.30	523.00	520.40
〃	小花	小粒无枝叶无什质	〃	516.00	514.50	514.10	514.80	512.80	507.60	515.00	514.80	514.10	512.80	506.20	513.30	513.00	510.40
山甲片	清水	干爽无肉无泥无爪	〃	343.00	341.10	341.10	341.10	339.80	334.60	342.00	341.80	341.10	339.80	333.20	340.30	340.00	337.40
〃	泥水	干爽甲稍带肉无爪无泥	〃	316.00	314.50	314.10	314.80	312.80	307.60	315.00	314.80	314.10	312.80	306.20	313.30	313.00	310.40
山甲張		干爽	〃	240.00	238.70	238.30	239.00	237.00	231.80	239.20	239.00	238.30	237.00	230.40	237.50	237.20	234.60
巴戟	1	干爽好肉无泥无须根	〃	140.00	138.50	138.10	138.80	136.80	131.60	139.00	138.80	138.10	136.80	130.20	137.30	137.00	134.40
〃	2	次于一级	〃	130.50	129.00	128.60	129.30	127.30	122.10	129.50	129.30	128.60	127.30	120.70	127.80	127.50	124.90
大通草		大条色白去净外皮	〃	101.90	100.40	100.00	100.70	98.70	93.50	100.90	100.70	100.00	98.70	92.10	99.20	98.90	96.30
斑毛虫		干爽成只无破烂	〃	84.40	83.00	82.70	83.30	81.60	77.20	83.50	83.30	82.70	81.60	76.00	82.00	81.70	79.50
幼克草		干爽有畚头无泥身幼色克	〃	65.30	64.00	63.80	64.30	62.70	58.70	64.50	64.30	63.80	62.70	57.60	63.10	62.80	60.70
粗克草		〃 〃身较粗色克	〃	45.40	44.20	44.00	44.50	43.00	39.40	44.60	44.50	44.00	43.00	38.40	43.40	43.10	41.20
瓜蒌仁	小	干爽无囊无白霉	〃	69.30	68.00	67.80	68.30	66.70	62.70	68.50	68.30	67.80	66.70	61.60	67.10	66.80	64.70
四肢虎骨		干爽无肉无臭纯四肢腿骨	〃	2439.00	2437.50	2437.10	2437.80	2435.80	2430.60	2438.00	2437.80	2437.10	2435.80	2429.20	2436.30	2436.00	按
全架虎骨		干爽无肉无臭全形	〃	1567.00	1565.50	1565.60	1565.80	1563.80	1558.60	1566.00	1565.80	1565.10	1563.60	1557.20	1564.30	1564.00	八
虎什骨		干爽无肉无臭无四肢骨	〃	608.00	606.50	606.10	606.80	604.80	599.60	607.00	606.80	606.10	604.80	508.20	605.30	605.00	步
四肢豹骨		干爽无肉无臭纯四肢腿骨	〃	564.00	562.50	562.10	562.80	560.80	555.60	563.00	562.80	562.10	560.80	554.20	561.30	561.00	价
全架豹骨		干爽无肉无臭全形	〃	346.00	344.50	344.10	344.80	342.80	337.60	345.00	344.80	344.10	342.80	336.20	343.30	343.00	收
豹什骨		干爽无肉无臭无四肢骨	〃	85.00	83.70	83.40	83.90	82.20	77.80	84.10	83.90	83.40	82.20	76.60	82.60	82.30	购
佛手片		干爽筋張色白有香味无霉（即十指香橼片）	〃	222.00	220.50	220.10	220.80	218.80	213.60	221.00	220.80	220.10	218.80	212.20	219.30	219.00	216.40

0053 一九五八年五月国营贺县医药采购供应站收购牌价表记录页（一）

品名	等级	规格	单位	八步	贺街	步头	蓮塘	大宁	水口 大平 桂岭	黄田	道石 鹅塘 芦岗	永庆 新路 东水 沙田	公会	南乡 开山	信都	仁义 扶隆 铺门	里松
细环草	1	干爽鲜黄色幼细无霉无什质	担	484.70	483.20	482.80	483.50	481.50	476.30	483.70	484.50	482.80	481.50	474.90	482.00	481.70	479.10
〃	2	稍次于甲级	〃	460.70	459.20	458.80	459.50	457.50	452.30	459.70	459.50	458.80	457.50	450.90	458.00	457.70	455.10
〃	3	稍次于二级	〃	411.90	410.40	410.00	410.70	408.70	403.50	410.90	410.70	410.00	408.70	402.10	409.20	408.90	406.30
青天葵	幼叶	干爽叶幼绿色揽如圆状无发霉	〃	662.30	660.80	660.40	661.10	659.10	653.90	661.30	661.10	660.40	659.10	652.50	659.60	659.30	656.70
〃	中叶	干爽青綠色叶稍粗无发霉	〃	529.10	527.60	527.20	527.90	525.90	520.70	528.10	527.91	527.20	525.90	519.30	526.40	526.10	523.50
双勾藤	1	干爽勾肥壮、蒸过色红、勾两头平	〃	61.40	60.10	59.90	60.20	58.20	53.00	60.40	60.20	59.90	58.20	51.60	58.70	58.40	56.80
〃	2	次于一级	〃	51.40	50.20	50.00	50.50	49.00	45.40	50.60	50.50	50.00	49.00	44.40	49.40	49.10	47.20
单勾藤		与双勾同	〃	38.00	36.90	36.70	37.20	35.80	32.00	37.20	37.20	36.70	35.80	31.00	36.10	35.90	34.10
砂仁	1	干爽大粒肉饱实无霉	〃	800.00	798.50	798.10	798.80	796.80	791.60	799.00	798.80	798.10	796.80	790.20	797.30	797.00	794.40
〃	2	次于一级	〃	777.70	776.20	775.80	776.50	774.50	769.30	776.70	776.50	775.80	774.50	767.90	775.00	774.70	772.10
毛壳射香	1	干爽大只肉大皮薄无掺什无霉无臭	斤	373.50	按		八		步		价		收			购	
〃	2	次于一级	〃	343.60	〃		〃		〃		〃		〃			〃	
〃	3	次于一级	〃	317.30	〃		〃		〃		〃		〃			〃	
灵香草	1	干爽青录色无霉无头无什草有香味	担	59.10	57.90	57.70	58.20	56.70	53.10	58.30	58.20	57.70	56.70	52.10	57.10	56.80	54.90
〃	2	次于一级		54.10	52.90	52.70	53.20	51.70	48.10	53.30	53.20	52.70	51.70	47.10	52.10	51.80	49.90
金银花	1	色黄白能黄苞80%以上花苞开张，一般长度十一占分，干爽无霉无枝叶，花苞根部无克头		85.60	85.00	84.50	85.00	84.00	82.10	85.00	85.00	84.00	84.20	82.00	85.60	85.00	82.10
〃	2	次于一级，花苞约佔60%花飘约佔40%		73.20	72.50	72.20	72.50	71.80	70.70	72.50	72.50	72.50	72.00	70.00	73.20	72.70	69.70
〃	3	次于二级，〃 〃40%〃〃约佔60%		63.00	61.00	60.60	61.00	60.30	59.40	61.00	61.00	61.00	60.52	58.80	63.00	61.00	59.50
〃	4	次于三级，有部份花苞或全部开放		51.20	51.00	50.50	51.00	50.30	49.50	51.00	51.00	51.00	50.40	49.00	51.20	51.00	47.70
浮马勃		干爽松身无破烂		362.60	361.10	360.70	361.40	359.40	354.20	361.60	361.40	360.70	395.40	352.80	359.90	359.60	357.00

0054 一九五八年五月国营贺县医药采购供应站收购牌价表记录页（2）

0055 一九五八年五月国营贺县医药采购供应站收购牌价表记录页（3）

品名	等级	规格	单位	下良八步	贺街	步头	莲塘	大宁	水口大平桂岭	黄田	鹅塘芦岗道石	永庆新路东水沙田	公会	南乡开山	信都	仁义扶隆铺门	里松
山支子	1	干爽晒干，蒸过无枝叶，无霉坏	担	28.20	28.20	28.20	28.20	26.20	25.20	27.60	27.50	27.10	26.20	24.70	28.20	28.20	24.70
〃	2	次于一级	〃	25.10	与	步价	同	23.10	22.10	24.50	24.40	24.00	23.10	21.60	与八	步同	21.60
水支子	1	干爽大只，蒸过晒干色红无枝叶，无霉坏	〃	20.60	〃	〃	〃	18.60	17.60	20.00	19.90	19.50	18.60	17.10	〃	〃	17.10
〃	2	次于一级	〃	18.60	〃	〃	〃	16.20	15.60	18.00	14.40	17.50	16.20	14.40	〃	〃	17.90
冬蜜糖	1	色白结沙有香味，无水份，无蚤屎	〃	66.00	64.70	64.50	65.00	63.40	59.40	65.20	65.00	64.50	63.40	58.30	63.80	63.50	61.20
〃	2	次于一级	〃	64.00	62.70	62.50	63.00	61.40	57.40	63.20	63.00	62.50	61.40	56.30	61.80	61.50	59.40
春勿糖	1	干净淡黄色，无酸味、苦味，什质蚤屎	〃	60.00	58.70	58.50	59.00	57.40	53.40	59.20	59.00	58.50	57.40	52.30	57.80	57.50	55.40
〃	2	次于一级	〃	57.00	55.80	55.60	56.10	54.60	51.00	56.20	56.10	55.60	54.60	50.00	55.00	54.70	52.80
蜜腊	1	干身黄净，无掺什，蜜味	〃	212.00	与	步价	同	208.80	203.60	211.00	210.80	210.10	208.80	202.20	与八	步同	206.40
〃	2	次于一级	〃	191.00	〃	〃	〃	187.80	182.60	190.00	189.80	189.10	187.80	181.00	〃	〃	185.40
雷丸		干爽无霉无蚬	〃	80.00	78.70	78.50	79.00	77.40	73.40	79.20	79.00	78.50	77.40	72.30	77.80	77.50	75.40
花蛇干		干爽无虫蛀，无臭、无霉	〃	200.00	198.50	198.10	198.80	196.80	191.60	199.00	198.80	198.10	196.80	190.20	197.30	197.00	194.40
别甲		干爽无肉无霉	〃	31.00	29.90	29.70	30.20	28.80	25.00	30.20	30.20	29.70	28.80	24.00	29.10	28.90	27.10
独脚柑		干爽无泥无霉	〃	113.00	与	步价	同	109.80	104.60	112.00	111.80	111.10	109.80	103.20	与八	步同	109.10
鸡内金		干爽大只无鸡屎	〃	261.60	〃	〃	〃	260.10	253.20	260.60	260.40	259.70	260.10	251.80	〃	〃	256.00
黄精	1	干爽大条足肉，无皮黄心无霉	〃	45.80	〃	〃	〃	43.40	39.80	45.00	44.90	44.40	43.40	38.80	〃	〃	41.60
〃	2	次于一级	〃	39.60	〃	〃	〃	37.40	33.60	38.80	38.80	38.30	37.40	32.60	〃	〃	35.70
红苗草	1	干爽粗条，无苗，无什质，无泥	〃	41.10	〃	〃	〃	38.70	35.10	40.30	40.20	39.70	38.70	34.10	〃	〃	36.90
〃	2	次于一级	〃	38.80	〃	〃	〃	36.60	32.80	38.00	38.00	37.50	36.60	31.80	〃	〃	34.90
陈皮	四开	干爽红色，每只均四开	〃	36.60	〃	〃	〃	34.40	30.60	35.80	35.80	35.30	34.40	29.60	〃	〃	32.70
〃	统庄	干爽无霉	〃	27.60	〃	〃	〃	25.60	24.60	27.00	26.90	26.50	25.60	24.10	〃	〃	24.10

0056 一九五八年五月国营贺县医药采购供应站收购牌价表记录页（4）

品名	等级	规格	单位	八步	贺街	步头	莲塘	大宁	大平水口桂岭螺石	黄田	道石鹅塘芦岗	永庆东水新路沙田	公会	南乡开山	信都	仁义扶隆铺门	里松
苏子		干爽无枝叶无沙泥无霉	担	34.00	按	八	步	31.60	28.00	33.20	33.20	32.70	31.60	27.00	按	价	30.10
青双子		与苏子同	〃	9.00				8.20	7.50	8.40	8.30	7.90	8.20	6.80	八	收	8.00
鸦胆子		干爽色亮皱皮无霉	〃	38.20				35.80	32.20	37.40	31.40	36.90	35.80	31.20	步	购	34.30
充蔚子		与苏子同	〃	32.80	价	收	购	30.40	26.80	32.00	32.00	31.50	30.40	25.80	〃	〃	28.90
車前子		干爽有肉无枝叶无沙泥无霉	〃	51.80				49.40	45.80	51.00	50.90	50.40	49.40	44.80	〃	〃	47.60
牛旁子		干爽大粒有肉空壳无枝叶无霉	〃	49.60				47.20	43.00	48.80	48.70	48.20	47.20	42.60	〃	〃	45.40
九菜子		与牛旁子同	〃	42.40				40.00	36.40	41.60	41.50	41.00	40.00	35.40	〃	〃	38.20
女贞子		〃	〃	5.80				5.00	4.30	5.20	5.10	4.70	5.00	3.70	〃	〃	4.80
急性子		〃	〃	36.00				33.60	30.00	35.20	35.20	34.70	33.60	29.00	〃	〃	32.10
香付子		干爽大粒无须无泥无霉无枝叶	〃	5.00				4.20	4.50	4.40	4.30	3.90	4.20	2.90	〃	〃	4.00
梧桐子		干爽大粒无枝梗无泥无霉	〃	17.00				14.60	14.00	16.40	16.30	15.90	14.60	13.80	〃	〃	16.30
鹤虱		干爽无枝叶无霉	〃	11.60				9.20	8.60	11.00	10.90	10.50	9.20	7.40	〃	〃	10.90
白芥子		干爽大粒无枝梗无霉	〃	32.00				29.60	26.00	31.20	31.20	30.70	29.60	25.00	〃	〃	28.10
小良羌		干爽色红有肉无须根无泥无霉	〃	12.00				9.60	9.00	11.40	11.30	10.90	9.60	7.80	〃	〃	11.30
大良羌		〃	〃	6.50				4.70	5.00	5.90	5.80	5.40	4.70	4.40	〃	〃	5.50
羌皮		干爽无沙泥无霉	〃	19.20				16.80	16.20	18.60	18.50	18.10	16.80	15.00	〃	〃	18.50
白薙		干爽大粒无泥色白无霉	〃	32.90				30.50	26.90	32.10	32.10	31.60	30.50	25.90	〃	〃	29.00
白眉		干爽叶青条色无花，叶梗起白毛	〃	16.50				14.10	13.50	15.90	15.80	15.40	14.10	12.30	〃	〃	15.80
白钦		干爽白色无霉	〃	14.00				11.60	11.00	13.40	13.30	12.90	11.60	9.80	〃	〃	13.30
白前		干爽无阳枝无沙泥无霉	〃	14.10				11.70	11.10	13.50	13.40	13.00	11.70	9.90	〃	〃	13.40
白狗肠		干爽无阳枝无沙泥长度足	〃	18.90				16.50	15.90	18.30	18.20	17.80	16.50	14.70	〃	〃	18.20

0057 一九五八年五月国营贺县医药采购供应站收购牌价表记录页（5）

品名	等级	规格	单位	八步	贺街	步头	莲塘	大宁	平口岭石 大水桂螺	黄田	石塘岗 道鹅芦	庆路水田 永新东沙	公会	南乡 开山	信都	义隆门 仁扶铺	里松
琥珀	一级	干爽大粒每粒一市両以上色红透明无松香味无什质无泥	担	1600.00	1598.50	1598.10	1598.80	1596.80	1591.60	1599.00	1598.00	1598.10	1596.80	1598.20	1597.30	1597.00	1594.60
〃	二级	〃 6市钱以上 〃 〃	〃	1250.00	1248.50	1248.10	1248.80	1246.80	1241.60	1249.00	1248.80	1248.10	1246.80	1248.20	1247.30	1247.00	1244.60
〃	三级	〃 3市钱以上 〃 〃	〃	900.00	898.50	898.10	898.80	896.80	891.60	899.00	898.80	898.10	896.80	890.20	897.30	897.00	894.60
〃	四级	〃 一钱五分以上 〃 〃	〃	500.00	498.50	498.10	498.80	496.80	491.60	499.00	498.80	498.10	496.80	490.20	497.30	497.00	594.60
〃	五级	〃 一钱以上 〃太幼不要	〃	300.00	298.50	298.10	298.80	296.80	291.60	299.00	298.80	298.10	296.80	290.20	297.30	297.00	294.60
扑蛇干		干爽大条无臭味无霉	〃	460.00	458.50	458.10	458.80	456.80	451.60	459.00	458.80	458.10	456.80	450.20	457.30	457.00	454.60
鸡爪黄连		干爽大条无须根无沙泥无霉	〃	880	全		县		统		一		收		购		价
槐花米	一级	干爽无枝叶黄色蒸过晒干	〃	25.70	八	步	价	23.70	22.70	25.10	25.00	24.60	23.70	22.20	八	步	23.20
〃	二级	次于一级	〃	22.70	〃	〃	〃	20.70	19.70	22.10	22.00	21.60	20.70	19.20			20.20
马尾伸筋草	一级	干爽青柔色阴干長度1尺以上无霉	〃	3529	〃	〃	〃	3525.80	2520.60	3528.00	3527.80	3527.10	3525.80	3519.20			3523.40
〃	二级	〃 長度一尺至一尺四寸无霉	〃	2823	〃	〃	〃	2819.80	2814.60	2822.00	2821.80	2821.10	2819.80	2813.20			2817.40
〃	三级	〃 長度四寸至一尺无霉	〃	2258	〃	〃	〃	2254.80	2249.60	2257.00	2256.80	2256.10	2254.80	2248.20			2252.40
龙胆草	一级	干爽柔软无什草无泥无霉	〃	68.20	〃	〃	〃	65.80	61.20	67.40	67.20	66.70	65.80	60.50			63.60
〃	二级	次于一级	〃	57.60	〃	〃	〃	55.20	51.60	56.80	56.70	56.20	55.20	50.60			53.40
地于片		干爽切茹片无泥无霉	〃	4.00	〃	〃	〃	4.00	4.00	4.00	4.00	4.00	4.00	4.00			4.00
木通条		干爽起码尾指大以上无霉 水通不要	〃	5.00	〃	〃	〃	4.20	3.50	4.40	4.30	3.90	4.20	2.90			3.60
土太片		干爽切片无霉	〃	7.50	〃	〃	〃	6.70	6.00	6.90	6.80	6.40	6.70	5.40			6.10
蚯虫	大	干爽大只无霉无臭	〃	846.80	〃	〃	〃	843.60	838.40	845.80	845.60	844.90	843.60	837.00			841.20
〃	中	〃 中只 〃	〃	675.60	〃	〃	〃	672.40	667.20	674.60	674.40	673.70	672.40	665.80			670.00
龙衣		〃 大条 〃	〃	476.40	〃	〃	〃	473.20	468.00	475.40	475.20	474.50	473.20	466.60			470.80
水蛭	1	〃 成只无破碎沙泥	〃	206.80	〃	〃	〃	203.60	259.60	205.80	205.60	204.90	203.60	197.00	价	同	201.20

0058 一九五八年五月国营贺县医药采购供应站收购牌价表记录页（6）

品名	等级	规格	单位	八步	贺街	步头	莲塘	大宁	平口令石 大水桂螺	黄田	塘岗石 鹅芦道	庆路水田 永新东沙	公会	南乡 开山	信都	义隆门 仁扶铺	里松
水蛭	2	次于一级	担	170.80	与八	步价	同	167.60	162.40	169.80	169.60	168.90	167.60	161.00	与八	步同	165.20
蝉蜕		与一级水蛭同	〃	208.90	207.40	207.00	207.70	205.70	200.50	207.90	207.70	207.00	205.70	199.10	206.20	205.90	203.30
软蜂房		干爽柔软无虫蛀	〃	64.80	与	八	步	62.20	58.20	64.00	63.80	63.30	62.20	57.10	与	八	60.20
软双蛸		如鸡子形蒸过无霉坏	〃	270.10				266.90	261.70	269.10	268.90	268.20	266.90	260.30			264.50
竹蜂	大	〃 大只全形,无霉坏,白头	百	0.48				与				八					步
〃	中	〃 次于大只 〃	〃	0.35				价				目					同
红娘子		〃 全形大只 〃	担	211.20				208.00	202.80	210.20	210.00	209.30	208.00	201.40			205.60
地龙干		〃 开肚大条无霉,无沙泥	〃	130.80	价	目	同	127.60	122.40	129.80	129.60	128.90	127.60	121.00	步	同	125.20
广狗鞭		〃 成条并带睾丸无霉	条	0.34	0.33	与		八		步		价		目			同
兔鞭		〃 〃	〃	5.00	与		八			步			价		目		同
旋福花	1	〃 鲜黄色,无枝叶霉坏	担	46.30	45.10	44.90	45.40	43.90	40.30	45.50	45.40	44.90	43.90	39.30	44.30	44.00	42.10
〃	2	次于一级	〃	43.30	42.10	41.90	42.40	40.90	37.30	42.50	42.40	41.90	40.90	36.30	41.30	41.00	39.10
闹阳花		干爽花黄色无枝叶霉坏	〃	43.90	与	八	步	41.50	37.90	43.10	43.00	42.50	41.50	36.90	与	八	39.70
甘谷花		〃	〃	22.60				20.60	19.60	22.00	21.90	21.50	21.30	19.10			19.10
夏枯花		干爽净花 〃	〃	18.50				16.10	15.50	17.90	17.80	17.40	16.10	14.30	步	价	17.80
厚朴花		干爽无枝梗,花成朵,不大开无霉	〃	60.00				58.00	55.00	59.70	59.10	58.50	58.00	60.00			56.50
香椿片		干爽色白有香味无霉无蛀(即牛心椿)	〃	105.20	价	目	同	102.00	96.80	104.20	104.00	103.30	102.00	95.40	目	同	99.60
黄藤藤		干爽无阳枝无霉	〃	8.50	7.80	7.50	7.80	7.30	5.50	7.90	7.80	7.50	7.50	6.40	8.50	8.50	6.70
宽根藤		干爽粗如公指(幼条不要)无霉	〃	12.90	12.90	12.90	12.90	11.40	10.90	12.30	12.20	11.90	11.30	10.10	12.90	12.90	11.00
四方藤		与宽根藤同	〃	7.00	7.00	7.00	6.30	5.80	5.50	6.40	6.30	6.30	5.80	4.90	7.00	7.00	5.90
升麻		干爽大条无芦头无须根无霉	〃	22.10	21.40	21.10	21.40	20.60	19.60	21.50	21.40	20.90	20.10	19.10	20.60	20.00	20.00

0059 一九五八年五月国营贺县医药采购供应站收购牌价表记录页（7）

品名	等级	规格	单位	八步	贺街	步头	莲塘	大宁	桂岭大平水口	黄田	鹅塘道石芦岗	永庆新路东沙水田	公会	南乡开山	信都	仁义铺门扶隆	里松
莪苓		干爽大粒无沙泥、霉坏	担	42.50	41.30	41.10	41.60	40.10	36.50	41.70	41.60	42.10	40.10	35.50	40.50	40.20	38.30
西茯苓		〃 洁白无霉	〃	76.00	74.70	74.50	75.00	73.40	69.40	75.20	75.00	64.50	73.40	68.30	73.80	73.50	71.40
党参	1	〃 好肉大条无斑无霉	〃	55.00	53.80	53.60	54.10	52.60	49.00	54.20	54.10	53.50	52.60	48.00	53.00	52.70	50.80
〃	2	〃 次于一级	〃	47.00	45.80	45.60	46.10	44.60	41.00	46.20	46.10	45.60	44.60	40.00	45.00	44.70	42.80
枸杞根		〃 大条无须、无阳枝	〃	13.00	与	八	步	10.60	10.00	12.40	12.30	11.90	10.60	8.80	与	八	12.30
桔梗	1	〃 大条无头、色白无霉	〃	27.40				25.40	24.40	26.80	26.70	26.30	25.40	23.90			23.90
〃	2	〃 次于一级	〃	23.00				21.00	20.00	22.40	22.30	21.90	21.00	19.50			19.50
原首乌		〃 大小均匀 蒸过心黄色不皱裂全大只	〃	28.60				26.60	25.60	28.00	27.90	27.20	26.60	25.10			25.10
土牛七	1	〃 大条黄色肉肥满、无头无霉	〃	38.00				35.80	32.00	37.20	37.20	36.70	35.80	31.00	步	价	34.10
〃	2	〃 次于一级	〃	32.00				29.80	26.00	31.20	31.20	30.70	29.80	25.00			28.10
木必子		〃 大粒壳充无霉	〃	60.00				57.60	54.00	59.20	59.00	58.50	57.60	52.30			55.80
呈茄子		〃 大粒无枝梗无霉	〃	13.90	价	目	同	11.50	10.90	13.30	13.20	12.80	11.50	9.70			13.20
紫花地丁		〃 无泥无沙无什草、无霉紫花	〃	75.80	74.50	74.30	74.80	73.20	69.20	75.00	74.80	74.30	73.20	68.10			71.00
红花椒		〃 红色无枝叶无霉	〃	18.20		〃		15.80	15.20	17.60	17.50	17.10	15.80	14.70			15.70
青红花椒		〃 次于一级	〃	15.80		〃		13.40	12.80	15.20	15.10	14.70	13.40	13.00			15.10
青花椒		〃 无枝叶无霉	〃	14.20		〃		11.80	11.20	13.60	13.50	13.10	11.80	11.40	目	同	13.50
鸡爪黄莲		〃 大条无枝梗无根须	〃	880.00	878.50	878.10	878.80	876.80	871.60	879.00	878.80	878.10	876.80	870.00	877.30	877.00	87.44
槐花米	1	〃 无丝叶黄色、蒸过、晒干	〃	25.70		〃		23.70	22.70	25.10	25.00	24.60	23.70	22.20	〃	〃	22.20
〃	2	〃 次于一级	〃	22.70		〃		20.70	19.70	22.10	22.00	21.60	20.70	19.20	〃	〃	19.20
枝花头		〃 大只无坭无霉	〃	50.80		〃		48.40	44.80	50.00	49.90	49.40	48.40	43.80	〃	〃	46.60
半夏	1	〃 大粒无霉去皮	〃	70.00	68.70	68.50	69.00	67.40	75.40	69.20	69.00	68.50	67.40	62.30	61.80	67.50	68.40

0060 一九五八年五月国营贺县医药采购供应站收购牌价表记录页（8）

品名	等级	规格	单位	八步	贺街	步头	莲塘	大宁	桂岭大平水口婆石	黄田	道石鹅塘芦岗	永庆新路东沙水口	公会	南乡开山	信都	仁义扶隆铺门	里松
半夏	2	干爽次于一级	担	60.00	58.70	58.50	59.00	57.40	53.40	59.20	59.00	58.50	57.40	52.30	57.80	57.50	58.40
〃	3	〃 次于二级	〃	50.00	48.80	48.60	49.10	47.60	44.00	49.20	49.10	48.60	47.60	43.00	48.00	47.70	44.80
柑子核		〃 大粒无霉	〃	45.00	43.80	43.60	44.10	42.60	39.00	44.20	44.10	43.60	42.60	38.00	43.00	42.70	40.80
前胡	1	干爽大条无枝梗、无根须、柔软无霉	〃	16.60	与	八	步	14.20	13.60	16.00	15.90	15.50	14.20	12.40	与	八	15.90
〃	2	干爽次于一级	〃	14.60				12.20	11.60	14.00	13.90	13.50	12.20	10.40			13.90
威灵志	1	干爽大条无心有粉、白色皮无、无霉、头细	〃	19.60				17.20	16.60	19.00	18.90	18.50	17.20	15.40			18.90
〃	2	〃 次于一级	〃	14.50				12.10	11.50	13.90	13.80	13.40	12.10	10.30			13.80
防杞	1	干爽大条稍去粗皮、开两边有粉无霉	〃	25.80				23.80	22.80	25.20	25.10	24.70	23.80	22.30	步	价	22.30
〃	2	〃 次于一级	〃	20.80				18.80	17.80	20.20	20.10	19.70	18.80	17.30			17.30
〃	3	〃 次于二级	〃	18.80				16.40	15.80	18.20	18.10	17.70	16.40	14.60			18.10
葛根	1	〃 中条有粉、白色无根蛤无霉	〃	27.80				25.80	24.80	27.20	27.10	26.70	25.80	24.30			24.30
〃	2	〃 次于一级	〃	25.30				23.30	22.30	24.70	24.60	24.20	23.30	21.80			21.80
〃	3	〃 次于二级	〃	22.80				20.80	19.80	22.20	22.10	21.70	20.80	19.30	目	同	19.30
桃仁		〃 大粒无破碎无霉	〃	49.60				47.20	43.60	48.80	48.70	48.20	47.20	42.60	47.60	47.30	45.40
山刁竹		〃 连根苗、无坭无霉、结成掰形	〃	67.10				64.50	60.50	66.30	66.10	65.60	64.50	59.40	与	八	62.50
滴乳石		鹅管形洁白、通心、无碎	〃	134.90				131.70	126.50	133.90	133.70	133.00	131.70	125.10	步	价	129.30
莪术		干爽无根须、无泥无霉	〃	16.30	价		同	13.90	13.30	15.70	15.60	15.00	13.90	12.10	目	同	15.60
麦冬	一级	干爽肉白皮白长度一市寸皮皱无霉	〃	110.00	108.50	108.10	108.80	106.80	101.60	109.00	108.80	108.10	106.80	100.20	107.30	107.00	104.40
〃	二级	〃 〃长度八市分以上	〃	90.00	88.60	88.30	88.90	87.20	82.80	89.10	88.90	88.30	87.20	81.60	87.60	87.30	85.10
〃	三级	〃 〃长度五市分以上	〃	80.00	78.60	78.30	78.90	77.20	72.80	79.10	78.90	78.30	77.20	71.60	77.60	77.30	75.10
大皂角		干爽无霉	〃	6.00	5.10	4.90	5.30	5.20	4.50	5.40	5.30	4.90	5.20	3.90	5.30	4.60	4.60

品名	等级	规格	单位	八步	贺街	步头	莲塘	大宁	桂岭大平水口	黄田	鹅塘芦岗道石	永新东沙庆路水田	公会	南乡开山	信都	仁义扶陵铺门	里松
丝瓜络	除皮	干爽去外皮成只色白无霉无子	担	36.30	与	八	步	34.10	30.30	35.50	35.50	35.00	34.10	29.30	与	价	32.40
〃	带皮	〃 带外皮 〃 〃	〃	27.60				25.60	24.60	26.80	26.90	26.50	25.60	24.10			24.10
厚朴刀		干爽全朴刀去粗皮有油(离地面八寸以下为朴刀)	〃	32.80				30.60	26.80	32.00	32.00	31.50	30.60	25.80			28.90
厚朴根		干爽全朴根大块无阴枝净根皮	〃	24.00				22.00	21.00	23.40	23.30	22.90	22.00	20.50	八	同	20.50
厚朴全		干爽厚张有油去粗皮两边相卷均匀	〃	12.00				9.60	9.00	11.40	11.30	10.90	9.60	7.80			11.30
黄柏皮	1	干爽皮厚肉鲜黄色去粗皮长度均尺	〃	28.00				26.00	25.00	27.40	27.30	26.90	26.00	24.50			24.50
〃	2	〃〃 次于一级 〃	〃	23.90	价	目	同	21.90	20.90	23.30	23.20	22.80	21.90	20.40	步		20.40
瓜蒌壳	1	干爽成只皮须红色有肉无霉、蛀	〃	48.60	47.40	47.20	47.70	46.20	42.60	47.80	47.70	47.20	46.20	41.60	46.60	46.30	44.40
〃	2	〃 次于一级	〃	46.30	45.10	44.90	45.40	43.90	40.30	45.50	45.40	44.90	43.90	39.30	44.30	44.00	42.10
石羔	1	〃 大块无沙泥	〃	253.40	与	八	步	250.20	245.00	252.40	252.20	25.50	250.20	243.60	与	价	247.80
〃	2	〃 次于一级	〃	240.00	价	同		236.80	231.60	239.00	238.80	238.10	236.80	230.20			234.40
谷精珍		〃 无枝叶霉坏	〃	32.70	31.60	31.40	31.90	30.50	26.70	31.90	31.90	31.40	30.50	25.70	八	同	28.80
苏叶		〃 〃	〃	20.00	与	八	步	18.00	17.00	19.40	19.30	18.90	18.00	16.50			16.50
羊角叶		〃 枝梗幼叶青绿色	〃	13.40				11.00	10.40	12.80	12.70	12.30	11.00	9.20			12.70
薄荷叶		〃 枝梗细矮脚(开花者不收)	〃	15.00	价	同		12.60	12.00	14.40	14.30	13.90	12.60	10.80	步		14.30
红条紫草	1	〃 粗条无根须无泥	〃	161.10	158.50	159.20	159.90	157.90	152.70	160.10	159.90	159.20	157.90	151.30	158.40	158.10	155.50
〃	2	〃 次于一级	〃	155.00	153.50	153.10	153.80	151.80	146.60	154.00	153.80	153.10	153.80	145.20	152.30	152.00	149.40
使均子	1	〃 大粒、饱满、红色、无空粒	〃	68.00	66.70	66.50	67.00	65.60	81.40	67.20	67.00	66.50	67.00	60.30	65.80	65.50	63.40
〃	2	〃 次于一级	〃	62.00	60.70	60.50	61.00	59.40	55.40	61.20	61.00	60.50	61.00	54.30	59.80	59.50	57.40
石莲子	1	〃 与均子同	〃	11.80	与	八	步	9.40	8.80	11.00	11.10	10.70	9.40	7.60	与	八	11.10
〃	2	〃	〃	8.80	价	同		8.00	7.30	8.00	8.10	7.70	8.00	5.90	步	同	7.40

0061 一九五八年五月国营贺县医药采购供应站收购牌价表记录页（9）

品名	等级	规格	单位	八步	贺街	步头	莲塘	大宁	桂岭里松	黄田	鹅塘芦岗	沙田	公会	南乡开山	信都	铺门	里松
金黄泽		干爽大条色黄无须根无霉	担	36.70	与	八	步	34.30	31.70	36.00	35.90	35.70	34.70	30.00	36.70	36.70	33.20
双記生		干爽无大枝有叶扎成小把	〃	9.40				8.00	7.50	8.80	8.70	8.50	7.80	7.30	9.40	9.40	7.00
求必应		干爽心张捲筒去粗皮	〃	4.00	价	同		4.00	3.50	4.00	4.00	4.00	4.00	3.30	4.00	4.00	3.60
淡竹入		干爽幼嫩叶青绿色无头扎成小把无霉(开花不要)	〃	4.50				4.50	4.00	4.50	4.50	4.50	4.50	3.80	4.50	4.50	4.00
新艾叶		干爽与竹叶同	〃	10.30				8.70	7.30	9.70	9.60	9.40	8.70	7.50	10.30	10.30	7.80
捲柏		干爽叶青绿色根脚无沙泥无霉	〃	9.00				7.80	7.50	8.40	8.30	8.10	7.40	6.90	9.00	9.00	6.90
侧柏叶		干爽叶青绿色无粗枝(要阴干晒干不要)	〃	5.00				5.00	4.50	5.00	5.00	5.00	5.00	4.30	5.00	5.00	4.50
冬双叶		干爽幼嫩,叶青绿色无虫蛀无枝梗	〃	5.00				5.00	4.50	5.00	5.00	5.00	5.00	4.30	5.00	5.00	4.50
大青叶		干爽克色无枝梗	〃	11.70				10.30	9.70	11.10	11.00	10.90	10.10	8.90	11.70	11.70	9.70
枇杷叶		干爽青色无黄叶无破烂	〃	4.50				4.50	4.00	4.50	4.50	4.50	4.50	3.80	4.50	4.50	4.50
泽兰叶		干爽叶青色无粗枝梗幼嫩扎成小把(头尾风)	〃	5.00				5.00	4.50	5.00	5.00	5.00	5.00	4.30	5.00	5.00	5.00
葛花		干爽黄色无枝梗净花无霉	〃	18.80				17.40	16.80	18.20	18.10	18.00	17.20	16.00	18.80	18.80	16.30
鸡冠花		干爽无枝梗无霉	〃	5.10				4.00	3.60	4.50	4.40	4.30	4.00	3.00	5.10	5.10	4.00
冬瓜仁		干爽大粒饱肉无空壳无霉(节瓜仁不要)	〃	24.80				23.20	22.30	24.20	24.10	24.00	22.80	21.30	24.80	24.80	22.00
桔子核		干爽大粒有肉无霉	〃	25.20				23.60	22.70	24.60	24.50	24.40	23.20	22.40	25.20	25.20	22.40
柚子核		〃	〃	6.00				4.80	4.50	5.40	5.30	5.20	4.40	4.00	6.00	6.00	4.50
枕角子		干爽大粒厚皮青绿色无霉	〃	15.00				13.60	12.50	14.40	14.30	14.20	13.00	12.20	15.00	15.00	13.00
草决明		干爽青绿色无沙泥	〃	4.00				4.00	3.50	4.00	4.00	4.00	4.00	3.30	4.00	4.00	3.60
益母草		干爽叶青色幼嫩净道无霉(开花不要)	〃	5.60				4.60	4.10	5.00	4.90	4.80	4.00	3.50	5.60	5.60	4.60
红苗草		干爽根粗大无须根无苗无沙泥无霉	〃	37.00				35.40	32.00	36.40	36.30	36.20	35.00	30.00	37.00	37.00	33.50
金佛草		干爽有叶枝幼	〃	5.00				5.00	4.50	5.00	5.00	5.00	5.00	5.00	4.30	5.00	5.00

0062 一九五八年五月国营贺县医药采购供应站收购牌价表记录页（10）

0063 一九五八年五月国营贺县医药采购供应站收购牌价表记录页（11）

品名	等级	规格	单位	八步	贺街	步头	莲塘	大宁	大水桂螺 平口岭石	黄田	道鹅芦 石塘岗	永东新沙 庆水路田	公会	南乡 开山	信都	仁扶铺 义隆门	里松
红水葵		干爽搓如粒状，叶红色有香味	担	64.60	64.60	64.00	63.00	62.80	59.60	63.80	63.60	63.00	62.20	57.60	64.60	64.00	60.60
青蒟		干爽青录色无头有香味	〃	3.00	按	八	步	价	2.50	按	八	步	价	2.30	按八	步价	3.00
苏梗		干爽起码大有中指大无横枝色肉白无霉	〃	5.00				4.20	4.50	4.40	4.30	3.90	4.20	4.30			3.60
石苇草		干爽叶起红点无头无沙泥无霉(无红点不要)	〃	5.00				4.20	4.50	4.40	4.30	3.90	4.20	4.30			3.60
红毛鸡干		干爽无霉无臭味开边全毛	〃	245.00				241.80	236.60	244.00	243.80	243.60	241.80	235.20			239.40
五灵脂		干爽无沙石泥	〃	5.00				4.20	4.50	4.40	4.30	3.90	4.20	4.30			3.60
川破石		干爽中条	〃	3.00				3.00	3.00	3.00	3.00	3.00	3.00	3.00			3.00
苦参片		干爽萡片肉白无霉	〃	5.00				4.20	4.50	4.40	4.30	3.90	4.20	4.30			3.60
南沙参		干爽粗条皮肉白无霉	〃	16.70				14.30	13.70	16.10	16.00	15.60	14.30	13.90			16.00
浮萍		干爽青录色或杂无霉无沙泥	〃	8.40	价	目	同	7.60	6.90	7.80	7.70	7.30	7.60	6.30	按八	步价	7.00
青代粉		干爽无竹质幼滑(即兰靛叶三色研究粉)	〃	122	120.50	120.10	120.80	118.80	113.60	121.00	120.80	120.10	118.80	112.20	119.30	119.00	116.40
龟板		干爽无肉无臭	〃	26.00	25.10	24.90	25.30	24.00	23.00	25.40	25.30	24.90	24.00	22.50	24.30	24.10	23.50
扁速片		干爽肉白刨萡片无霉	〃	9.90	按	八	步	9.10	8.40	9.30	9.20	8.80	9.10	8.80	按	八	8.50
九只片		干爽肉红色蒸过去毛无霉	〃	5.50				4.70	4.00	4.90	4.80	4.40	4.70	4.80			4.10
夜明砂		干爽无沙石泥	〃	5.00				4.20	4.50	4.40	4.30	3.90	4.20	4.30			3.60
大小計		干爽斩去头无霉蒸过	〃	8.00				7.20	6.50	7.40	7.30	6.90	7.20	5.90	步	价	6.60
木患子		干爽无霉	〃	3.00				3.00	2.50	3.00	3.00	3.00	3.00	2.30	3.00	3.00	3.00
双白皮		干爽软身无厚硬皮无霉	〃	8.70				7.90	7.20	8.10	8.00	8.70	7.90	6.60	按	八	6.90
白芨	一级	干爽大粒白皮足肉无泥无霉	〃	23.00				21.00	20.00	22.40	22.30	21.90	21.00	19.50			20.50
〃	二级		〃	20.00				18.00	17.00	19.40	19.30	18.90	18.00	16.50			17.50
〃	三级		〃	16.60	价	目	同	14.20	13.60	16.00	15.90	15.50	14.20	13.10	步	价	15.90

0064 一九五八年五月国营贺县医药采购供应站收购牌价表记录页（12）

品名	等级	规格	单位	八步 下良	贺街	步头	莲塘	大宁	水大桂螺 平口岭石	黄田	道鹅芦 石塘岗	永东新沙 庆水路田	公会	南乡 开山	信都	仁扶铺 义隆门	里松
仙茅		干爽大条无苗无泥无霉	担	23.90	按	八	步	21.90	20.90	23.30	23.20	22.80	21.90	20.40	按	八	21.40
藕节		干爽大粒无尾根无泥无霉	〃	10.00				7.60	7.00	9.40	9.30	8.90	7.60	7.20			9.30
山茨菇		干爽连根苗叶无霉	〃	25.20				23.20	22.20	24.60	24.50	24.10	23.20	21.70			22.70
水菖芙		干爽大条无须根无泥无霉	〃	6.60				5.80	5.10	6.00	5.90	6.60	5.80	4.50			5.90
石菖芙		〃 〃	〃	6.60				5.80	5.10	6.00	5.90	6.60	5.80	4.50			5.90
前胡	一级	干爽大条足肉无硬心软身无霉	〃	15.00				12.60	12.00	14.40	14.30	13.90	12.60	12.20			14.30
〃	二级	次于一级	〃	12.50				10.10	9.50	11.90	11.80	11.40	10.10	9.70			11.80
独活		干爽大条软身无泥无霉	〃	15.00				12.60	12.00	14.40	14.30	13.90	12.60	12.20			14.30
草乌		干爽大只无根须无苗无霉	〃	41.30				38.90	35.30	40.50	40.40	39.90	38.90	34.30			37.10
百步	一级	干爽大条有肉无泥无霉	〃	9.30				8.50	7.80	8.70	8.60	8.20	8.50	7.20			8.60
〃	二级	次于一级	〃	8.00				7.20	6.50	7.40	7.30	8.00	7.20	6.90			7.30
续断		干爽大条斩去芦头须根无泥无霉	〃	13.80				11.40	10.80	13.20	13.10	12.70	11.40	11.00			13.10
玉竹		干爽大条擦去外皮软身无霉	〃	16.00				13.60	13.00	15.40	15.30	14.90	13.60	13.20			15.30
苗行		干爽无子无霉	〃	9.00				8.20	7.50	8.40	8.30	9.00	8.20	6.90			8.30
走马胎		干爽无阳枝无须根	〃	20.50				18.50	17.50	19.80	19.80	19.40	18.50	17.00			18.00
粉南星		干爽中只有肉白色无霉(花梗那种不要)	〃	16.90				14.50	13.90	16.30	16.20	15.80	14.50	14.10			16.20
千年见		干爽大条无霉无泥	〃	33.40	价		目	31.20	27.40	32.60	32.60	32.10	31.20	26.40	步	价	29.50

品名	等级	规格	单位	八步	贺街	步头	莲塘	大宁	水口大平桂岭里松	黄田	道石鹅塘芦岗	新路东水沙田	公会	南乡开山	信都	铺门	里松
生铁皮兰	一级	新鲜叶少大条根少无泥无霉烂	担	138	137	136	137	135	133.50	137.10	137	136	135	129	138	137.50	132.40
〃	二级	次于一级	〃	128.90	127.90	126.90	127.90	125.90	123.90	128.00	127.90	126.90	125.90	119.90	128.90	128.40	123.30
〃	三级	次于二级	〃	120	119	118	119	117	116.50	119.10	119	118	117	111	120	119.50	114.40
生鸡爪兰	一级	仝生铁皮兰	〃	25.90	25.20	24.90	25.20	24.30	23.40	25.30	25.20	24.70	23.90	21.70	25.90	25.40	24.00
〃	二级	次于一级	〃	21.00	20.30	20.00	20.30	19.40	18.50	20.40	20.30	19.80	19.[illegible]	18.00	21.00	20.50	19.10
〃	三级	次于二级	〃	17.00	16.30	16.00	16.30	15.40	14.00	16.40	16.30	16.00	15.40	14.20	17.00	16.50	15.30
生水兰	一级	新鲜幼条叶少根少无泥无霉	〃	35.00	34.00	33.80	34.00	33.00	31.00	34.30	34.20	33.80	33.00	30.00	35.00	34.50	31.50
〃	二级	次于一级	〃	32.00	31.00	30.80	31.00	30.00	28.00	31.30	31.20	30.80	30.00	27.00	32.00	31.50	28.50
生紫皮兰	一级	仝生水兰	〃	13.50	12.50	12.40	12.80	12.50	12.00	12.90	12.80	12.50	12.00	10.70	13.50	13.00	11.80
〃	二级	次于一级	〃	12.50	11.60	11.40	11.80	11.50	11.00	11.90	11.80	11.50	11.00	9.70	12.50	12.00	10.80
生黄草兰		仝生紫皮兰	〃	6.00	5.30	5.00	6.30	4.80	4.50	5.40	5.30	5.10	4.40	3.20	6.00	5.50	4.50
生青天葵		新鲜叶幼无泥无霉烂	〃	35.00	34.00	33.80	34.00	33.00	31.00	34.30	34.20	33.80	33.00	30.00	35.00	34.50	31.50
生佛手		新鲜大只有指无枝梗无霉烂（十指香椽）	〃	22.00	21.10	20.80	21.30	20.40	19.50	21.40	21.30	21.00	20.00	18.50	22.00	21.50	20.00
生香椽		新鲜大只无枝梗无霉烂（半心香椽）	〃	8.60	7.70	7.60	7.90	7.40	7.10	8.00	7.90	7.70	8.00	6.50	8.60	8.10	6.50
生首乌		新鲜大只一两重以上无泥无霉烂	〃	6.70	6.70	6.70	6.70	5.40	5.20	6.10	6.00	6.00	6.00	4.60	6.70	6.20	5.00
生玉精	一级	新鲜大只无泥无霉烂	〃	6.00	6.00	6.00	6.00	5.20	5.00	5.40	5.30	5.30	6.00	4.60	6.00	5.50	5.00
〃	二级	次于一级	〃	5.50	5.50	5.50	5.50	5.00	4.80	5.00	4.80	4.80	5.50	4.10	5.50	5.00	4.50
生蛤蚧	大	全形肥壮无损伤由头至尾八市寸以上全尾。（无眼睛不要，断尾半价，但断要带来）	条	0.40	0.39	0.39	0.39	0.39	0.39	0.39	0.39	0.39	0.39	0.39	0.39	0.39	0.39
〃	中	规格与大条同长度七市寸以上	〃	0.32	0.31	0.31	0.31	0.31	0.31	0.31	0.31	0.31	0.31	0.31	0.31	0.31	0.31
〃	小	与上同长度	〃	0.20	0.19	0.19	0.19	0.19	0.19	0.19	0.19	0.19	0.19	0.19	0.19	0.19	0.19
生土牛七	一级	大条无须根无附枝无泥无霉	担	12.00	11.30	11.00	11.30	10.90	10.00	11.40	11.30	11.10	11.20	11.20	12.00	11.50	10.50

0065 一九五八年五月国营贺县医药采购供应站收购牌价表记录页（13）

品名	等级	规格	单位	八步	贺街	步头	莲塘	大宁	水口大平桂岭里松	黄田	鹅塘芦岗	沙田	公会	南乡开山	信都	铺门	里松
生土[illegible]	二级	次于一级	担	9.10	8.40	8.00	8.40	7.50	7.00	8.60	8.40	8.00	8.00	6.50	9.10	8.50	
生地丁草		新鲜紫花无什草无泥无水份	〃	9.50	8.60	8.50	8.80	8.50	8.00	9.00	9.00	8.80	8.80	7.40	9.00	8.50	8.00
生半下	一级	大粒色白踏去外皮无泥无毒	〃	19.50	19.00	19.00	19.00	19.00	19.00	19.00	19.00	19.00	19.00	19.00	19.00	19.00	19.00
〃	二级	次于一级	〃	16.60	16.00	16.00	16.00	16.00	16.00	16.00	16.00	16.00	16.00	16.00	16.00	16.00	16.00
〃	三级	次于二级	〃	14.30	14.00	14.00	14.00	14.00	14.00	14.00	14.00	14.00	14.00	14.00	14.00	14.00	14.00
生良花	一级	新鲜无发壳，无枝叶无水份花蕊多	〃	12.50	12.50	11.80	11.80	12.00	12.00	12.10	11.80	11.50	12.30	11.90	12.50	12.00	11.40
〃	二级	次于一级	〃	10.00	10.00	9.30	9.30	9.00	9.50	9.60	9.30	9.00	9.70	9.40	10.00	9.50	9.00
〃	三级	次于二级	〃	8.00	8.00	7.30	7.30	7.00	7.50	7.60	7.30	7.00	7.70	7.40	8.00	7.50	7.00
〃	四级	次于三级	〃	6.50	6.50	5.80	5.80	6.00	6.00	6.10	5.80	5.50	6.20	5.90	6.50	6.00	6.00

0066 一九五八年五月国营贺县医药采购供应站收购牌价表记录页（14）

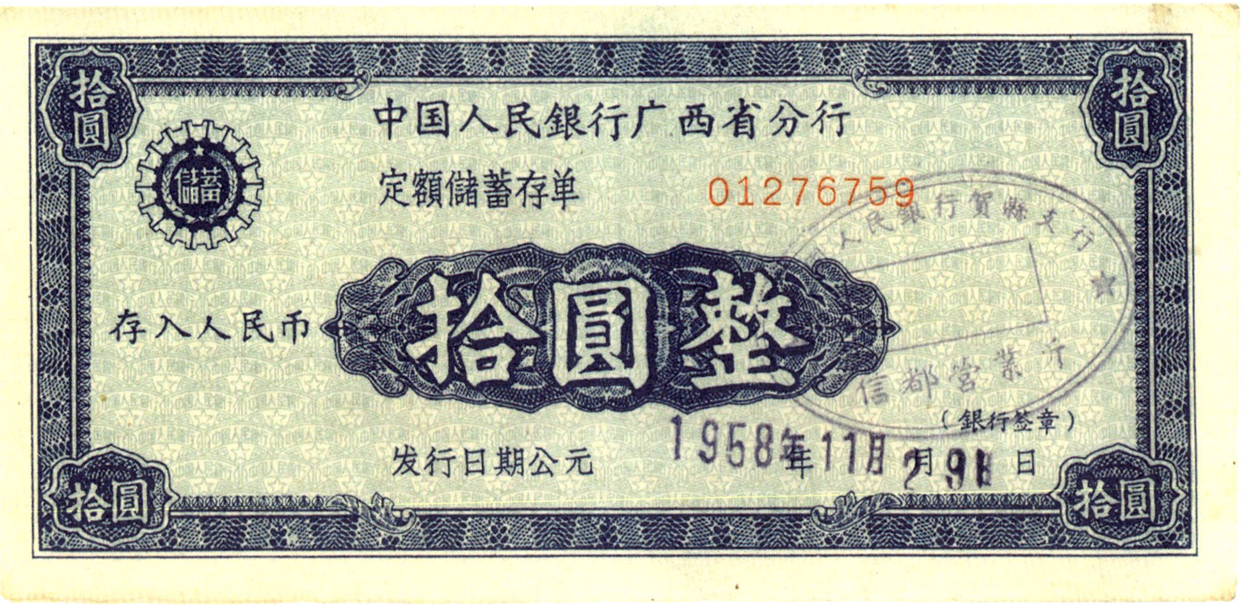
拾圓
中国人民银行广西省分行
定額儲蓄存单 01276759
存入人民币 拾圓整
（银行签章）
发行日期公元 1958年11月29日

0067-1 一九五八年十一月二十九日中国人民银行广西省分行拾圆整面值定额储蓄存单（正面）

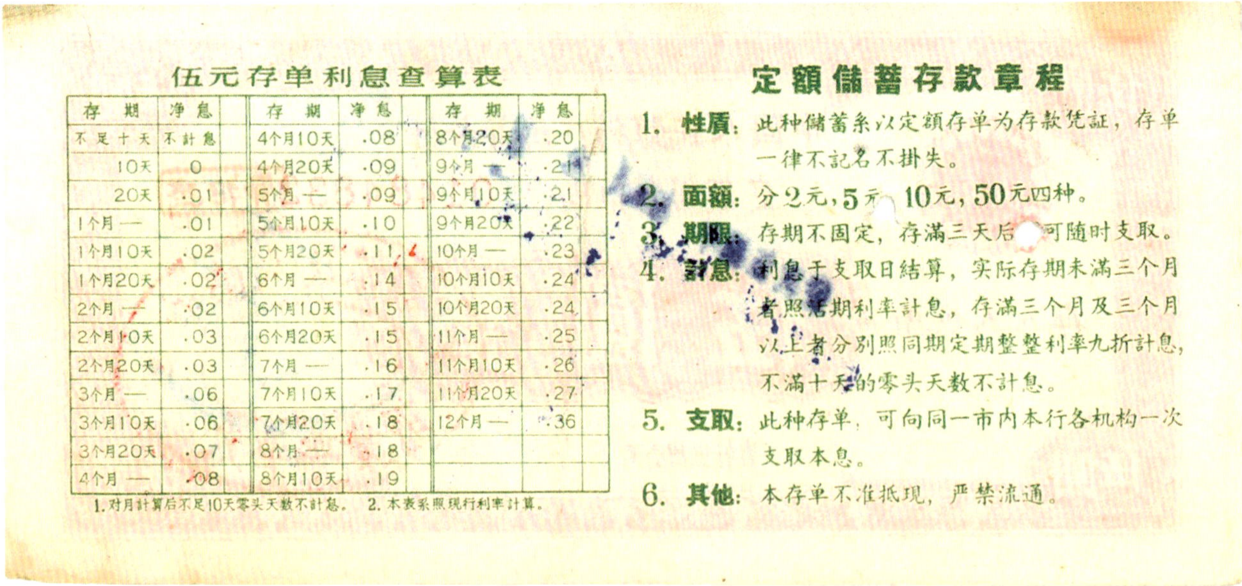
伍元存单利息查算表

存期	净息	存期	净息	存期	净息
不足十天	不計息	4个月10天	.08	8个月20天	.20
10天	0	4个月20天	.09	9个月—	.21
20天	.01	5个月—	.09	9个月10天	.21
1个月—	.01	5个月10天	.10	9个月20天	.22
1个月10天	.02	5个月20天	.11	10个月—	.23
1个月20天	.02	6个月—	.14	10个月10天	.24
2个月—	.02	6个月10天	.15	10个月20天	.24
2个月10天	.03	6个月20天	.15	11个月—	.25
2个月20天	.03	7个月—	.16	11个月10天	.26
3个月—	.06	7个月10天	.17	11个月20天	.27
3个月10天	.06	7个月20天	.18	12个月—	.36
3个月20天	.07	8个月—	.18		
4个月—	.08	8个月10天	.19		

1.对月計算后不足10天零头天数不計息。 2.本表系照现行利率計算。

定額儲蓄存款章程

1. **性質**：此种儲蓄系以定額存单为存款凭証，存单一律不記名不掛失。
2. **面額**：分2元，5元，10元，50元四种。
3. **期限**：存期不固定，存满三天后可随时支取。
4. **計息**：利息于支取日結算，实际存期未满三个月者照活期利率計息，存满三个月及三个月以上者分别照同期定期整整利率九折計息，不满十天的零头天数不計息。
5. **支取**：此种存单，可向同一市内本行各机构一次支取本息。
6. **其他**：本存单不准抵現，严禁流通。

0067-2 一九五八年十一月二十九日中国人民银行广西省分行拾圆整面值定额储蓄存单（背面）

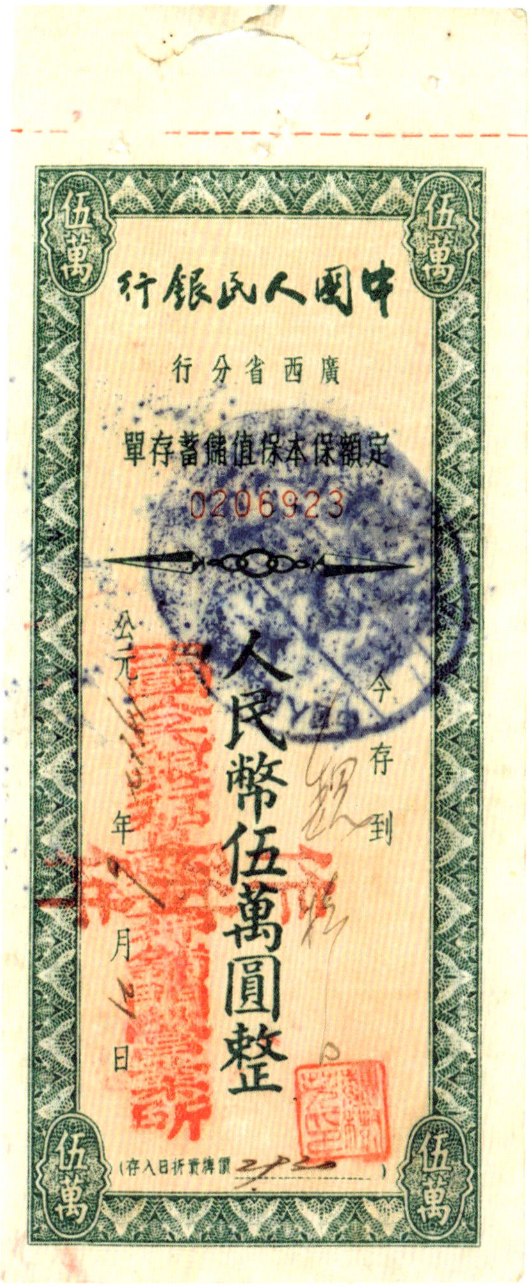

0068–1 中国人民银行广西省分行人民币伍万圆整面值定额保本保值储蓄存单（正面）

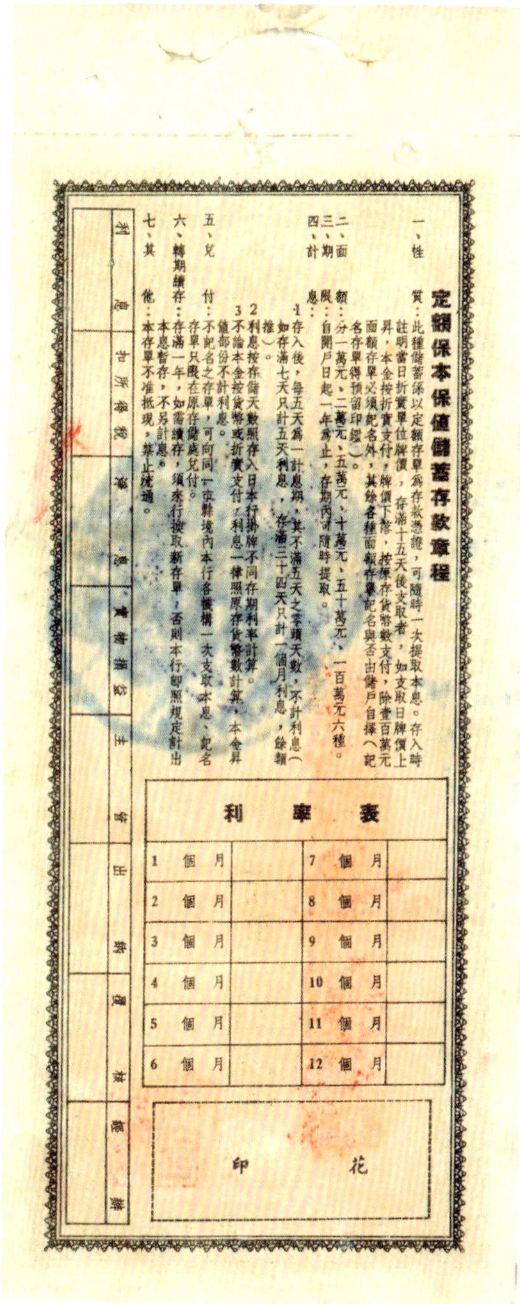

0068–2 中国人民银行广西省分行人民币伍万圆整面值定额保本保值储蓄存单（背面）

0069 中国人民银行人民币玖万元整面值支票

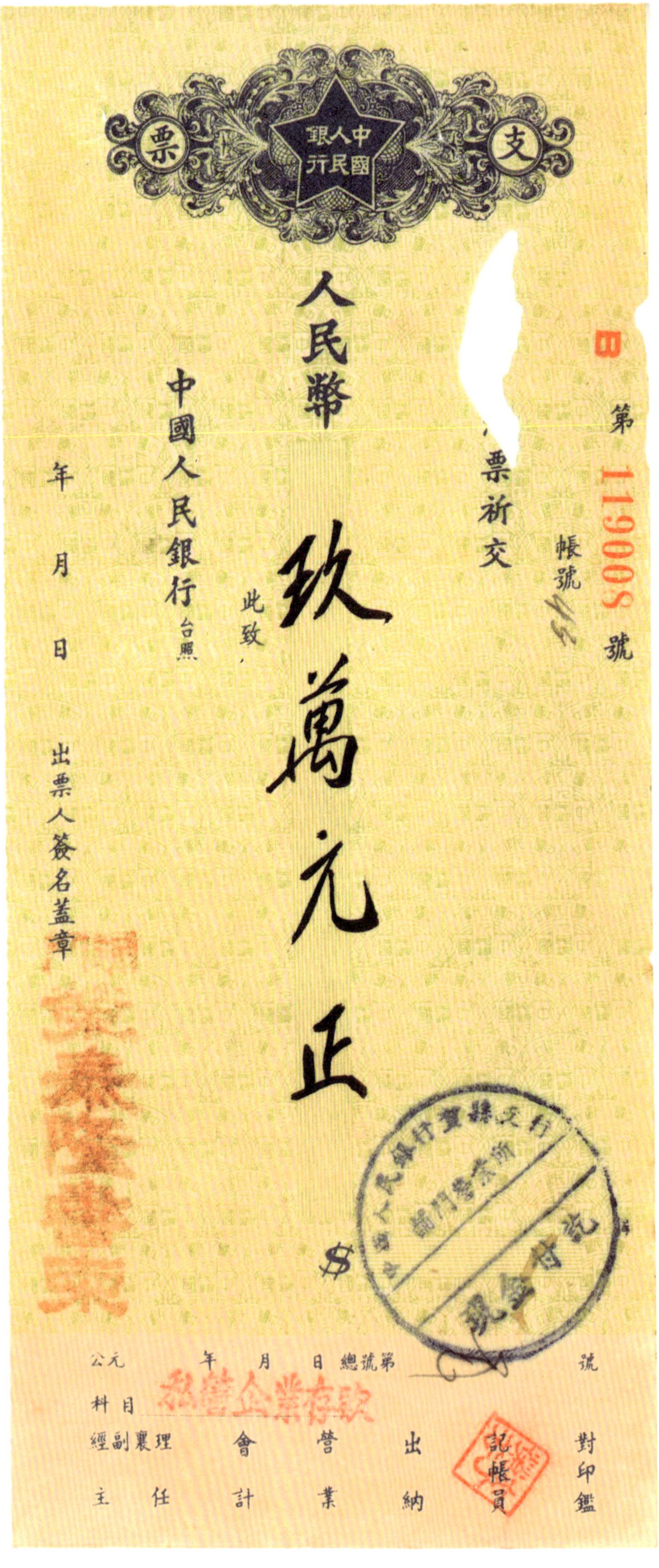
支票

中國人民銀行

B 第 119008 號

帳號

票祈交

人民幣 玖萬元正

中國人民銀行 台照

此致

年 月 日

出票人簽名蓋章

$

現金付訖

公元 年 月 日 總號第 號

科目 私營企業存款

經副襄理	主任	會計	營業	出納	記帳員	對印鑑

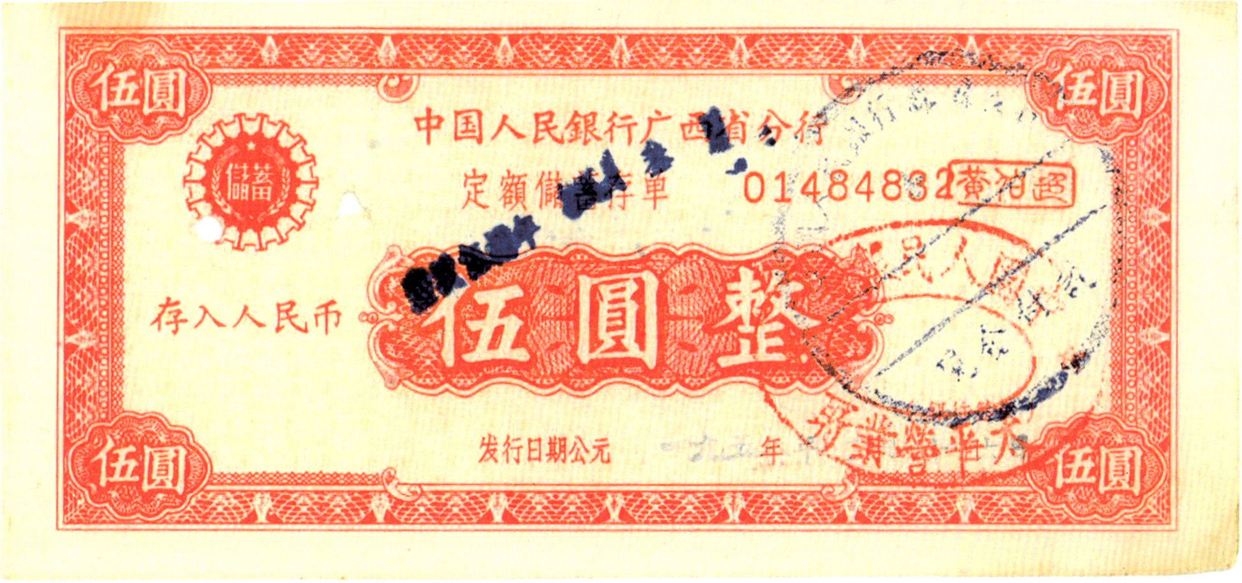

0001-1 一九五八年十月六日中国人民银行广西省分行伍圆整定额储蓄存单（正面）

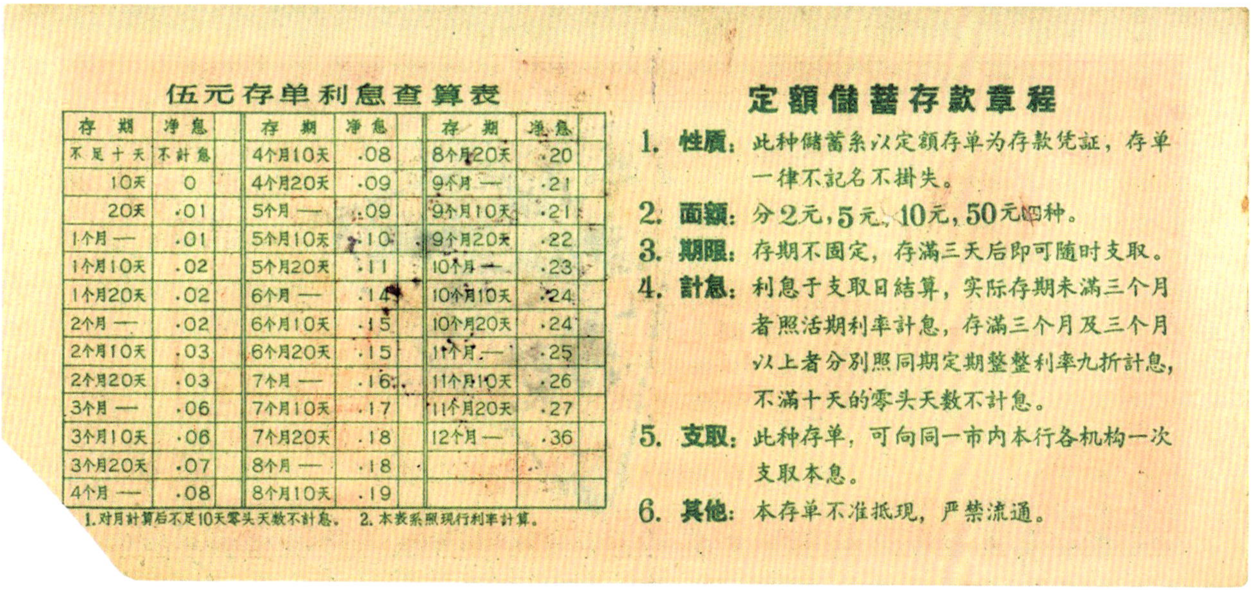

伍元存单利息查算表

存期	净息	存期	净息	存期	净息
不足十天	不計息	4个月10天	.08	8个月20天	.20
10天	0	4个月20天	.09	9个月—	.21
20天	.01	5个月—	.09	9个月10天	.21
1个月—	.01	5个月10天	.10	9个月20天	.22
1个月10天	.02	5个月20天	.11	10个月—	.23
1个月20天	.02	6个月—	.14	10个月10天	.24
2个月—	.02	6个月10天	.15	10个月20天	.24
2个月10天	.03	6个月20天	.15	11个月—	.25
2个月20天	.03	7个月—	.16	11个月10天	.26
3个月—	.06	7个月10天	.17	11个月20天	.27
3个月10天	.06	7个月20天	.18	12个月—	.36
3个月20天	.07	8个月—	.18		
4个月—	.08	8个月10天	.19		

1.对月計算后不足10天零头天数不計息。 2.本表系照現行利率計算。

定額儲蓄存款章程

1. **性质：** 此种储蓄系以定额存单为存款凭証，存单一律不記名不掛失。
2. **面额：** 分2元，5元，10元，50元四种。
3. **期限：** 存期不固定，存满三天后即可随时支取。
4. **計息：** 利息于支取日結算，实际存期未满三个月者照活期利率計息，存满三个月及三个月以上者分别照同期定期整整利率九折計息，不满十天的零头天数不計息。
5. **支取：** 此种存单，可向同一市内本行各机构一次支取本息。
6. **其他：** 本存单不准抵现，严禁流通。

0001-2 一九五八年十月六日中国人民银行广西省分行伍圆整定额储蓄存单（背面）

伍圓 伍圓
中国人民银行广西省分行 工业投资储蓄
定額儲蓄存单 02005926
存入人民币 伍圓整
藤縣支行 行長之章
（銀行签章）
发行日期公元 年 月 日
伍圓 伍圓

0002 一九五八年中国人民银行藤县支行工业投资储蓄伍圆面值存单

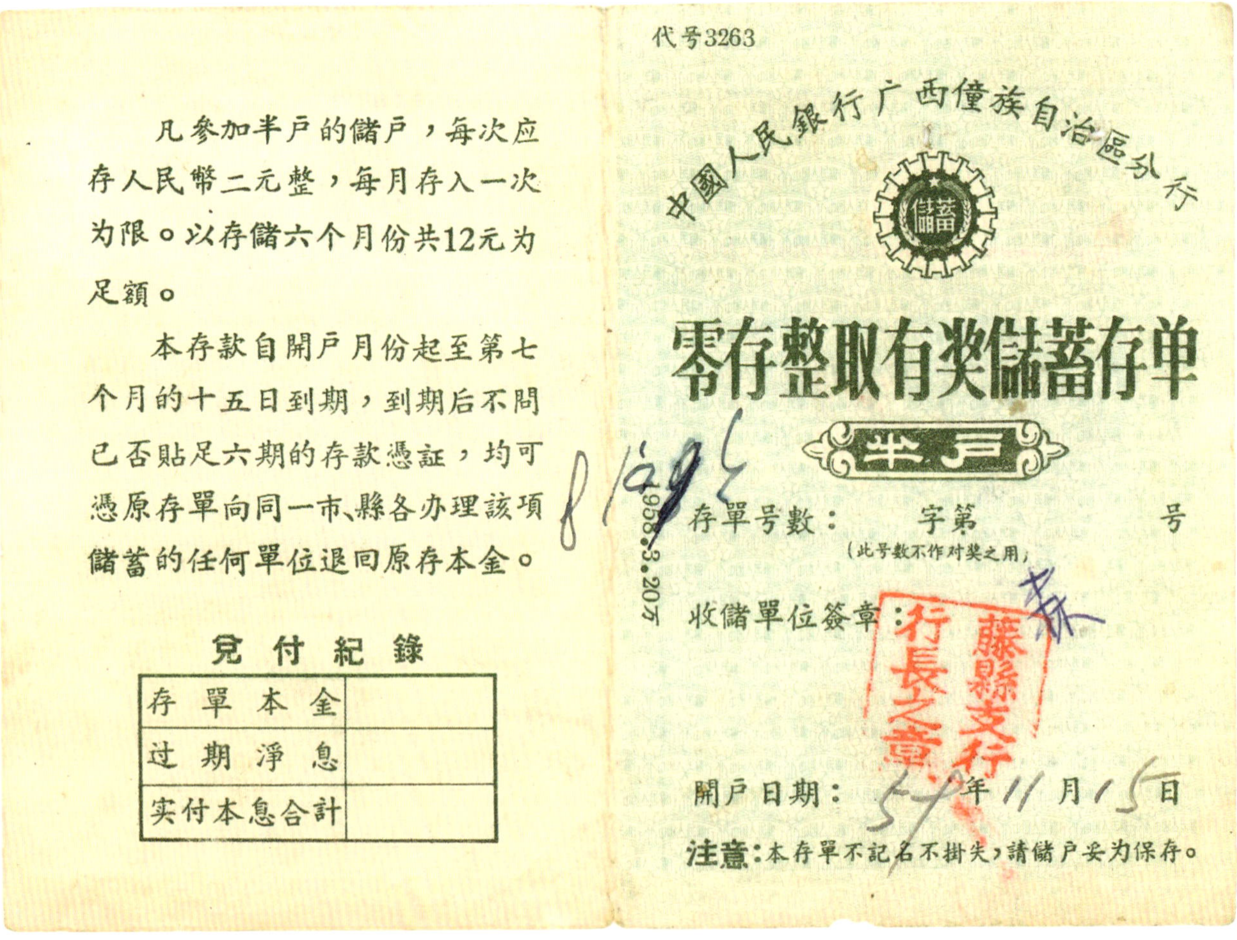
凡参加半戶的儲戶，每次应存人民幣二元整，每月存入一次为限。以存儲六个月份共12元为足額。

本存款自開戶月份起至第七个月的十五日到期，到期后不問已否貼足六期的存款憑証，均可憑原存單向同一市、縣各办理該項儲蓄的任何單位退回原存本金。

兌付紀錄

存單本金	
过期淨息	
实付本息合計	

代号3263
中國人民銀行广西僮族自治區分行
儲蓄
零存整取有奖儲蓄存单
半戶
存單号數： 字第 号
（此号數不作对奖之用）
1958.3.20万
收儲單位簽章：藤縣支行 行長之章
開戶日期： 59年 11月 15日
注意：本存單不記名不掛失，請儲戶妥为保存。

0003 一九五九年十一月十五日中国人民银行广西壮族自治区分行零存整取有奖储蓄存单

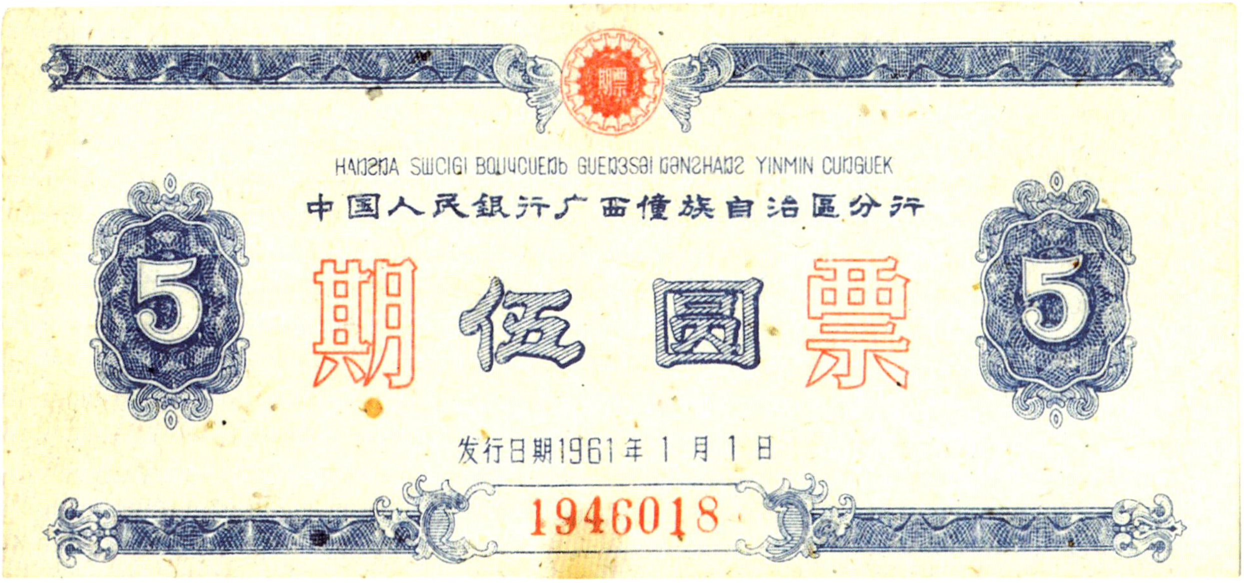

0004-1 一九六一年一月一日中国人民银行广西壮族自治区分行伍圓期票（正面）

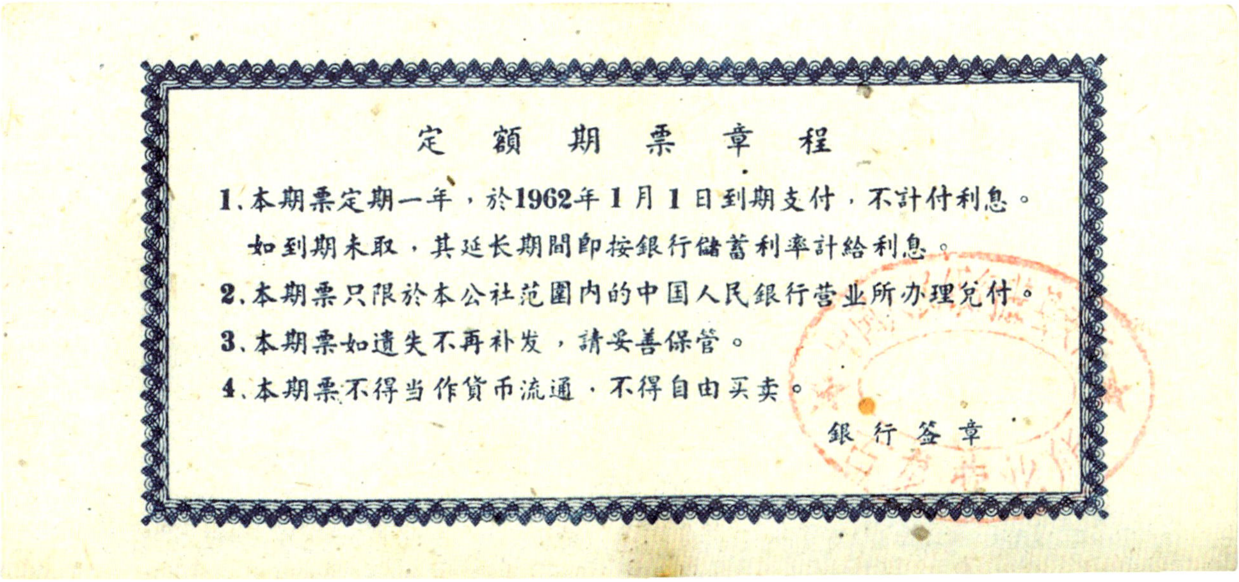

0004-2 一九六一年一月一日中国人民银行广西壮族自治区分行伍圓期票（背面）

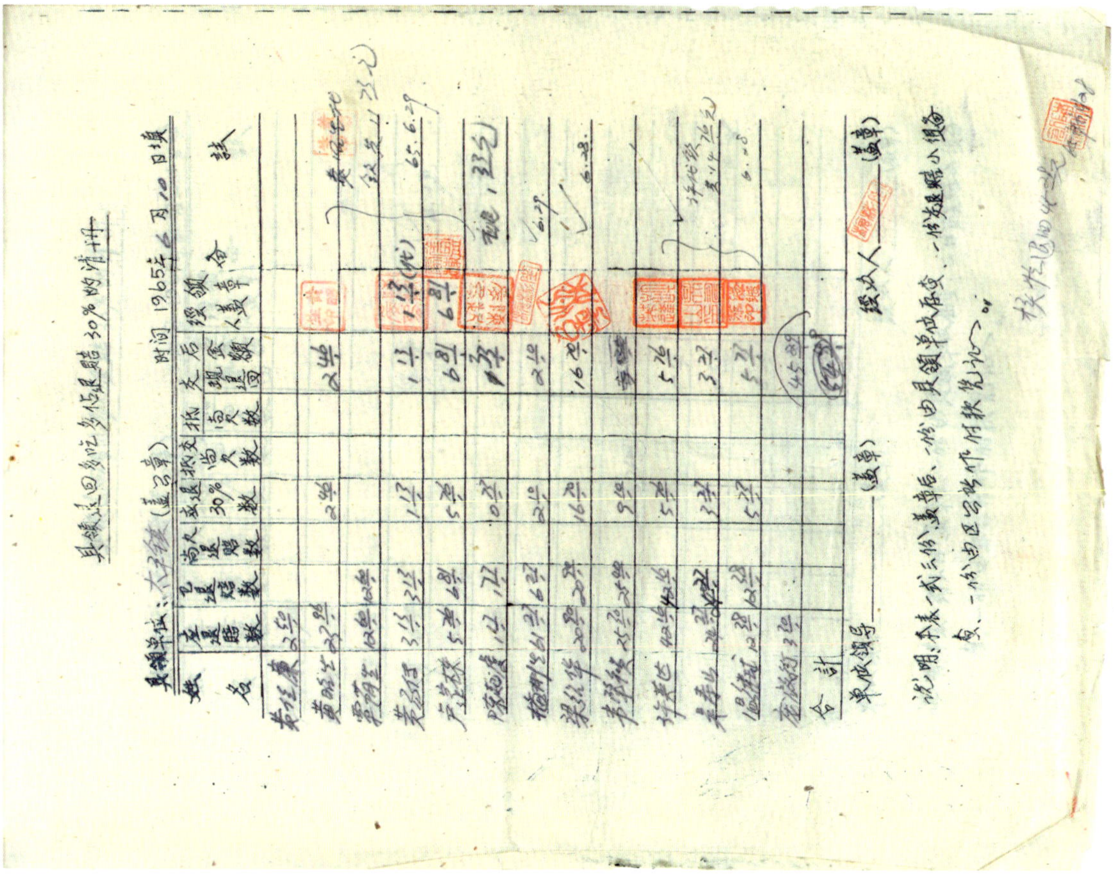

0005　一九六五年六月十日藤县太平镇县领退回多吃多占退赔30%的清册（一）

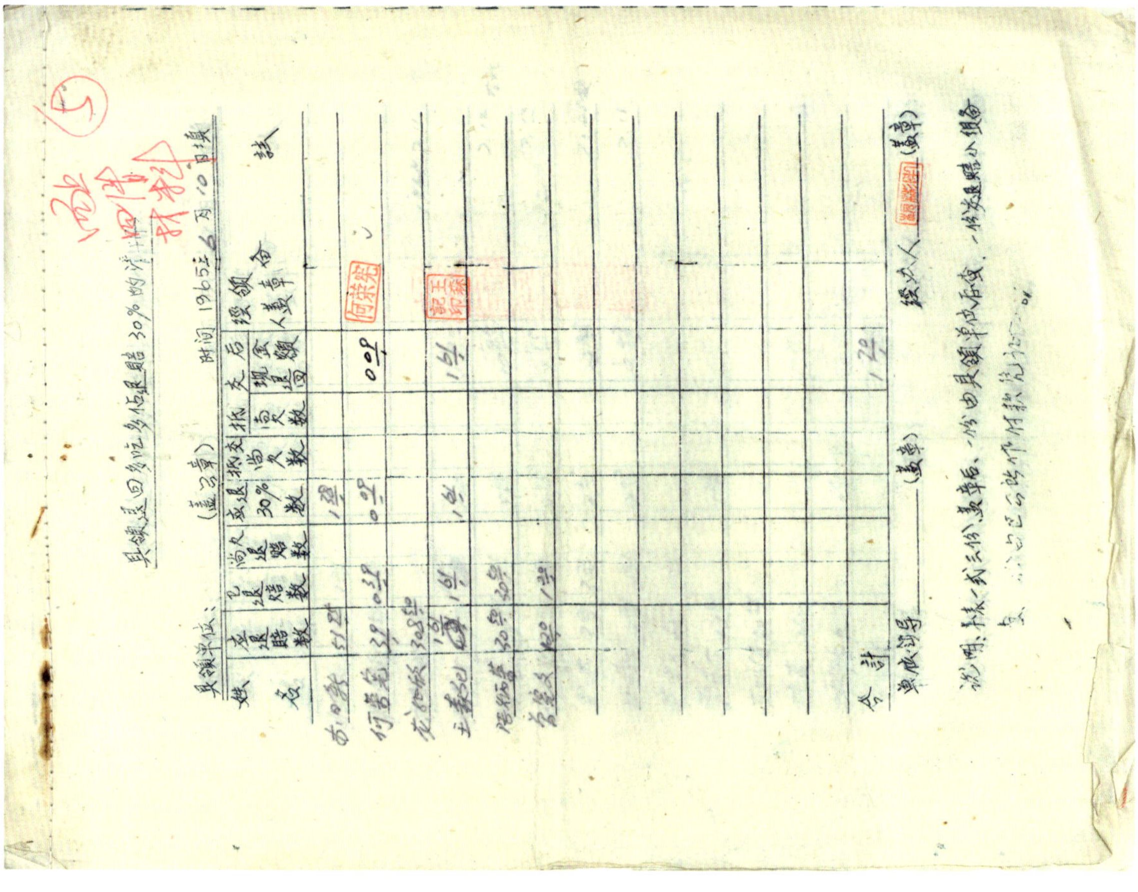

0006　一九六五年六月十日藤县太平镇县领退回多吃多占退赔30%的清册（2）

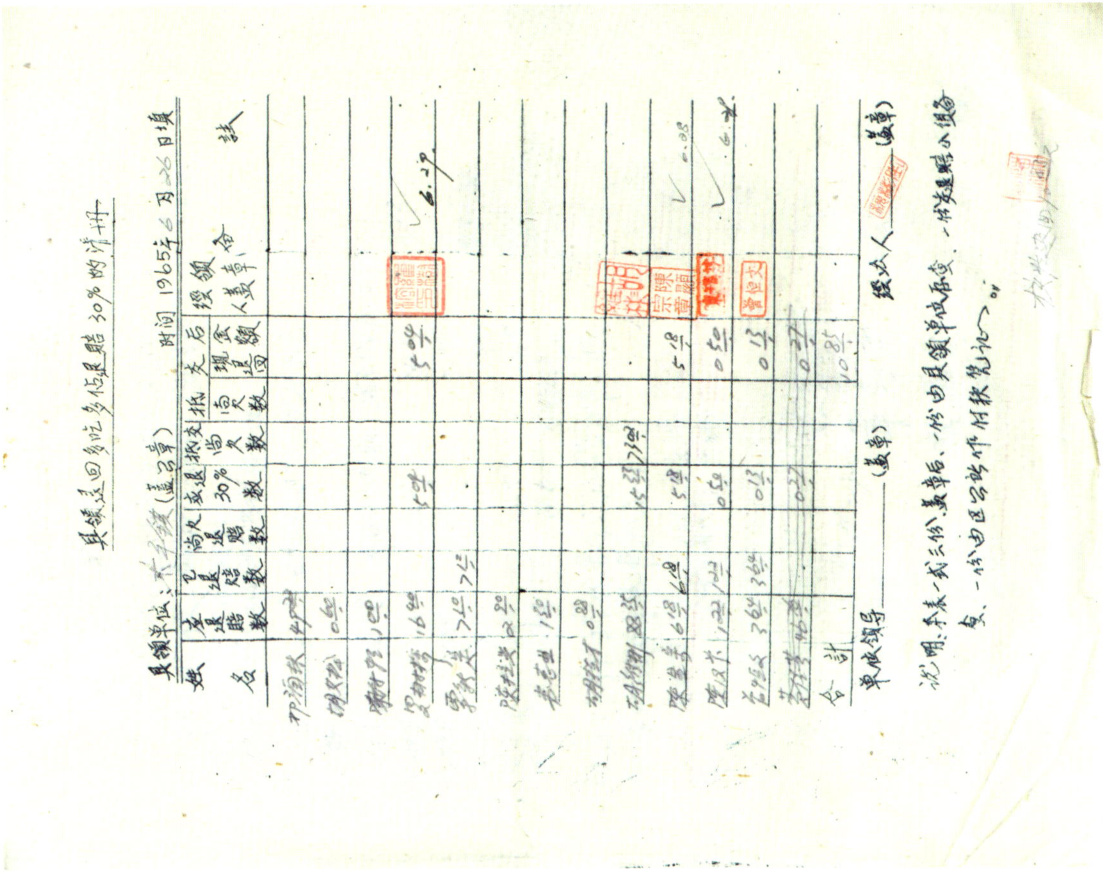

0007 一九六五年六月二十六日藤县太平镇具领退回多吃多占退赔30%的清册

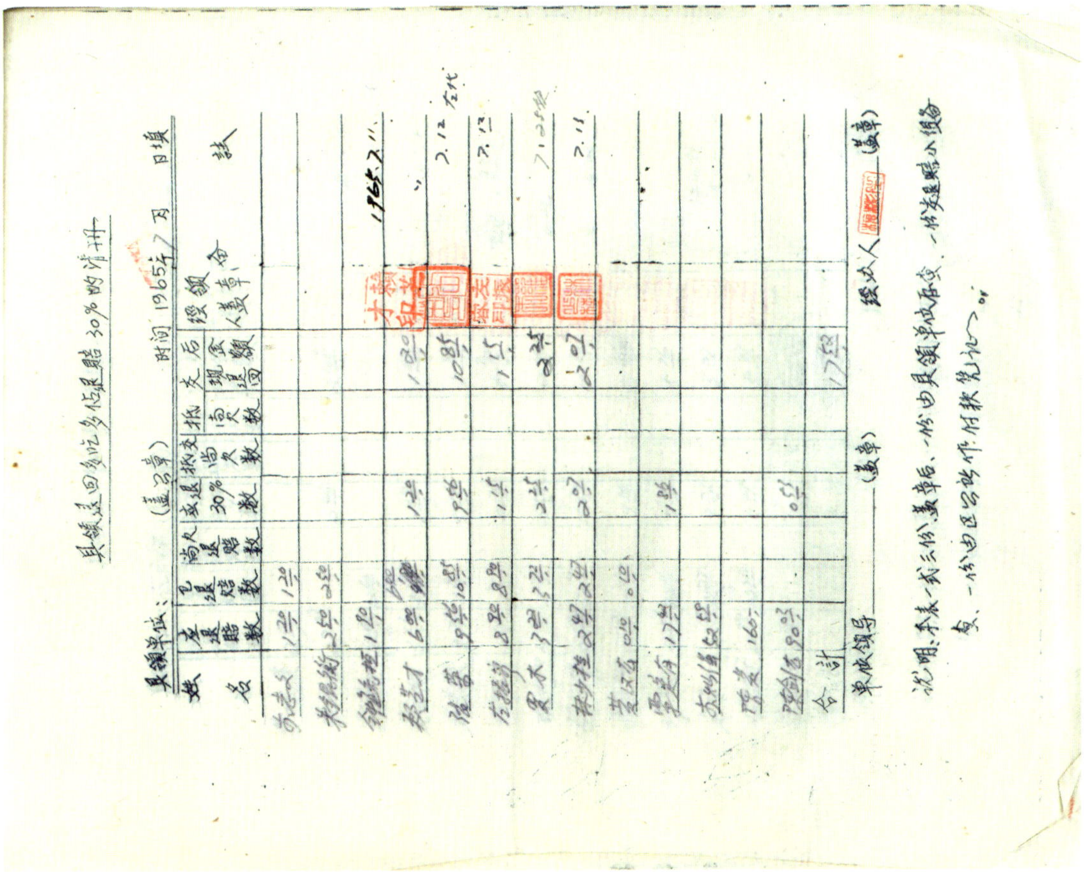

0008 一九六五年七月藤县太平镇具领退回多吃多占退赔30%的清册

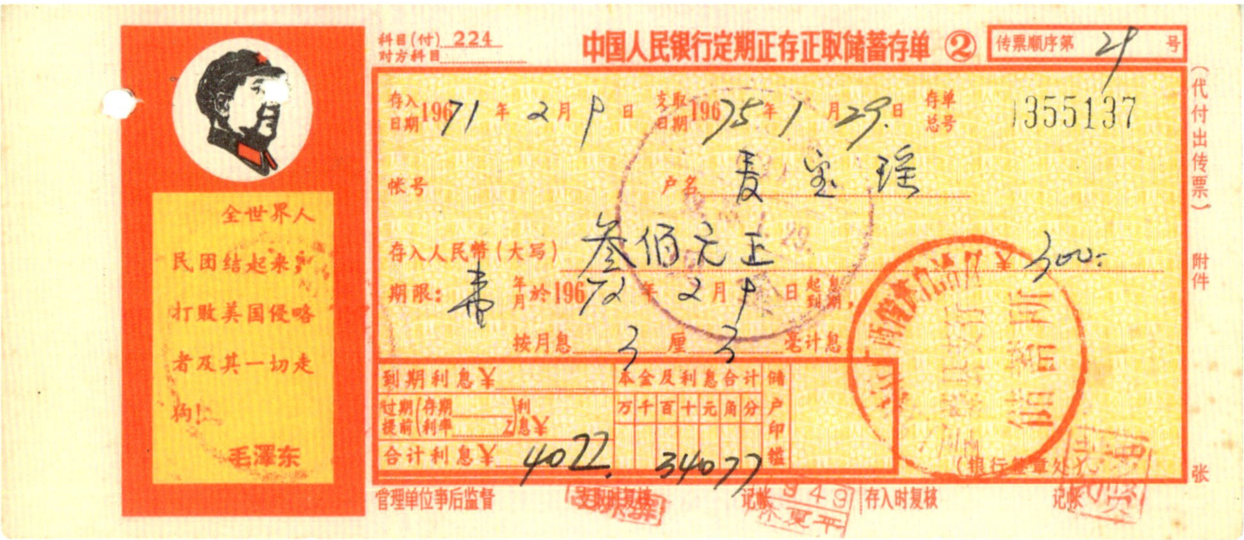

科目（付）224
对方科目

中国人民银行定期正存正取储蓄存单 ②

传票顺序第 29 号

全世界人民团结起来，打败美国侵略者及其一切走狗！

毛澤东

存入日期 1971 年 2 月 9 日　支取日期 1975 1 月 29 日　存单总号 0355137

帐号　户名 麦宝瑶

存入人民币（大写） 叁佰元正　¥300.

期限： 年月於 1972 年 2 月 9 日起息到期，

按月息 3 厘 3 毫计息。

到期利息¥	本金及利息合计	储户印鑑
过期（存期）提前（利率）利息¥	万 千 百 十 元 角 分	
合计利息¥ 40.22. 340.77		

（代付出传票）附件 张

（银行签章处）

管理单位事后监督　支取时复核　记帐　存入时复核　记帐

0009 一九七一年二月九日麦宝瑶定期整存整取储蓄存单

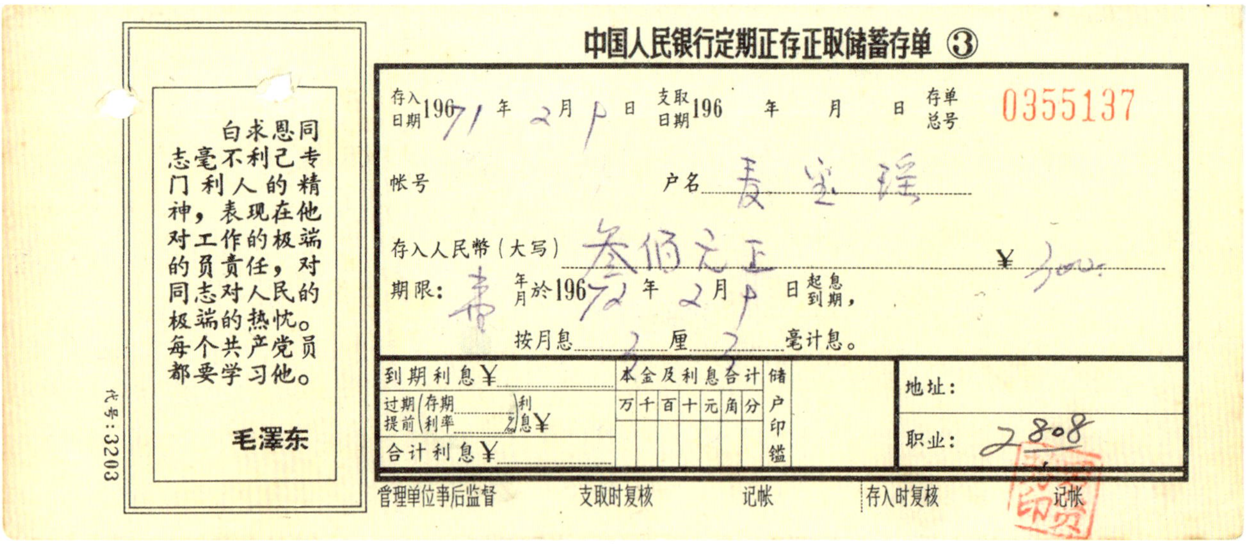

中国人民银行定期正存正取储蓄存单 ③

白求恩同志毫不利己专门利人的精神，表现在他对工作的极端的负责任，对同志对人民的极端的热忱。每个共产党员都要学习他。

毛澤东

代号：3203

存入日期 1971 年 2 月 9 日　支取日期 196 年 月 日　存单总号 0355137

帐号　户名 麦宝瑶

存入人民币（大写） 叁佰元正　¥300.

期限： 年月於 1972 年 2 月 9 日起息到期，

按月息 3 厘 3 毫计息。

到期利息¥	本金及利息合计	储户印鑑	地址：
过期（存期）提前（利率）利息¥	万 千 百 十 元 角 分		职业： 2808
合计利息¥			

管理单位事后监督　支取时复核　记帐　存入时复核　记帐

0010 一九七一年二月九日麦宝瑶定期整存整取储蓄存单副票

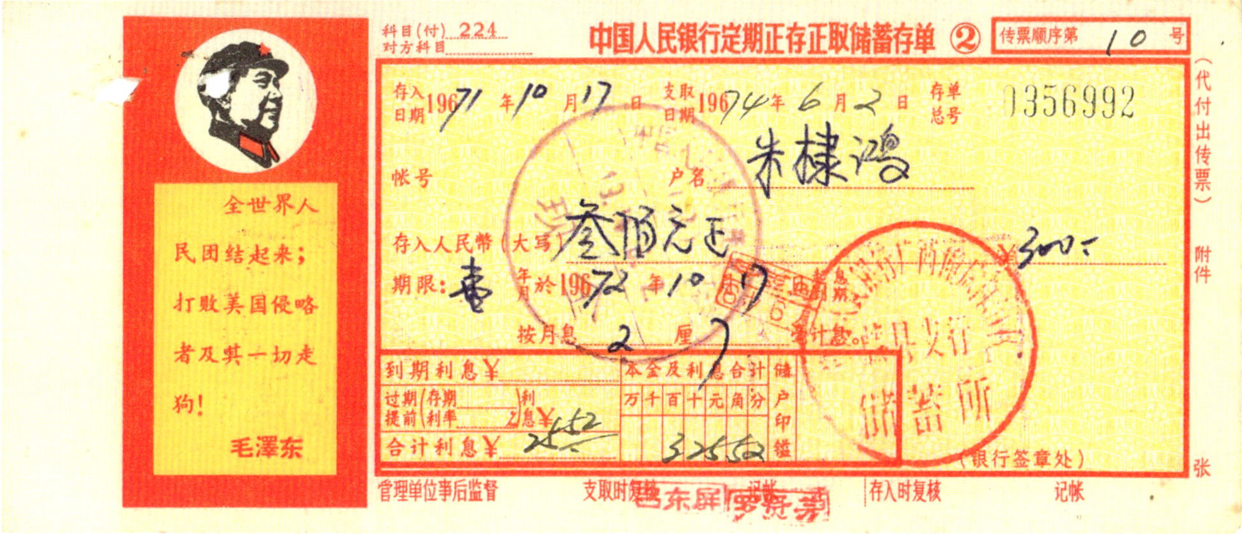
全世界人民团结起来；打败美国侵略者及其一切走狗！
毛澤东

科目（付）224
对方科目
中国人民银行定期正存正取储蓄存单 ②
传票顺序第 10 号
（代付出传票）附件 张

存入日期 1971 年 10 月 17 日　支取日期 1974 年 6 月 2 日　存单总号 0356992
帐号　户名 朱棣鸿
存入人民币（大写）叁佰元正　¥300.00
期限：壹 年 於 1972 年 10 月 17 日起息到期，
按月息 2 厘 7 毫计息。
到期利息¥
过期 提前（存期 利率）利息¥ 28.52
合计利息¥ 28.52
本金及利息合计 328.52
储户印鉴
（银行签章处）
储蓄所
管理单位事后监督　支取时复核　记帐 罗竞芳　存入时复核　记帐

0011 一九七一年十月十七日朱棣鸿定期整存整取储蓄存单

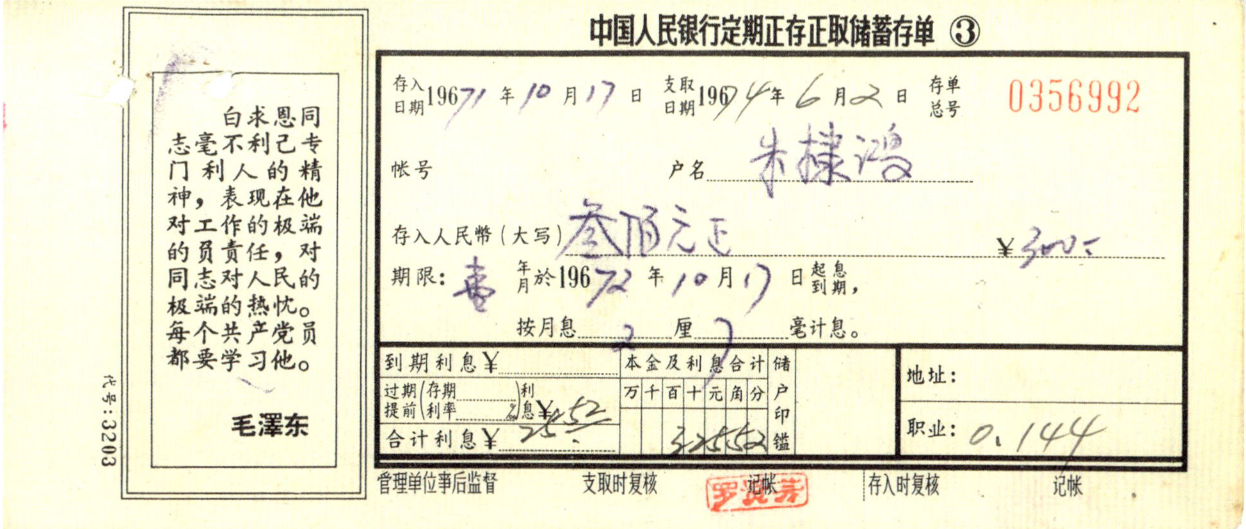
白求恩同志毫不利己专门利人的精神，表现在他对工作的极端的负责任，对同志对人民的极端的热忱。每个共产党员都要学习他。
毛澤东
代号：3203

中国人民银行定期正存正取储蓄存单 ③
存入日期 1971 年 10 月 17 日　支取日期 1974 年 6 月 2 日　存单总号 0356992
帐号　户名 朱棣鸿
存入人民币（大写）叁佰元正　¥300.00
期限：壹 年 於 1972 年 10 月 17 日起息到期，
按月息 2 厘 7 毫计息。
到期利息¥
过期 提前（存期 利率）利息¥ 28.52
合计利息¥ 28.52
本金及利息合计 328.52
储户印鉴
地址：
职业：0.144
管理单位事后监督　支取时复核　记帐 罗竞芳　存入时复核　记帐

0012 一九七一年十月十七日朱棣鸿定期整存整取储蓄存单副票

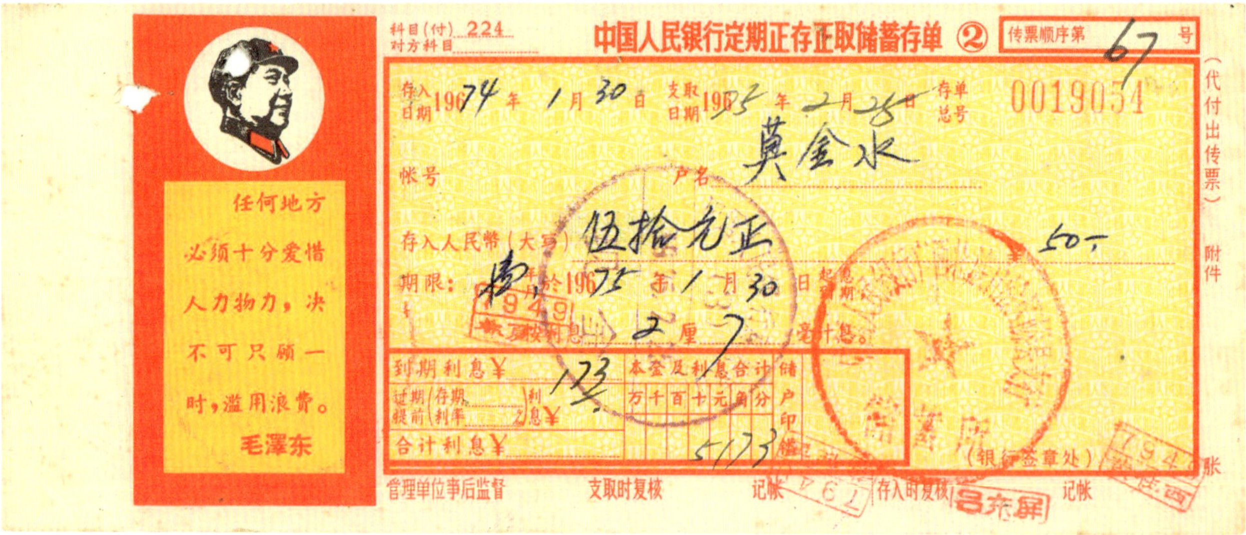
科目（付） 224
对方科目
中国人民银行定期正存正取储蓄存单 ②
传票顺序第 67 号
存入日期 1974年 1月 30日 支取日期 1975年 2月 28日 存单总号 0019054
帐号 户名 莫金水
存入人民币（大写） 伍拾元正 ¥50—
期限： 壹年於1975年 1月 30日 起息到期，
按月息 2厘 7毫计息。
到期利息¥ 1.73
过期提前（存期利率）利息¥
合计利息¥ 51.73
本金及利息合计 万 千 百 十 元 角 分
储户印鉴
（银行签章处）
（代付出传票）
附件 张
管理单位事后监督 支取时复核 记帐 存入时复核 记帐
任何地方必须十分爱惜人力物力，决不可只顾一时，滥用浪费。
毛澤东

0013 一九七四年一月三十日莫金水定期整存整取储蓄存单

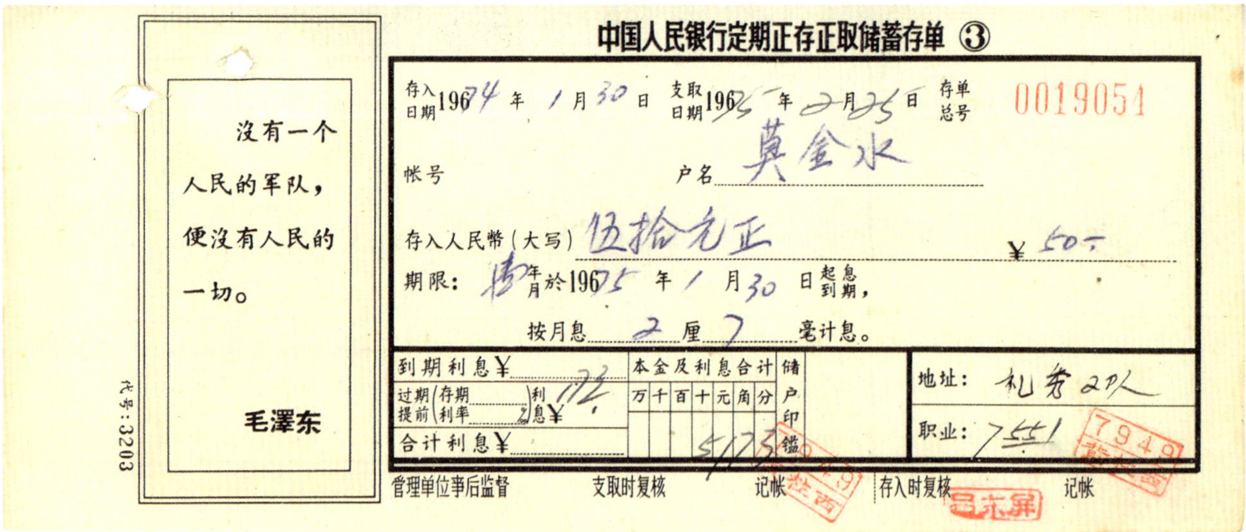
中国人民银行定期正存正取储蓄存单 ③
存入日期 1974年 1月 30日 支取日期 1975年 2月 25日 存单总号 0019054
帐号 户名 莫金水
存入人民币（大写） 伍拾元正 ¥50—
期限： 壹年於1975年 1月 30日 起息到期，
按月息 2厘 7毫计息。
到期利息¥ 1.73
过期提前（存期利率）利息¥ 1.73
合计利息¥ 51.73
本金及利息合计 万 千 百 十 元 角 分
储户印鉴
地址：
职业：
管理单位事后监督 支取时复核 记帐 存入时复核 记帐
没有一个人民的军队，便没有人民的一切。
毛澤东
代号：3203

0014 一九七四年一月三十日莫金水定期整存整取储蓄存单副票

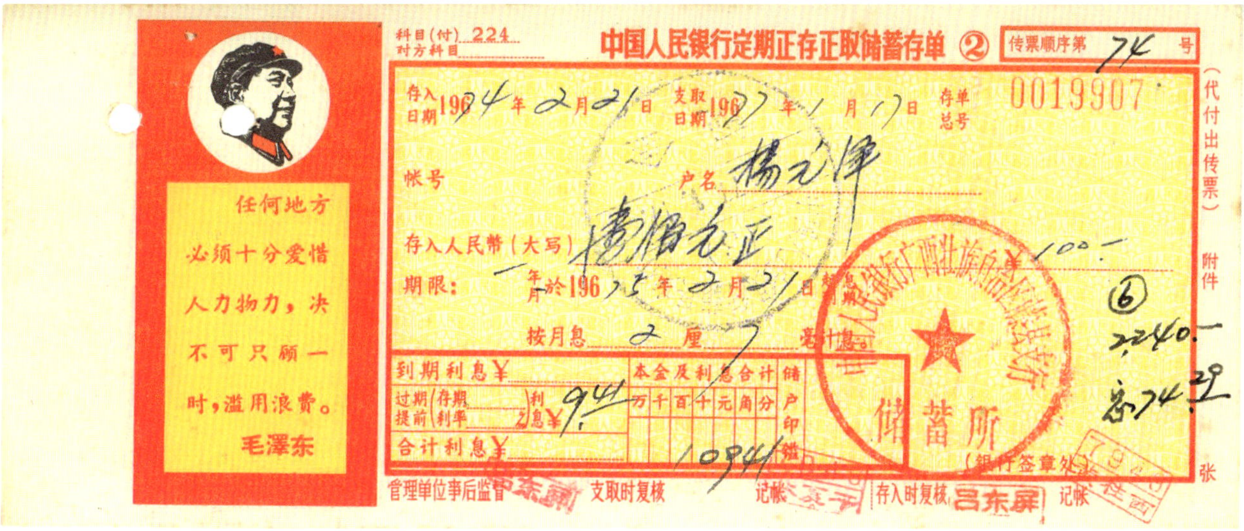

科目(付) 224
对方科目
中国人民银行定期正存正取储蓄存单 ②
传票顺序第 74 号
存入日期 1974年2月21日 支取日期 1977年1月17日 存单总号 0019907
帐号 户名 杨元泽
存入人民币(大写) 壹佰元正 ¥100.—
期限：一年於1975年2月21日起息到期，
按月息 2厘7毫计息。
到期利息¥
过期提前(存期利率)利息¥9.41
合计利息¥10.941
本金及利息合计 万 千 百 十 元 角 分
储户印鉴
储蓄所 (银行签章处)
管理单位事后监督 吕东屏 支取时复核 记帐 存入时复核 吕东屏 记帐
(代付出传票) 附件 张
任何地方必须十分爱惜人力物力，决不可只顾一时，滥用浪费。
毛澤东

0015 一九七四年二月二十一日杨元泽定期整存整取储蓄存单

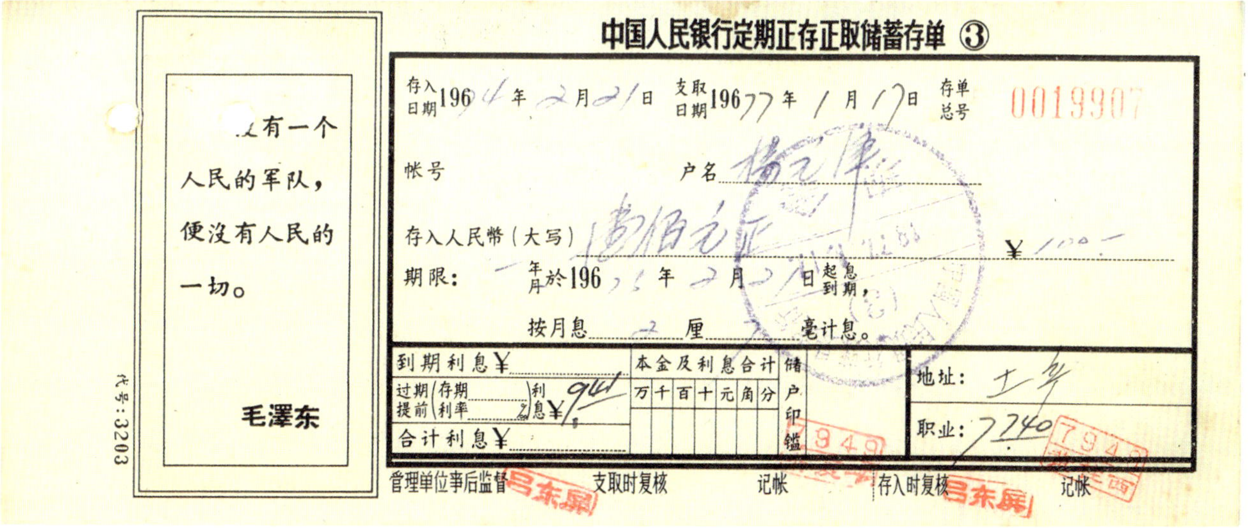

中国人民银行定期正存正取储蓄存单 ③
存入日期 1974年2月21日 支取日期 1977年1月17日 存单总号 0019907
帐号 户名 杨元泽
存入人民币(大写) 壹佰元正 ¥100.—
期限：一年於1975年2月21日起息到期，
按月息 2厘7毫计息。
到期利息¥
过期提前(存期利率)利息¥9.41
合计利息¥
本金及利息合计 万 千 百 十 元 角 分
储户印鉴
地址：
职业：
管理单位事后监督 吕东屏 支取时复核 记帐 存入时复核 吕东屏 记帐
没有一个人民的军队，便没有人民的一切。
毛澤东
代号:3203

0016 一九七四年二月二十一日杨元泽定期整存整取储蓄存单副票

0017–1 广西壮族自治区藤县壹分购货券（正面）

0017–2 广西壮族自治区藤县壹分购货券（背面）

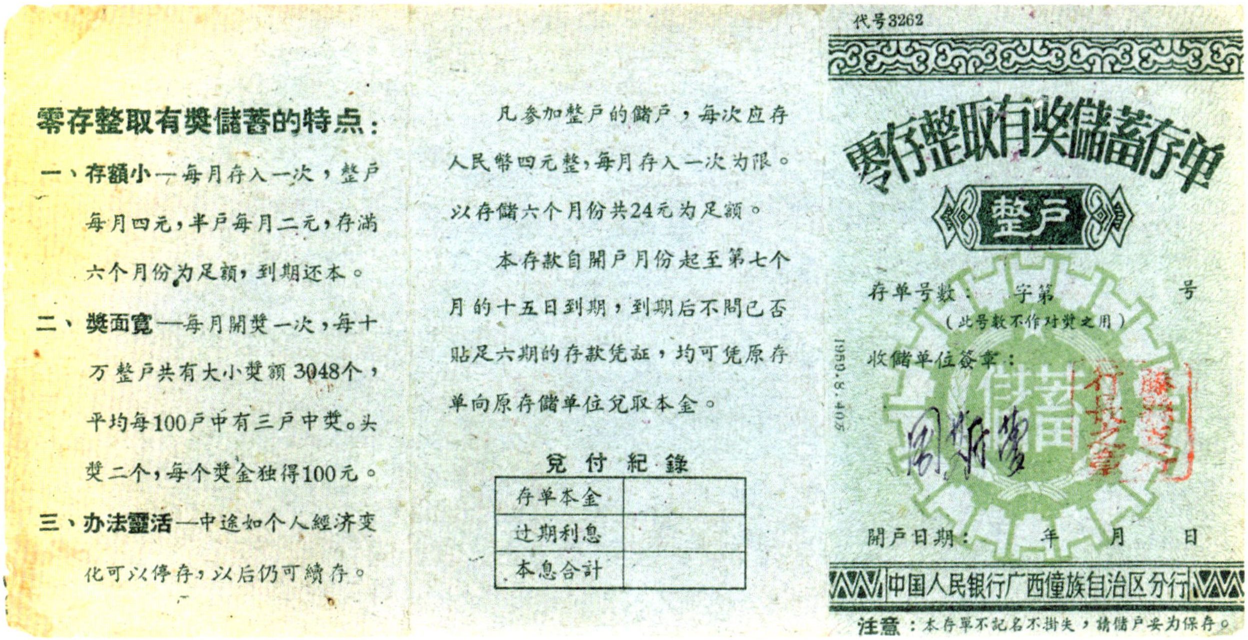

零存整取有奬儲蓄的特点：

一、存額小——每月存入一次，整戶每月四元，半戶每月二元，存滿六个月份为足額，到期还本。

二、奬面寬——每月開奬一次，每十万整戶共有大小奬額3048个，平均每100戶中有三戶中奬。头奬二个，每个奬金独得100元。

三、办法靈活——中途如个人經济变化可以停存，以后仍可續存。

凡参加整戶的儲戶，每次应存人民幣四元整，每月存入一次为限。以存儲六个月份共24元为足額。

本存款自開戶月份起至第七个月的十五日到期，到期后不問已否貼足六期的存款凭証，均可凭原存单向原存儲单位兌取本金。

兌付紀錄

存单本金	
过期利息	
本息合計	

代号3262

零存整取有奬儲蓄存单

整戶

存单号数：　字第　号

（此号数不作对奬之用）

收儲单位簽章：

1959.8.405

開戶日期：　年　月　日

中国人民银行广西僮族自治区分行

注意：本存單不記名不掛失，請儲戶妥为保存。

0018 周斯梦零存整取有奖储蓄存单

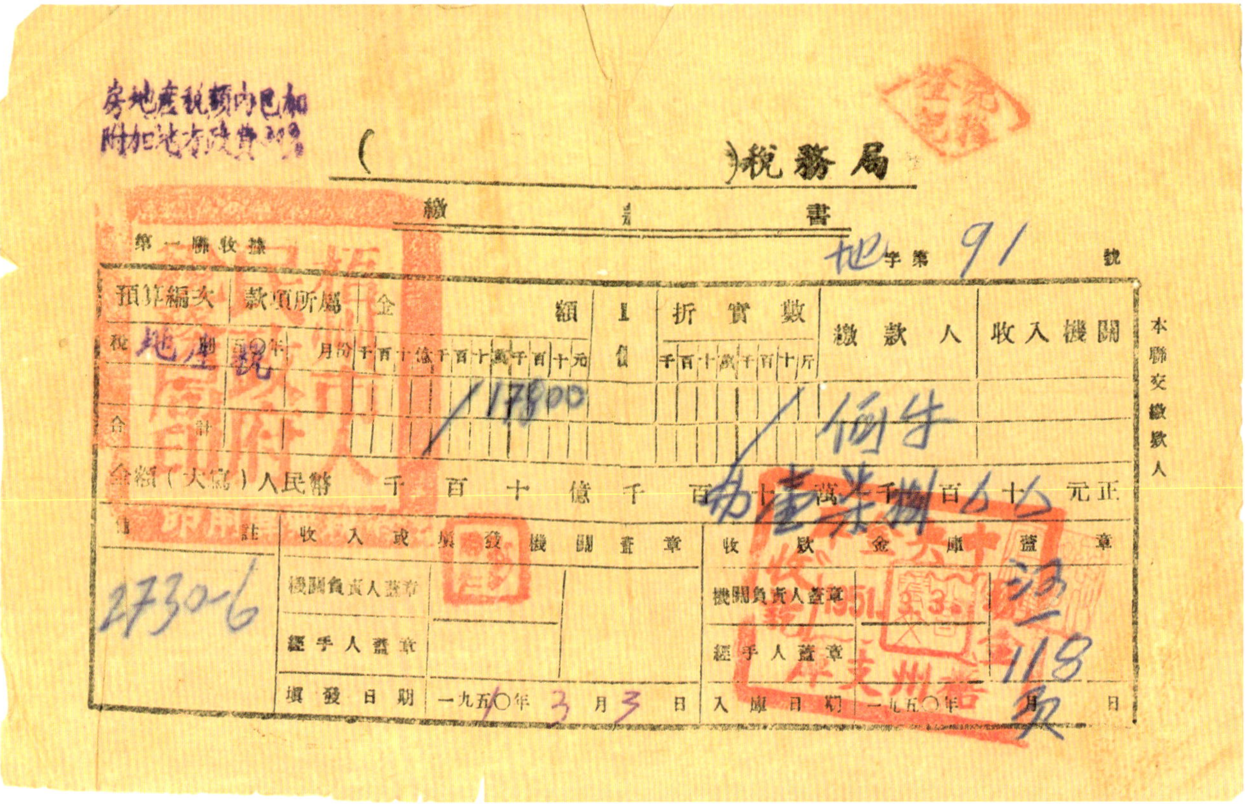
(　　　)稅務局
繳款書
第一聯收據
地字第 91 號

預算編次	款項所屬	金額	單價	折實數	繳款人	收入機關
稅 地產稅		117800			何牛	
合計						

金額（大寫）人民幣　千　百　十　億　千　百　十　萬　千　百　十　元正

備註	收入或填發機關蓋章		收款金庫蓋章	
2730-6	機關負責人蓋章		機關負責人蓋章	
	經手人蓋章		經手人蓋章	
	填發日期	一九五〇年 3 月 3 日	入庫日期	一九五〇年　月　日

本聯交繳款人

0001 一九五一年三月三日何牛缴交地产税缴款书

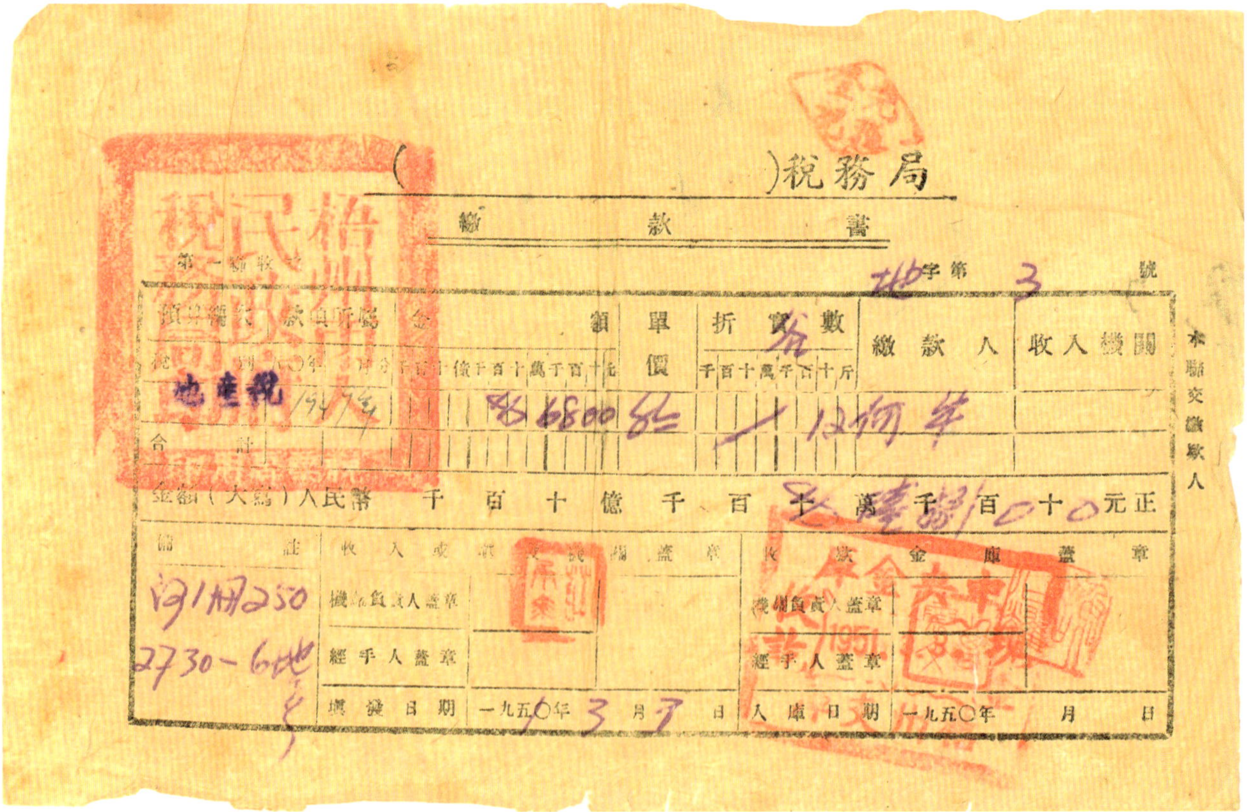
(　　　)稅務局
繳款書
第一聯收據
地字第 3 號

預算編次	款項所屬	金額	單價	折實數	繳款人	收入機關
稅 地產稅		86800		12	何牛	
合計						

金額（大寫）人民幣　千　百　十　億　千　百　十　萬　千　百　十　元正

備註	收入或填發機關蓋章		收款金庫蓋章	
河1冊250 2730-6	機關負責人蓋章		機關負責人蓋章	
	經手人蓋章		經手人蓋章	
	填發日期	一九五〇年 3 月 3 日	入庫日期	一九五〇年　月　日

本聯交繳款人

0002 一九五一年三月三日何牛缴交地产税折谷缴款书

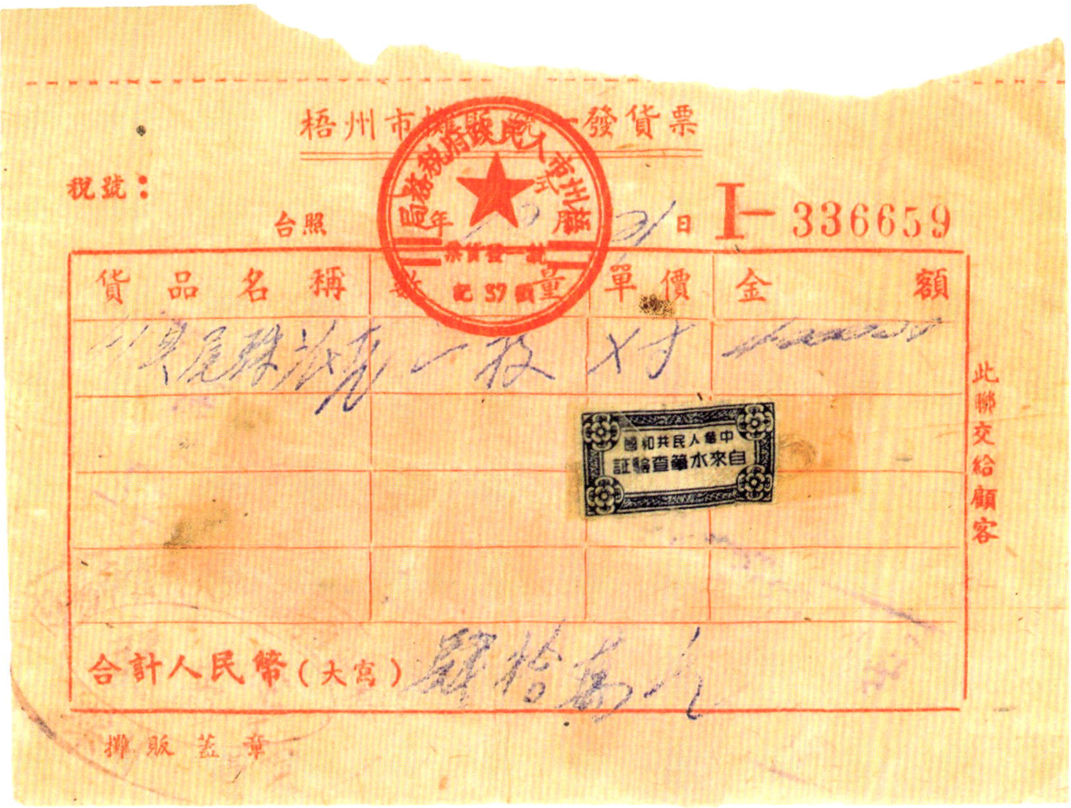
梧州市攤販統一發貨票

税號：

台照 年 月 日 I-336659

貨品名稱	數量	單價	金額

合計人民幣（大寫）

攤販蓋章

此聯交給顧客

梧州市人民政府稅務局

中華人民共和國 自來水筆查驗証

0003-1 一九五一年十二月二十一日购买钢笔发货票（正面）

0003-2 一九五一年十二月二十一日购买钢笔发货票（背面）

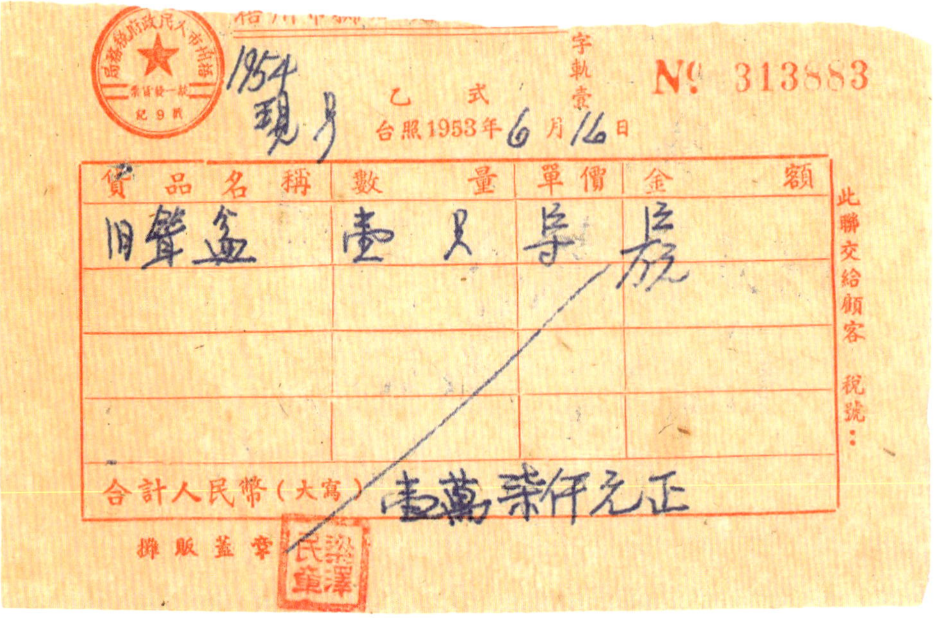
字軌壹 No 313883
乙式
台照1953年6月16日

貨品名稱	數量	單價	金額
旧算盘	壹只		

合計人民幣（大寫）壹萬柒仟元正
此聯交給顧客　稅號：
掛販蓋章

0004 一九五三年六月十六日买旧算盘发票

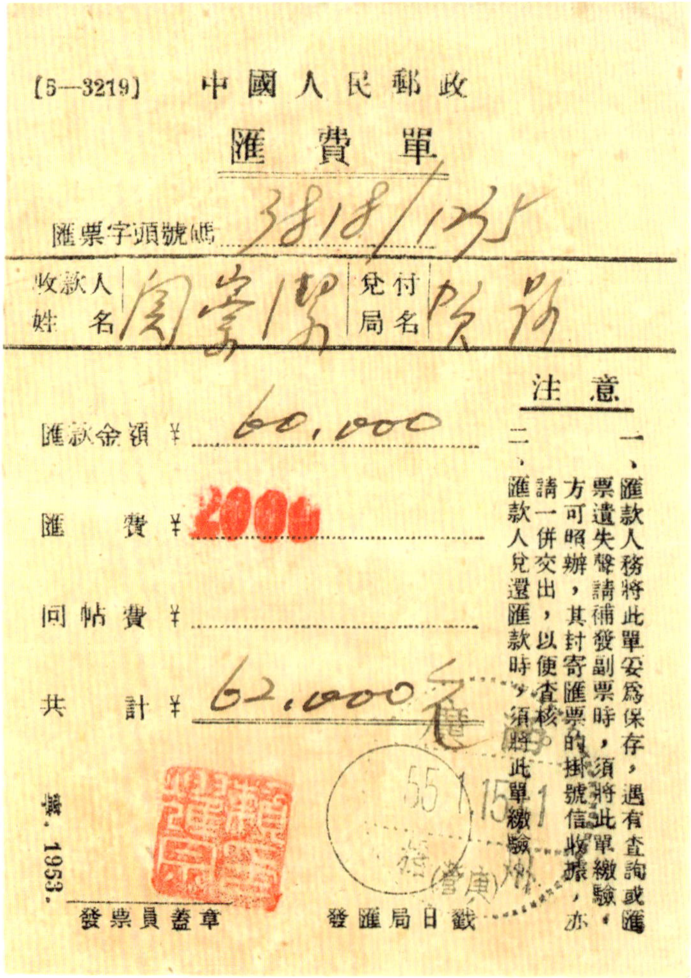
[5—3219]　中國人民郵政
匯費單
匯票字頭號碼 3818/125
收款人姓名 関崇潔　兌付局名
匯款金額 ¥ 60,000
匯費 ¥ 2000
同帖費 ¥
共計 ¥ 62,000元
發票員蓋章　發匯局日戳
注意
一、匯款人務將此單妥爲保存，遇有查詢或匯票遺失聲請補發副票時，須將此單繳驗，方可照辦，其封寄匯票的掛號信收據，亦請一併交出，以便查核。
二、匯款人兌還匯款時，須將此單繳驗。

0005 一九五五年一月十五日汇款给关崇洁邮政汇费单

梧州市造紙廠股票

茲有徐　栩　依照本廠組織章程，投入股本金額人民幣〇仟壹佰伍拾叁元整，爰發給股票壹紙，憑此支取股息紅利，并作為股權的証明。

右給徐　栩　股東收執

董事長　唐　傑

副董事長　左鏡明

廠　長　何礪鋒

公元一九五五年　八　月　三十　日

0006 一九五五年八月三十日梧州市造纸厂股票

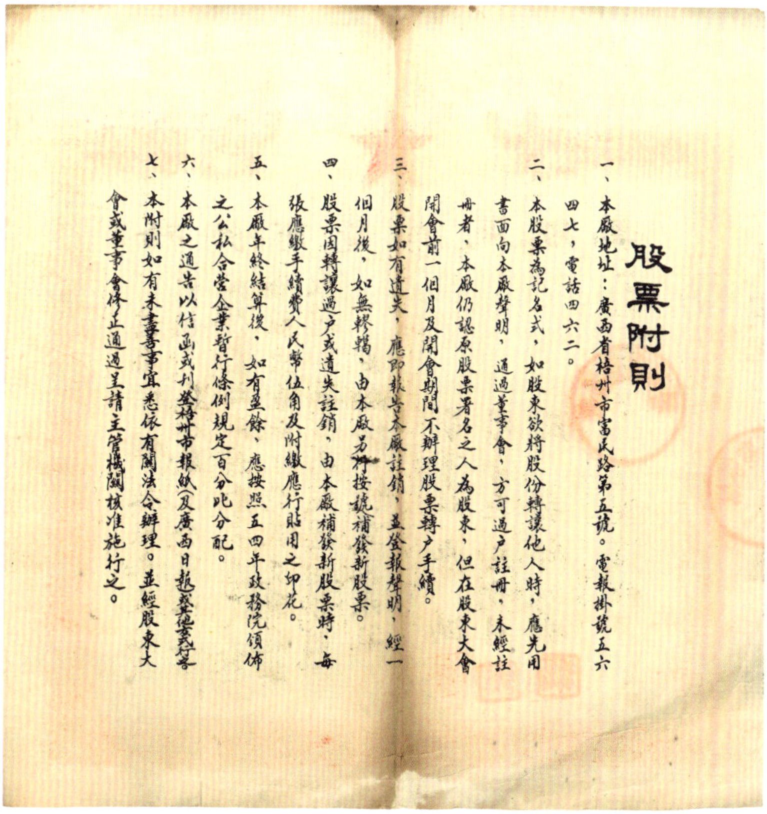

股票附則

一、本廠地址：廣西省梧州市富民路第五號。電報掛號五六四七，電話四六二。

二、本股票為記名式，如股東欲將股份轉讓他人時，應先用書面向本廠聲明，通過董事會，方可過户註冊，未經註冊者，本廠仍認原股票署名之人為股東，但在股東大會開會前一個月及開會期間不辦理股票轉户手續。

三、股票如有遺失，應即報告本廠註銷，並登報聲明，經一個月後，如無轇轕，由本廠另行按號補發新股票。

四、股票因轉讓過户或遺失註銷，由本廠補發新股票時，每張應繳手續費人民幣伍角及附繳應行貼用之印花。

五、本廠年終結算後，如有盈餘，應按照五四年政務院頒佈之公私合營企業暫行條例規定百分比分配。

六、本廠之通告以信函或刊登梧州市報紙（及廣西日報）或其他方式行之。

七、本附則如有未盡事宜，悉依有關法令辦理。並經股東大會或董事會修正通過呈請主管機關核准施行之。

0007 一九五五年八月三十日梧州市造纸厂股票附则

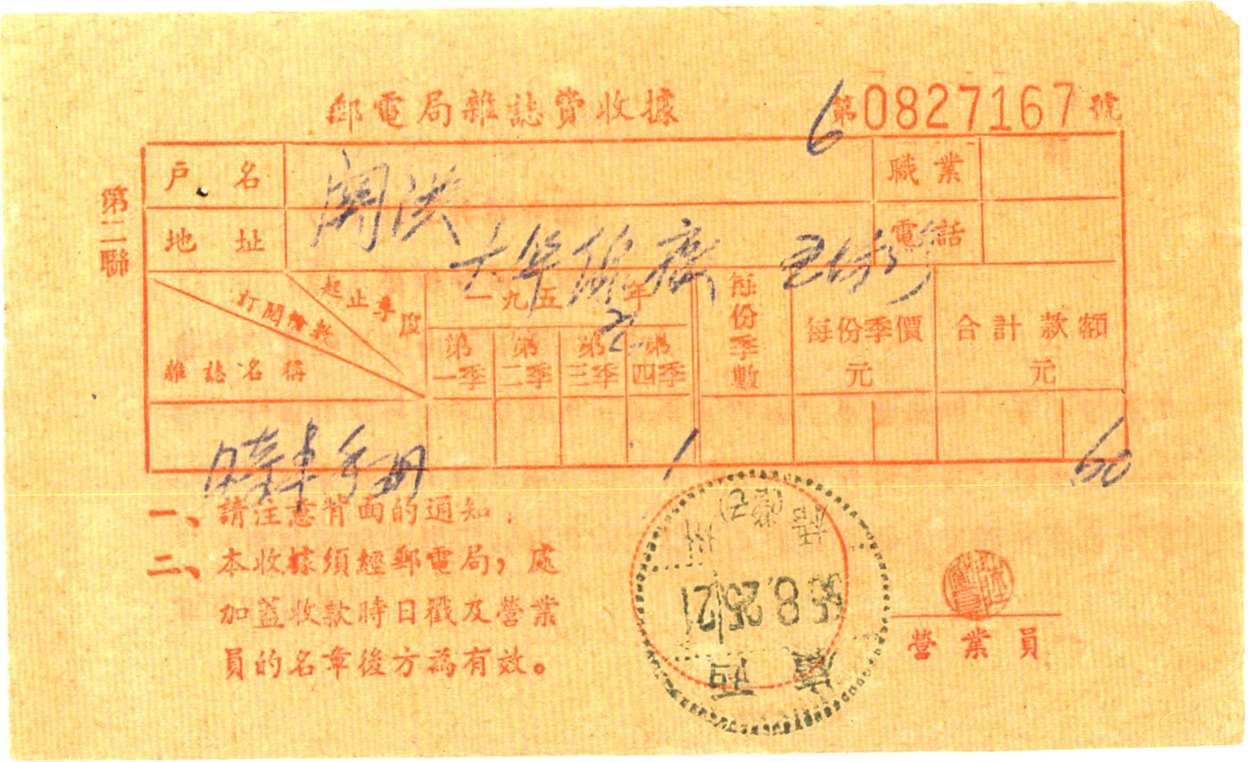

郵電局雜誌費收據　6 第0827167號

第二聯

戶名	關洪	職業	
地址	大華旅店	電話	

打閱季數 起止季度 雜誌名稱	一九五五年 第一季	第二季	第三季	第四季	每份季數	每份季價 元	合計款額 元
時事手冊					1		60

一、請注意背面的通知。
二、本收據須經郵電局，處加蓋收款時日戳及營業員的名章後方爲有效。

營業員

55.8.25.21

0008 一九五五年关洪订阅《时事手册》杂志费收据

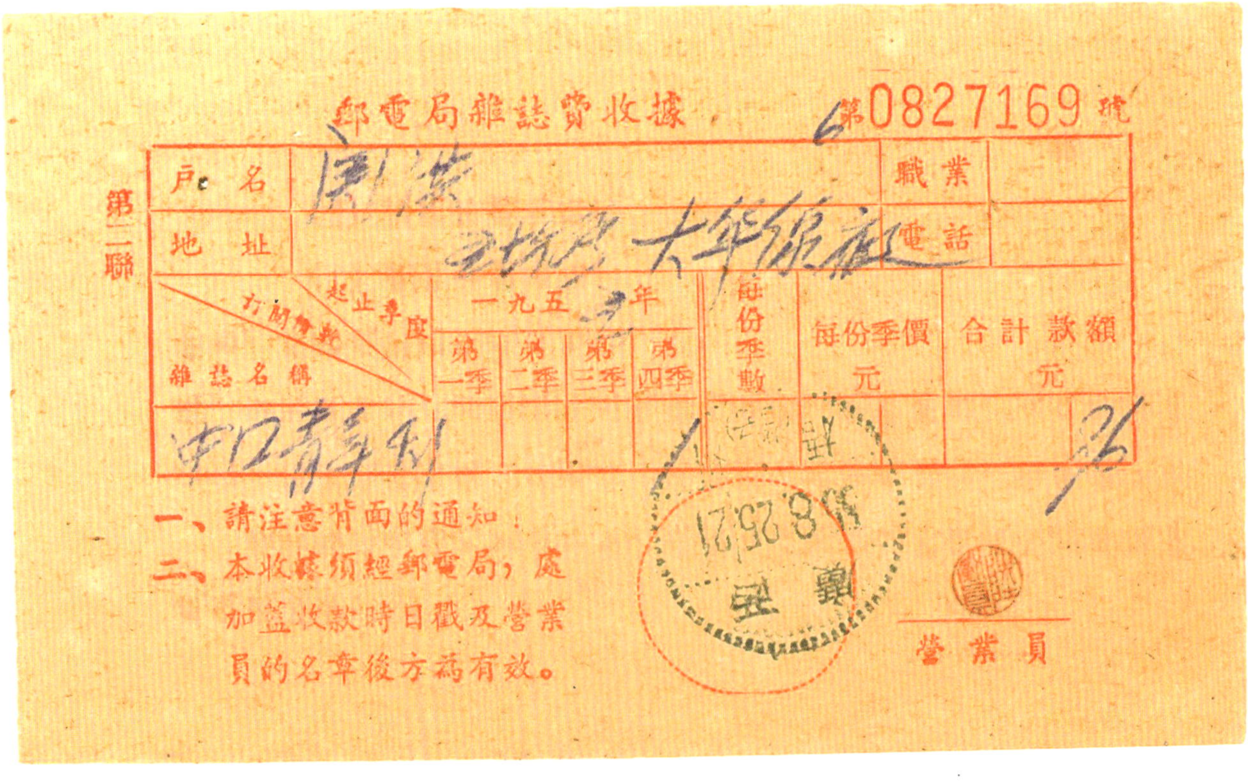

郵電局雜誌費收據　6 第0827169號

第二聯

戶名	關洪	職業	
地址	大華旅店	電話	

打閱季數 起止季度 雜誌名稱	一九五五年 第一季	第二季	第三季	第四季	每份季數	每份季價 元	合計款額 元
中国青年					1		36

一、請注意背面的通知。
二、本收據須經郵電局，處加蓋收款時日戳及營業員的名章後方爲有效。

營業員

55.8.25.21

0009 一九五五年关洪订阅《中国青年》杂志费收据

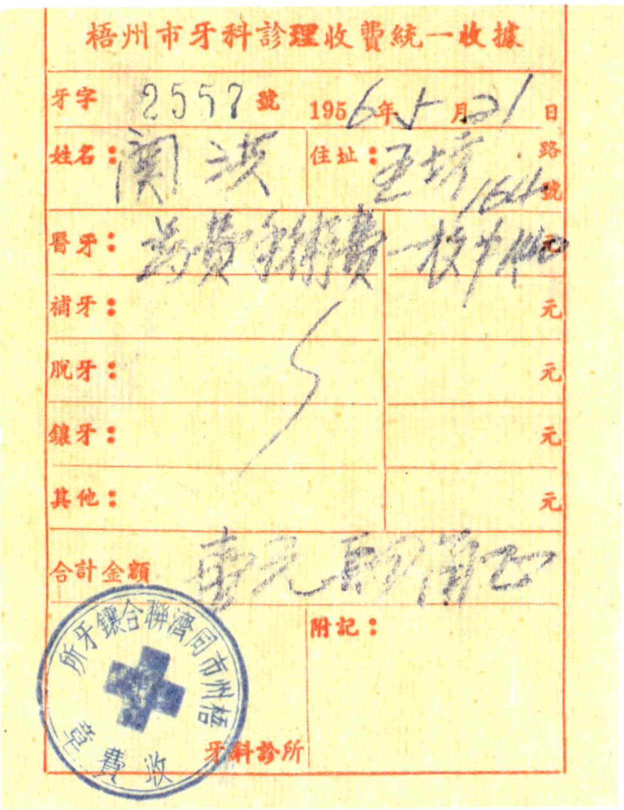

梧州市牙科診理收費統一收據

牙字 2557 號 1956年5月21日

姓名：關洪 住址： 路 號

醫牙： 元

補牙： 元

脫牙： 元

鑲牙： 元

其他： 元

合計金額

附記：

牙科診所

梧州市同濟聯合鑲牙所 收費章

0010 一九五六年五月二十一日关洪牙科诊理费收据

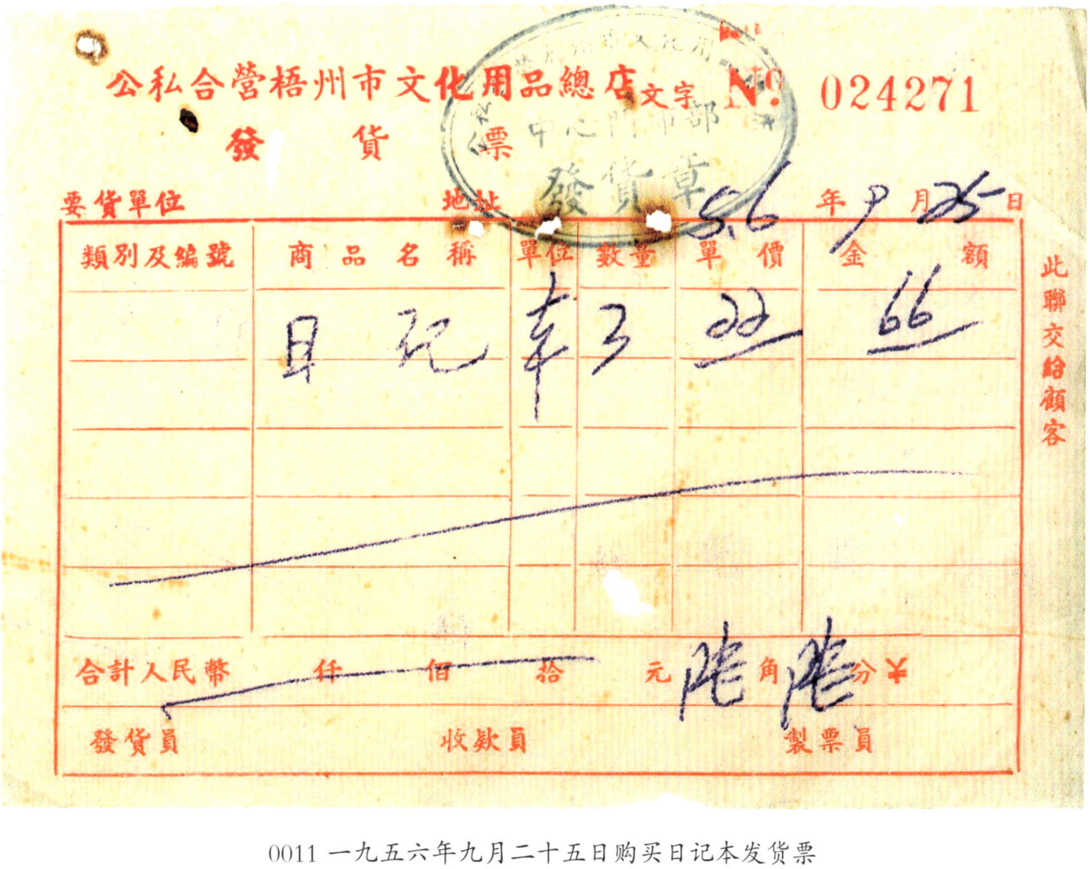

公私合營梧州市文化用品總店 文字 No 024271

發貨票

要貨單位 地址 56年9月25日

類別及編號	商品名稱	單位	數量	單價	金額
	日記	本	3	22	66

合計人民幣 仟 佰 拾 元 陸 角 陸 分 ¥

發貨員 收款員 製票員

此聯交給顧客

中心門市部 發貨章

0011 一九五六年九月二十五日购买日记本发货票

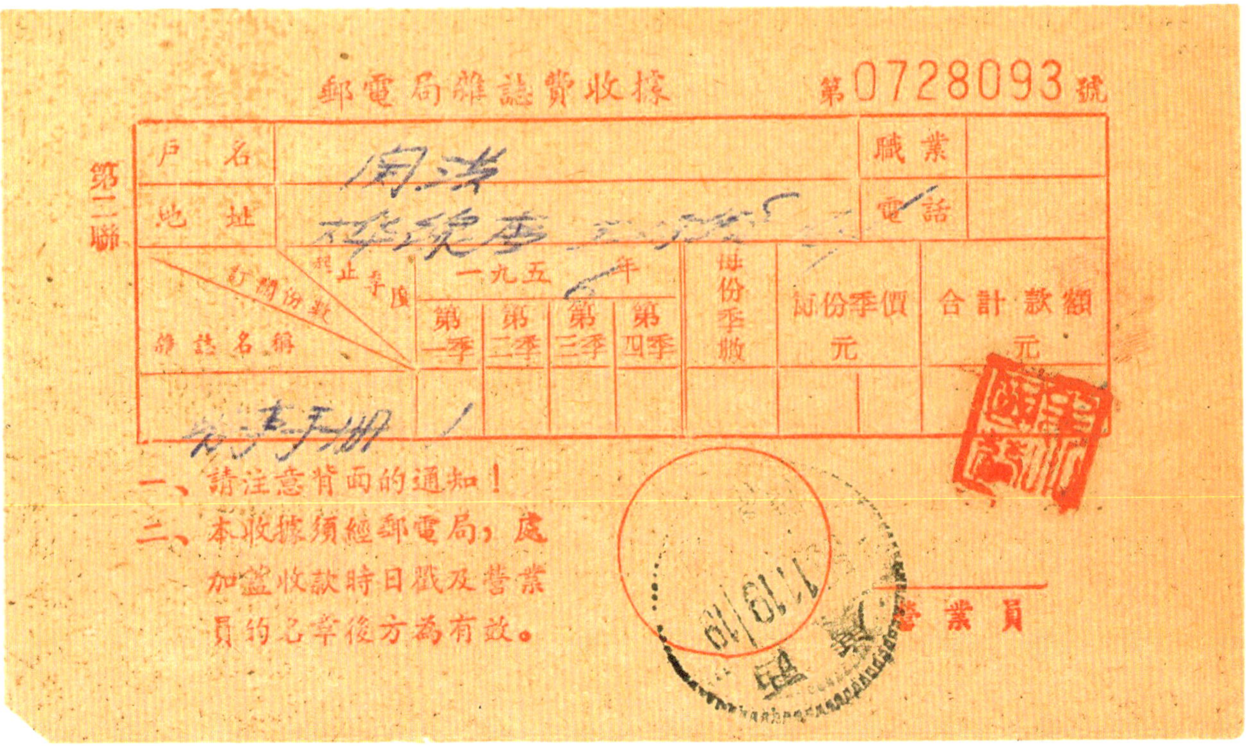
郵電局雜誌費收據　第0728093號

第二聯

戶名	关洪	職業	
地址		電話	

雜誌名稱 / 訂閱份數 / 起止季度	一九五六年 第一季	第二季	第三季	第四季	每份季數	每份季價 元	合計款額 元
时事手册	1						

一、請注意背面的通知！
二、本收據須經郵電局，處加盖收款時日戳及營業員的名章後方為有效。

營業員

0012 一九五六年关洪订阅《时事手册》杂志费收据

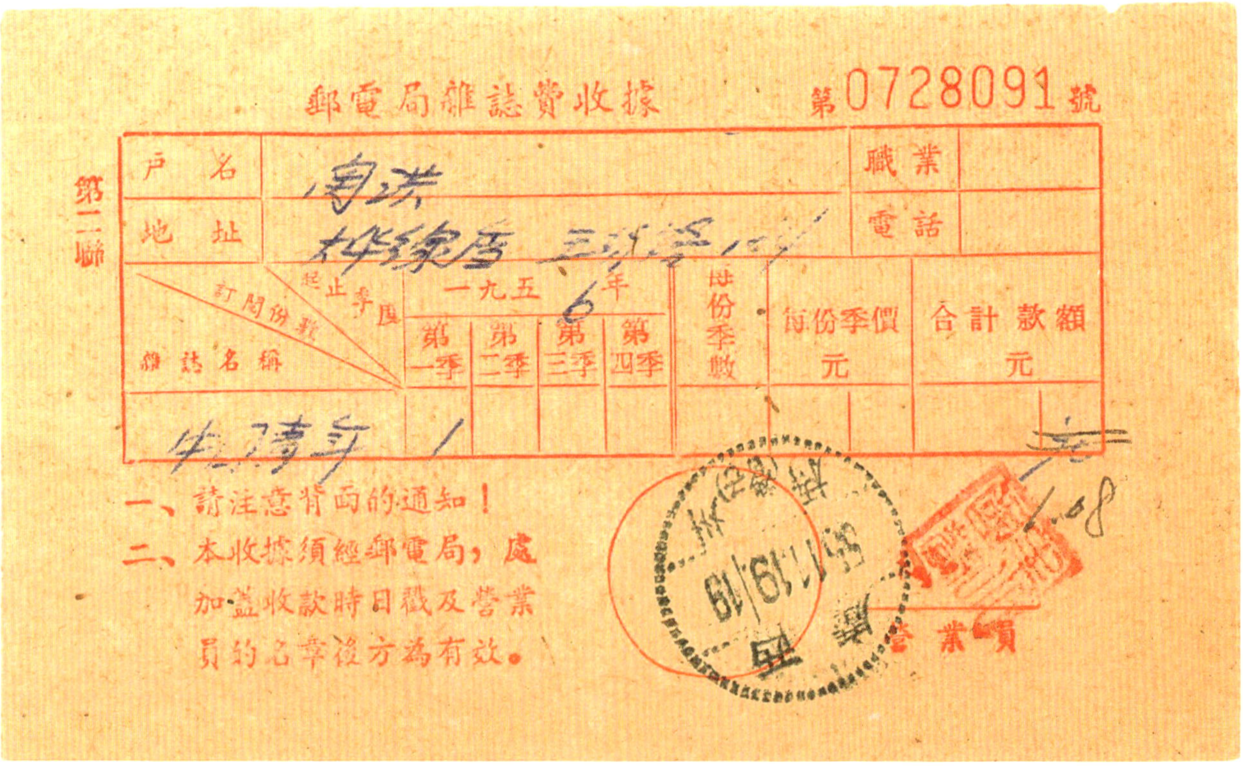
郵電局雜誌費收據　第0728091號

第二聯

戶名	关洪	職業	
地址		電話	

雜誌名稱 / 訂閱份數 / 起止季度	一九五六年 第一季	第二季	第三季	第四季	每份季數	每份季價 元	合計款額 元
中国青年	1						

一、請注意背面的通知！
二、本收據須經郵電局，處加盖收款時日戳及營業員的名章後方為有效。

營業員

0013 一九五六年关洪订阅《中国青年》杂志费收据

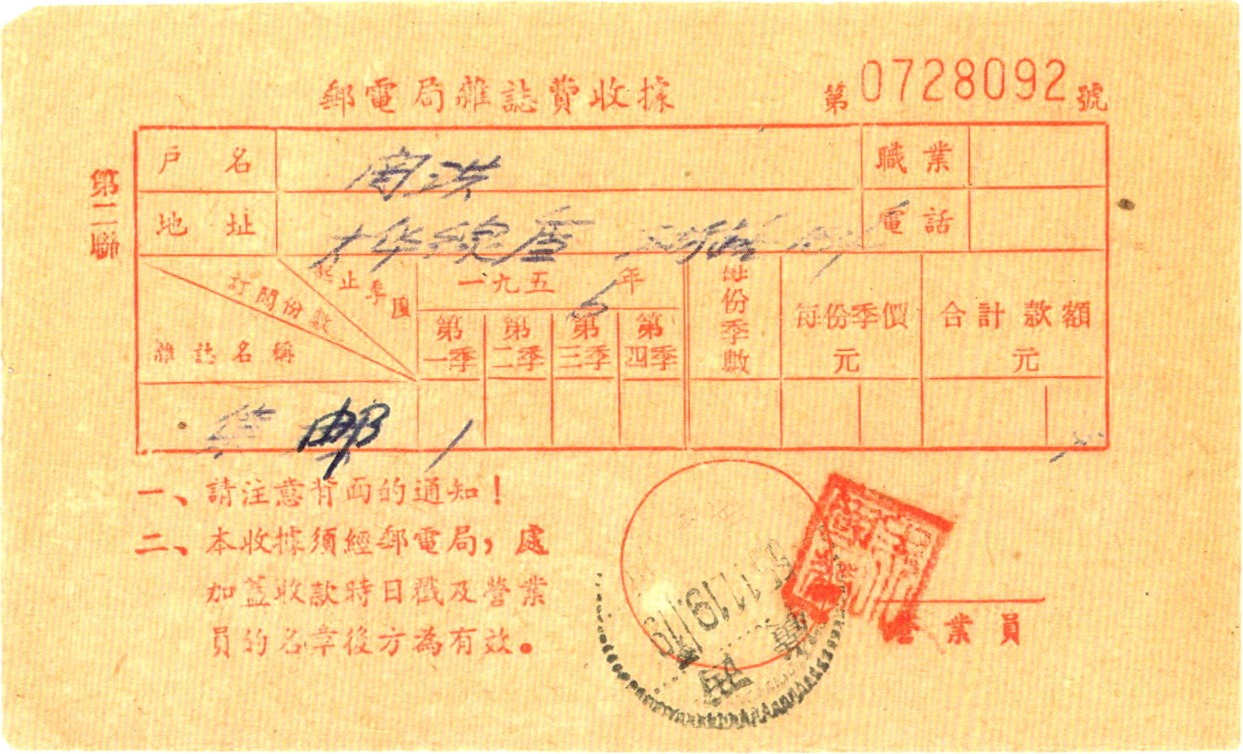
郵電局雜誌費收據　第0728092號

第二聯

戶名	关洪	職業	
地址		電話	

訂閱份數 / 起止季度 / 雜誌名稱	一九五六年 第一季	第二季	第三季	第四季	每份季數	每份季價 元	合計款額 元
集郵	1						

一、請注意背面的通知！
二、本收據須經郵電局，處加蓋收款時日戳及營業員的名章後方為有效。

營業員

0014 一九五六年关洪订阅《集邮》杂志费收据

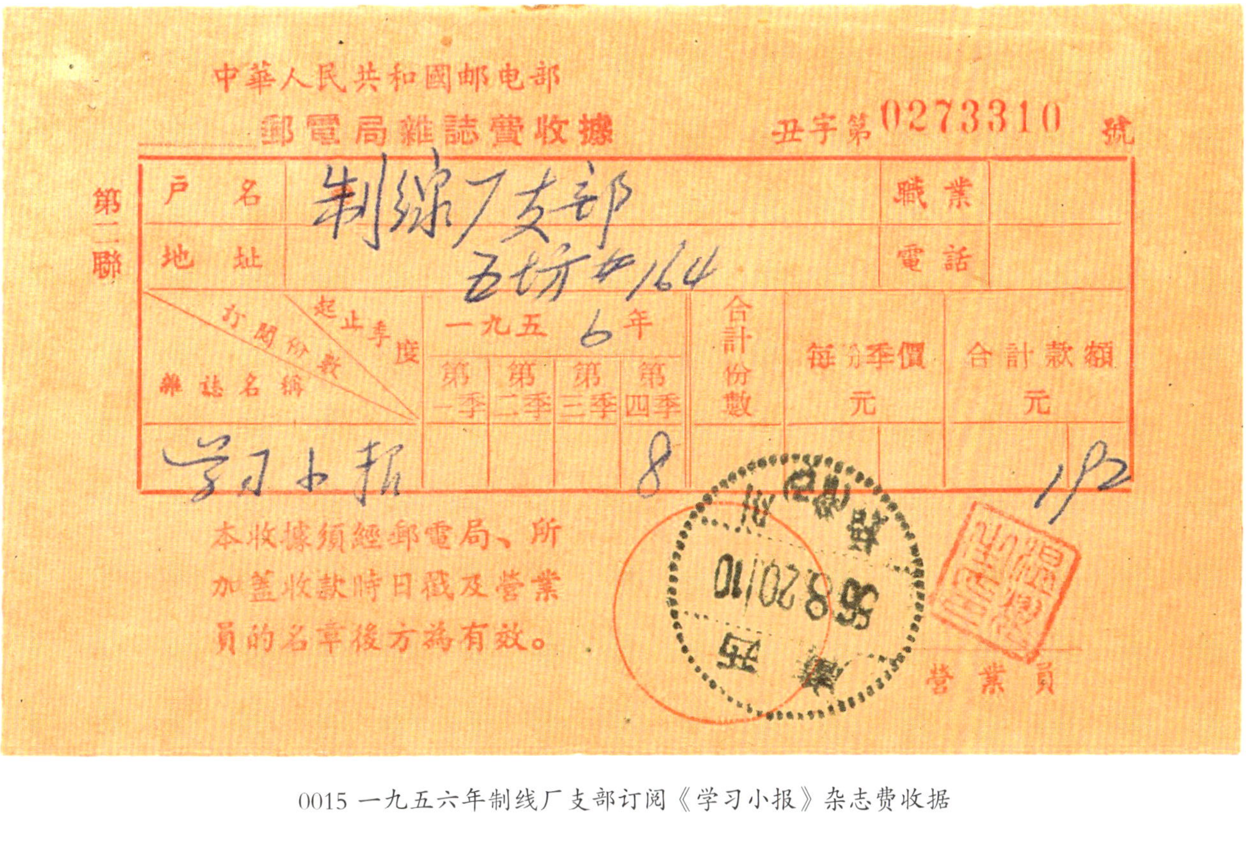
中華人民共和國郵电部
郵電局雜誌費收據　丑字第0273310號

第二聯

戶名	制線厂支部	職業	
地址	五坊路164	電話	

訂閱份數 / 起止季度 / 雜誌名稱	一九五六年 第一季	第二季	第三季	第四季	合計份數	每份季價 元	合計款額 元
学习小报				8			1.2

本收據須經郵電局、所加蓋收款時日戳及營業員的名章後方為有效。

56.8.20.10

營業員

0015 一九五六年制线厂支部订阅《学习小报》杂志费收据

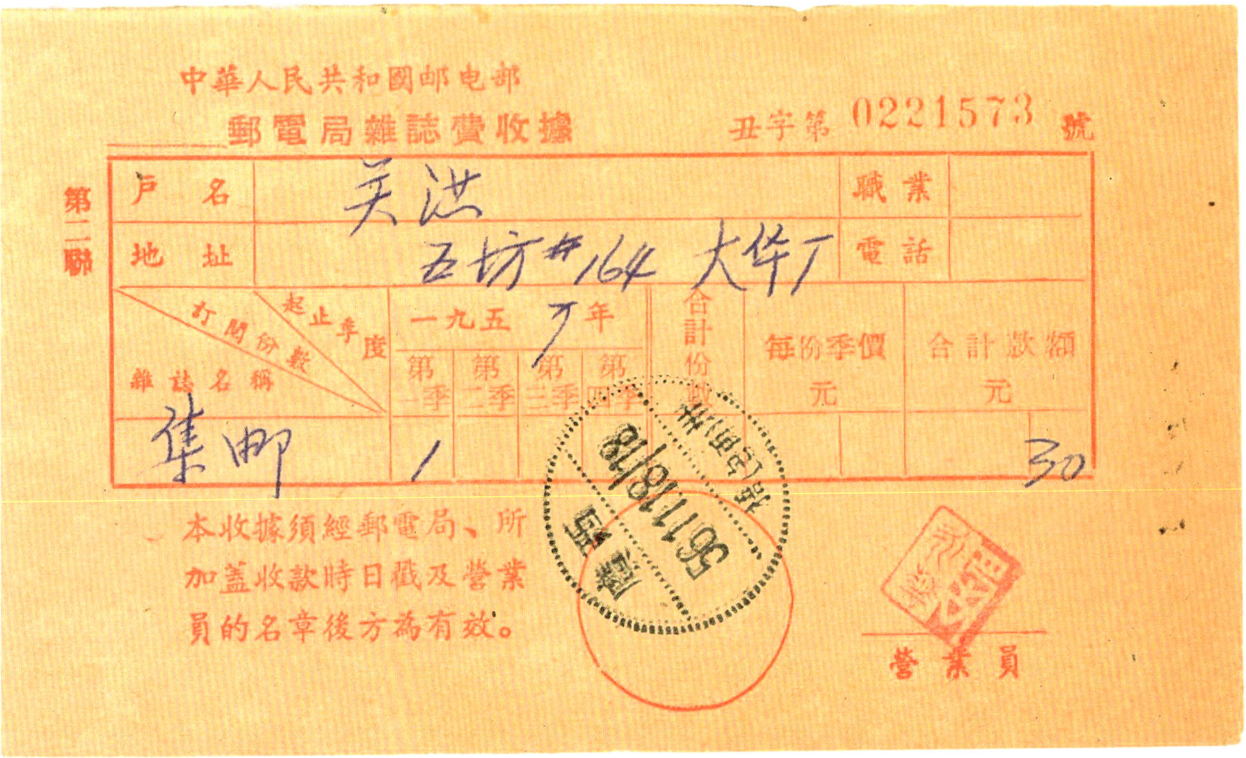

中華人民共和國邮电部

______郵電局雜誌費收據　　丑字第 0221573 號

第二聯

戶名	关洪	職業	
地址	五坊#164 大华厂	電話	

雜誌名稱 / 訂閱份數 / 起止季度	一九五7年 第一季	第二季	第三季	第四季	合計份數	每份季價 元	合計款額 元
集邮	1						30

本收據須經郵電局、所加蓋收款時日戳及營業員的名章後方為有效。

營業員

0016 一九五七年关洪订阅《集邮》杂志费收据

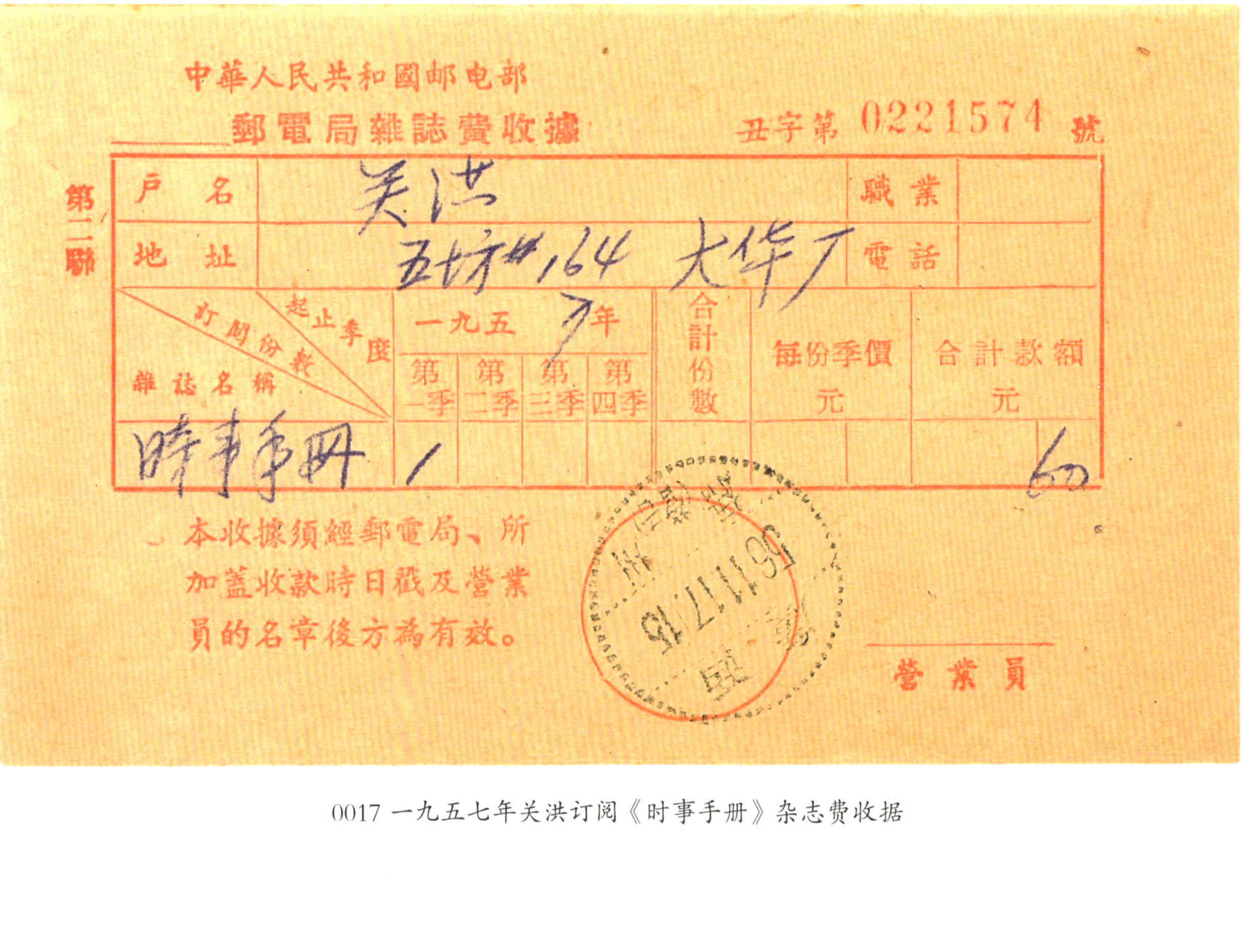

中華人民共和國邮电部

______郵電局雜誌費收據　　丑字第 0221574 號

第二聯

戶名	关洪	職業	
地址	五坊#164 大华厂	電話	

雜誌名稱 / 訂閱份數 / 起止季度	一九五7年 第一季	第二季	第三季	第四季	合計份數	每份季價 元	合計款額 元
時事手冊	1						60

本收據須經郵電局、所加蓋收款時日戳及營業員的名章後方為有效。

營業員

0017 一九五七年关洪订阅《时事手册》杂志费收据

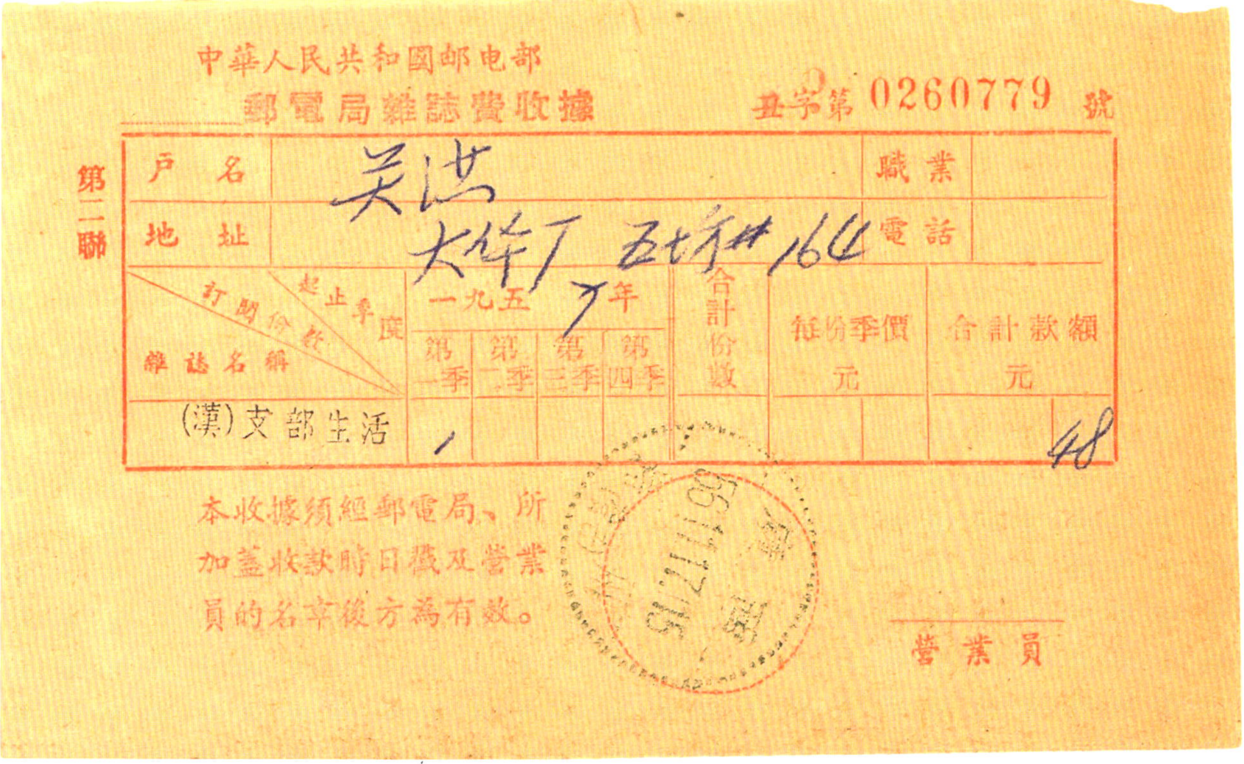
中華人民共和國邮电部
郵電局雜誌費收據　丑字第0260779號
第二聯

戶名	关洪	職業	
地址	大华丁五坊#164	電話	

訂閱份數／起止季度／雜誌名稱	一九五7年 第一季	第二季	第三季	第四季	合計份數	每份季價 元	合計款額 元
(漢)支部生活	1						48

本收據須經郵電局、所加蓋收款時日戳及營業員的名章後方為有效。
營業員

0018 一九五七年关洪订阅《支部生活》杂志收据

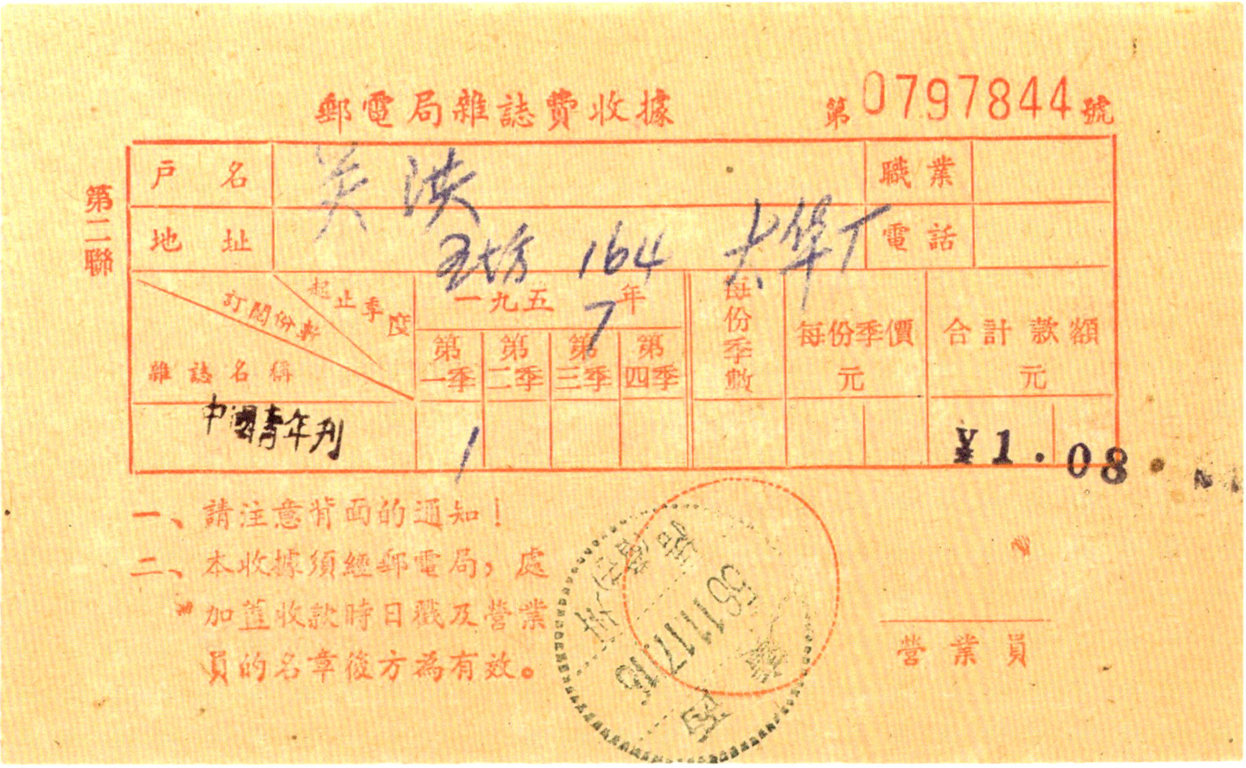
郵電局雜誌費收據　第0797844號
第二聯

戶名	关洪	職業	
地址	五坊164 大华丁	電話	

訂閱份數／起止季度／雜誌名稱	一九五7年 第一季	第二季	第三季	第四季	每份季數	每份季價 元	合計款額 元
中國青年刊	1						¥1.08

一、請注意背面的通知！
二、本收據須經郵電局，處加蓋收款時日戳及營業員的名章後方為有效。
營業員

0019 一九五七年关洪订阅《中国青年》杂志费收据

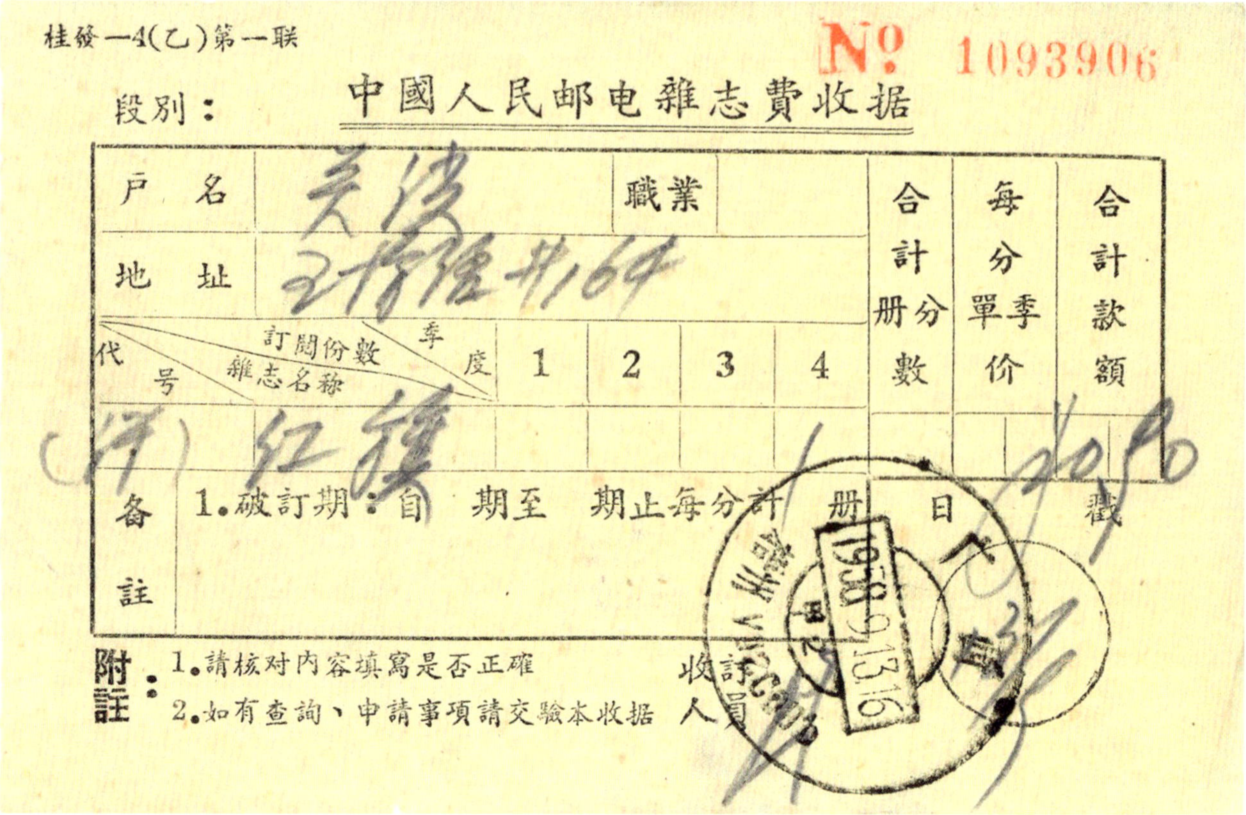

桂發—4(乙)第一联　　№ 1093906

中國人民邮电雜志費收据

段別：

户名	关洪	職業				合計冊分數	每分單季价	合計款額
地址	[illegible]#164							
代号	訂閱份數 季度 / 雜志名称	1	2	3	4			
	红旗							

备註：1.破訂期：自　期至　期止每分計　册　日　戳

附註：1.請核对内容填寫是否正確
2.如有查詢、申請事項請交驗本收据

收訂人員：

0020 一九五八年关洪订阅《红旗》杂志费收据

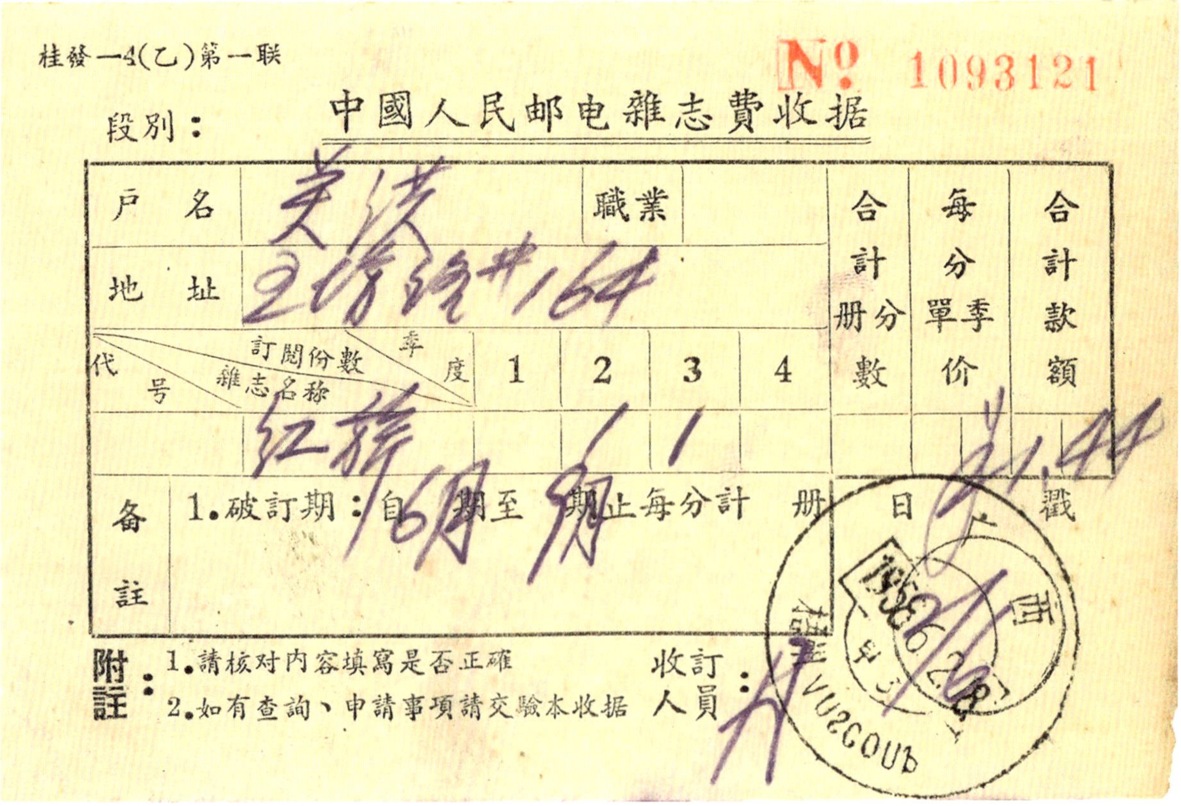

桂發—4(乙)第一联　　№ 1093121

中國人民邮电雜志費收据

段別：

户名	关洪	職業				合計冊分數	每分單季价	合計款額
地址	[illegible]#164							
代号	訂閱份數 季度 / 雜志名称	1	2	3	4			
	红旗							

备註：1.破訂期：自 6月 期至 6月 期止每分計　册　日　戳

附註：1.請核对内容填寫是否正確
2.如有查詢、申請事項請交驗本收据

收訂人員：

0021 一九五八年关洪订阅《红旗》杂志费收据

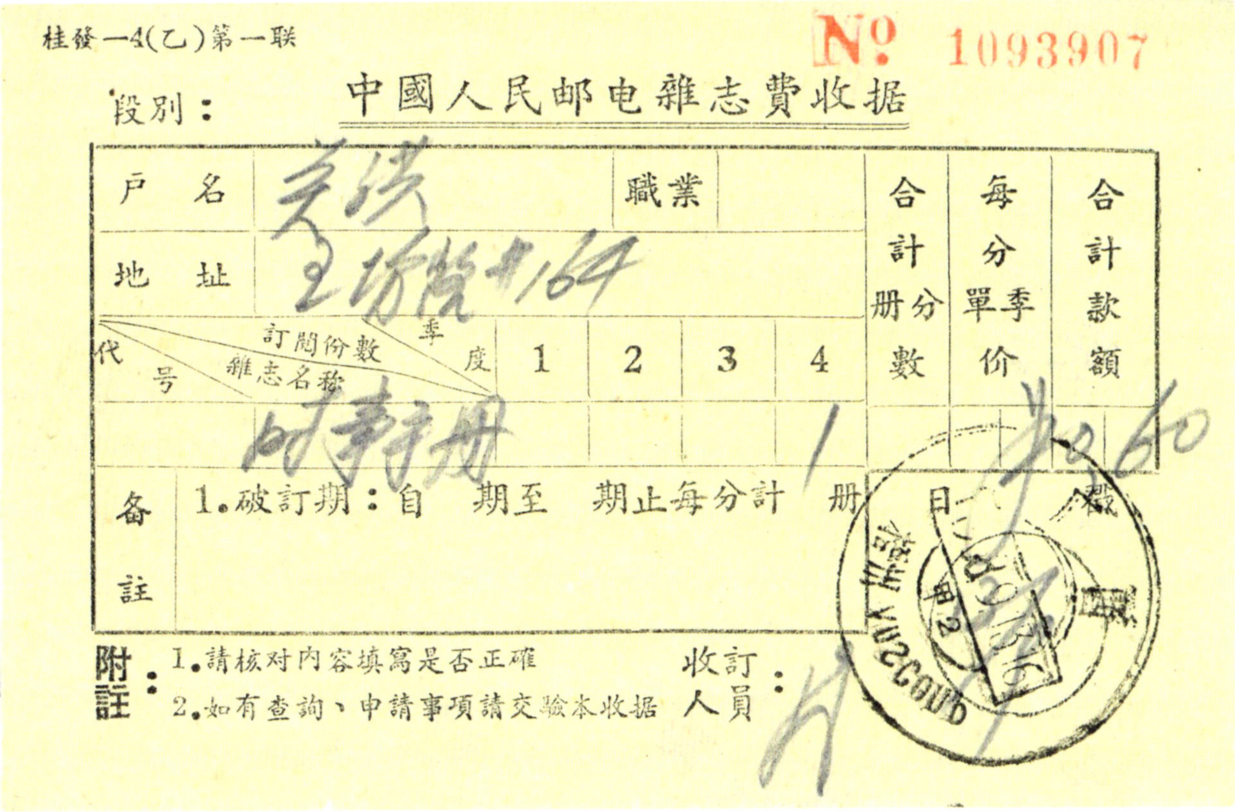

桂發一4(乙)第一联　　No 1093907

段別：　　中國人民邮电雜志費收据

						合計册分數	每分單季价	合計款額
戶名	关洪	職業						
地址								
代号 / 雜志名称 / 訂閱份數 / 季度		1	2	3	4			
	时事手册					1		0.60
备註	1.破訂期：自　期至　期止每分計　册					日戳		

附註：1.請核对内容填寫是否正確
2.如有查詢、申請事項請交驗本收据

收訂人員：

0022 一九五八年关洪订阅《时事手册》杂志费收据

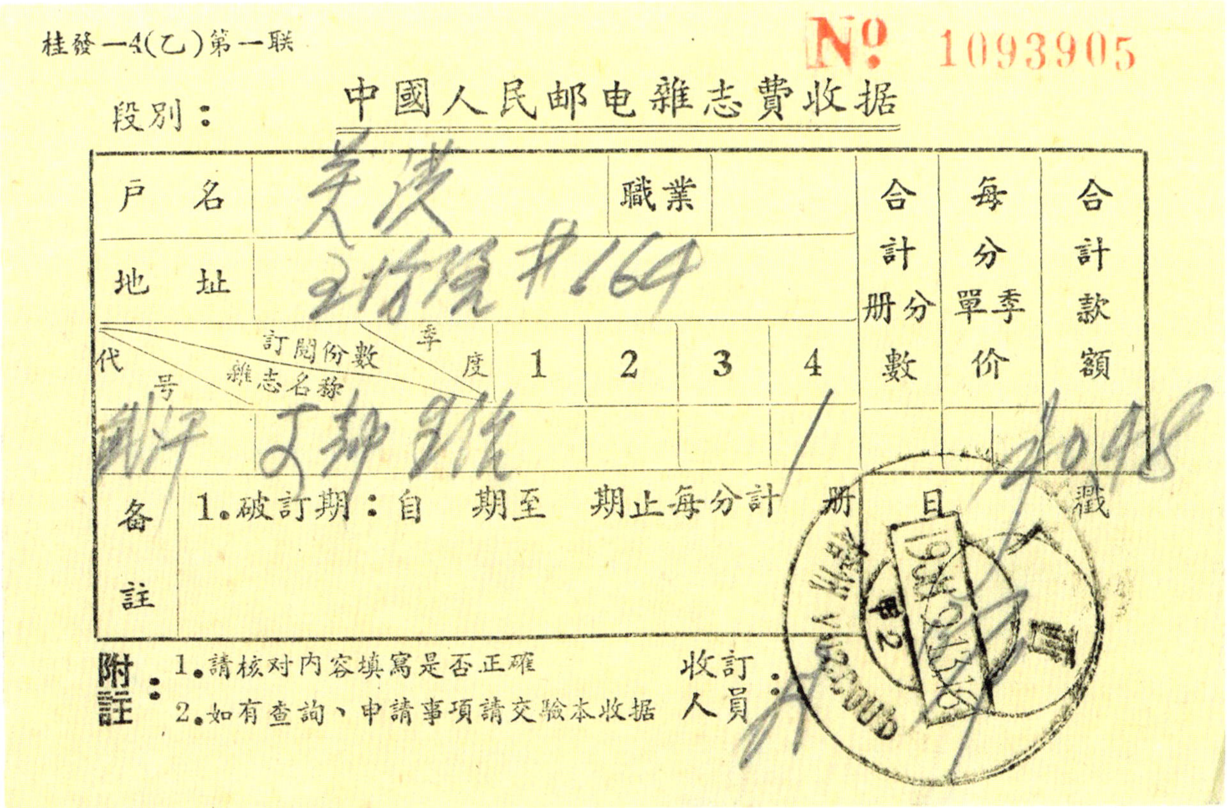

桂發一4(乙)第一联　　No 1093905

段別：　　中國人民邮电雜志費收据

						合計册分數	每分單季价	合計款額
戶名	关洪	職業						
地址								
代号 / 雜志名称 / 訂閱份數 / 季度		1	2	3	4			
	支部生活					1		0.48
备註	1.破訂期：自　期至　期止每分計　册					日戳		

附註：1.請核对内容填寫是否正確
2.如有查詢、申請事項請交驗本收据

收訂人員：

0023 一九五八年关洪订阅《支部生活》杂志费收据

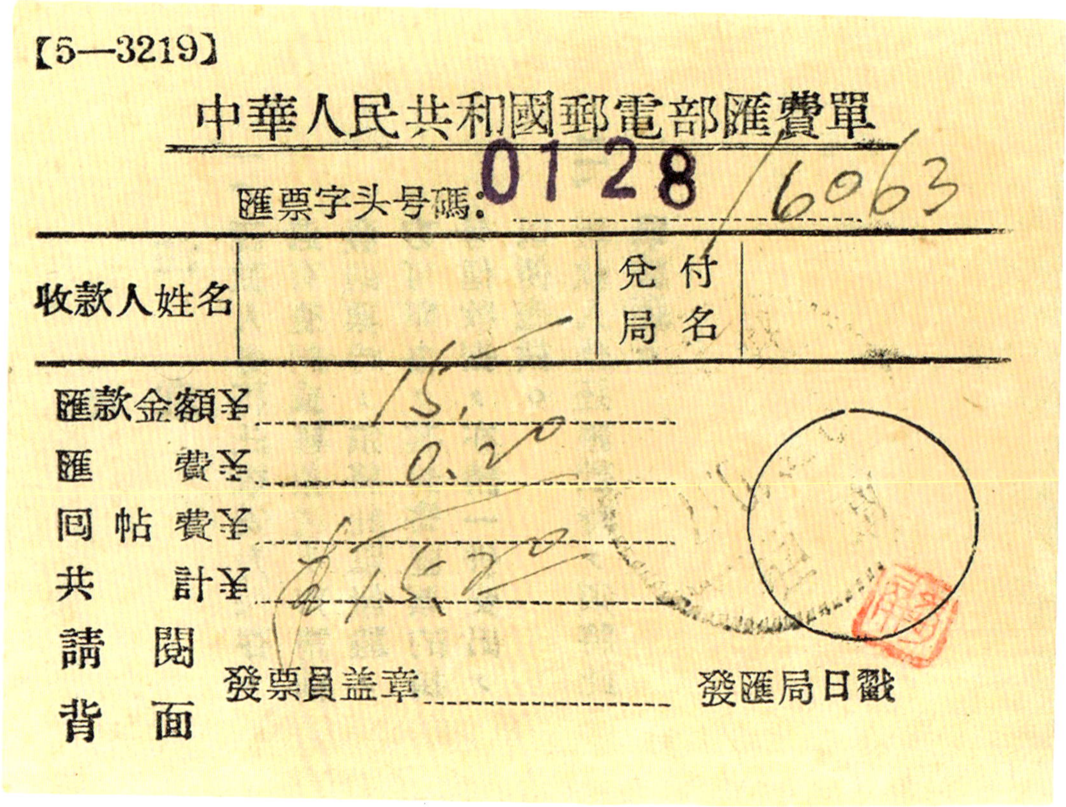

【5—3219】

中華人民共和國郵電部匯費單

匯票字头号碼：0128 /6063

收款人姓名		兑付局名	

匯款金額￥ 15.

匯　費￥ 0.20

回帖費￥

共　計￥ 15.20

請閱背面

發票員盖章

發匯局日戳

0024 一九五八年邮电部汇费单

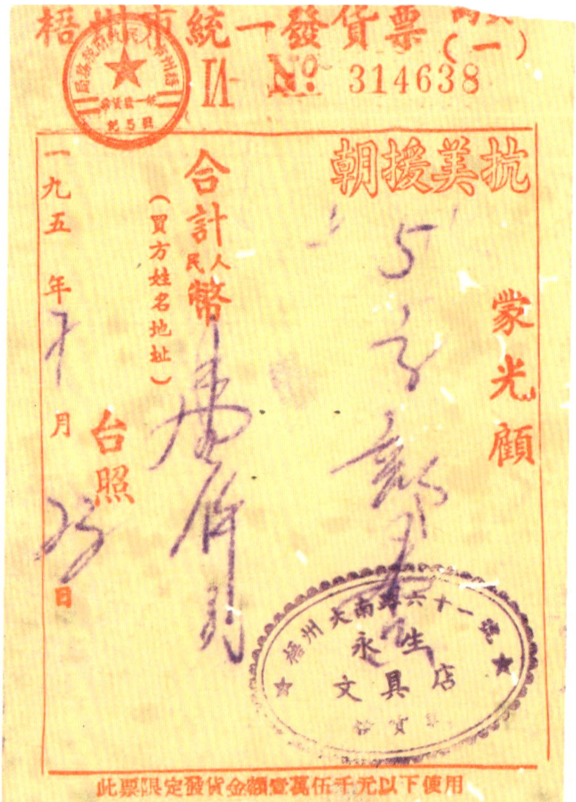

梧州市統一發貨票 (一)

14- No. 314638

抗美援朝

蒙光顧

合計人民幣

（買方姓名地址）

台照

一九五 年 7 月 23 日

梧州大南路六十一號 永生文具店

此票限定發貨金額壹萬伍千元以下使用

0025 一九五□年七月二十三日梧州市统一发货票

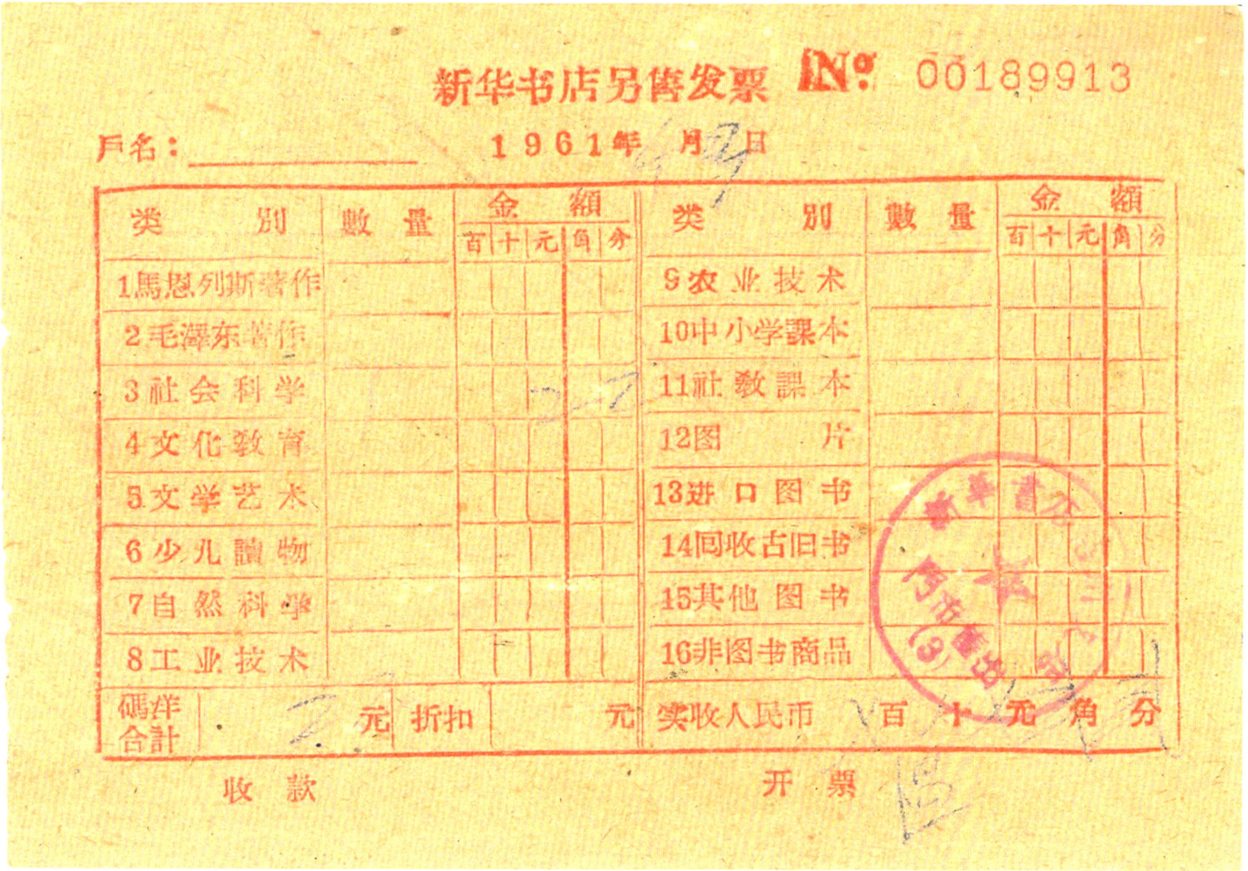

新华书店另售发票 No 00189913

户名：________ 1961年 月 日

类别	数量	金额 百	十	元	角	分	类别	数量	金额 百	十	元	角	分
1馬恩列斯著作							9农业技术						
2毛澤东著作							10中小学課本						
3社会科学							11社教課本						
4文化教育							12图片						
5文学艺术							13进口图书						
6少儿讀物							14回收古旧书						
7自然科學							15其他图书						
8工业技术							16非图书商品						

碼洋合計 元 折扣 元 实收人民币 百 十 元 角 分

收款 开票

0026 一九六一年四月二十三日新华书店梧州支店另售发票

0027-1 一九六二年梧州市十分面值购货券（正面）

0027-2 一九六二年梧州市十分面值购货券（背面）

0028-1 一九六二年梧州市五分面值购货券（正面）

0028-2 一九六二年梧州市五分面值购货券（背面）

0029-1 一九六二年梧州市一分面值购货券（正面）

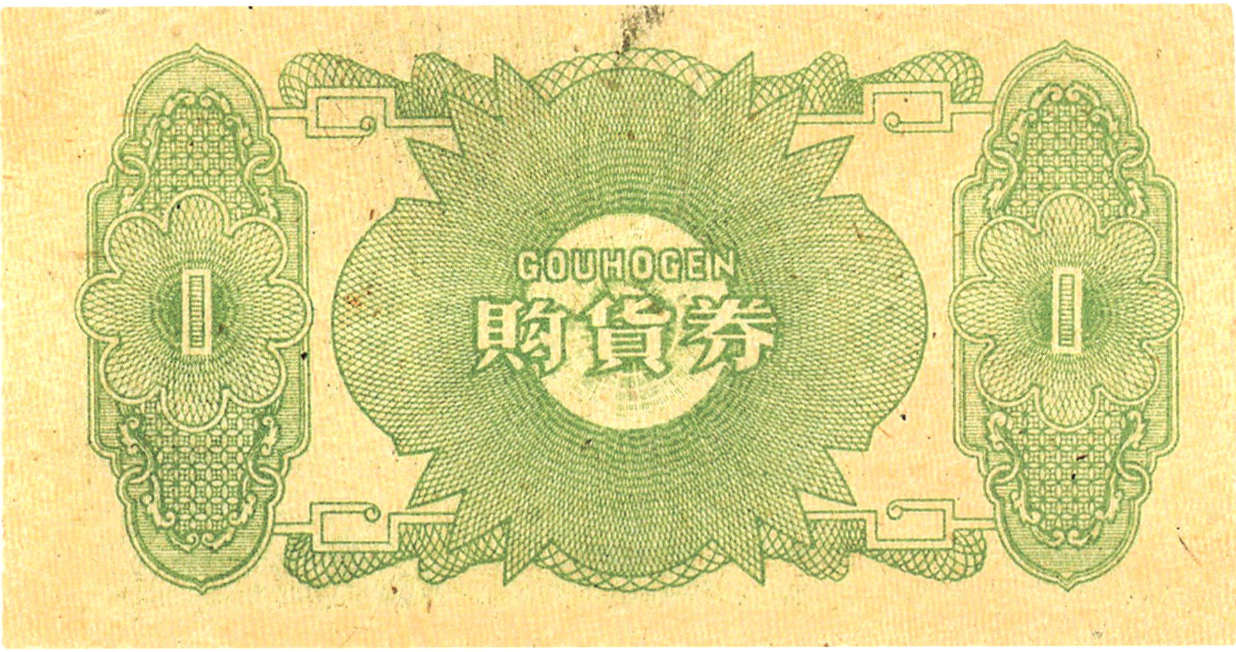

0029-2 一九六二年梧州市一分面值购货券（背面）

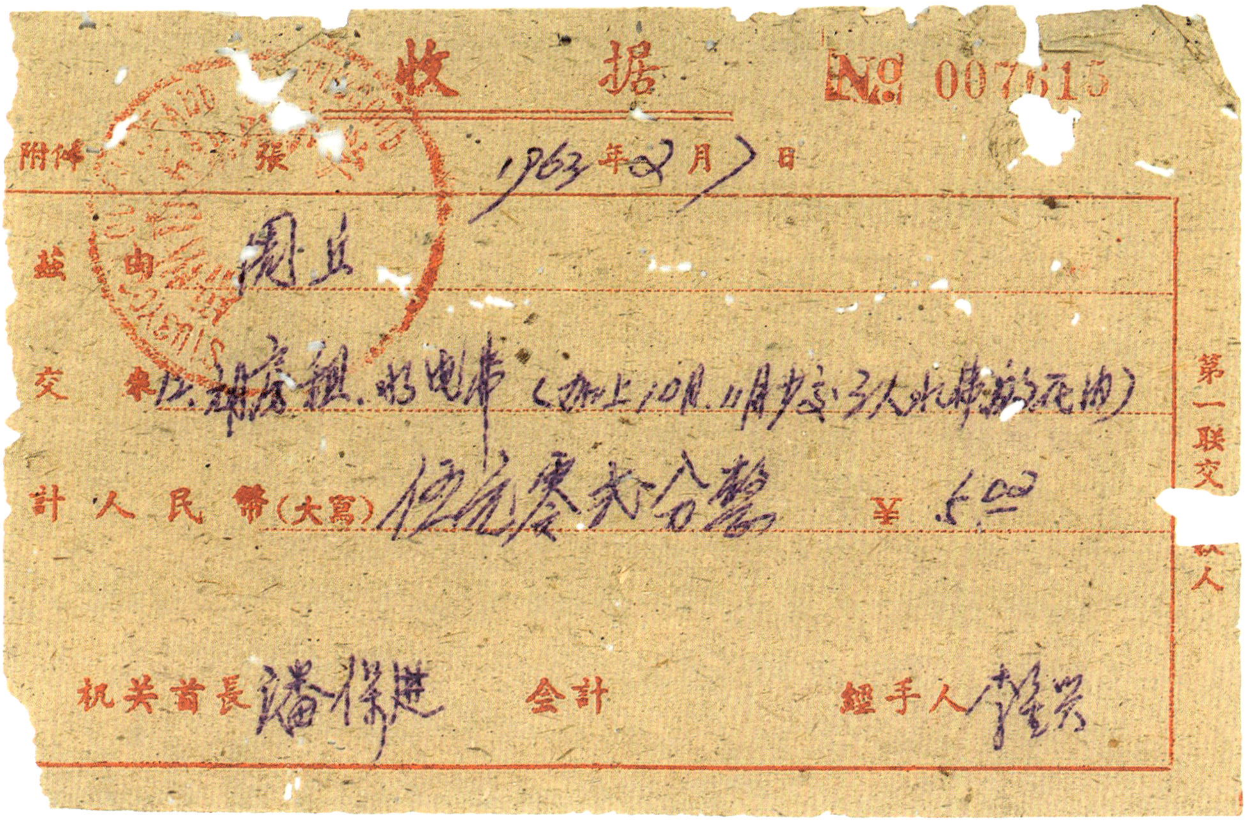
收 据 №007615
附件 张 1963年2月7日
兹由 周丘
交来
計人民幣(大寫) ¥
机关首長 会計 經手人
第一联交繳款人

0030 一九六三年二月七日周丘缴纳的房租、水电费收据

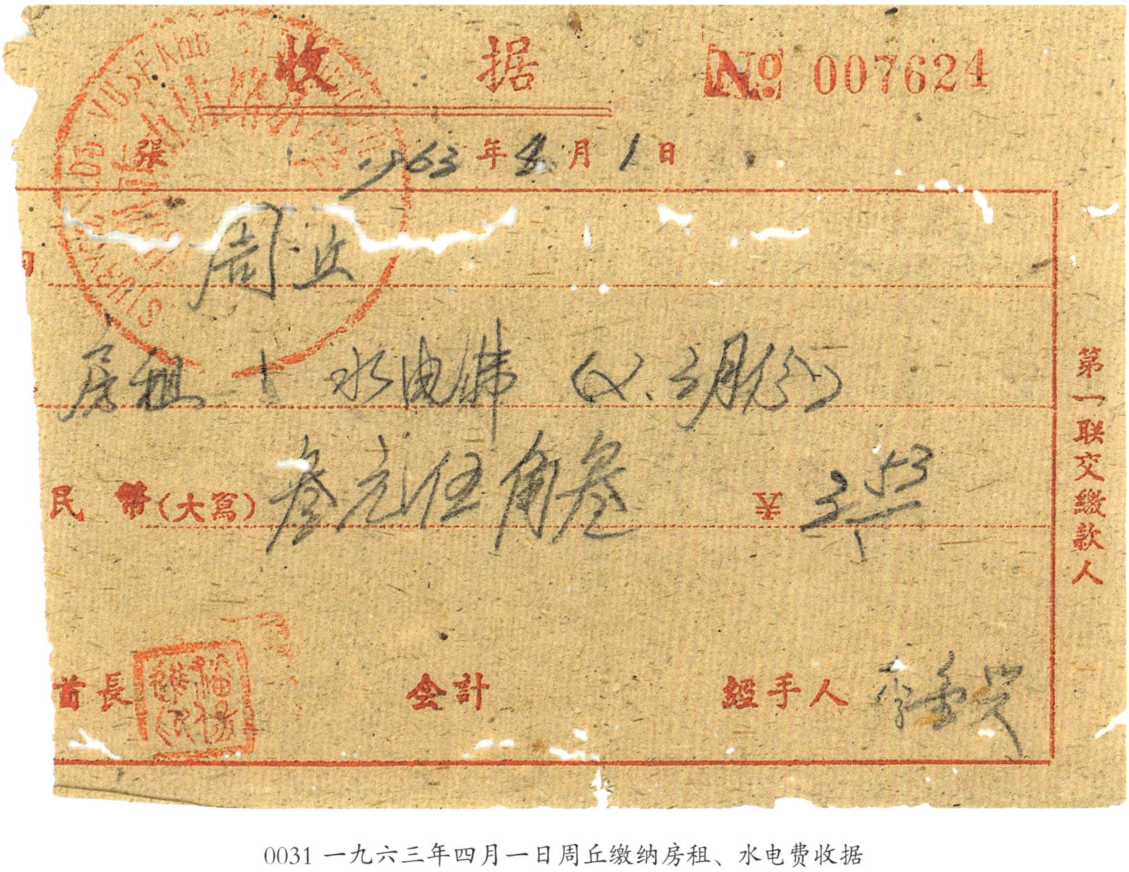
收 据 №007624
张 1963年4月1日
周丘
房租 水电费
民幣(大寫) ¥
首長 会計 經手人
第一联交繳款人

0031 一九六三年四月一日周丘缴纳房租、水电费收据

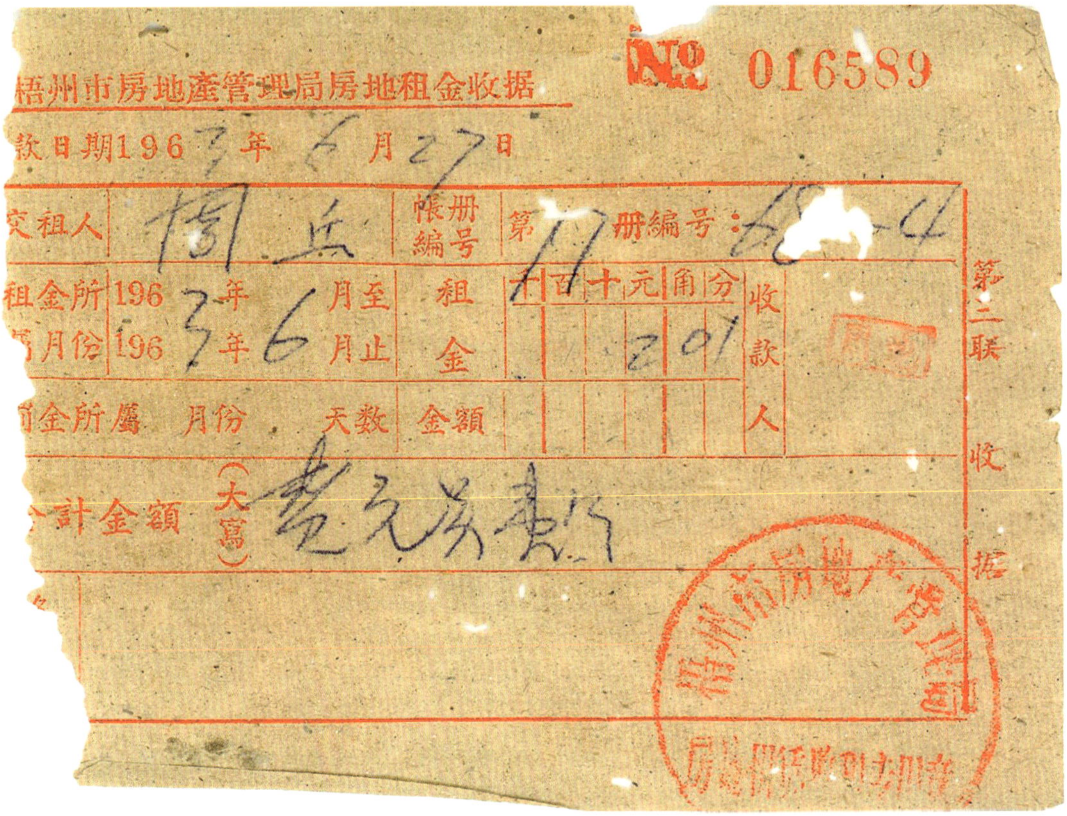
梧州市房地產管理局房地租金收據 №016589
款日期1963年6月27日
交租人 周丘 帳冊編号 第11册編号 68-4
租金所屬月份 1963年 月至 1963年6月止 租金 2.01 收款人
金所屬 月份 天数 金額
合計金額（大寫）貳元零壹仙
第二联 收據

0032 一九六三年六月二十七日梧州市房地产管理局收取周丘房地租金收据

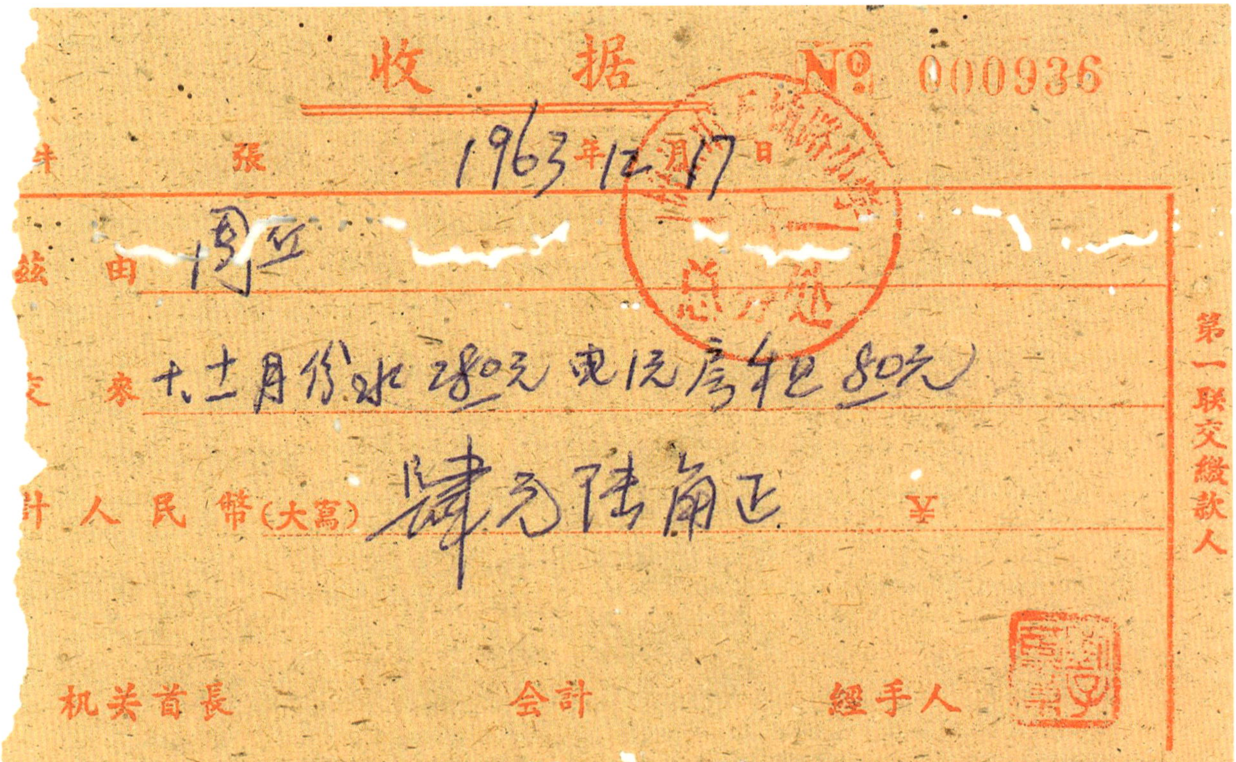
收据 №000936
1963年12月17日
由 周丘
交來 十二月份水2.80元 電 元 房租 80元
計人民幣（大寫）肆元陆角正 ¥
机关首長 会計 經手人
第一联交繳款人

0033 一九六三年十二月十七日周丘缴纳水电、房租费收据

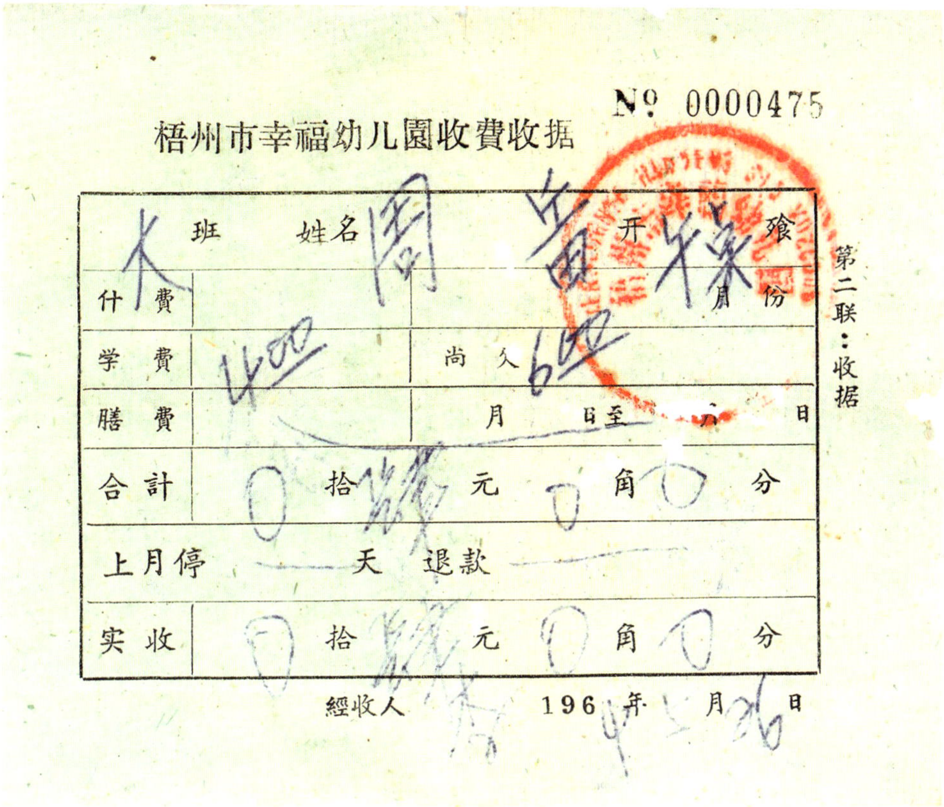

No 0000475

梧州市幸福幼儿園收費收据

大 班	姓名 周		开 殡
什 費			月 份
学 費	400	尚 欠 600	
膳 費		月 日至	日
合 計	0 拾	元 0 角 0	分
上月停	天 退款		
实 收	0 拾	元 0 角 0	分

第二联：收据

經收人　　196 4 年 5 月 26 日

0034 一九六四年五月二十六日梧州市幸福幼儿园收费收据

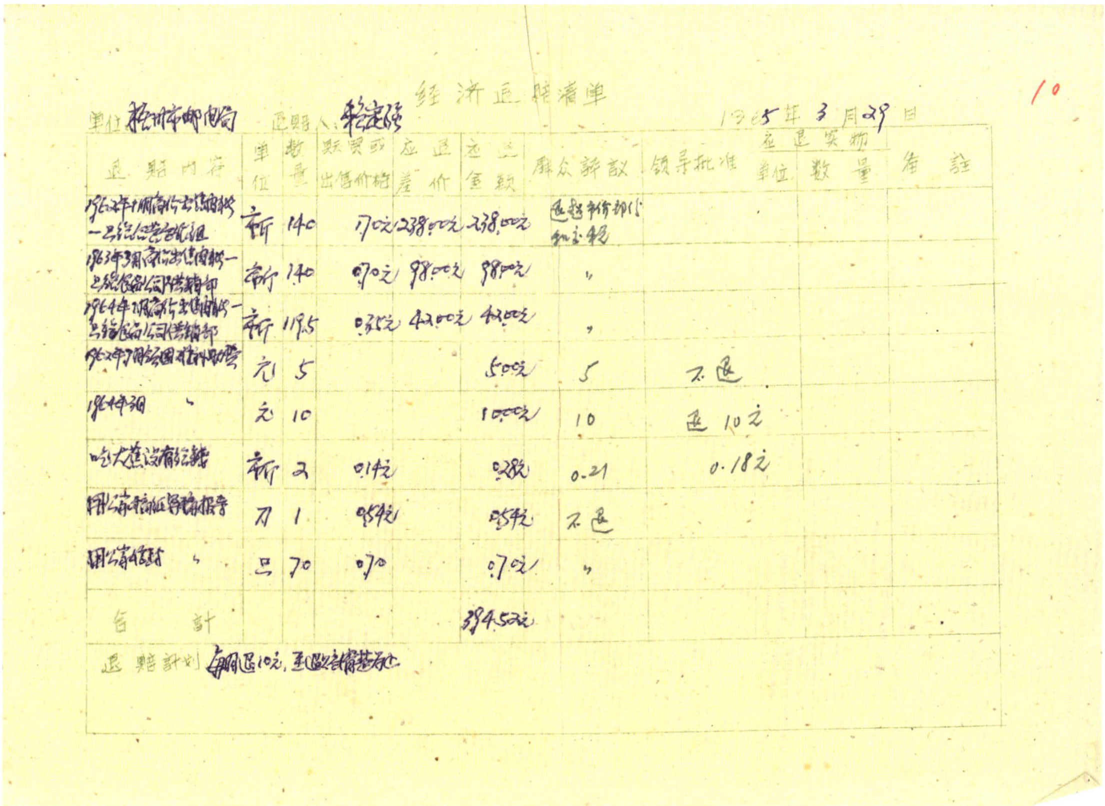

经济退赔清单

单位 梧州市邮电局　退赔人：赖定强　1965年3月29日

退赔内容	单位	数量	贬买或出售价格	应退差价	应退金额	群众评议	领导批准	应退实物单位	数量	备註
[illegible]	斤	140	1.70元	238.00元	238.00元	[illegible]				
[illegible]	斤	140	0.70元	98.00元	98.00元	〃				
[illegible]	斤	119.5	0.35元	42.00元	42.00元	〃				
[illegible]	元	5			5.00元	5	不退			
[illegible]	元	10			10.00元	10	退10元			
[illegible]	斤	2	0.14元		0.28元	0.21	0.18元			
[illegible]	刀	1	0.54元		0.54元	不退				
[illegible]	只	70	0.70		0.70元	〃				
合計					394.52元					

退赔計划 [illegible]

0035 一九六五年三月二十九日梧州市邮电局赖定强经济退赔清单（1）

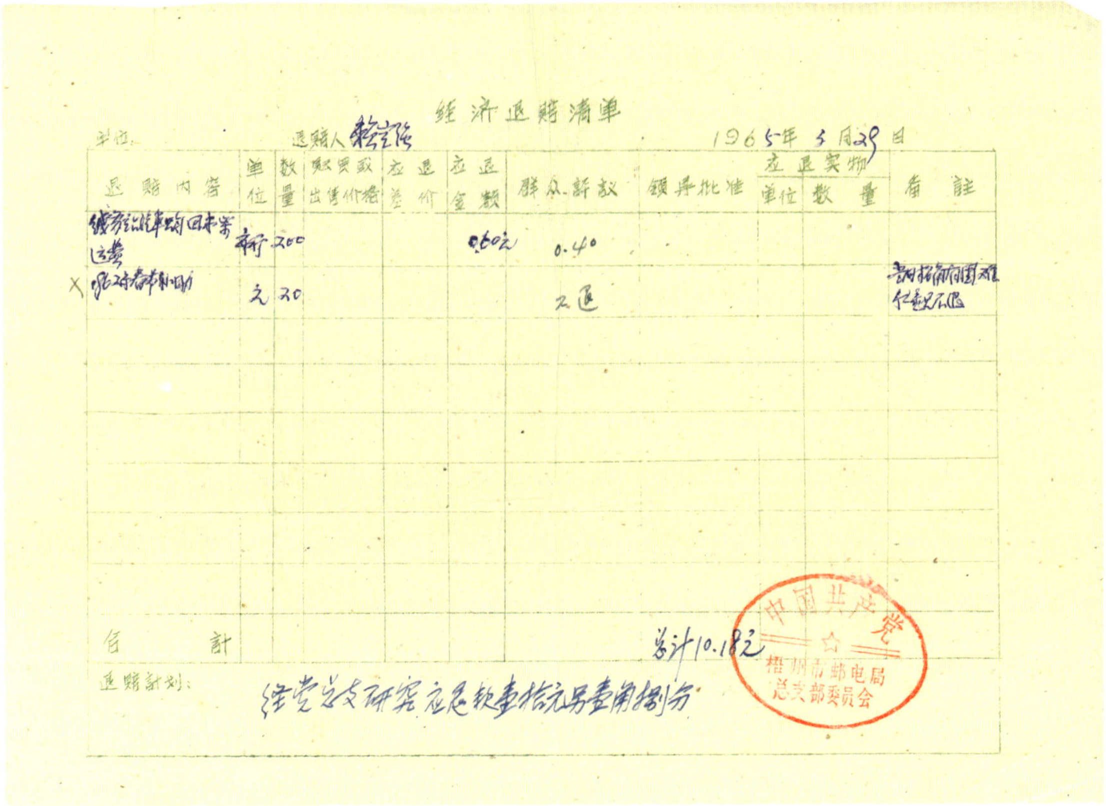

经济退赔清單

单位： 退赔人 赖定强 1965年3月29日

退赔内容	单位	数量	贩卖或出售价格	应退差价	应退金额	群众許款	领导批准	应退实物 单位	应退实物 数量	备註
[illegible]运费	斤	200			0.60元	0.40				
X [illegible]	元	20				不退				[illegible]
合計										

总计10.18元

退赔計划：经党总支研究应退款壹拾元另壹角捌分

中国共产党 梧州市邮电局总支部委员会

0036 一九六五年三月二十九日梧州市邮电局赖定强经济退赔清单（2）

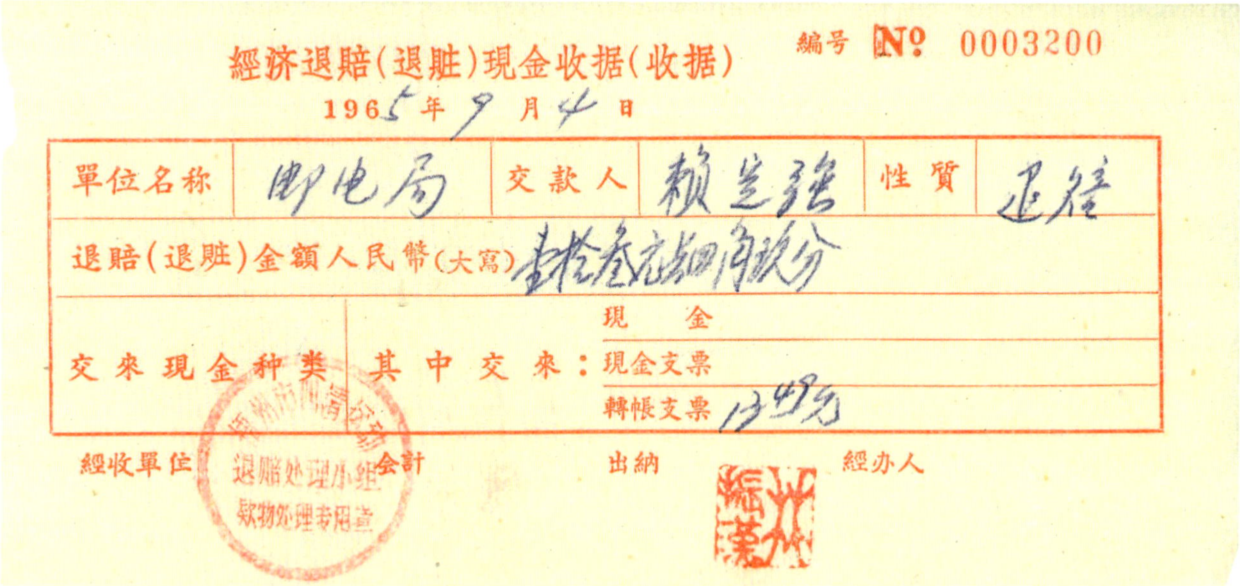

經济退賠（退赃）現金收据（收据） 编号 No 0003200

1965年9月4日

單位名称	邮电局	交款人	赖定强	性質	退赔
退賠（退赃）金額人民幣（大寫）	壹拾叁元肆角玖分				
交來現金种类	其中交來：	現金			
		現金支票			
		轉帳支票	13.49元		

經收單位 会計 出納 經办人

退赔处理小组 款物处理专用章

0037 一九六五年九月四日赖定强经济退赔现金收据

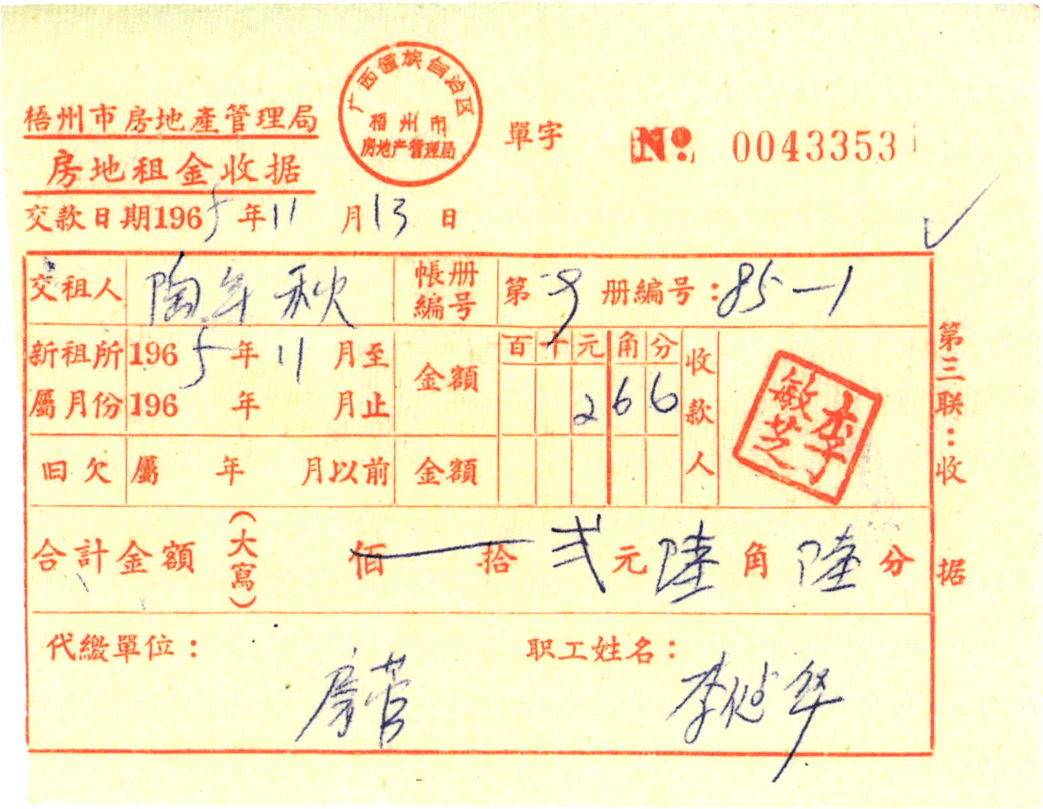
梧州市房地產管理局
房地租金收据
（印：广西僮族自治区 梧州市房地产管理局）
單字 No. 0043353
交款日期1965年11月13日

交租人	陶年秋	帳册編号	第9册編号：85-1		
新租所屬月份	1965年11月至196 年 月止	金額	2.66	收款人	（印：李敏芝）
旧欠	屬 年 月以前	金額			
合計金額（大寫）	佰一拾贰元陸角陸分				
代繳單位：	房管	职工姓名：	李[illegible]		

第三联：收据

0038 一九六五年十一月十三日陶年秋房地租金收据

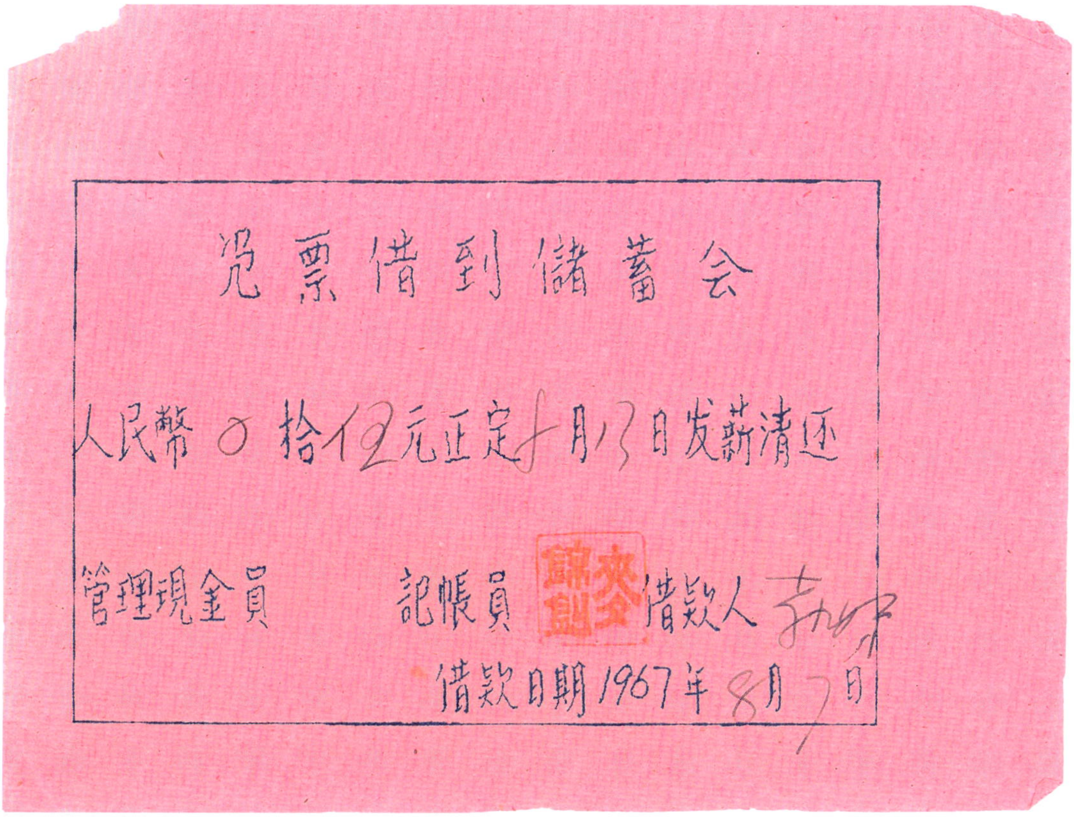
凭票借到储蓄会
人民幣 0 拾伍元正定8月13日发薪清还
管理現金員　　記帳員（印）借款人李九娣
借款日期1967年8月7日

0039 一九六七年八月七日李九娣借款凭票

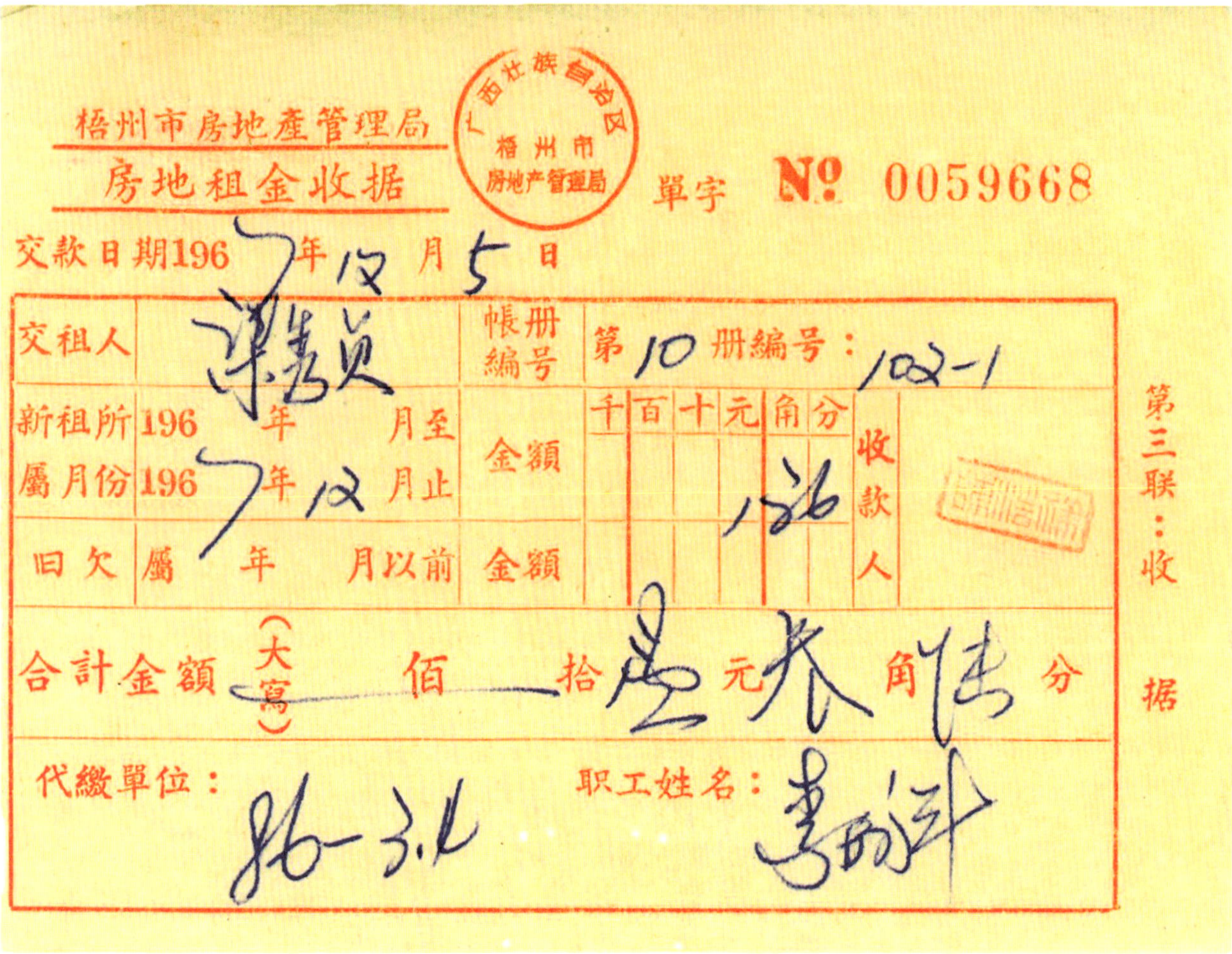

梧州市房地產管理局

房地租金收据

广西壮族自治区 梧州市 房地产管理局

單字 №0059668

交款日期1967年12月5日

交租人	梁秀贞	帳册編号	第10册編号：102-1								
新租所屬月份	196 年 月至 1967年12月止	金額	千	百	十	元	角	分	收款人		
						1	3	6			
旧欠	屬 年 月以前	金額									
合計金額（大寫）	— 佰 — 拾 壹 元 叁 角 陆 分										
代繳單位：86-3.1	职工姓名：										

第三联：收据

0040 一九六七年十二月五日梁秀贞房地租金收据

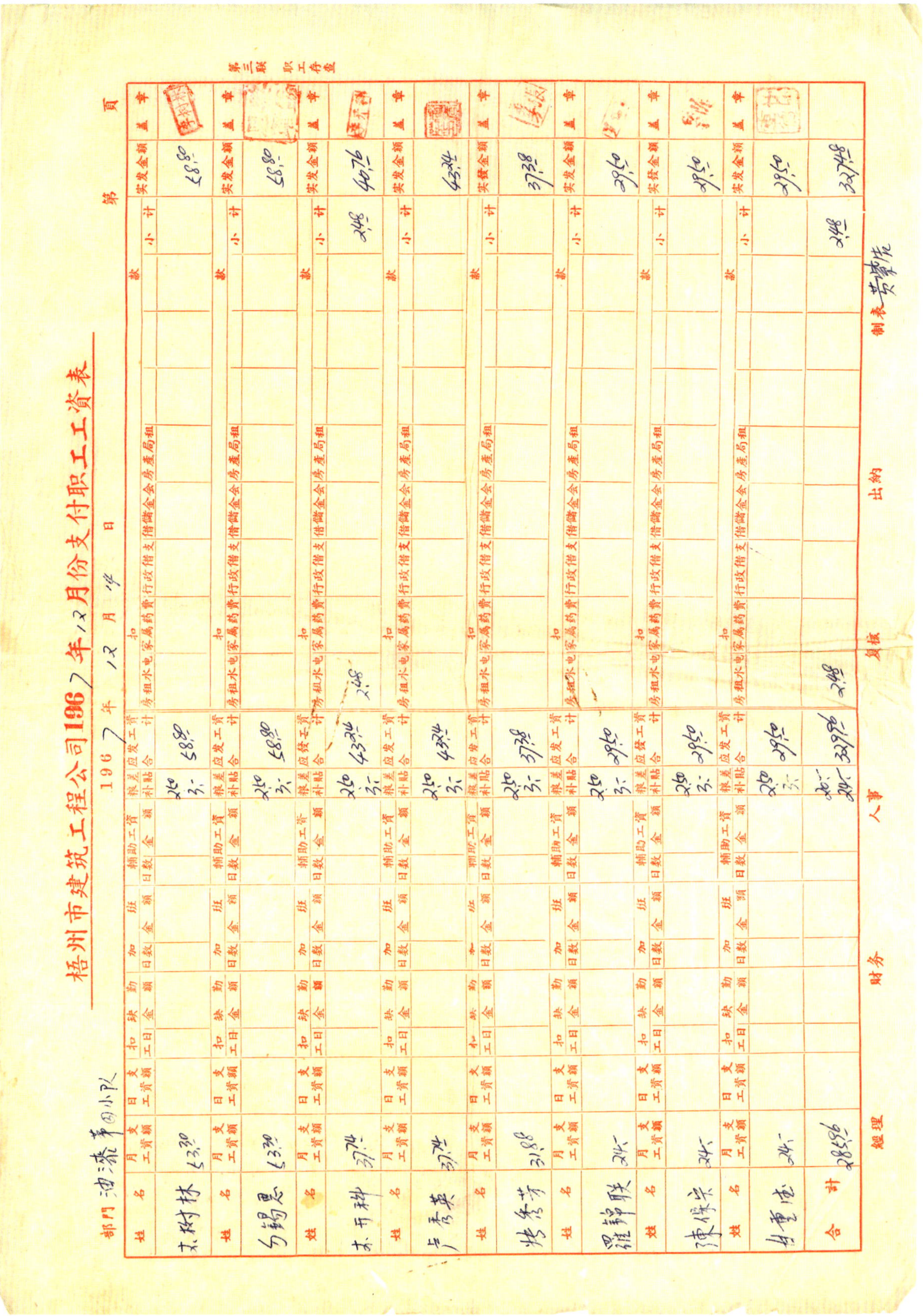

梧州市建筑工程公司1967年12月份支付职工工资表

1967年12月14日

部門 油漆第四小队

第 页

第三联 职工存查

姓名	月支工资额	日支工资额	扣缺勤 工日	扣缺勤 金额	加班 日数	加班 金额	辅助工资 日数	辅助工资 金额	粮差补贴	应发工资合计	扣款 房租水电	家属药费	行政借支	借储金会	房产局租	小计	实发金额	盖章
王树林	53.30								2.50 3.—	58.80							58.80	
何锡恩	53.30								2.50 3.—	58.80							58.80	
李丹科	37.74								2.50 3.—	43.24	2.48					2.48	40.76	
卢秀英	37.74								2.50 3.—	43.24							43.24	
林秀芳	31.88								2.50 3.—	37.38							37.38	
罗锦联	24.—								2.50 3.—	29.50							29.50	
陈伟宗	24.—								2.50 3.—	29.50							29.50	
何惠德	24.—								2.50 3.—	29.50							29.50	
合计	285.96								20.— 24.—	329.96	2.48					2.48	327.48	

經理　财务　人事　复核　出纳　制表 黄□□

0041 一九六七年十二月十四日梧州市建筑工程公司支付职工工资表（一）

0042 一九六七年十二月十四日梧州市建筑工程公司支付职工工资表（2）

梧州市建筑工程公司1967年12月份支付職工工資表

部門 油漆第9小队　　1967 年 12 月 14 日　　第　　頁

第三联 职工存查

姓名	月支工資額	日支工資額	扣缺勤 工日	扣缺勤 金額	加班 日數	加班 金額	輔助工資 日數	輔助工資 金額	粮差补貼	应发工資合计	扣款 房租水电	家屬葯費	行政借支	借儲金会	房產局租				小计	实发金額	盖章
莫振吴	24.-								2.50 3.-	29.50										29.50	[印]
朱秀英	24.-								2.50 3.-	29.50										29.50	[印]
黄木娇	24.-								2.50 3.-	29.50										29.50	[印]
合計	72.-								7.50 9.-	88.50										88.50	

經理　　财务　　人事　　复核　　出納　　制表 黄家虎

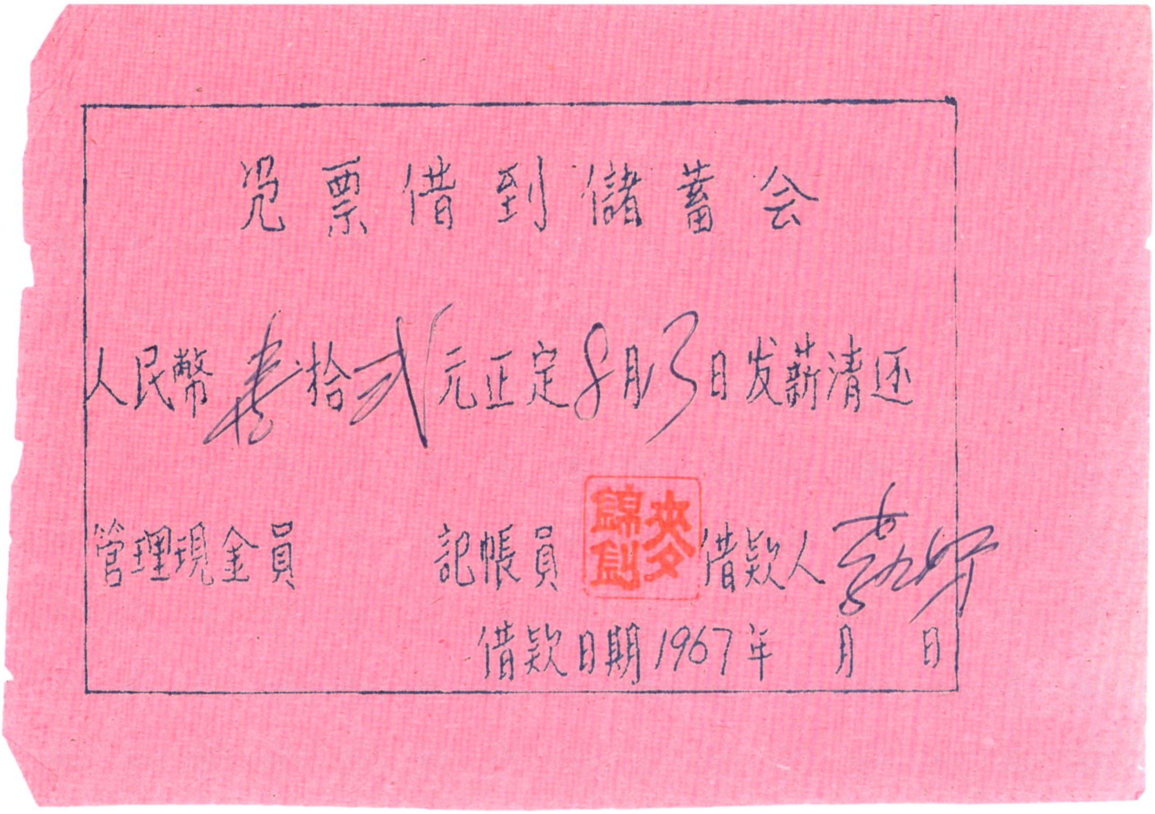
凭票借到储蓄会

人民幣　　元正定8月13日发薪清还

管理現金員　　記帳員　　借款人

借款日期1967年　月　日

0043 一九六七年梧州市李九娣借款凭票

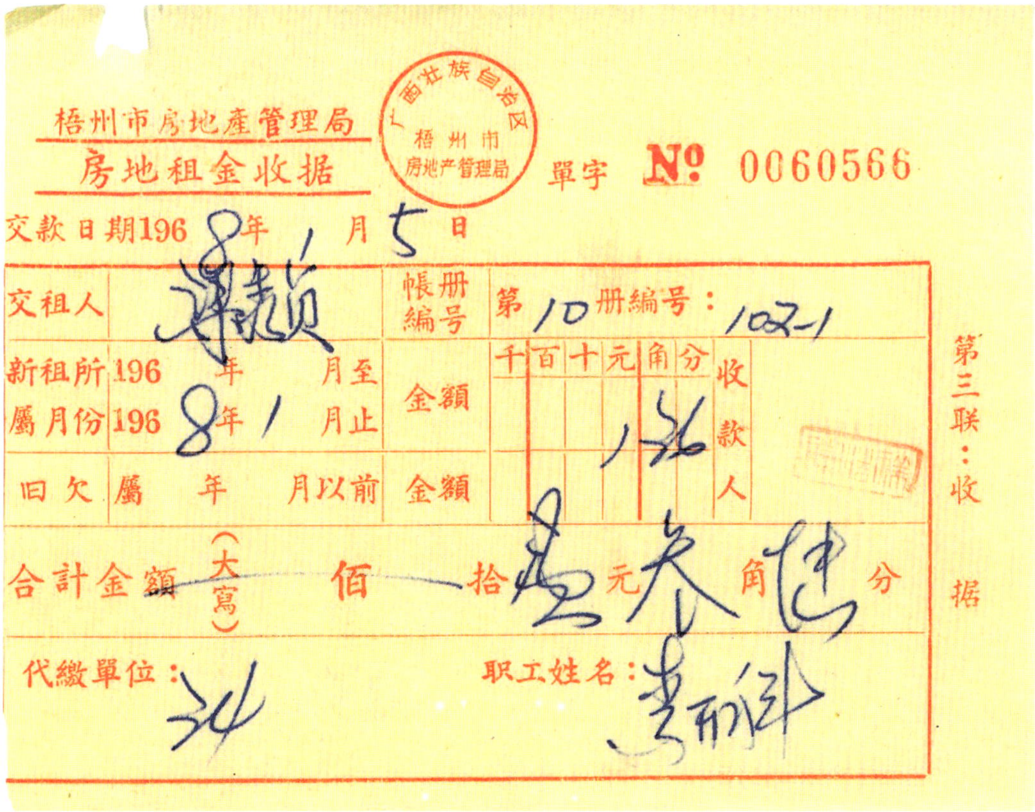
梧州市房地產管理局

房地租金收据

广西壮族自治区 梧州市 房地产管理局

單字 № 0060566

交款日期1968年1月5日

交租人		帳册編号	第10册編号：102-1
新租所屬月份	196 年 月至 1968年1月止	金額	千 百 十 元 角 分
旧欠屬	年 月以前	金額	
合計金額（大寫）	佰 拾 元 角 分		
代繳單位：		职工姓名：	

收款人

第三联：收据

0044 一九六八年一月五日梁秀貞房地租金收据

0045 一九六八年二月十四日梧州市建筑工程公司支付职工工资表

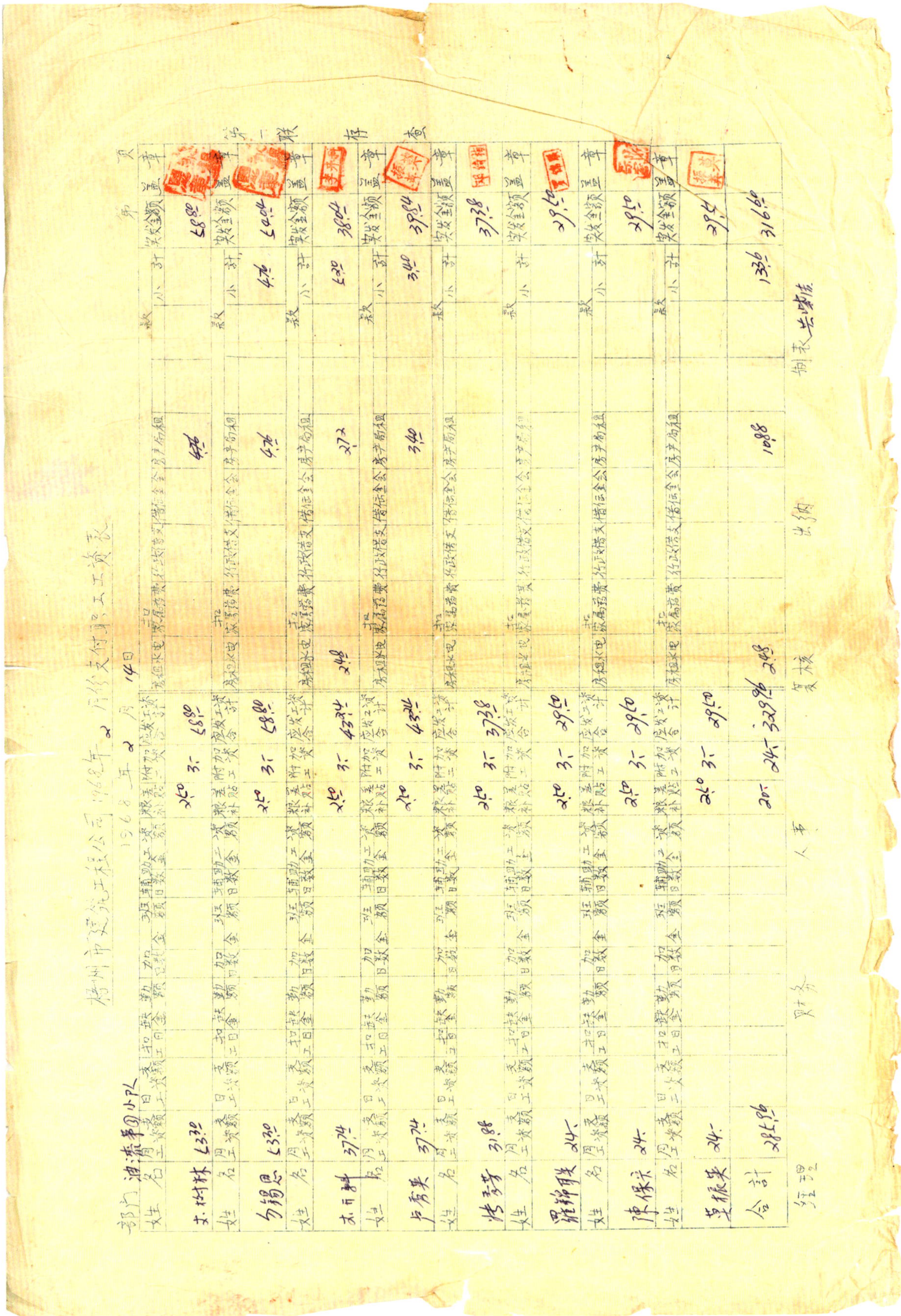

梧州市建筑工程公司1968年2月份支付职工工资表

部门 油漆第四小队　　1968年2月14日　　第　页

姓名	月支工资额	日支工资额	扣款工日	扣款金额	勤加额	加班日数	加班金额	辅助工资日数	辅助工资金额	粮差补贴	附加工资	应发工资合计	扣款：房租水电	家属药费	行政借支	借征金会	房产局租	小计	实发金额	盖章
木树林	63.30									2.50	3.-	68.80					4.76		58.80	
易锡恩	63.30									2.50	3.-	68.80					4.76	4.76	64.04	
木开料	37.74									2.50	3.-	43.24	2.48				2.72	5.20	38.04	
卢秀英	37.74									2.50	3.-	43.24					3.40	3.40	39.84	
杨秀芳	31.88									2.50	3.-	37.38							37.38	
罗锦联	24.-									2.50	3.-	29.50							29.50	
陈保宗	24.-									2.50	3.-	29.50							29.50	
莫振英	24.-									2.50	3.-	29.50							29.50	
合计	285.96									20.-	24.-	329.96	2.48				10.88	13.36	316.60	

第一联 存查

经理　　财务　　人事　　复核　　出纳　　制表 [illegible]

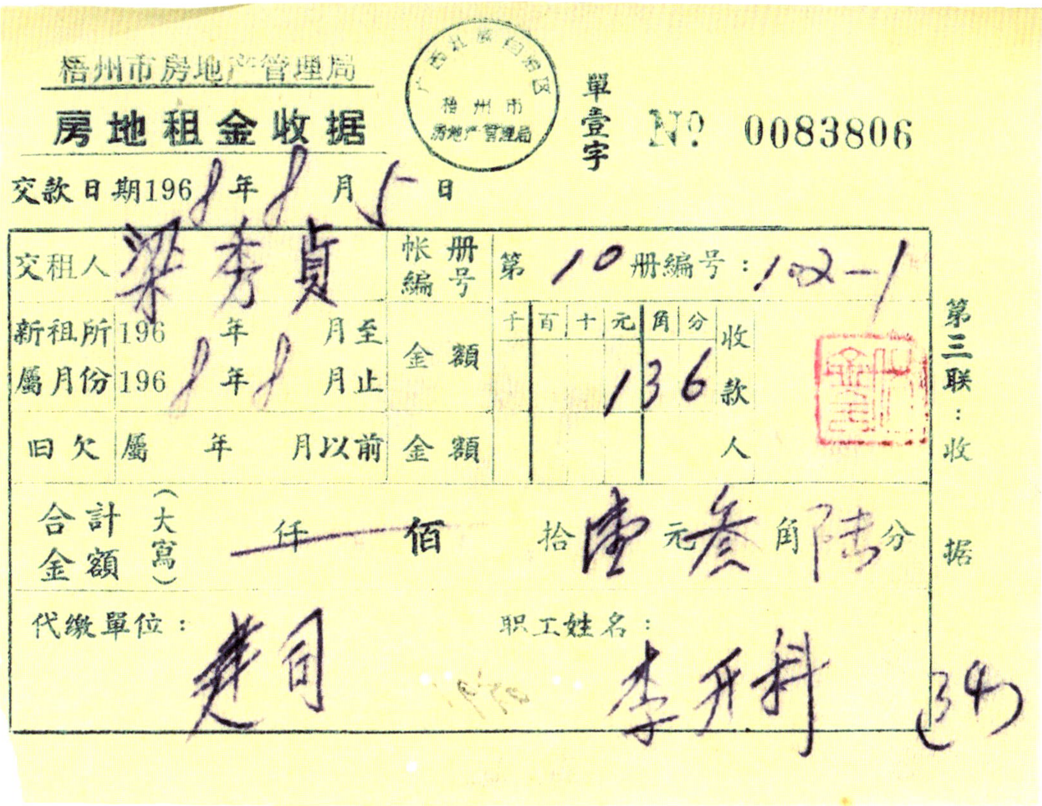
梧州市房地产管理局
房地租金收据
广西壮族自治区 梧州市 房地产管理局
單壹字 No 0083806
交款日期1968年8月5日
交租人 梁秀貞
帐册编号 第10册编号：102-1
新租所属月份 196 年 月至 1968年8月止
金額 千 百 十 元 角 分 136
旧欠属 年 月以前 金額
收款人
合計金額（大寫） 仟 佰 拾 壹元 叁角 陆分
代缴單位：建司
职工姓名：李开科
34
第三联：收据

0046 一九六八年八月五日梁秀贞房地租金收据

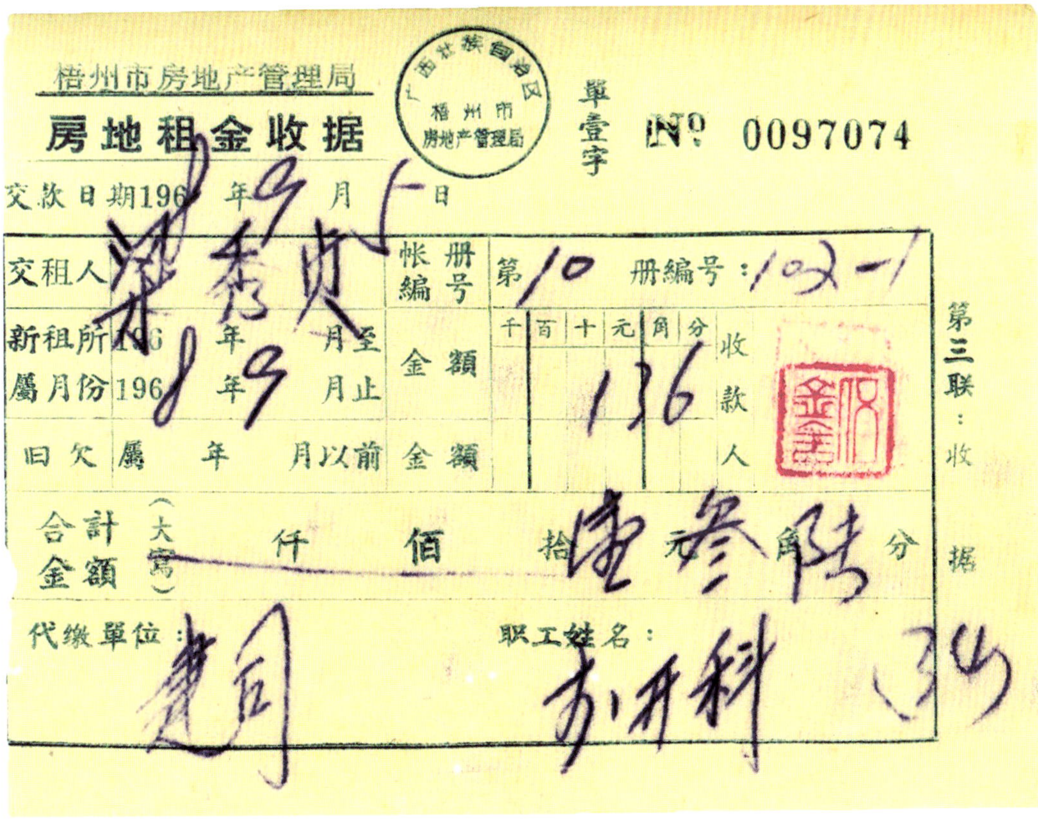
梧州市房地产管理局
房地租金收据
广西壮族自治区 梧州市 房地产管理局
單壹字 No 0097074
交款日期1968年9月5日
交租人 梁秀贞
帐册编号 第10册编号：102-1
新租所属月份 196 年 月至 1968年9月止
金額 千 百 十 元 角 分 136
旧欠属 年 月以前 金額
收款人
合計金額（大寫） 仟 佰 拾 壹元 叁角 陆分
代缴單位：建司
职工姓名：李开科
34
第三联：收据

0047 一九六八年九月五日梁秀贞房地租金收据

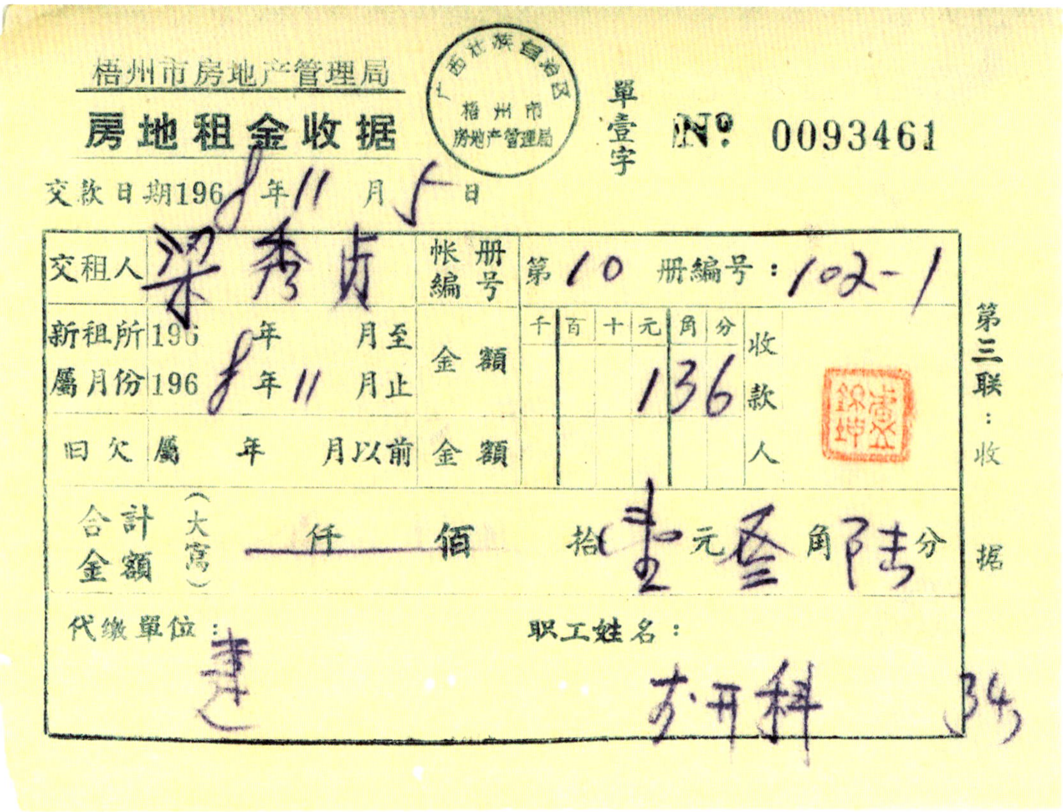

梧州市房地产管理局

广西壮族自治区 梧州市 房地产管理局

房地租金收据

單壹字 №　0093461

交款日期196 8 年 11 月 5 日

交租人	梁秀贞	帐册编号	第 10 册编号：102-1
新租所屬月份	196 8 年　月至 196 8 年 11 月止	金額	千 百 十 元 角 分 1 3 6
旧欠	屬　年　月以前	金額	

收款人

合計金額（大寫）　—仟—佰　拾　壹元叁角陆分

代缴單位：建

职工姓名：李开科（34）

第三联：收据

0048 一九六八年十一月五日梁秀贞房地租金收据

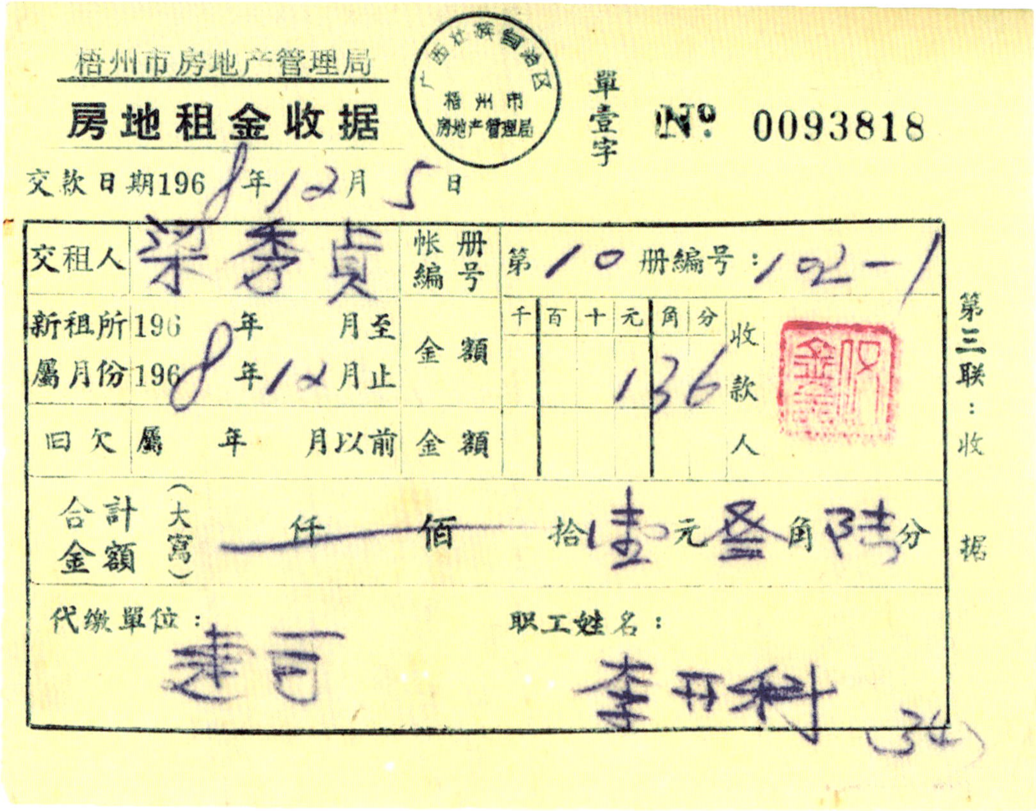

梧州市房地产管理局

广西壮族自治区 梧州市 房地产管理局

房地租金收据

單壹字 №　0093818

交款日期196 8 年 12 月 5 日

交租人	梁秀贞	帐册编号	第 10 册编号：102-1
新租所屬月份	196 8 年　月至 196 8 年 12 月止	金額	千 百 十 元 角 分 1 3 6
旧欠	屬　年　月以前	金額	

收款人

合計金額（大寫）　—仟—佰　拾　壹元叁角陆分

代缴單位：建司

职工姓名：李开科（34）

第三联：收据

0049 一九六八年十二月五日梁秀贞房地租金收据

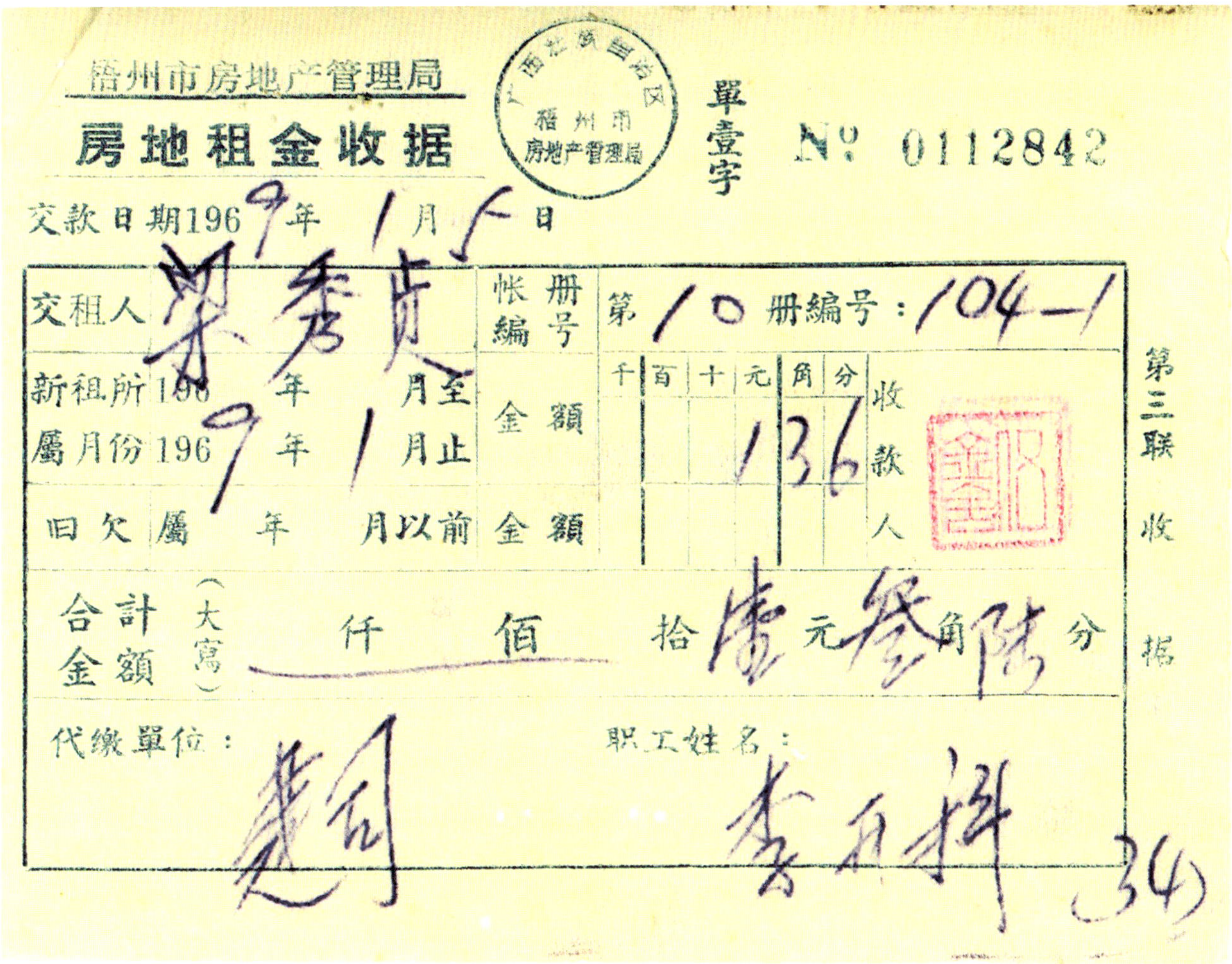

梧州市房地产管理局

房地租金收据

單壹字 №0112842

交款日期1969年1月5日

交租人	梁秀贞	帐册编号	第10册编号：104-1
新租所属月份	196 年 月至 1969年1月止	金額	1.36
旧欠属	年 月以前	金額	
合計金額（大寫）	仟 佰 拾 壹元叁角陆分		
代繳單位：		職工姓名：	

第三联 收据

（34）

0050 一九六九年一月五日梁秀贞房地租金收据

0051 一九六九年一月十四日梧州市建筑工程公司革命委员会支付职工工资表（1）

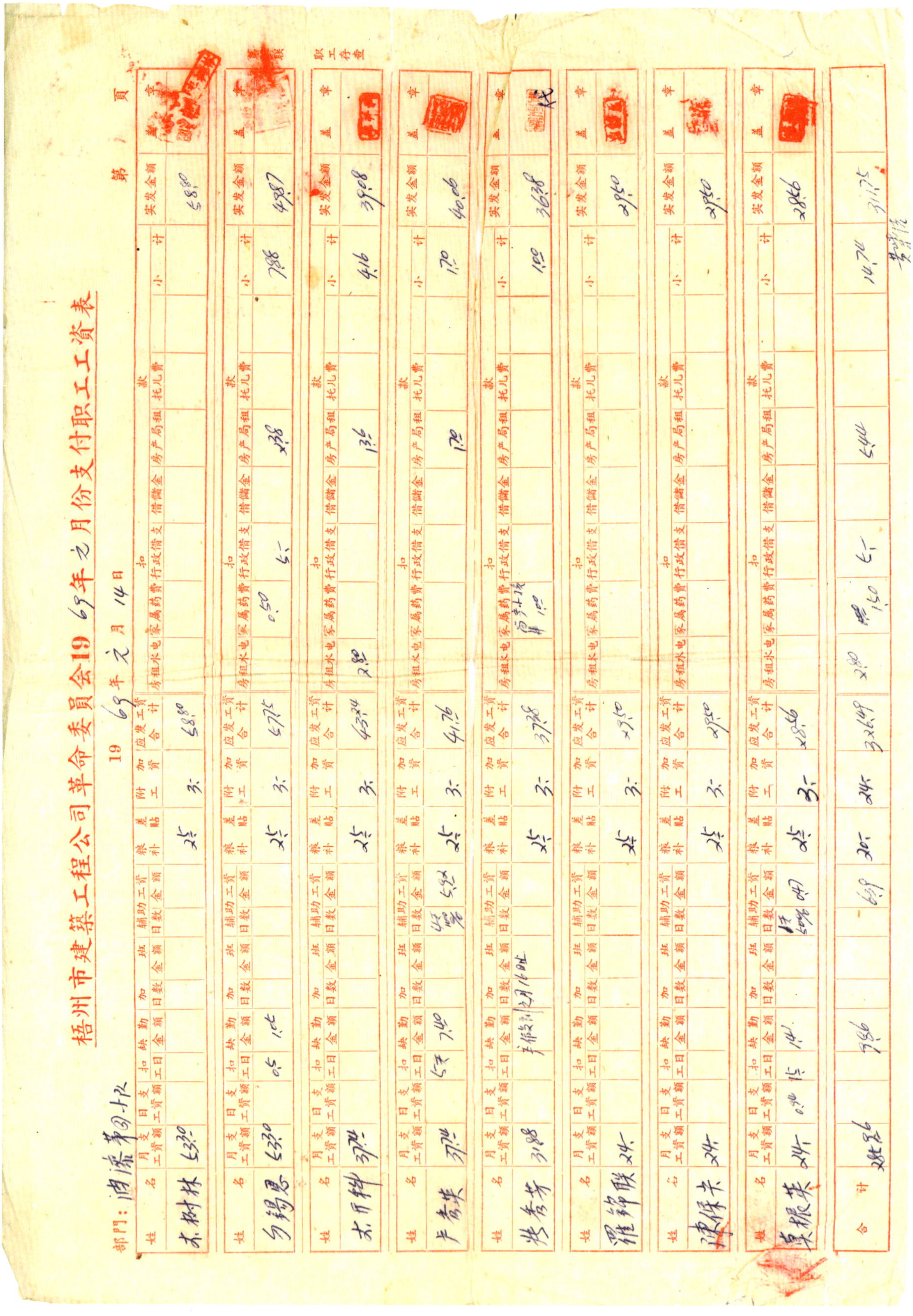

梧州市建築工程公司革命委員会1969年元月份支付職工工資表

部門：油漆第3小队　　1969年元月14日　　第　頁

姓名	月支工資額	日支工資額	扣缺勤工日	扣缺勤金額	加班日數	加班金額	辅助工資日數	辅助工資金額	粮差补貼	附加工資	应发工資合计	扣款：房租水电	家屬藥費	行政借支	借儲金	房产局租	托儿費		小计	实发金額	盖章
木樹林	63.30								2.5	3.	68.80									68.80	
乡錫恩	63.30		0.5	1.05					2.5	3.	67.75		0.50	5.		2.38			7.88	59.87	
木开钟	37.74								2.5	3.	43.24	2.80				1.36			4.16	39.08	
卢秀英	37.74		5天	7.40			4天	5.52	2.5	3.	41.76					1.70			1.70	40.06	
林秀芳	31.88		手術假到元月16止						2.5	3.	37.38		药费十张 1.00						1.00	36.38	代
羅錦联	24.								2.5	3.	29.50									29.50	
陳保余	24.								2.5	3.	29.50									29.50	
莫根英	24.	0.80	1天	1.41			1天 60%	0.47	2.5	3.	28.56									28.56	
合计	285.26			9.86				6.19	20.	24.	326.49	2.80	1.50	5.		5.44			14.74	311.75	

黄[illegible]

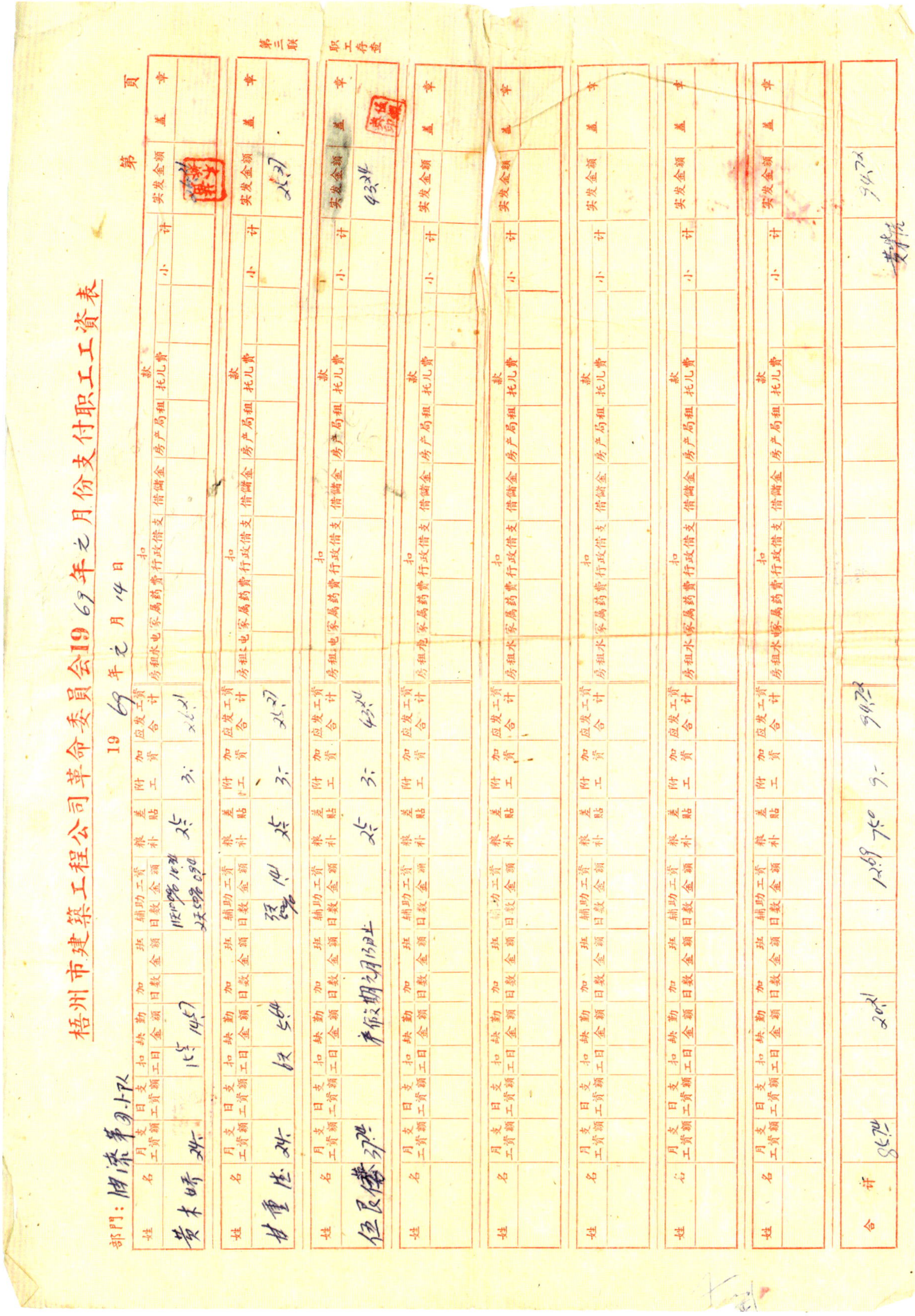

梧州市建筑工程公司革命委员会1969年2月份支付职工工资表

1969年2月14日

第　　頁

部門：[illegible]

姓名	月支工资额	日支工资额	扣缺勤 工日	扣缺勤 金额	加班 日数	加班 金额	辅助工资 日数	辅助工资 金额	粮补	差贴	附工	加资	应发工资合计	扣款 房租水电	扣款 家属药费	扣款 行政借支	扣款 借储金	扣款 房产局租	扣款 托儿费	小计	实发金额	盖章
黄木晓	34.-		1½	1.47			[illegible]	[illegible]	2.5		3.-		[illegible]								[illegible]	
甘重庆	34.-		5	5.64			[illegible]	[illegible]	2.5		3.-		35.37								35.37	
任[illegible]	37.50		病假[illegible]						2.5		3.-		43.20								43.20	
合计	105.50			20.21				12.69	7.50		9.-		94.72								94.72	

0052 一九六九年一月十四日梧州市建筑工程公司革命委员会支付职工工资表（2）

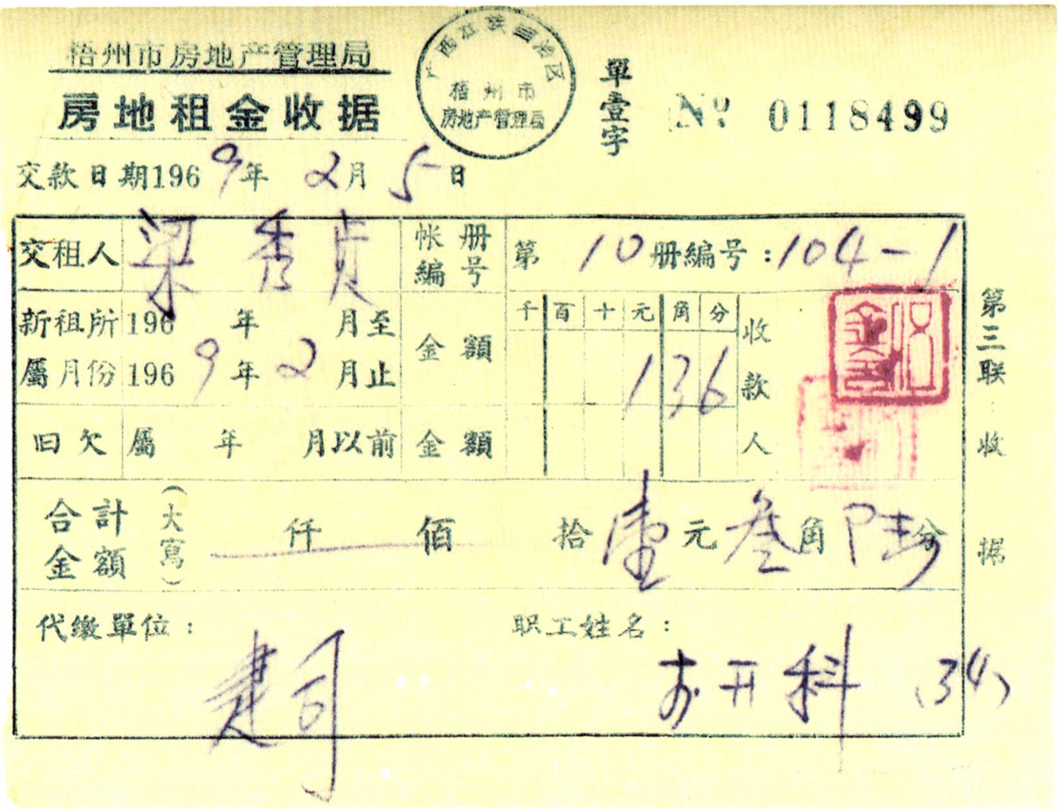

梧州市房地产管理局
房地租金收据
广西壮族自治区 梧州市 房地产管理局
單壹字 №0118499
交款日期196 9 年 2 月 5 日

交租人	梁秀贞	帐册编号	第 10 册編号：104-1
新租所屬月份	196 年 月至 196 9 年 2 月止	金額	1 36
旧欠	屬 年 月以前	金額	
合計金額（大寫）	仟 佰 拾 壹 元 叁 角 陆 分		收款人
代繳單位：建司		职工姓名：李开科（34）	

第三联：收据

0053 一九六九年二月五日梁秀贞房地租金收据

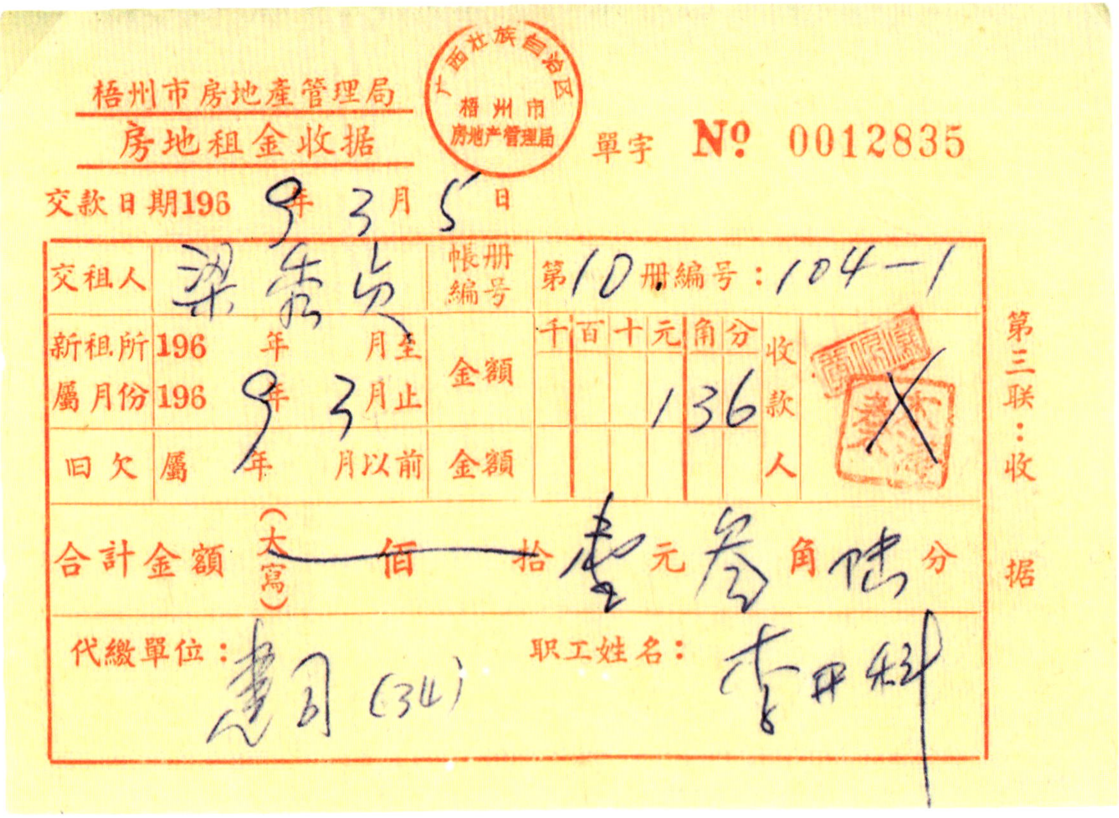

梧州市房地產管理局
房地租金收据
广西壮族自治区 梧州市 房地产管理局
單字 №0012835
交款日期196 9 年 3 月 5 日

交租人	梁秀贞	帳册編号	第 10 册編号：104-1
新租所屬月份	196 年 月至 196 9 年 3 月止	金額	1 36
旧欠	屬 年 月以前	金額	
合計金額（大寫）	佰 拾 壹 元 叁 角 陆 分		收款人
代繳單位：建司（34）		职工姓名：李开科	

第三联：收据

0054 一九六九年三月五日梁秀贞房地租金收据

梧州市建築工程公司革命委員会19 69年 4月份支付职工工資表

部門：油漆第四小队　　19 69年 4月 14日　　第　頁

姓名	月支工資額	日支工資額	扣缺勤工日	扣缺勤金額	加班日数	加班金額	辅助工資日数	辅助工資金額	粮差补贴	附加工資	应发工資合计	扣款：房租水电	家属药費	行政借支	借储金	房产局租	托儿費		小计	实发金額	盖章
木树林	63.30								2.5		55.80									55.80	[stamp]
分锡恩	63.30	2.09	7天	14.63			7天	14.62	2.5		55.80			[crossed out]		2.38			2.38	53.42	[stamp]
木开种	37.74		0.5	0.76					2.5		39.50	2.32				1.36			3.68	35.82	[stamp]
卢香英	37.74		1天	4.44			[illegible]	4.44	2.5		40.24					1.70			1.70	38.54	[stamp]
梁香芳	31.88								2.5		34.38									34.38	[stamp]
罗锦联	24.—								2.5		26.50									26.50	[stamp]
陈保宗	24.—		2天	1.88			[illegible]	0.54	2.5		25.56									25.56	[stamp]
莫振英	24.—		1日	0.94			[illegible]	0.47	2.5		26.03									26.03	[stamp]
合计	284.86			22.83				20.48	20.—		303.81	2.32		[crossed out]		5.44			7.76	296.05	

第三联　职工存查

0055 一九六九年四月十四日梧州市建筑工程公司革命委员会支付职工工资表（1）

0056 一九六九年四月十四日梧州市建筑工程公司革命委员会支付职工工资表（2）

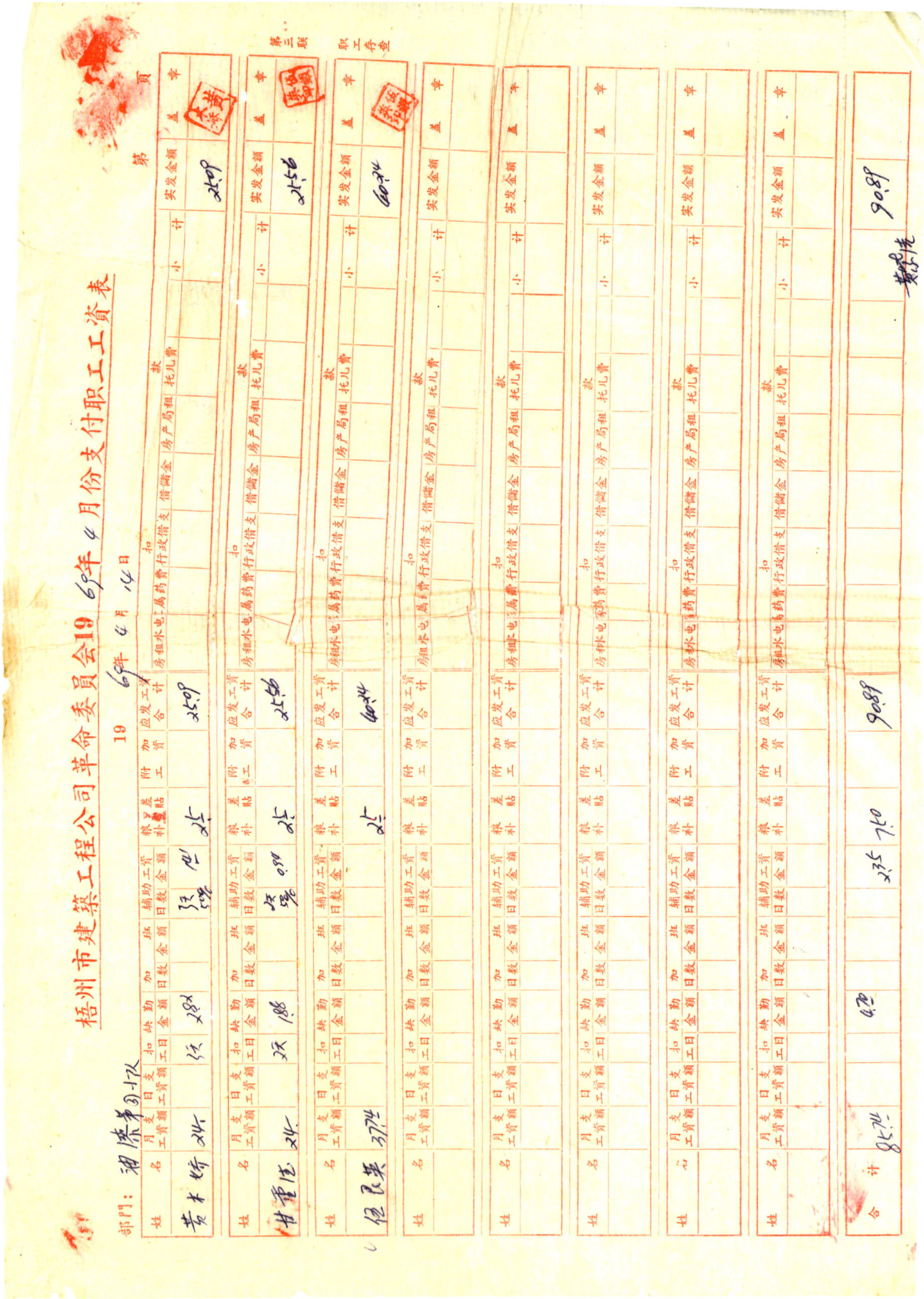

梧州市建築工程公司革命委員会1969年4月份支付職工工資表

部門：油漆第3小队　　1969年4月14日　　第　页

姓名	月支工資額	日支工資額	扣缺勤工日	扣缺勤金額	加班日數	加班金額	辅助工資日數	辅助工資金額	粮補	差貼	附工	加資	应发工資合計	扣款：房租水电	医藥費	行政借支	借储金	房产局租	托儿費		小計	实发金額	盖章
黄木娇	24.		1天	2.82			3天 5.5	1.41	2.5				25.09									25.09	（印：黄木娇）
甘重佳	24.		2天	1.88			2天 5.6	0.94	2.5				25.56									25.56	（印：[illegible]）
伍良英	37.74								2.5				40.24									40.24	（印：[illegible]）
合計	85.74			4.70				2.35	7.50				90.89									90.89	

第三联　职工存查

[illegible]

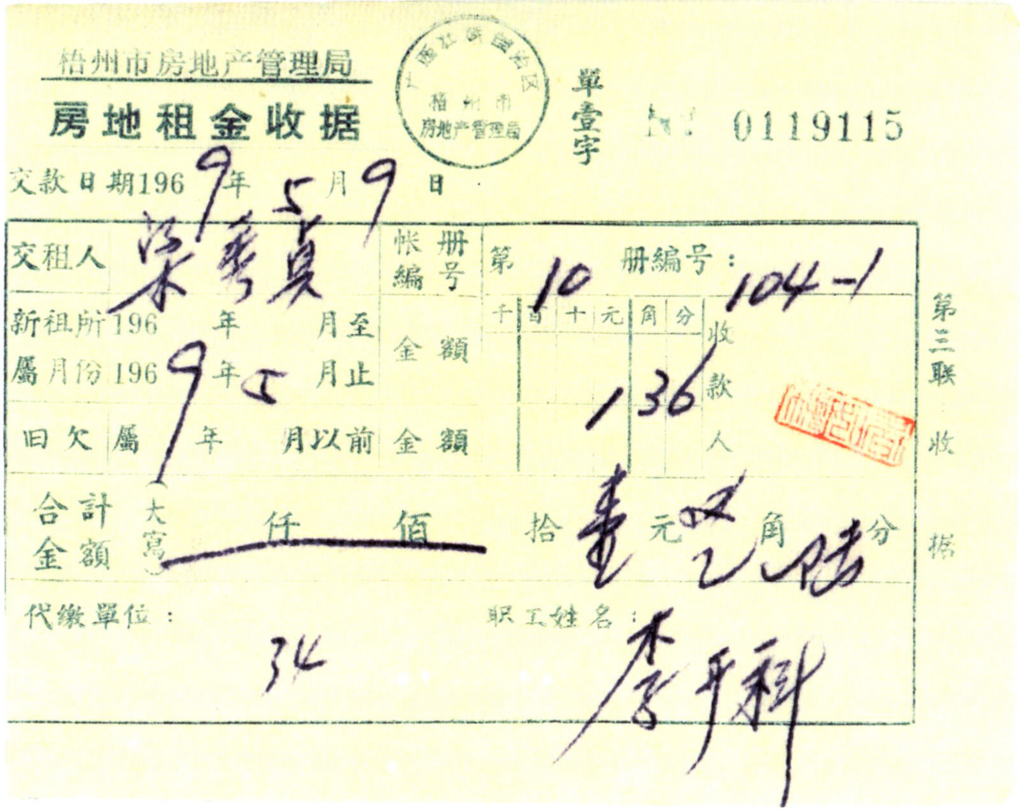
梧州市房地产管理局
房地租金收据
广西壮族自治区 梧州市 房地产管理局
單壹字 № 0119115
交款日期1969年5月9日
交租人 梁秀贞
帐册编号 第10册編号：104-1
新租所属月份 196 年 月至 1969年5月止 金额 136
旧欠属 年 月以前 金额
收款人
合計金額（大寫） 仟 佰 拾 壹元叁角陆分
代繳單位：
职工姓名：李平科
第三联：收据

0057 一九六九年五月九日梁秀贞房地租金收据

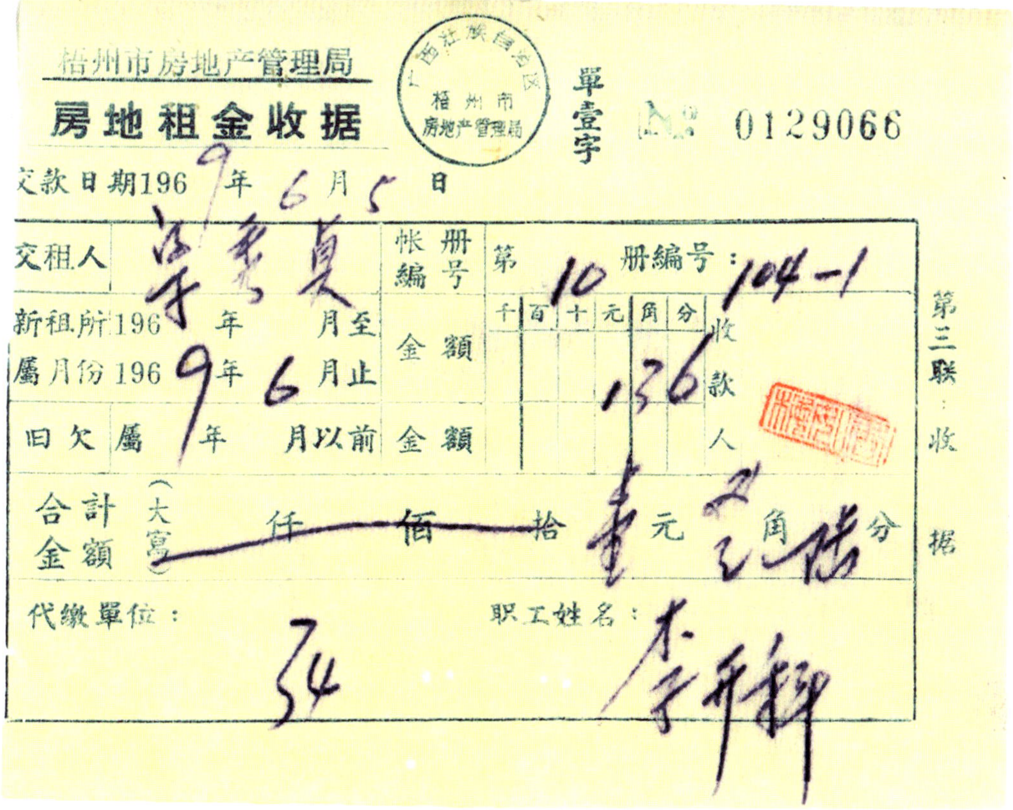
梧州市房地产管理局
房地租金收据
广西壮族自治区 梧州市 房地产管理局
單壹字 № 0129066
交款日期1969年6月5日
交租人 梁秀贞
帐册编号 第10册編号：104-1
新租所属月份 196 年 月至 1969年6月止 金额 136
旧欠属 年 月以前 金额
收款人
合計金額（大寫） 仟 佰 拾 壹元叁角陆分
代繳單位：
职工姓名：李平科
第三联：收据

0058 一九六九年六月五日梁秀贞房地租金收据

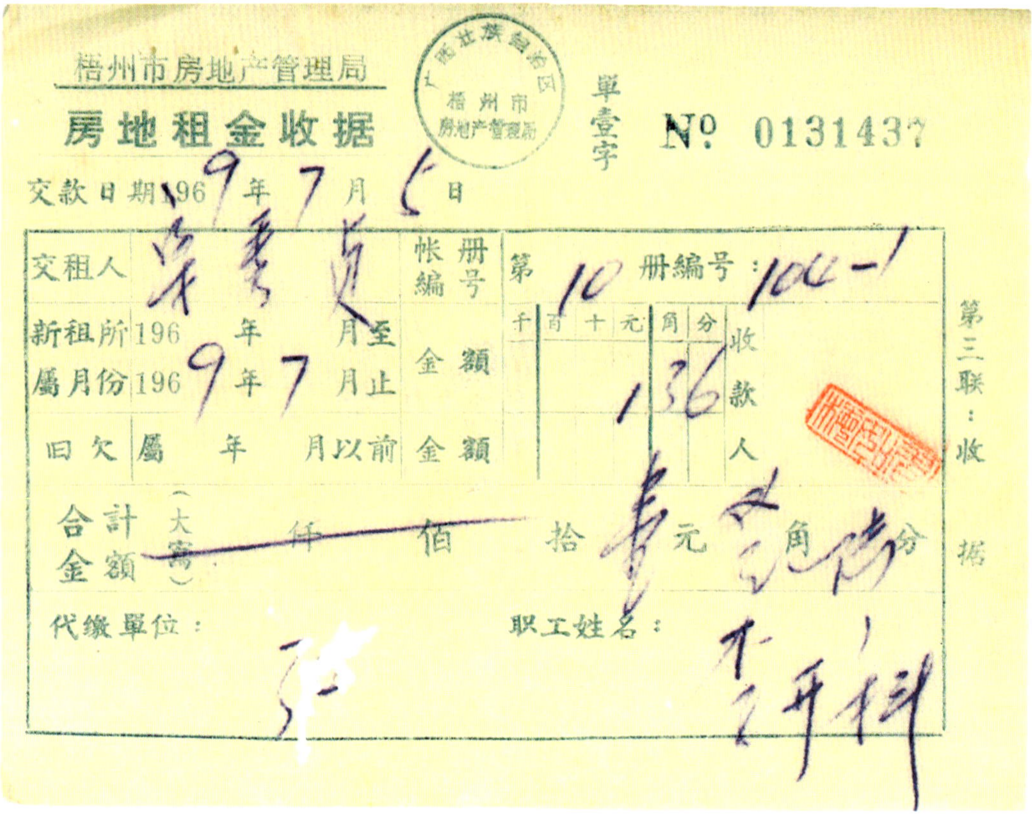

0059 一九六九年七月五日梁秀贞房地租金收据

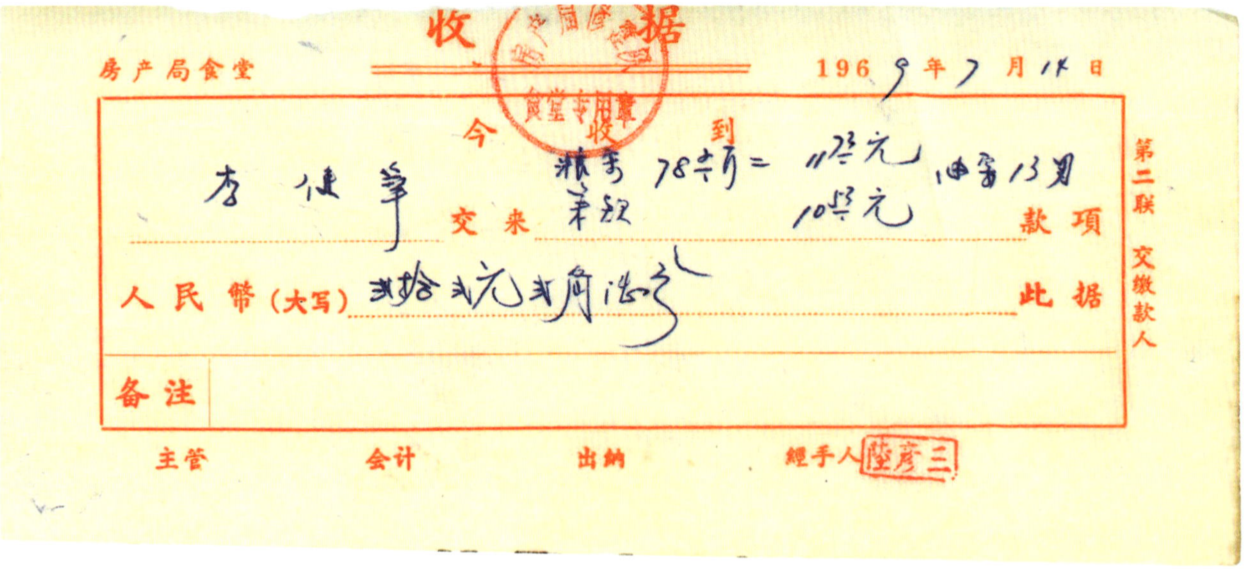

0060 一九六九年七月十四日李健华交房产局食堂伙食费收据

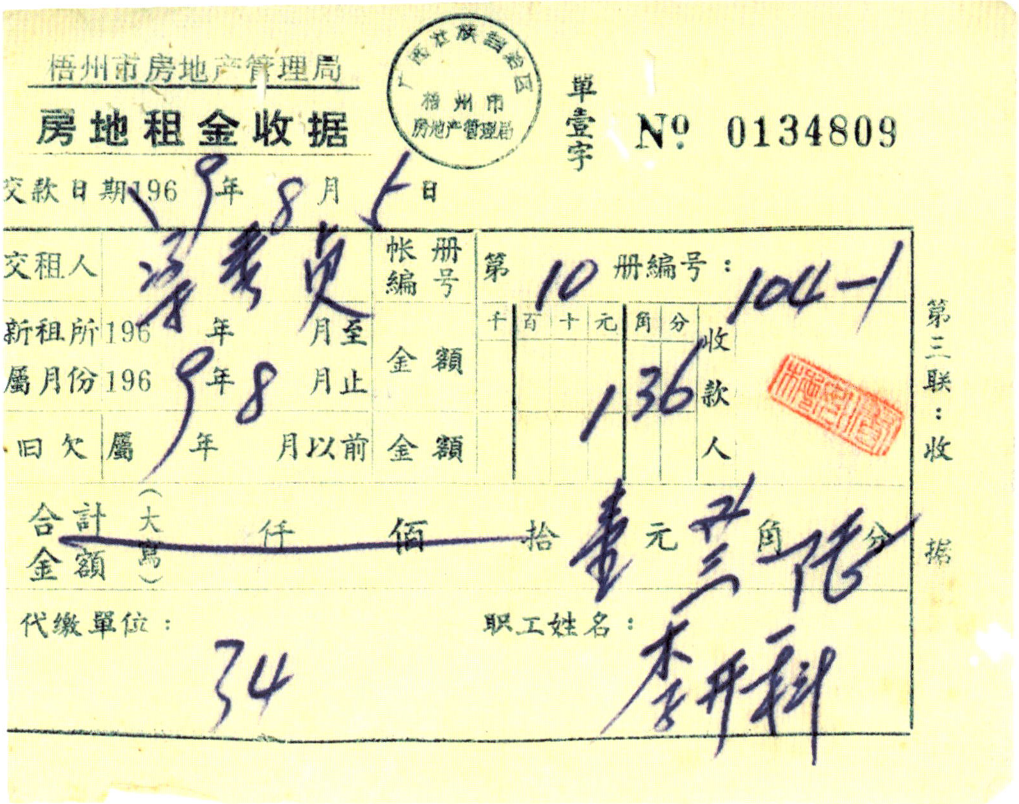
梧州市房地产管理局
房地租金收据
广西壮族自治区 梧州市 房地产管理局
單壹字 №0134809
交款日期1969年8月5日
交租人 梁秀贞 帐册编号 第10册编号：104-1
新租所屬月份 196 年 月至 1969年8月止 金額 1.36
旧欠屬 年 月以前 金額
收款人
合計金額（大寫） 仟 佰 拾 壹元叁角陆分
代缴單位：34 职工姓名：李开科
第三联：收据

0061 一九六九年八月五日梁秀贞房地租金收据

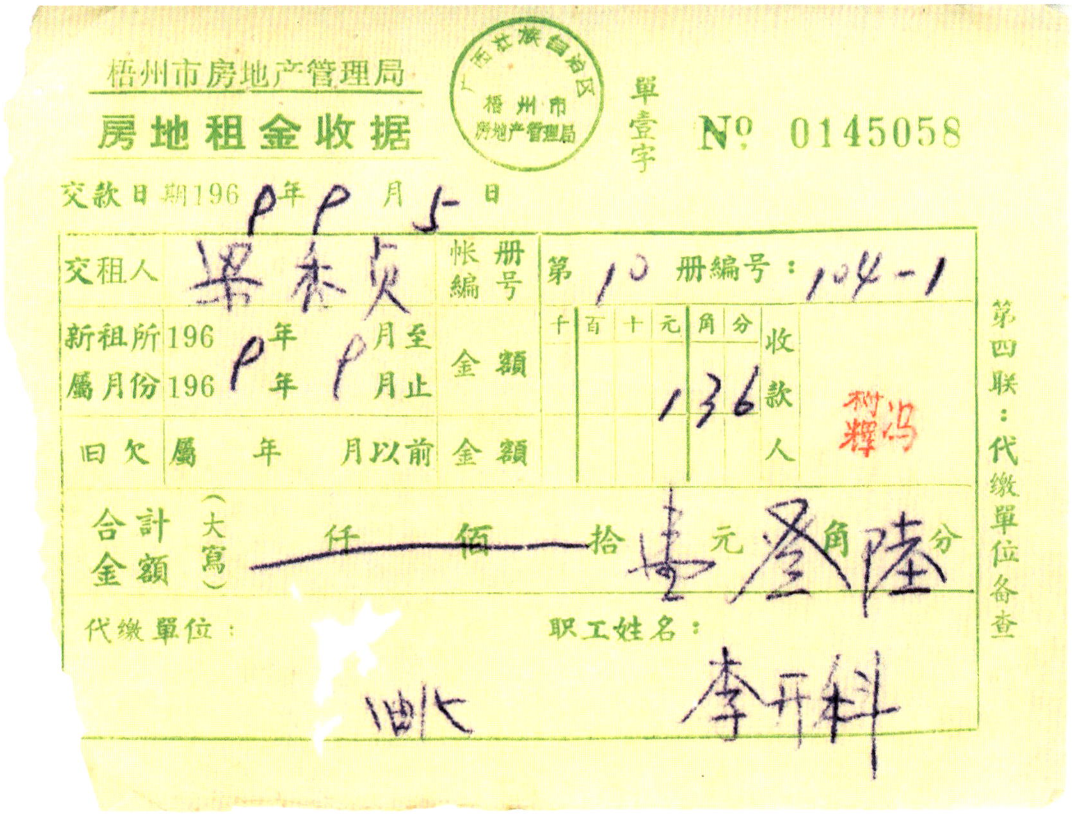
梧州市房地产管理局
房地租金收据
广西壮族自治区 梧州市 房地产管理局
單壹字 №0145058
交款日期1969年9月5日
交租人 梁秀贞 帐册编号 第10册编号：104-1
新租所屬月份 1969年9月至 1969年9月止 金額 1.36
旧欠屬 年 月以前 金額
收款人 冯树辉
合計金額（大寫） 仟 佰 拾 壹元叁角陆分
代缴單位：34 职工姓名：李开科
第四联：代缴單位备查

0062 一九六九年九月五日梁秀贞房地租金收据

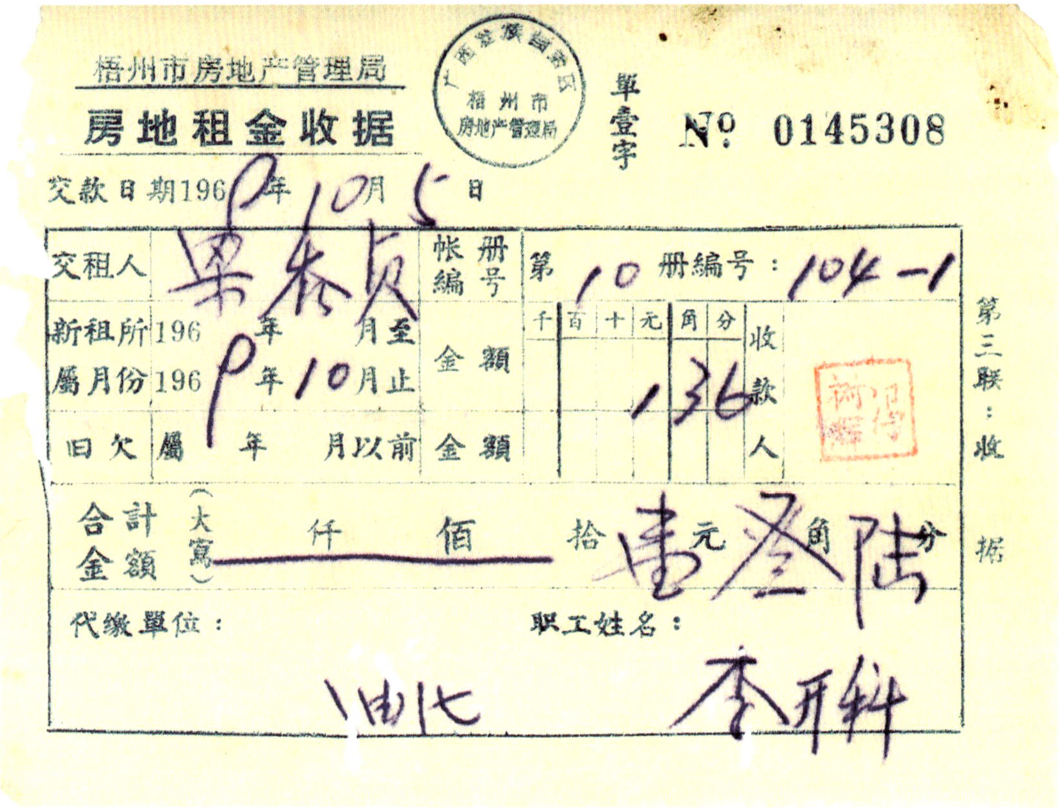

梧州市房地产管理局

房地租金收据

广西壮族自治区 梧州市房地产管理局

單壹字 №0145308

交款日期1969年10月5日

交租人	梁秀贞	帐册编号	第10册编号：104-1
新租所屬月份	196 年 月至 1969年10月止	金額	1.36
旧欠	屬 年 月以前	金額	

收款人 冯树辉

合計金額（大寫）仟 佰 拾 壹元叁角陆分

代缴單位：油化

职工姓名：李开科

第三联：收据

0063 一九六九年十月五日梁秀贞房地租金收据

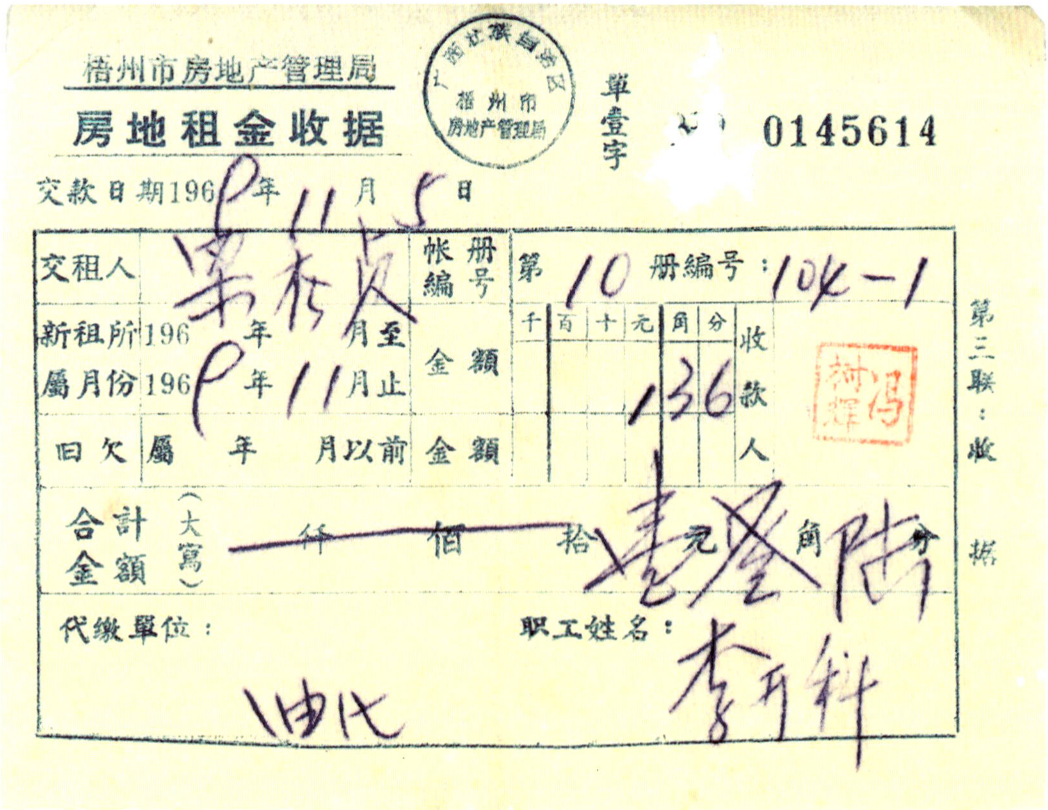

梧州市房地产管理局

房地租金收据

广西壮族自治区 梧州市房地产管理局

單壹字 № 0145614

交款日期1969年11月5日

交租人	梁秀贞	帐册编号	第10册编号：104-1
新租所屬月份	196 年 月至 1969年11月止	金額	1.36
旧欠	屬 年 月以前	金額	

收款人 冯树辉

合計金額（大寫）仟 佰 拾 壹元叁角陆分

代缴單位：油化

职工姓名：李开科

第三联：收据

0064 一九六九年十一月五日梁秀贞房地租金收据

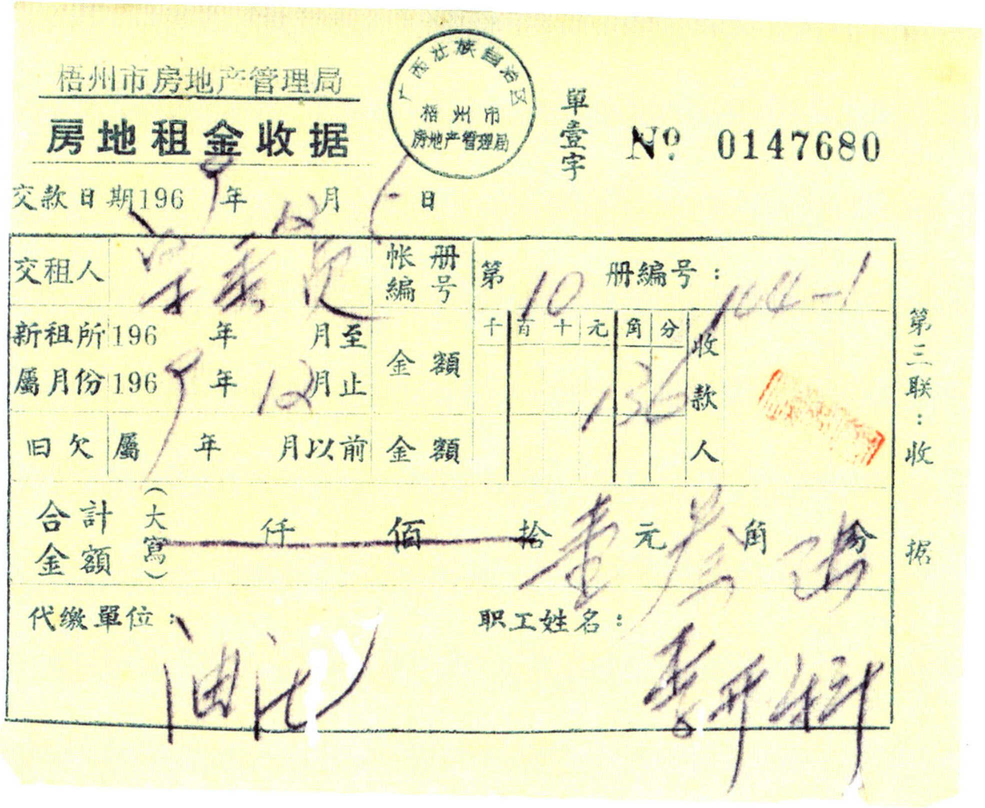

梧州市房地产管理局

房地租金收据

广西壮族自治区 梧州市 房地产管理局

單壹字 № 0147680

交款日期196 年 月 日

交租人		帐册编号	第 10 册编号：104-1
新租所属月份	196 年 月至 196 年 12 月止	金额	千 百 十 元 角 分　收款人
旧欠	属 年 月以前	金额	
合計金額（大寫）	仟 佰 拾 壹 元 叁 角 陆 分		
代缴單位：		职工姓名：	

第三联：收据

0065 一九六九年十二月五日梁秀贞房地租金收据

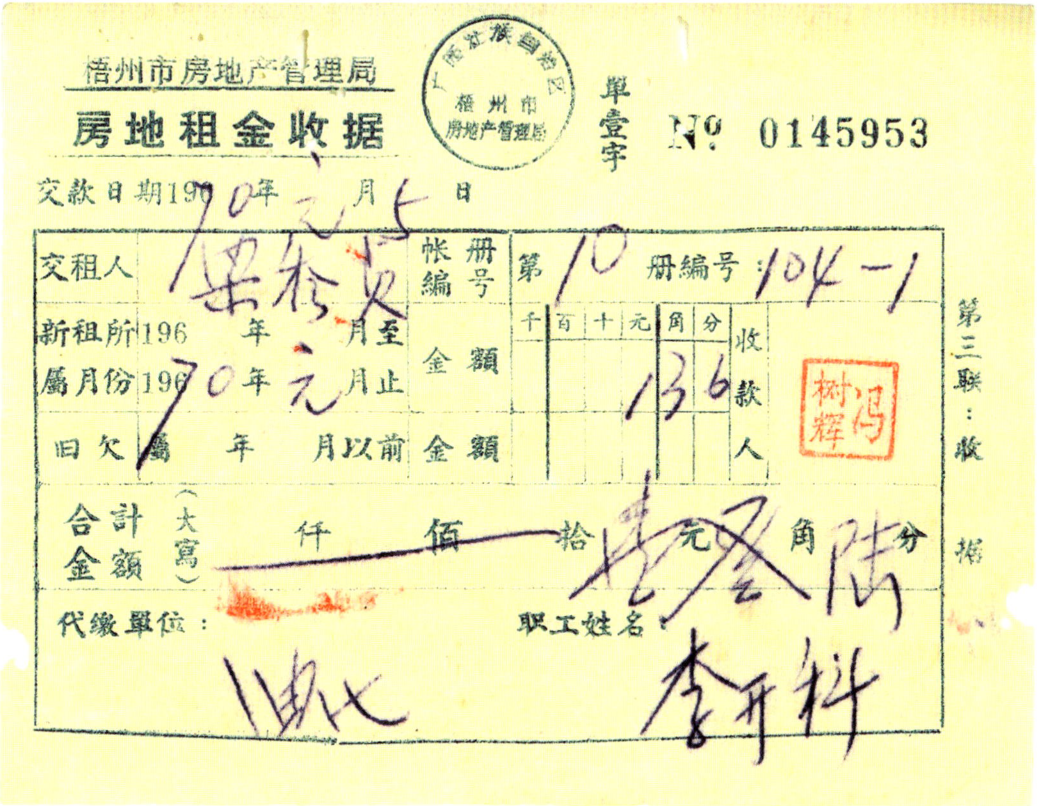

梧州市房地产管理局

房地租金收据

广西壮族自治区 梧州市 房地产管理局

單壹字 № 0145953

交款日期1970年 元 月 5 日

交租人		帐册编号	第 10 册编号：104-1
新租所属月份	196 年 月至 1970 年 元 月止	金额	千 百 十 元 角 分　1 3 6　收款人
旧欠	属 年 月以前	金额	
合計金額（大寫）	仟 佰 拾 壹 元 叁 角 陆 分		
代缴單位：		职工姓名：李开科	

冯树辉

第三联：收据

0066 一九七〇年一月五日梁秀贞房地租金收据

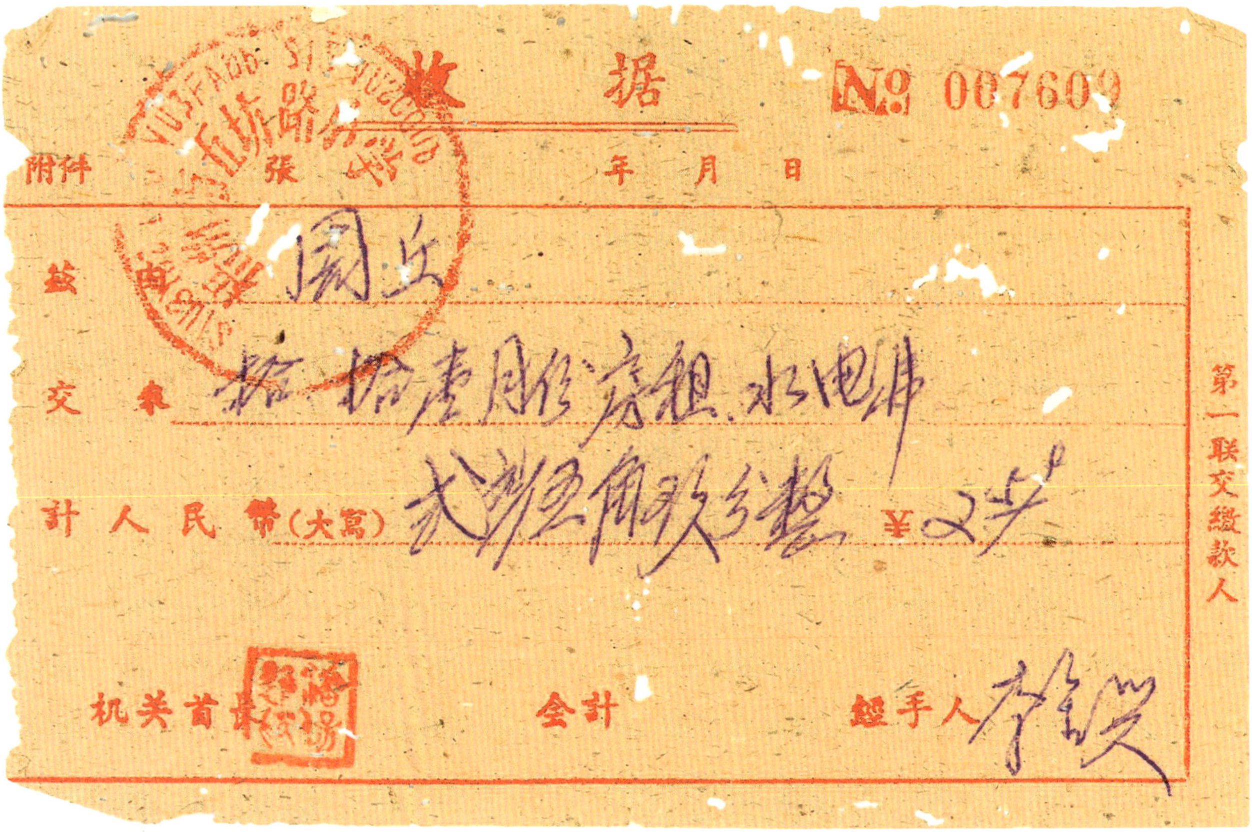
收据 No 007609

附件 张 年 月 日

兹由 周丘

交来 拾壹月份房租、水电费

計人民幣(大寫) 贰[illegible]角[illegible]分整 ¥[illegible]

机关首长 会計 經手人

第一联交缴款人

0067 周丘缴纳十一月份房租、水电费收据

0001 一九五一年七月二十二日苍梧平村汇苏州中医进修社国内汇票

0002 一九五一年七月二十二日苍梧平村汇苏州中医进修社国内汇票

0003 一九五一年八月三日苍梧平村汇上海千顷堂国内汇票

0004 一九五一年八月十七日苍梧平村汇苏州中医进修社国内汇票

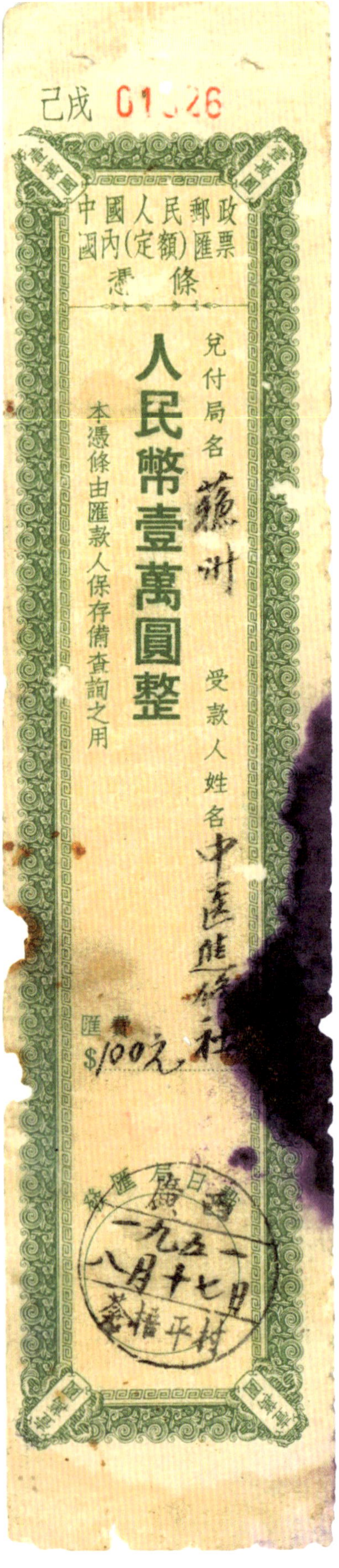

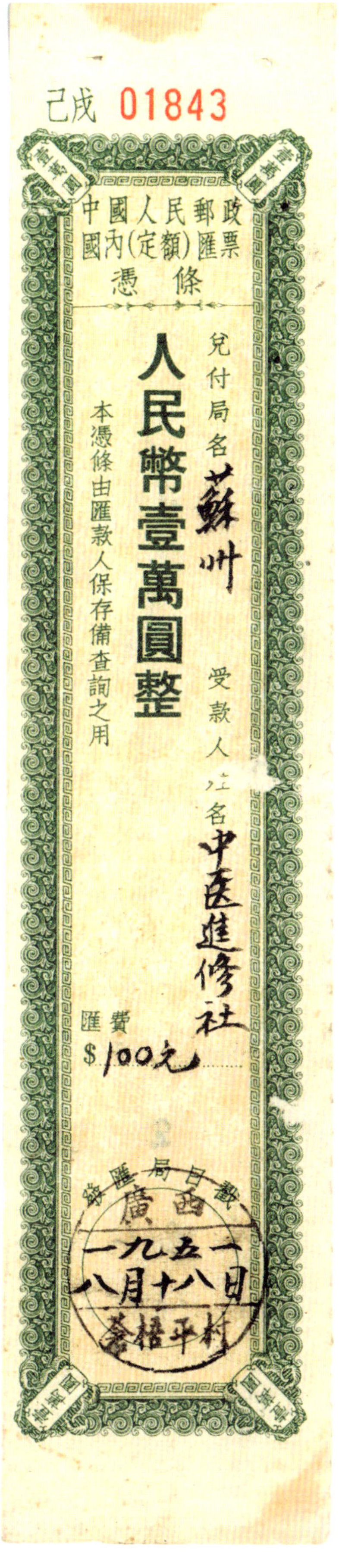

0005 一九五一年八月十八日苍梧平村汇苏州中医进修社国内汇票

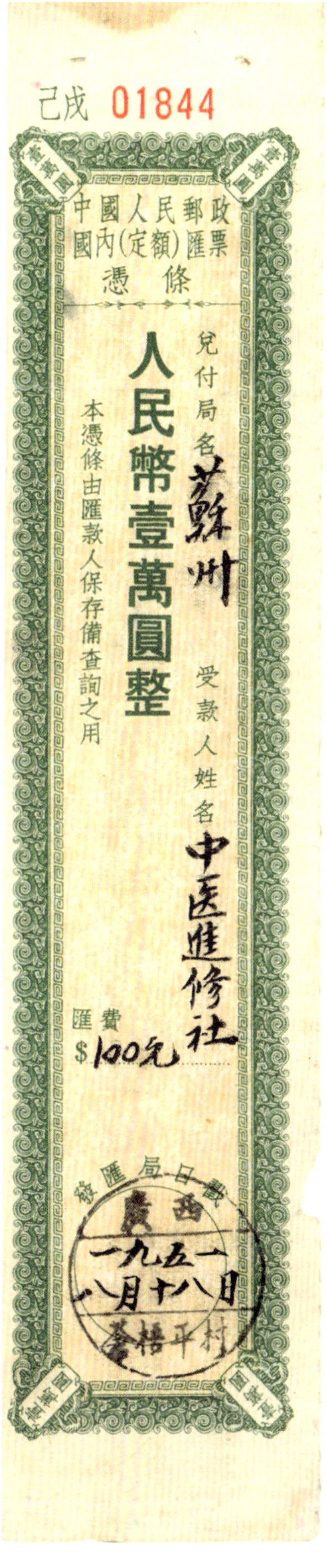

0006 一九五一年八月十八日苍梧平村汇苏州中医进修社国内汇票

0007 一九五一年八月二十九日苍梧平村汇上海千顷堂国内汇票

0008 一九五一年九月十五日苍梧平村汇苏州中医进修社国内汇票

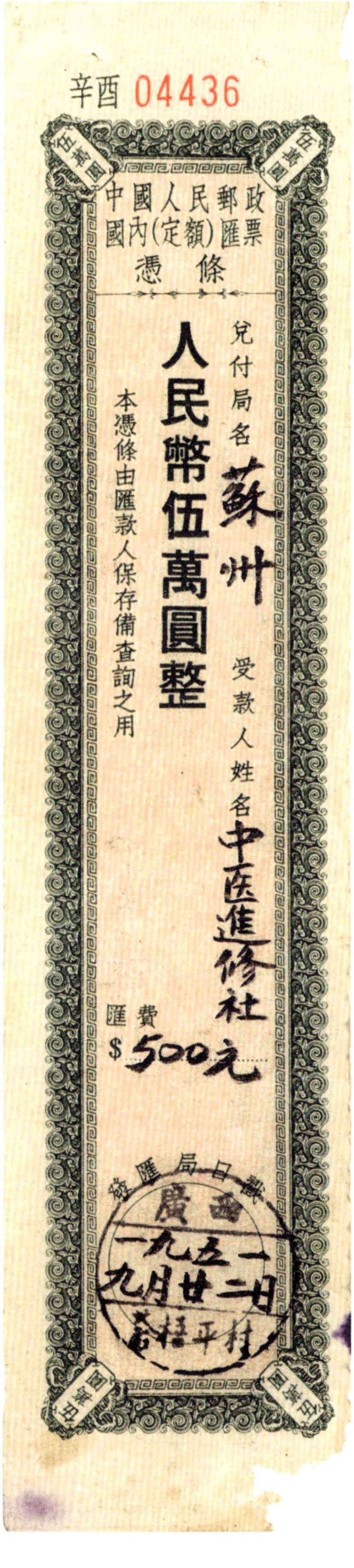
辛酉 04436
伍萬圓
中國人民郵政
國內(定額)匯票
憑條
兌付局名 蘇州
人民幣伍萬圓整
本憑條由匯款人保存備查詢之用
受款人姓名 中医進修社
匯費 $500元
發匯局日戳
廣西
一九五一
九月廿二日
蒼梧平村

0009 一九五一年九月二十二日苍梧平村汇苏州中医进修社国内汇票

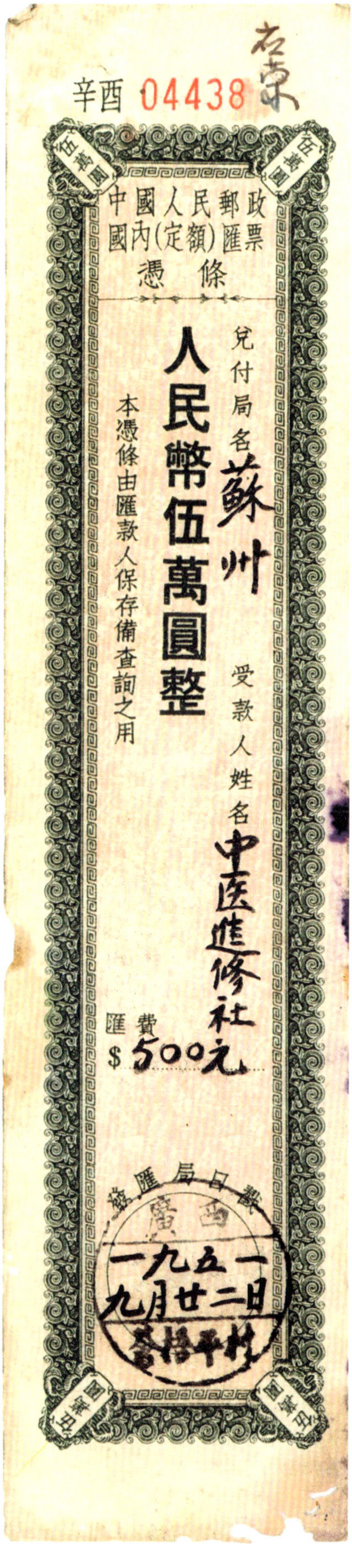
辛酉 04438
伍萬圓
中國人民郵政
國內(定額)匯票
憑條
兌付局名 蘇州
人民幣伍萬圓整
本憑條由匯款人保存備查詢之用
受款人姓名 中医進修社
匯費 $500元
發匯局日戳
廣西
一九五一
九月廿二日
蒼梧平村

0010 一九五一年九月二十二日苍梧平村汇苏州中医进修社国内汇票

0011 一九五一年九月二十六日苍梧平村汇苏州中医进修社国内汇票

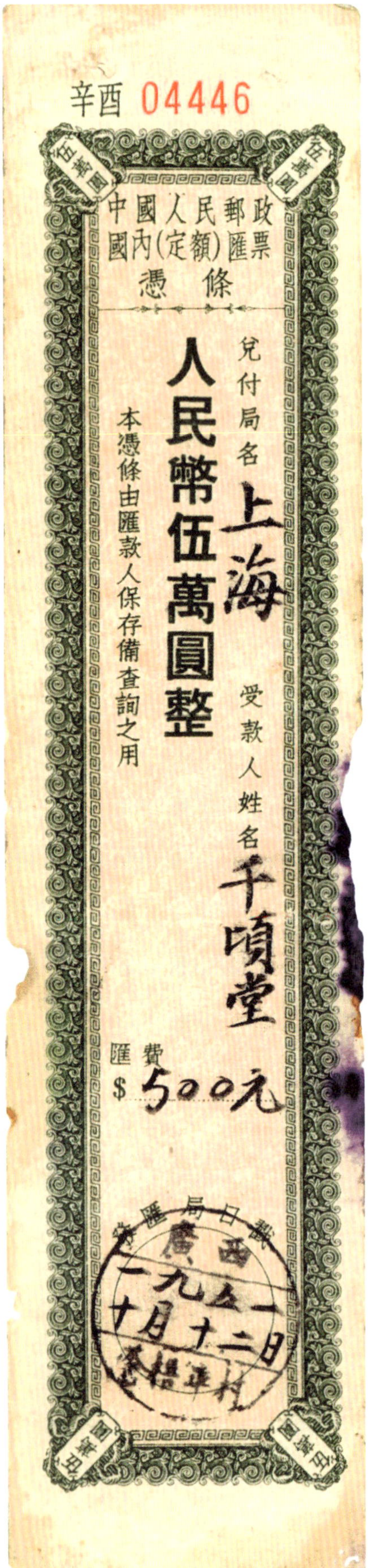

0012 一九五一年十月十二日苍梧平村汇上海千顷堂国内汇票

0013 一九五一年十一月十二日苍梧平村汇上海千顷堂国内汇票

0014 一九五一年十二月二十三日苍梧平村汇上海千顷堂国内汇票

0015 一九五一年十二月二十三日苍梧平村汇上海千顷堂国内汇票

己丑 03195
中國人民郵政
國內(定額)匯票
憑條
兌付局名 上海
人民幣壹萬圓整
本憑條由匯款人保存備查詢之用
受款人姓名 千頃堂
匯費 $ 100元
發匯局日戳
廣西
一九五一
十二月廿三日
蒼梧平村

0016 一九五二年一月四日苍梧平村汇苏州中医进修社国内汇票

辛未 05416
中國人民郵政
國內(定額)匯票
憑條
兌付局名 蘇州
人民幣壹萬圓整
本憑條由匯款人保存備查詢之用
受款人姓名 中医進修社
匯費 $ 100元
發匯局日戳
廣西
一九五二
一月四日
蒼梧平村

0017 一九五二年一月四日苍梧平村汇苏州中医进修社国内汇票

0018 一九五二年二月二十五日苍梧平村汇上海千顷堂国内汇票

0019 一九五二年七月十三日覃选能手写收据

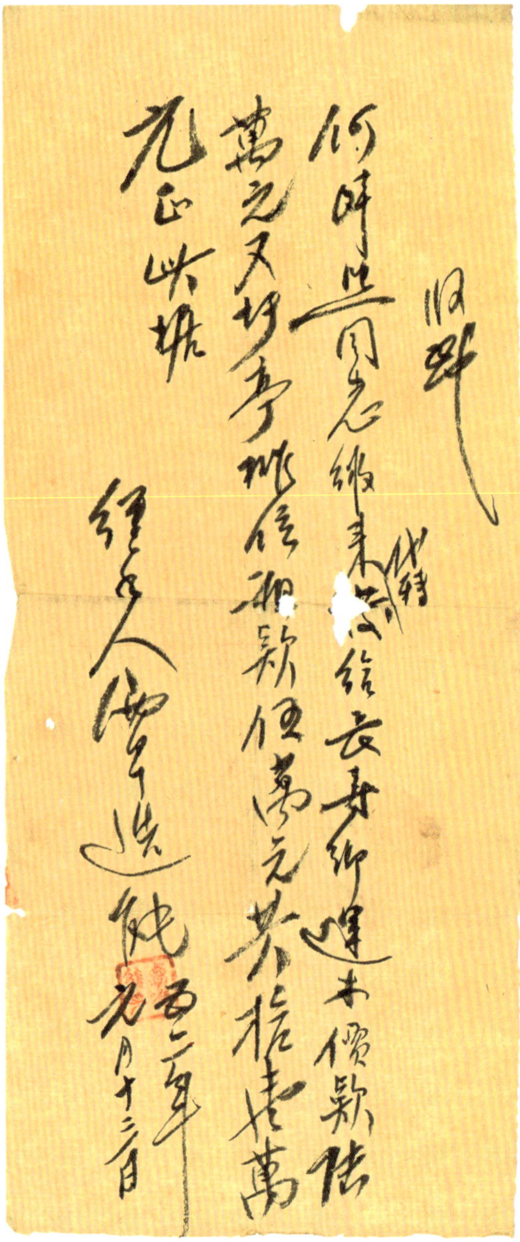

0020 一九五二年九月三十日苍梧县工会联合筹委会保险费收据

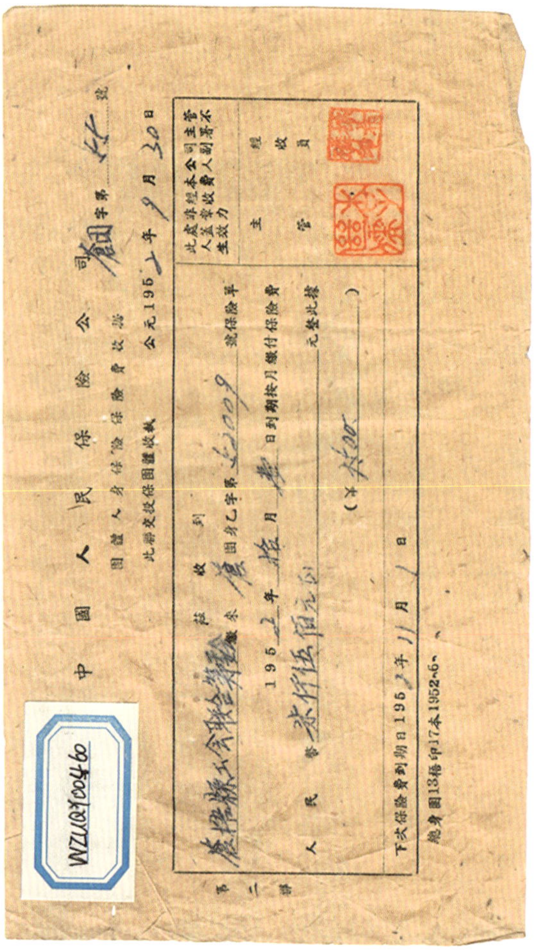

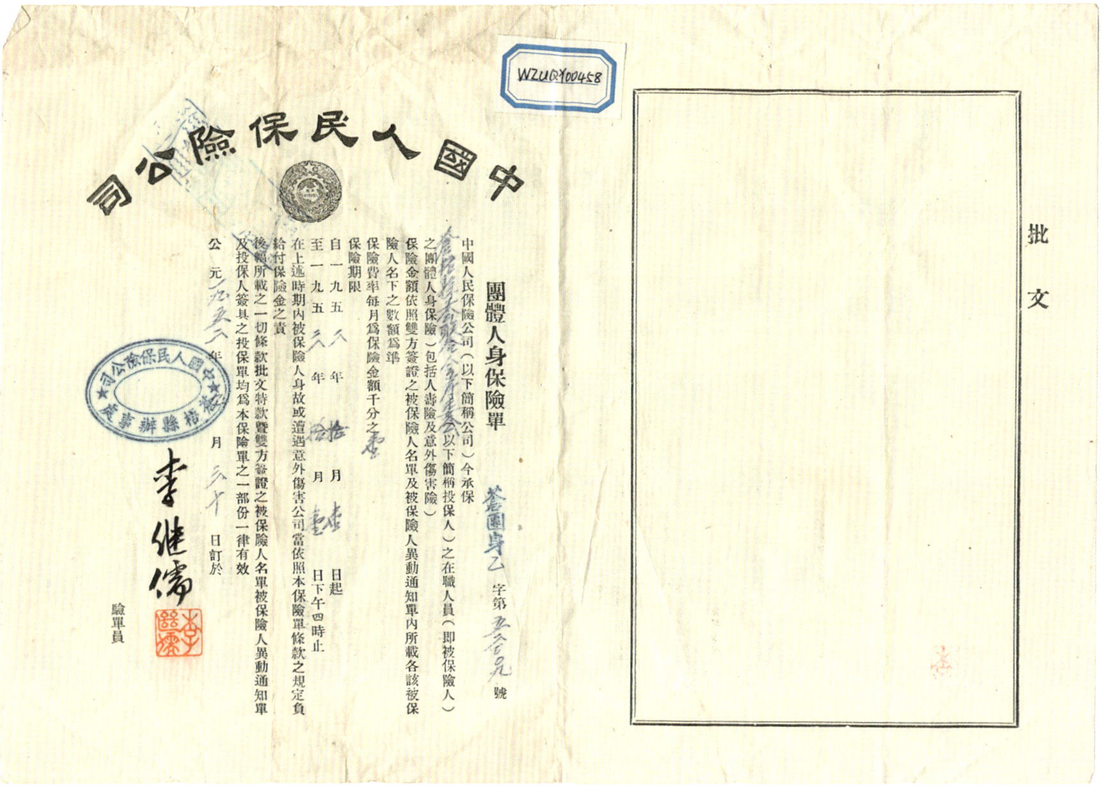

WZUQY00458

中國人民保險公司

團體人身保險單

蒼團身乙 字第 [illegible] 號

中國人民保險公司（以下簡稱公司）今承保 蒼梧縣[illegible]工會（以下簡稱投保人）之在職人員（即被保險人）之團體人身保險（包括人壽險及意外傷害險）

保險金額依照雙方簽證之被保險人名單及被保險人異動通知單內所載各該被保險人名下之數額爲準

保險費率每月爲保險金額千分之[illegible]

保險期限

自一九五 二 年 [illegible] 月 [illegible] 日起

至一九五 三 年 [illegible] 月 [illegible] 日下午四時止

在上述時期內被保險人身故或遭遇意外傷害公司當依照本保險單條款之規定負給付保險金之責

後幅所載之一切條款批文特款暨雙方簽證之被保險人名單被保險人異動通知單及投保人簽具之投保單均爲本保險單之一部份一律有效

公元一九五二年 [illegible] 月 三十 日訂於

中國人民保險公司 蒼梧縣辦事處

李繼儒

驗單員

批文

0021-1 一九五二年九月三十日苍梧县工会团体人身保险单（正面）

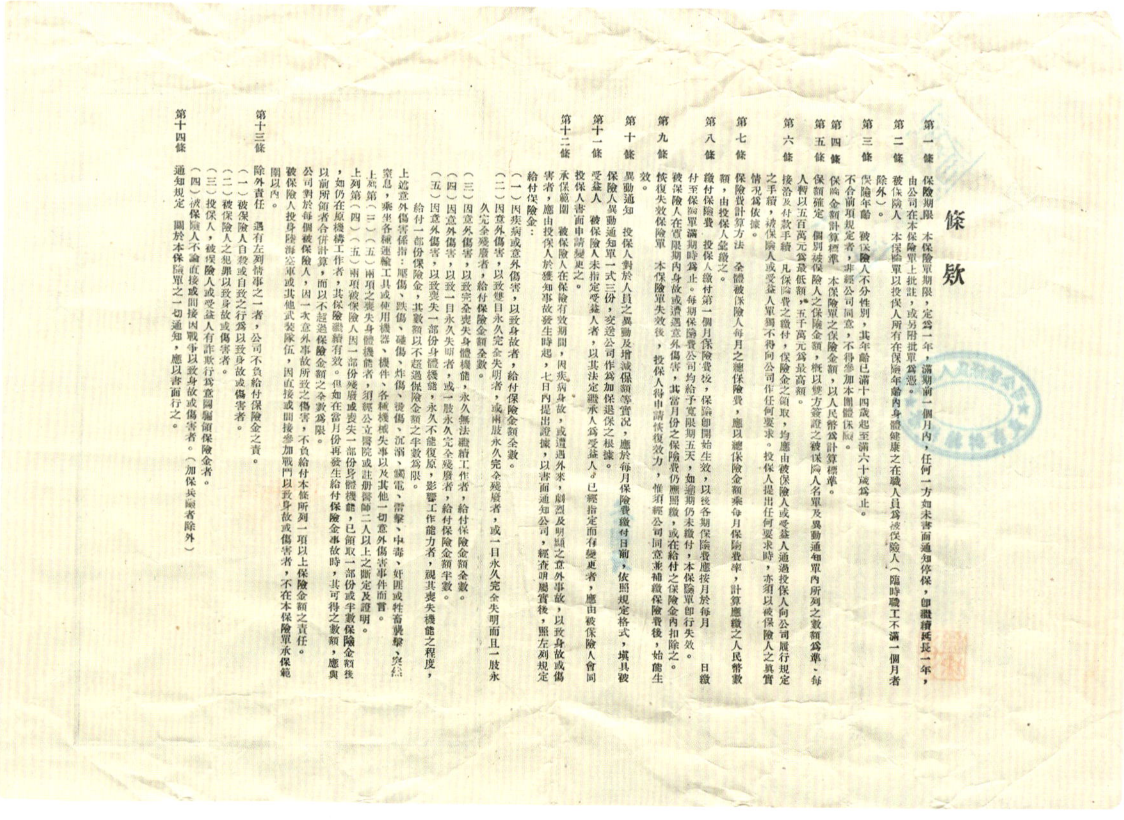

條款

第一條 保險期限 本保險單期限，定爲一年，滿期前一個月內，任何一方如未書面通知停保，即繼續延長一年，由公司在本保險單上批註，或另附批單爲憑。

第二條 被保險人 本保險單以投保人所有在保險年齡內身體健康之在職人員爲被保險人（臨時職工不滿一個月者除外）。

第三條 保險年齡 被保險人不分性別，其年齡已滿十四歲起至滿六十歲爲止。不合前項規定者，非經公司同意，不得參加本團體保險。

第四條 保險金額計算標準 本保險單之保險金額，以人民幣爲計算標準。

第五條 保額確定 個別被保險人之保險金額，概以雙方簽證之被保險人名單及異動通知單內所列之數額爲準，每人暫以五百萬元爲最低額，五千萬元爲最高額。

第六條 接洽及付款手續 凡保險費之繳付，保險金之領取，均應由被保險人或受益人通過投保人向公司履行規定之手續，被保險人或受益人單獨不得向公司作任何要求。投保人提出任何要求時，亦須以被保險人之眞實情況爲依據。

第七條 保險費計算方法 全體被保險人每月之總保險費，應以總保險金額乘每月保險費率，計算應繳之人民幣數額，由投保人彙繳之。

第八條 繳付保險費 投保人繳付第一個月保險費後，保險即開始生效，以後各期保險費應按月於每月 日繳付至保險單滿期時爲止。每期保險費公司均給予寬限期五天，如逾期仍未繳付，本保險單即行失效。被保險人在寬限期內身故或遭遇意外傷害，其當月份之保險費仍應照繳，或在給付之保險金內扣除之。

第九條 恢復失效保險單 本保險單失效後，投保人得申請恢復效力，惟須經公司同意並補繳保險費後，始能生效。

第十條 異動通知 投保人對於人員之異動及增減保額等實況，應於每月保險費繳付日前，依照規定格式，填具被保險人異動通知單一式三份，交送公司作爲加保退保之根據。

第十一條 受益人 被保險人未指定受益人者，以其法定繼承人爲受益人。已經指定而有變更者，應由被保險人會同投保人書面申請變更之。

第十二條 承保範圍 被保險人在保險有效期間，因疾病身故，或遭遇外來，劇烈及明顯之意外事故，以致身故或傷害者，應由投保人於獲知事故發生時起，七日內提出證據，以書面通知公司，經查明屬實後，照左列規定給付保險金：

（一）因疾病或意外傷害，以致身故者，給付保險金額全數。

（二）因意外傷害，以致雙目永久完全失明者，或兩肢永久完全殘廢者，或一目永久完全失明而且一肢永久完全殘廢者，給付保險金額全數。

（三）因意外傷害，以致完全喪失身體機能，永久無法繼續工作者，給付保險金額全數。

（四）因意外傷害，以致一目永久失明者，或一肢永久完全殘廢者，給付保險金額半數。

（五）因意外傷害，以致喪失一部份身體機能，永久不能復原，影響工作能力者，視其喪失機能之程度，給付一部份保險金，其數額以不超過保險金額之半數爲限。

上述意外傷害係指：壓傷、跌傷、碰傷、炸傷、燙傷、沉溺、觸電、雷擊、中毒、奸匪或牲畜襲擊、突然窒息，乘坐各種運輸工具或使用機器、機件、各種機械失事以及其他一切意外傷害事件而言。

上述第（三）（五）兩項之喪失身體機能者，須經公立醫院或註册醫師二人以上之斷定及證明。

上列第（四）（五）兩項被保險人因一部份殘廢或喪失一部份身體機能，已領取一部份或半數保險金額後，如仍在原機構工作者，其保險繼續有效。但如在當月份再發生給付保險金事故時，其可得之數額，應與以前所領者合併計算，而以不超過保險金額之全數爲限。

公司對於每個被保險人，因一次意外事故所致之傷害，不負給付本條所列一項以上保險金額之責任。

被保險人投身陸海空軍或其他武裝隊伍，因直接或間接參加戰鬥以致身故或傷害者，不在本保險單承保範圍以內。

第十三條 除外責任 遇有左列情事之一者，公司不負給付保險金之責。

（一）被保險人自殺或自致之行爲以致身故或傷害者。

（二）被保險人之犯罪以致身故或傷害者。

（三）投保人，被保險人或受益人有詐欺行爲意圖騙領保險金者。

（四）被保險人不論直接或間接因戰爭以致身故或傷害者。（加保兵險者除外）

第十四條 通知規定 關於本保險單之一切通知，應以書面行之。

0021-2 一九五二年九月三十日苍梧县工会团体人身保险单（背面）

0022 一九五二年十月一日苍梧县团体人身险被保险人名单

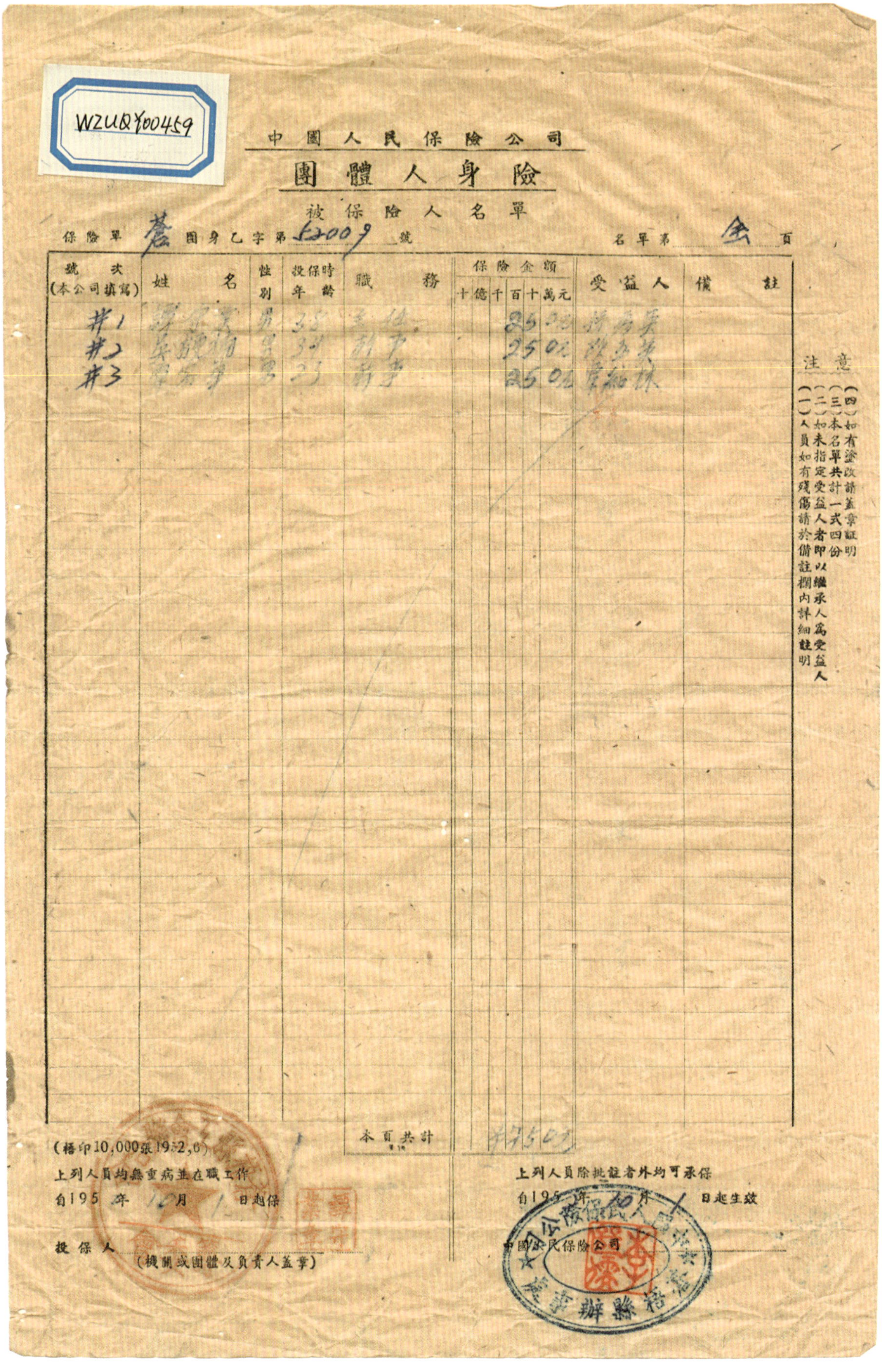

WZUQY00459

中國人民保險公司

團體人身險

被保險人名單

保險單 蒼 團身乙字第 52009 號　　　　名單第 全 頁

號次（本公司填寫）	姓名	性別	投保時年齡	職務	保險金額（十億 千 百 十 萬元）	受益人	備註
#1	[illegible]	男	35	[illegible]	25 00	[illegible]	
#2	[illegible]	男	34	[illegible]	25 00	[illegible]	
#3	[illegible]	男	23	[illegible]	25 00	[illegible]	
				本頁共計	75 00		

注意

（四）如有塗改請蓋章證明

（三）本名單共計一式四份

（二）如未指定受益人者即以繼承人爲受益人

（一）人員如有殘傷請於備註欄内詳細註明

（梧印10,000張1952,6）

上列人員均無重病並在職工作

自195 年 10 月 1 日起保

投保人（機關或團體及負責人蓋章）

上列人員除批註者外均可承保

自195 年 10 月 1 日起生效

中國人民保險公司

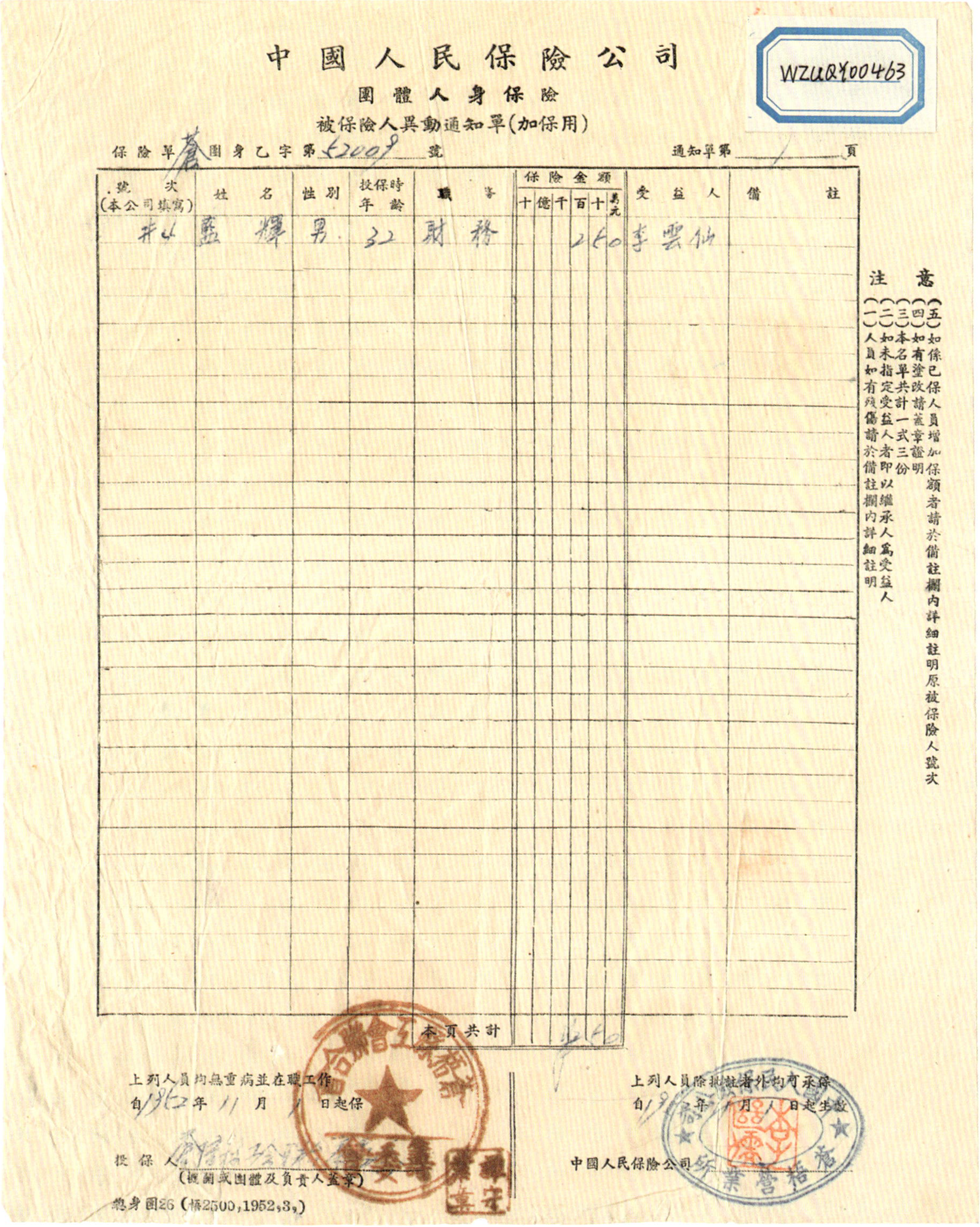

中國人民保險公司

團體人身保險

被保險人異動通知單(加保用)

WZUQY00463

保險單蒼團身乙字第42009號　　　　通知單第　1　頁

號次(本公司填寫)	姓名	性別	投保時年齡	職務	保險金額 十億千百十萬元	受益人	備註
#6	藍輝	男	32	財務	260	李雲仙	
				本頁共計	260		

注意
(一)人員如有殘傷請於備註欄內詳細註明
(二)如未指定受益人者即以繼承人爲受益人
(三)本名單共計一式三份
(四)如有塗改請蓋章證明
(五)如係已保人員增加保額者請於備註欄內詳細註明原被保險人號次

上列人員均無重病並在職工作
自1952年11月1日起保

投保人
(機關或團體及負責人蓋章)

上列人員除批註者外均可承保
自1952年11月1日起生效

中國人民保險公司

總身團26(梧2500,1952,3,)

0023 一九五二年十一月一日苍梧县团体人身保险被保险人异动通知单

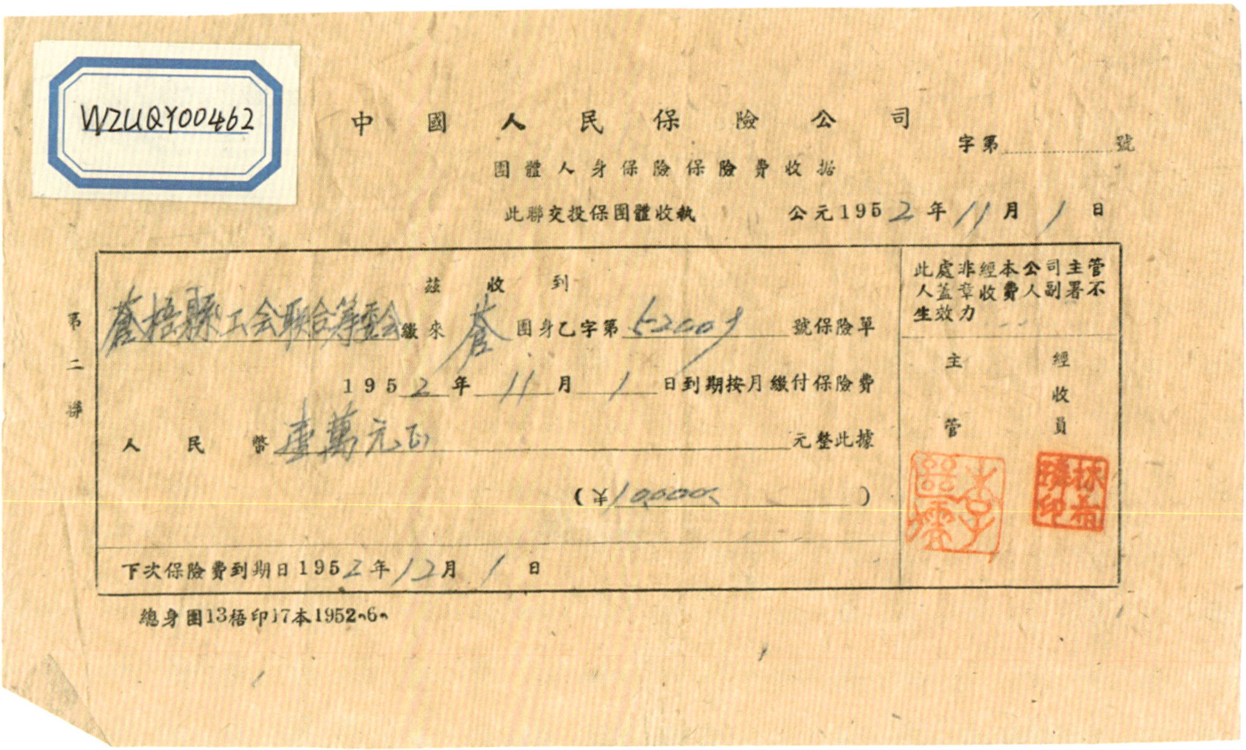

WZUQY00462

中國人民保險公司

字第　　號

團體人身保險保險費收据

此聯交投保團體收執　　公元1952年11月1日

第二聯

茲收到

蒼梧縣工会联合筹委会繳來蒼團身乙字第52001號保險單

1952年11月1日到期按月繳付保險費

人民幣壹萬元正元整此據

（¥10000　）

下次保險費到期日1952年12月1日

此處非經本公司主管人蓋章收費人副署不生效力

主管　經收員

總身團13梧印17本1952.6.

0024 一九五二年十一月一日苍梧县工会筹委会保险费收据

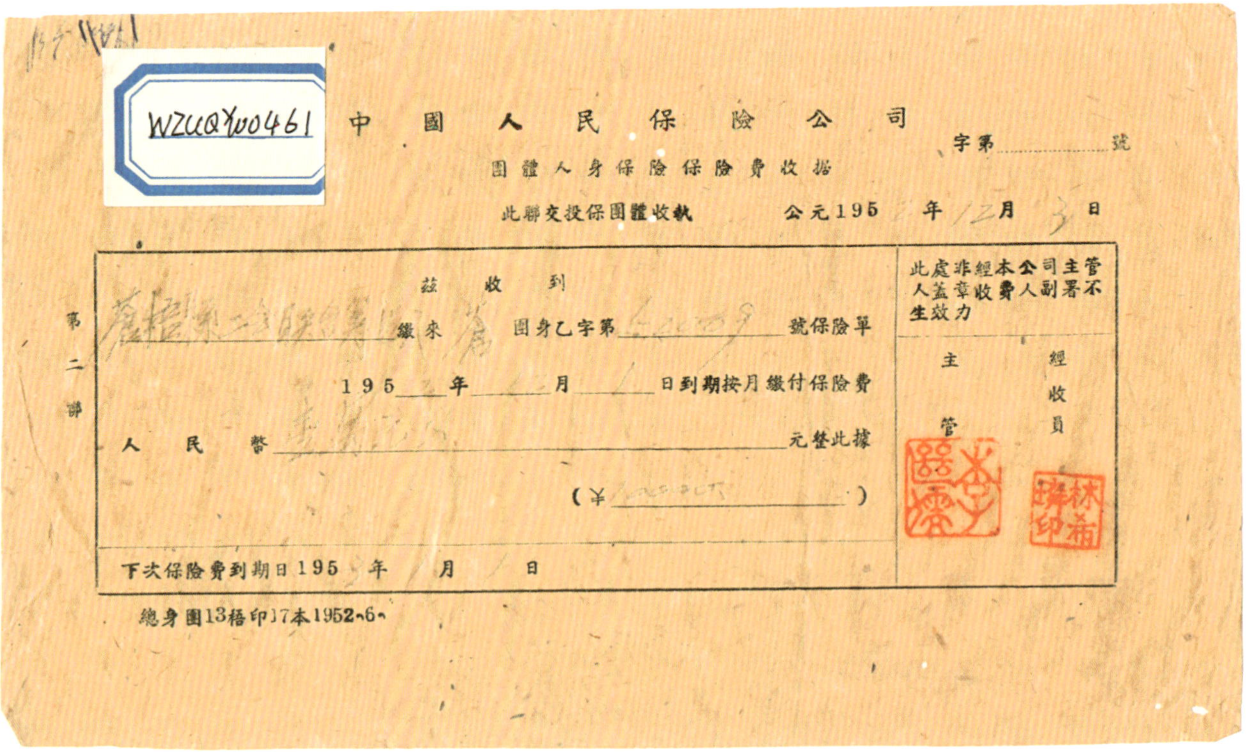

WZUQY00461

中國人民保險公司

字第　　號

團體人身保險保險費收据

此聯交投保團體收執　　公元195　年12月3日

第二聯

茲收到

繳來　團身乙字第　　號保險單

195　年　月　日到期按月繳付保險費

人民幣　　元整此據

（¥　　）

下次保險費到期日195　年　月　日

此處非經本公司主管人蓋章收費人副署不生效力

主管　經收員

總身團13梧印17本1952.6.

0025 一九五二年十二月三日苍梧县工会联合筹委会保险费收据

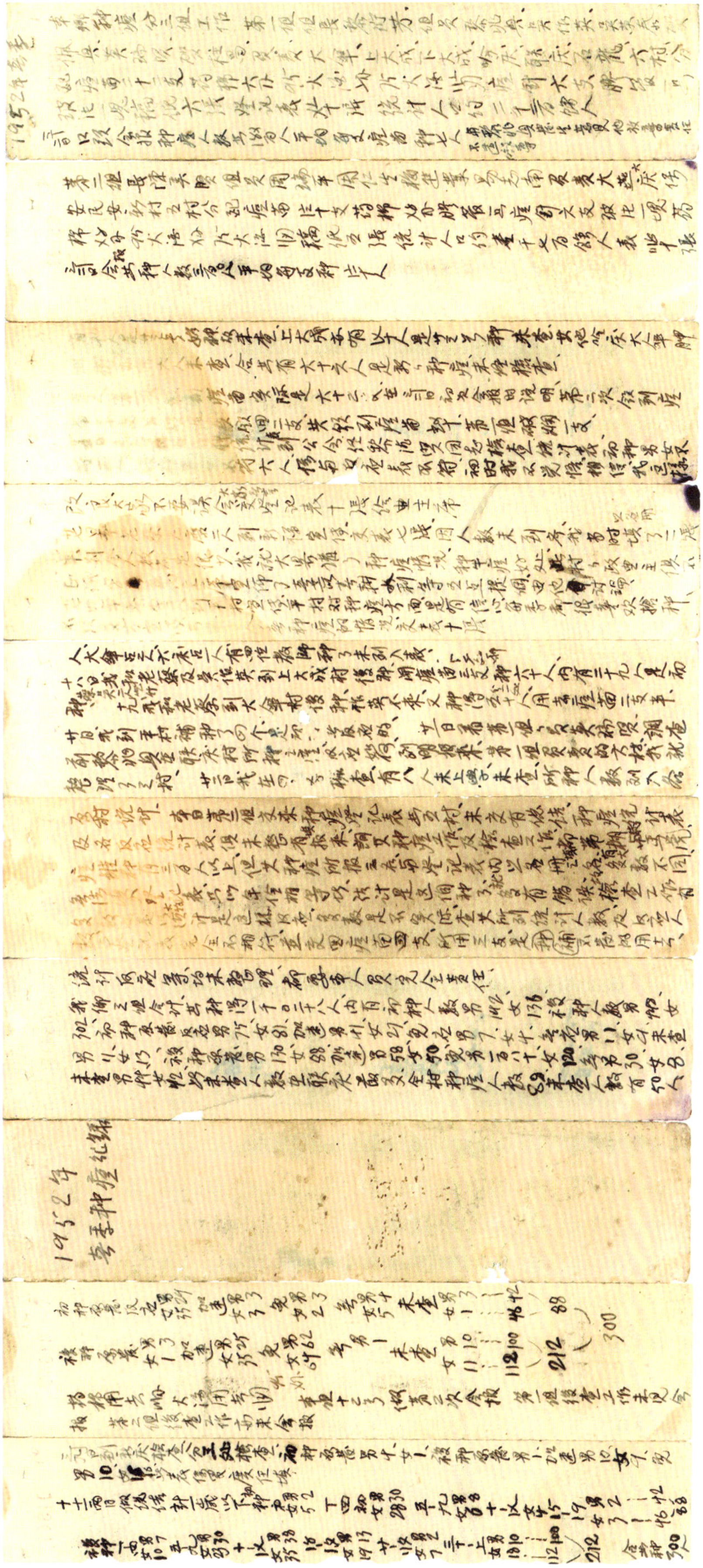

0026-1 一九五二年胜洲镇冬季种痘纪录（正面）

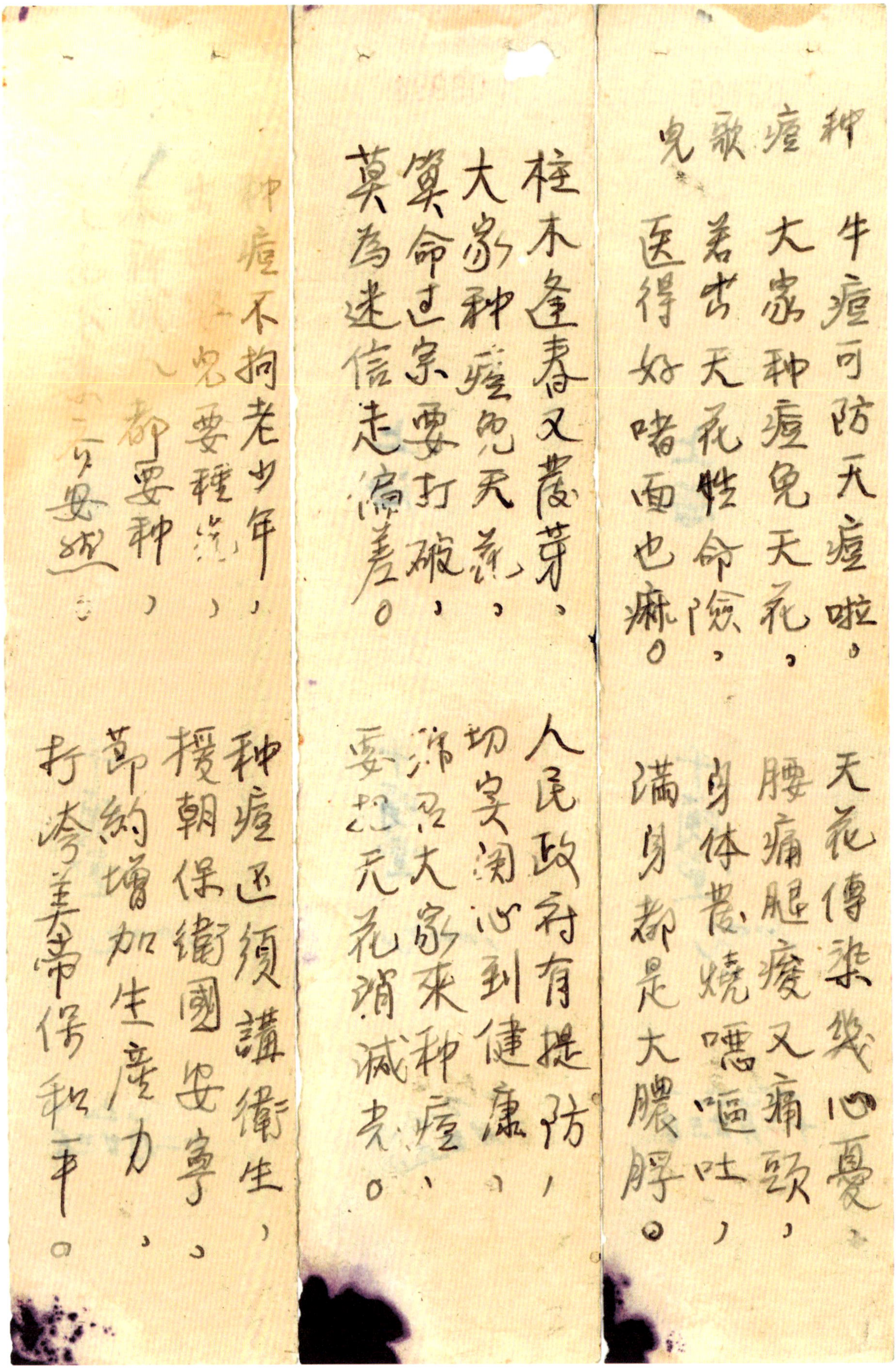
种痘歌

牛痘可防天痘啦。
大家种痘免天花，
若出天花性命險，
医得好啫面也痳。

天花傳染幾心憂，
腰痛腿痠又痛頭，
身体發燒嘿嘔吐，
满身都是大膿脬。

桂木逢春又發芽、
大家种痘免天花，
算命过宗要打破，
莫為迷信走偏差。

人民政府有提防，
切实关心到健康，
號召大家來种痘、
要把天花消滅光。

种痘不拘老少年，
儿要種痘，
都要种，
[illegible]安然。

种痘还须講衛生，
擁朝保衛國安寧，
節約增加生產力，
打垮美帝保和平。

0026-2 一九五二年胜洲镇冬季种痘纪录（背面为『种痘歌儿』）

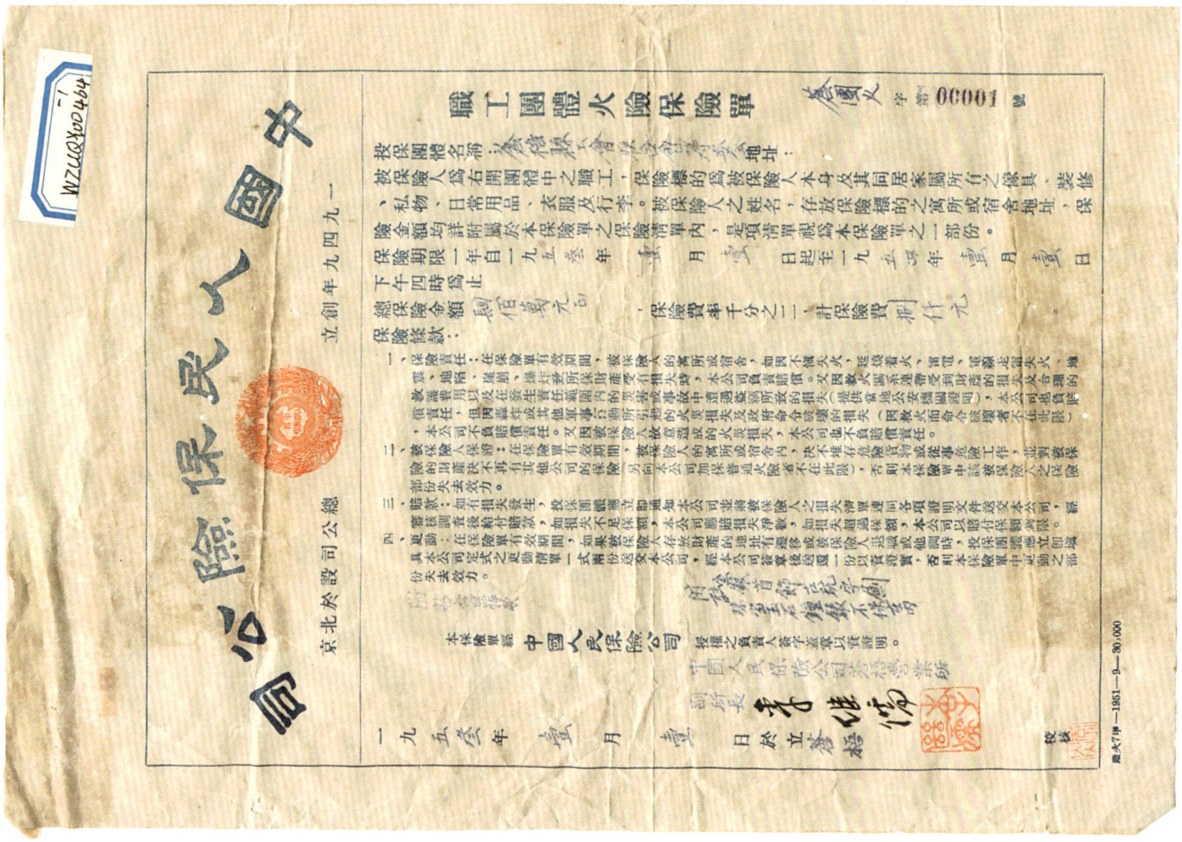

中國人民保險公司

總公司設於北京 一九四九年創立

職工團體火險保險單

火字第 00001 號

0027 一九五三年一月一日苍梧县职工团体火险保险单（1）

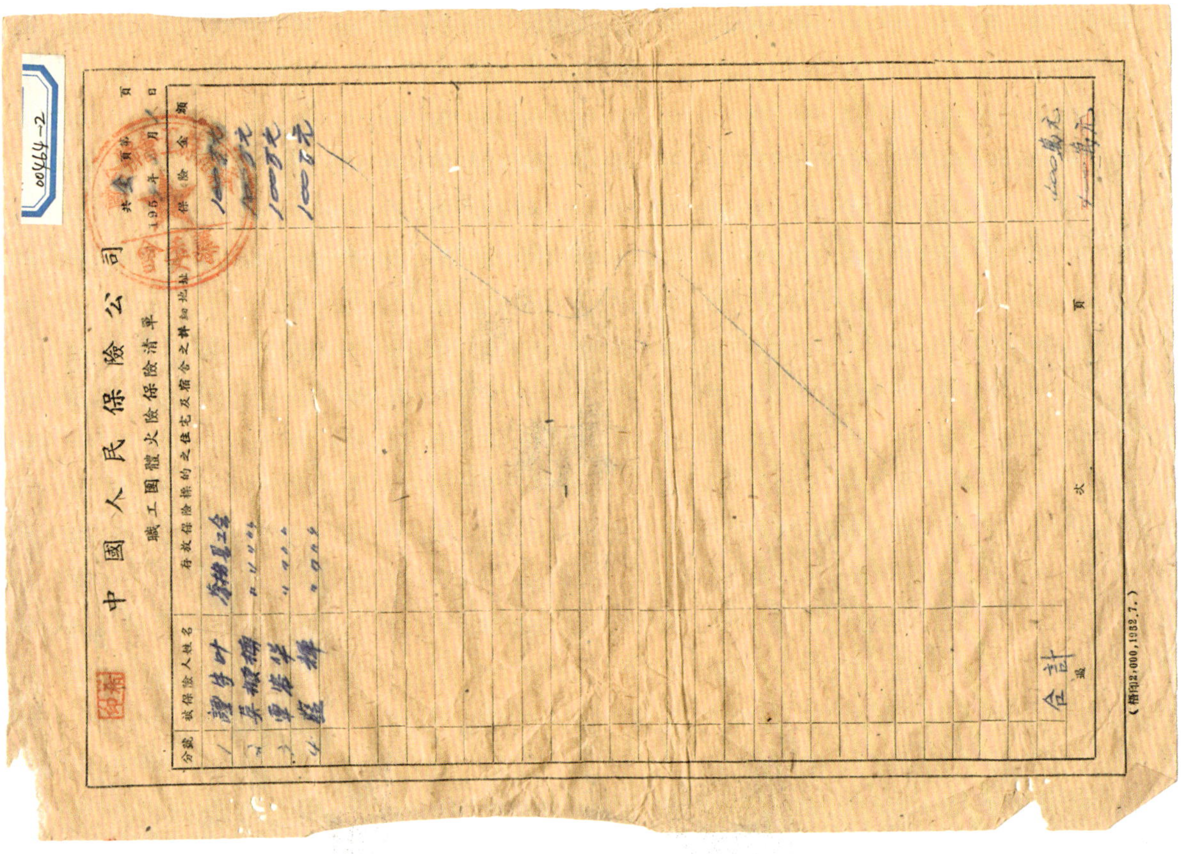

中國人民保險公司

職工團體火險保險清單

0028 一九五三年一月一日苍梧县职工团体火险保险单（2）

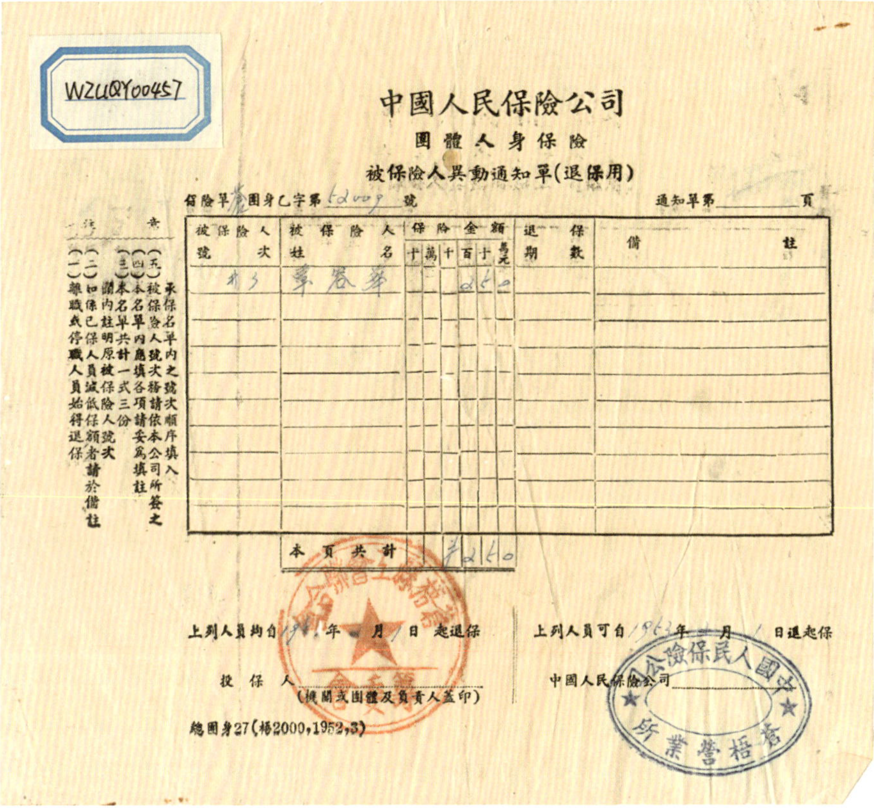

WZUQY00457

中國人民保險公司

團體人身保險

被保險人異動通知單(退保用)

保險單蒼團身乙字第52009號　　　　通知單第＿＿頁

注意
(一)離職或停職人員始得退保
(二)凡保已保人員減低保額者請於備註欄內註明原被保險人號次
(三)本名單共計一式三份
(四)本名單內應填各項請妥爲填註
(五)被保險人號次務請依本公司所簽之承保名單內之號次順序填入

被保險人號次	被保險人姓名	保險金額 十萬	萬	千	百	十	單元	退保期數	備註
43	覃容華				2	6	0		
	本頁共計			¥	2	6	0		

上列人員均自1953年二月1日起退保

投保人＿＿＿＿＿＿＿＿
(機關或團體及負責人蓋印)

上列人員可自1953年二月1日退起保

中國人民保險公司＿＿＿＿＿＿

總團身27(梧2000,1952,3)

0029 一九五三年二月一日苍梧县覃容华退保通知单

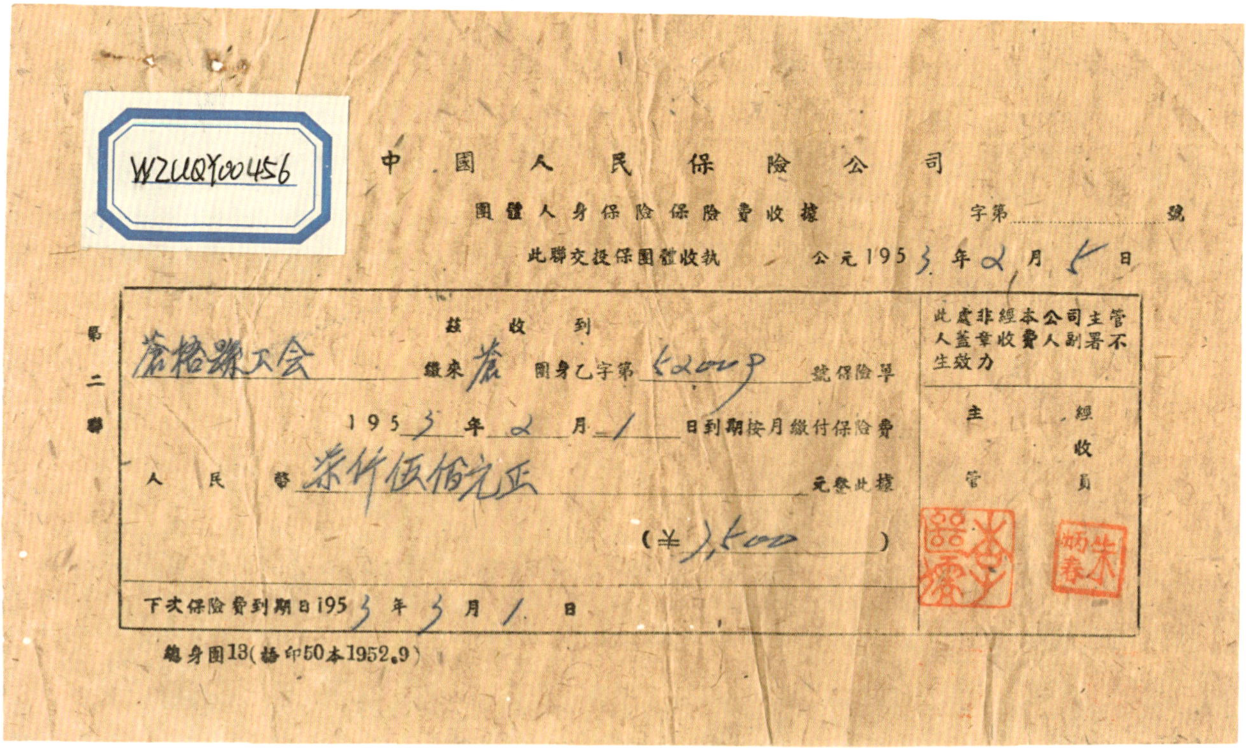

WZUQY00456

中　國　人　民　保　險　公　司

團體人身保險保險費收據　　　　字第＿＿＿＿號

此聯交投保團體收執　　　　公元1953年2月5日

第二聯

茲收到

蒼梧縣工会繳來蒼團身乙字第52009號保險單

1953年2月1日到期按月繳付保險費

人民幣柒仟伍佰元正元整此據

(¥7,500)

下次保險費到期日1953年3月1日

此處非經本公司主管人蓋章收費人副署不生效力

主管　　經收員

總身團13(梧印50本1952.9)

0030 一九五三年二月五日苍梧县工会保险费收据

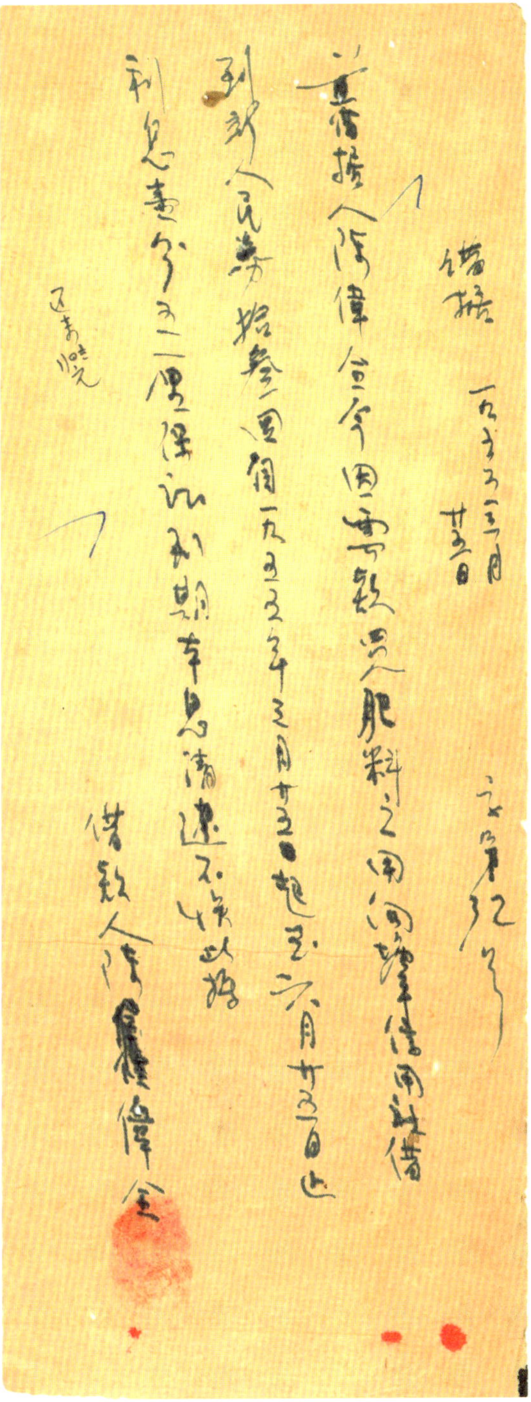
借据　一九五三年三月廿五日
立借据人陈伟全今因需款买入肥料之用向塘平信用社借
到新人民币拾叁万圆一九五三年三月廿五日起至六月廿五日止
利息每月二厘保证到期本息清还不误此据
借款人陈伟全

0031　一九五三年三月二十五日六堡区塘平乡信用社陈伟全借据

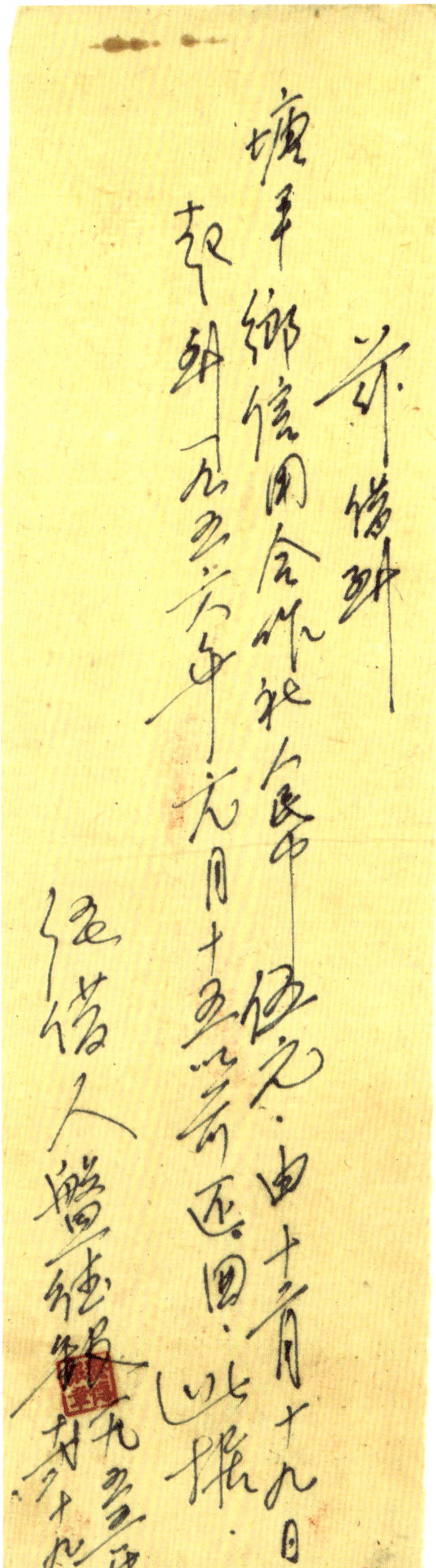
今借到
塘平乡信用合作社人民币伍元，由十二月十九日
起到一九五六年元月十五日前还回，此据。
借人盘继银
一九五三年十二月十九日

0032　一九五三年十二月十九日盘结银借条

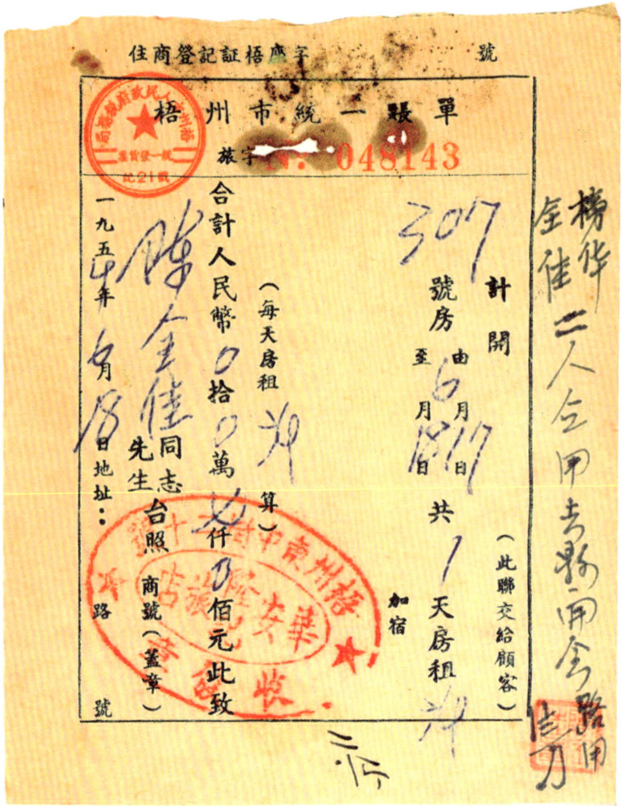
住商登記証梧歲字 號

梧州市統一賬單

旅字No. 048143

計開 307號房 由6月17日至6月18日 共1天房租 [illegible]

（此聯交給顧客）

加宿

（每天房租 [illegible] 算）

合計人民幣0拾0萬 [illegible] 仟0佰元此致

陳全佳 同志先生台照

商號（蓋章）

一九五四年6月18日 地址： 路 號

0033 一九五四年六月十八日六堡陈全佳住宿账单

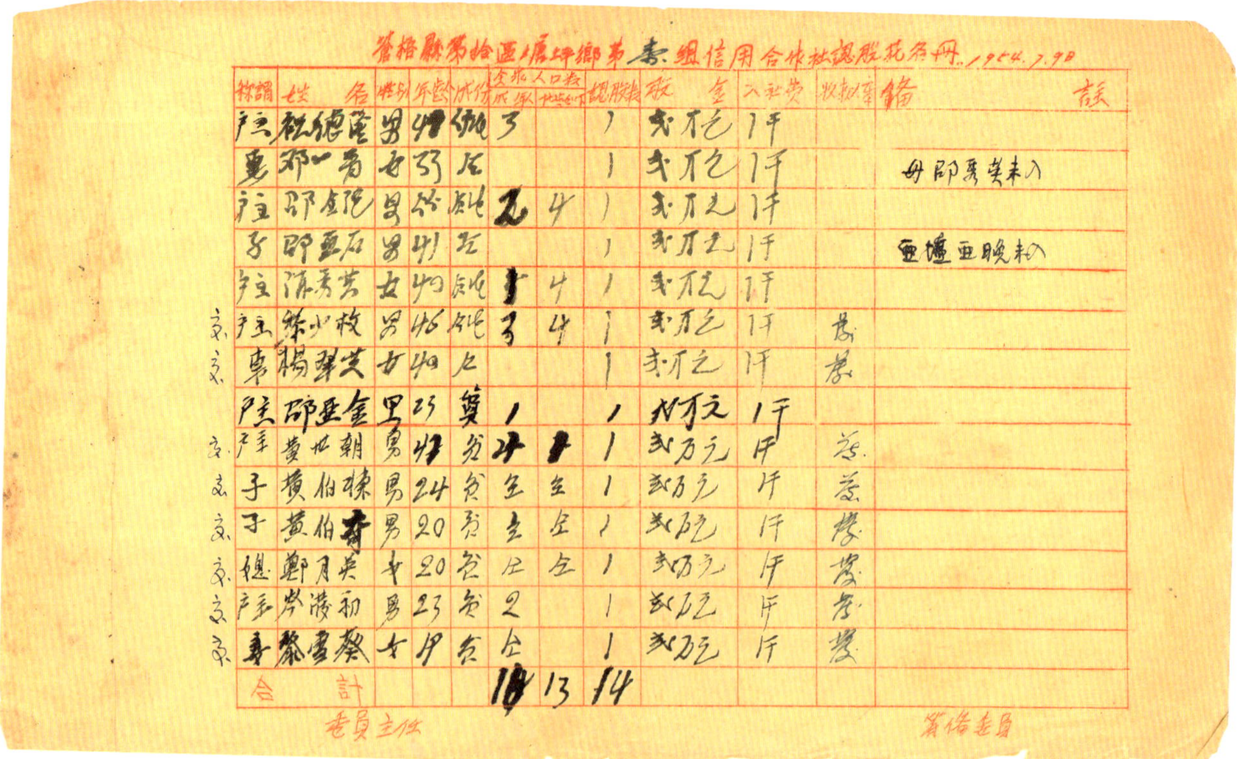
蒼梧縣第拾區塘坪鄉第壹組信用合作社認股花名冊 1954.7.9日

稱謂	姓名	性別	年齡	成份	全家人口數 成人	全家人口數 十六歲以下	認股數	股金	入社費	收款人章	備考
戶主	[illegible]	男	[illegible]	[illegible]	3		1	貳万元	1仟		
妻	鄧一菊	女	[illegible]	[illegible]			1	貳万元	1仟		[illegible]
戶主	邵[illegible]	男	[illegible]	[illegible]	[illegible]	4	1	貳万元	1仟		
子	邵[illegible]	男	[illegible]	[illegible]			1	貳万元	1仟		[illegible]
戶主	[illegible]	女	[illegible]	[illegible]	[illegible]	4	1	貳万元	1仟		
戶主	[illegible]少枝	男	46	[illegible]	[illegible]	4	1	貳万元	1仟	[illegible]	
妻	楊[illegible]	女	[illegible]	[illegible]			1	貳万元	1仟	[illegible]	
戶主	邵[illegible]金	男	[illegible]	貧	1		1	貳万元	1仟		
戶主	黄[illegible]朝	男	[illegible]	貧	[illegible]	[illegible]	1	貳万元	1仟	[illegible]	
子	黄伯[illegible]	男	24	貧	[illegible]	[illegible]	1	貳万元	1仟	[illegible]	
子	黄伯[illegible]	男	20	貧	[illegible]	[illegible]	1	貳万元	1仟	[illegible]	
[illegible]	鄭月[illegible]	女	20	貧	[illegible]	[illegible]	1	貳万元	1仟	[illegible]	
戶主	[illegible]	男	23	貧	2		1	貳万元	1仟	[illegible]	
妻	[illegible]	女	[illegible]	貧	[illegible]		1	貳万元	1仟	[illegible]	
合計					18	13	14				

委員主任　　　　　　　　　　　　　　算備委員

0034 一九五四年七月九日苍梧县塘坪乡第一组信用合作社认股花名册（1）

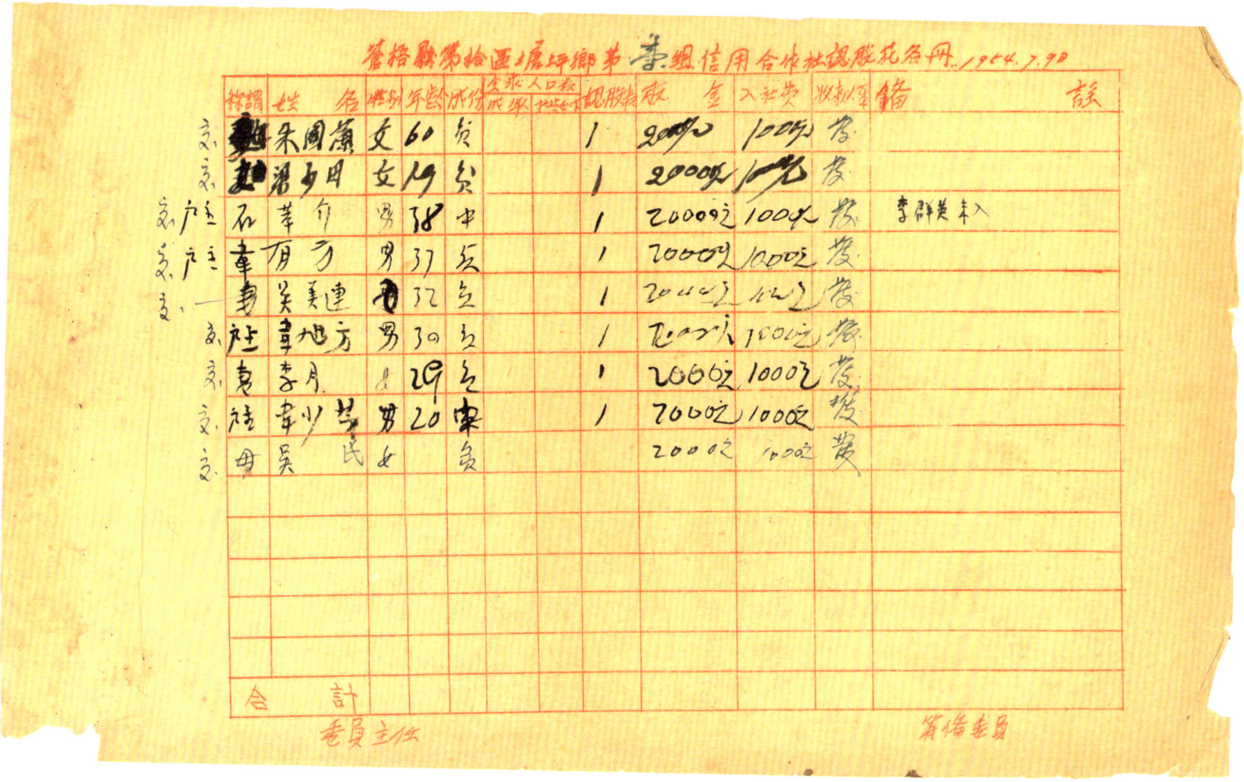

蒼梧縣第拾區塘坪鄉第一組信用合作社認股花名冊 1954.7.9

称謂	姓名	性別	年齡	成份	全家人口数 成年	全家人口数 未成年	認股数	股金	入社费	收款人簽章	備註
[illegible]	朱國蘭	女	60	贫			1	2000元	1000元	发	
[illegible]	潘少田	女	19	贫			1	2000元	1000元	发	
户主	石華介	男	58	中			1	20000元	1000元	发	李群英未入
户主	韋有方	男	37	贫			1	20000元	1000元	发	
妻	吴美連	女	32	贫			1	2000元	1000元	发	
户主	韋旭方	男	30	贫			1	2000元	1000元	发	
妻	李月	女	29	贫			1	2000元	1000元	发	
户主	韋少英	男	20	中			1	2000元	1000元	发	
母	吴氏	女		贫				2000元	1000元	发	
合計											

委員主任　　　　籌備委員

0035 一九五四年七月九日苍梧县塘坪乡第一组信用合作社认股花名册（2）

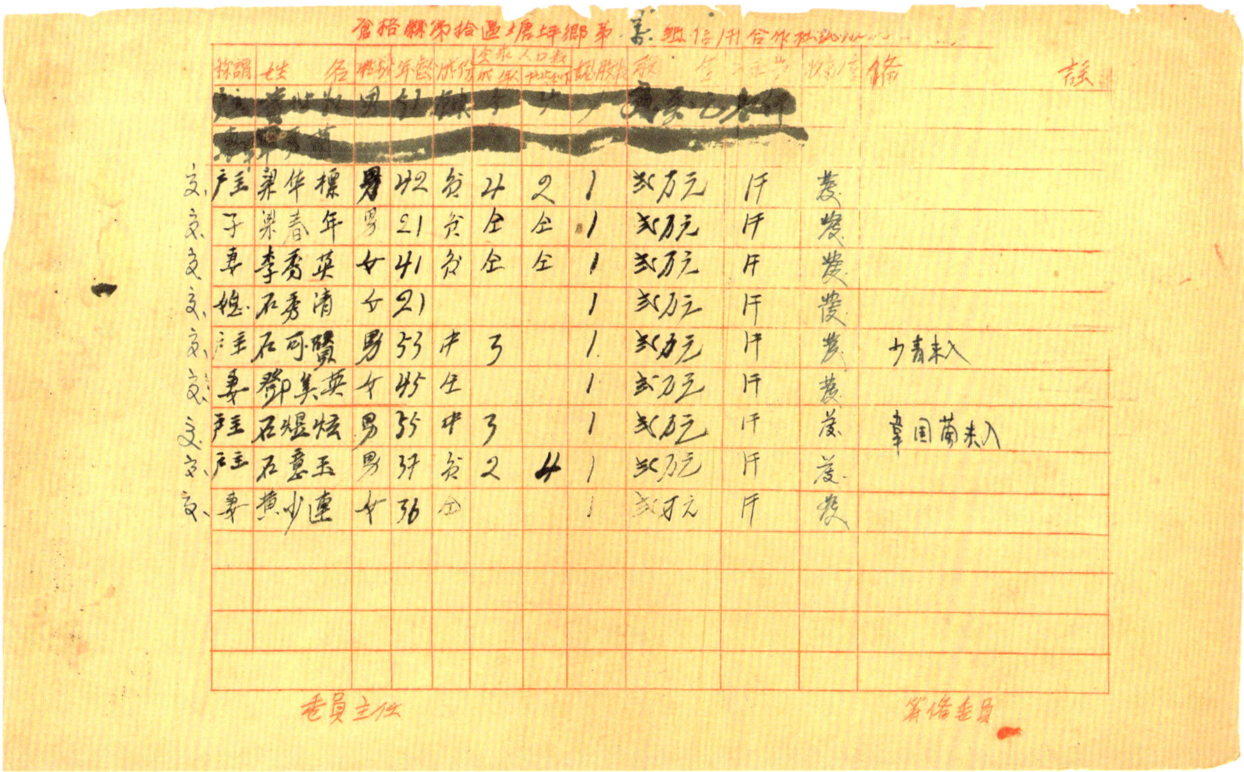

蒼梧縣第拾區塘坪鄉第一組信用合作社認股花名冊

称謂	姓名	性別	年齡	成份	全家人口数 成年	全家人口数 未成年	認股数	股金	入社费	收款人簽章	備註
[redacted]											
户主	梁华標	男	42	贫	4	2	1	2万元	斤	发	
子	梁春年	男	21	贫	全	全	1	2万元	斤	发	
妻	李秀英	女	41	贫	全	全	1	2万元	斤	发	
媳	石秀清	女	21				1	2万元	斤	发	
户主	石可賢	男	53	中	3		1	2万元	斤	发	少青未入
妻	鄧美英	女	45	全			1	2万元	斤	发	
户主	石焜炫	男	35	中	3		1	2万元	斤	发	韋国蘭未入
户主	石惠玉	男	34	贫	2	4	1	2万元	斤	发	
妻	黄少蓮	女	36	全			1	2万元	斤	发	

委員主任　　　　籌備委員

0036 一九五四年七月九日苍梧县塘坪乡第一组信用合作社认股花名册（3）

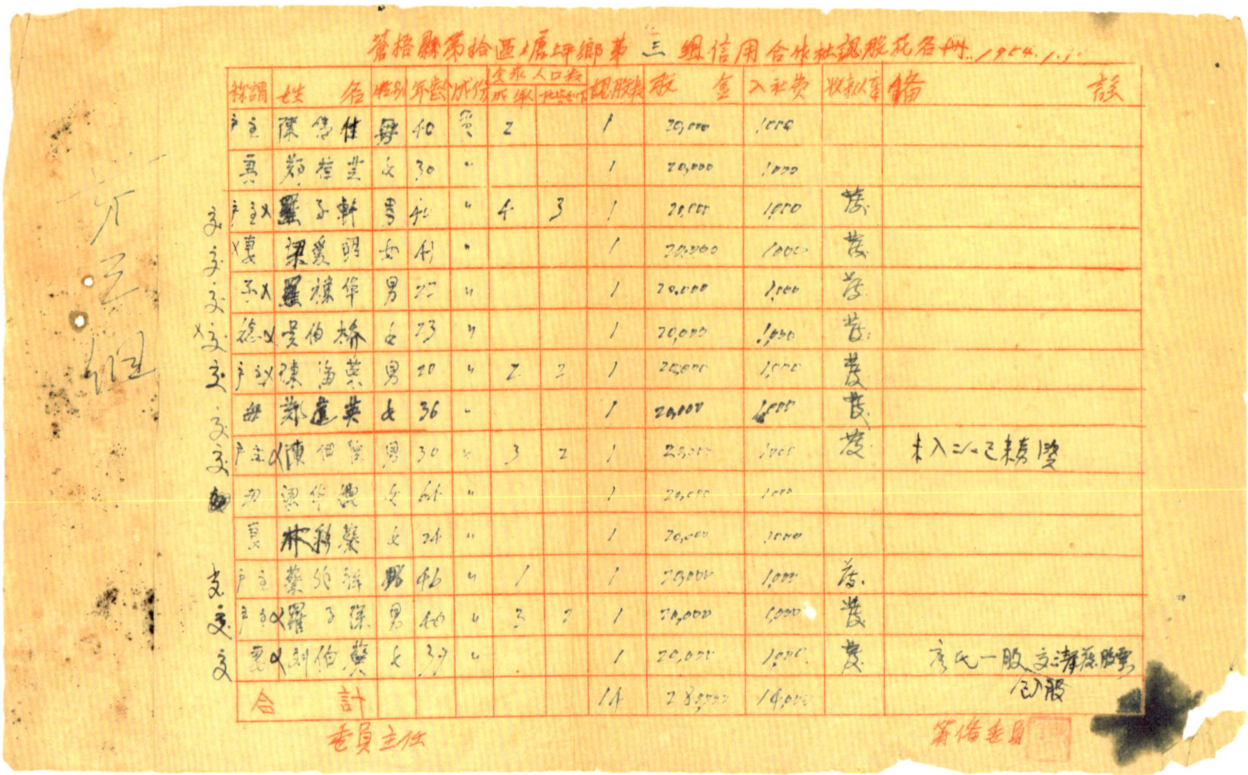
蒼梧縣第拾區塘坪鄉第三組信用合作社認股花名冊 1954.7.9

稱謂	姓名	性別	年齡	成份	全家人口數		認股數	股金	入社費	收款人章	備註
					成年	未成年					
合計							14	28,0000	14,000		

委員主任　　　　籌備委員

0037 一九五四年七月九日苍梧县塘坪乡第三组信用合作社认股花名册（1）

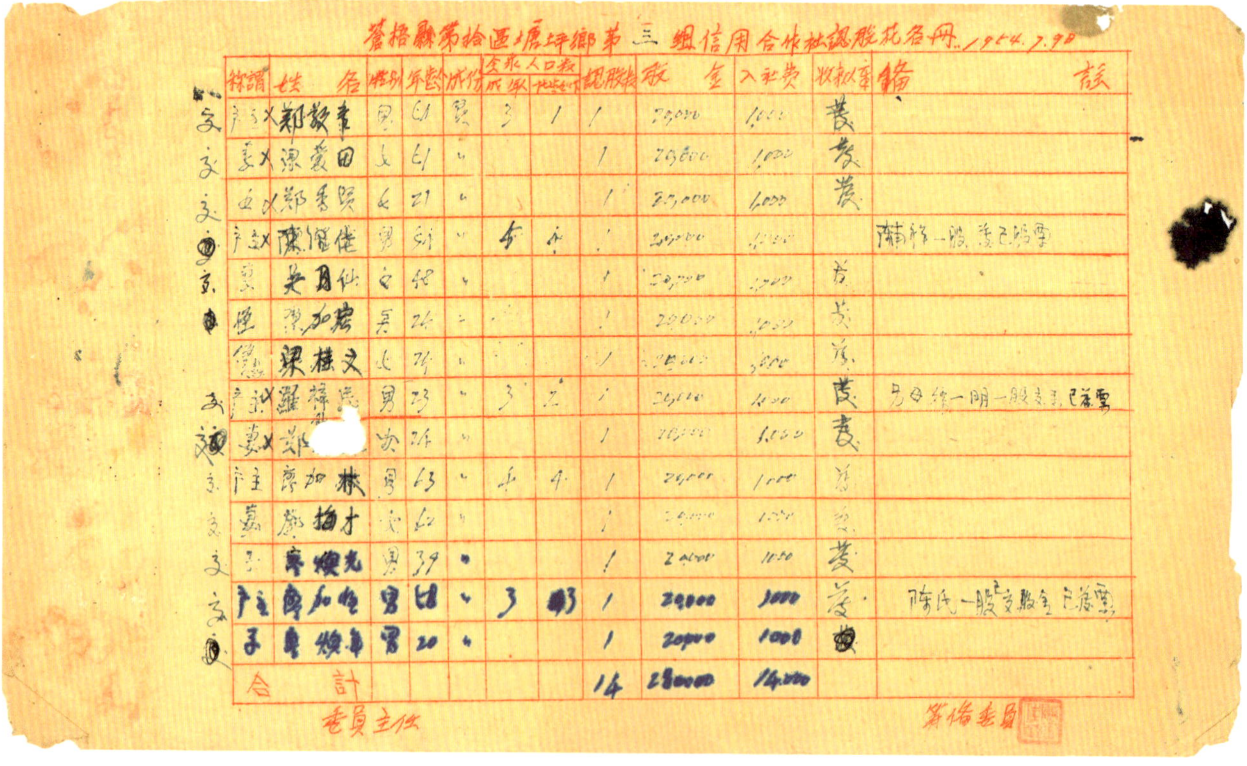
蒼梧縣第拾區塘坪鄉第三組信用合作社認股花名冊 1954.7.9

稱謂	姓名	性別	年齡	成份	全家人口數		認股數	股金	入社費	收款人章	備註
					成年	未成年					
合計							14	280000	14,000		

委員主任　　　　籌備委員

0038 一九五四年七月九日苍梧县塘坪乡第三组信用合作社认股花名册（2）

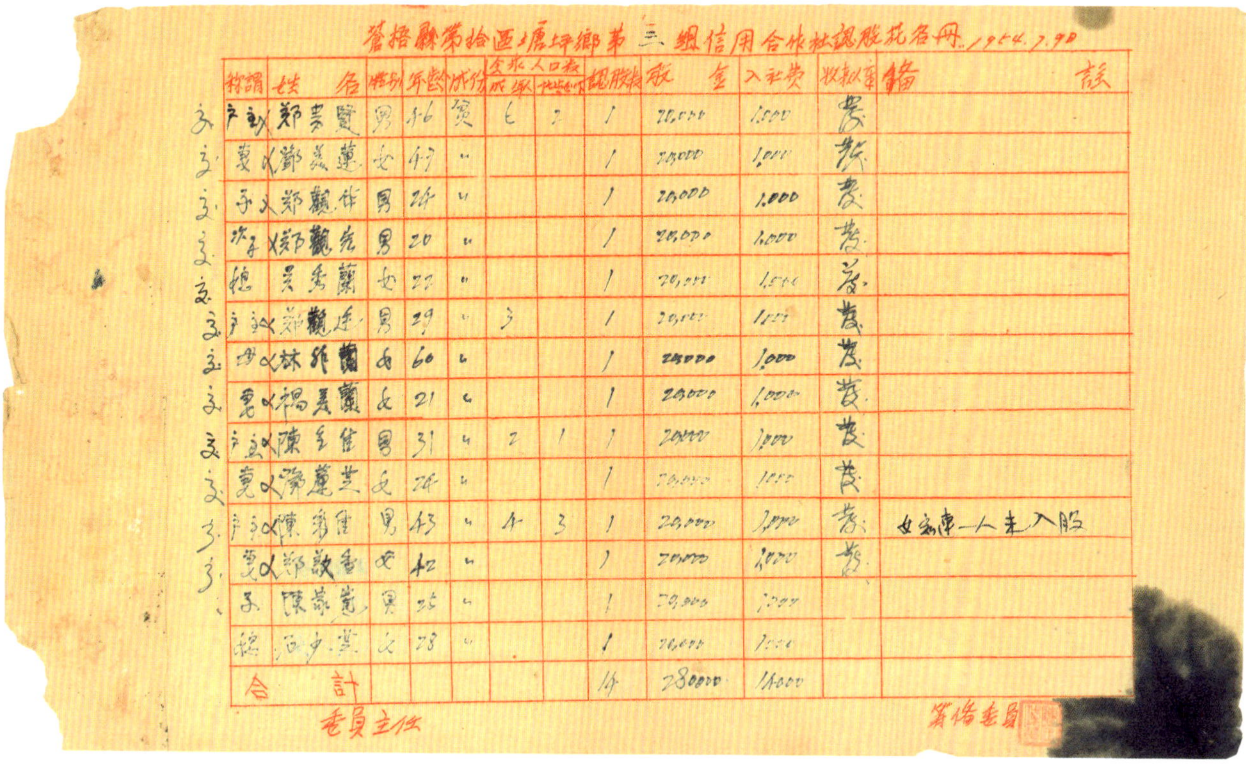

蒼梧縣第拾區塘坪鄉第三組信用合作社認股花名冊 1954.7.9日

称謂	姓名	性别	年龄	成份	全家人口数 成年	全家人口数 未成年	認股数	股金	入社费	收款章	備註
户主	鄭秀贤	男	56	贫	6	2	1	20,000	1,000	发	
妻	鄭美莲	女	49	"			1	20,000	1,000	发	
子	鄭观作	男	24	"			1	20,000	1,000	发	
次子	鄭观先	男	20	"			1	20,000	1,000	发	
媳	吴秀兰	女	22	"			1	20,000	1,000	发	
户主	鄭观进	男	29	"	3		1	20,000	1,000	发	
母	林外兰	女	60	"			1	20,000	1,000	发	
妻	杨美兰	女	21	"			1	20,000	1,000	发	
户主	陳玉佳	男	31	"	2	1	1	20000	1000	发	
妻	鄭莲芝	女	24	"			1	20,000	1000	发	
户主	陳秀佳	男	43	"	4	3	1	20,000	1000	发	女[illegible]一人未入股
妻	鄭敬香	女	40	"			1	20000	1000	发	
子	陳崇光	男	25	"			1	20,000	1000		
媳	[illegible]	女	28	"			1	20,000	1000		
合計							14	280000	14000		

委員主任　　　　籌備委員

0039 一九五四年七月九日苍梧县塘坪乡第三组信用合作社认股花名册（3）

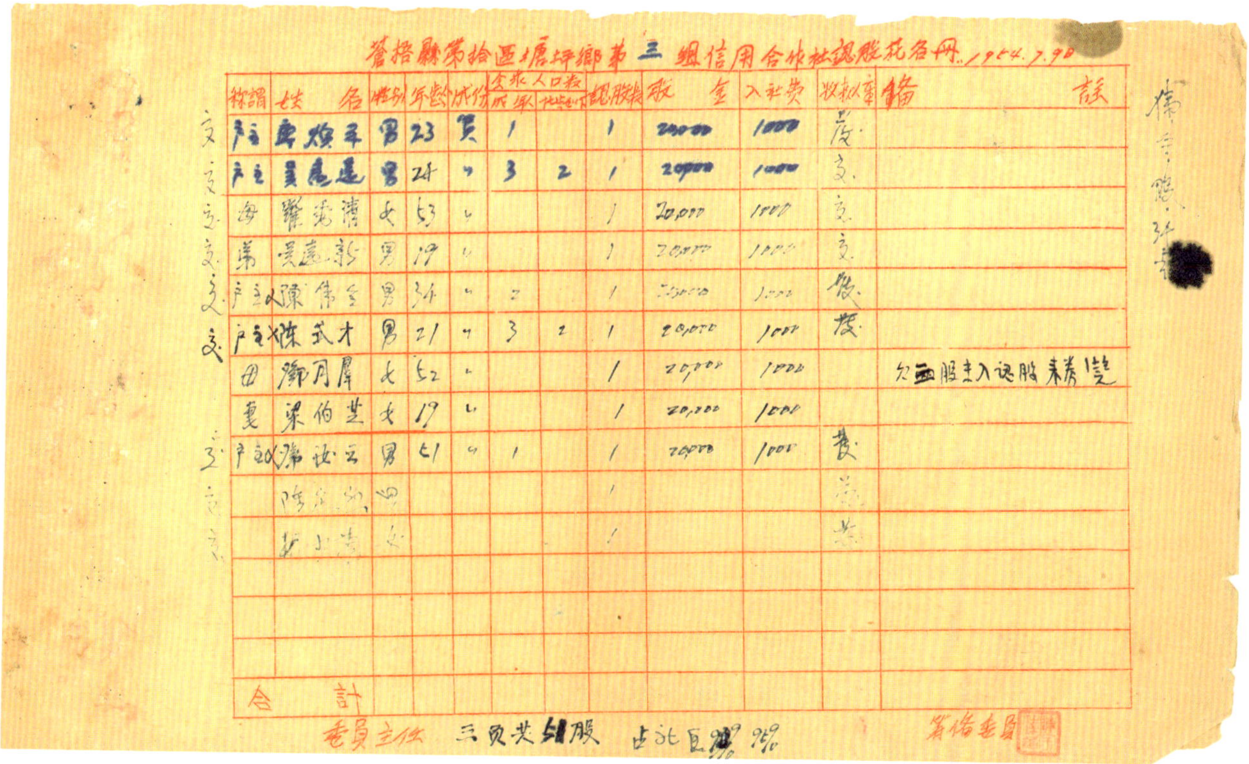

蒼梧縣第拾區塘坪鄉第三組信用合作社認股花名冊 1954.7.9日

称謂	姓名	性别	年龄	成份	全家人口数 成年	全家人口数 未成年	認股数	股金	入社费	收款章	備註
户主	康焕平	男	23	贫	1		1	20000	1000	发	
户主	吴德进	男	24	"	3	2	1	20000	1000	交	
母	鄧秀清	女	53	"			1	20,000	1000	交	
弟	吴德新	男	19	"			1	20,000	1000	交	
户主	陳伟全	男	34	"	2		1	20,000	1000	发	
户主	陳武才	男	21	"	3	2	1	20,000	1000	发	
母	鄧月犀	女	52	"			1	20,000	1000		欠画股未入認股 未秀[illegible]
妻	梁伯芝	女	19	"			1	20,000	1000		
户主	鄧徒云	男	51	"	1		1	20,000	1000	发	
	陈[illegible]	男					1			[illegible]	
	[illegible]	女					1			[illegible]	
合計											

委員主任　三员共[illegible]股　占比[illegible]95%　　籌備委員

0040 一九五四年七月九日苍梧县塘坪乡第三组信用合作社认股花名册（4）

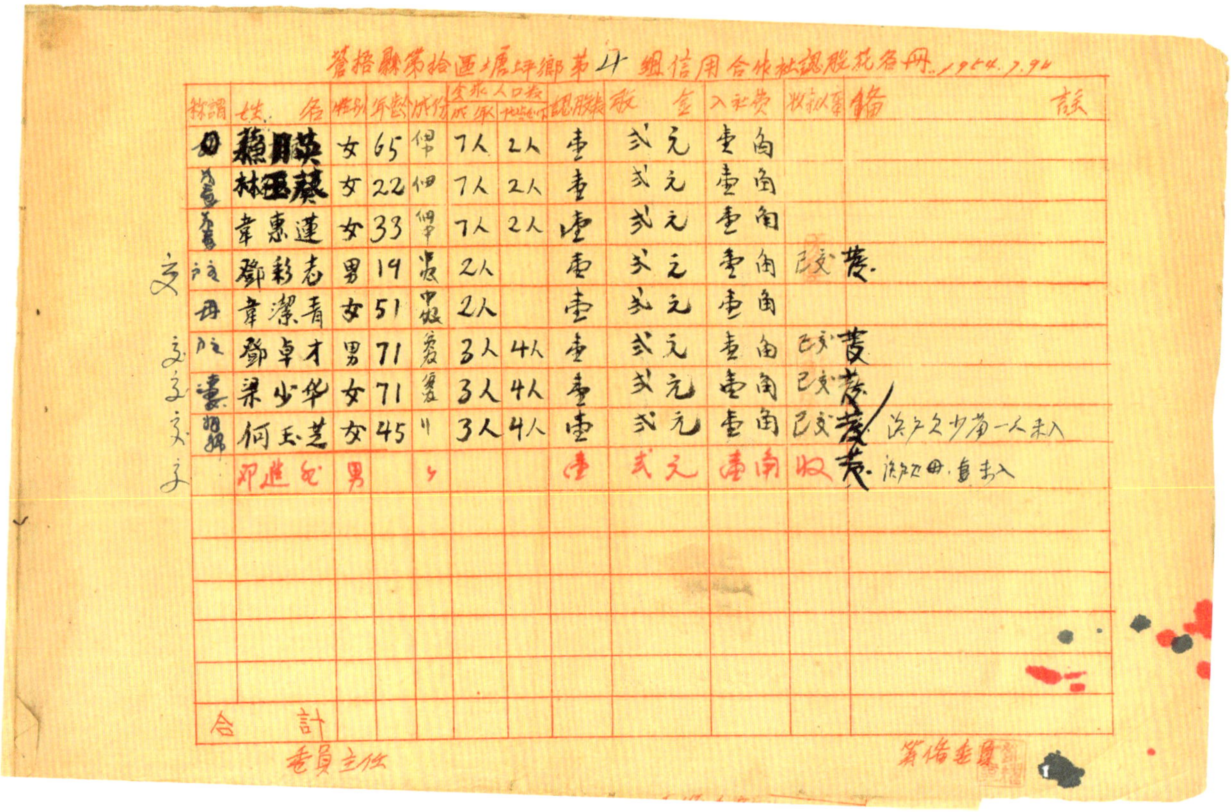

蒼梧縣第拾區塘坪鄉第四組信用合作社認股花名冊 1954.7.9

称謂	姓名	性別	年齡	成份	全家人口数 成年	全家人口数 十六歲以下	認股數	股金	入社費	收款人章	備考
母	[illegible]	女	65	僱	7人	2人	壹	贰元	壹角		
[illegible]	林[illegible]	女	22	佃	7人	2人	壹	贰元	壹角		
[illegible]	韋惠蓮	女	33	僱	7人	2人	壹	贰元	壹角		
户主	鄧彩志	男	19	貧農	2人		壹	贰元	壹角	已交	黄
母	韋潔青	女	51	中農	2人		壹	贰元	壹角		
户主	鄧卓才	男	71	貧	3人	4人	壹	贰元	壹角	已交	黄
妻	梁少华	女	71	貧	3人	4人	壹	贰元	壹角	已交	黄
媳婦	何玉芝	女	45	〃	3人	4人	壹	贰元	壹角	已交	黄 该户冬少第一人未入
	邓進纪	男		〃			壹	贰元	壹角	收	黄 该加四.自未入
合計											

委員主任 籌備委員

0041 一九五四年七月九日苍梧县塘坪乡第四组信用合作社认股花名册

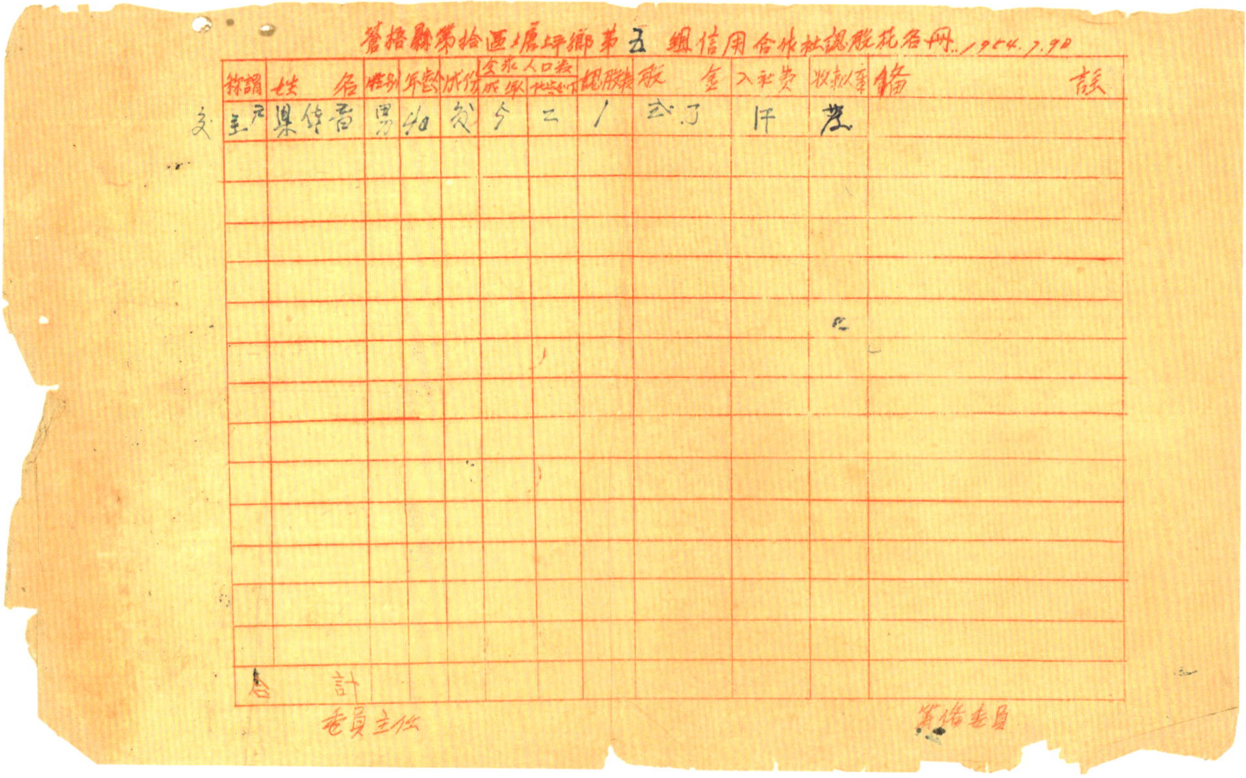

蒼梧縣第拾區塘坪鄉第五組信用合作社認股花名冊 1954.7.9

称謂	姓名	性別	年齡	成份	全家人口数 成年	全家人口数 十六歲以下	認股數	股金	入社費	收款人章	備考
户主	[illegible]	男	40	貧	5	二	1	贰元	仟	黄	
合計											

委員主任 籌備委員

0042 一九五四年七月九日苍梧县塘坪乡第五组信用合作社认股花名册（1）

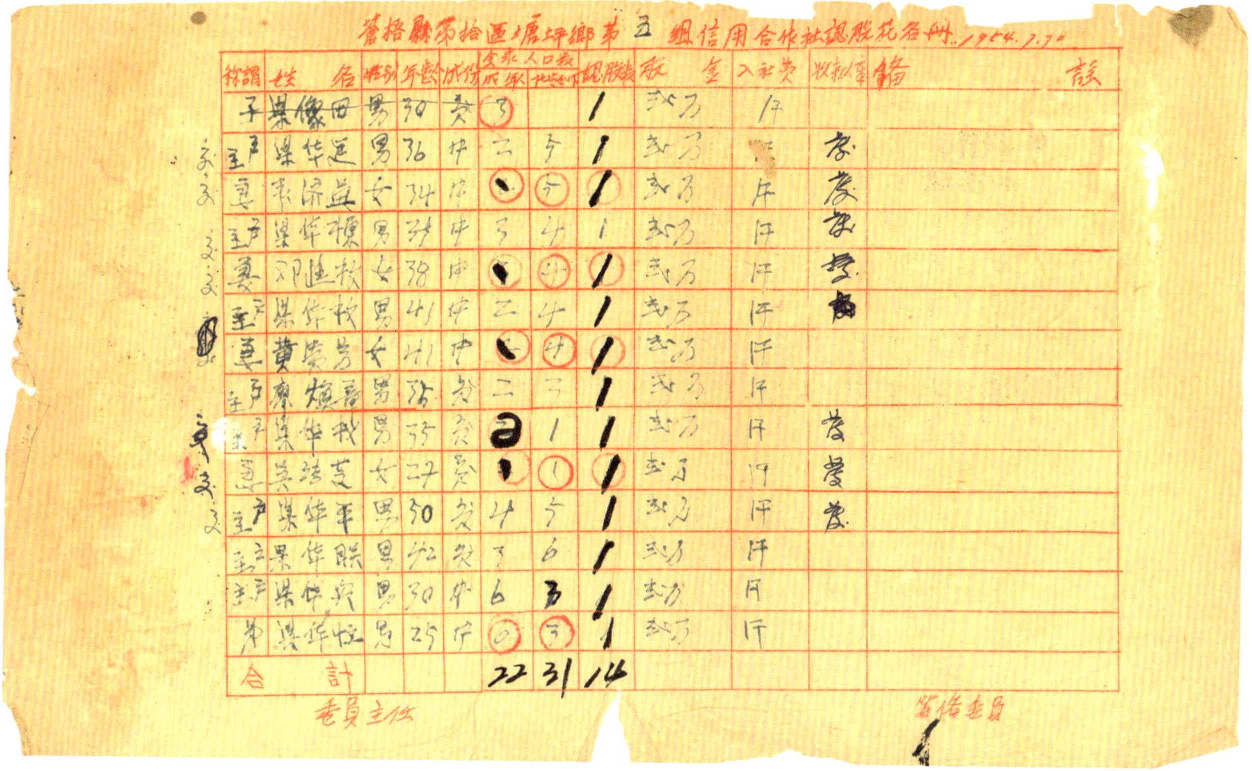

蒼梧縣第拾區塘坪鄉第五組信用合作社認股花名冊 1954.7.9

称謂	姓名	性別	年齡	成份	全家人口数 成年	全家人口数 未成年	認股数	股金	入社费	收款人章	備註
子	梁像田	男	30	贫	3		1	弍万	仟		
户主	梁华廷	男	36	中	二	5	1	弍万	仟	发	
妻	[illegible]	女	34	中	1	5	1	弍万	仟	发	
户主	梁华[illegible]	男	35	中	3	4	1	弍万	仟	发	
妻	邓进枚	女	38	中	1	4	1	弍万	仟	发	
户主	梁华[illegible]	男	41	中	二	4	1	弍万	仟	发	
妻	黄[illegible]	女	41	中	1	4	1	弍万	仟		
户主	廖[illegible]	男	35	贫	二	三	1	弍万	仟		
户主	梁华[illegible]	男	35	贫	2	1	1	弍万	仟	发	
妻	吴[illegible]	女	27	贫	1	1	1	弍万	仟	发	
户主	梁华平	男	50	贫	4	5	1	弍万	仟	发	
户主	梁华[illegible]	男	42	贫	3	6	1	弍万	仟		
户主	梁华[illegible]	男	30	中	6	3	1	弍万	仟		
弟	梁华[illegible]	男	25	中	0	3	1	弍万	仟		
合計					22	31	14				

委員主任　　　　　　　籌備委員

0043 一九五四年七月九日苍梧县塘坪乡第五组信用合作社认股花名册（2）

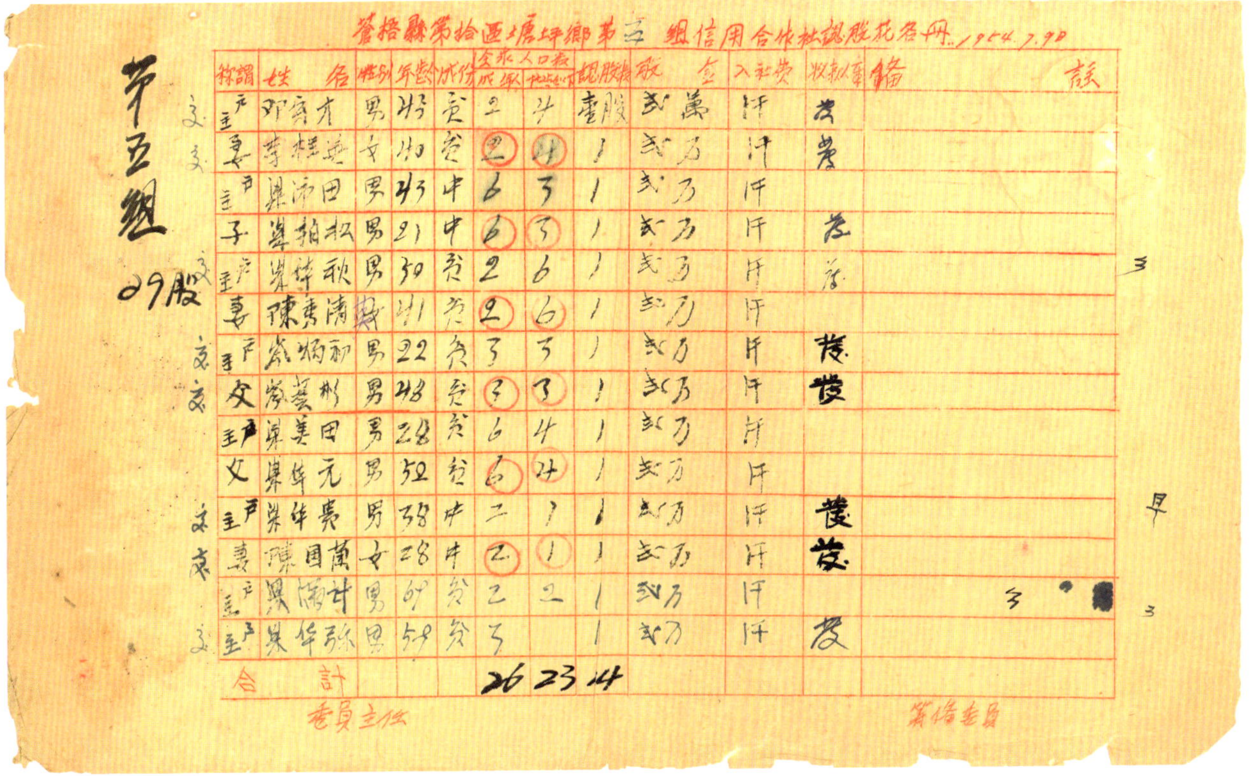

第五组
29股

蒼梧縣第拾區塘坪鄉第五組信用合作社認股花名冊 1954.7.9

称謂	姓名	性別	年齡	成份	全家人口数 成年	全家人口数 未成年	認股数	股金	入社费	收款人章	備註
户主	邓[illegible]才	男	45	贫	2	4	壹股	弍萬	仟	发	
妻	李[illegible]	女	40	贫	2	4	1	弍万	仟	发	
户主	梁沛田	男	45	中	6	3	1	弍万	仟		
子	梁柏松	男	21	中	6	3	1	弍万	仟	发	
户主	梁华秋	男	30	贫	2	6	1	弍万	仟	发	
妻	陳秀清	女	31	贫	2	6	1	弍万	仟		
户主	[illegible]	男	22	贫	3	3	1	弍万	仟	发	
父	[illegible]	男	48	贫	3	3	1	弍万	仟	发	
户主	梁美田	男	28	贫	6	4	1	弍万	仟		
父	梁华元	男	52	贫	6	4	1	弍万	仟		
户主	梁华贵	男	38	中	二	1	1	弍万	仟	发	
妻	陳国蘭	女	28	中	2	1	1	弍万	仟	发	
户主	梁[illegible]	男	60	贫	二	二	1	弍万	仟		
户主	梁华[illegible]	男	58	贫	3		1	弍万	仟	发	
合計					26	23	14				

委員主任　　　　　　　籌備委員

0044 一九五四年七月九日苍梧县塘坪乡第五组信用合作社认股花名册（3）

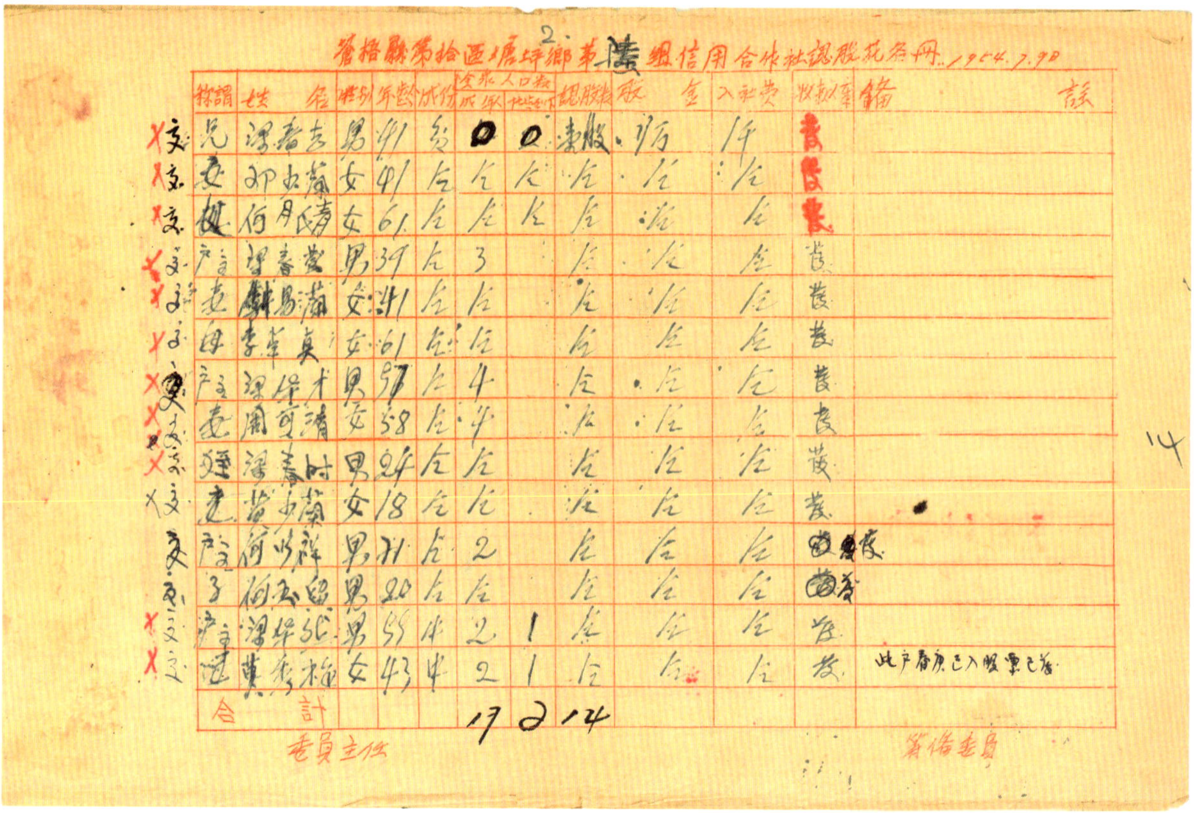

蒼梧縣第拾區塘坪鄉第六组信用合作社認股花名冊 1954.7.9日

稱謂	姓名	性別	年齡	成份	全家人口數 人數	全家人口數 勞動力	認股數	股金	入社費	收款人章	備考
兄	梁春吉	男	41	贫	0	0	壹股	1万	1仟	[illegible]	
妻	邓少兰	女	41	仝	仝	仝	仝	仝	仝	[illegible]	
嫂	何月娇	女	61	仝	仝	仝	仝	仝	仝	[illegible]	
户主	梁春发	男	39	仝	3		仝	仝	仝	发	
妻	谢易兰	女	41	仝	仝		仝	仝	仝	发	
母	李掌真	女	61	仝	仝		仝	仝	仝	发	
户主	梁保术	男	57	仝	4		仝	仝	仝	发	
妻	周可清	女	58	仝	4		仝	仝	仝	发	
侄	梁春时	男	24	仝	仝		仝	仝	仝	发	
[illegible]	黄少兰	女	18	仝	仝		仝	仝	仝	发	
户主	何少祥	男	31	仝	2		仝	仝	仝	[illegible]	
子	何玉留	男	20	仝	仝		仝	仝	仝	[illegible]	
户主	梁保[illegible]	男	55	中	2	1	仝	仝	仝	发	
妻	黄秀梅	女	43	中	2	1	仝	仝	仝	发	此户春房已入股票已发
合計					17	2	14				

委員主任　　　　籌備委員

0045 一九五四年七月九日苍梧县塘坪乡第六组信用合作社认股花名册（1）

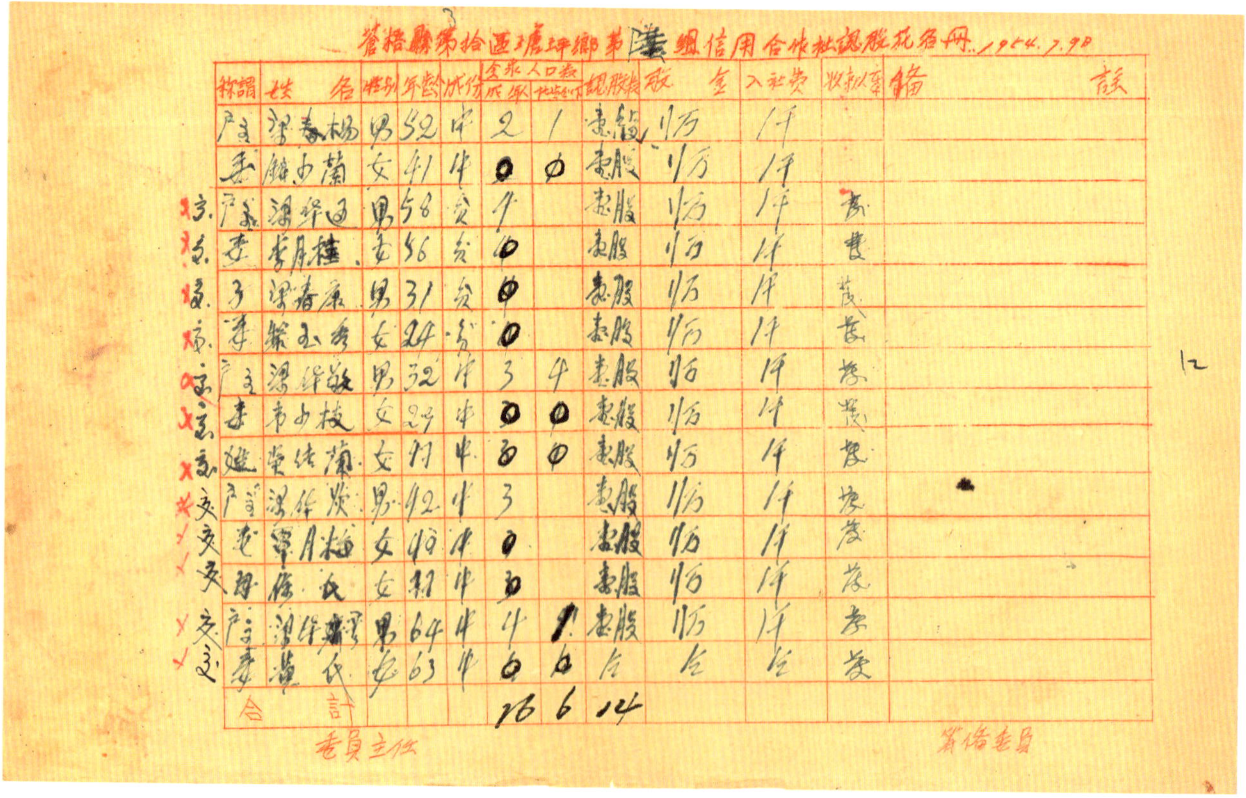

蒼梧縣第拾區塘坪鄉第六组信用合作社認股花名冊 1954.7.9日

稱謂	姓名	性別	年齡	成份	全家人口數 人數	全家人口數 勞動力	認股數	股金	入社費	收款人章	備考
户主	梁春杨	男	52	中	2	1	壹股	1万	1仟		
妻	钟少兰	女	41	中	0	0	壹股	1万	1仟		
户主	梁保[illegible]	男	58	贫	4		壹股	1万	1仟	发	
妻	李月桂	女	56	贫	0		壹股	1万	1仟	发	
子	梁春康	男	31	贫	0		壹股	1万	1仟	发	
媳	黎玉秀	女	24	贫	0		壹股	1万	1仟	发	
户主	梁保敬	男	32	中	3	4	壹股	1万	1仟	发	
妻	韦少枝	女	29	中	0	0	壹股	1万	1仟	发	
嫂	黄佳兰	女	[illegible]	中	0	0	壹股	1万	1仟	发	
户主	梁保炎	男	42	中	3		壹股	1万	1仟	发	
妻	覃月梅	女	[illegible]	中	0		壹股	1万	1仟	发	
母	徐氏	女	[illegible]	中	0		壹股	1万	1仟	发	
户主	梁保[illegible]	男	64	中	4	1	壹股	1万	1仟	发	
妻	黄氏	女	63	中	0	0	仝	仝	仝	发	
合計					16	6	14				

委員主任　　　　籌備委員

0046 一九五四年七月九日苍梧县塘坪乡第六组信用合作社认股花名册（2）

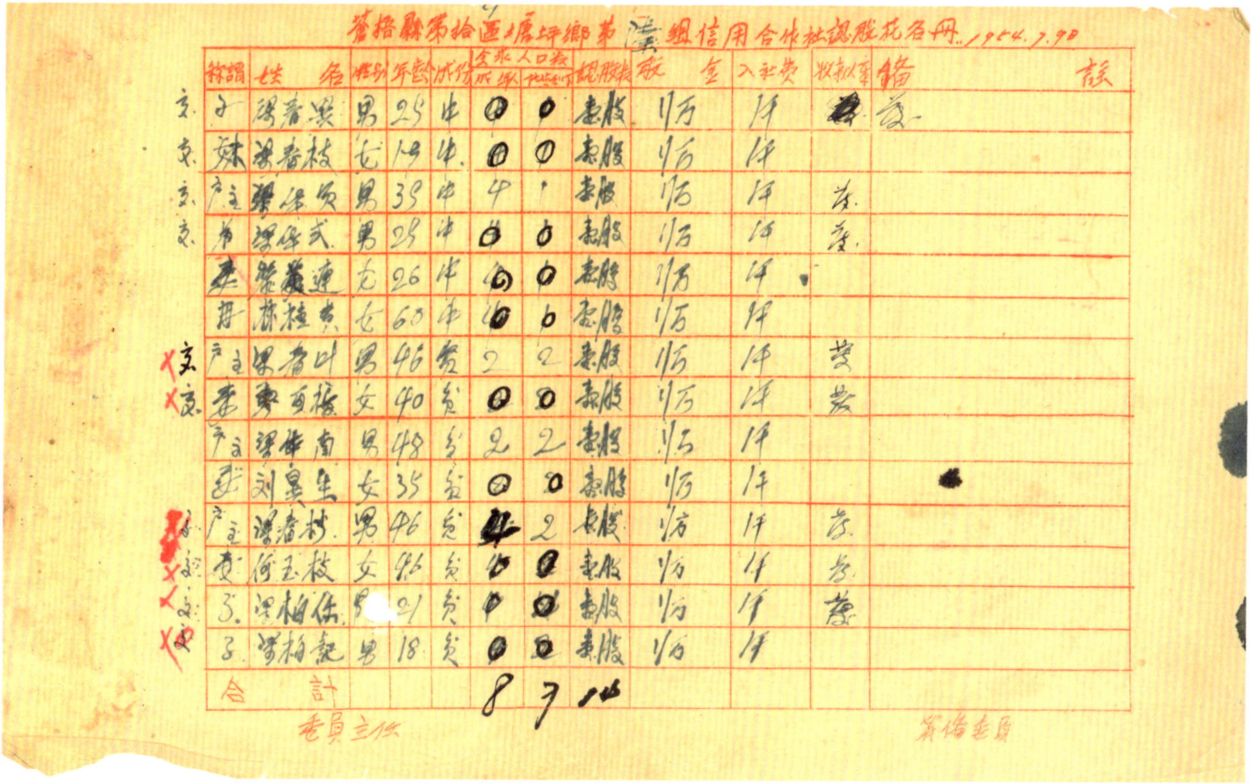

苍梧县第拾区塘坪乡第六组信用合作社认股花名册 1954.7.9日

称谓	姓名	性别	年龄	成份	全家人口数 成年	全家人口数 未成年	认股数	股金	入社费	收款人	备考
子	[illegible]	男	25	中	0	0	壹股	1万	1千	[illegible]	
妹	[illegible]	女	19	中	0	0	壹股	1万	1千		
户主	[illegible]	男	35	中	4	1	壹股	1万	1千	[illegible]	
弟	[illegible]	男	25	中	0	0	壹股	1万	1千	[illegible]	
[illegible]	[illegible]	女	26	中	0	0	壹股	1万	1千		
母	[illegible]	女	60	中	0	0	壹股	1万	1千		
户主	[illegible]	男	46	贫	2	2	壹股	1万	1千	[illegible]	
妻	[illegible]	女	40	贫	0	0	壹股	1万	1千	[illegible]	
户主	[illegible]	男	48	贫	2	2	壹股	1万	1千		
妻	刘[illegible]	女	35	贫	0	0	壹股	1万	1千		
户主	[illegible]	男	46	贫	[illegible]	2	壹股	1万	1千	[illegible]	
妻	何玉枝	女	[illegible]	贫	0	0	壹股	1万	1千	[illegible]	
子	[illegible]	男	21	贫	0	0	壹股	1万	1千	[illegible]	
子	[illegible]	男	18	贫	0	0	壹股	1万	1千		
合计					8	7	14				

委员主任　　　　　　　　　　　　　　筹备委员

0047 一九五四年七月九日苍梧县塘坪乡第六组信用合作社认股花名册（3）

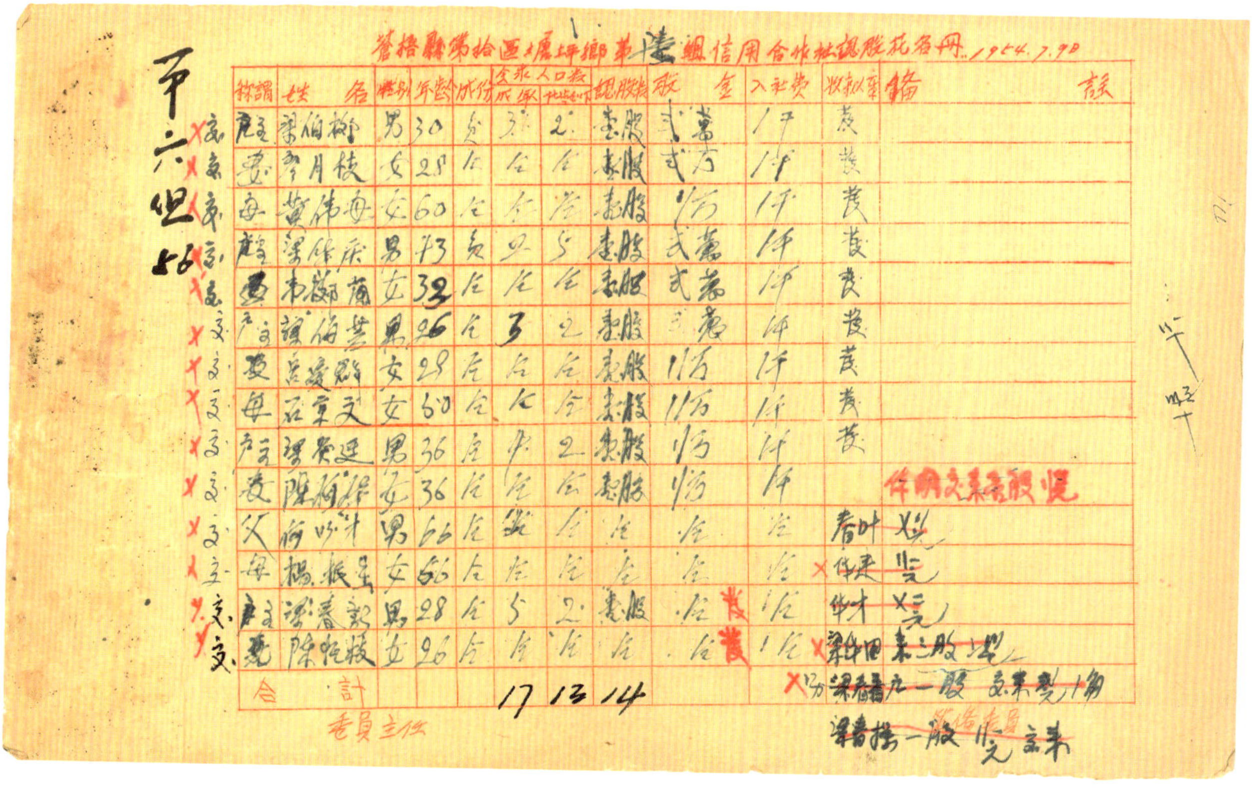

第六组 56

苍梧县第拾区塘坪乡第六组信用合作社认股花名册 1954.7.9日

称谓	姓名	性别	年龄	成份	全家人口数 成年	全家人口数 未成年	认股数	股金	入社费	收款人	备考
户主	[illegible]	男	30	贫	3	2	壹股	弍万	1千	[illegible]	
妻	[illegible]月枝	女	28	仝	仝	仝	壹股	弍万	1千	[illegible]	
母	[illegible]	女	60	仝	仝	仝	壹股	1万	1千	[illegible]	
户主	[illegible]	男	43	贫	5	5	壹股	弍万	1千	[illegible]	
妻	[illegible]	女	32	仝	仝	仝	壹股	弍万	1千	[illegible]	
户主	[illegible]	男	26	仝	3	2	壹股	弍万	1千	[illegible]	
妻	[illegible]	女	28	仝	仝	仝	壹股	1万	1千	[illegible]	
母	[illegible]	女	60	仝	仝	仝	壹股	1万	1千	[illegible]	
户主	[illegible]	男	36	仝	[illegible]	2	壹股	1万	1千	[illegible]	
妻	[illegible]	女	36	仝	仝	仝	壹股	1万	1千		[illegible]
父	[illegible]	男	66	仝	[illegible]	仝	仝	仝	仝	[illegible]	
母	[illegible]	女	66	仝	仝	仝	仝	仝	仝	[illegible]	
户主	[illegible]	男	28	仝	5	2	壹股	仝	仝	[illegible]	
妻	[illegible]	女	26	仝	仝	仝	仝	仝	仝	[illegible]	
合计					17	13	14				

委员主任　　　　　　　　　　　　　　筹备委员

0048 一九五四年七月九日苍梧县塘坪乡第六组信用合作社认股花名册（4）

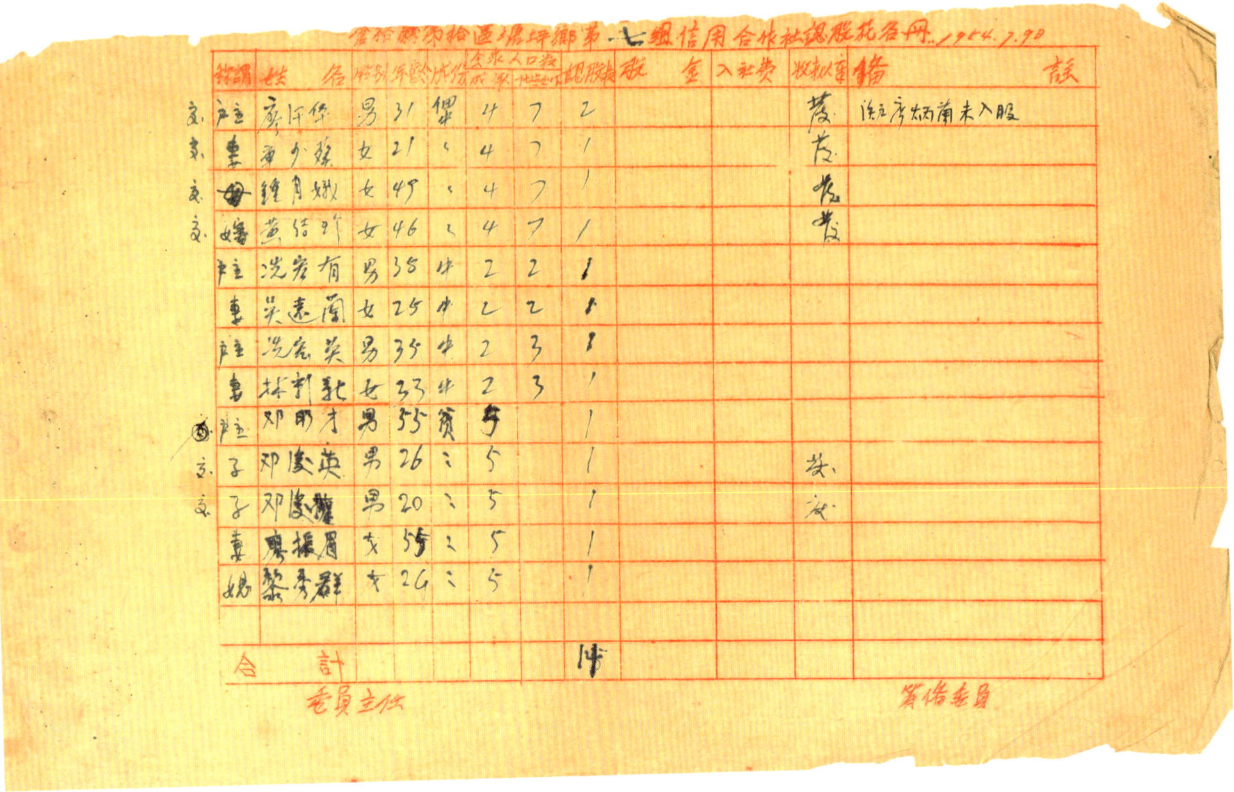

苍梧县第拾区塘坪乡第七组信用合作社认股花名册 1954.7.9日

称谓	姓名	性别	年龄	成份	全家人口数		认股数	股金	入社费	收款人章	备注
					[illegible]	[illegible]					
户主	廖仟保	男	31	佃	4	7	2			发	该户烟苗未入股
妻	[illegible]少[illegible]	女	21	〃	4	7	1			发	
母	钟月娥	女	49	〃	4	7	1			发	
嫂	黄结珍	女	46	〃	4	7	1			发	
户主	冼家有	男	38	中	2	2	1				
妻	吴素兰	女	25	中	2	2	1				
户主	冼家英	男	35	中	2	3	1				
妻	林[illegible]乾	女	33	中	2	3	1				
户主	邓明才	男	55	贫	5		1				
子	邓庆英	男	26	〃	5		1			发	
子	邓庆[illegible]	男	20	〃	5		1			发	
妻	廖振眉	女	[illegible]	〃	5		1				
媳	黎秀群	女	26	〃	5		1				
合计							15				

委员主任　　筹备委员

0049 一九五四年七月九日苍梧县塘坪乡第七组信用合作社认股花名册（1）

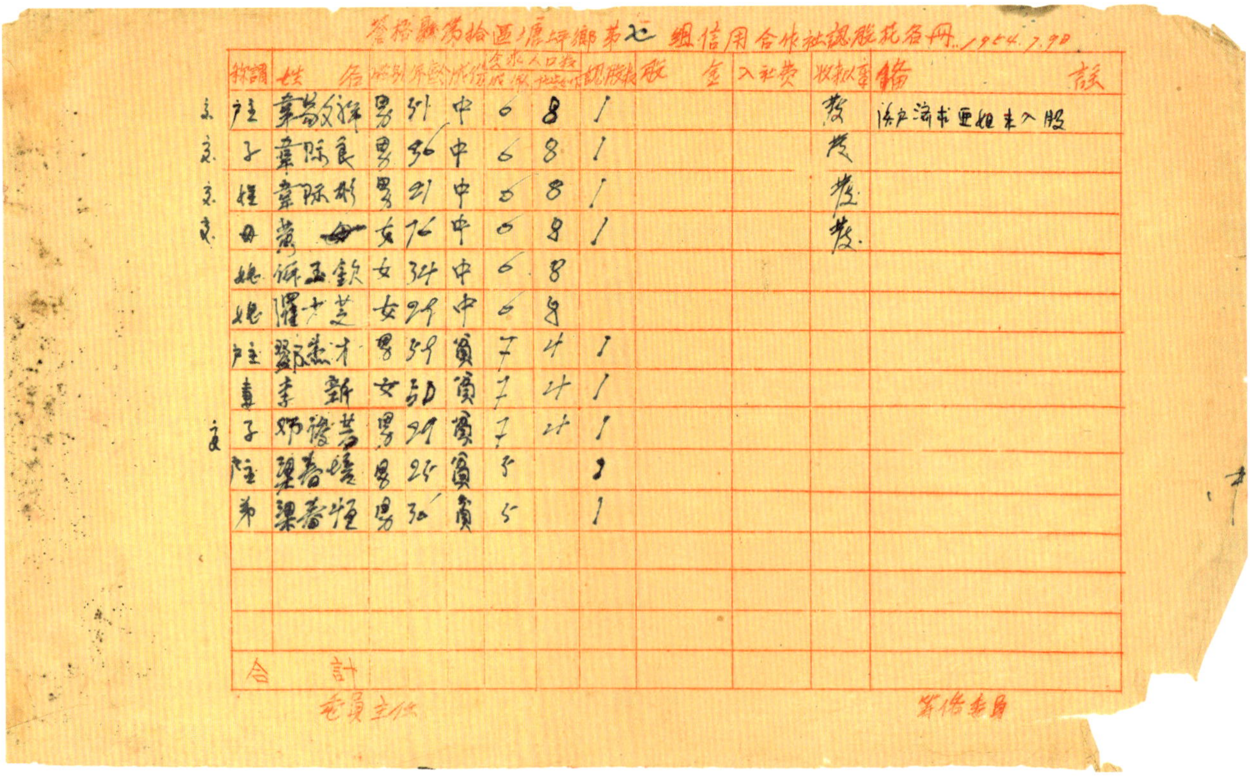

苍梧县第拾区塘坪乡第七组信用合作社认股花名册 1954.7.9日

称谓	姓名	性别	年龄	成份	全家人口数		认股数	股金	入社费	收款人章	备注
					[illegible]	[illegible]					
户主	覃[illegible]辉	男	51	中	6	8	1			发	该户流水亚姐未入股
子	覃际良	男	36	中	6	8	1			发	
侄	覃际彬	男	21	中	6	8	1			发	
母	黄[illegible]	女	76	中	6	8	1			发	
媳	何玉钦	女	34	中	6	8					
媳	罗[illegible]芝	女	29	中	6	8					
户主	邓[illegible]才	男	59	贫	7	4	1				
妻	李新	女	50	贫	7	4	1				
子	邓[illegible]	男	29	贫	7	4	1				
户主	梁[illegible]	男	25	贫	5		1				
弟	梁[illegible]	男	30	贫	5		1				
合计											

委员主任　　筹备委员

0050 一九五四年七月九日苍梧县塘坪乡第七组信用合作社认股花名册（2）

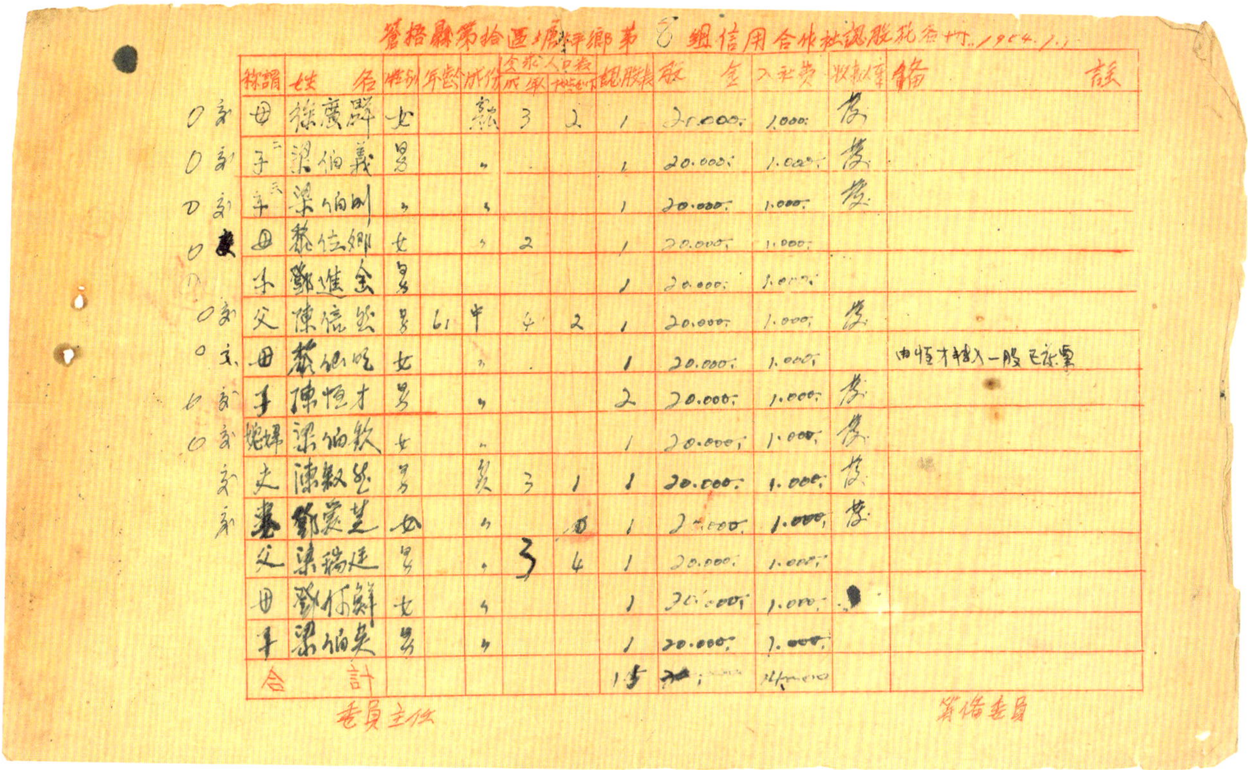
蒼梧縣第拾區塘坪鄉第　組信用合作社認股花名册

稱謂	姓名	性別	年齡	成份	全家人口数		認股數	股金	入社費	收款人章	備考
					人口						

合計

委員主任　　　　　　　　　　　　　　　　　　　　　　　　　　　　　籌備委員

0051 一九五四年七月九日苍梧县塘坪乡第八组信用合作社认股花名册（1）

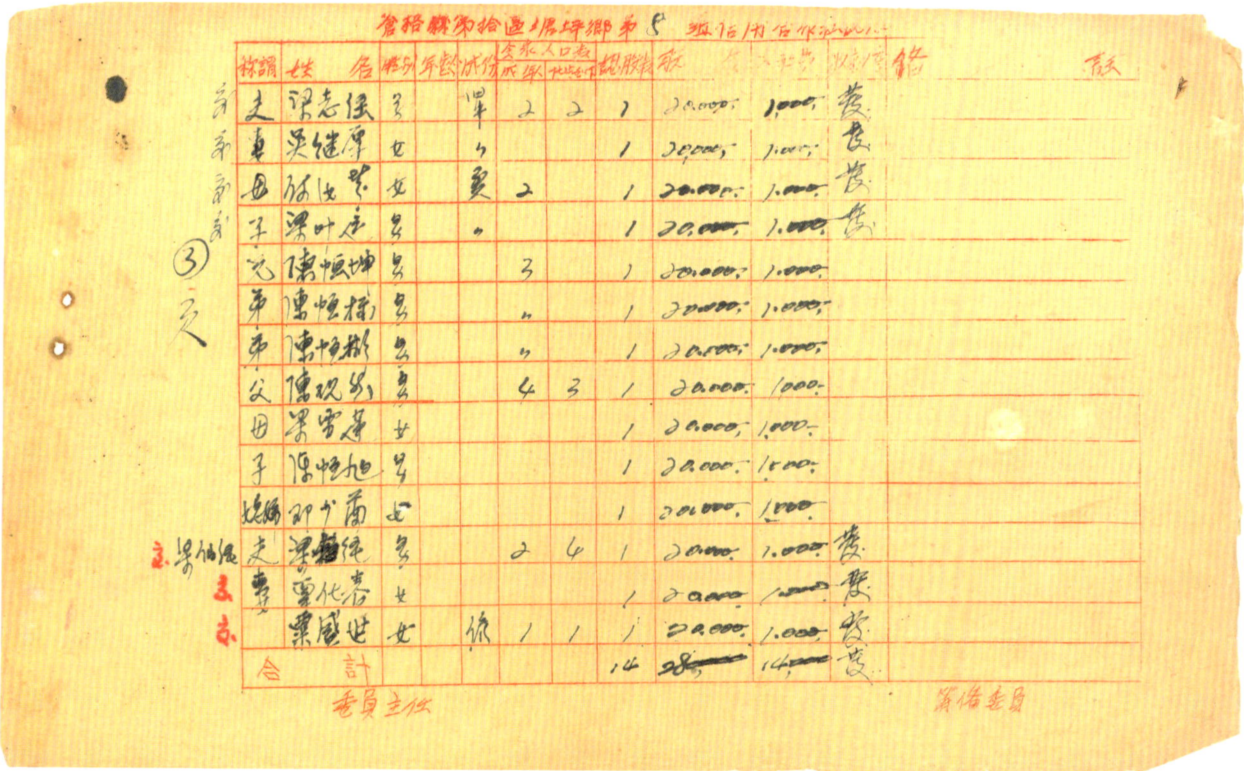
蒼梧縣第拾區塘坪鄉第　組信用合作社認股花名册

稱謂	姓名	性別	年齡	成份	全家人口数		認股數	股金	入社費	收款人章	備考
					人口						

合計

委員主任　　　　　　　　　　　　　　　　　　　　　　　　　　　　　籌備委員

0052 一九五四年七月九日苍梧县塘坪乡第八组信用合作社认股花名册（2）

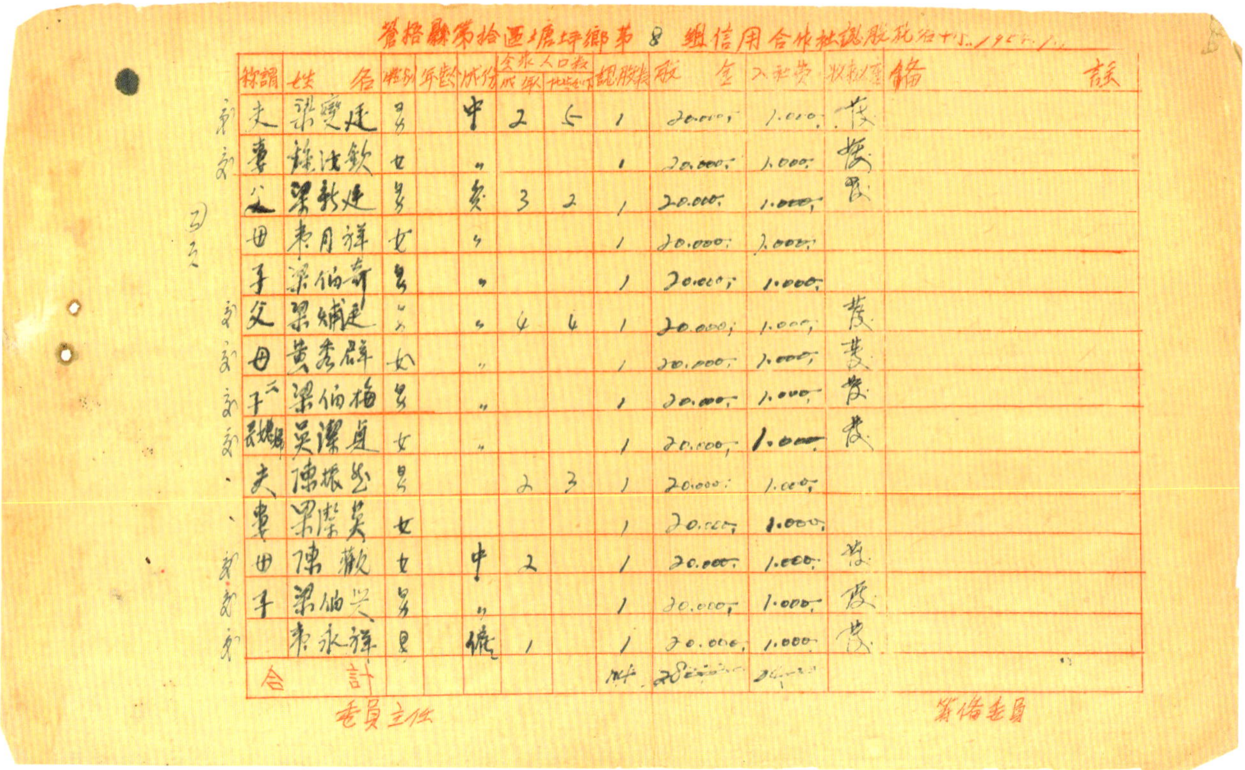

蒼梧縣第拾區塘坪鄉第 8 組信用合作社認股花名冊 1954.7

称謂	姓名	性別	年齡	成份	全家人口數 成年	未成年	認股數	股金	入社費	收款人蓋章	備註
夫	梁燮廷	男		中	2	5	1	20.000	1.000	发	
妻	钟沐钦	女		〃			1	20.000	1.000	发	
父	梁钦廷	男		贫	3	2	1	20.000	1.000	发	
母	李月祥	女		〃			1	20.000	1.000		
子	梁伯奇	男		〃			1	20.000	1.000		
父	梁辅廷	男		〃	4	4	1	20.000	1.000	发	
母	黄秀群	女		〃			1	20.000	1.000	发	
子	梁伯梅	男		〃			1	20.000	1.000	发	
长媳	吴洁贞	女		〃			1	20.000	1.000	发	
夫	陈振兴	男			2	3	1	20.000	1.000		
妻	梁洁英	女					1	20.000	1.000		
母	陈薇	女		中	2		1	20.000	1.000	发	
子	梁伯兴	男		〃			1	20.000	1.000	发	
	李永祥	男		佃	1		1	20.000	1.000	发	
合計							14	28[illegible]	14[illegible]		

委員主任　　　　筹備委員

0053 一九五四年七月九日苍梧县塘坪乡第八组信用合作社认股花名册（3）

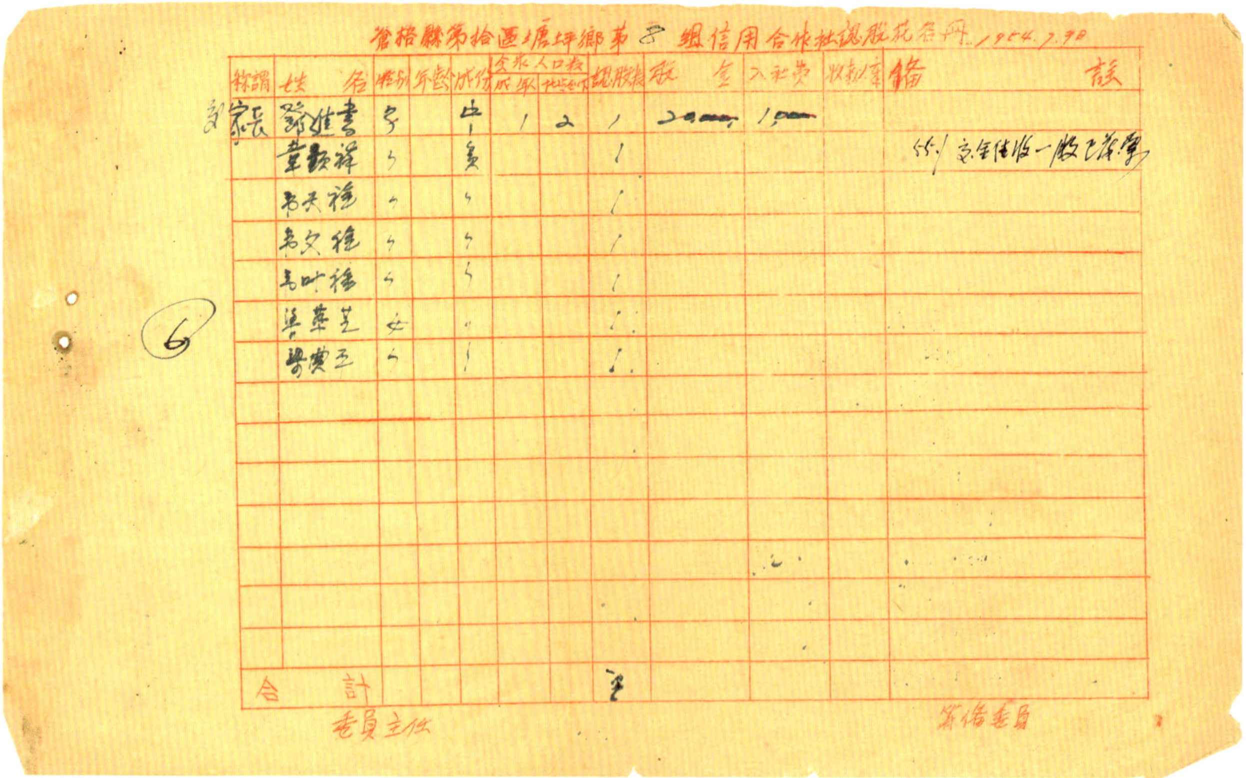

蒼梧縣第拾區塘坪鄉第 8 組信用合作社認股花名冊 1954.7.9日

称謂	姓名	性別	年齡	成份	全家人口數 成年	未成年	認股數	股金	入社費	收款人蓋章	備註
家長	邓维书	男		中	1	2	1	20.000	1.000		
	黄钦祥	〃		贫			1				[illegible]交全结收一股已签字
	李天禧	〃		〃			1				
	李文禧	〃		〃			1				
	李叶禧	〃		〃			1				
	吴翠兰	女		〃			1				
	邓寅玉	〃		〃			1				
合計											

委員主任　　　　筹備委員

0054 一九五四年七月九日苍梧县塘坪乡第八组信用合作社认股花名册（4）

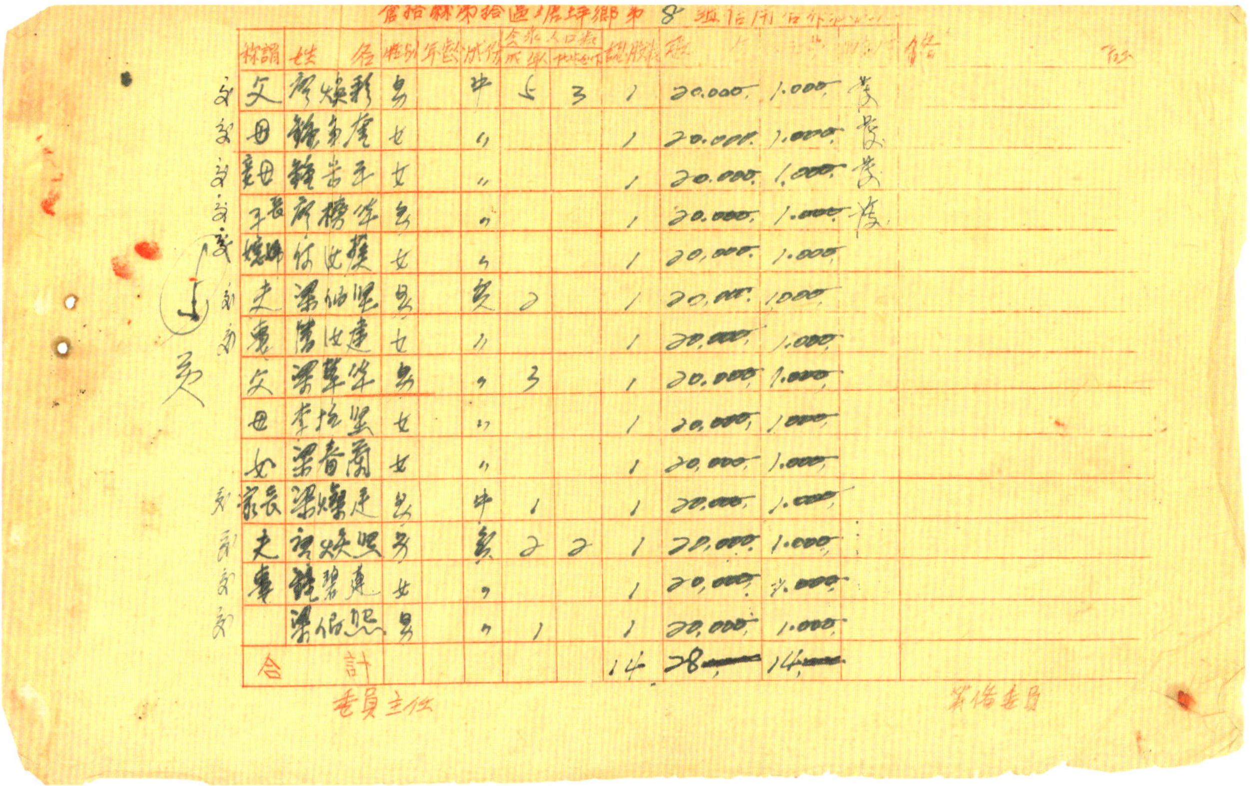

蒼梧縣第拾區塘坪鄉第8組信用合作社……

稱謂	姓名	性別	年齡	成份	全家人口數 成年	未成年	認股股數	股金	入社費	收款人蓋章	備註
父	何焕彩	男		中	5	3	1	20.000	1.000	發	
母	鍾[illegible]	女		〃			1	20.000	1.000	發	
祖母	鍾[illegible]	女		〃			1	20.000	1.000	發	
長子	何榜华	男		〃			1	20.000	1.000	發	
媳婦	何[illegible]	女		〃			1	20.000	1.000		
夫	梁[illegible]	男		贫	2		1	20.000	1.000		
妻	黄汝達	女		〃			1	20.000	1.000		
父	梁華华	男		〃	3		1	20.000	1.000		
母	李[illegible]	女		〃			1	20.000	1.000		
女	梁春蘭	女		〃			1	20.000	1.000		
家長	梁[illegible]	男		中	1		1	20.000	1.000		
夫	[illegible]	男		贫	2	2	1	20.000	1.000		
妻	鍾碧蓮	女		〃			1	20.000	1.000		
	梁[illegible]	男		〃	1		1	20.000	1.000		
合計							14	28.000	14.000		

委員主任　　　　　　　　　　　　　　　　籌備委員

0055 一九五四年七月九日苍梧县塘坪乡第八组信用合作社认股花名册（5）

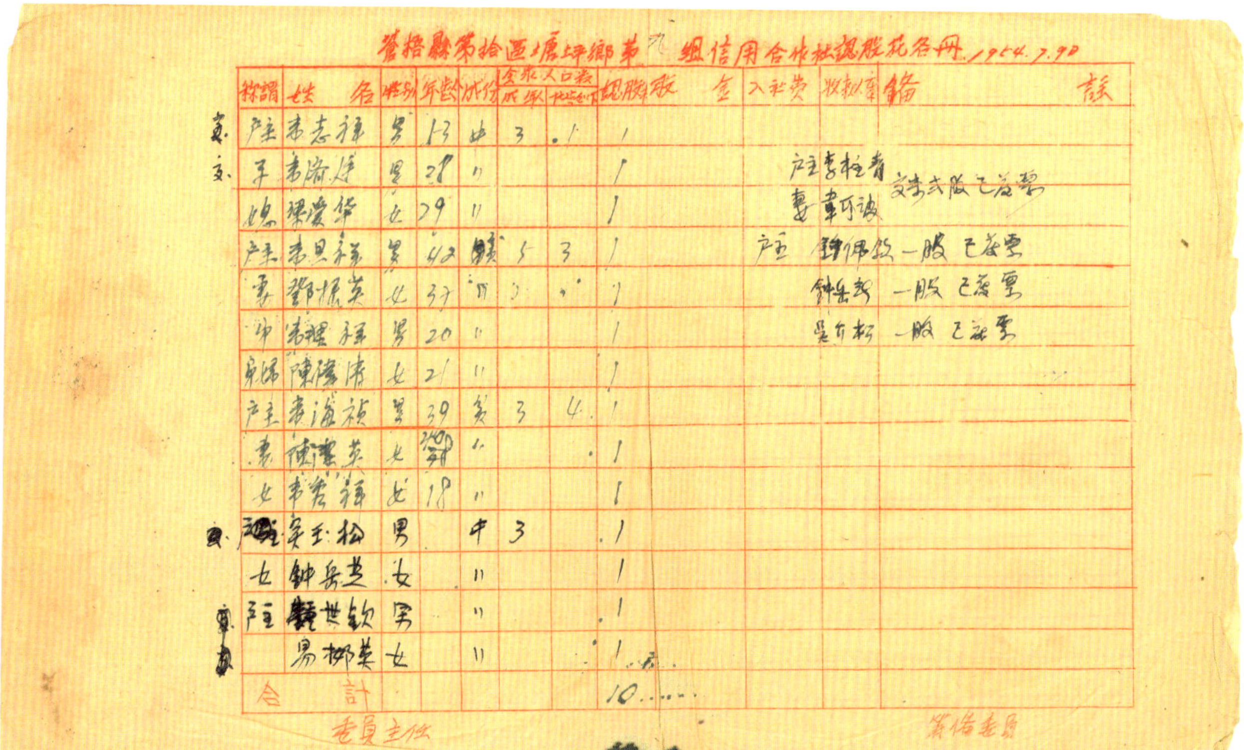

蒼梧縣第拾區塘坪鄉第九組信用合作社認股花名冊 1954.7.9日

稱謂	姓名	性別	年齡	成份	全家人口數 成年	未成年	認股股數	股金	入社費	收款人蓋章	備註
户主	李志祥	男	13	中	3	1	1				
子	李[illegible]	男	28	〃			1				户主李桂青 妻[illegible] 交来式股已簽票
媳	梁愛华	女	29	〃			1				
户主	李[illegible]祥	男	42	[illegible]	5	3	1				户主 鍾佛欽 一股 已簽票
妻	鄧振英	女	37	〃			1				鍾岳[illegible] 一股 已簽票
[illegible]	李耀祥	男	20	〃			1				吳[illegible]松 一股 已簽票
弟婦	陳[illegible]	女	21	〃			1				
户主	李[illegible]	男	39	贫	3	4	1				
妻	陳潔英	女	[illegible]	〃			1				
女	李[illegible]祥	女	18	〃			1				
户主	吳玉松	男		中	3		1				
女	钟岳芝	女		〃			1				
户主	龔世钦	男		〃			1				
	易柳英	女		〃			1				
合計							10				

委員主任　　　　　　　　　　　　　　　　籌備委員

0056 一九五四年七月九日苍梧县塘坪乡第九组信用合作社认股花名册（1）

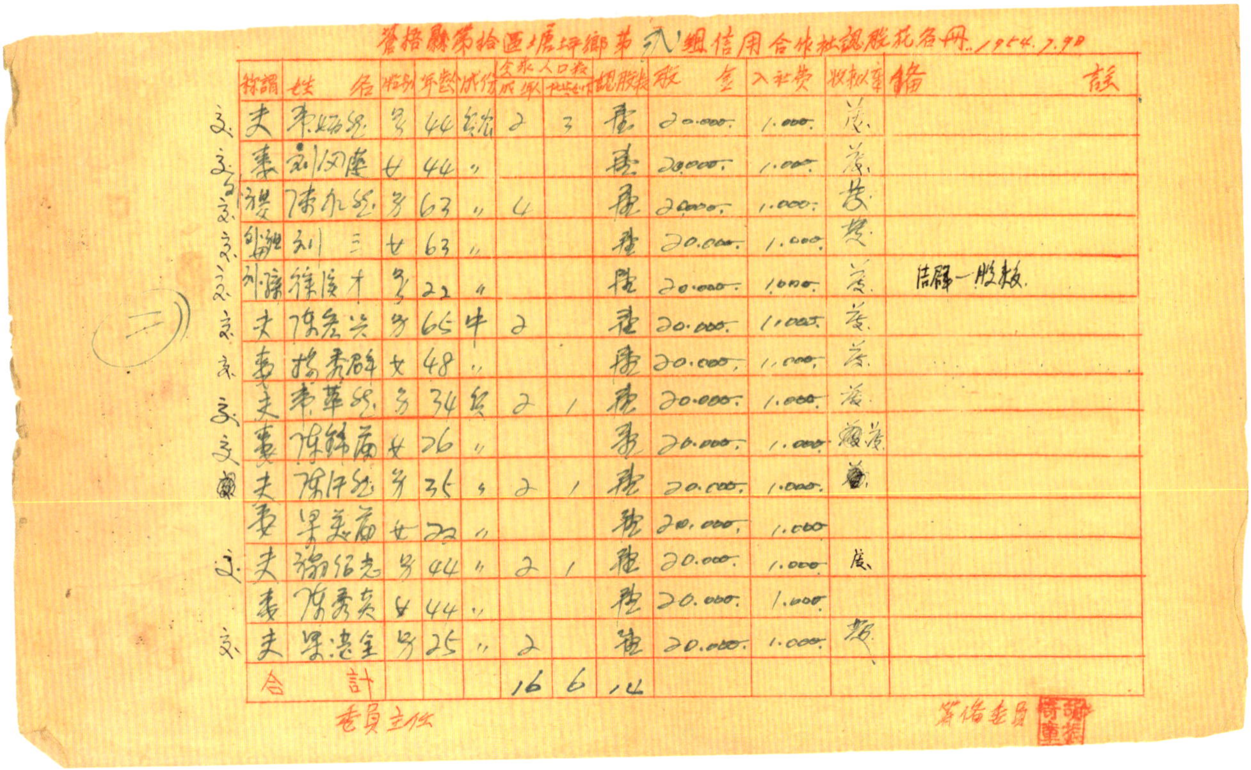

蒼梧縣第拾區塘坪鄉第九組信用合作社認股花名冊 1954.7.9日

稱謂	姓名	性別	年齡	成份	全家人口數 成人	十六歲以下	認股數	股金	入社費	收款人章	備註
夫	李炳[illegible]	男	44	貧农	2	3	壹	20.000	1.000	[illegible]	
妻	劉[illegible]	女	44	〃			壹	20.000	1.000	[illegible]	
[illegible]	陳[illegible]	男	63	〃	4		壹	20.000	1.000	[illegible]	
[illegible]	劉三	女	63	〃			壹	20.000	1.000	[illegible]	
[illegible]	徐[illegible]	男	22	〃			壹	20.000	1.000	[illegible]	[illegible]一股[illegible]
夫	陳[illegible]	男	65	中	2		壹	20.000	1.000	[illegible]	
妻	[illegible]秀[illegible]	女	48	〃			壹	20.000	1.000	[illegible]	
夫	李華[illegible]	男	34	貧	2	1	壹	20.000	1.000	[illegible]	
妻	陳[illegible]	女	26	〃			壹	20.000	1.000	[illegible]	
夫	陳[illegible]	男	35	〃	2	1	壹	20.000	1.000	[illegible]	
妻	[illegible]	女	22	〃			壹	20.000	1.000		
夫	[illegible]	男	44	〃	2	1	壹	20.000	1.000	[illegible]	
妻	陳秀[illegible]	女	44	〃			壹	20.000	1.000		
夫	[illegible]	男	25	〃	2		壹	20.000	1.000	[illegible]	
合計					16	6	14				

委員主任　　　　籌備委員

0057 一九五四年七月九日苍梧县塘坪乡第九组信用合作社认股花名册（2）

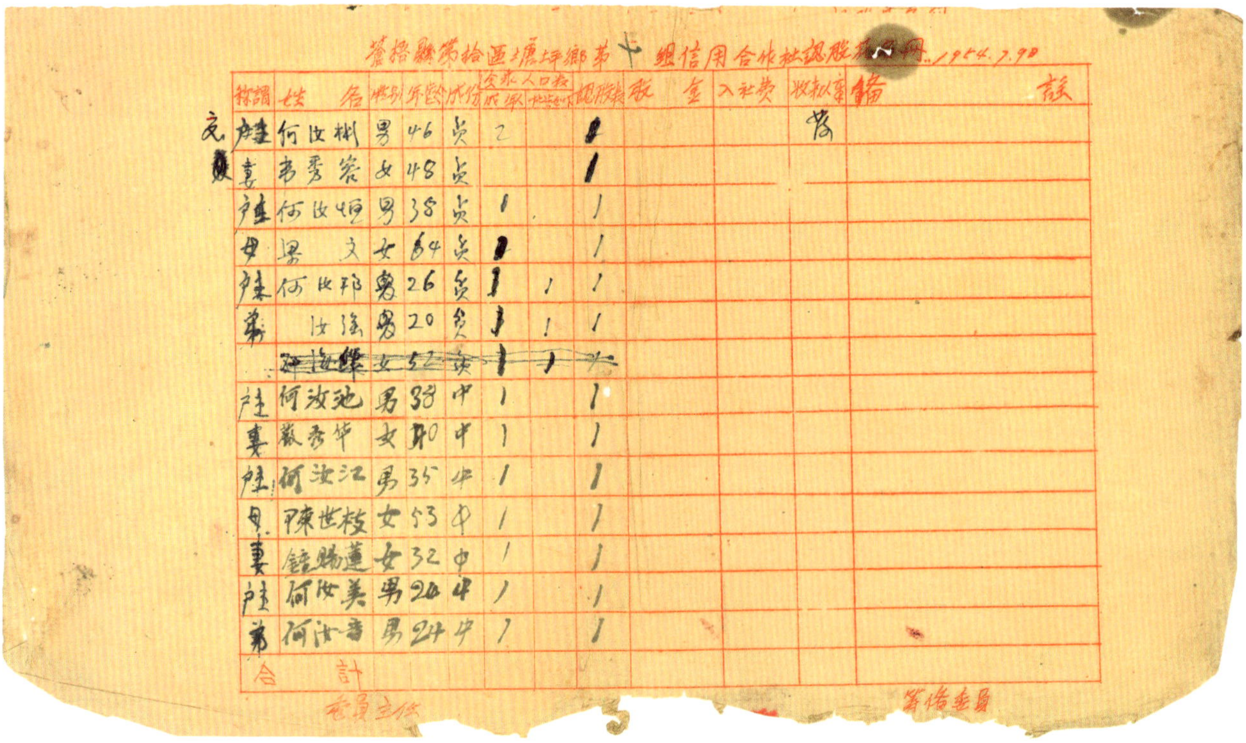

蒼梧縣第拾區塘坪鄉第十組信用合作社認股花名冊 1954.7.9日

稱謂	姓名	性別	年齡	成份	全家人口數 成人	十六歲以下	認股數	股金	入社費	收款人章	備註
戶主	何汝[illegible]	男	46	貧	2		1			[illegible]	
妻	[illegible]秀[illegible]	女	48	貧			1				
戶主	何汝恒	男	38	貧	1		1				
母	[illegible]文	女	64	貧	1		1				
戶主	何汝邦	男	26	貧	1	1	1				
弟	汝[illegible]	男	20	貧	1	1	1				
	~~[illegible]~~	~~女~~	~~52~~	~~貧~~	~~1~~	~~1~~	~~1~~				
戶主	何汝池	男	38	中	1		1				
妻	[illegible]秀华	女	30	中	1		1				
戶主	何汝江	男	35	中	1		1				
母	陳世枝	女	53	中	1		1				
妻	鍾勝蓮	女	32	中	1		1				
戶主	何汝美	男	20	中	1		1				
弟	何汝[illegible]	男	24	中	1		1				
合計											

委員主任　　　　籌備委員

0058 一九五四年七月九日苍梧县塘坪乡第十组信用合作社认股花名册（1）

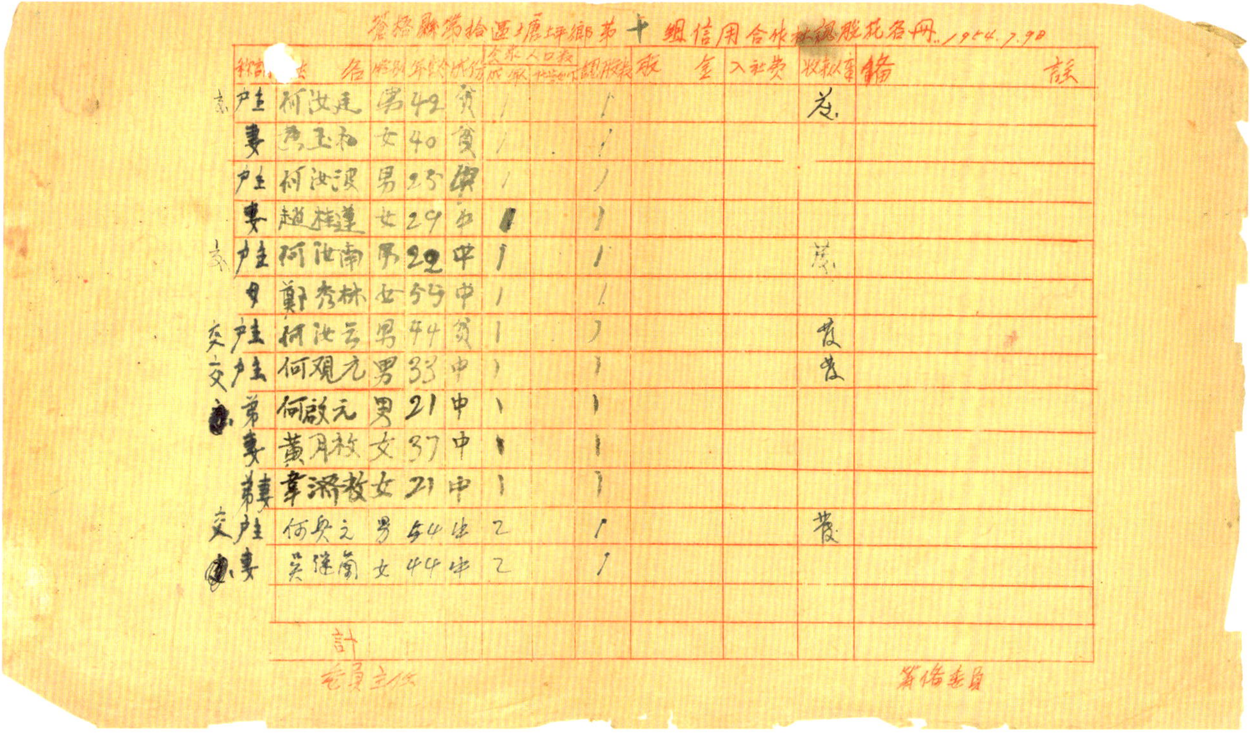

蒼梧縣第拾區塘坪鄉第十組信用合作社認股花名冊 1954.7.9日

稱謂	姓名	性別	年齡	成份	全家人口數 成年	全家人口數 未成年	認股數	股金	入社费	收款人章	備註
户主	何汝廷	男	42	贫	1		1			蔻	
妻	冯玉和	女	40	贫	1		1				
户主	何汝浪	男	25	贫	1		1				
妻	趙桂蓮	女	29	中	1		1				
户主	何汝南	男	22	中	1		1			蔻	
母	鄭秀林	女	55	中	1		1				
户主	何汝云	男	44	贫	1		1			發	
户主	何观元	男	33	中	1		1			發	
弟	何啟元	男	21	中	1		1				
妻	黄月枚	女	37	中	1		1				
弟妻	韋潤枚	女	21	中	1		1				
户主	何奂元	男	54	中	2		1			發	
妻	吴保蘭	女	44	中	2		1				
計											

委員主任　　　　　　　　籌備委員

0059 一九五四年七月九日苍梧县塘坪乡第十组信用合作社认股花名册（2）

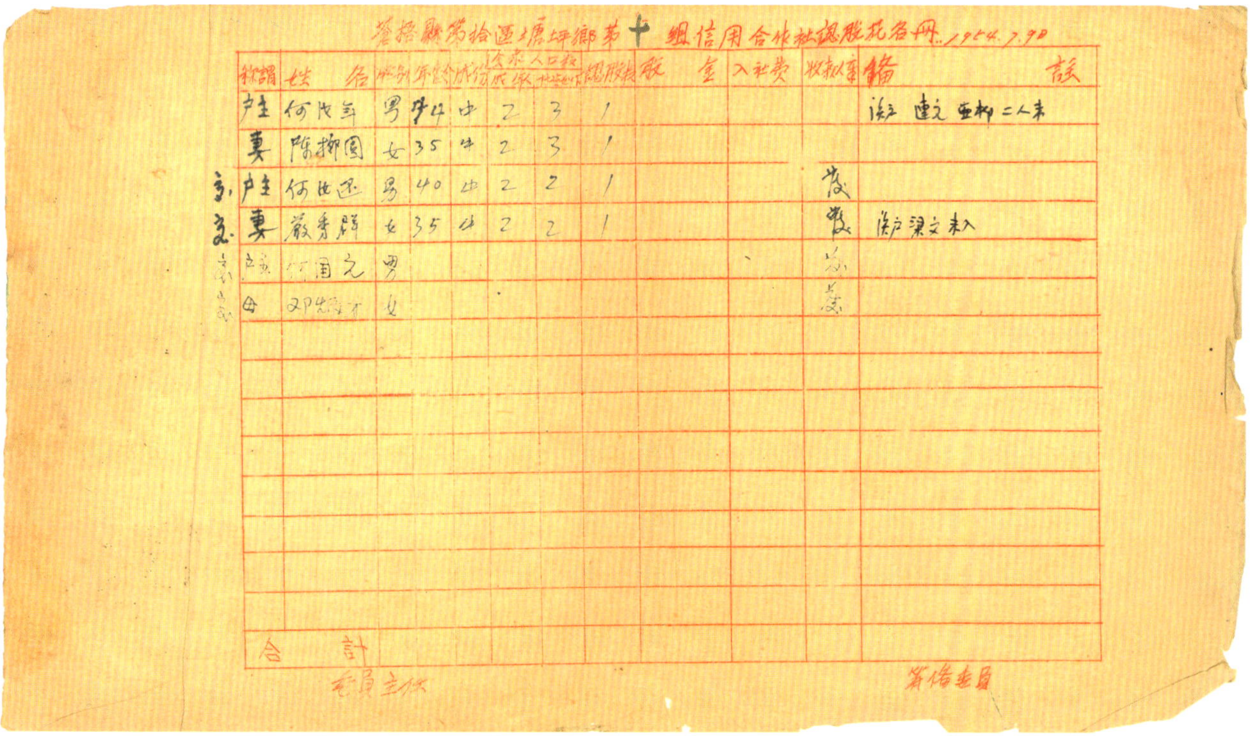

蒼梧縣第拾區塘坪鄉第十組信用合作社認股花名冊 1954.7.9日

稱謂	姓名	性別	年齡	成份	全家人口數 成年	全家人口數 未成年	認股數	股金	入社费	收款人章	備註
户主	何成年	男	54	中	2	3	1				該户 連元 亞柳 二人未
妻	陈柳園	女	35	中	2	3	1				
户主	何世逐	男	40	中	2	2	1			發	
妻	嚴秀群	女	35	中	2	2	1			發	該户渠文未入
户主	何国元	男								蔻	
母	邓[illegible]	女								蔻	
合計											

委員主任　　　　　　　　籌備委員

0060 一九五四年七月九日苍梧县塘坪乡第十组信用合作社认股花名册（3）

苍梧县第拾区塘坪乡第　组信用合作社认股花名册 1954.7.9

称谓	姓名	性别	年龄	成份	全家人口数 成年	[illegible]	认股数	股金	入社费	收款人盖章	备考
姑	吴兰花	女	72	贫	4	4	1				
子	韦吉祥	男	39	〃			1				
媳	梁凯莲	女	40	〃			1				
孙	韦倚梅	女	18	〃			1				
户主	韦海林	男	43	[illegible]	5	2	1				
妻	梁秀英	女	49	〃			1				
子	韦英祥	男	22	〃			1				
子	韦福祥	男	20	〃			1				
媳	钟家莲	女	21	〃			1				
户主	韦海瑶	男	60	贫	4	2	1				
妻	何氏	女	60	〃			1				
子	韦春祥	男	37	〃			1				
媳	韦瑞英	女	28	〃			1				
合计							13				

委员主任　　　　筹备委员

0061 一九五四年七月九日苍梧县塘坪乡信用合作社认股花名册（1）

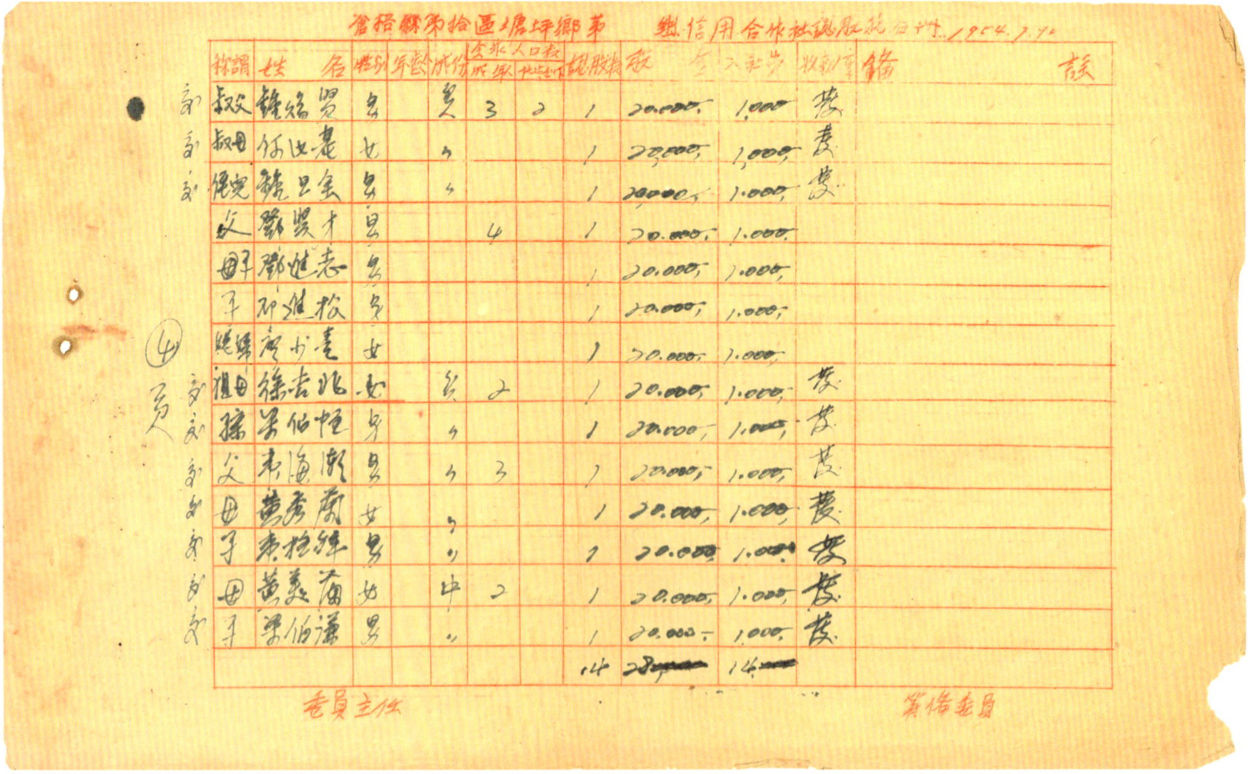

苍梧县第拾区塘坪乡第　组信用合作社认股花名册 1954.7.9

称谓	姓名	性别	年龄	成份	全家人口数 成年	[illegible]	认股数	股金	入社费	收款人盖章	备考
叔父	钟锦贤	男		贫	3	2	1	20,000	1,000	发	
叔母	何比[illegible]	女		〃			1	20,000	1,000	发	
侄儿	钟旦金	男		〃			1	20,000	1,000	发	
父	邓贤才	男			4		1	20,000	1,000		
母	邓进[illegible]	男					1	20,000	1,000		
子	邓进松	男					1	20,000	1,000		
媳妇	[illegible]	女					1	20,000	1,000		
祖母	徐吉兆	女		贫	2		1	20,000	1,000	发	
孙	吴伯恒	男		〃			1	20,000	1,000	发	
父	韦海湖	男		〃	3		1	20,000	1,000	发	
母	黄秀兰	女		〃			1	20,000	1,000	发	
子	韦柏祥	男		〃			1	20,000	1,000	发	
母	黄美梅	女		中	2		1	20,000	1,000	发	
子	梁伯谦	男		〃			1	20,000	1,000	发	
							14	280,000	14,000		

委员主任　　　　筹备委员

0062 一九五四年七月九日苍梧县塘坪乡信用合作社认股花名册（2）

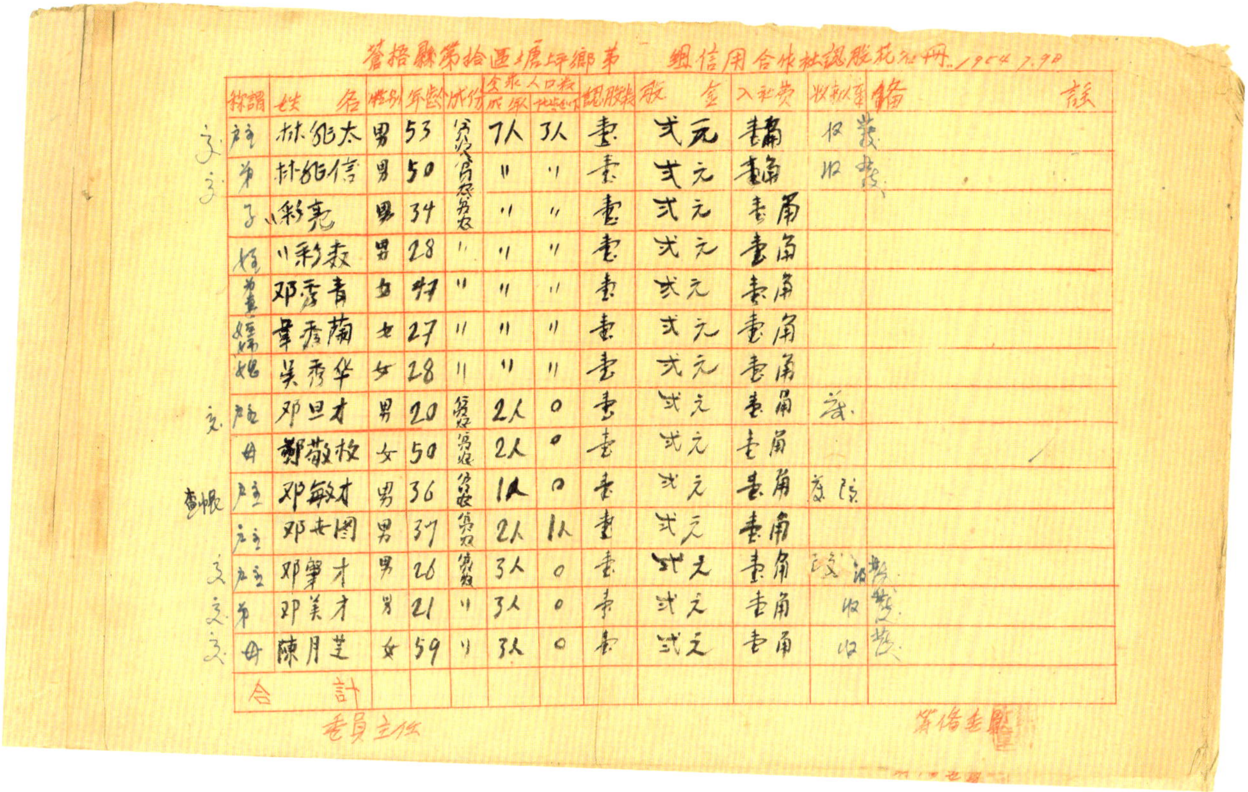

苍梧县第拾区塘坪乡第　组信用合作社认股花名册 1954.7.9日

称谓	姓名	性别	年龄	成份	全家人口数 成人	十六岁以下	认股数	股金	入社费	收款人签章	备考
户主	林能太	男	53	贫农	7人	3人	壹	弍元	壹角	收	发
弟	林能信	男	50	贫农	〃	〃	壹	弍元	壹角	收	发
子	〃彩亮	男	34	贫农	〃	〃	壹	弍元	壹角		
侄	〃彩森	男	28	〃	〃	〃	壹	弍元	壹角		
弟妻	邓秀青	女	47	〃	〃	〃	壹	弍元	壹角		
媳妇	韦秀兰	女	27	〃	〃	〃	壹	弍元	壹角		
媳	吴秀华	女	28	〃	〃	〃	壹	弍元	壹角		
户主	邓旦才	男	20	贫农	2人	0	壹	弍元	壹角	[illegible]	
母	郑敬枚	女	50	贫农	2人	0	壹	弍元	壹角		
户主	邓敏才	男	36	贫农	1人	0	壹	弍元	壹角	[illegible]	
户主	邓安图	男	37	贫农	2人	1人	壹	弍元	壹角		
户主	邓肇才	男	26	贫农	3人	0	壹	弍元	壹角	[illegible]	发
弟	邓美才	男	21	〃	3人	0	壹	弍元	壹角	收	发
母	陈月芝	女	59	〃	3人	0	壹	弍元	壹角	收	发
合计											

委员主任　　　　筹备委员

0063 一九五四年七月九日苍梧县塘坪乡信用合作社认股花名册（3）

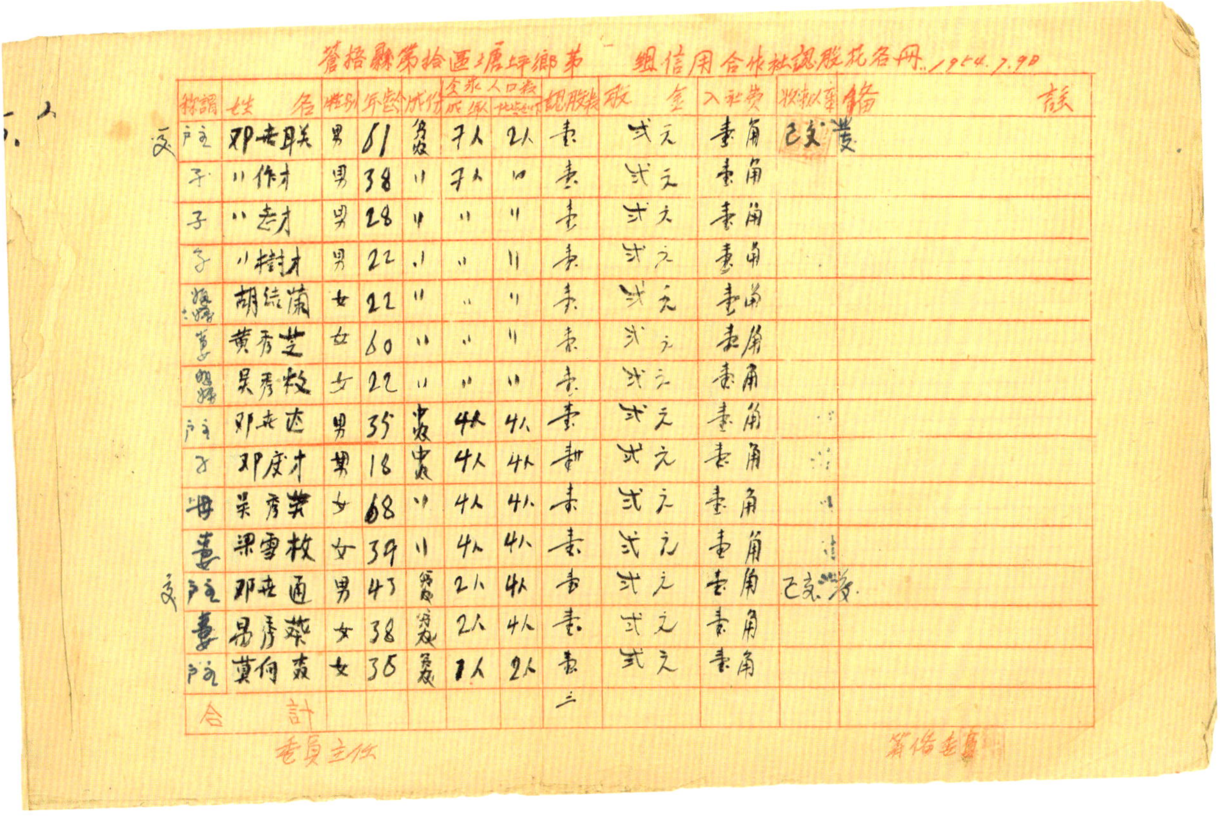

苍梧县第拾区塘坪乡第　组信用合作社认股花名册 1954.7.9日

称谓	姓名	性别	年龄	成份	全家人口数 成人	十六岁以下	认股数	股金	入社费	收款人签章	备考
户主	邓安联	男	61	贫农	7人	2人	壹	弍元	壹角	已交	
子	〃作才	男	38	〃	7人	〃	壹	弍元	壹角		
子	〃喜才	男	28	〃	〃	〃	壹	弍元	壹角		
子	〃树才	男	22	〃	〃	〃	壹	弍元	壹角		
孙媳	胡结兰	女	22	〃	〃	〃	壹	弍元	壹角		
妻	黄秀芝	女	60	〃	〃	〃	壹	弍元	壹角		
媳妇	吴秀枚	女	22	〃	〃	〃	壹	弍元	壹角		
户主	邓安述	男	35	贫农	4人	4人	壹	弍元	壹角		
子	邓庚才	男	18	贫农	4人	4人	壹	弍元	壹角		
母	吴秀英	女	68	〃	4人	4人	壹	弍元	壹角		
妻	梁雪枚	女	39	〃	4人	4人	壹	弍元	壹角		
户主	邓安通	男	43	贫农	2人	4人	壹	弍元	壹角	已交	
妻	易秀琴	女	38	贫农	2人	4人	壹	弍元	壹角		
户主	黄何兹	女	35	贫农	1人	2人	壹	弍元	壹角		
合计							二				

委员主任　　　　筹备委员

0064 一九五四年七月九日苍梧县塘坪乡信用合作社认股花名册（4）

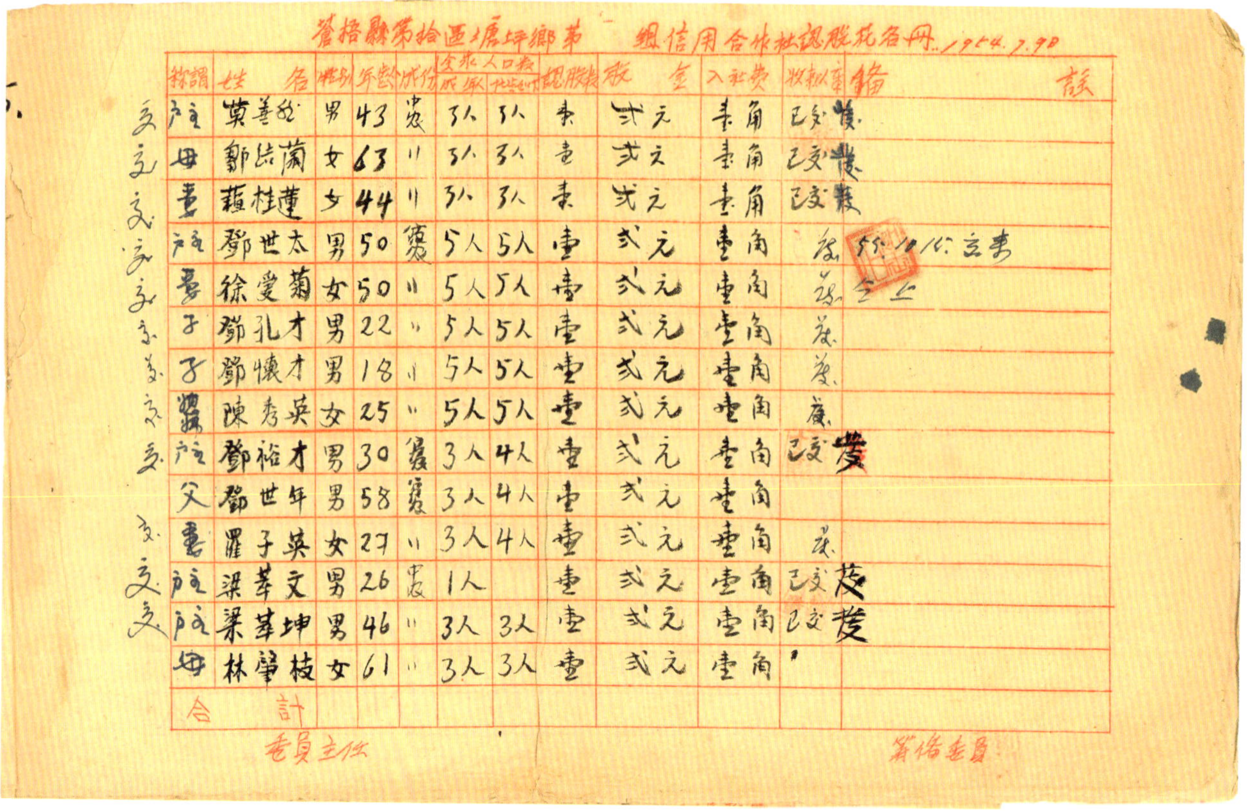

蒼梧縣第拾區塘坪鄉第　組信用合作社認股花名冊　1954.7.9日

稱謂	姓名	性别	年齡	成份	全家人口数		認股數	股金	入社费	收款人章	備註
					[illegible]	[illegible]					
户主	莫善從	男	43	农	3人	3人	壹	弍元	壹角	已交	
母	鄧忠蘭	女	63	〃	3人	3人	壹	弍元	壹角	已交	
妻	羅桂蓮	女	44	〃	3人	3人	壹	弍元	壹角	已交	
户主	鄧世太	男	50	貧农	5人	5人	壹	弍元	壹角		55.10.15 立書
妻	徐愛菊	女	50	〃	5人	5人	壹	弍元	壹角		
子	鄧孔才	男	22	〃	5人	5人	壹	弍元	壹角		
子	鄧懷才	男	18	〃	5人	5人	壹	弍元	壹角		
媳婦	陳秀英	女	25	〃	5人	5人	壹	弍元	壹角		
户主	鄧裕才	男	30	貧农	3人	4人	壹	弍元	壹角	已交	
父	鄧世年	男	58	貧农	3人	4人	壹	弍元	壹角		
妻	羅子英	女	27	〃	3人	4人	壹	弍元	壹角		
户主	梁華文	男	26	农	1人		壹	弍元	壹角	已交	
户主	梁華坤	男	46	〃	3人	3人	壹	弍元	壹角	已交	
母	林肇枝	女	61	〃	3人	3人	壹	弍元	壹角		
合計											

委員主任　　　　籌備委員

0065 一九五四年七月九日苍梧县塘坪乡信用合作社认股花名册（5）

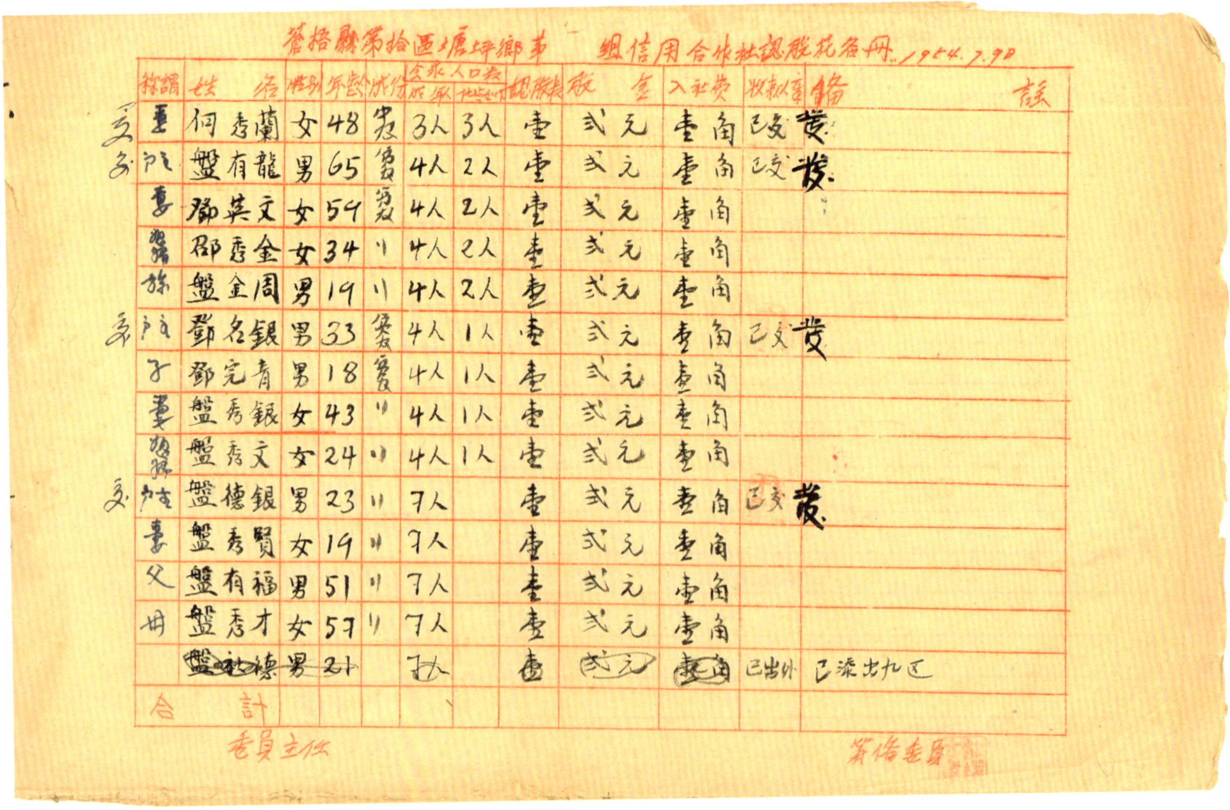

蒼梧縣第拾區塘坪鄉第　組信用合作社認股花名冊　1954.7.9日

稱謂	姓名	性别	年齡	成份	全家人口数		認股數	股金	入社费	收款人章	備註
					[illegible]	[illegible]					
妻	何秀蘭	女	48	农	3人	3人	壹	弍元	壹角	已交	
户主	盤有龍	男	65	貧农	4人	2人	壹	弍元	壹角	已交	
妻	鄧英文	女	54	貧农	4人	2人	壹	弍元	壹角		
媳婦	鄧秀金	女	34	〃	4人	2人	壹	弍元	壹角		
孫	盤金周	男	19	〃	4人	2人	壹	弍元	壹角		
户主	鄧名銀	男	33	貧农	4人	1人	壹	弍元	壹角	已交	
子	鄧完青	男	18	貧农	4人	1人	壹	弍元	壹角		
妻	盤秀銀	女	43	〃	4人	1人	壹	弍元	壹角		
媳婦	盤秀文	女	24	〃	4人	1人	壹	弍元	壹角		
户主	盤德銀	男	23	〃	7人		壹	弍元	壹角	已交	
妻	盤秀賢	女	19	〃	7人		壹	弍元	壹角		
父	盤有福	男	51	〃	7人		壹	弍元	壹角		
母	盤秀才	女	57	〃	7人		壹	弍元	壹角		
	~~盤社德~~	~~男~~	~~21~~		~~7人~~		壹	~~弍元~~	~~壹角~~	已出外	已派出九区
合計											

委員主任　　　　籌備委員

0066 一九五四年七月九日苍梧县塘坪乡信用合作社认股花名册（6）

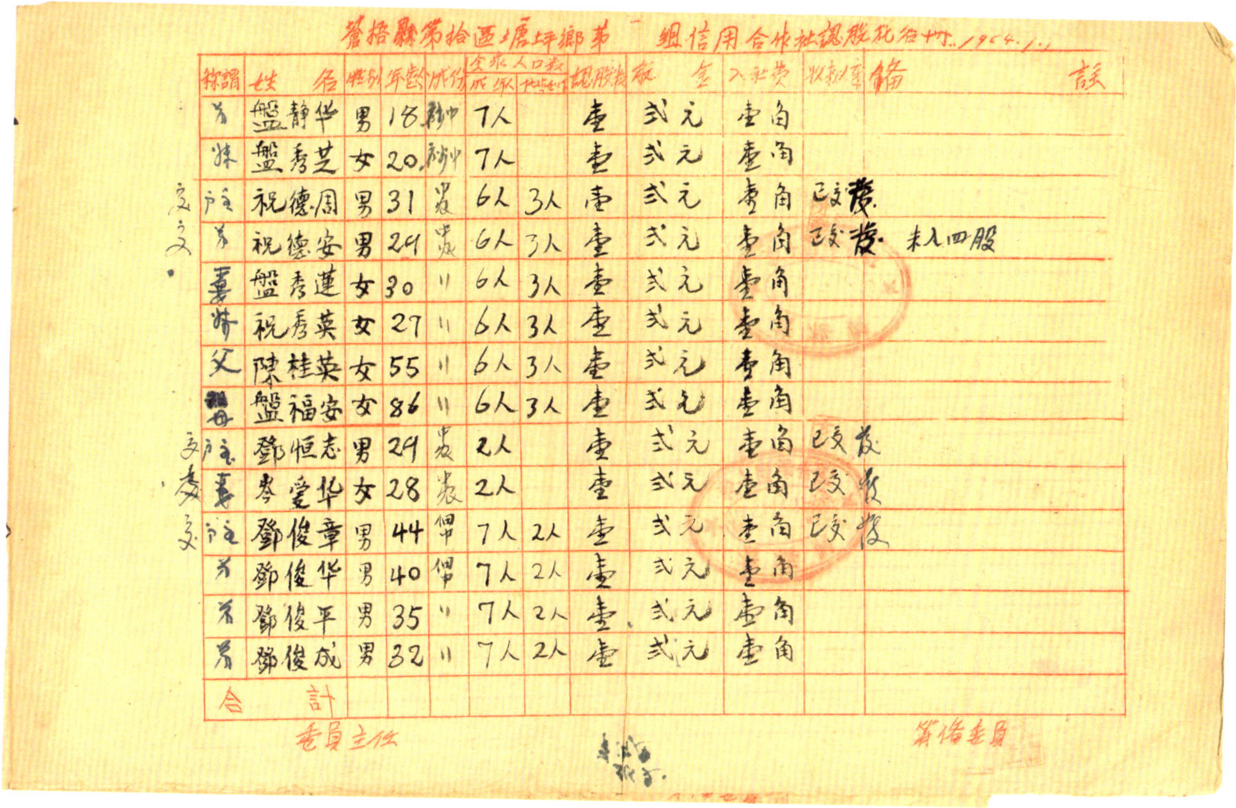

蒼梧縣第拾區塘坪鄉第 一 組信用合作社認股花名册 1954.7.9

稱謂	姓名	性別	年齡	成份	全家人口數		認股數	股金	入社費	收款人	備註
					人口	勞動力					
弟	盤静华	男	18	貧中	7人		壹	弍元	壹角		
妹	盤秀芝	女	20	貧中	7人		壹	弍元	壹角		
户主	祝德周	男	31	農	6人	3人	壹	弍元	壹角	段發	
弟	祝德安	男	29	農	6人	3人	壹	弍元	壹角	段發	未入四股
妻	盤秀蓮	女	30	〃	6人	3人	壹	弍元	壹角		
妹	祝秀英	女	27	〃	6人	3人	壹	弍元	壹角		
父	陳桂英	女	55	〃	6人	3人	壹	弍元	壹角		
祖母	盤福安	女	86	〃	6人	3人	壹	弍元	壹角		
户主	鄧恒志	男	29	農	2人		壹	弍元	壹角	段發	
妻	岑愛华	女	28	農	2人		壹	弍元	壹角	段發	
户主	鄧俊章	男	44	傭	7人	2人	壹	弍元	壹角	段發	
弟	鄧俊华	男	40	傭	7人	2人	壹	弍元	壹角		
弟	鄧俊平	男	35	〃	7人	2人	壹	弍元	壹角		
弟	鄧俊成	男	32	〃	7人	2人	壹	弍元	壹角		
合計											

委員主任　　　　　　　　　籌備委員

0067 一九五四年七月九日苍梧县塘坪乡信用合作社认股花名册（7）

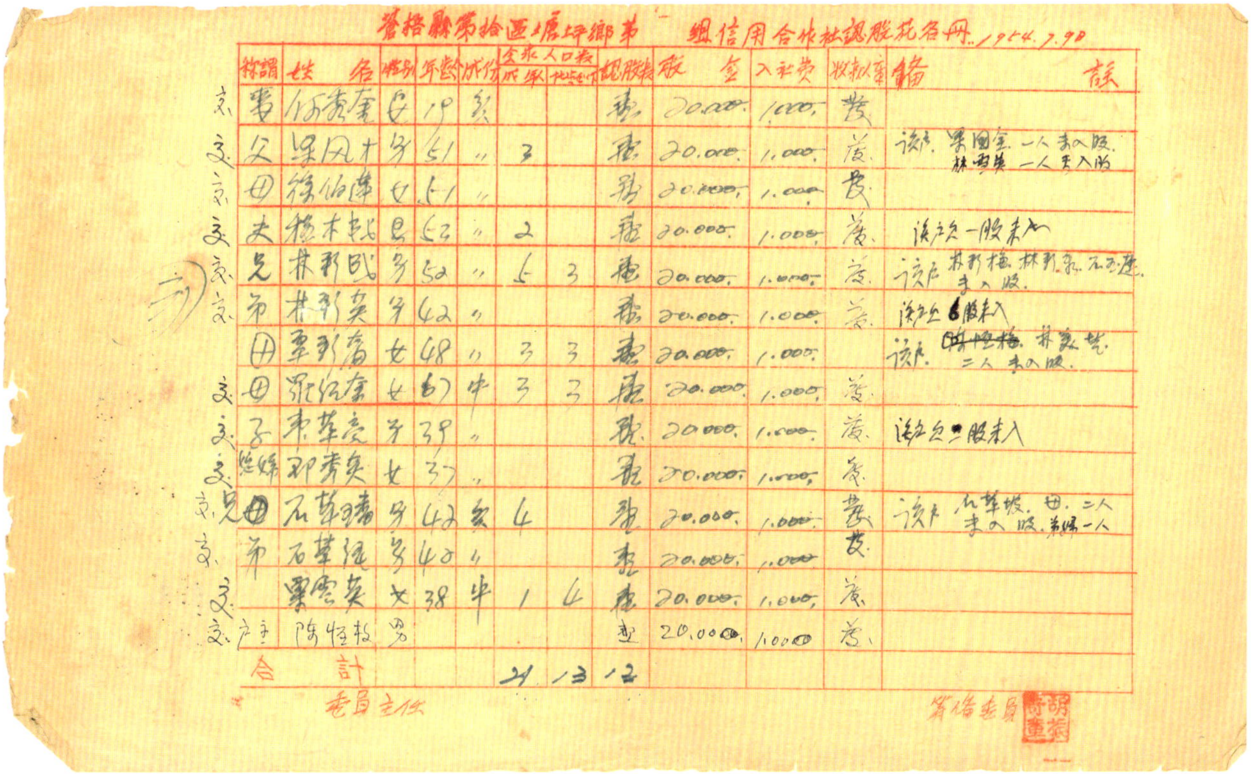

蒼梧縣第拾區塘坪鄉第 一 組信用合作社認股花名册 1954.7.9

稱謂	姓名	性別	年齡	成份	全家人口數		認股數	股金	入社費	收款人	備註
					人口	勞動力					
妻	[illegible]	女	19	貧			壹	20.000	1.000	發	
父	[illegible]	男	51	〃	3		壹	20.000	1.000	發	該户 [illegible] 一人未入股 [illegible] 一人未入股
母	[illegible]	女	51	〃			壹	20.000	1.000	發	
夫	[illegible]	男	52	〃	2		壹	20.000	1.000	發	該户一股未入
兄	林新民	男	52	〃	5	3	壹	20.000	1.000	發	該户 [illegible] 未入股
弟	林新英	男	42	〃			壹	20.000	1.000	發	該户 [illegible] 股未入
母	[illegible]	女	48	〃	3	3	壹	20.000	1.000		該户 [illegible] 二人未入股
母	[illegible]	女	67	中	3	3	壹	20.000	1.000	發	
子	[illegible]	男	39	〃			壹	20.000	1.000	發	該户 [illegible] 股未入
媳婦	邓秀英	女	37	〃			壹	20.000	1.000	發	
母	[illegible]	男	42	貧	4		壹	20.000	1.000	發	該户 [illegible] 母 二人未入股 弟婦一人
弟	[illegible]	男	40	〃			壹	20.000	1.000	發	
	[illegible]	女	38	中	1	4	壹	20.000	1.000	發	
户主	陈[illegible]	男					壹	20.000	1.000	發	
合計					21	13	12				

委員主任　　　　　　　　　籌備委員

0068 一九五四年七月九日苍梧县塘坪乡信用合作社认股花名册（8）

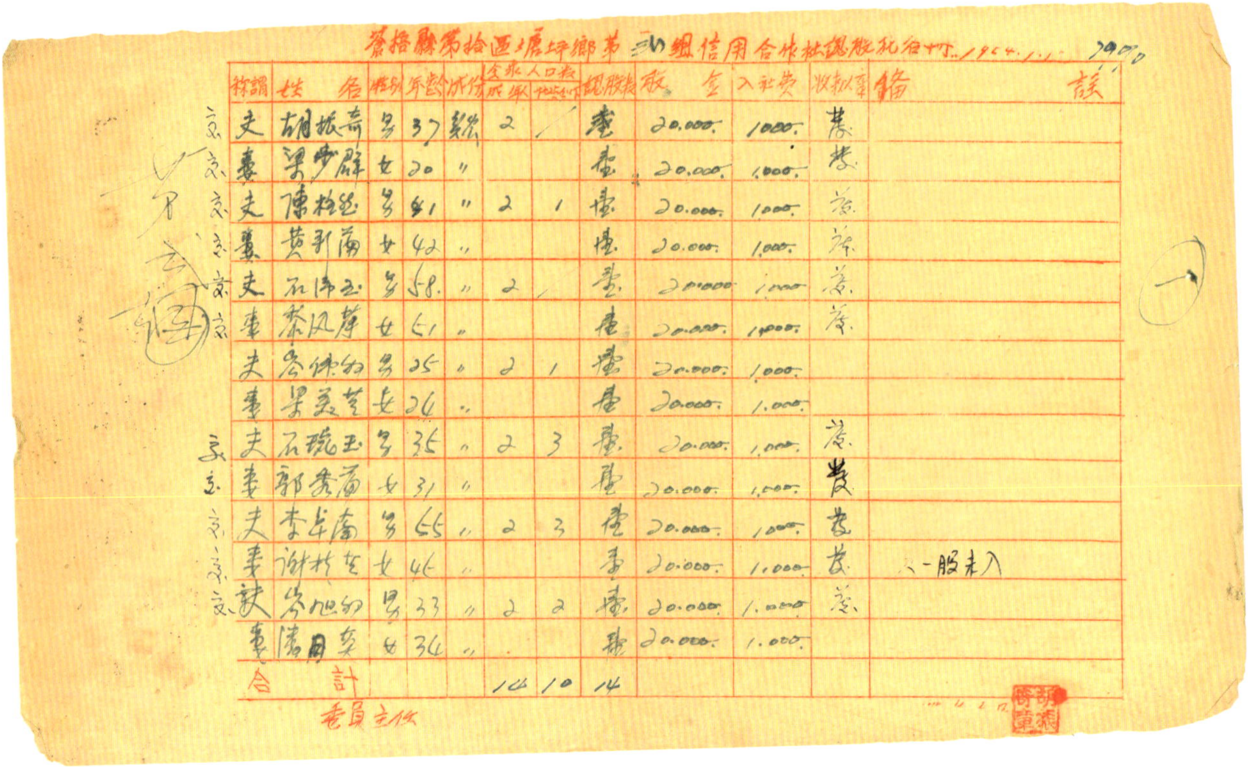

蒼梧縣第拾區塘坪鄉第三組信用合作社認股花名册 1954

稱謂	姓名	性别	年齡	成份	全家人口數 成人	全家人口數 未成年	認股數	股金	入社費	收款人章	備註
丈	胡振奇	男	37	貧农	2	/	壹	20.000	1000	蓋	
妻	梁少群	女	20	〃			壹	20.000	1.000	蓋	
丈	陳桂照	男	41	〃	2	1	壹	20.000	1000	蓋	
妻	黄利蘭	女	42	〃			壹	20.000	1000	蓋	
丈	石偉玉	男	58	〃	2	/	壹	20.000	1000	蓋	
妻	蔡凤萍	女	51	〃			壹	20.000	1000	蓋	
丈	岑[illegible]	男	25	〃	2	1	壹	20.000	1.000		
妻	梁美芝	女	26	〃			壹	20.000	1.000		
丈	石琼玉	男	35	〃	2	3	壹	20.000	1.000	蓋	
妻	郭秀蘭	女	31	〃			壹	20.000	1.000	蓋	
丈	李卓裔	男	65	〃	2	3	壹	20.000	1000	蓋	
妻	谢桂芝	女	46	〃			壹	20.000	1.000	蓋	一股未入
親	岑旭[illegible]	男	33	〃	2	2	壹	20.000	1.000	蓋	
妻	[illegible]	女	34	〃			壹	20.000	1.000		
合計					14	10	14				

委員主任

0069 一九五四年七月九日苍梧县塘坪乡信用合作社认股花名册（9）

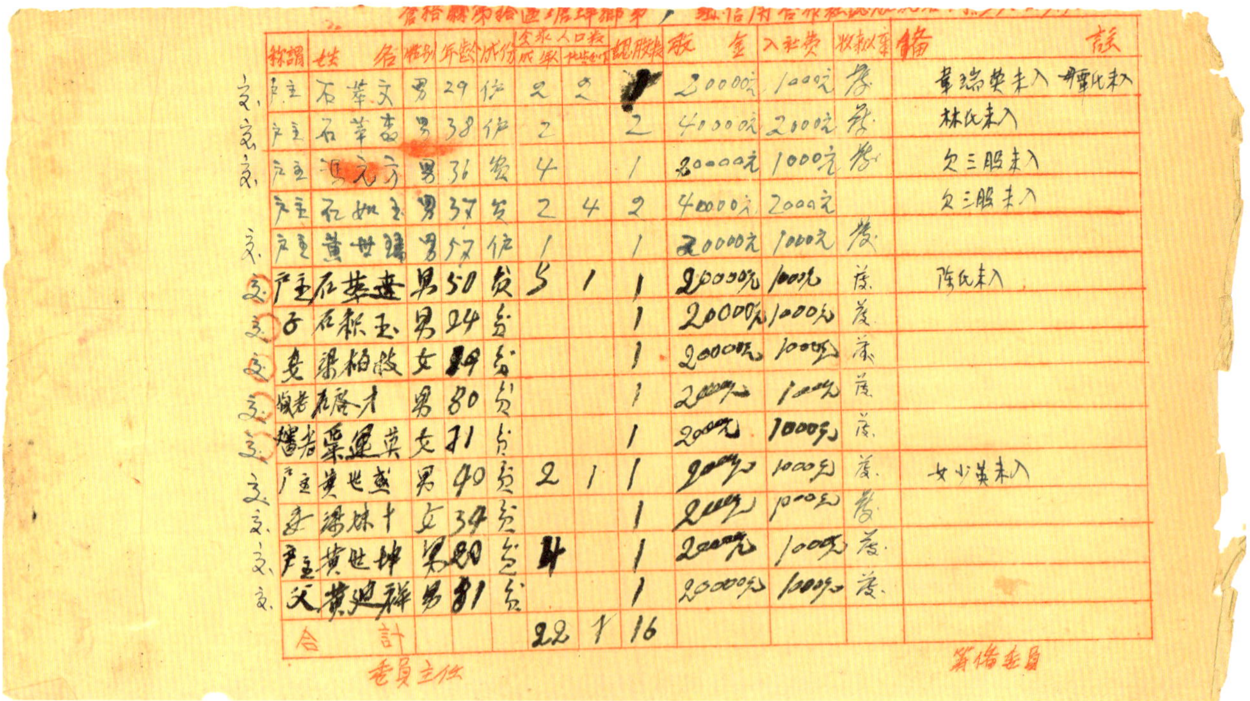

蒼梧縣第拾區塘坪鄉第　組信用合作社認股花名册

稱謂	姓名	性别	年齡	成份	全家人口數 成人	全家人口數 未成年	認股數	股金	入社費	收款人章	備註
户主	石華文	男	29	佃	2	2	[illegible]	20000元	1000元	蓋	韋瑞英未入 冊毓比未入
户主	石華嵩	男	38	佃	2		2	40000元	2000元	蓋	林氏未入
户主	[illegible]	男	36	貧	4		1	20000元	1000元	蓋	欠三股未入
户主	石如玉	男	37	貧	2	4	2	40000元	2000元		欠三股未入
户主	黄世瑞	男	57	佃	1		1	20000元	1000元	蓋	
户主	石華[illegible]	男	50	貧	5	1	1	20000元	1000元	蓋	陈氏未入
子	石积玉	男	24	貧			1	20000元	1000元	蓋	
妻	梁柏妝	女	[illegible]	貧			1	20000元	1000元	蓋	
鰥老	石啓才	男	80	貧			1	20000元	1000元	蓋	
孀老	粟運英	女	71	貧			1	20000元	1000元	蓋	
户主	黄世盛	男	40	貧	2	1	1	20000元	1000元	蓋	女少英未入
妻	梁妹十	女	34	貧			1	20000元	1000元	蓋	
户主	黄世坤	男	80	貧	4		1	20000元	1000元	蓋	
父	黄廸祥	男	81	貧			1	20000元	1000元	蓋	
合計					22	8	16				

委員主任　　籌備委員

0070 一九五四年七月九日苍梧县塘坪乡信用合作社认股花名册（10）

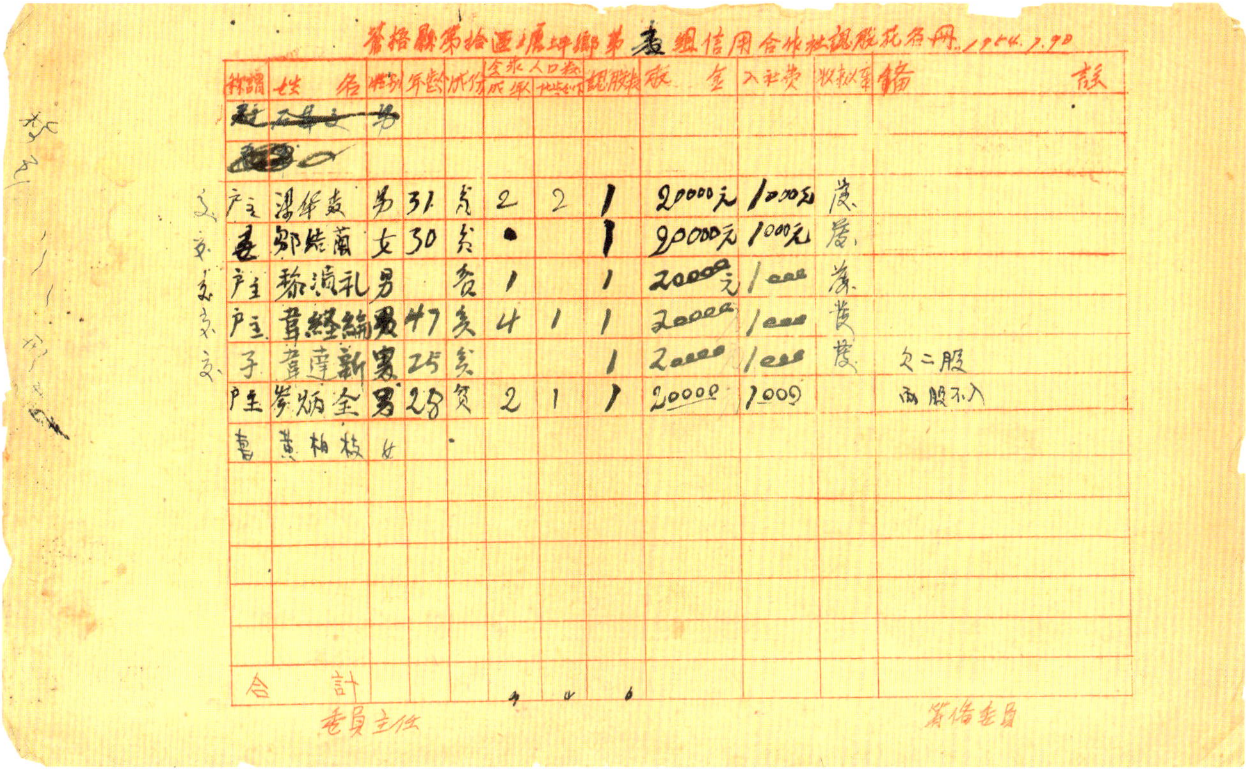
苍梧县第拾区塘坪乡第壹组信用合作社認股花名册 1954.7.9日

称謂	姓名	性别	年龄	成份	全家人口数 成人	小孩	認股数	股金	入社费	收款人	备考
[illegible]	[illegible]	男									
[illegible]											
产主	汤华友	男	31	贫	2	2	1	20000元	1000元	发	
妻	邓连兰	女	30	贫	[illegible]		1	20000元	1000元	发	
产主	黎滨礼	男		贫	1		1	20000元	1000	发	
产主	韋经编	男	47	贫	4	1	1	20000	1000	发	
子	韋達新	男	25	贫			1	20000	1000	发	欠二股
产主	劳炳全	男	28	贫	2	1	1	20000	1000		两股不入
妻	黄柏枝	女									
合計					7	4	6				

委员主任　　筹备委员

0071 一九五四年七月九日苍梧县塘坪乡信用合作社认股花名册（11）

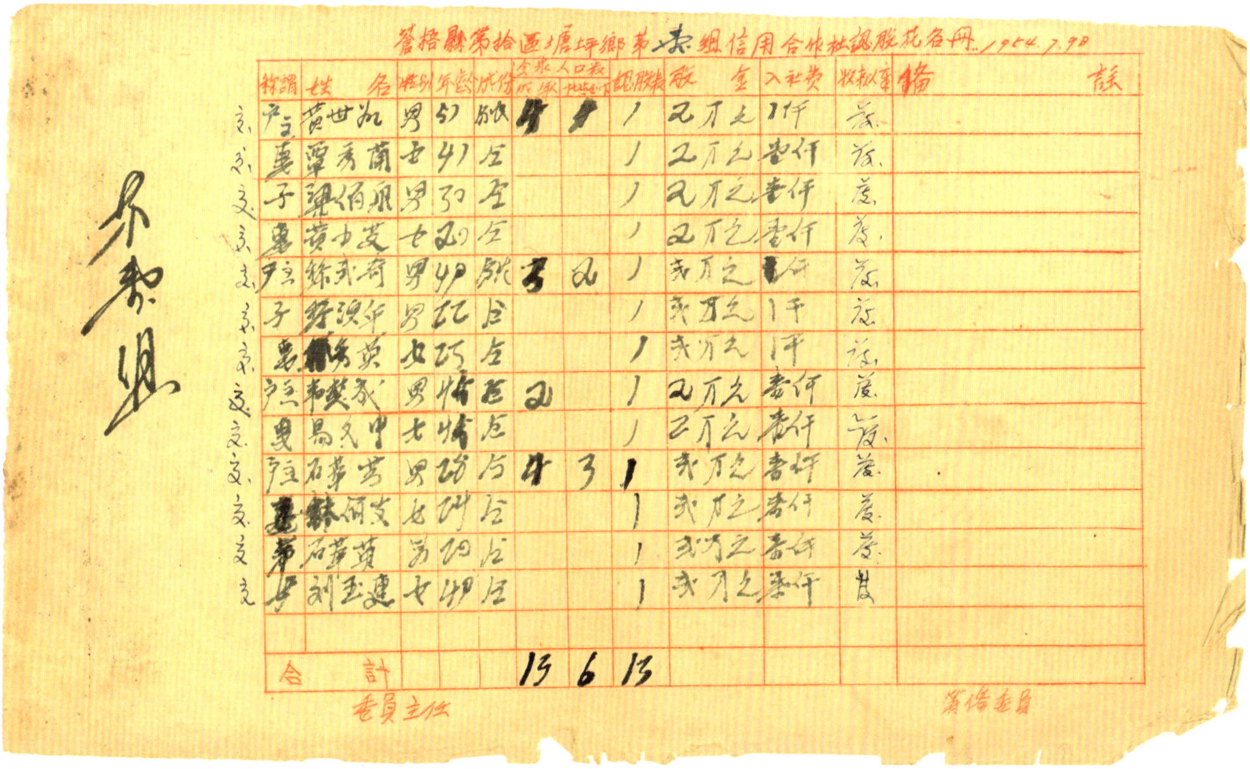
苍梧县第拾区塘坪乡第贰组信用合作社認股花名册 1954.7.9日

称謂	姓名	性别	年龄	成份	全家人口数 成人	小孩	認股数	股金	入社费	收款人	备考
产主	黄世[illegible]	男	51	贫农	[illegible]	[illegible]	1	贰万元	1仟	发	
妻	覃秀兰	女	41	仝			1	贰万元	壹仟	发	
子	梁[illegible]	男	[illegible]	仝			1	贰万元	壹仟	发	
妻	黄[illegible]	女	[illegible]	仝			1	贰万元	壹仟	发	
产主	[illegible]	男	[illegible]	贫农	[illegible]	[illegible]	1	贰万元	[illegible]	发	
子	[illegible]	男	[illegible]	仝			1	贰万元	1仟	发	
妻	[illegible]	女	[illegible]	仝			1	贰万元	1仟	发	
产主	[illegible]	男	[illegible]	[illegible]	[illegible]		1	贰万元	壹仟	发	
妻	[illegible]	女	[illegible]	仝			1	贰万元	壹仟	发	
产主	[illegible]	男	[illegible]	仝	[illegible]	3	1	贰万元	壹仟	发	
妻	[illegible]	女	[illegible]	仝			1	贰万元	壹仟	发	
弟	[illegible]	男	[illegible]	仝			1	贰万元	壹仟	发	
母	刘玉連	女	[illegible]	仝			1	贰万元	壹仟	发	
合計					13	6	13				

委员主任　　筹备委员

0072 一九五四年七月九日苍梧县塘坪乡信用合作社认股花名册（12）

蒼梧縣第拾區塘坪鄉第　組信用合作社認股花名册 1954.7.9日

稱謂	姓名	性別	年齡	成份	全家人口数		認股数	股金	入社费	收款人章	備註
					[illegible]	[illegible]					
户主	李鎮棠	男	66	佃	6	01	10				
子	李桂枚	男	34	〃			1				
子	李桂軒	男	38	〃			1				
媳	黄秀芸	女	28				1				
妻	何欲香	女	57	〃			1				
媳	陳美蘭	女	21	〃			1				
户主	徐耀濟	男	24	中	4	3	1				
[illegible]	鄧世苗	女	43	〃			1				
母	蕭秀彬	女	68	〃			1				
[illegible]	徐耀東	男	20	〃			1				
户主	陳彩志	[illegible]	63	中	4	3	1				
子	徐耀文	男	37	〃			1				
媳	何美華	女	41	〃			1				
女	徐秀芝	女	21	〃			1				
合計							14				

委員主任　　　　籌備委員

0073 一九五四年七月九日苍梧县塘坪乡信用合作社认股花名册（13）

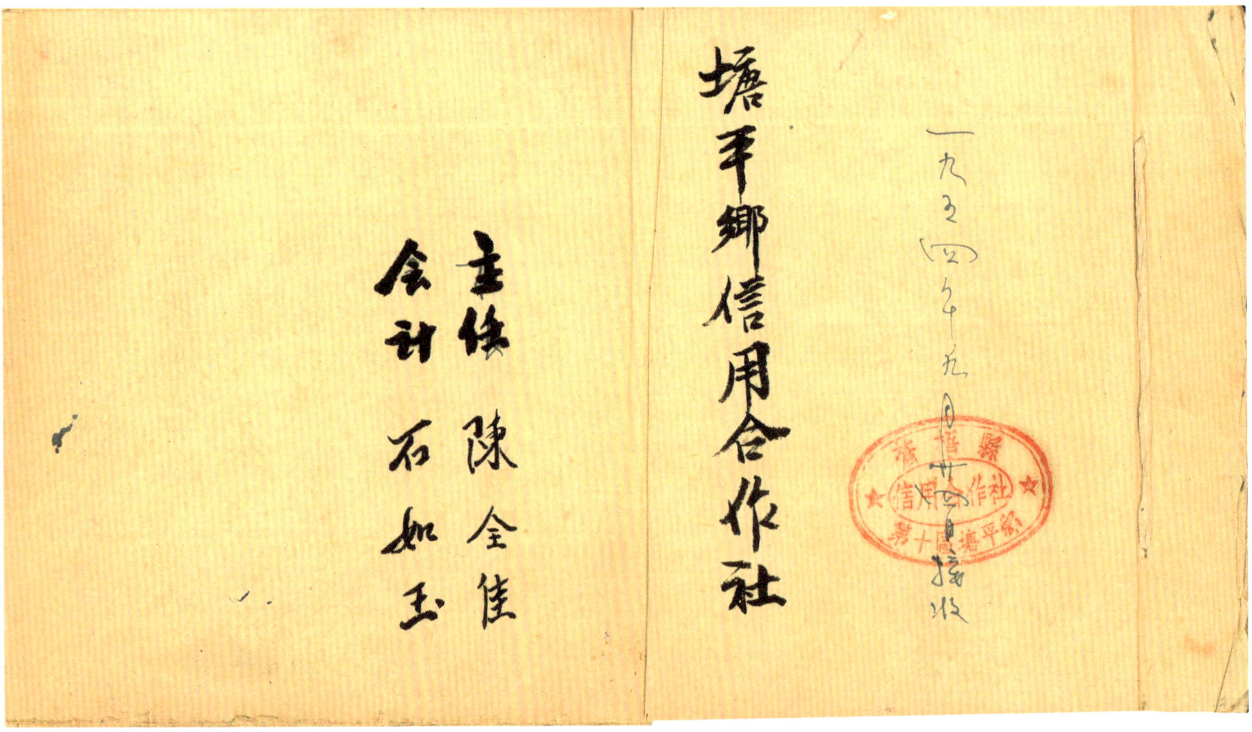

塘平鄉信用合作社

主任 陳全佳

会计 石如玉

一九五四年九月廿四日接收

蒼梧縣第十區塘平鄉信用合作社

0074 一九五四年九月二十四日苍梧县塘坪乡信用合作社记账本封面

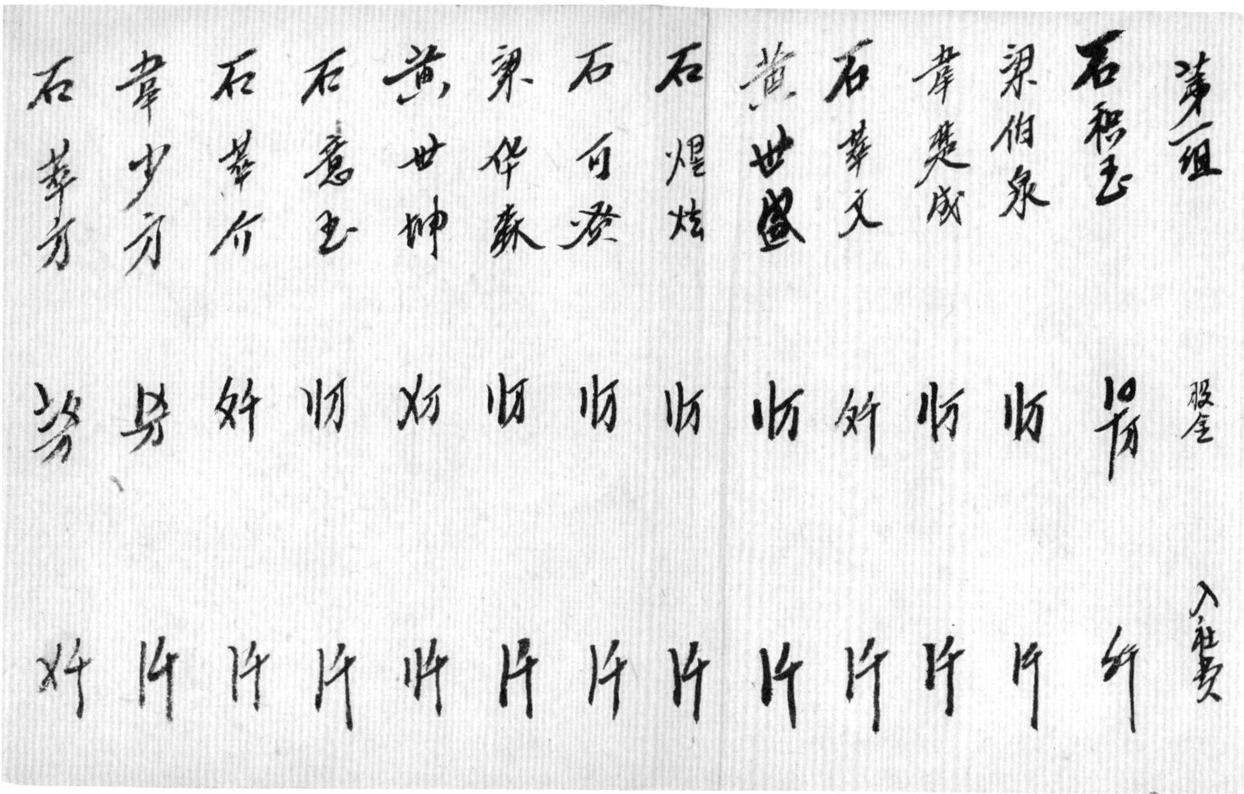

第一组

姓名	股金	入社费
石积玉	[illegible]	[illegible]
梁伯泉	[illegible]	[illegible]
韦楚成	[illegible]	[illegible]
石华文	[illegible]	[illegible]
黄世盈	[illegible]	[illegible]
石煜炫	[illegible]	[illegible]
石可资	[illegible]	[illegible]
梁华森	[illegible]	[illegible]
黄世坤	[illegible]	[illegible]
石意玉	[illegible]	[illegible]
石华介	[illegible]	[illegible]
韦少方	[illegible]	[illegible]
石华方	[illegible]	[illegible]

0075 一九五四年九月二十四日苍梧县塘坪乡信用合作社记账本（1）

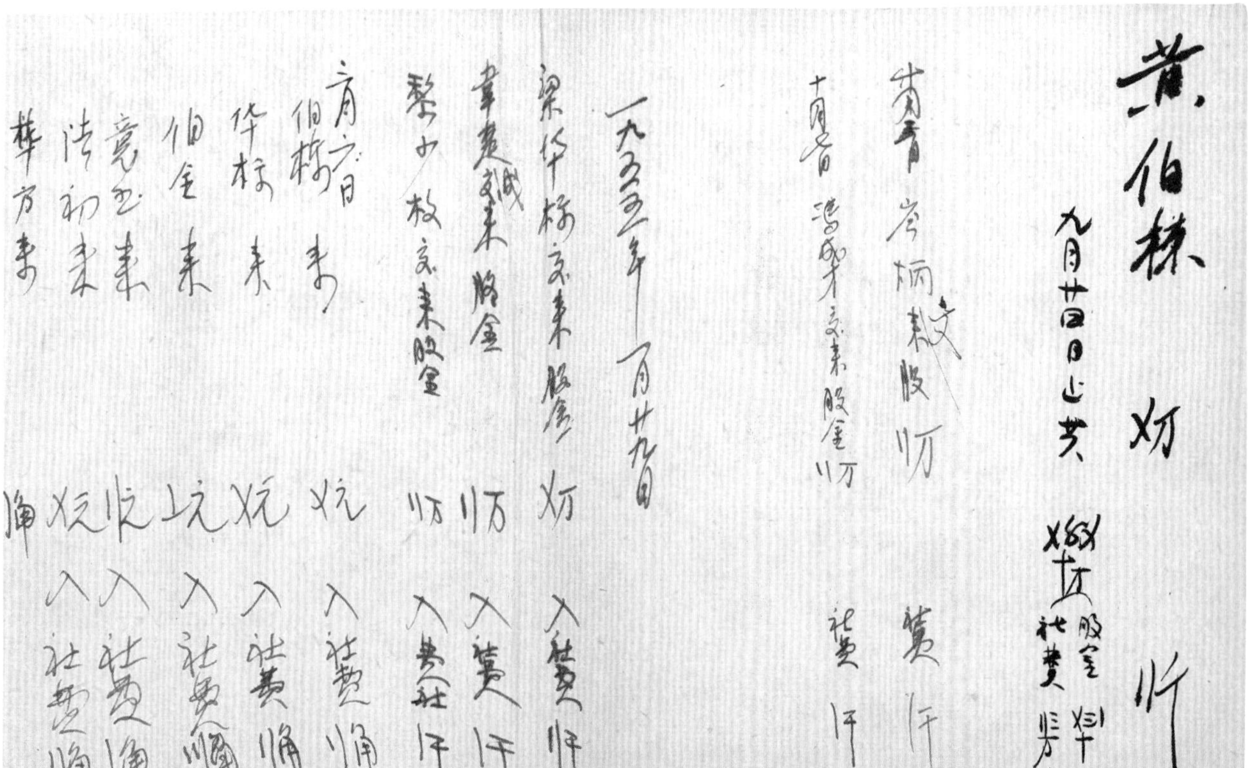

黄伯栋

九月廿四日止共

股金

入社费

0076 一九五四年九月二十四日苍梧县塘坪乡信用合作社记账本（2）

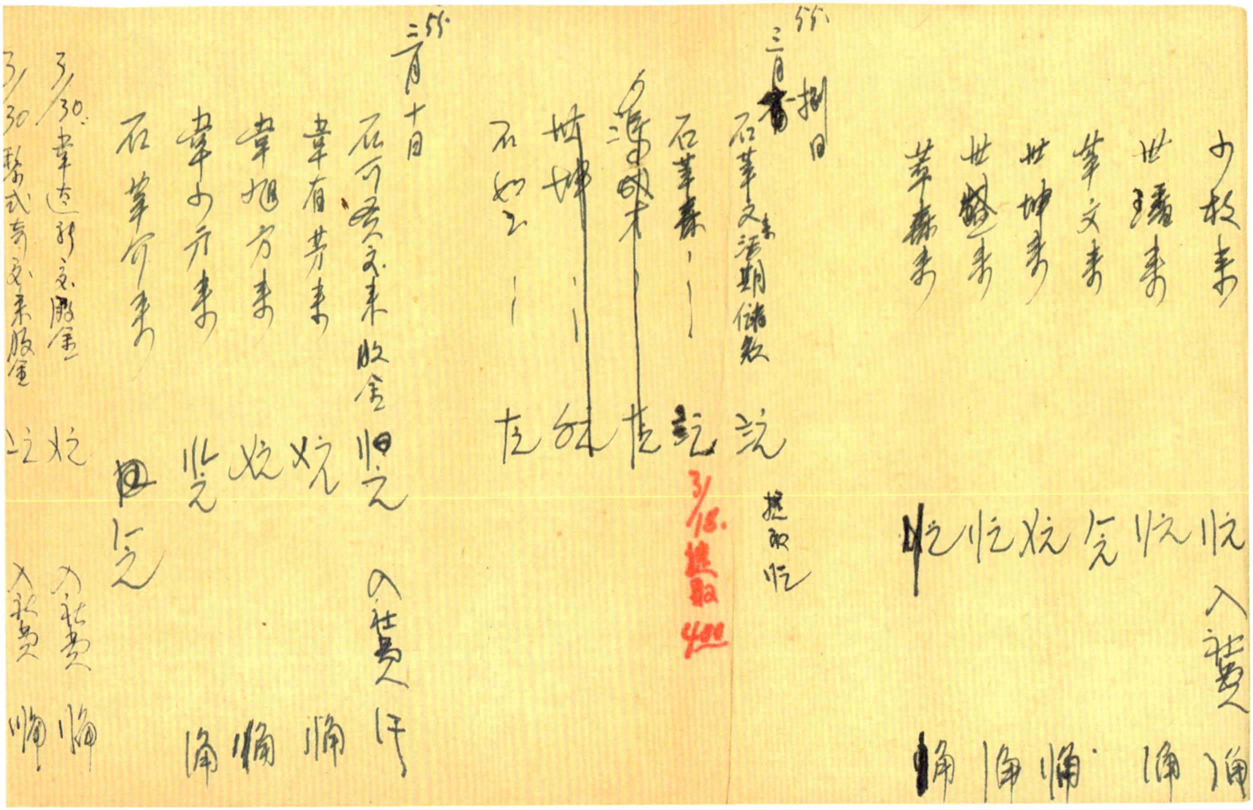

0077 一九五四年九月二十四日苍梧县塘坪乡信用合作社记账本（3）

第弍组

0078 一九五四年九月二十四日苍梧县塘坪乡信用合作社记账本（4）

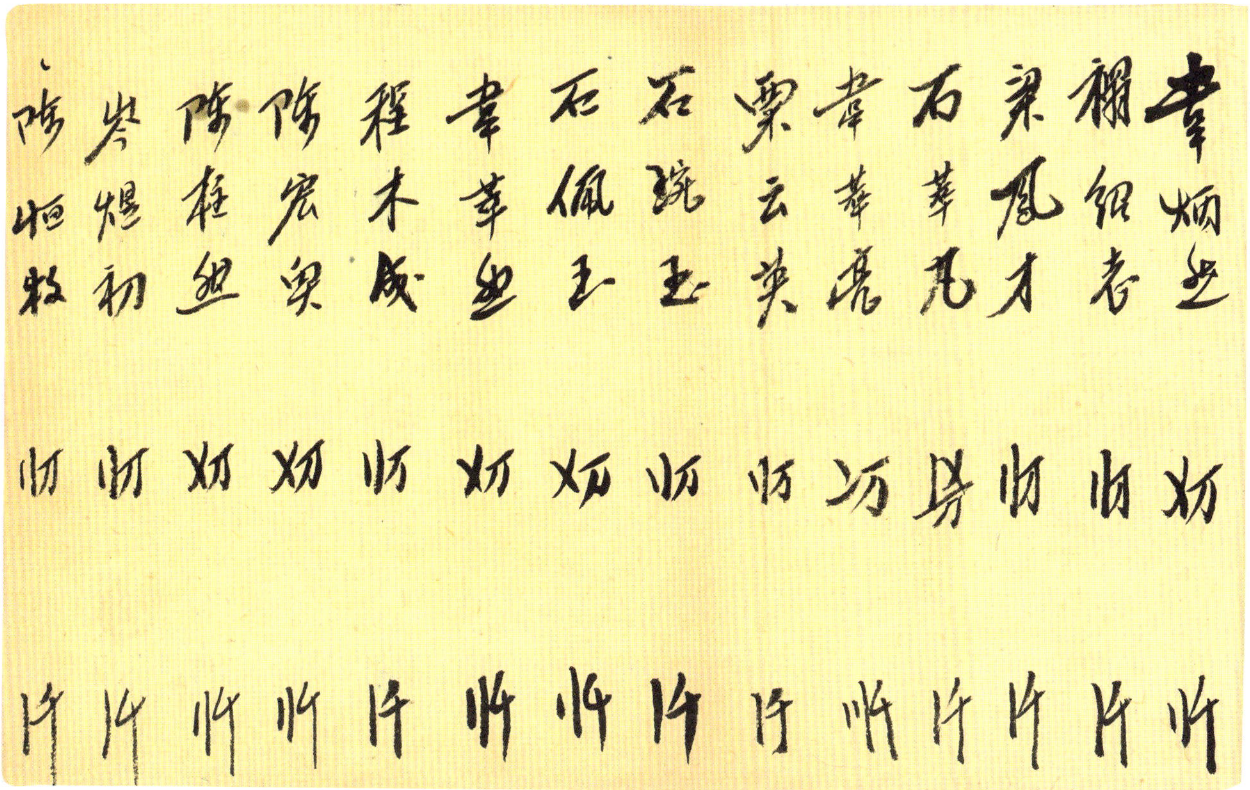

0079 一九五四年九月二十四日苍梧县塘坪乡信用合作社记账本（5）

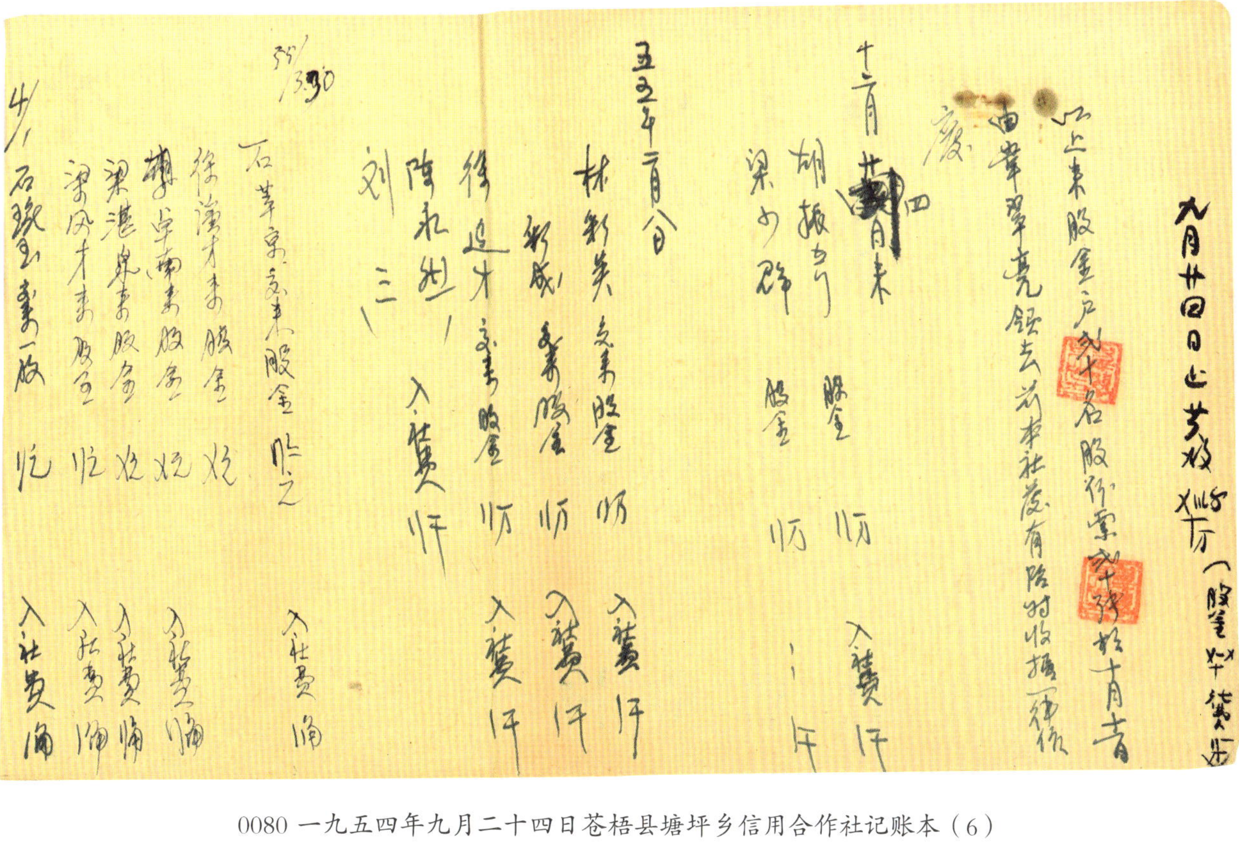

0080 一九五四年九月二十四日苍梧县塘坪乡信用合作社记账本（6）

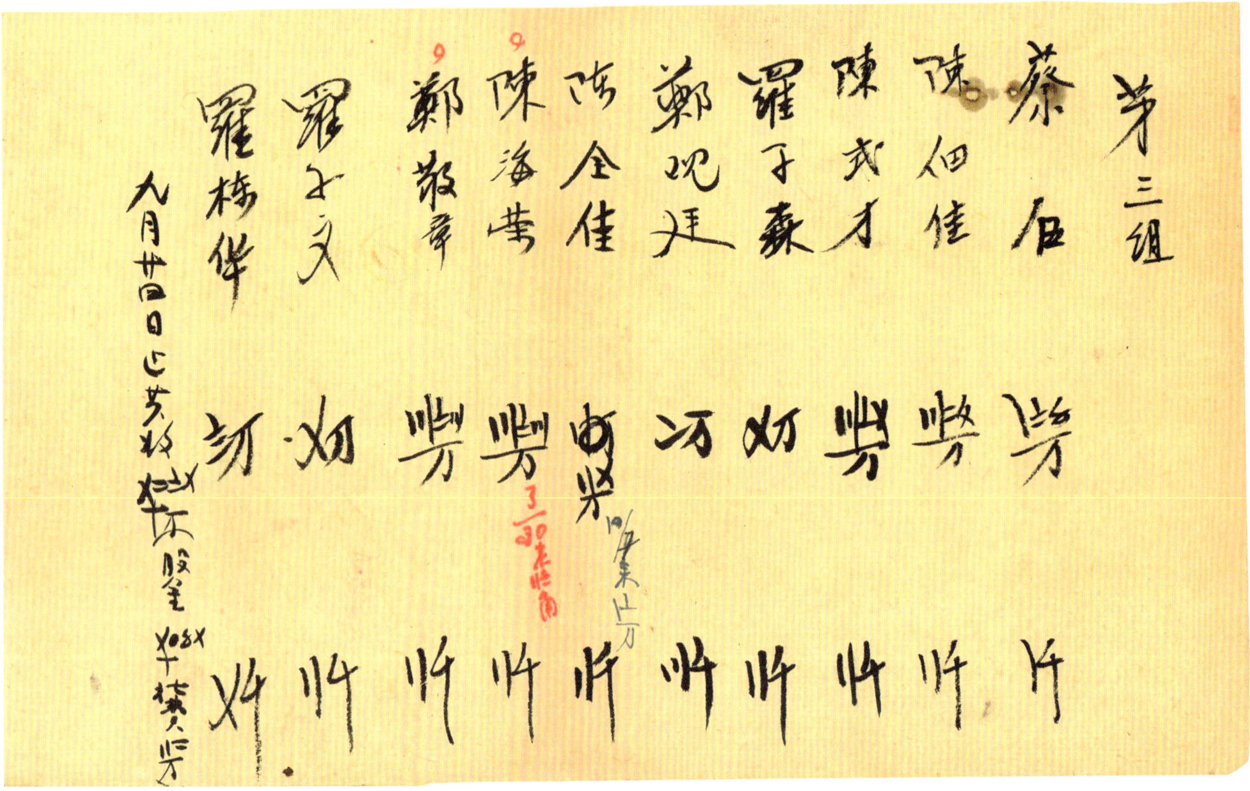

第三组
蔡石
陈细佳
陈式才
罗子森
郑现廷
陈全佳
陈海荣
郑敬章
罗千文
罗栋华

0081 一九五四年九月二十四日苍梧县塘坪乡信用合作社记账本（7）

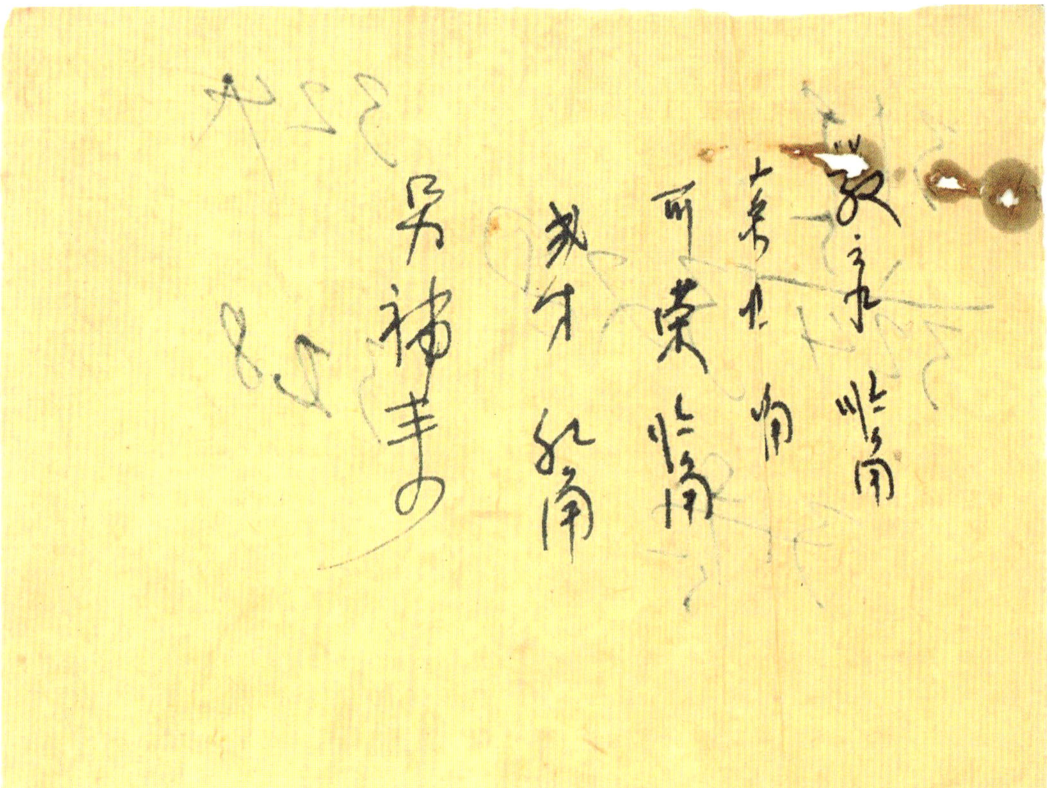

0082 一九五四年九月二十四日苍梧县塘坪乡信用合作社记账本（8）

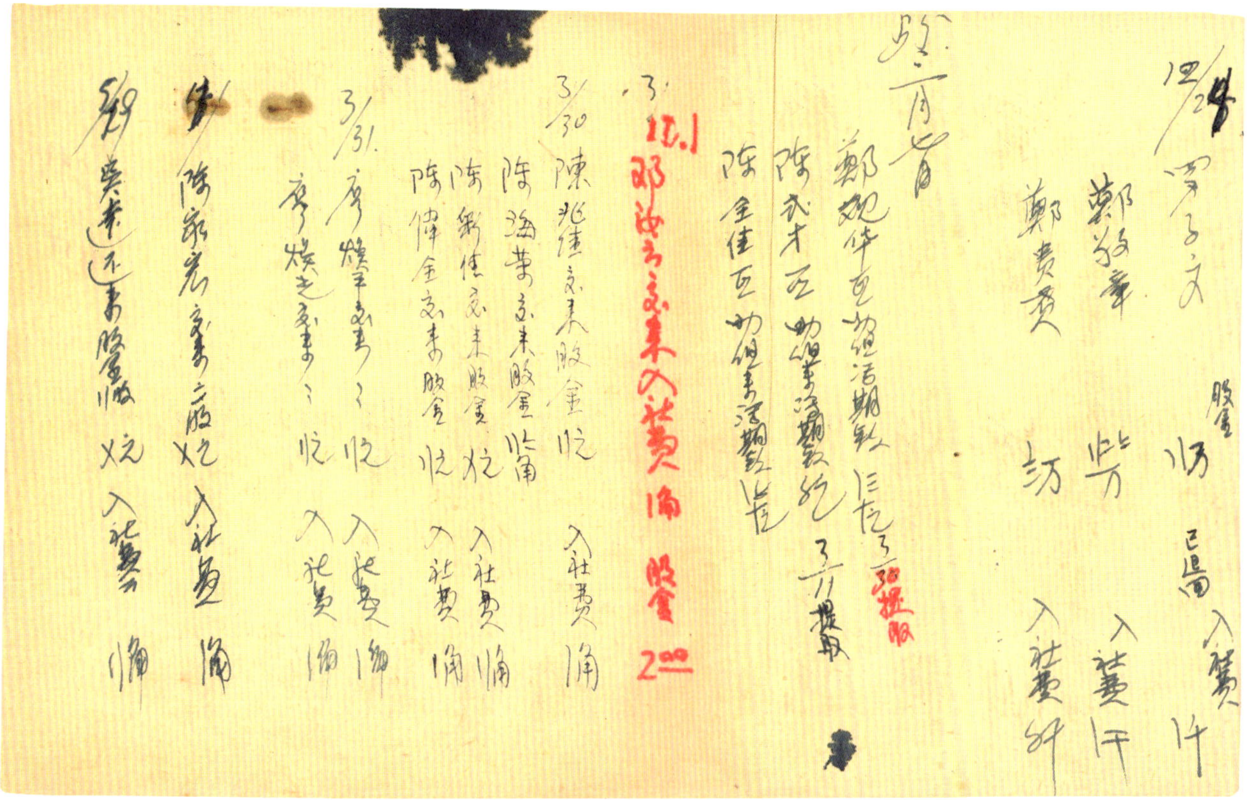

0083 一九五四年九月二十四日苍梧县塘坪乡信用合作社记账本（9）

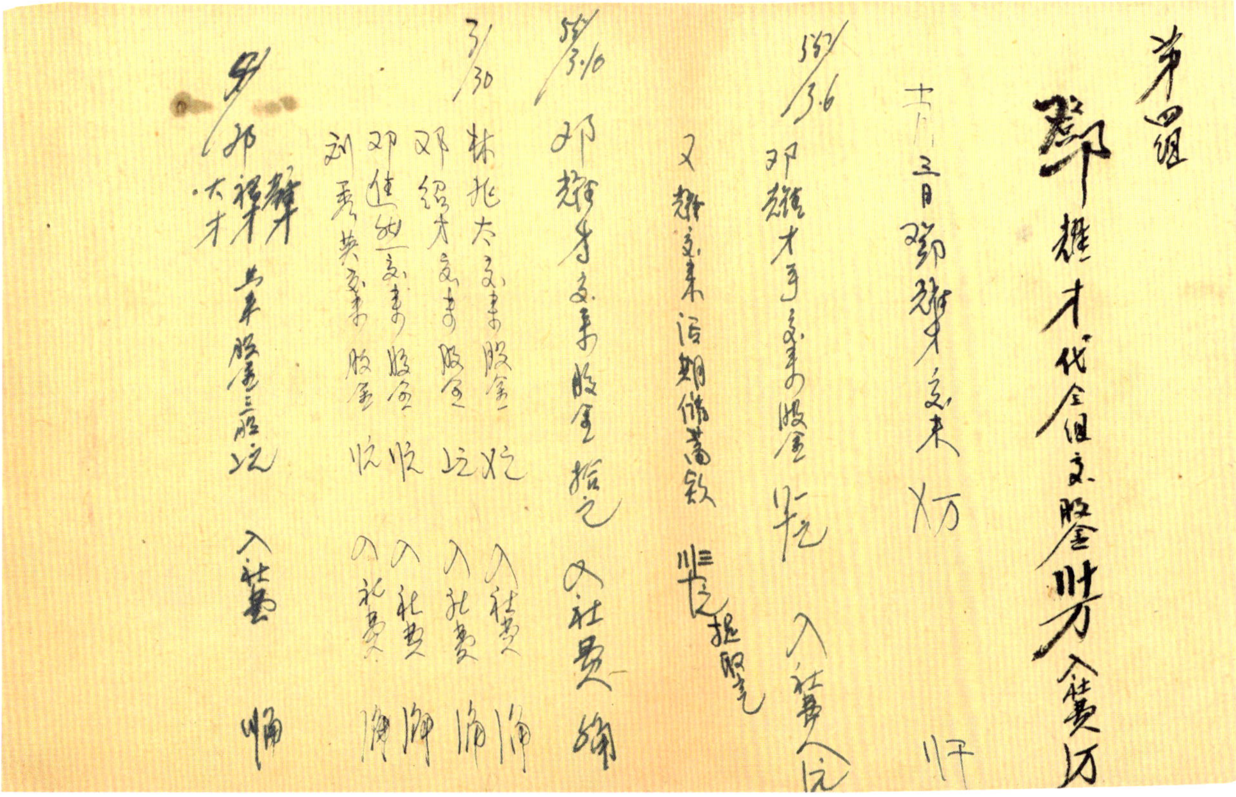

0084 一九五四年九月二十四日苍梧县塘坪乡信用合作社记账本（10）

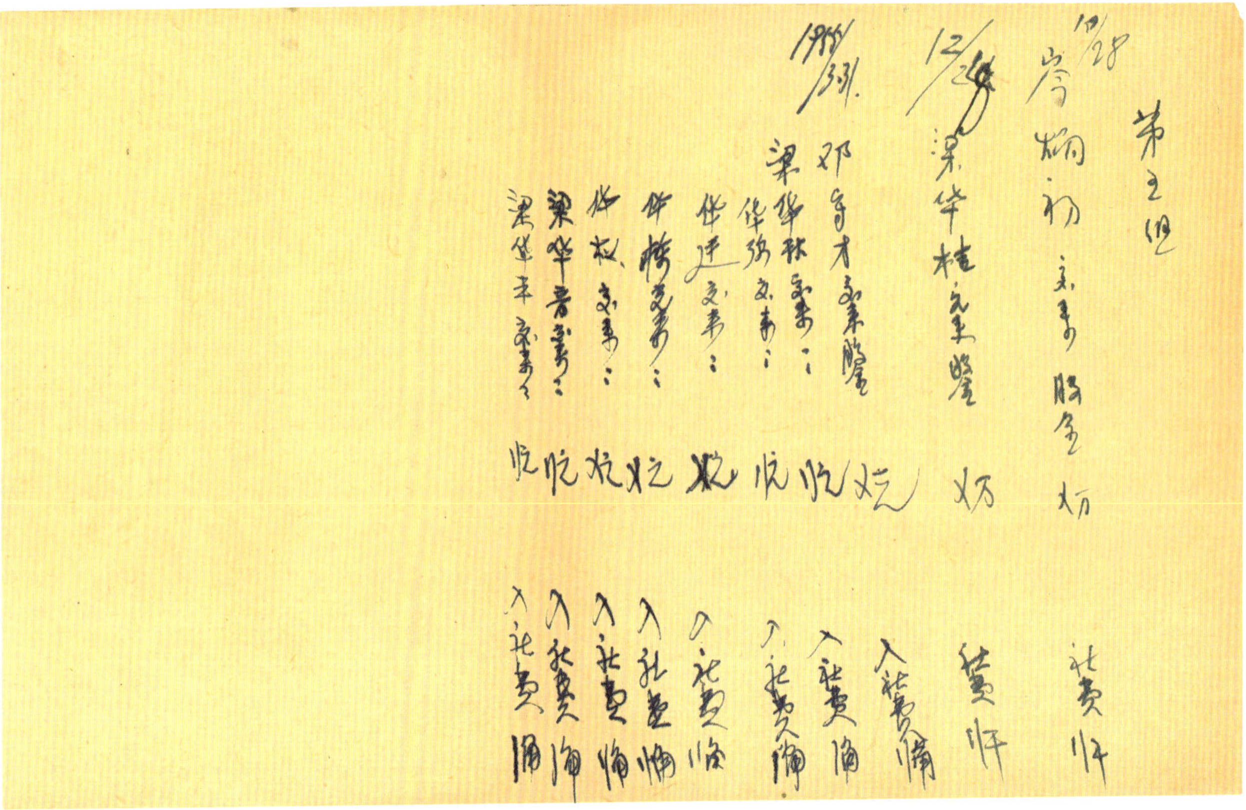

0085 一九五四年九月二十四日苍梧县塘坪乡信用合作社记账本（11）

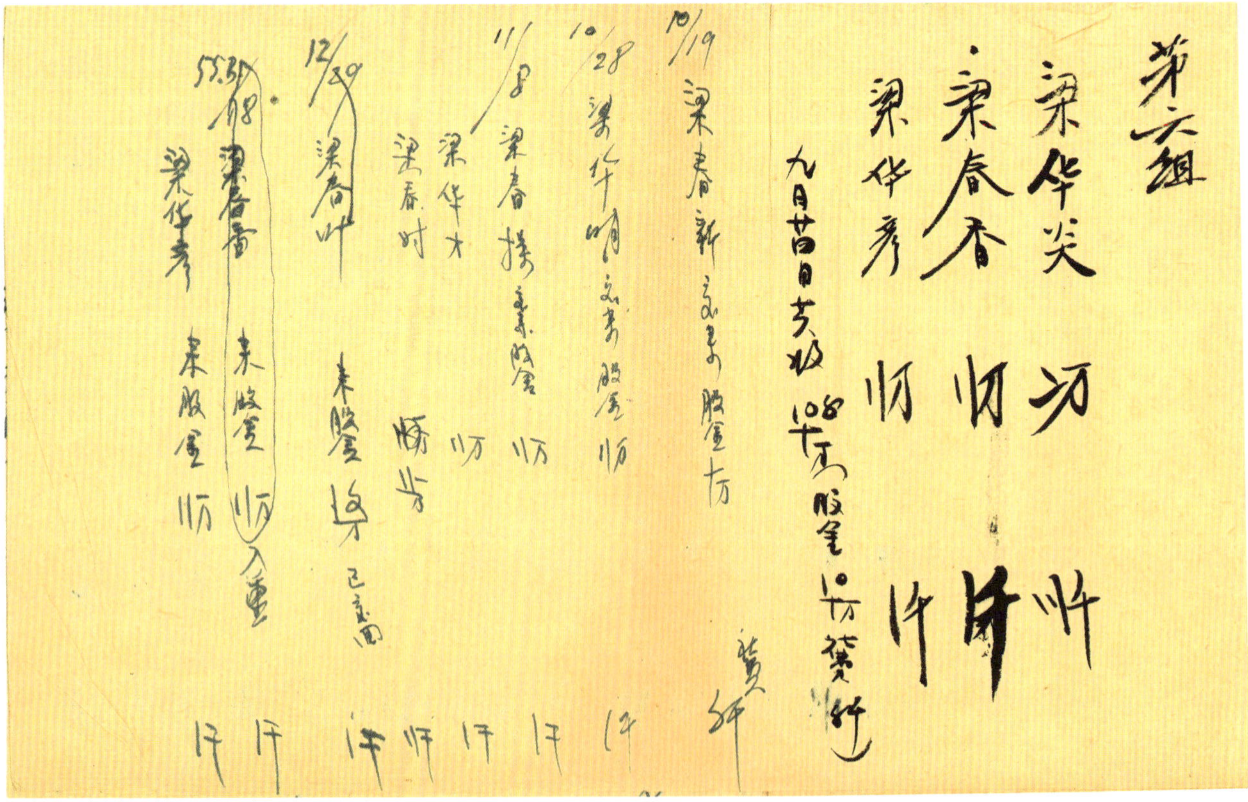

0086 一九五四年九月二十四日苍梧县塘坪乡信用合作社记账本（12）

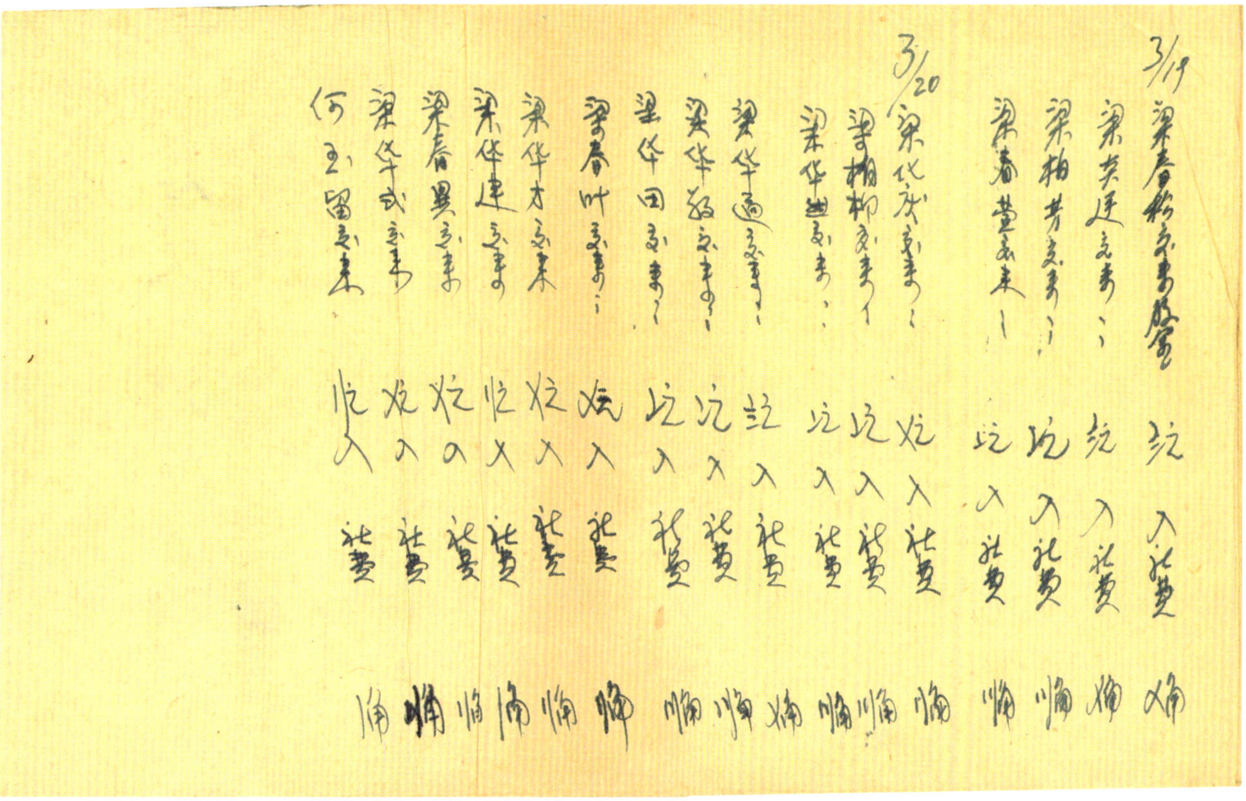

0087 一九五四年九月二十四日苍梧县塘坪乡信用合作社记账本（13）

0088 一九五四年九月二十四日苍梧县塘坪乡信用合作社记账本（14）

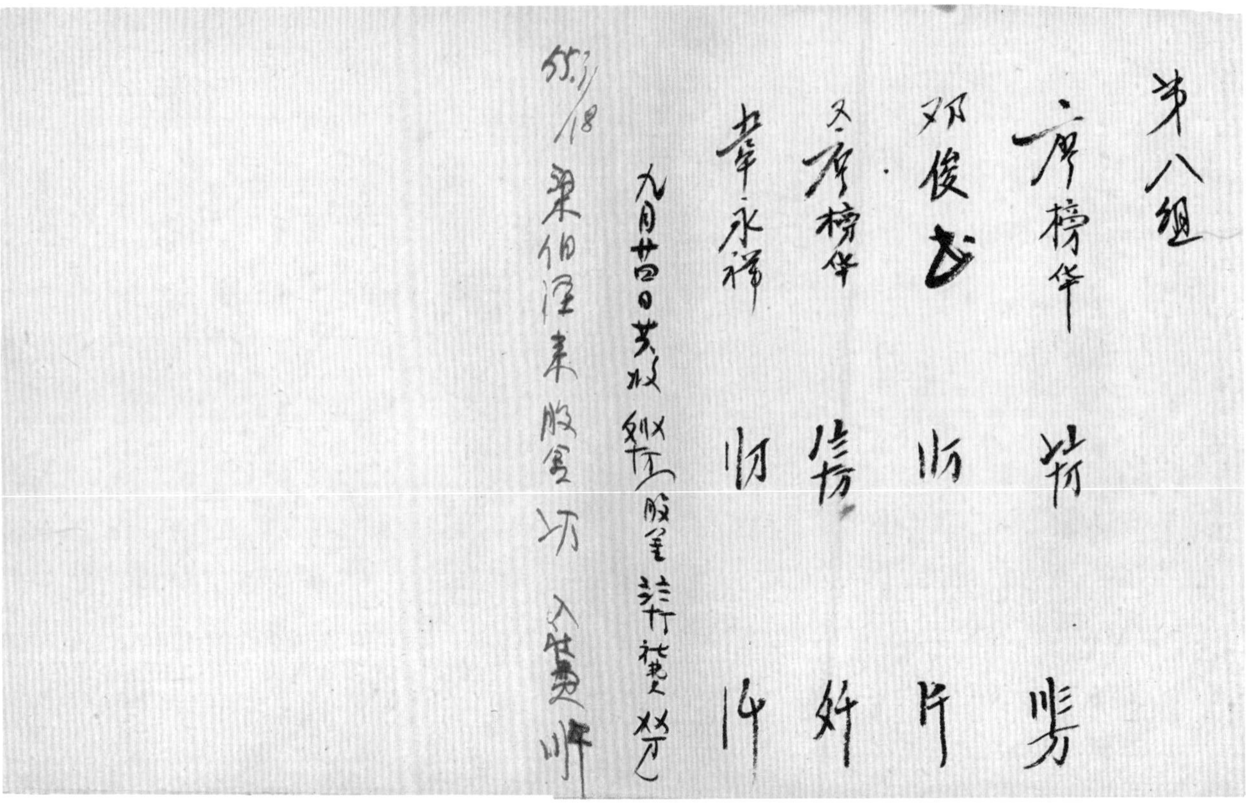
第八组
廖榜华
邓俊飞
又 廖榜华
韦永祥
九月廿四日共收 股金
55.3/18 梁伯深来股金

0089 一九五四年九月二十四日苍梧县塘坪乡信用合作社记账本（15）

第九组
文来
十月三日 李桂青来
十月廿七日 钟佩钦来
5/23 钟岳善 来股金
邓胜 方来

0090 一九五四年九月二十四日苍梧县塘坪乡信用合作社记账本（16）

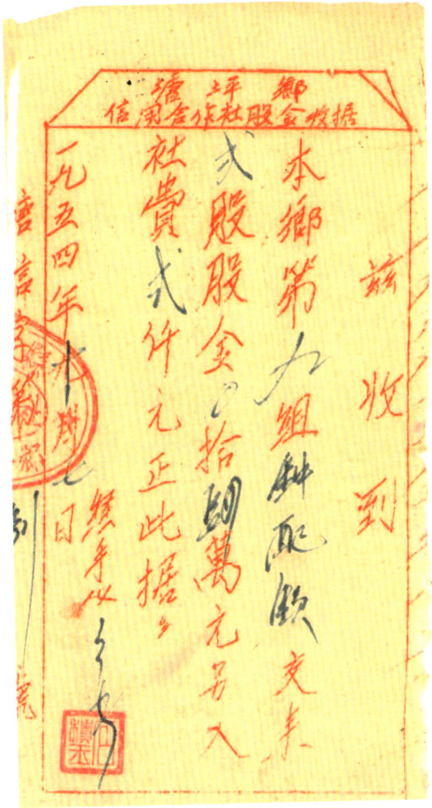
塘坪鄉信用合作社股金收据

兹收到

本鄉第九組鍾配欽交來

式股股金[illegible]萬元另入

社費式仟元正此据

一九五四年十月七日

經手人

0091 一九五四年十月七日塘坪乡信用合作社钟配钦股金收据

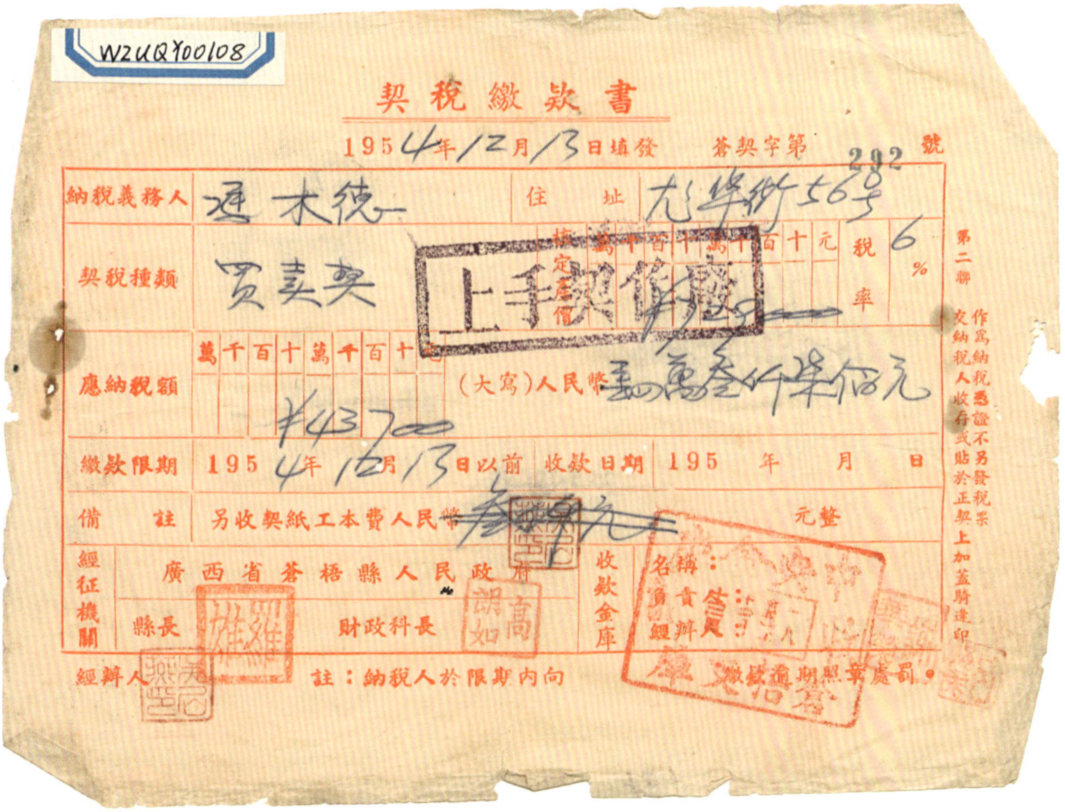
W2UQY00108

契稅繳款書

195 4 年 12 月 13 日填發　蒼契字第 282 號

納稅義務人	冯木德	住址	龙华街56号		
契稅種類	买卖契	核定價值		稅率	6%
應納稅額		(大寫)人民幣			
繳款限期	195 4 年 12 月 13 日以前	收款日期	195　年　月　日		
備註	另收契紙工本費人民幣　元整				
經征機關	廣西省蒼梧縣人民政府　縣長　財政科長	收款金庫	名稱：　負責人：　經辦人：		

經辦人　註：納稅人於限期內向　繳款逾期照章處罰。

第二聯 作寫納稅憑證交納稅人收存或貼於正契上加蓋騎縫印不另發稅票

上手契

0092 一九五四年十二月十三日苍梧县戎城镇龙华街56号冯木德契税缴款书

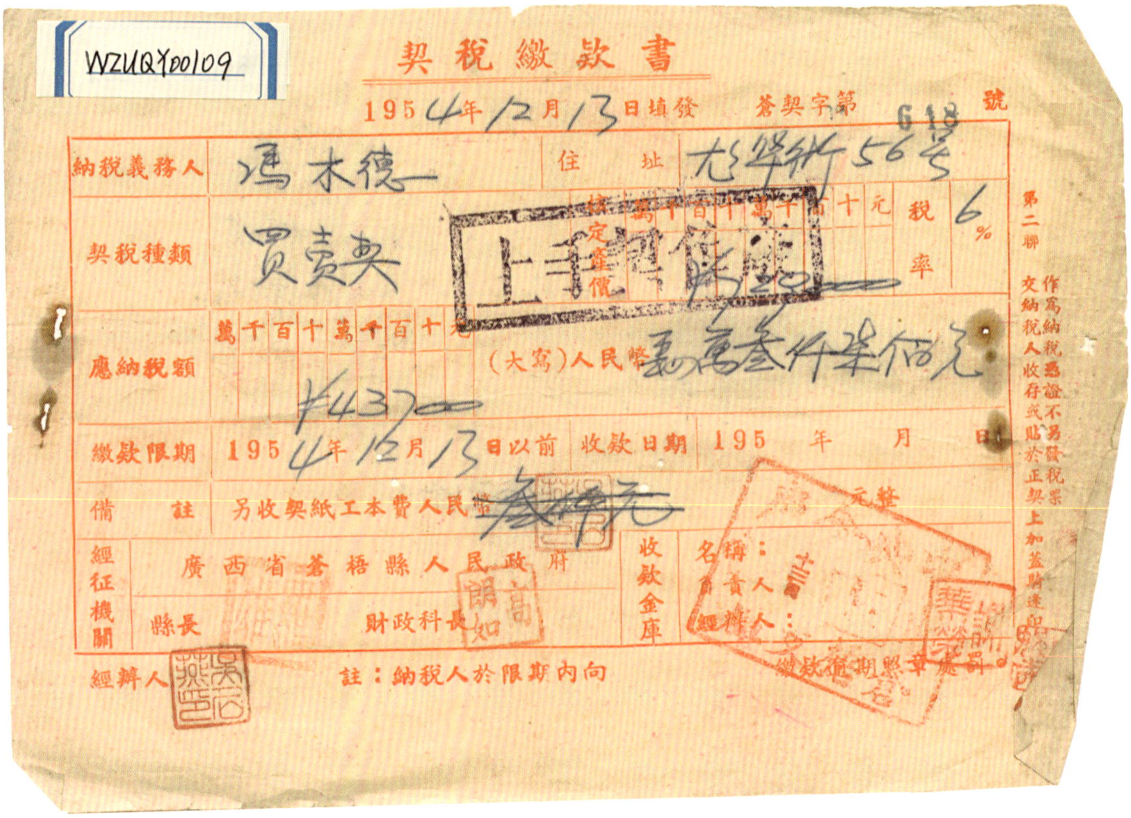
WZUQY00109

契稅繳款書

1954年12月13日填發 蒼契字第618號

納稅義務人 馮木德 住址 龙华街56号

契稅種類 買賣契 核定產價 萬千百十萬千百十元 稅率 6%

上手契作廢

應納稅額 萬千百十萬千百十元 ¥43700 (大寫)人民幣 肆萬叁仟柒佰元

繳款限期 1954年12月13日以前 收款日期 195 年 月 日

備註 另收契紙工本費人民幣 叁仟元 元整

經征機關 廣西省蒼梧縣人民政府 縣長 財政科長

收款金庫 名稱： 負責人： 經辦人：

經辦人 註：納稅人於限期內向 繳款逾期照章處罰。

第二聯 交納稅人收存或貼於正契上加蓋騎縫印作為納稅憑證不另發稅票

0093 一九五四年十二月十三日苍梧县戎城镇龙华街56号冯木德契税缴款书

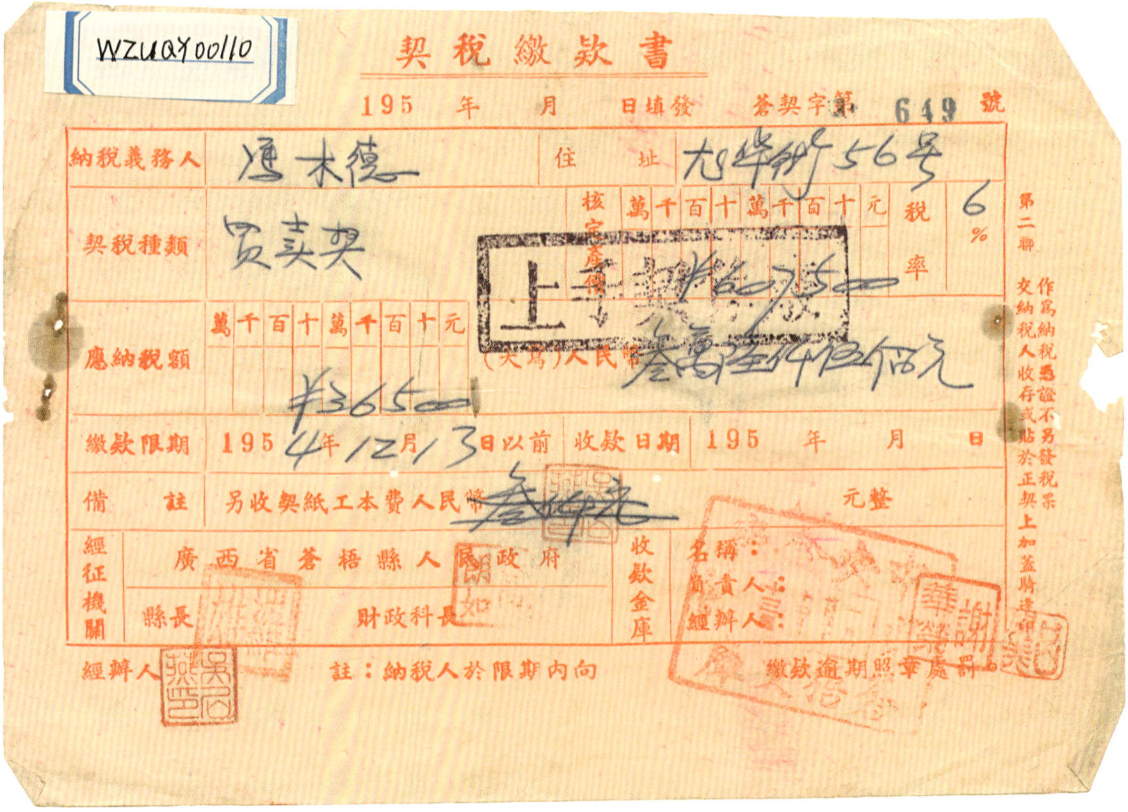
WZUQY00110

契稅繳款書

195 年 月 日填發 蒼契字第649號

納稅義務人 馮木德 住址 龙华街56号

契稅種類 買賣契 核定產價 萬千百十萬千百十元 稅率 6%

應納稅額 萬千百十萬千百十元 ¥36500 (大寫)人民幣 叁萬陸仟伍佰元

繳款限期 1954年12月13日以前 收款日期 195 年 月 日

備註 另收契紙工本費人民幣 叁仟元 元整

經征機關 廣西省蒼梧縣人民政府 縣長 財政科長

收款金庫 名稱： 負責人： 經辦人：

經辦人 註：納稅人於限期內向 繳款逾期照章處罰。

第二聯 交納稅人收存或貼於正契上加蓋騎縫印作為納稅憑證不另發稅票

0094 一九五四年十二月十三日苍梧县戎城镇龙华街56号冯木德契税缴款书

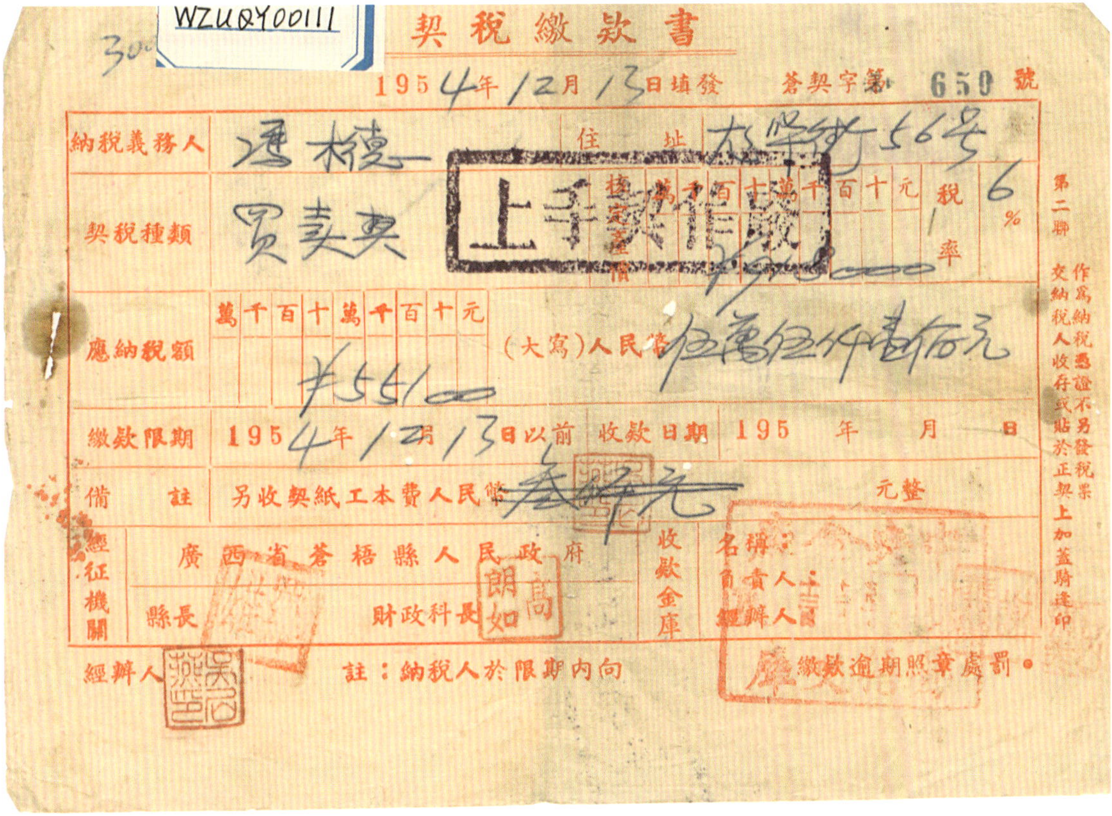
WZUQY00111

契稅繳款書

1954年12月13日填發 蒼契字第 650 號

納稅義務人	馮木德	住址	龙华街56号
契稅種類	买卖契	核定產價	550000
稅率	6%		
應納稅額	¥55100	(大寫)人民幣	伍萬伍仟壹佰元
繳款限期	1954年12月13日以前	收款日期	195 年 月 日
備註	另收契紙工本費人民幣叁仟元 元整		
經征機關	廣西省蒼梧縣人民政府 縣長 財政科長	收款金庫	名稱 負責人 經辦人

經辦人 註：納稅人於限期內向 庫繳款逾期照章處罰。

第二聯 交納稅人收存作為納稅憑證不另發稅票紙貼於正契上加蓋騎縫印

上手契作廢

0095 一九五四年十二月十三日苍梧县戎城镇龙华街56号冯木德契税缴款书

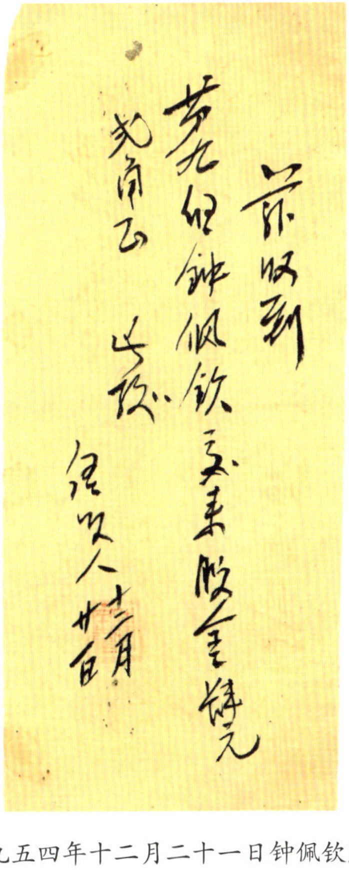
兹收到
苏九姐钟佩钦交来股金肆元
戎圩区 收
经收人 十二月廿一日

0096 一九五四年十二月二十一日钟佩钦股金收条

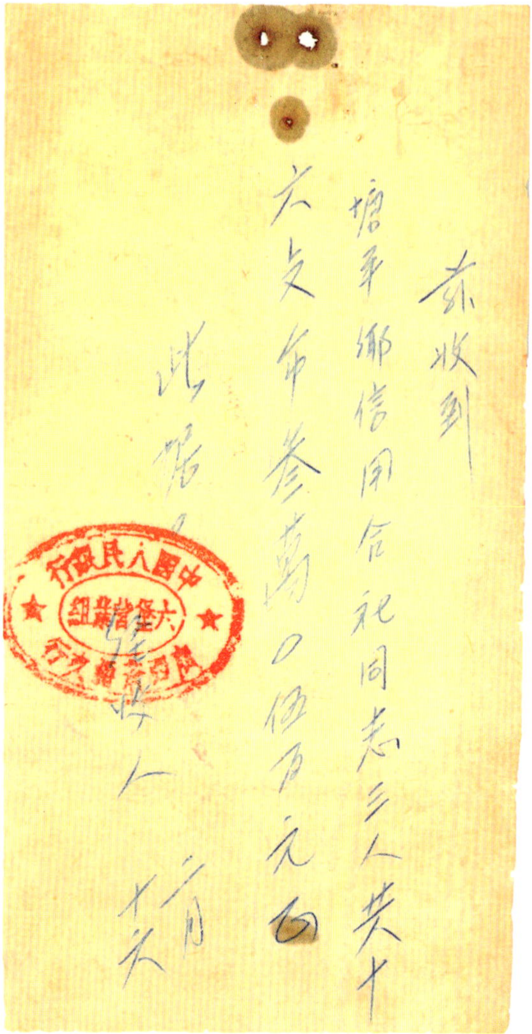

兹收到
塘平乡信用合作社同志三人共十
六天伙食叁万伍百元正
此据
经收人
二月
十六

0097 一九五五年二月十六日塘平乡信用社餐费收据

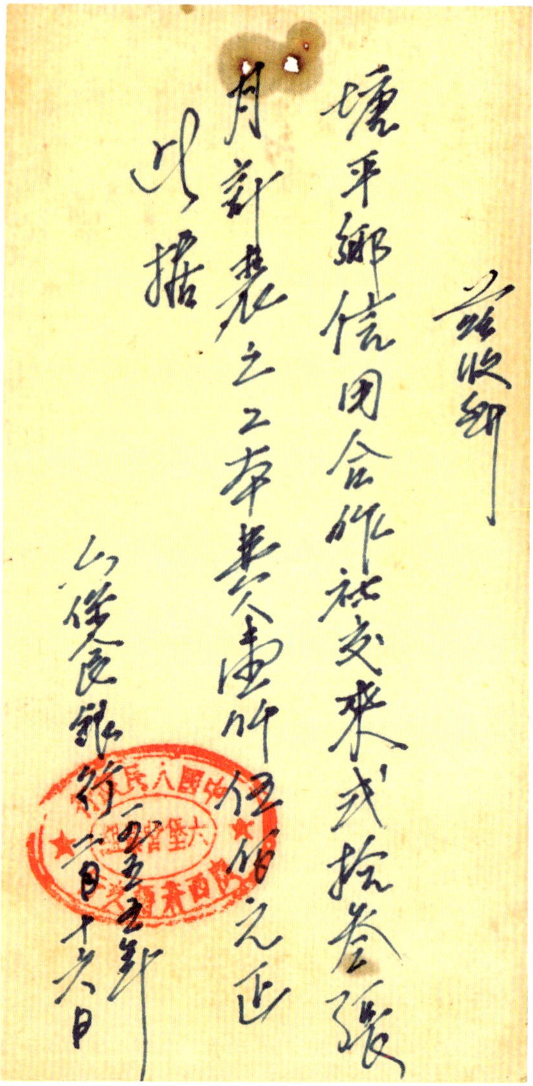

兹收到
塘平乡信用合作社交来贰拾叁张
月计表之工本费壹仟伍佰元正
此据
人民银行 一九五五年
二月十六日

0098 一九五五年二月十六日塘平乡信用社购买月计表工本费收据

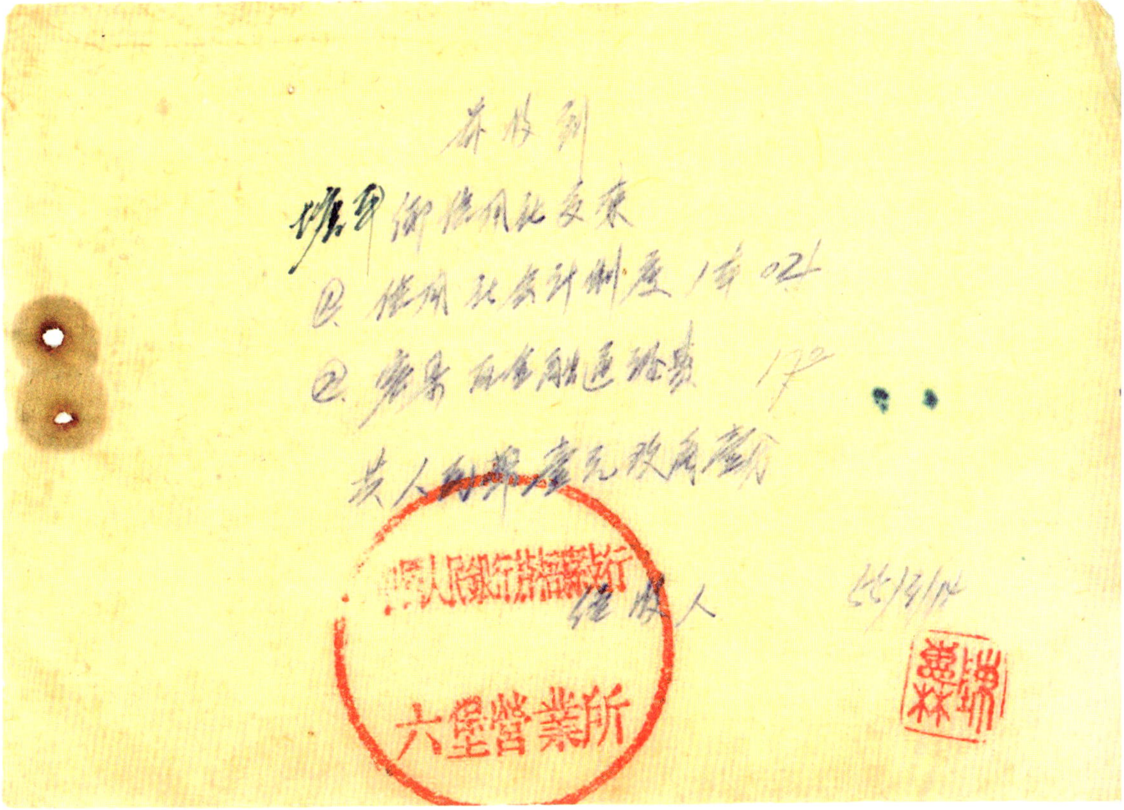
今收到
塘平乡信用社交来
① 信用社会计制度 1本 0.21
② 广东省金融通讯费 .17
共人民币叁角捌分
中国人民银行苍梧县支行
六堡營業所
经收人 55/3/14

0099 一九五五年三月十四日中国人民银行苍梧县支行六堡营业所收据

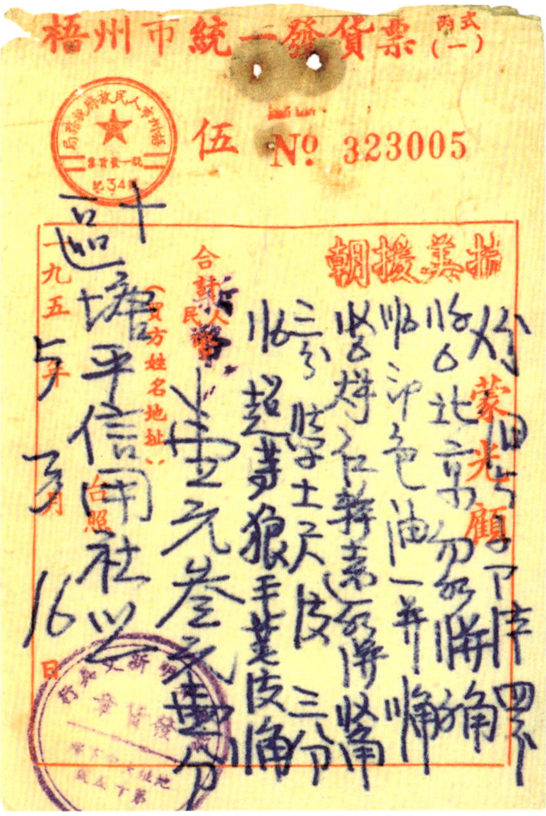
梧州市統一發貨票 丙式（一）
伍 № 323005
抗美援朝
（買方姓名地址）塘平信用社
一九五五年 3月 16日
合計人民幣

0100 一九五五年三月十六日塘平信用社购物发货票

0101 一九五五年三月二十六日塘坪乡第四组信用社员股部册

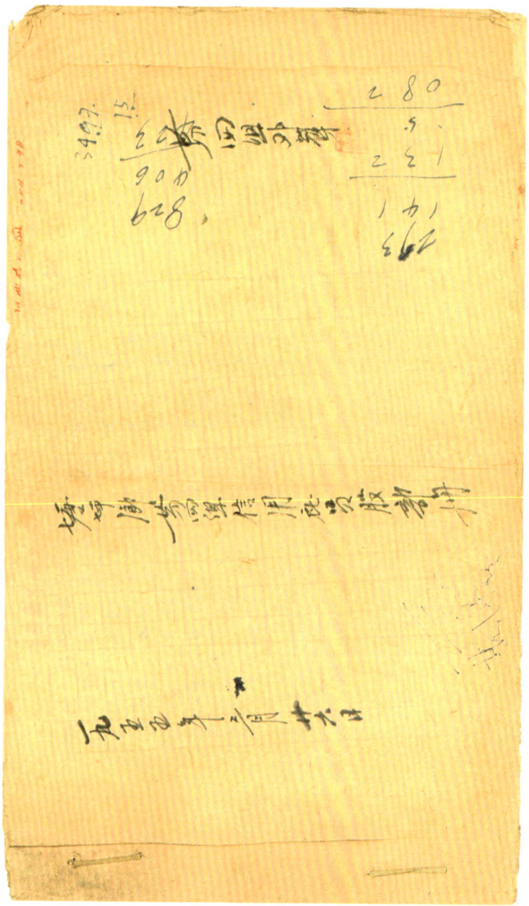

0102 一九五五年三月二十七日廖榜华借据

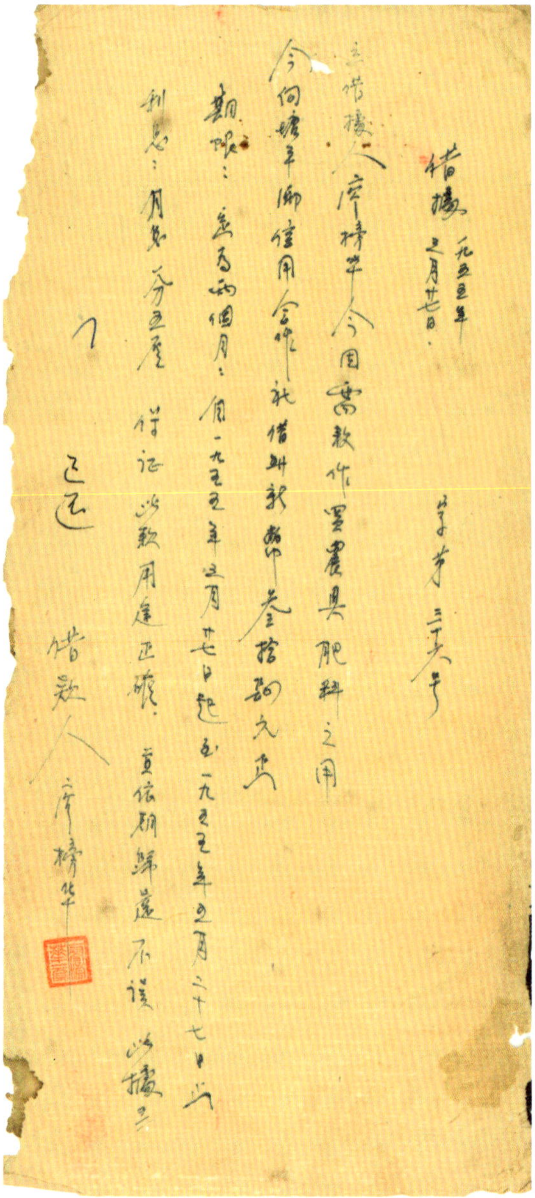
借据 一九五五年三月廿七日　字第三十六号

立借据人廖榜华今因需款作买农具肥料之用

今向塘坪乡信用合作社借到新币叁拾元正

期限：为两个月，自一九五五年三月廿七日起至一九五五年五月二十七日止

利息：月息一分五厘　保证此款用途正确，负责按期归还不误，此据。

借款人廖榜华

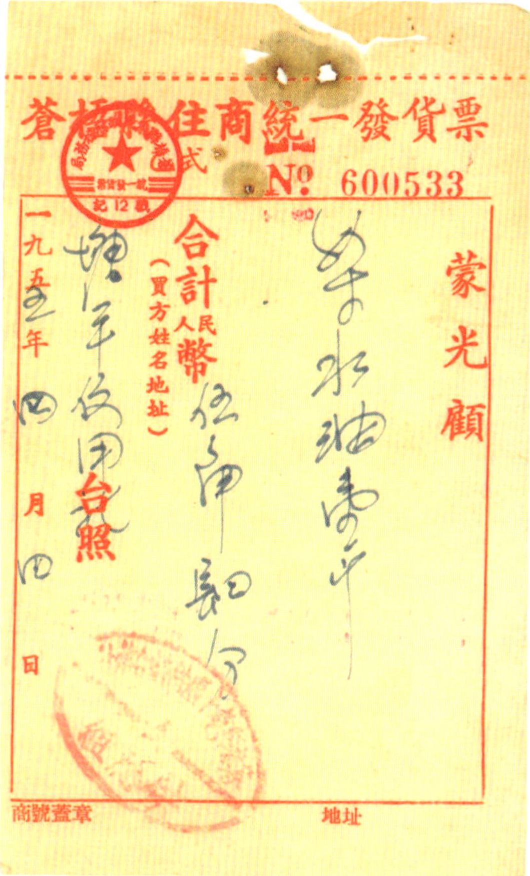

蒼梧縣住商統一發貨票
No 600533
蒙光顧
合計人民幣
（買方姓名地址）
一九五五年四月四日
台照
商號蓋章
地址

0103 一九五五年四月四日苍梧县住商统一发货票

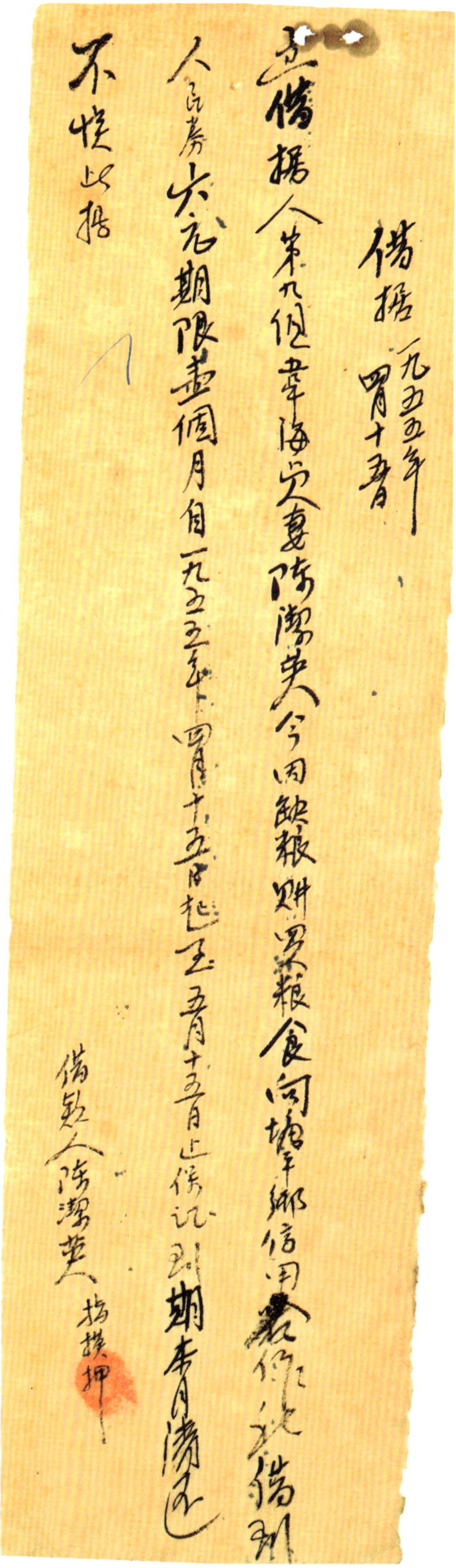

借据 一九五五年四月十五日

立借据人第九組華海岸夏陳潔英今因缺粮购买粮食向塘厂乡信用合作社借到人民券六元期限壹個月自一九五五年四月十五日起至五月十五日止保证到期本月清还不悮此据

借款人陈潔英 指模押

0104 一九五五年四月十五日陈洁英借据

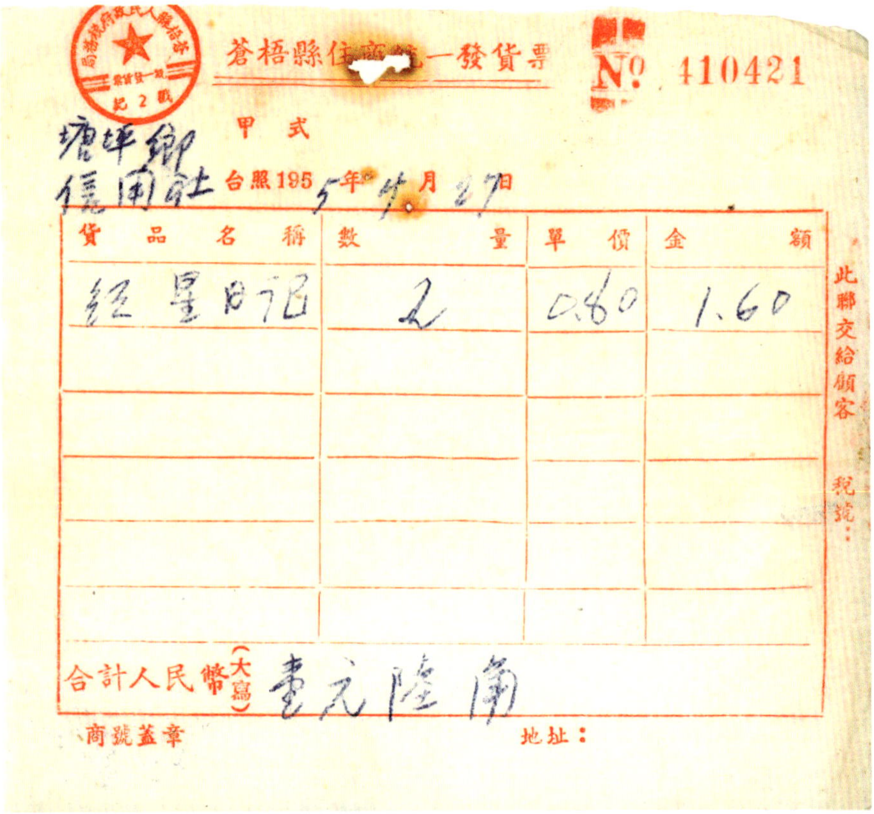

蒼梧縣住商統一發貨票

No 410421

甲式

塘坪鄉信用社 台照 1955年4月27日

貨品名稱	數量	單價	金額
紅星日記	2	0.80	1.60

合計人民幣（大寫）壹元陸角

商號蓋章 地址：

此聯交給顧客 稅號：

0105 一九五五年四月二十七日苍梧县住商统一发货票

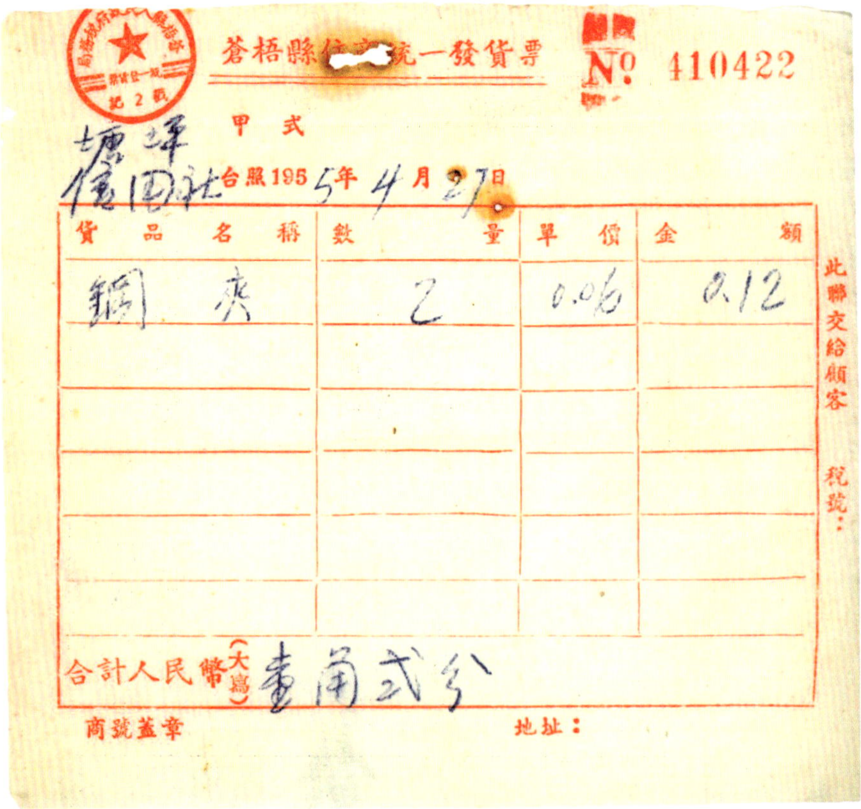

蒼梧縣住商統一發貨票

No 410422

甲式

塘坪信用社 台照 1955年4月27日

貨品名稱	數量	單價	金額
鋼夾	2	0.06	0.12

合計人民幣（大寫）壹角弍分

商號蓋章 地址：

此聯交給顧客 稅號：

0106 一九五五年四月二十七日苍梧县住商统一发货票

蒼梧縣住商統一發貨票
乙式
No 658519
蒙光顧
合計人民幣
（買方姓名地址）
台照
一九五五年五月十四日
商號蓋章
地址

0107 一九五五年五月十四日苍梧县住商统一发货票

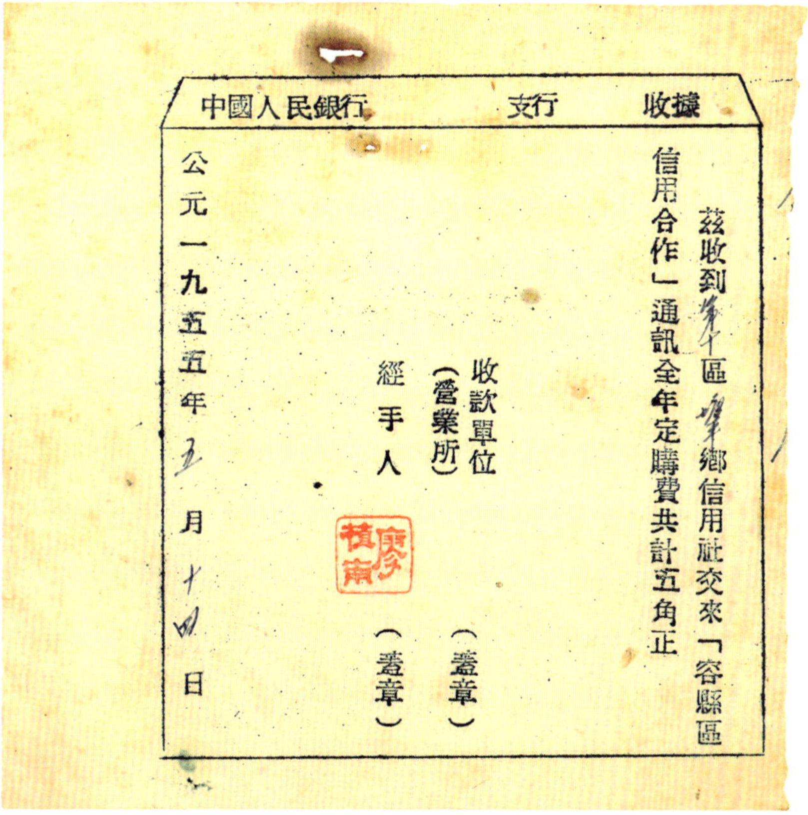
中國人民銀行　　支行　　收據
茲收到第十區塘平鄉信用社交來「容縣區信用合作」通訊全年定購費共計五角正
收款單位（營業所）（蓋章）
經手人（蓋章）
公元一九五五年五月十四日

0108 一九五五年五月十四日塘平乡信用社订阅《容县区信用合作》收据

0109 一九五五年五月三十日塘平乡信用社石华方借据

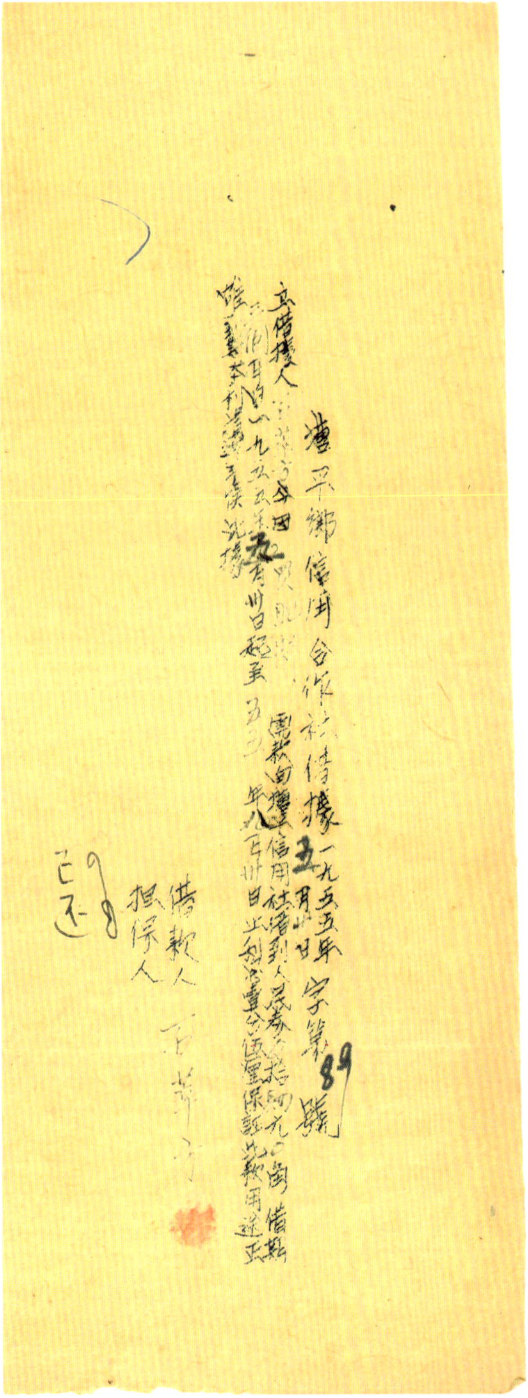

塘平鄉信用合作社借據 一九五五年五月卅日 字第89號

立借據人[illegible]今因[illegible]需款向塘平信用社借到人民幣[illegible]元○角 借期[illegible]月 自一九五五年五月卅日起至五五年八月卅日止 利息壹分伍厘 保證此款用途正當 到期本利清還 立此據

借款人 石華方

担保人

已还

0110 一九五五年五月三十一日塘平乡信用社石莘界借据

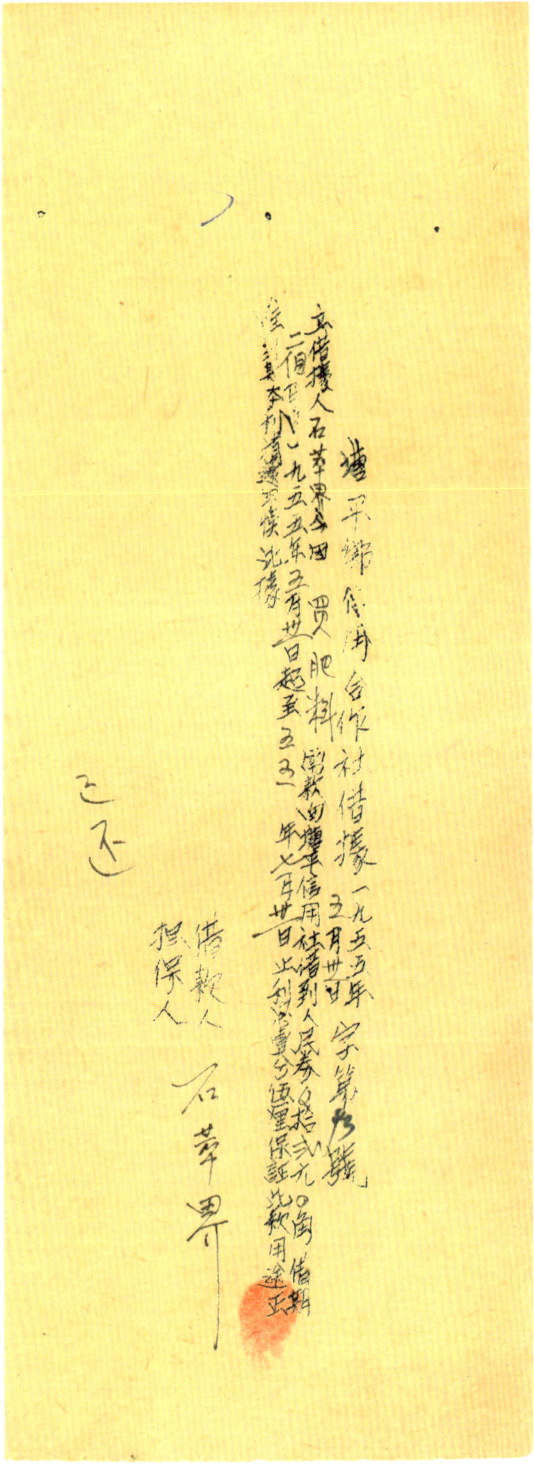

塘平鄉信用合作社借據 一九五五年五月卅一日 字第75號

立借據人石莘界今因買入肥料需款向塘平信用社借到人民幣貳元○角 借期二個月 自一九五五年五月卅一日起至五五年七月卅一日止 利息壹分伍厘 保證此款用途正當 到期本利清還 立此據

借款人 石莘界

担保人

已还

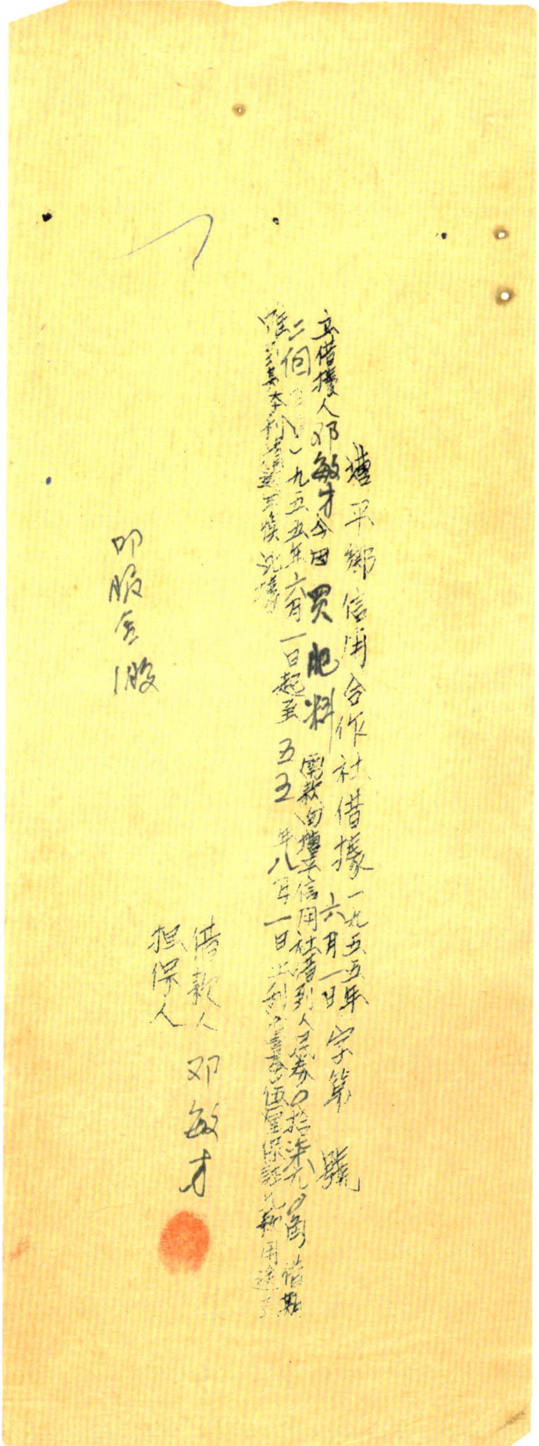

塘平鄉信用合作社借據 一九五五年六月一日 字第 號

借款人 邓敏才

担保人

0111 一九五五年六月一日塘平乡信用社邓敏才借据

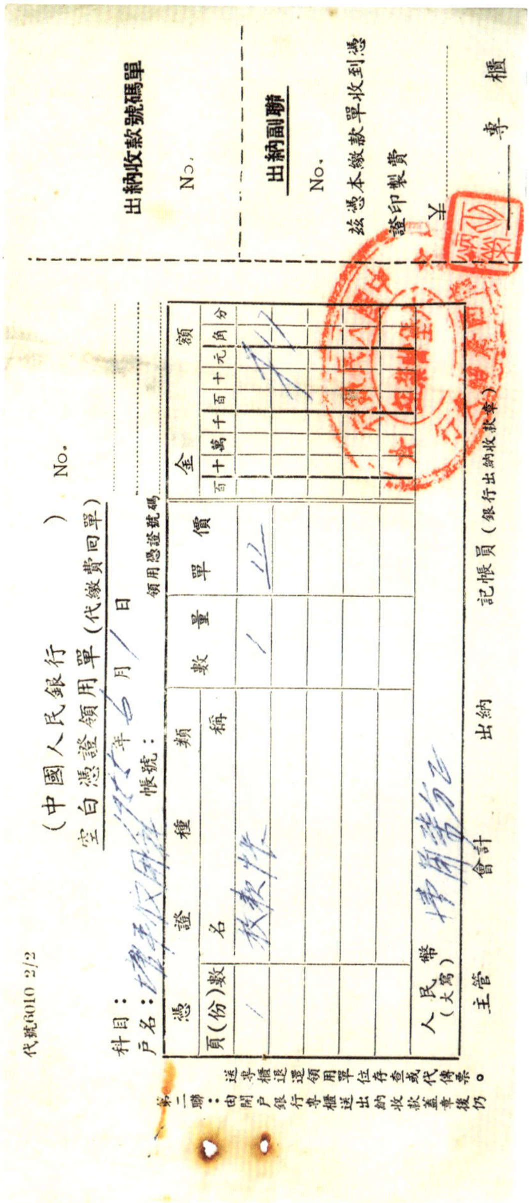

（中國人民銀行 ） No.

空白憑證領用單（代繳費回單）

年 月 日

科目：

戶名： 帳號：

領用憑證號碼

憑證 頁(份)數	證名 稱	數量	單價	金額

人民幣（大寫）

主管 會計 出納 記帳員（銀行出納收款章）

出納收款號碼單 No.

出納副聯 No.

茲憑本繳款單收到憑證印製費 元

0112 一九五五年六月一日塘平乡信用社空白凭证领用单

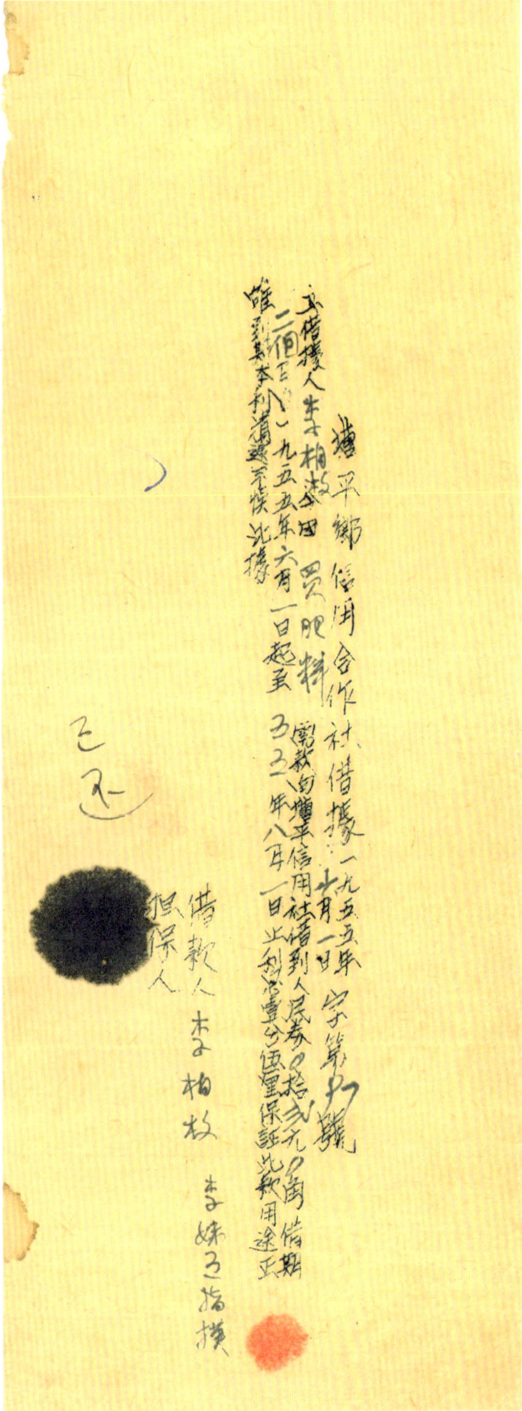
塘平鄉信用合作社借據 一九五五年六月一日 字第 [illegible] 號
立借據人李柏枚今因 買肥料 需款向塘平信用社借到人民券 [illegible] 借期
二個月 一九五五年六月一日起至 五五年八月一日止 利率壹分伍厘 保証此款用途正
確 到期本利清還不誤 此據
借款人 李柏枚 李妹[illegible]指摸
担保人
已还

0113 一九五五年六月一日塘平乡信用社李柏枚借据

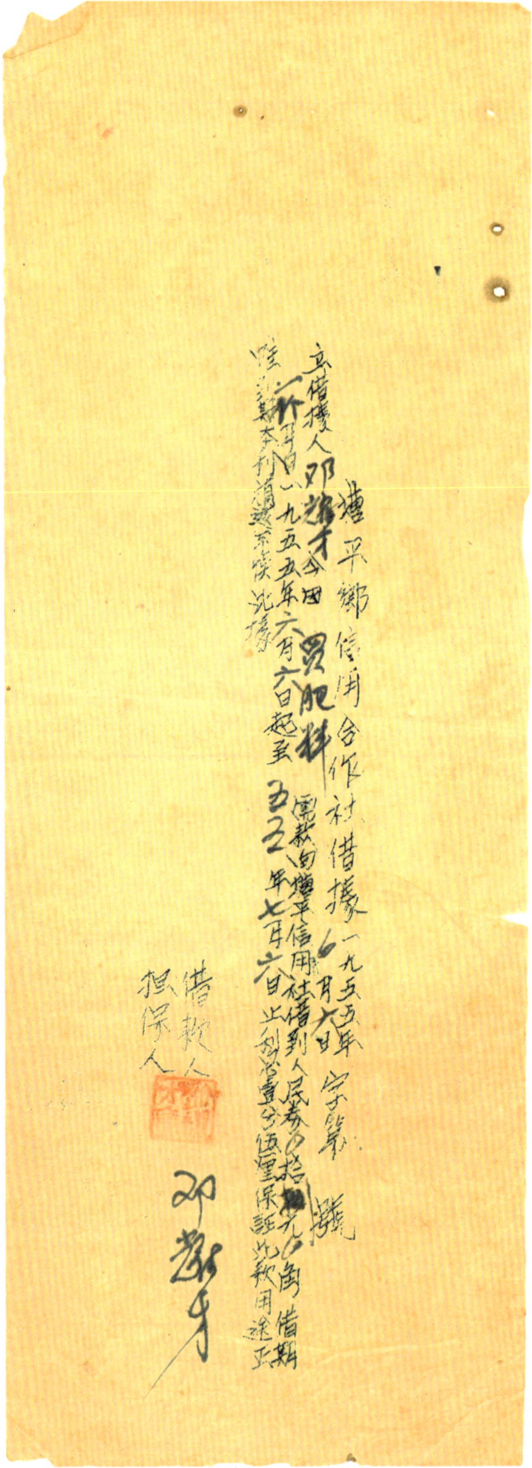
塘平鄉信用合作社借據 一九五五年六月六日 字第 號
立借據人邓耀才今因 買肥料 需款向塘平信用社借到人民券 [illegible] 借期
一個月 一九五五年六月六日起至 五五年七月六日止 利率壹分伍厘 保証此款用途正
確 到期本利清還不誤 此據
借款人 邓耀才
担保人

0114 一九五五年六月六日塘平乡信用社邓耀才借据

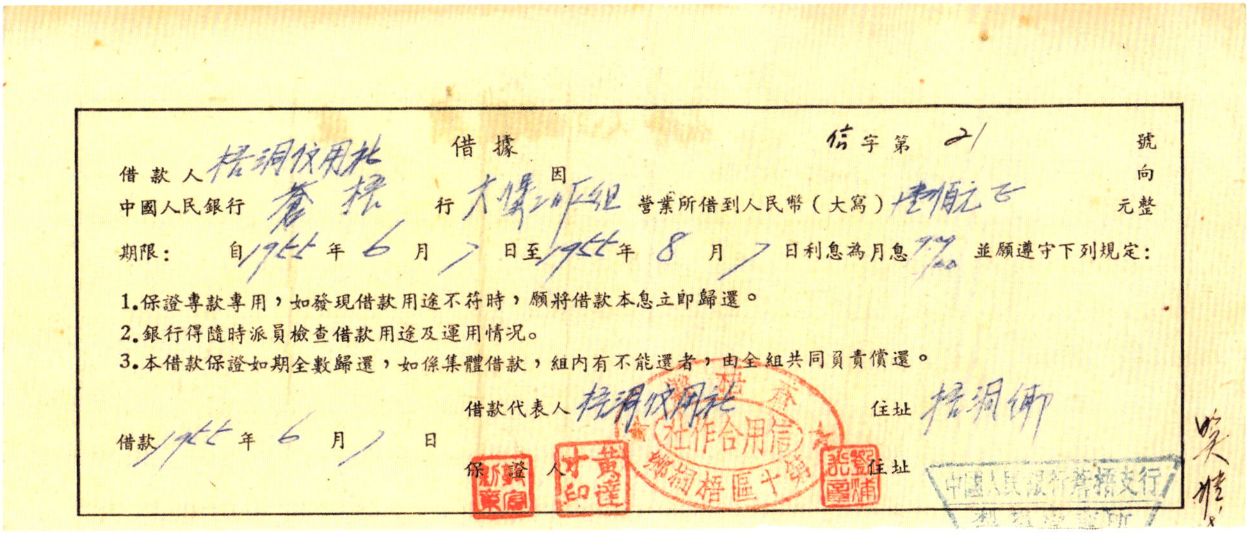

借據 信字第 21 號

借款人 梧洞信用社 因 向

中國人民銀行 蒼梧 行 [illegible] 營業所借到人民幣（大寫）[illegible] 元整

期限：自1955年6月7日至1955年8月7日利息為月息 [illegible] 並願遵守下列規定：

1.保證專款專用，如發現借款用途不符時，願將借款本息立即歸還。

2.銀行得隨時派員檢查借款用途及運用情況。

3.本借款保證如期全數歸還，如係集體借款，組內有不能還者，由全組共同員責償還。

借款代表人 梧洞信用社 住址 梧洞鄉

借款1955年6月7日

保證人 住址

0115 一九五五年六月七日梧洞信用社借据（1）

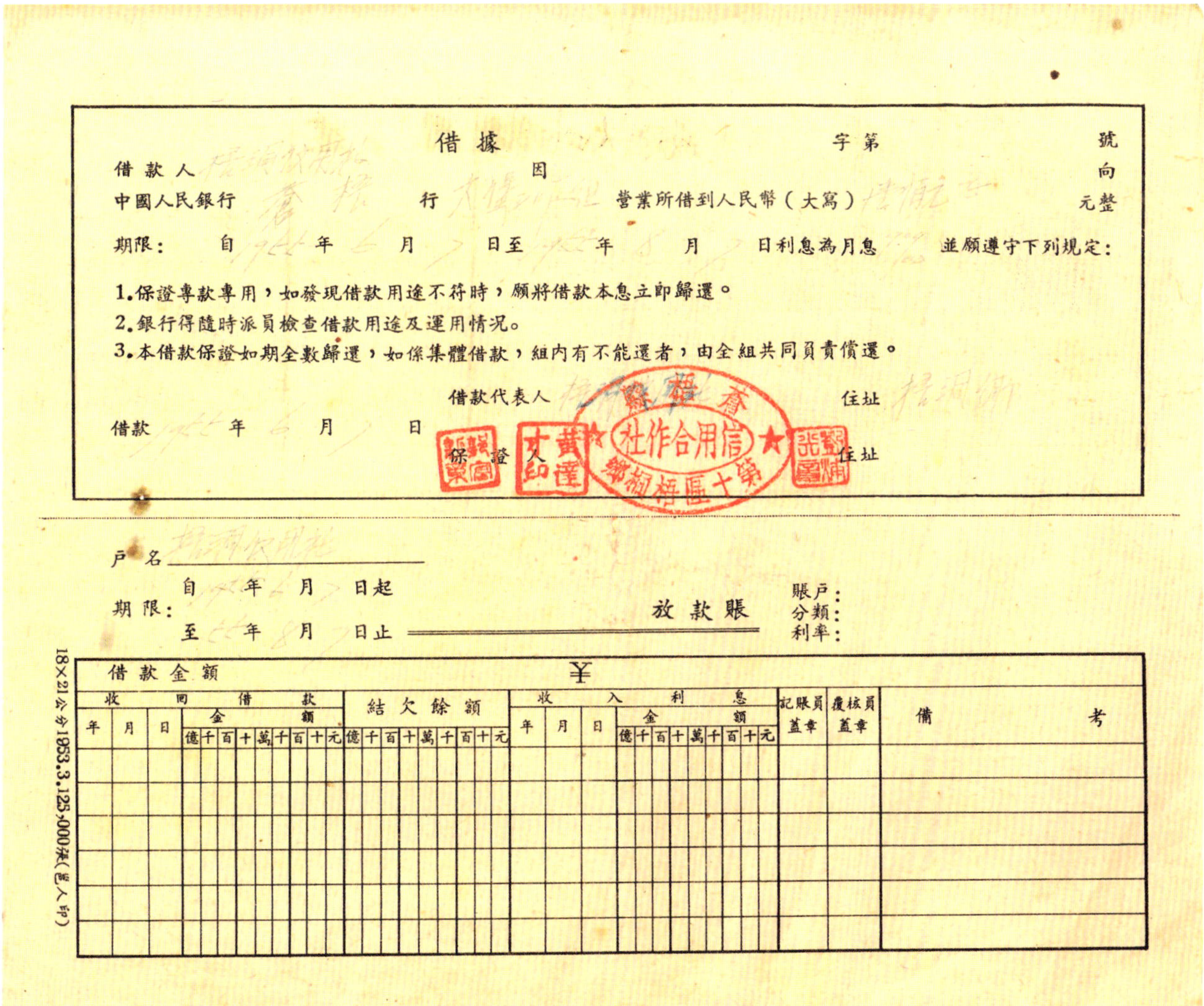

借據 字第 號

借款人 因 向

中國人民銀行 行 營業所借到人民幣（大寫） 元整

期限： 自 年 月 日至 年 月 日利息為月息 並願遵守下列規定：

1.保證專款專用，如發現借款用途不符時，願將借款本息立即歸還。

2.銀行得隨時派員檢查借款用途及運用情況。

3.本借款保證如期全數歸還，如係集體借款，組內有不能還者，由全組共同員責償還。

借款代表人 住址

借款 年 月 日

保證人 住址

戶名

期限： 自 年 月 日起 至 年 月 日止

放款賬

賬戶：
分類：
利率：

借款金額 ￥

收回借款 年	月	日	金額	結欠餘額	收入利息 年	月	日	金額	記賬員蓋章	覆核員蓋章	備考

18×21公分1953.3.125,000張(邕人印)

0116 一九五五年六月七日梧洞信用社借据（2）

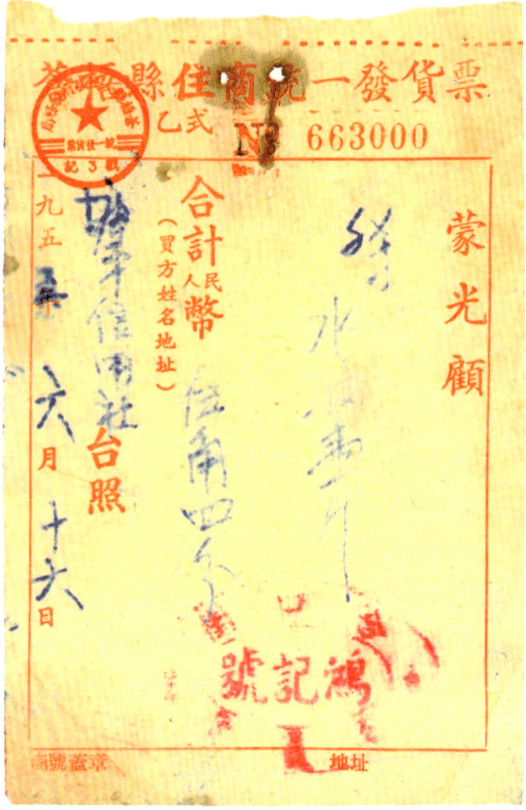

蒼梧縣住商統一發貨票

乙式 No 663000

蒙光顧

合計人民幣

（買方姓名地址）

梧洞信用社 台照

一九五五年六月十六日

鴻記號

商號蓋章　地址

0117 一九五五年六月十六日苍梧县住商统一发货票

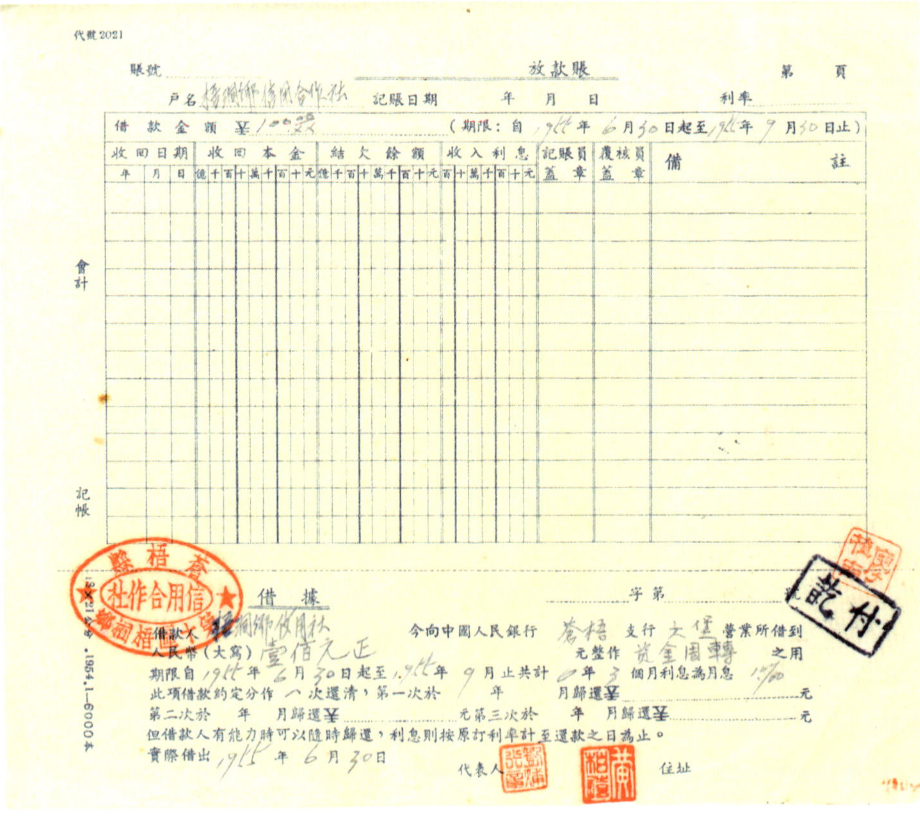

代號2021

帳號　放款賬　第　頁

戶名 梧洞鄉信用合作社　記賬日期　年　月　日　利率

借款金額 ¥100元　（期限：自1955年6月30日起至1955年9月30日止）

收回日期			收回本金	結欠餘額	收入利息	記賬員蓋章	覆核員蓋章	備註
年	月	日	億千百十萬千百十元	億千百十萬千百十元	百十萬千百十元			

會計　記帳

借據　字第　號

借款人 梧洞鄉信用社　今向中國人民銀行 蒼梧 支行 大坡 營業所借到

人民幣（大寫）壹佰元正　元整作 資金周轉 之用

期限自1955年6月30日起至1955年9月止共計0年3個月利息為月息 1.5/00

此項借款約定分作 一 次還清，第一次於　年　月歸還¥　元

第二次於　年　月歸還¥　元第三次於　年　月歸還¥　元

但借款人有能力時可以隨時歸還，利息則按原訂利率計至還款之日為止。

實際借出 1955年6月30日

代表人　住址

蒼梧縣梧洞鄉信用合作社

訖付

0118 一九五五年六月三十日梧洞乡信用合作社放款账

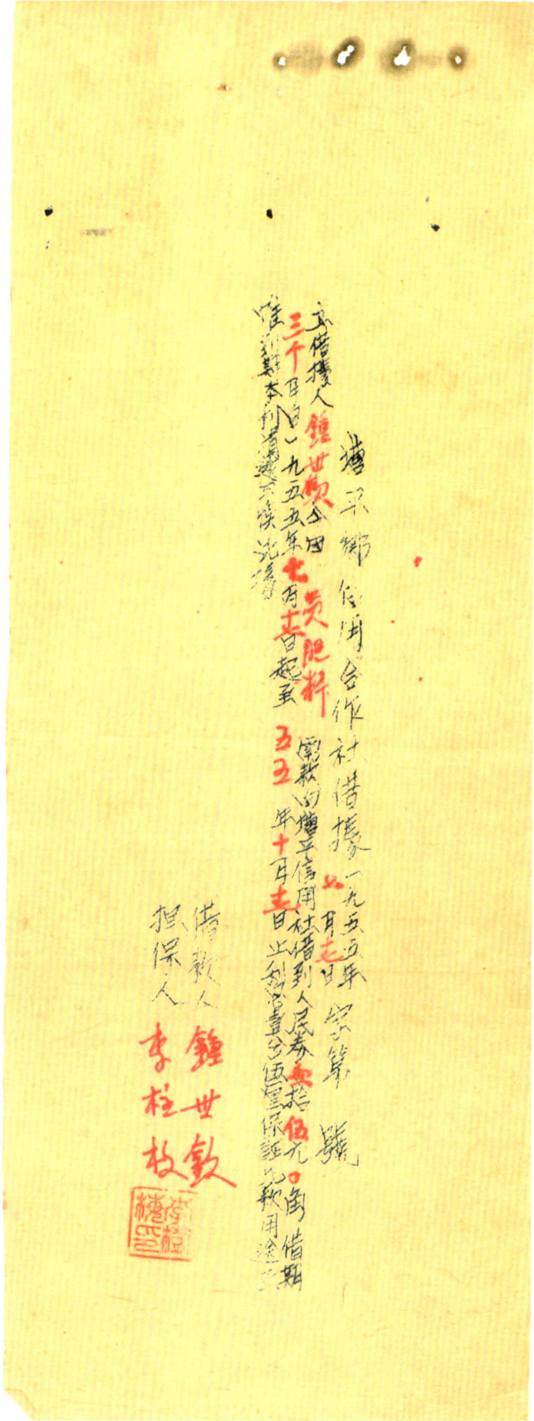
塘平鄉信用合作社借據 一九五五年 字第 號

借款人 鍾世欽
担保人 李柱枚

0119 一九五五年七月十七日塘平乡信用社钟世钦借据

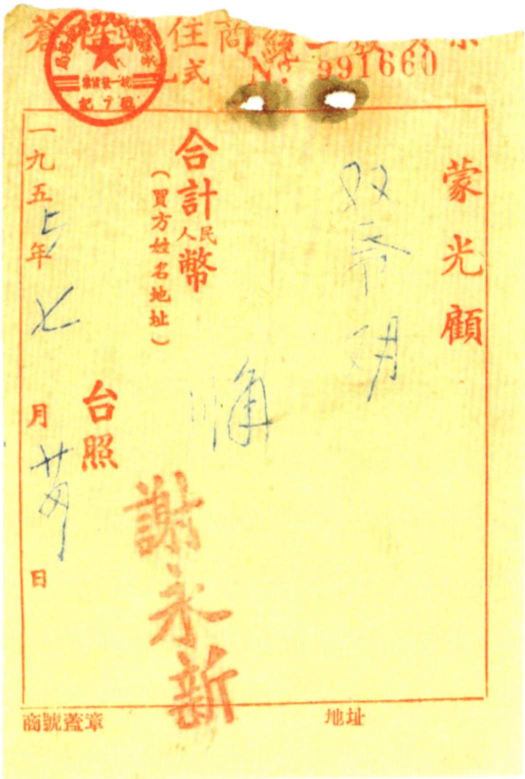
蒼梧縣住商統一發貨票
式 No 991660
蒙光顧
合計人民幣
（買方姓名地址）
台照
一九五五年七月廿九日
謝永新
商號蓋章 地址

0120 一九五五年七月二十九日苍梧县住商统一发货票

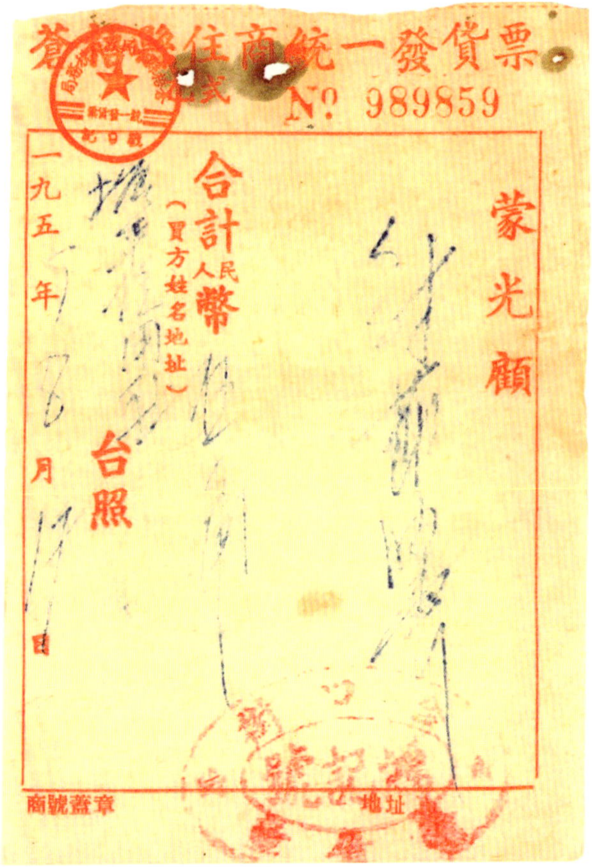

0121 一九五五年八月十七日苍梧县住商统一发货票

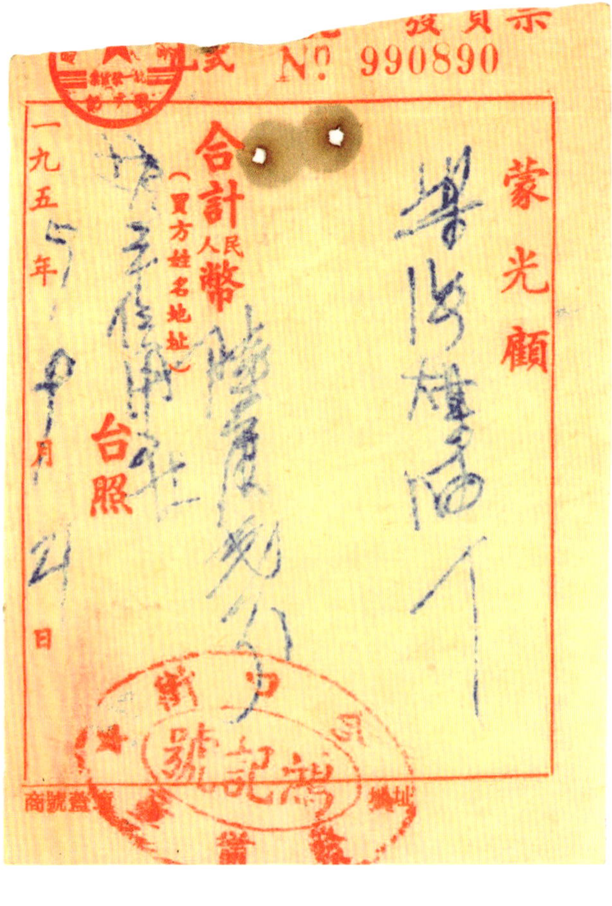

0122 一九五五年九月二十一日苍梧县住商统一发货票

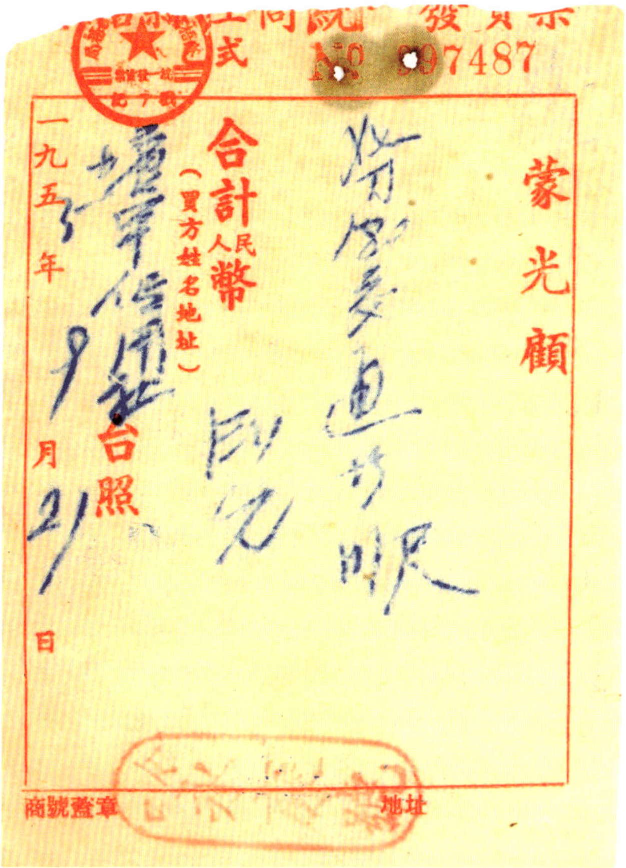
式
No 97487
蒙光顧
合計人民幣
（買方姓名地址）
台照
一九五 年 9 月 21 日
商號蓋章　地址

0123 一九五五年九月二十一日苍梧县住商统一发货票

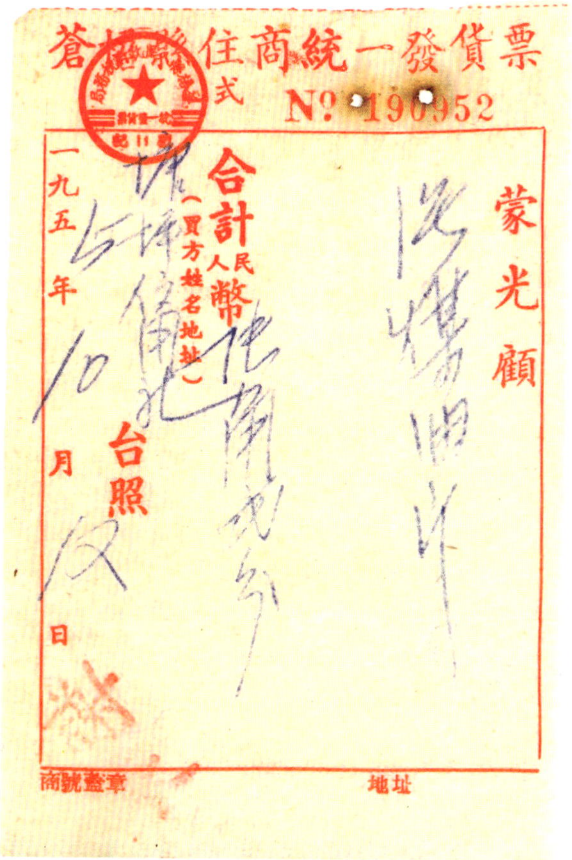
蒼梧縣住商統一發貨票
式
No 190952
蒙光顧
合計人民幣
（買方姓名地址）
台照
一九五 年 10 月 日
商號蓋章　地址

0124 一九五五年十月十二日苍梧县住商统一发货票

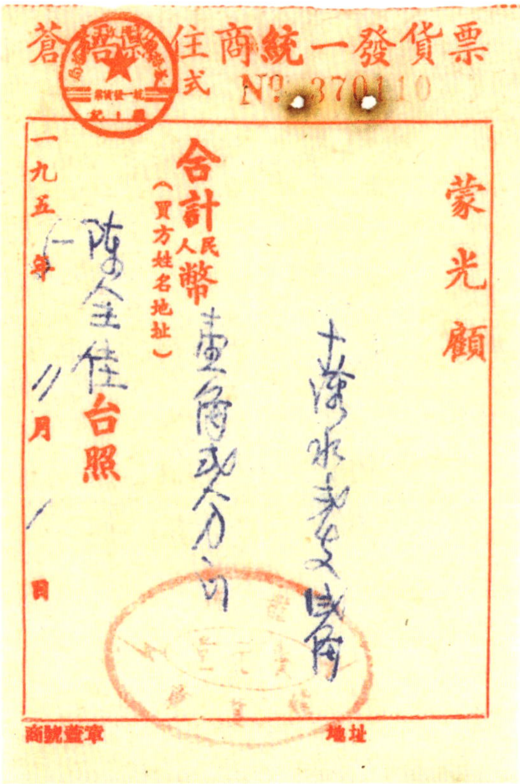

0125 一九五五年十一月一日苍梧县住商统一发货票

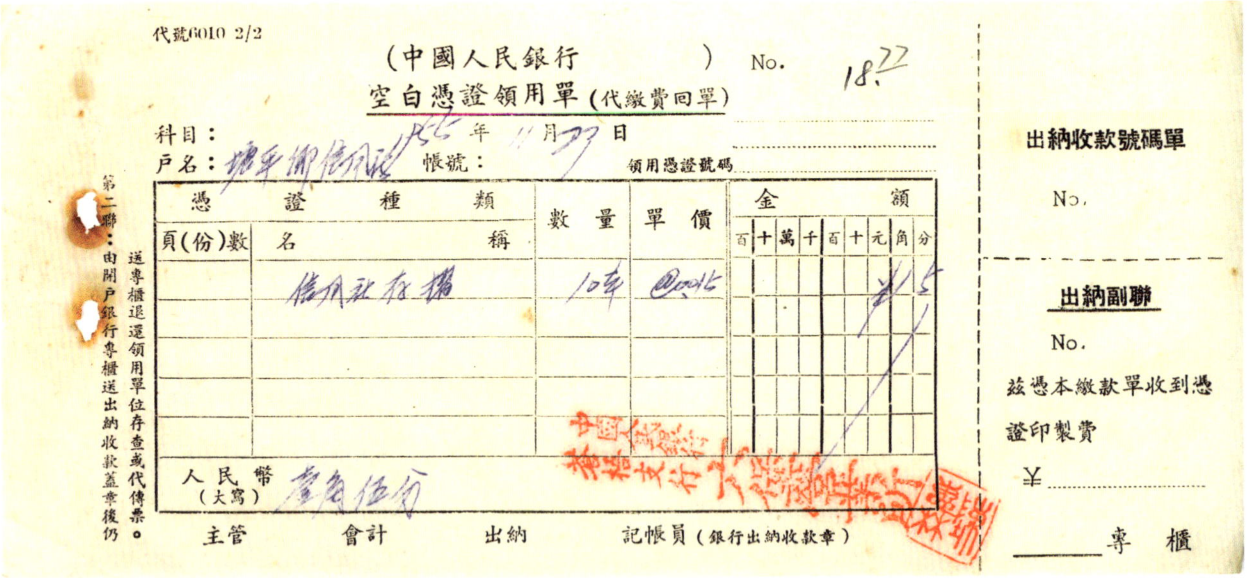

0126 一九五五年十一月二十三日塘平乡信用社空白凭证领用单

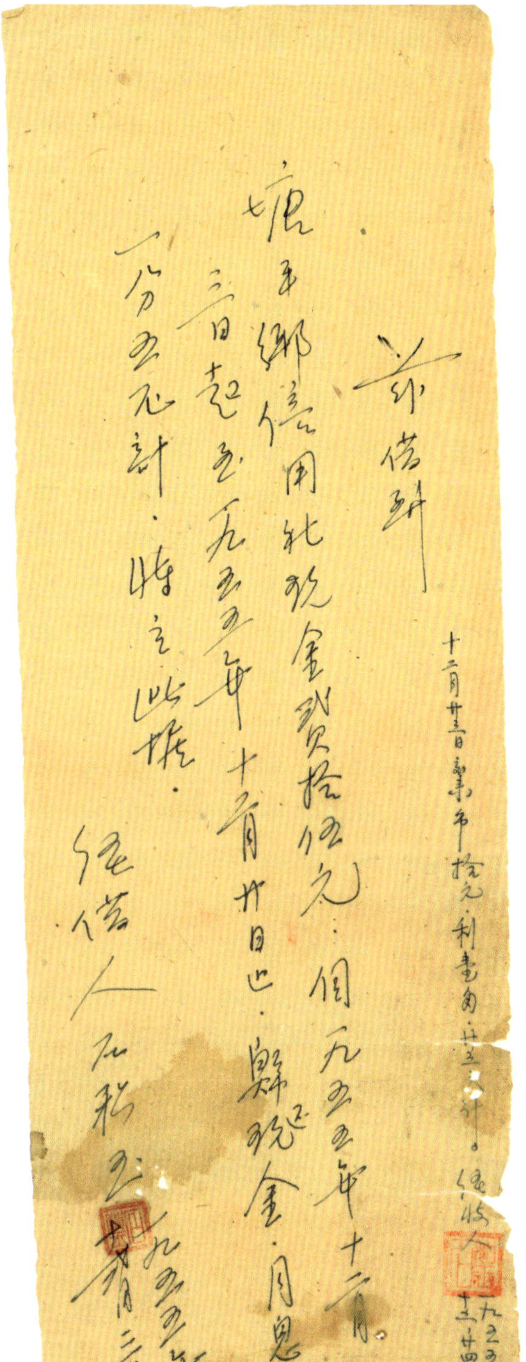

茲借到
塘平鄉信用社現金貸拾伍元，自一九五五年十二月三日起至一九五五年十二月卅日止，歸還現金，月息一分五厘計，特立此據。
經借人 石松玉 一九五五年十二月三日
十二月廿三日還本拾元，利壹角，尚五元計。經收人 一九五五．十二．廿四

0127 一九五五年十二月三日塘平乡信用社石松玉现金贷款

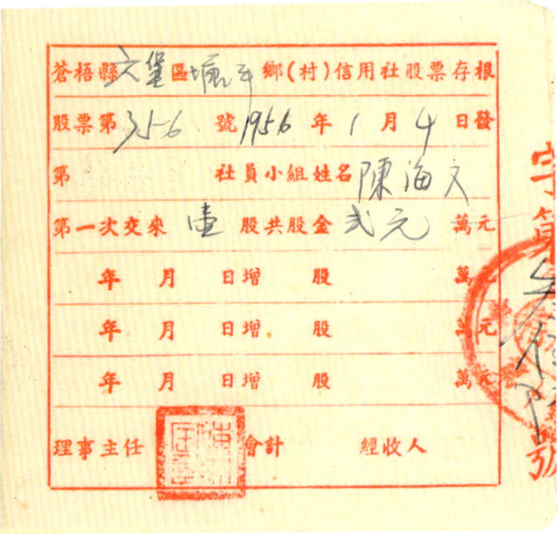
蒼梧縣文堡區塘平鄉(村)信用社股票存根
股票第356號1956年1月4日發
第　社員小組姓名陳海文
第一次交來壹股共股金貳元萬元
年　月　日增　股　萬元
年　月　日增　股　萬元
年　月　日增　股　萬元
理事主任　會計　經收人

0128 一九五六年一月四日塘平乡陈海文信用社股票存根

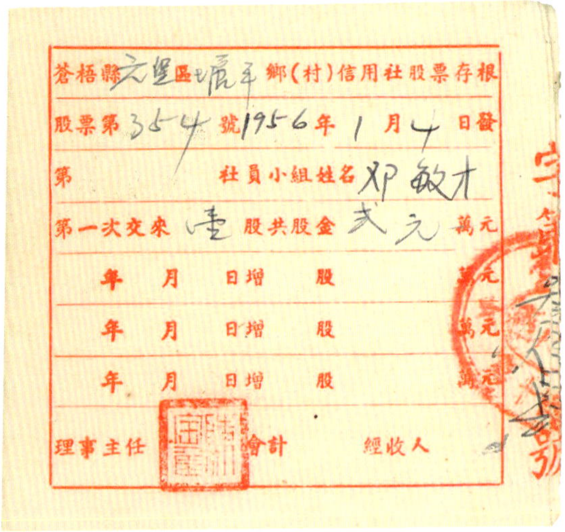
蒼梧縣文堡區塘平鄉(村)信用社股票存根
股票第354號1956年1月4日發
第　社員小組姓名邓敏才
第一次交來壹股共股金貳元萬元
年　月　日增　股　萬元
年　月　日增　股　萬元
年　月　日增　股　萬元
理事主任　會計　經收人

0129 一九五六年一月四日塘平乡邓敏才信用社股票存根

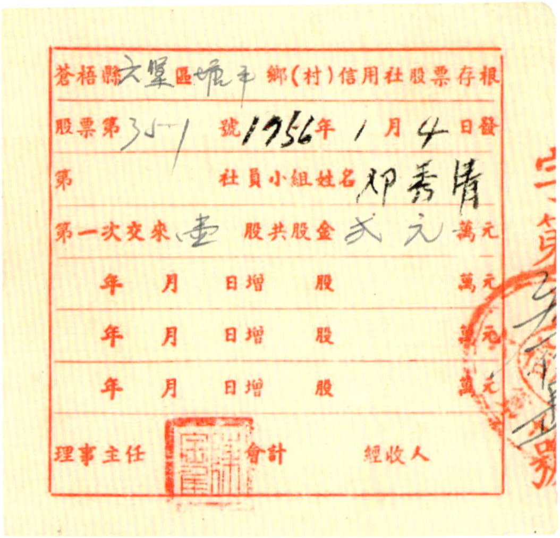
蒼梧縣文堡區塘平鄉(村)信用社股票存根
股票第351號1956年1月4日發
第　社員小組姓名邓秀清
第一次交來壹股共股金貳元萬元
年　月　日增　股　萬元
年　月　日增　股　萬元
年　月　日增　股　萬元
理事主任　會計　經收人

0130 一九五六年一月四日塘平乡邓秀清信用社股票存根

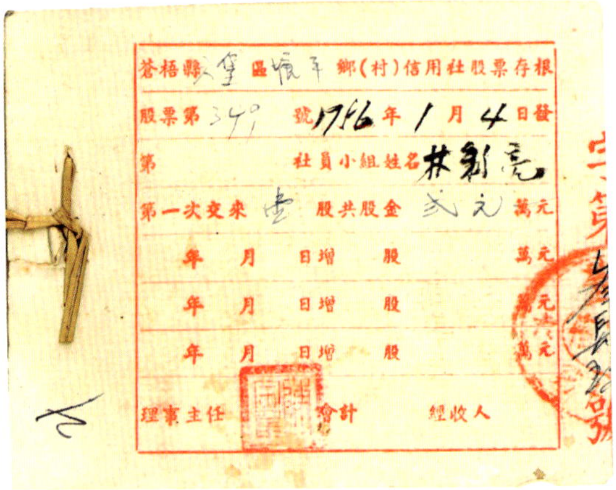
蒼梧縣文堡區塘平鄉(村)信用社股票存根
股票第349號1956年1月4日發
第　社員小組姓名林彩亮
第一次交來壹股共股金貳元萬元
年　月　日增　股　萬元
年　月　日增　股　萬元
年　月　日增　股　萬元
理事主任　會計　經收人

0131 一九五六年一月四日塘平乡林彩亮信用社股票存根

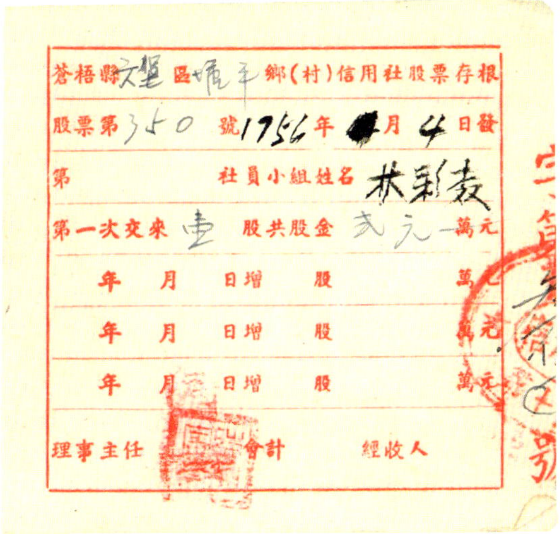
蒼梧縣文星區塘平鄉(村)信用社股票存根
股票第350號1956年[illegible]月4日發
第　社員小組姓名林彩森
第一次交來壹股共股金貳元萬元
年月日增股萬元
年月日增股萬元
年月日增股萬元
理事主任　會計　經收人

0132 一九五六年一月四日塘平乡林彩森信用社股票存根

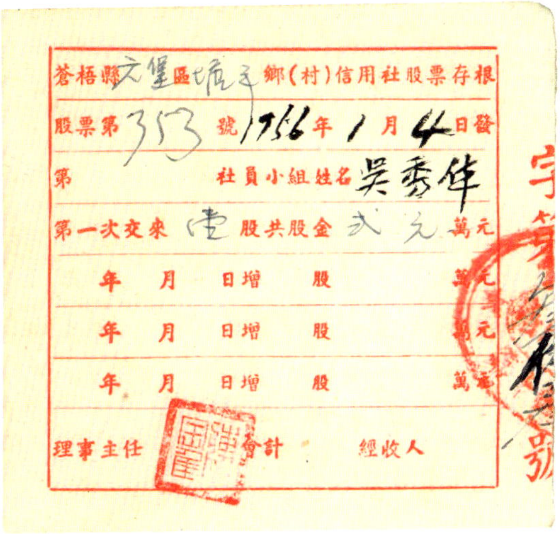
蒼梧縣文星區塘平鄉(村)信用社股票存根
股票第353號1956年1月4日發
第　社員小組姓名吳秀華
第一次交來壹股共股金貳元萬元
年月日增股萬元
年月日增股萬元
年月日增股萬元
理事主任　會計　經收人

0133 一九五六年一月四日塘平乡吴秀华信用社股票存根

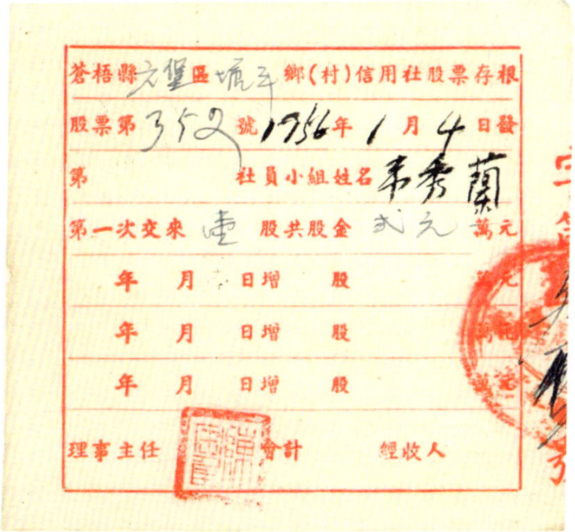
蒼梧縣文星區塘平鄉(村)信用社股票存根
股票第352號1956年1月4日發
第　社員小組姓名韦秀蘭
第一次交來壹股共股金貳元萬元
年月日增股萬元
年月日增股萬元
年月日增股萬元
理事主任　會計　經收人

0134 一九五六年一月五日塘平乡韦秀兰信用社股票存根

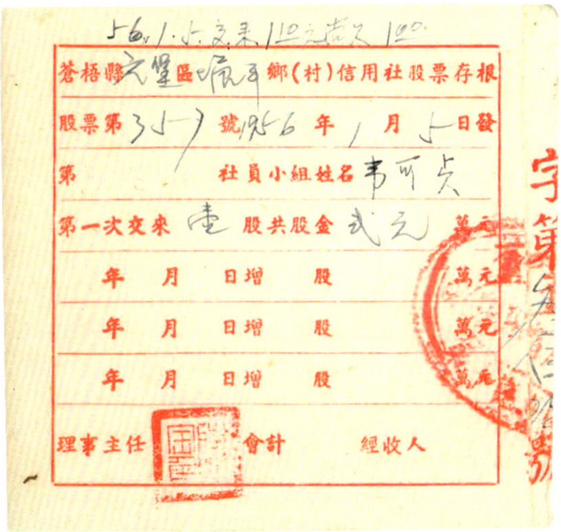
蒼梧縣文星區塘平鄉(村)信用社股票存根
股票第357號1956年1月5日發
第　社員小組姓名韦可貞
第一次交來壹股共股金貳元萬元
年月日增股萬元
年月日增股萬元
年月日增股萬元
理事主任　會計　經收人

0135 一九五六年一月五日塘平乡韦可贞信用社股票存根

0136 一九五六年一月五日塘平乡韦显祥信用社股票存根

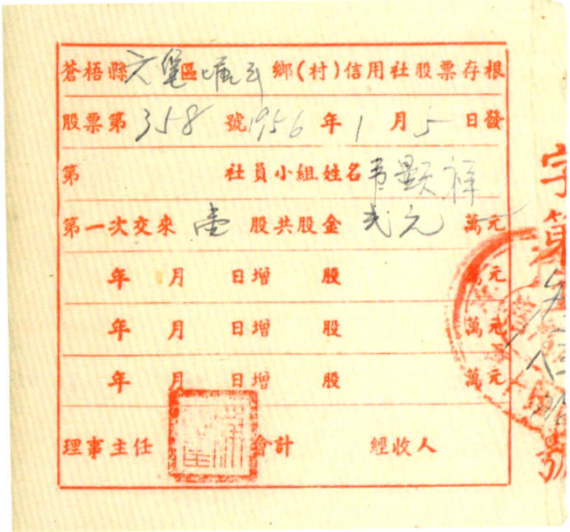
蒼梧縣文墟區塘平鄉（村）信用社股票存根
股票第358號1956年1月5日發
第　社員小組姓名韦显祥
第一次交來壹股共股金贰元萬元
年　月　日增　股　萬元
年　月　日增　股　萬元
年　月　日增　股　萬元
理事主任　會計　經收人

0137 一九五六年一月六日塘平乡邓进奇信用社股票存根

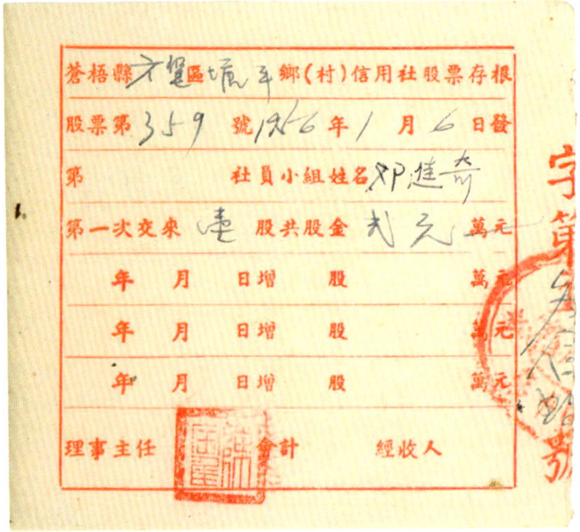
蒼梧縣文墟區塘平鄉（村）信用社股票存根
股票第359號1956年1月6日發
第　社員小組姓名邓進奇
第一次交來壹股共股金贰元萬元
年　月　日增　股　萬元
年　月　日增　股　萬元
年　月　日增　股　萬元
理事主任　會計　經收人

0138 一九五六年一月十三日塘平乡梁伯芝信用社股票存根

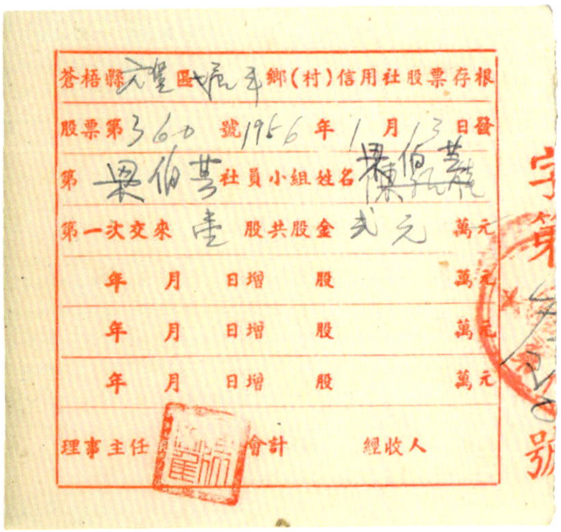
蒼梧縣文墟區塘平鄉（村）信用社股票存根
股票第360號1956年1月13日發
第梁伯芝社員小組姓名
第一次交來壹股共股金贰元萬元
年　月　日增　股　萬元
年　月　日增　股　萬元
年　月　日增　股　萬元
理事主任　會計　經收人

0139 一九五六年一月十四日塘平乡梁彩田信用社股票存根

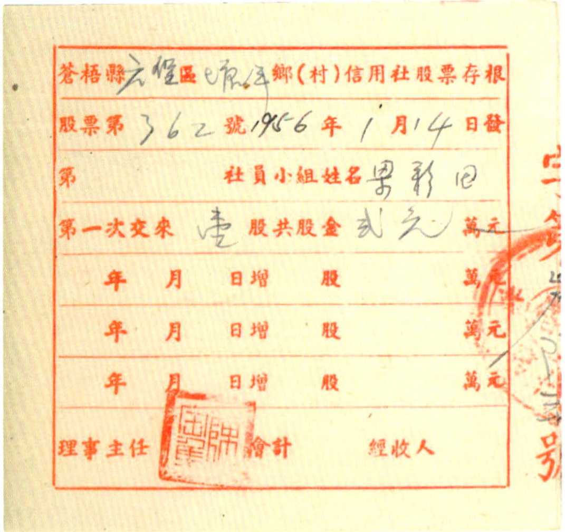
蒼梧縣文墟區塘平鄉（村）信用社股票存根
股票第362號1956年1月14日發
第　社員小組姓名梁彩田
第一次交來壹股共股金贰元萬元
年　月　日增　股　萬元
年　月　日增　股　萬元
年　月　日增　股　萬元
理事主任　會計　經收人

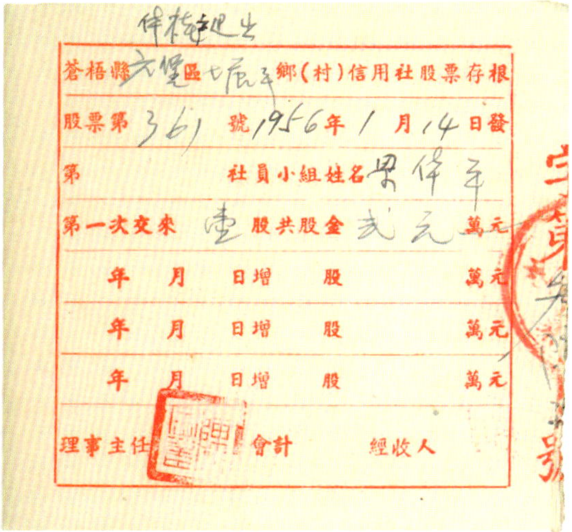

蒼梧縣文堡區塘平鄉（村）信用社股票存根

股票第361號1956年1月14日發

第　社員小組姓名梁华平

第一次交來壹股共股金贰元萬元

年　月　日增　股　萬元

年　月　日增　股　萬元

年　月　日增　股　萬元

理事主任　會計　經收人

0140 一九五六年一月十四日塘平乡梁华平信用社股票存根

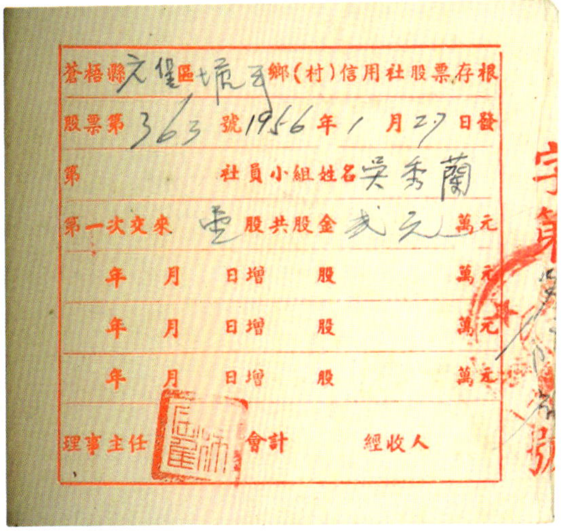

蒼梧縣文堡區塘平鄉（村）信用社股票存根

股票第363號1956年1月27日發

第　社員小組姓名吴秀蘭

第一次交來壹股共股金贰元萬元

年　月　日增　股　萬元

年　月　日增　股　萬元

年　月　日增　股　萬元

理事主任　會計　經收人

0141 一九五六年一月二十七日塘平乡吴秀兰信用社股票存根

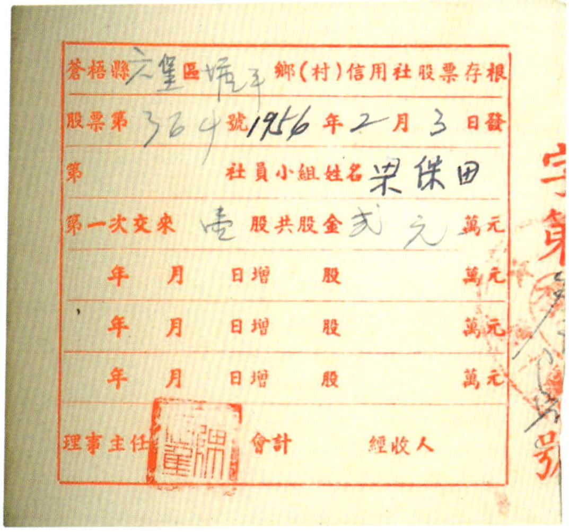

蒼梧縣文堡區塘平鄉（村）信用社股票存根

股票第364號1956年2月3日發

第　社員小組姓名梁保田

第一次交來壹股共股金贰元萬元

年　月　日增　股　萬元

年　月　日增　股　萬元

年　月　日增　股　萬元

理事主任　會計　經收人

0142 一九五六年二月三日塘平乡梁保田信用社股票存根

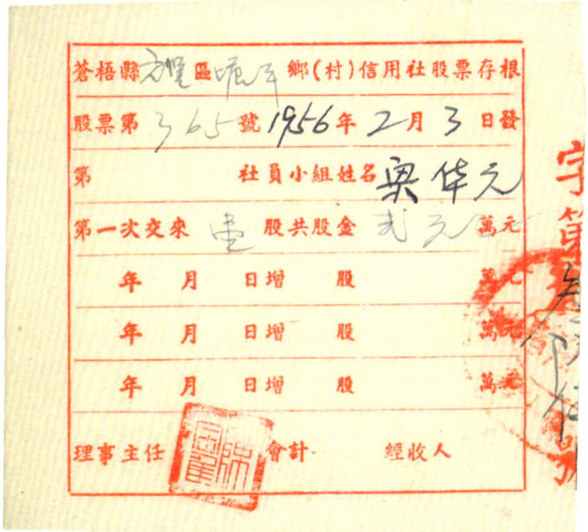

蒼梧縣文堡區塘平鄉（村）信用社股票存根

股票第365號1956年2月3日發

第　社員小組姓名梁华元

第一次交來壹股共股金贰元萬元

年　月　日增　股　萬元

年　月　日增　股　萬元

年　月　日增　股　萬元

理事主任　會計　經收人

0143 一九五六年二月三日塘平乡梁华元信用社股票存根

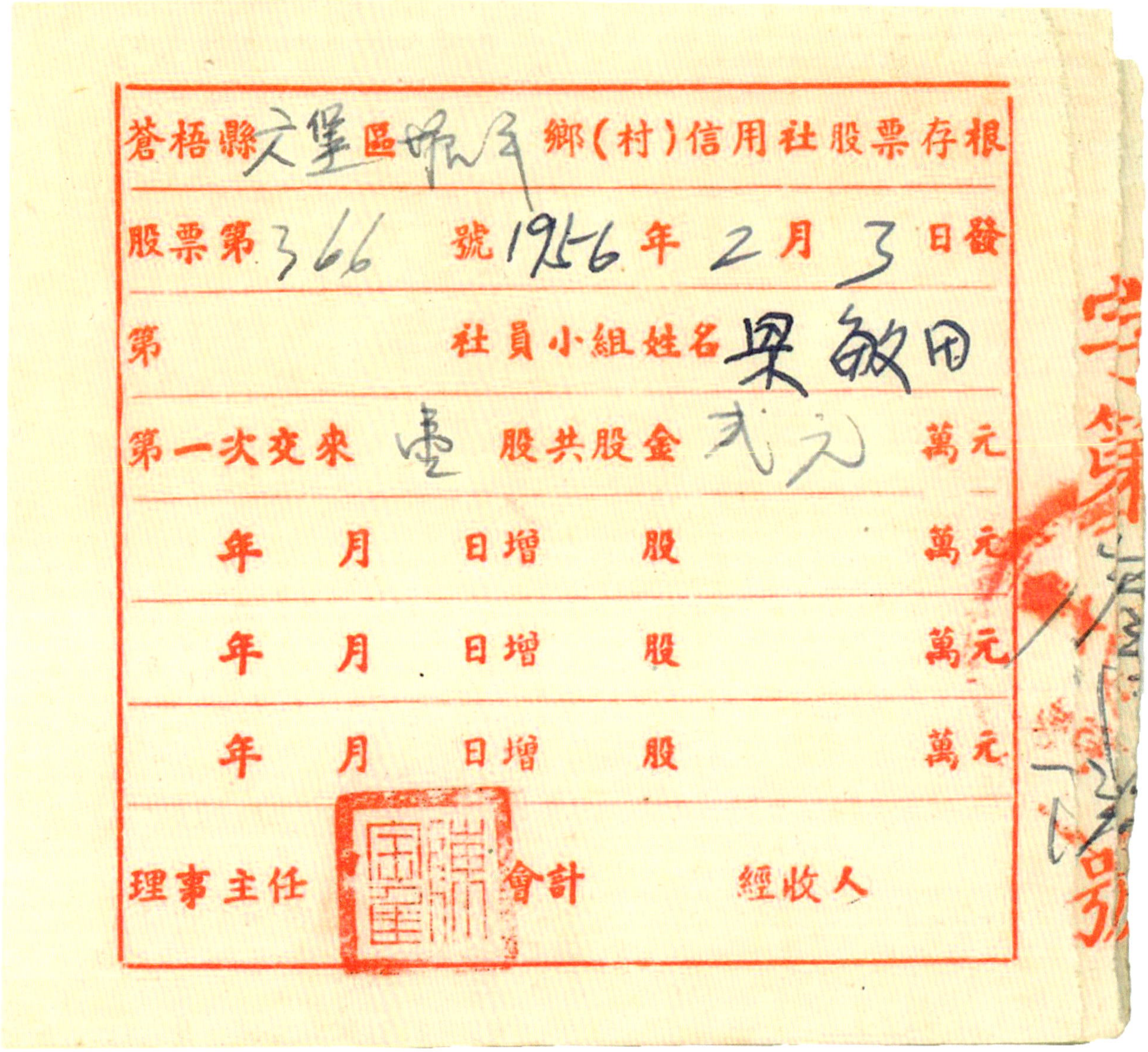

蒼梧縣文堡區塘平鄉（村）信用社股票存根

股票第366號1956年2月3日發

第　　社員小組姓名梁敏田

第一次交來壹股共股金弍元　萬元

年　月　日增　股　萬元

年　月　日增　股　萬元

年　月　日增　股　萬元

理事主任　　會計　　經收人

0144 一九五六年二月三日塘平乡梁敏田信用社股票存根

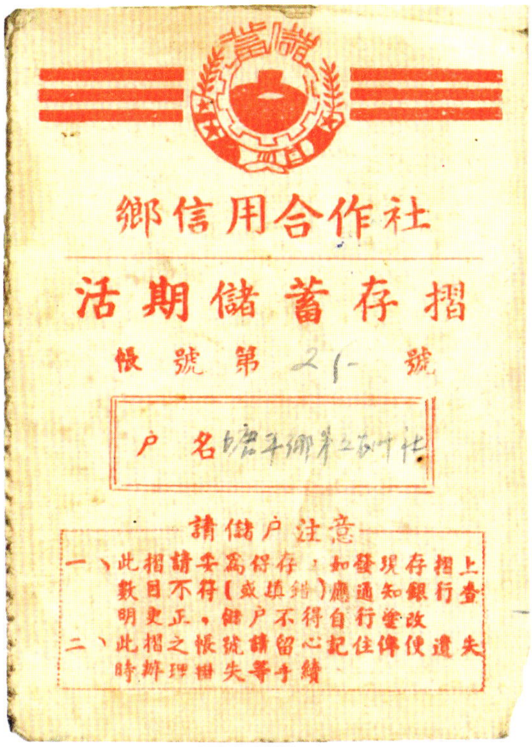

0145－1 一九五六年二月六日六堡区塘平乡第五农业社活期储蓄存折封面（正面）

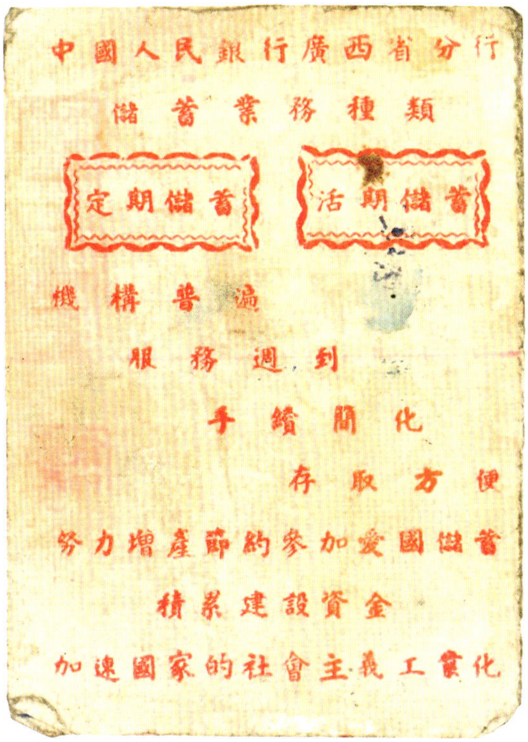

0145－2 一九五六年二月六日六堡区塘平乡第五农业社活期储蓄存折封面（背面）

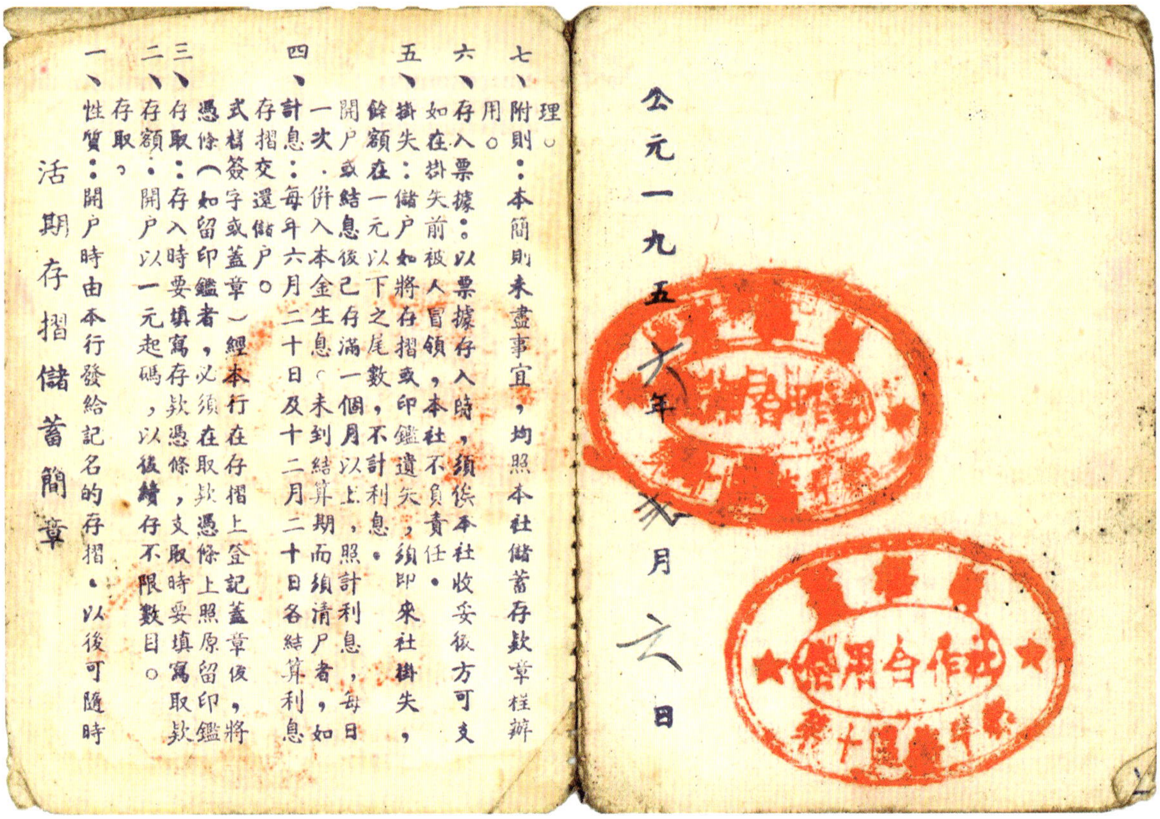

活期存摺儲蓄簡章

一、性質：開戶時由本行發給記名的存摺，以後可隨時存取。

二、存額：開戶以一元起碼，以後續存不限數目。

三、存取：存入時要填寫存款憑條，支取時要填寫取款憑條（如留印鑑者，必須在取款憑條上照原留印鑑式樣簽字或蓋章）經本行在存摺上登記蓋章後，將存摺交還儲戶。

四、計息：每年六月二十日及十二月二十日各結算利息一次，併入本金生息。未到結算期而須清戶者，如開戶或結息後已存滿一個月以上，照計利息，每日餘額在一元以下之尾數，不計利息。

五、掛失：儲戶如將存摺或印鑑遺失，須即來社掛失，如在掛失前被人冒領，本社不負責任。

六、存入票據：以票據存入時，須俟本社收妥後方可支用。

七、附則：本簡則未盡事宜，均照本社儲蓄存款章程辦理。

公元一九五六年二月六日

0145-3 一九五六年二月六日六堡区塘平乡第五农业社活期储蓄存折内页（1）

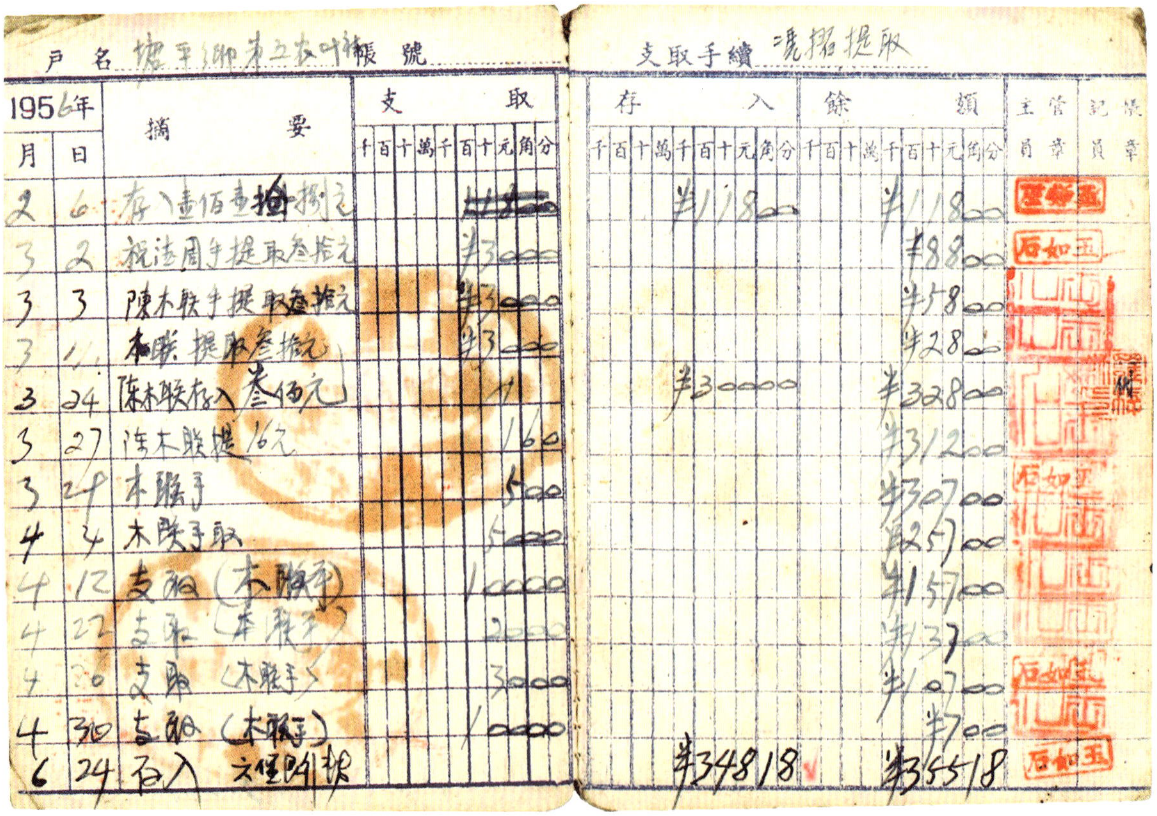

戶名 塘平鄉第五农叶社 帳號　　支取手續 凭摺提取

1956年 月	日	摘要	支取	存入	餘額	主管員章	記帳員章
2	6	存入壹佰壹拾捌元	~~118.00~~	¥118.00	¥118.00		
3	2	視法周手提取叁拾元	¥30.00		¥88.00	石如玉	
3	3	陳木聯手提取叁拾元	¥30.00		¥58.00		
3	11	本聯提取叁拾元	¥30.00		¥28.00		
3	24	陳木聯存入叁佰元		¥300.00	¥328.00		
3	27	陈木联提16元	16.00		¥312.00		
3	29	本聯手	5.00		¥307.00	石如玉	
4	4	木聯手取	50.00		¥257.00		
4	12	支取（本聯手）	100.00		¥157.00		
4	22	支取（本聯手）	20.00		¥137.00		
4	26	支取（本聯手）	30.00		¥107.00	石如玉	
4	30	支取（本聯手）	100.00		¥7.00		
6	24	存入　六堡阶款		¥348.18	¥355.18	石如玉	

0145-4 一九五六年二月六日六堡区塘平乡第五农业社活期储蓄存折内页（2）

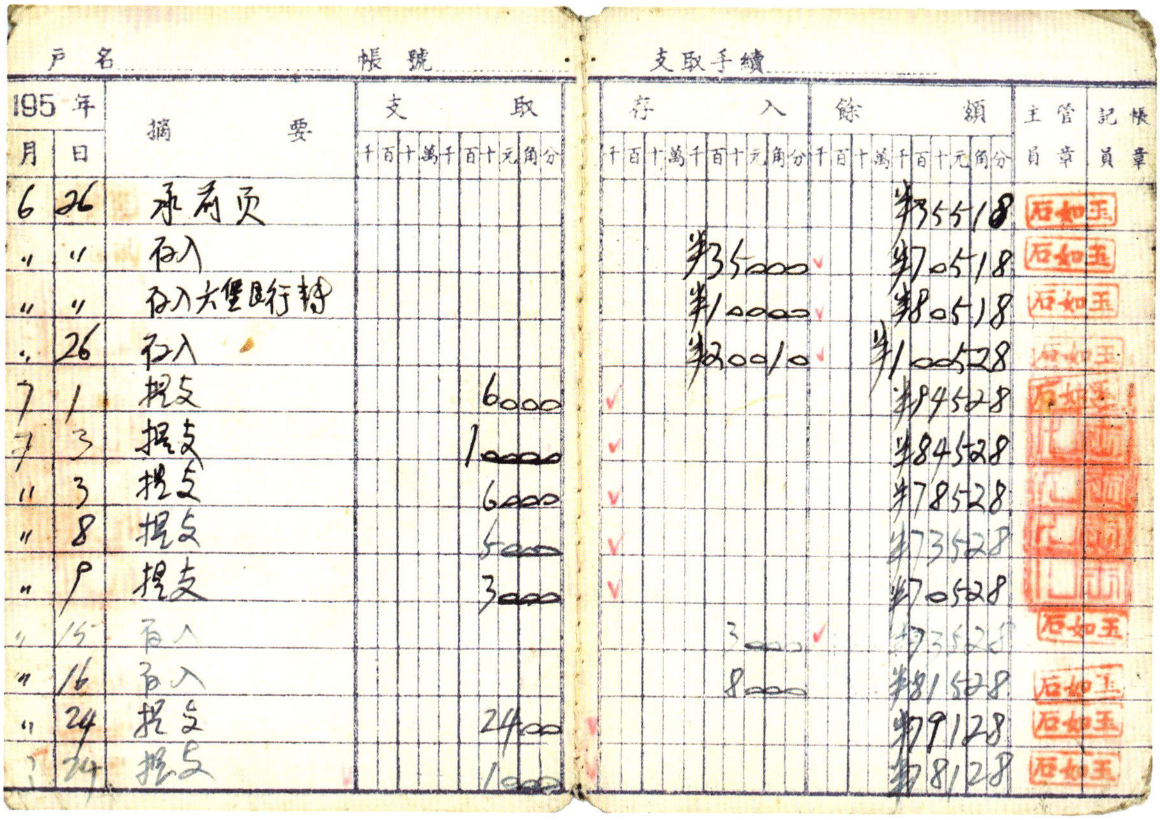

户名　　帐號　　支取手續

195　年 月	日	摘要	支取	存入	餘額	主管員章	記帳員章
6	26	承前页			¥35518	石如玉	
〃	〃	存入		¥35000	¥70518	石如玉	
〃	〃	存入六堡区行转		¥10000	¥80518	石如玉	
〃	26	存入		¥20010	¥100528	石如玉	
7	1	提支	6000		¥94528	石如玉	
7	3	提支	10000		¥84528		
〃	3	提支	6000		¥78528		
〃	8	提支	5000		¥73528		
〃	9	提支	3000		¥70528		
〃	15	存入		3000	¥73528	石如玉	
〃	16	存入		8000	¥81528	石如玉	
〃	24	提支	2400		¥79128	石如玉	
〃	24	提支	1000		¥78128	石如玉	

0145-5 一九五六年二月六日六堡区塘平乡第五农业社活期储蓄存折内页（3）

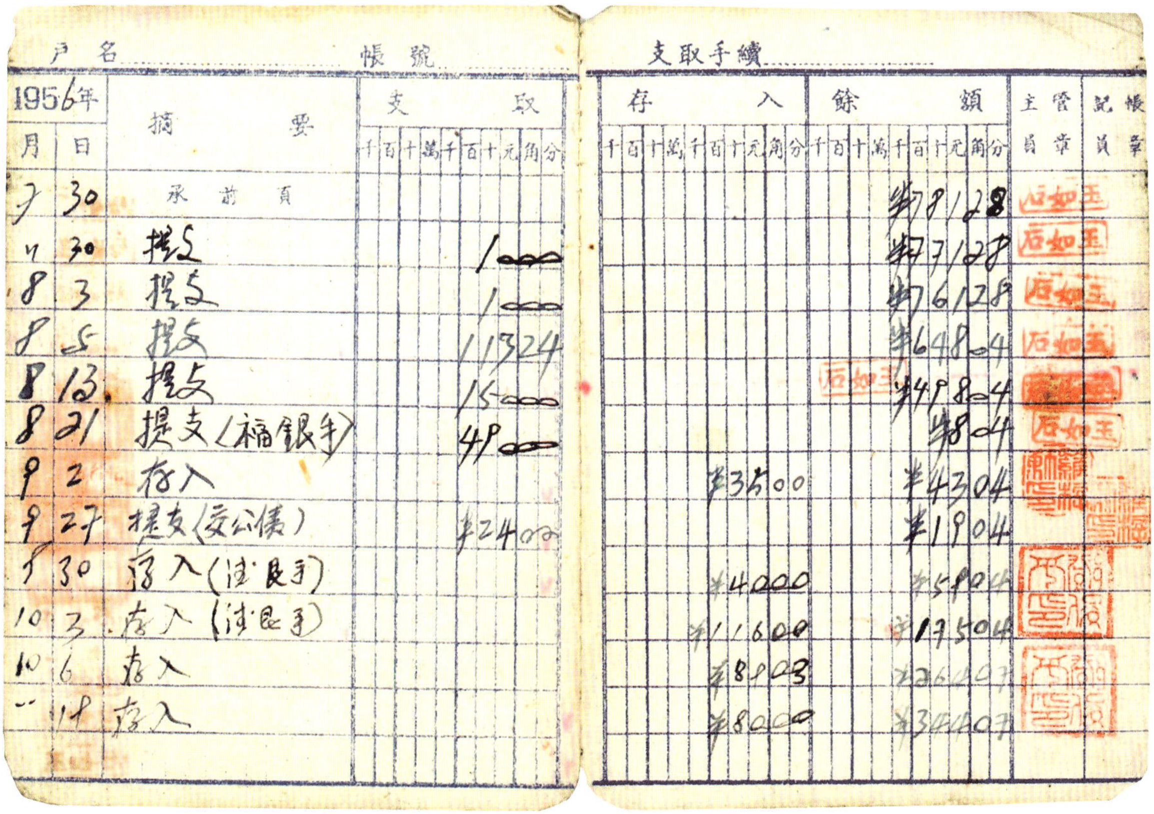

户名　　帐號　　支取手續

1956年 月	日	摘要	支取	存入	餘額	主管員章	記帳員章
7	30	承前頁			¥78128	石如玉	
〃	30	提支	1000		¥77128	石如玉	
8	3	提支	1000		¥76128	石如玉	
8	5	提支	11324		¥64804	石如玉	
8	13	提支	15000		¥49804	石如玉	
8	21	提支（福银手）	49000		¥804	石如玉	
9	2	存入		¥3500	¥4304		
9	27	提支（交公债）	¥2400		¥1904		
9	30	存入（社员手）		¥4000	¥5904		
10	3	存入（社员手）		¥11600	¥17504		
10	6	存入		¥8103	¥25607		
〃	18	存入		¥8000	¥33607		

0145-6 一九五六年二月六日六堡区塘平乡第五农业社活期储蓄存折内页（4）

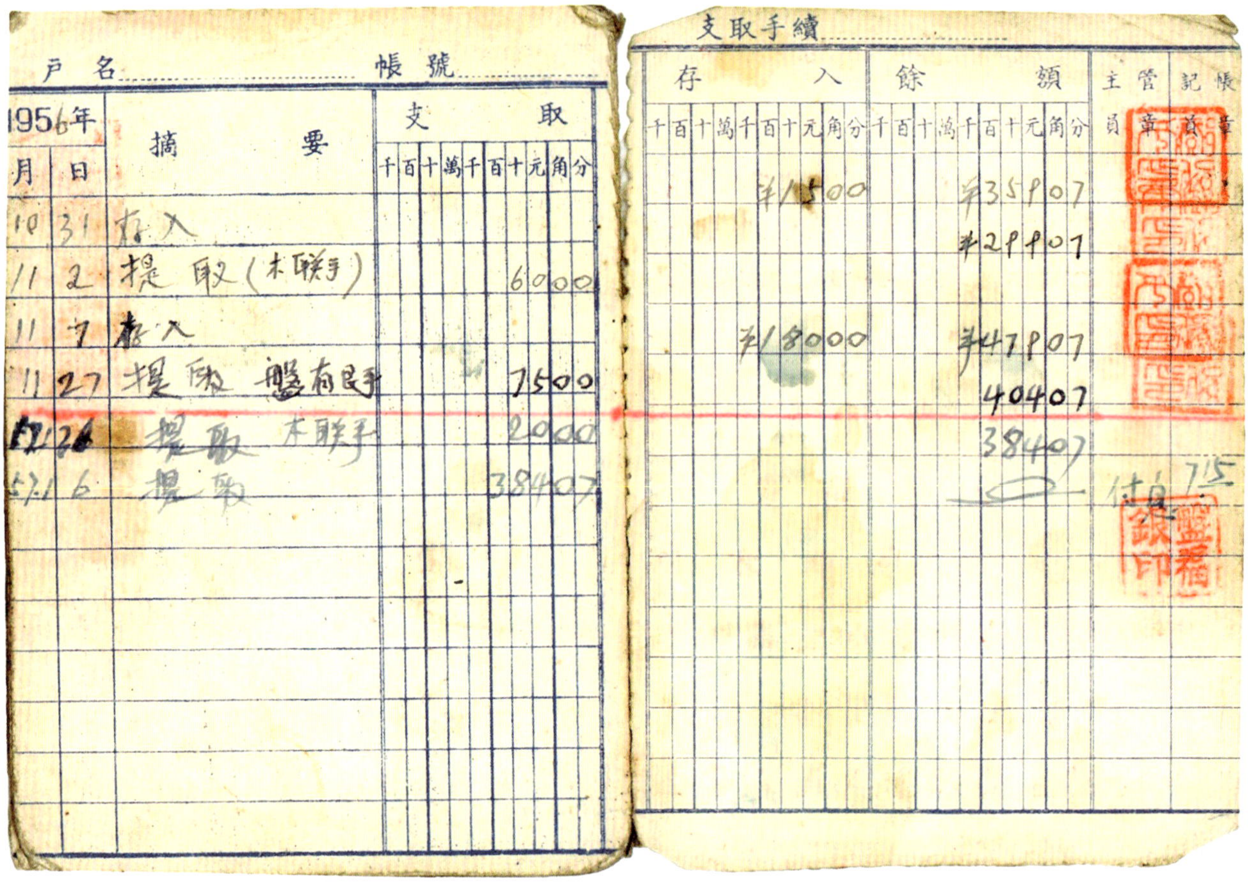
户名……帐號……

支取手續

1956年 月	日	摘要	支取	存入	餘額	主管員章	記帳員章
10	31	存入		¥1500	¥35907		
11	2	提取（木联手）	6000		¥29907		
11	7	存入		¥18000	¥47907		
11	27	提取 盤有民手	7500		40407		
12	26	提取 木联手	2000		38407		
57.1	6	提取	38407		—	付訖 7.15	

0145-7 一九五六年二月六日六堡区塘平乡第五农业社活期储蓄存折内页（5）

鄉信用合作社
活期儲蓄存摺
帳號第 27 號
户名 塘平鄉高級农业社
請儲户注意
一、此摺請妥為保存，如發現存摺上數目不符（或填錯）應通知銀行查明更正，儲户不得自行塗改
二、此摺之帳號請留心記住俾便遺失時辦理掛失等手續。

0146—1 一九五六年二月六日六堡区塘平乡高级农业社活期储蓄存折封面（正面）

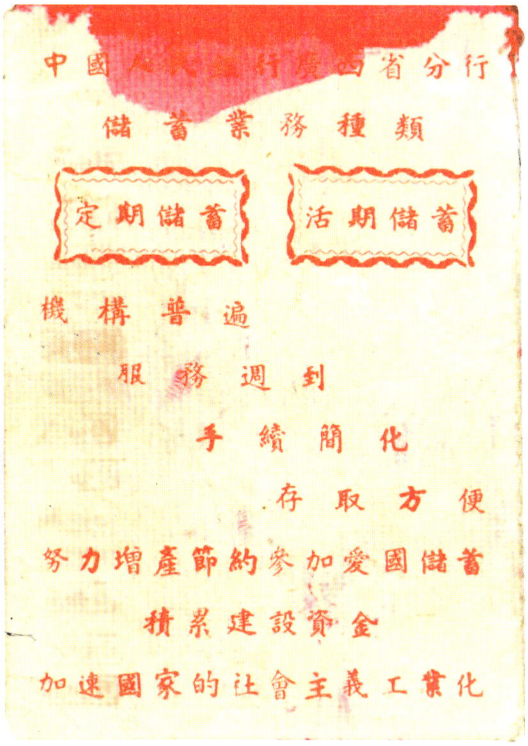
中國人民銀行廣西省分行
儲蓄業務種類
定期儲蓄 活期儲蓄
機構普遍
服務週到
手續簡化
存取方便
努力增產節約參加愛國儲蓄
積累建設資金
加速國家的社會主義工業化

0146—2 一九五六年二月六日六堡区塘平乡高级农业社活期储蓄存折封面（背面）

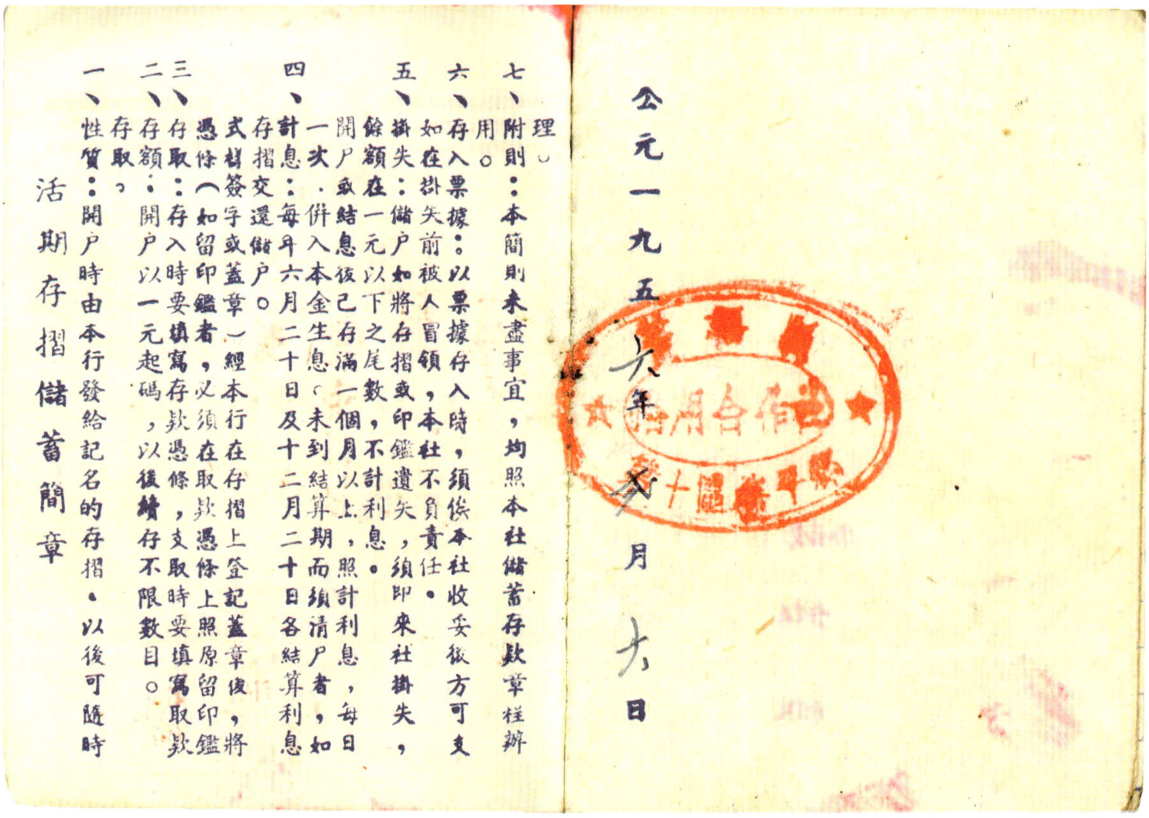

活期存摺儲蓄簡章

一、性質：開戶時由本行發給記名的存摺，以後可隨時存取。

二、存額：開戶以一元起碼，以後續存不限數目。

三、存取：存入時要填寫存款憑條，支取時要填寫取款憑條（如留印鑑者，必須在取款憑條上照原留印鑑式樣簽字或蓋章）經本行在存摺上登記蓋章後，將存摺交還儲戶。

四、計息：每年六月二十日及十二月二十日各結算利息一次，併入本金生息，未到結算期而須清戶者，如開戶或結息後已存滿一個月以上，照計利息，每日餘額在一元以下之尾數，不計利息。

五、掛失：儲戶如將存摺或印鑑遺失，須即來社掛失，如在掛失前被人冒領，本社不負責任。

六、存入票據：以票據存入時，須俟本社收妥後方可支用。

七、附則：本簡則未盡事宜，均照本社儲蓄存款章程辦理。

公元一九五六年二月六日

0146-3 一九五六年二月六日六堡区塘平乡高级农业社活期储蓄存折内页（1）

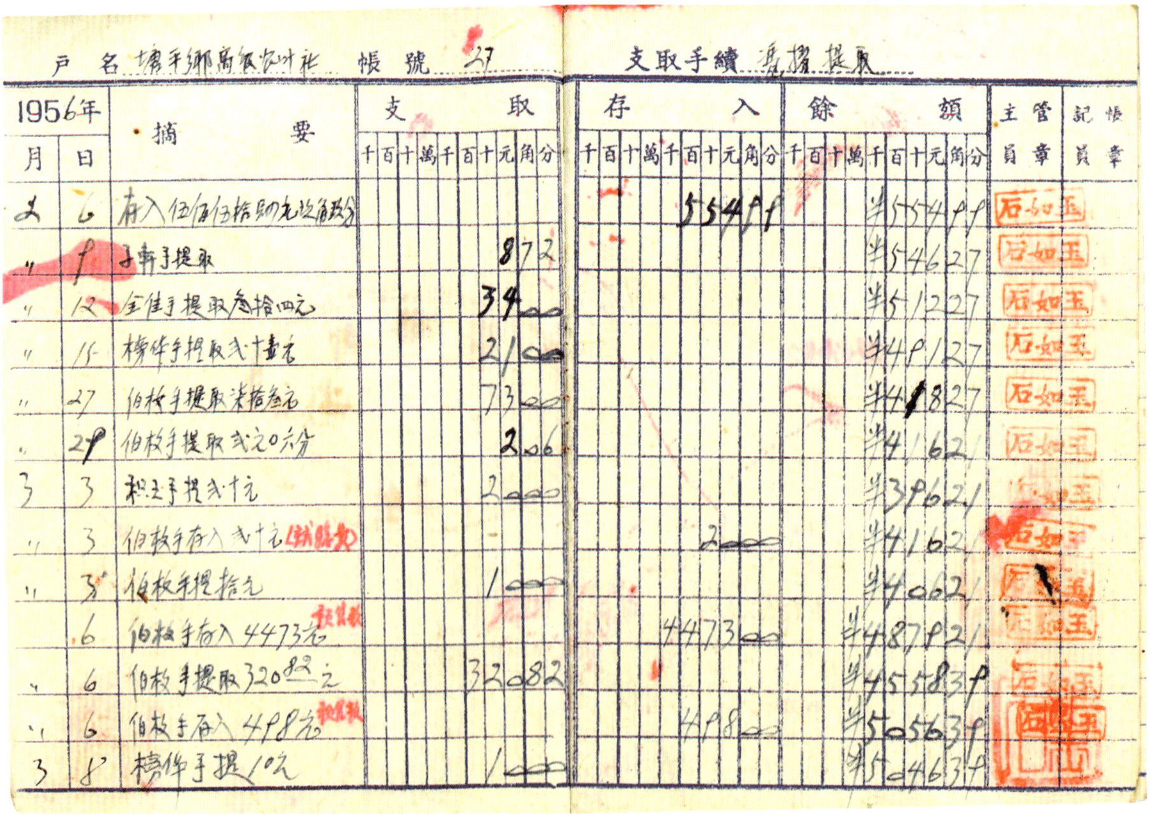

戶名 塘平鄉高級農業社　帳號 27　　支取手續 憑摺提取

1956年 月	日	摘要	支取	存入	餘額	主管員章	記帳員章
2	6	存入伍佰伍拾肆元玖角玖分		554.99	¥554.99	石如玉	
〃	9	子新手提取	8.72		¥546.27	石如玉	
〃	12	全佳手提取叁拾四元	34.00		¥512.27	石如玉	
〃	15	榜华手提取弍十壹元	21.00		¥491.27	石如玉	
〃	27	伯枚手提取柒拾叁元	73.00		¥418.27	石如玉	
〃	29	伯枚手提取弍元〇六分	2.06		¥416.21	石如玉	
3	3	积玉手提弍十元	20.00		¥396.21	石如玉	
〃	3	伯枚手存入弍十元		20.00	¥416.21	石如玉	
〃	5	伯枚手提拾元	10.00		¥406.21	石如玉	
〃	6	伯枚手存入4473元		4473.00	¥4879.21	石如玉	
〃	6	伯枚手提取320.82元	320.82		¥4558.39	石如玉	
〃	6	伯枚手存入498元		498.00	¥5056.39	石如玉	
3	8	榜华手提10元	10.00		¥5046.39	石如玉	

0146-4 一九五六年二月六日六堡区塘平乡高级农业社活期储蓄存折内页（2）

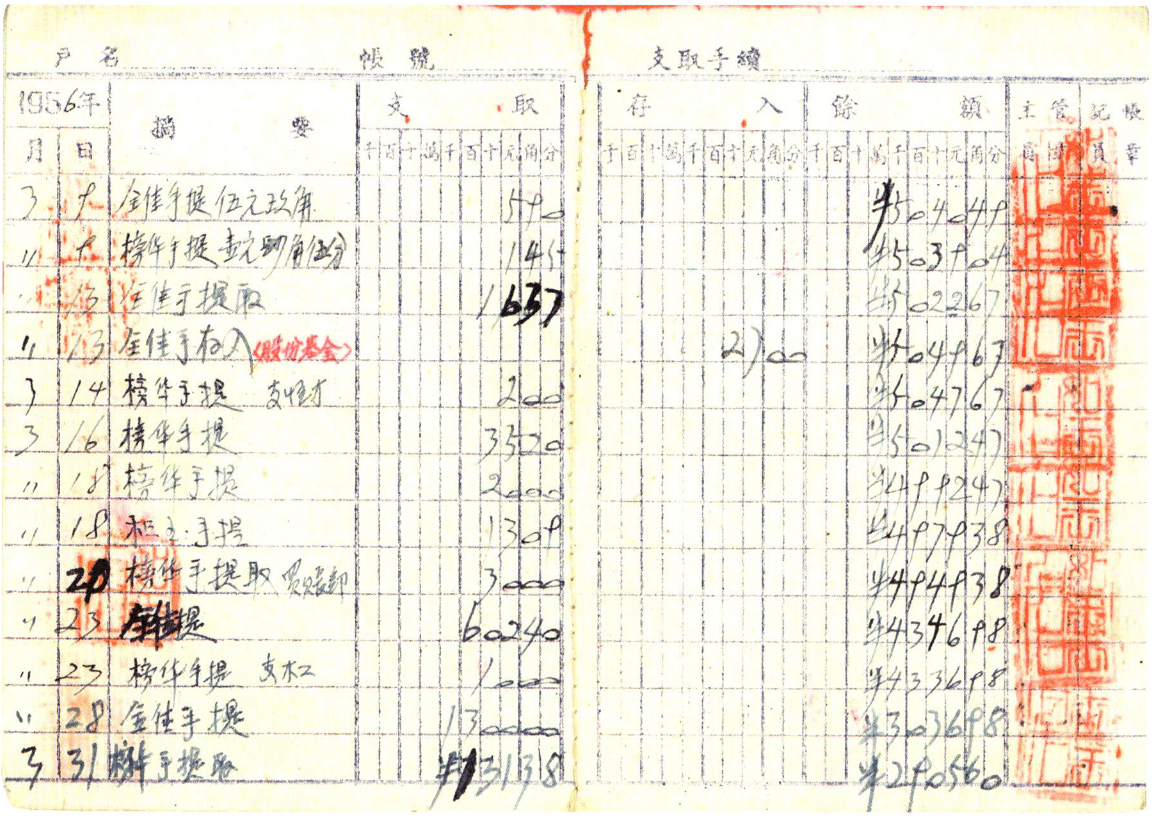

0146-5 一九五六年二月六日六堡区塘平乡高级农业社活期储蓄存折内页（3）

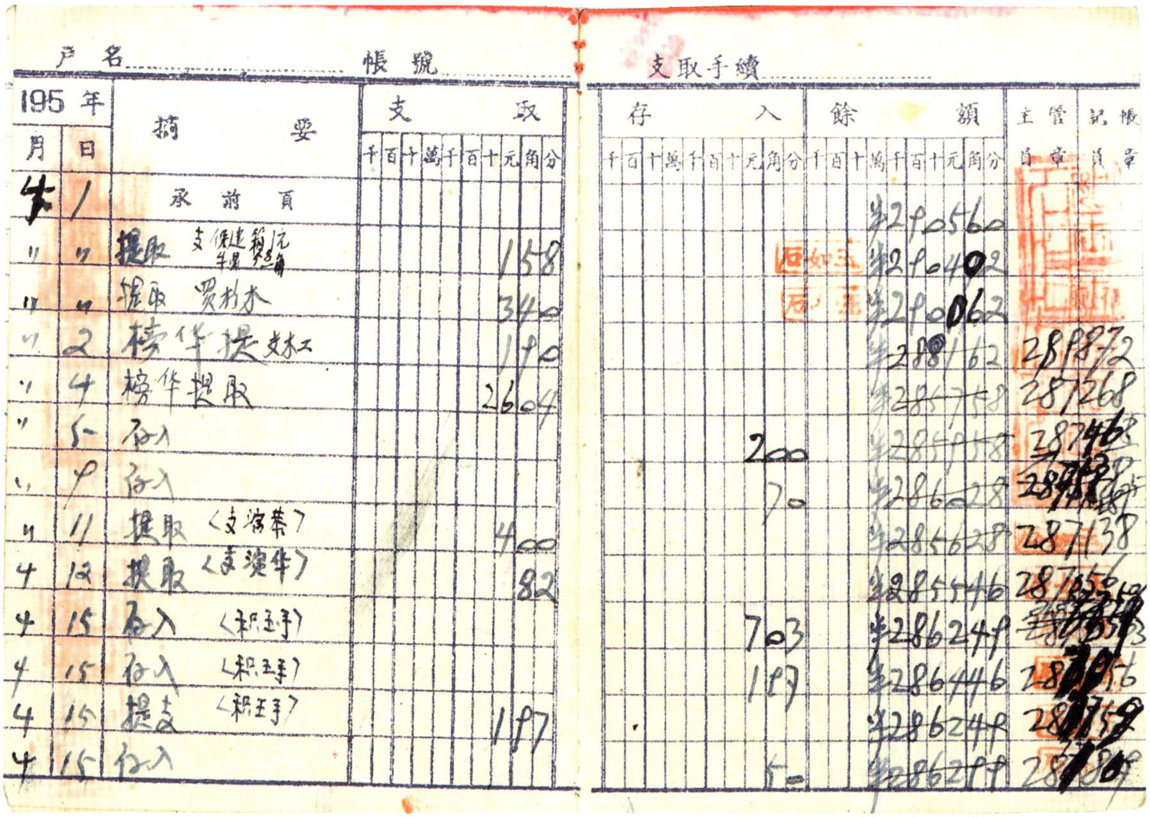

0146-6 一九五六年二月六日六堡区塘平乡高级农业社活期储蓄存折内页（4）

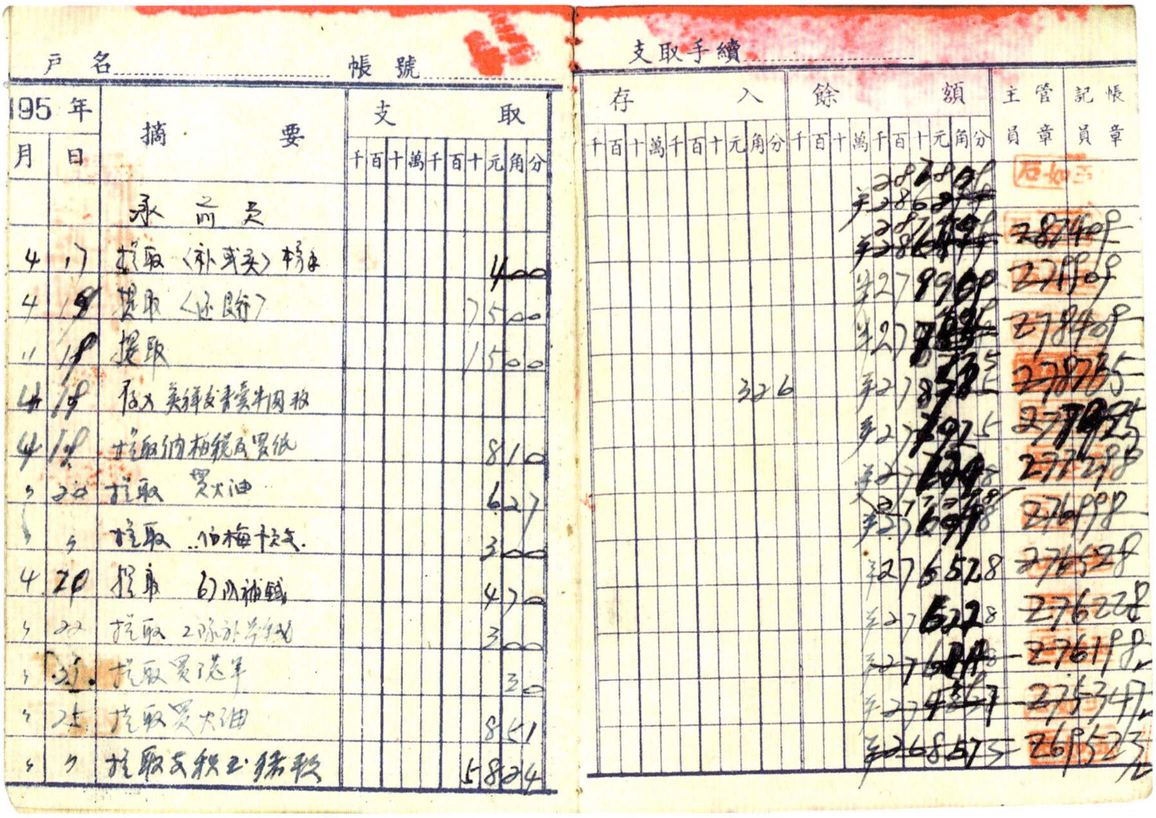

0146-7 一九五六年二月六日六堡区塘平乡高级农业社活期储蓄存折内页（5）

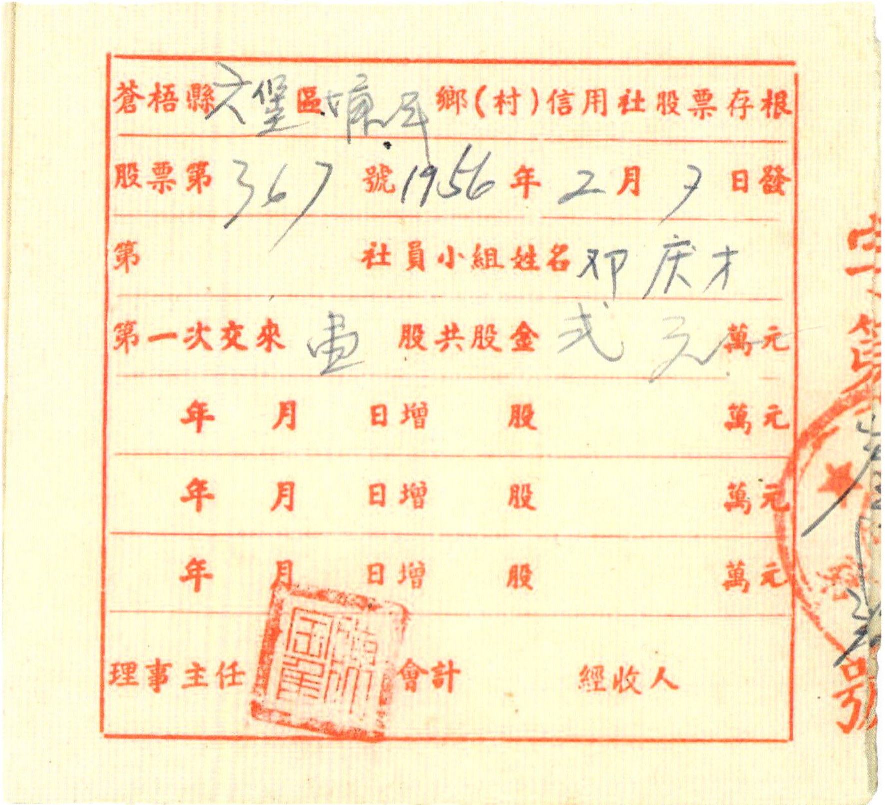
蒼梧縣六堡區塘平鄉（村）信用社股票存根

股票第367號1956年2月7日發

第　　社員小組姓名邓庆才

第一次交來壹股共股金贰元萬元

年　月　日增　股　萬元

年　月　日增　股　萬元

年　月　日增　股　萬元

理事主任　會計　經收人

0147 一九五六年二月七日塘平乡邓庆才信用社股票存根

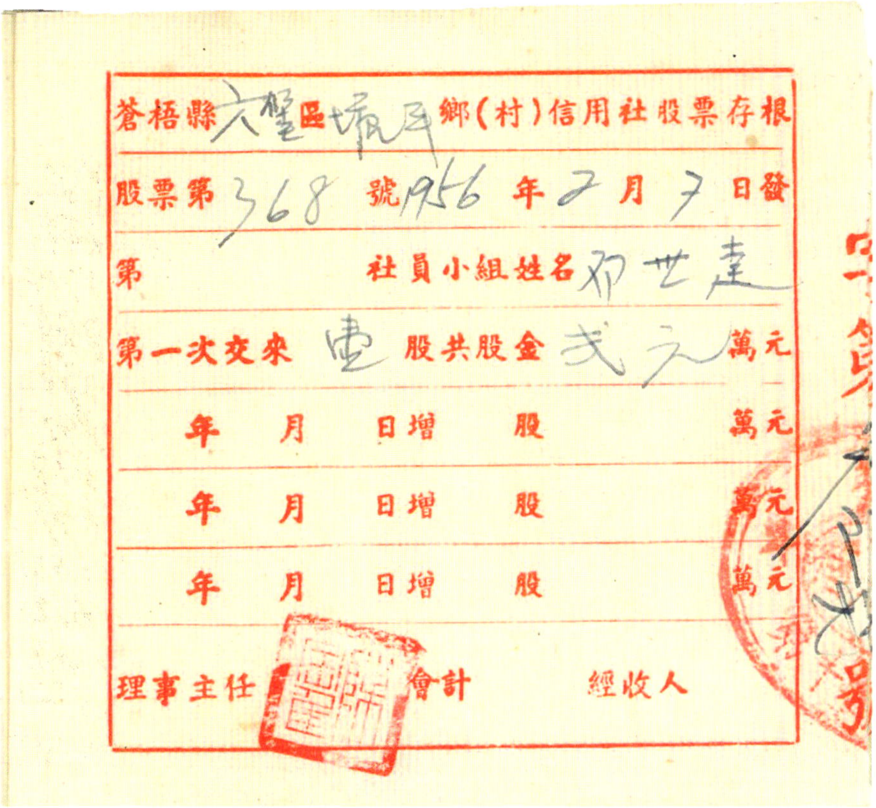

蒼梧縣六堡區塘平鄉(村)信用社股票存根

股票第368號1956年2月7日發

第　社員小組姓名邓世達

第一次交來壹股共股金貳元萬元

年　月　日增　股　萬元

年　月　日增　股　萬元

年　月　日增　股　萬元

理事主任　會計　經收人

0148 一九五六年二月七日塘平乡邓世达信用社股票存根

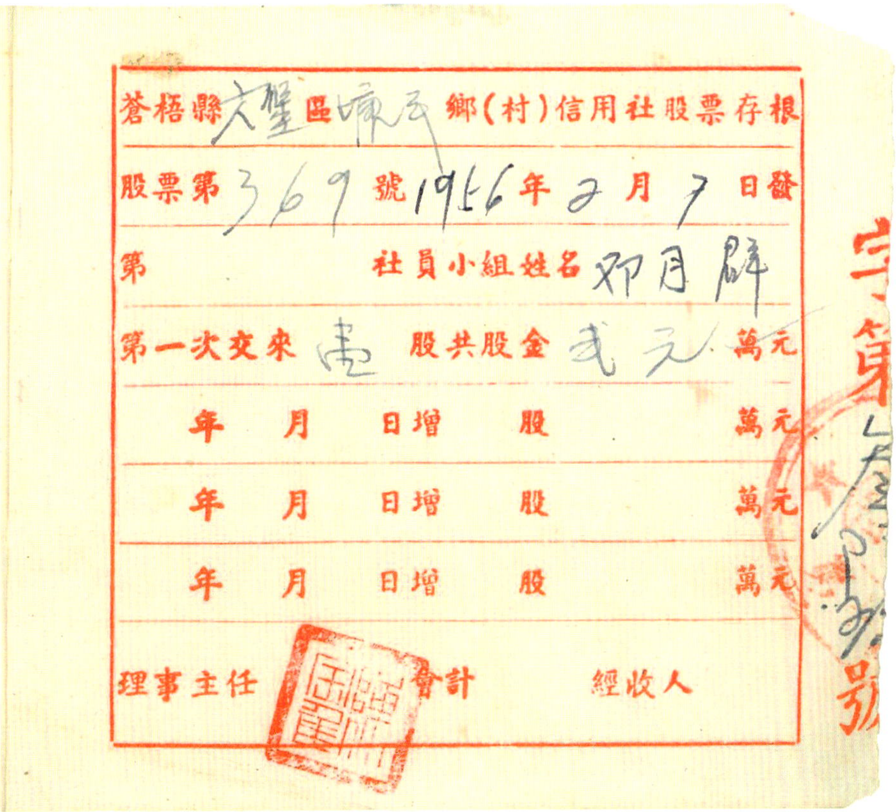

蒼梧縣六堡區塘平鄉(村)信用社股票存根

股票第369號1956年2月7日發

第　社員小組姓名邓月群

第一次交來壹股共股金貳元萬元

年　月　日增　股　萬元

年　月　日增　股　萬元

年　月　日增　股　萬元

理事主任　會計　經收人

0149 一九五六年二月七日塘平乡邓月群信用社股票存根

0150 一九五六年三月二十二日刘能兴、罗伟林申请借条

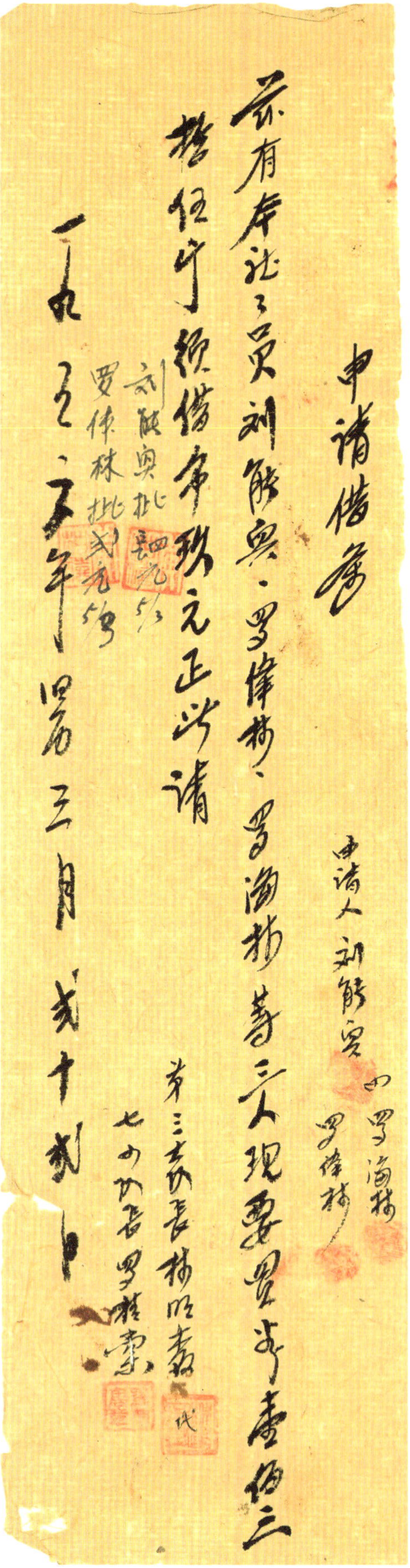
申请借条

兹有本社工员刘能兴、罗伟林、罗海林等三人现要买[illegible]壹佰三

拾[illegible]须借本钱元正此请

刘能兴批 罗伟林批

申请人 刘能兴 罗海林 罗伟林

一九五六年[illegible]三月[illegible]十二日

0151 一九五六年三月二十四日六堡区陈有宏欠六堡中心校学杂费凭据

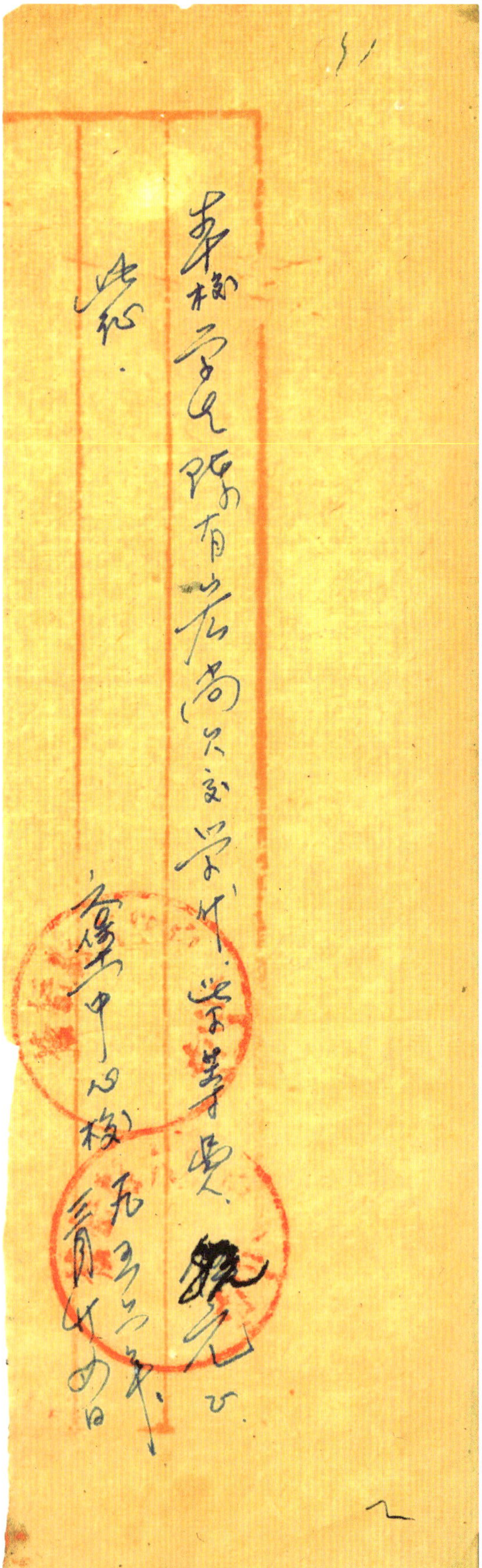
兹收到学生陈有宏尚欠交学杂费[illegible]元

此据

六堡中心校 五六年三月廿四日

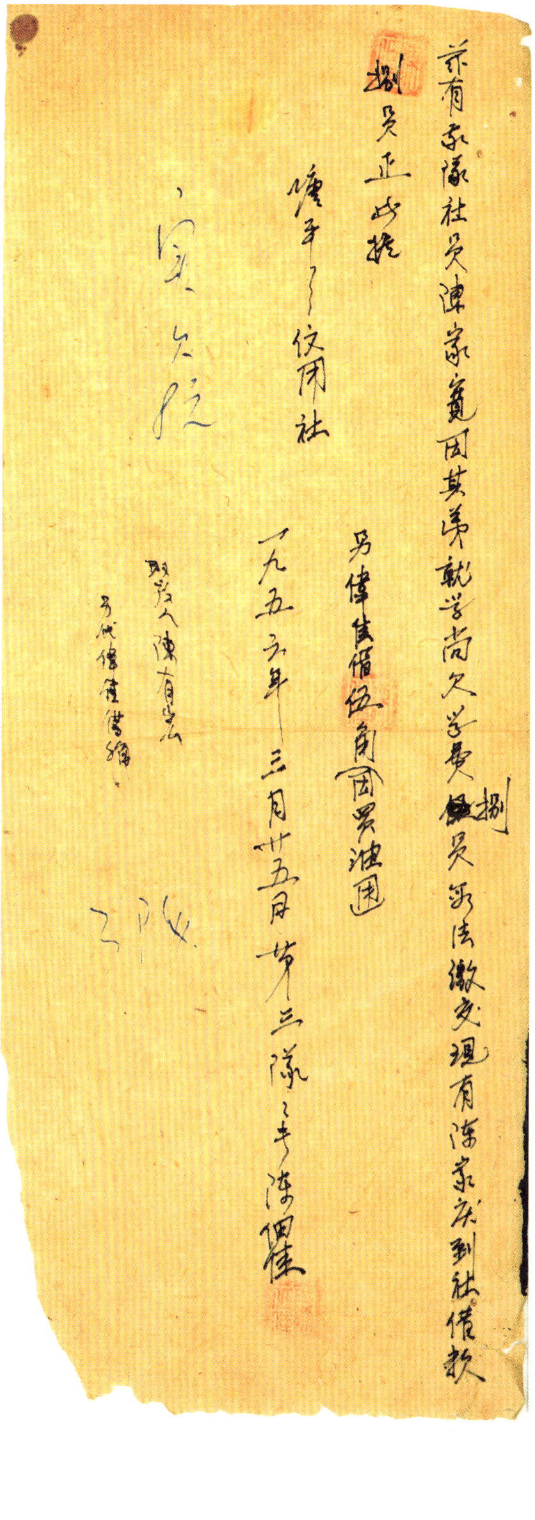

0152 一九五六年三月二十五日六堡区陈家庆借款凭据

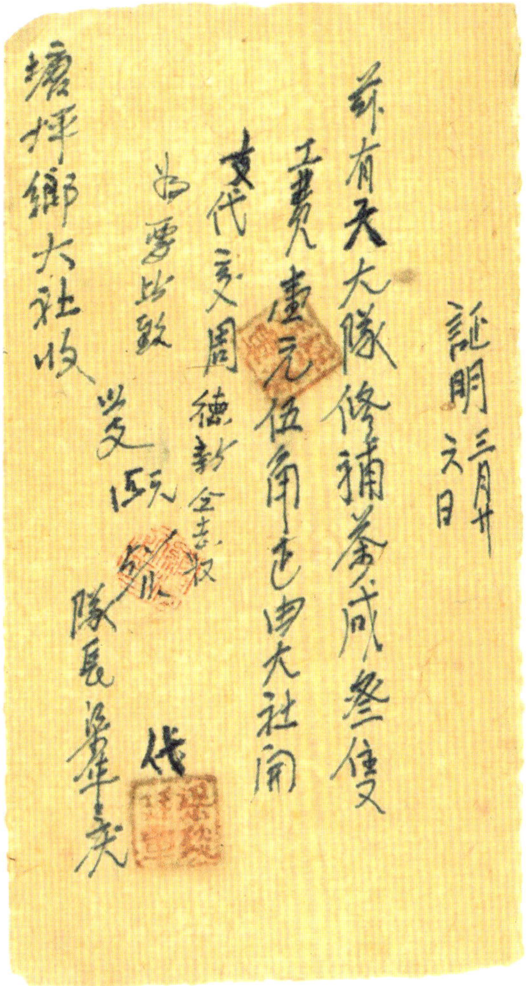

0153 一九五六年三月二十六日苍梧县六堡区塘坪乡第六大队补镬付款凭证

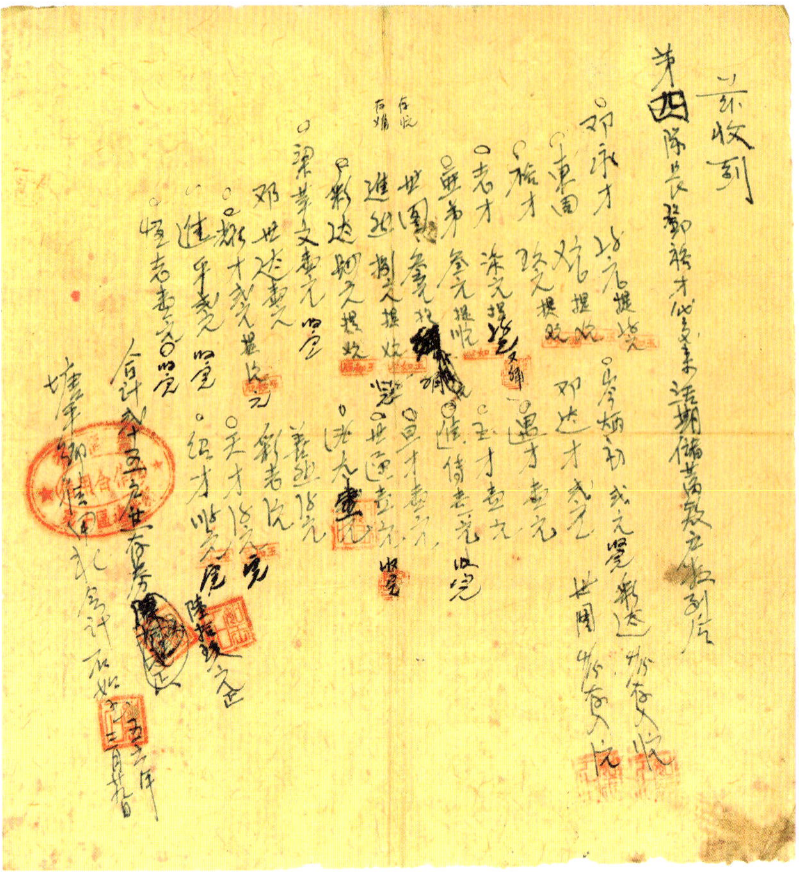

0154 一九五六年三月二十九日苍梧县六堡区塘平乡第四队各户交信用社存款登记

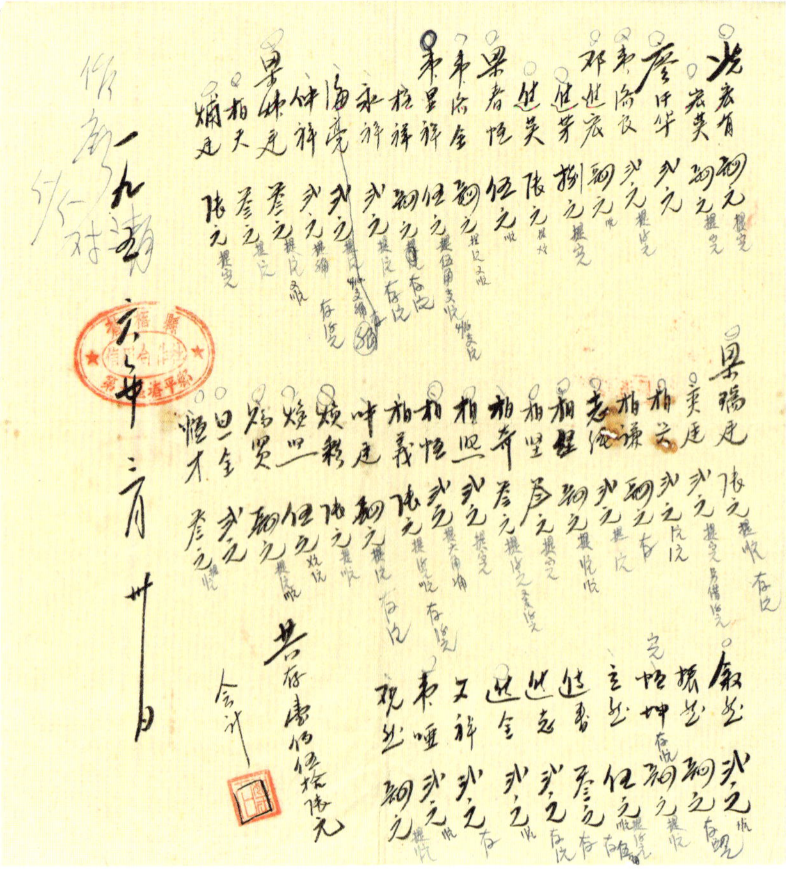

0155 一九五六年三月三十日苍梧县塘坪乡信用合作社存款纪录

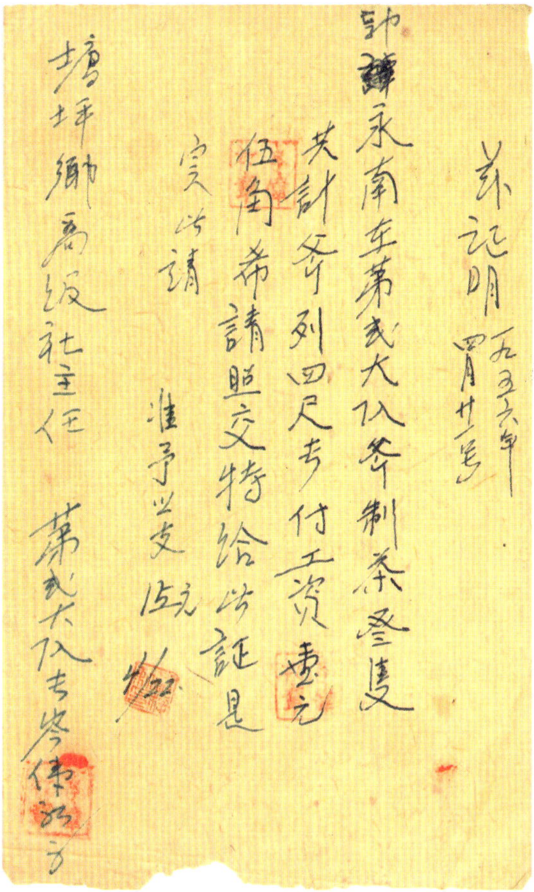
茲証明 五六年四月廿一日
茲譚永南在第二大队斧制茶叠具
共計斧列四尺专付工资壹元伍角希請照交特給此証是
实此請
塘坪鄉高级社主任
准予以支 伍元
第二大队长

0156 一九五六年四月二十一日苍梧县六堡区塘坪乡高级社第二大队斧制茶具开支凭条

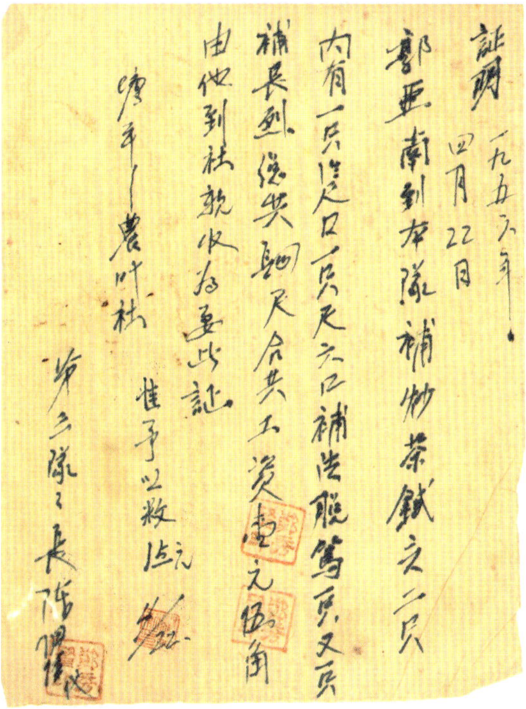
證明 一九五六年四月22日
郭亚南到本隊補锄茶钁二只
内有一只作足口一只足六口補造能篤只又只
補長到總共鋤尺合共工资壹元伍角
由他到社领收為要此証
塘平農业社 准予以数 伍元
第三隊隊長

0157 一九五六年四月二十二日苍梧县六堡区塘平农业社第三队补镬付款凭条

0158 一九五六年四月二十五日苍梧县六堡区塘平罗伯兴信用社证明

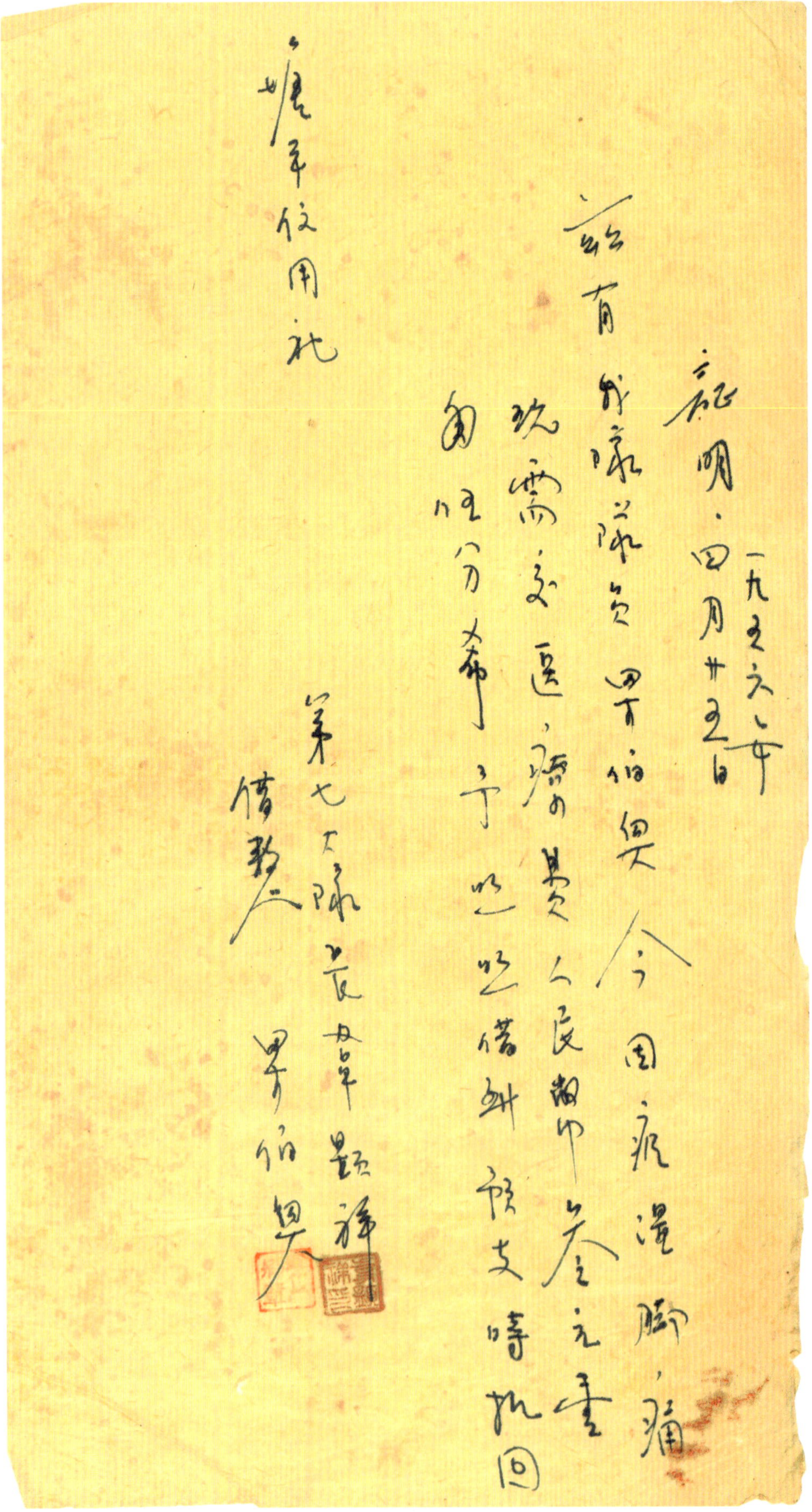
一九五六年四月廿五日

證明：

茲有我隊社員羅伯興，今因患濕脚，痛
現需求医，療的費人民幣叁元壹
角八分，大希予以照借給領支，請批回

塘平信用社

第七大隊長 麥顯祥

借款人 羅伯興

蒼梧縣第大堡區塘平鄉(村)信用合作社

月計表

（年　月份）　公元56年4月25日編製　第21號

付方 本月共付	付方 餘額	科目	收方 餘額	收方 本月共收
0123	123	庫存現金		25178
		農業社放款		
		互助組放款		
24000	80110	個體農民放款		3300
		代理放款		
	318800	存放銀行		241800
		代付款項		
		暫付款項		
221800		农业社存款	338100	
		機關團體存款		
[illegible]8100		活期儲蓄	5400	54500
		定期儲蓄		
		借入款		
		代理業務款項		
		暫收款項		
		入社費	3650	100
		股金	74770	2200
		公積金	2457	
		公益金	612	
		年損益		
		付出利息		
		收入利息	145	45
3100	15011	各項費用		
277223	425134	合計	425134	277223

主任 327223　會計　審核　製表 327223

0159 一九五六年四月二十五日苍梧县六堡区塘平乡信用合作社月计表（一）

0160 一九五六年四月二十五日苍梧县六堡区塘平乡信用合作社月计表（2）

蒼梧縣第　　區　　　　鄉（村）信用合作社

月　計　表

（　年　　月份）　公元　　年　　月　　日編製　　　　　　第　　　　號

付方 本月共付	付方 餘額	科目	收方 餘額	收方 本月共收
13442	134422	庫存現金		123
6000	6000	農業社放款		
		互助組放款		
187400	203100	個體農民放款		
		代理放款		
	136689	存放銀行		172500
		代付款項		
		暫付款項	287953	
102500		农业社存款	27[illegible]00	47419
		機關團體存款		
11[illegible]00		活期儲蓄	11600	18000
		定期儲蓄	5000	5000
		借入款		
		代理業務款項		
		暫收款項		
		入社費	3650	
		股金	74770	
		公積金	2457	
		公益金	612	
		年損益		
		付出利息		
		收入利息		
1800	16811	各項費用		
243042	376040	合計	376042	243042

主任　　3760 會計　　　　審核　　　　製表

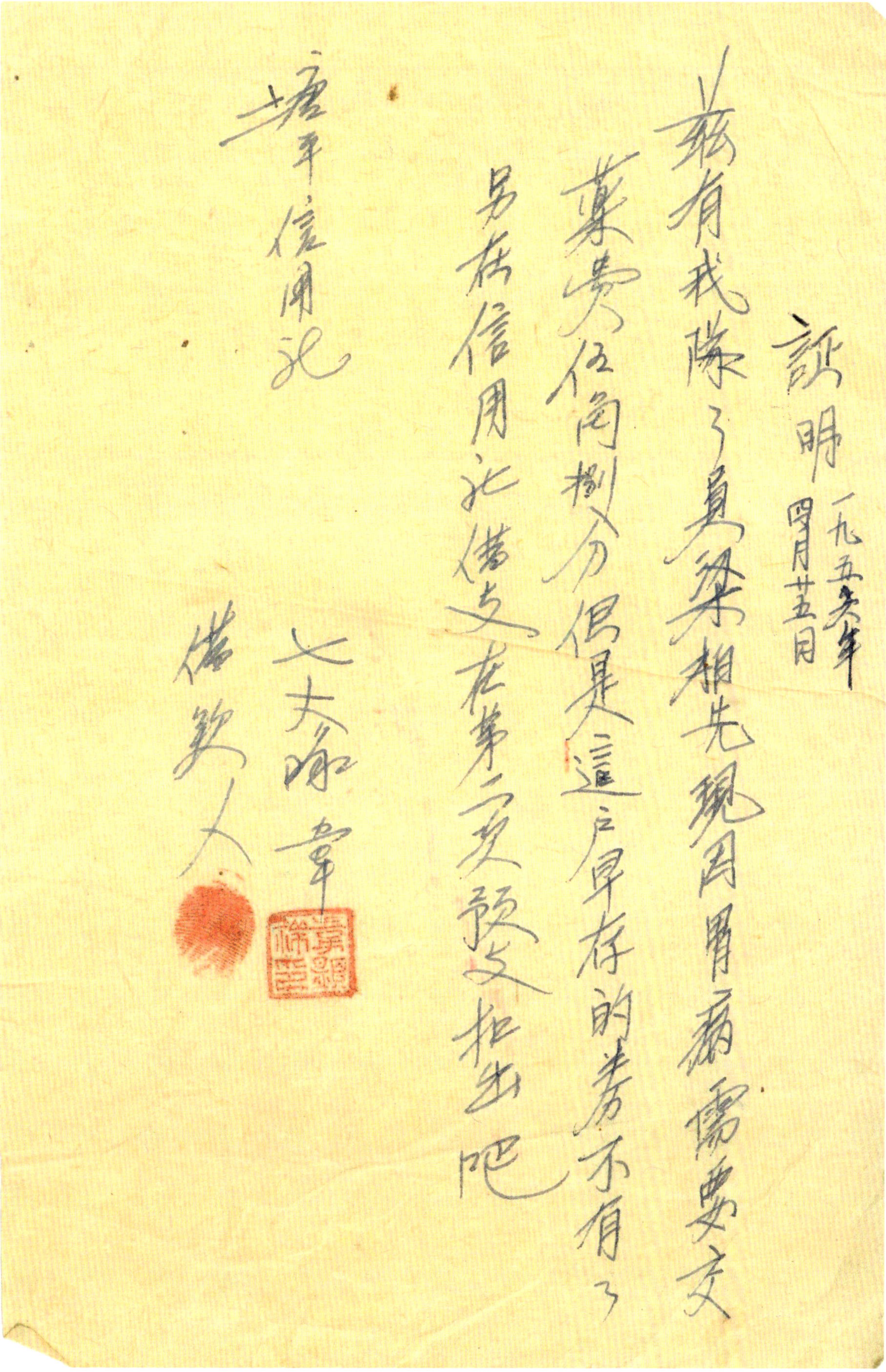
證明　一九五六年四月廿五日
茲有我隊了員梁柏先現因胃病需要交
葉費伍角捌分但是這戶早存的款不有了
另存信用社借支在第六次額支扣出吧
此致
塘平信用社
七大隊　章
借款人

0161 一九五六年四月二十五月苍梧县六堡区塘平梁柏先信用社证明

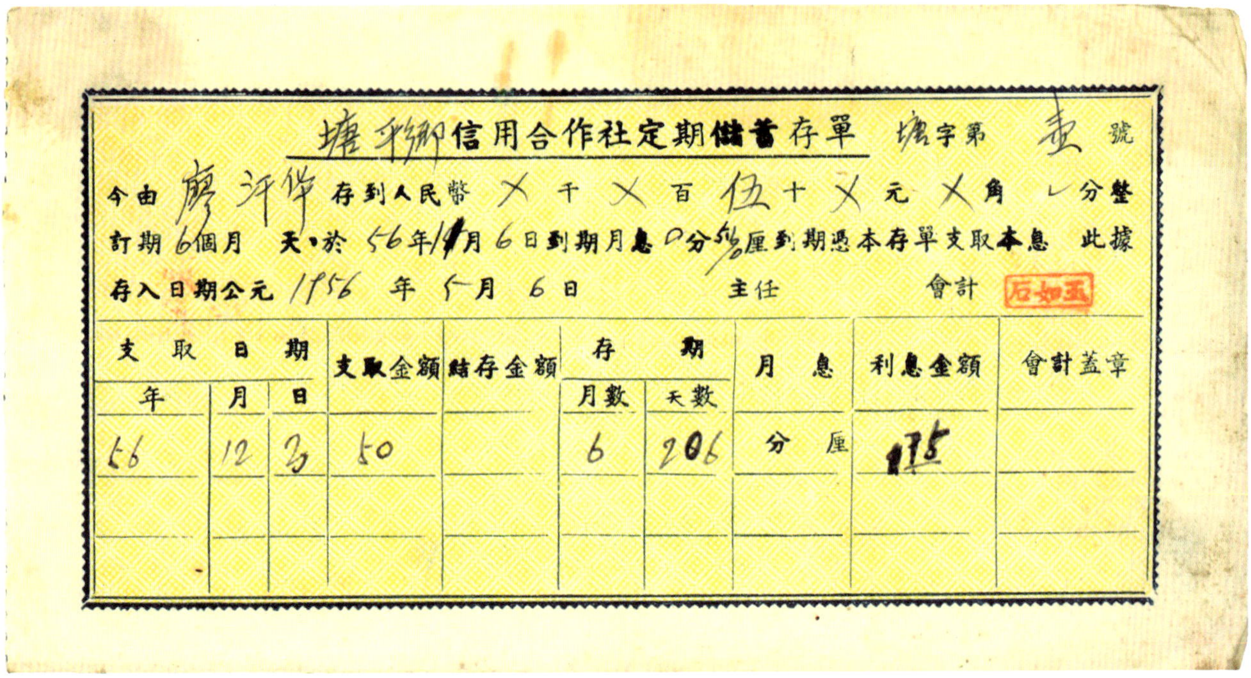

塘平鄉信用合作社定期儲蓄存單 塘字第 壹 號

今由 廖汗华 存到人民幣 乄 千 乄 百 伍 十 乄 元 乄 角 〤 分整

訂期 6 個月 天，於 56 年 11 月 6 日到期月息 0 分 % 厘到期憑本存單支取本息 此據

存入日期公元 1956 年 5 月 6 日 主任 會計 石如玉

支取日期			支取金額	結存金額	存期		月息	利息金額	會計蓋章
年	月	日			月數	天數			
56	12	3	50		6	206	分 厘	1.75	

0162 一九五六年五月六日廖汗华存入信用合作社定期储蓄存单50元

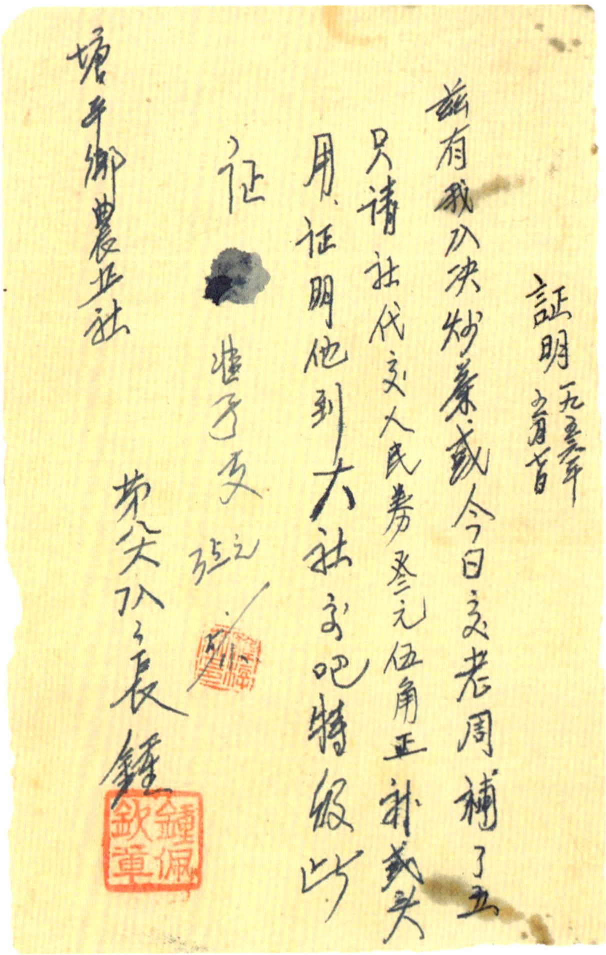

證明 一九五六年五月七日

茲有我队决炒镬贰个今日交老周補了五

只请社代交人民劵叁元伍角正补贰头

用、证明他到大社家吧特級此

证

张子文 35元

塘平鄉農业社

第六队队長 鍾

鍾佩欽章

0163 一九五六年五月七日老周补镬付款凭条

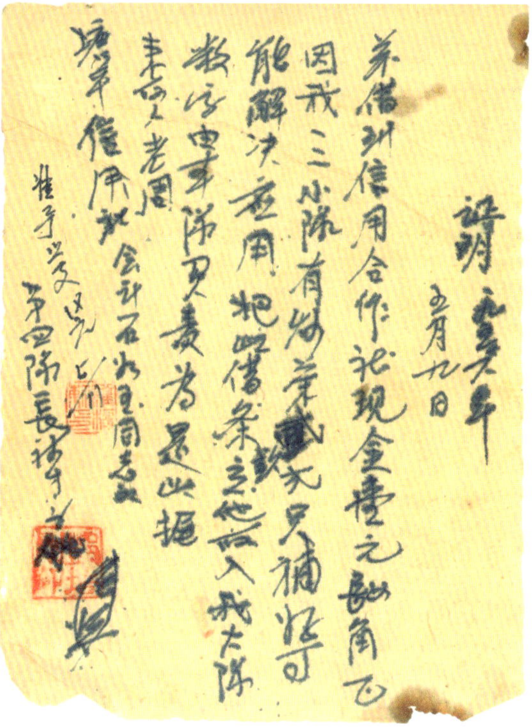

0164 一九五六年五月九日苍梧县六堡区塘平乡第四队补镬付款凭条

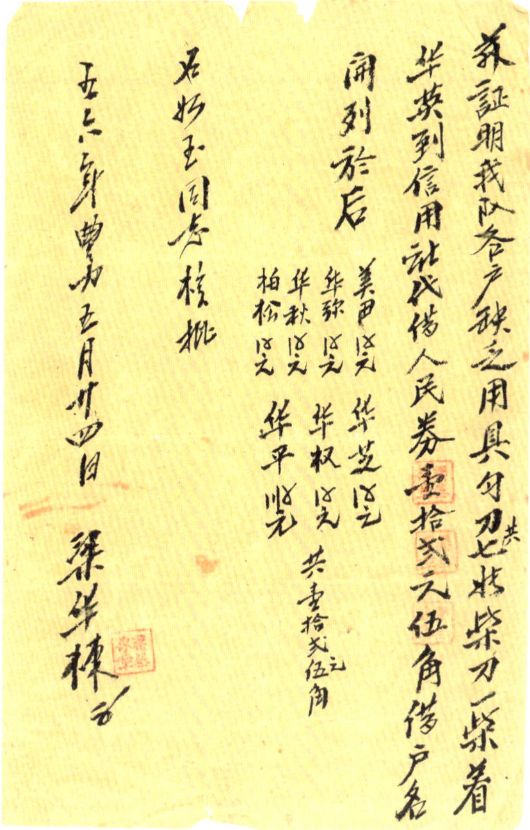

兹証明我队各户缺乏用具锄刀七把柴刀一柴着共
华栋到信用社代借人民券壹拾贰元伍角借户名
开列於后
美尹 贰元 华芝 贰元
华弥 贰元 华权 贰元
华秋 贰元 华平 贰元
柏松 贰元
共壹拾贰元伍角
右列五同志核批
五六年农历五月廿四日
梁华栋 书

0165 一九五六年农历五月二十四日梁华栋代借人民券购买工具证明

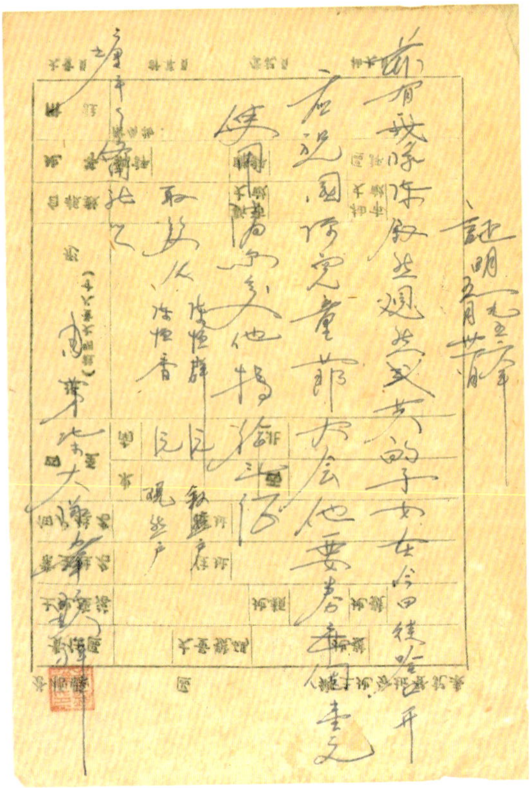

0166 一九五六年五月三十一日陈观然、陈叙然向塘平信用社借款证明

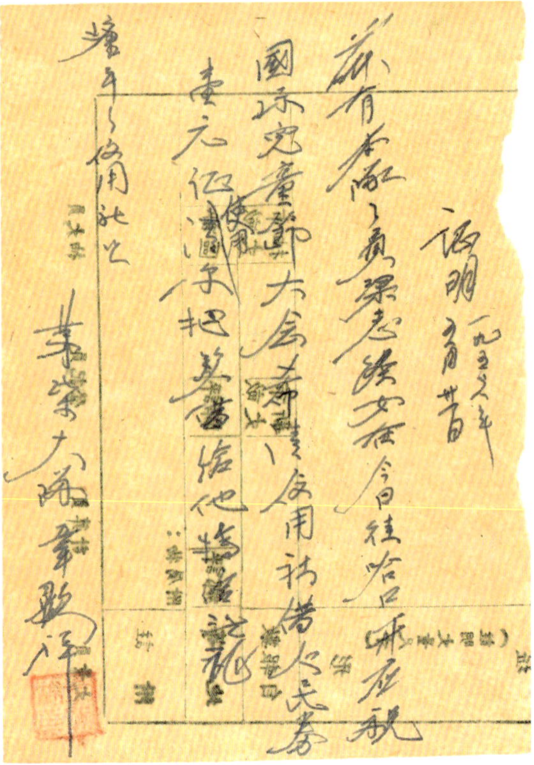

0167 一九五六年五月三十一日梁志强向塘平信用社借款证明

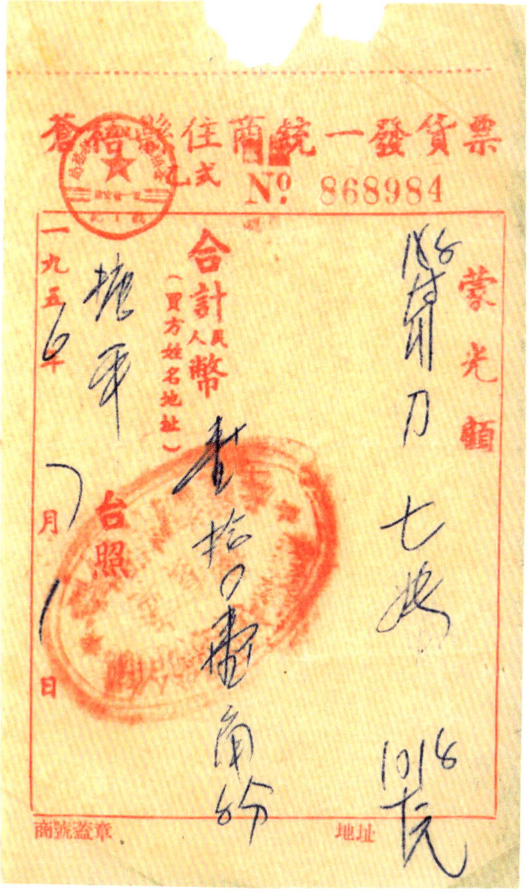

蒼梧縣住商統一發貨票
乙式 No 868984
一九五 年 月 日
合計人民幣
（買方姓名地址）
台照
蒙光顧
商號蓋章
地址

0168 一九五六年七月一日苍梧县住商统一发货票

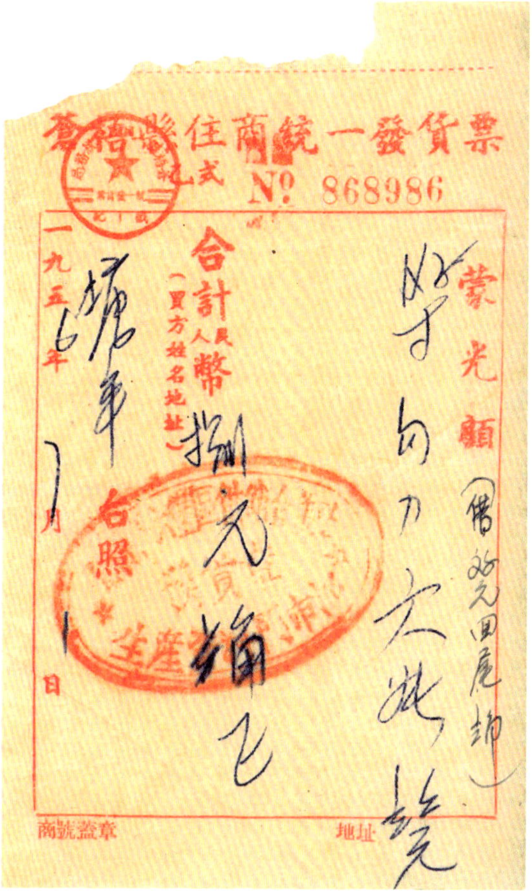

蒼梧縣住商統一發貨票
乙式 No 868986
一九五 年 月 日
合計人民幣
（買方姓名地址）
台照
蒙光顧
商號蓋章
地址

0169 一九五六年七月一日苍梧县住商统一发货票

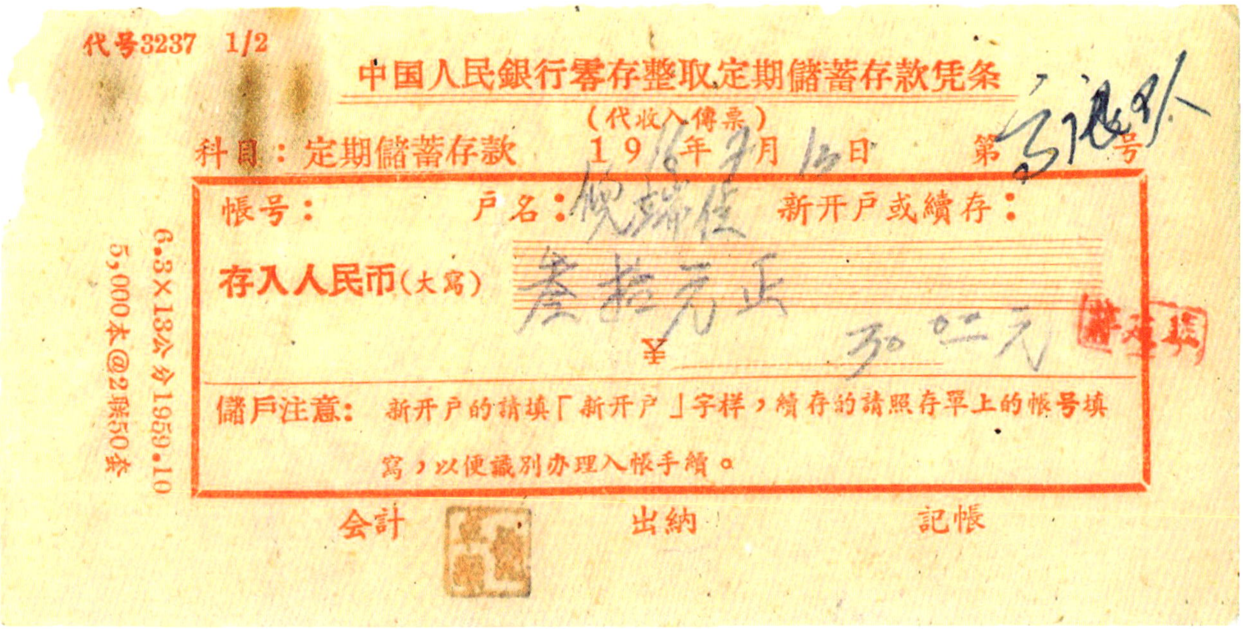

代号3237 1/2

中国人民銀行零存整取定期儲蓄存款凭条

（代收入傳票）

科目：定期儲蓄存款 19 年 月 日 第 号

帳号： 戶名： 新开戶或續存：

存入人民币（大寫）

¥

儲戶注意：新开户的請填「新开户」字样，續存的請照存單上的帳号填寫，以便識別办理入帳手續。

会計 出納 記帳

6.3×18公分1959.10
5,000本@2联50套

0170 一九五六年七月十三日倪端佳中国人民银行零存整取定期储蓄存款凭条

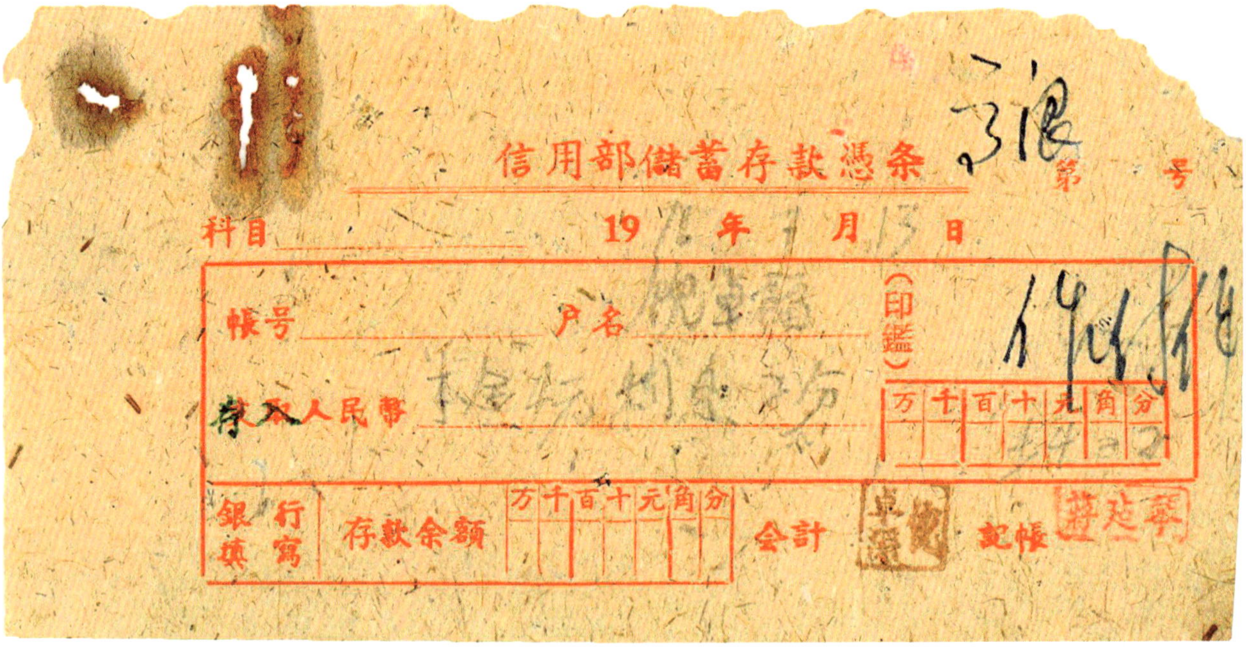

信用部儲蓄存款憑条

第 号

科目 19 年 月 日

帳号 戶名 （印鑑）

存入人民幣

万	千	百	十	元	角	分

銀行填寫 存款余額

万	千	百	十	元	角	分

会計 記帳

0171 一九五六年七月十三日倪卓福信用部储蓄存款凭条

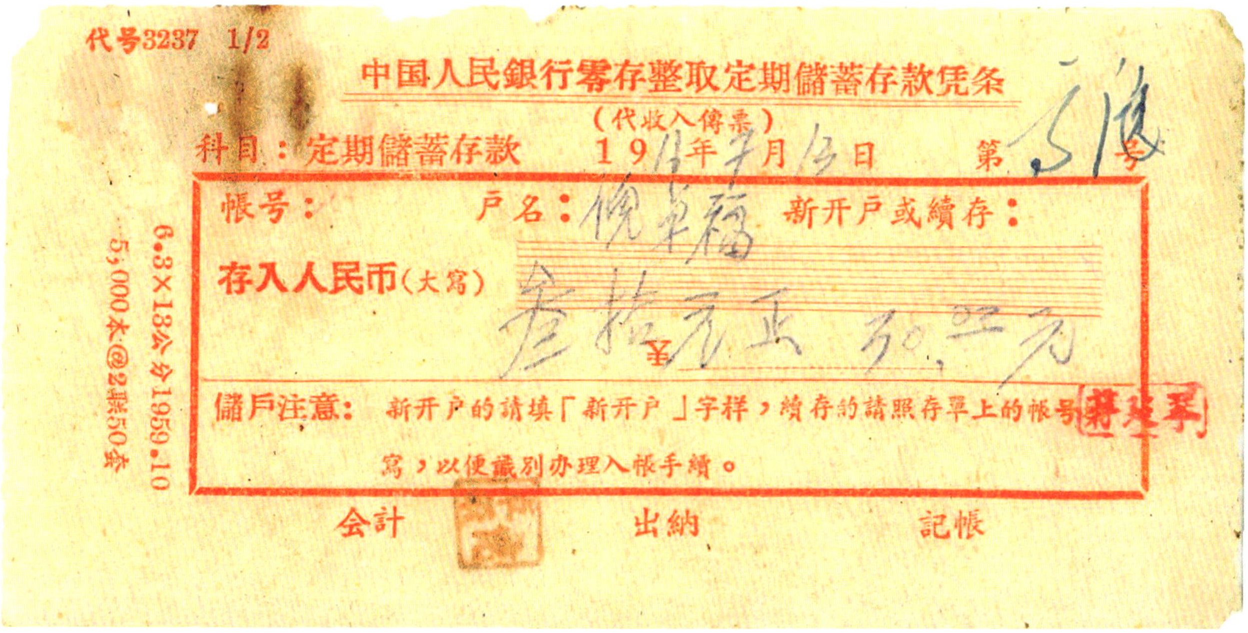

代号3237 1/2

中国人民銀行零存整取定期儲蓄存款凭条
（代收入傳票）

科目：定期儲蓄存款　19　年　月　日　第　号

帳号：　戶名：倪卓福　新开戶或續存：

存入人民币（大寫）

¥

儲戶注意：新开戶的請填「新开戶」字样，續存的請照存單上的帳号填寫，以便識別办理入帳手續。

会計　出納　記帳

6.3×13公分1959.10
5,000本@2聯50套

0172 一九五六年七月十三日倪卓福中国人民银行零存整取定期储蓄存款凭条

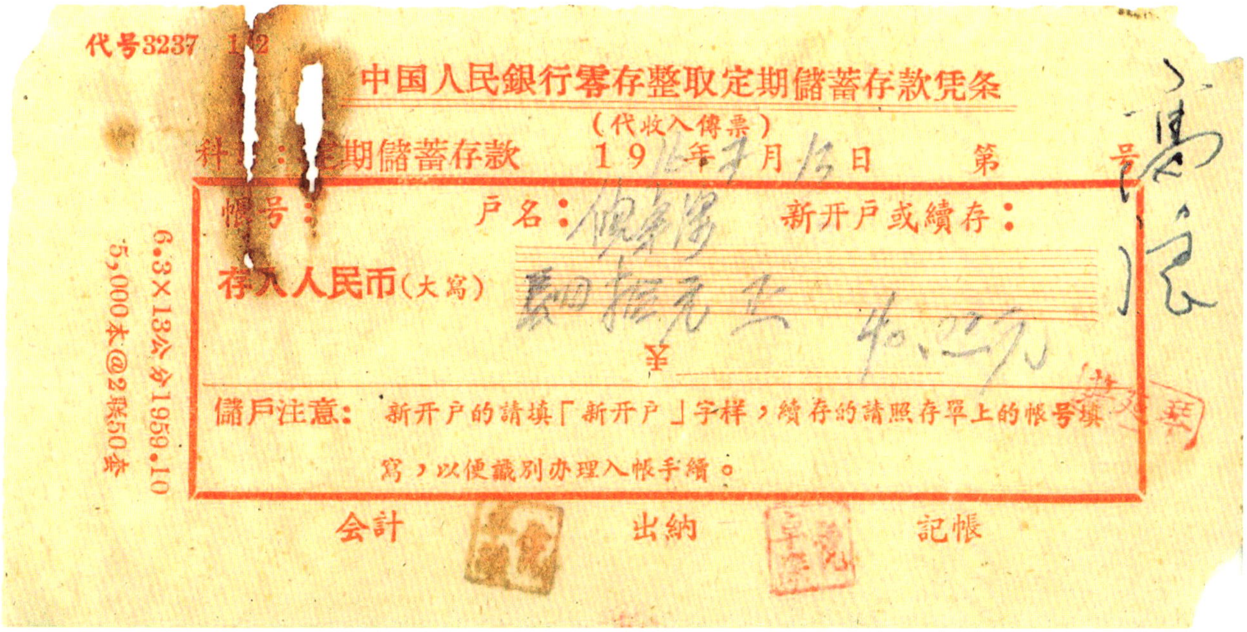

代号3237 1/2

中国人民銀行零存整取定期儲蓄存款凭条
（代收入傳票）

科目：定期儲蓄存款　19　年　月　日　第　号

帳号：　戶名：　新开戶或續存：

存入人民币（大寫）

¥

儲戶注意：新开戶的請填「新开戶」字样，續存的請照存單上的帳号填寫，以便識別办理入帳手續。

会計　出納　記帳

6.3×13公分1959.10
5,000本@2聯50套

0173 一九五六年七月十三日倪卓深中国人民银行零存整取定期储蓄存款凭条

0174 一九五六年七月三十日苍梧县六堡区塘平邓玉才信用社证明

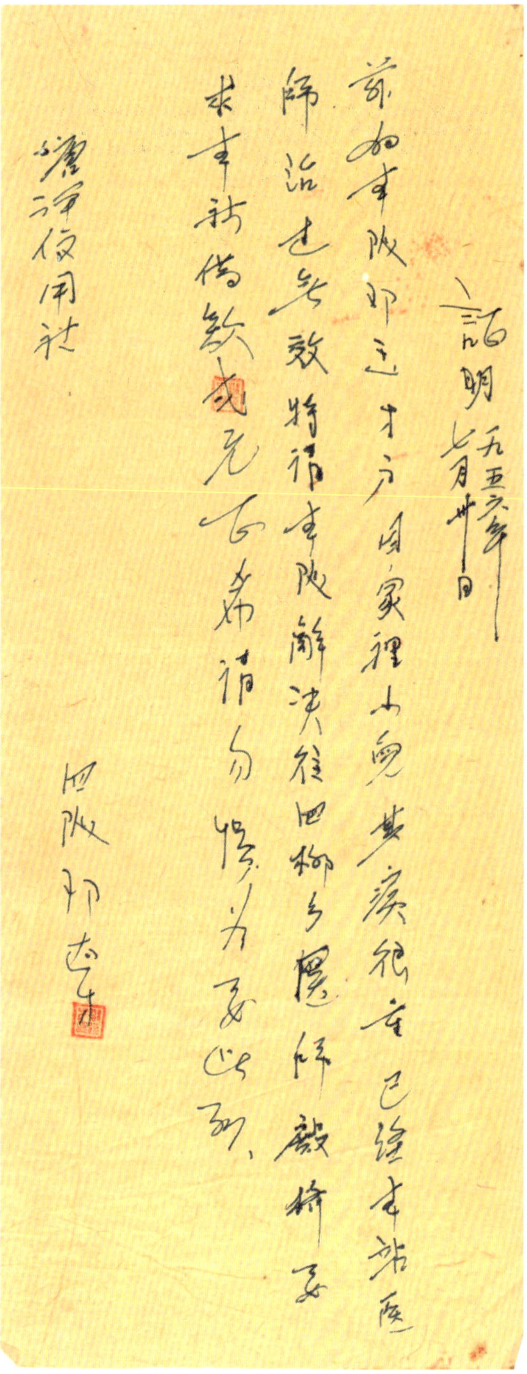
证明 五六年七月卅日

兹有本队邓玉才户因家里小儿患疾病在已经本站医治未能致特请本队解决往四柳乡医院救治要求本社借款贰元正希借为恳为要此致

塘坪信用社

四队邓玉才

0175 一九五六年十一月二日出售花生壳通知

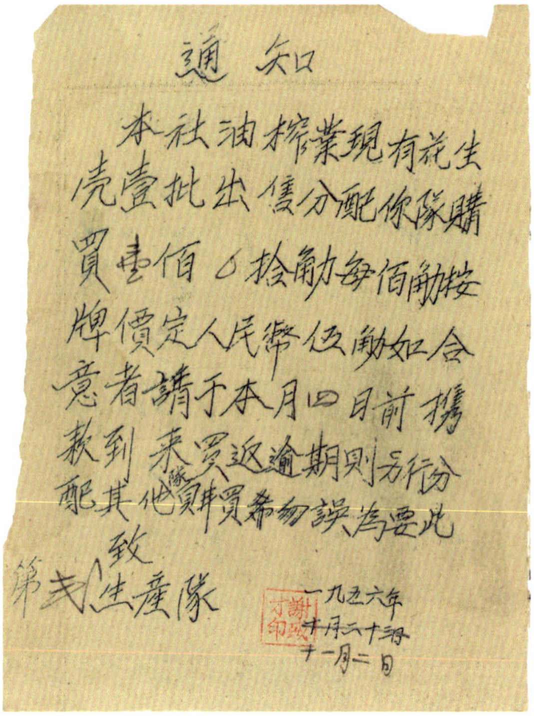
通知

本社油榨业现有花生壳壹批出售分配你队购买壹佰〇拾斤每佰斤按牌价定人民币伍角如合意者请于本月四日前携款到来买返逾期则另行分配其他队购买希勿误为要此致

第六生产队

一九五六年十一月二日

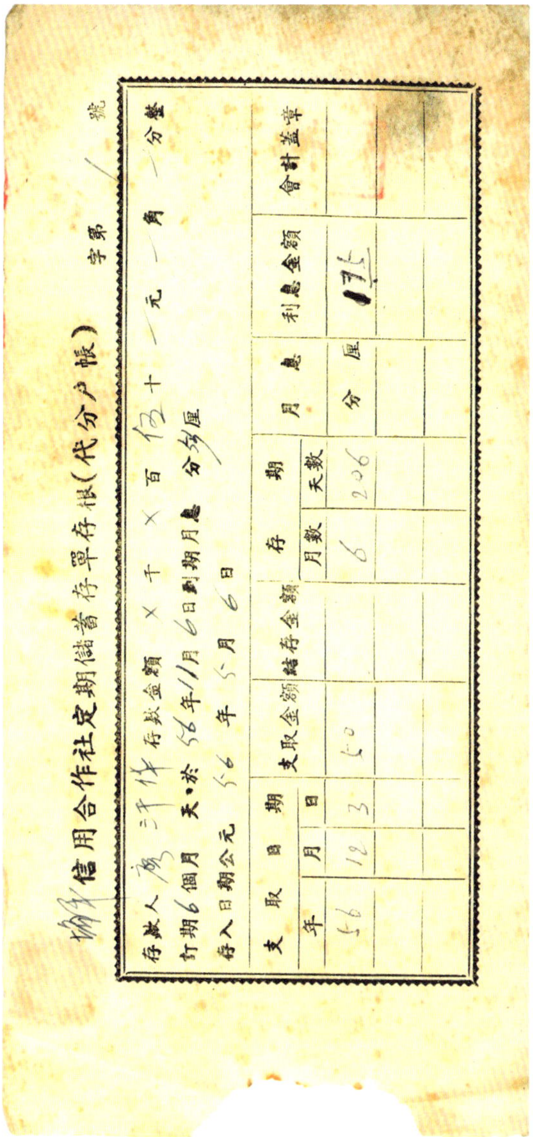
字第 1 號

信用合作社定期儲蓄存單存根（代分户帳）

存款人 廖汗华 存款金額 × 千 × 百 十 一 元 一 角 一 分整

訂期6個月 天·於 56年11月6日到期 月息 分 厘

存入日期公元 56 年 5 月 6 日

支取日期			支取金額	結存金額	存期		月息		利息金額	會計蓋章
年	月	日			月數	天數	分	厘		
56	12	3	50		6	206			1.75	

0176 一九五六年十一月六日廖汗华信用合作社定期储蓄存单存根

代號3207

儲蓄

中國人民銀行

活期儲蓄存摺

帳號第 號

戶名

請儲戶注意

一、此摺請妥爲保存，如發現存摺上數目不符（或塡錯）應通知銀行查明更正，儲戶不得自行塗改。

二、此摺之帳號請留心記住俾便遺失時辦理掛失等手續。

三、此存摺請在 存取。

0177-1 一九五六年十一月九日六堡区塘平乡信用社活期储蓄存折封面

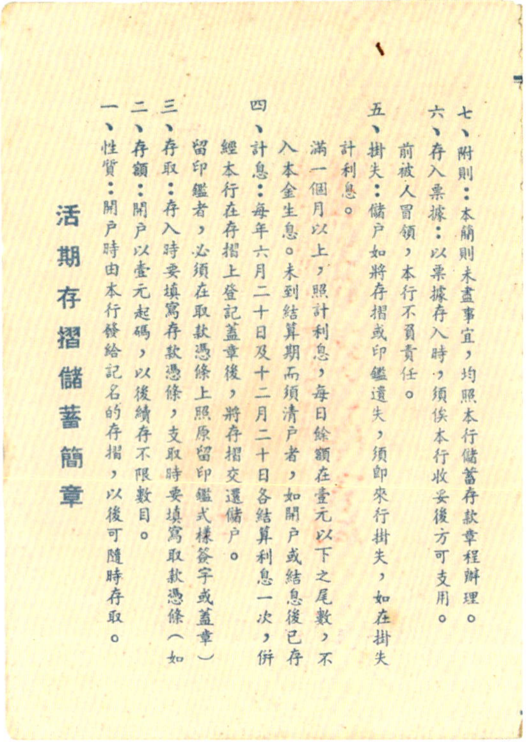

活期存摺儲蓄簡章

一、性質：開戶時由本行發給記名的存摺，以後可隨時存取。
二、存額：開戶以壹元起碼，以後續存不限數目。
三、存取：存入時要填寫存款憑條，支取時要填寫取款憑條（如留印鑑者，必須在取款憑條上照原留印鑑式樣簽字或蓋章）經本行在存摺上登記蓋章後，將存摺交還儲戶。
四、計息：每年六月二十日及十二月二十日各結算利息一次，併入本金生息。未到結算期而須清戶者，如開戶或結息後已存滿一個月以上，照計利息，每日餘額在壹元以下之尾數，不計利息。
五、掛失：儲戶如將存摺或印鑑遺失，須即來行掛失，如在掛失前被人冒領，本行不負責任。
六、存入票據：以票據存入時，須俟本行收妥後方可支用。
七、附則：本簡則未盡事宜，均照本行儲蓄存款章程辦理。

0177–2 一九五六年十一月九日六堡区塘平乡信用社活期储蓄存折储蓄简章页

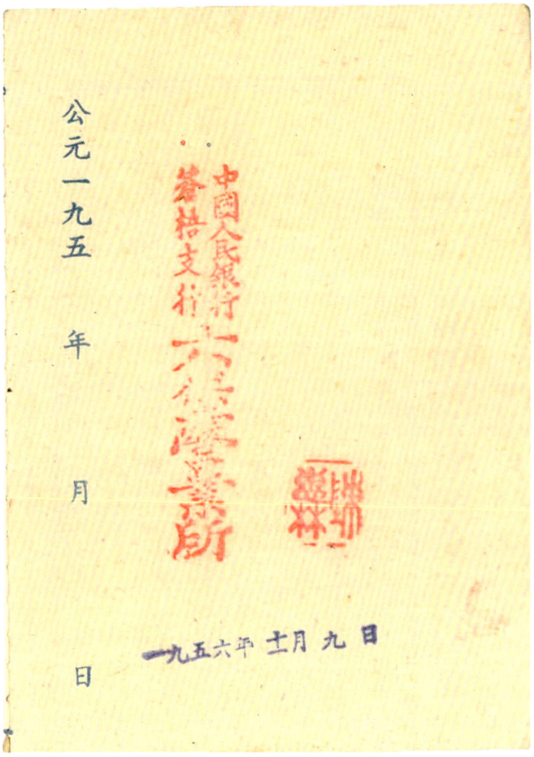

公元一九五　年　月　日

中國人民銀行蒼梧支行六堡營業所

一九五六年 十一月 九日

0177–3 一九五六年十一月九日六堡区塘平乡信用社活期储蓄存折年份信息页

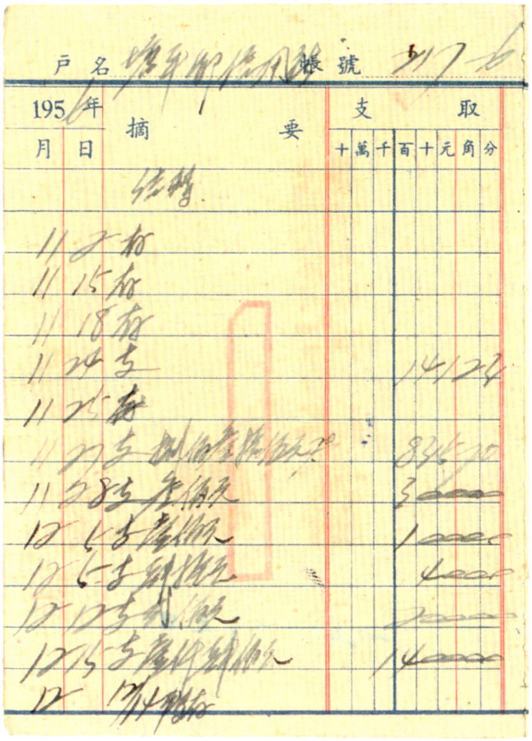

0177—4 一九五六年十一月九日六堡区塘平乡信用社活期储蓄存折内页（1）

0177—5 一九五六年十一月九日六堡区塘平乡信用社活期储蓄存折内页（2）

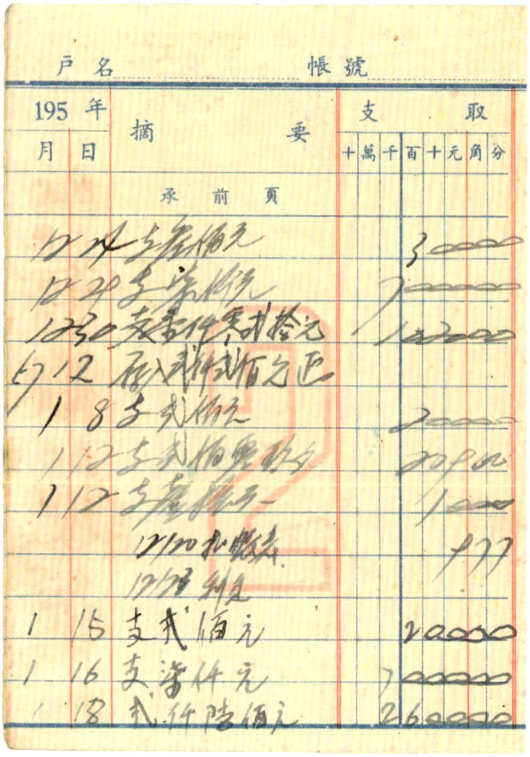

戶名　帳號

195 年		摘要	支取
月	日		十 萬 千 百 十 元 角 分
		承前頁	

0177-6　一九五六年十一月九日六堡区塘平乡信用社活期储蓄存折内页（3）

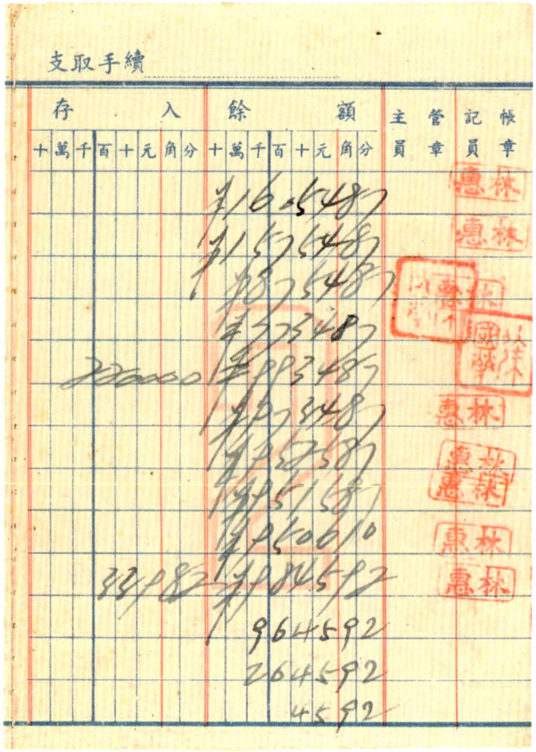

支取手續

存入	餘額	主管員章	記帳員章
十 萬 千 百 十 元 角 分	十 萬 千 百 十 元 角 分		

0177-7　一九五六年十一月九日六堡区塘平乡信用社活期储蓄存折内页（4）

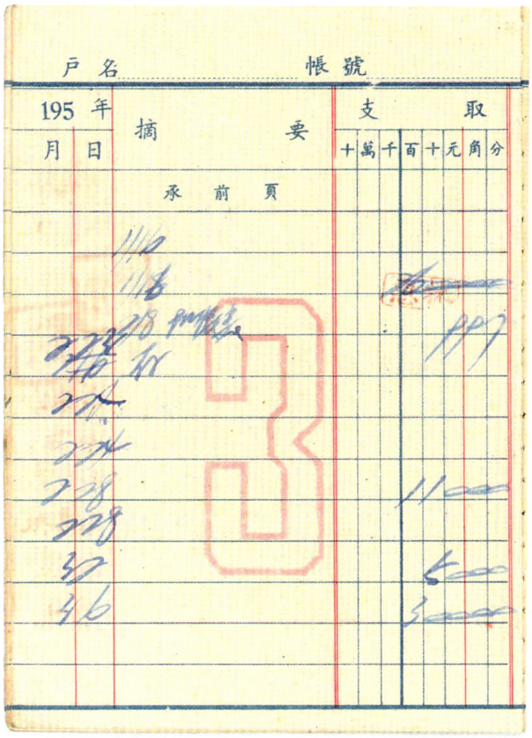

0177–8 一九五六年十一月九日六堡区塘平乡信用社活期储蓄存折内页（5）

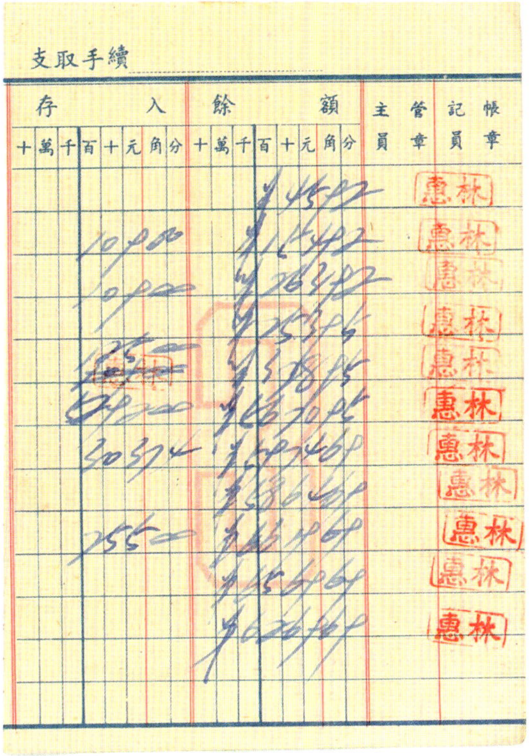

0177–9 一九五六年十一月九日六堡区塘平乡信用社活期储蓄存折内页（6）

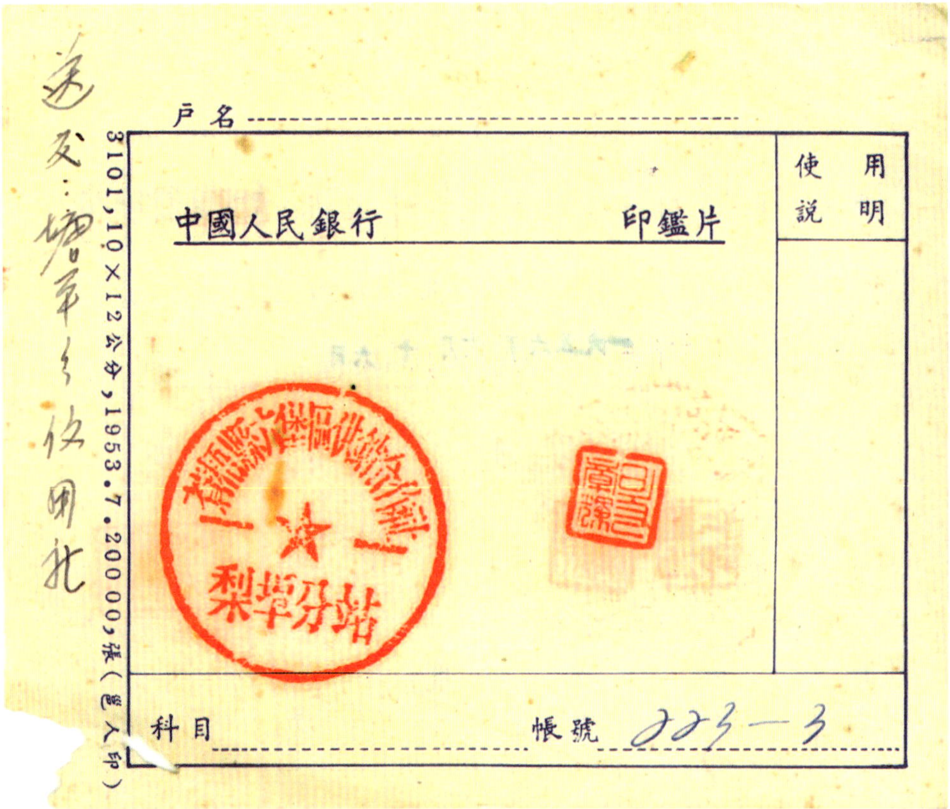

送交：增平乡收用北

3101,10×12公分,1953.7.200 000,張（照人印）

戶名

中國人民銀行 印鑑片

	使用說明

六堡區供銷合作社 梨埠分站

科目 帳號 223—3

0178-1 一九五六年十一月十六日六堡区供销社梨埠分站存中国人民银行印鉴片（正面）

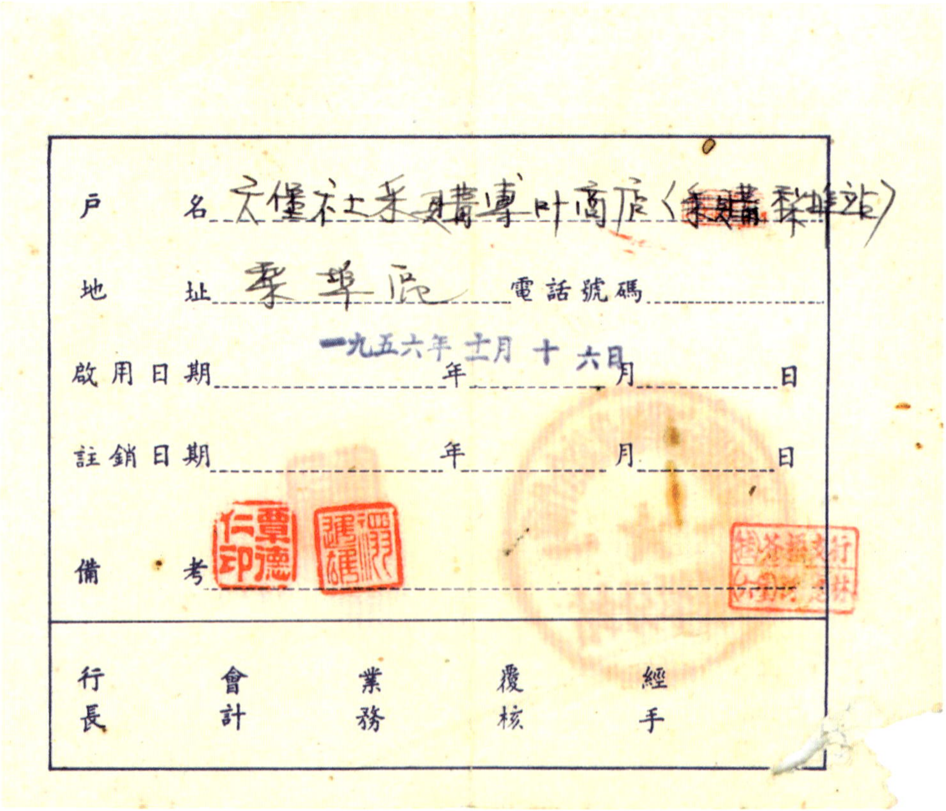

戶名 六堡社采購專叶商店（采購梨埠站）

地址 梨埠區 電話號碼

啟用日期 一九五六年十一月十六日

註銷日期 年 月 日

備考 覃德仁印

行長	會計	業務	覆核	經手

0178-2 一九五六年十一月十六日六堡区供销社梨埠分站存中国人民银行印鉴片（背面）

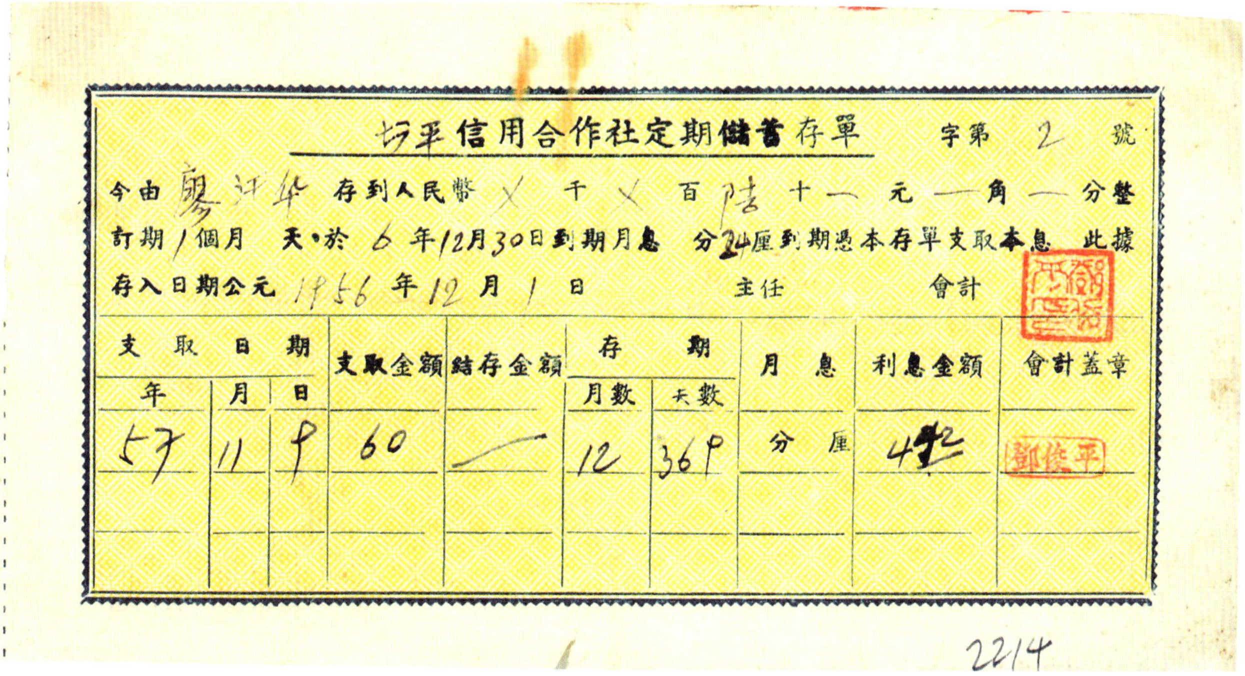

圬平信用合作社定期储蓄存單 字第 2 號

今由 廖汗华 存到人民幣 × 千 × 百 陸 十 一 元 一 角 一 分整

訂期 1 個月 天，於 6 年12月30日到期月息 分24厘到期憑本存單支取本息 此據

存入日期公元 1956 年 12 月 1 日 主任 會計

支取日期			支取金額	結存金額	存期		月息	利息金額	會計蓋章
年	月	日			月數	天數			
57	11	9	60	—	12	369	分 厘	4.42	鄧修平

2214

0179 一九五六年十二月一日廖汗华存入信用合作社定期储蓄存单60元

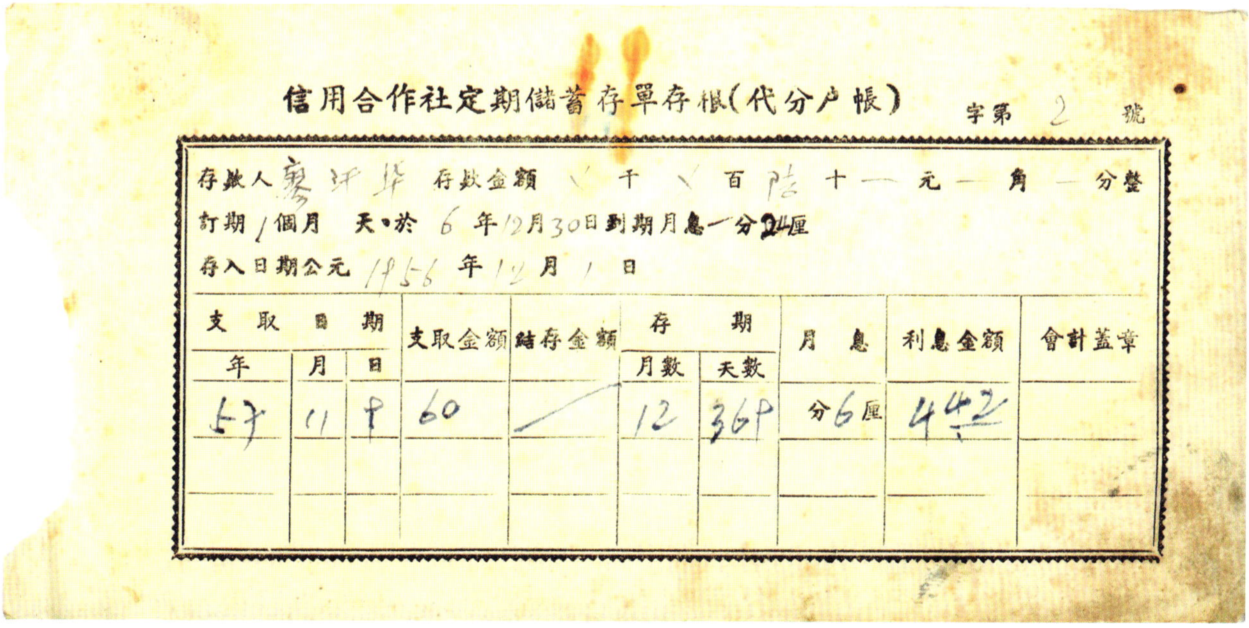

信用合作社定期儲蓄存單存根（代分户帳） 字第 2 號

存款人 廖汗华 存款金額 × 千 × 百 陸 十 一 元 一 角 一 分整

訂期 1 個月 天，於 6 年12月30日到期月息一分24厘

存入日期公元 1956 年 12 月 1 日

支取日期			支取金額	結存金額	存期		月息	利息金額	會計蓋章
年	月	日			月數	天數			
57	11	9	60	—	12	369	分6厘	4.42	

0180 一九五六年十二月一日廖汗华存入信用合作社定期储蓄存单存根

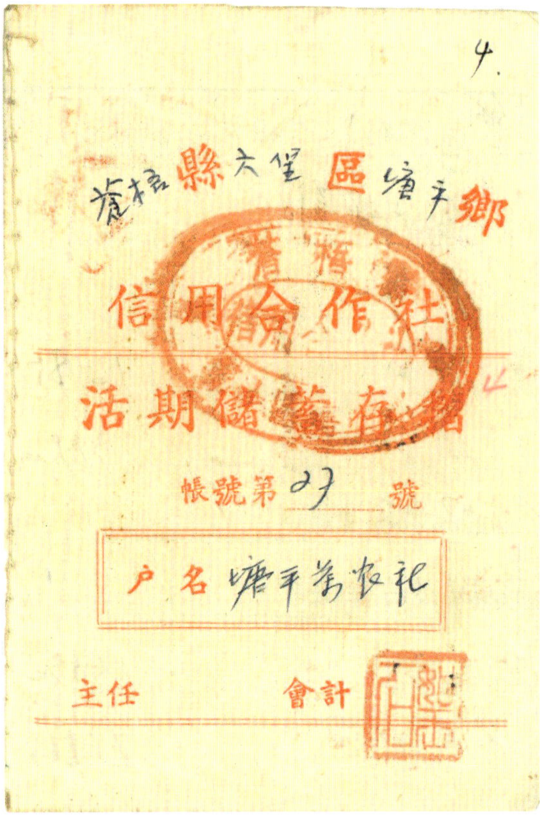

4.

蒼梧縣六堡區塘平鄉

信用合作社

活期儲蓄存摺

帳號第23號

户名 塘平第农社

主任　　會計

0181-1 一九五六年苍梧县六堡区塘平乡信用合作社活期储蓄存折封面

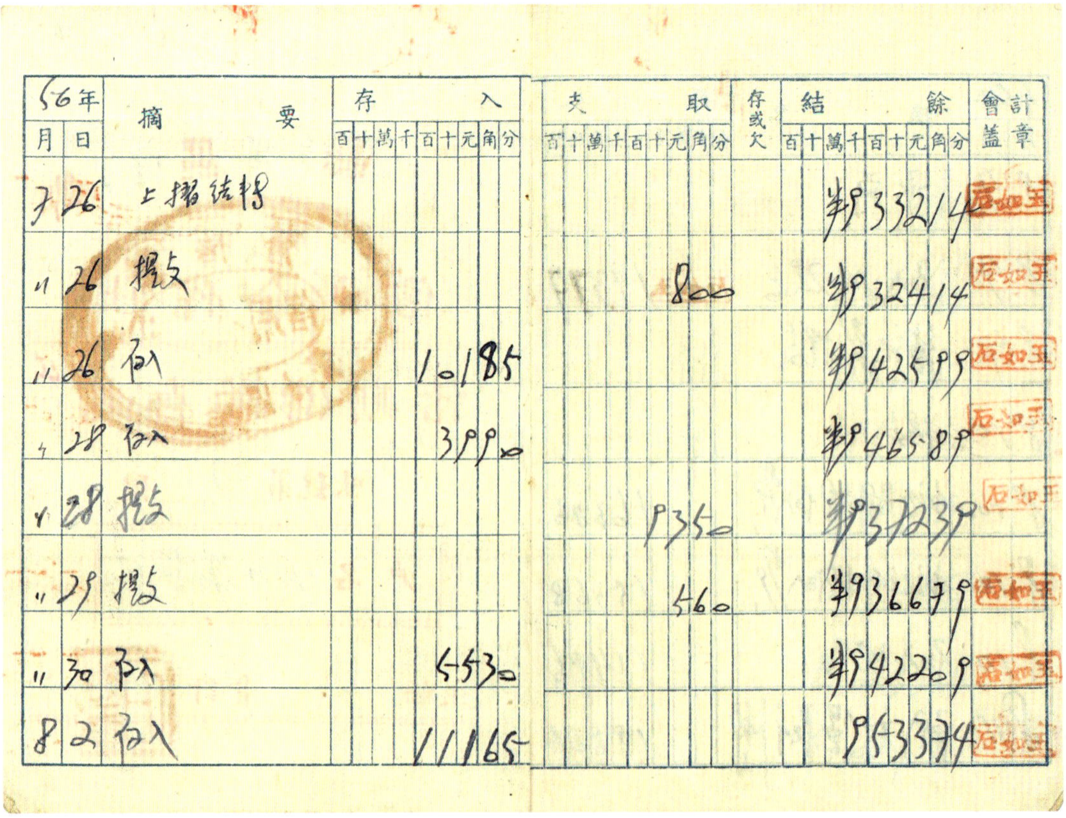

56年 月	日	摘要	存入	支取	存或欠	結餘	會計蓋章
7	26	上摺结转				¥33214	石如玉
〃	26	提支		800		¥32414	石如玉
〃	26	存入	10185			¥42599	石如玉
〃	28	存入	3990			¥46589	石如玉
〃	28	提支		9350		¥37239	石如玉
〃	29	提支		560		¥36679	石如玉
〃	30	存入	5530			¥42209	石如玉
8	2	存入	11165			953374	石如玉

0181-2 一九五六年苍梧县六堡区塘平乡信用合作社活期储蓄存折内页（1）

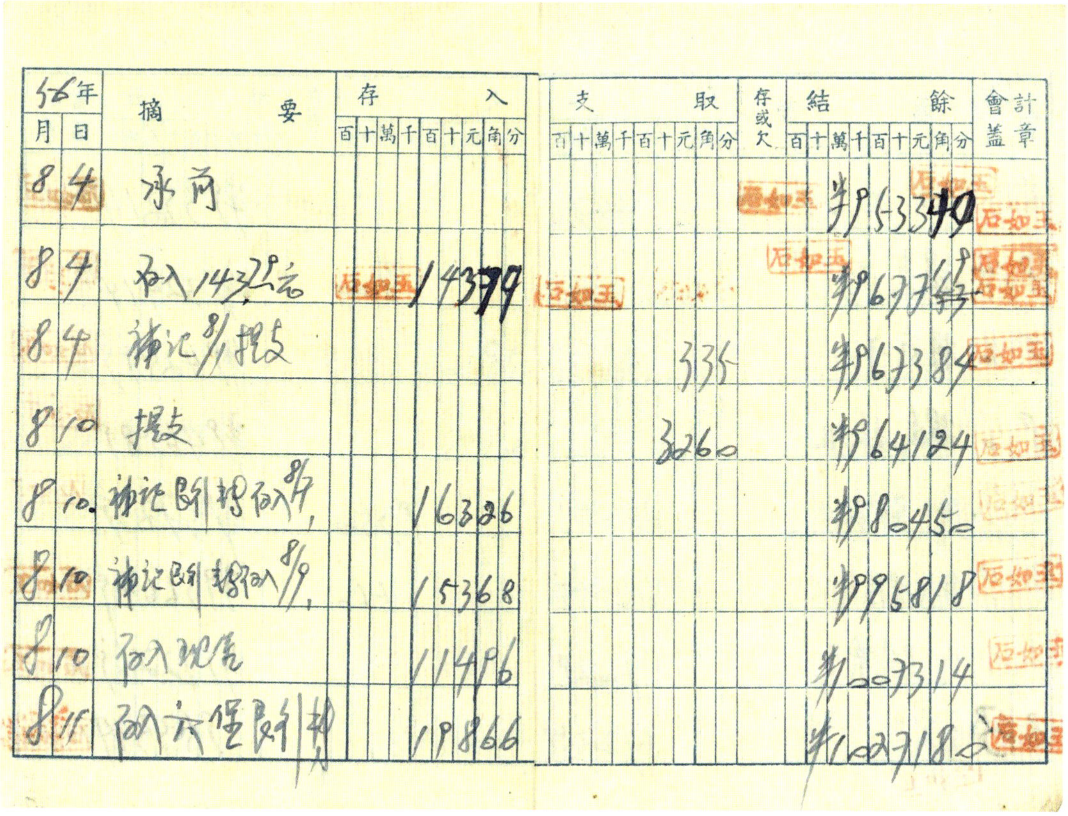

56年 月	日	摘要	存入	支取	存或欠	結餘	會計蓋章
8	4	承前				¥9533.40	石如玉
8	4	存入143.79元	143.79			¥9677.19	石如玉
8	4	補記8/1提支		3.35		¥9673.84	石如玉
8	10	提支		32.60		¥9641.24	石如玉
8	10	補記劍村存入8/9	163.26			¥9804.50	石如玉
8	10	補記劍村存入8/9	153.68			¥9958.18	石如玉
8	10	存入現金	114.96			¥10073.14	石如玉
8	11	閱六堡劍村	198.66			¥10271.80	石如玉

0181-3 一九五六年苍梧县六堡区塘平乡信用合作社活期储蓄存折内页（2）

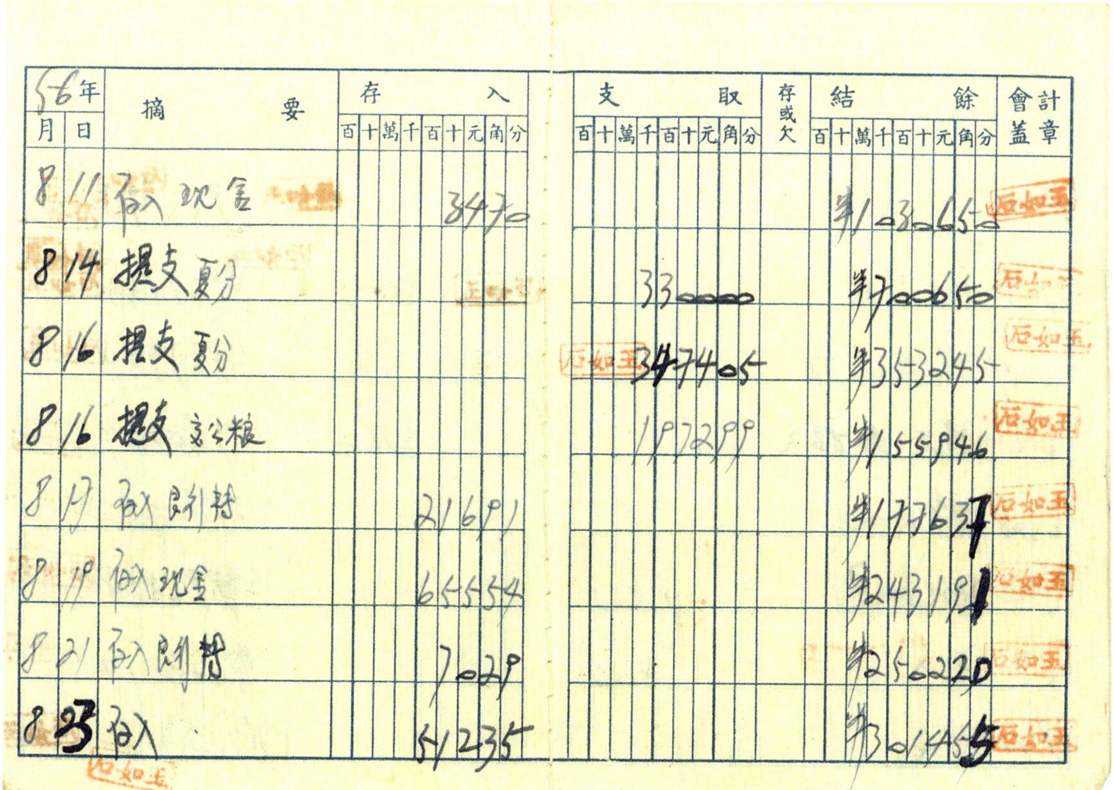

56年 月	日	摘要	存入	支取	存或欠	結餘	會計蓋章
8	11	存入現金	34.70			¥10306.50	石如玉
8	14	提支 夏分		3300.00		¥7006.50	石如玉
8	16	提支 夏分		3474.05		¥3532.45	石如玉
8	16	提支 公粮		1972.99		¥1559.46	石如玉
8	17	存入劍村	216.91			¥1776.37	石如玉
8	19	存入現金	655.54			¥2431.91	石如玉
8	21	存入劍村	70.29			¥2502.20	石如玉
8	23	存入	512.35			¥3014.55	石如玉

0181-4 一九五六年苍梧县六堡区塘平乡信用合作社活期储蓄存折内页（3）

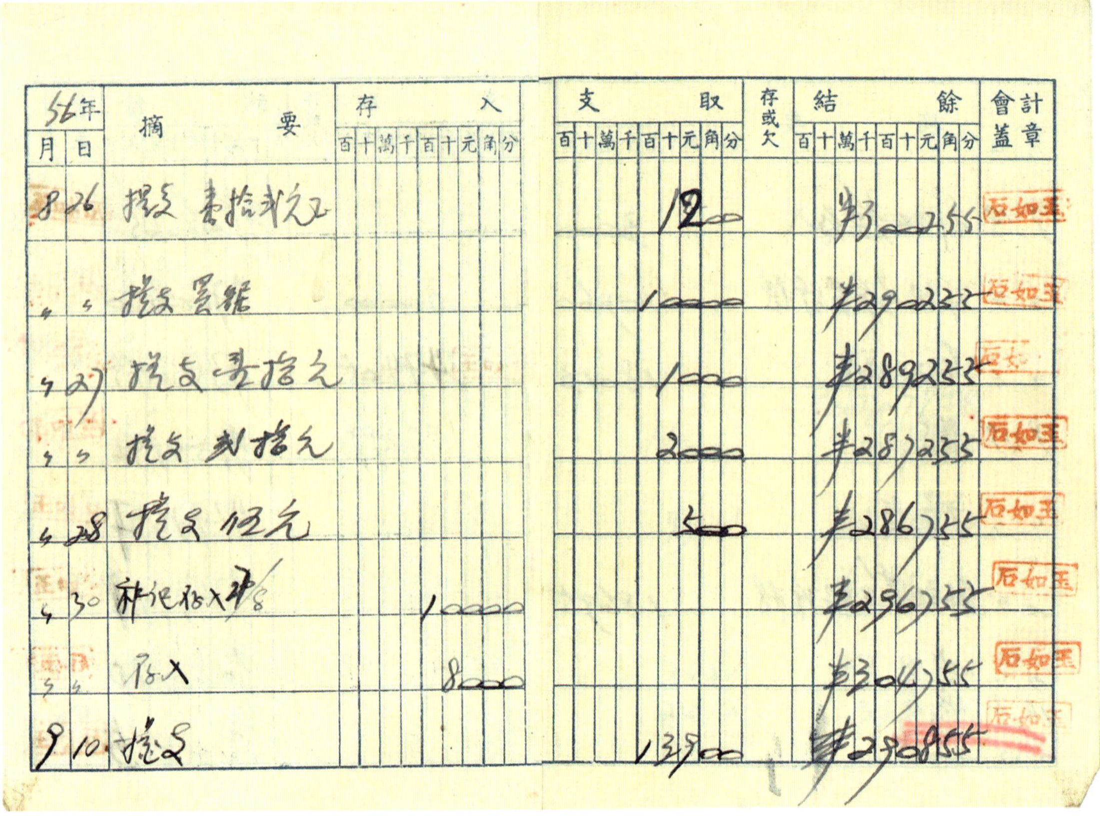

56年 月	日	摘要	存入	支取	存或欠	結餘	會計蓋章
8	26	提支 壹拾贰元正		1200		¥300255	石如玉
〃	〃	提支 壹佰元		10000		¥290255	石如玉
〃	27	提支 壹拾元		1000		¥289255	石如玉
〃	〃	提支 贰拾元		2000		¥287255	石如玉
〃	28	提支 伍元		500		¥286755	石如玉
〃	30	补记存入 8/8	10000			¥296755	石如玉
〃	〃	存入	8000			¥304755	石如玉
9	10	提支		13900		¥290855	石如玉

0181-5 一九五六年苍梧县六堡区塘平乡信用合作社活期储蓄存折内页（4）

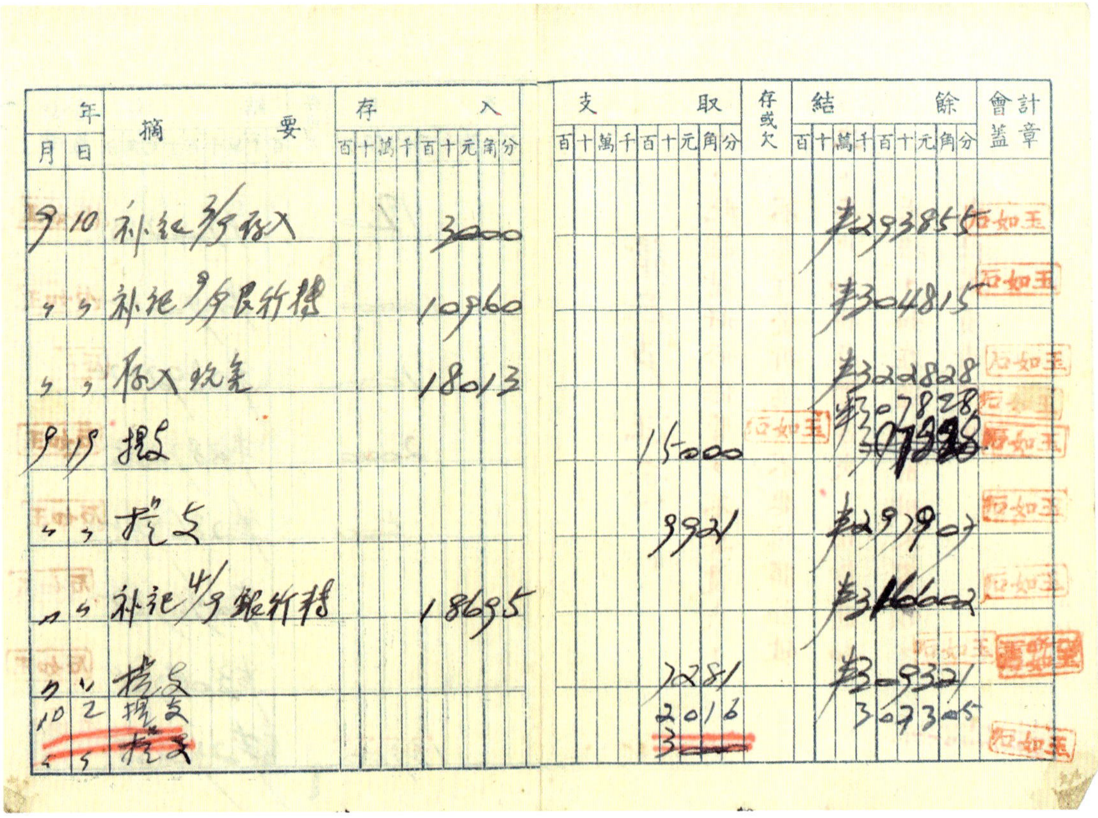

年 月	日	摘要	存入	支取	存或欠	結餘	會計蓋章
9	10	补记 8/9 存入	3000			¥293855	石如玉
〃	〃	补记 9/9 良行息	10960			¥304815	石如玉
〃	〃	存入 晚?	18013			¥322828	石如玉
9	19	提支		15000		¥307828	石如玉
〃	〃	提支		9921		¥297907	石如玉
〃	〃	补记 4/9 银行息	18695			¥316602	石如玉
〃	〃	提支		2281		¥314321	石如玉
10	2	提支		2016		312305	
~~〃~~	~~〃~~	~~提支~~		~~300~~			石如玉

0181-6 一九五六年苍梧县六堡区塘平乡信用合作社活期储蓄存折内页（5）

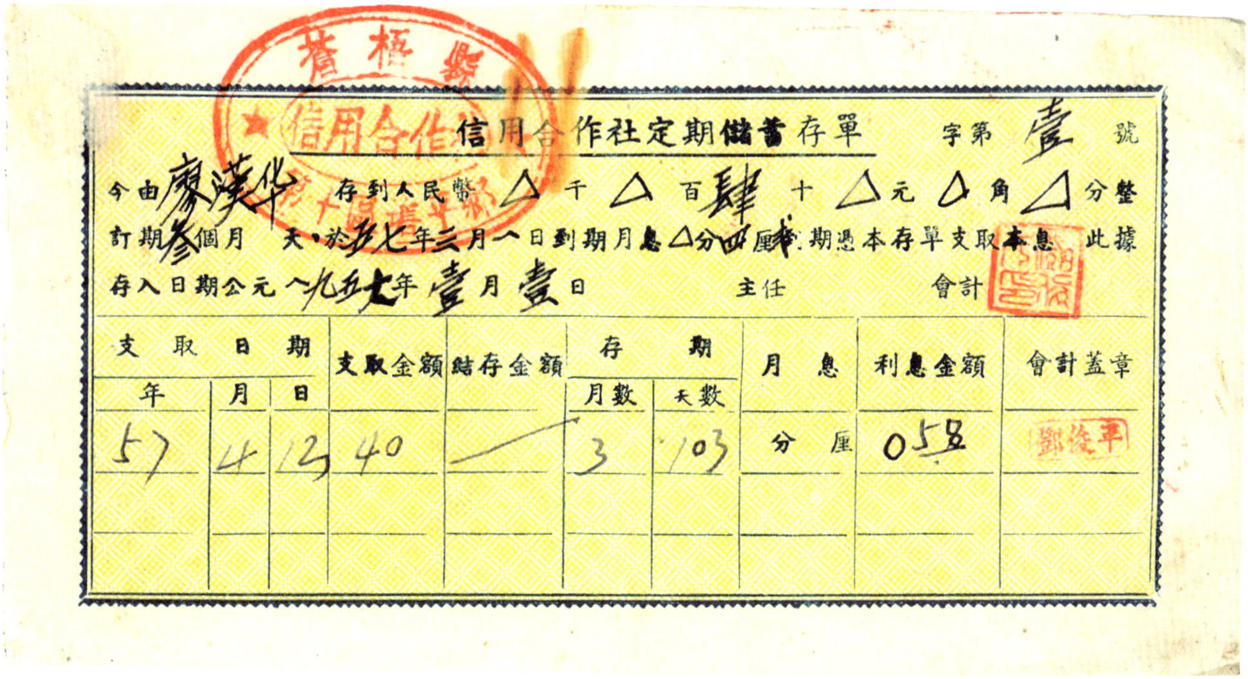

信用合作社定期儲蓄存單　字第 壹 號

今由 廖漢华 存到人民幣 △ 千 △ 百 肆 十 △ 元 △ 角 △ 分整

訂期 叁 個月 天，於 五七 年 三 月 一 日到期月息 △ 分 四 厘，本期憑本存單支取本息 此據

存入日期公元 一九五七 年 壹 月 壹 日　主任　會計

支取日期			支取金額	結存金額	存期		月息	利息金額	會計蓋章
年	月	日			月數	天數			
57	4	12	40	—	3	103	分 厘	058	

0182 一九五七年一月一日廖汉华存入信用合作社定期储蓄存单40元

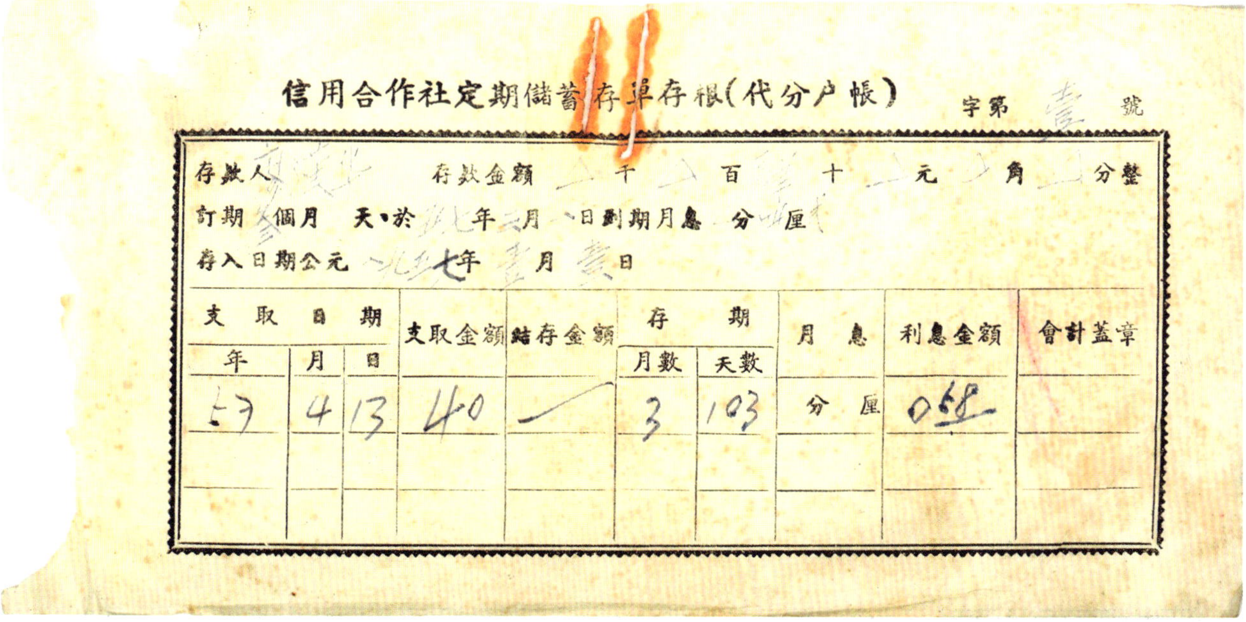

信用合作社定期儲蓄存單存根（代分户帳）　字第 壹 號

存款人 廖汉华　存款金額 △ 千 △ 百 肆 十 △ 元 △ 角 △ 分整

訂期 叁 個月 天，於 五七 年 三 月 一 日到期月息 分 四 厘

存入日期公元 一九五七 年 壹 月 壹 日

支取日期			支取金額	結存金額	存期		月息	利息金額	會計蓋章
年	月	日			月數	天數			
57	4	13	40	—	3	103	分 厘	058	

0183 一九五七年一月一日廖汉华存入信用合作社定期储蓄存单存根

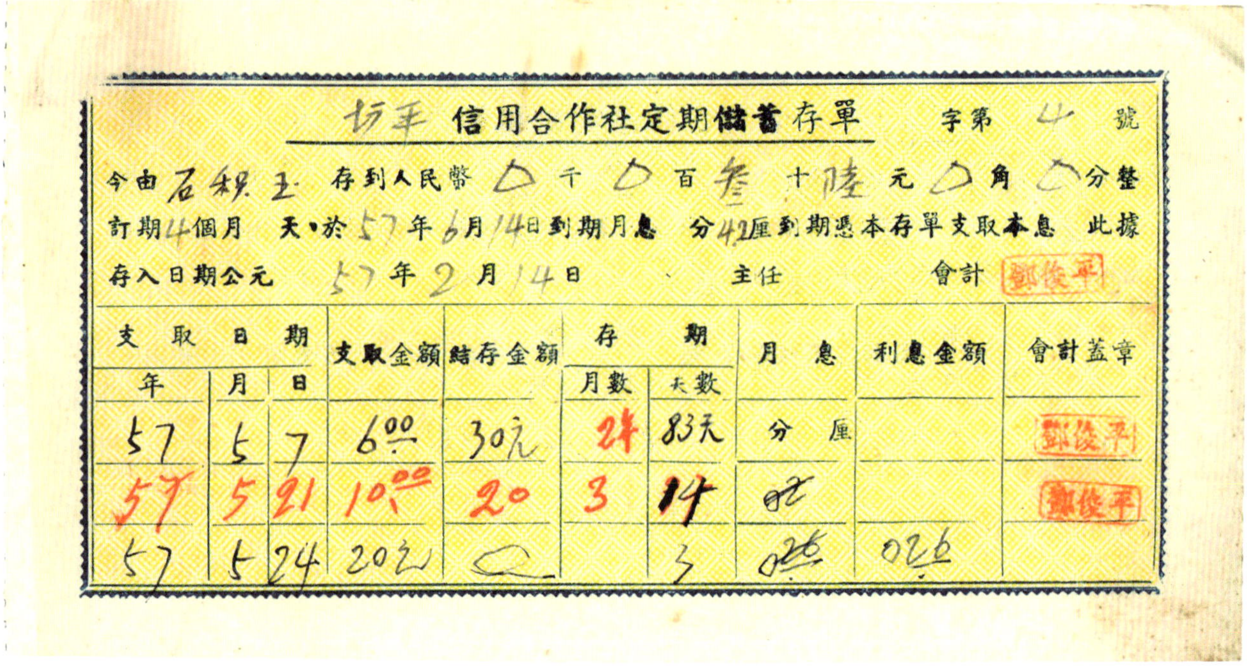

坊平 信用合作社定期儲蓄存單 字第 4 號

今由石积玉 存到人民幣 〇 千 〇 百 叁 十 陸 元 〇 角 〇 分整

計期4個月 天，於57年6月14日到期月息 分42厘到期憑本存單支取本息 此據

存入日期公元 57年2月14日 主任 會計 鄧俊平

支取日期			支取金額	結存金額	存期		月息	利息金額	會計蓋章
年	月	日			月數	天數			
57	5	7	6.00	30元	24	83天	分 厘		鄧俊平
57	5	21	10.00	20	3	14	02		鄧俊平
57	5	24	20元	〇		3	0.26	0.26	

0184 一九五七年二月十四日石积玉存入信用合作社定期储蓄存单36元

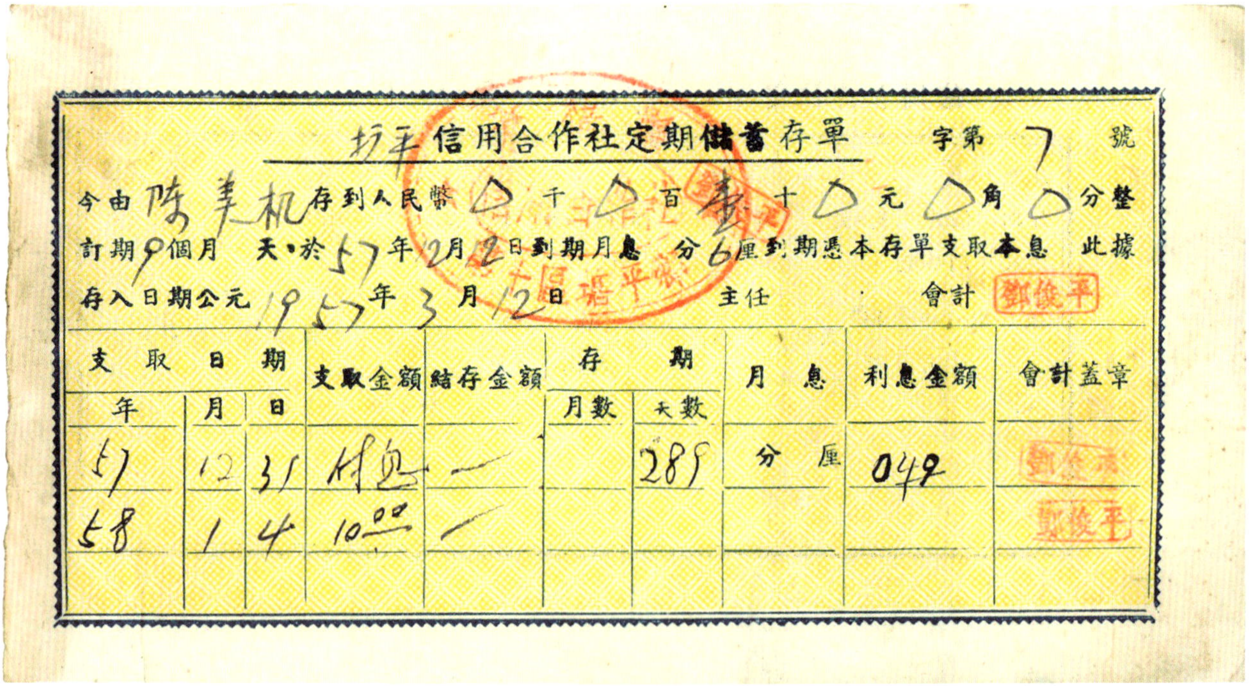

坊平信用合作社定期儲蓄存單 字第 7 號

今由陈美机存到人民幣 〇 千 〇 百 壹 十 〇 元 〇 角 〇 分整

計期9個月 天，於57年12月12日到期月息 分6厘到期憑本存單支取本息 此據

存入日期公元 1957年3月12日 主任 會計 鄧俊平

支取日期			支取金額	結存金額	存期		月息	利息金額	會計蓋章
年	月	日			月數	天數			
57	12	31	付息	—		285	分 厘	0.49	鄧俊平
58	1	4	10.00	—					鄧俊平

0185 一九五七年三月十二日陈美机存入信用合作社定期储蓄存单10元

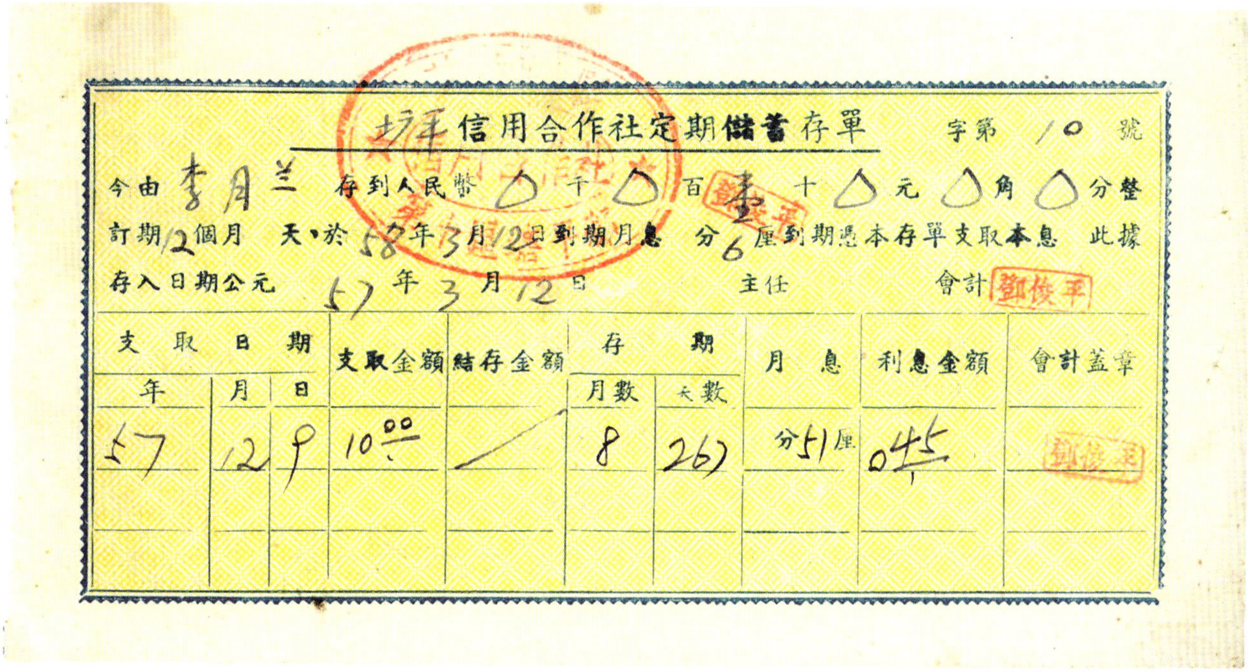

信用合作社定期儲蓄存單 字第 10 號

今由 李月兰 存到人民幣 〇 千 〇 百 壹 十 〇 元 〇 角 〇 分整

訂期 12 個月 天，於 58 年 3 月 12 日到期月息 分 6 厘到期憑本存單支取本息 此據

存入日期公元 57 年 3 月 12 日 主任 會計 鄧俊平

支取日期			支取金額	結存金額	存期		月息	利息金額	會計蓋章
年	月	日			月數	天數			
57	12	9	10.00	—	8	261	分51厘	0.45	鄧俊平

0186 一九五七年三月十二日李月兰存入信用合作社定期储蓄存单10元

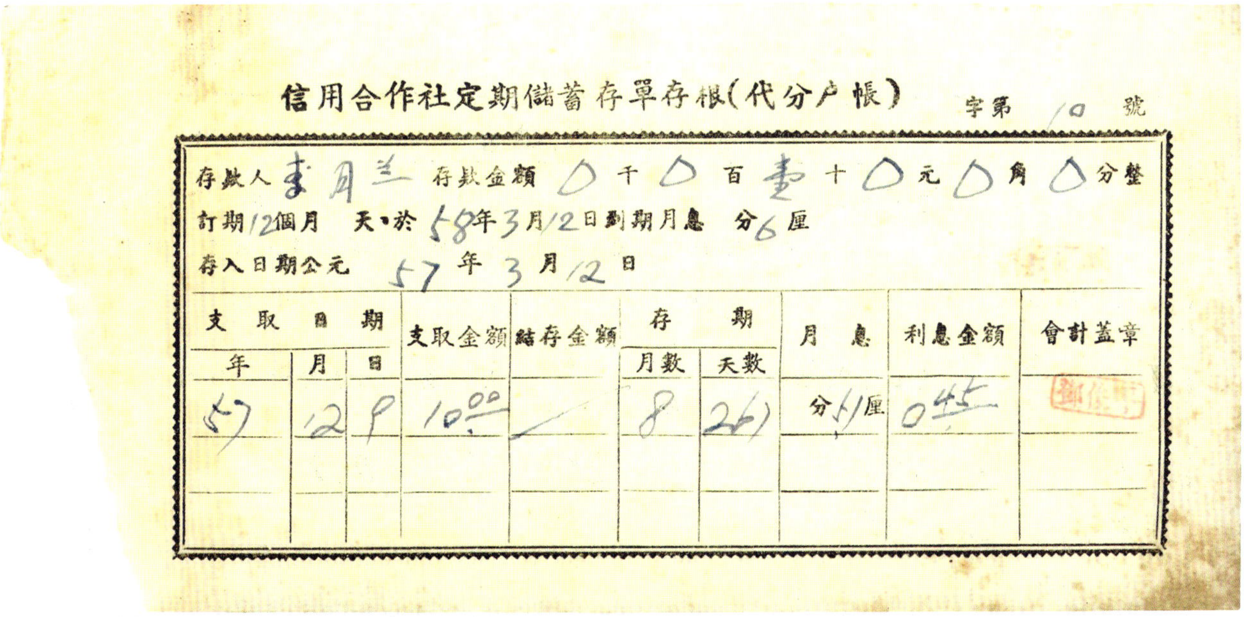

信用合作社定期儲蓄存單存根（代分户帳） 字第 10 號

存款人 李月兰 存款金額 〇 千 〇 百 壹 十 〇 元 〇 角 〇 分整

訂期 12 個月 天，於 58 年 3 月 12 日到期月息 分 6 厘

存入日期公元 57 年 3 月 12 日

支取日期			支取金額	結存金額	存期		月息	利息金額	會計蓋章
年	月	日			月數	天數			
57	12	9	10.00	—	8	261	分51厘	0.45	鄧俊平

0187 一九五七年三月十二日李月兰存入信用合作社定期储蓄存单存根

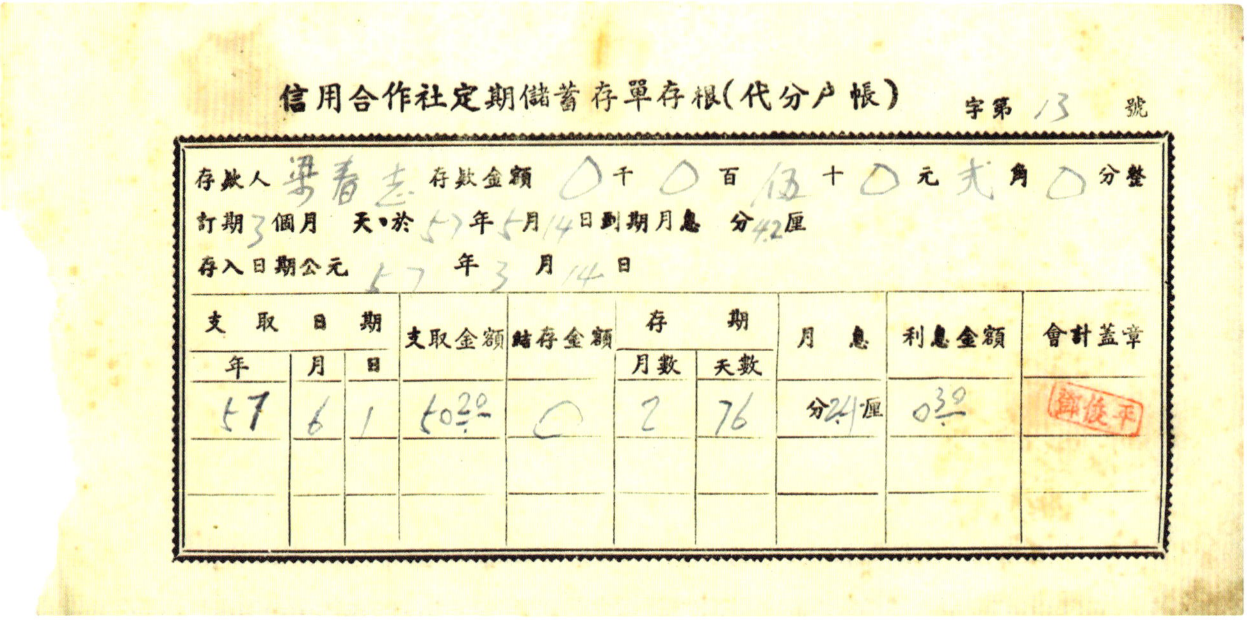

信用合作社定期儲蓄存單存根(代分户帳) 字第13號

存款人梁春志 存款金額〇千〇百伍十〇元弍角〇分整

訂期3個月 天•於57年5月14日到期月息 分4.2厘

存入日期公元57年3月14日

支取日期			支取金額	結存金額	存期		月息	利息金額	會計蓋章
年	月	日			月數	天數			
57	6	1	50.20	〇	2	76	分2.1厘	0.30	鄧俊平

0188 一九五七年三月十四日梁春志存入信用合作社定期储蓄存单存根

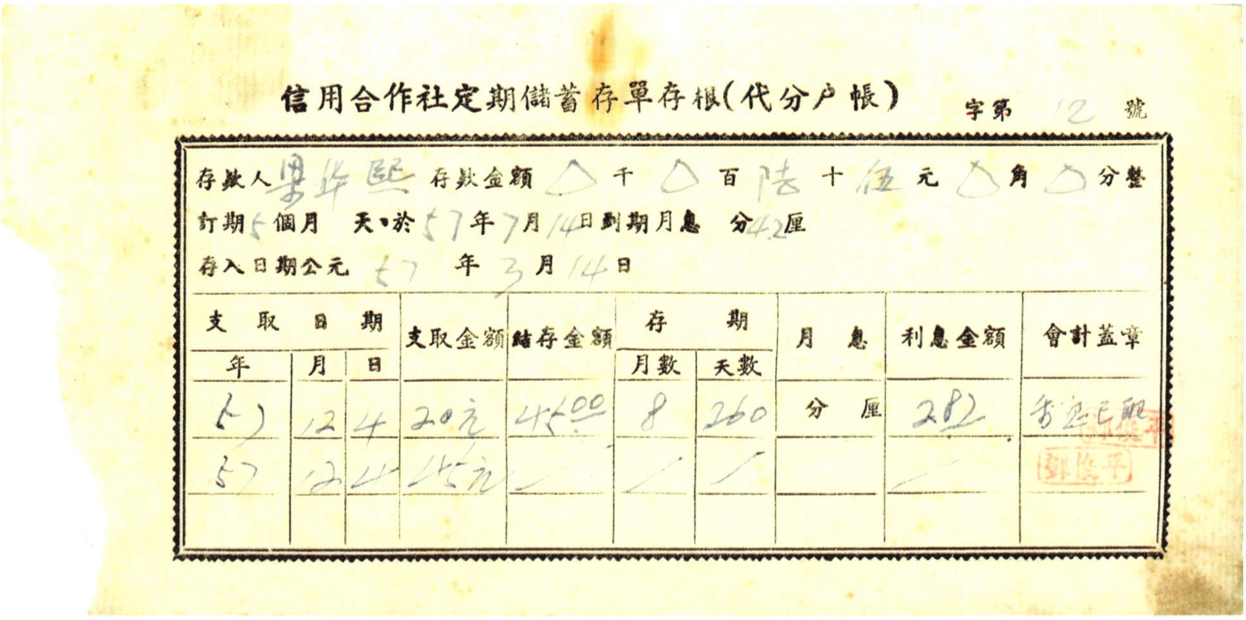

信用合作社定期儲蓄存單存根(代分户帳) 字第12號

存款人梁华熙 存款金額〇千〇百陸十伍元〇角〇分整

訂期6個月 天•於57年7月14日到期月息 分4.2厘

存入日期公元57年3月14日

支取日期			支取金額	結存金額	存期		月息	利息金額	會計蓋章
年	月	日			月數	天數			
57	12	4	20元	45.00	8	260	分 厘	2.82	梁華熙 鄧俊平
57	12	4	45元	/	/	/		/	鄧俊平

0189 一九五七年三月十四日梁华熙存入信用合作社定期储蓄存单存根

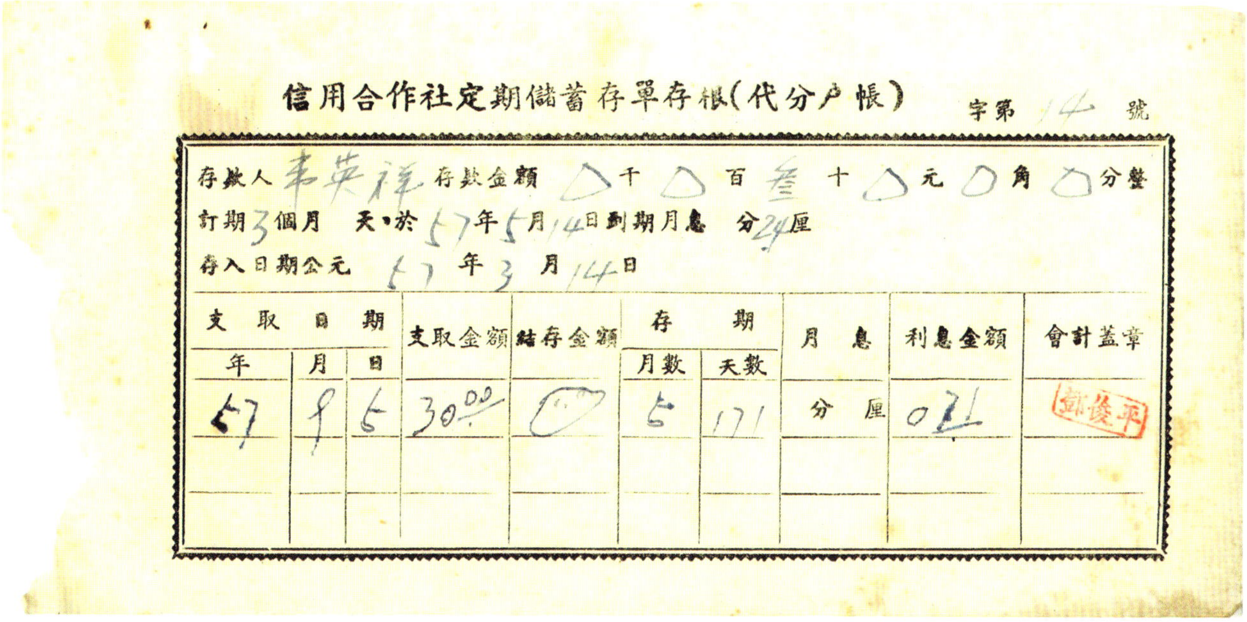

信用合作社定期儲蓄存單存根(代分户帳)　字第 14 號

存款人 韦英祥 存款金額 ○千 ○百 叁十 ○元 ○角 ○分整

訂期3個月 天，於57年5月14日到期月息 分24厘

存入日期公元 57 年 3 月 14 日

支取日期			支取金額	結存金額	存期		月息	利息金額	會計蓋章
年	月	日			月數	天數			
57	9	6	30.00	○	5	171	分 厘	0.71	鄧俊平

0190 一九五七年三月十四日韦英祥存入信用合作社定期储蓄存单存根

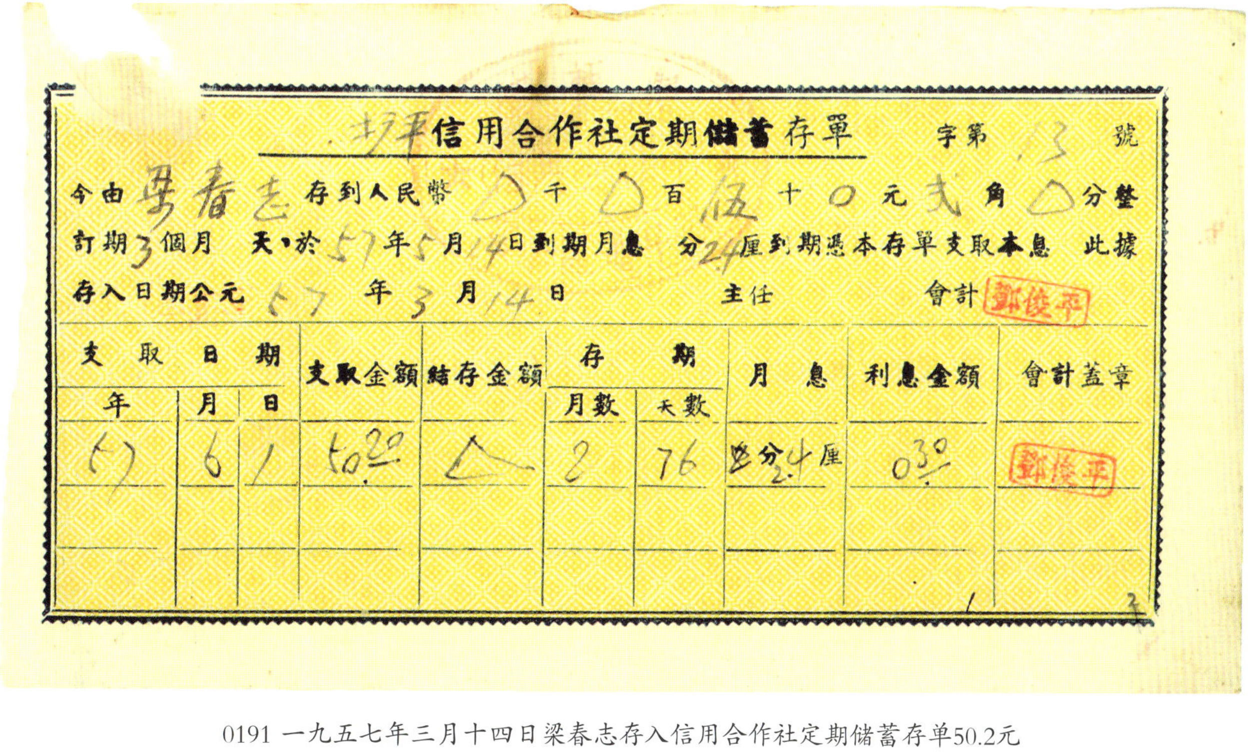

步平信用合作社定期儲蓄存單　字第 3 號

今由梁春志存到人民幣 ○千 ○百 伍十 ○元 贰角 ○分整

訂期3個月 天，於57年5月14日到期月息 分24厘到期憑本存單支取本息 此據

存入日期公元 57 年 3 月 14 日　主任　會計 鄧俊平

支取日期			支取金額	結存金額	存期		月息	利息金額	會計蓋章
年	月	日			月數	天數			
57	6	1	50.20	△	2	76	分2.4厘	0.30	鄧俊平

0191 一九五七年三月十四日梁春志存入信用合作社定期储蓄存单50.2元

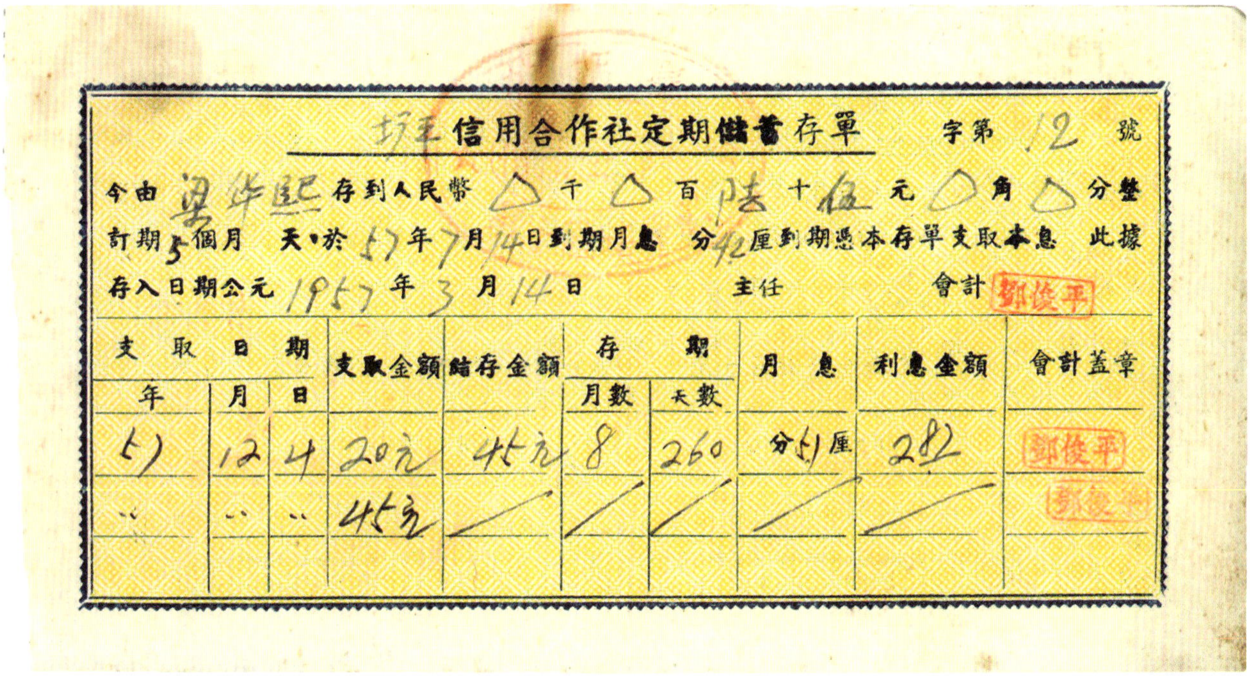

圩王信用合作社定期儲蓄存單 字第 12 號

令由梁华熙存到人民幣〇千〇百陆十伍元〇角〇分整

計期5個月 天，於57年7月14日到期月息 分42厘到期憑本存單支取本息 此據

存入日期公元1957年3月14日 主任 會計 鄧俊平

支取日期			支取金額	結存金額	存期		月息	利息金額	會計蓋章
年	月	日			月數	天數			
57	12	4	20元	45元	8	260	分51厘	282	鄧俊平
〃	〃	〃	45元						鄧俊平

0192 一九五七年三月十四日梁华熙存入信用合作社定期储蓄存单65元

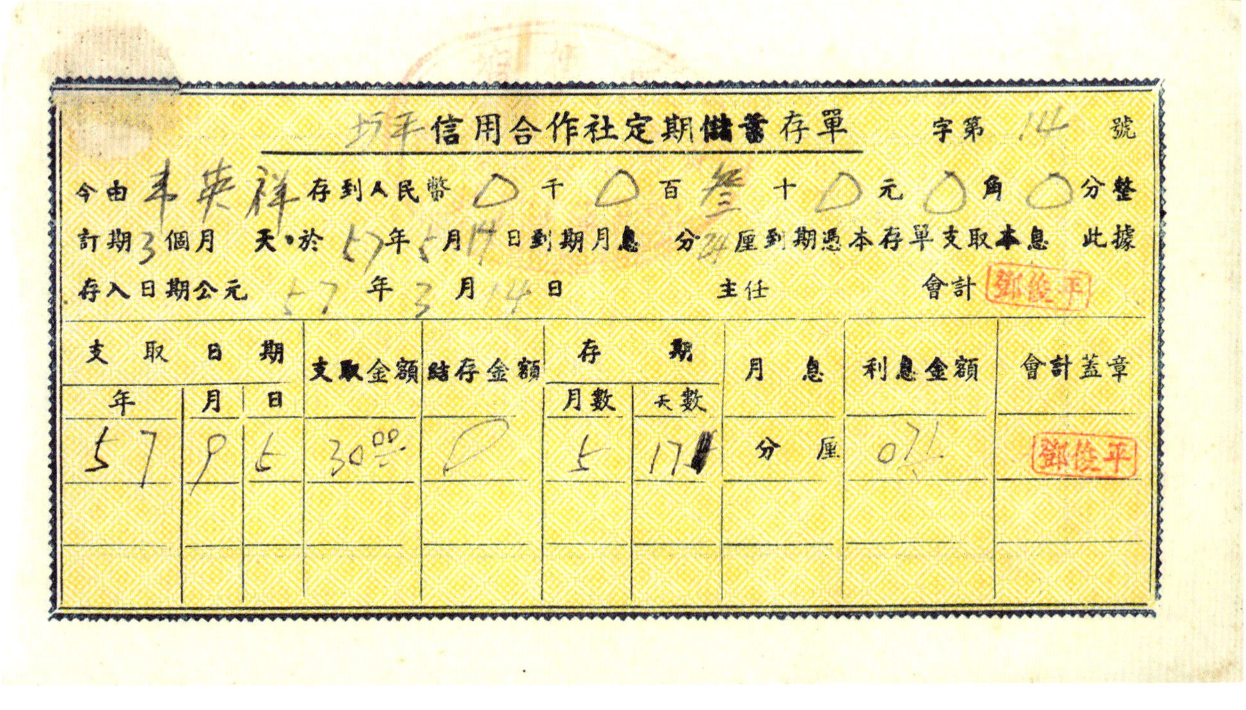

圩平信用合作社定期儲蓄存單 字第 14 號

令由韦英祥存到人民幣〇千〇百叁十〇元〇角〇分整

計期3個月 天，於57年6月14日到期月息 分24厘到期憑本存單支取本息 此據

存入日期公元57年3月14日 主任 會計 鄧俊平

支取日期			支取金額	結存金額	存期		月息	利息金額	會計蓋章
年	月	日			月數	天數			
57	9	6	30元	0	5	17	分 厘	[illegible]	鄧俊平

0193 一九五七年三月十四日韦英祥存入信用合作社定期储蓄存单30元

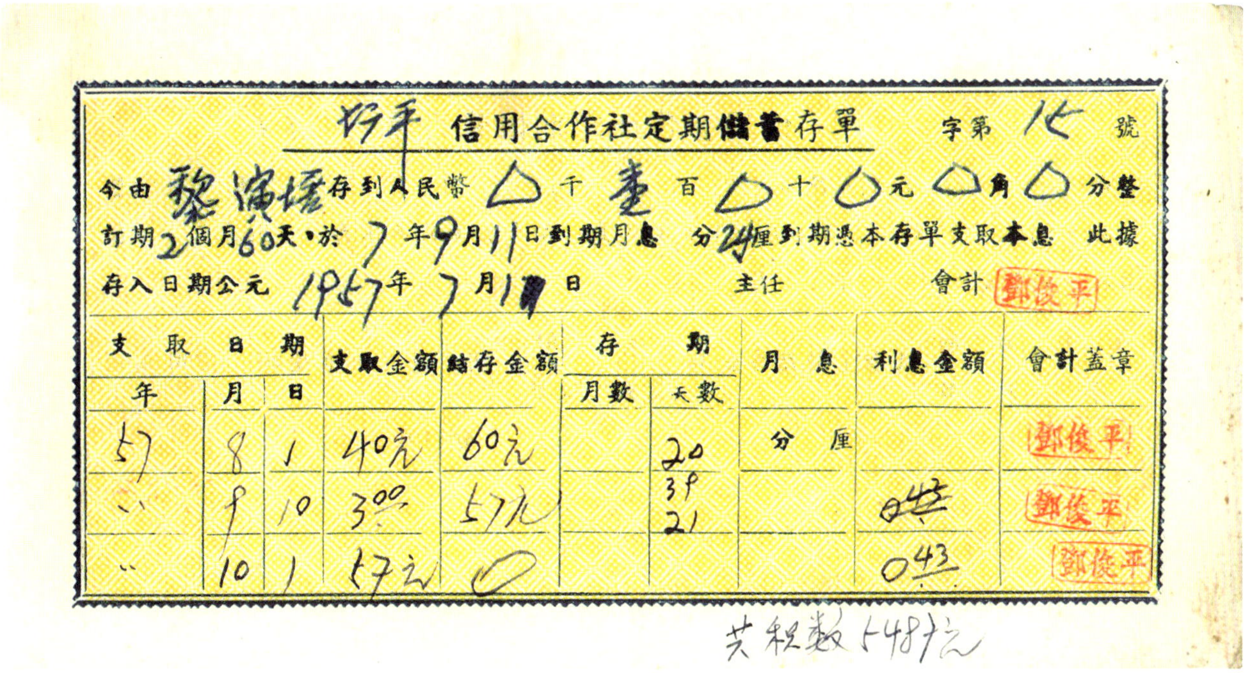
坪平 信用合作社定期儲蓄存單 字第 15 號

今由 黎演墙 存到人民幣 〇 千 壹 百 〇 十 〇 元 〇 角 〇 分整

訂期 2 個月 60 天，於 7 年 9 月 11 日到期月息 分 24 厘到期憑本存單支取本息 此據

存入日期公元 1957 年 7 月 11 日 主任 會計 鄧俊平

支取日期 年	月	日	支取金額	結存金額	存期 月數	天數	月息	利息金額	會計蓋章
57	8	1	40元	60元		20	分 厘		鄧俊平
〃	9	10	3元	57元		38 21		043	鄧俊平
〃	10	1	57元	0				043	鄧俊平

共积数 548元

0194 一九五七年七月十一日黎演培存入信用合作社定期储蓄存单100元

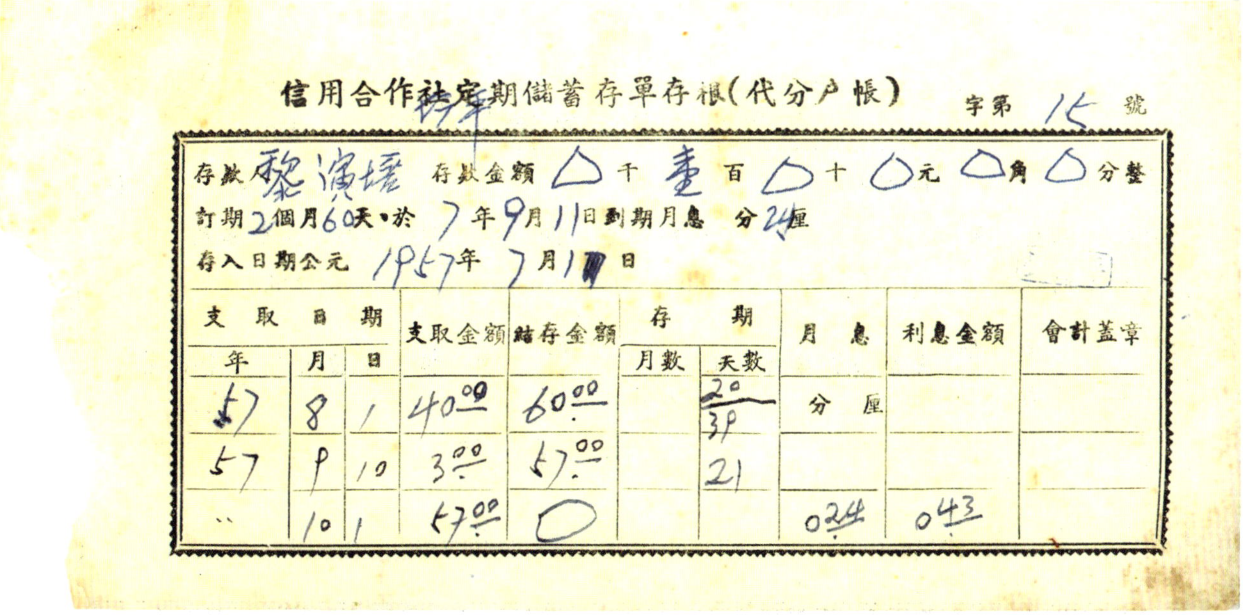
信用合作社定期儲蓄存單存根（代分户帳） 字第 15 號

存款人 黎演墙 存款金額 〇 千 壹 百 〇 十 〇 元 〇 角 〇 分整

訂期 2 個月 60 天，於 7 年 9 月 11 日到期月息 分 24 厘

存入日期公元 1957 年 7 月 11 日

支取日期 年	月	日	支取金額	結存金額	存期 月數	天數	月息	利息金額	會計蓋章
57	8	1	40.00	60.00		20 38	分 厘		
57	9	10	3.00	57.00		21			
〃	10	1	57.00	0			024	043	

0195 一九五七年七月十一日黎演培存入信用合作社定期储蓄存单存根

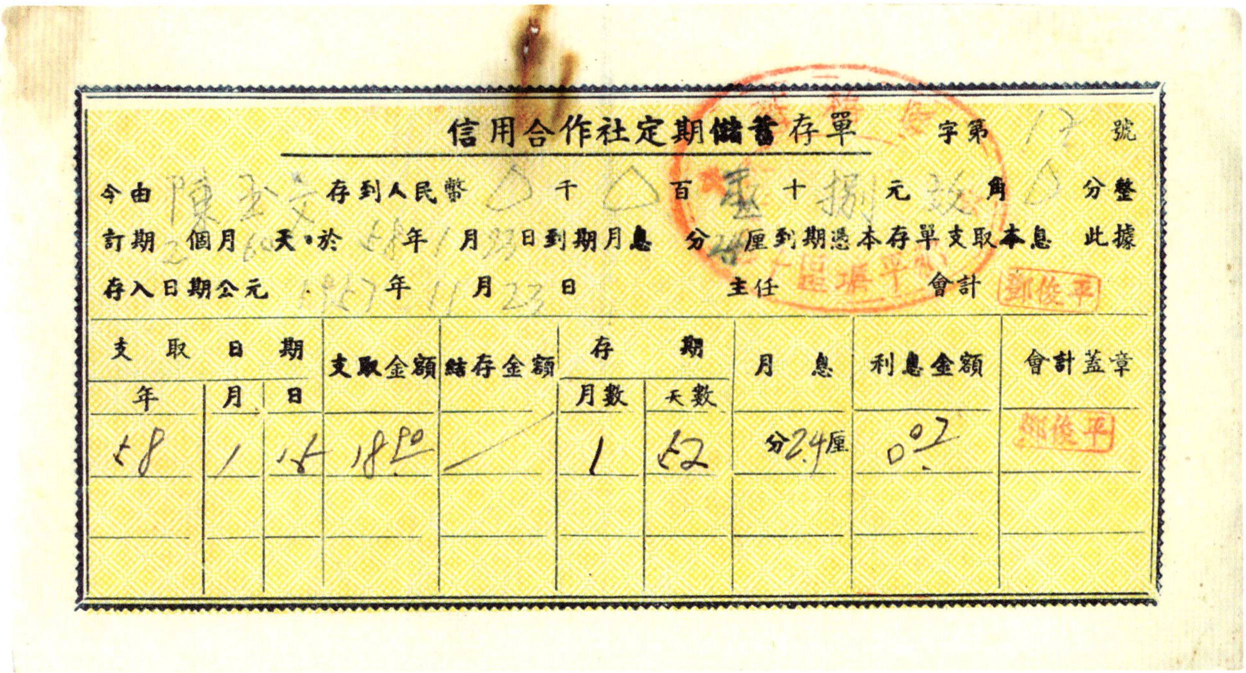

信用合作社定期儲蓄存單　字第 17 號

今由 陳玉文 存到人民幣 〇 千 〇 百 壹 十 捌 元 玖 角 〇 分整

訂期 2 個月 60 天，於 58 年 1 月 23 日到期月息 分 厘到期憑本存單支取本息 此據

存入日期公元 1957 年 11 月 23 日　主任　會計 鄧俊平

支取日期			支取金額	結存金額	存期		月息	利息金額	會計蓋章
年	月	日			月數	天數			
58	1	18	18.90		1	62	分2.4厘	0.27	鄧俊平

0196 一九五七年十一月二十三日陈玉文存入信用合作社定期储蓄存单18.9元

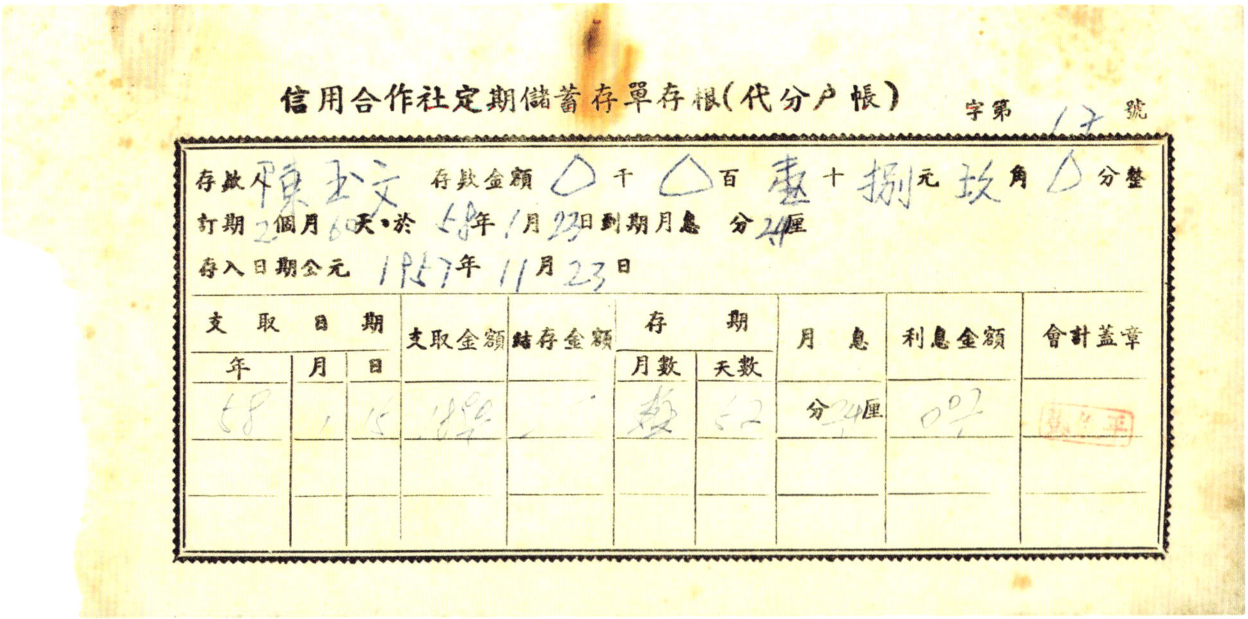

信用合作社定期儲蓄存單存根（代分户帳）　字第 17 號

存款人 陳玉文 存款金額 〇 千 〇 百 壹 十 捌 元 玖 角 〇 分整

訂期 2 個月 60 天，於 58 年 1 月 23 日到期月息 分 2.4 厘

存入日期公元 1957 年 11 月 23 日

支取日期			支取金額	結存金額	存期		月息	利息金額	會計蓋章
年	月	日			月數	天數			
58	1	18	18.90		壹	62	分2.4厘	0.27	鄧俊平

0197 一九五七年十一月二十三日陈玉文存入信用合作社定期储蓄存单存根

蒼梧縣　人民公社信用部

1　1

定額儲蓄存單

壹圓　壹圓

049233

1　1

儲蓄

信用部蓋章

存入日期　年　月　日

0198-1 一九五七年十一月二十四日苍梧县人民公社1元面值定额储蓄存单（正面）

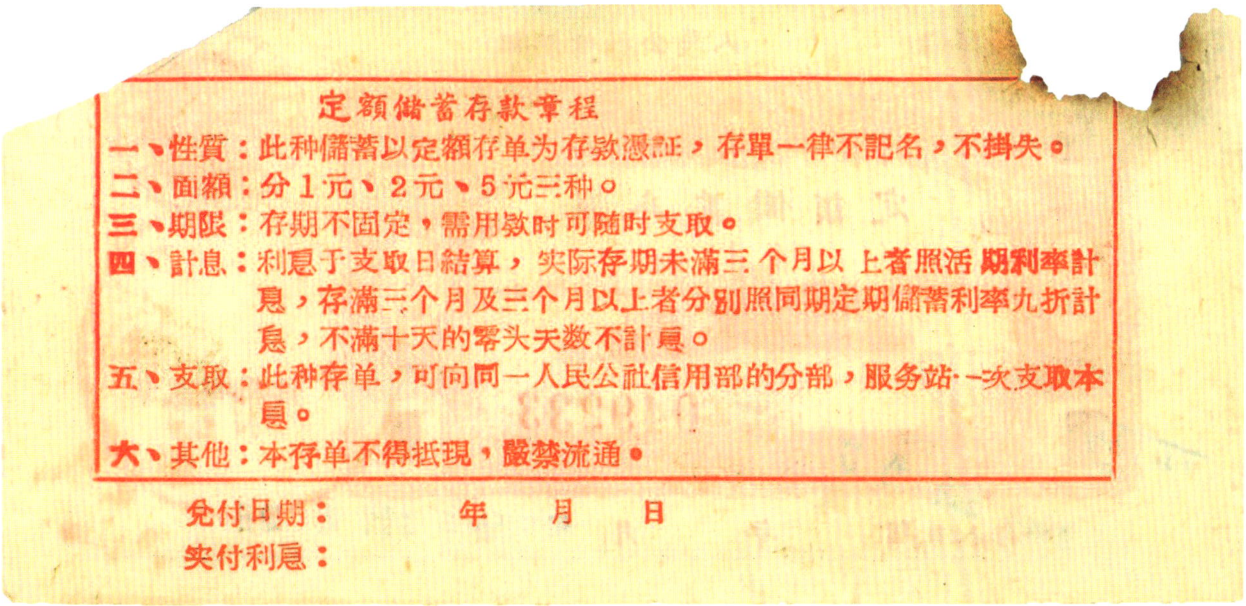

定額儲蓄存款章程

一、性質：此种儲蓄以定額存单为存款憑証，存單一律不記名，不掛失。

二、面額：分1元、2元、5元三种。

三、期限：存期不固定，需用款时可随时支取。

四、計息：利息于支取日結算，实际存期未滿三个月以上者照活期利率計息，存滿三个月及三个月以上者分别照同期定期儲蓄利率九折計息，不滿十天的零头天数不計息。

五、支取：此种存单，可向同一人民公社信用部的分部，服务站一次支取本息。

六、其他：本存单不得抵現，嚴禁流通。

兌付日期：　年　月　日

实付利息：

0198-2 一九五七年十一月二十四日苍梧县人民公社1元面值定额储蓄存单（背面）

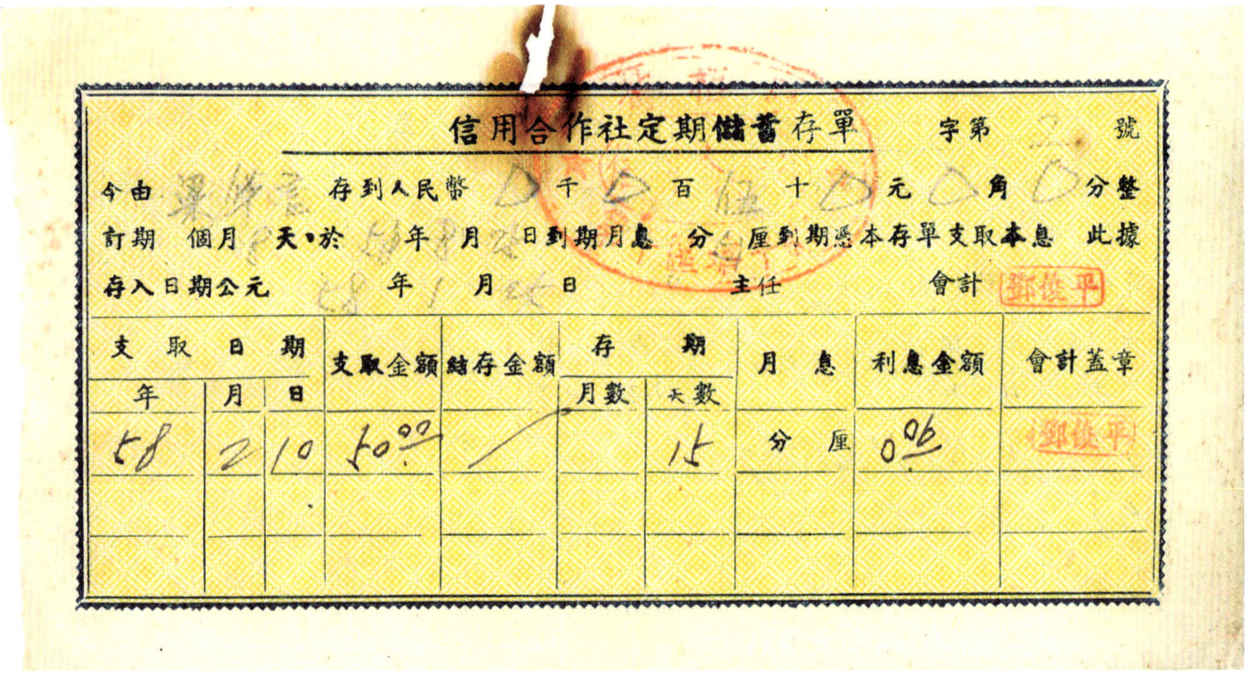

信用合作社定期儲蓄存單 字第 號

今由 梁华言 存到人民幣 0 千 0 百 伍 十 0 元 0 角 0 分整

訂期 個月 天，於 年 月 日到期月息 分 厘到期憑本存單支取本息 此據

存入日期公元 58 年 1 月 25 日 主任 會計 鄧俊平

支取日期			支取金額	結存金額	存期		月息	利息金額	會計蓋章
年	月	日			月數	天數			
58	2	10	50.00	—		15	分 厘	0.06	鄧俊平

0199 一九五八年一月二十五日梁华贤存入信用合作社定期储蓄存单50元

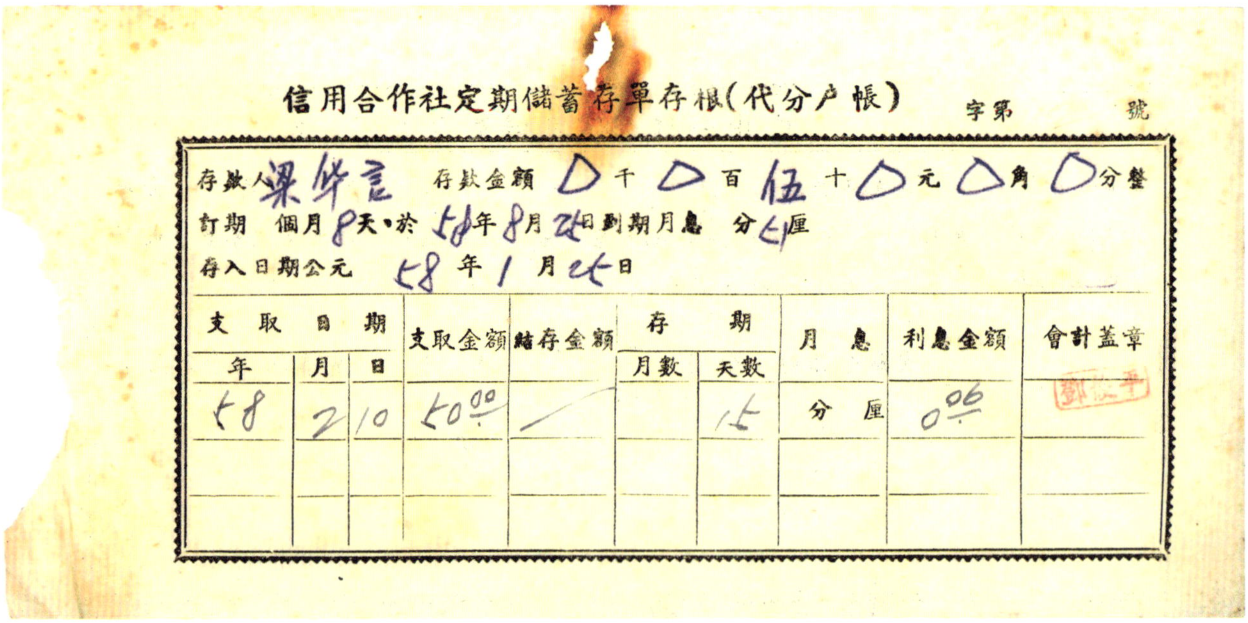

信用合作社定期儲蓄存單存根（代分户帳） 字第 號

存款人 梁华言 存款金額 0 千 0 百 伍 十 0 元 0 角 0 分整

訂期 個月 8 天，於 58 年 8 月 25 日到期月息 分 厘

存入日期公元 58 年 1 月 25 日

支取日期			支取金額	結存金額	存期		月息	利息金額	會計蓋章
年	月	日			月數	天數			
58	2	10	50.00	—		15	分 厘	0.06	鄧俊平

0200 一九五八年一月二十五日梁华贤存入信用合作社定期储蓄存单存根

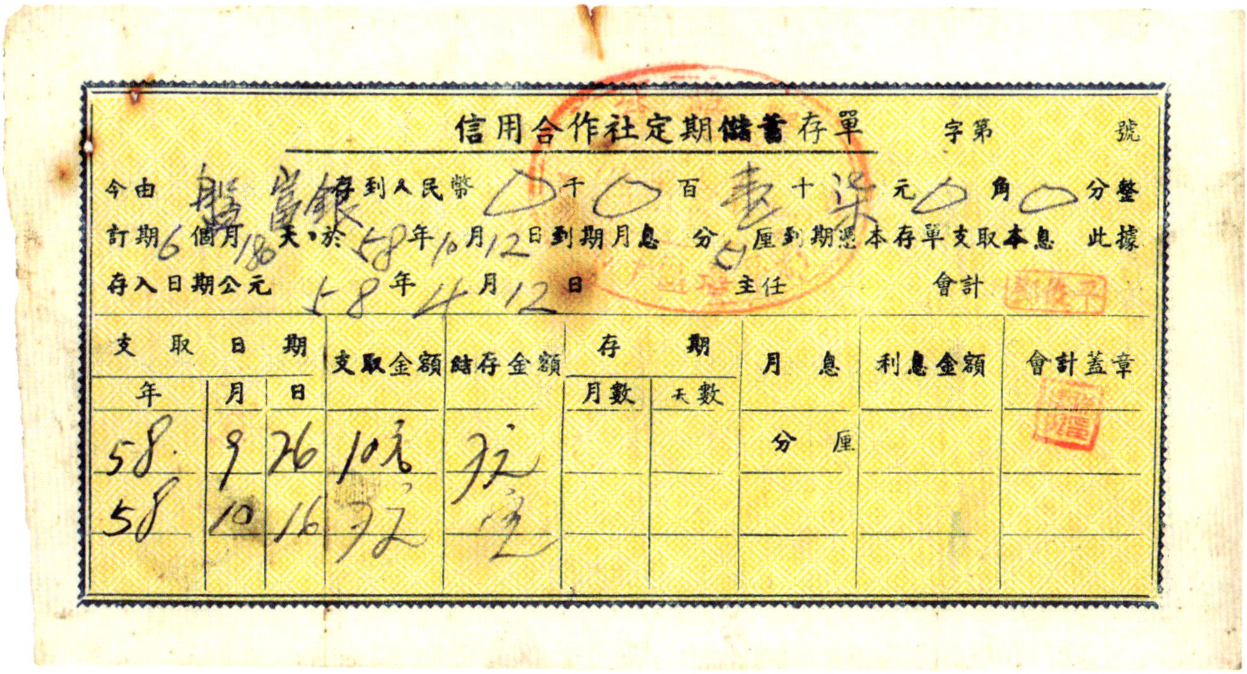

信用合作社定期儲蓄存單　字第　號

今由盤富銀存到人民幣〇千〇百壹十柒元〇角〇分整

訂期6個月180天於58年10月12日到期月息　分　厘到期憑本存單支取本息　此據

存入日期公元58年4月12日　主任　會計

支取日期			支取金額	結存金額	存期		月息	利息金額	會計蓋章
年	月	日			月數	天數			
58	9	26	10元	7元			分　厘		
58	10	16	7元	完					

0201 一九五八年四月十二日盘富银存入信用合作社定期储蓄存单17元

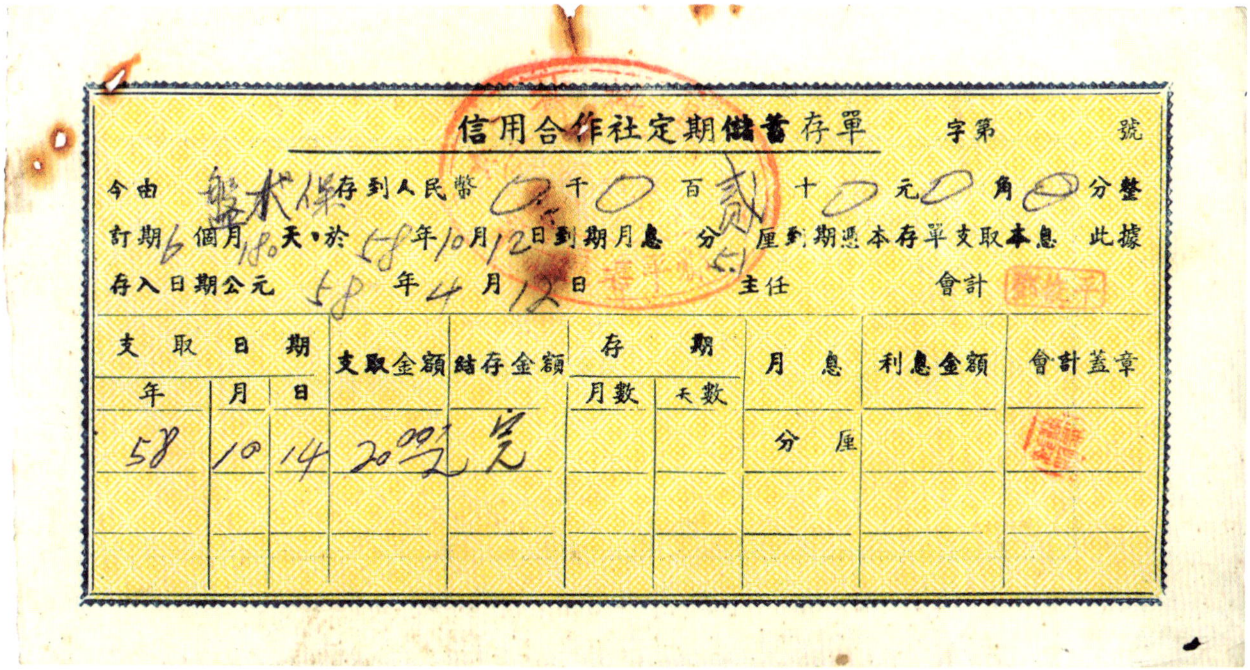

信用合作社定期儲蓄存單　字第　號

今由盤木保存到人民幣〇千〇百貳十〇元〇角〇分整

訂期6個月180天於58年10月12日到期月息　分　厘到期憑本存單支取本息　此據

存入日期公元58年4月12日　主任　會計

支取日期			支取金額	結存金額	存期		月息	利息金額	會計蓋章
年	月	日			月數	天數			
58	10	14	20元	完			分　厘		

0202 一九五八年四月十二日盘木保存入信用合作社定期储蓄存单20元

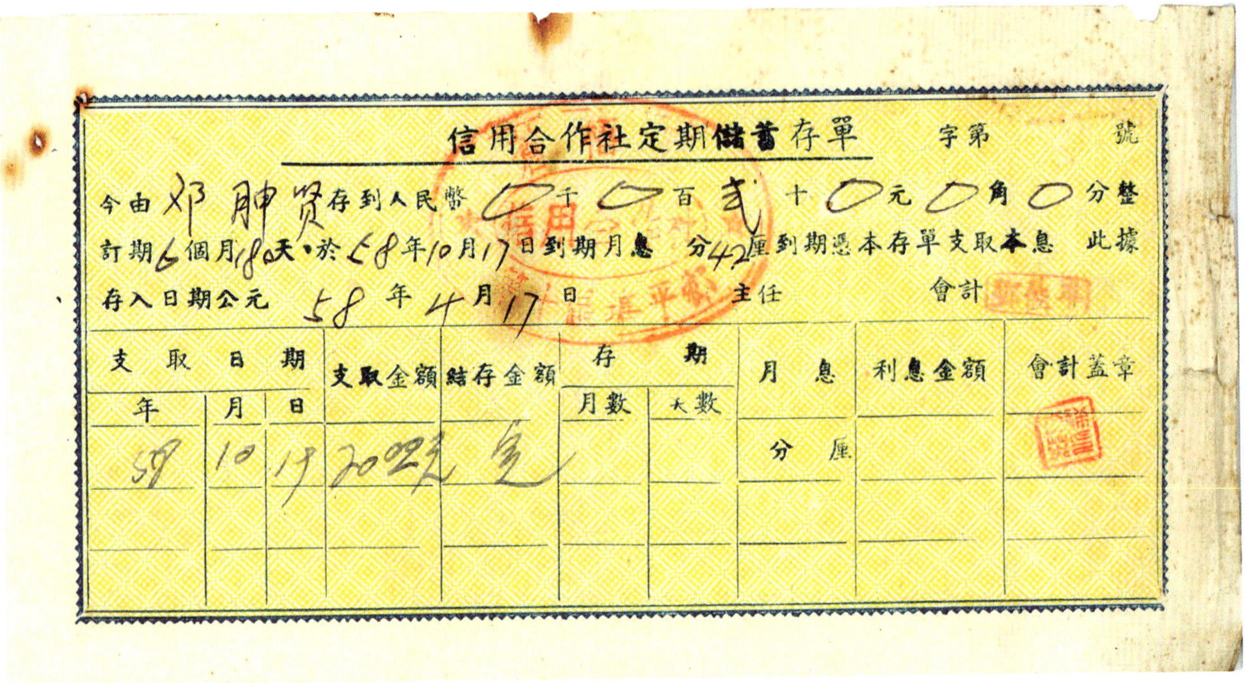

信用合作社定期儲蓄存單　字第　號

今由邓肿贤存到人民幣○千○百贰十○元○角○分整
訂期6個月180天，於58年10月17日到期月息　分42厘到期憑本存單支取本息　此據
存入日期公元58年4月17日　主任　會計

支取日期			支取金額	結存金額	存期		月息	利息金額	會計蓋章
年	月	日			月數	天數	分　厘		
58	10	19	20元	空					

0203 一九五八年四月十七日邓肿贤存入信用合作社定期储蓄存单20元

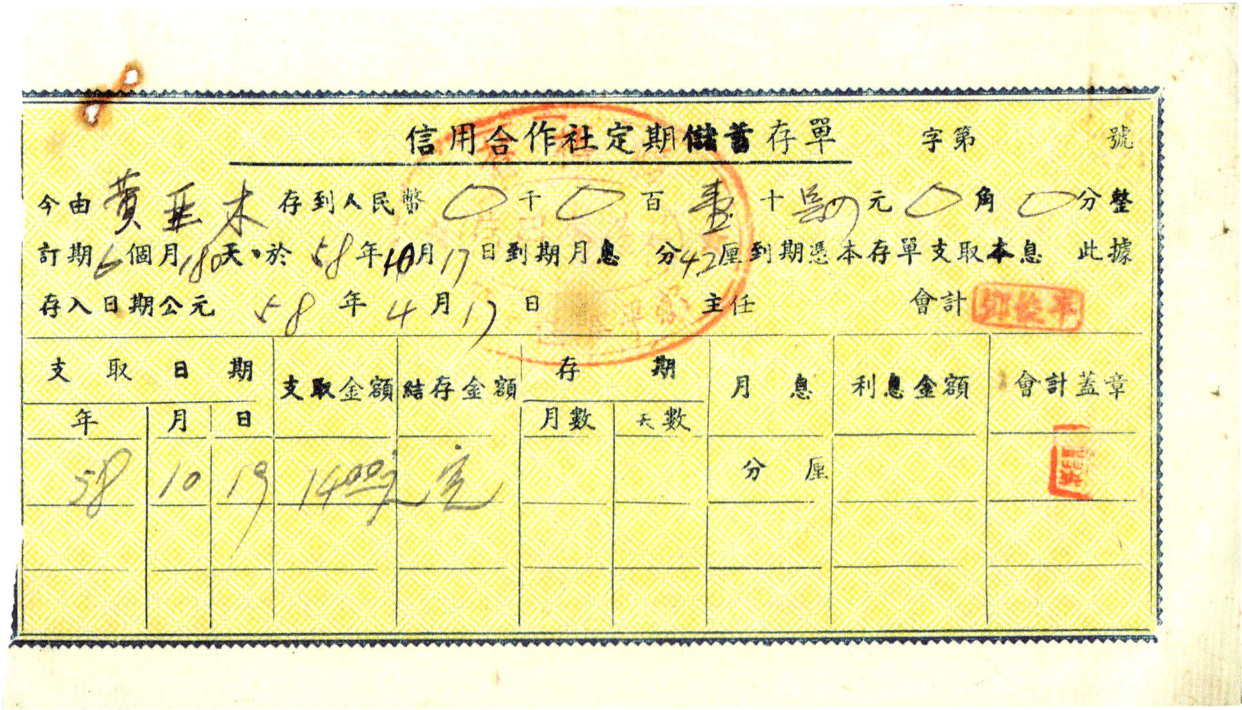

信用合作社定期儲蓄存單　字第　號

今由黄亚木存到人民幣○千○百壹十四元○角○分整
訂期6個月180天，於58年10月17日到期月息　分42厘到期憑本存單支取本息　此據
存入日期公元58年4月17日　主任　會計

支取日期			支取金額	結存金額	存期		月息	利息金額	會計蓋章
年	月	日			月數	天數	分　厘		
58	10	19	14元	空					

0204 一九五八年四月十七日黄亚木存入信用合作社定期储蓄存单14元

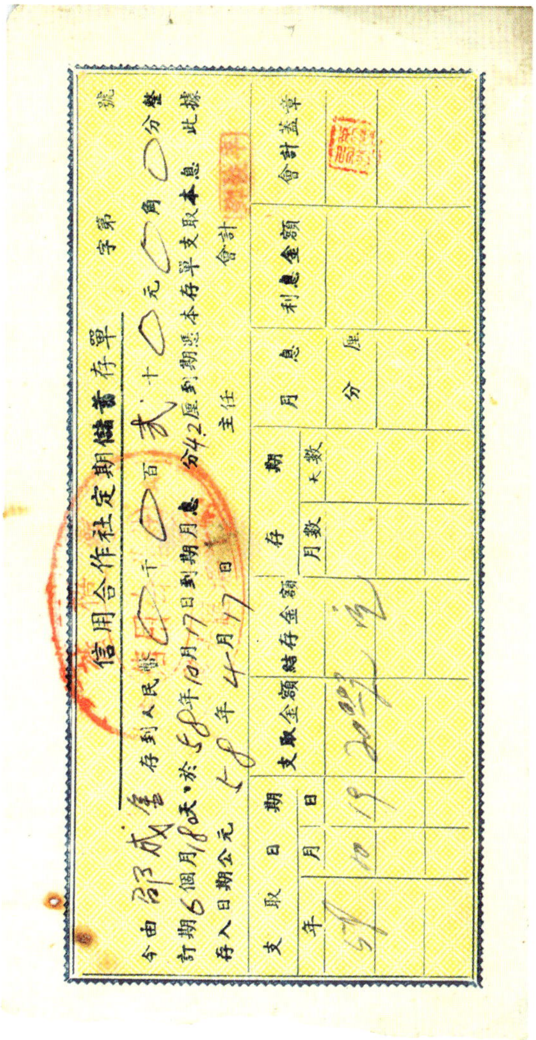

信用合作社定期儲蓄存單

今由　存到人民幣　千　百　十　元　角　分整

訂期　個月至　年　月　日到期月息　分　厘到期憑本存單支取本息　此據

存入日期公元　年　月　日

主任　會計

0205 一九五八年四月十七日邵成金存入信用合作社定期储蓄存单20元

儲蓄存單

今收到　存入人民幣

定期　月於　年　月　日到期利率月息　分

屆期滿憑此存單提取本息此據

蒼梧縣第　區　鄉(村)信用合作社

理事主任　會計

公元一九五　年　月　日

注意 1,期前如有急用可以提取照活期儲蓄付息
2,此單遺失應速來社掛失寬保補發新單但在掛失前已被冒領本社不負責

0206 一九五八年五月十三日黎宇兆储蓄存单

儲蓄存單

今收到陳顯光存入人民幣　角　元整

定期　月於　年　月　日到期利率月息　分

整期滿憑此存單提取本息此據

蒼梧縣第　區　鄉(村)信用合作社

理事主任　會計

公元一九五　年　月　日

字第　號

注意 1，期滿如有急用可以提取照活期儲蓄付息 2，此單遺失應速來社掛失覓保補發新單但在掛失前已被冒領本社不負責

0207 一九五八年五月十六日大尧乡陈显光储蓄存单

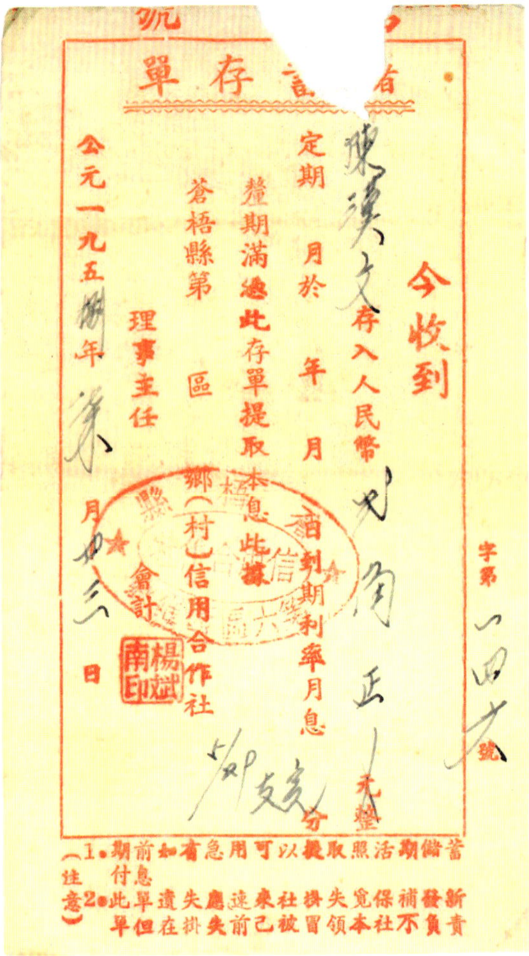

儲蓄存單

今收到陳漢文存入人民幣　角　元整

定期　月於　年　月　日到期利率月息　分

整期滿憑此存單提取本息此據

蒼梧縣第　區　鄉(村)信用合作社

理事主任　會計

公元一九五　年　月　日

字第　號

注意 1，期前如有急用可以提取照活期儲蓄付息 2，此單遺失應速來社掛失覓保補發新單但在掛失前已被冒領本社不負責

0208 一九五八年七月二十三日陈汉文储蓄存单

0209-1 一九五八年十二月二十三日苍梧县人民公社1元面值定额储蓄存单（正面）

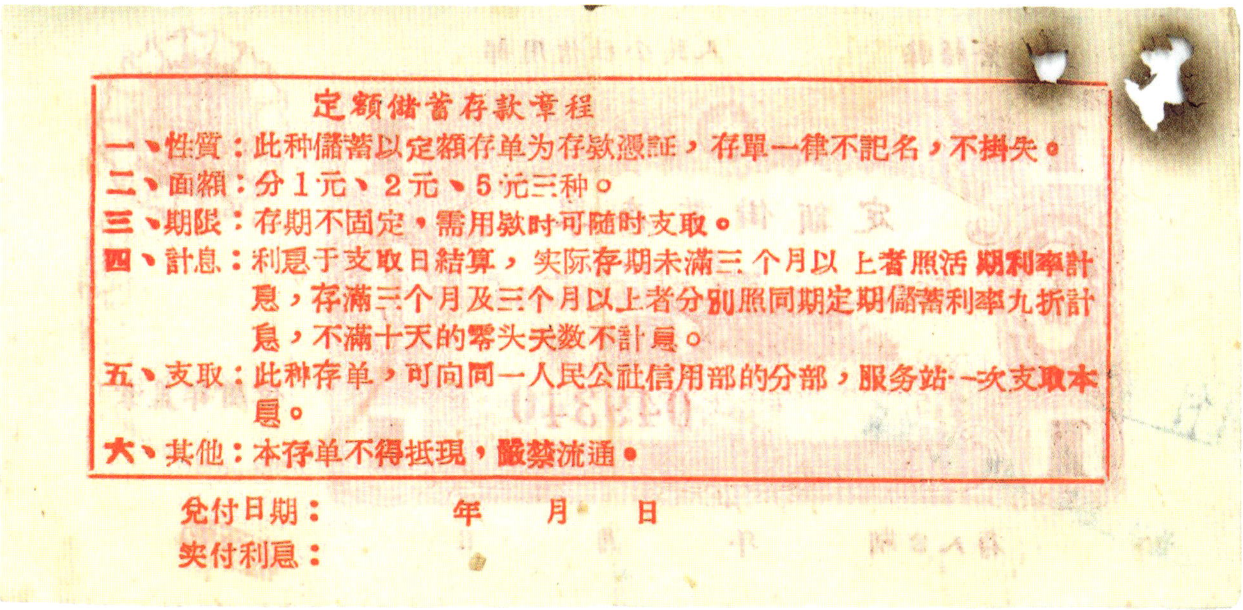

定額儲蓄存款章程

一、性質：此种儲蓄以定額存单为存歘憑証，存單一律不記名，不掛失。
二、面額：分1元、2元、5元三种。
三、期限：存期不固定，需用歘时可随时支取。
四、計息：利息于支取日結算，实际存期未滿三个月以上者照活期利率計息，存滿三个月及三个月以上者分別照同期定期儲蓄利率九折計息，不滿十天的零头天数不計息。
五、支取：此种存单，可向同一人民公社信用部的分部，服务站一次支取本息。
六、其他：本存单不得抵現，嚴禁流通。

兌付日期： 年 月 日
实付利息：

0209-2 一九五八年十二月二十三日苍梧县人民公社1元面值定额储蓄存单（背面）

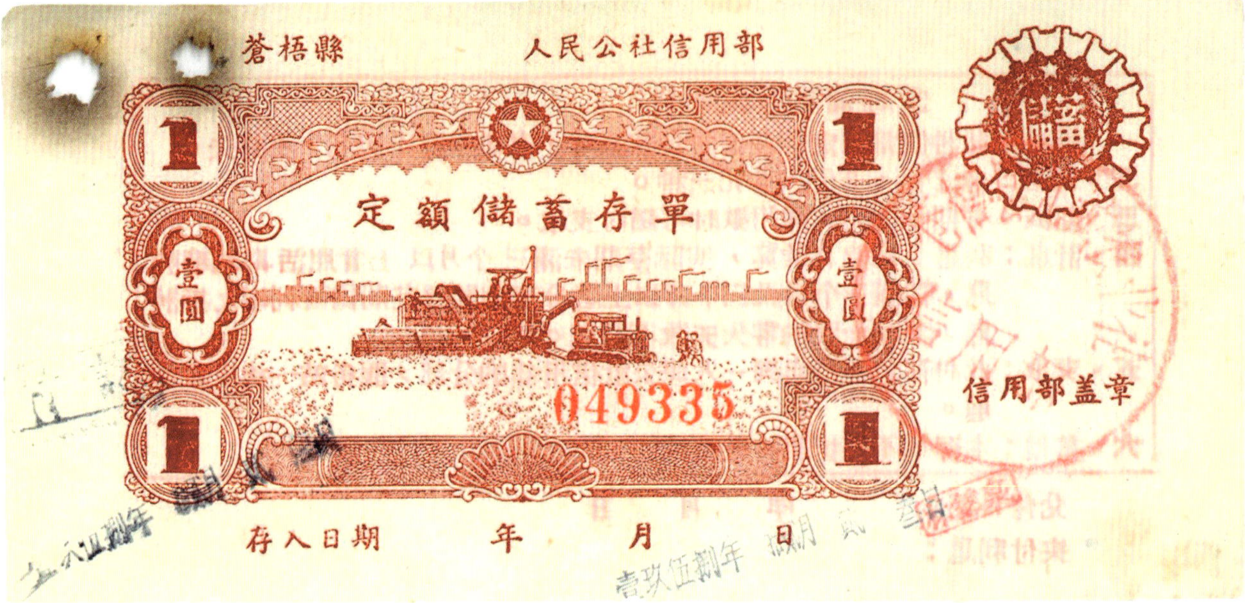

0210-1 一九五八年十二月二十三日苍梧县人民公社1元面值定额储蓄存单（正面）

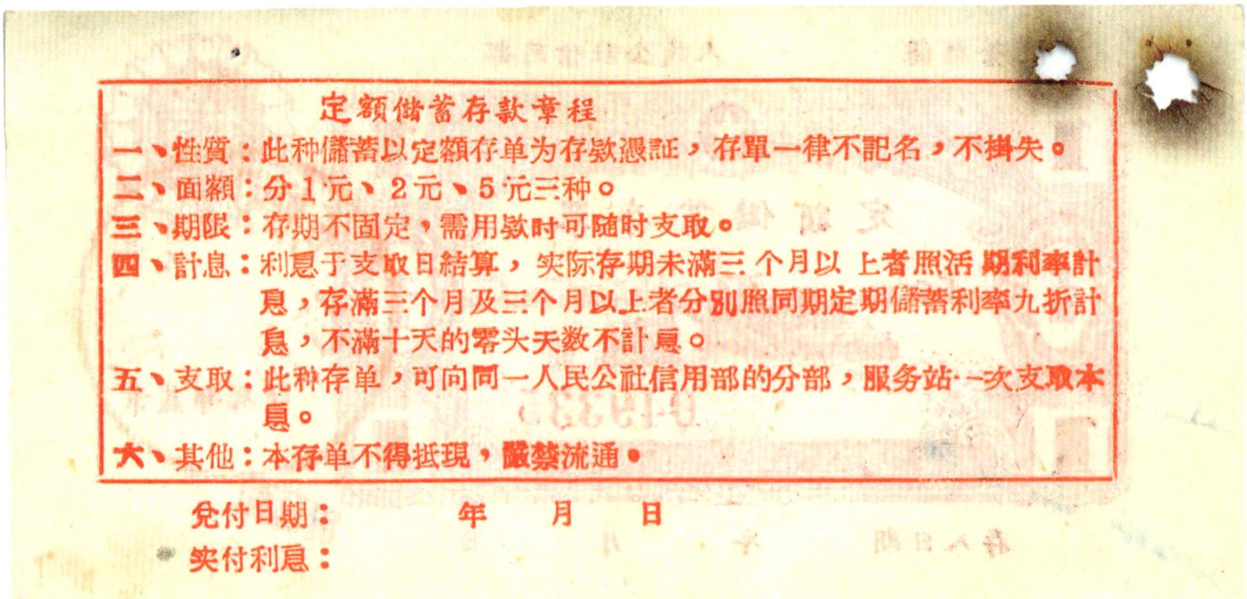

0210-2 一九五八年十二月二十三日苍梧县人民公社1元面值定额储蓄存单（背面）

0211-1 一九五八年十二月二十四日苍梧县人民公社1元面值定额储蓄存单（正面）

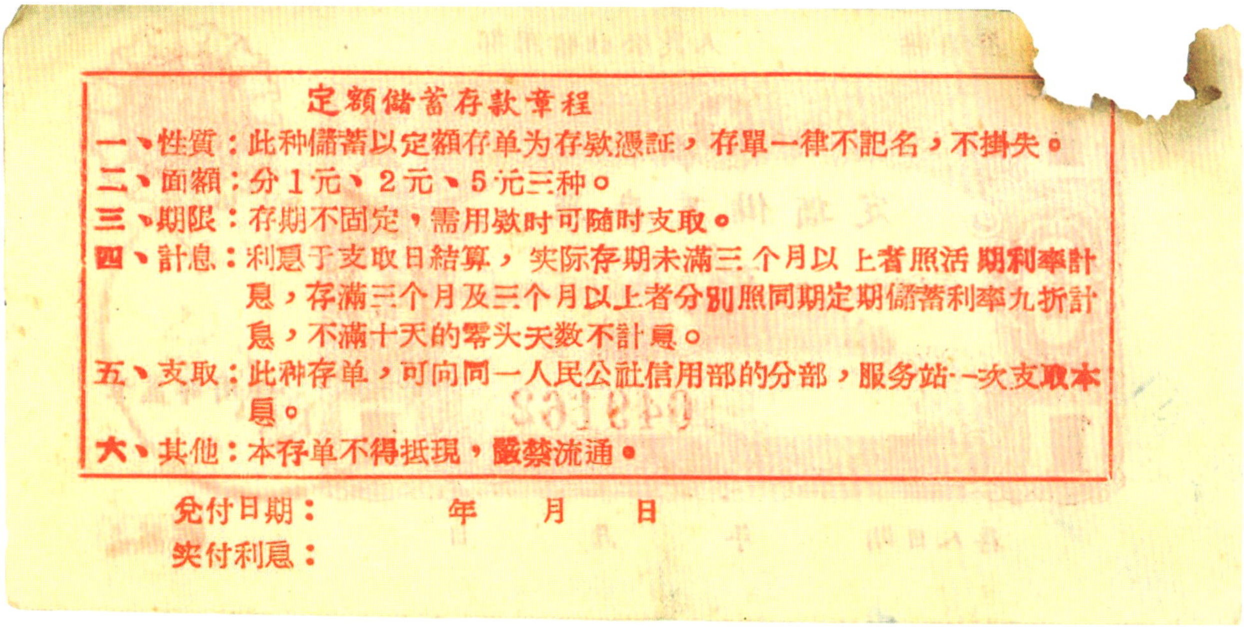

定額儲蓄存款章程

一、性質：此种儲蓄以定額存单为存欵憑証，存單一律不記名，不掛失。

二、面額：分1元、2元、5元三种。

三、期限：存期不固定，需用欵时可隨时支取。

四、計息：利息于支取日結算，实际存期未滿三个月以上者照活期利率計息，存滿三个月及三个月以上者分別照同期定期儲蓄利率九折計息，不滿十天的零头天数不計息。

五、支取：此种存单，可向同一人民公社信用部的分部，服务站一次支取本息。

六、其他：本存单不得抵現，嚴禁流通。

兌付日期： 年 月 日

实付利息：

0211-2 一九五八年十二月二十四日苍梧县人民公社1元面值定额储蓄存单（背面）

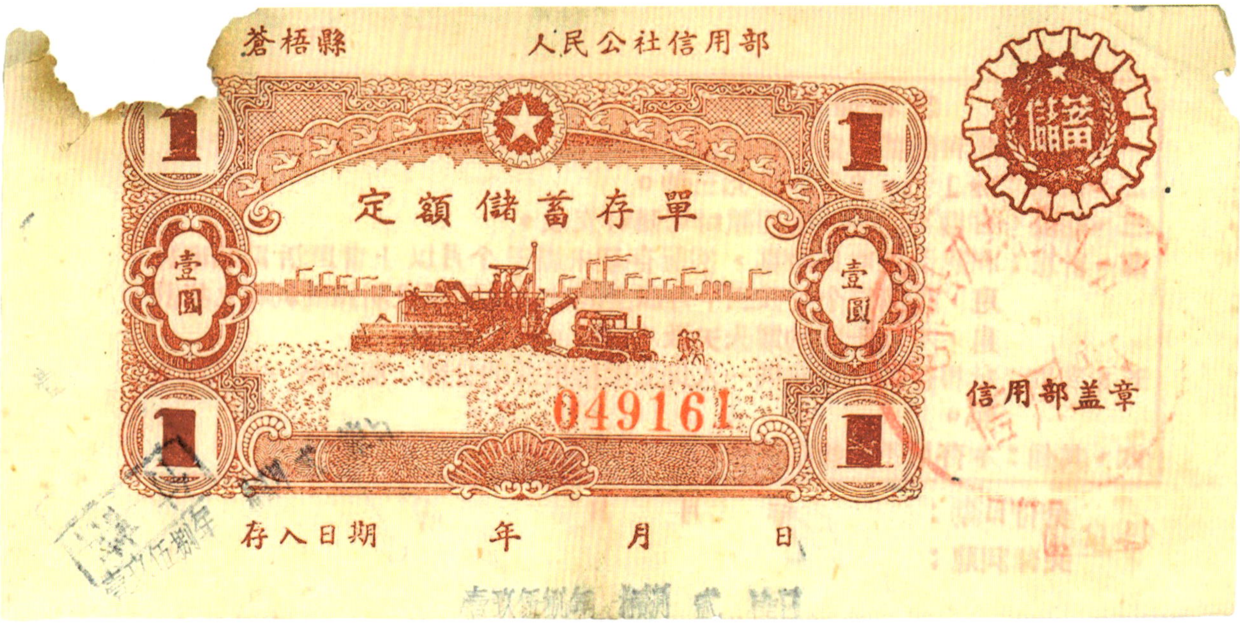

0212-1 一九五八年十二月二十六日苍梧县人民公社1元面值定额储蓄存单（正面）

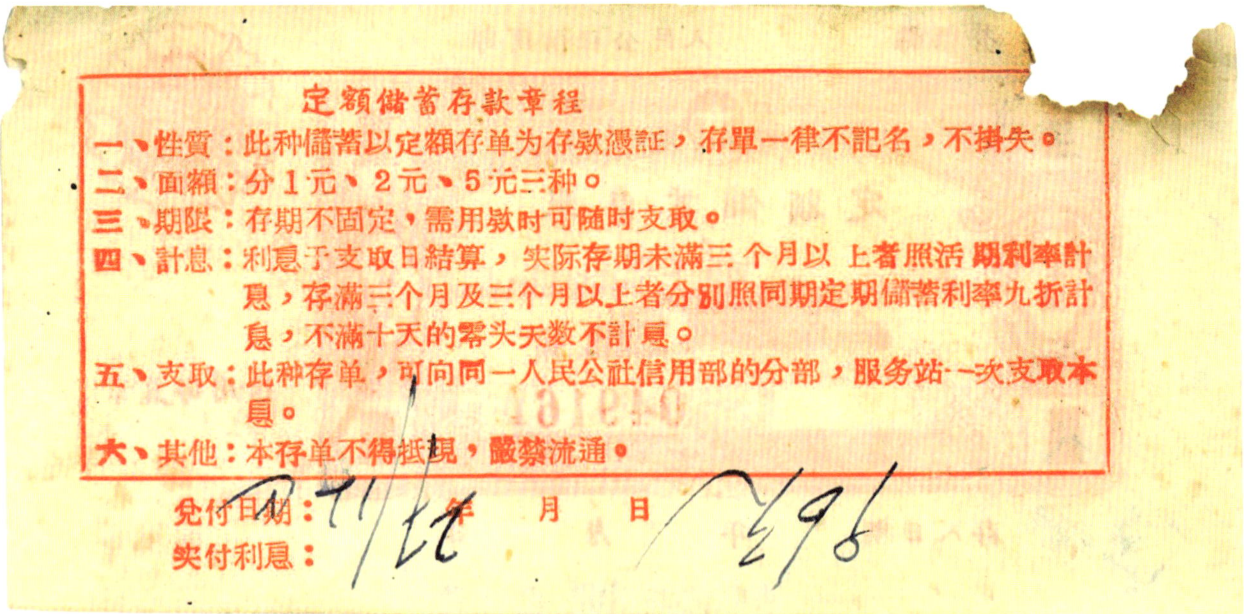

定額儲蓄存款章程

一、性質：此种儲蓄以定額存单为存款憑証，存單一律不記名，不掛失。

二、面額：分1元、2元、5元三种。

三、期限：存期不固定，需用款时可随时支取。

四、計息：利息于支取日結算，实际存期未滿三个月以上者照活期利率計息，存滿三个月及三个月以上者分别照同期定期儲蓄利率九折計息，不滿十天的零头天数不計息。

五、支取：此种存单，可向同一人民公社信用部的分部，服务站一次支取本息。

六、其他：本存单不得抵現，嚴禁流通。

兌付日期： 年 月 日

实付利息：

0212-2 一九五八年十二月二十六日苍梧县人民公社1元面值定额储蓄存单（背面）

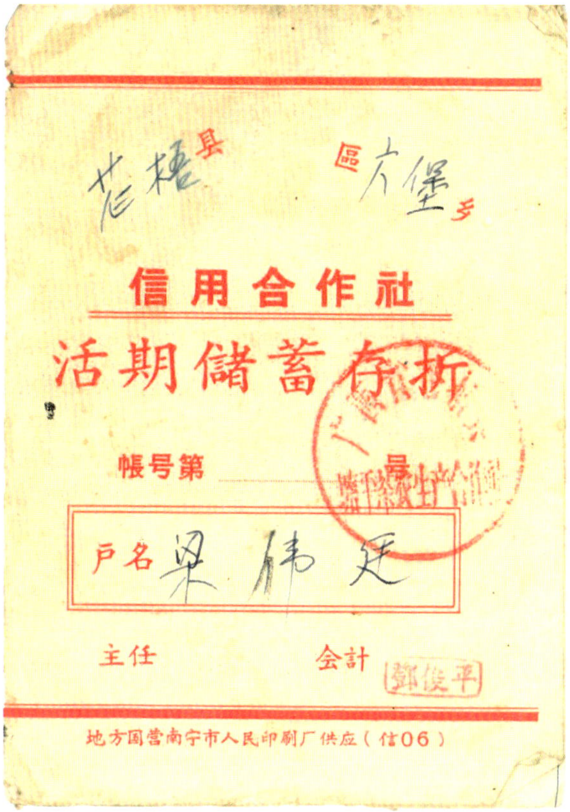
苍梧县 區六堡乡
信用合作社
活期储蓄存折
帳号第 号
户名 梁伟廷
主任 会計 鄧俊平
地方国营南宁市人民印刷厂供应（信06）

0213-1 一九五八年苍梧县六堡乡信用合作社梁伟廷活期储蓄存折封面

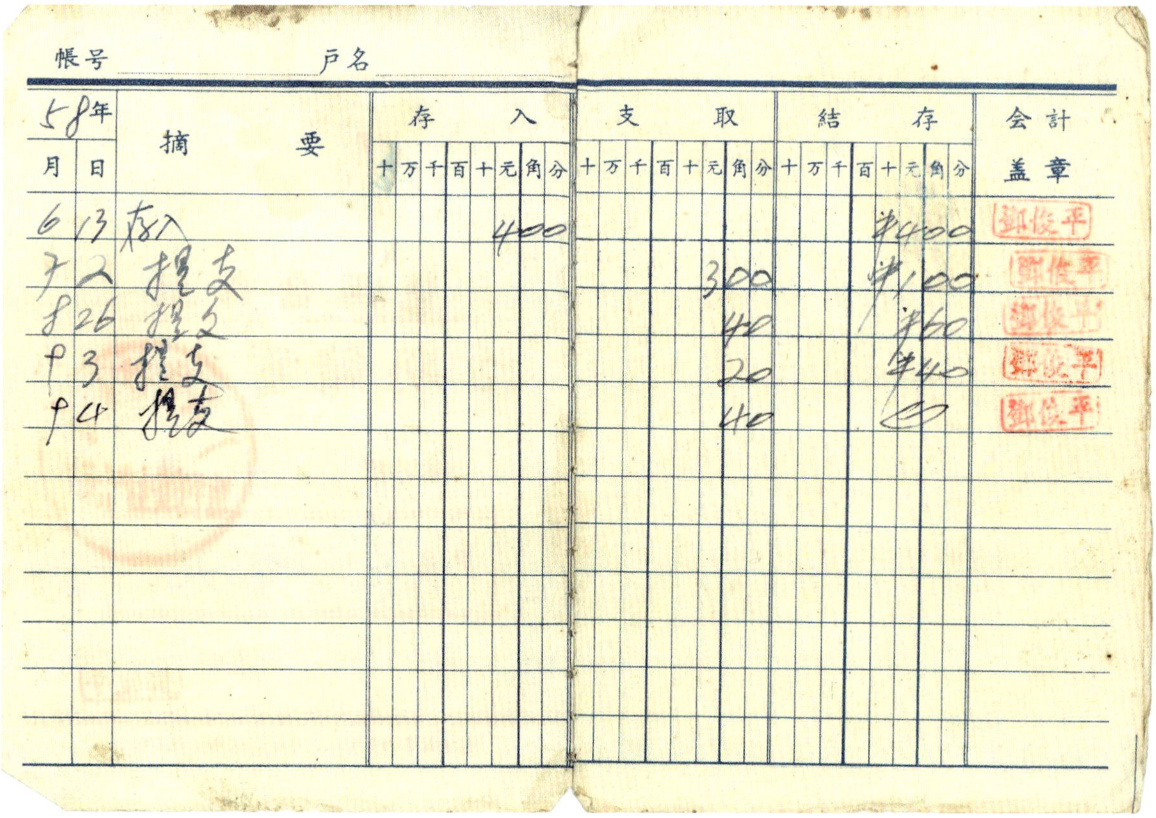
帳号 户名

58年 月	日	摘要	存入	支取	結存	会計盖章
6	13	存入	400		400	鄧俊平
7	2	提支		300	100	鄧俊平
8	26	提支		40	60	鄧俊平
9	3	提支		20	40	鄧俊平
9	4	提支		40	0	鄧俊平

0213-2 一九五八年苍梧县六堡乡信用合作社梁伟廷活期储蓄存折内页

0214 一九五九年十一月二十日六堡区塘平大队生产队冬耕冬种及上调任务公布

塘坪大队 生产队冬耕冬种及上调任务公布如下

项目 队别	冬耕 应犁面积	冬耕 已犁面积	冬耕 每日须犁面积	冬种 应种面积	冬种 已种面积	冬种 现留须种面积	上调 木头(?)任务	备考
寨坪	136.17	10.3	20	86.2	72.0	17.5	7200	说明 冬耕冬种每日任务一定要完成把进度报大队了
舜口	87.56	13.17	13.0	57.0	16.0	11.5	5300	现状的粮谷不佳以口粮食当上调种子任务如每口粮
克百	77.37	14.5	14.5	67.1	5.0	11.4	6300	即由国家粮调换。如仍
舜冲	77.13	3.2	14.5	61.5	13.3	12.2	6500	不负责者追究责任。
双冲	86.673	7.10	13.6	55.4	14.0	10.0	5000	
大茜	81.08	18.5	13.5	57.2	10.0	11.0	5600	
天和	5.7	14.5	8.4	35.1	2.6	7.0	3000	
河穴	61.2	18.2	6.4	23.3	9.0	6.4	2000	
德新	141.0	61.2	16.2	63.0	12.45	12.5	4000	
万宁	57.803	13.5	7.2	37.2	10.3	7.5	3300	
灯花	15.32	3.3	8.45	35.50	8.0	7.2	2100	
大湖	65.106	11.6	10.6	63.6	3.0	7.6	2800	
合计	[illegible]	112.22	150.21	[illegible]	117.15	120.0	57000	

五九年十一月贰拾日

0215 一九五九年十一月二十五日六堡区塘平大队关于又快又好完成各种深耕的奖励办法

圹平大队关於又快又好完成各种深耕的奖励办法

我们为了更好贯彻公社党委关於"大战三天完成冬种任务的指示精神现根据我队情况为了更好地发挥社员生产积极性提高工作效率保証又快又好地完成冬种深耕的工作任务特制定奖励办法如下：

根据公社要求冬种任务要在11月27号前完成任务必须在保証质量基础上积极和提前完成任务者给予奖励其办法是：

①凡能按照(27号)完成任务的作业组每亩奖人民币叁角。

②凡能按任务提前完成任务的每亩奖人民币（伍角）。

③每个生产队能按任务提前完成任务的每个生产队奖人民币〈叁元〉。

冬耕方面：(主要是奖到个人)

①每人每日犁1.5亩以上达三天者每个奖毛巾一条

②每人每日犁2亩以上达三天者每人奖毛巾一条人民币（叁角）

中共圹平大队党支部 1959.11.25日.

0216–1 一九五□年供销合作社股票存根（正面）

0216–2 一九五□年供销合作社股票存根（背面）

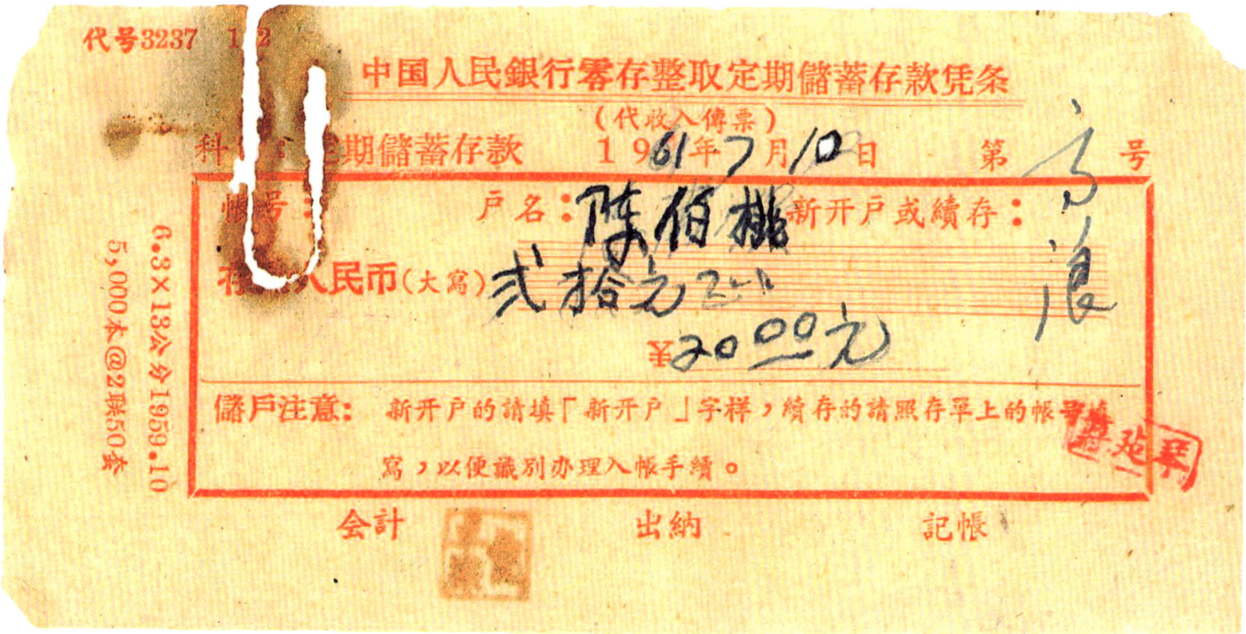

代号3237 1/2

中国人民銀行零存整取定期儲蓄存款凭条
（代收入傳票）

科目：定期儲蓄存款 1961年7月10日 第 号

帳号： 戶名：陈伯桃 新开户或續存：

存入人民币（大寫）弍拾元

¥20.00元

儲戶注意：新开户的請填「新开户」字样，續存的請照存單上的帳号填寫，以便識别办理入帳手續。

会計 出納 記帳

6.3×13公分1959.10
5,000本@2联50套

0217 一九六一年七月十日陈伯桃定期储蓄存款凭条

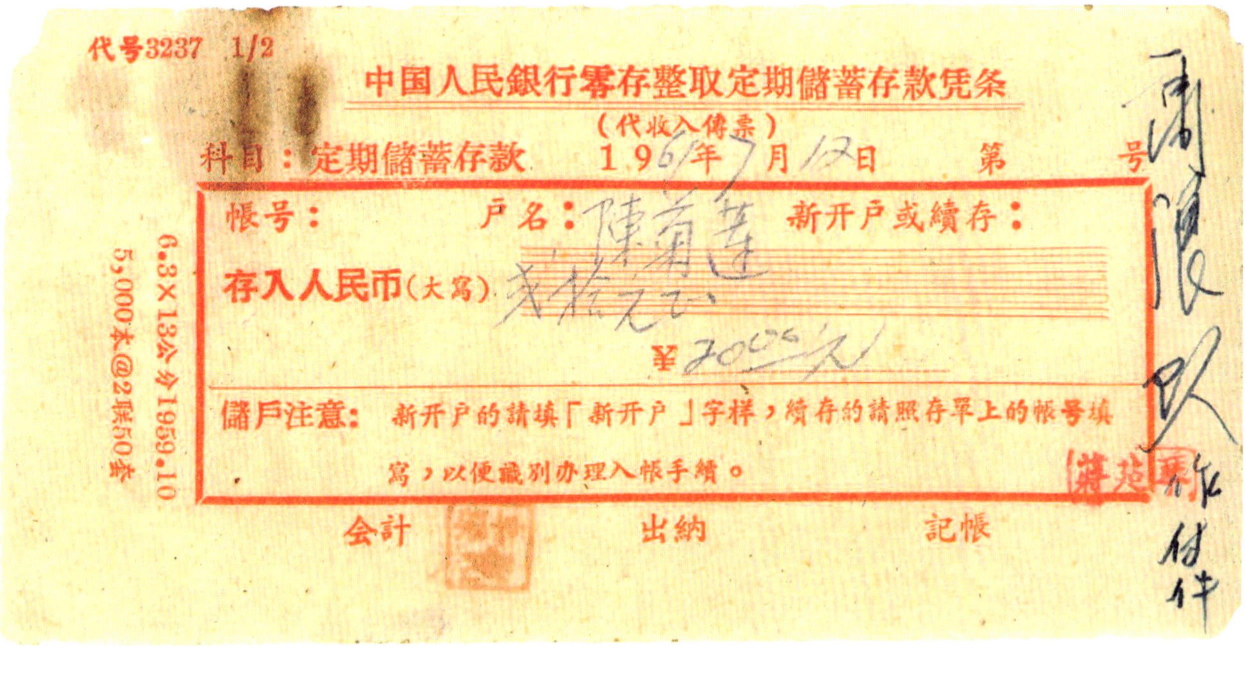

代号3237 1/2

中国人民銀行零存整取定期儲蓄存款凭条
（代收入傳票）

科目：定期儲蓄存款 1961年7月12日 第 号

帳号： 戶名：陳菊莲 新开户或續存：

存入人民币（大寫）弍拾元

¥20.00元

儲戶注意：新开户的請填「新开户」字样，續存的請照存單上的帳号填寫，以便識别办理入帳手續。

会計 出納 記帳

6.3×13公分1959.10
5,000本@2联50套

0218 一九六一年七月十二日陈菊莲定期储蓄存款凭条

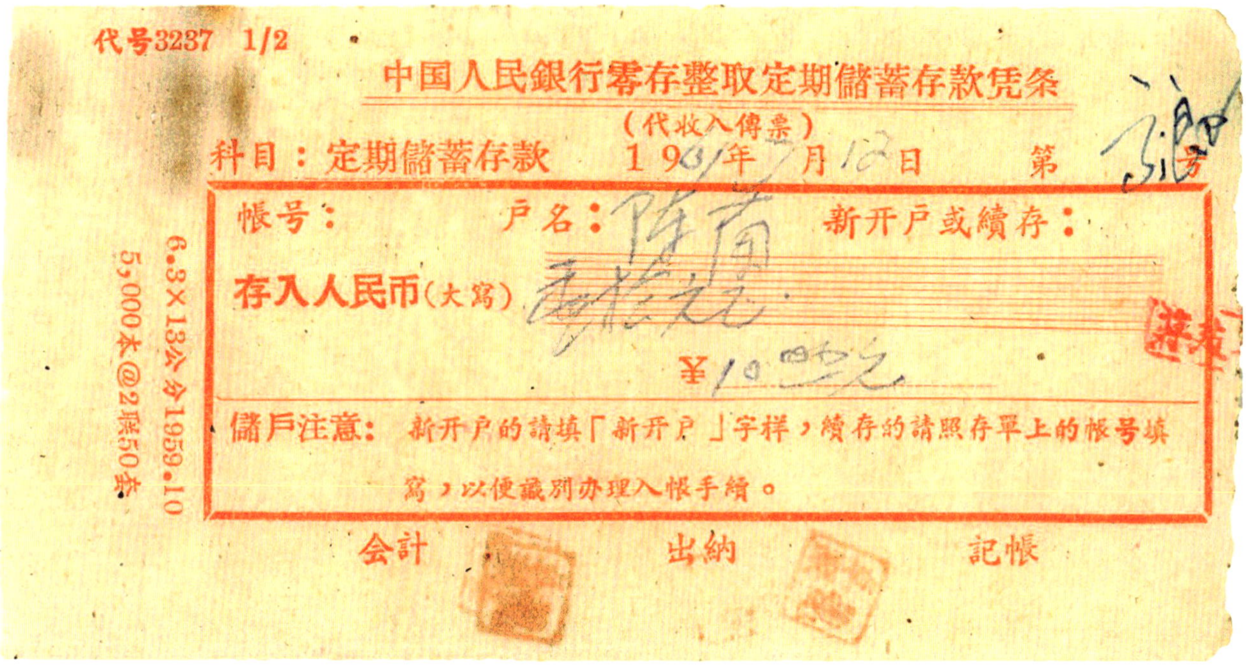
代号3237 1/2

中国人民銀行零存整取定期儲蓄存款凭条
（代收入傳票）

科目：定期儲蓄存款 1961年7月12日 第 号

帳号： 户名：陈南 新开户或續存：

存入人民币（大寫）壹拾元

¥10.00元

儲戶注意：新开户的請填「新开户」字样，續存的請照存單上的帳号填寫，以便識别办理入帳手續。

会計 出納 記帳

6.3×13公分1959.10
5,000本@2联50套

0219 一九六一年七月十二日陈南定期储蓄存款凭条

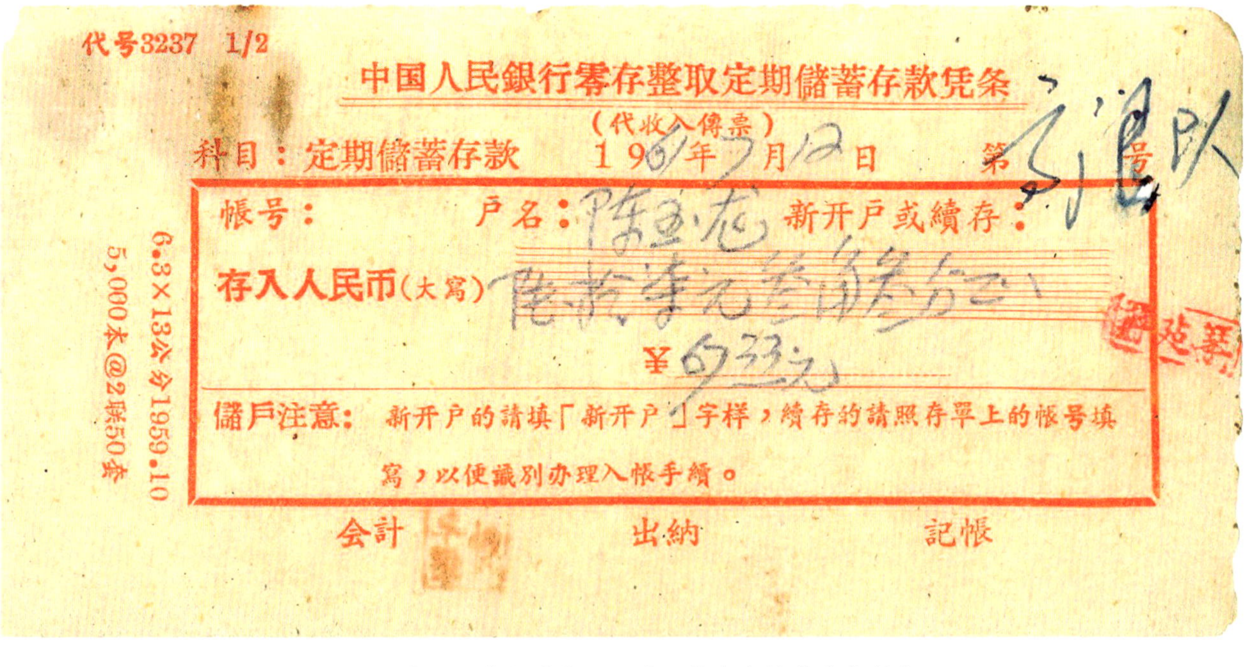
代号3237 1/2

中国人民銀行零存整取定期儲蓄存款凭条
（代收入傳票）

科目：定期儲蓄存款 1961年7月12日 第 号

帳号： 户名：陈玉龙 新开户或續存：

存入人民币（大寫）

¥

儲戶注意：新开户的請填「新开户」字样，續存的請照存單上的帳号填寫，以便識别办理入帳手續。

会計 出納 記帳

6.3×13公分1959.10
5,000本@2联50套

0220 一九六一年七月十二日陈玉龙定期储蓄存款凭条

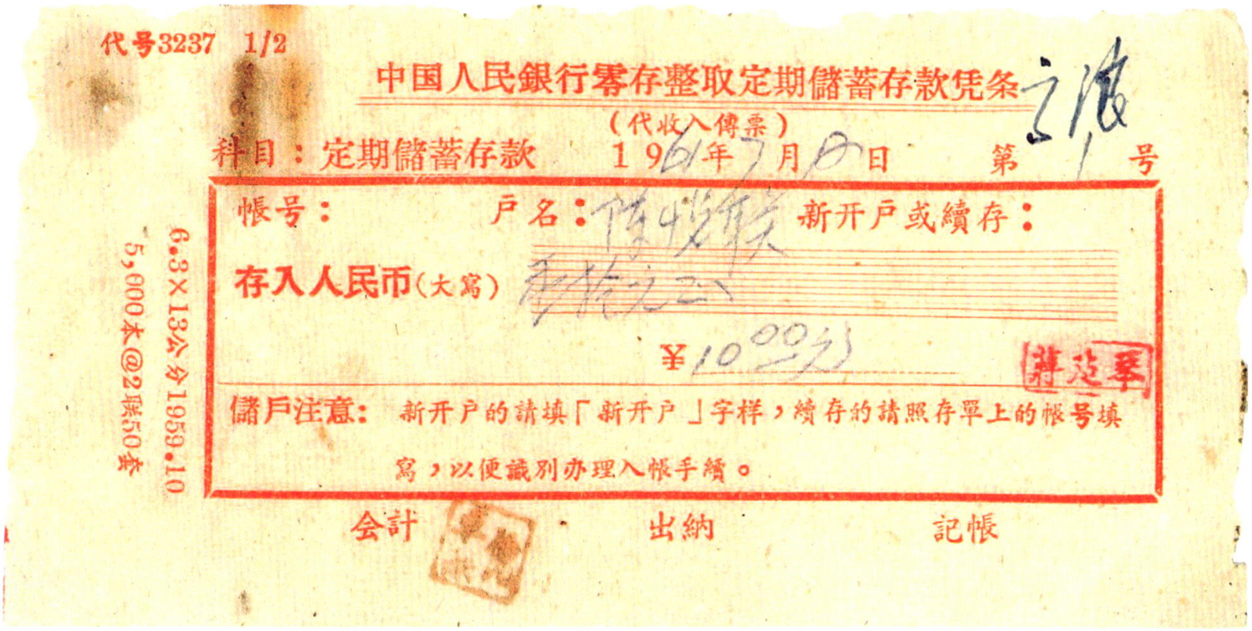
代号3237 1/2

中国人民銀行零存整取定期儲蓄存款凭条

(代收入傳票)

科目：定期儲蓄存款 1961年7月12日 第 号

帳号： 戶名： 新开戶或續存：

存入人民币(大寫)

¥10.00元

儲戶注意：新开户的請填「新开户」字样，續存的請照存單上的帳号填寫，以便識別办理入帐手續。

会計 出納 記帳

6.3×13公分1959.10
5,000本@2联50套

0221 一九六一年七月十二日陈悦联定期储蓄存款凭条

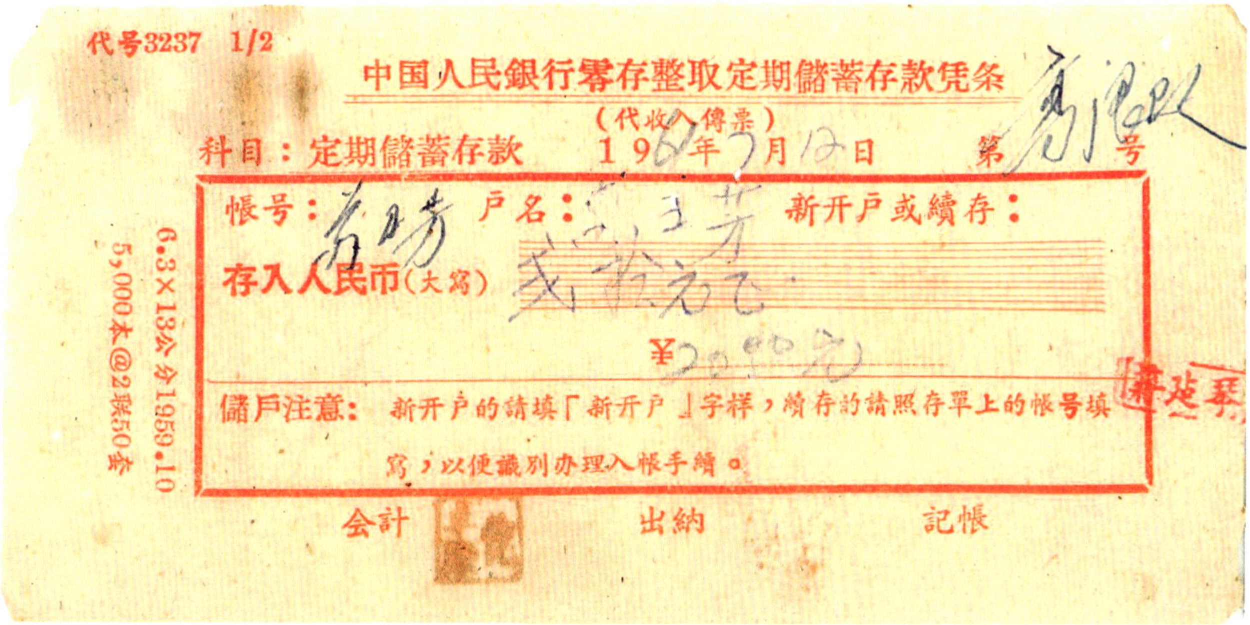
代号3237 1/2

中国人民銀行零存整取定期儲蓄存款凭条

(代收入傳票)

科目：定期儲蓄存款 1961年7月12日 第 号

帳号： 戶名： 新开戶或續存：

存入人民币(大寫)

¥

儲戶注意：新开户的請填「新开户」字样，續存的請照存單上的帳号填寫，以便識別办理入帐手續。

会計 出納 記帳

6.3×13公分1959.10
5,000本@2联50套

0222 一九六一年七月十二日黄玉芳定期储蓄存款凭条

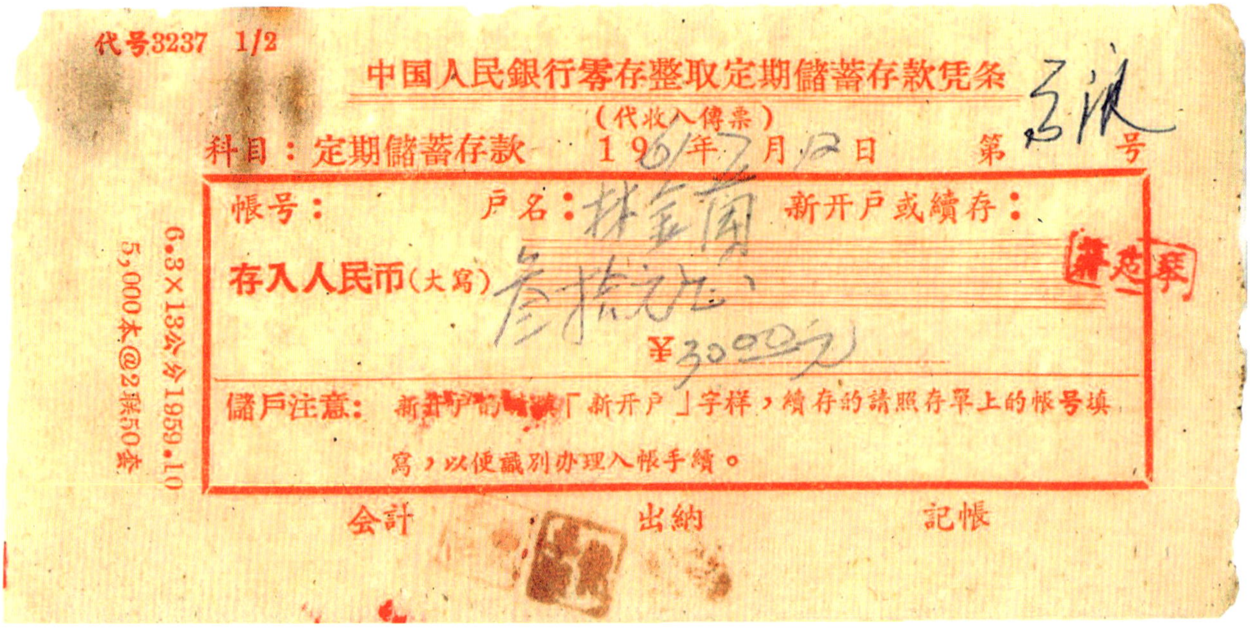

代号3237　1/2

中国人民銀行零存整取定期儲蓄存款凭条

（代收入傳票）

科目：定期儲蓄存款　　1961年7月12日　　第　　号

帳号：　　戶名：林金南　　新开户或續存：

存入人民币（大寫）叁拾元正

¥30.00元

儲戶注意：新开户的請填「新开户」字样，續存的請照存單上的帳号填寫，以便識別办理入帳手續。

会計　　出納　　記帳

6.3×13公分1959.10

5,000本@2联50套

0223 一九六一年七月十二日林金南定期储蓄存款凭条

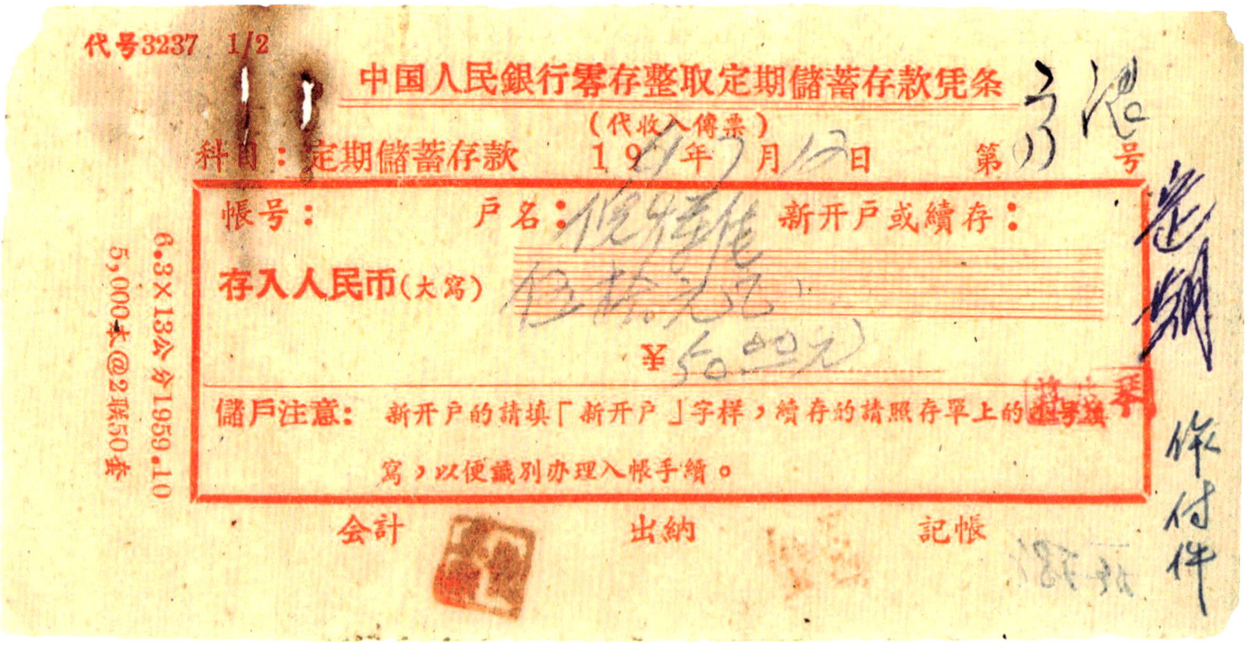

代号3237　1/2

中国人民銀行零存整取定期儲蓄存款凭条

（代收入傳票）

科目：定期儲蓄存款　　1961年7月12日　　第　　号

帳号：　　戶名：倪炼佳　　新开户或續存：

存入人民币（大寫）伍拾元正

¥50.00元

儲戶注意：新开户的請填「新开户」字样，續存的請照存單上的帳号填寫，以便識別办理入帳手續。

会計　　出納　　記帳

6.3×13公分1959.10

5,000本@2联50套

0224 一九六一年七月十二日倪炼佳定期储蓄存款凭条

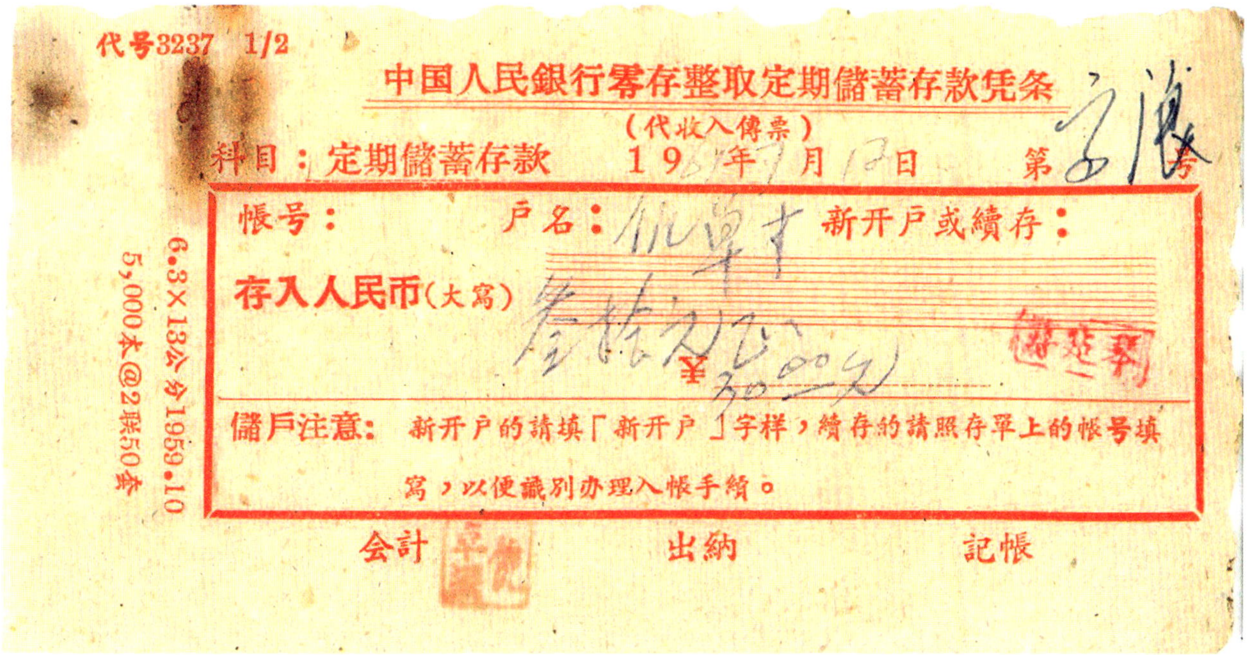
代号3237 1/2
中国人民銀行零存整取定期儲蓄存款凭条
(代收入傳票)
科目：定期儲蓄存款 19 年 月 日 第 号
帳号： 戶名： 新开戶或續存：
存入人民币(大寫)
¥
儲戶注意：新开戶的請填「新开戶」字样，續存的請照存單上的帳号填寫，以便識別办理入帳手續。
会計 出納 記帳
6.3×13公分1959.10
5,000本@2联50套

0225 一九六一年七月十二日倪卓才定期储蓄存款凭条

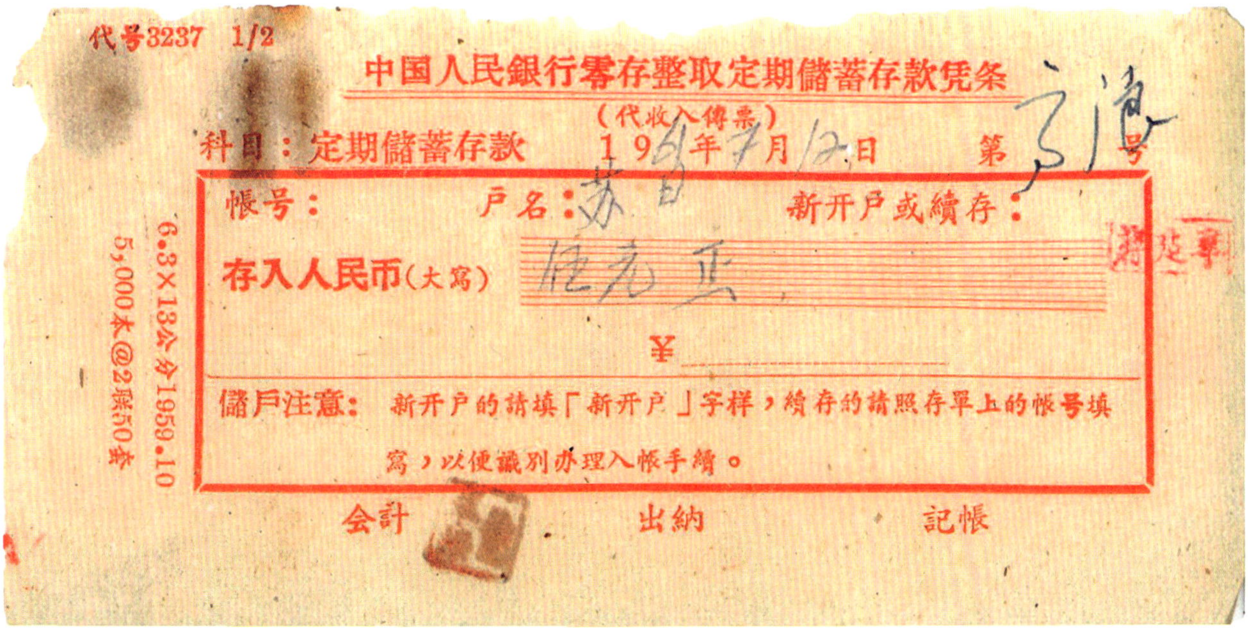
代号3237 1/2
中国人民銀行零存整取定期儲蓄存款凭条
(代收入傳票)
科目：定期儲蓄存款 19 年 月 日 第 号
帳号： 戶名： 新开戶或續存：
存入人民币(大寫)
¥
儲戶注意：新开戶的請填「新开戶」字样，續存的請照存單上的帳号填寫，以便識別办理入帳手續。
会計 出納 記帳
6.3×13公分1959.10
5,000本@2联50套

0226 一九六一年七月十二日苏日定期储蓄存款凭条

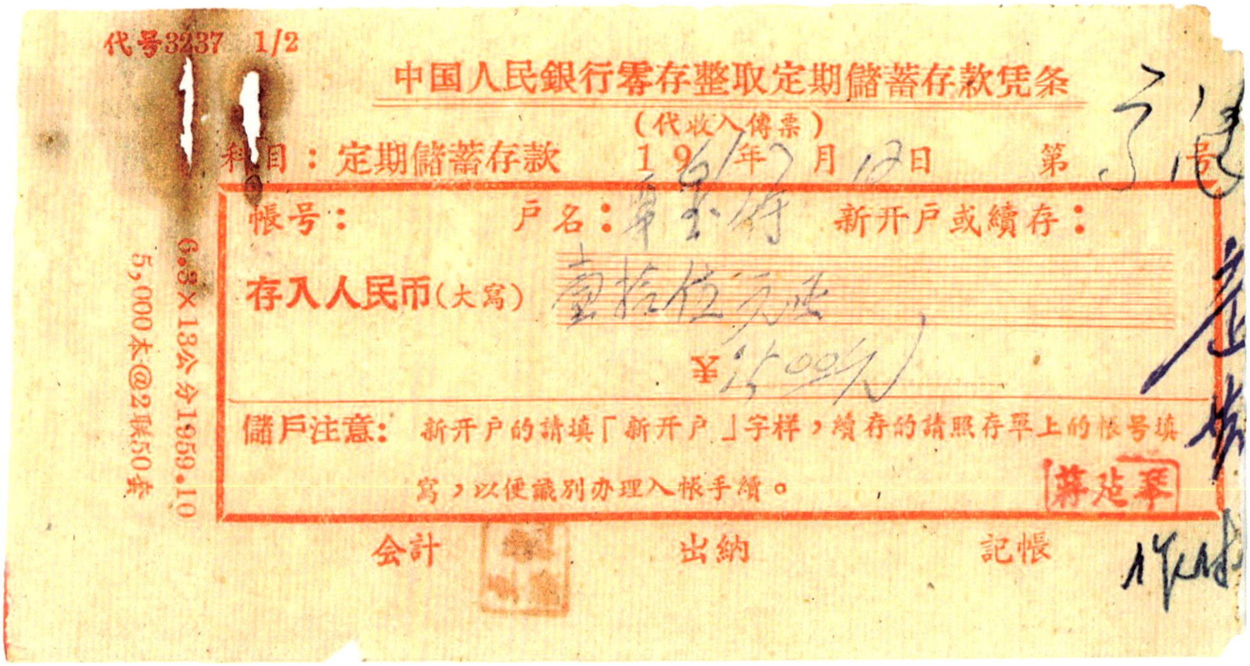
代号3237 1/2

中国人民銀行零存整取定期儲蓄存款凭条

（代收入傳票）

科目：定期儲蓄存款 1961年7月12日 第 号

帳号： 戶名：覃玉行 新开户或續存：

存入人民币（大寫）

¥

儲戶注意：新开户的請填「新开户」字样，續存的請照存單上的帳号填寫，以便識別办理入帳手續。

蔣延華

会計 出納 記帳

6.3×13公分1959.10

5,000本@2联50套

0227 一九六一年七月十二日覃玉行定期储蓄存款凭条

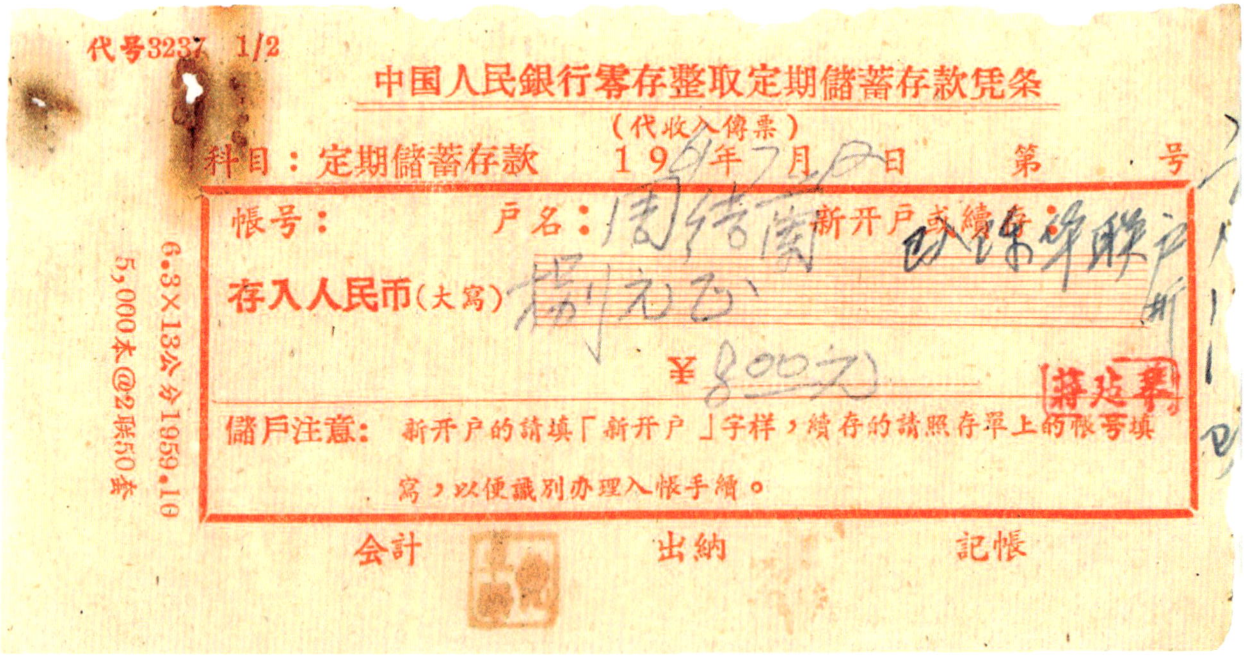
代号3237 1/2

中国人民銀行零存整取定期儲蓄存款凭条

（代收入傳票）

科目：定期儲蓄存款 19 年7月12日 第 号

帳号： 戶名：周结蘭 新开户或續存：

存入人民币（大寫）

¥800元

儲戶注意：新开户的請填「新开户」字样，續存的請照存單上的帳号填寫，以便識別办理入帳手續。

蔣延華

会計 出納 記帳

6.3×13公分1959.10

5,000本@2联50套

0228 一九六一年七月十二日周结兰定期储蓄存款凭条

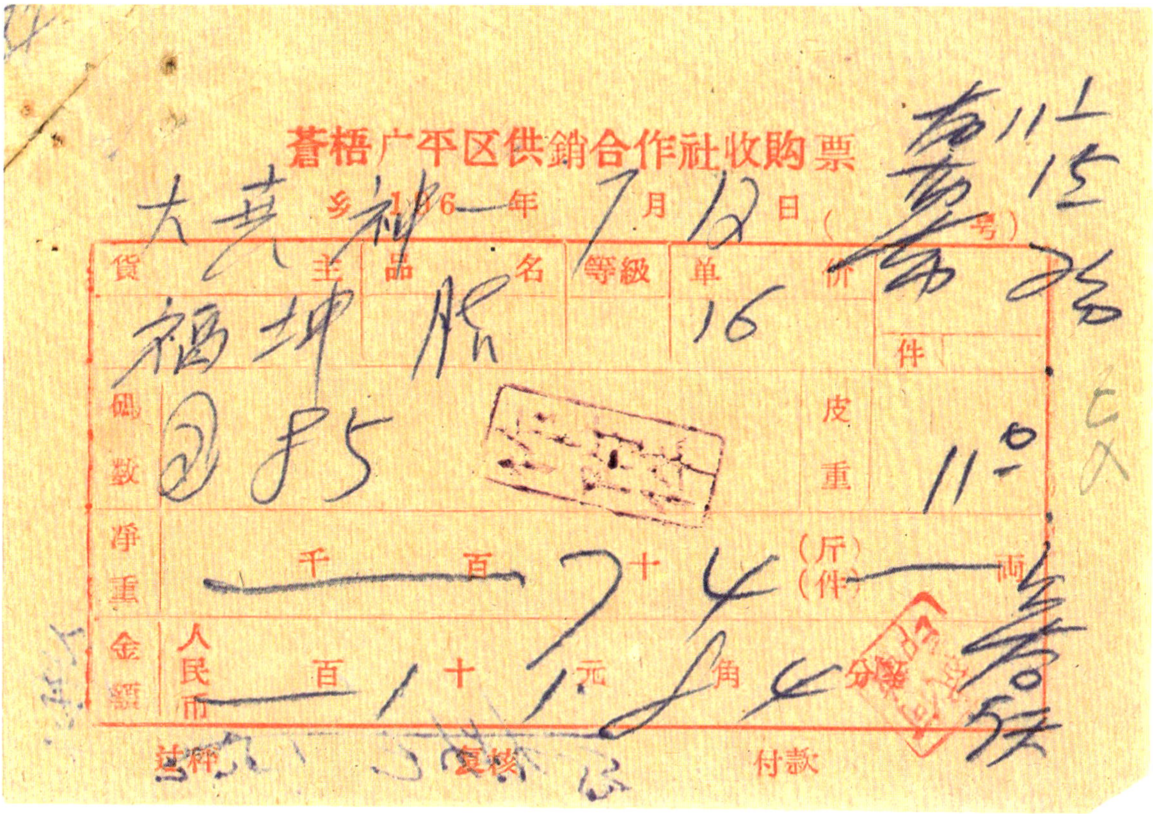

蒼梧广平区供銷合作社收購票

乡 196一年 月 日 （ 号）

貨主	品名	等級	单价
			件
碼数		皮重	
淨重	千 百 十	（斤）（件）	両
金額	人民币 百 十 元 角 分		

过秤 复核 付款

0229 一九六一年七月十二日大尧乡福坤出售松脂广平区供销合作社收购票

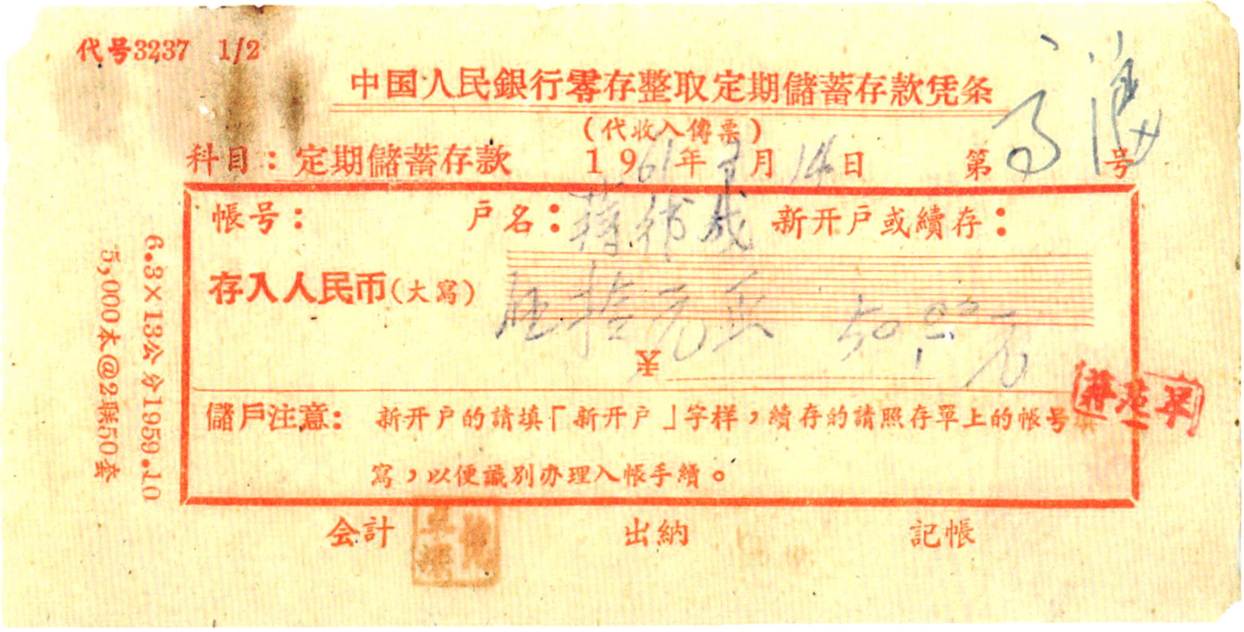

代号3237 1/2

中国人民銀行零存整取定期儲蓄存款凭条

（代收入傳票）

科目：定期儲蓄存款 1961年7月14日 第 号

帳号： 戶名： 新开戶或續存：

存入人民币（大寫）

¥

儲戶注意：新开户的請填「新开户」字样，續存的請照存單上的帳号填寫，以便識別办理入帐手續。

会計 出納 記帳

6.3×13公分1959.10
5,000本@2联50套

0230 一九六一年七月十四日蒋伟成定期储蓄存款凭条

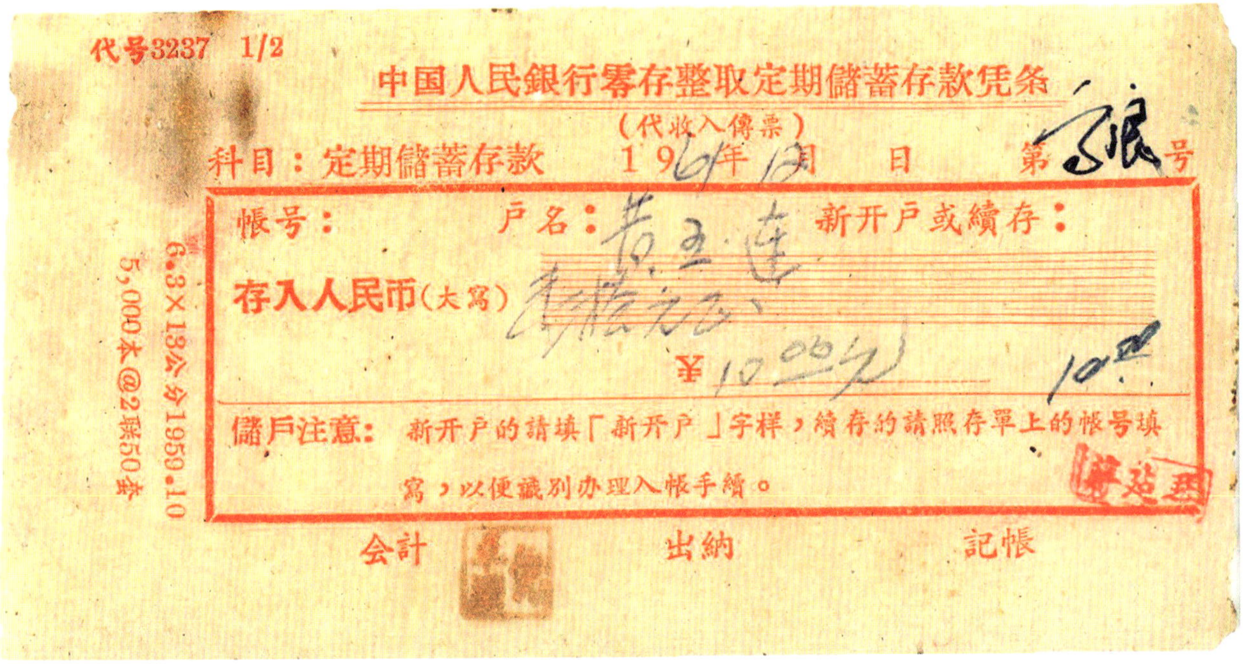

代号3237 1/2

中国人民銀行零存整取定期儲蓄存款凭条

（代收入傳票）

科目：定期儲蓄存款 1961年12月 日 第 号

帳号： 戶名：黄玉连 新开戶或續存：

存入人民币（大寫）壹拾元正

¥10.00元

儲戶注意：新开户的請填「新开户」字样，續存的請照存單上的帳号填寫，以便識別办理入帐手續。

会計 出納 記帳

6.3×13公分1959.10

5,000本@2联50套

0231 一九六一年十二月黄玉连定期储蓄存款凭条

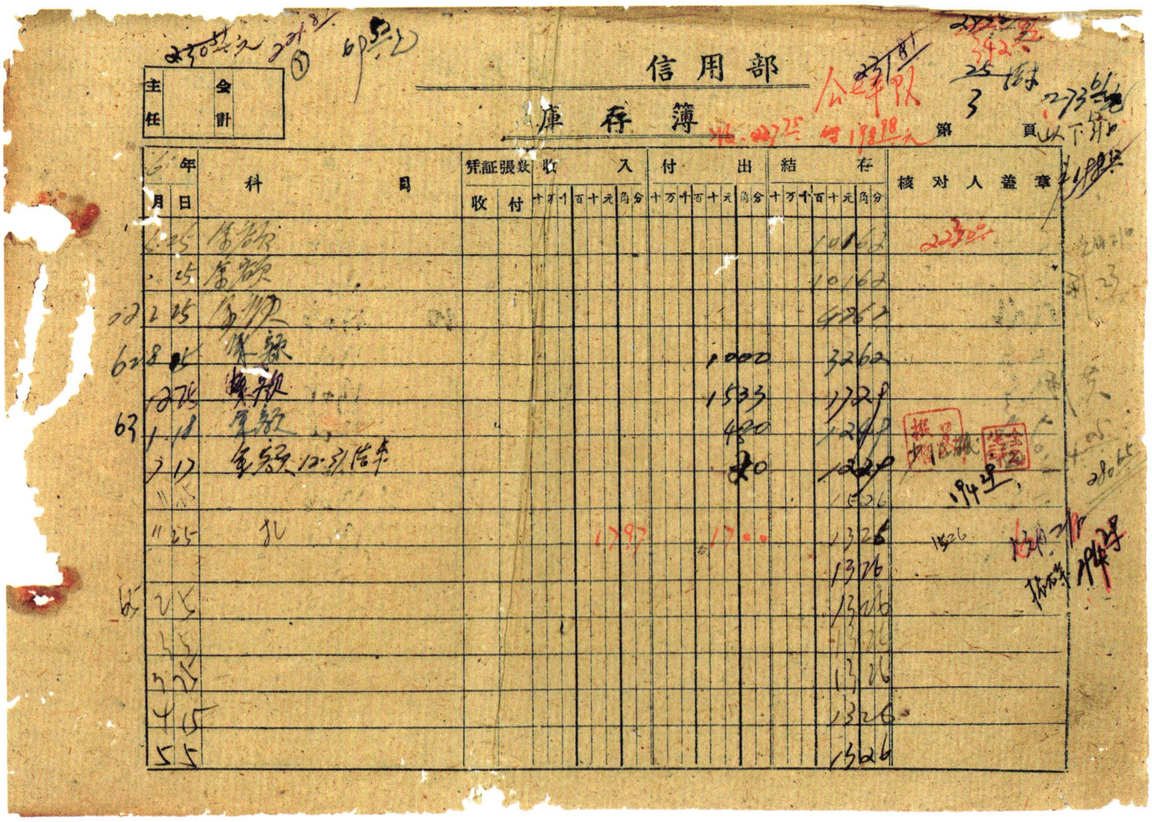

信用部

庫存簿

主任 会計

第 頁

月	日	科目	凭証張数 收	凭証張数 付	收入	付出	結存	核对人盖章
	25	余额					10162	
	25	余额					10162	
2	25	余额					[illegible]	
	8	余额				1000	3262	
	25	余额				1533	1729	
1	18	余额				400	[illegible]	
7	17	余额12.31结来				[illegible]	[illegible]	
11	25	扎			1797	1700	1326	
							1326	
2	5						1326	
3	5						1326	
3	25						1326	
4	15						1326	
5	5						1326	

0232 一九六一年狮寨镇公坪队信用部库存簿（1）

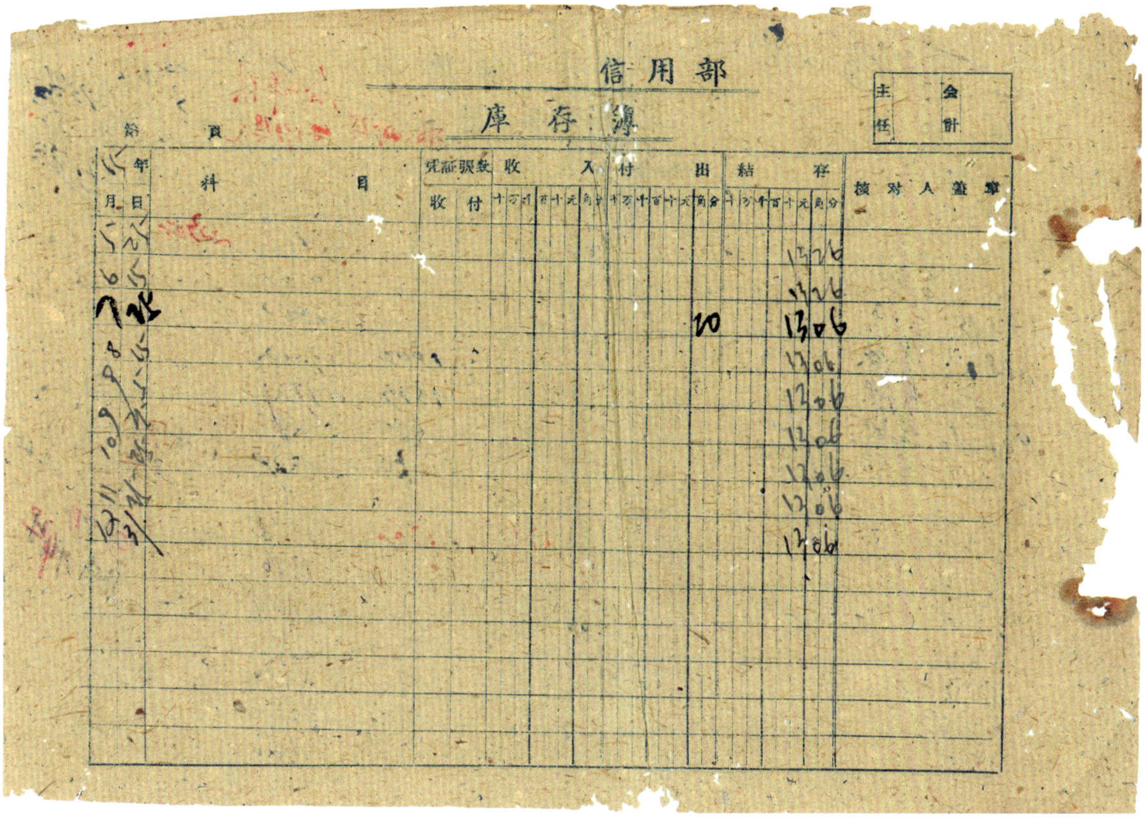

信用部
庫存簿

月	日	科目	凭証張数 收	凭証張数 付	收入	付出	結存	核对人盖章
5	25						1326	
6	15						1326	
7	15					20	1306	
8	15						1306	
9	[illegible]						1306	
10	[illegible]						1306	
11	[illegible]						1306	
12	31						1306	

0233 一九六一年狮寨镇公坪队信用部库存簿（2）

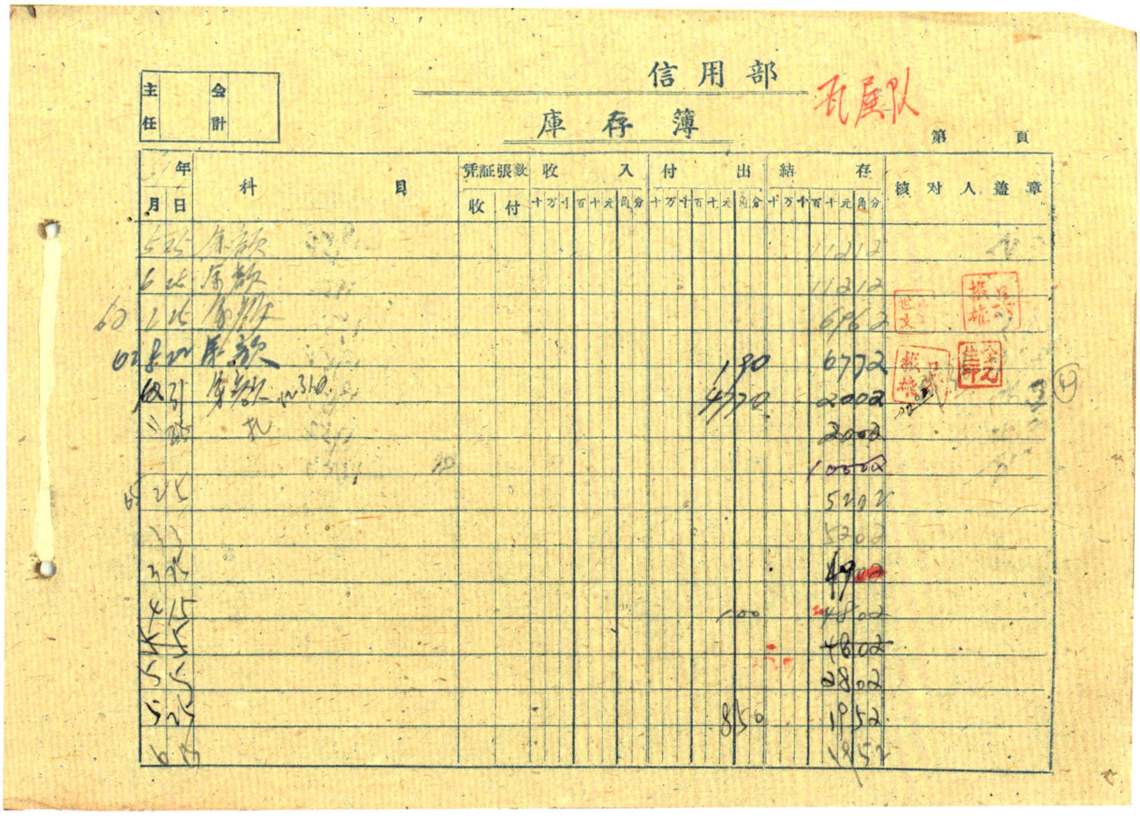

信用部 瓦屋队
庫存簿

月	日	科目	凭証張数 收	凭証張数 付	收入	付出	結存	核对人盖章
6	25	余款					1212	
6	25	余款					1212	
1	16	余款					[illegible]	
8	20	余款				1?0	0772	
9	31	余款				[illegible]	2002	
[illegible]	[illegible]						2002	
2	15						5202	
3	15						[illegible]	
4	15					100	4802	
5	5						4802	
5	5						2802	
5	25					850	1952	
6	[illegible]						1952	

0234 一九六一年狮寨镇瓦屋队信用部库存簿（1）

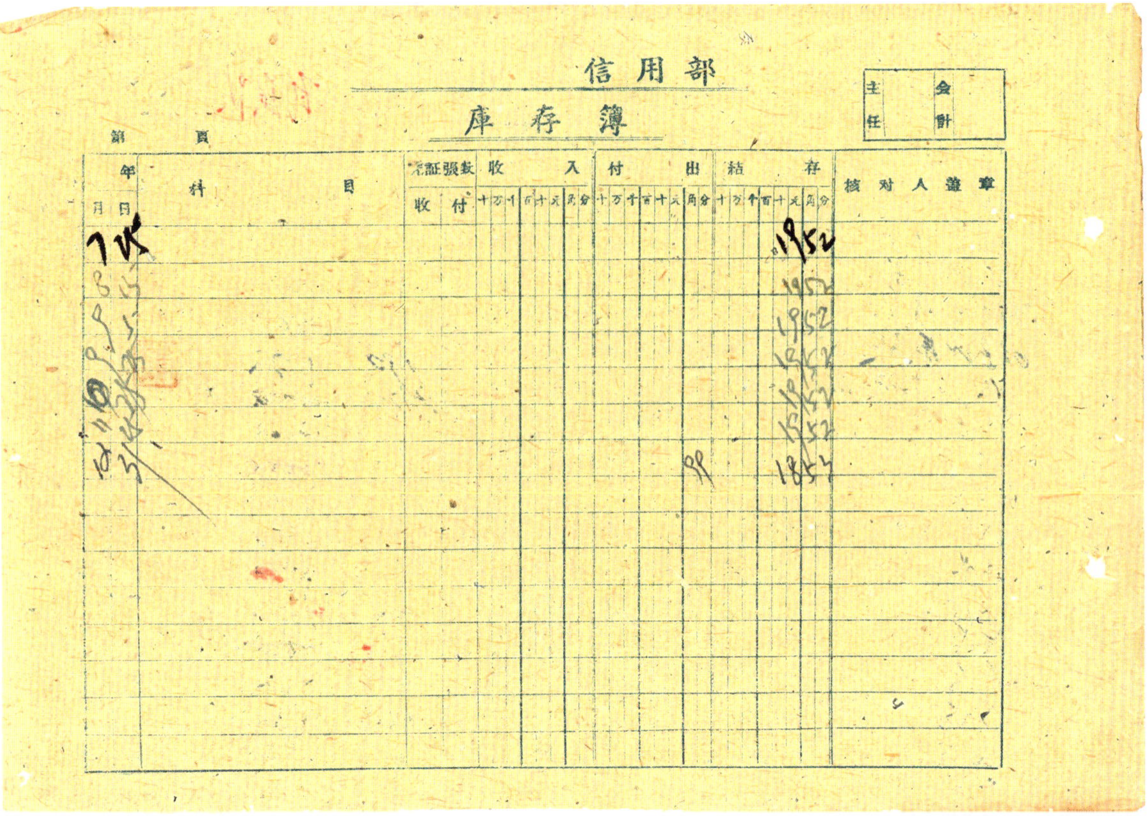

信用部

库存簿

第　　頁

主任　会計

年 月 日	科　　目	凭証張数 收	付	收　入	付　出	結　存	核对人盖章

0235 一九六一年狮寨镇瓦屋队信用部库存簿（2）

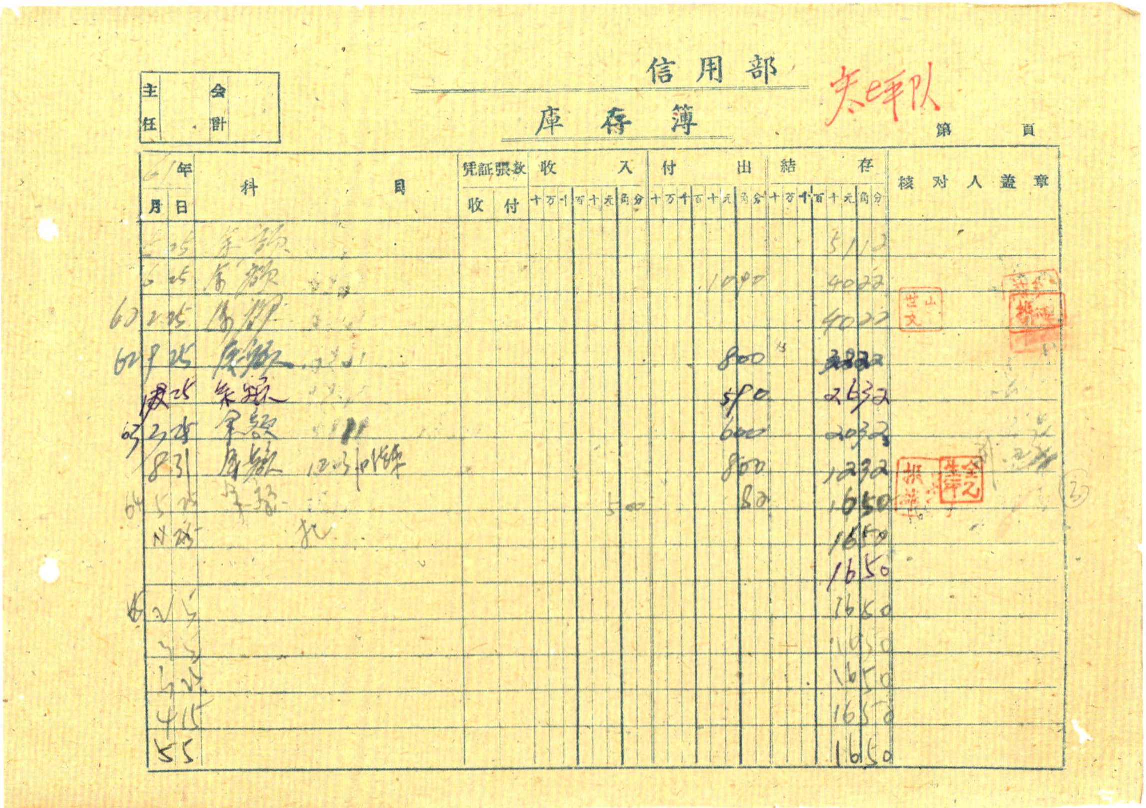

信用部

库存簿

主任　会計

第　　頁

年 月 日	科　　目	凭証張数 收	付	收　入	付　出	結　存	核对人盖章

0236 一九六一年狮寨镇寨坪队信用部库存簿

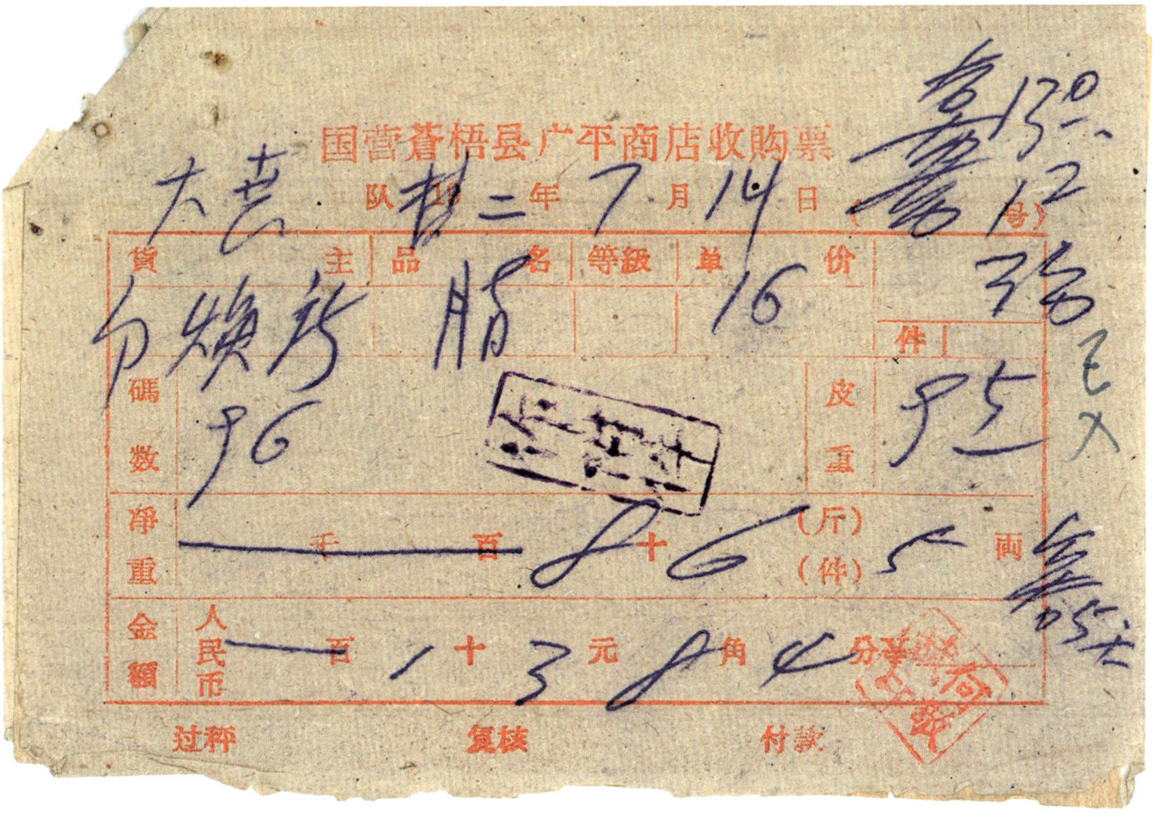

国营蒼梧县广平商店收购票

队 廿二年 7 月 14 日

貨主	品名	等級	单价
黎焕新	脂		16

件

碼数 96　　皮重

浄重 千 百 十 (斤)(件) 两

金額 人民币 百 十 元 角 分

过秤　　复核　　付款

0237 一九六二年七月十四日苍梧黎焕新出售松脂收购票

0238—1 一九六二年广西壮族自治区苍梧县一分面值购货券（正面）

0238—2 一九六二年广西壮族自治区苍梧县一分面值购货券（背面）

0239—1　一九六二年广西壮族自治区苍梧县十分面值购货券（正面）

0239—2　一九六二年广西壮族自治区苍梧县十分面值购货券（背面）

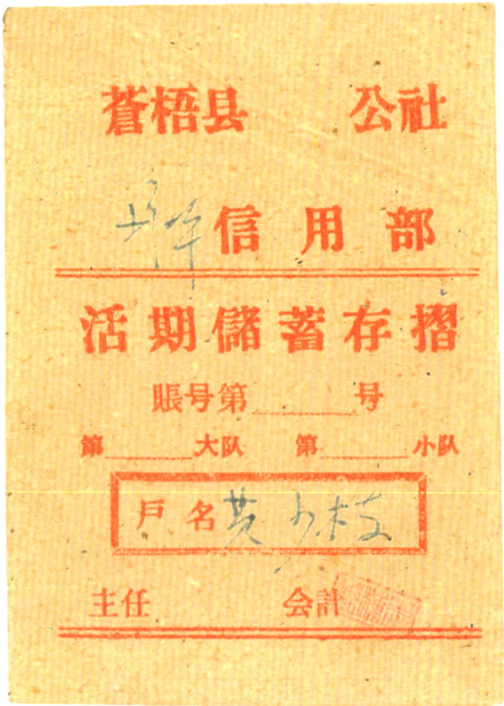

蒼梧县　公社
塘平信用部
活期儲蓄存摺
賬号第＿＿号
第＿＿大队　第＿＿小队
戶名 黄少枝
主任　会計

0240—1 一九六二年苍梧县塘平乡信用部黄少枝活期储蓄存折封面（正面）

請存戶注意
一、此折請好好保管，不要遺失，不要打叠折捲，不要搞髒搞破
二、存戶如有存折遺失，須即通知本部，如在通知前被人冒領，本部不負責任。

0240—2 一九六二年苍梧县塘平乡信用部黄少枝活期储蓄存折封面（背面）

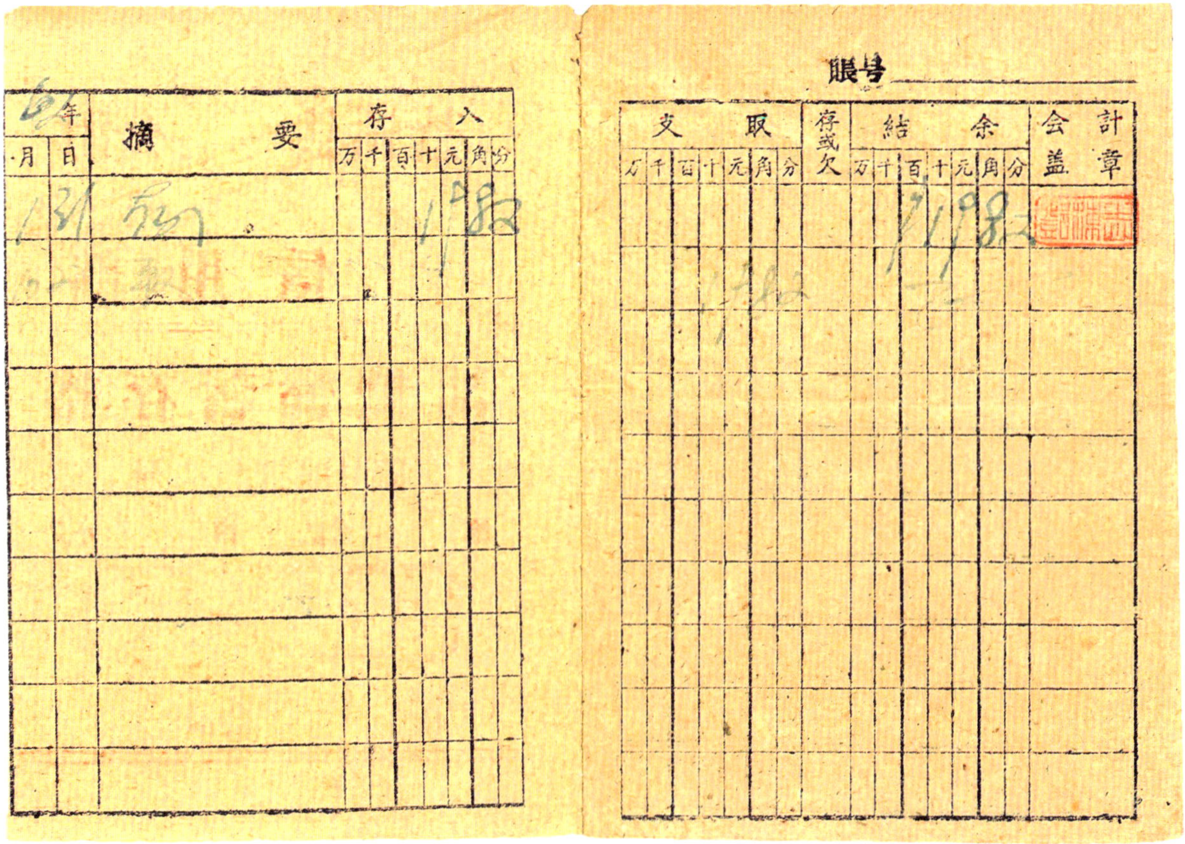

賬号

年		摘要	存入							支取							存或欠	結余							会計盖章
月	日		万	千	百	十	元	角	分	万	千	百	十	元	角	分		万	千	百	十	元	角	分	

0240—3 一九六二年苍梧县塘平乡信用部黄少枝活期储蓄存折内页

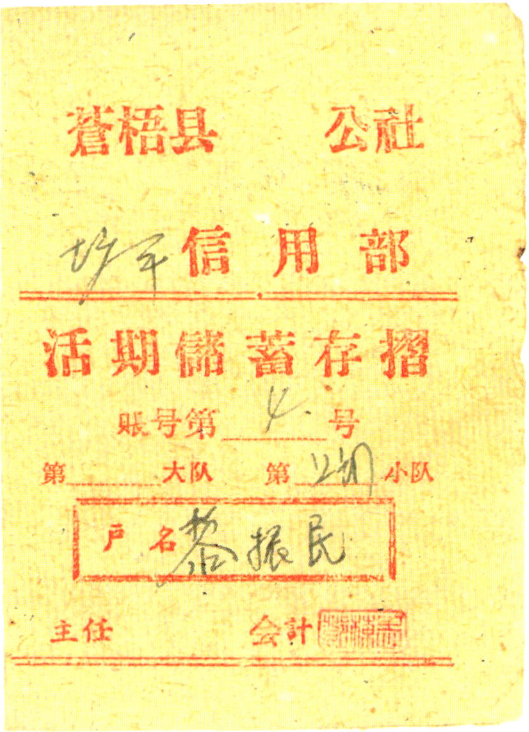

0241-1 一九六二年苍梧县塘平乡信用部黎振民活期储蓄存折封面（正面）

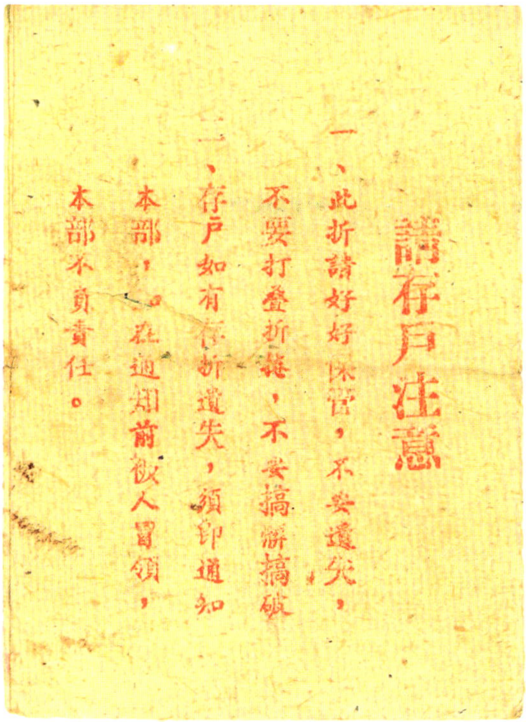

0241-2 一九六二年苍梧县塘平乡信用部黎振民活期储蓄存折封面（背面）

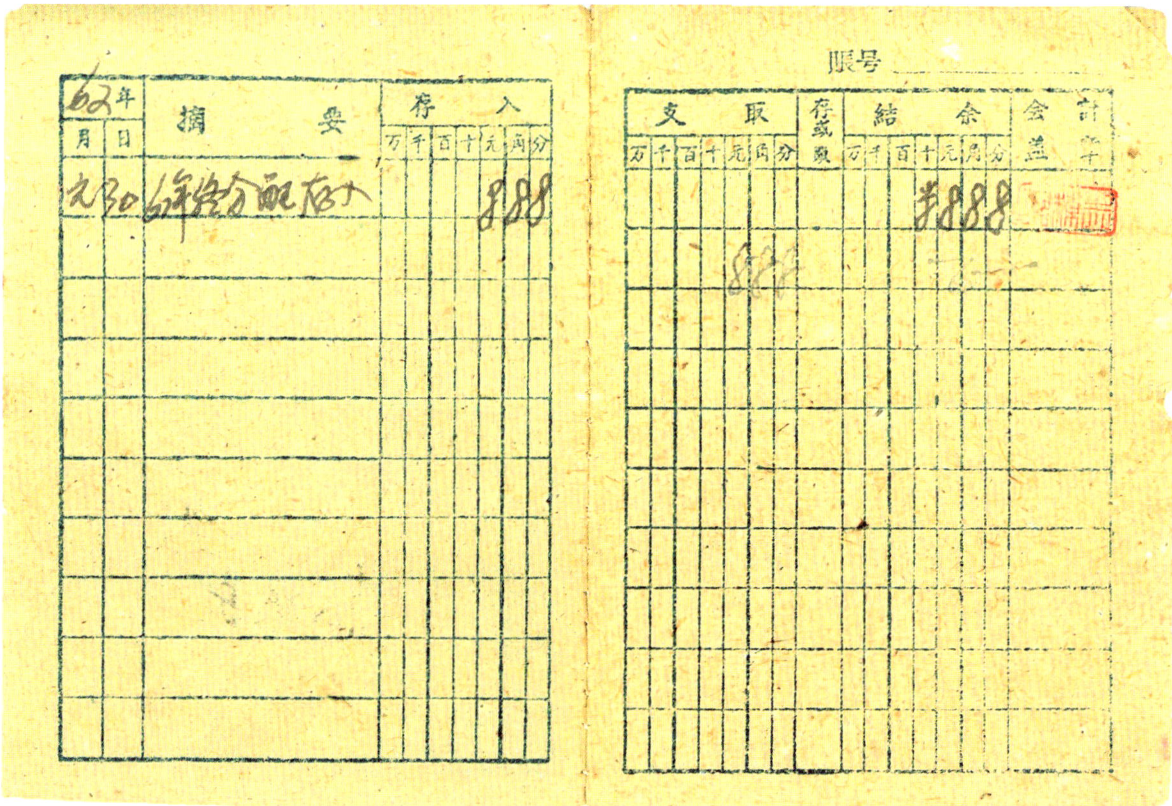

0241-3 一九六二年苍梧县塘平乡信用部黎振民活期储蓄存折内页

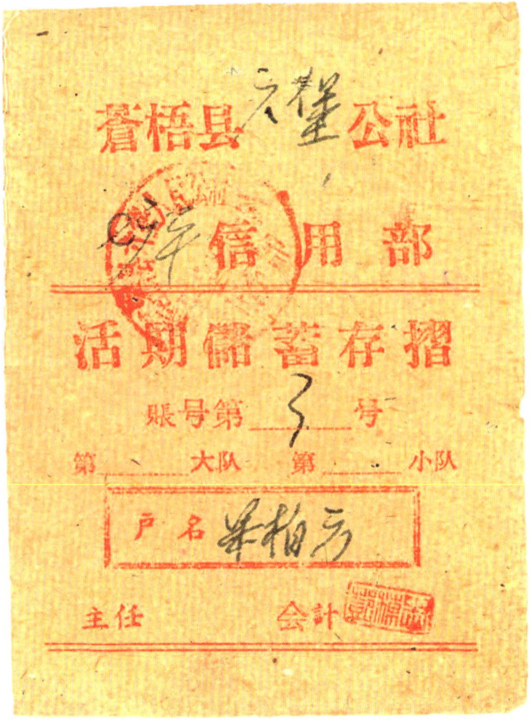
蒼梧县　　公社
信用部
活期儲蓄存摺
賬号第 3 号
第　　大队　第　　小队
户名 梁柏方
主任　　会計

0242-1 一九六二年苍梧县塘平乡信用部梁柏方活期储蓄存折封面（正面）

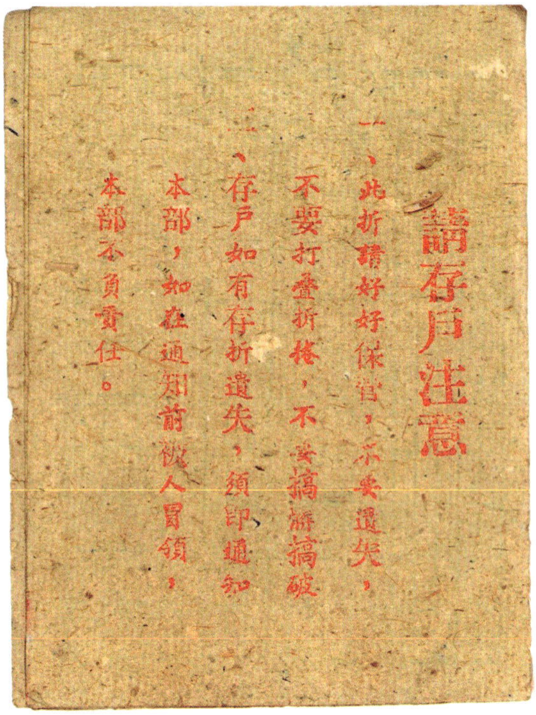
請存戶注意
一、此折請好好保管，不要遺失，不要打疊折捲，不要搞爛搞破。
二、存戶如有存折遺失，須即通知本部，如在通知前被人冒領，本部不負責任。

0242-2 一九六二年苍梧县塘平乡信用部梁柏方活期储蓄存折封面（背面）

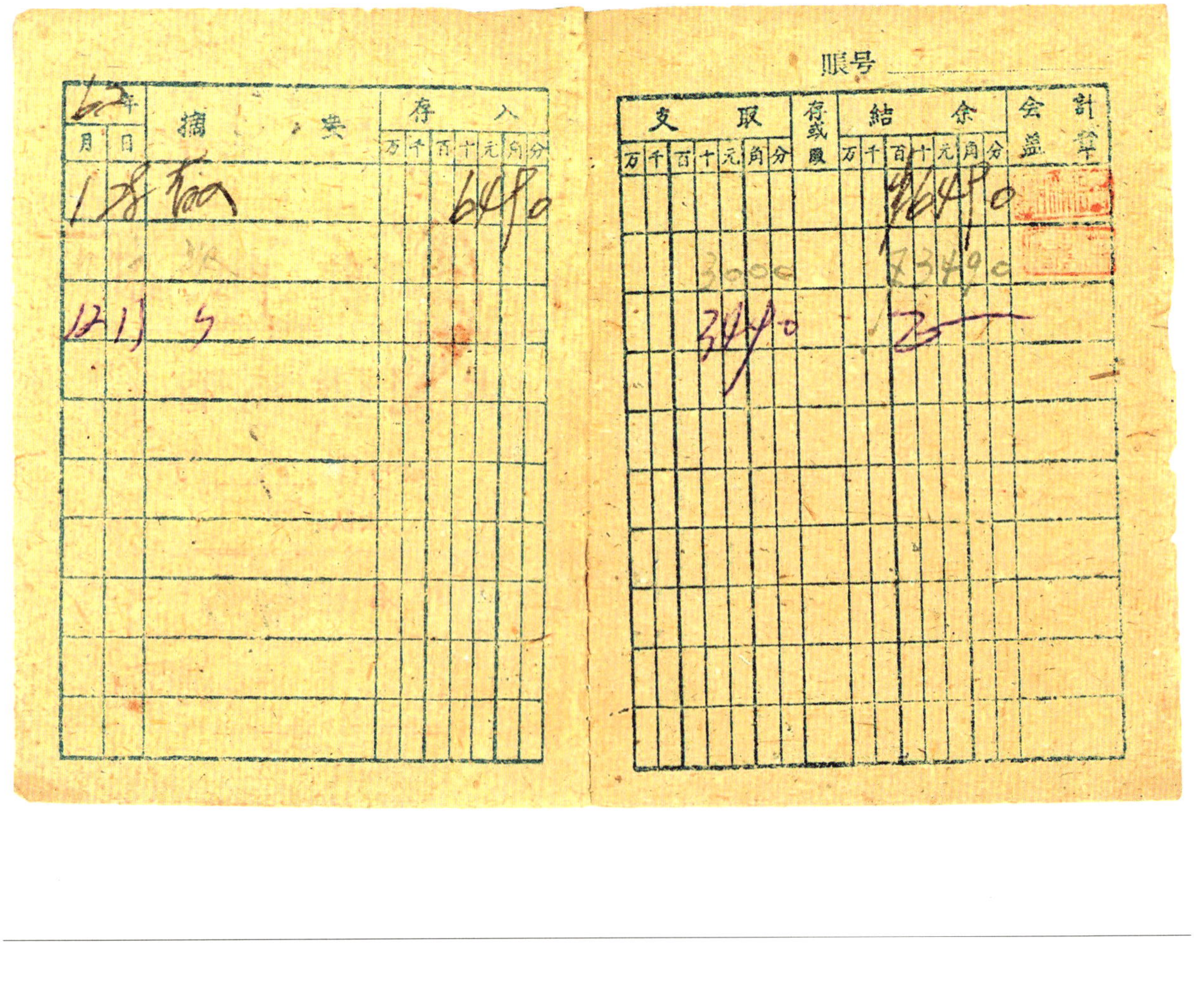
賬号

年 月	日	摘要	存入 万 千 百 十 元 角 分	支取 万 千 百 十 元 角 分	存或欠	結余 万 千 百 十 元 角 分	会計蓋章

0242-3 一九六二年苍梧县塘平乡信用部梁柏方活期储蓄存折内页

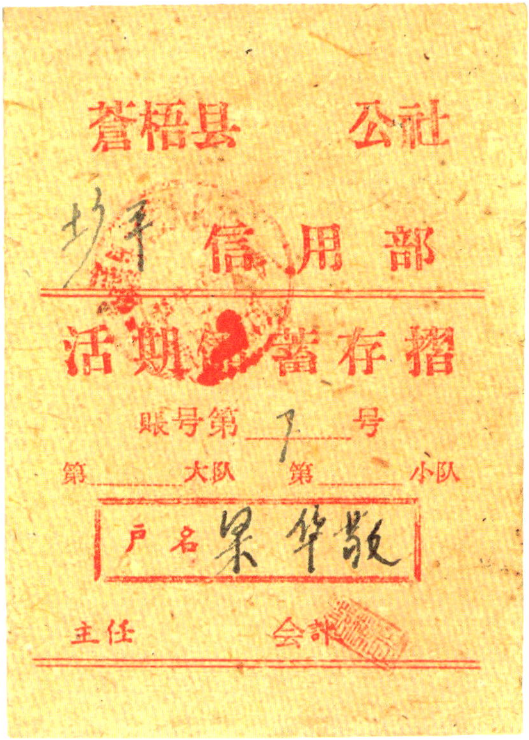
蒼梧县 公社
塘平 信用部
活期储蓄存摺
賬号第 7 号
第 大队 第 小队
户名 梁华敬
主任 会計

0243—1 一九六二年苍梧县塘平乡信用部梁华敬活期储蓄存折封面（正面）

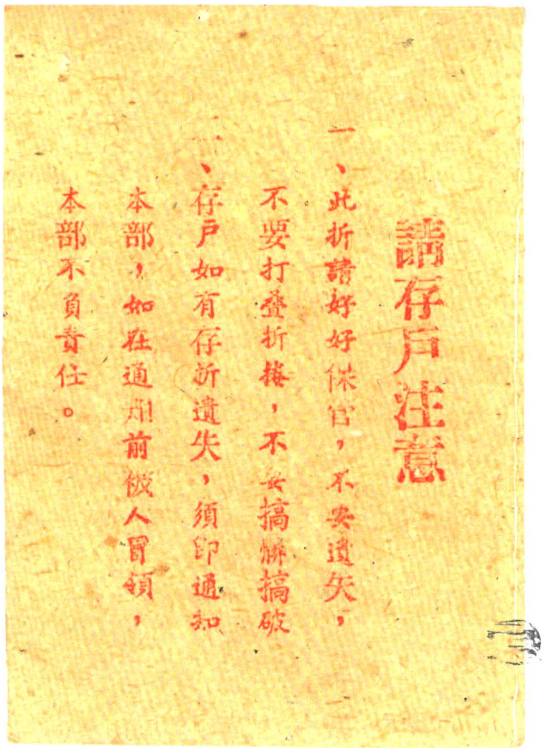
請存戶注意
一、此折請好好保管，不要遺失，不要打叠折接，不要搞髒搞破
二、存戶如有存折遺失，須即通知本部，如在通知前被人冒領，本部不負責任。

0243—2 一九六二年苍梧县塘平乡信用部梁华敬活期储蓄存折封面（背面）

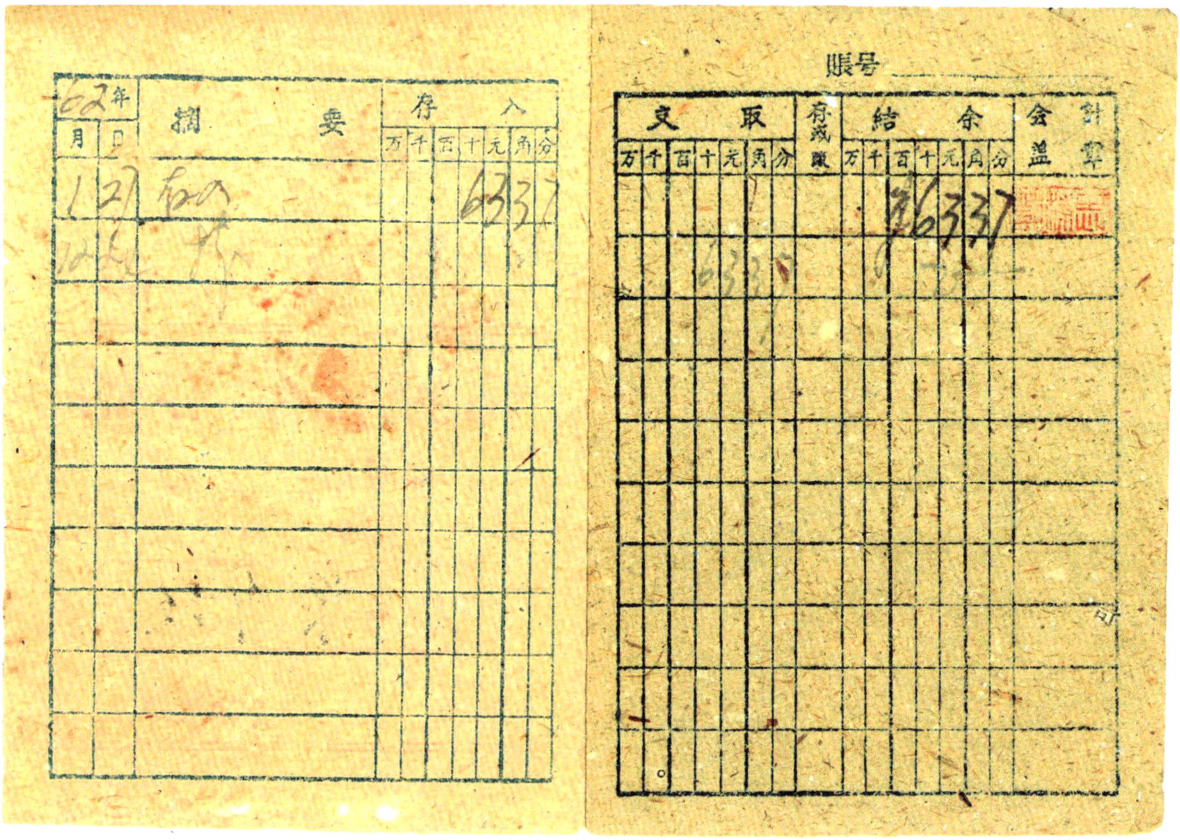
賬号

62年 月	日	摘要	存入 万	千	百	十	元	角	分	支取 万	千	百	十	元	角	分	存或欠	結余 万	千	百	十	元	角	分	会計盖章
12	27	存入				6	3	3	7												6	3	3	7	[illegible]

0243—3 一九六二年苍梧县塘平乡信用部梁华敬活期储蓄存折内页

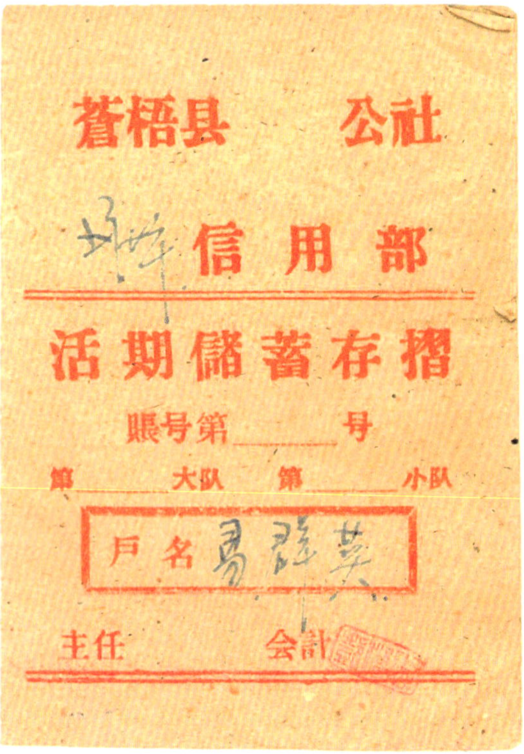
蒼梧县　　公社
塘坪　信用部
活期儲蓄存摺
賬号第＿＿＿号
第＿＿＿大队　第＿＿＿小队
戶名　易群英
主任　　会計

0244-1　一九六二年苍梧县塘平乡信用部易群英活期储蓄存折封面（正面）

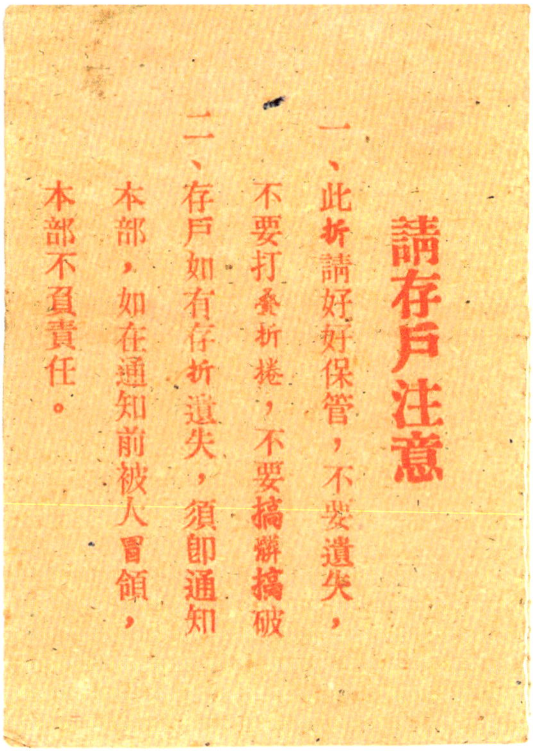
請存戶注意
一、此折請好好保管，不要遺失，不要打叠折捲，不要搞拼搞破
二、存戶如有存折遺失，須即通知本部，如在通知前被人冒領，本部不負責任。

0244-2　一九六二年苍梧县塘平乡信用部易群英活期储蓄存折封面（背面）

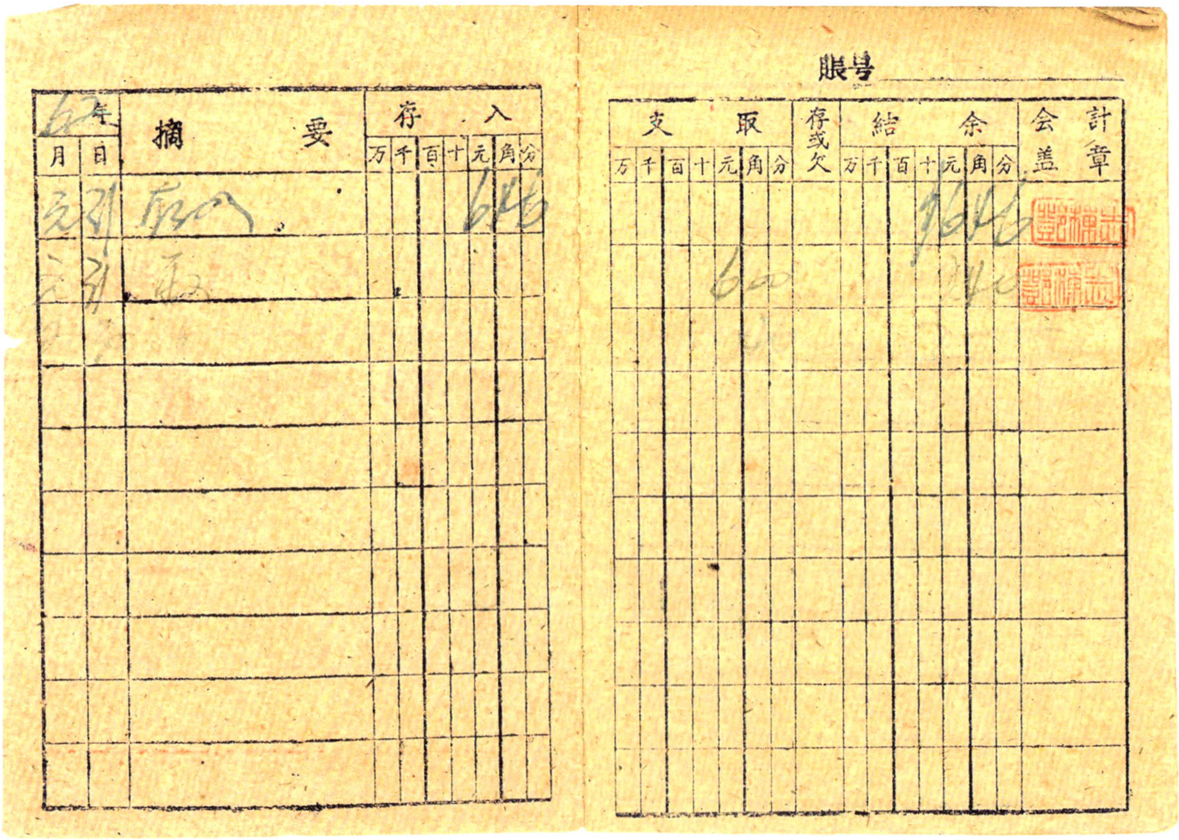
賬号
年　月　日　摘要　存入（万 千 百 十 元 角 分）
支取（万 千 百 十 元 角 分）　存或欠　結余（万 千 百 十 元 角 分）　会計蓋章

0244-3　一九六二年苍梧县塘平乡信用部易群英活期储蓄存折内页

0245—1 一九六二年苍梧县塘平乡信用部黄玉胡活期储蓄存折封面（正面）

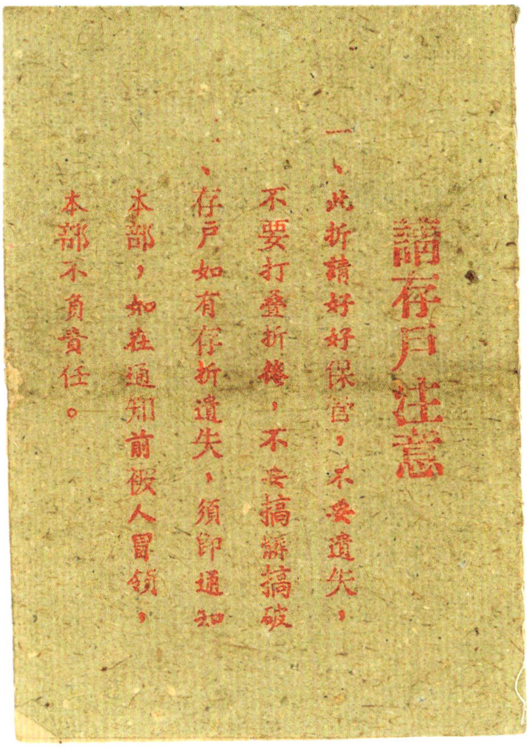

0245—2 一九六二年苍梧县塘平乡信用部黄玉胡活期储蓄存折封面（背面）

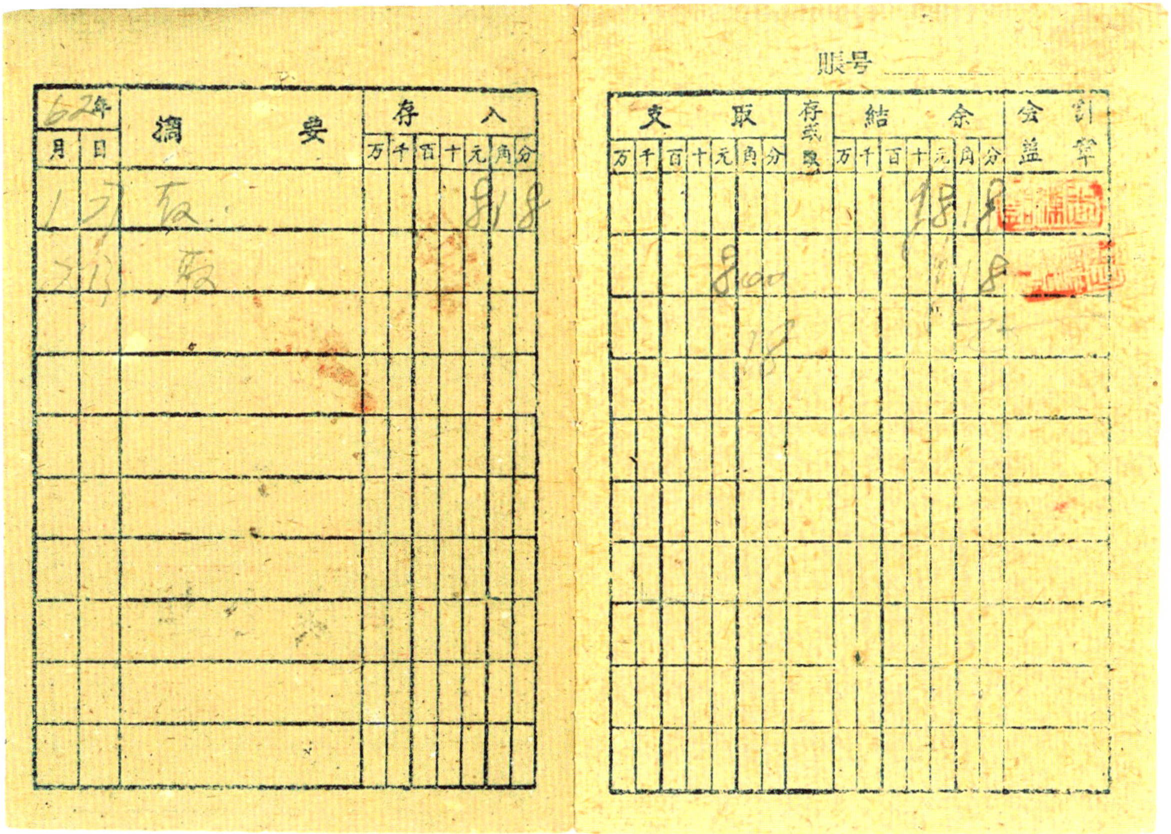

0245—3 一九六二年苍梧县塘平乡信用部黄玉胡活期储蓄存折内页

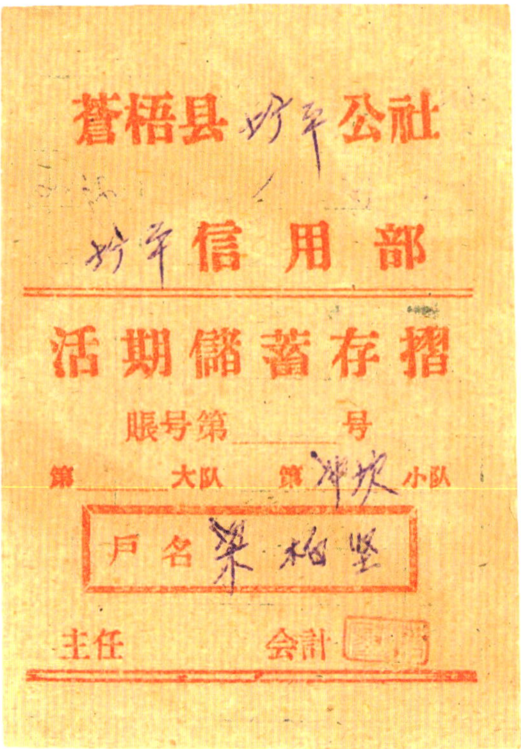

蒼梧县 塘平 公社

塘平 信用部

活期儲蓄存摺

賬号第＿＿＿号

第＿＿＿大队 第 冲坡 小队

戶名 梁柏坚

主任 会計

0246—1 一九六二年苍梧县塘平乡信用部梁柏坚活期储蓄存折封面（正面）

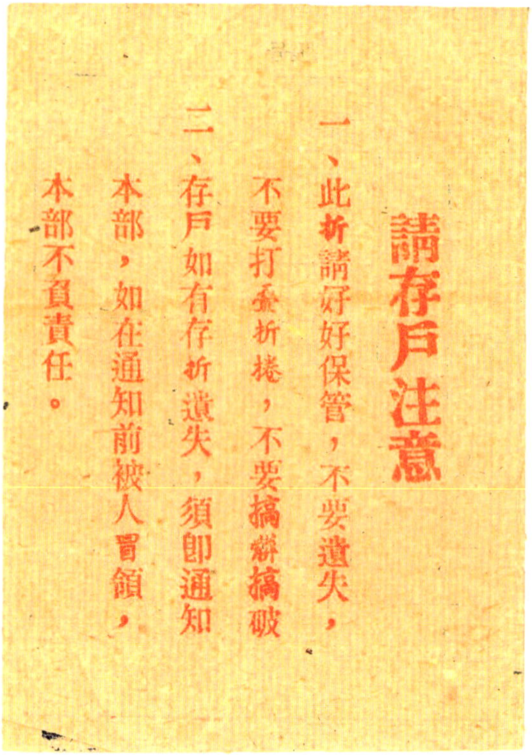

請存戶注意

一、此折請好好保管，不要遺失，不要打叠折捲，不要搞[illegible]搞破

二、存戶如有存折遺失，須即通知本部，如在通知前被人冒領，本部不負責任。

0246—2 一九六二年苍梧县塘平乡信用部梁柏坚活期储蓄存折封面（背面）

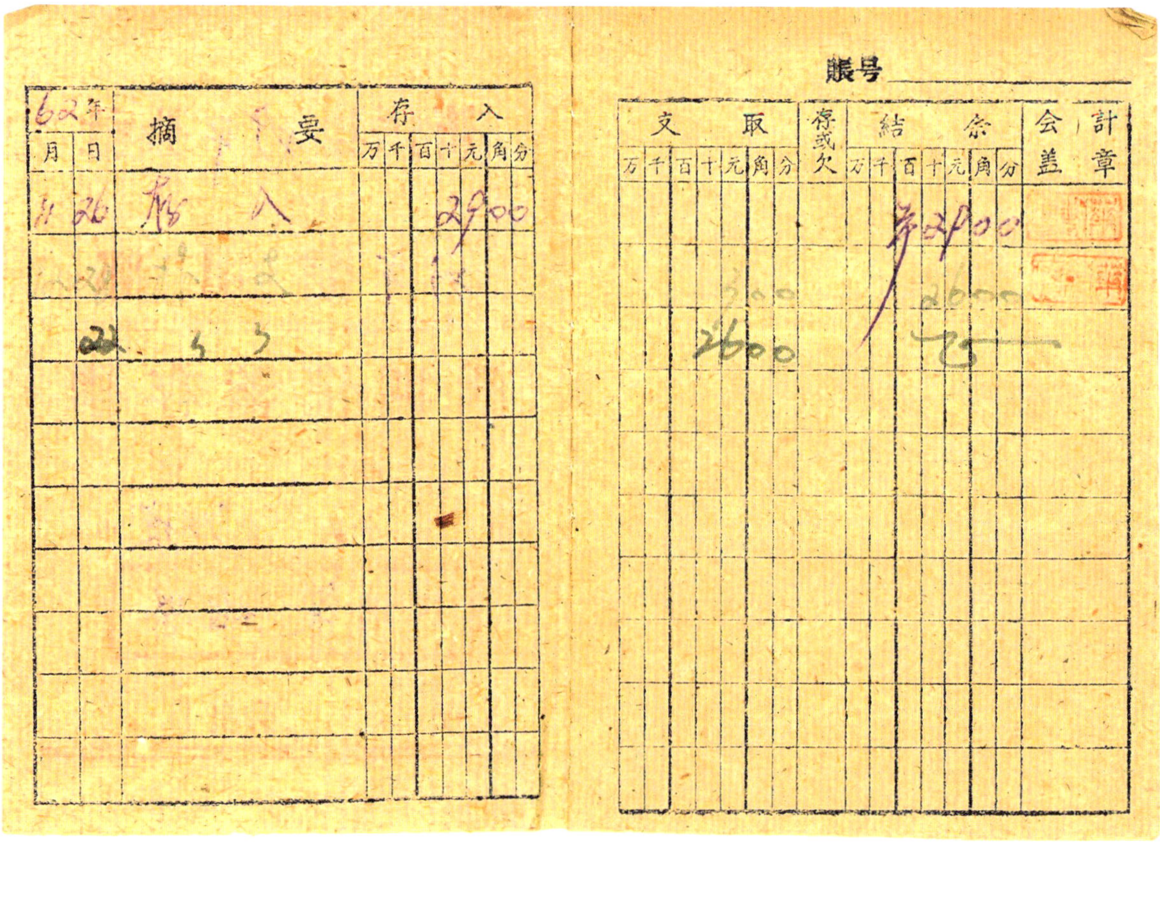

賬号＿＿＿＿＿

62年 月	日	摘要	存入 万 千 百 十 元 角 分
1	26	存入	2900

支取 万 千 百 十 元 角 分	存或欠	結余 万 千 百 十 元 角 分	会計蓋章
	存	2900	

0246—3 一九六二年苍梧县塘平乡信用部梁柏坚活期储蓄存折内页

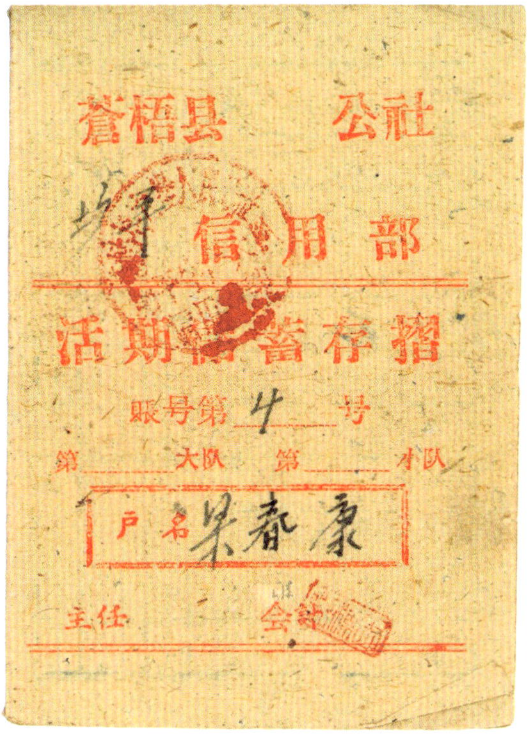
苍梧县 公社
信用部
活期储蓄存摺
账号第 4 号
第____大队 第____小队
户名 梁春康
主任 会计

0247–1 一九六二年苍梧县塘平乡信用部梁春康活期储蓄存折封面（正面）

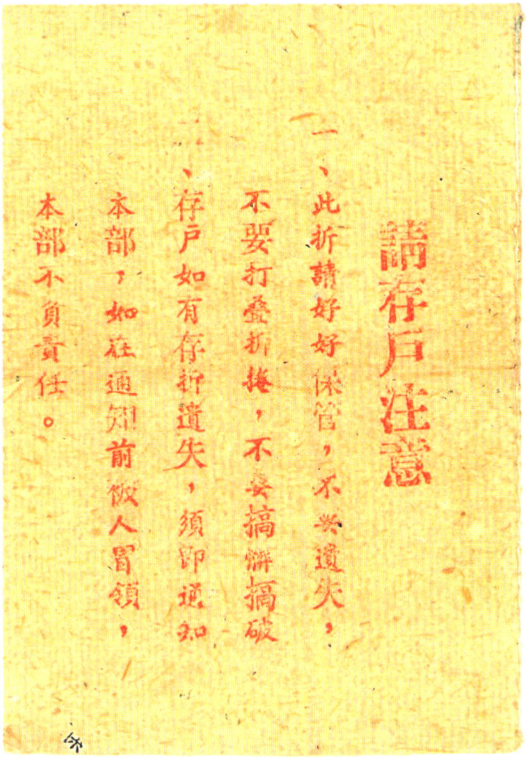
請存戶注意
一、此折請好好保管，不要遺失，不要打叠折捲，不要搞髒搞破
、存戶如有存折遺失，須即通知本部，如在通知前被人冒領，本部不負責任。

0247–2 一九六二年苍梧县塘平乡信用部梁春康活期储蓄存折封面（背面）

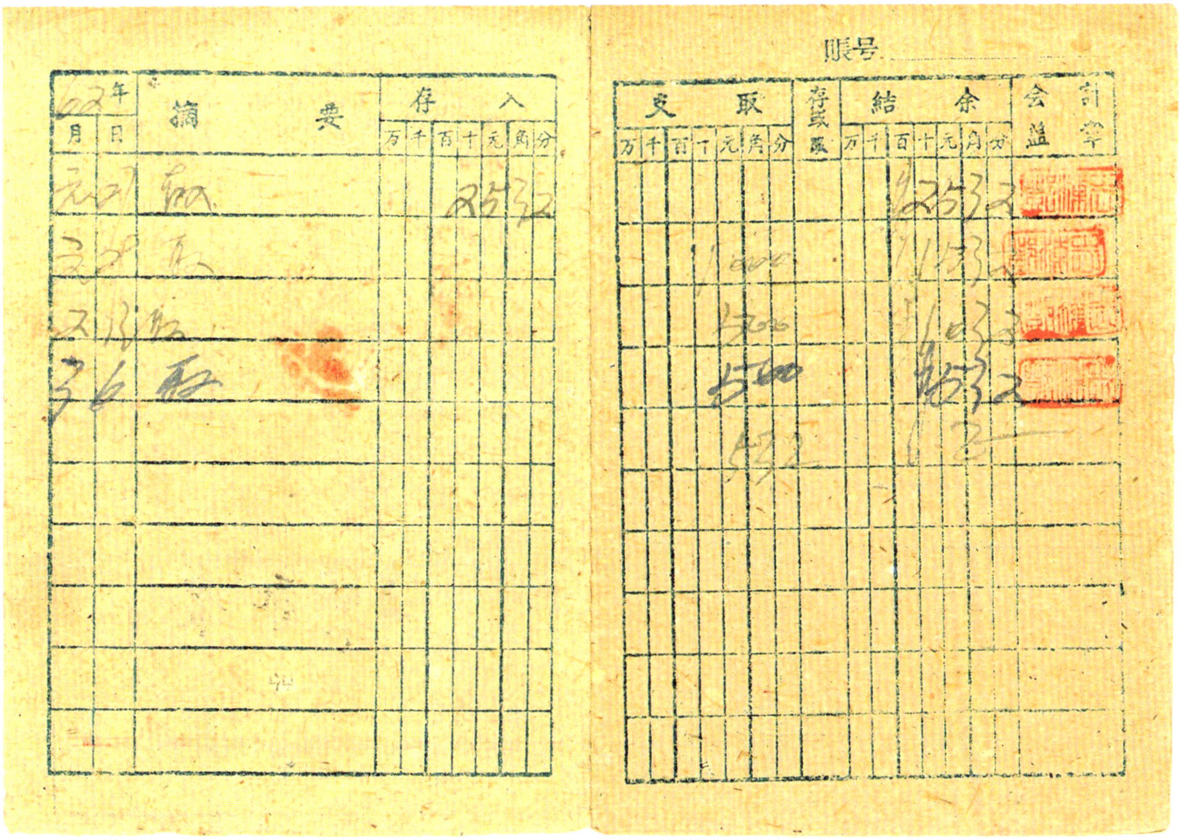
賬号

年 月	日	摘要	存入 万 千 百 十 元 角 分	支取 万 千 百 十 元 角 分	存取日數	結余 万 千 百 十 元 角 分	会计 盖章

0247–3 一九六二年苍梧县塘平乡信用部梁春康活期储蓄存折内页

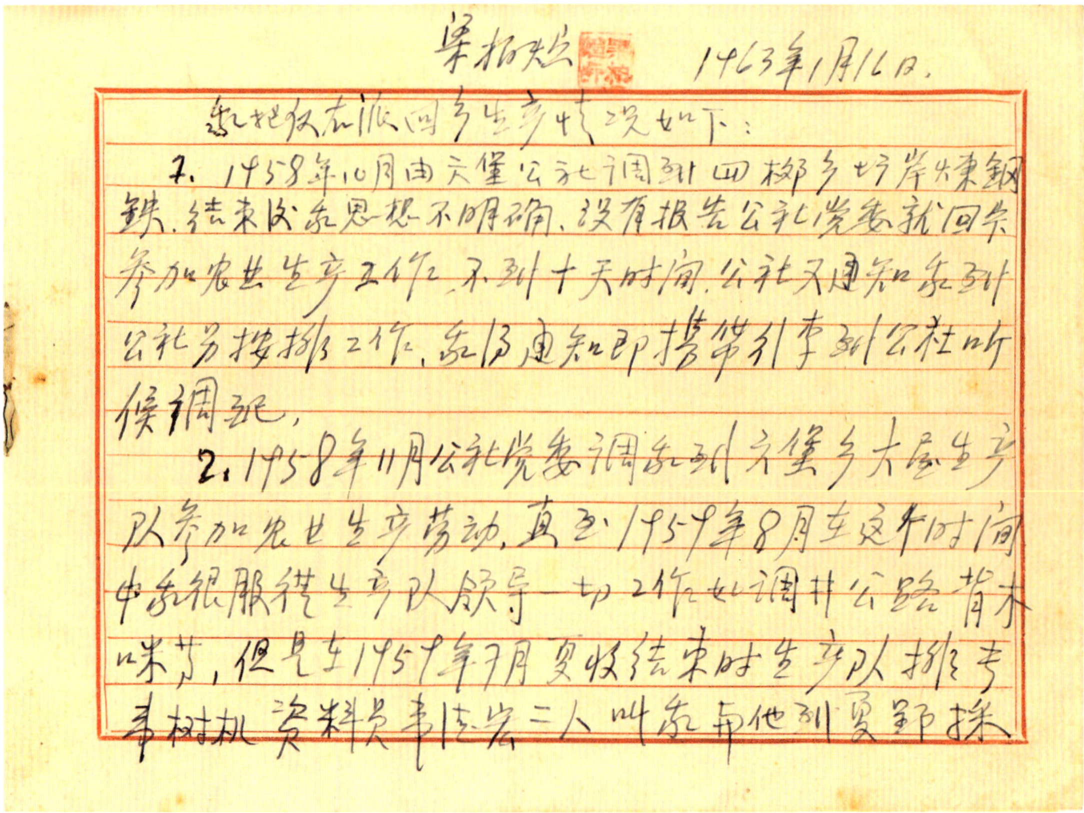

梁柏煊 1963年1月16日.

我把我在派回乡生产情况如下：

1. 1958年10月由六堡公社调到四柳乡圩岸炼钢铁. 结束后我思想不明确, 没有报告公社党委就回去参加农业生产工作. 不到十天时间, 公社又通知我到公社另按排工作, 我得通知即带行李到公社听候调配.

2. 1958年11月公社党委调我到六堡乡大屋生产队参加农业生产劳动, 直至1959年8月在这时间中我很服从生产队领导一切工作如调修公路背木咪节, 但是在1959年7月夏收结束时生产队排专车树机资料员李德岩二人叫我带他到夏郢採

0248-1 一九六三年一月十六日梁柏煊总结（1）

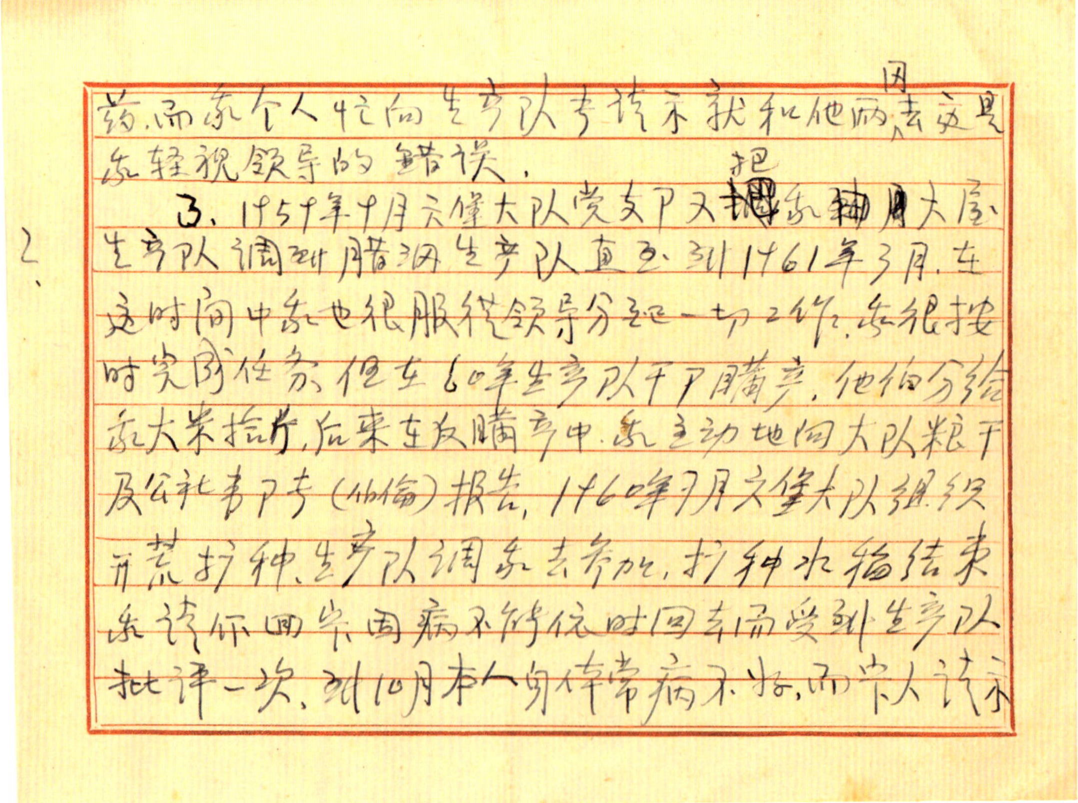

药. 而我个人坊向生产队专请不获和他两去因交是我轻视领导的错误.

2、

3. 1959年9月六堡大队党支部又把我调离大屋生产队调到腊洞生产队直至到1961年3月. 在这时间中我也很服从领导分配一切工作. 我很按时完成任务. 但在60年生产队干部瞒产, 他们分给我大米拾斤, 后来在反瞒产中. 我主动地向大队粮干及公社书记李(仙伦)报告. 1960年7月六堡大队组织开荒打种, 生产队调我去参加, 打种水稻结束我请假回家因病不能依时回去而受到生产队批评一次. 到10月本人身体常病不好. 而家人请求

0248-2 一九六三年一月十六日梁柏煊总结（2）

公社党委批准给我回家医治，到61年4月户口粮油一起搬回家庭。

4. 1961年4月至6月我因病未好，没有参加过生产队工作，到7月5日始行参加，直到现在。为因去年荒月家庭生活不周，而我个人就以制药找粮渡过家庭生活，今时家人及儿女常病，因此我对集体工作很少参加，对生产队干部群众一贯没有什么意见。为因61年6月稽生产队干部瞒有壹佰多公斤而被我看见，后来队长韦显祥列名分配给我稻谷贰拾伍斤，我在今年（62年）夏收前在社员

0248-3 一九六三年一月十六日梁柏煊总结（3）

会议上公开说出，因此他对我就有些意见，这是我过去资搞不方，思想还有贪便宜而不敢上报的错误。

今后我坚决不做一切对党对人民对社会主义建设不利的事情，向坏人坏事作斗争，要好好地在生产劳动中改造自己，争取做个社会主义新人。

梁柏煊 1963年1月16日

0248-4 一九六三年一月十六日梁柏煊总结（4）

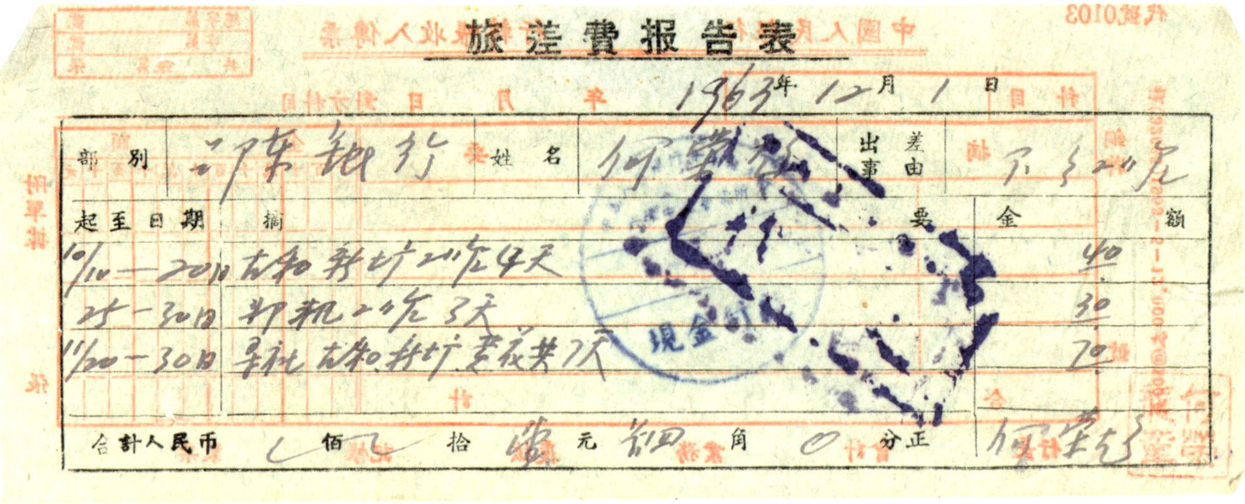
旅差費报告表

1963年12月1日

部别	陈乡行	姓名	何	出差事由	
起至日期	摘要				金额
10/10—20日	古和新圩21仁4天				40
25—30日	那机21仁3天				30
11/20—30日	寻社 古和新圩 营夜共7天				70
合計人民币	佰 拾 元 角 分正				

现金付讫

0249 一九六三年十二月二十六日陈鄉行旅差费报告表

0250—1 一九六三年苍梧县六堡区塘平黎松文信用部活期储蓄存折封面（正面）

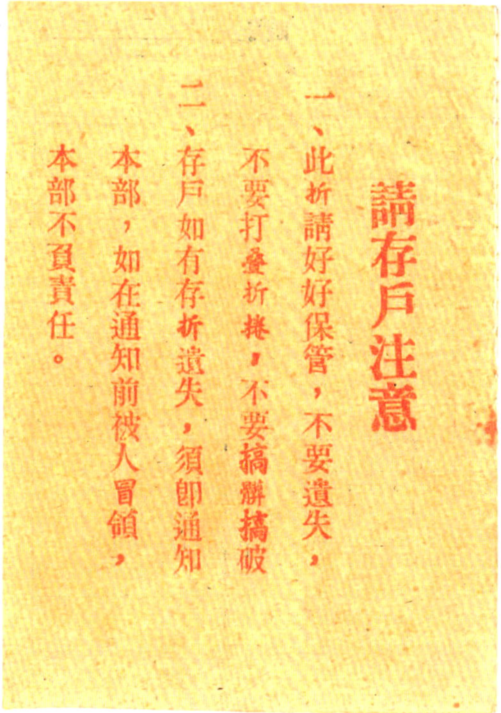
請存戶注意
一、此折請好好保管，不要遺失，不要打叠折捲，不要搞髒搞破
二、存戶如有存折遺失，須即通知本部，如在通知前被人冒領，本部不負責任。

0250—2 一九六三年苍梧县六堡区塘平黎松文信用部活期储蓄存折封面（背面）

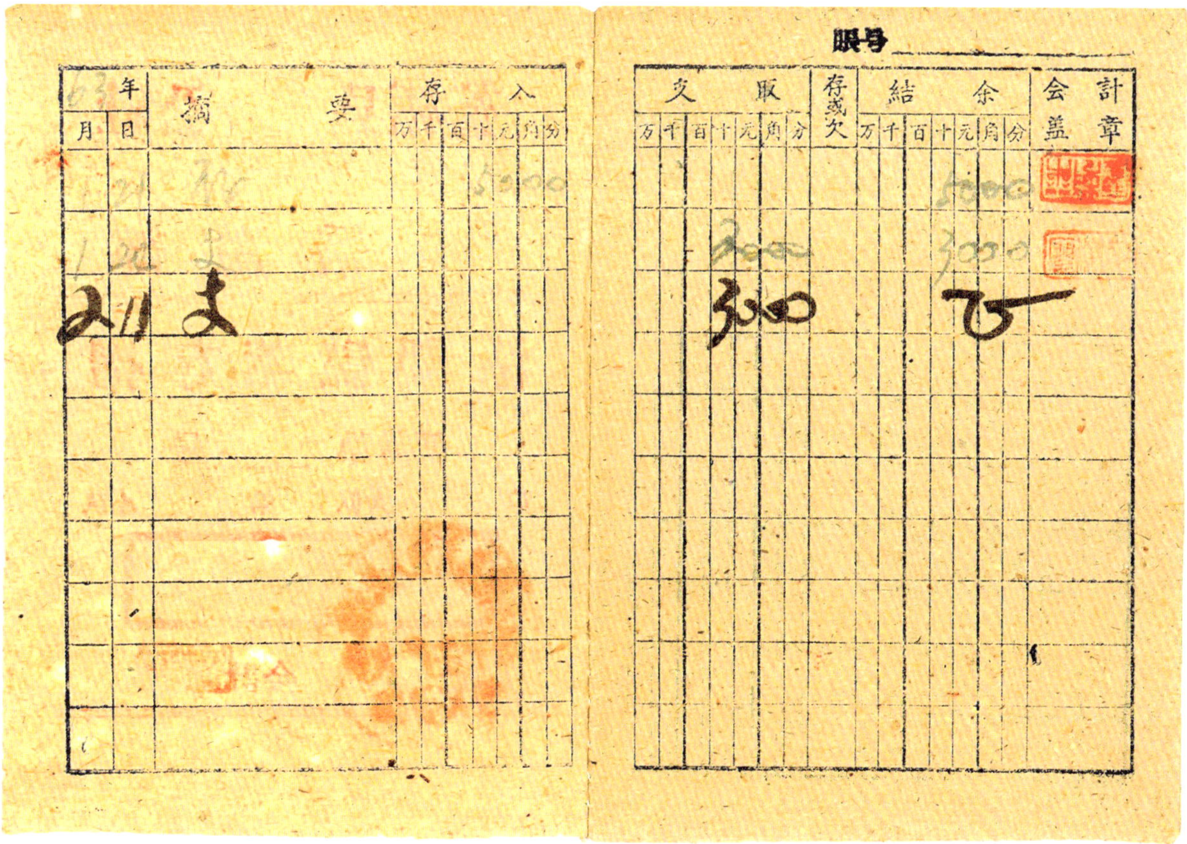

0250—3 一九六三年苍梧县六堡区塘平黎松文信用部活期储蓄存折内页

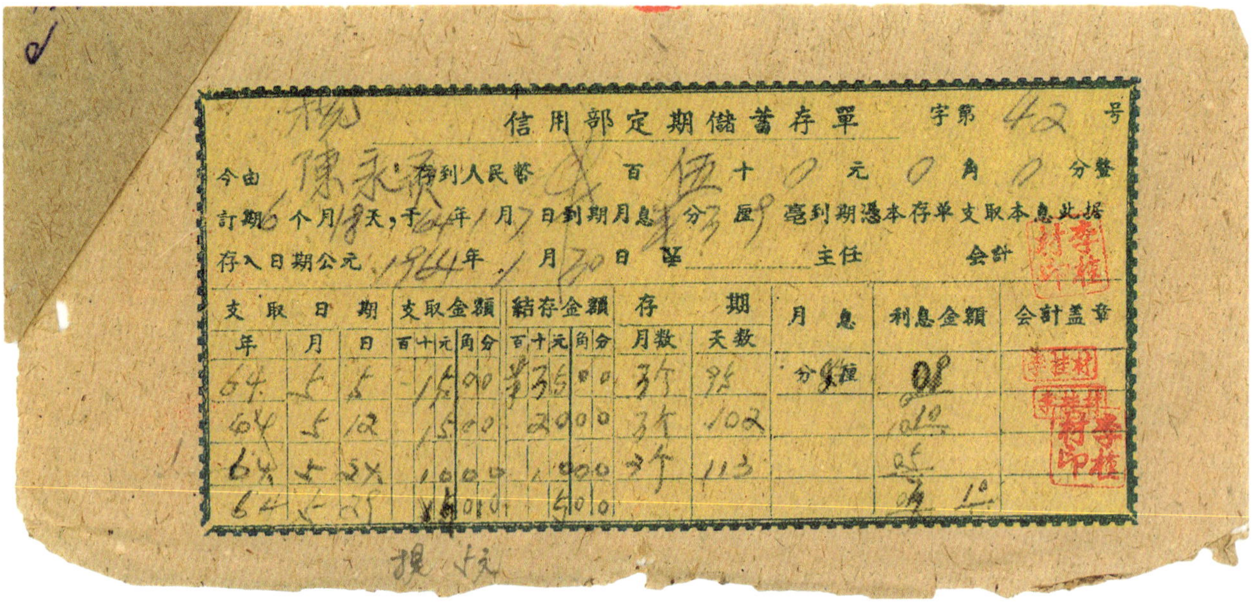

信用部定期儲蓄存單　字第 42 号

今由 陳永贤 存到人民幣 百 伍 十 0 元 0 角 0 分整

訂期 6 个月 18 天，于 64 年 1 月 7 日到期月息 分 厘 毫到期憑本存單支取本息此据

存入日期公元 1964 年 1 月 30 日　主任　会計

支取日期			支取金額	結存金額	存期		月息	利息金額	会計盖章
年	月	日	百十元角分	百十元角分	月数	天数			
64	5	5	1500	3500	3个	95	分 厘	08	
64	5	12	1500	2000	3个	102		10	
64	5	28	1000	1000	3个	113		05	
64	5	25	500	500					

提　訖

0251 一九六四年一月三十日大尧陈永贤定期储蓄存单

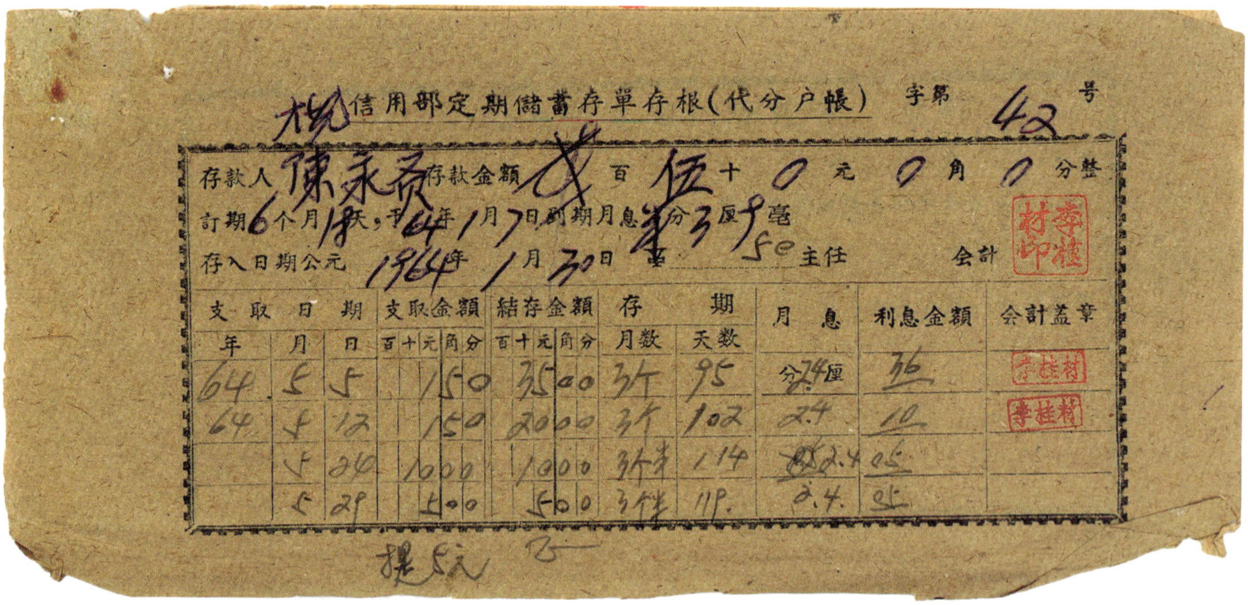

信用部定期儲蓄存單存根(代分户帐)　字第 42 号

存款人 陳永贤 存款金額 百 伍 十 0 元 0 角 0 分整

訂期 6 个月 18 天，于 64 年 1 月 7 日到期月息 分 厘 毫

存入日期公元 1964 年 1 月 30 日　主任　会計

支取日期			支取金額	結存金額	存期		月息	利息金額	会計盖章
年	月	日	百十元角分	百十元角分	月数	天数			
64	5	5	150	3500	3个	95	分2.4厘	35	
64	5	12	150	2000	3个	102	2.4	10	
	5	24	1000	1000	3个	114	2.4	05	
	5	29	500	500	3个	119	2.4	05	

提訖

0252 一九六四年一月三十日大尧陈永贤定期储蓄存单存根

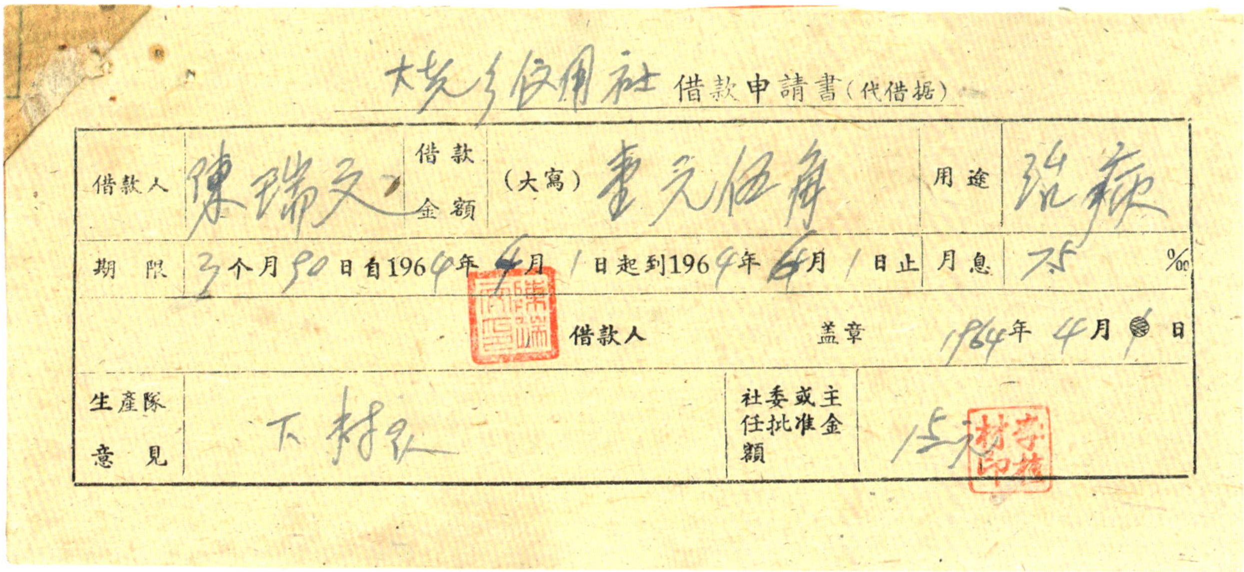
大尧乡信用社借款申請書（代借据）

借款人	陳瑞文	借款金額	（大寫）	用途	
期限	3个月90日自1964年4月1日起到1964年6月1日止			月息	7.5‰
	借款人 盖章 1964年4月1日				
生產隊意見			社委或主任批准金額	15元	

0253 一九六四年四月一日大尧陈瑞文信用部借款申请书

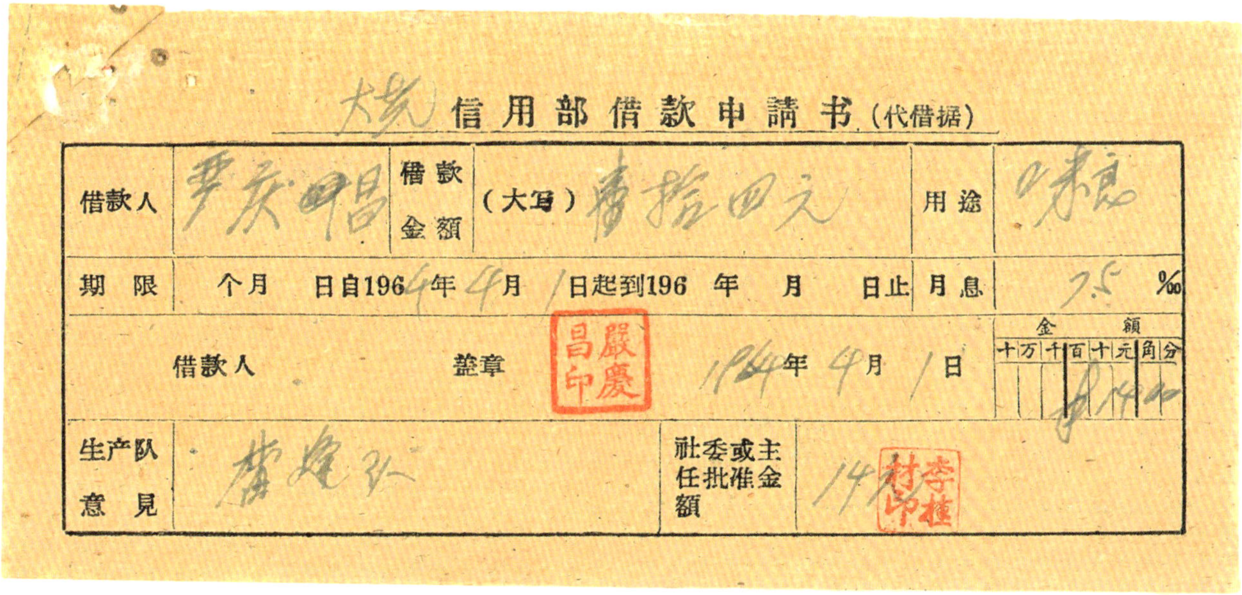
大尧信用部借款申請书（代借据）

借款人	嚴庆昌	借款金額	（大写）	用途	口粮
期限	个月 日自1964年4月1日起到196 年 月 日止			月息	7.5‰
	借款人 盖章 1964年4月1日			金額	
生产队意見			社委或主任批准金額	14	

0254 一九六四年四月一日大尧严庆昌信用部借款申请书

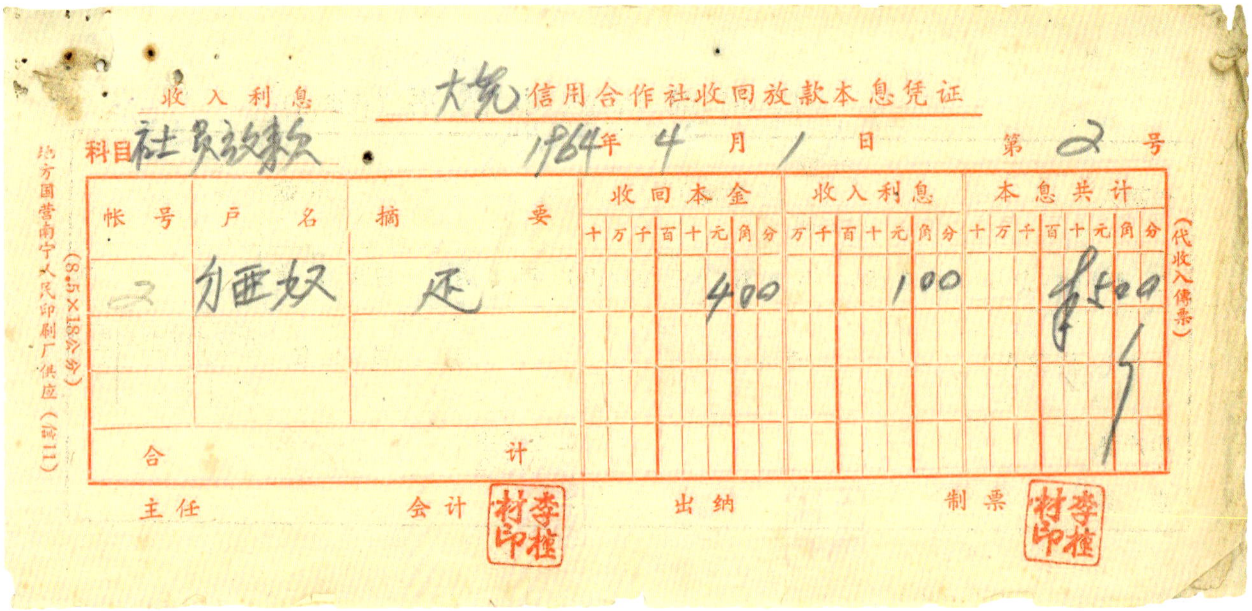

收入利息

大尧信用合作社收回放款本息凭证

科目 社员放款 1964年4月1日 第2号

帐号	户名	摘要	收回本金	收入利息	本息共计
2	力亚奴	还	400	100	500
合计					

主任 会计 李權村印 出纳 制票 李權村印

地方国营南宁人民印刷厂供应（谂11）（8.5×18公分）

（代收入传票）

0255 一九六四年四月一日大尧黎亚奴信用合作社收回放款本息凭证

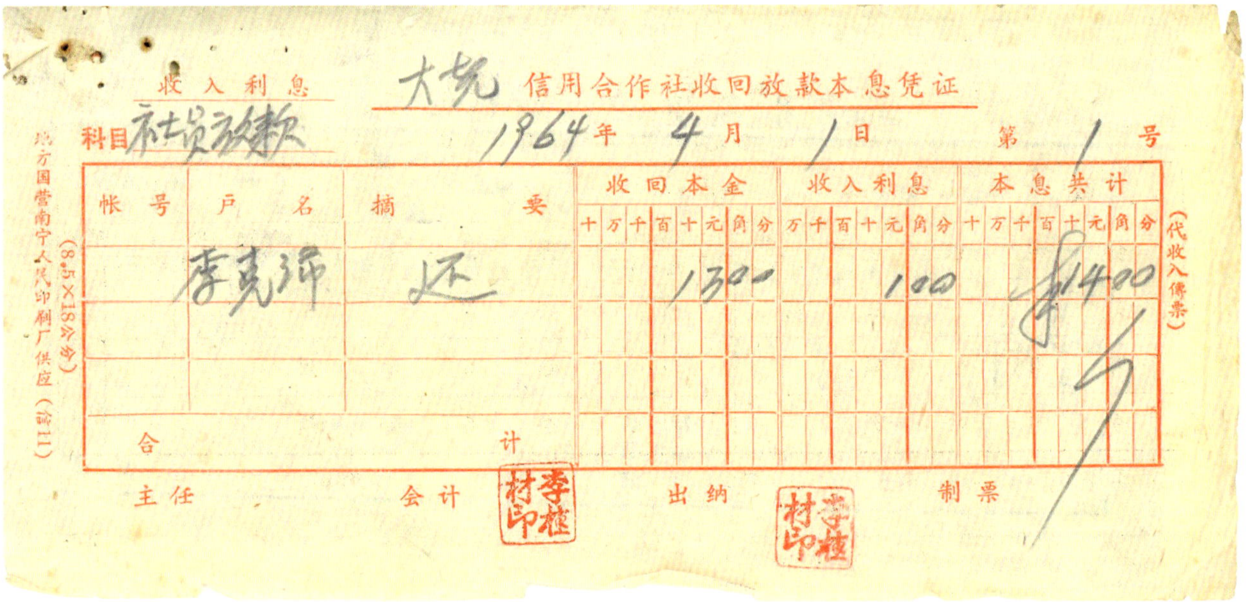

收入利息

大尧信用合作社收回放款本息凭证

科目 社员放款 1964年4月1日 第1号

帐号	户名	摘要	收回本金	收入利息	本息共计
	李克沛	还	1300	100	1400
合计					

主任 会计 李權村印 出纳 李權村印 制票

地方国营南宁人民印刷厂供应（谂11）（8.5×18公分）

（代收入传票）

0256 一九六四年四月一日大尧李克沛信用合作社收回放款本息凭证

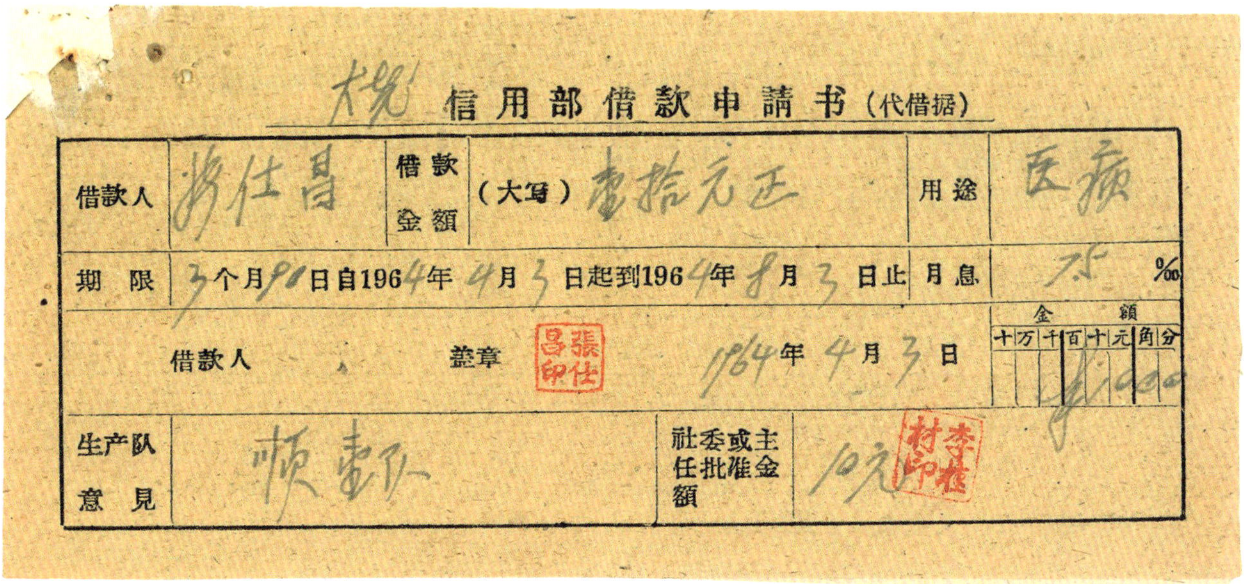

大尧 信用部借款申请书（代借据）

借款人	张仕昌	借款金额	（大写）壹拾元正	用途	医病
期限	3个月91日自1964年4月3日起到1964年8月3日止			月息	7.5 ‰
	借款人 盖章 1964年4月3日			金额	¥1000
生产队意见	顺垄队			社委或主任批准金额	10元

0257 一九六四年四月三日大尧张仕昌信用部借款申请书

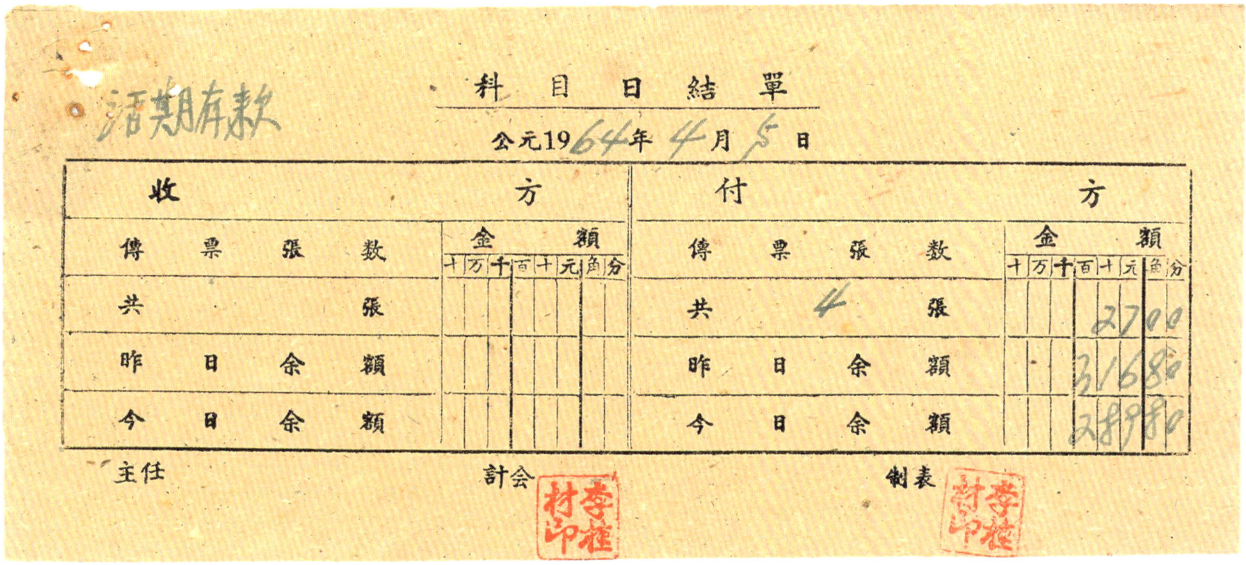

活期存款

科目日結單

公元1964年4月5日

收方	金額	付方	金額
傳票張数		傳票張数	
共　張		共 4 張	2700
昨日余額		昨日余額	31680
今日余額		今日余額	28980

主任　　計会　　制表

0258 一九六四年四月五日活期存款科目日结单

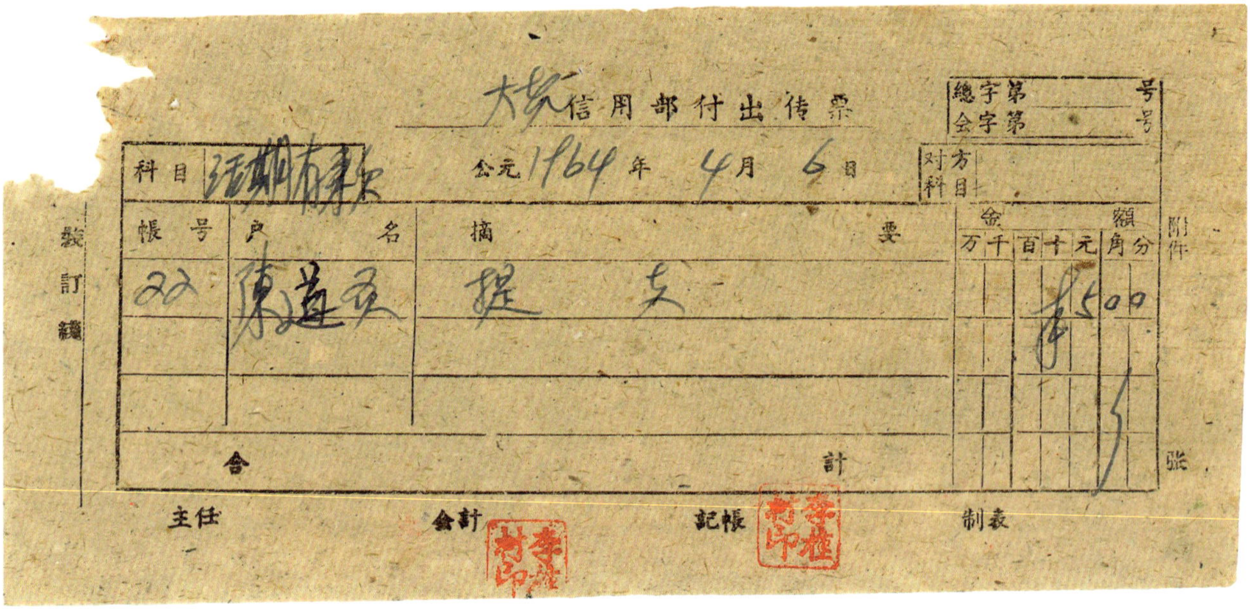

大尧信用部付出传票

總字第　号
会字第　号

科目 [illegible]　公元1964年4月6日　对方科目

帐号	户名	摘要	金额 万	千	百	十	元	角	分
22	陳道贤	提支					5	0	0
合計									

附件　张

装訂綫

主任　会計　記帳　制表

李桂村印　李桂村印

0259 一九六四年四月六日大尧陈道贤取款付出传票

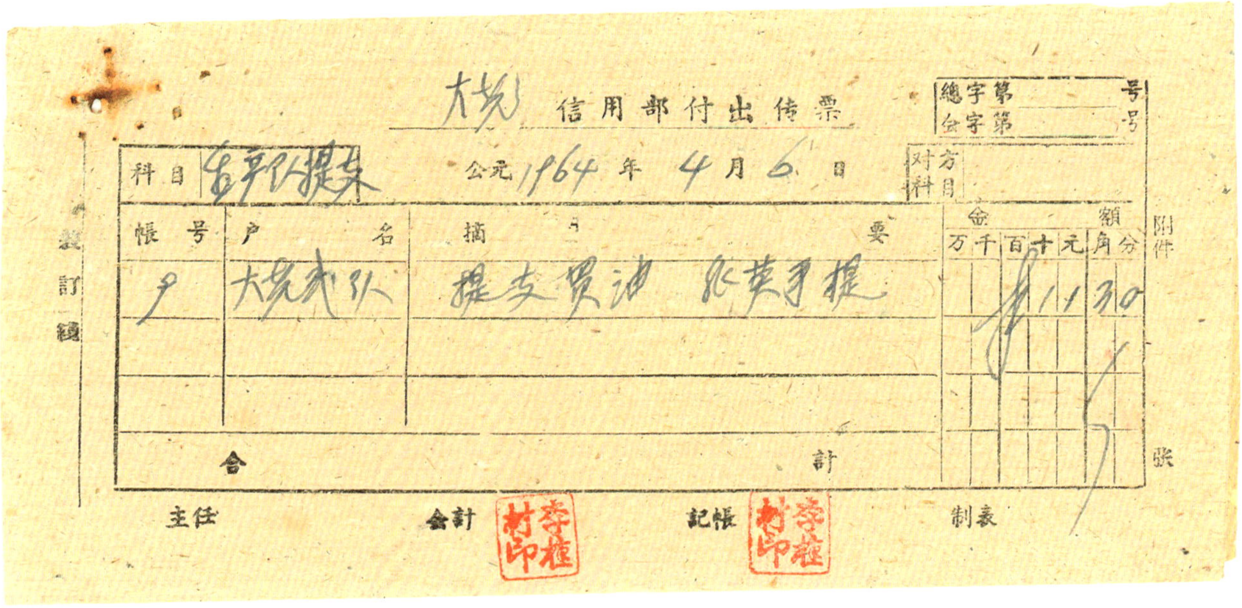

大尧信用部付出传票

總字第　号
会字第　号

科目 生产队提支　公元1964年4月6日　对方科目

帐号	户名	摘要	金额 万	千	百	十	元	角	分
9	大尧弍队	提支買油 张英才提				1	1	3	0
合計									

附件　张

装訂綫

主任　会計　記帳　制表

李桂村印　李桂村印

0260 一九六四年四月六日大尧乡二队取款付出传票

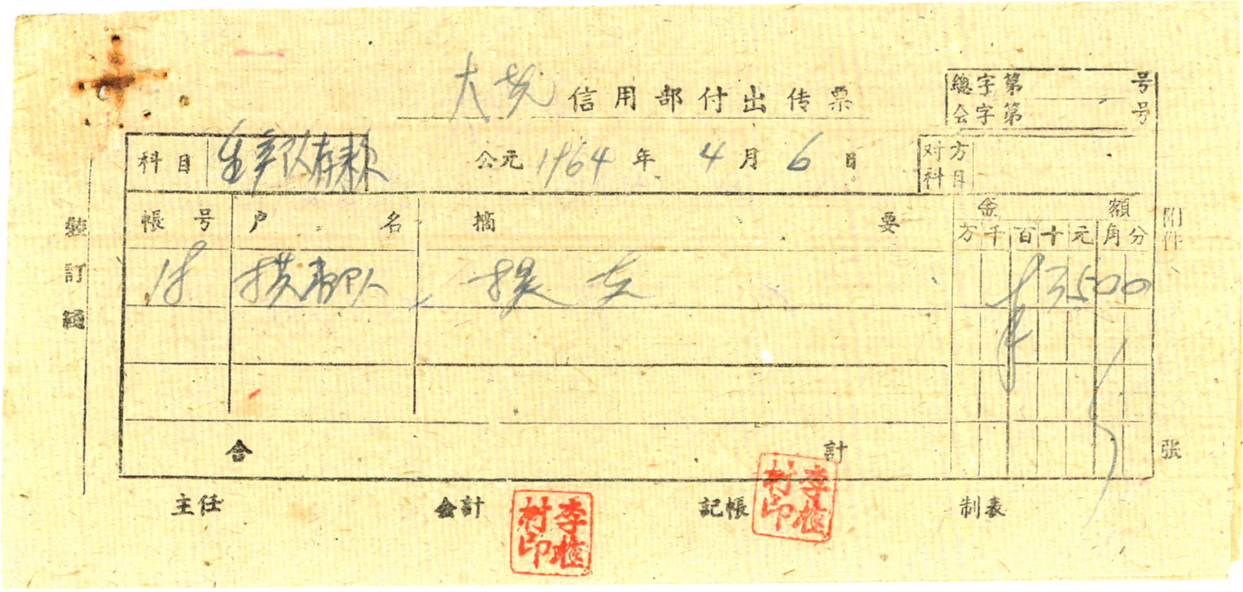

大尧信用部付出传票

總字第 号
会字第 号

科目	生产队存款	公元1964年4月6日		对方科目	
帳号	户名	摘要		金额（万千百十元角分）	
18	拱一队	提支		¥3500	
合計					

装訂線 附件 张

主任 会計 李植村印 記帳 李植村印 制表

0261 一九六四年四月六日大尧乡拱一队取款付出传票

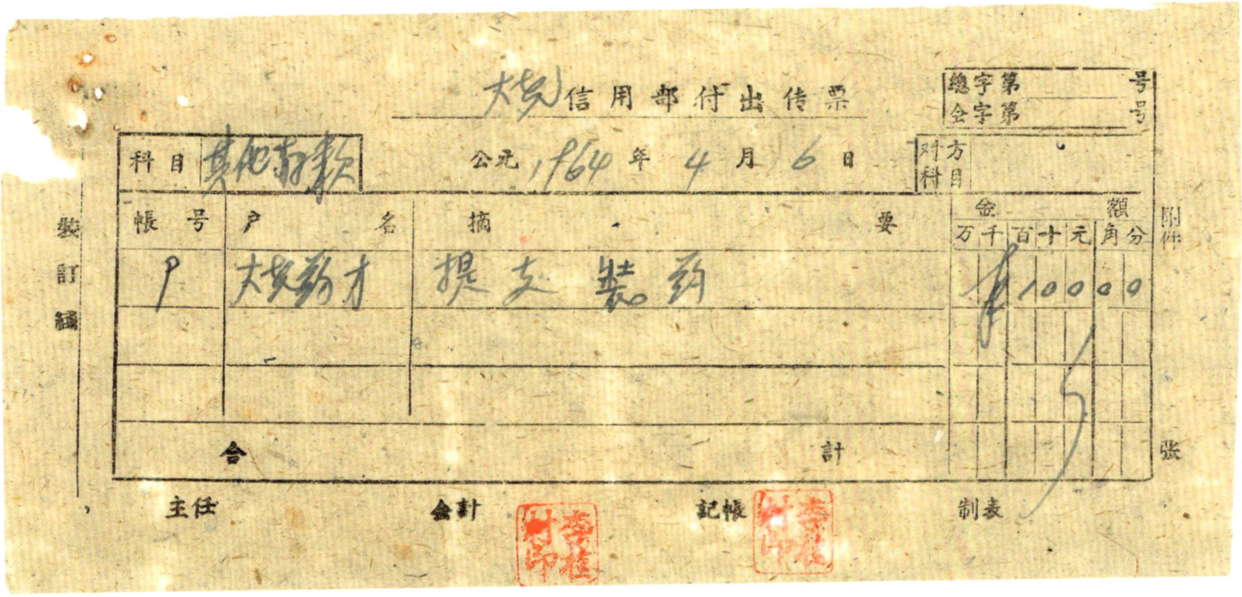

大尧信用部付出传票

總字第 号
会字第 号

科目	集体存款	公元1964年4月6日		对方科目	
帳号	户名	摘要		金额（万千百十元角分）	
户	大尧药材	提支 装药		¥10000	
合計					

装訂線 附件 张

主任 会計 李植村印 記帳 李植村印 制表

0262 一九六四年四月六日大尧乡药材店取款付出传票

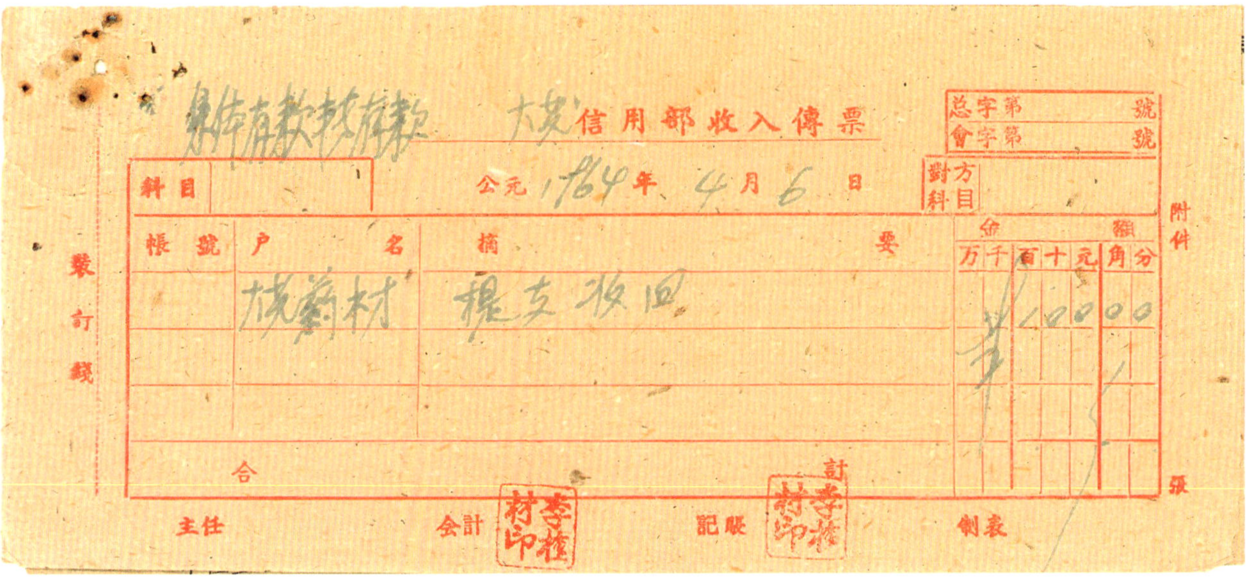
大尧信用部收入傳票
总字第 號
會字第 號
科目
公元1964年4月6日
對方科目
帳號 户名 摘要 金額
万 千 百 十 元 角 分
大尧药材 提支收回
合計
裝訂綫
附件 張
主任 会計 記賬 制表

0263 一九六四年四月六日大尧乡药材店存款收入传票

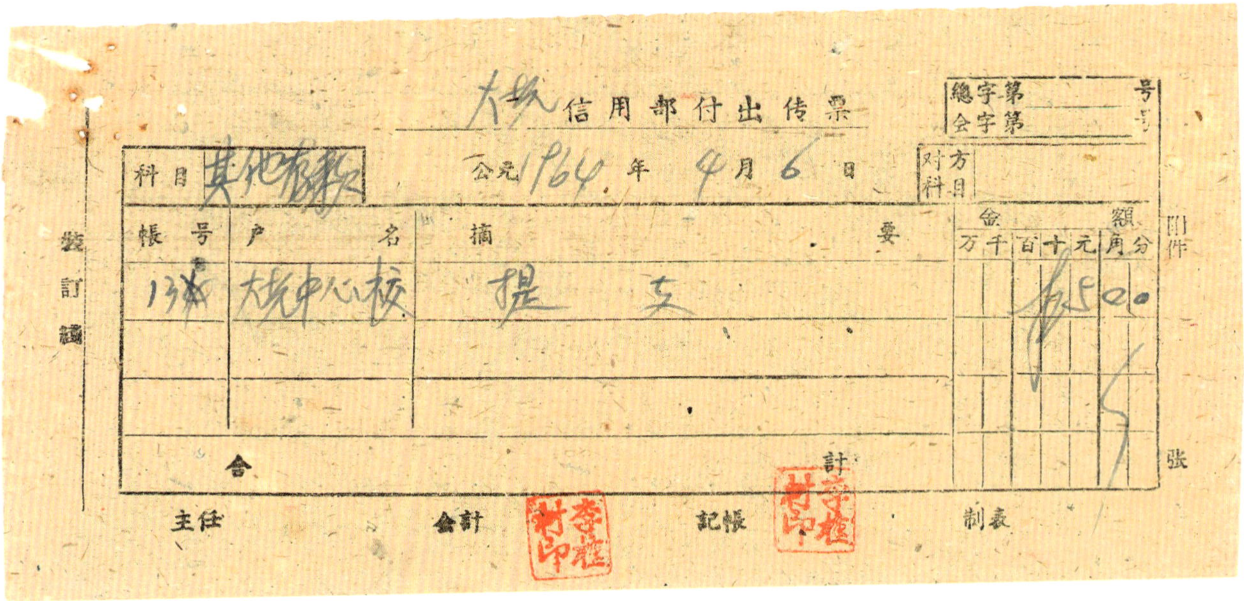
大尧信用部付出传票
總字第 号
会字第 号
科目 其他存款
公元1964年4月6日
对方科目
帳号 户名 摘要 金額
万 千 百 十 元 角 分
大尧中心校 提支
合計
裝訂綫
附件 张
主任 会計 記帳 制表

0264 一九六四年四月六日大尧乡中心校取款付出传票

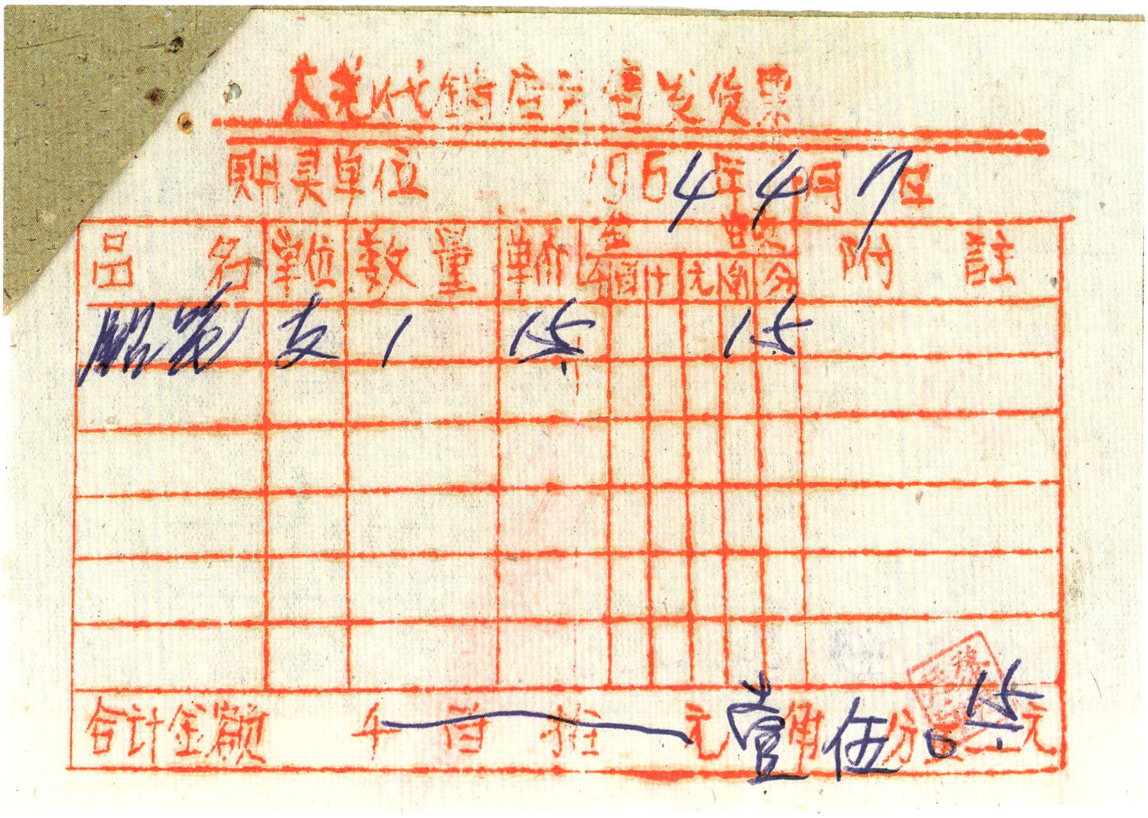

大尧代销店零售发货票

购买单位 1964年4月9日

品名	单位	数量	单价	金额	附註

合計金額 千 百 拾 元 角 分

0265 一九六四年四月九日大尧代销店零售发货票

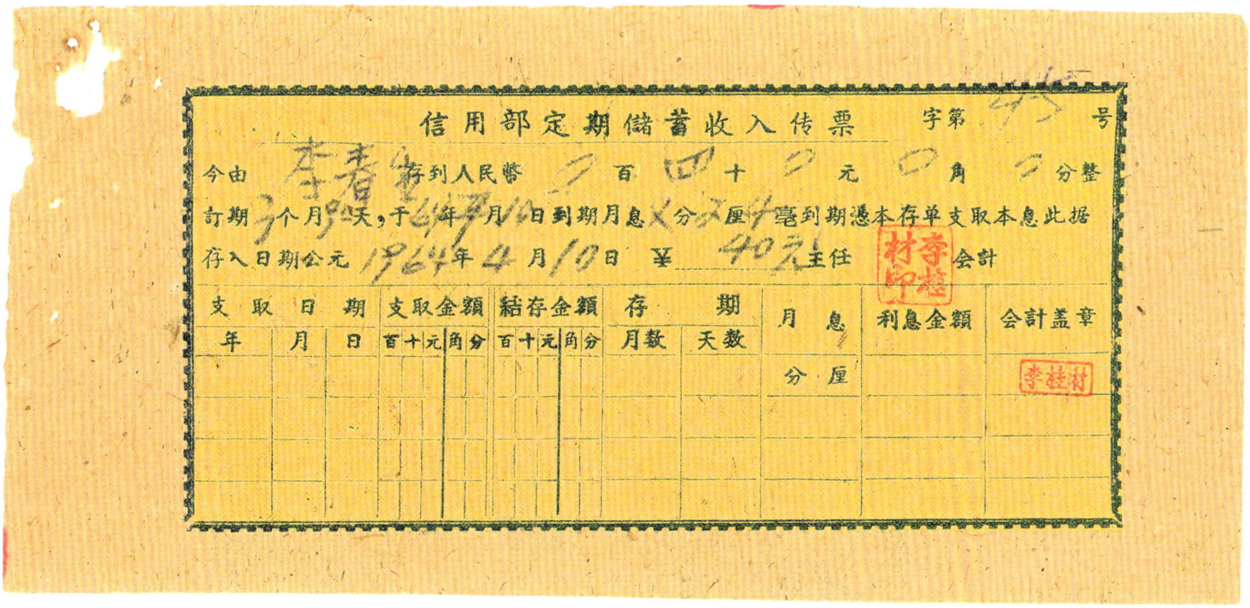

信用部定期儲蓄收入传票 字第 号

今由 存到人民幣 百 十 元 角 分整

訂期 个月 天，于 年 月 日到期月息 分 厘 毫到期憑本存单支取本息此据

存入日期公元1964年4月10日 ¥ 主任 会計

支取日期			支取金額				結存金額				存期		月息	利息金額	会計盖章
年	月	日	百	十	元	角分	百	十	元	角分	月数	天数	分厘		

0266 一九六四年四月十日大尧李春生定期储蓄收入传票

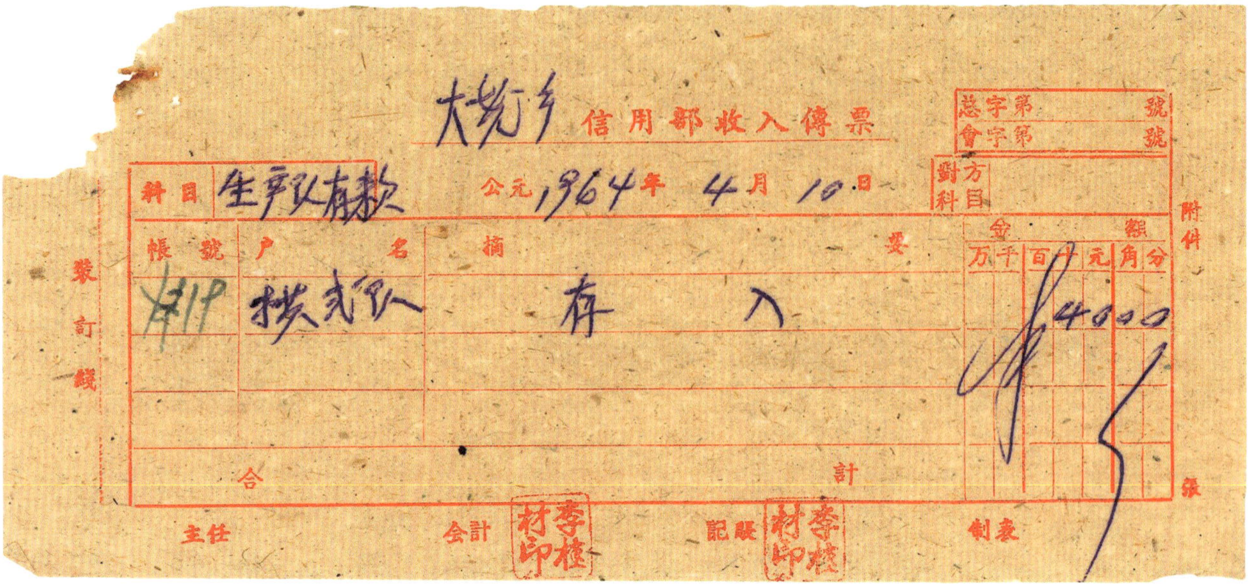

大尧乡 信用部收入傳票

總字第 號
會字第 號

科目 生产队存款 公元1964年4月10日 對方科目

帳號	户名	摘要	金額
4819	拱贰队	存入	40.00
合		計	

裝訂綫　附件 張

主任 会計 記賬 制表

0267 一九六四年四月十日大尧乡拱二队收入传票

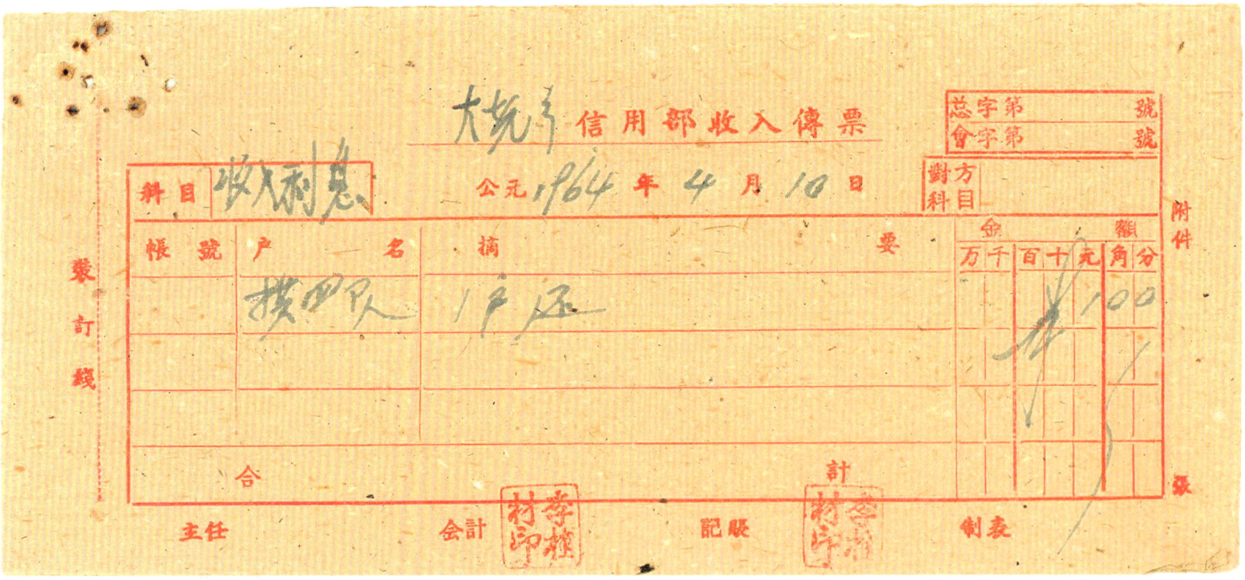

大尧乡 信用部收入傳票

總字第 號
會字第 號

科目 收入利息 公元1964年4月10日 對方科目

帳號	户名	摘要	金額
	拱四队	1户还	1.00
合		計	

裝訂綫　附件 張

主任 会計 記賬 制表

0268 一九六四年四月十日大尧乡拱四队收入利息传票

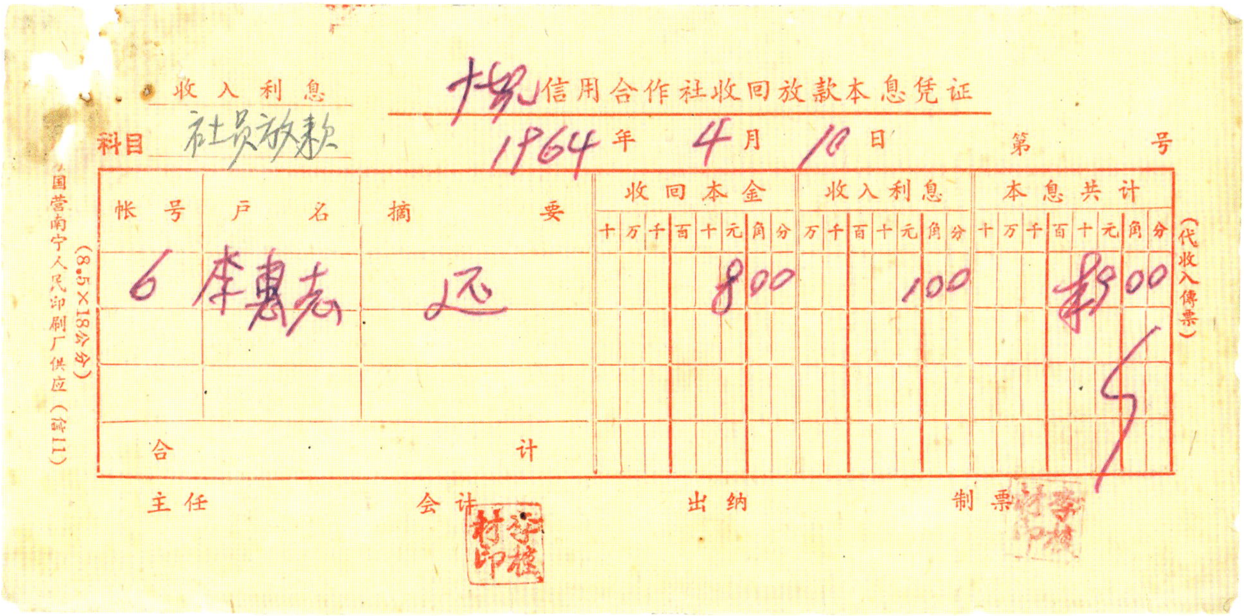

收入利息

大尧信用合作社收回放款本息凭证

科目 社员放款　1964年4月10日　第　号

帐号	户名	摘要	收回本金	收入利息	本息共计
6	李惠志	还	800	100	¥900
合计					

主任　会计　出纳　制票

国营南宁人民印刷厂供应（综11）（8.5×18公分）

（代收入传票）

李桂村印

0269 一九六四年四月十日大尧乡李惠志收回放款本息凭证

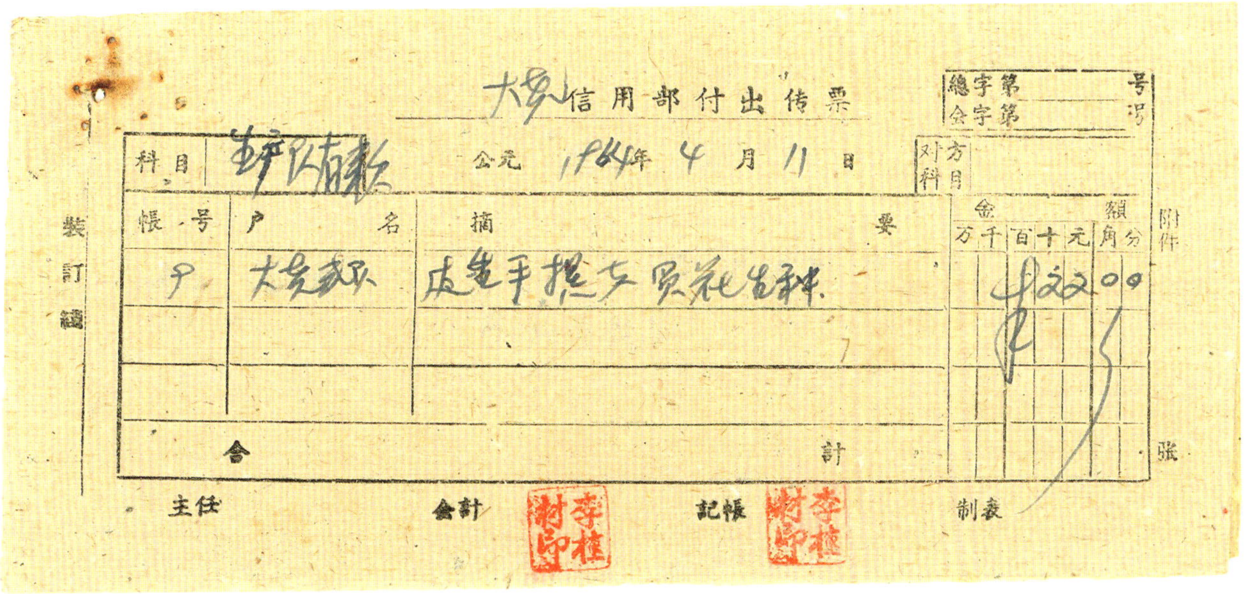

大尧信用部付出传票

總字第　号
会字第　号

科目 生产队存款　公元1964年4月11日　对方科目

帳号	户名	摘要	金額
9	大尧二队	陈德手提去买花生种	¥2000
合計			

附件　張

裝訂線

主任　会計　記帳　制表

李桂村印

0270 一九六四年四月十一日大尧二队取款购花生种付出传票

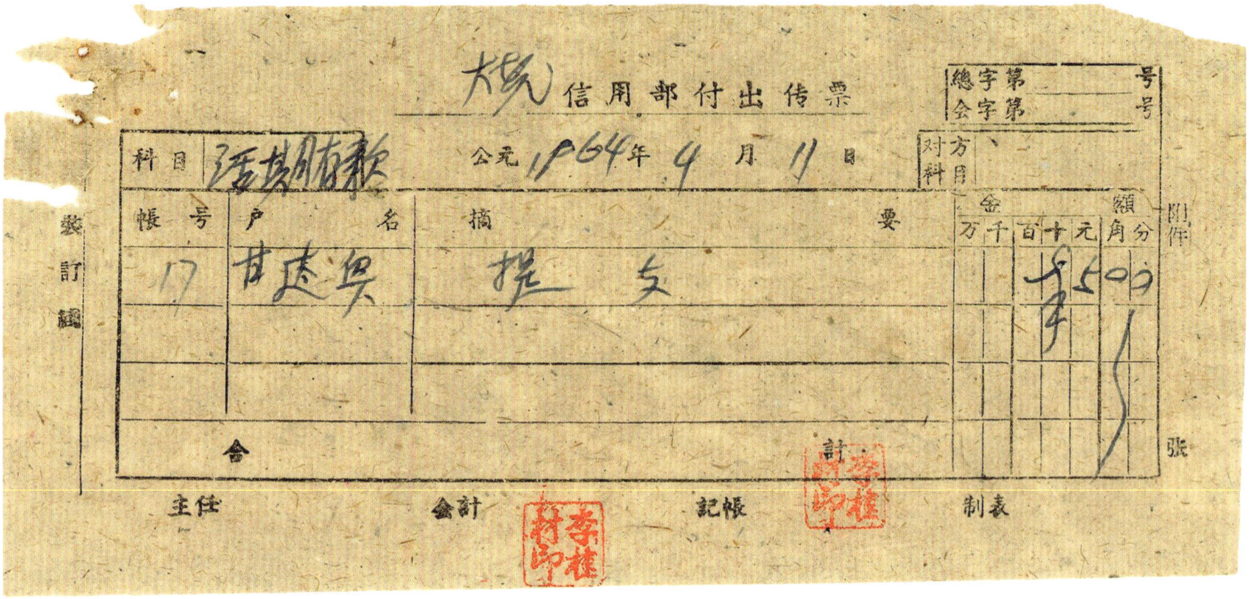

大尧信用部付出传票

總字第　号
会字第　号

科目 活期存款　公元1964年4月11日　对方科目

帐号	户名	摘要	金額
17	甘达兴	提支	¥500
合計			

主任　会計　記帳　制表

装訂綫　附件　张

0271 一九六四年四月十一日大尧乡甘达兴取款付出传票

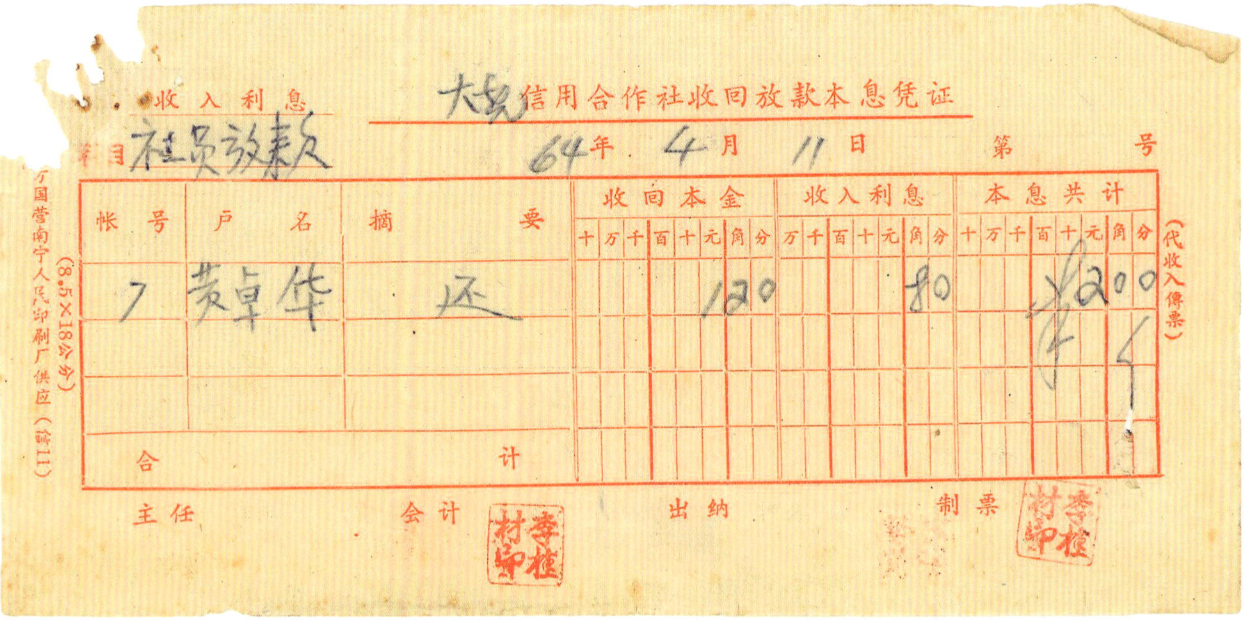

收入利息　大尧信用合作社收回放款本息凭证

科目 社员放款　64年4月11日　第　号

帐号	户名	摘要	收回本金	收入利息	本息共计
7	黄卓华	还	120	80	¥200
合计					

主任　会计　出纳　制票

广西国营南宁人民印刷厂供应（8.5×18公分）（信11）　（代收入傳票）

0272 一九六四年四月十一日大尧乡黄卓华收回放款本息凭证

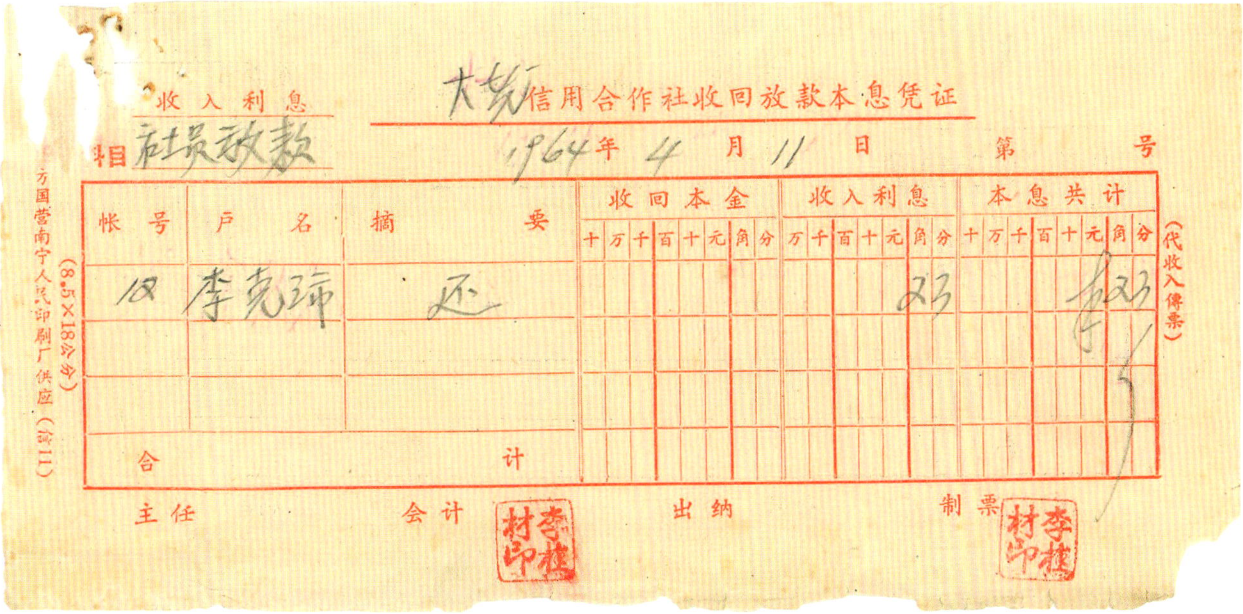

收入利息

大尧信用合作社收回放款本息凭证

科目 社员放款　　1964年4月11日　　第　号

帐号	户名	摘要	收回本金	收入利息	本息共计
18	李克瑞	还		23	23
合计					

主任　会计　出纳　制票

李桂村印　李桂村印

方国营南宁人民印刷厂供应（8.5×18公分）（信11）

（代收入传票）

0273 一九六四年四月十一日大尧乡李克瑞收回放款本息凭证

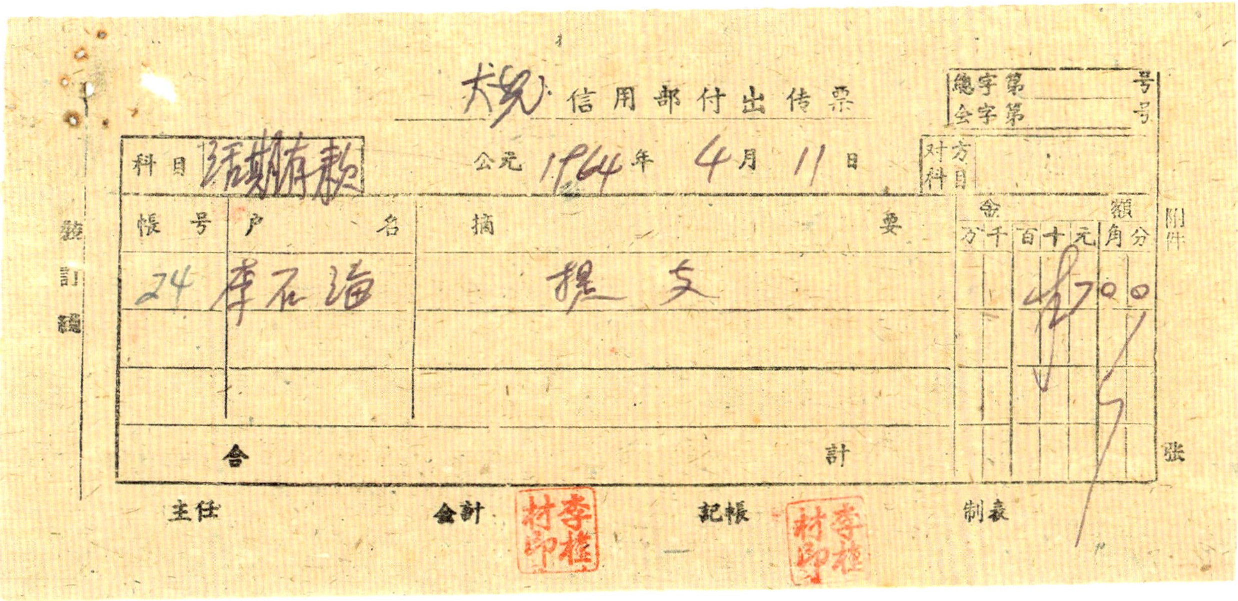

大尧信用部付出传票

總字第　号
会字第　号

科目 活期存款　　公元1964年4月11日　　对方科目

帐号	户名	摘要	金额
24	李石海	提支	700
合計			

附件　張

主任　会計　記帳　制表

李桂村印　李桂村印

0274 一九六四年四月十一日大尧乡李石海取款付出传票

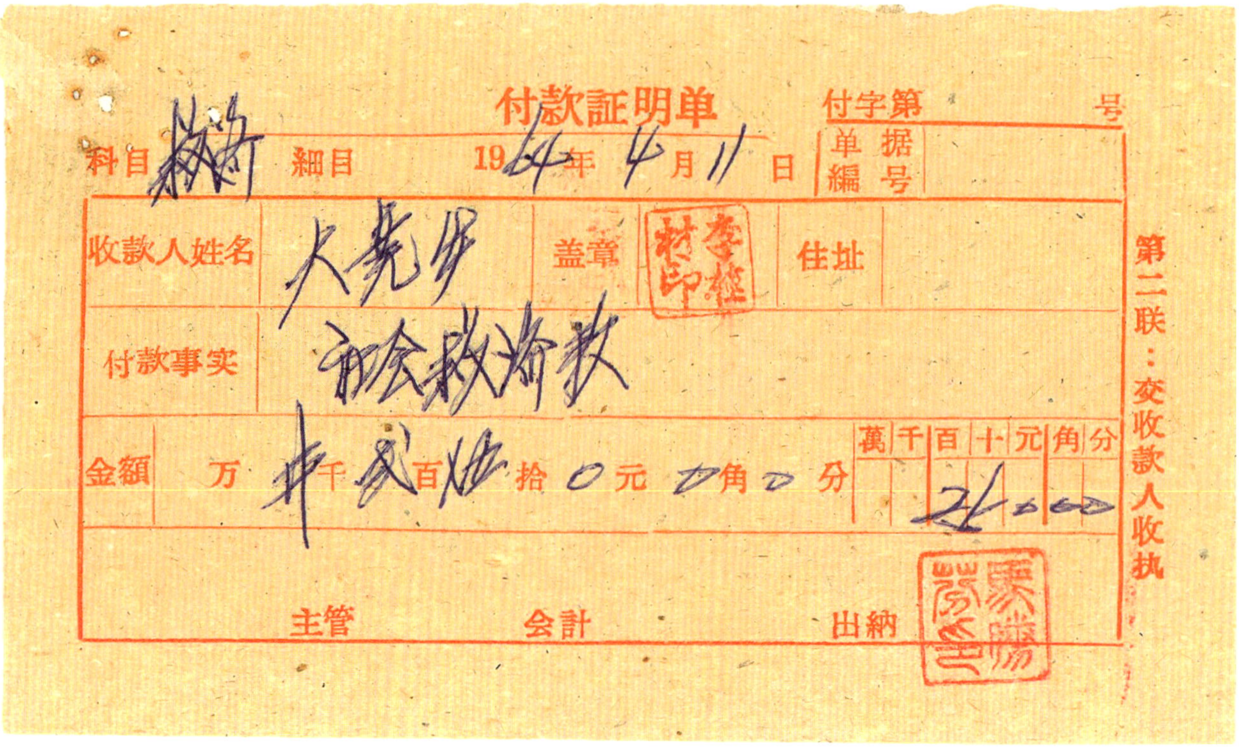

付款証明单　付字第　号

科目 救济　細目　1964年4月11日　单据編号

收款人姓名	大尧乡	盖章	（印）	住址	
付款事实	社会救济款				
金額	万 千 贰百贰拾 0元 0角 0分				2200

主管　会計　出納

第二联：交收款人收执

0275 一九六四年四月十一日大尧乡社会救济款付款证明单

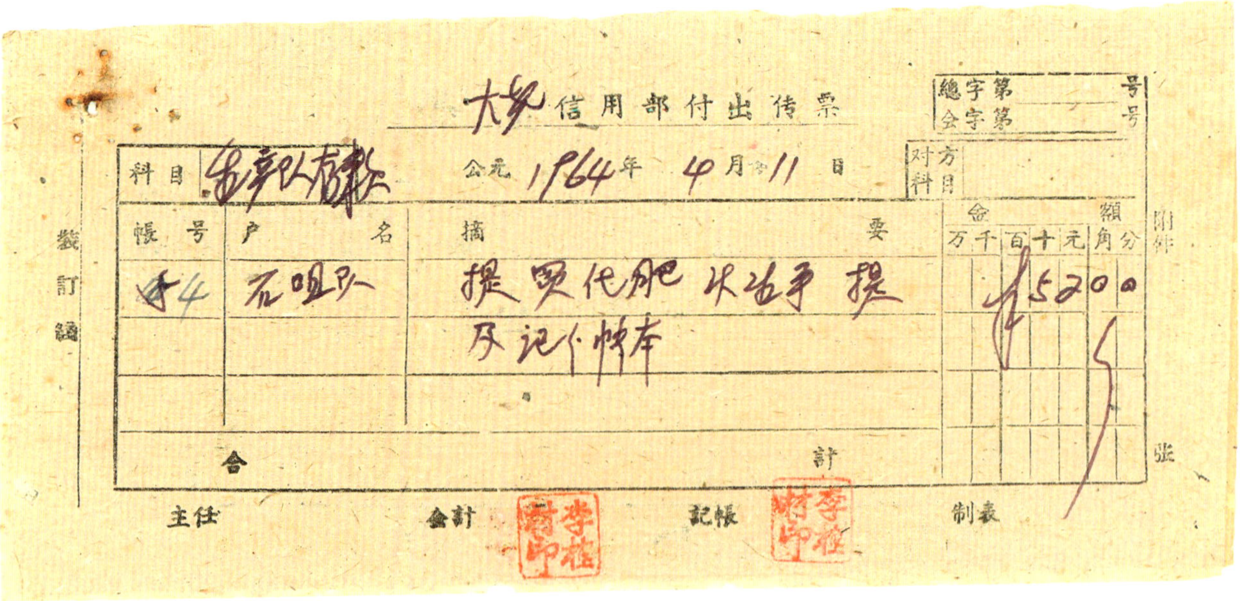

大乡 信用部付出传票　總字第　号　会字第　号

科目 生产队存款　公元1964年4月11日　对方科目

帳号	户名	摘要	金额
4	石咀队	提买化肥 以及手提 及记帐本	5200
	合	計	

主任　会計　記帳　制表

裝訂綫　附件　張

0276 一九六四年四月十一日大尧乡石咀队购买化肥等取款付出传单

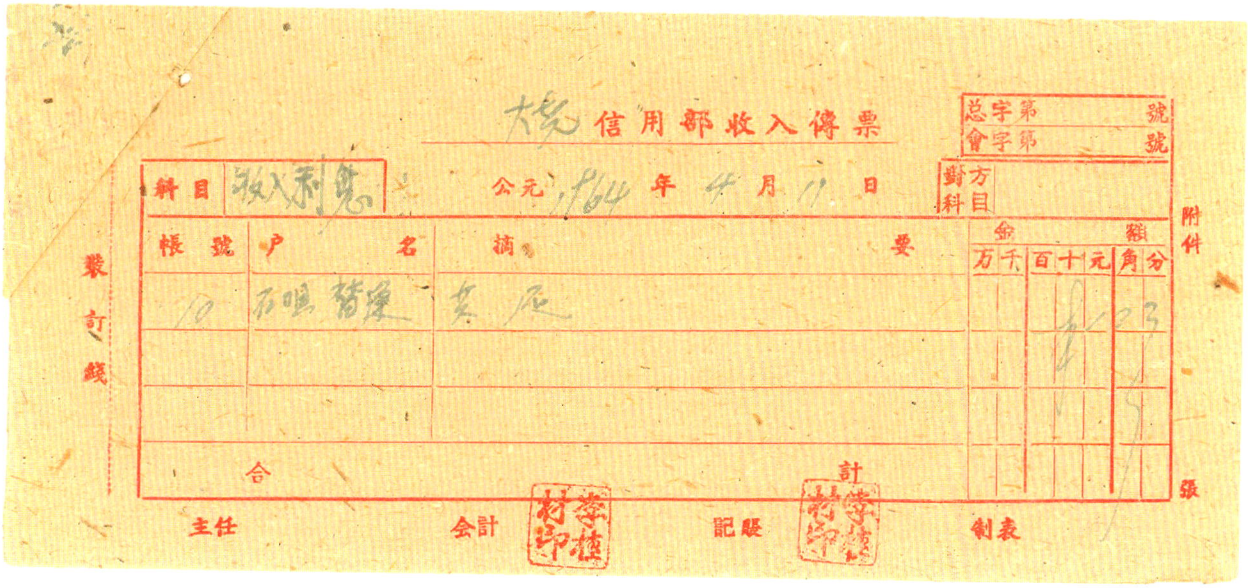
大尧信用部收入傳票
总字第　號
會字第　號
科目 收入利息　公元 1964 年 4 月 11 日　對方科目
帳號 | 户名 | 摘要 | 金額（万 千 百 十 元 角 分）
10 | 石咀替逢 |
合計
主任　会計 李村桂印　記賬 李村桂印　制表
裝訂綫　附件　張

0277 一九六四年四月十一日大尧乡石咀替逢利息收入传票

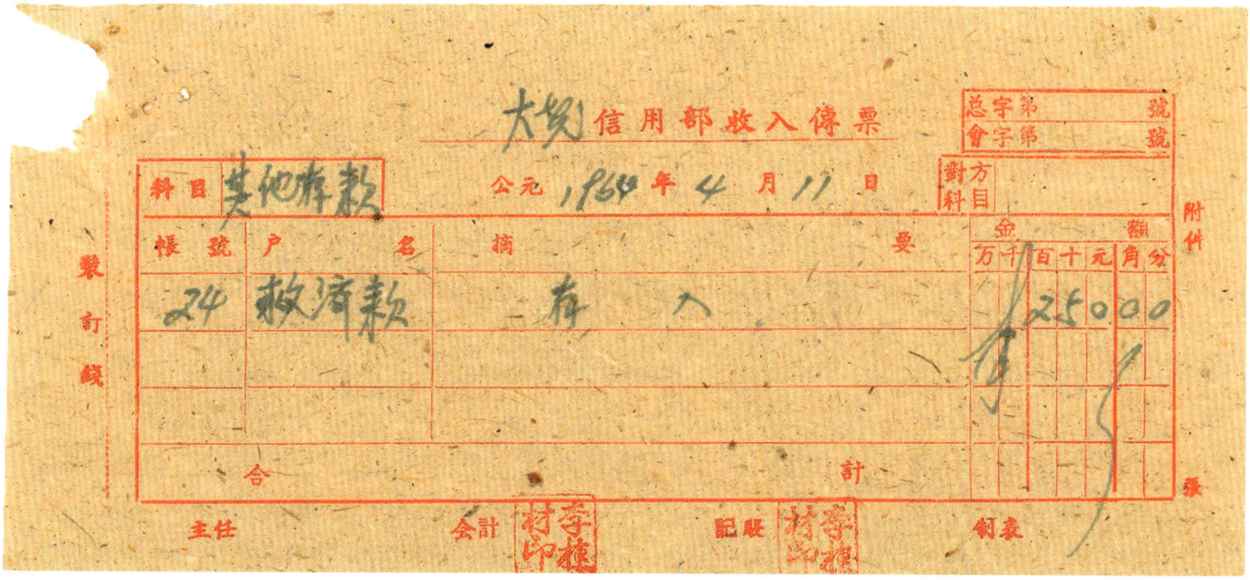
大尧信用部收入傳票
总字第　號
會字第　號
科目 其他存款　公元 1964 年 4 月 11 日　對方科目
帳號 | 户名 | 摘要 | 金額（万 千 百 十 元 角 分）
24 | 救济款 | 存入 | 25000
合計
主任　会計 李村桂印　記賬 李村桂印　制表
裝訂綫　附件　張

0278 一九六四年四月十一日大尧乡信用部存入救济款收入传票

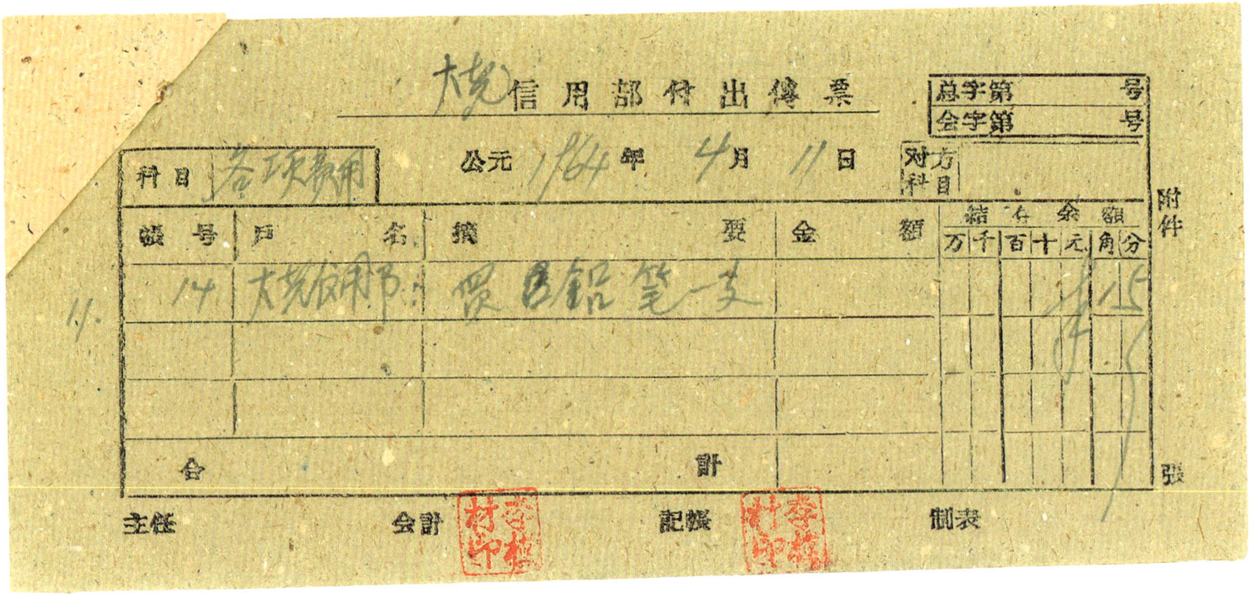

大尧信用部付出傳票

总字第　号
会字第　号

科目 各项费用　公元 1964 年 4 月 11 日　对方科目

帳号	戶名	摘要	金額	結存余額
14	大尧信用部	买铅笔一支		
合		計		

附件　張

主任　会計　記帳　制表

0279 一九六四年四月十一日大尧乡信用部购铅笔取款付出传票

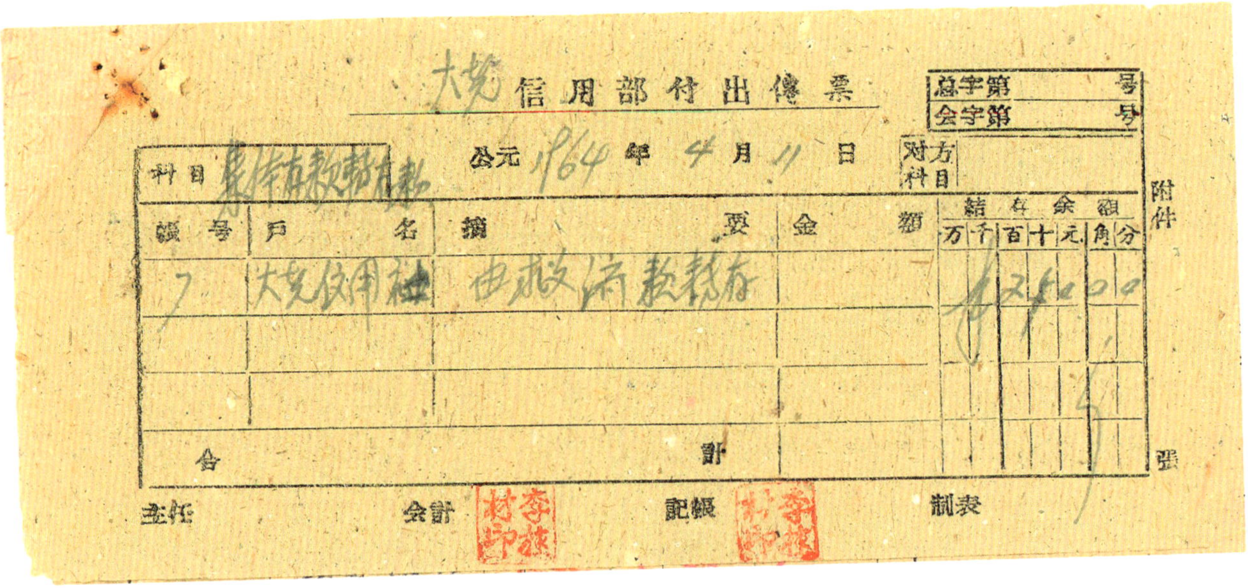

大尧信用部付出傳票

总字第　号
会字第　号

科目 集体存款　公元 1964 年 4 月 11 日　对方科目

帳号	戶名	摘要	金額	結存余額
7	大尧信用社	由救济款转存		
合		計		

附件　張

主任　会計　記帳　制表

0280 一九六四年四月十一日大尧乡信用部取救济款转存付出传票

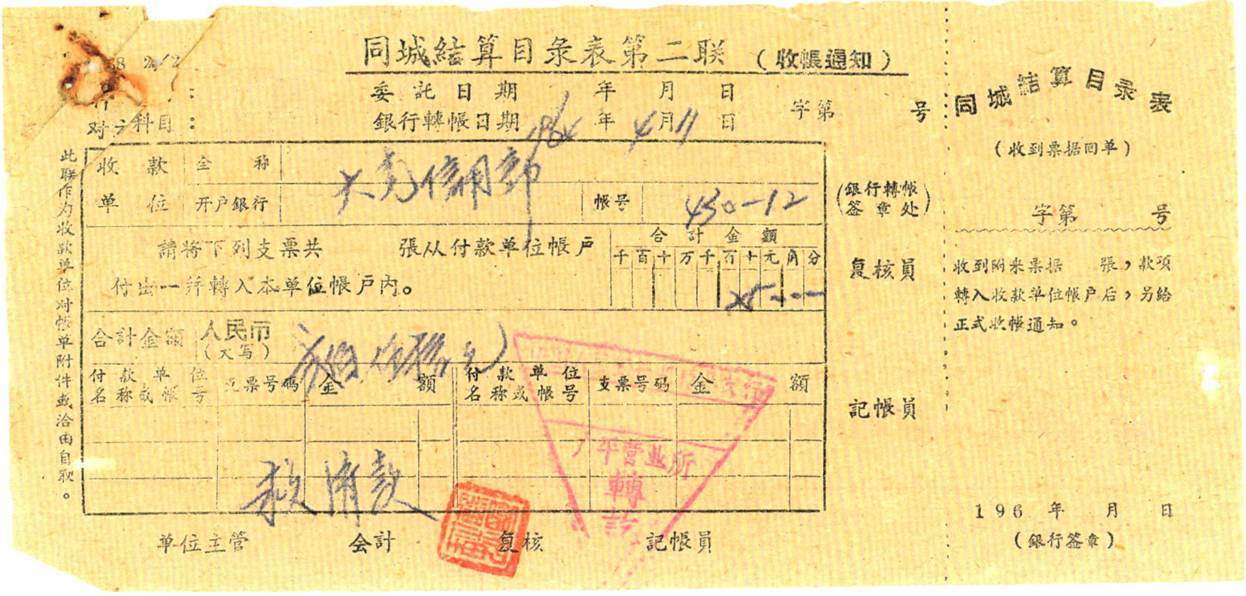
同城結算目录表第二联（收帳通知）

对方科目：

委託日期　年　月　日

銀行轉帳日期　64 年 4 月 11 日

字第　号

此联作为收款单位对帐单附件或洽由自取。

收款单位	全称	大尧信用部		
	开户銀行		帳号	450-12

請将下列支票共　張从付款单位帳戶付出一并轉入本单位帳户內。

合計金額　人民币（大写）

付款单位名称或帳号	支票号碼	金額	付款单位名称或帳号	支票号碼	金額
	救济款				

单位主管　会計　复核　記帳員

（銀行轉帐签章处）

复核員

記帳員

同城結算目录表（收到票据回单）

字第　号

收到附来票据　張，款項轉入收款单位帳户后，另給正式收帳通知。

196　年　月　日

（銀行簽章）

0281 一九六四年四月十一日大尧乡信用部取救济款转存同城结算目录表

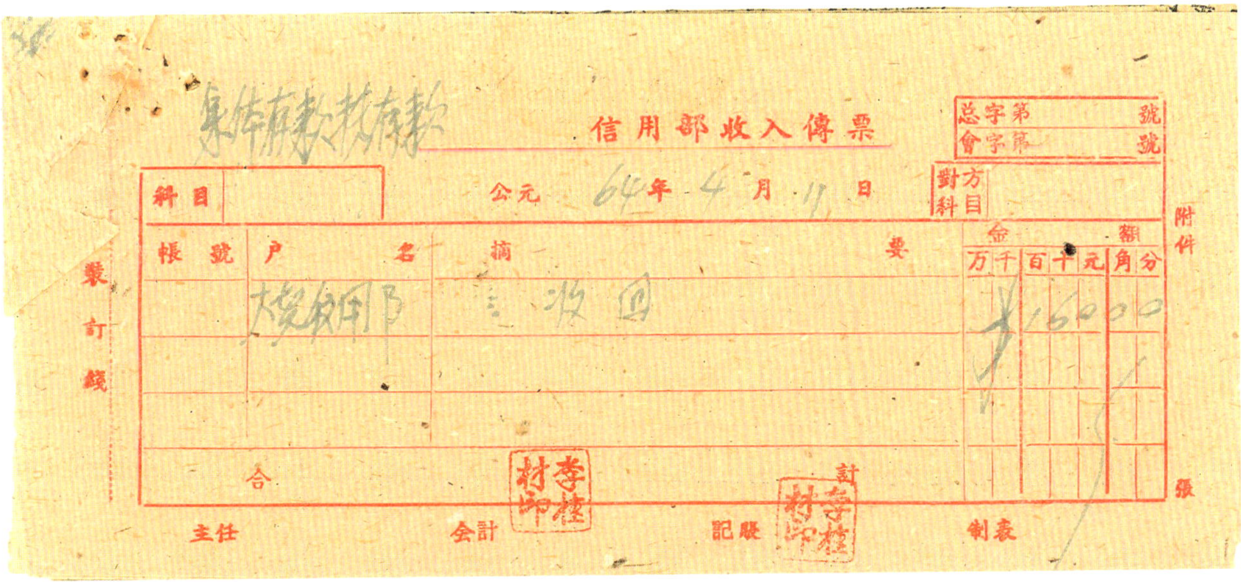
信用部收入傳票

總字第　號

會字第　號

科目

公元 64 年 4 月 11 日

對方科目

帳號	戶名	摘要	金額
	大尧信用部	收回	¥160.00
合計			

裝訂綫

附件　張

主任　會計　記賬　制表

0282 一九六四年四月十一日大尧乡信用部收回放款收入传票

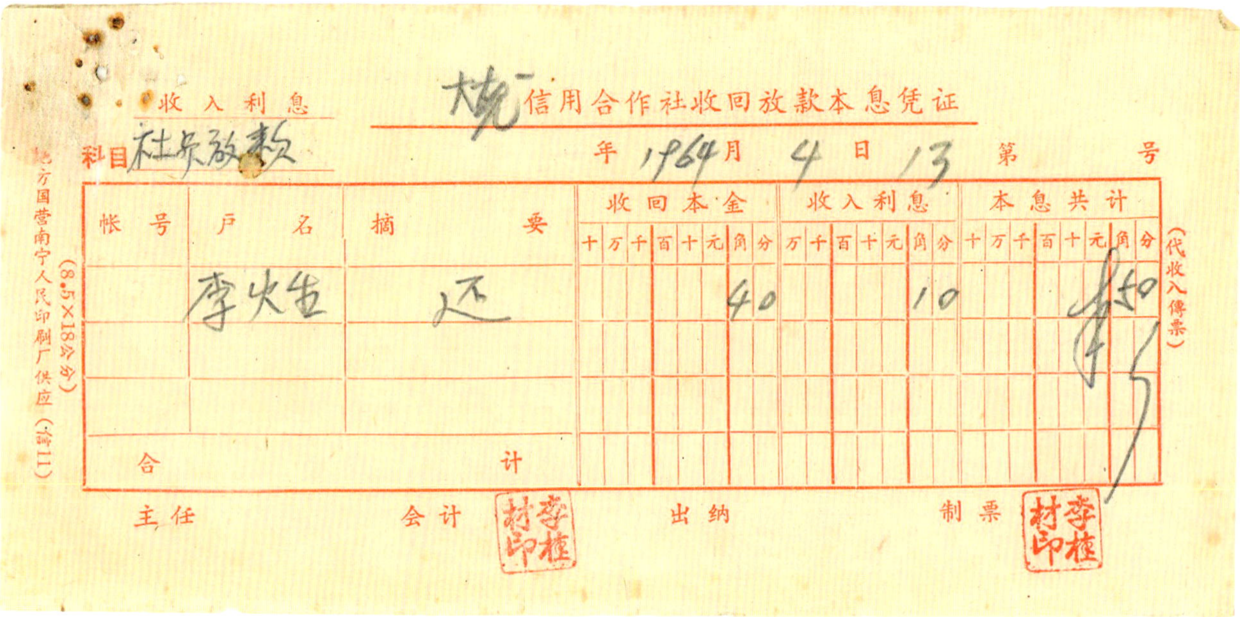

大尧信用合作社收回放款本息凭证

收入利息

科目 社员放款

年 1964 月 4 日 13 第 号

帐号	户名	摘要	收回本金	收入利息	本息共计
	李火生	还	40	10	50
合		计			

主任 会计 李桂村印 出纳 制票 李桂村印

(代收入傳票)

地方国营南宁人民印刷厂供应 (8.5×18公分)

0283 一九六四年四月十三日大尧乡李火生收回放款本息凭证

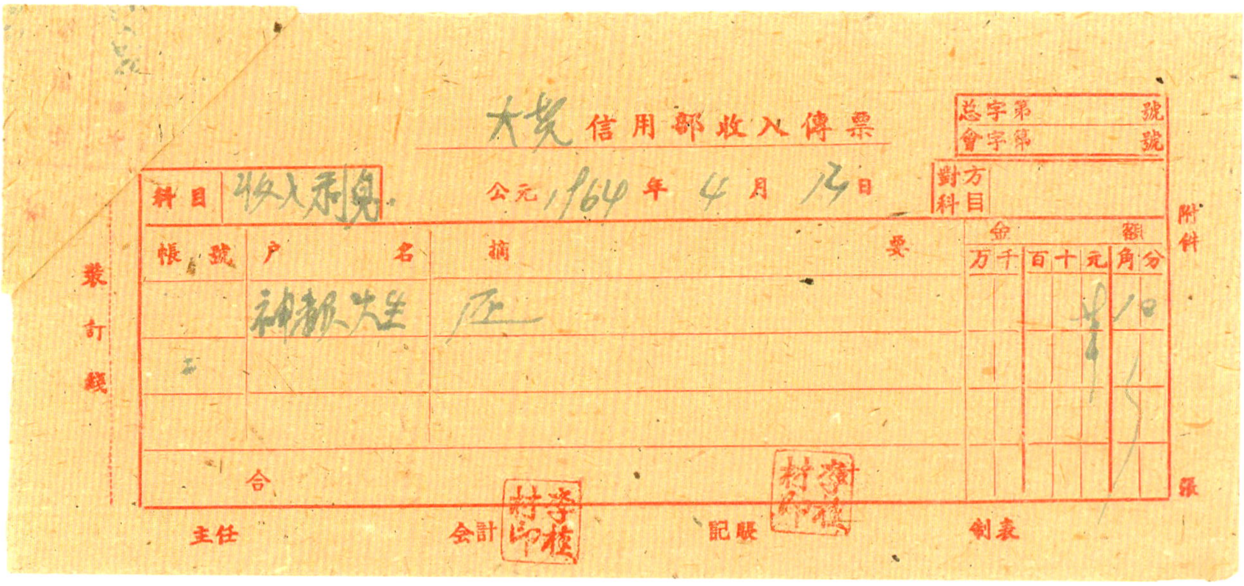

大尧信用部收入傳票

總字第 號

會字第 號

科目 收入利息 公元 1964 年 4 月 13 日 對方科目

帳號	戶名	摘要	金額
	神一队火生	还	10
合			

主任 會計 李桂村印 記賬 李桂村印 制表

裝訂綫

附件 張

0284 一九六四年四月十三日大尧乡神一队火生利息收入传票

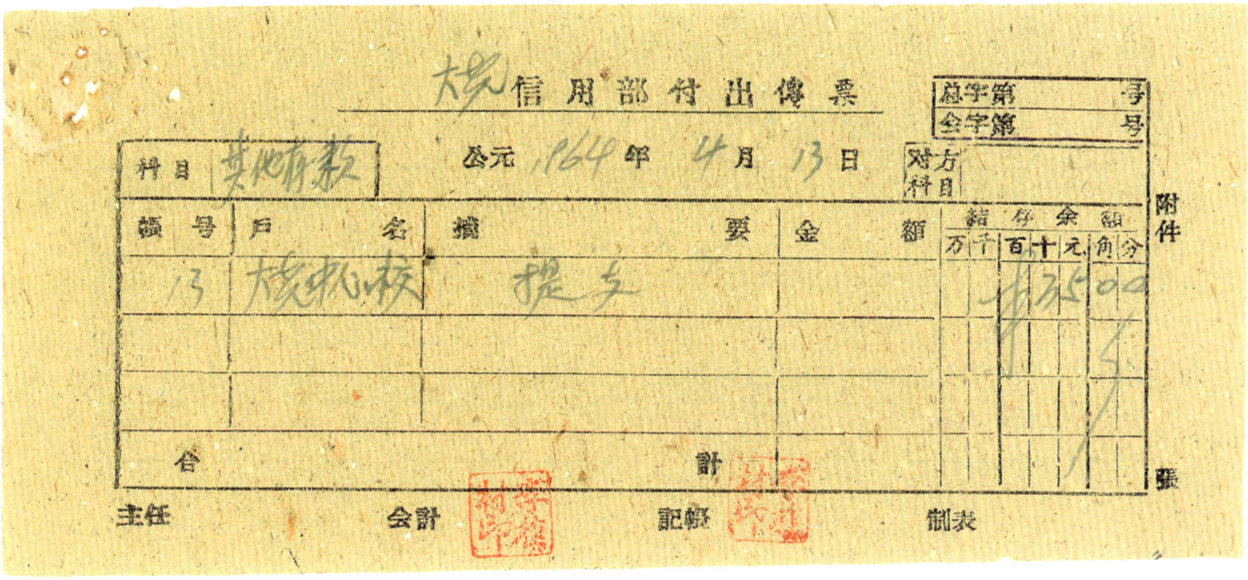

信用部付出傳票

总字第　号
会字第　号

科目　其他存款　　公元1964年4月13日

帳号	戶名	摘要	金額
13	大尧中心校	提支	
合計			

主任　会計　記帳　制表

0285 一九六四年四月十三日大尧乡中心校取款付出传票

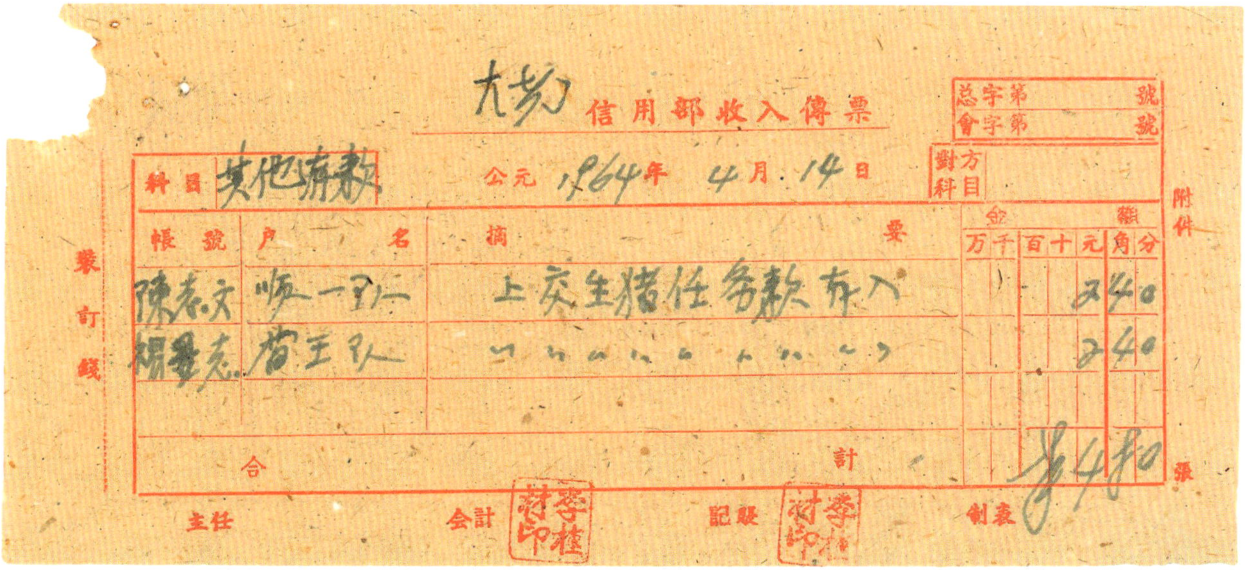

大乡 信用部收入傳票

总字第　號
會字第　號

科目　其他存款　　公元1964年4月14日

帳號	戶名	摘要	金額
陳志文		上交生猪任务款存入	2.40
楊昱志		〃 〃 〃 〃 〃 〃 〃 〃	2.40
合計			4.80

主任　会計　記賬　制表

0286 一九六四年四月十四日大尧乡陈志文、杨昱志存款收入传票

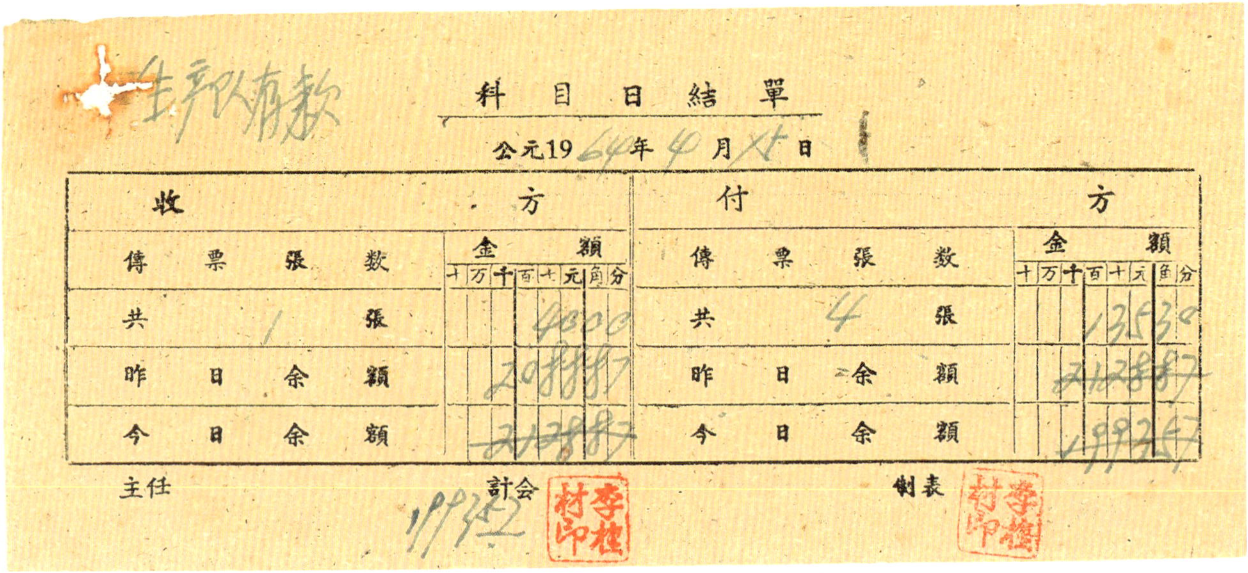

生产队存款

科目日結單

公元1964年4月15日

收方		付方	
傳票張数	金額	傳票張数	金額
共 1 張	40.00	共 4 張	135.30
昨日余額	2088.87	昨日余額	2128.87
今日余額	2128.87	今日余額	1993.57

主任　　計会　　制表

0287 一九六四年四月十五日大尧生产队存款科目日结单

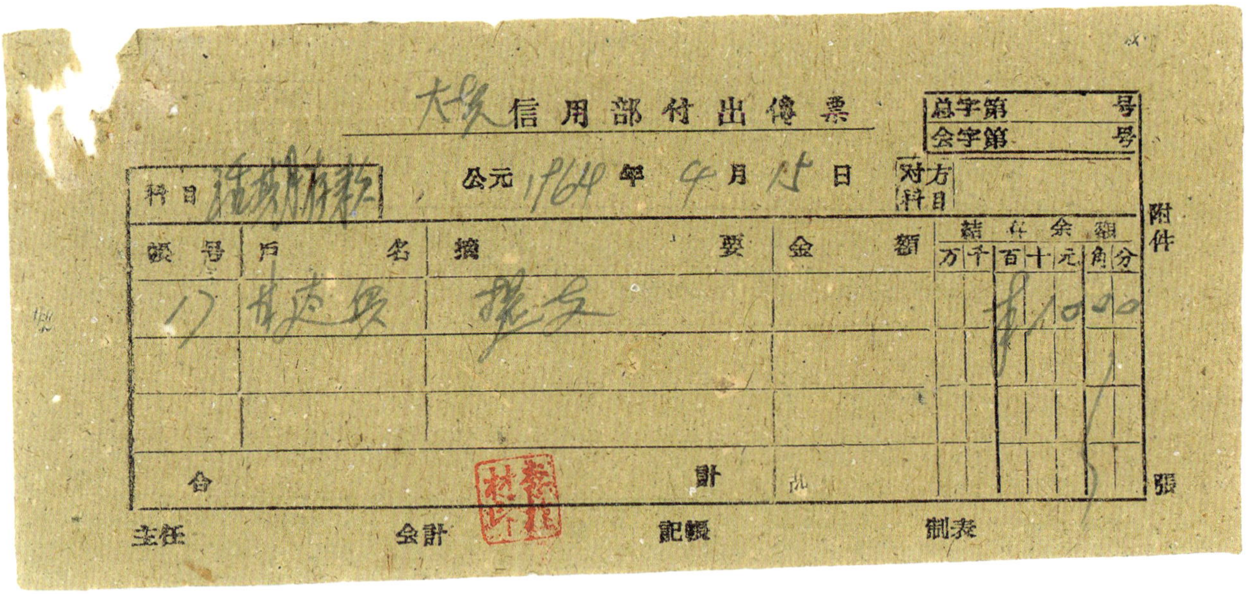

大尧信用部付出傳票

总字第	号
会字第	号

科目　　公元1964年4月15日　　对方科目

帳号	户名	摘要	金額	結存余額
17	甘达兴	提取		10.00
合		計		

附件　張

主任　　会計　　記帳　　制表

0288 一九六四年四月十五日大尧乡甘达兴取款付出传票

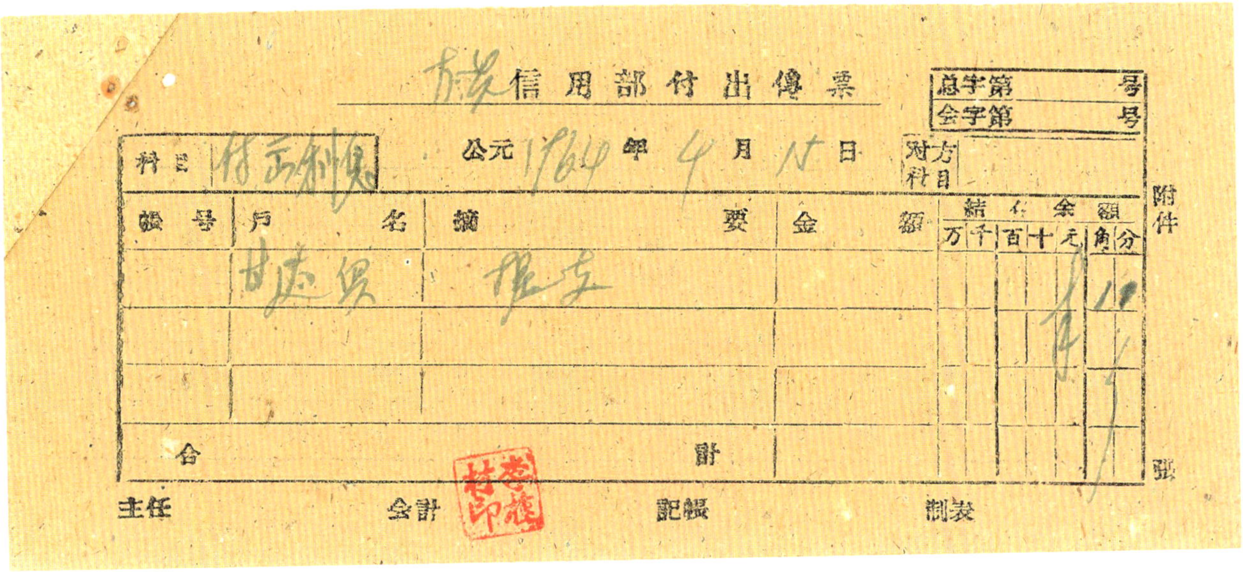

大尧 信用部付出傳票

总字第　号
会字第　号

科目 付存利息　公元 1964 年 4 月 15 日　对方科目

帳号	戶名	摘要	金額	結存余額
	甘达兴	提支		
合計				

主任　会計　記帳　制表

附件　張

0289 一九六四年四月十五日大尧乡甘达兴提取利息付出传票

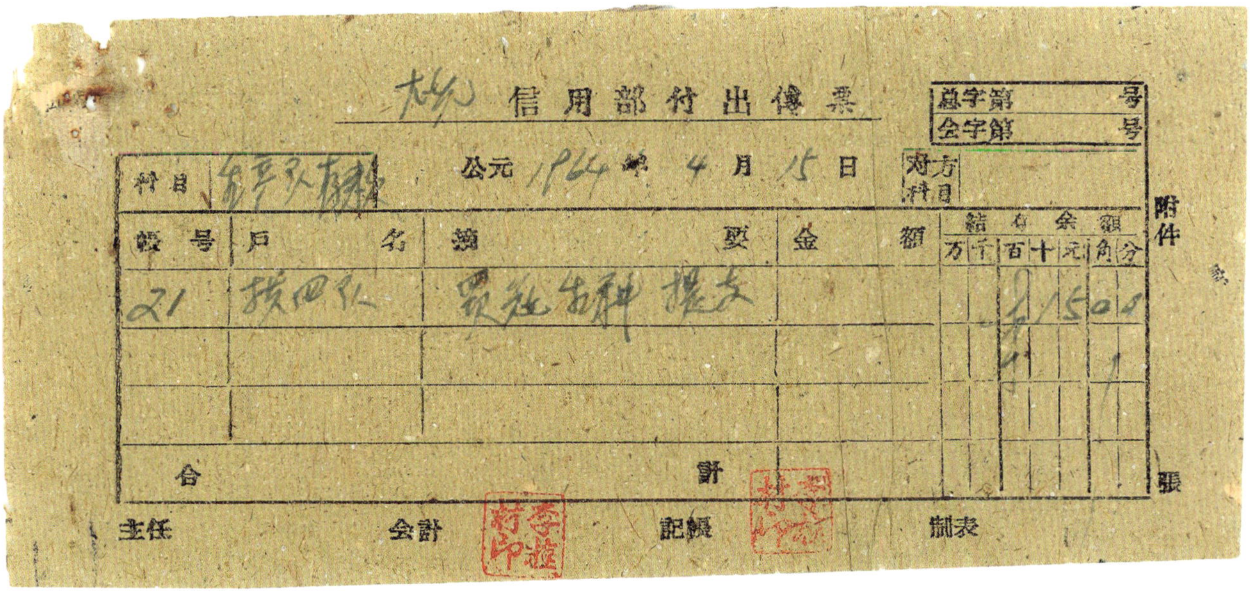

大尧 信用部付出傳票

总字第　号
会字第　号

科目 生产队存款　公元 1964 年 4 月 15 日　对方科目

帳号	戶名	摘要	金額	結存余額
21	拱四队	买花生种 提支		
合計				

主任　会計　記帳　制表

附件　張

0290 一九六四年四月十五日大尧乡拱四队购花生种付出传票

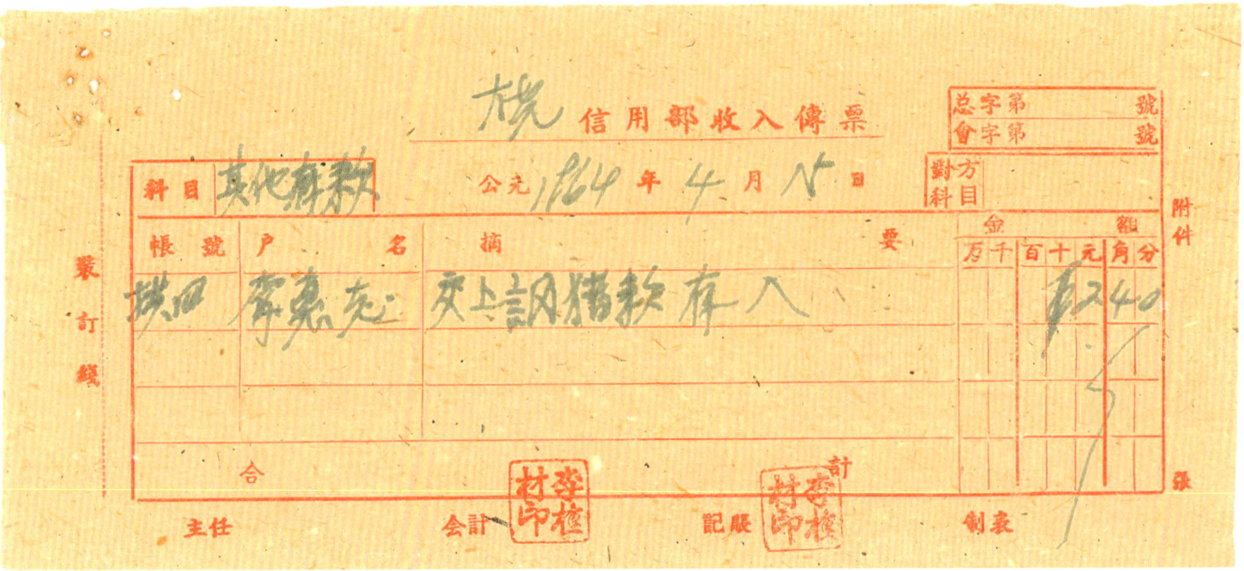
大尧 信用部收入傳票

總字第 號
會字第 號

科目 其他存款　公元 1964 年 4 月 15 日　對方科目

帳號	户名	摘要	金額 万千百十元角分
拱田	李惠志	交上調猪款 存入	¥2.40
合計			

主任　會計 李植村印　記帳 李植村印　制表

附件 張

裝訂綫

0291 一九六四年四月十五日大尧乡李惠志存款收入传票

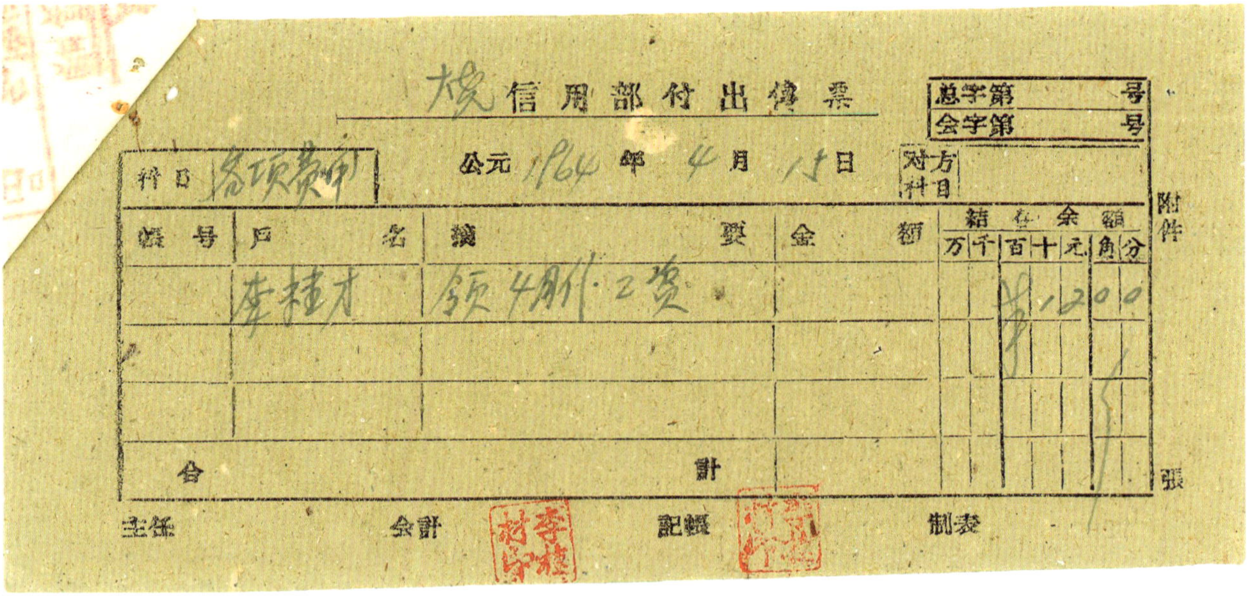
大尧 信用部付出傳票

总字第 号
会字第 号

科目 各项费用　公元 1964 年 4 月 15 日　对方科目

帐号	户名	摘要	金額	結存余額 万千百十元角分
	李桂才	领4月份工资		¥12.00
合計				

主任　会計 李植村印　記帳　制表

附件 張

0292 一九六四年四月十五日大尧乡信用部李桂才领工资付出传票

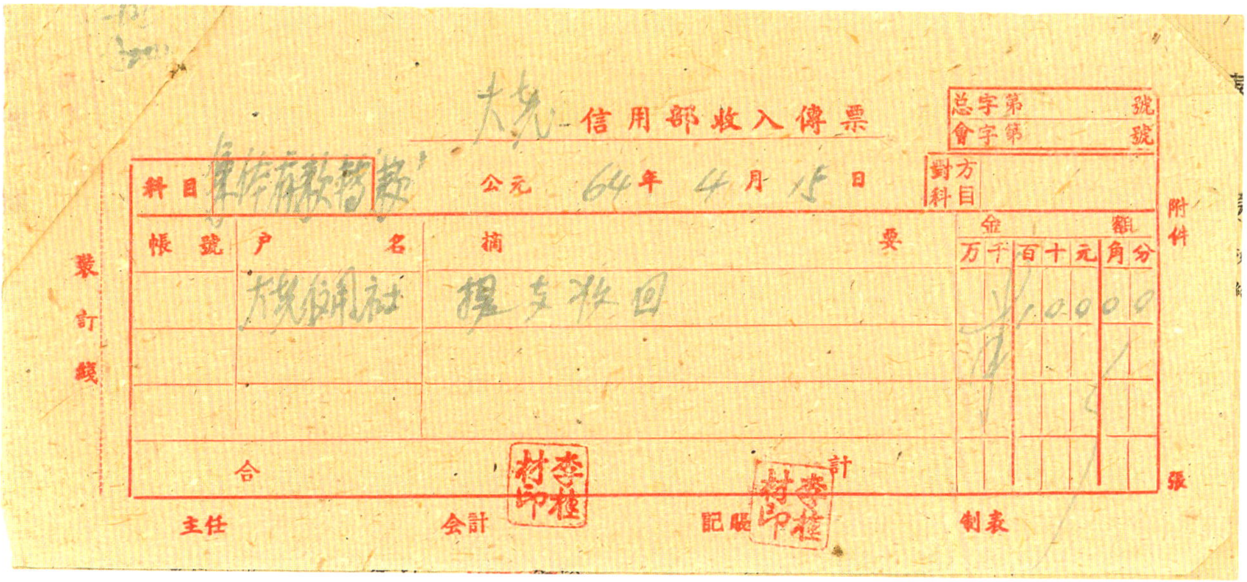
大尧 信用部收入傳票
总字第　號
會字第　號
科目 集体存款　公元 64 年 4 月 15 日　對方科目
帳號　户名　摘要　金额（万 千 百 十 元 角 分）
大尧信用社　提……收回
合計
主任　会計　記賬　制表
裝訂綫　附件　張
李桂材印

0293 一九六四年四月十五日大尧乡信用社集体存款收入传票

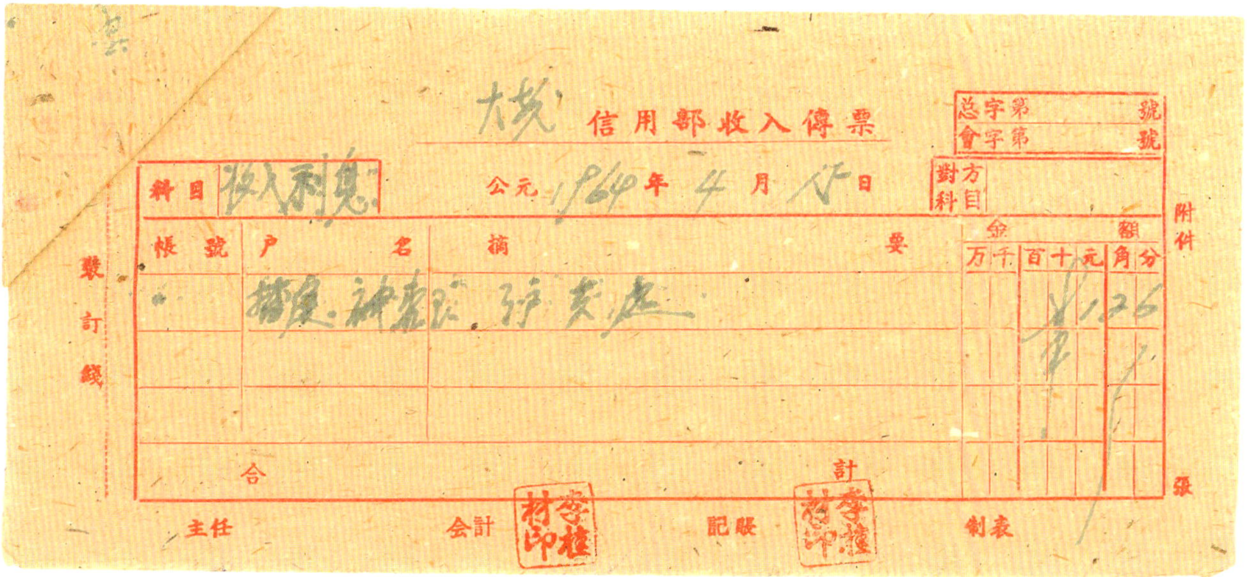
大尧 信用部收入傳票
总字第　號
會字第　號
科目 收入利息　公元 1964 年 4 月 15 日　對方科目
帳號　户名　摘要　金额（万 千 百 十 元 角 分）
1.26
合計
主任　会計　記賬　制表
裝訂綫　附件　張
李桂材印

0294 一九六四年四月十五日大尧乡信用部收入利息传票

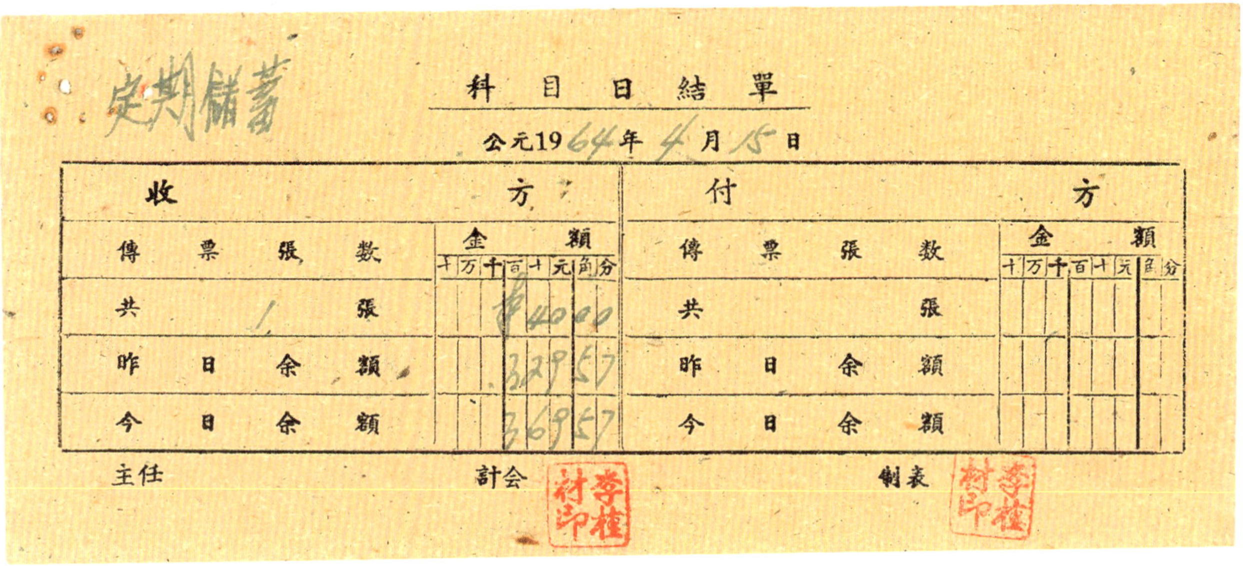

定期储蓄

科目日結單

公元1964年4月15日

收方		付方	
傳票張數	金額	傳票張數	金額
共 1 張	40.00	共 張	
昨日余額	329.57	昨日余額	
今日余額	369.57	今日余額	

主任　　計会 李權材印　　制表 李權材印

0295 一九六四年四月十五日大尧信用部定期储蓄科目日结单

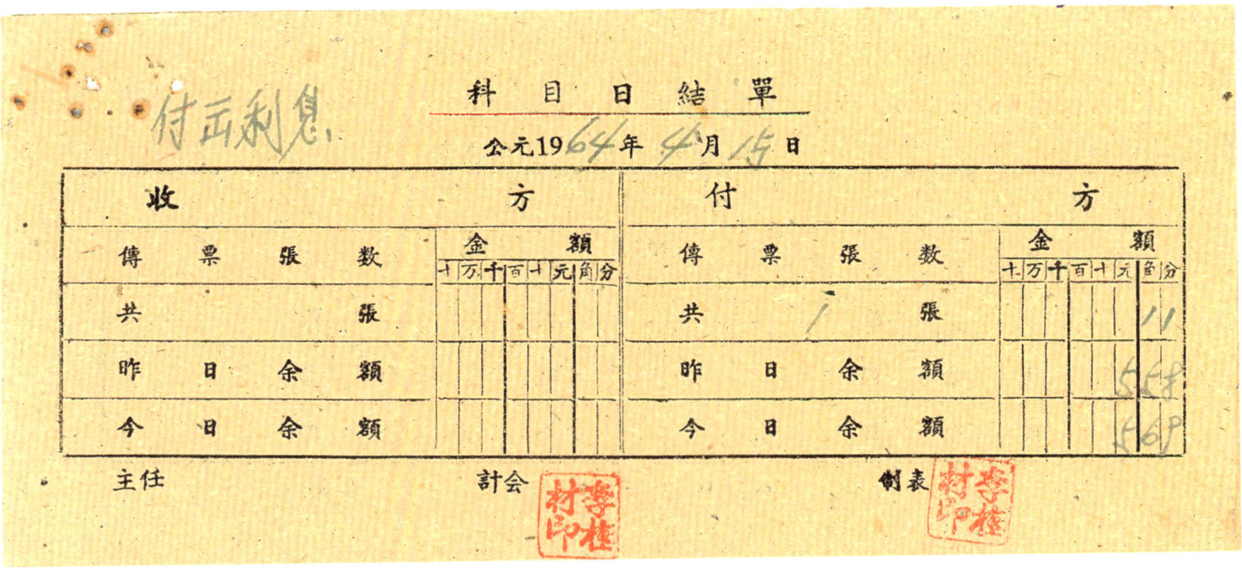

付出利息

科目日結單

公元1964年4月15日

收方		付方	
傳票張數	金額	傳票張數	金額
共 張		共 1 張	11
昨日余額		昨日余額	558
今日余額		今日余額	569

主任　　計会 李權材印　　制表 李權材印

0296 一九六四年四月十五日大尧信用部付出利息科目日结单

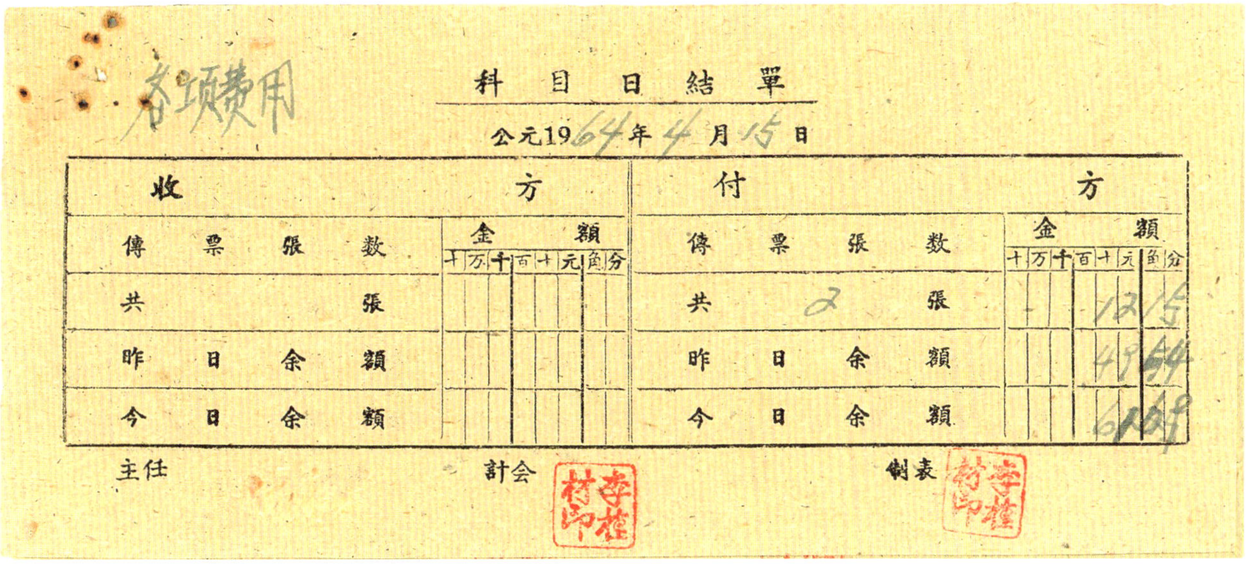

各项费用

科 目 日 結 單

公元1964年4月15日

收	方	付	方
傳票張数	金額	傳票張数	金額
共 張		共 2 張	12.15
昨日余額		昨日余額	48.64
今日余額		今日余額	60.79

主任　　計会　　制表

0297 一九六四年四月十五日大尧信用部各项费用科目日结单

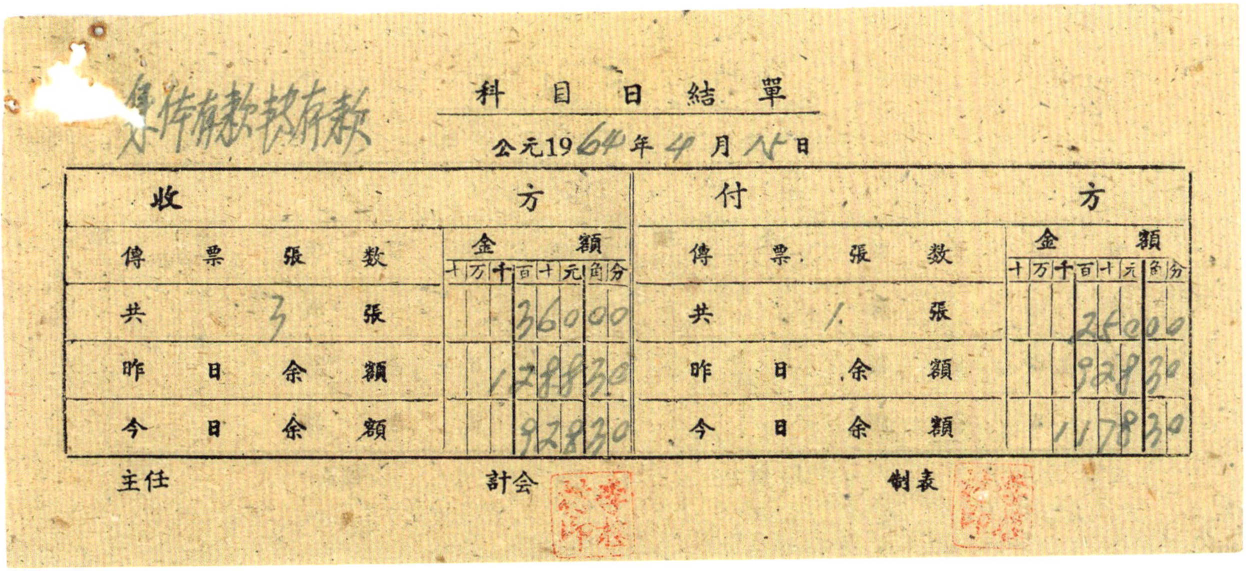

集体存款转存款

科 目 日 結 單

公元1964年4月15日

收	方	付	方
傳票張数	金額	傳票張数	金額
共 3 張	360.00	共 1 張	250.00
昨日余額	1288.30	昨日余額	928.30
今日余額	928.30	今日余額	1178.30

主任　　計会　　制表

0298 一九六四年四月十五日大尧信用部集体存款转存款科目日结单

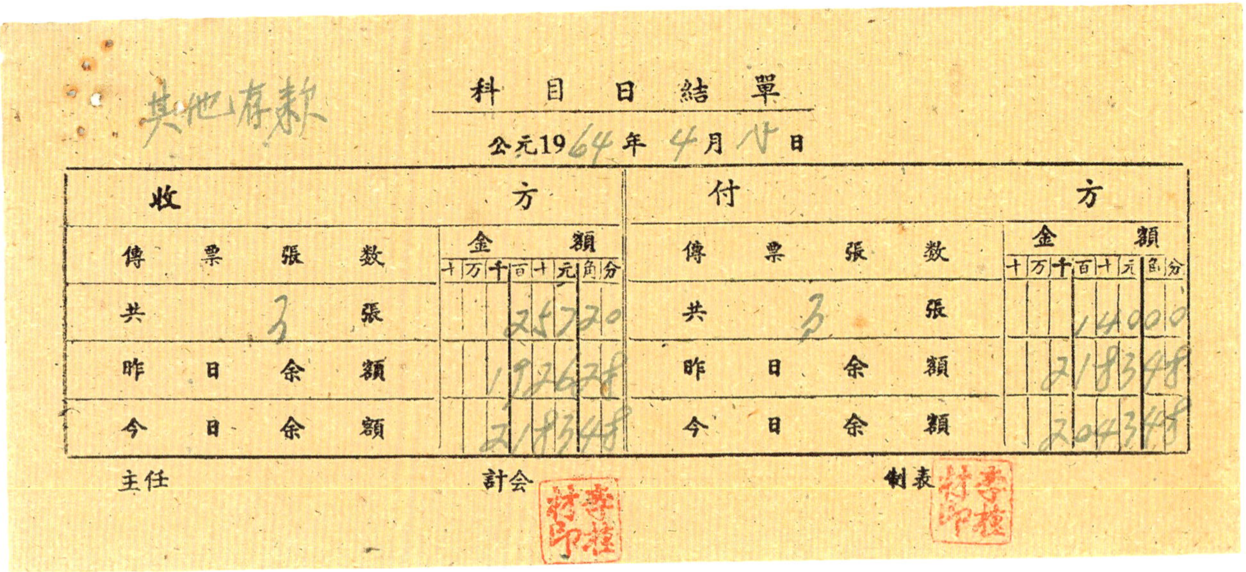

其他存款

科目日結單

公元1964年4月15日

收	方	付	方
傳票張数	金額	傳票張数	金額
共 3 張	25720	共 3 張	14000
昨日余額	192628	昨日余額	218348
今日余額	218348	今日余額	204348

主任　　計会 李桂材印　　制表 李桂材印

0299 一九六四年四月十五日大尧信用部其他存款科目日结单

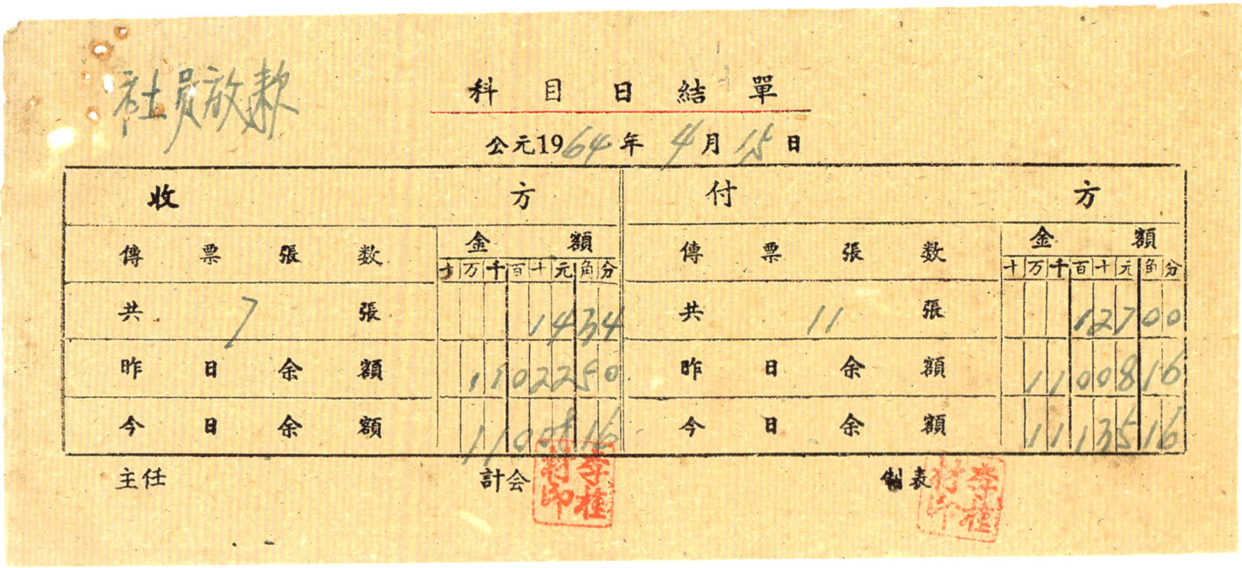

社员放款

科目日結單

公元1964年4月15日

收	方	付	方
傳票張数	金額	傳票張数	金額
共 7 張	1434	共 11 張	12700
昨日余額	1102250	昨日余額	1100816
今日余額	1100816	今日余額	1113516

主任　　計会 李桂材印　　制表 李桂材印

0300 一九六四年四月十五日大尧信用部社员放款科目日结单

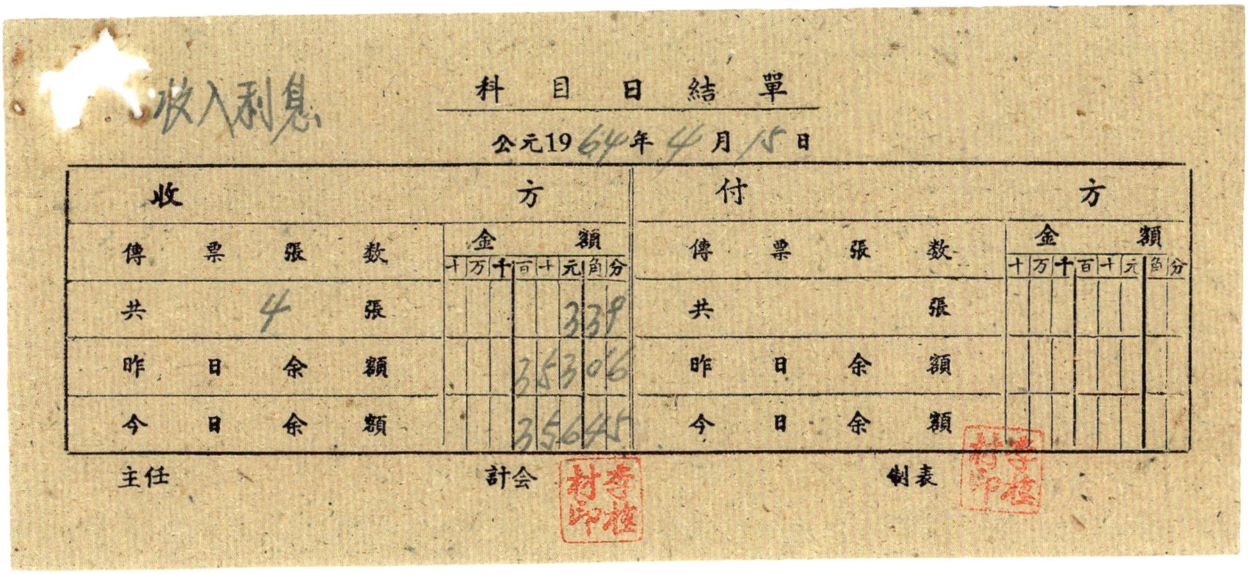

收入利息

科目日結單

公元1964年4月15日

收				方	付				方
傳	票	張	数	金額	傳	票	張	数	金額
共	4		張	339	共			張	
昨	日	余	額	35306	昨	日	余	額	
今	日	余	額	35645	今	日	余	額	

主任　　計会　　制表

0301 一九六四年四月十五日大尧信用部收入利息科目日结单

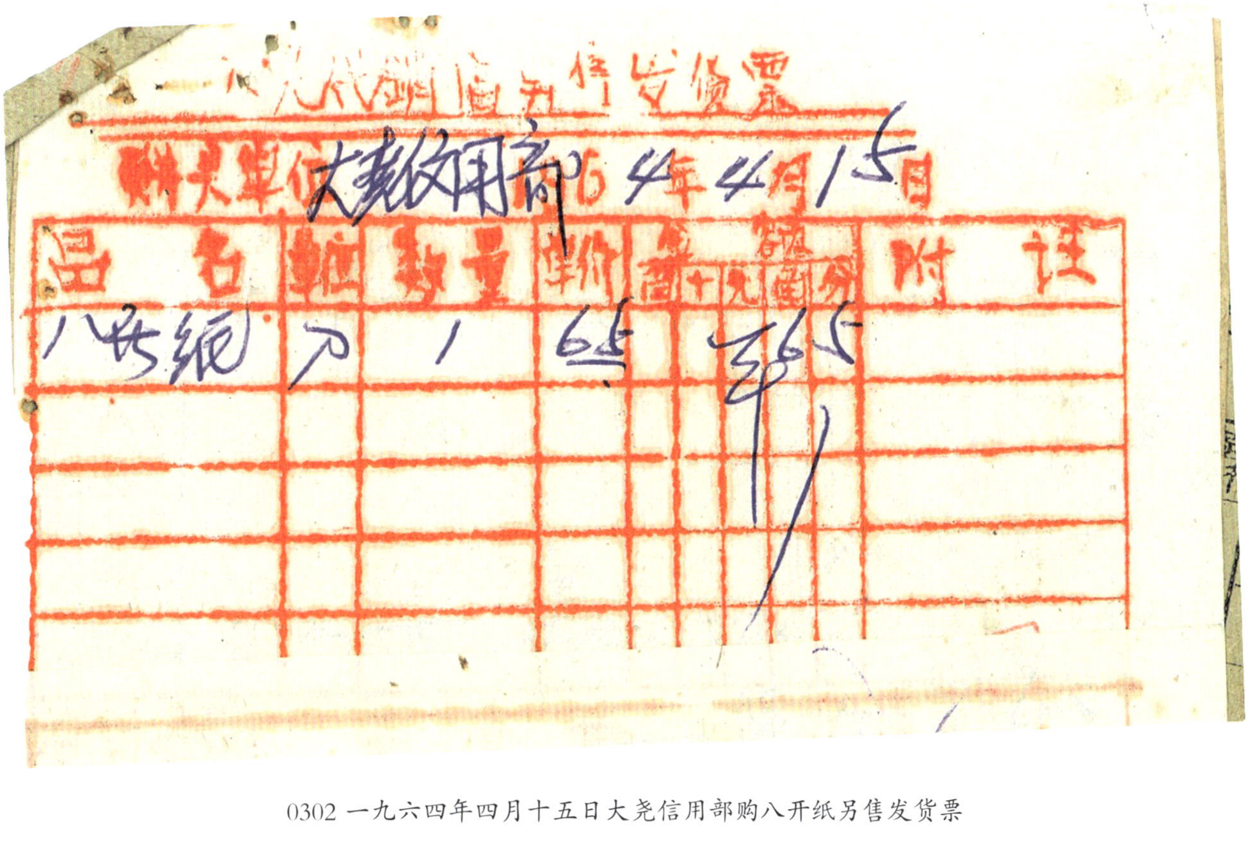

购买单位 大尧信用部　64年4月15日

品名	单位	数量	单价	金额	附注
八开纸	刀	1	65	65	

0302 一九六四年四月十五日大尧信用部购八开纸另售发货票

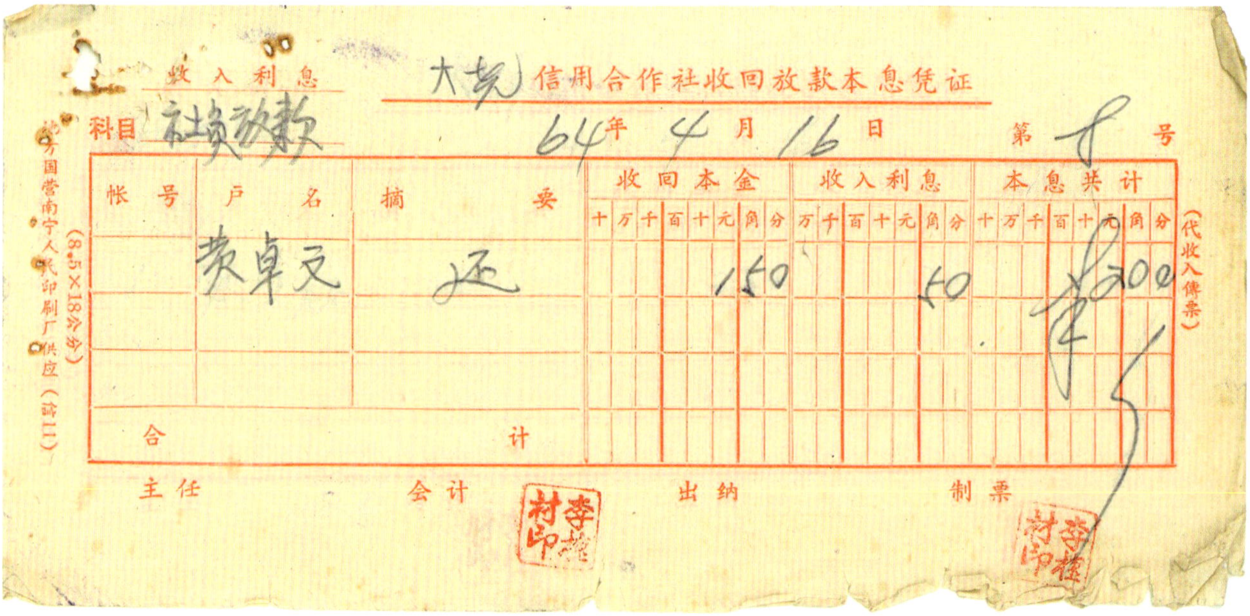

收入利息

大尧信用合作社收回放款本息凭证

科目 社员放款　　64年 4月 16日　　第 [illegible] 号

帐号	户名	摘要	收回本金	收入利息	本息共计
	黄卓文	还	150	50	200
合计					

主任　　会计　　出纳　　制票

李桂村印

地方国营南宁人民印刷厂供应 (8.5×18公分) (綜11)

(代收入傳票)

0303 一九六四年四月十六日大尧信用合作社收回黄卓文放款本息凭证

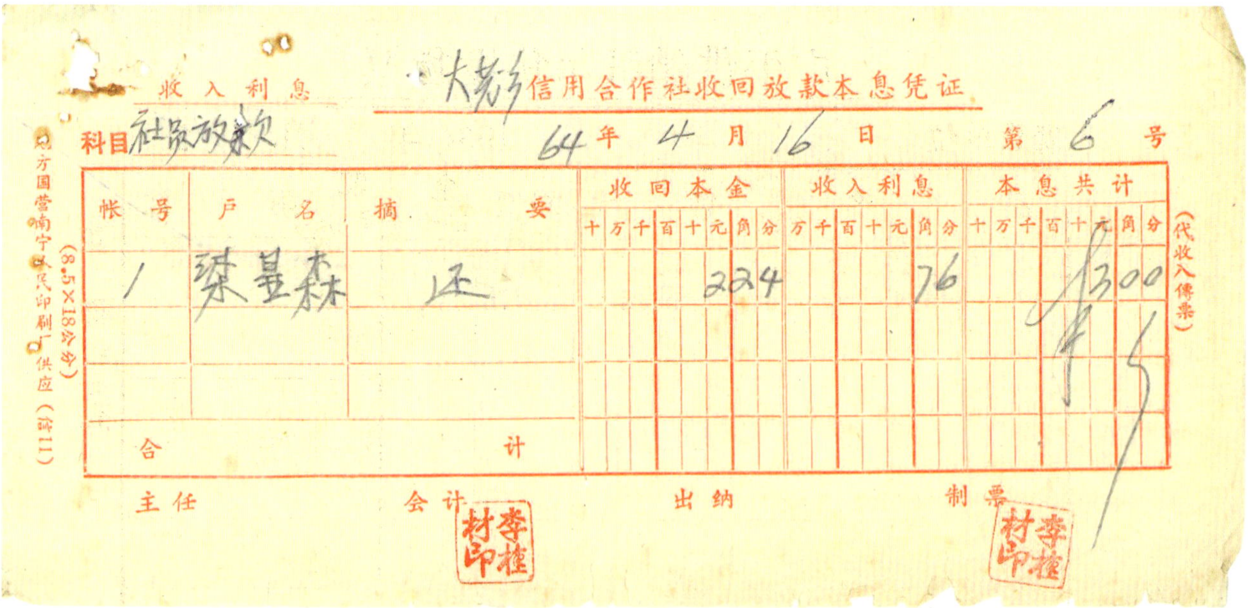

收入利息

大尧乡信用合作社收回放款本息凭证

科目 社员放款　　64年 4月 16日　　第 6 号

帐号	户名	摘要	收回本金	收入利息	本息共计
1	梁显森	还	224	76	300
合计					

主任　　会计　　出纳　　制票

李桂村印

地方国营南宁人民印刷厂供应 (8.5×18公分) (綜11)

(代收入傳票)

0304 一九六四年四月十六日大尧信用合作社收回梁显森放款本息凭证

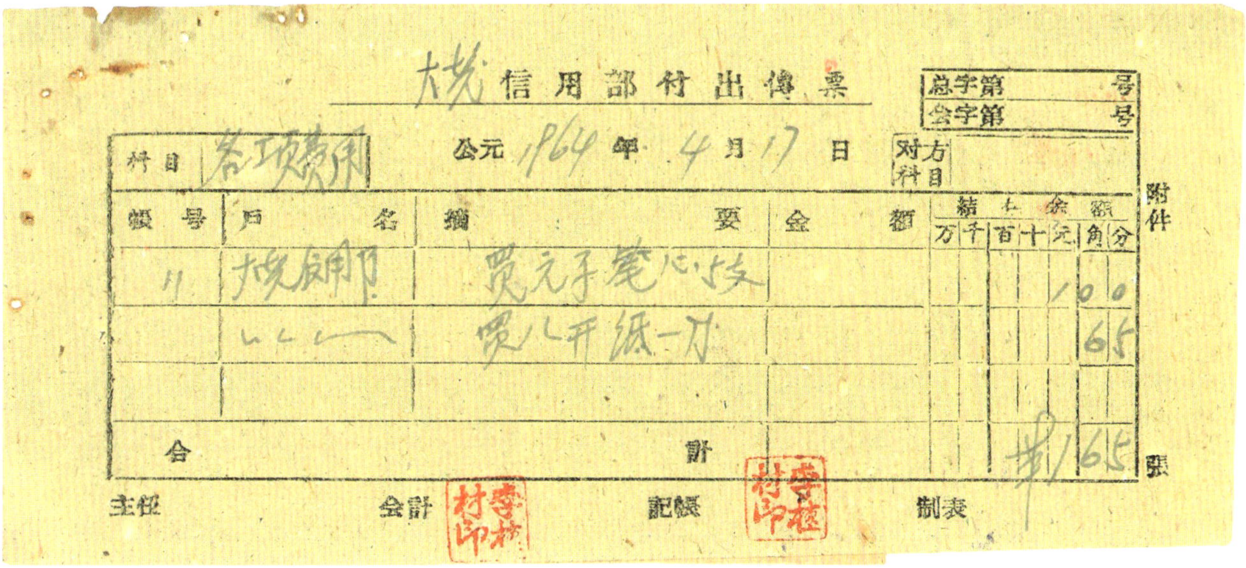

大尧信用部付出傳票

总字第 号
分字第 号

科目 各项费用 公元 1964 年 4 月 17 日 对方科目

帳号	戶名	摘要	金額	结存余额
11	大尧粮所	买元子笔心5支		1 0 0
	〃〃	买八开纸一刀		6 5
合計				1 6 5

附件 張

主任 会計 記帳 制表

0305 一九六四年四月十七日大尧信用部付出传票

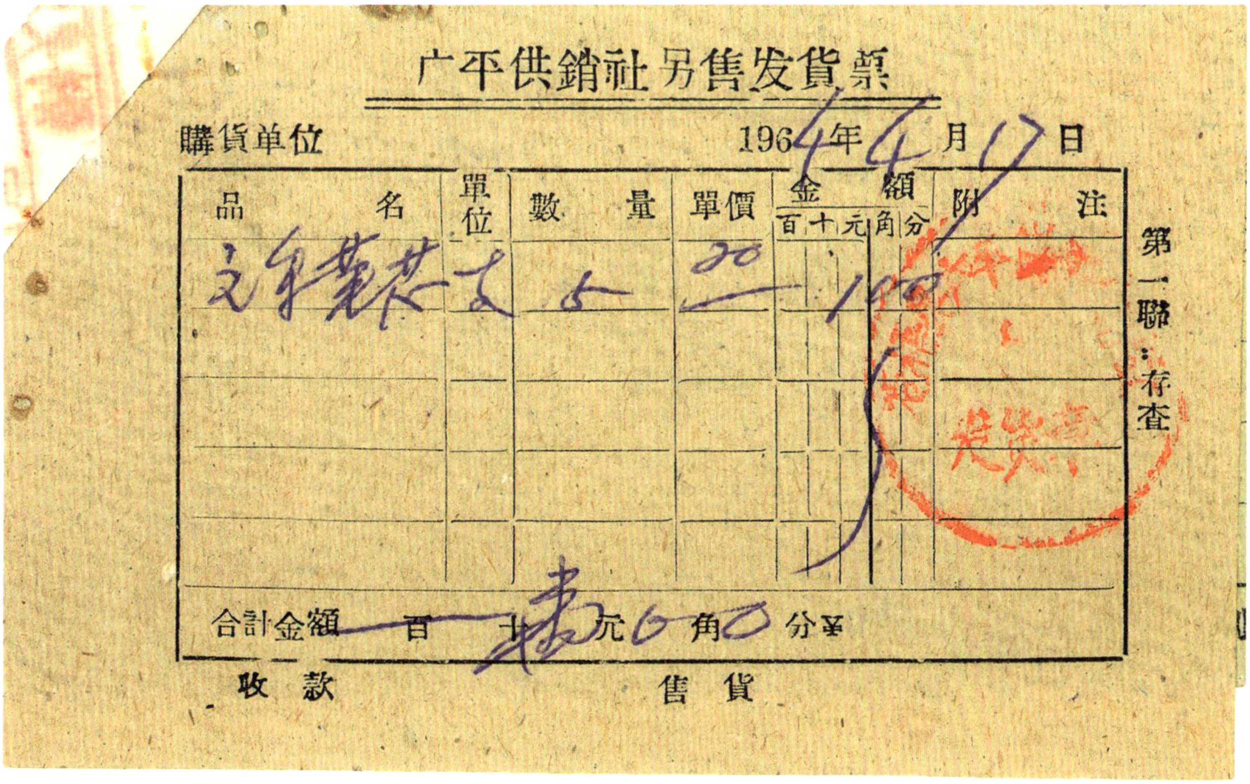

广平供銷社另售发貨票

購貨单位 1964年4月17日

品名	單位	數量	單價	金額（百十元角分）	附注
元子笔芯	支	5	20	1 0 0	

合計金額 百 十 壹 元 0 角 0 分 ¥

收款 售貨

第一聯：存查

0306 一九六四年四月十七日广平供销社另售发货票

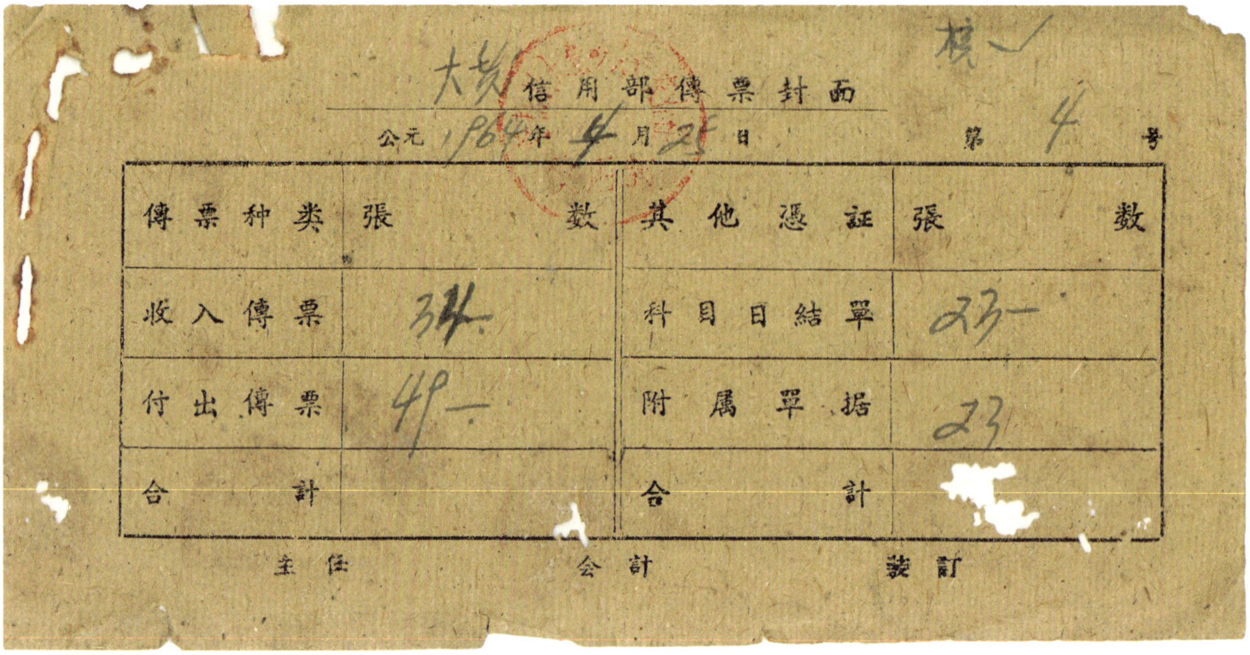

核

大尧 信用部傳票封面

公元 1964 年 4 月 25 日　　第 4 号

傳票种类	張数	其他憑証	張数
收入傳票	34	科目日結單	23
付出傳票	49	附属單据	23
合計		合計	

主任　　会計　　裝訂

0307 一九六四年四月二十五日大尧信用部传票封面

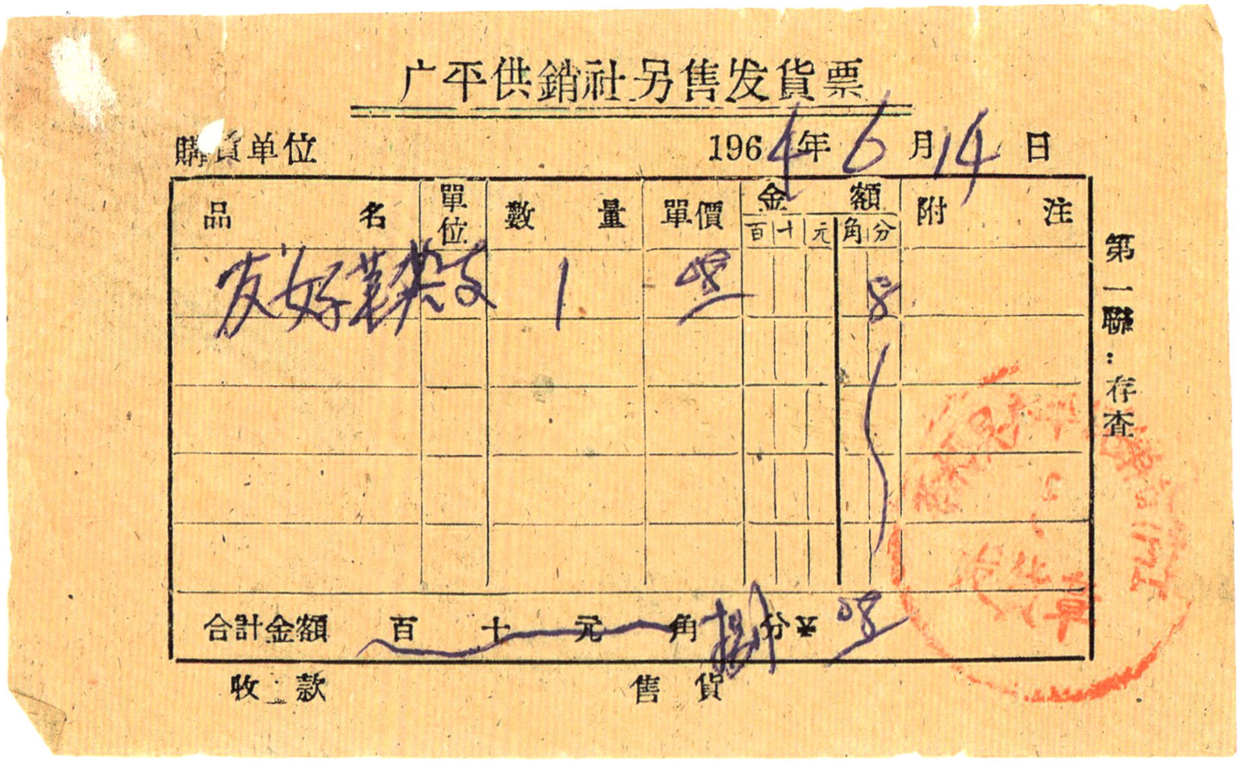

广平供銷社另售发貨票

購貨单位　　1964年6月14日

品名	單位	數量	單價	金額 百	十	元	角	分	附注
发好菜类		1	08					8	

合計金額　百　十　元　角　分 ¥ 08

收款　　售貨

第一聯：存查

0308 一九六四年六月十四日广平供销社另售发货票

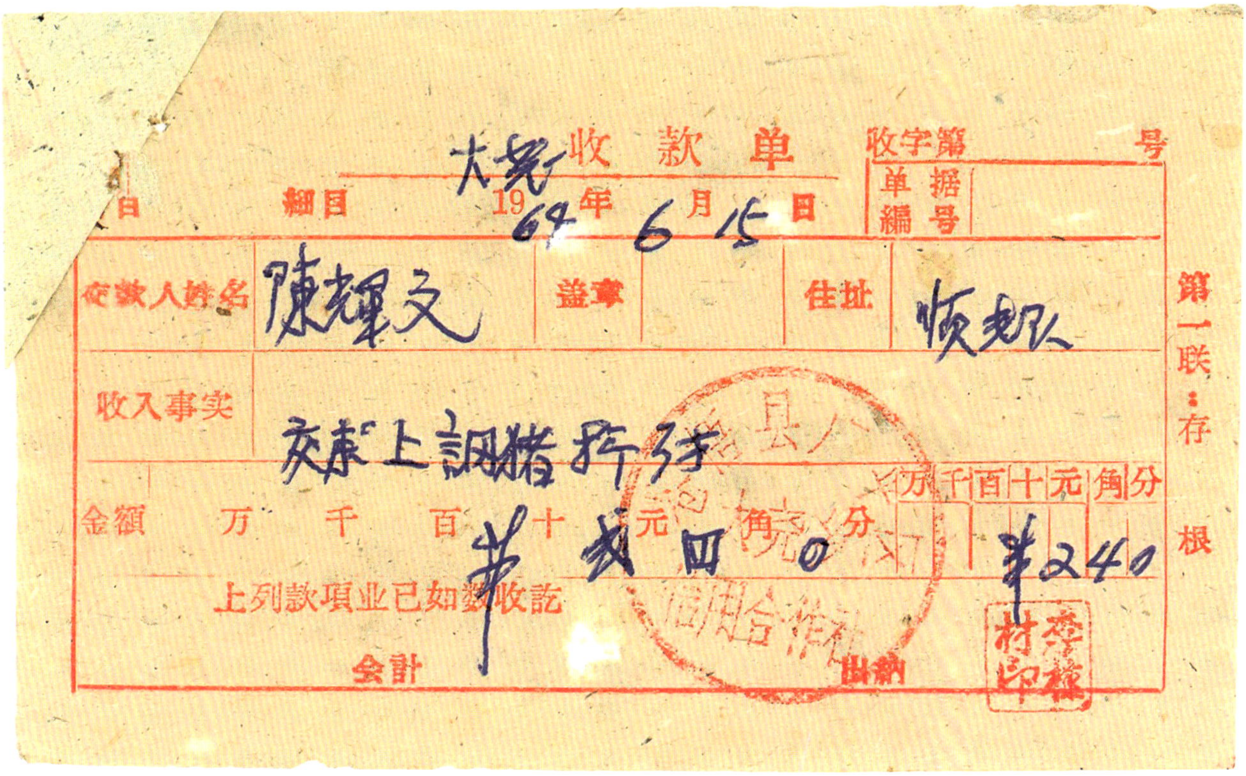
大尧 收款单 收字第 号
单据编号
19 64 年 6 月 15 日
交款人姓名 陳輝文 盖章 住址
收入事实 交来上調猪
金額 万 千 百 十 元 角 分
万 千 百 十 元 角 分
上列款項业已如数收訖
会計 出納
第一联：存根

0309 一九六四年六月十五日大尧乡陈辉文卖猪收款单

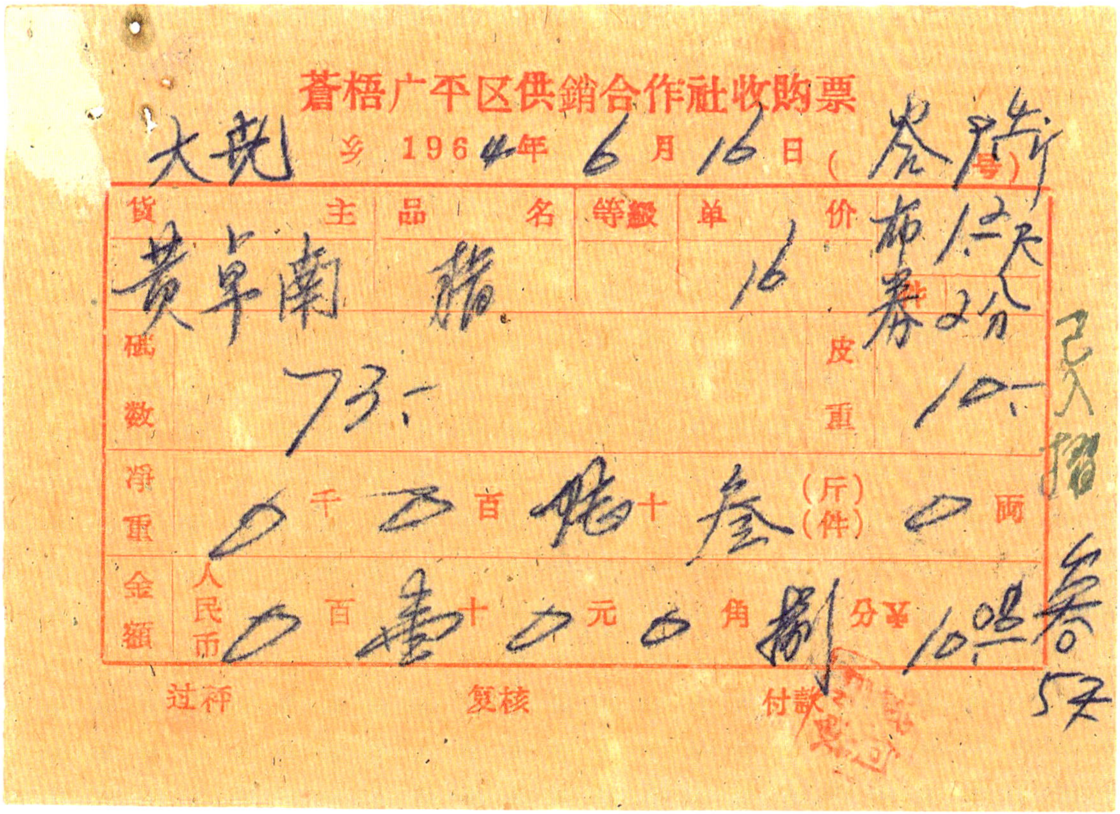
蒼梧广平区供銷合作社收購票
大尧 乡 1964年 6 月 16 日 （ 号）
货主 品名 等級 单价
黄卓南 脂 16
毛重 件数 73.5 皮重 10.
净重 0 千 百 十 叁 （斤/件） 0 両
金額 人民币 0 百 壹 十 0 元 0 角 捌 分
过秤 复核 付款

0310 一九六四年六月十六日苍梧广平区大尧乡黄卓南出售松脂收购票

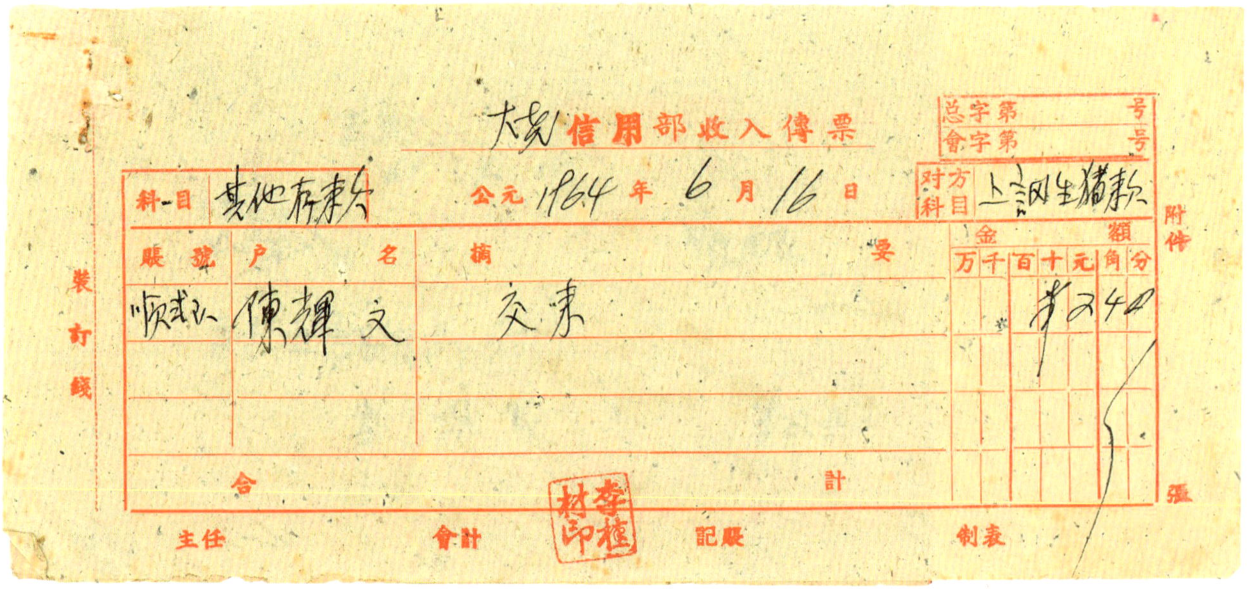

大尧信用部收入傳票

总字第　　号
會字第　　号

科目：其他存款　　公元1964年6月16日　　对方科目：上调生猪款

賬號	户名	摘要	金额（万千百十元角分）
顺武队	陳輝文	交来	2.40
合			計

主任　　會計　　記賬　　制表

装订线　　附件　张

李植材印

0311 一九六四年六月十六日大尧乡陈辉文存款收入传票

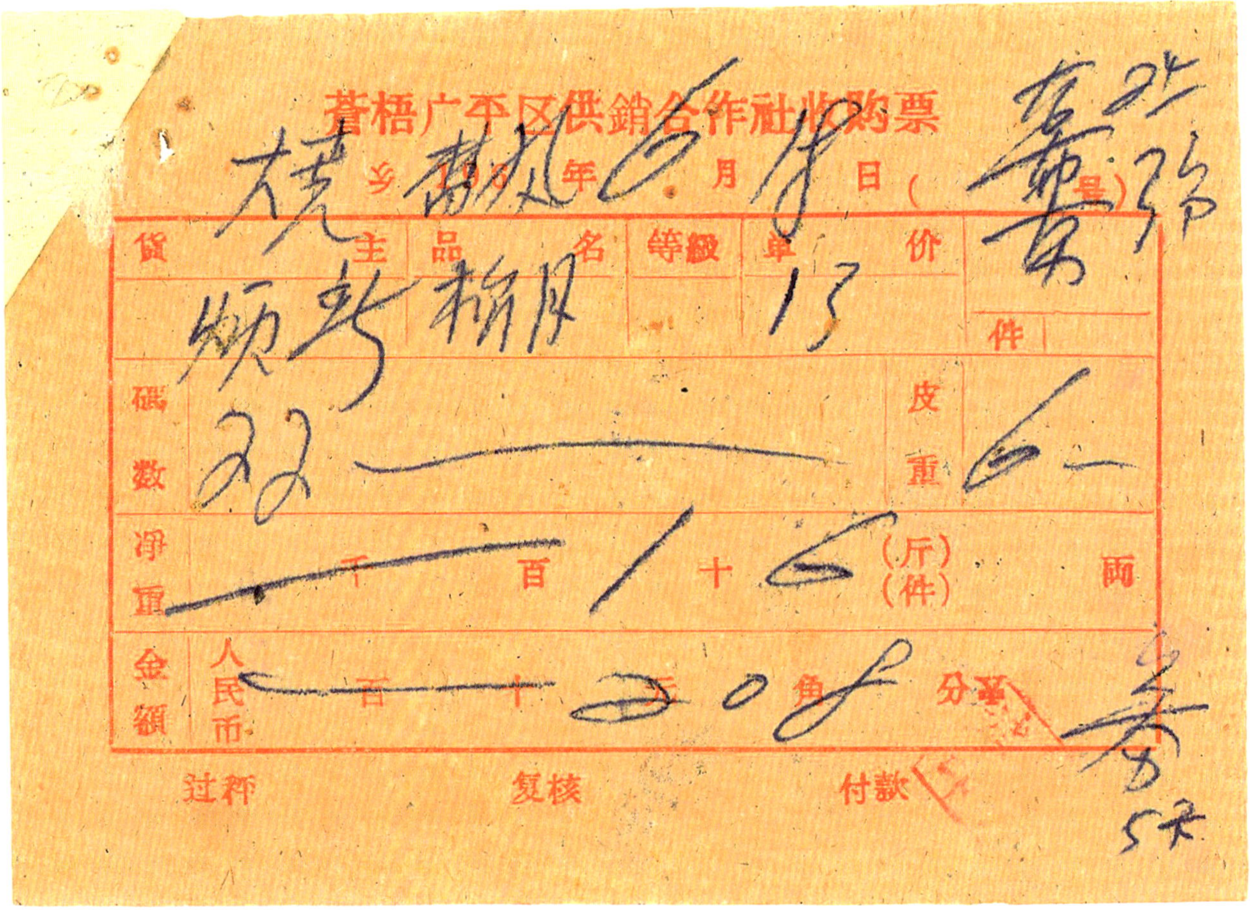

蒼梧广平区供銷合作社收购票

大尧乡　6月18日（第　号）

貨主	品名	等級	单价
炳新	松脂		13

碼數：22　　皮重：6

净重：千　百 1 十 6（斤）（件）兩

金額 人民币：百　十 2 元 0 角 8 分

过秤　　复核　　付款

0312 一九六四年六月十八日苍梧广平区大尧乡炳新出售松脂收购票

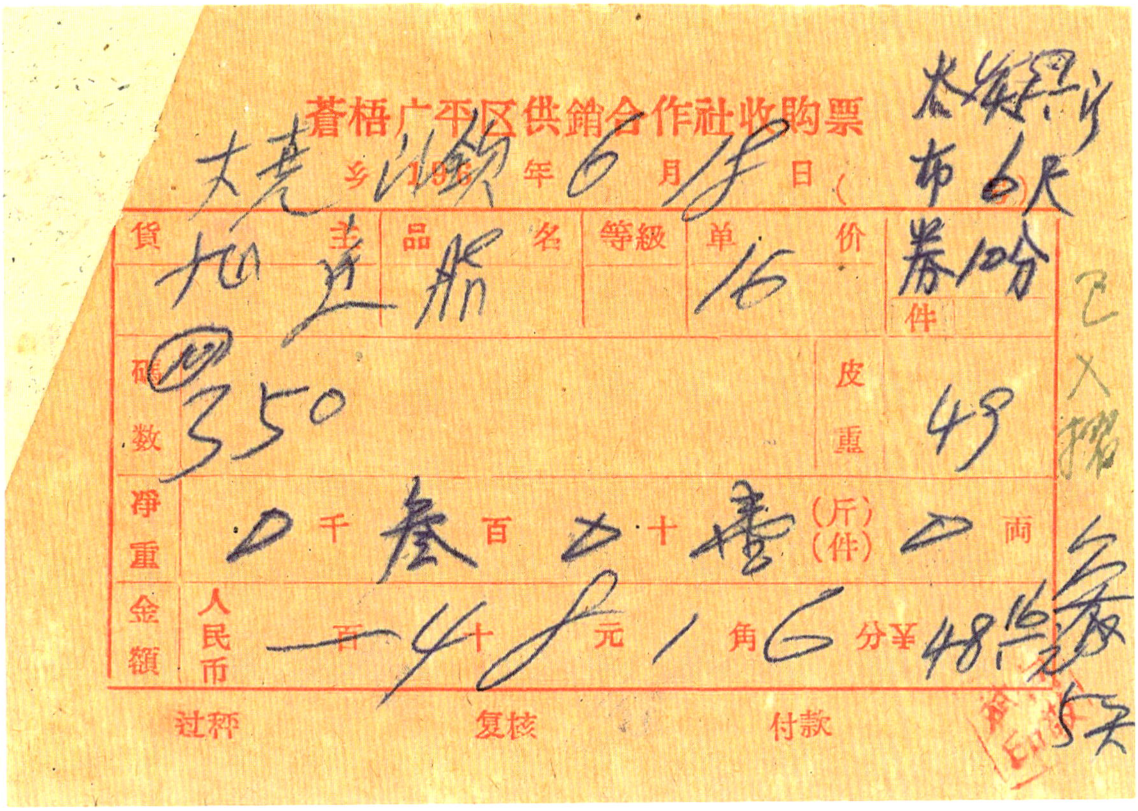
蒼梧广平区供銷合作社收购票
乡 19 年 月 日
貨主 品名 等級 单价 件
碼数 皮重
净重 千 百 十 (斤)(件) 両
金額 人民币 百 十 元 角 分
过秤 复核 付款

0313 一九六四年六月十八日苍梧广平区大尧乡旭廷出售松脂收购票

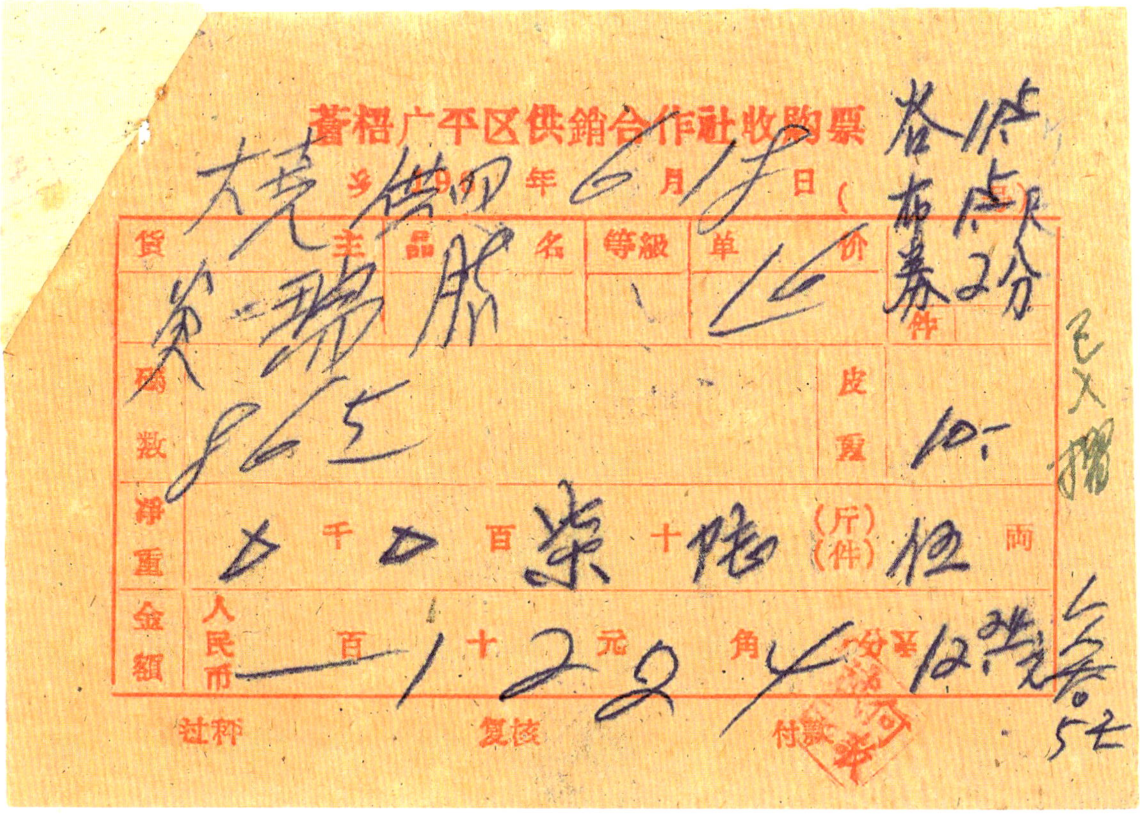
蒼梧广平区供銷合作社收购票
乡 19 年 月 日
貨主 品名 等級 单价 件
碼数 皮重
净重 千 百 十 (斤)(件) 両
金額 人民币 百 十 元 角 分
过秤 复核 付款

0314 一九六四年六月十八日苍梧广平区大尧乡寅瑞出售松脂收购票

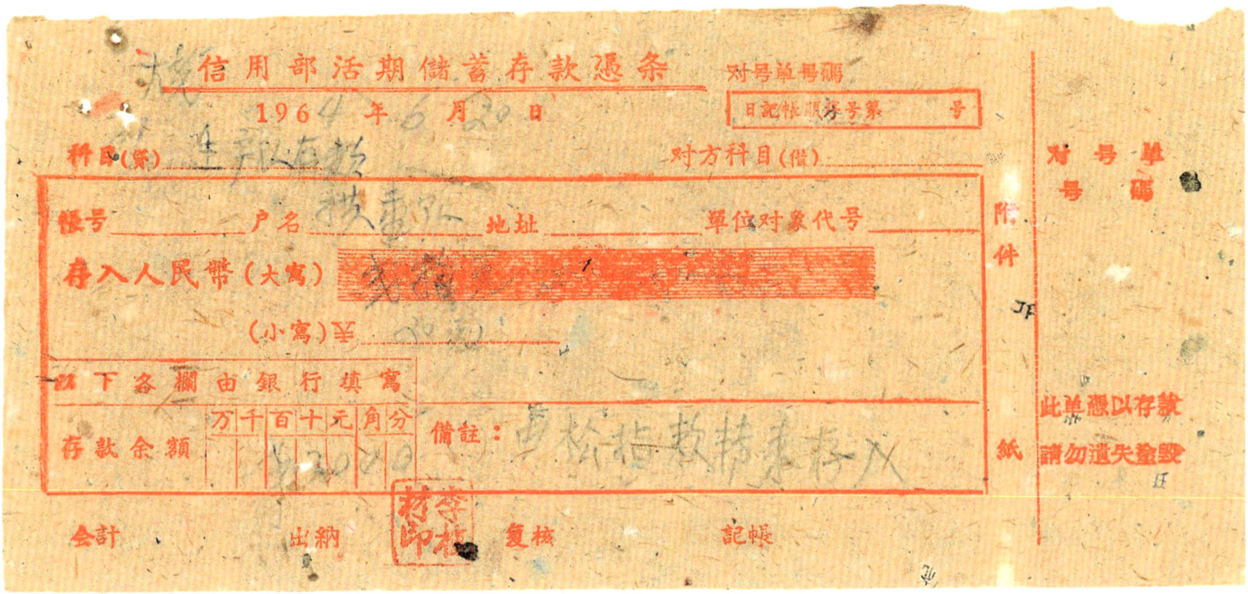

信用部活期儲蓄存款憑条　对号单号碼

1964年6月20日　日記帳順序号第　号

科目(貸)　对方科目(借)

帳号　户名　地址　单位对象代号

存入人民幣(大寫)

(小寫)￥

以下各欄由銀行填寫

存款余額	万	千	百	十	元	角	分

備註：

会計　出納　复核　記帳

附件　紙

对号单号碼

此单憑以存款請勿遺失塗毁

0315 一九六四年六月二十日大尧乡拱一队出售松脂存款凭条

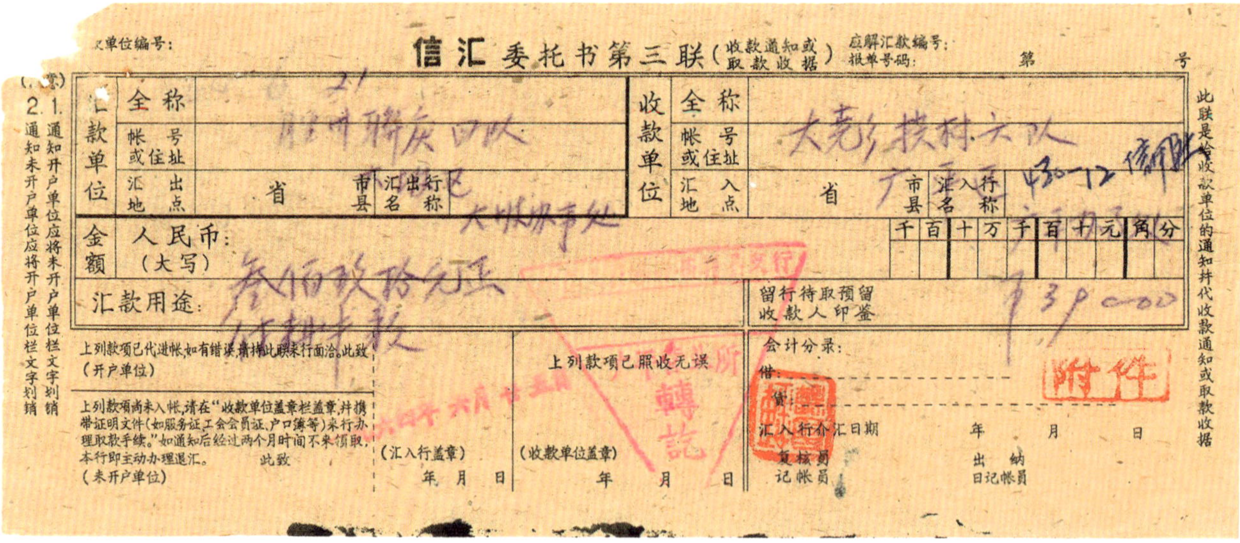

单位编号：　信汇委托书第三联(收款通知或取款收据)　应解汇款编号：　抵単号码：　第　号

汇款单位：全称　帐号或住址　汇出地点　省　市县　汇出行名称

收款单位：全称　帐号或住址　汇入地点　省　市县　汇入行名称

金额　人民币：(大写)

千	百	十	万	千	百	十	元	角	分

汇款用途：

留行待取预留收款人印鉴

上列款项已代进帐，如有错误，请持此联来行面洽。此致(开户单位)

上列款项尚未入帐，请在"收款单位盖章"栏盖章，并携带证明文件(如服务证、工会会员证、户口簿等)来行办理取款手续。"如通知后经过两个月时间不来领取，本行即主动办理退汇。此致(未开户单位)

(汇入行盖章)　年　月　日

上列款项已照收无误(收款单位盖章)　年　月　日

会计分录：借：　贷：　汇入行解汇日期　年　月　日　复核员　出纳　记帐员　日记帐员

(注)：1. 通知开户单位应将未开户单位栏文字划销　2. 通知未开户单位应将开户单位栏文字划销

此联是给收款单位的通知并代收款通知或取款收据

附件

0316 一九六四年六月二十一日苍梧胜洲联庆四队购买耕牛信汇委托书

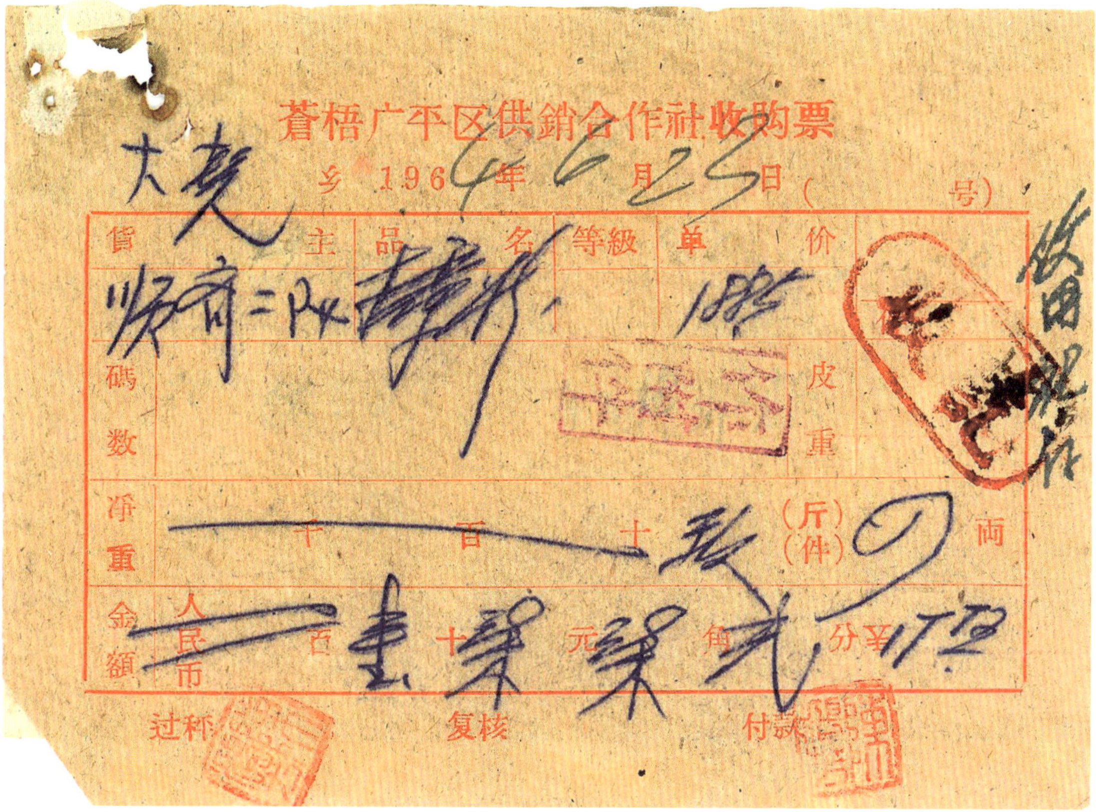

蒼梧广平区供銷合作社收购票

大尧 乡 1964年 6 月 23 日 （ 号）

貨主	品名	等級	单价
顺齐二队	樟粉		1885

碼数　　皮重

净重　千　百　十　（斤）（件）　两

金額 人民币　百　十　元　角　分 ¥

过秤　　复核　　付款

0317 一九六四年六月二十三日苍梧广平区大尧乡顺齐二队出售樟粉收购票

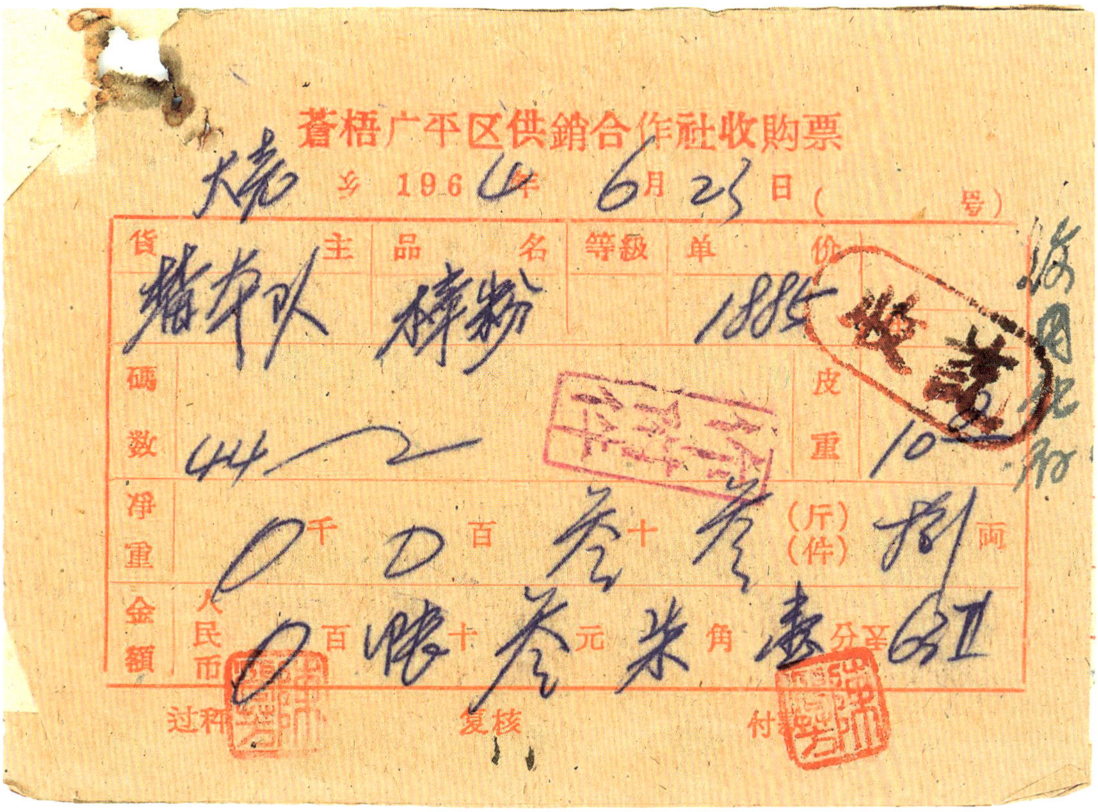

蒼梧广平区供銷合作社收购票

大尧 乡 1964年 6 月 23 日 （ 号）

貨主	品名	等級	单价
替本队	樟粉		1885

碼数 44　　皮重 10

净重 0 千 0 百 叁 十 叁 （斤）（件） 捌 两

金額 人民币 0 百 陆 十 叁 元 柒 角 壹 分 ¥63.71

过秤　　复核　　付款

0318 一九六四年六月二十三日苍梧广平区大尧乡替本队出售樟粉收购票

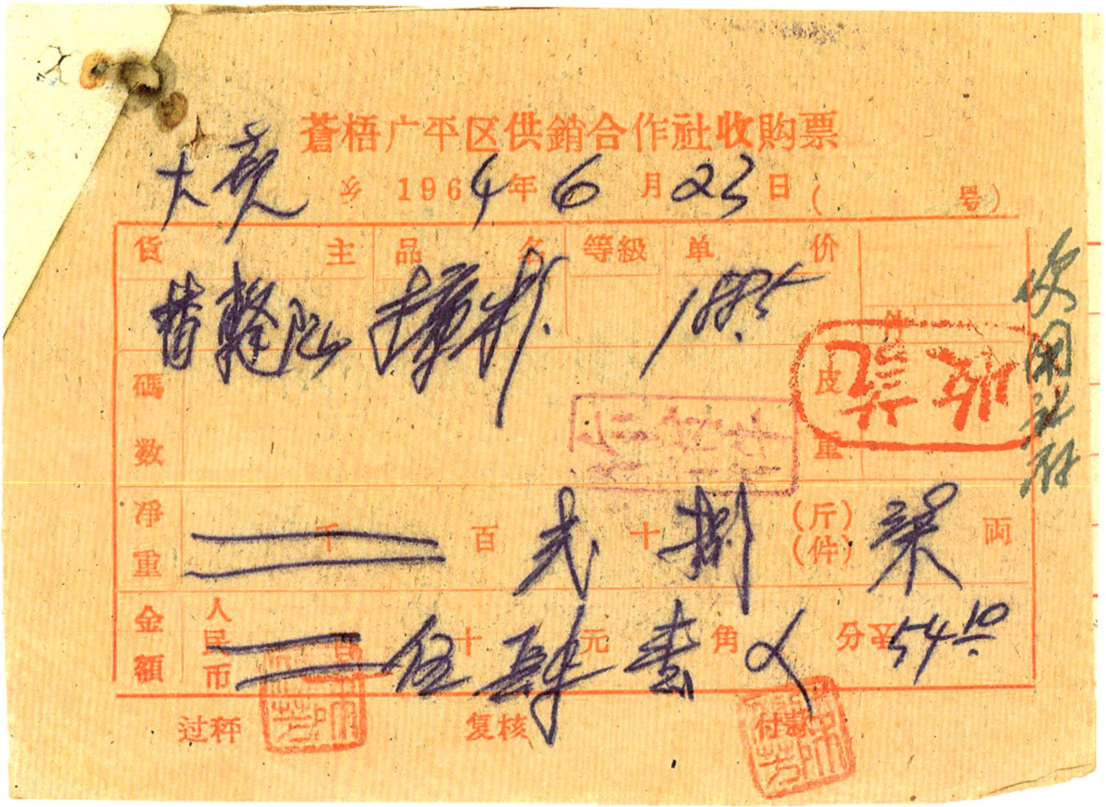
蒼梧广平区供銷合作社收購票

大尧 乡 1964年 6 月 23 日 （ 号）

貨主	品名	等級	单价	件
替逢队	樟粉		1885	

碼数　皮重

净重　千　百　十　（斤）（件）　两　贰拾柒

金額　人民币　百　十　元　角　分

过秤　复核　付款

0319 一九六四年六月二十三日苍梧广平区大尧乡替逢队出售樟粉收购票

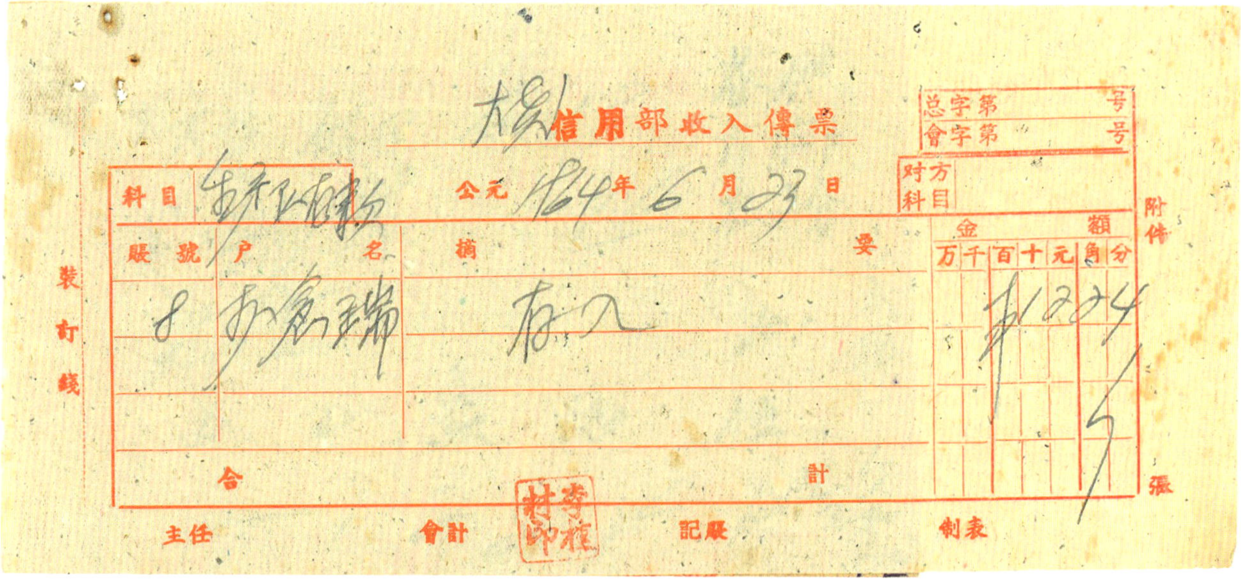
大尧信用部收入傳票

总字第　号

會字第　号

科目　　公元 1964年 6 月 23 日　　对方科目

賬號	户名	摘要	金額（万千百十元角分）
8	李念瑞	存入	
合		計	

主任　會計　記賬　制表

装訂綫　附件　張

0320 一九六四年六月二十三日大尧乡李念瑞存款收入传票

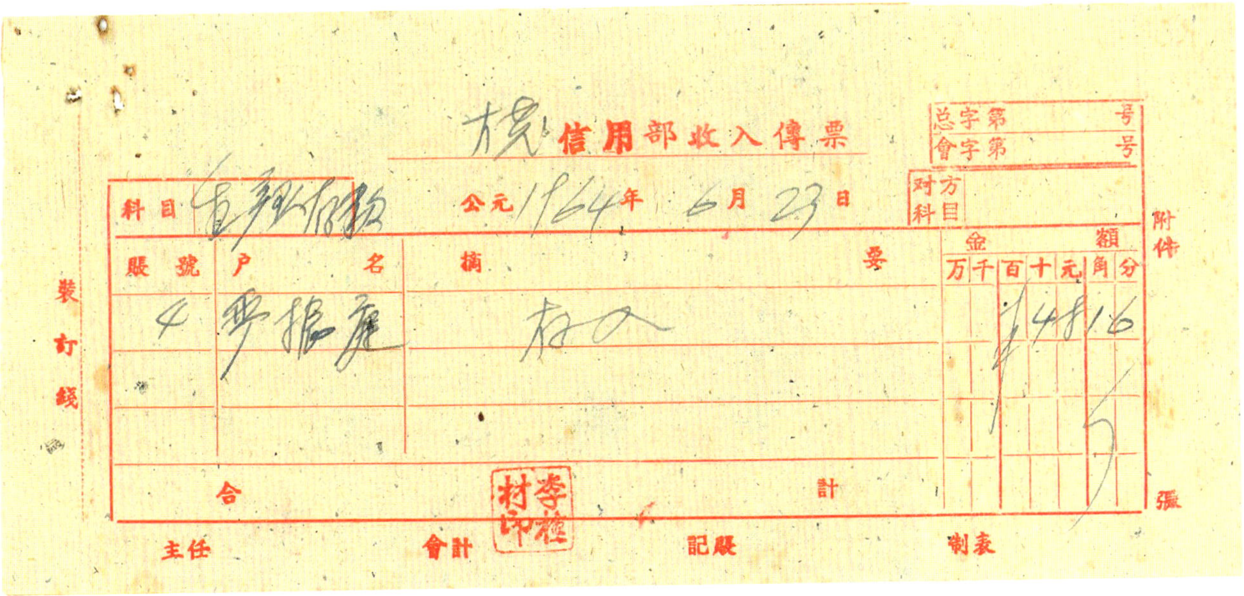
大尧信用部收入傳票

总字第　号
會字第　号

科目 [illegible]　公元1964年6月23日　对方科目

賬號	户名	摘要	金额
4	严振庭	存入	¥48.16
合計			

主任　會計　記賬　制表

裝訂綫　附件　張

0321 一九六四年六月二十三日大尧乡信用部严振庭存款收入传票

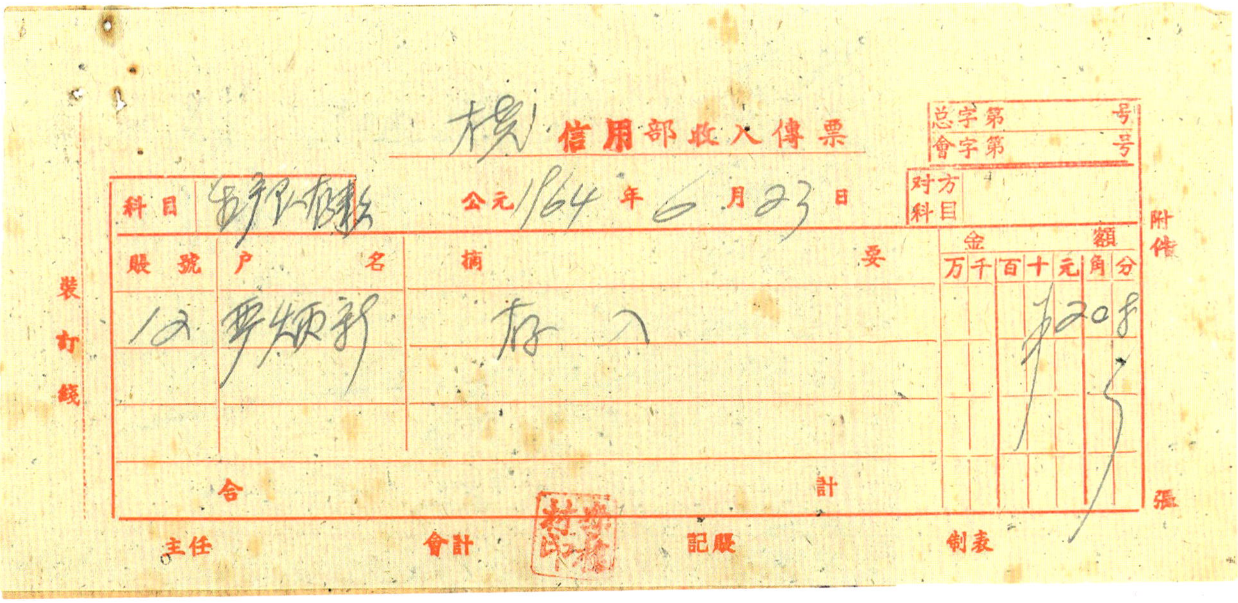
大尧信用部收入傳票

总字第　号
會字第　号

科目 [illegible]　公元1964年6月23日　对方科目

賬號	户名	摘要	金额
12	严炳新	存入	¥2.08
合計			

主任　會計　記賬　制表

裝訂綫　附件　張

0322 一九六四年六月二十三日大尧乡严炳新存款收入传票

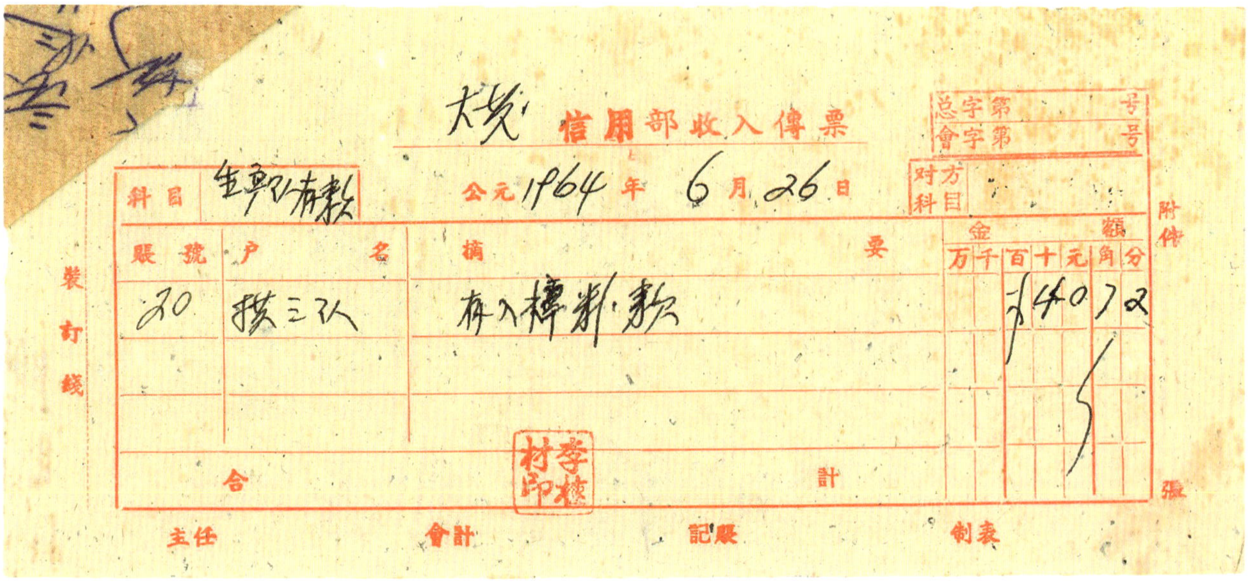

大尧 信用部收入傳票

总字第 号
會字第 号

科目 生产队存款　　公元1964年6月26日　　对方科目

賬號	户名	摘要	金額 万 千 百 十 元 角 分
20	拱三队	存入標糾款	¥4072
合		計	

主任　會計　記賬　制表

裝訂線　附件　張

0323 一九六四年六月二十六日大尧乡拱三队存款收入传票

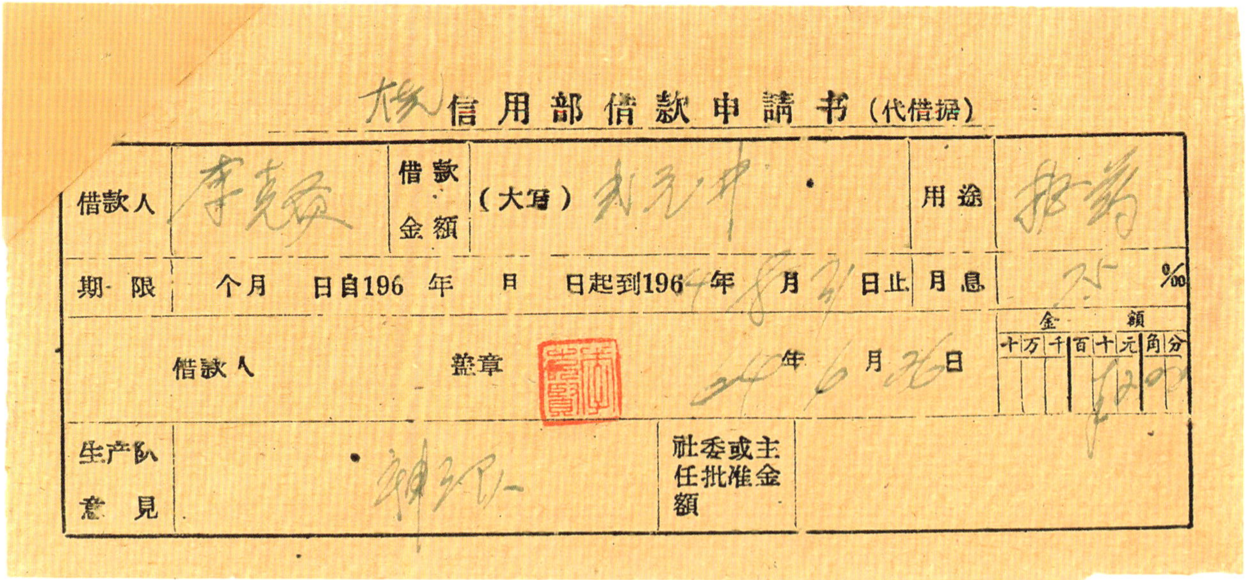

大尧 信用部借款申請书（代借据）

借款人	李克贤	借款金額	（大寫）	用途	
期限	个月 日自196 年 月 日起到1964年8月31日止			月息	‰
借款人 蓋章	64年6月26日			金額 十万千百十元角分	
生产队意見	拱三队	社委或主任批准金額			

0324 一九六四年六月二十六日大尧乡李克贤借款申请书

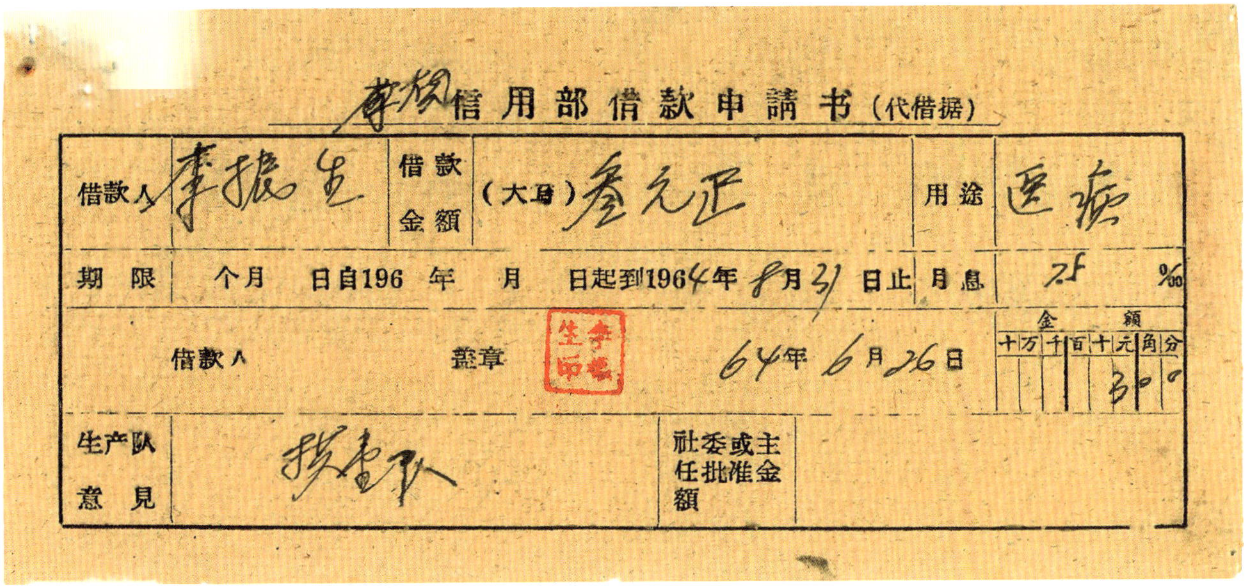

大尧信用部借款申請书（代借据）

借款人	李振生	借款金額	（大写）叁元正	用途	医疗
期限	个月 日自196 年 月 日起到1964年8月31日止			月息	25 ‰
借款人 盖章	（印：李振生印） 64年6月26日			金額 十万千百十元角分	300
生产队意見	拨贵队	社委或主任批准金額			

0325 一九六四年六月二十六日大尧乡李振生借款申请书

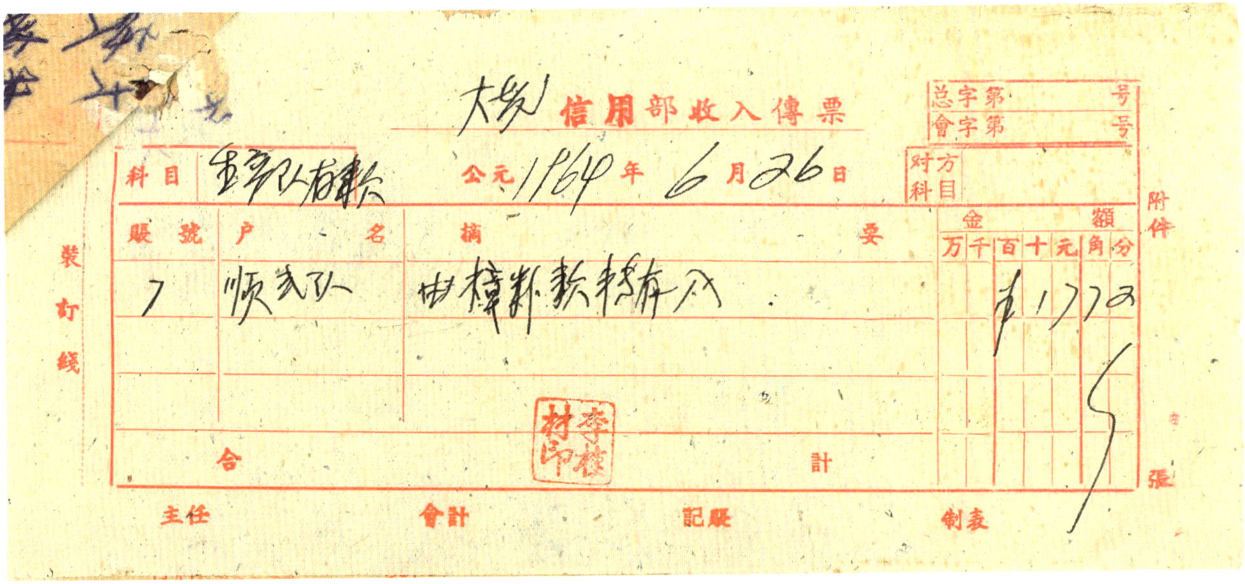

大尧信用部收入傳票

总字第 号
會字第 号

科目：生产队存款　公元1964年6月26日　对方科目

賬號	户名	摘要	金額 万千百十元角分
7	顺二队	由粮款转存入	¥17.70
合計			

主任　會計　記賬　制表（印：李桂材印）

装订线　附件 張

0326 一九六四年六月二十六日大尧乡顺二队存款收入传票

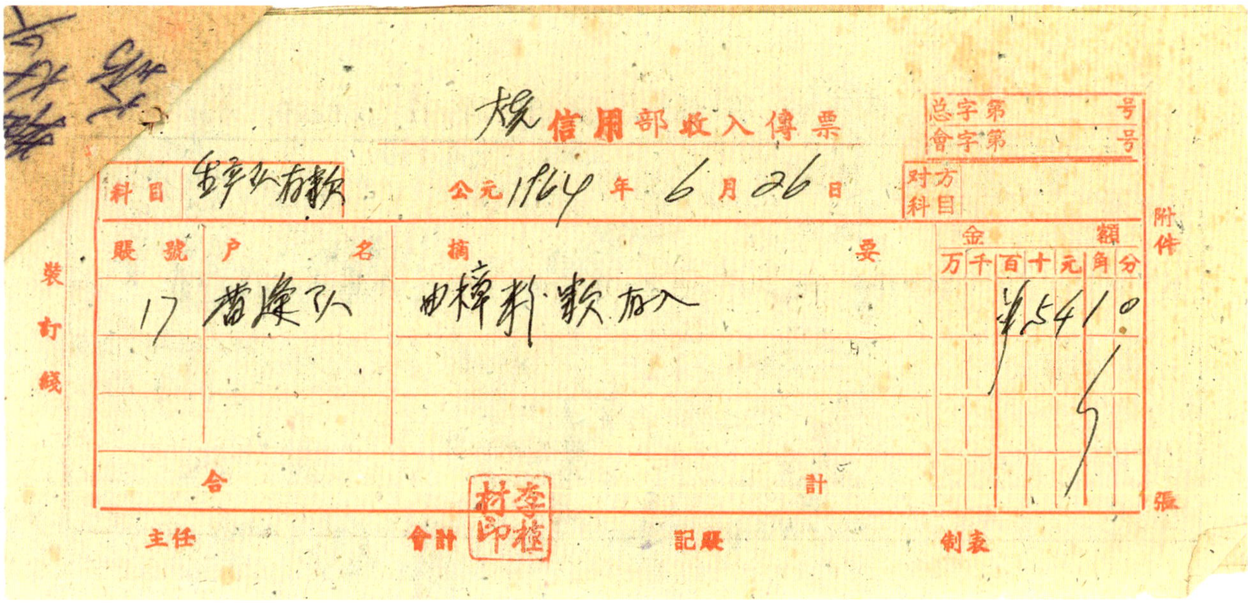

大尧信用部收入傳票

总字第 号
會字第 号

科目 集体存款　公元1964年6月26日　对方科目

賬號	户名	摘要	金額 万千百十元角分
17	替逢队	由樟料款存入	¥541.0
合計			

主任　會計　記賬　制表

附件 張

0327 一九六四年六月二十六日大尧乡替逢队存款收入传票

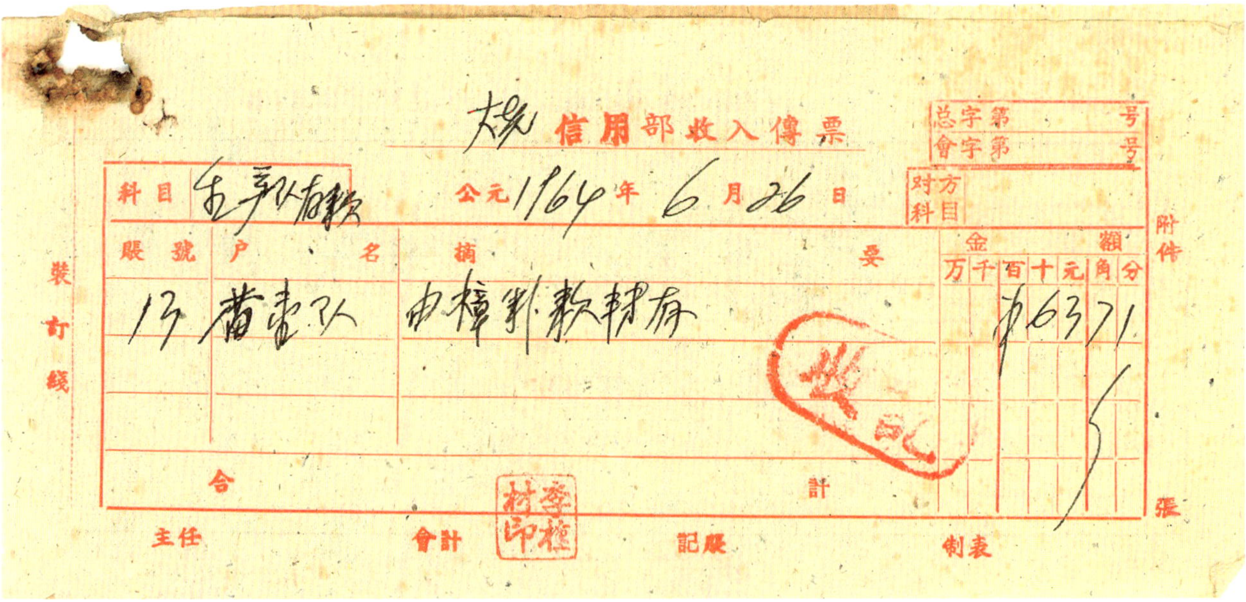

大尧信用部收入傳票

总字第 号
會字第 号

科目 集体存款　公元1964年6月26日　对方科目

賬號	户名	摘要	金額 万千百十元角分
17	替一队	由樟料款转存	¥637.1
合計			

主任　會計　記賬　制表

附件 張

0328 一九六四年六月二十六日大尧乡替一队存款收入传票

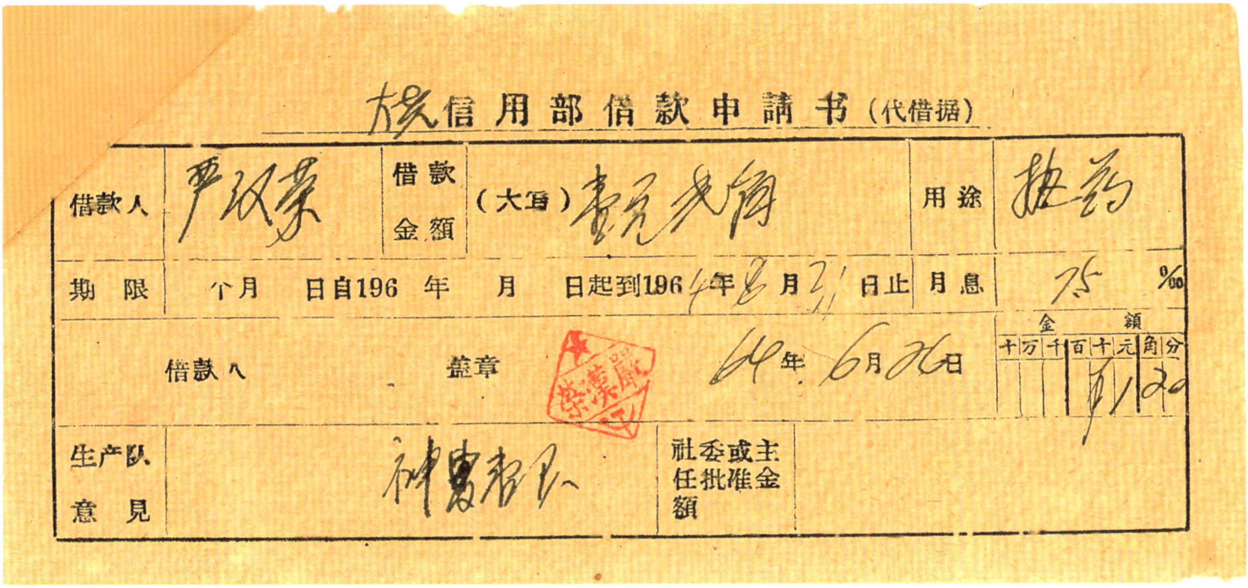

大尧信用部借款申请书（代借据）

借款人	严汉荣	借款金额	（大写）	用途	
期限	个月　日自196　年　月　日起到196　年　月　日止			月息	‰
	借款人　　盖章		64年6月26日		金额：十万千百十元角分
生产队意見		社委或主任批准金額			

0329 一九六四年六月二十六日大尧乡严汉荣借款申请书

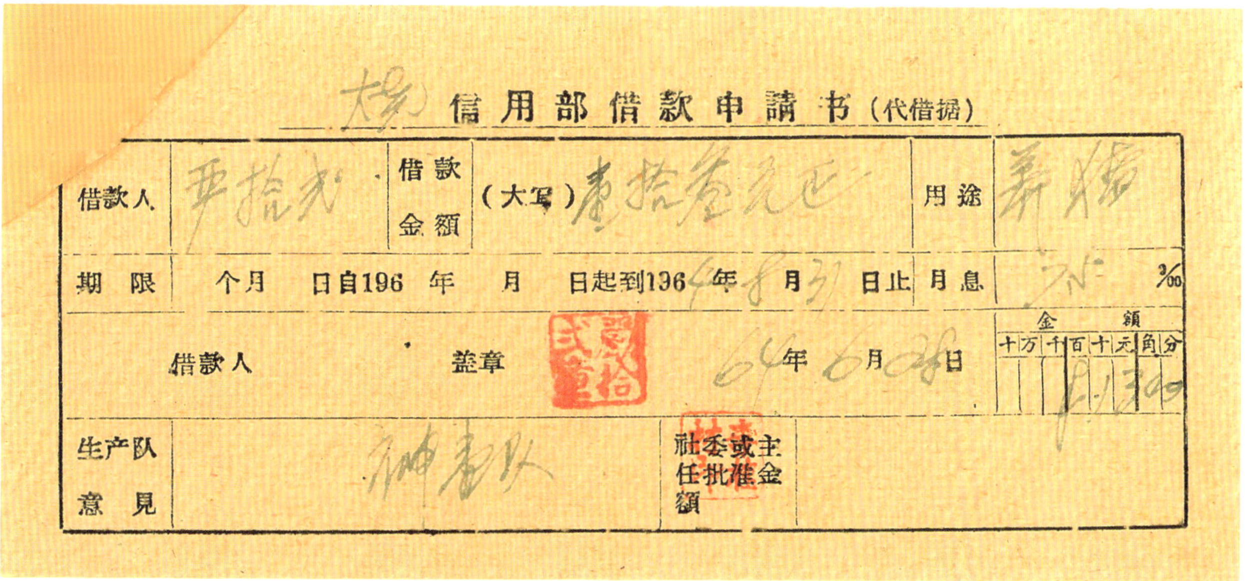

大尧信用部借款申请书（代借据）

借款人	严拾式	借款金額	（大写）	用途	
期限	个月　日自196　年　月　日起到196　年　月　日止			月息	‰
	借款人　　盖章		64年6月　日		金額：十万千百十元角分
生产队意見		社委或主任批准金額			

0330 一九六四年六月二十六日大尧乡严拾式借款申请书

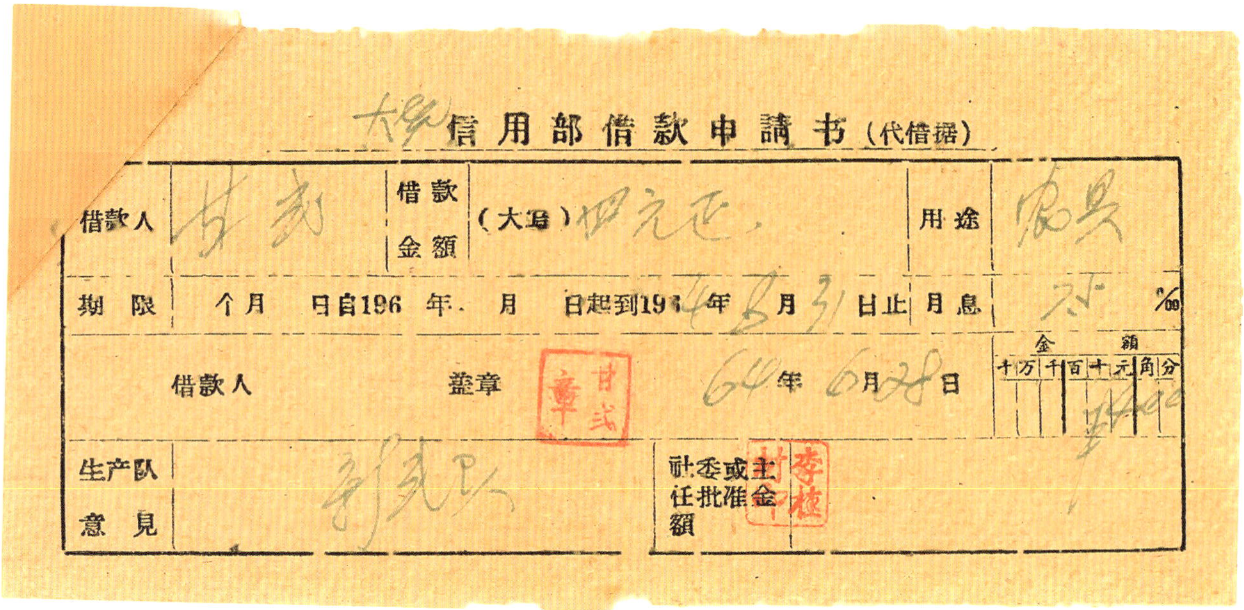

大尧 信用部借款申請书（代借据）

借款人	甘式	借款金額	（大写）捌元正	用途	
期限	个月 日自196 年 月 日起到1964年8月31日止			月息	‰
借款人	盖章	64年6月28日		金額 十万千百十元角分	800
生产队意見		社委或主任批准金額			

0331 一九六四年六月二十八日大尧乡甘式借款申请书

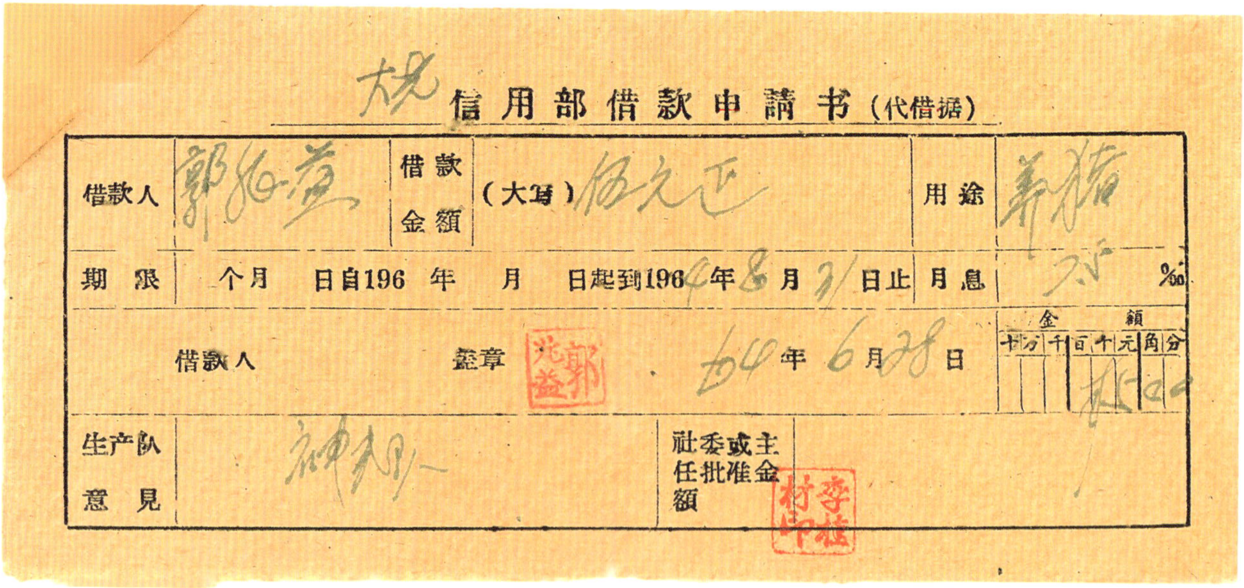

大尧 信用部借款申請书（代借据）

借款人	郭兆益	借款金額	（大写）伍元正	用途	养猪
期限	个月 日自196 年 月 日起到1964年8月31日止			月息	‰
借款人	盖章	64年6月28日		金額 十万千百十元角分	500
生产队意見		社委或主任批准金額			

0332 一九六四年六月二十八日大尧乡郭兆益借款申请书

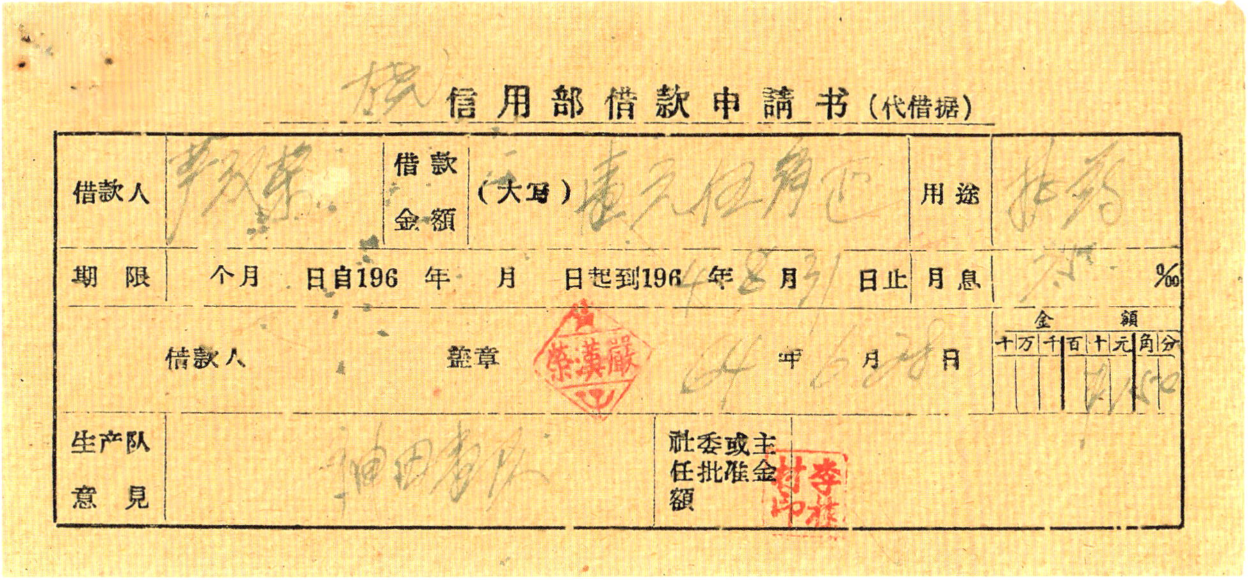

信用部借款申请书（代借据）

借款人	严汉荣	借款金额	（大写）壹元伍角正	用途	
期限	个月 日自196 年 月 日起到196 年 月 日止			月息	‰
	借款人 盖章		64 年 6 月 28 日		金额：十 万 千 百 十 元 角 分
生产队意見			社委或主任批准金額		

0333 一九六四年六月二十八日大尧乡严汉荣借款申请书

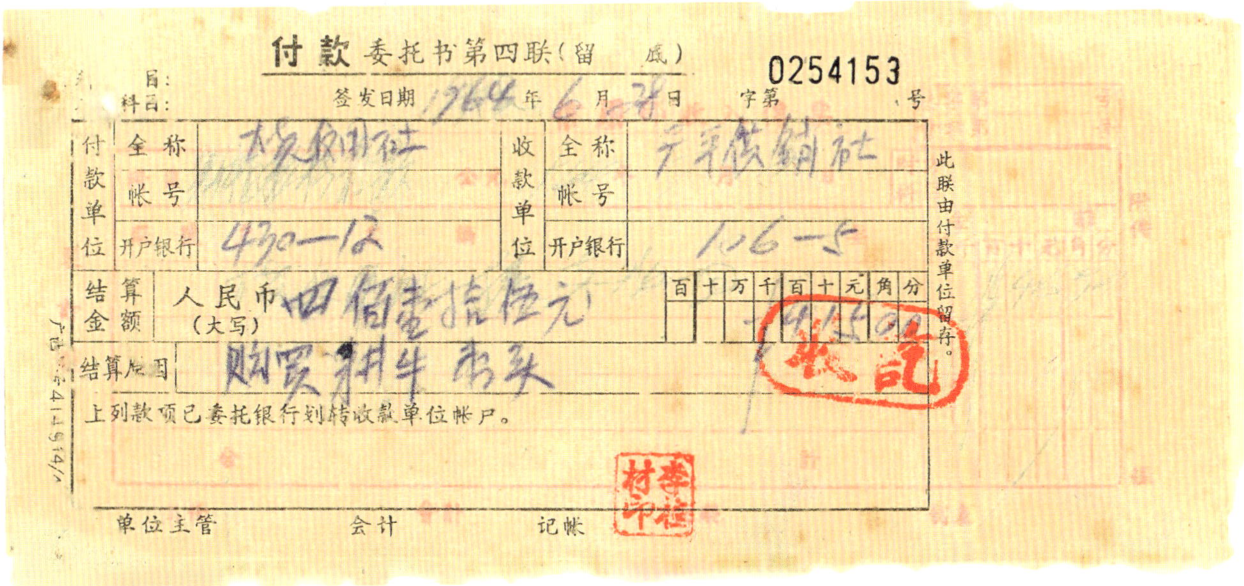

付款委托书第四联（留 底）

0254153

科目：
对方科目：
签发日期 1964 年 6 月 28 日 字第 号

付款单位	全称	大尧信用社	收款单位	全称	广平供销社
	帐号			帐号	
	开户银行	430—12		开户银行	106—5
结算金额	人民币（大写）四佰壹拾伍元			百 十 万 千 百 十 元 角 分	
结算原因	购买耕牛 款				

上列款项已委托银行划转收款单位帐户。

单位主管 会计 记帐

此联由付款单位留存。

收讫

0334 一九六四年六月二十八日大尧信用社付购买耕牛付款委托书

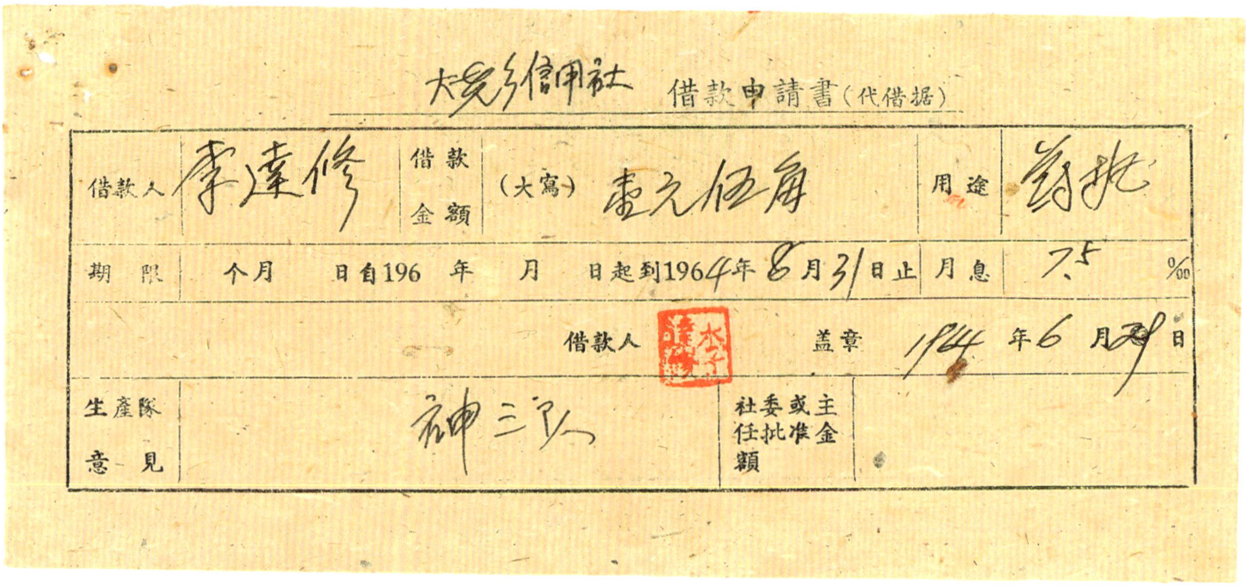

大尧乡信用社 借款申請書（代借据）

借款人	李達修	借款金額	（大寫）壹元伍角	用途	药批
期限	个月 日自196 年 月 日起到1964年8月31日止			月息	7.5 ‰
借款人 蓋章				1964年6月29日	
生産隊意見	神三队	社委或主任批准金額			

0335 一九六四年六月二十九日大尧乡李达修借款申请书

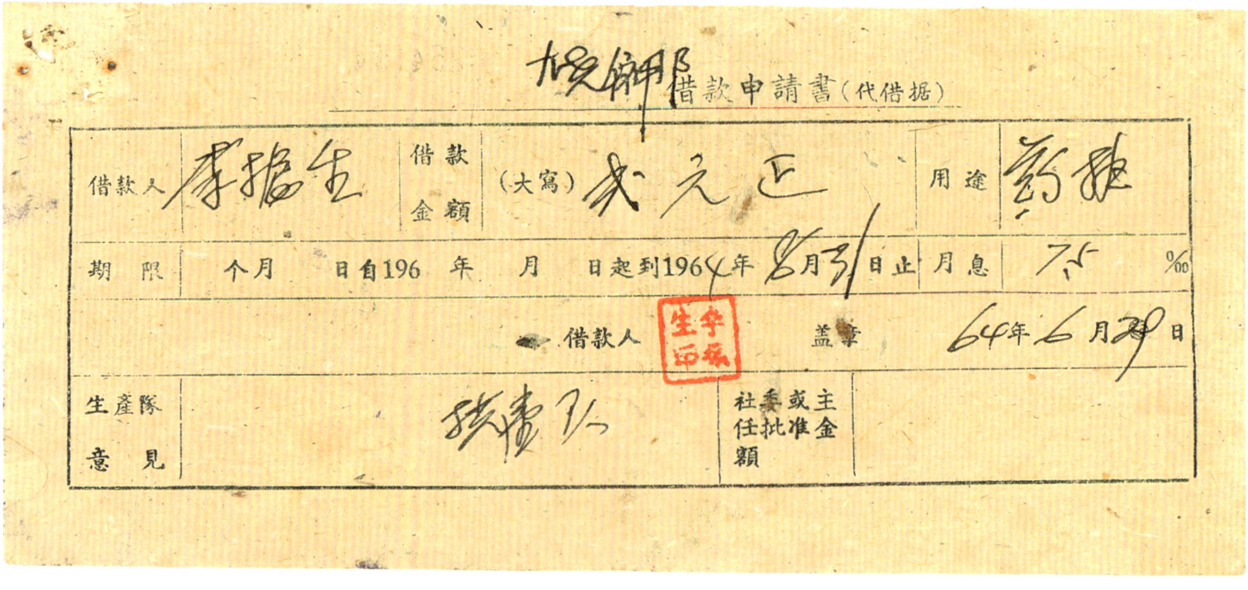

大尧信用部 借款申請書（代借据）

借款人	李振生	借款金額	（大寫）武元正	用途	药批
期限	个月 日自196 年 月 日起到1964年8月31日止			月息	7.5 ‰
借款人 蓋章				64年6月29日	
生産隊意見	[illegible]队	社委或主任批准金額			

0336 一九六四年六月二十九日大尧乡李振生借款申请书

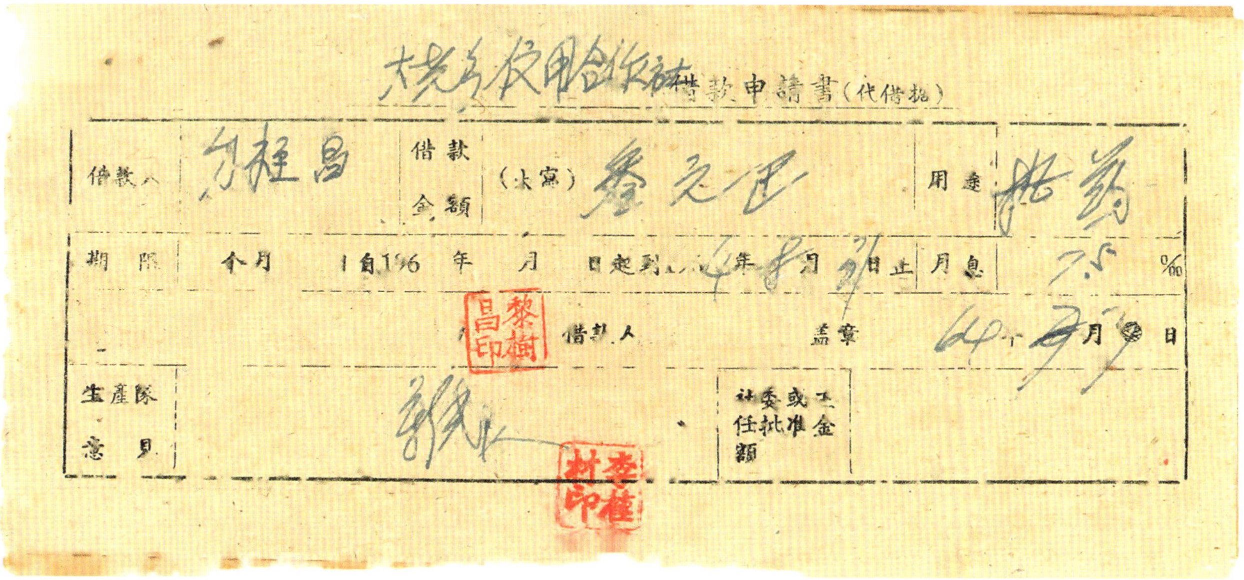
大尧乡农用合作社借款申請書(代借據)

借款人	黎柱昌	借款金額	(大寫) 叁元正	用途	買药
期限	个月	自196 年 月 日起到 年 月 日止		月息	7.5 ‰
		借款人 盖章			64年7月3日
生產隊意見			社委或主任批准金額		

0337 一九六四年七月三日大尧乡黎柱昌借款申请书

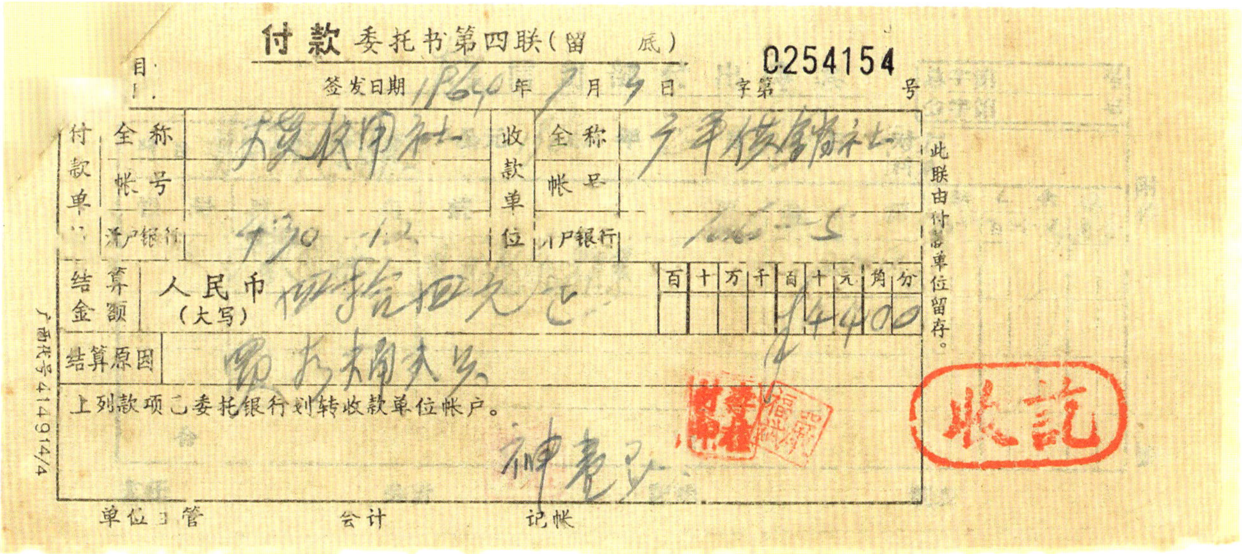
付款委托书第四联(留底) 0254154

签发日期 1964年7月3日 字第 号

付款单位	全称	大尧农用社	收款单位	全称	广平供销社
	帐号			帐号	
	开户银行			开户银行	
结算金额	人民币(大写)	肆拾肆元正			44.00
结算原因					

上列款项已委托银行划转收款单位帐户。

单位主管 会计 记帐

此联由付款单位留存。

广西代号414914/4

收讫

0338 一九六四年七月三日大尧信用部购买谷桶付款委托书

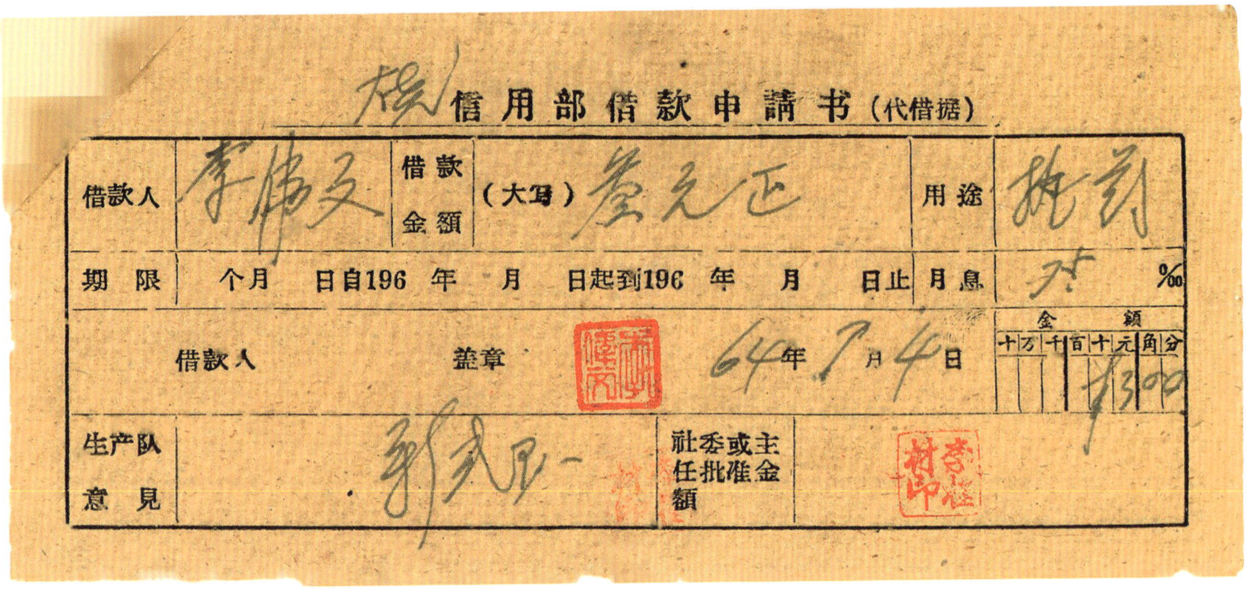

大尧信用部借款申请书（代借据）

借款人	李伟文	借款金额	（大写）叁元正	用途	抗药
期限	个月 日自196 年 月 日起到196 年 月 日止			月息	7.5‰
借款人 盖章	64年7月4日				金额 十万千百十元角分
生产队意見		社委或主任批准金額			

0339 一九六四年七月四日大尧乡李伟文借款申请书

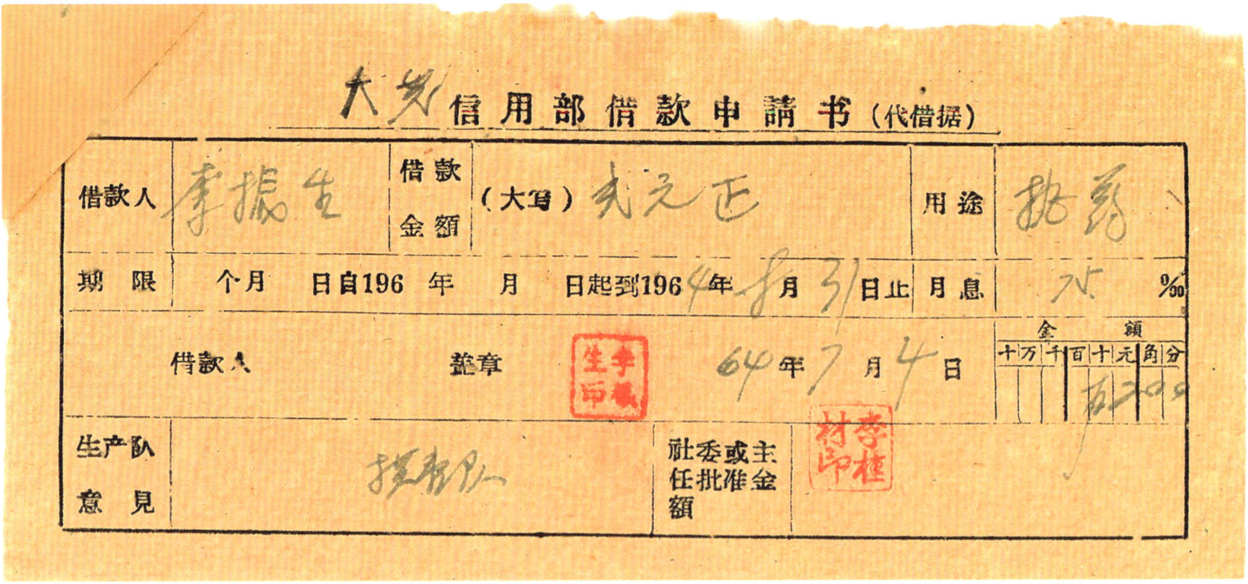

大尧信用部借款申请书（代借据）

借款人	李振生	借款金额	（大写）贰元正	用途	抗药
期限	个月 日自196 年 月 日起到1964年8月31日止			月息	7.5‰
借款人 盖章	64年7月4日				金额 十万千百十元角分
生产队意見		社委或主任批准金額			

0340 一九六四年七月四日大尧乡李振生借款申请书

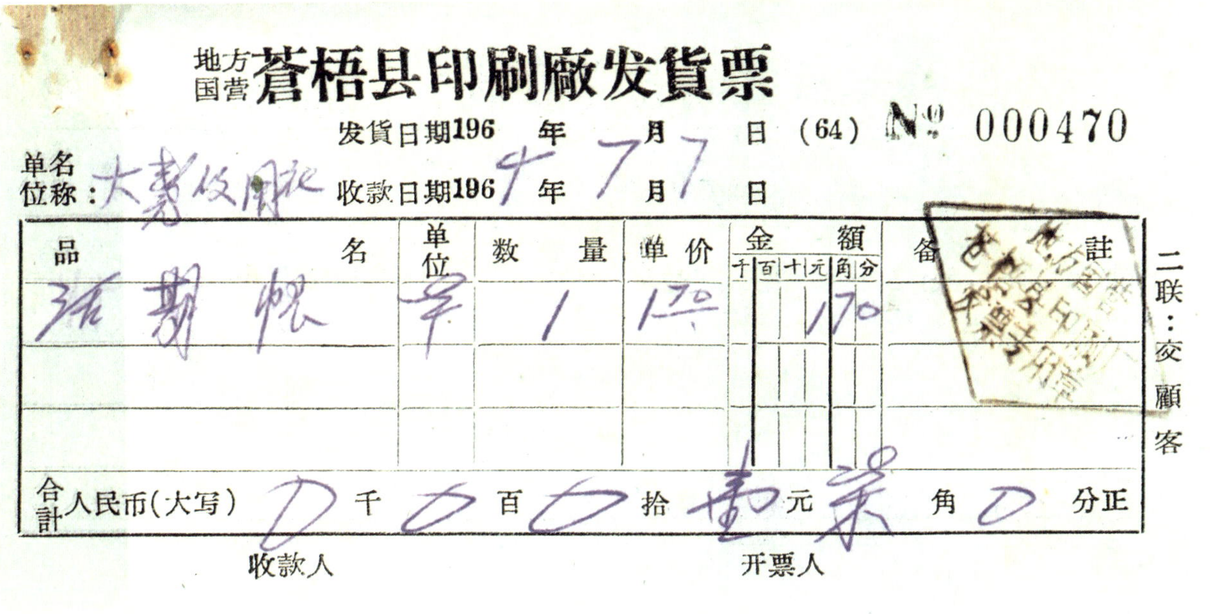

地方国营蒼梧县印刷廠发貨票

发貨日期196　年　月　日（64）№ 000470

单位名称：大裳伙用社　收款日期1964年7月7日

品名	单位	数量	单价	金额	备註
活期帐	本	1	1.70	1.70	

合計人民币（大写）0千0百0拾壹元柒角0分正

收款人　开票人

二联：交顧客

0341 一九六四年七月七日地方国营苍梧县印刷厂发货票

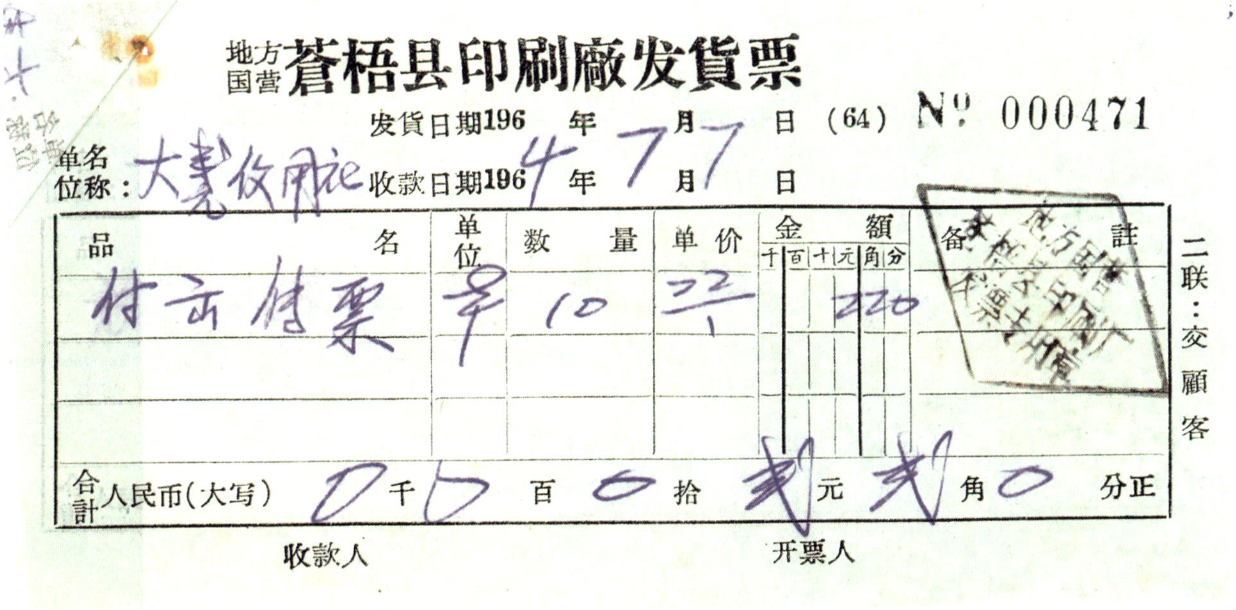

地方国营蒼梧县印刷廠发貨票

发貨日期196　年　月　日（64）№ 000471

单位名称：大裳伙用社　收款日期1964年7月7日

品名	单位	数量	单价	金额	备註
付款凭票	本	10	.22	2.20	

合計人民币（大写）0千0百0拾贰元贰角0分正

收款人　开票人

二联：交顧客

0342 一九六四年七月七日地方国营苍梧县印刷厂发货票

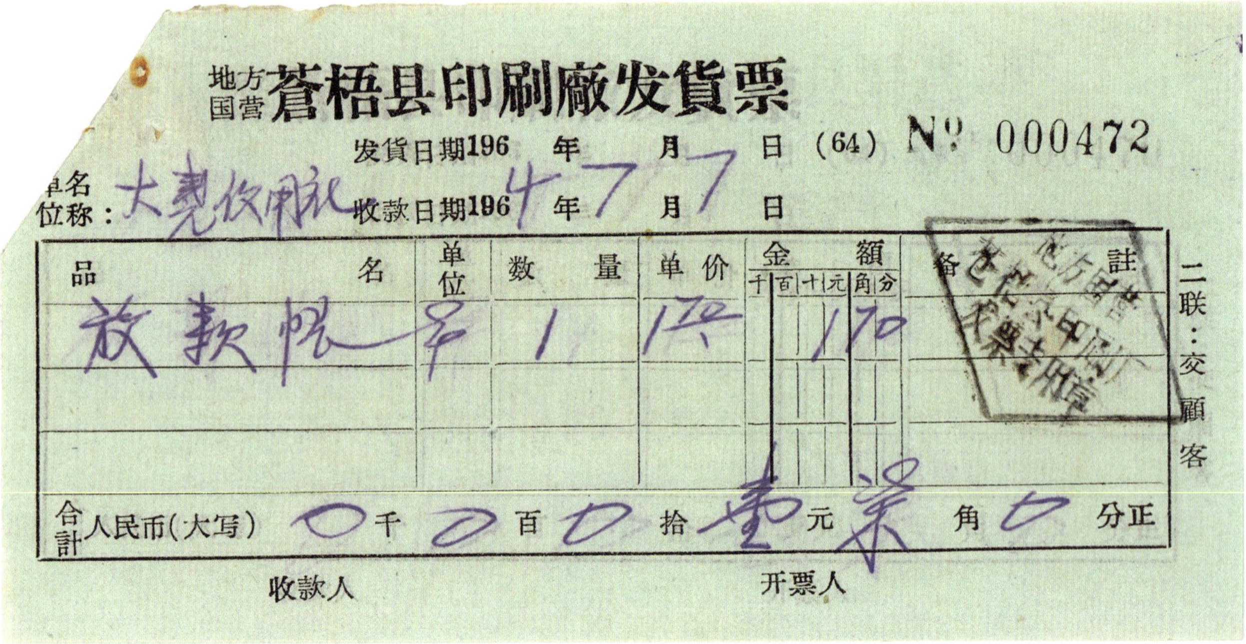

地方国营 蒼梧县印刷廠发貨票

发貨日期196 年 月 日 (64) №000472

单位名称：

收款日期196 4 年 7 月 7 日

品名	单位	数量	单价	金额	备註
放款帳		1	1.70	1.70	

合計人民币(大写) 0 千 0 百 0 拾 壹 元 柒 角 0 分正

收款人 开票人

二联：交顧客

0343 一九六四年七月七日地方国营苍梧县印刷厂发货票

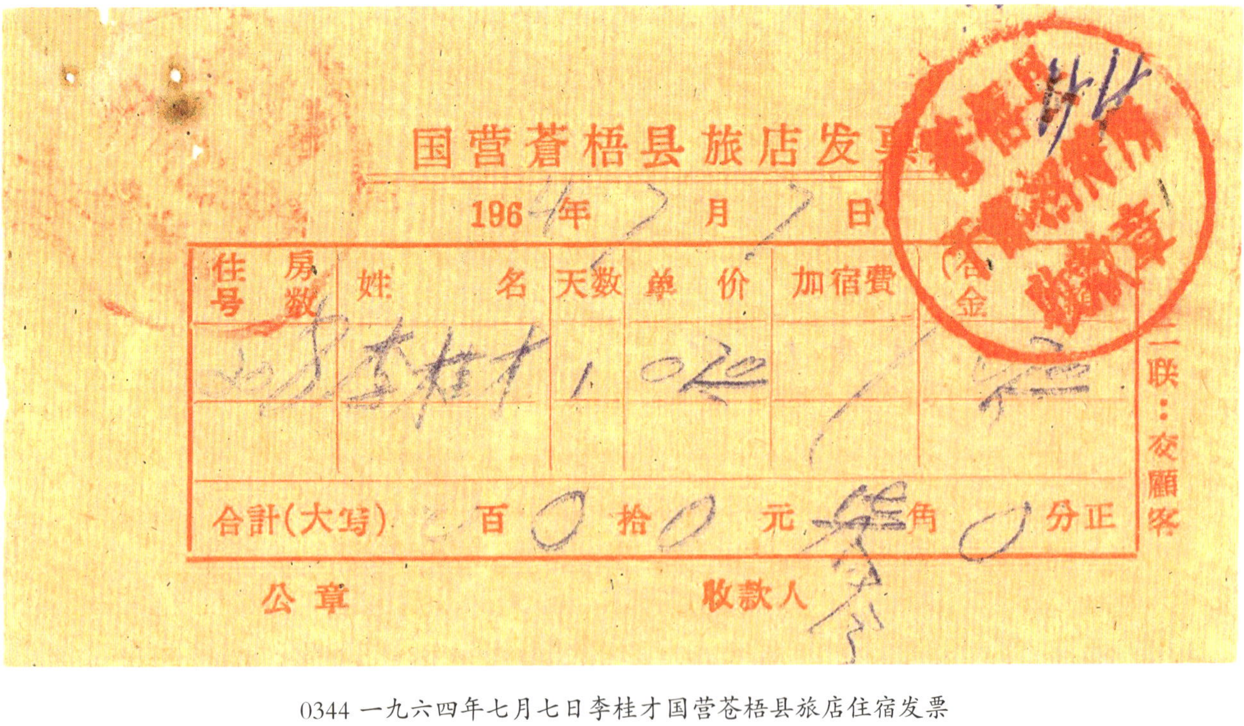

国营蒼梧县旅店发票

196 4 年 7 月 7 日

住房号数	姓名	天数	单价	加宿费	合計金額
	李桂才	1	0.50		.50

合計(大写) 百 0 拾 0 元 伍 角 0 分正

公章 收款人

二联：交顧客

0344 一九六四年七月七日李桂才国营苍梧县旅店住宿发票

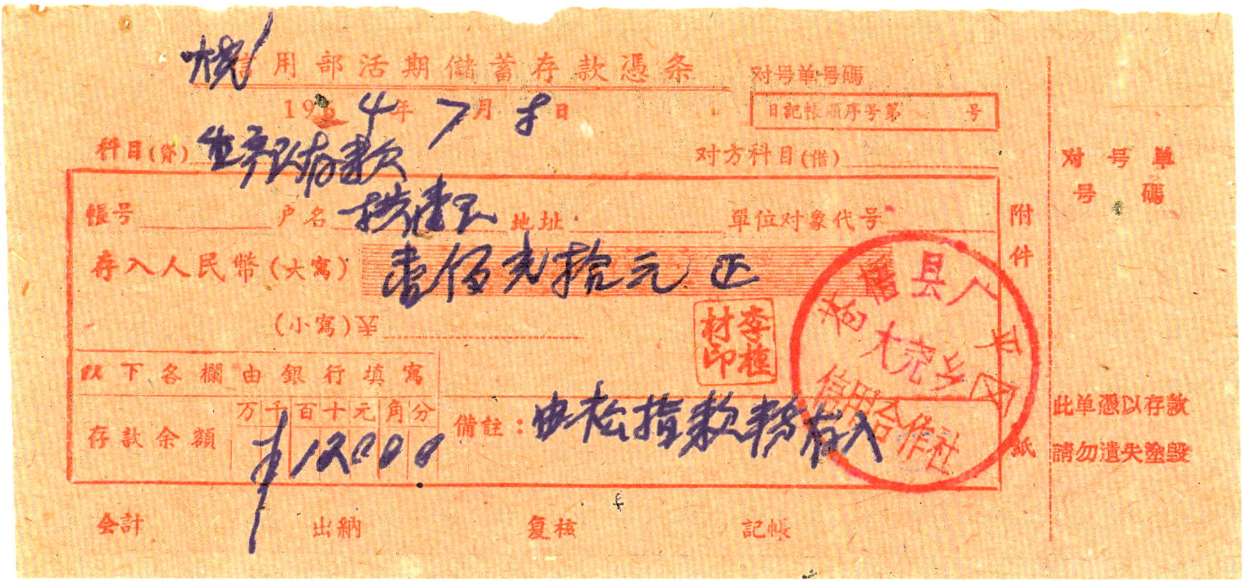

0345 一九六四年七月八日大尧乡拱一队活期储蓄存款凭条

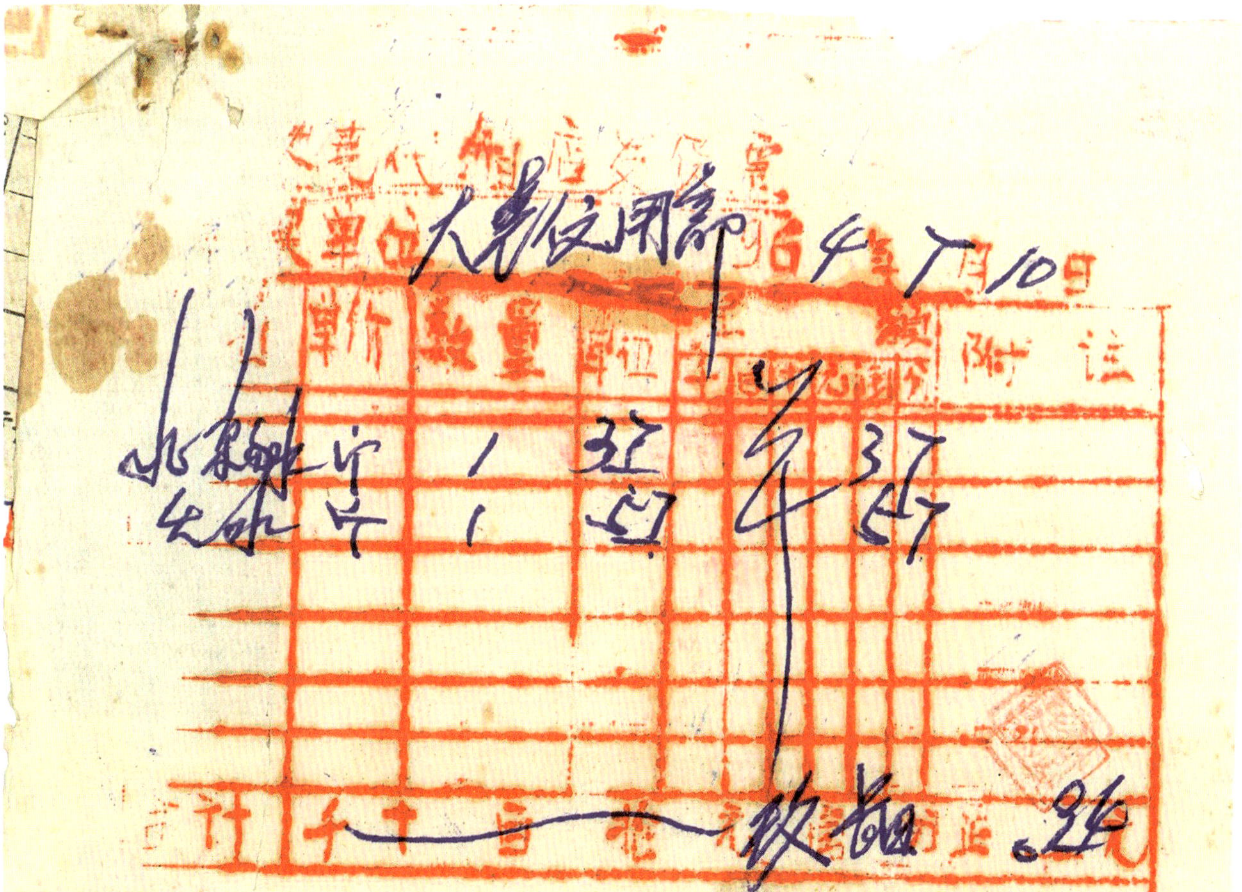

0346 一九六四年七月十日大尧代销店发货票

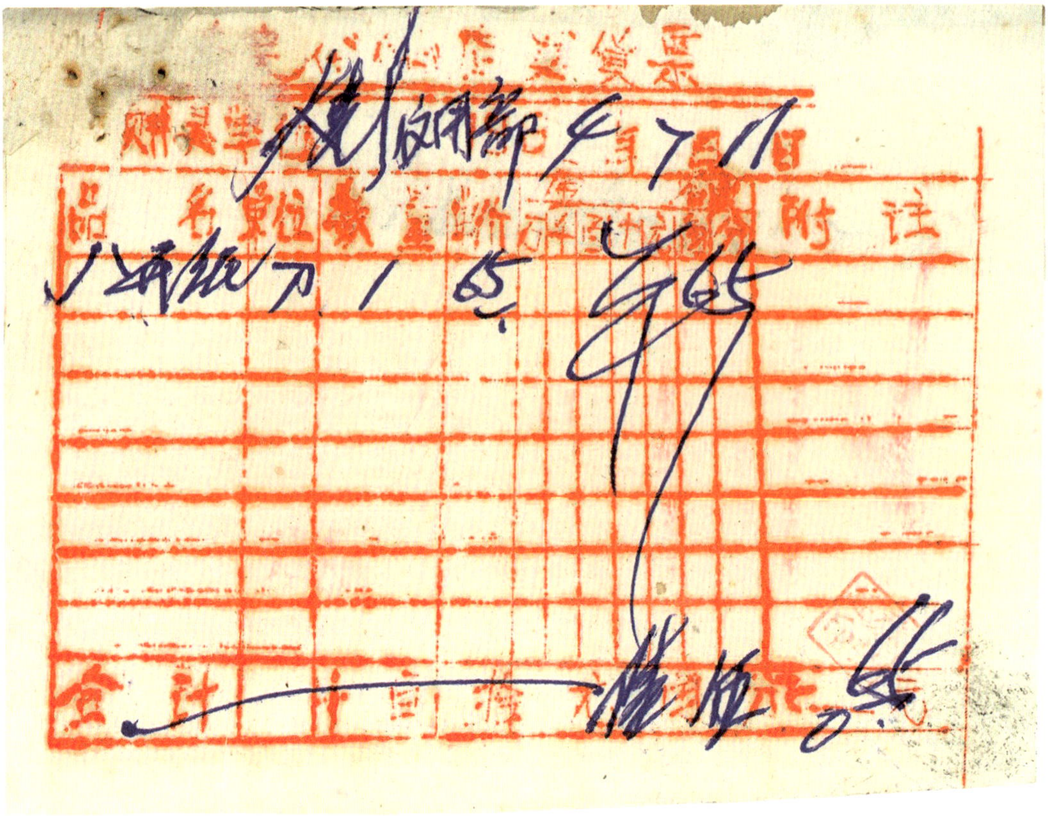
发货票

品名	单位	数量	单价	金额	附注
八开纸	刀	1	65	65	
合计					

0347 一九六四年七月十一日大尧代销店发货票

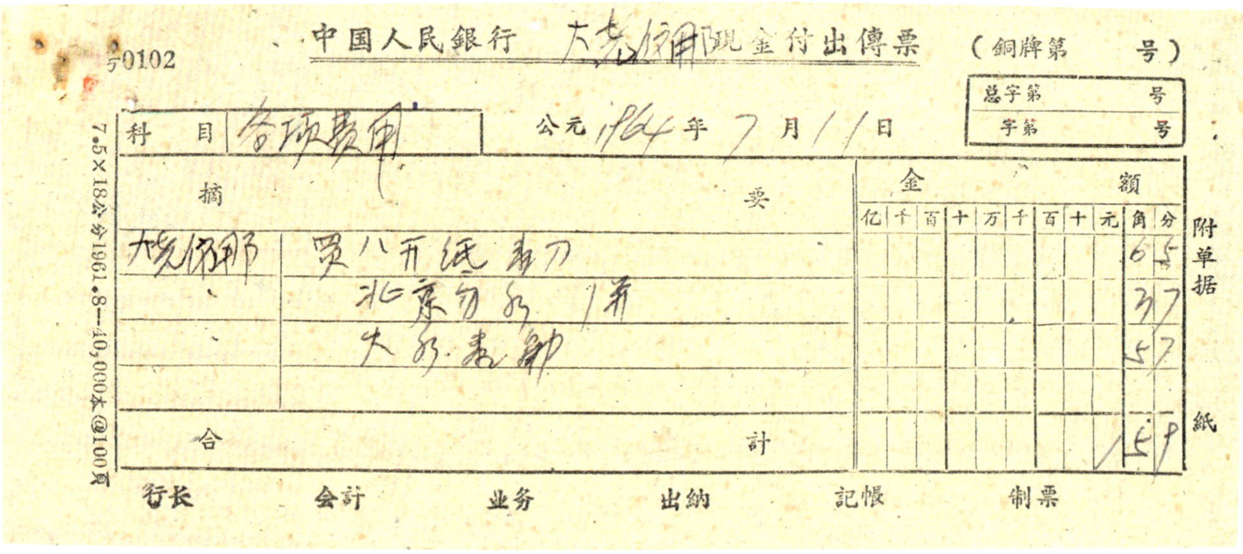
70102　中国人民銀行　大尧信用现金付出傳票　（銅牌第　号）

总字第　号
字第　号

科目　各项费用　　公元 1964 年 7 月 11 日

摘	要	金额 亿 千 百 十 万 千 百 十 元 角 分
大尧信用部	买八开纸 1刀	65
	北京句… 1本	37
	大…	57
合	計	159

附单据　紙

7.5×18公分1961.8—40,000本@100頁

行长　会計　业务　出納　記帳　制票

0348 一九六四年七月十一日大尧信用社现金付出传票

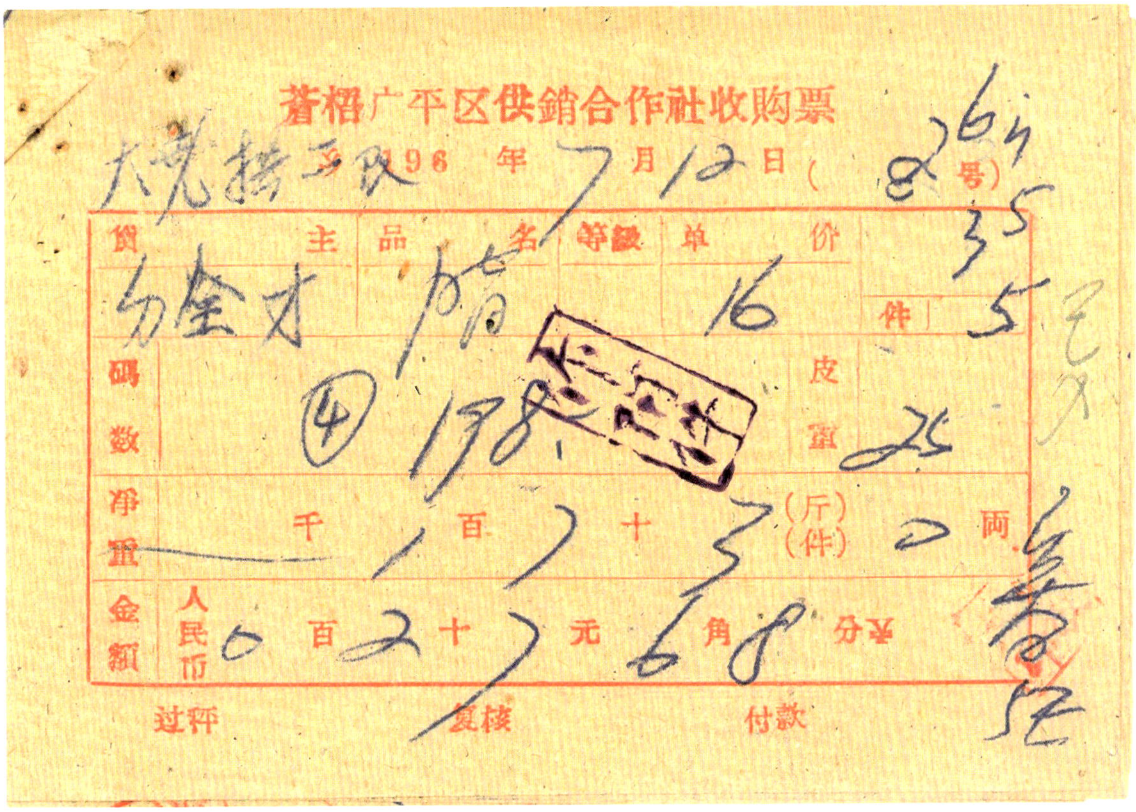

0349 一九六四年七月十二日广平区供销合作社收购黎全才松脂收购票

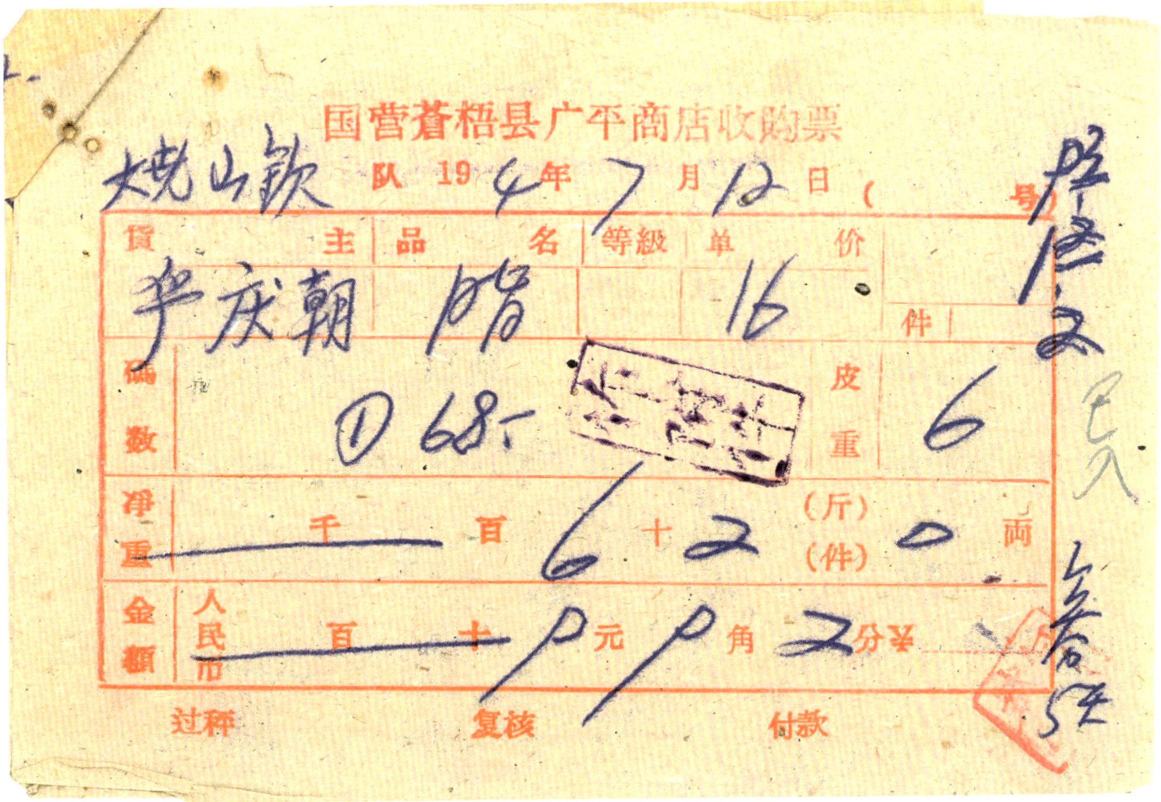

0350 一九六四年七月十二日广平商店收购大尧严庆朝出售松脂收购票

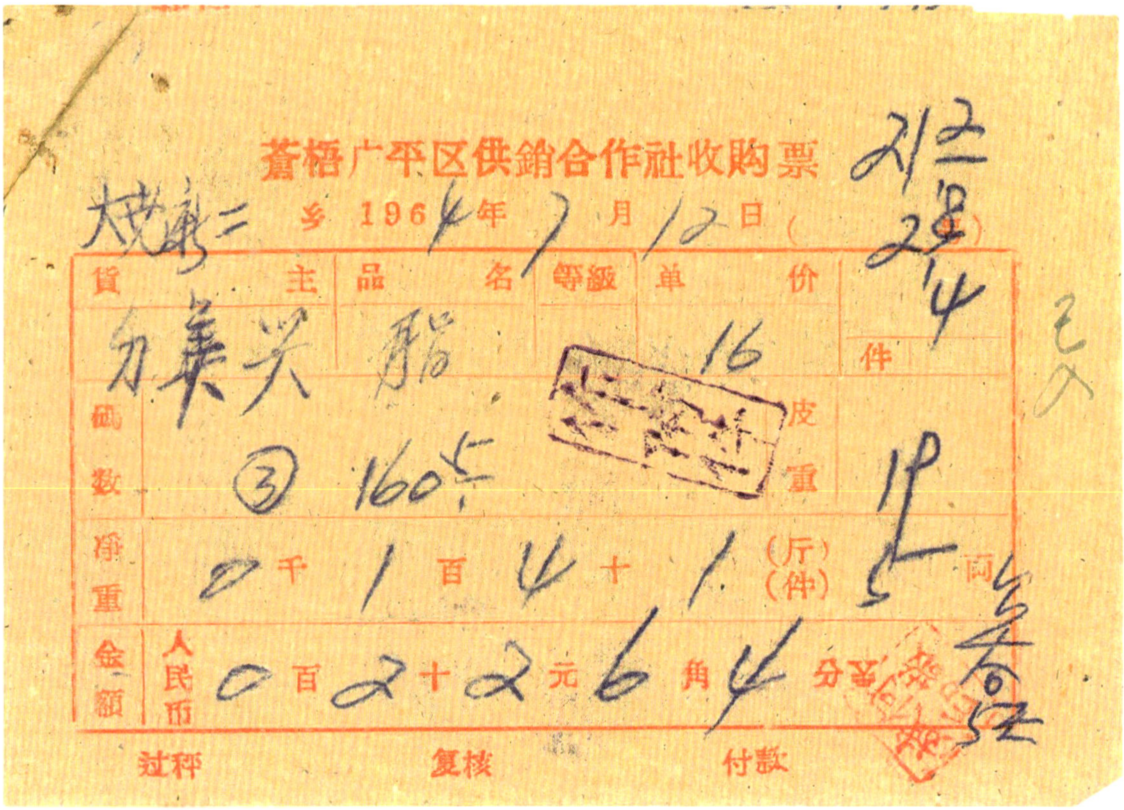
蒼梧广平区供銷合作社收購票

大尭黎二 乡 1964年7月12日

貨主	品名	等級	单价	件
黎美兴	脂		16	

碼数 ③ 160斤 皮重

净重 0千1百4十1（斤）（件）

金額 人民币 0百2十2元6角4分

过秤 复核 付款

0351 一九六四年七月十二日广平区供销合作社收购大尧黎美兴出售松脂收购票

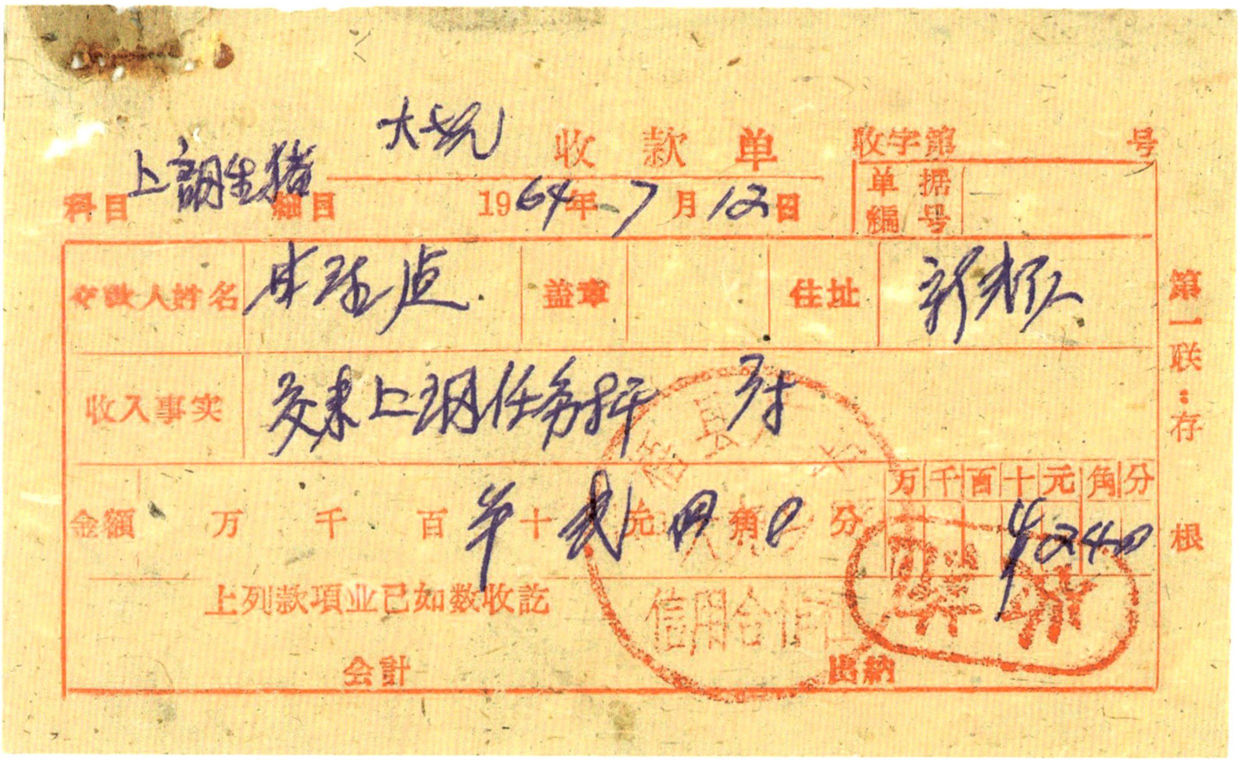
收款单 收字第 号

科目 上调生猪 細目 大尭 1964年7月12日 单据編号

交款人姓名	甘旺建	盖章		住址	新村
收入事实	交来上调任务猪 1头				
金額	万 千 百 十 元 角 分				42.40

上列款項业已如数收訖

会計 出納

第一联：存根

信用合作社

0352 一九六四年七月十二日大尧甘旺建交来上调猪收款单

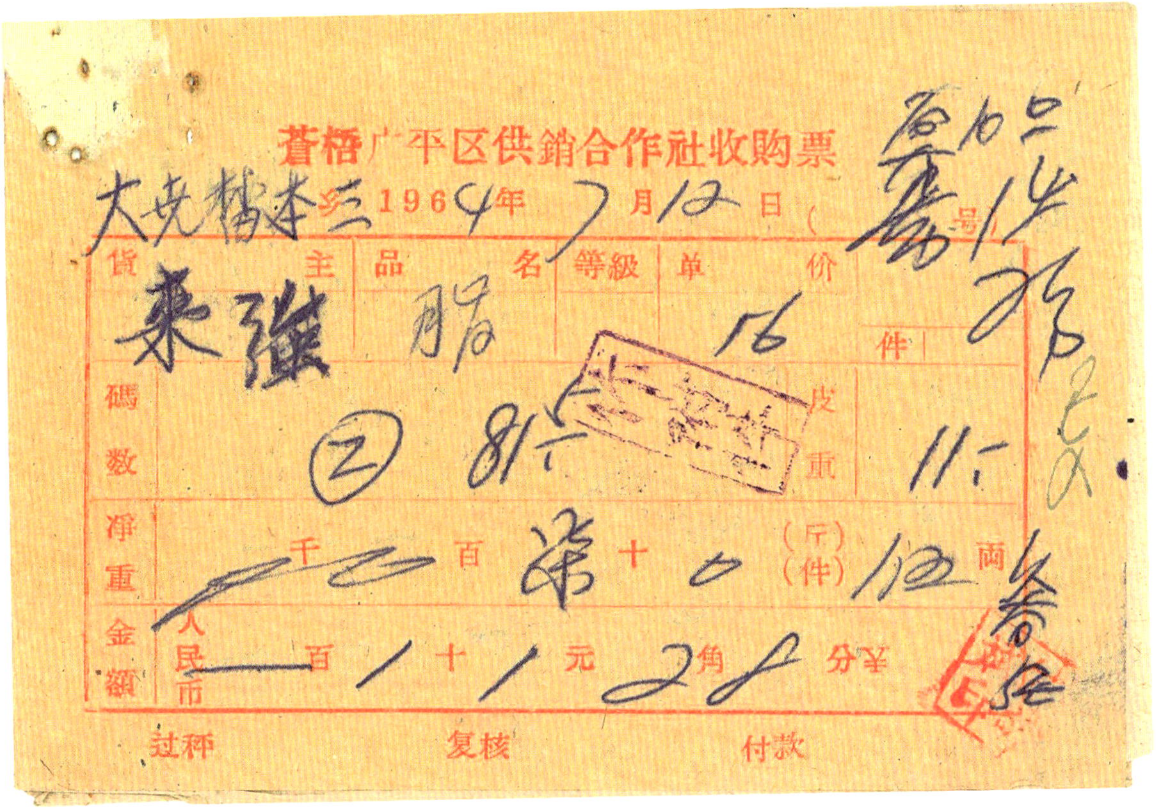

蒼梧广平区供銷合作社收購票

乡 1964 年 月 日 （ 号）

货主	品名	等級	单价
			件
碼数		皮重	
淨重	千 百 十	（斤）（件）	两
金額	人民币 百 十 元 角 分		

过秤 复核 付款

0353 一九六四年七月十二日广平区供销合作社收购大尧来强出售松脂收购票

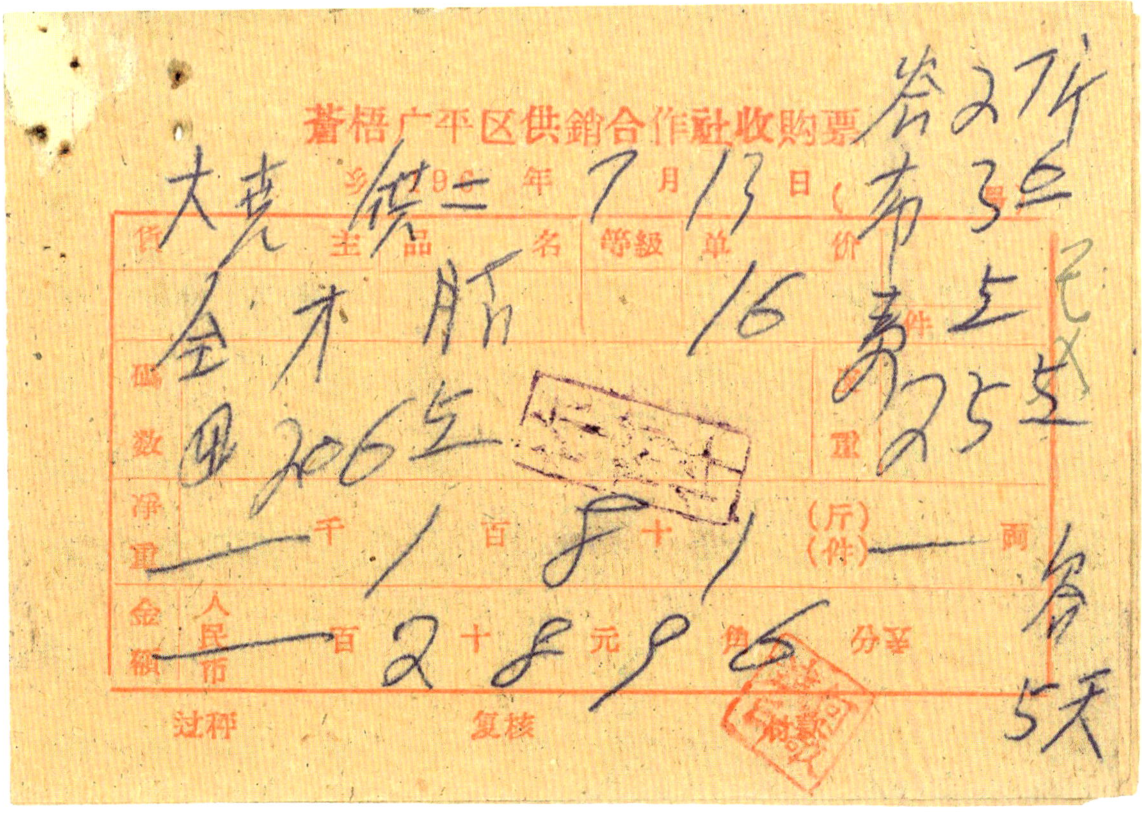

蒼梧广平区供銷合作社收購票

乡 196 年 月 日 （ 号）

货主	品名	等級	单价
			件
碼数		皮重	
淨重	千 百 十	（斤）（件）	两
金額	人民币 百 十 元 角 分		

过秤 复核

0354 一九六四年七月十三日广平区供销合作社收购大尧全才出售松脂收购票

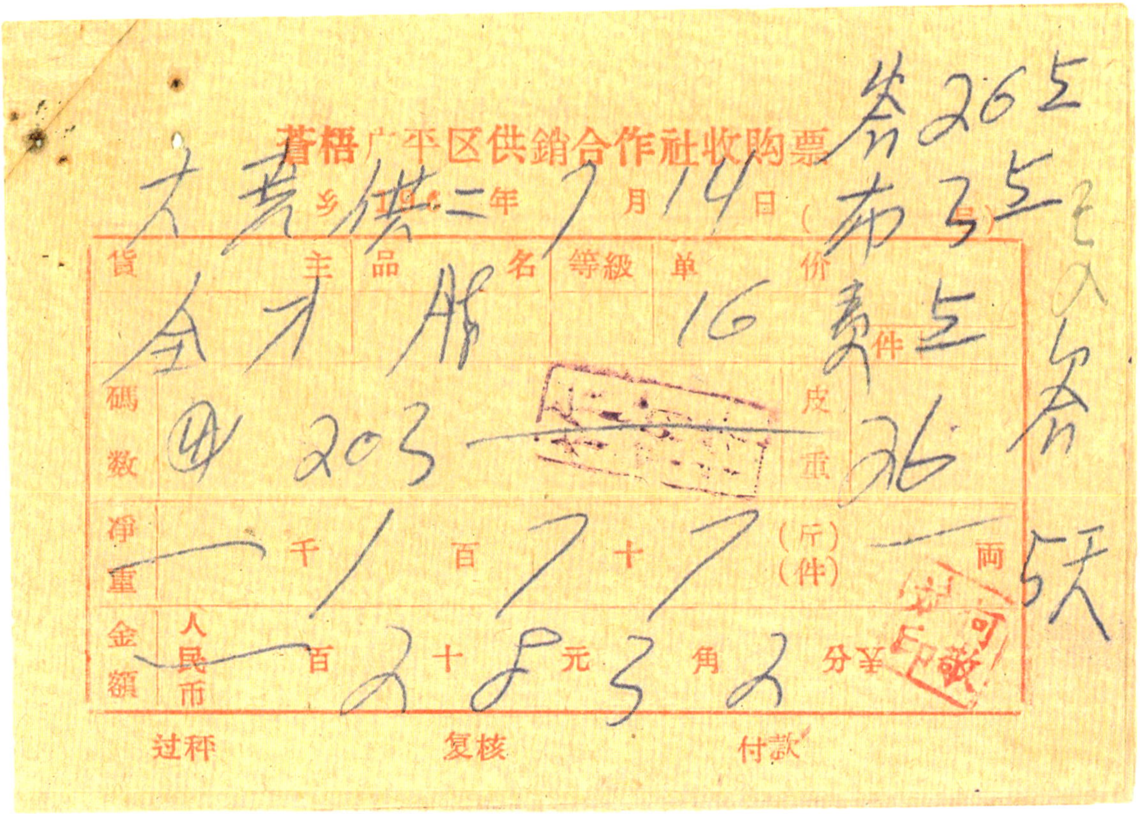

蒼梧广平区供銷合作社收購票

大尧供 乡 一九六四年 7 月 14 日 （ 号）

貨主	品名	等級	单价
全才	脂		16 件

碼数		皮重
203		26

淨重 千 1 百 7 十 7 （斤）（件） 两

金額 人民币 百 2 十 8 元 3 角 2 分¥

过秤 复核 付款

0355 一九六四年七月十四日广平区供销合作社收购大尧全才出售松脂收购票

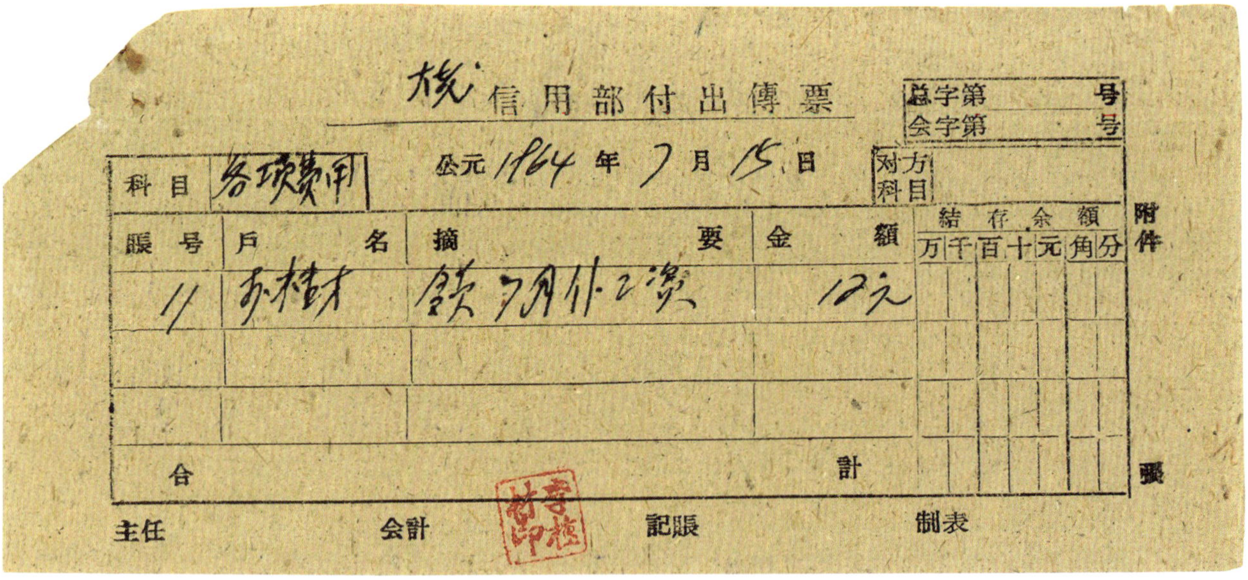

大尧 信用部付出傳票

总字第 号
会字第 号

科目 各项费用　公元1964年7月15日　对方科目

賬号	戶名	摘要	金額	結存余額 万千百十元角分	附件
11	苏桂才	领7月份工资	12元		
合			計		張

主任 会計 記賬 制表

0356 一九六四年七月十五日大尧信用部付出传票

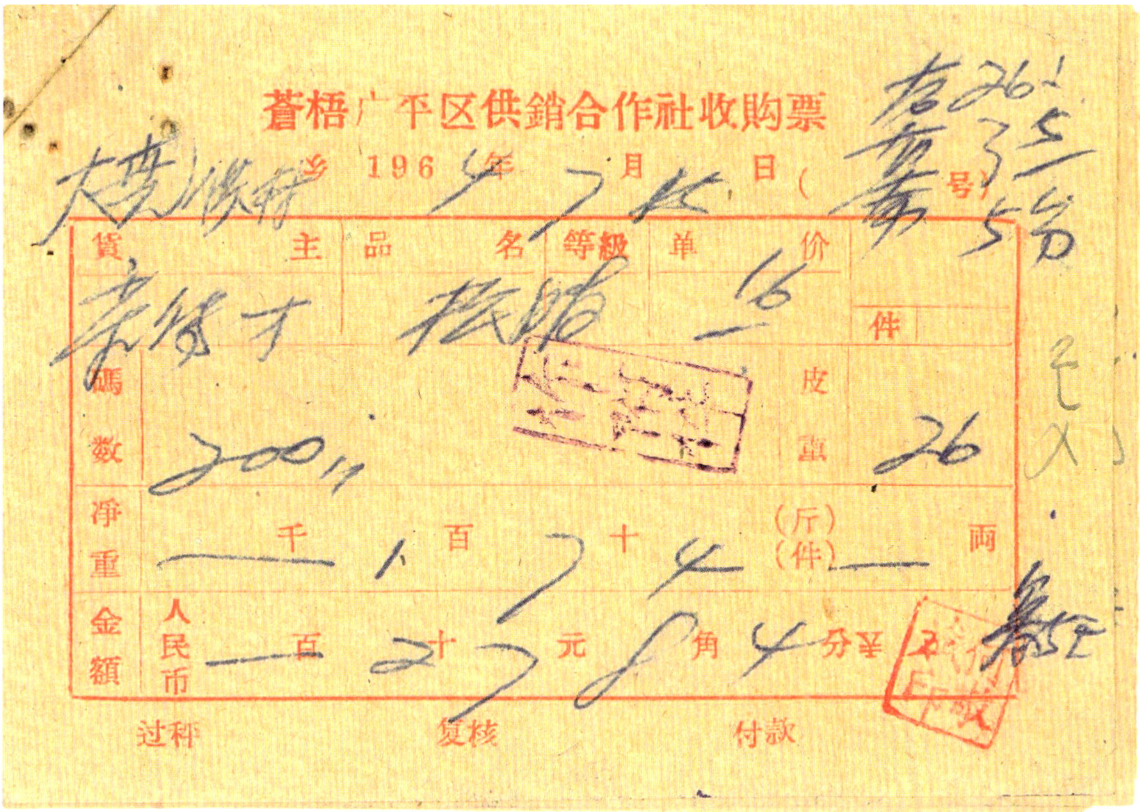
蒼梧广平区供銷合作社收购票
乡 196 年 月 日 （ 号）
貨主 品名 等級 单价 件
碼数 皮重
淨重 千 百 十 （斤）（件） 兩
金額 人民币 百 十 元 角 分 ¥
过秤 复核 付款

0357 一九六四年七月十五日广平区供销合作社收购大尧老传才出售松脂收购票

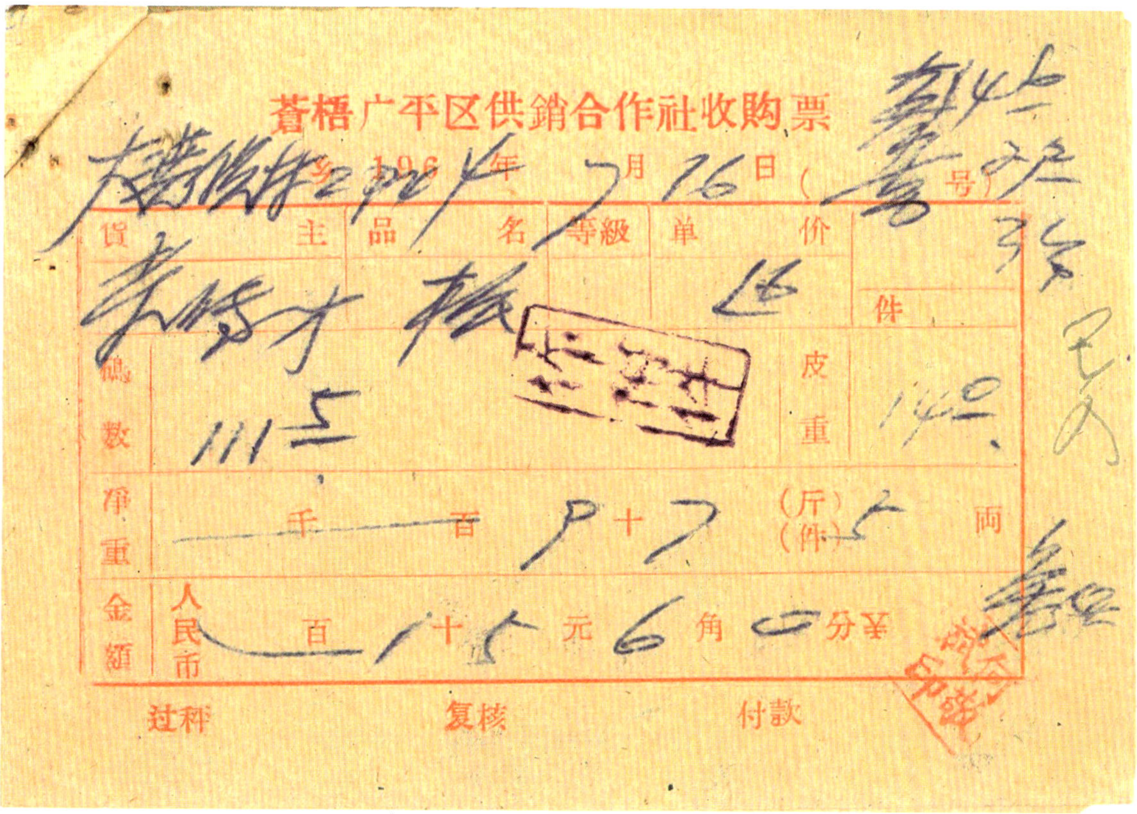
蒼梧广平区供銷合作社收购票
乡 196 年 月 日 （ 号）
貨主 品名 等級 单价 件
碼数 皮重
淨重 千 百 十 （斤）（件） 兩
金額 人民币 百 十 元 角 分 ¥
过秤 复核 付款

0358 一九六四年七月十六日广平区供销合作社收购大尧老传才出售松脂收购票

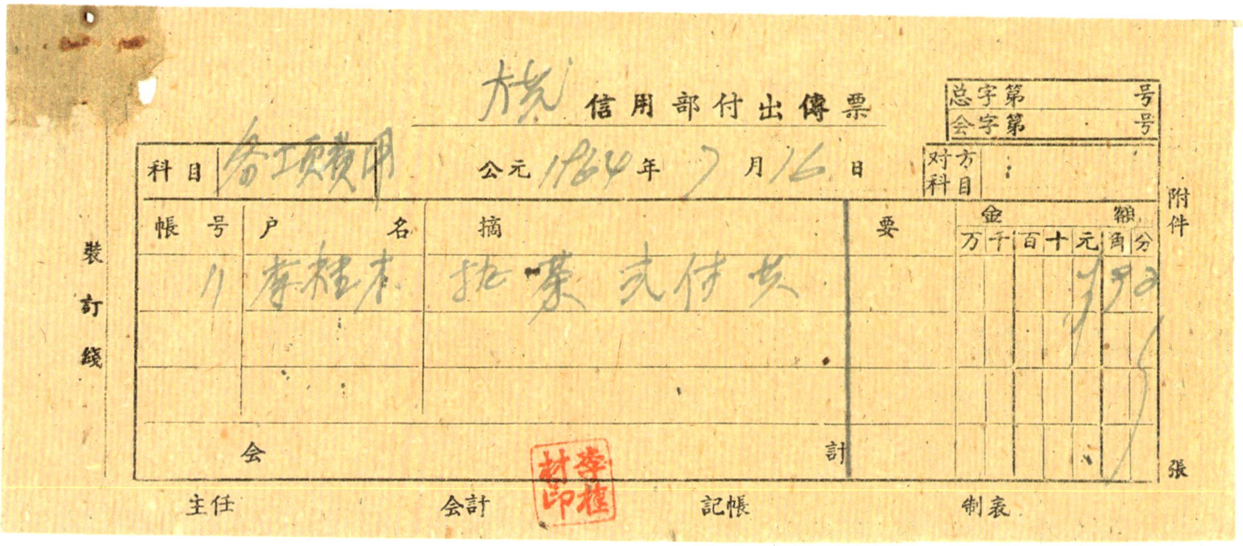

尧 信用部付出傳票

总字第 号
会字第 号

科目 各项费用 公元 1964 年 7 月 16 日 对方科目：

帐号	户名	摘要	金额 万	千	百	十	元	角	分
1	李桂才	执茶式付出					5	5	0
会计									

附件 張

装订线

主任 会計 記帳 制表

李桂材印

0359 一九六四年七月十六日大尧信用部李桂才执茶付出传票

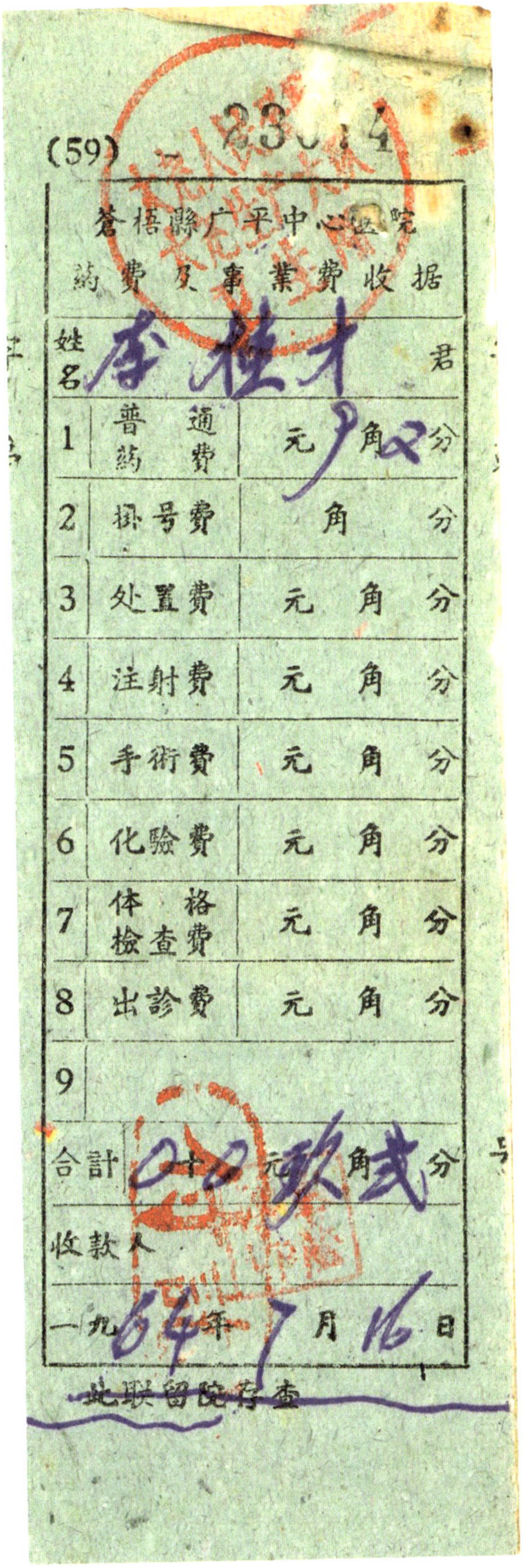
(59) 23[illegible]4

蒼梧縣广平中心医院
药費及事業費收据

姓名	李桂才	君
1	普通药費	元 角 分
2	掛号費	角 分
3	处置費	元 角 分
4	注射費	元 角 分
5	手術費	元 角 分
6	化験費	元 角 分
7	体格檢查費	元 角 分
8	出診費	元 角 分
9		
合計		元 角 分
收款人		
一九64年7月16日		

此联留院存查

0360 一九六四年七月十六日李桂才药费及事业费收据

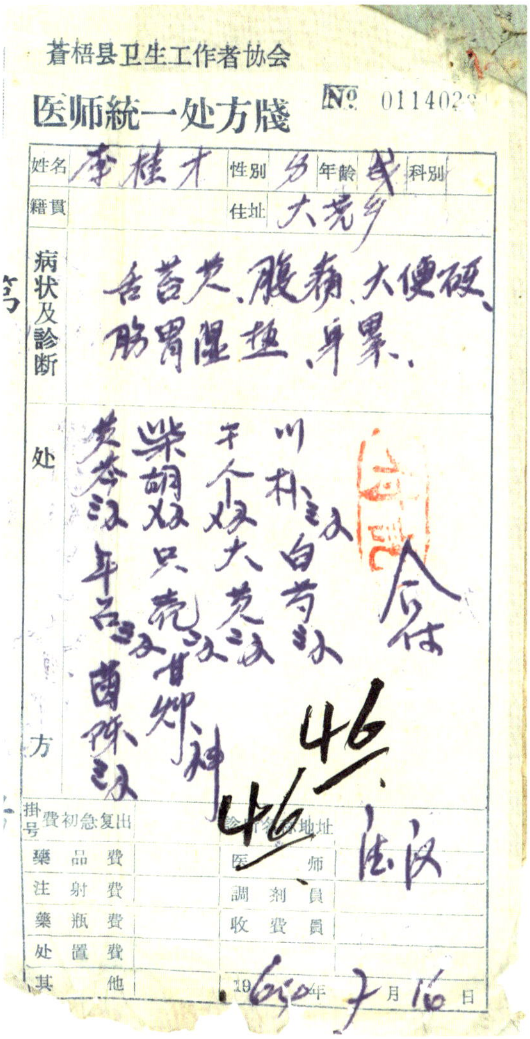
蒼梧县卫生工作者协会
医师統一处方牋 № 011402

姓名	李桂才	性别	男	年龄		科别	
籍貫		住址	大□□乡				

病状及診断：舌苔黄、腹痛、大便硬、肠胃湿热、早累。

处方

掛号費	初 急 复 出	合計	地址
藥品費		医师	
注射費		調剤員	
藥瓶費		收費員	
处置費			
其他		1964年7月16日	

0361 一九六四年七月十六日李桂才执药处方笺

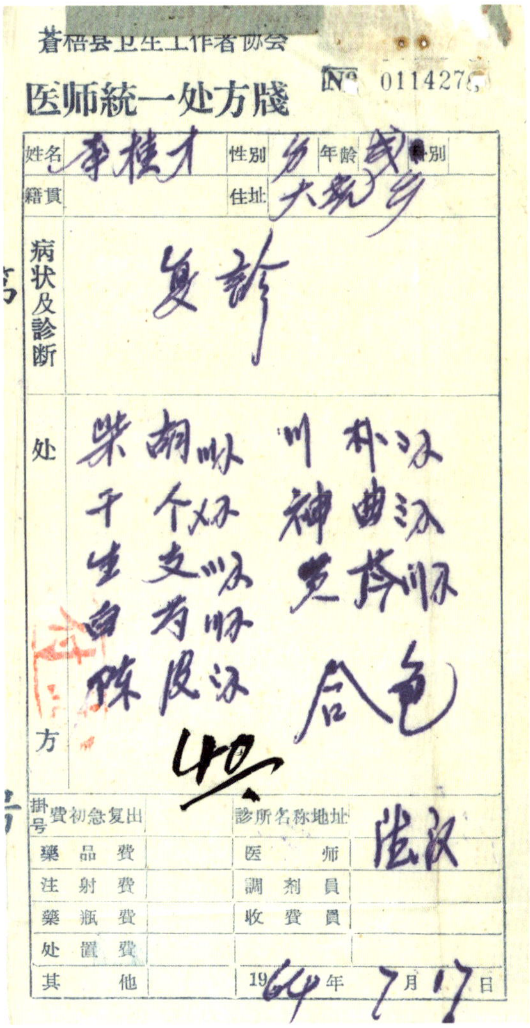

蒼梧县卫生工作者协会

医师統一处方箋　No 011427[illegible]

姓名	李桂才	性别	男	年龄	成	职别	
籍貫		住址	大尧乡				
病状及診断	复診						
处方	柴胡 川朴 / 神曲 / 茯苓 / 白芍 / 陈皮 / 合包 / 40						

掛号费初急复出		診所名称地址	
藥品費		医师	张汉
注射費		調剂員	
藥瓶費		收費員	
处置費			
其他		1964年7月17日	

0362　一九六四年七月十七日广平镇大尧李桂才复诊处方笺

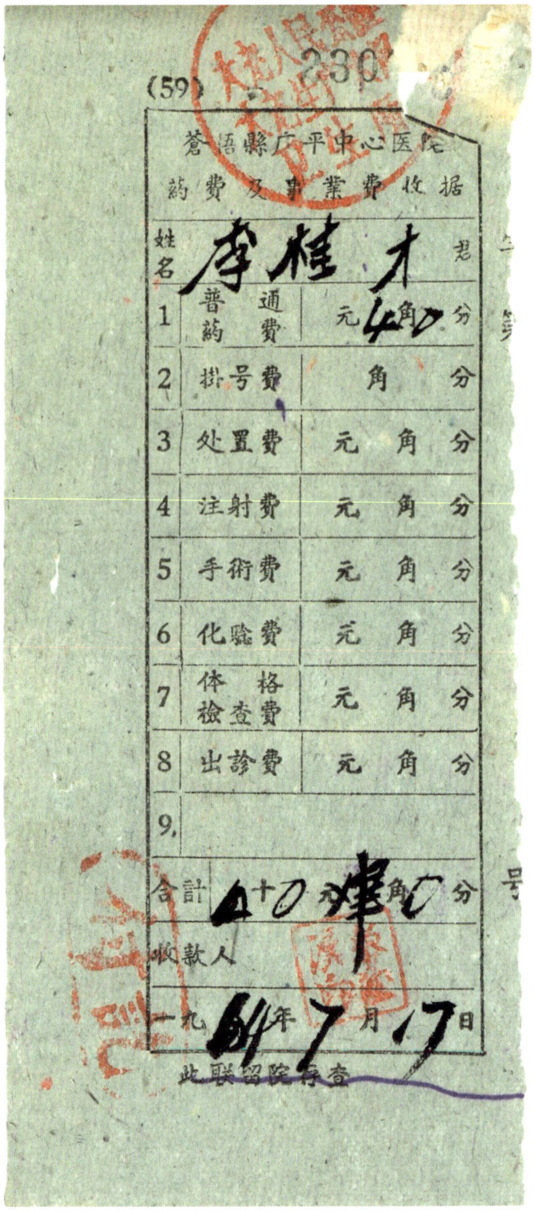

(59)　230

蒼梧縣广平中心医院

药費及事業費收据

姓名	李桂才	君
1	普通药費	元 4角 0分
2	掛号費	角 分
3	处置費	元 角 分
4	注射費	元 角 分
5	手術費	元 角 分
6	化驗費	元 角 分
7	体格檢查費	元 角 分
8	出診費	元 角 分
9.		
合計		40 肆角 0分
收款人		

一九64年7月17日

此联留院存查

0363　一九六四年七月十七日李桂才药费及事业费收据

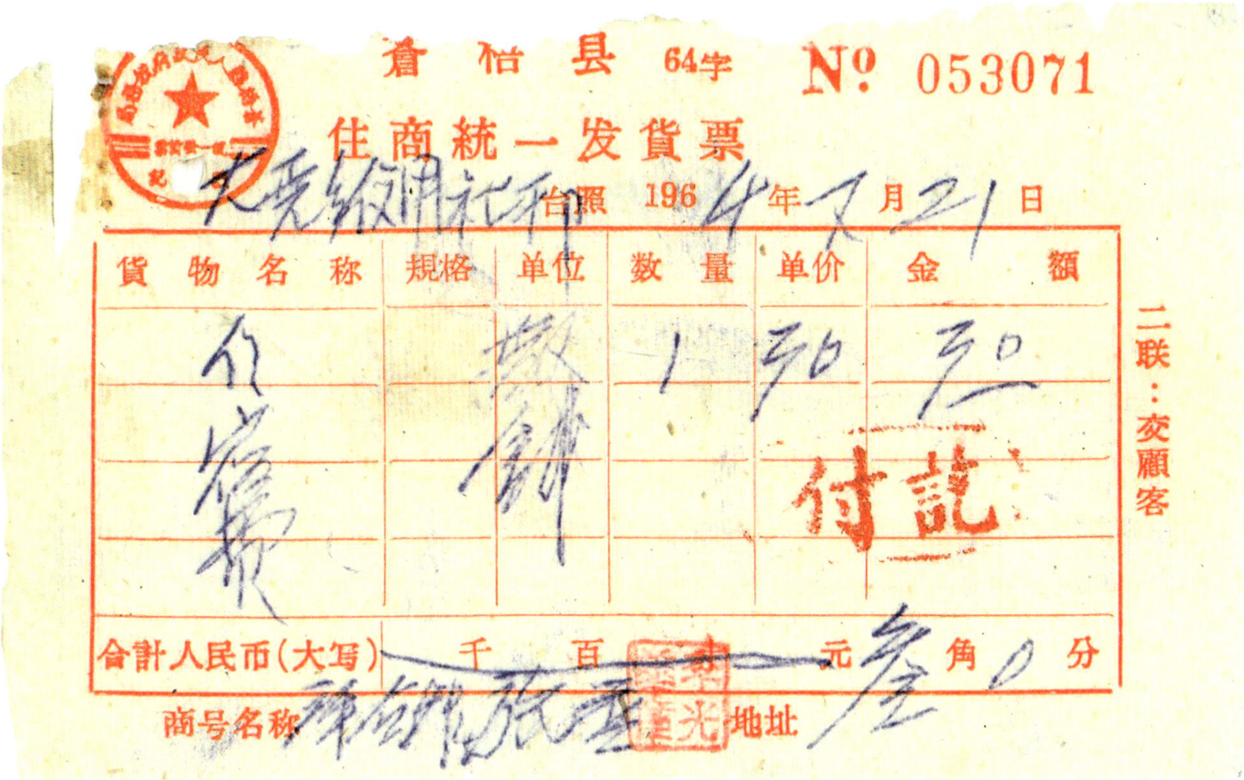

蒼梧县 64字 №053071

住商統一发貨票

台照 196 4 年 7 月 21 日

貨物名称	规格	单位	数量	单价	金额
			1	50	50

付訖

二联：交顧客

合計人民币(大写) 千 百 元 角 分

商号名称 地址

0364 一九六四年七月二十一日苍梧县住商统一发货票

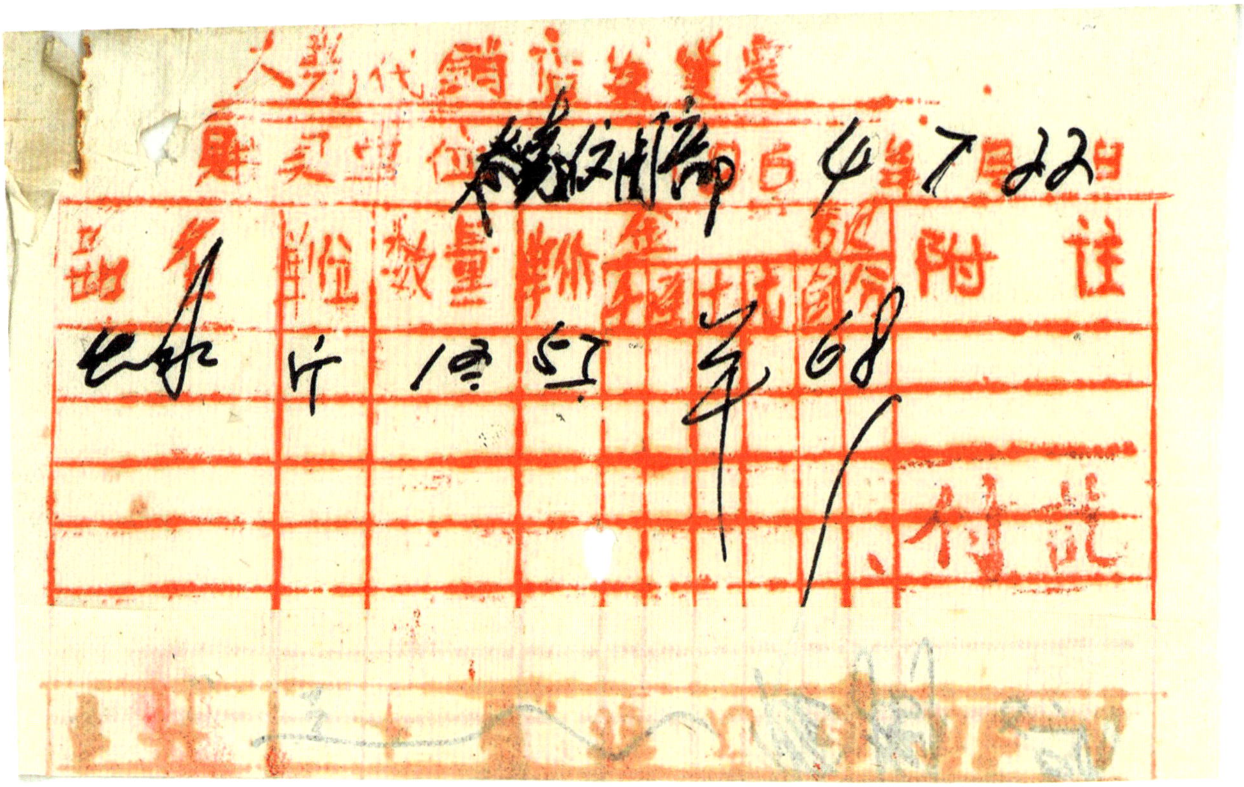

大尧代销店发货票

购买单位　　　　　年　月　日

品名	单位	数量	单价	金额	附注

付讫

0365 一九六四年七月二十二日广平镇大尧代销店发货票

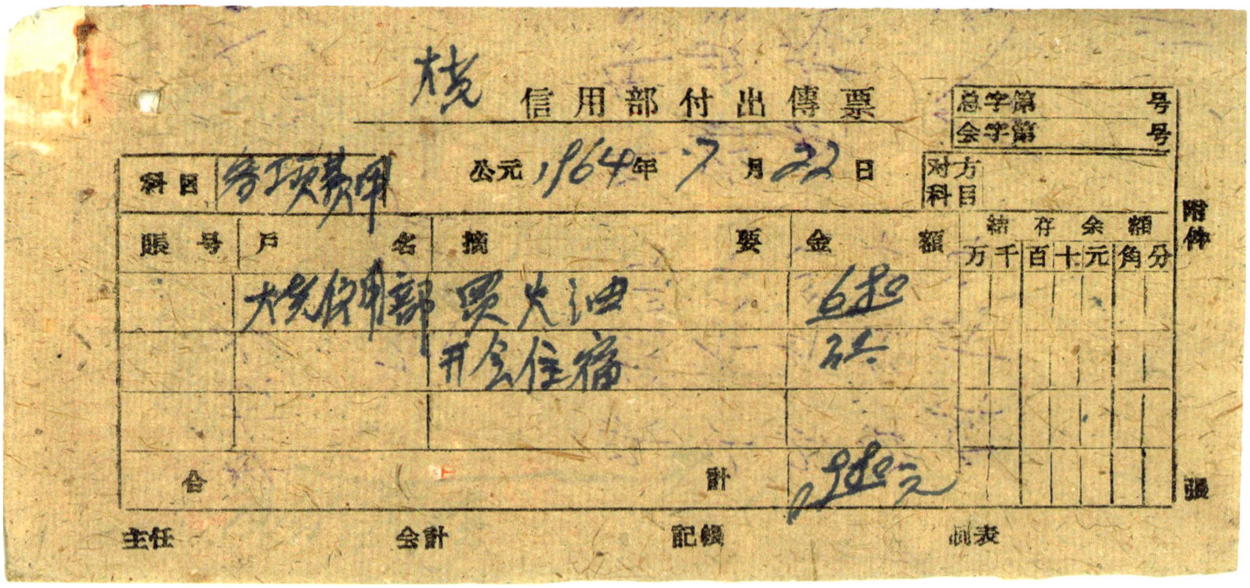

信用部付出傳票

總字第　　號

会字第　　號

科目　　公元 1964 年 7 月 22 日　　对方科目

賬號	戶名	摘要	金額	結存余額 萬千百十元角分
	大尧信用部			
合計				

附件　張

主任　　会計　　記帳　　制表

0366 一九六四年七月二十二日广平镇大尧信用部付出传票

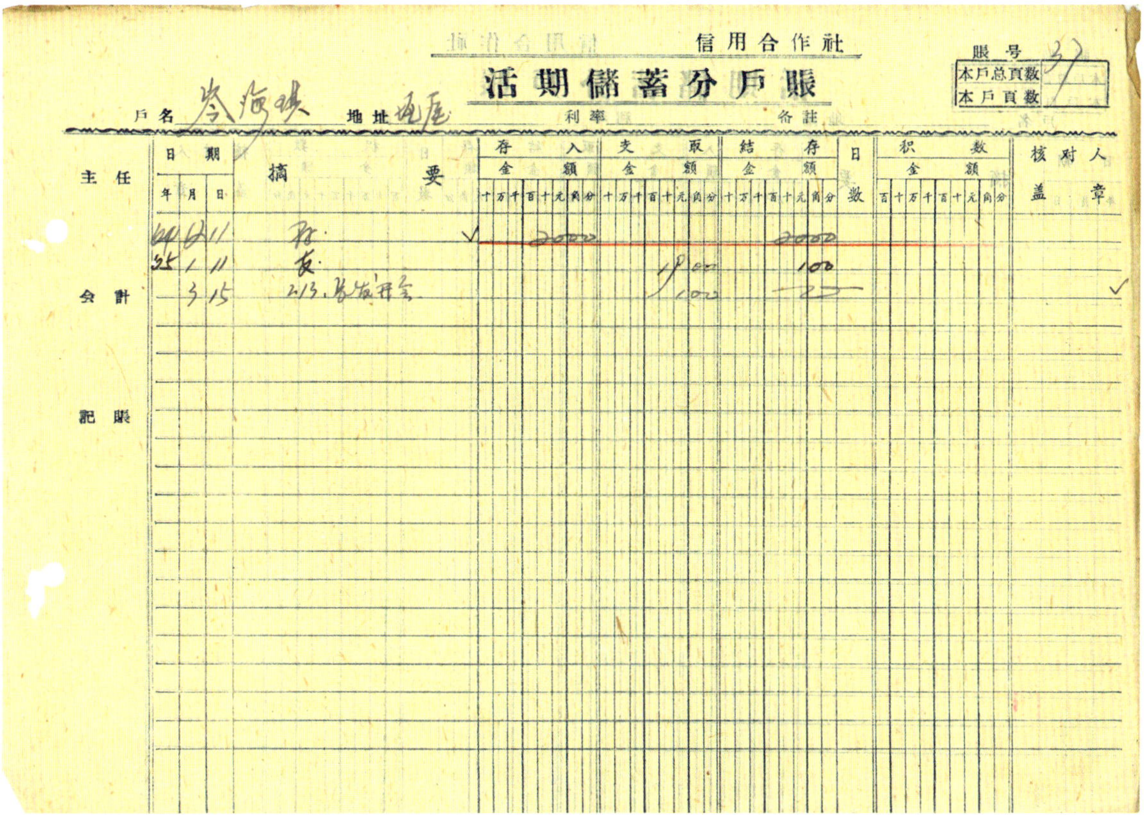
信用合作社
活期儲蓄分戶賬
賬号 37
本戶总頁数
本戶頁数
戶名 岑海琪 地址 瓦屋
利率 备註

主任 / 会計 / 記賬	日期 年	月	日	摘要	存入 金額	支取 金額	結存 金額	日数	积数 金額	核对人盖章
	64	12	11	存	2000		2000			
	65	1	11	支		1900	100			
		3	15	213		100				

0367 一九六四年瓦屋队岑海琪信用部活期储蓄分户账

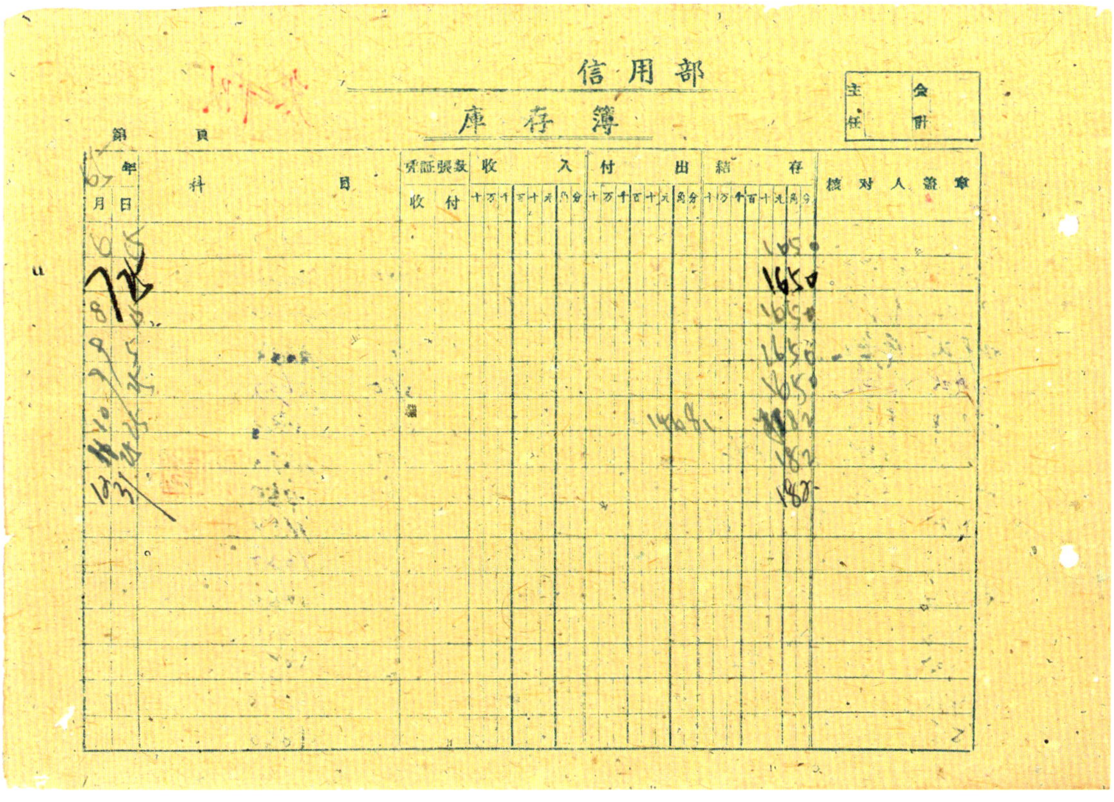
信用部
庫存簿
主任 会計
第 頁

年 月	日	科目	凭証張数 收	付	收入	付出	結存	核对人盖章
							1650	
							1650	
							1650	
							1650	
							1650	
						1468	182	
							182	
							182	

0368 一九六五年狮寨寨坪队信用部库存簿

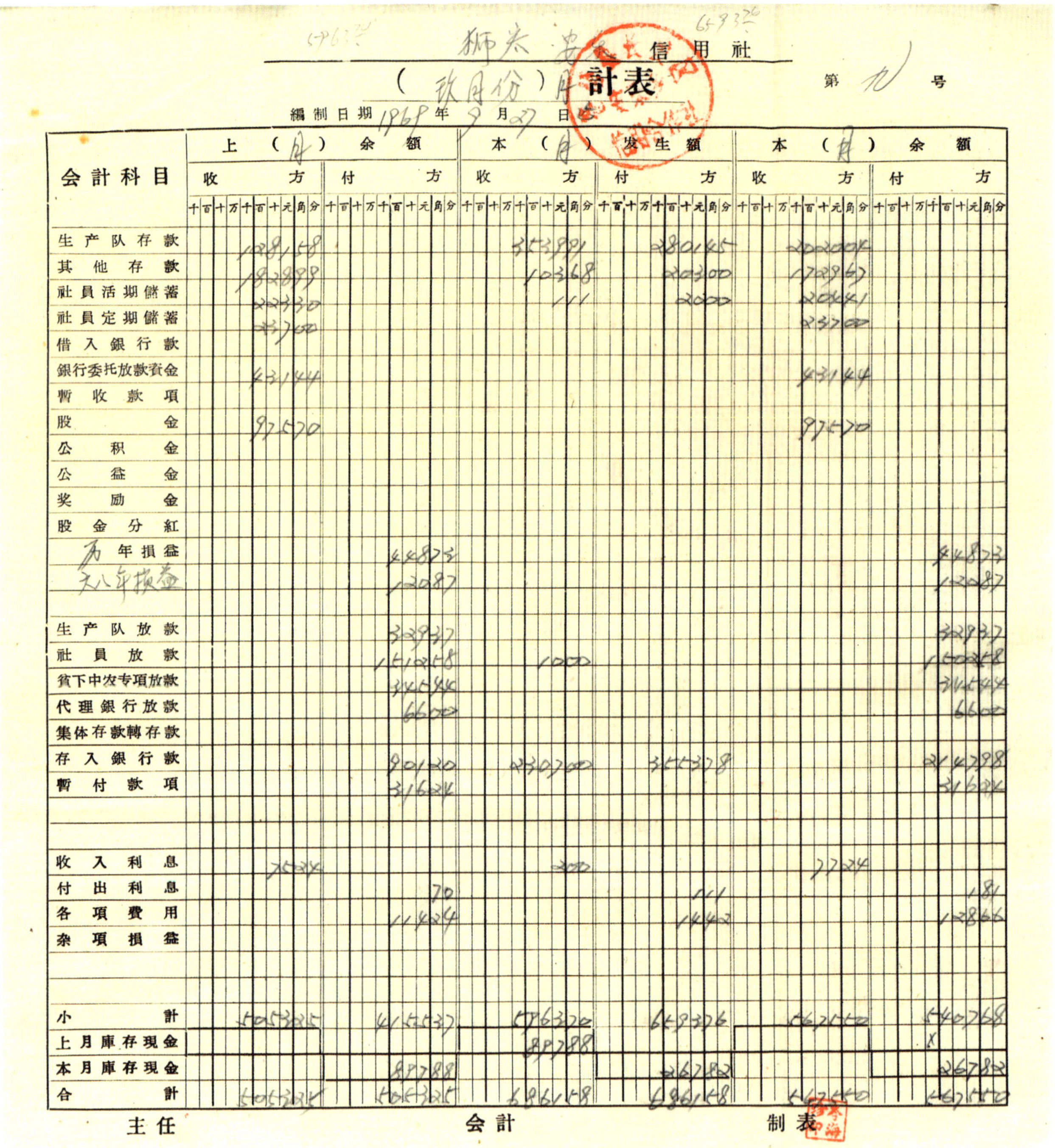

狮寨安乐信用社

（玖月份）月計表　　第 九 号

編制日期 1969 年 9 月 27 日

会計科目	上（月）余额 收方	上（月）余额 付方	本（月）发生额 收方	本（月）发生额 付方	本（月）余额 收方	本（月）余额 付方
生产队存款	128158		553981	280145	202004	
其他存款	182899		10368	20300	172967	
社員活期儲蓄	22330		111	2000	20441	
社員定期儲蓄	23700				23700	
借入銀行款						
銀行委托放款資金	43144				43144	
暫收款項						
股金	97570				97570	
公积金						
公益金						
奖励金						
股金分紅						
历年損益		44873				44873
六八年损益		12087				12087
生产队放款		32937				32937
社員放款		151258	1000			150258
貧下中农专項放款		34544				34544
代理銀行放款		6600				6600
集体存款轉存款						
存入銀行款		90120	230700	355378		214798
暫付款項		31624				31624
收入利息	7524		200		7724	
付出利息		70		111		181
各項費用		11424		1442		12866
杂項損益						
小計	505325	415537	576320	649376	462150	540768
上月庫存現金			89788			
本月庫存現金		89788		26782		26782
合計	505325	505325	686158	686158	462150	462150

主任　　会計　　制表

0369 一九六九年九月二十七日狮寨镇安乐信用社月计表

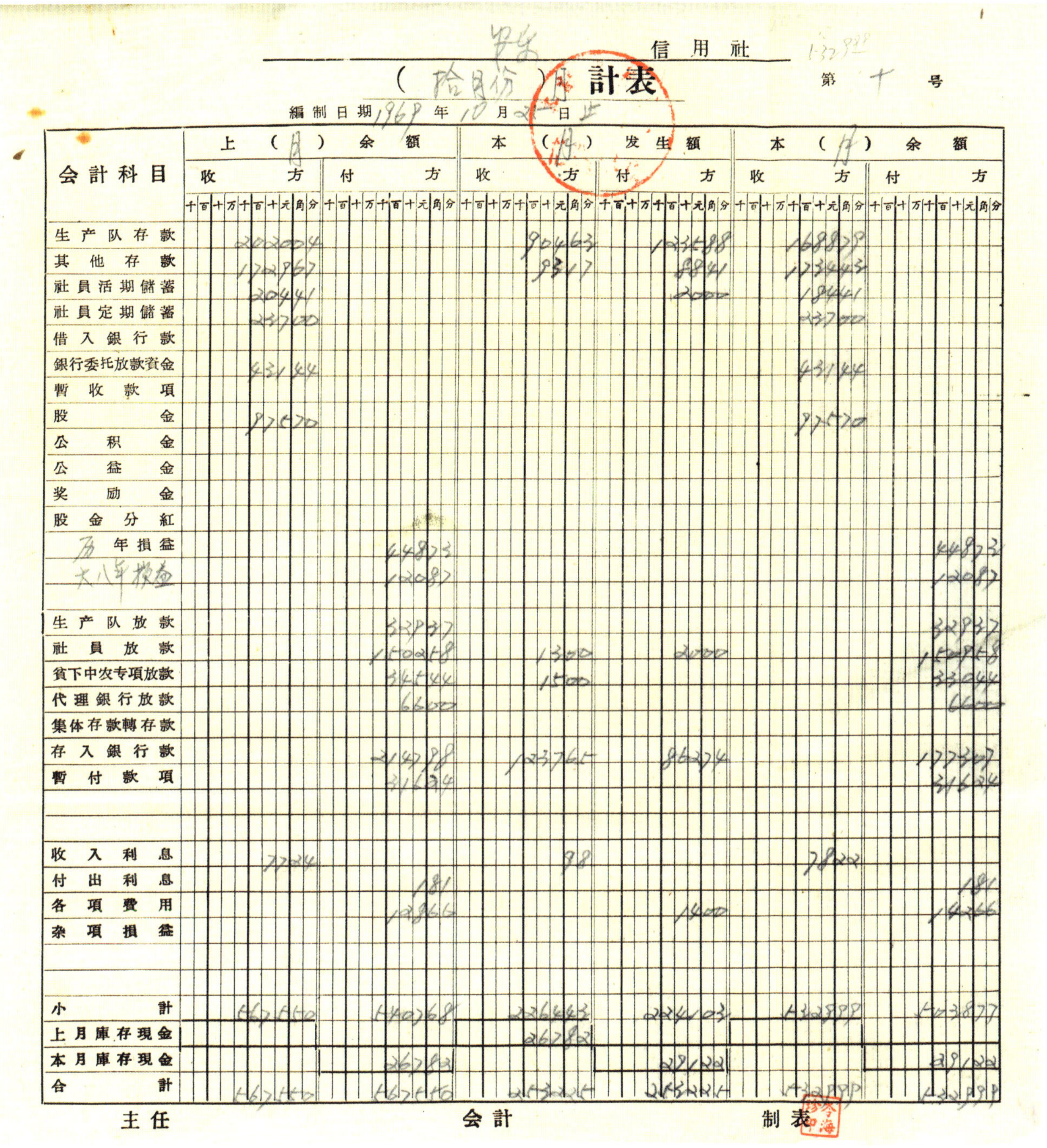

安乐　信用社　132938

（拾月份）月 計表　　第 十 号

編制日期 1969 年 10 月 25 日止

会計科目	上（月）余額 收方	上（月）余額 付方	本（月）发生額 收方	本（月）发生額 付方	本（月）余額 收方	本（月）余額 付方
生产队存款	202004		90463	123588	168879	
其他存款	172967		9317	8841	173443	
社員活期儲蓄	20441			2000	18441	
社員定期儲蓄	23700				23700	
借入銀行款						
銀行委托放款資金	43144				43144	
暫收款項						
股金	97570				97570	
公积金						
公益金						
奖励金						
股金分紅						
历年損益		44873				44873
六八年損益		12087				12087
生产队放款		32937				32937
社員放款		150248	1300	2000		150948
貧下中农专項放款		34544	1500			33044
代理銀行放款		6600				6600
集体存款轉存款						
存入銀行款		214788	123765	86274		177297
暫付款項		31634				31634
收入利息	7724		98		7822	
付出利息		181				181
各項費用		12866		1400		14266
杂項損益						
小計	467460	440768	226443	224103	432899	403877
上月庫存現金			26782			
本月庫存現金		26782		29122		29122
合計	467460	467460	253225	253225	432899	432899

主任　　会計　　制表

0370 一九六九年十月二十五日狮寨镇安乐信用社月计表

安乐信用社

(拾壹月份)月計表

第 11 号

編制日期 1969 年 11 月 25 日

会計科目	上(月)余額 收方	上(月)余額 付方	本(月)发生額 收方	本(月)发生額 付方	本(月)余額 收方	本(月)余額 付方
生产队存款	168879		286415	141461	313833	
其他存款	173443		23508	10500	186454	
社員活期儲蓄	18441			100	18341	
社員定期儲蓄	23700				23700	
借入銀行款						
銀行委托放款資金	43144				43144	
暫收款項	8					
股金	97570				97570	
公积金						
公益金						
奖励金						
股金分紅						
历年損益		44873				44873
六八年損益		12087				12087
生产队放款		32957	1000			31937
社員放款		150958	600	1500		151858
貧下中农专項放款		33044				33044
代理銀行放款		6600				6600
集体存款轉存款						
存入銀行款		177307	115620	287101		348788
暫付款項		31624				31624
收入利息	7822		371		8193	
付出利息		181				181
各項費用		14266		1528		15794
杂項損益						
小計	432998	403877	437414	442190	701232	676886
上月庫存現金			29122			
本月庫存現金		29122		24346		24346
合計	432999	432999	466536	466536	701232	701232

主任　　会計　　制表

0371 一九六九年十一月二十五日狮寨镇安乐信用社月计表

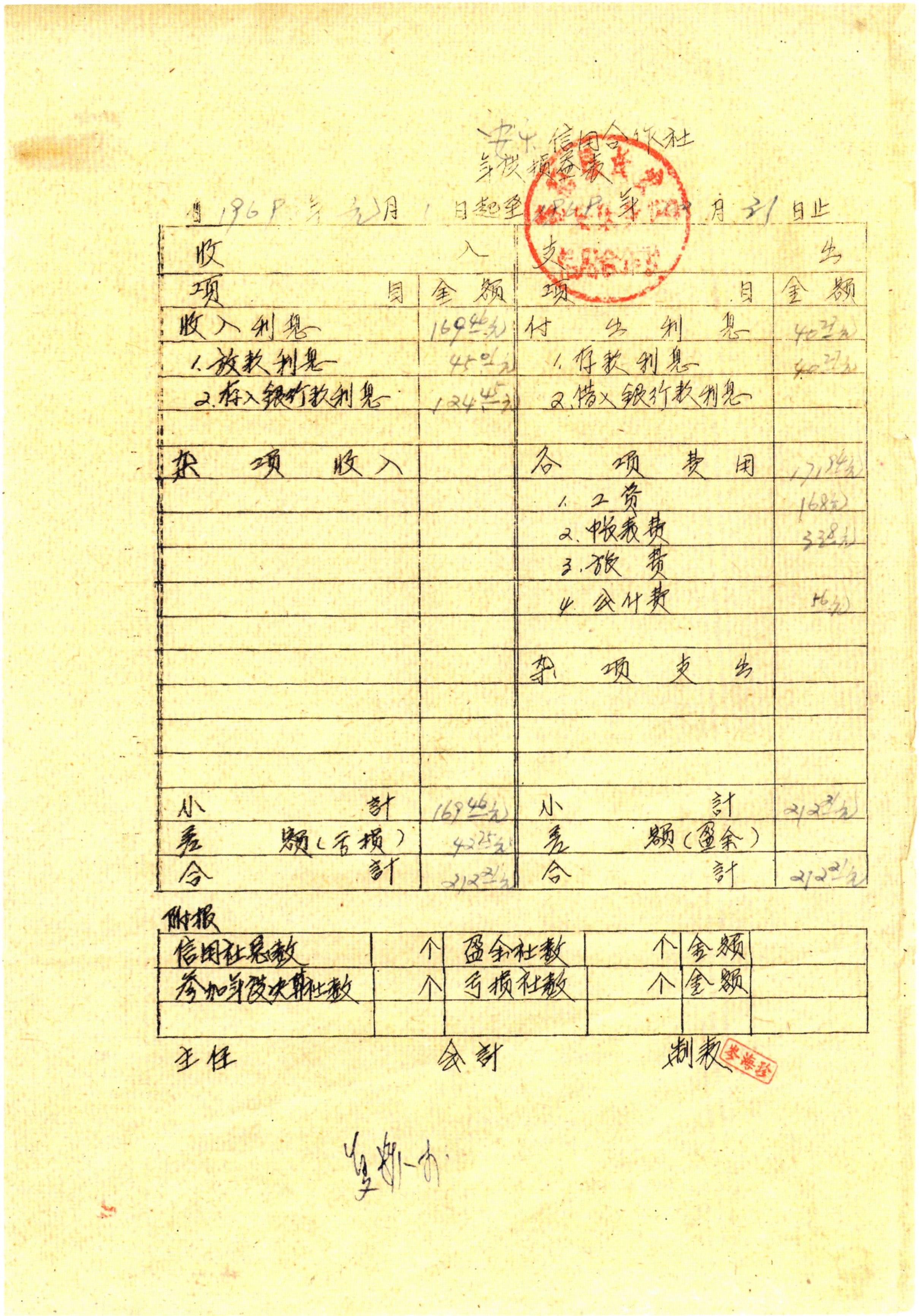

安乐信用合作社
年度损益表

自1969年元月1日起至1969年12月31日止

收	入	支	出
项目	金额	项目	金额
收入利息	169^{46}元	付出利息	40^{21}元
1.放款利息	45^{01}元	1.存款利息	40^{21}元
2.存入银行款利息	124^{45}元	2.借入银行款利息	
杂项收入		各项费用	171^{84}元
		1.工资	168元
		2.帐表费	3^{28}元
		3.旅费	
		4.公什费	56元
		杂项支出	
小计	169^{46}元	小计	212^{21}元
差额（亏损）	42^{75}元	差额（盈余）	
合计	212^{21}元	合计	212^{21}元

附报

信用社总数	个	盈余社数	个	金额	
参加年度决算社数	个	亏损社数	个	金额	

主任　　会计　　制表 李举珍

0372 一九六九年十二月三十一日狮寨镇安乐信用合作社年度损益表

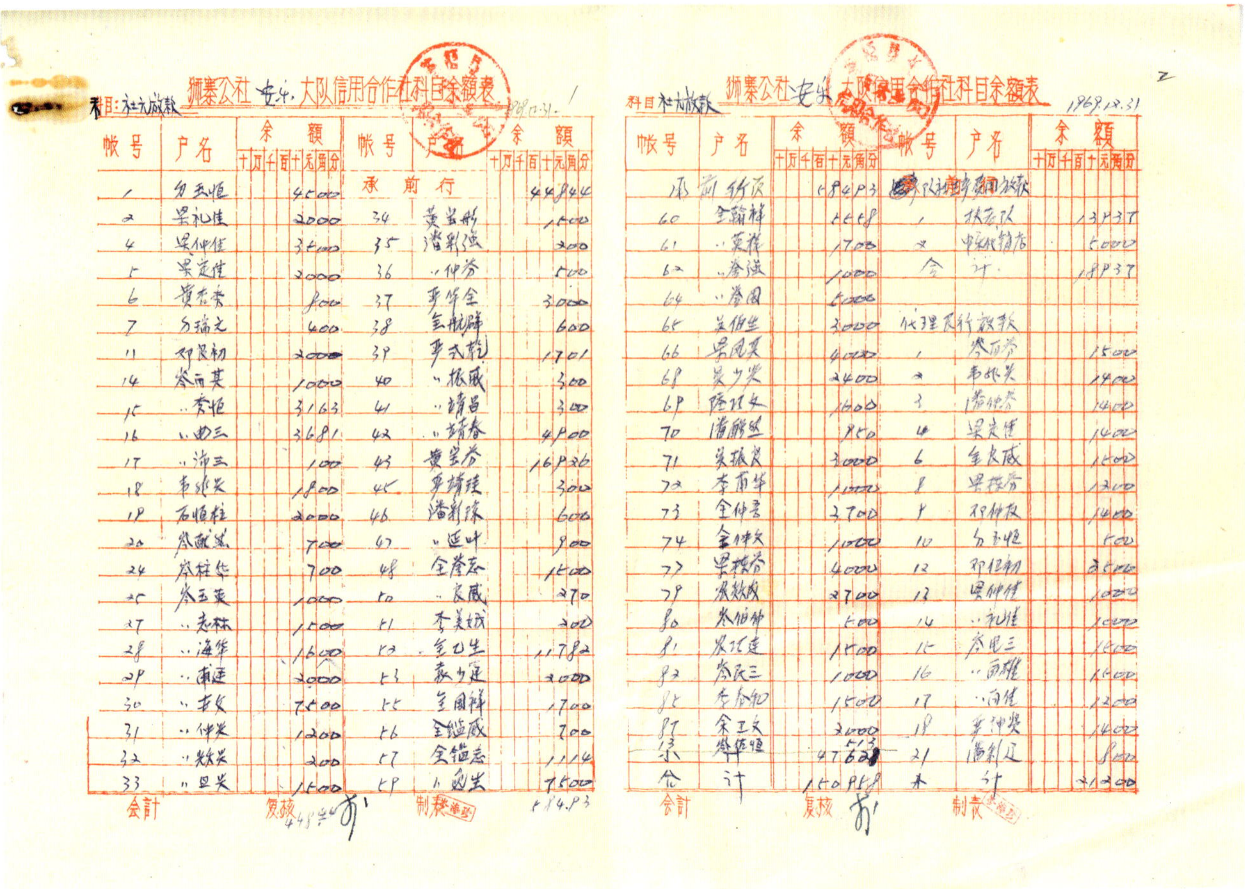

狮寨公社 安乐 大队信用合作社科目余额表

科目：社员放款　1969.12.31　1

帐号	户名	余额	帐号	户名	余额
1	勿玉恒	4500	承前行		44844
2	吴礼佳	2000	34	黄宝彬	1500
4	吴仲佳	3500	35	潘彩强	200
5	吴定佳	2000	36	〃仲芬	500
6	黄杏秀	800	37	李华全	3000
7	勿瑞之	400	38	金航蹄	600
11	邓良初	2000	39	李武乾	1701
14	岑而其	1000	40	〃振威	300
15	〃秀恒	3163	41	〃靖昌	300
16	〃田三	3681	42	〃靖春	4900
17	〃沛三	100	43	黄宝芬	16926
18	韦兆光	1800	45	李靖桂	300
19	石恒柱	2000	46	潘彩珠	600
20	岑献光	700	47	〃廷叶	900
24	岑柱华	700	48	金誉志	1500
25	岑玉英	1000	50	〃良威	270
27	〃志林	1500	51	李美诚	200
28	〃海华	1600	52	金九生	11782
29	〃甫廷	2000	53	袁少廷	2000
30	〃志文	7500	55	金国祥	1700
31	〃仲光	1200	56	金锚威	700
32	〃炳光	200	57	金锚志	1114
33	〃旦光	1500	59	〃岛光	7500

会计　复核 448宗　制表　68493

狮寨公社 安乐 大队信用合作社科目余额表

科目：社员放款　1969.12.31　2

帐号	户名	余额	帐号	户名	余额
承前行页		68493	[illegible]放款		
60	金翰祥	5558	1	扶农队	13437
61	〃英桂	1700	2	中家代销店	5000
62	〃誉滋	1000	合	计	18437
64	〃誉国	5000			
65	吴伯生	3000	代理农行放款		
66	吴凤英	4000	1	岑而芬	1500
68	吴少光	2400	2	韦兆光	1400
69	陆汉文	1600	3	潘仲芬	1400
70	潘彩然	850	4	吴定佳	1400
71	吴振良	3000	6	金良威	1500
72	李甫华	1000	8	吴桂芬	1200
73	金仲书	3700	9	邓仲权	1400
74	金仲文	1000	10	勿玉恒	500
77	吴桂芬	4000	12	邓良初	2500
79	吴炳成	2700	13	吴仲佳	1000
80	岑伯钟	500	14	〃礼佳	1000
81	吴汉廷	1500	15	岑田三	1500
82	岑良三	1000	16	〃而权	1500
85	李合和	1500	17	〃而佳	1200
87	余工文	2000	18	李仲英	1400
58	岑华恒	513 47628	21	潘彩廷	800
合	计	150958	小	计	21200

会计　复核　制表

0373 一九六九年十二月三十一日狮寨公社安乐大队信用合作社科目余额表

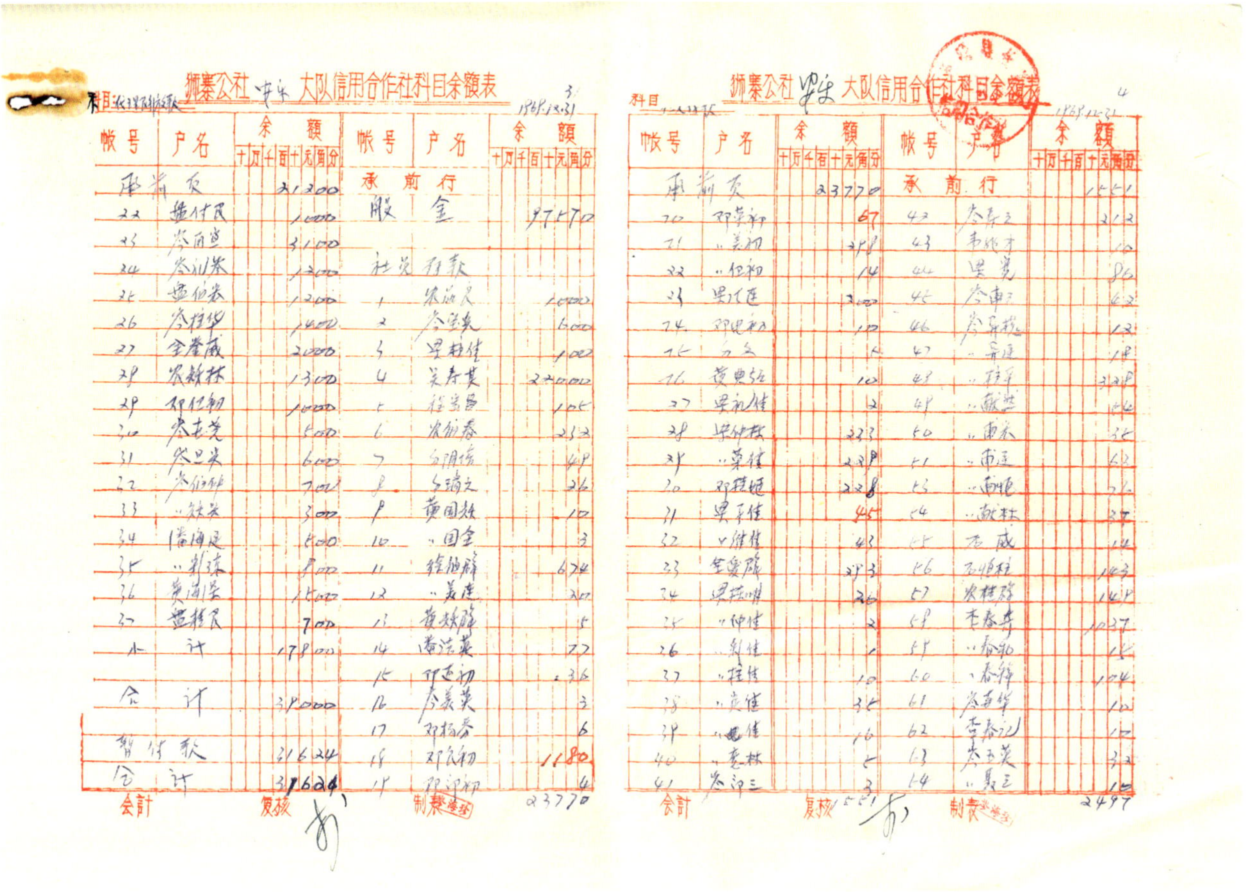

0374 一九六九年十二月三十一日狮寨公社安乐大队信用合作社科目余额表

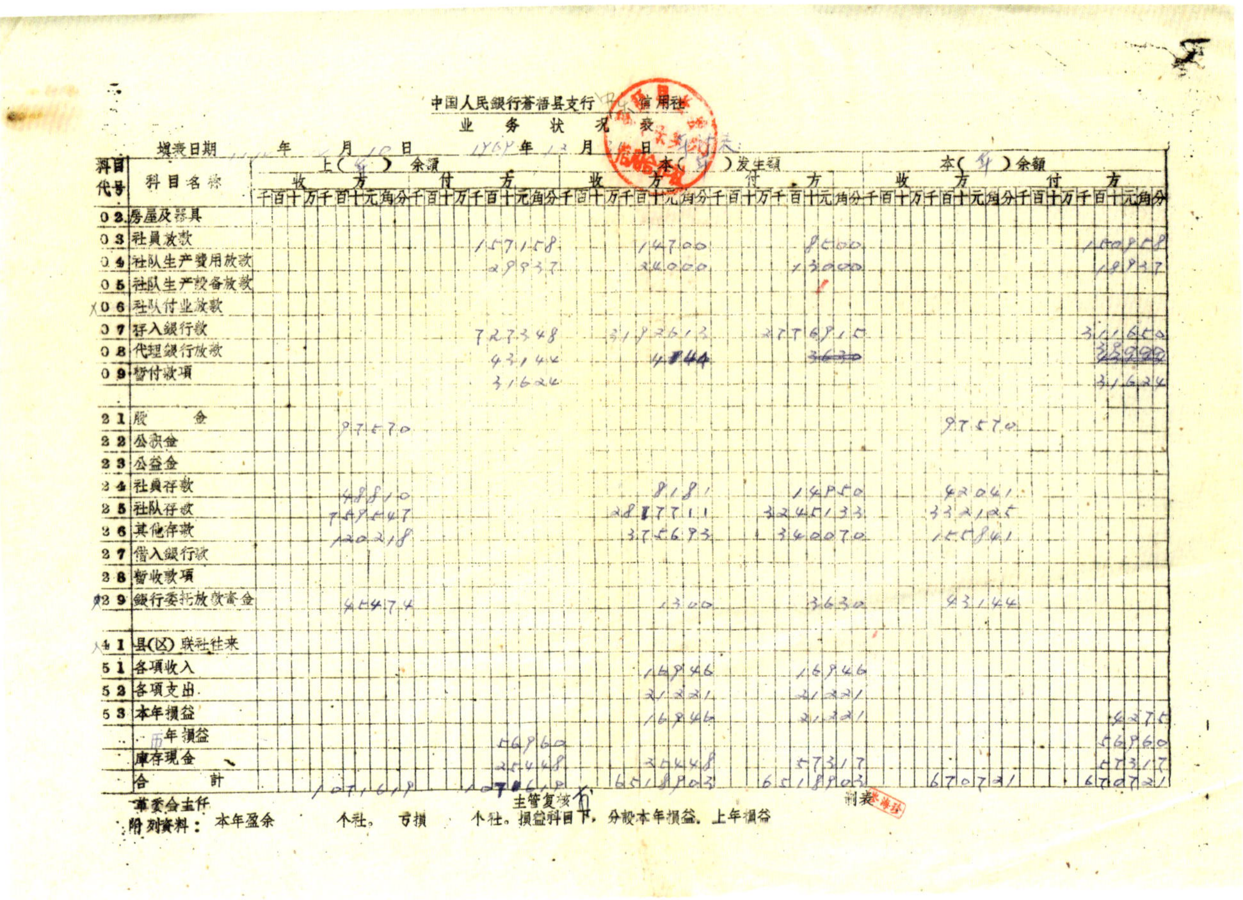
中国人民銀行蒼梧县支行 安乐 信用社

业 务 状 况 表

填表日期 年 月 10 日 1969 年 12 月 31 日

科目代号	科目名称	上(年)余额 收方	上(年)余额 付方	本(年)发生额 收方	本(年)发生额 付方	本(年)余额 收方	本(年)余额 付方
02	房屋及器具						
03	社員放款		157158	14700	8000		160858
04	社队生产费用放款		29937	24000	13000		18937
05	社队生产設备放款						
06	社队付业放款						
07	存入銀行款		727348	3192613	2776810		311650
08	代理銀行放款		43144	4144	~~3630~~		~~38990~~
09	暂付款項		31624				31624
21	股金	97570				97570	
22	公积金						
23	公益金						
34	社員存款	48810		8181	14850	42041	
35	社队存款	749447		2817711	3245133	332185	
36	其他存款	120218		375693	340070	155841	
37	借入銀行款						
38	暂收款項						
39	銀行委托放款資金	46474		1300	3630	43144	
41	县(区)联社往来						
51	各項收入			16846	16846		
52	各項支出			21221	21221		
53	本年損益			16846	21221		4375
	历年損益		56960				56960
	庫存現金		25448	35448	57317		47317
	合計	1071618	1071618	6518903	6518903	670721	670721

革委会主任 主管复核 制表

附列資料： 本年盈余 个社。 亏損 个社。損益科目下，分設本年損益，上年損益

0375 一九六九年十二月三十一日狮寨镇安乐信用社业务状况表

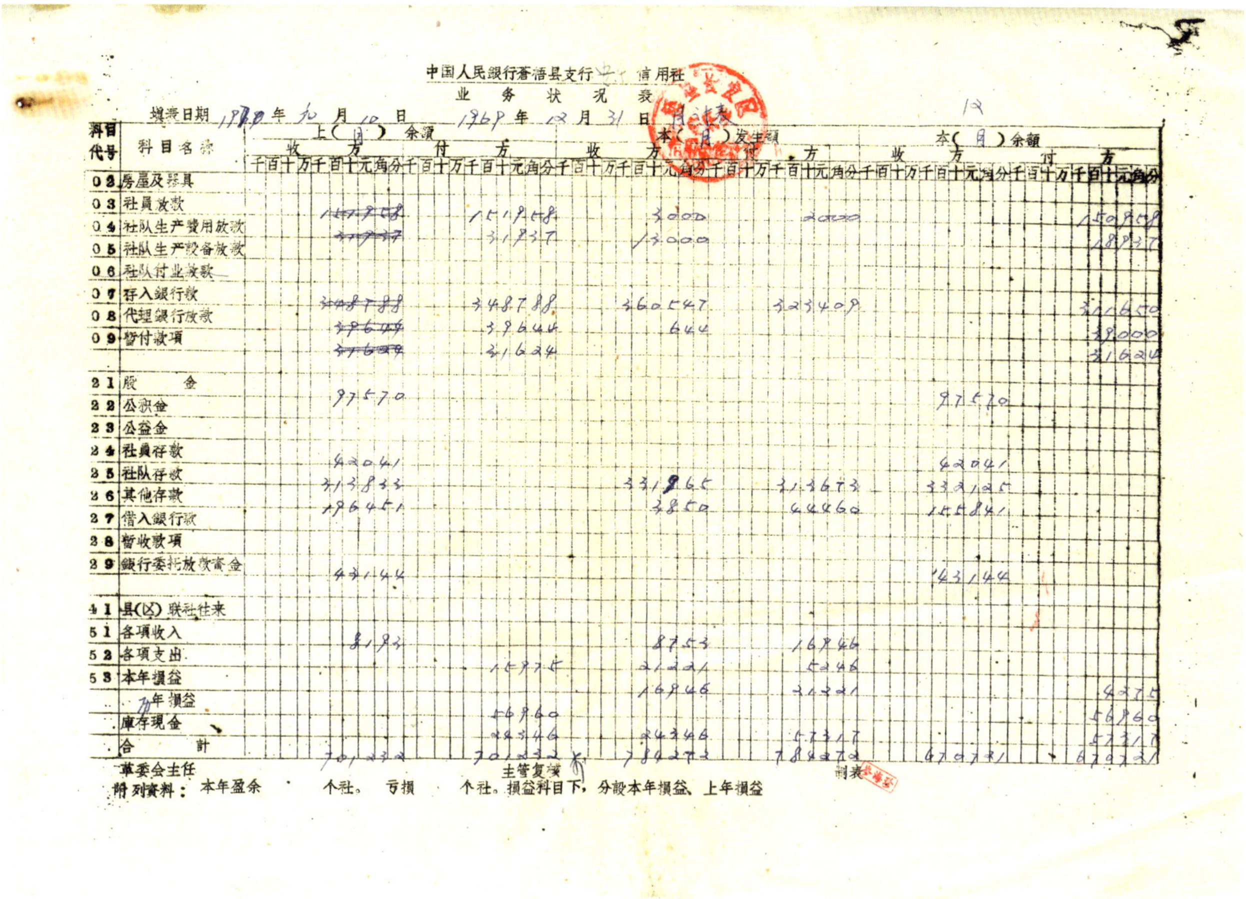

中国人民銀行蒼梧县支行安乐信用社
业务状况表

填表日期 1970年九月10日　1969年12月31日 月计表　12

科目代号	科目名称	上（月）余额 收方	上（月）余额 付方	本（月）发生额 收方	本（月）发生额 付方	本（月）余額 收方	本（月）余額 付方
02	房屋及器具						
03	社員放款	~~151958~~	151958	3000	2000		150958
04	社队生产費用放款	~~31737~~	31737	13000			18737
05	社队生产設备放款						
06	社队付业放款						
07	存入銀行款	~~348788~~	348788	360547	323409		311650
08	代理銀行放款	~~39644~~	39644	644			39000
09	暂付款項	~~31624~~	31624				31624
21	股金	97570				97570	
22	公积金						
23	公益金						
24	社員存款	42041				42041	
25	社队存款	313833		331965	313673	332125	
26	其他存款	196451		3850	44460	155841	
27	借入銀行款						
28	暂收款項						
29	銀行委托放款資金	43144				43144	
41	县(区)联社往来						
51	各項收入	8193		8753	16946		
52	各項支出		15975	21221	5246		
53	本年損益			16946	21221		4275
	上年損益		56960				56960
	庫存現金		24346	24346	57317		57317
	合　計	701232	701232	784273	784273	670721	670721

革委会主任　　主管复核　　制表

附列資料：本年盈余　　个社。亏損　　个社。損益科目下，分設本年損益、上年損益

0376 一九六九年十二月三十一日狮寨镇安乐信用社业务状况表

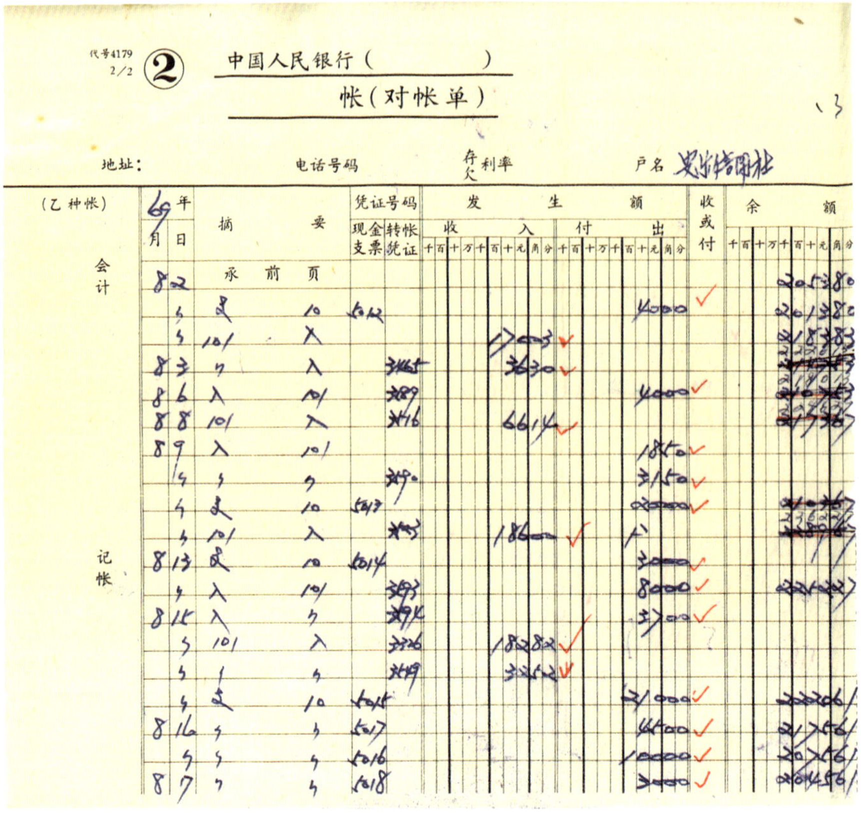

0377 一九六九年狮寨镇安乐信用社中国人民银行对账单

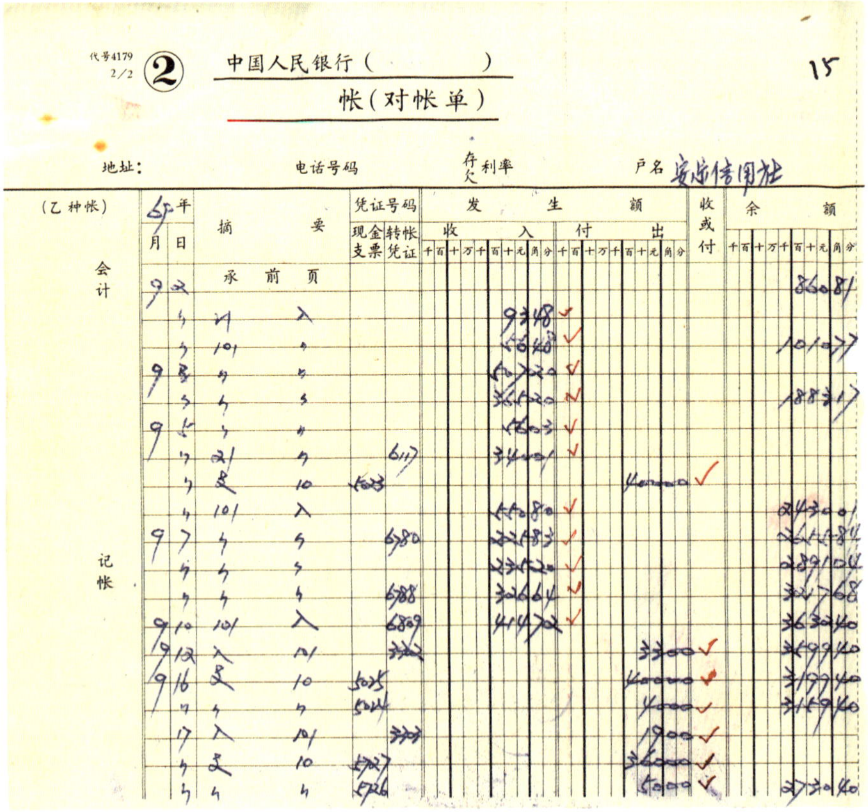

0378 一九六九年师寨镇安乐信用社中国人民银行对账单

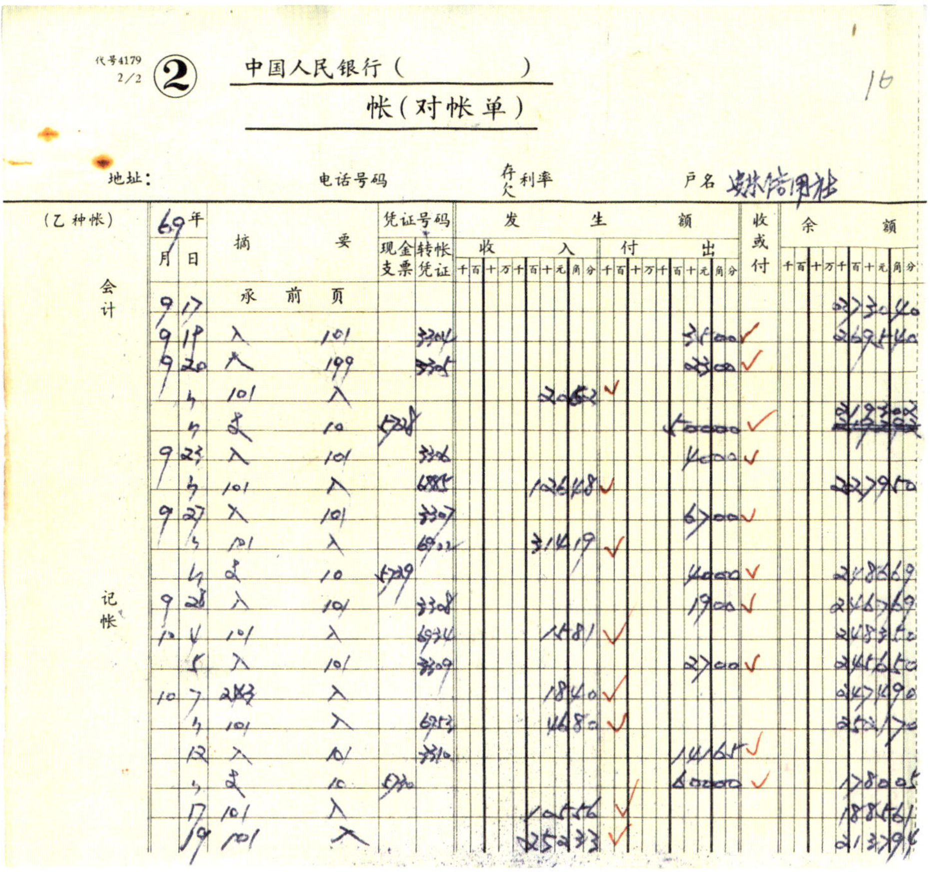

0379 一九六九年狮寨镇安乐信用社中国人民银行对账单

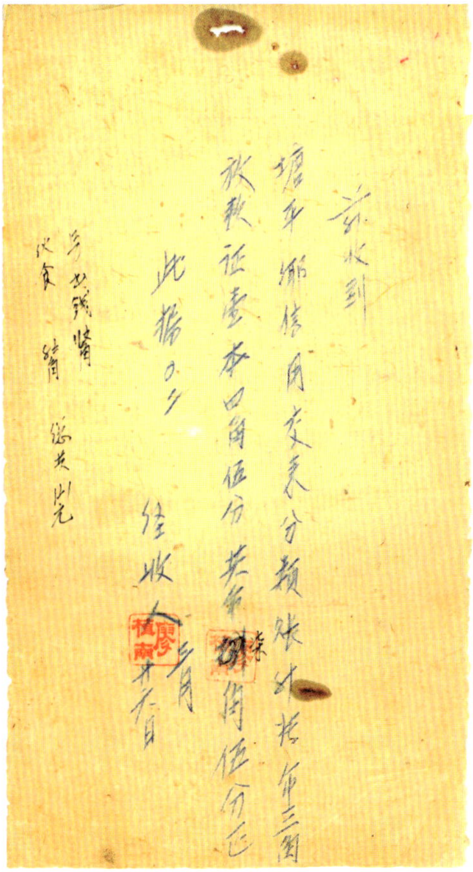

0380 三月二十六日六堡区塘平乡信用社购凭证收据

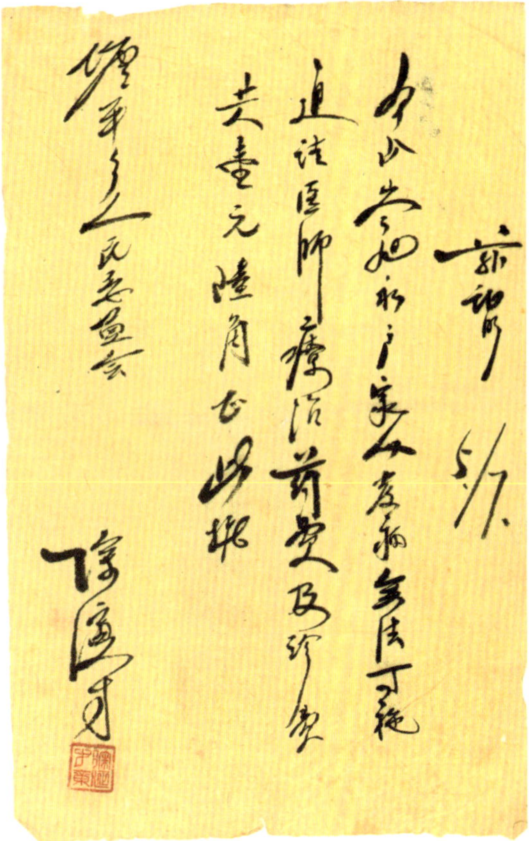
新寶 5/7
追往医師療治藥費及診費
共壹元陸角正 收據
徐寅才

0381 七月五日徐寅才医师疗治药费及诊费收据

己戌 05192
壹萬圓
中國人民郵政
國內(定額)匯票
憑條
兌付局名 蘇州
人民幣壹萬圓整
本憑條由匯款人保存備查詢之用
受款人姓名 中医進修社
匯費 $100元

0382 苍梧胜洲镇平村汇苏州中医进修社国内汇票

0383 苍梧胜洲镇平村汇苏州中医进修社国内汇票

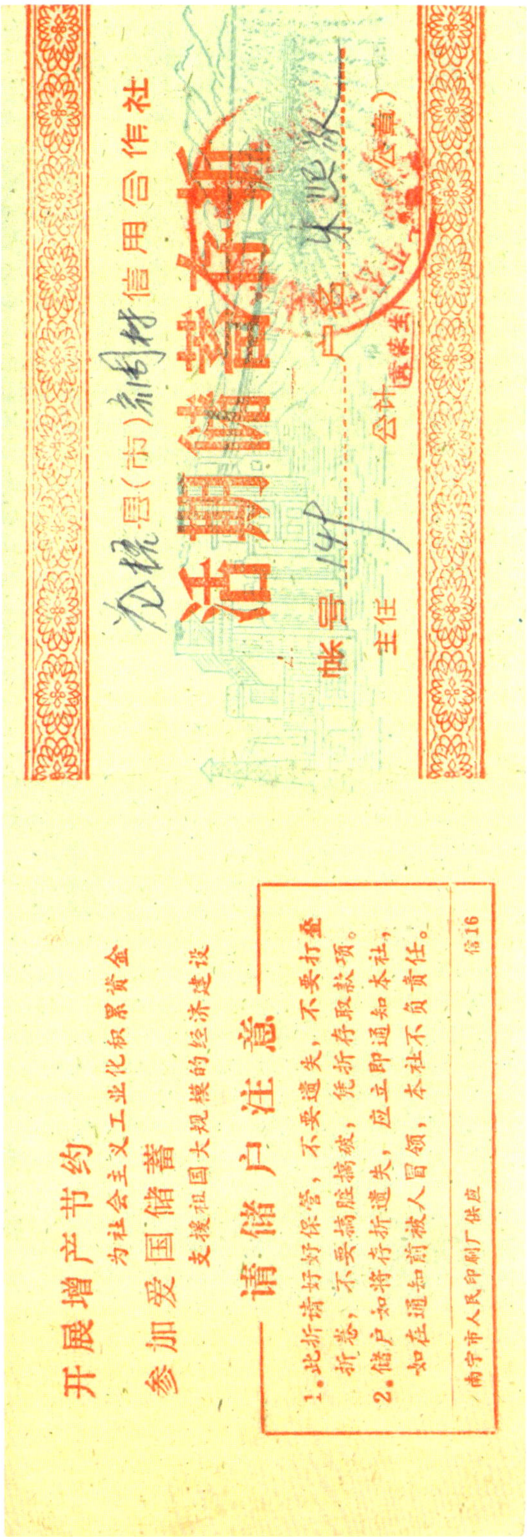

0384 苍梧县调村信用合作社朱熙家活期储蓄存折

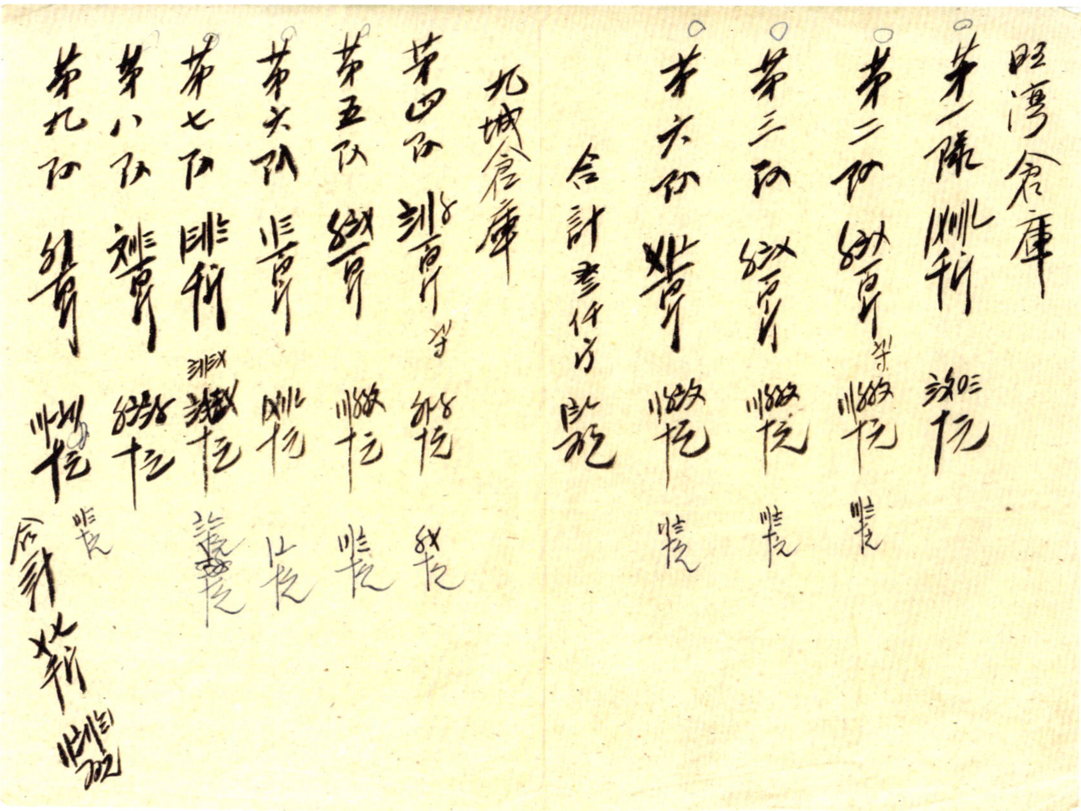

旺湾倉庫
第一隊
第二队
第三队
第六队
合計

九城倉庫
第四队
第五队
第六队
第七队
第八队
第九队
合計

0385 梨埠镇旺湾、九城仓库下属生产队款项统计

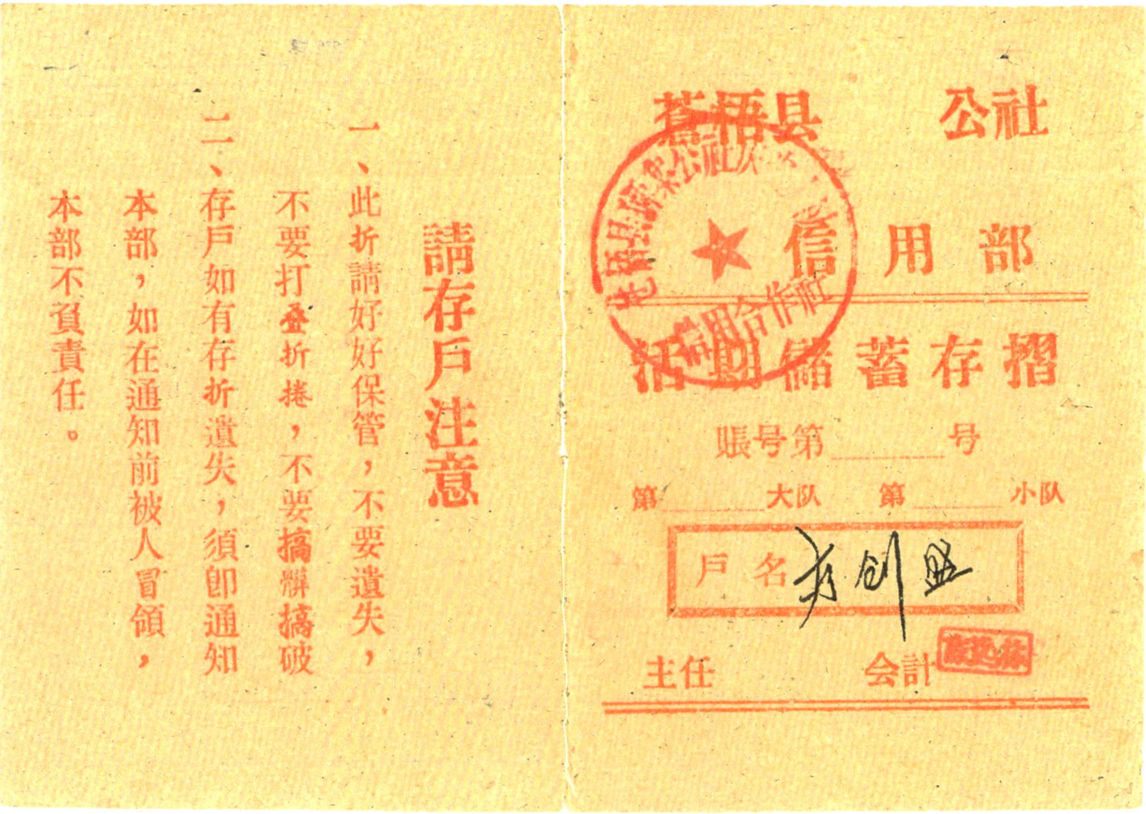

蒼梧县　　公社
信用部
活期儲蓄存摺
賬号第＿＿＿号
第＿＿＿大队　第＿＿＿小队
戶名 廖创盛
主任　　会計

請存戶注意

一、此折請好好保管，不要遺失，不要打叠折捲，不要搞髒搞破

二、存戶如有存折遺失，須即通知本部，如在通知前被人冒領，本部不負責任。

0386 苍梧县狮寨公社廖创盛信用合作社活期储蓄存折

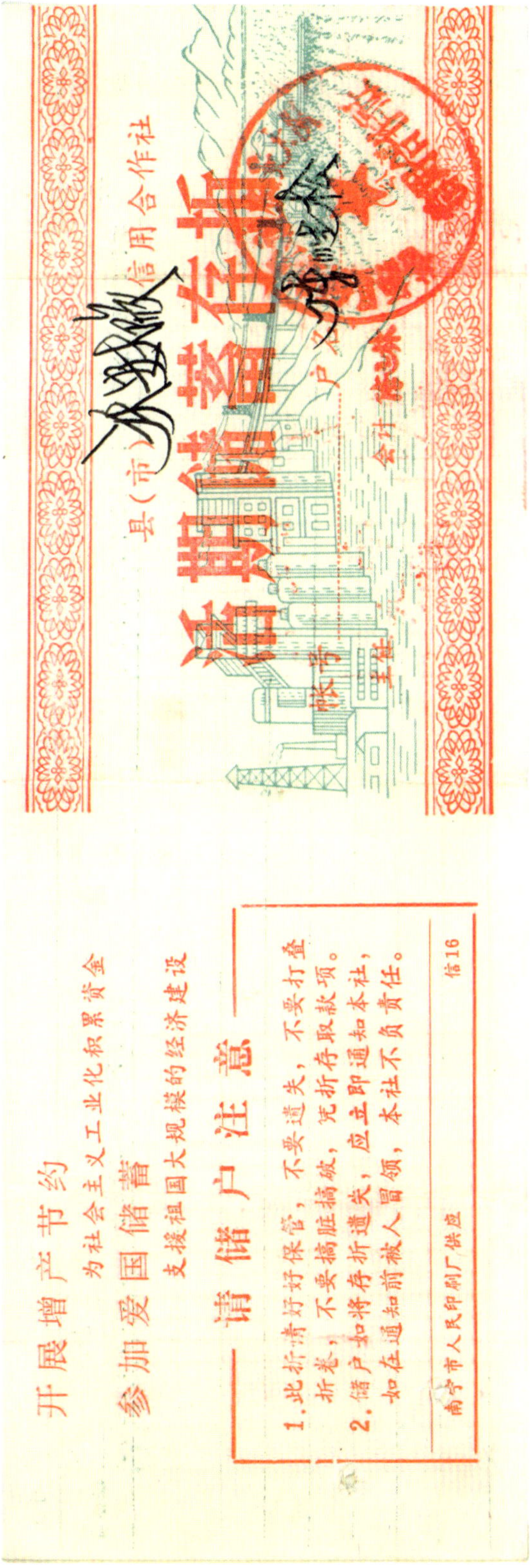

0387 苍梧县狮寨庆安大队信用合作社陈胜松活期储蓄存折

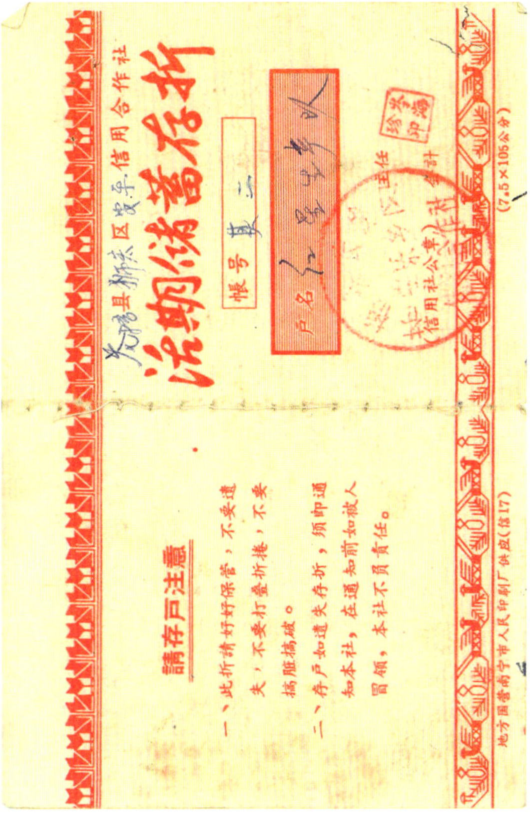

信用合作社
活期储蓄存折
帐号
户名
請存戶注意
一、此折請好好保管，不要遺失，不要打叠折捲，不要搞脏搞破。
二、存户如遺失存折，須即通知本社，在通知前如被人冒領，本社不負責任。

0388 苍梧县狮寨区安乐信用合作社红星生产队活期储蓄存折

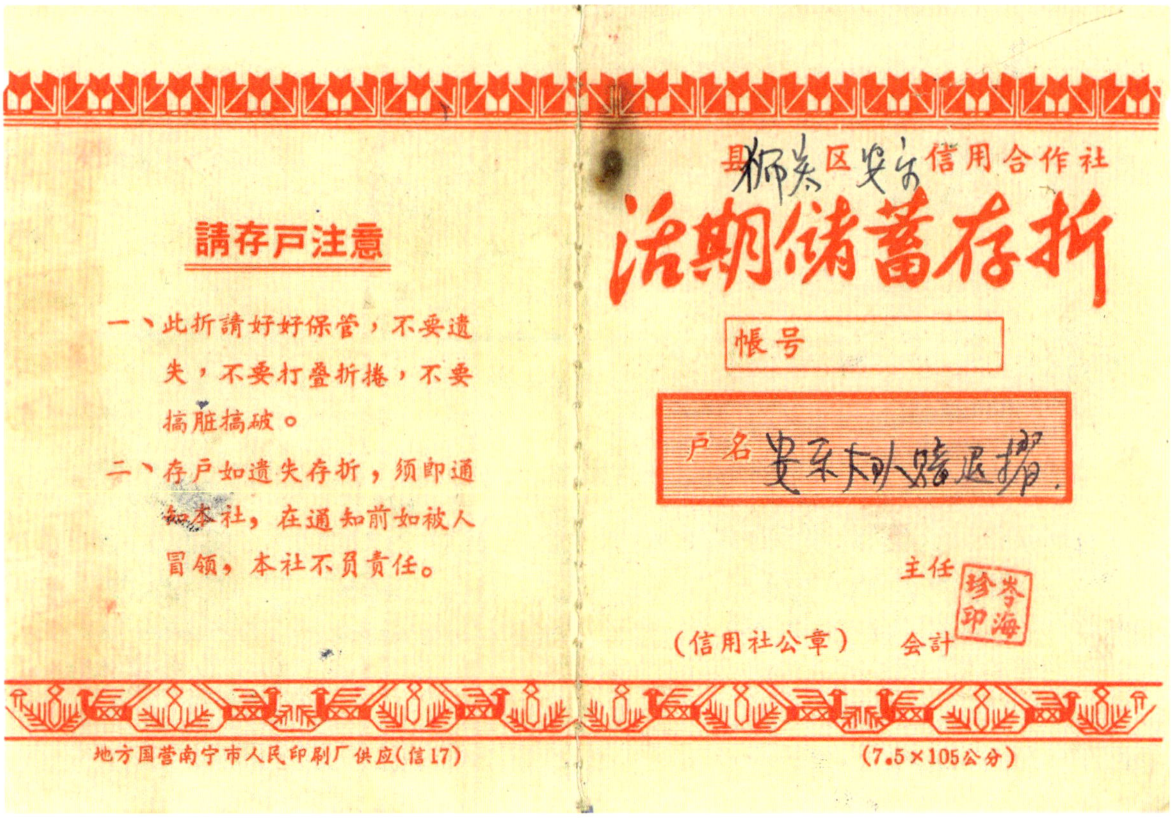

0389 苍梧县狮寨区安乐信用合作社活期储蓄存折（安乐大队赔退折）

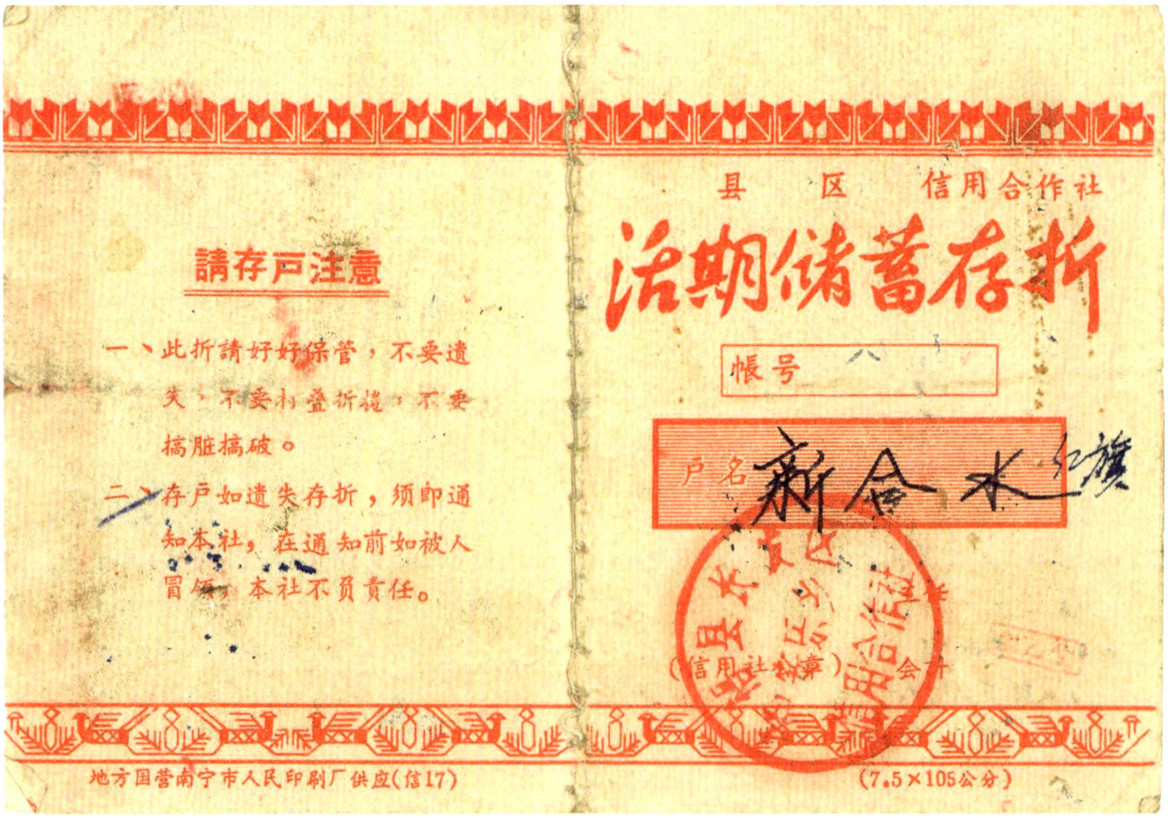

0390 苍梧县长发区安乐乡公社新合水信用合作社活期储蓄存折

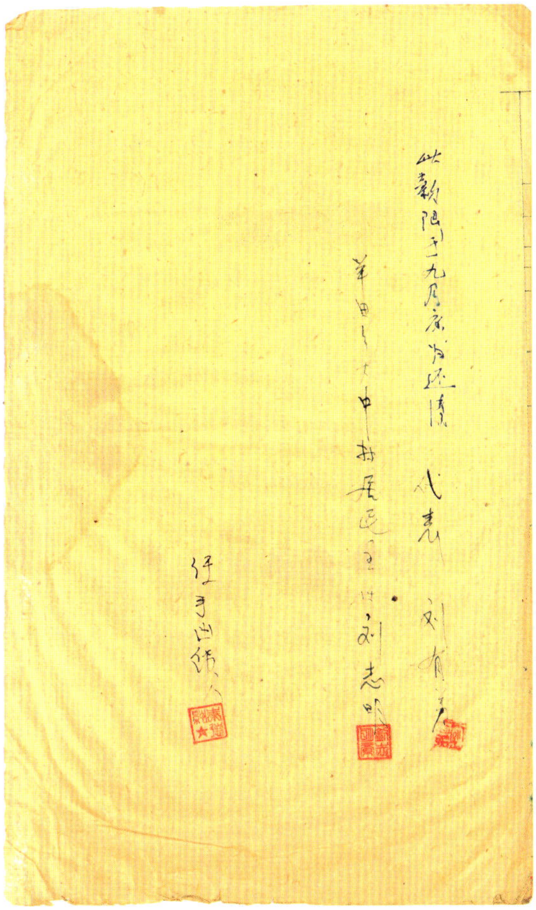
此款限于九月底前还清　代表　刘有[illegible]
羊田乡大中村居民[illegible]刘志明
经手[illegible]人

0391 羊田乡大中村秦德纯借款单

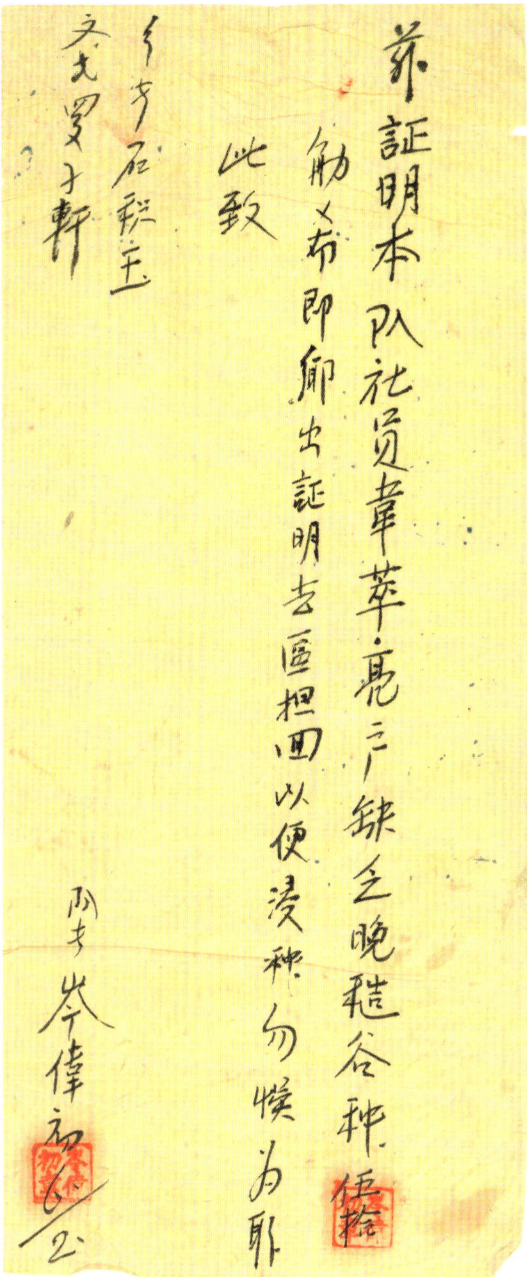
茲證明本隊社員韋萃亮戶缺乏晚造谷種伍拾斤
飭々布即卿出證明去區担回以便浸种勿悮為耶
此致
乡長石秋玉
文书罗子軒
队長岑偉初
/2

0392 韦萃亮户取晚造谷种证明

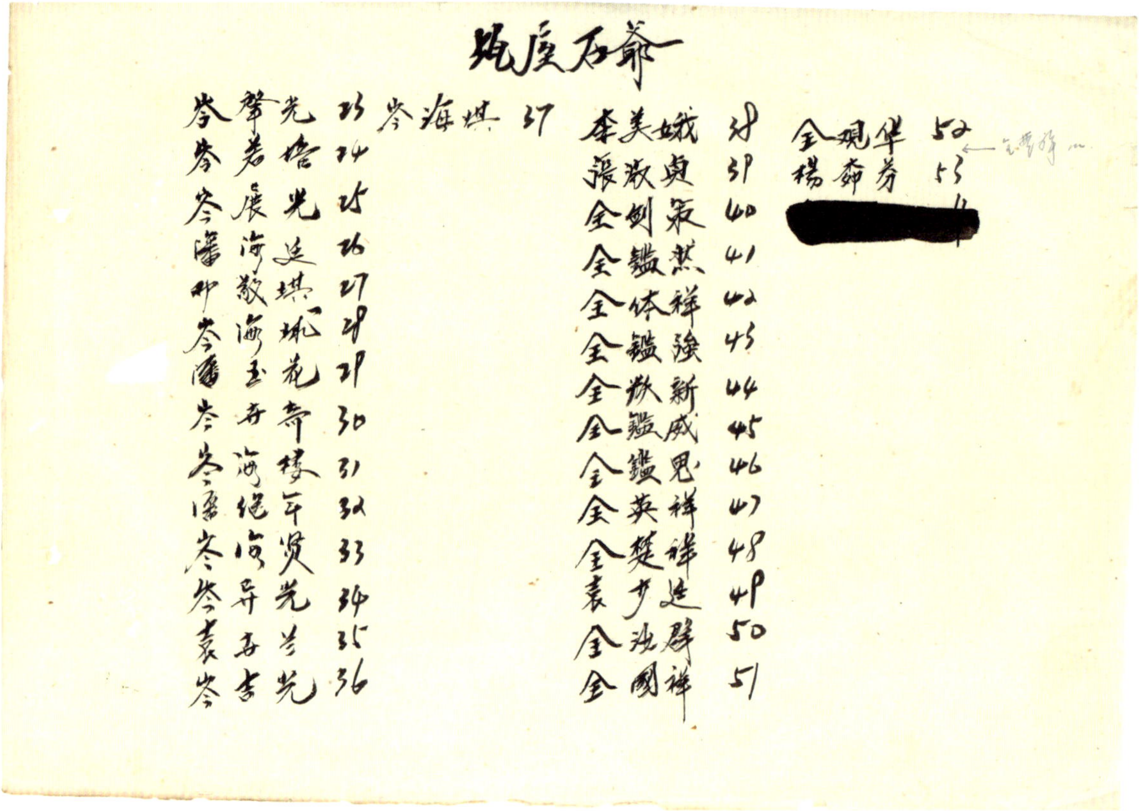
砙屋石爺

[redacted]

0393 砙屋石爷名单

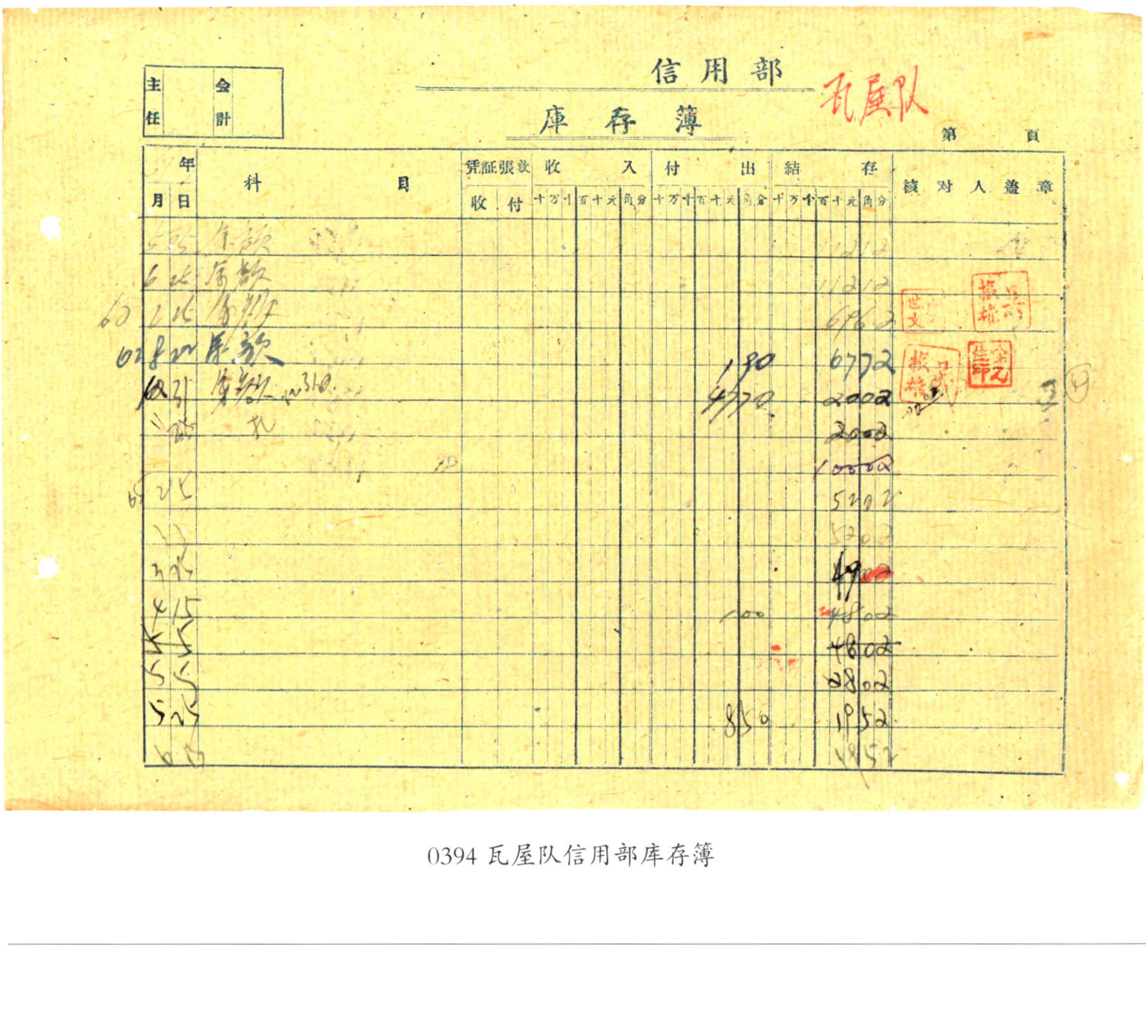
信用部 瓦屋队

库存簿

主任	会計

第 頁

年		科目	凭証張数		收入	付出	結存	核对人盖章
月	日		收	付	十万千百十元角分	十万千百十元角分	十万千百十元角分	

0394 瓦屋队信用部库存簿

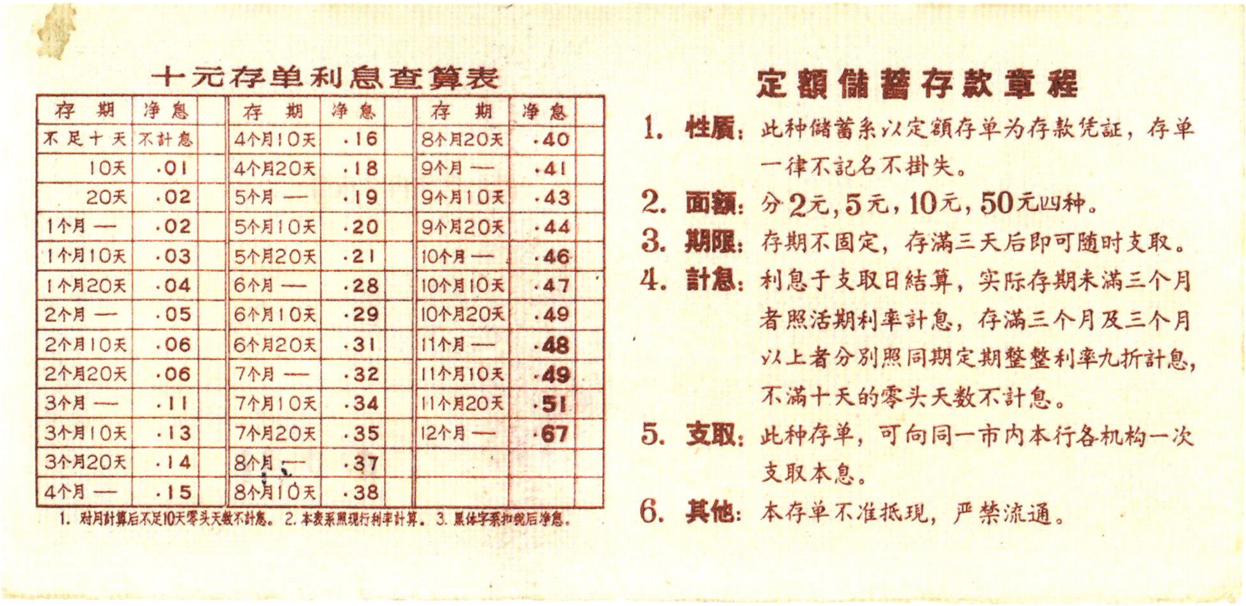

十元存单利息查算表

存期	净息	存期	净息	存期	净息
不足十天	不計息	4个月10天	·16	8个月20天	·40
10天	·01	4个月20天	·18	9个月—	·41
20天	·02	5个月—	·19	9个月10天	·43
1个月—	·02	5个月10天	·20	9个月20天	·44
1个月10天	·03	5个月20天	·21	10个月—	·46
1个月20天	·04	6个月—	·28	10个月10天	·47
2个月—	·05	6个月10天	·29	10个月20天	·49
2个月10天	·06	6个月20天	·31	11个月—	·48
2个月20天	·06	7个月—	·32	11个月10天	·49
3个月—	·11	7个月10天	·34	11个月20天	·51
3个月10天	·13	7个月20天	·35	12个月—	·67
3个月20天	·14	8个月—	·37		
4个月—	·15	8个月10天	·38		

1. 对月計算后不足10天零头天数不計息。2. 本表系照现行利率計算。3. 黑体字系扣税后净息。

定額儲蓄存款章程

1. **性質**：此种儲蓄系以定額存单为存款凭証，存单一律不記名不掛失。
2. **面額**：分2元，5元，10元，50元四种。
3. **期限**：存期不固定，存滿三天后即可随时支取。
4. **計息**：利息于支取日結算，实际存期未滿三个月者照活期利率計息，存滿三个月及三个月以上者分别照同期定期整整利率九折計息，不滿十天的零头天数不計息。
5. **支取**：此种存单，可向同一市内本行各机构一次支取本息。
6. **其他**：本存单不准抵現，严禁流通。

0395 十元存单利息查算表

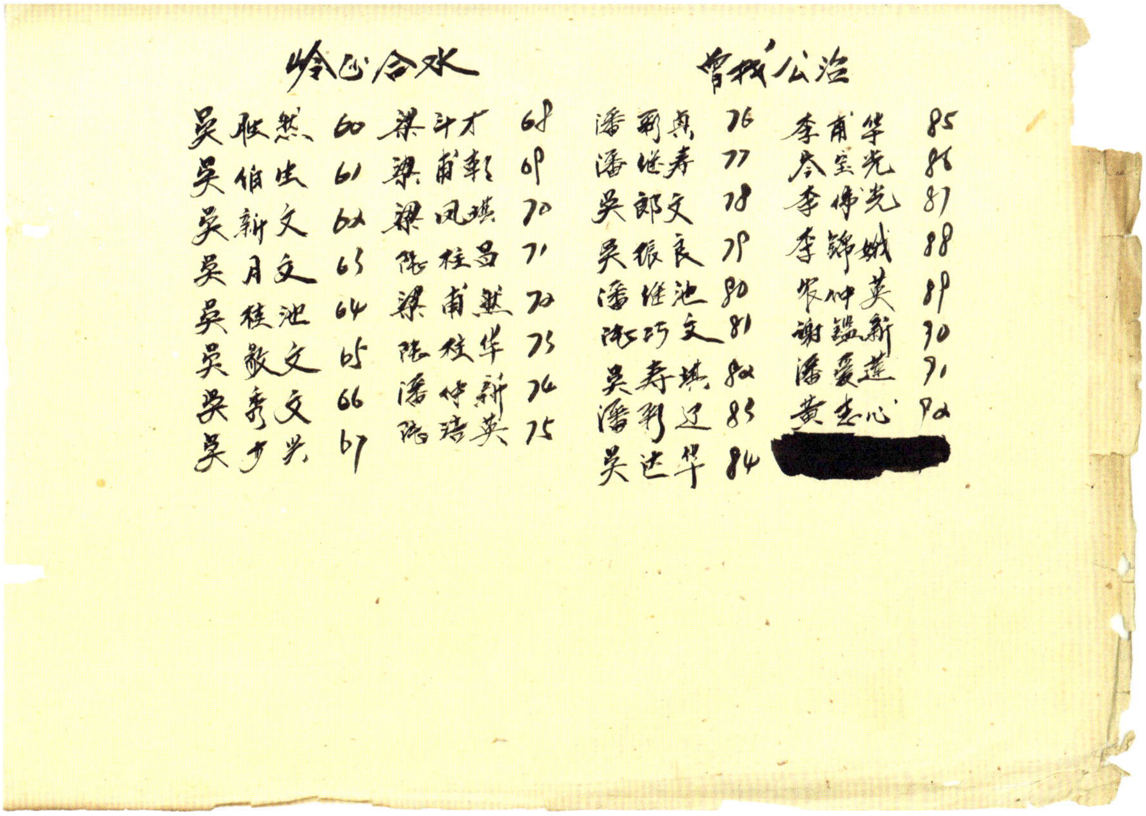

岭心合水　　曾栈公治

吴联然 60　梁斗才 68　潘那真 76　李甫华 85
吴伯生 61　梁甫彰 69　潘继寿 77　岑宝光 86
吴新文 62　梁凤琪 70　吴郎文 78　李传光 87
吴月文 63　陈桂昌 71　吴振良 79　李锦娥 88
吴桂池 64　梁甫然 72　潘继池 80　农仲英 89
吴敬文 65　陈桂华 73　陈巧文 81　谢鑑新 90
吴秀文 66　潘仲新 74　吴寿琪 82　潘爱莲 91
吴步兴 67　陈培英 75　潘初辽 83　黄杰心 92
吴述华 84　[redacted]

0396 狮寨安乐信用社储户名单

0397 六堡村民分配猪肉记数单

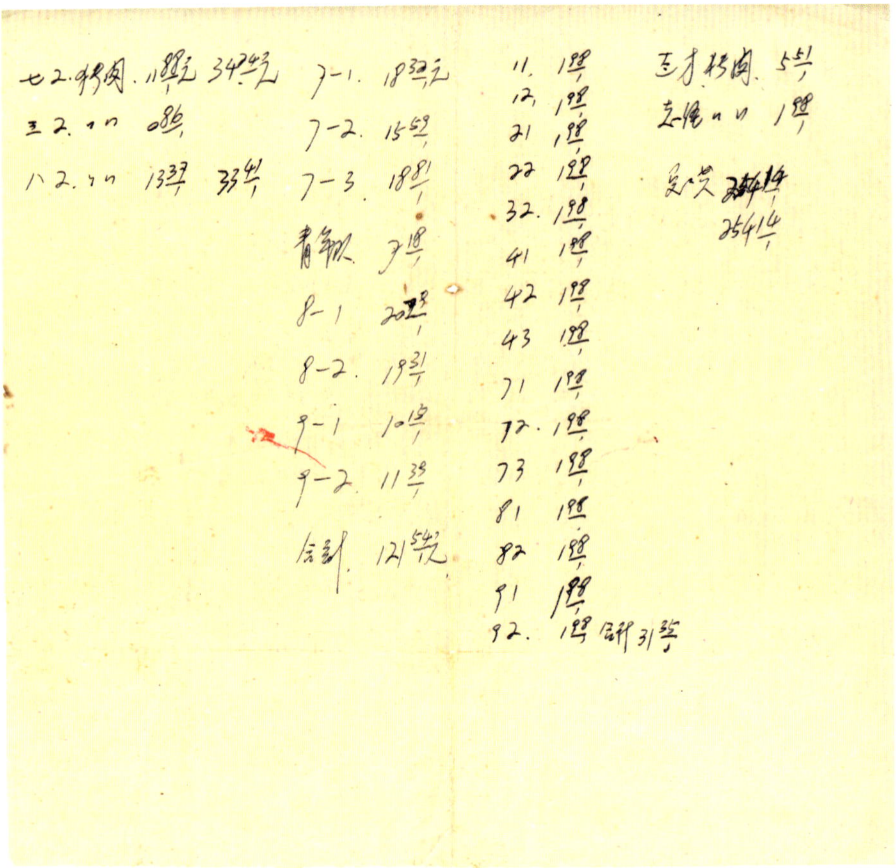
七2.猪肉 11.88元 34.42元
三2. 〃〃 0.86
八2. 〃〃 13.37 33.41
7-1. 18.32元
7-2. 15.59
7-3. 18.81
青年队 3.18
8-1 20.23
8-2. 19.31
9-1 10.57
9-2. 11.39
合計 121.54元
11. 1.98
12. 1.98
21 1.98
22 1.98
32. 1.98
41 1.98
42 1.98
43 1.98
71 1.98
72. 1.98
73 1.98
81 1.98
82 1.98
91 1.98
92. 1.98 合計 31.35
三才猪肉 5.41
支德〃〃 1.98
总共 254.14

0398 六堡区塘平乡信用合作社缴纳伙食费收据

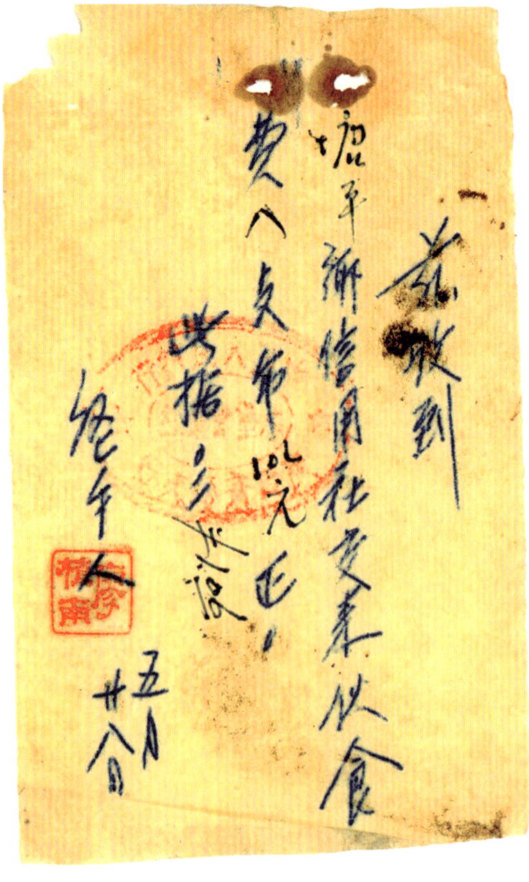
今收到
塘平乡信用合作社交来伙食
费八点柒元正，
此据 乡长
经手人
五月廿八日

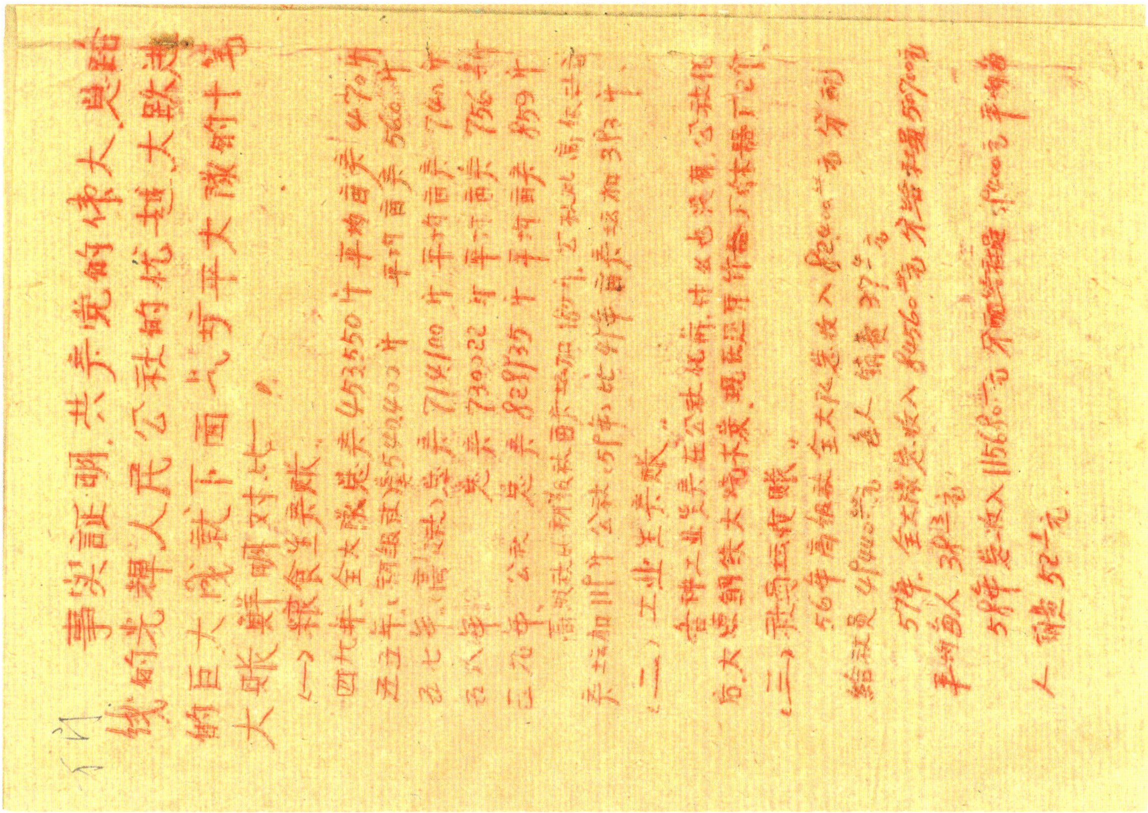

0399-1 六堡区塘平大队“大跃进”的十笔大账（第一页）

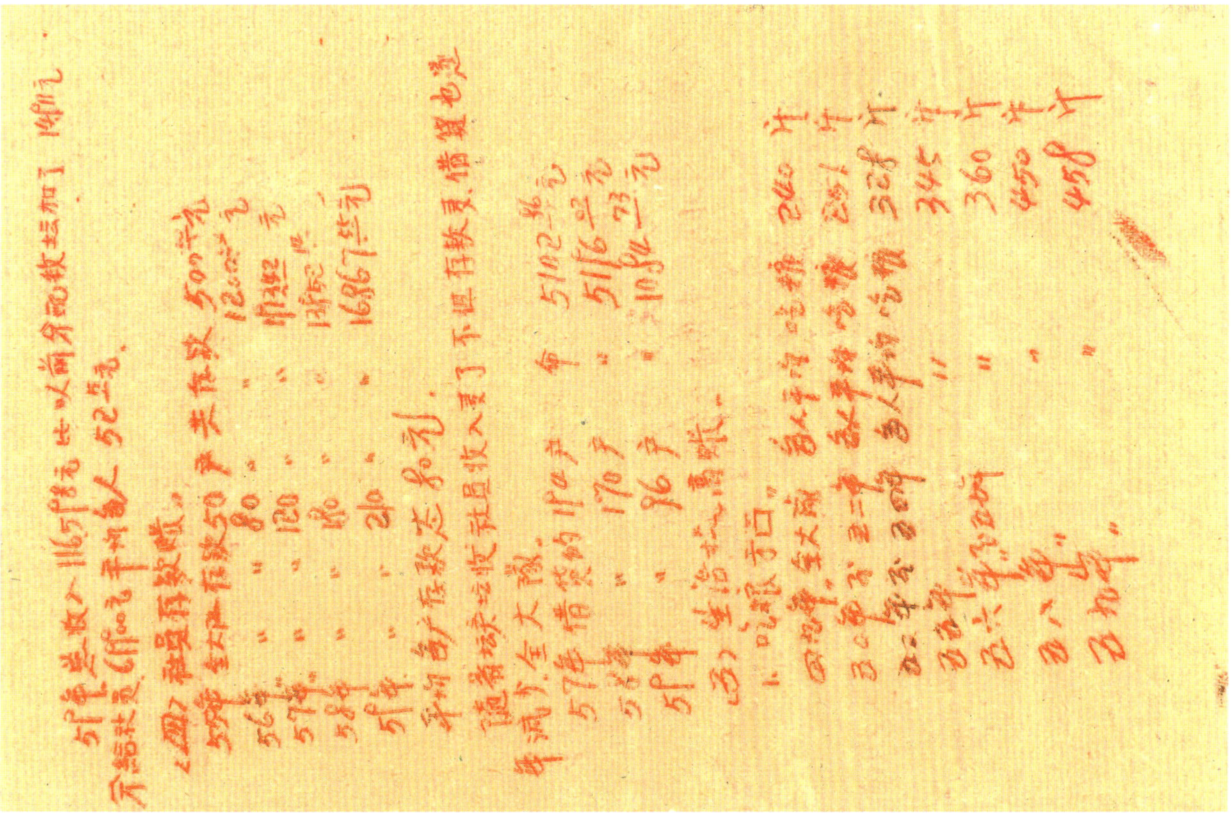

0399-2 六堡区塘平大队“大跃进”的十笔大账（第二页）

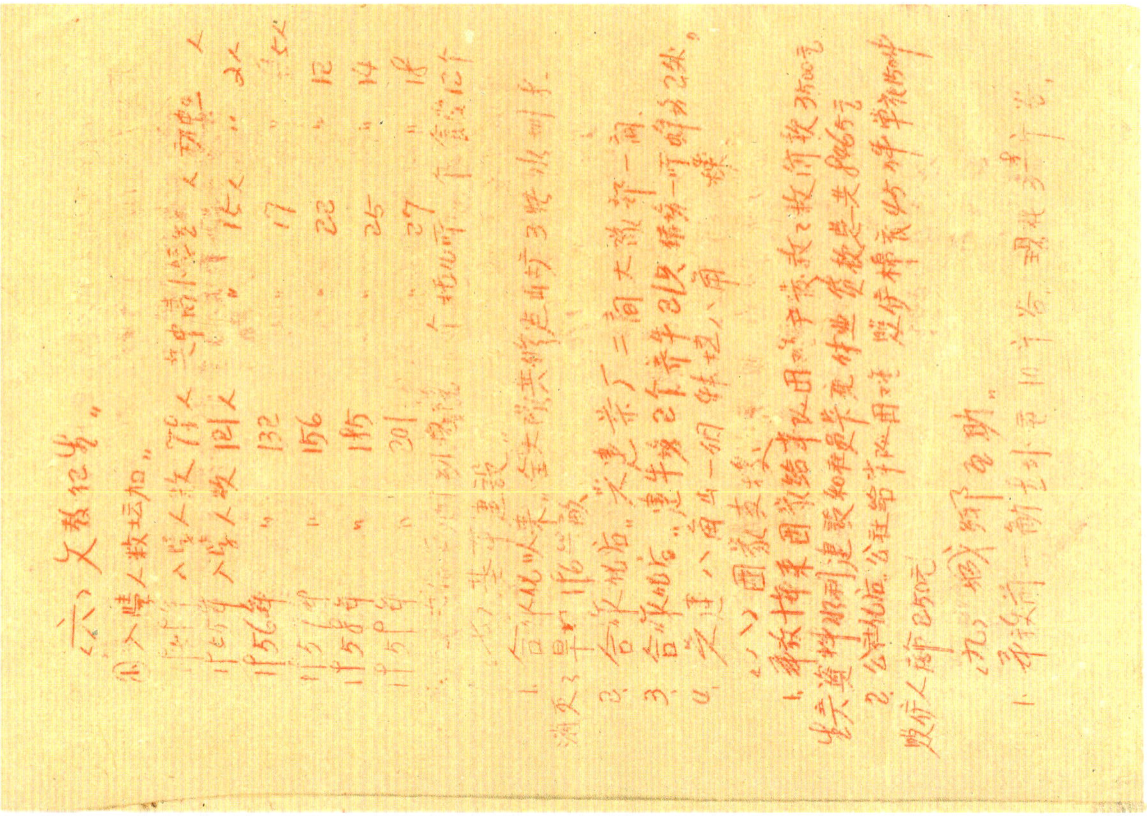

0399-3 六堡区塘平大队“大跃进”的十笔大账（第三页）

0399-4 六堡区塘平大队“大跃进”的十笔大账（第四页）

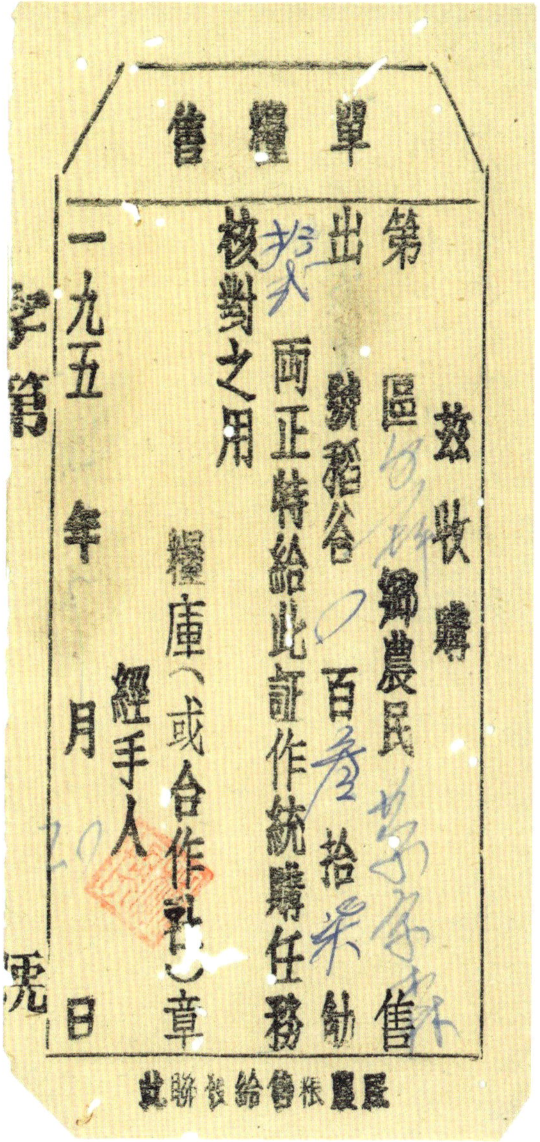

售糧單

茲收購
第　區　鄉農民　售
出　號稻谷　百　拾　斤
兩正特給此証作統購任務
核對之用
糧庫（或合作社）章
經手人
一九五　年　月　日
字第　號

0400 黎宇森售粮单

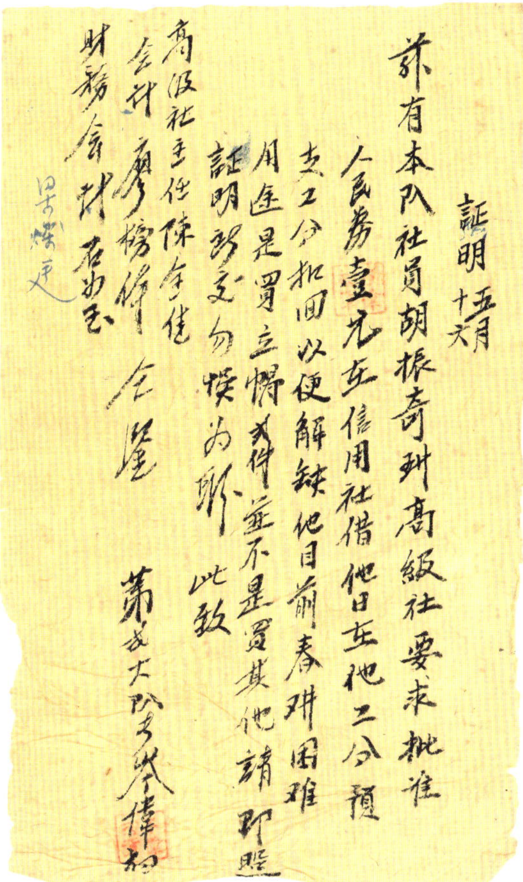

證明 五月十六

茲有本队社員胡振奇到高級社要求批准
人民券壹元在信用社借他日在他二分預
支之分把回以便解缺他目前春耕困难
用途是買立将式件並不是買其他請即照
証明訂定為要为耶 此致
高级社主任陳全佳
会计廖榜偉 仝鉴
財務会计

0401 胡振奇人民券借据

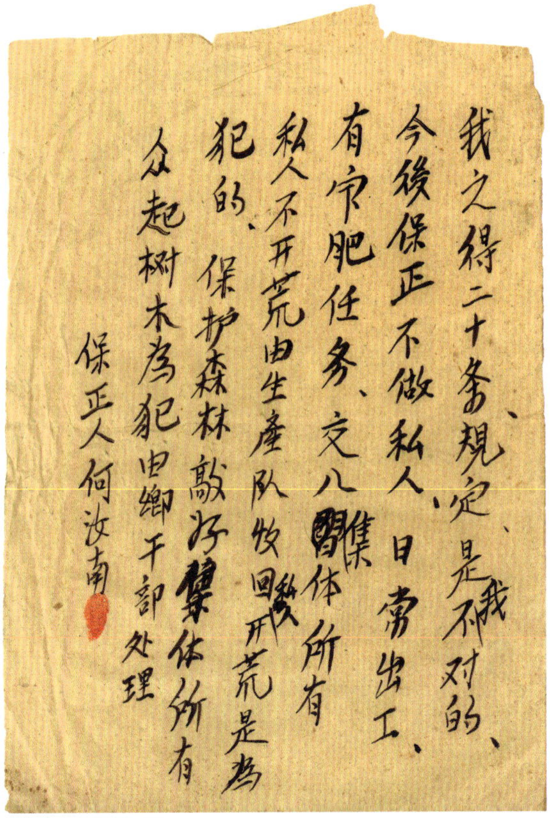

我之得二十条規定、是我不对的、
今後保正不做私人、日常出工、
有常肥任务、交八集体所有
私人不开荒由生产队收回开荒是为
犯的、保护森林敲坏集体所有
众起树木为犯由乡干部处理
保正人何汝南

0402 何汝南保证书

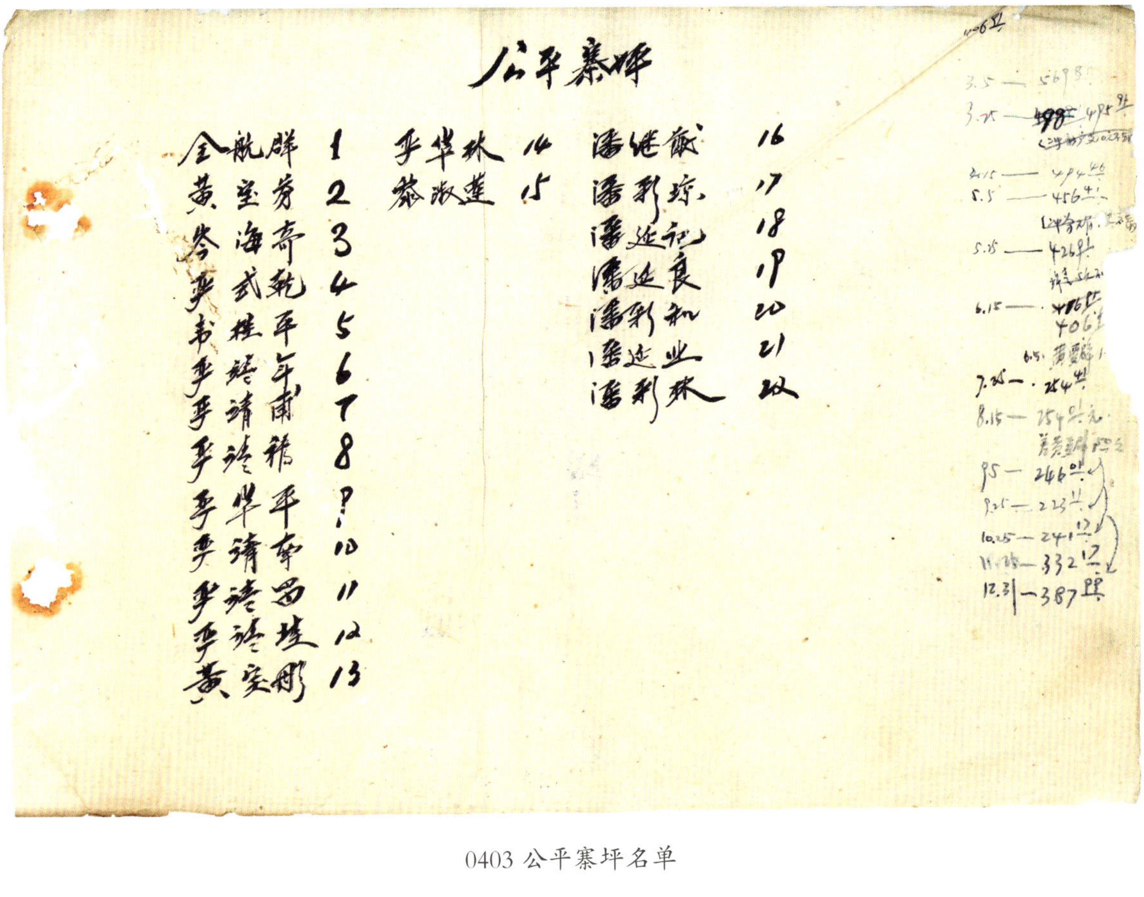

公平寨坪

1 全航群
2 黄坚芳
3 冬海奇
4 李武乾
5 韦桂平
6 李瑶年
7 李靖甫
8 李瑶稀
9 李华平
10 李靖奇
11 李瑶留
12 李瑶堆
13 黄实彬
14 李华林
15 蔡淑莲
16 潘继成
17 潘彩琼
18 潘延礼
19 潘延良
20 潘彩和
21 潘延业
22 潘彩林

406
3.5—569
3.25—498 495
4.15—494
5.5—456
5.25—426
6.15—416 406
7.25—254
8.15—254
9.5—246
9.25—223
10.25—241
11.25—332
12.31—387

0403 公平寨坪名单

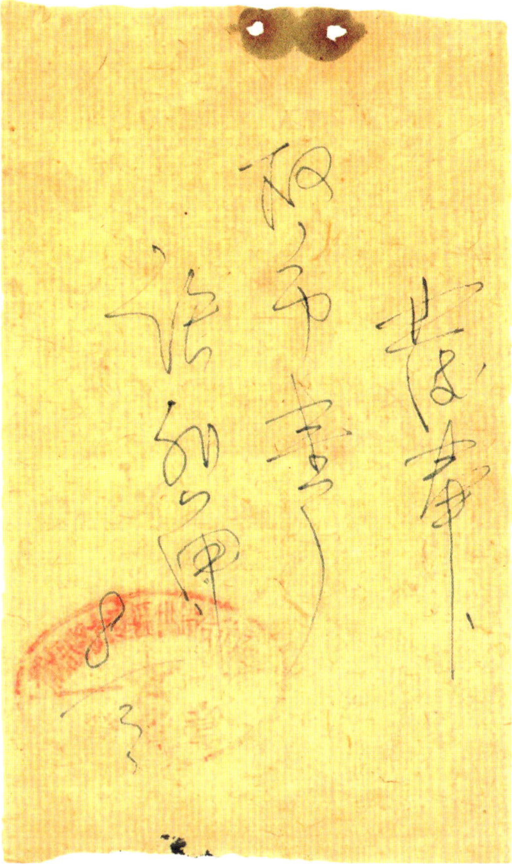

0404 发奉取币一张五角二分凭条（苍梧县六堡区供销合作社印章）

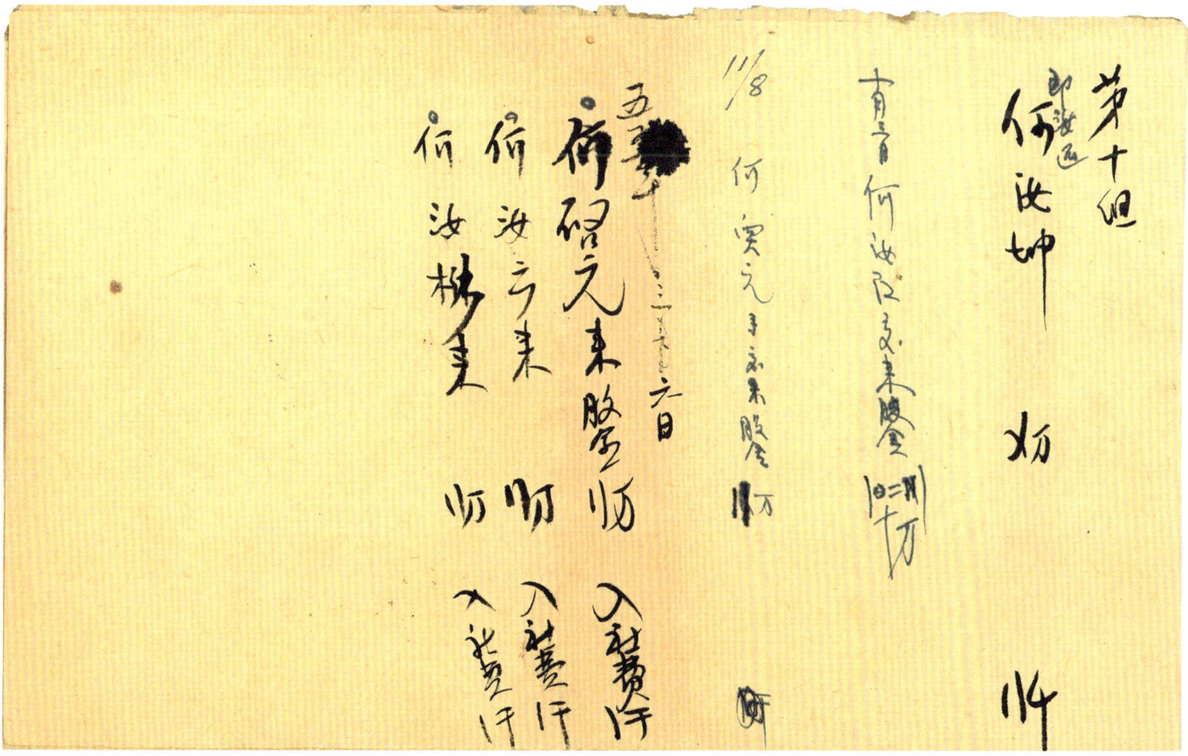

0405—1 第十组账本封面

0405-2 第十组账本内页（1）

0405-3 第十组账本内页（2）

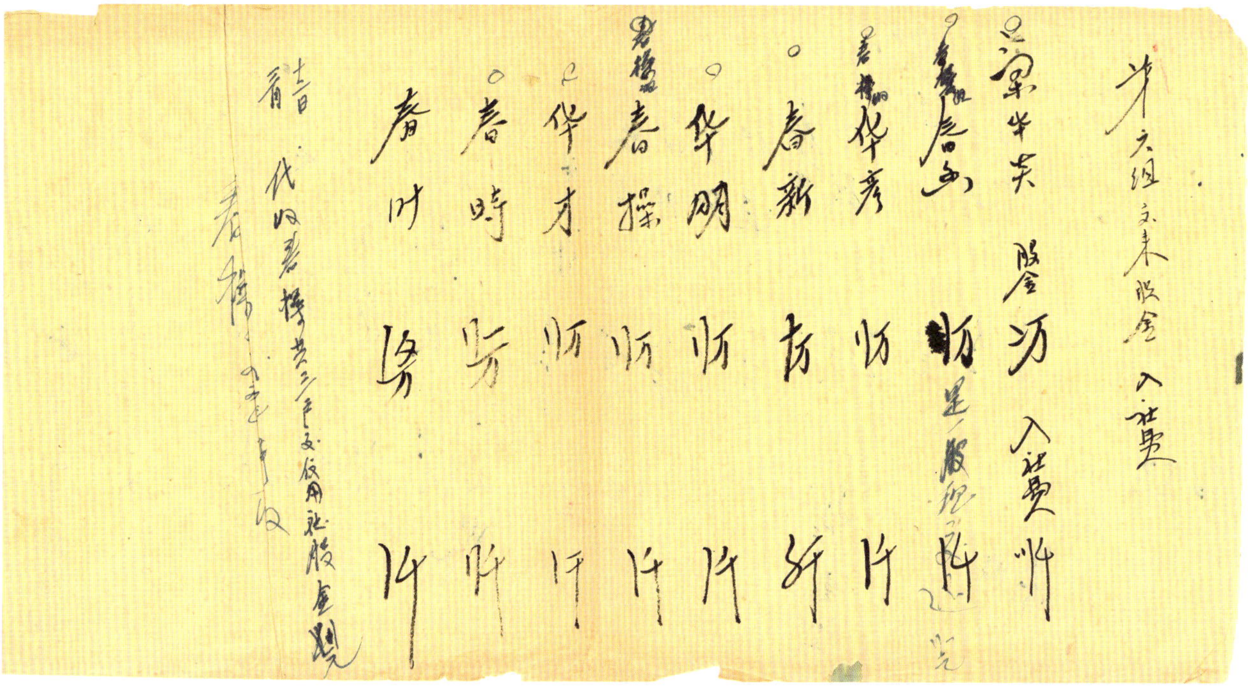
第六组交来股金、入社费
梁牛实 股金 [illegible]斤 入社费 [illegible]斤
春金 [illegible]斤 [illegible]斤
华彦 [illegible]斤 [illegible]斤
春新 [illegible]斤 [illegible]斤
华明 [illegible]斤 [illegible]斤
春操 [illegible]斤 [illegible]斤
华才 [illegible]斤 [illegible]斤
春時 [illegible]斤 [illegible]斤
春叶 [illegible]斤 [illegible]斤
十一月十日 代收春操共三斤交信用社股金[illegible]
春[illegible] [illegible]收

0406-1 第六组交来股金记录（1）

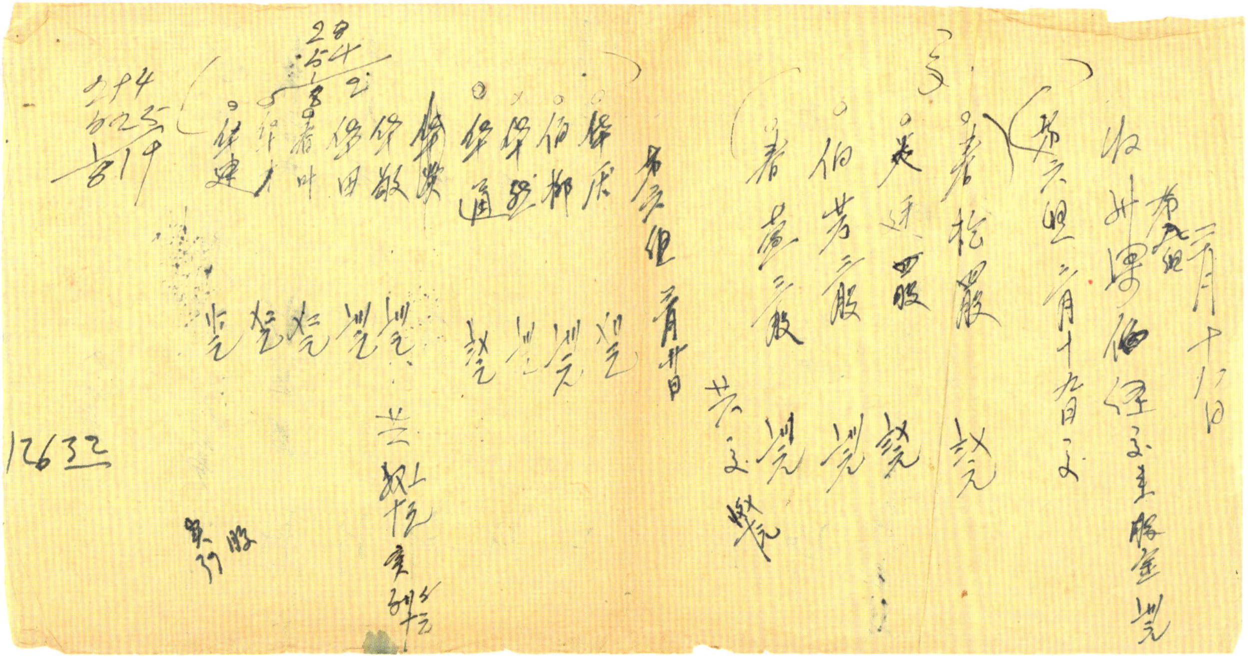
收到第八组[illegible]交来股金[illegible] 二月十八日
第六组二月十九日交
春松[illegible]股 [illegible]元
英远[illegible]股 [illegible]元
伯芳二股 [illegible]元
春兰二股 [illegible]元
共交[illegible]元
第六组 二月廿日
华庆 [illegible]元
伯柳 [illegible]元
华通 [illegible]元
华敬 [illegible]元
华田 [illegible]元
春叶
华建 [illegible]元
共[illegible]元
12632

0406-2 第八组交来股金记录（2）

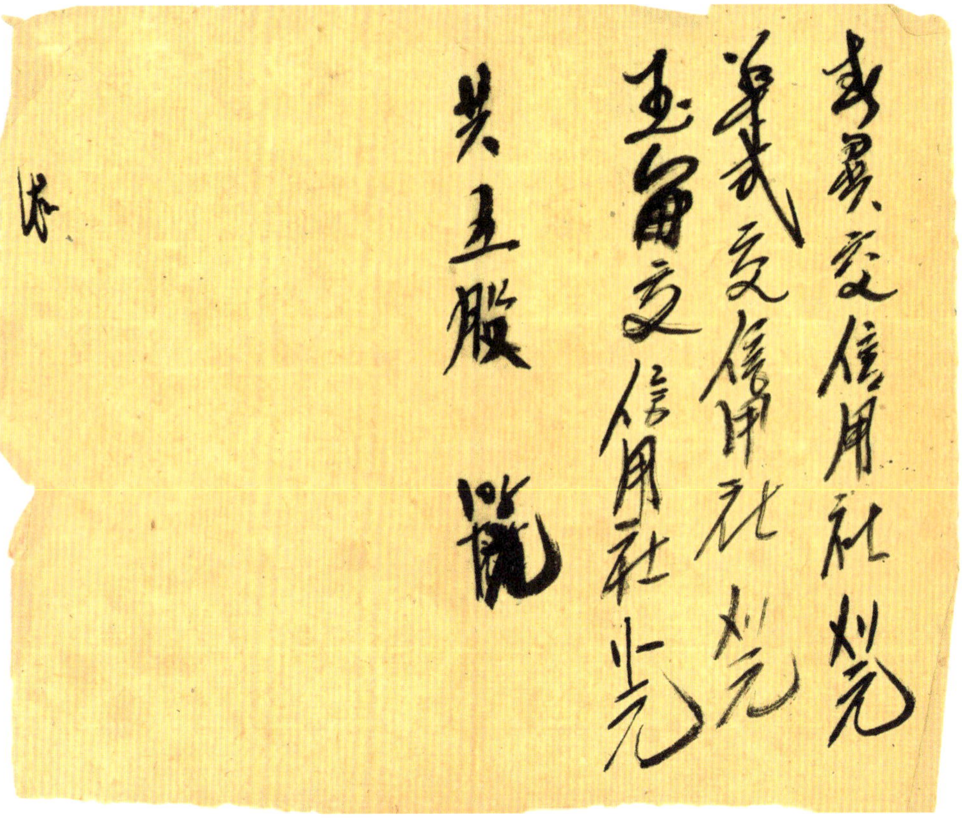

0407 村民缴纳信用社股银统计

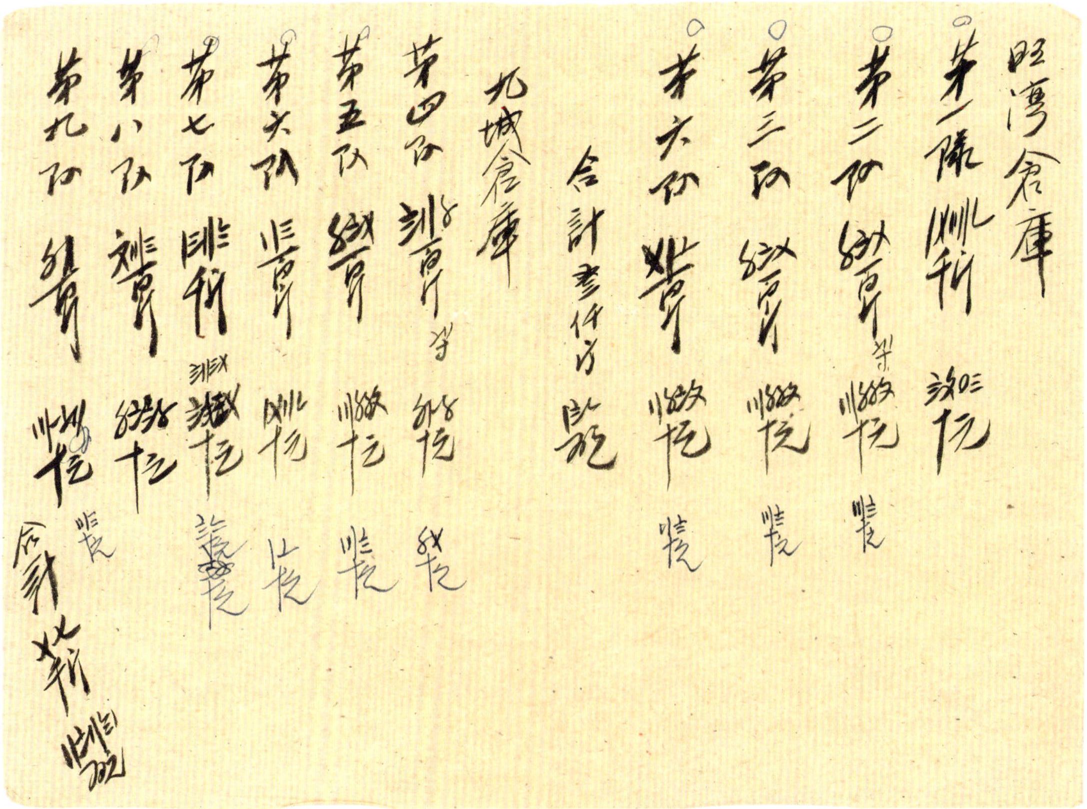

0408 九城仓库、旺湾仓库大队工资条

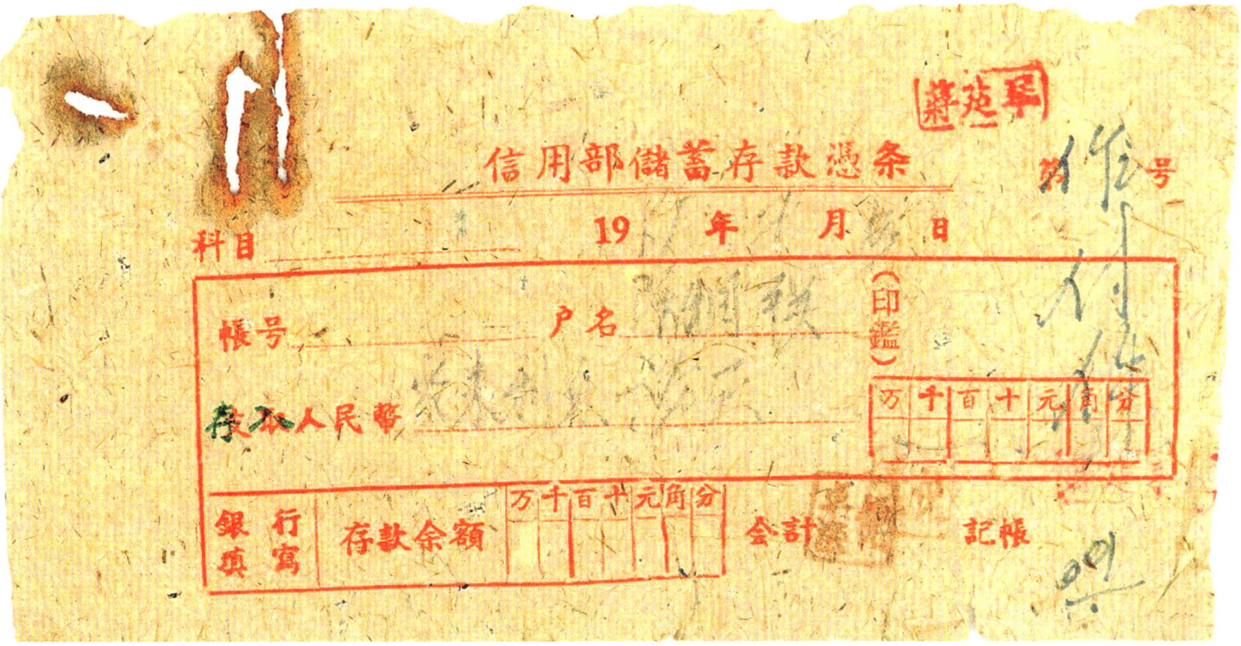
信用部儲蓄存款憑条

第 号

科目 19 年 月 日

帳号 户名 (印鑑)

存 人民幣

万	千	百	十	元	角	分

銀行填寫 存款余額

万	千	百	十	元	角	分

会計 記帳

0409 陈润联信用部储蓄存款凭条

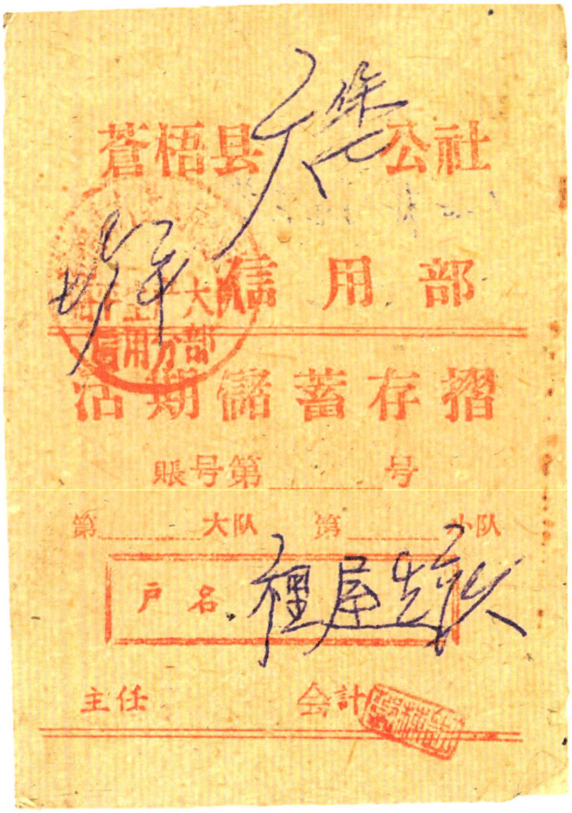

0410-1 苍梧县六堡区塘平信用部里屋生产队活期储蓄存折封面

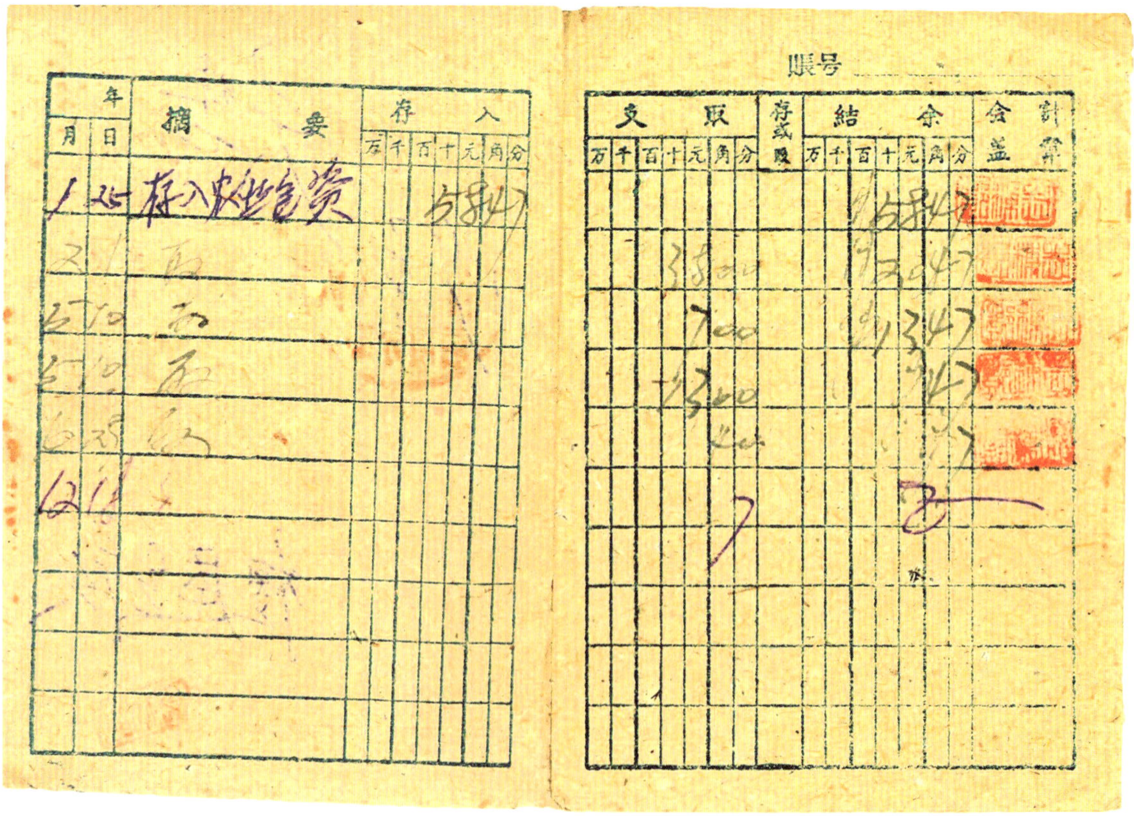

0410-2 苍梧县六堡区塘平信用部里屋生产队活期储蓄存折内页

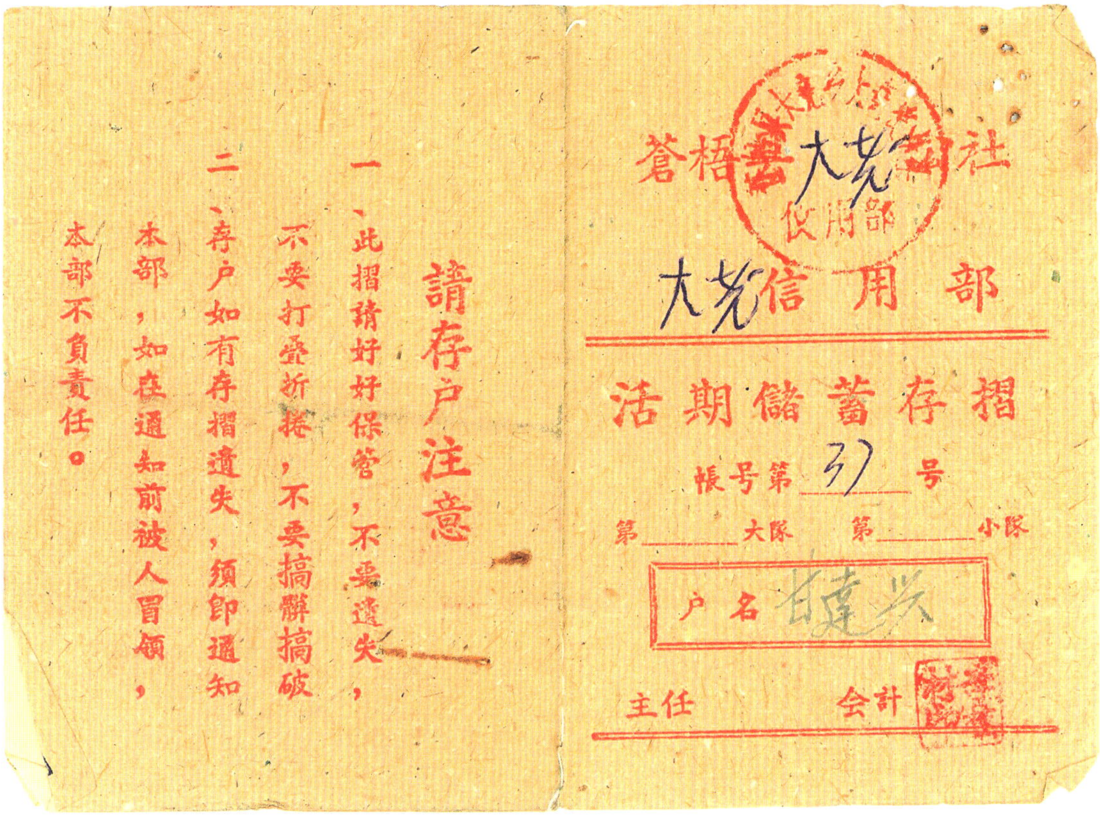

0411-1 苍梧县大尧甘达兴信用部活期储蓄存折封面及背面

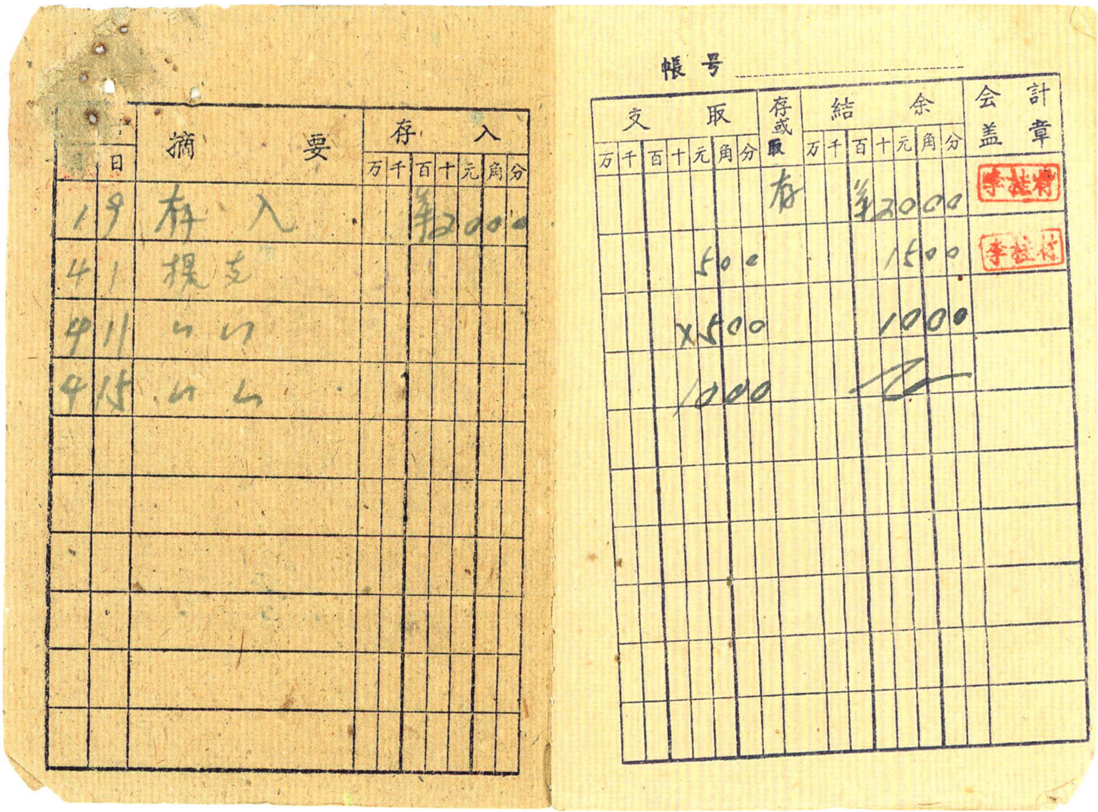

0411-2 苍梧县大尧甘达兴信用部活期储蓄存折存取登记页

0001 一九五一年五月六日仁益庄发货票

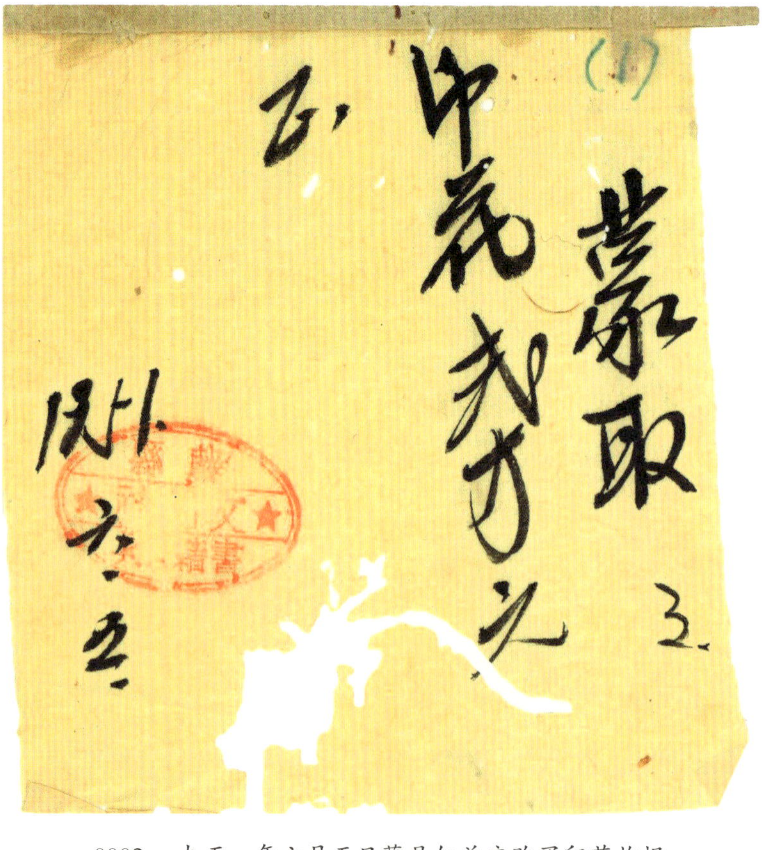

0002 一九五一年六月五日藤县仁益庄购买印花收据

抗美援朝 保家衛國
座商登記證 字 號
發奉
合計人民幣（大寫）
印花貼足

0003 一九五一年七月三日藤县仁益庄座商发货票正单

WAH LUEN & COMPANY
STATEMENT

0004 一九五一年七月四日香港华联行代售桂油清单

0005 一九五一年七月八日仁益庄购货发票

0006-1 一九五一年七月十五日梧州仁益支庄对数单（1）

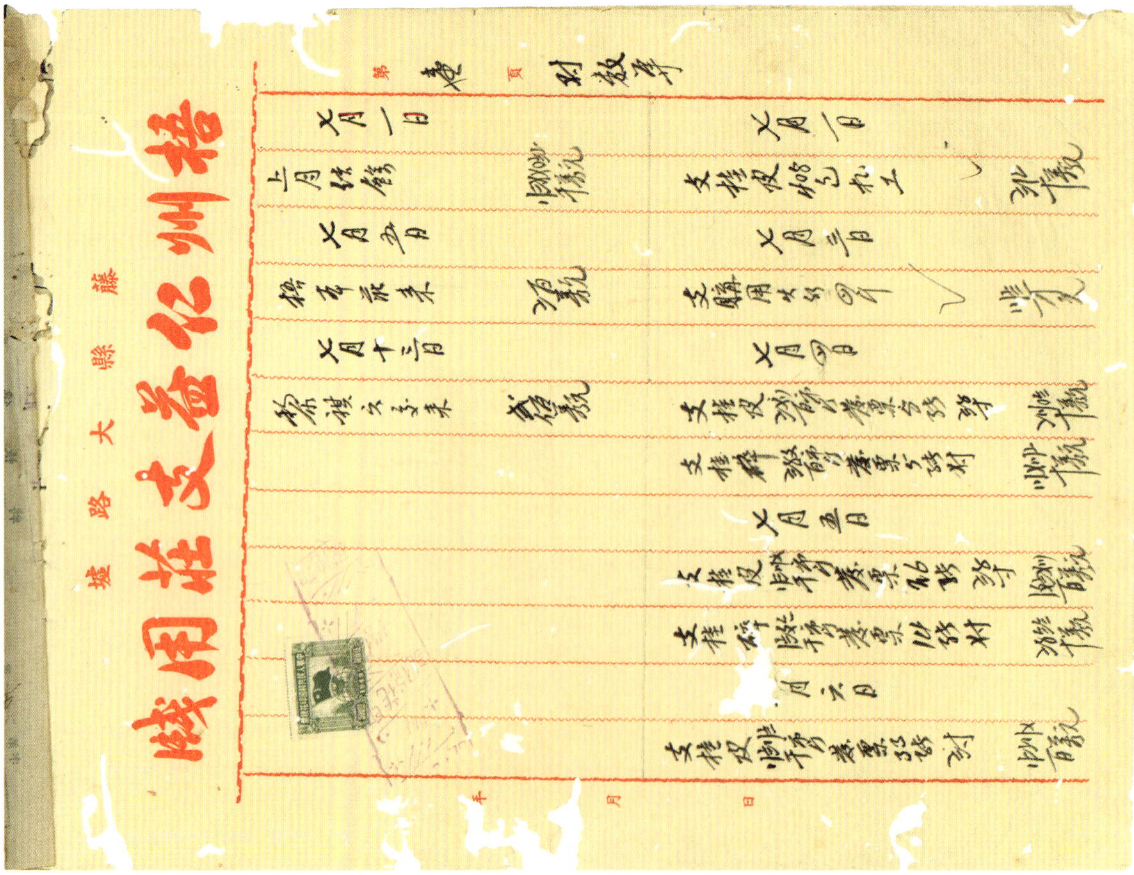

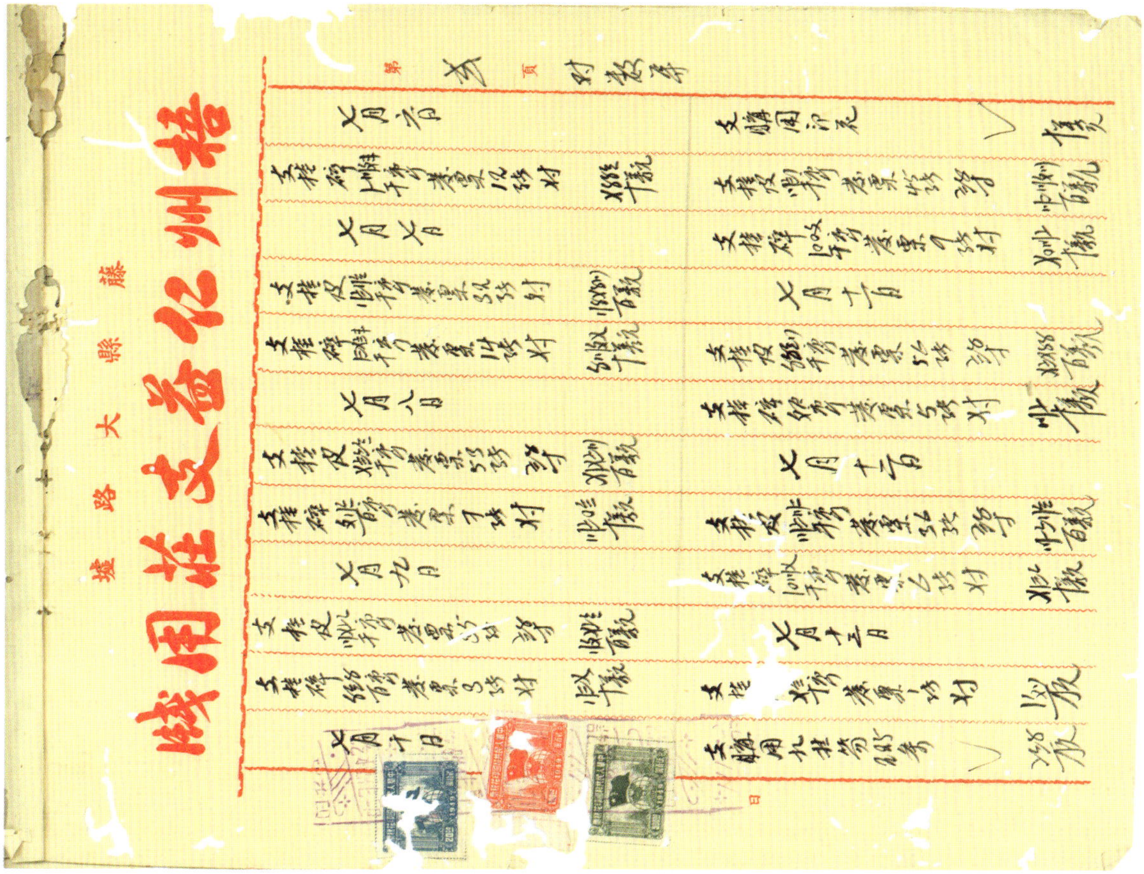

0006-2 一九五一年七月十五日梧州仁益支庄对数单（2）

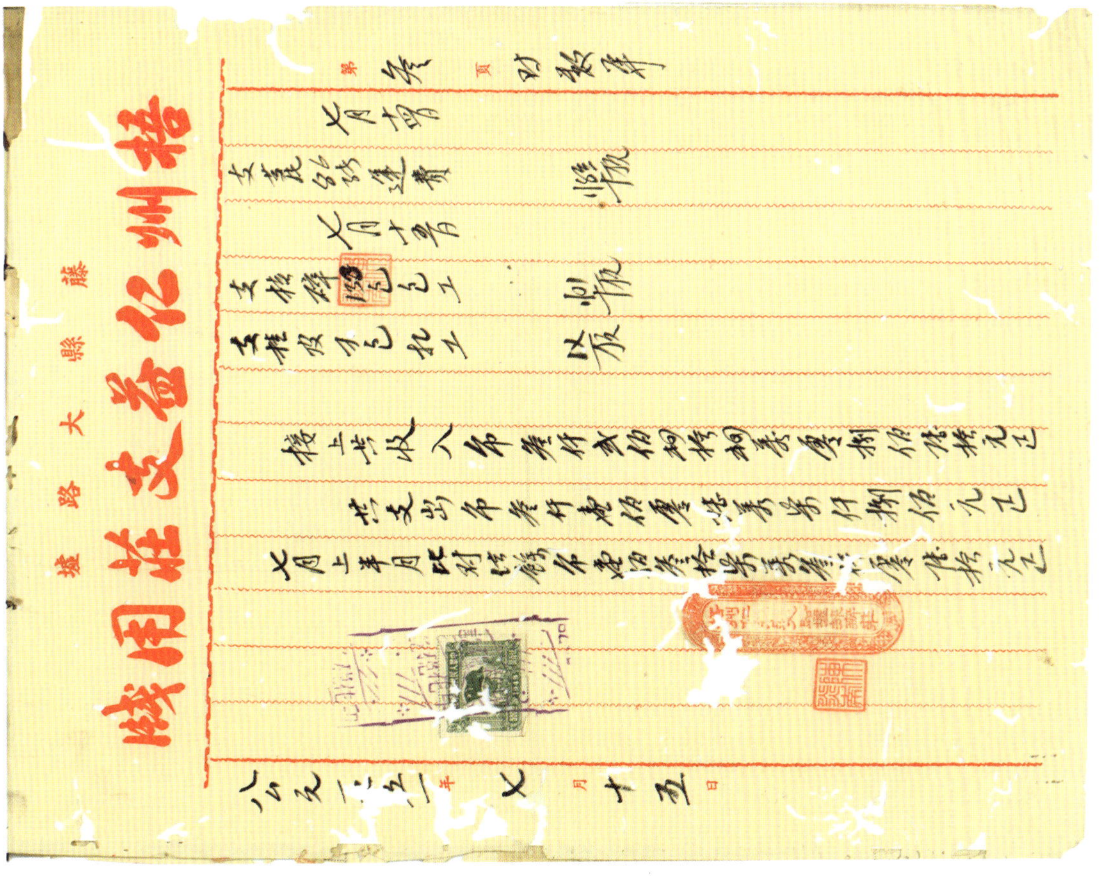

0006-3 一九五一年七月十五日梧州仁益支庄对数单（3）

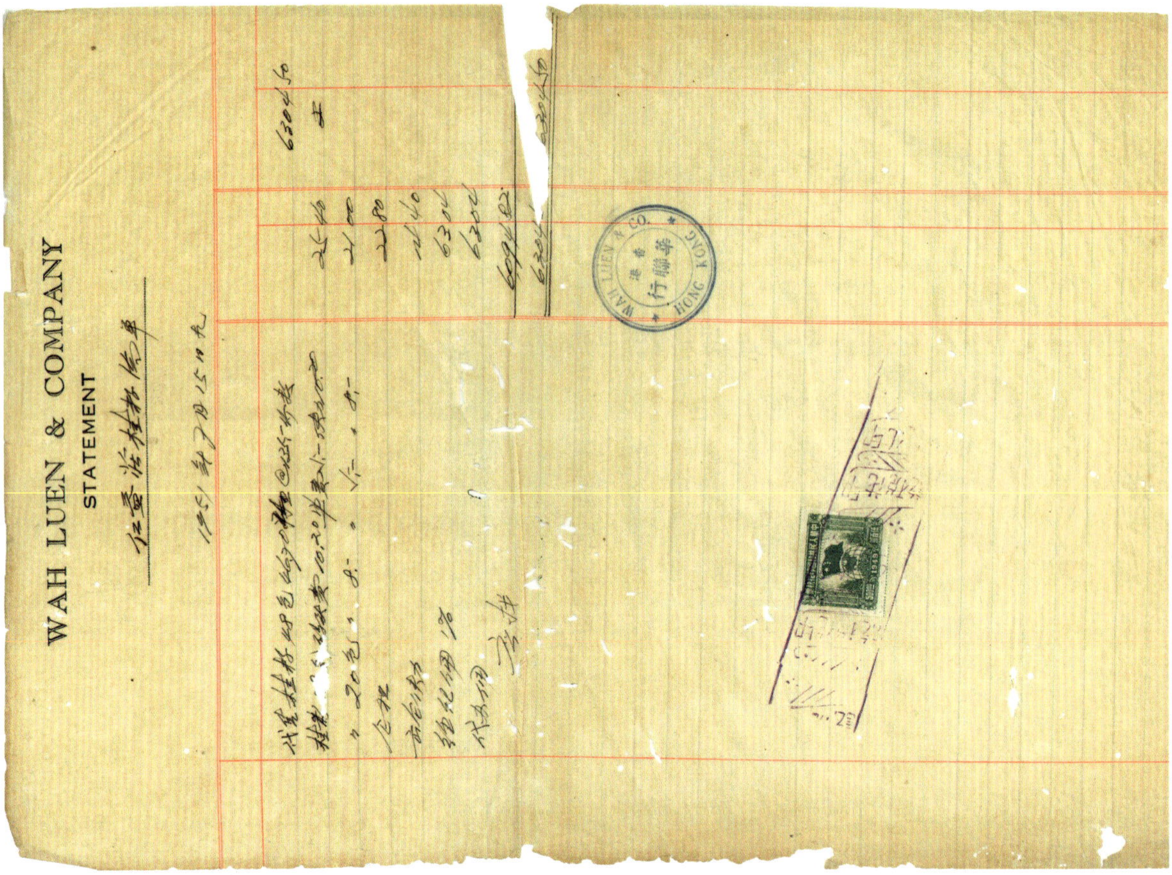
WAH LUEN & COMPANY
STATEMENT

WAH LUEN & CO.
香港 華聯行
HONG KONG

0007 一九五一年七月十五日香港华联行收仁益庄桂籽清单

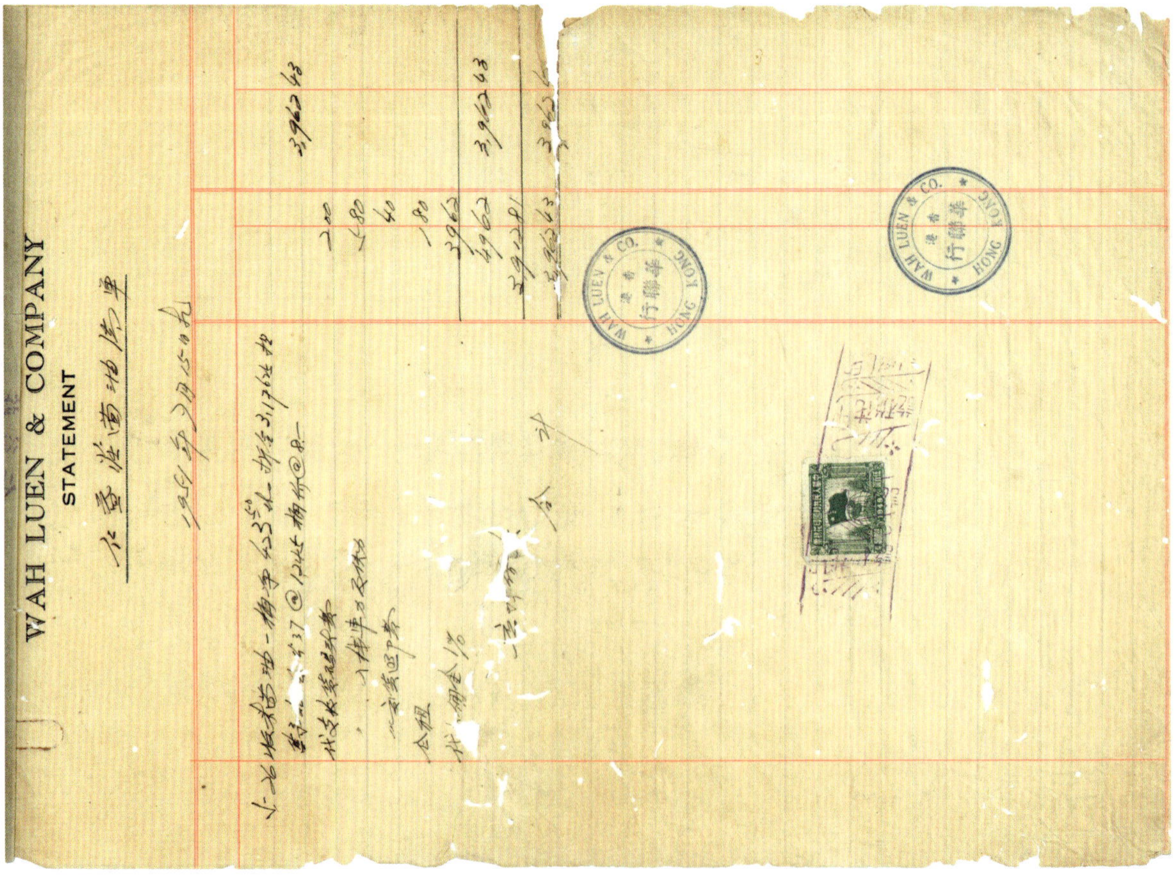
WAH LUEN & COMPANY
STATEMENT

WAH LUEN & CO.
香港 華聯行
HONG KONG

0008 一九五一年七月十五日香港华联行收仁益庄茴油清单

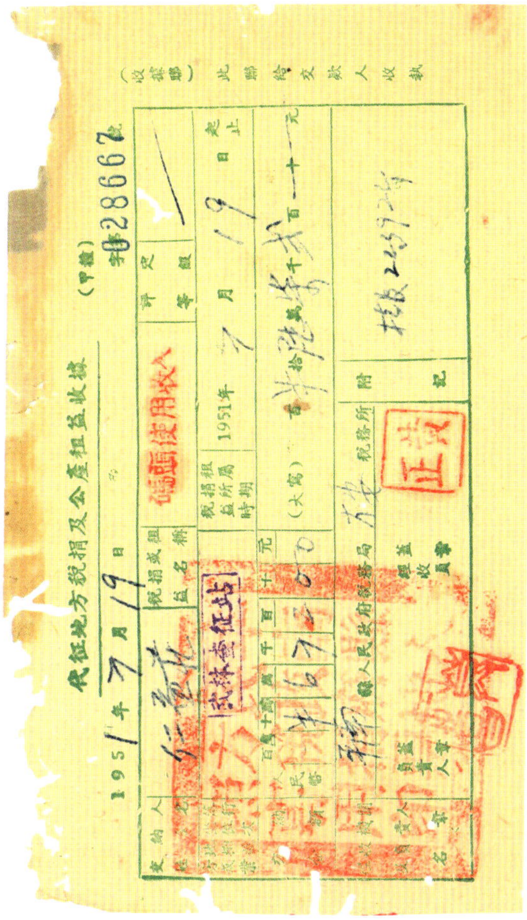

0009 一九五一年七月十九日仁益庄交码头使用费收据

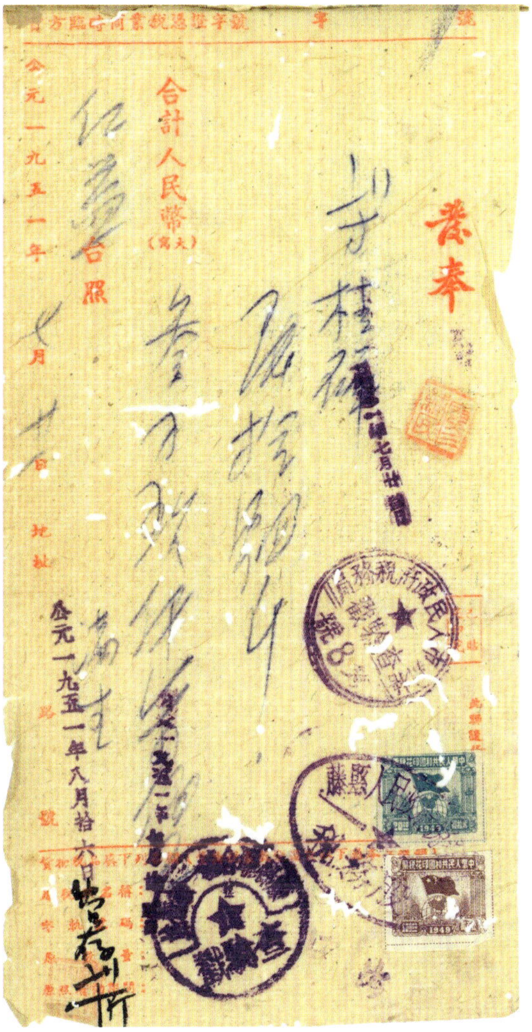

0010 一九五一年七月二十一日仁益庄购货发票

0011 一九五一年七月二十一日仁益庄购货发票

奉

合計人民幣（大寫）

公元一九五一年 七 月 廿一 日

地址

0012 一九五一年七月二十一日仁益庄购货发票

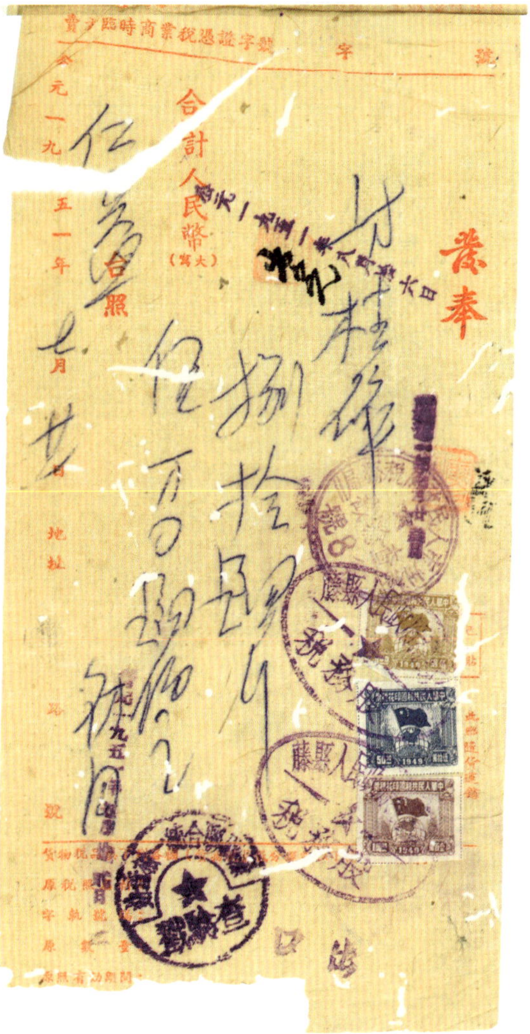

奉

合計人民幣（大寫）

公元一九五一年 七 月 廿一 日

地址

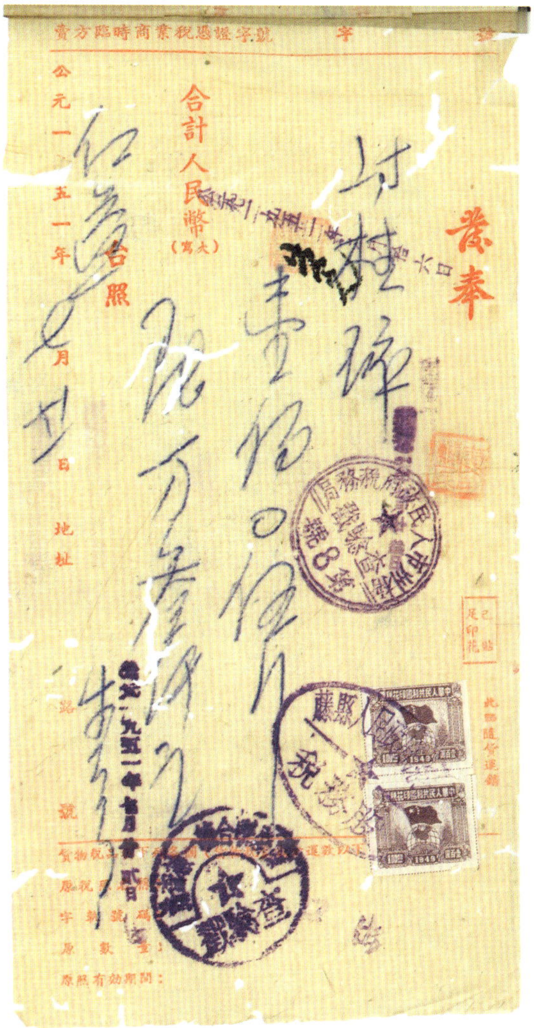

0013 一九五一年七月二十一日仁益庄购货发票

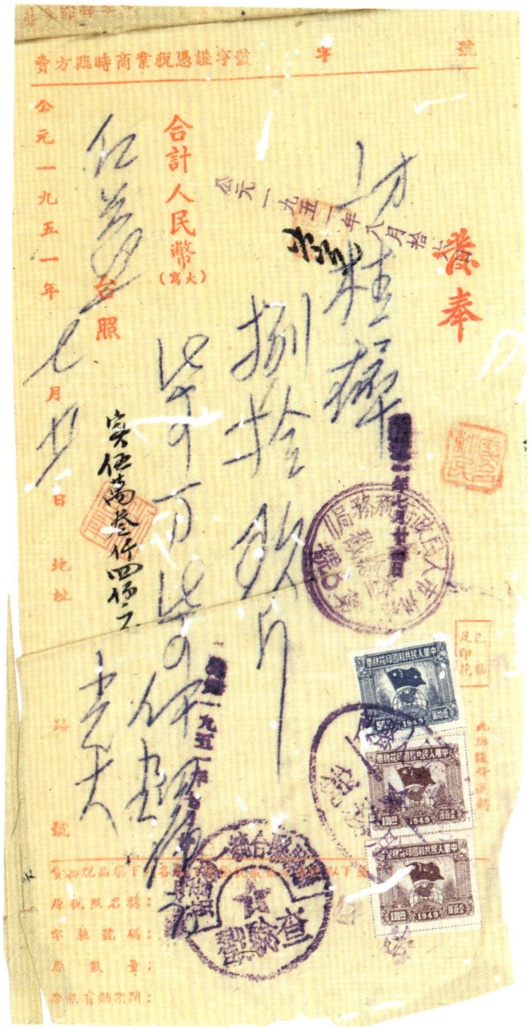

0014 一九五一年七月二十一日仁益庄购货发票

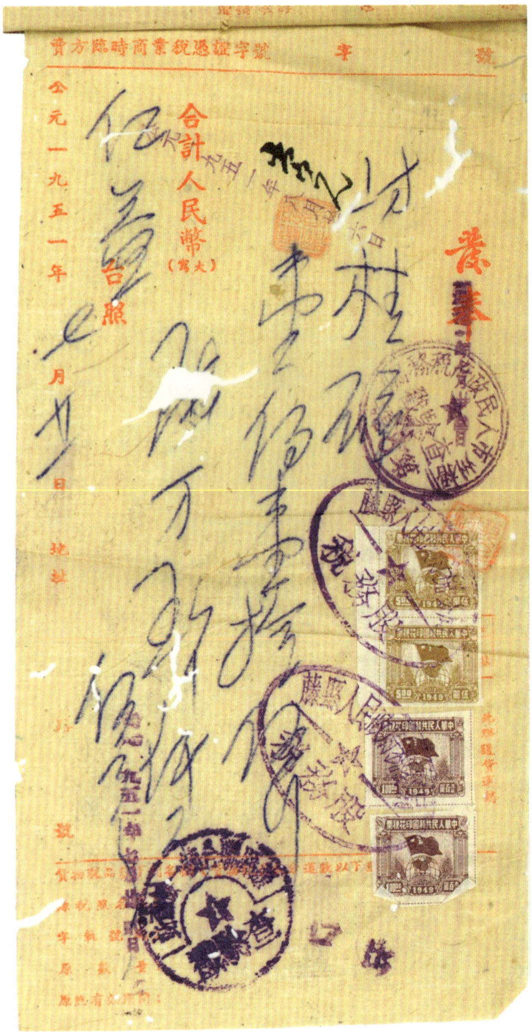

0015 一九五一年七月二十一日仁益庄购货发票

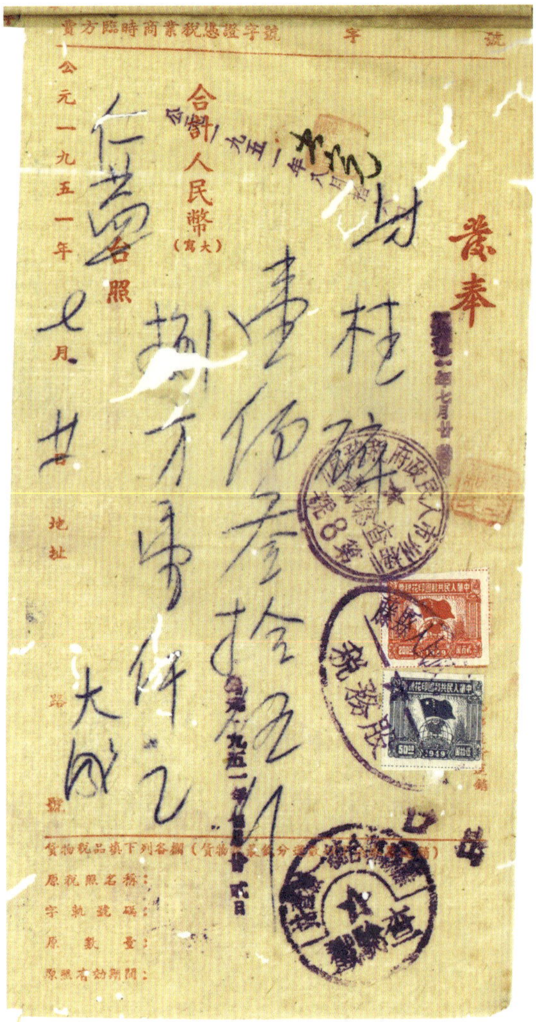

0016 一九五一年七月二十一日仁益庄购货发票

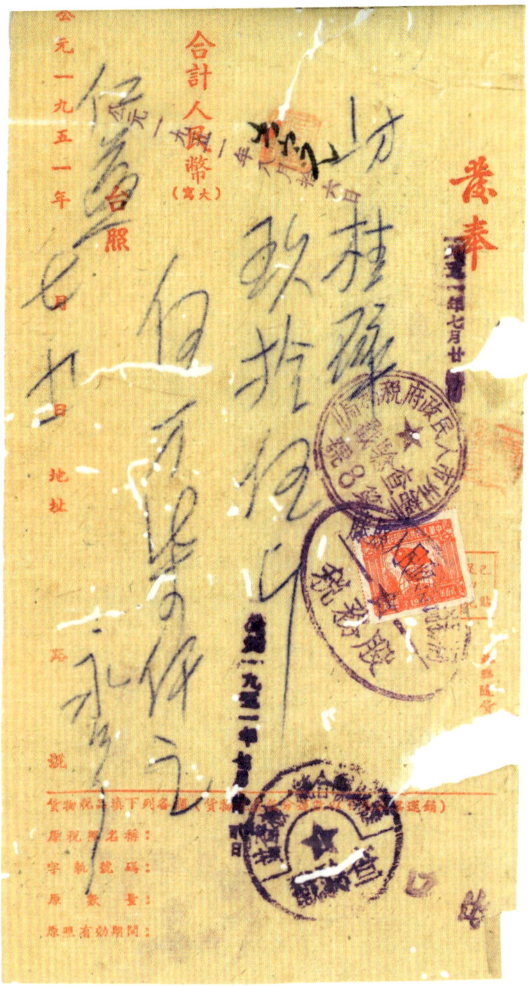

0017 一九五一年七月二十一日仁益庄购货发票

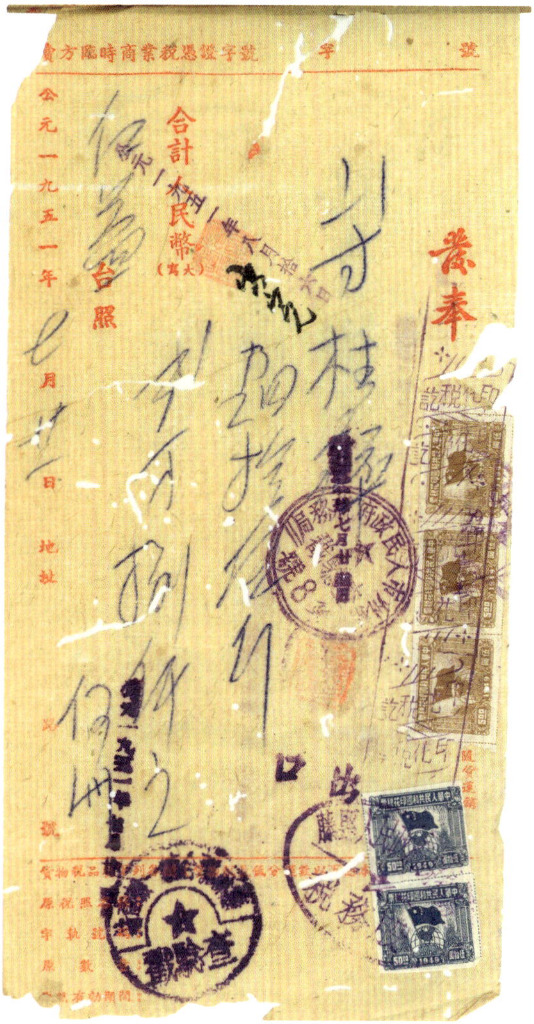

0018 一九五一年七月二十一日仁益庄购货发票

0019 一九五一年七月二十一日仁益庄购货发票

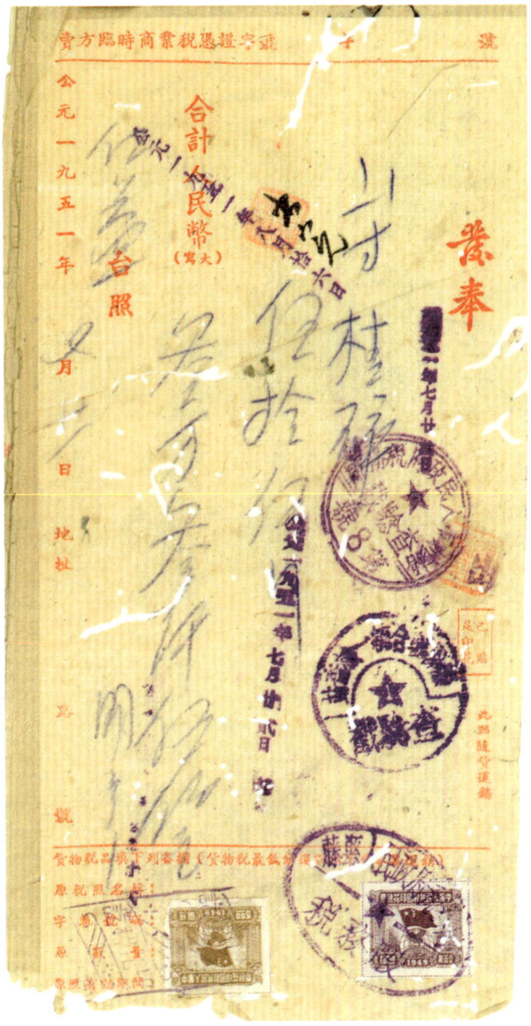

0020 一九五一年七月二十一日仁益庄购货发票

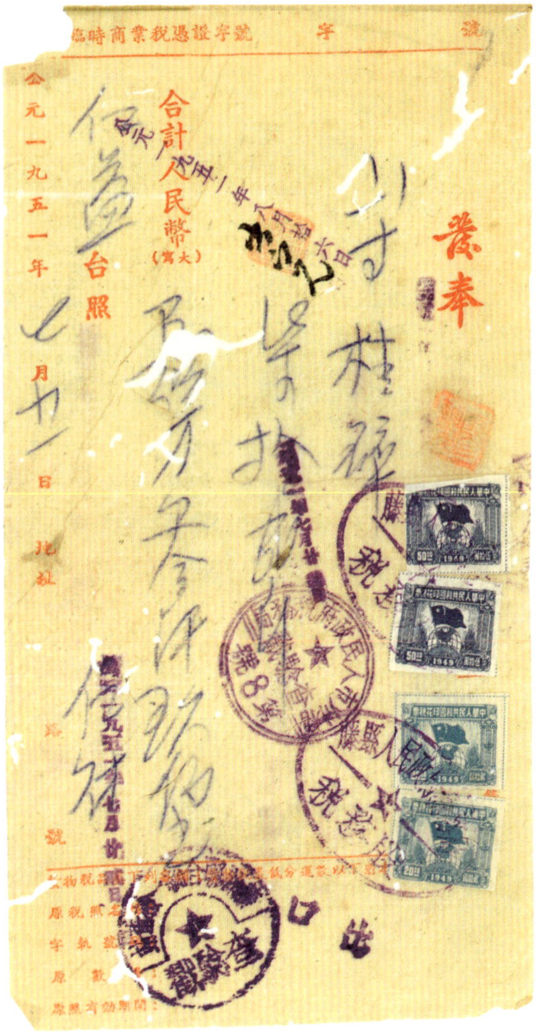

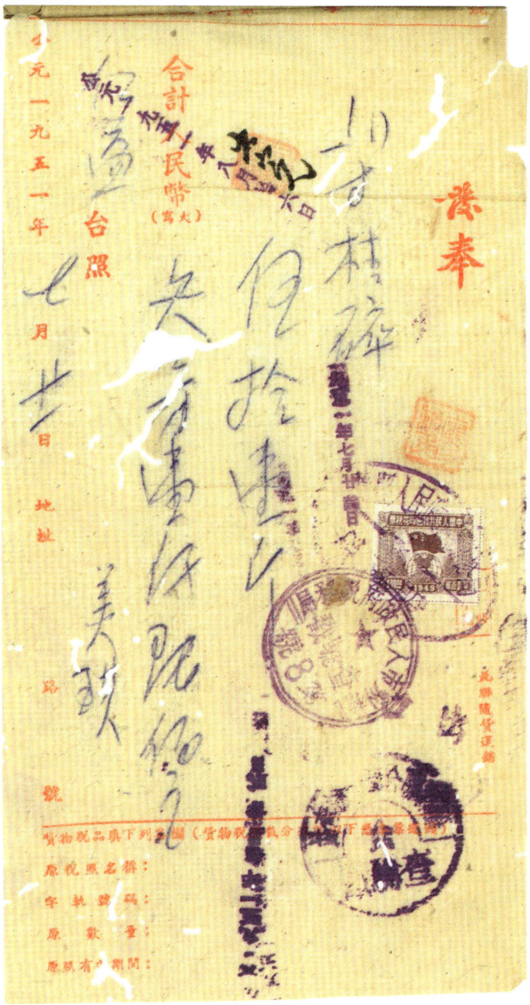

0021 一九五一年七月二十一日仁益庄购货发票

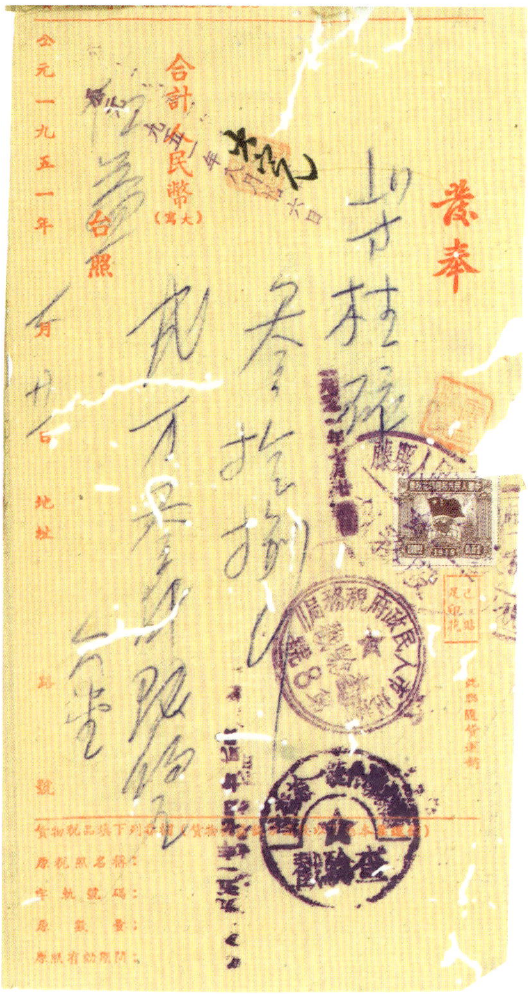

0022 一九五一年七月二十一日仁益庄购货发票

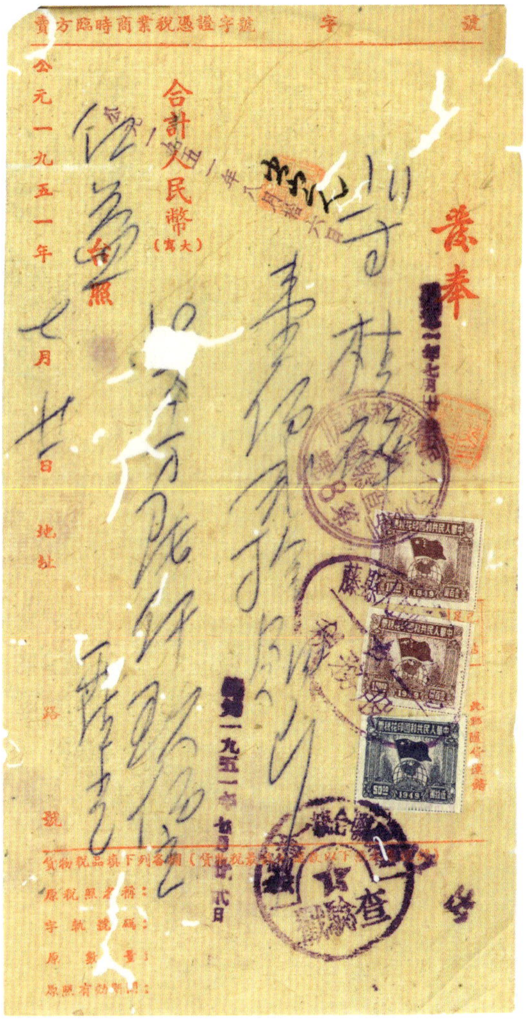
合計人民幣（大寫）
台照
公元一九五一年 七月 廿一日
地址 路 號

0023 一九五一年七月二十一日仁益庄购货发票

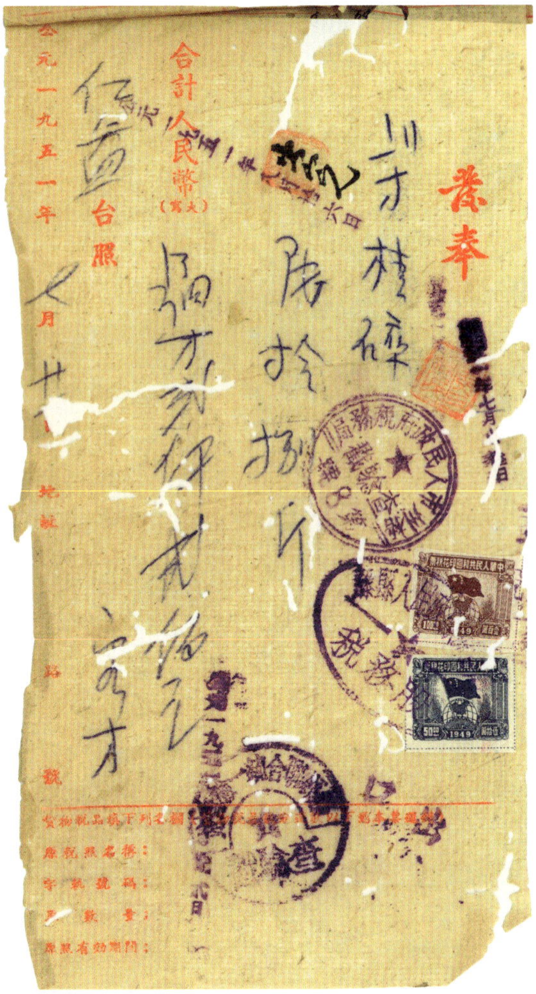
合計人民幣（大寫）
台照
公元一九五一年 七月 廿一日
地址 路 號

0024 一九五一年七月二十一日仁益庄购货发票

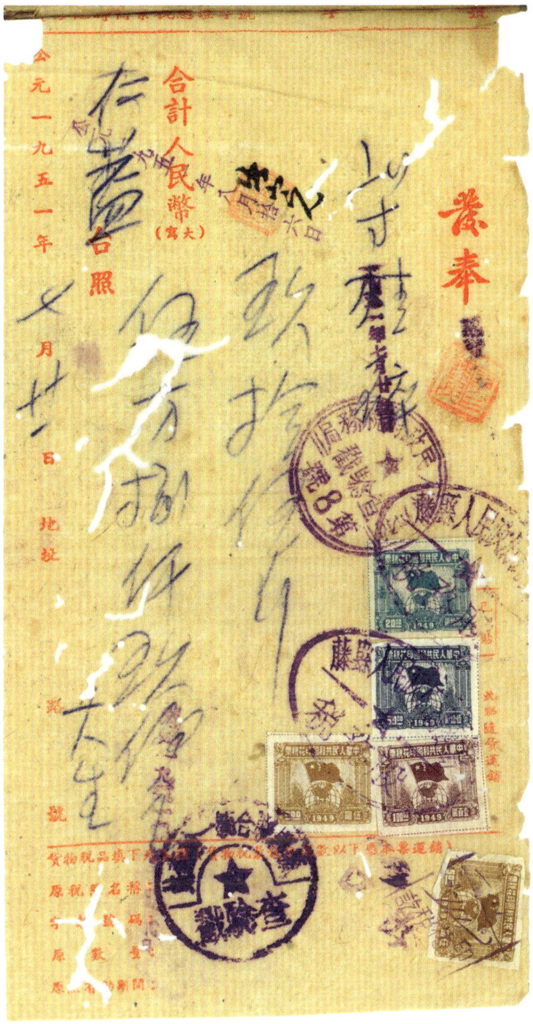

0025 一九五一年七月二十一日仁益庄购货发票

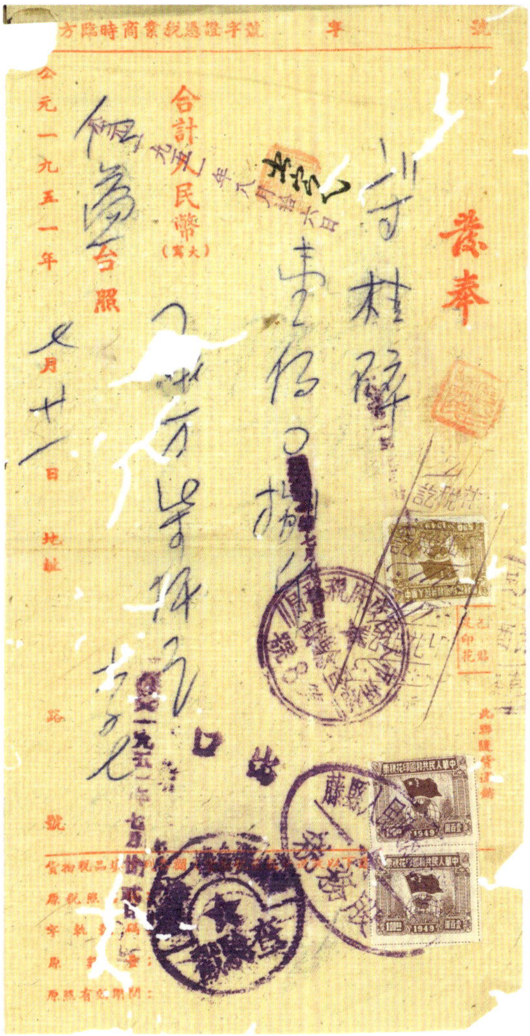

0026 一九五一年七月二十一日仁益庄购货发票

0027 一九五一年七月二十一日仁益庄购货发票

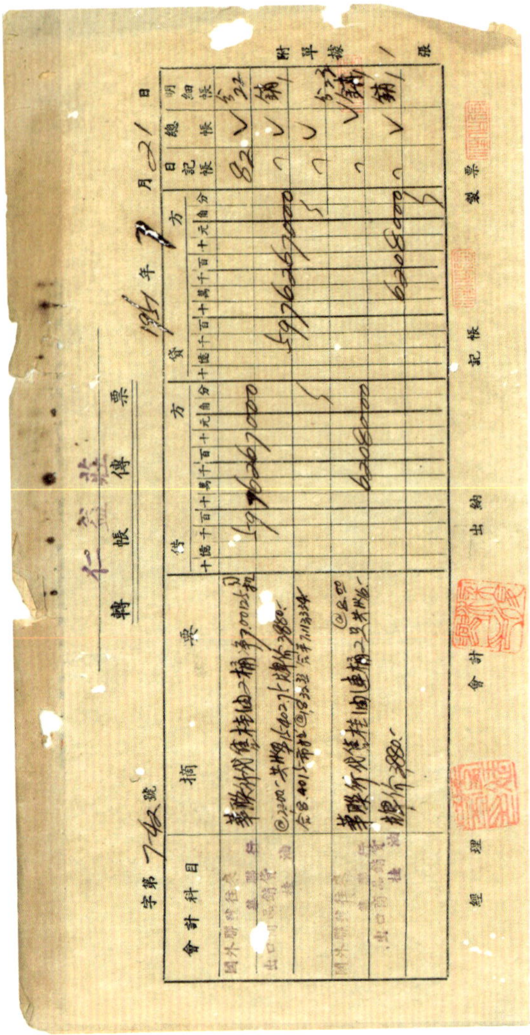

0028 一九五一年七月二十一日仁益庄转账传票

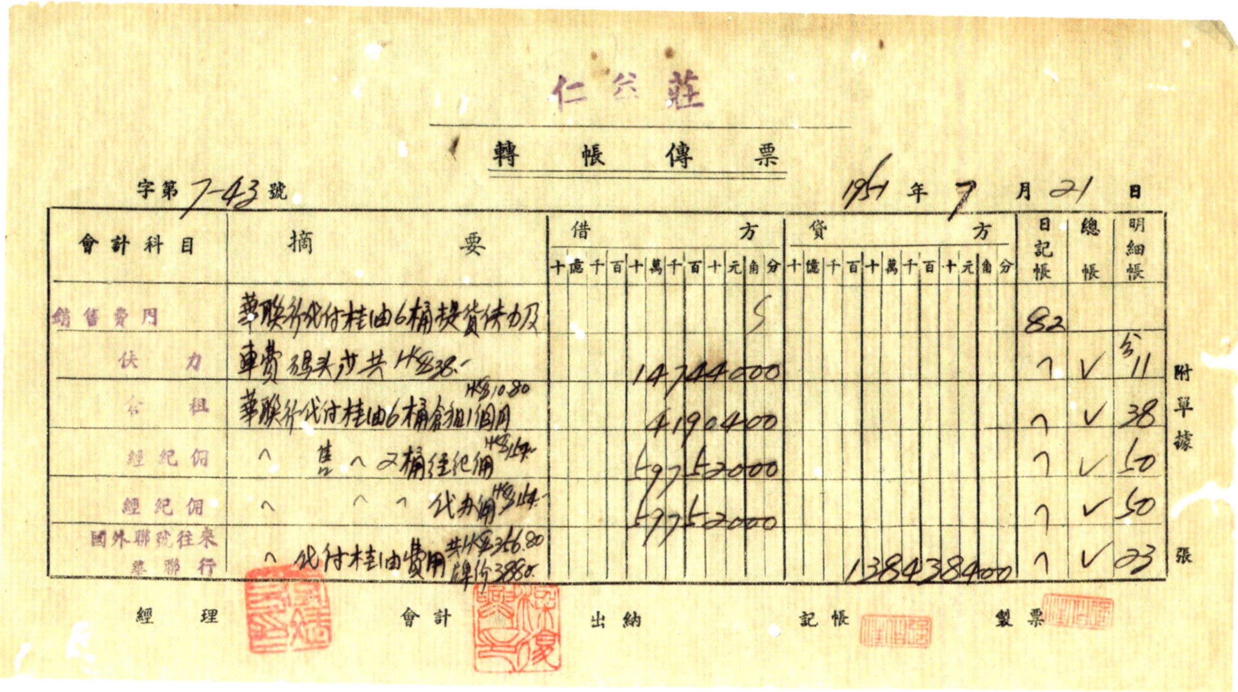

仁益莊

轉帳傳票

字第7-43號　1951年7月21日

會計科目	摘要	借方	貸方	日記帳	總帳	明細帳
銷售費用	華聯行代付桂油6桶提貨伕力及			82		
伕力	車費碼头力共HK$38.–	14744000		˥	√	11
倉租	華聯行代付桂油6桶倉租1個月 HK$10.80	4190400		˥	√	38
經紀佣	〃 售 〃 又桶經紀佣 HK$128.–	49742000		˥	√	50
經紀佣	〃 〃 〃 代办佣 HK$128.–	49742000		˥	√	50
國外聯號往來 華聯行	〃 代付桂油費用 共HK$356.80 牌价3880		138438400	˥	√	23

附單據　張

經理　會計　出納　記帳　製票

0029 一九五一年七月二十一日仁益庄转账传票

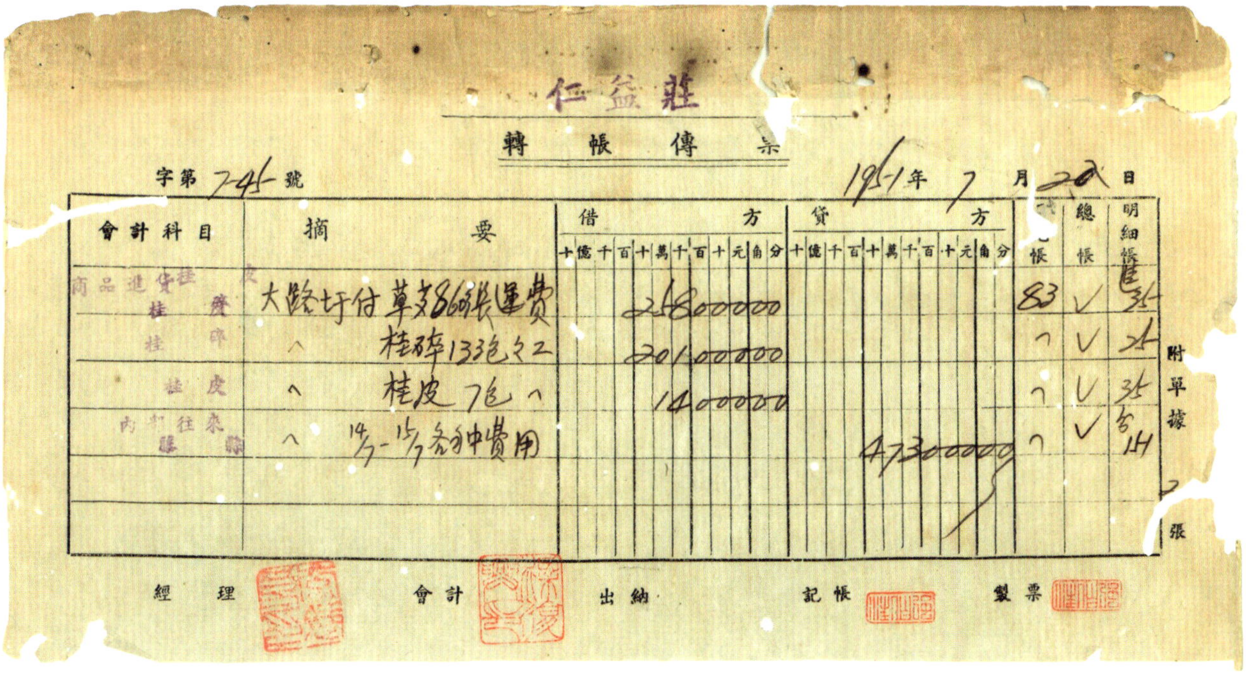

仁益莊

轉帳傳票

字第7-45號　1951年7月22日

會計科目	摘要	借方	貸方	日記帳	總帳	明細帳
商品進貨 桂皮 桂碎	大路圩付草支866張運費	24800000		83	√	35
桂碎	〃 桂碎133包〃	20100000		˥	√	35
桂皮	〃 桂皮7包 〃	1400000		˥	√	35
內部往來 藤縣	〃 14/7–15/7各項費用		47300000	˥	√	14

附單據2張

經理　會計　出納　記帳　製票

0030 一九五一年七月二十二日仁益庄转账传票

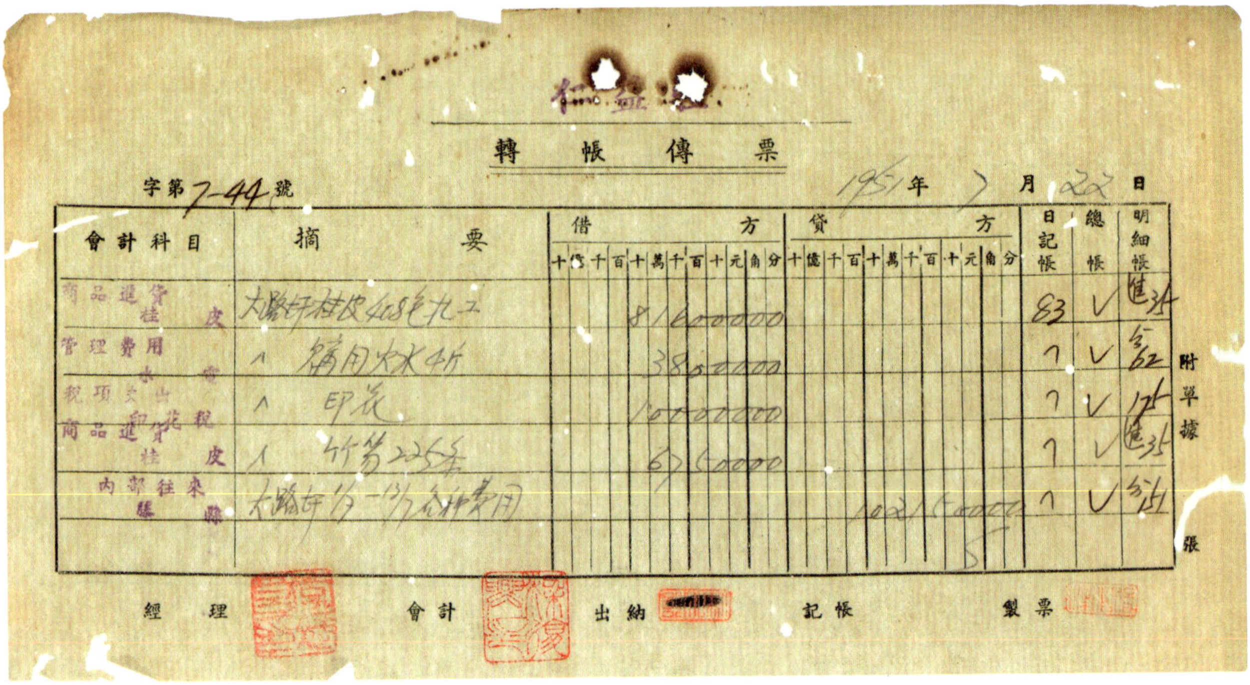

仁益莊

轉帳傳票

字第7-44號　1951年7月22日

會計科目	摘要	借方	貸方	日記帳	總帳	明細帳
商品進貨 桂皮	大路圩桂皮408包九二	81600000		83	✓	進35
管理費用 水電	〃 備用火水4斤	3800000		〃	✓	分62
稅項支出 印花稅	〃 印花	10000000		〃	✓	17
商品進貨 桂皮	〃 竹笏225条	6760000		〃	✓	進35
內部往來 藤縣	大路圩7/7—13/7各种費用		102160000	〃	✓	分51

附單據　張

經理　會計　出納　記帳　製票

0031 一九五一年七月二十二日仁益庄转账传票

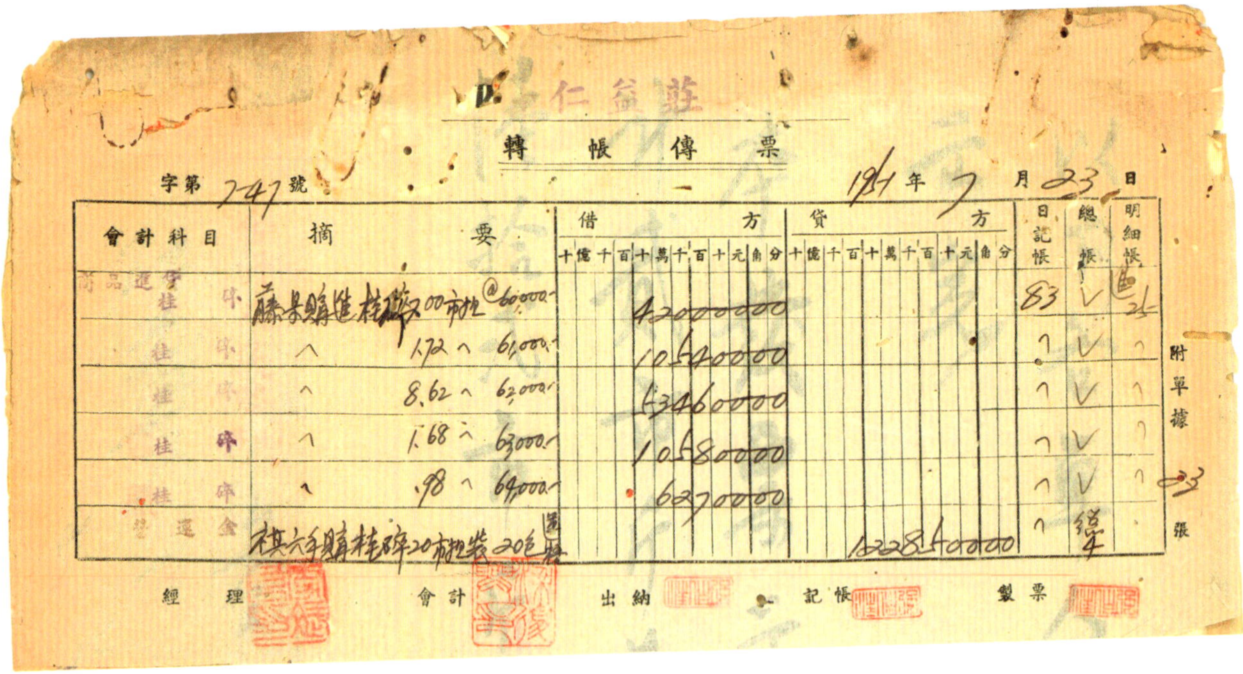

仁益莊

轉帳傳票

字第747號　19?1年7月23日

會計科目	摘要	借方	貸方	日記帳	總帳	明細帳
商品進貨 桂中	藤县贎進桂碎700市担 @60000	42000000		83	✓	進25
桂中	〃 172 〃 61000	10540000		〃	✓	〃
桂中	〃 862 〃 62000	53460000		〃	✓	〃
桂碎	〃 168 〃 63000	10580000		〃	✓	〃
桂碎	〃 98 〃 64000	6270000		〃	✓	〃
營運金	桂六手贎桂碎20市担裝20包		122840000	〃	繳	

附單據　張

經理　會計　出納　記帳　製票

0032 一九五一年七月二十三日仁益庄转账传票

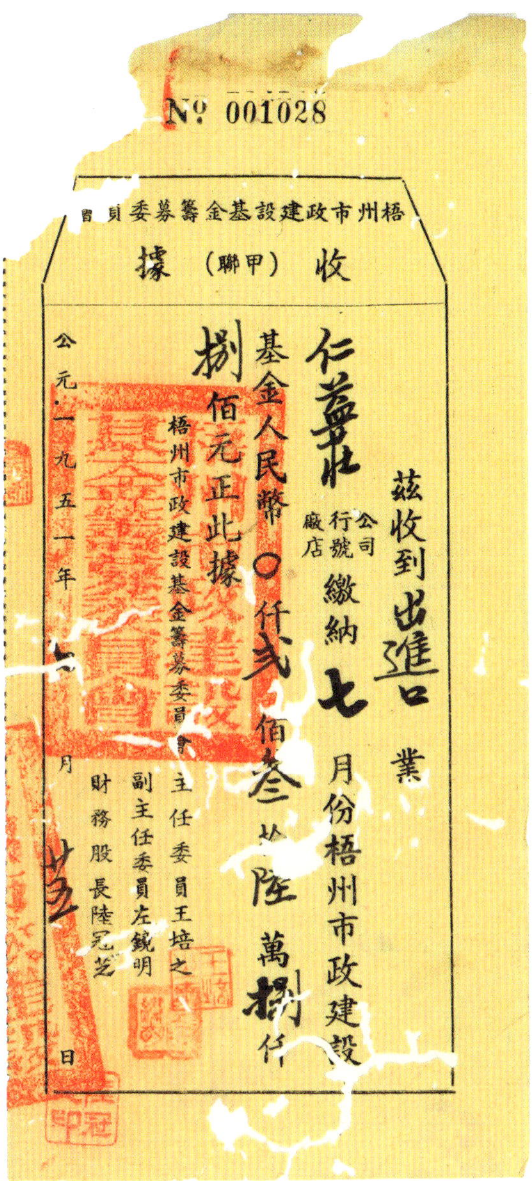
No 001028
梧州市政建設基金籌募委員會
收（甲聯）據
茲收到出進口業仁益莊公司行號廠店繳納七月份梧州市政建設基金人民幣〇仟贰佰叁拾陸萬捌仟捌佰元正此據
梧州市政建設基金籌募委員會
主任委員王培之
副主任委員左鉞明
財務股長陸冠芝
公元一九五一年七月廿五日

0033 一九五一年七月二十五日仁益庄缴纳梧州市政建设基金收据

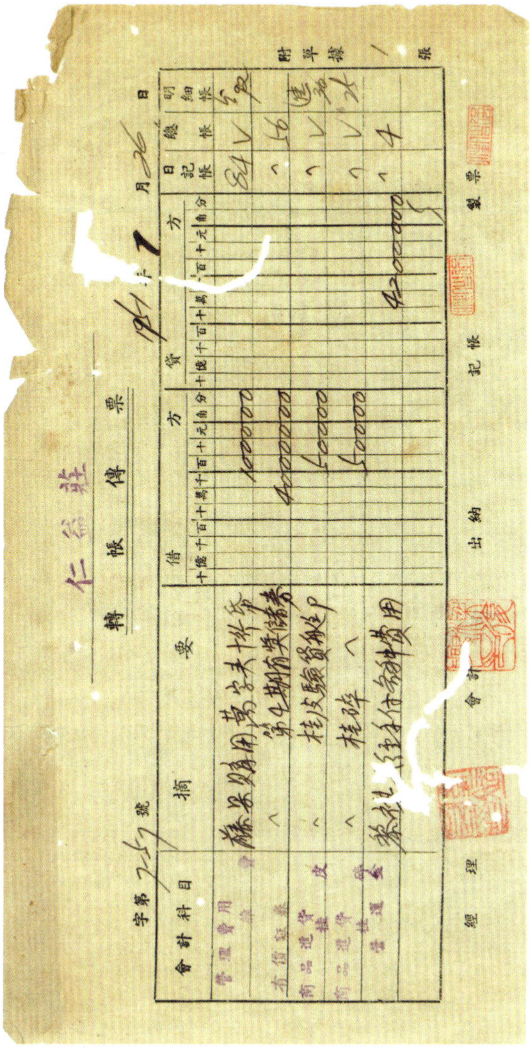
仁益莊
轉帳傳票
字第 號 1951年7月26日
會計科目 摘要 借方 貸方 日記帳 總帳 明細帳
附單據 張
經理 會計 出納 記帳 製票

0034 一九五一年七月二十六日仁益庄转账传票

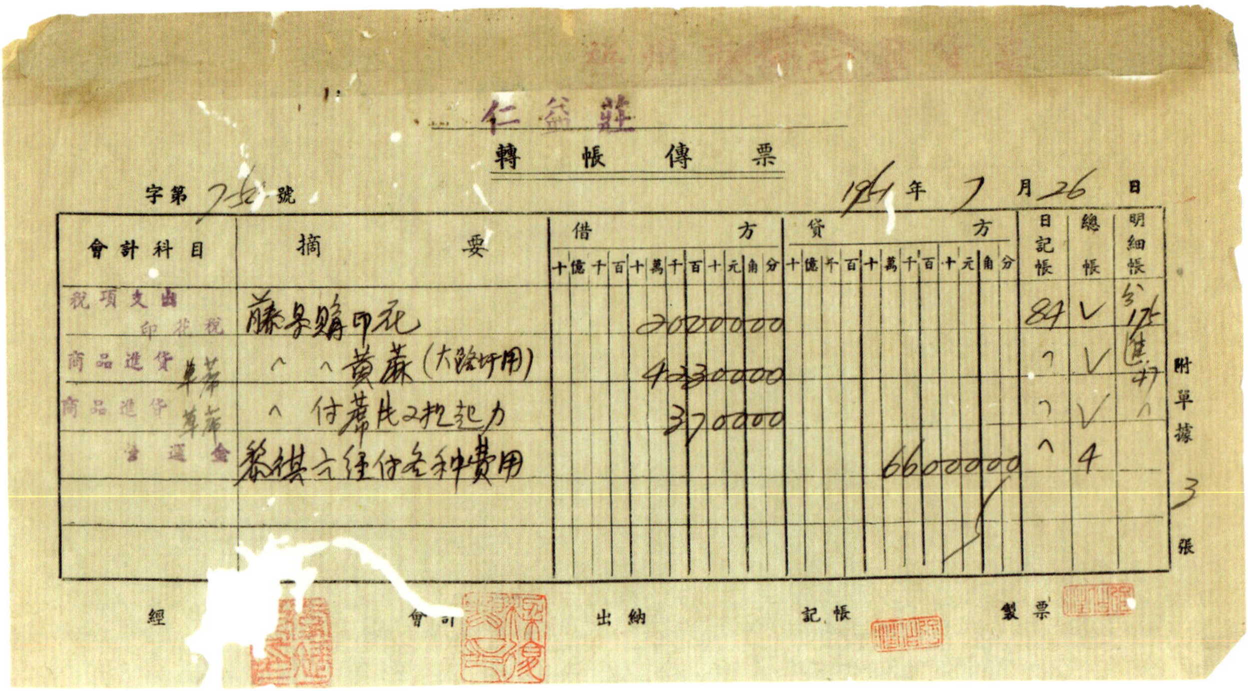

仁益莊

轉帳傳票

字第 7-56 號　　1951 年 7 月 26 日

會計科目	摘要	借方	貸方	日記帳	總帳	明細帳
稅項支出 印花稅	藤条䳽印花	2000000		84	V	分17
商品進貨 草席	〃 〃 黄蔴（大路坪用）	4230000		〃	V	進47
商品進貨 草席	〃 付蓆花又机起力	370000		〃	V	〃
営運金	蔡祺文经付各种费用		6600000	〃	4	

附單據 3 張

經　　會計　　出納　　記帳　　製票

0035 一九五一年七月二十六日仁益庄转账传票

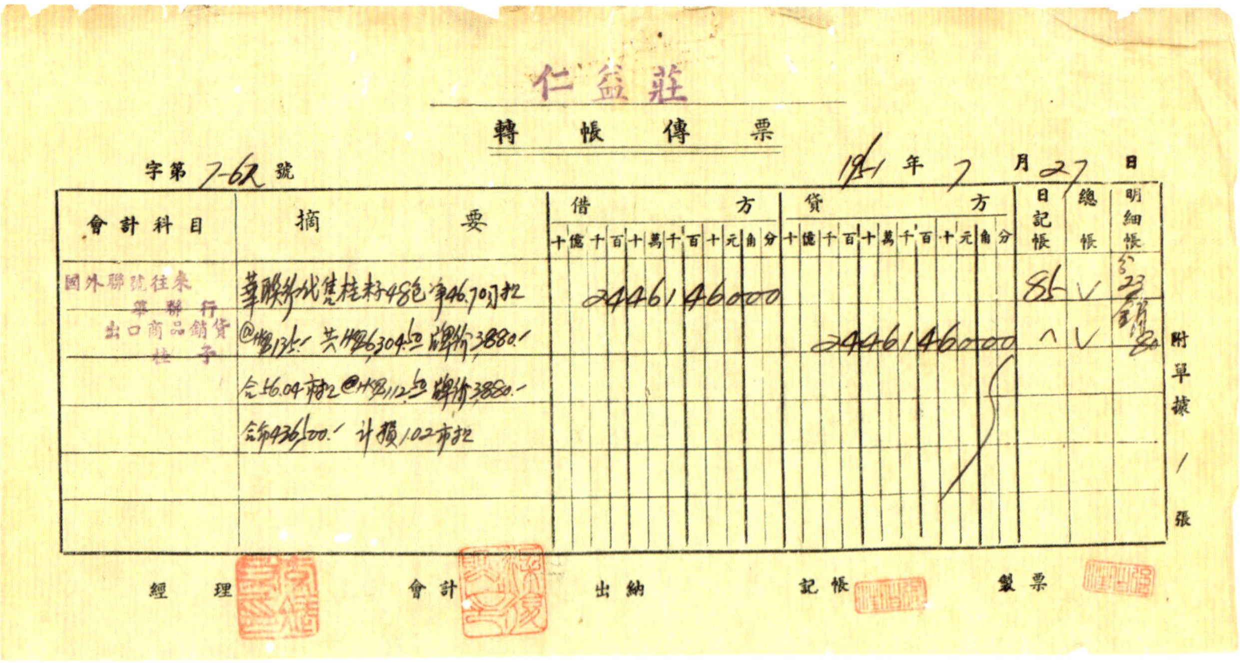

仁益莊

轉帳傳票

字第 7-62 號　　1951 年 7 月 27 日

會計科目	摘要	借方	貸方	日記帳	總帳	明細帳
國外聯號往來 華聯行	華聯行代售桂籽48包净46.70司担	24461460000		85	V	分23
出口商品銷貨 桂子	@HK$135.- 共HK$6304.50 牌价3880.-		24461460000	〃	V	銷80
	合56.04市担 @HK$112.50 牌价3880.-					
	合币436,100.- 计损1.02市担					

附單據 1 張

經理　　會計　　出納　　記帳　　製票

0036 一九五一年七月二十七日仁益庄转账传票

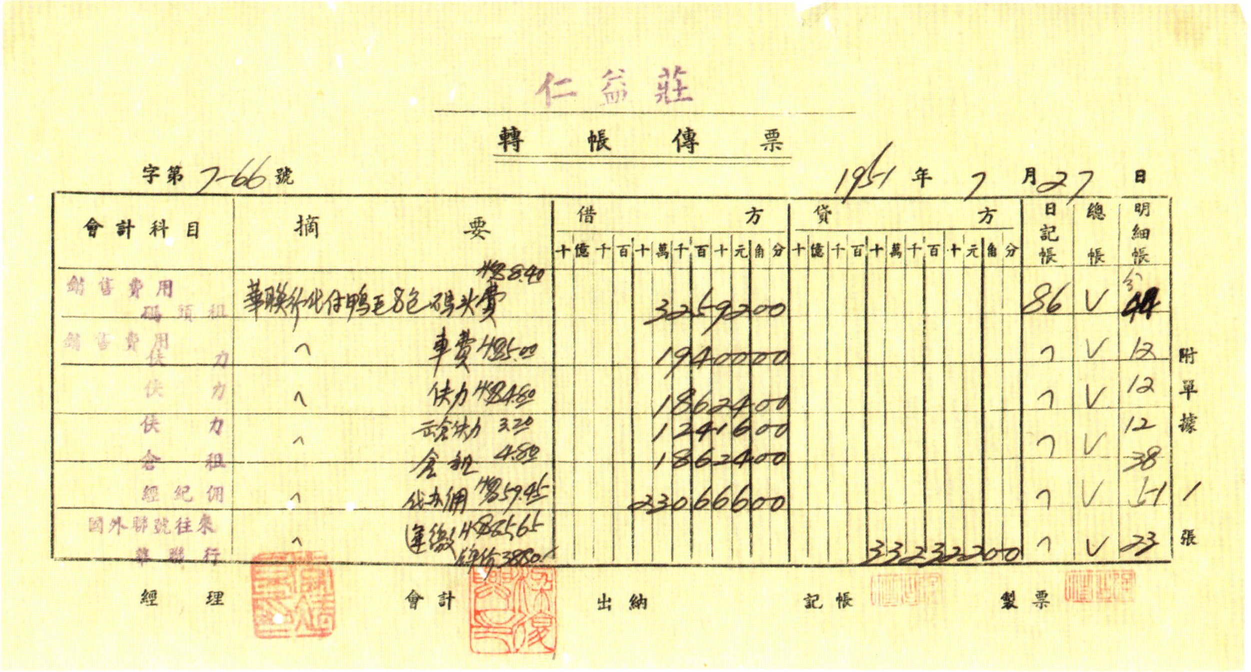

仁益莊

轉帳傳票

字第 2-66 號　　1951 年 7 月 27 日

會計科目	摘要	借方	貸方	日記帳	總帳	明細帳
銷售費用 碼頭租	華聯行代付鴨毛8包碼頭費 ¥38.40	3259200		86	V	44
銷售費用 伕力	〃 車費 ¥485.00	1940000		〃	V	12
伕力	〃 伕力 ¥484.60	1862400		〃	V	12
伕力	〃 云倉伕力 3.20	1241600		〃	V	12
倉租	倉租 4.80	1862400				38
經紀佣	〃 代办佣 ¥57.45	23066600		〃	V	51
國外聯號往來 華聯行	〃 連繳 ¥865.65 (碼價3880)		33232200	〃	V	23

附單據 1 張

經理　會計　出納　記帳　製票

0037 一九五一年七月二十七日仁益庄转账传票

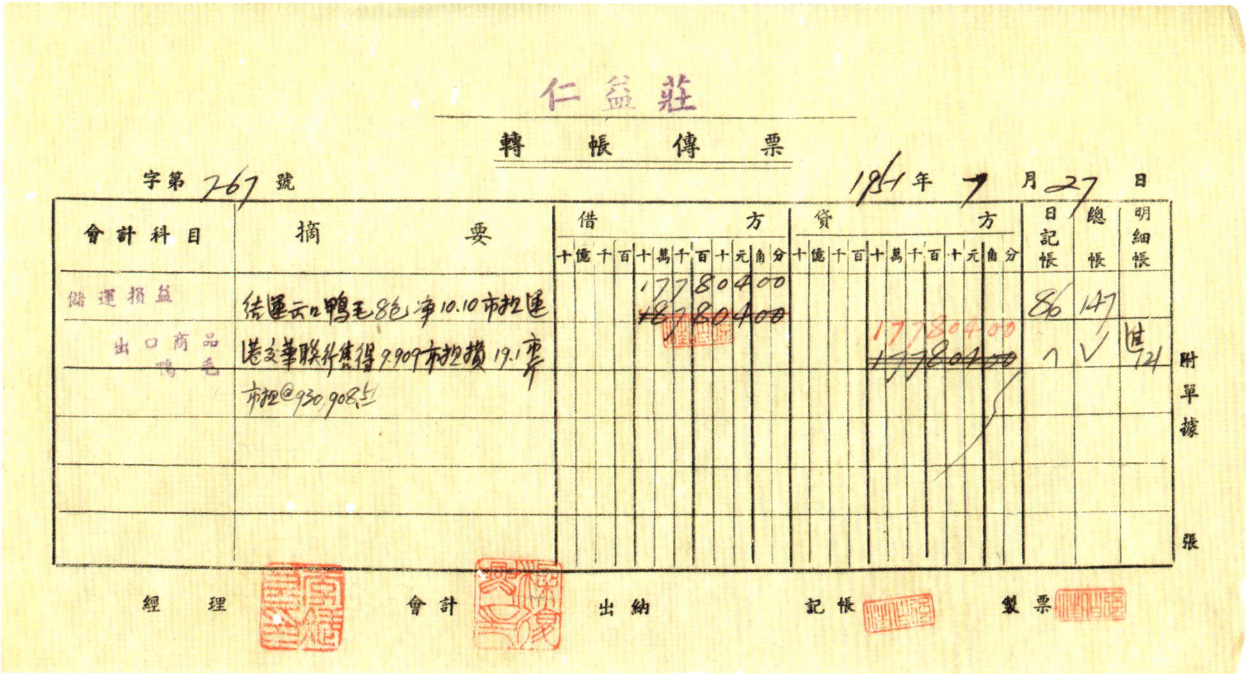

仁益莊

轉帳傳票

字第 267 號　　1951 年 7 月 27 日

會計科目	摘要	借方	貸方	日記帳	總帳	明細帳
儲運損益	结運云口鴨毛8包 淨10.10市担 運港交華聯行售得9.909市担 損19.1市斤 市担@930,908	17780400 (~~18780400~~)		86	147	
出口商品 鴨毛			17780400 (~~17780400~~)	〃	V	鴨 121

附單據　張

經理　會計　出納　記帳　製票

0038 一九五一年七月二十七日仁益庄转账传票

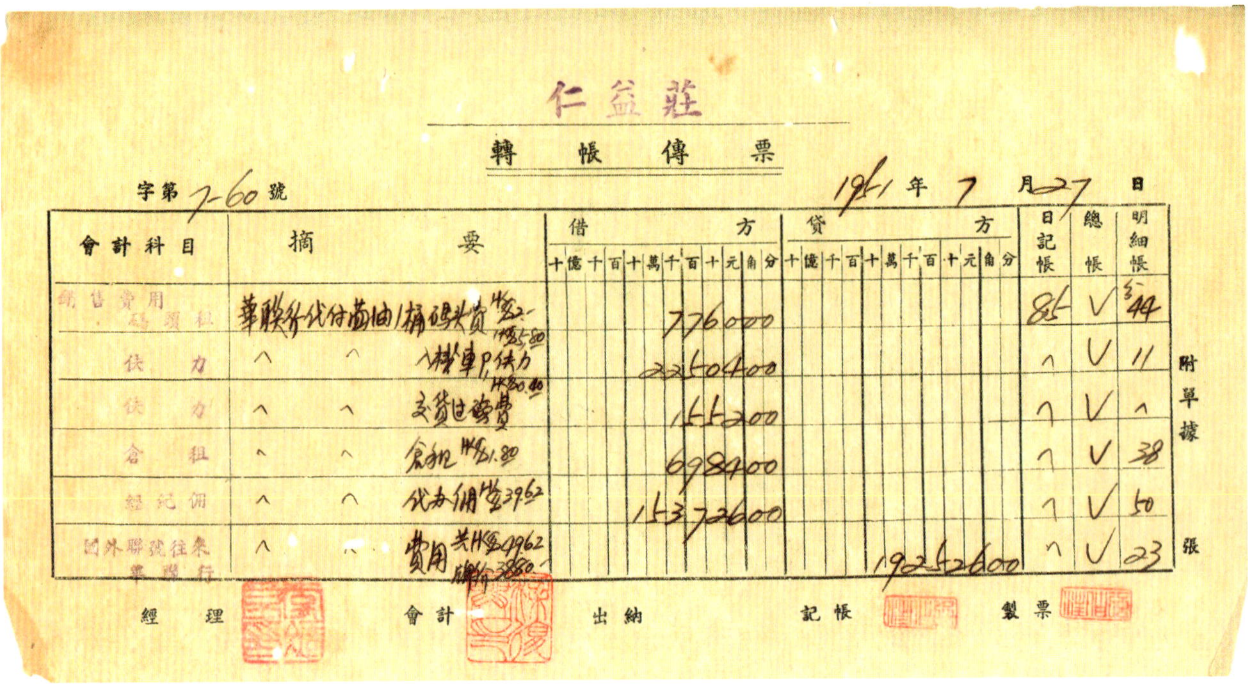

仁益莊

轉帳傳票

字第 7-60 號　　1951 年 7 月 27 日

會計科目	摘要	借方	貸方	日記帳	總帳	明細帳
銷售費用 碼頭租	華聯行代付茴油1桶碼头费 HK$22.-	776000		85	√	44
伕力	〃 〃 入樓車P伕力 HK$55.80	2260400		〃	√	11
伕力	〃 〃 交貨出碼费 HK$30.40	1612200		〃	√	〃
倉租	〃 〃 倉租 HK$21.80	698400		〃	√	38
經紀佣	〃 〃 代办佣HK$39.62	14372600		〃	√	50
國外聯號往來 華聯行	〃 〃 费用 共HK$99.62		19242600	〃	√	23

附單據　張

經理　　會計　　出納　　記帳　　製票

0039 一九五一年七月二十七日仁益庄转账传票

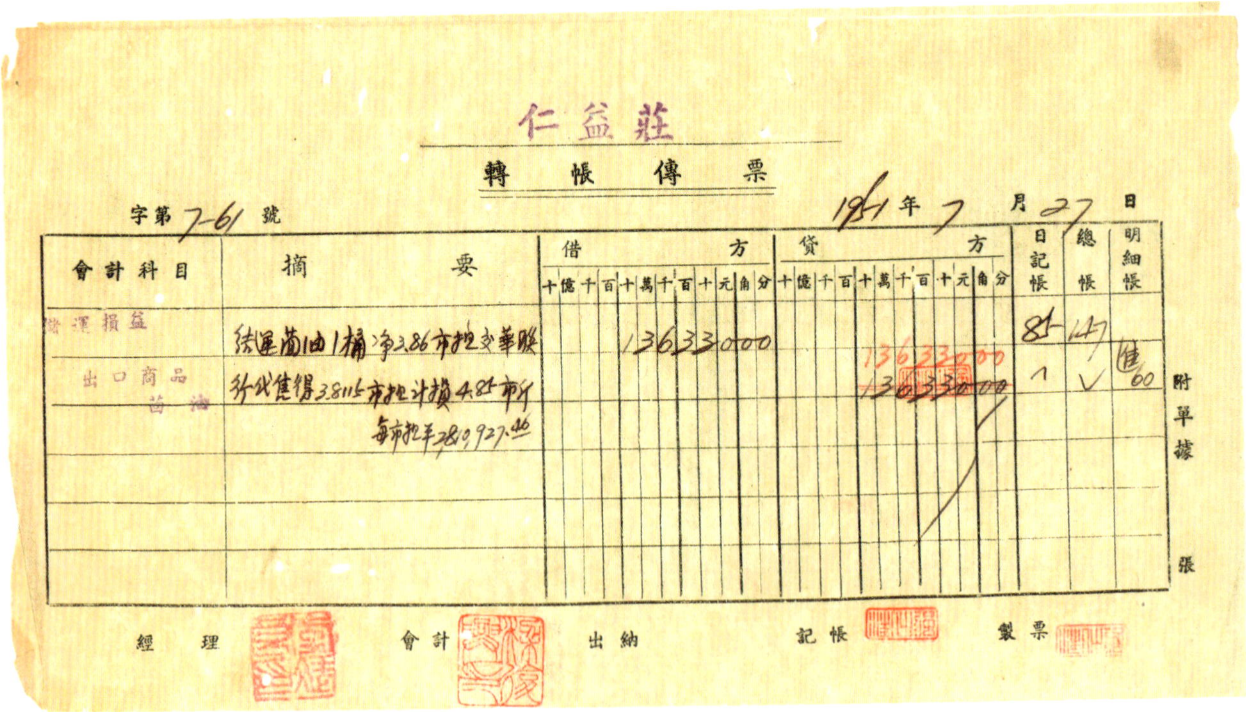

仁益莊

轉帳傳票

字第 7-61 號　　1951 年 7 月 27 日

會計科目	摘要	借方	貸方	日記帳	總帳	明細帳
營運損益	结运茴油1桶 净3.86市担交華聯	13633000		81	147	
出口商品 茴油	行代售得3.8115市担计换4.84市斤 每市担革7,810,927.46		13633000	〃	√	售 60

附單據　張

經理　　會計　　出納　　記帳　　製票

0040 一九五一年七月二十七日仁益庄转账传票

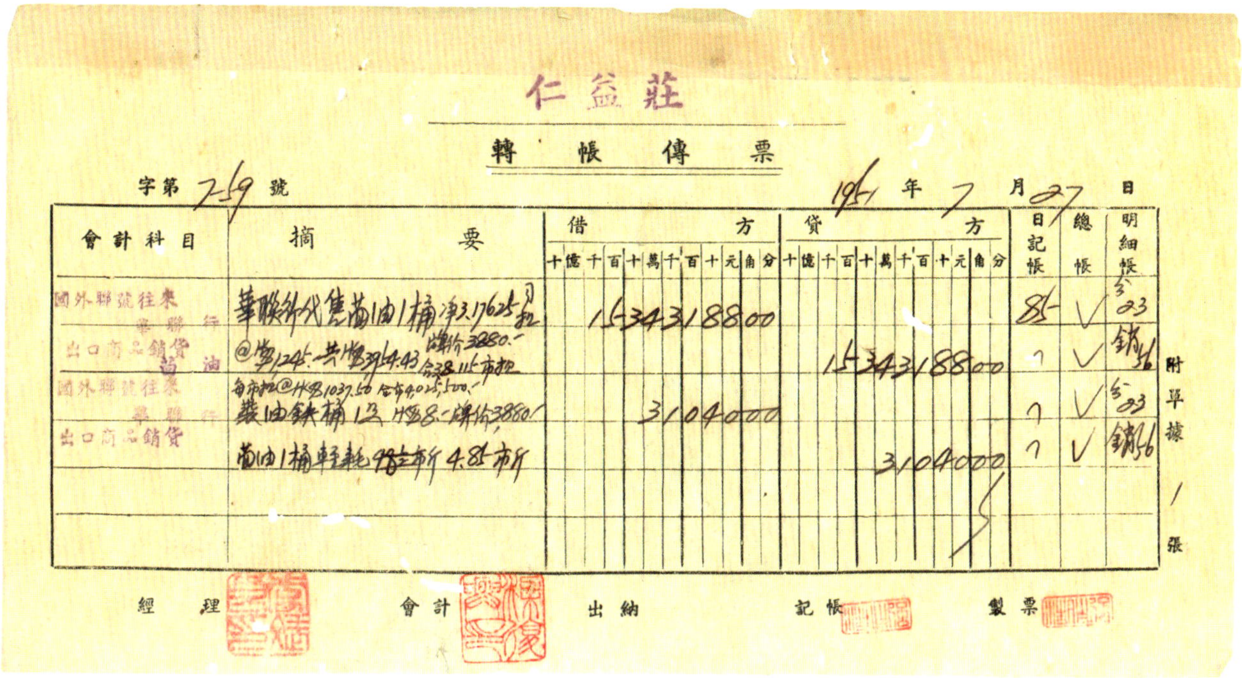

仁益莊

轉帳傳票

字第 7-19 號　　1951 年 7 月 27 日

會計科目	摘要	借方	貸方	日記帳	總帳	明細帳
國外聯號往來 華聯行	華聯行代售茴油1桶淨3.17625担 @港$1245.-共HK$3954.43 牌價3880.- 合38.115市担	1534318800		81	✓	23
出口商品銷貨 茴油	每市担@HK$1037.50 合$4,025,500.-		1534318800	〃	✓	56
國外聯號往來 華聯行	裝油鉄桶1只 HK$8.- 牌價3880.-	3104000		〃	✓	23
出口商品銷貨	茴油1桶轉耗 [illegible] 市斤 4.81市斤		3104000	〃	✓	56

附單據 1 張

經理　　會計　　出納　　記帳　　製票

0041 一九五一年七月二十七日仁益庄转账传票

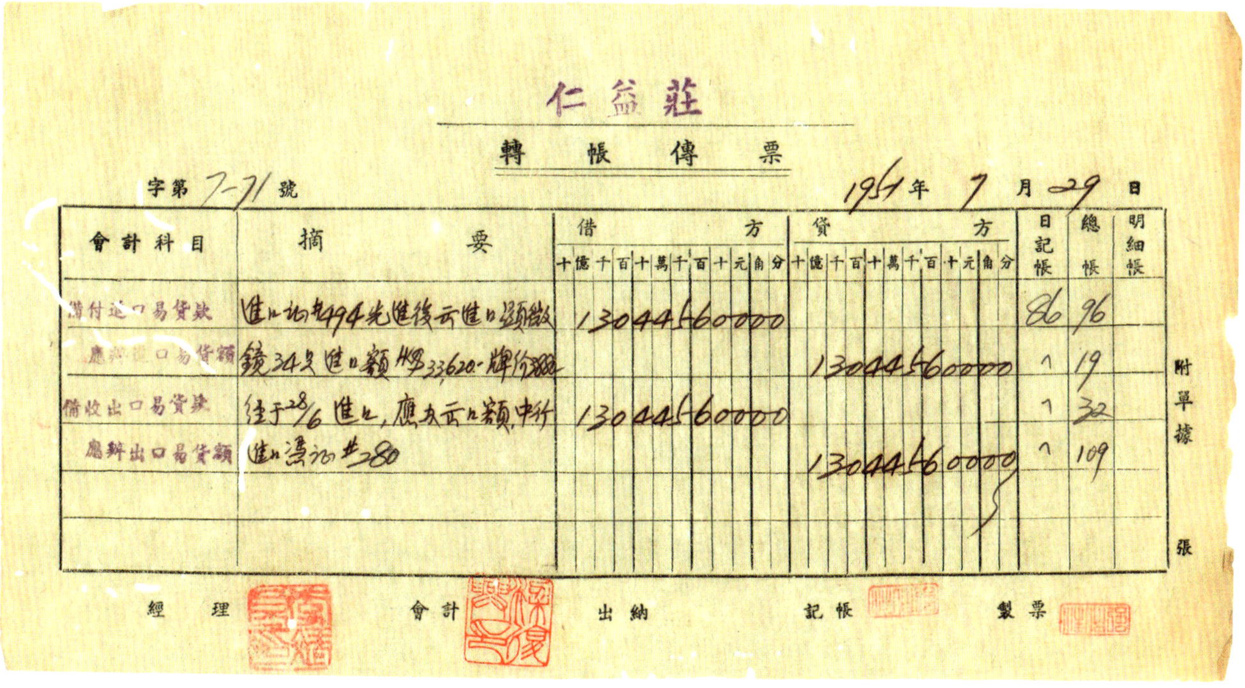

仁益莊

轉帳傳票

字第 7-71 號　　1951 年 7 月 29 日

會計科目	摘要	借方	貸方	日記帳	總帳	明細帳
備付進口易貨款	進口松香494先進後出進口額	13044560000		86	96	
應付進口易貨額	鏡34只進口額 HK$33,620.- 牌價3880		13044560000	〃	19	
備收出口易貨款	经于28/6進口，應出口額，中行	13044560000		〃	32	
應辦出口易貨額	進口滙記#280		13044560000	〃	109	

附單據　張

經理　　會計　　出納　　記帳　　製票

0042 一九五一年七月二十九日仁益庄转账传票

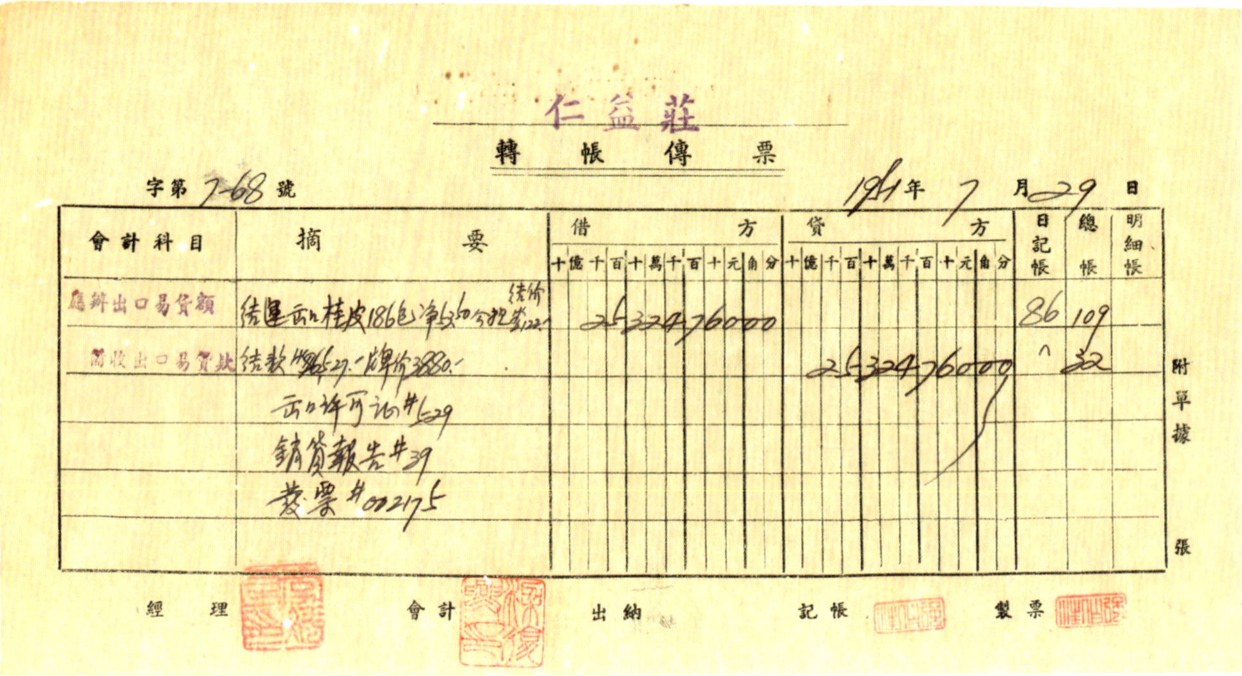

仁益莊

轉帳傳票

字第7-68號　　1951年7月29日

會計科目	摘要	借方	貸方	日記帳	總帳	明細帳
應付出口易貨額	结运云口桂皮186包净5360公担 结价22…	2532476000		86	109	
應收出口易貨款	结款…牌价3880		2532476000	^	32	
	云口许可证#629					
	销货报告#39					
	发票#002175					

附單據　張

經理　　會計　　出納　　記帳　　製票

0043 一九五一年七月二十九日仁益庄转账传票

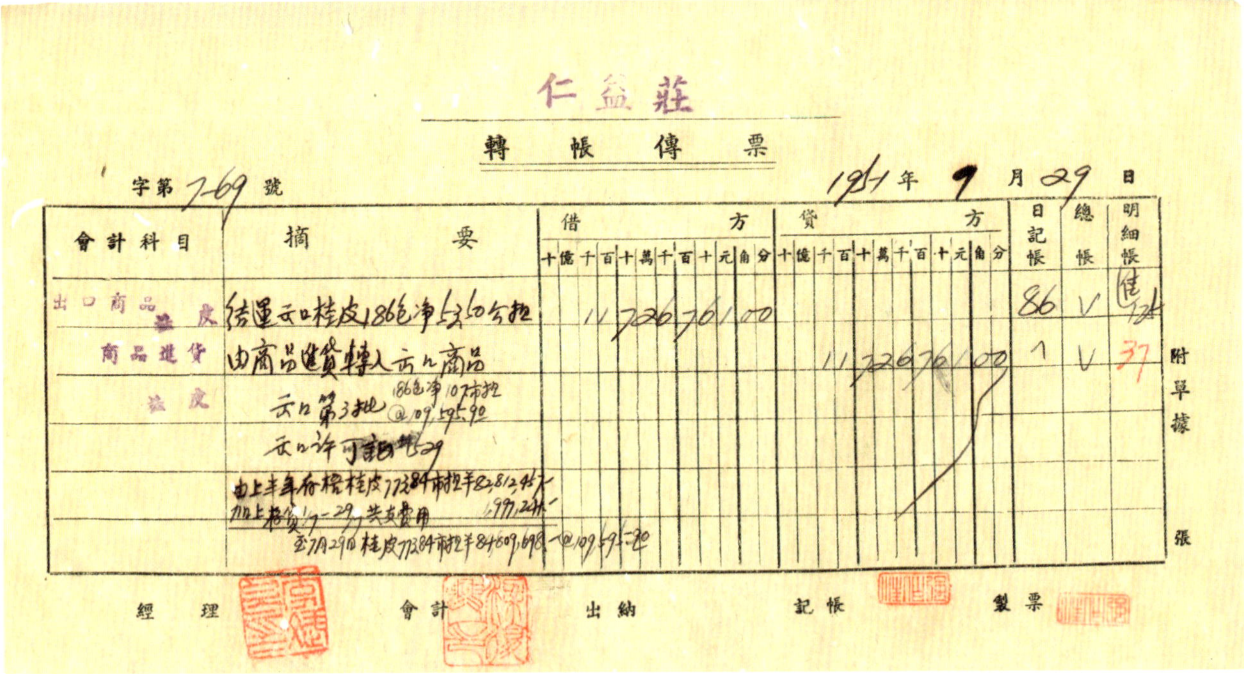

仁益莊

轉帳傳票

字第7-69號　　1951年7月29日

會計科目	摘要	借方	貸方	日記帳	總帳	明細帳
出口商品 桂皮	结运云口桂皮186包净5360公担	1172676100		86	V	佳124
商品進貨 桂皮	由商品进货转入云口商品		1172676100	^	V	37
	云口第3批 186包净107市担 @109,595.90					
	云口许可证#629					
	由上半年份橙桂皮7784市担半82,812,457					
	加上7/1－29共支费用 1,997,241					
	至7月29日桂皮7784市担半84,809,698 @109,595.90					

附單據　張

經理　　會計　　出納　　記帳　　製票

0044 一九五一年七月二十九日仁益庄转账传票

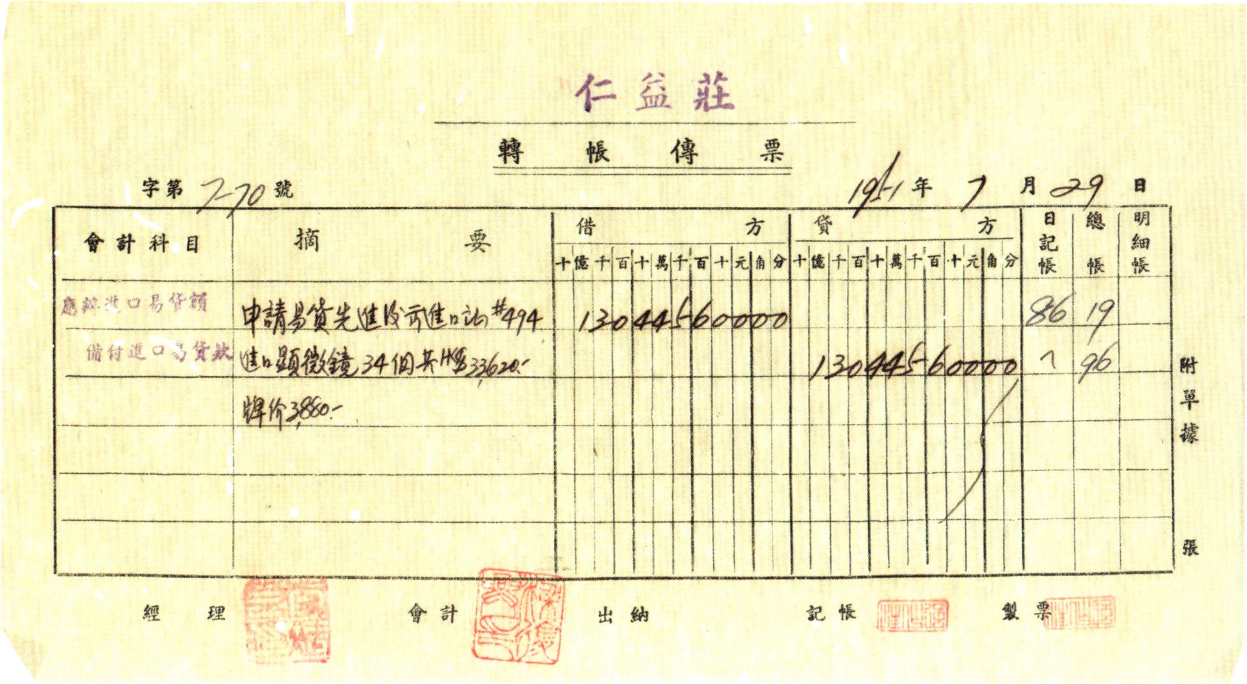

仁益莊

轉帳傳票

字第 7-70 號　　1951 年 7 月 29 日

會計科目	摘要	借方	貸方	日記帳	總帳	明細帳
應繳進口易貨額	申請易貨先進後出進口证#494	13044560000		86	19	
備付進口易貨款	進口顯微鏡34個共HK$33620.-		13044560000	^	96	
	牌价3880.-					

附單據　張

經理　會計　出納　記帳　製票

0045 一九五一年七月二十九日仁益庄转账传票

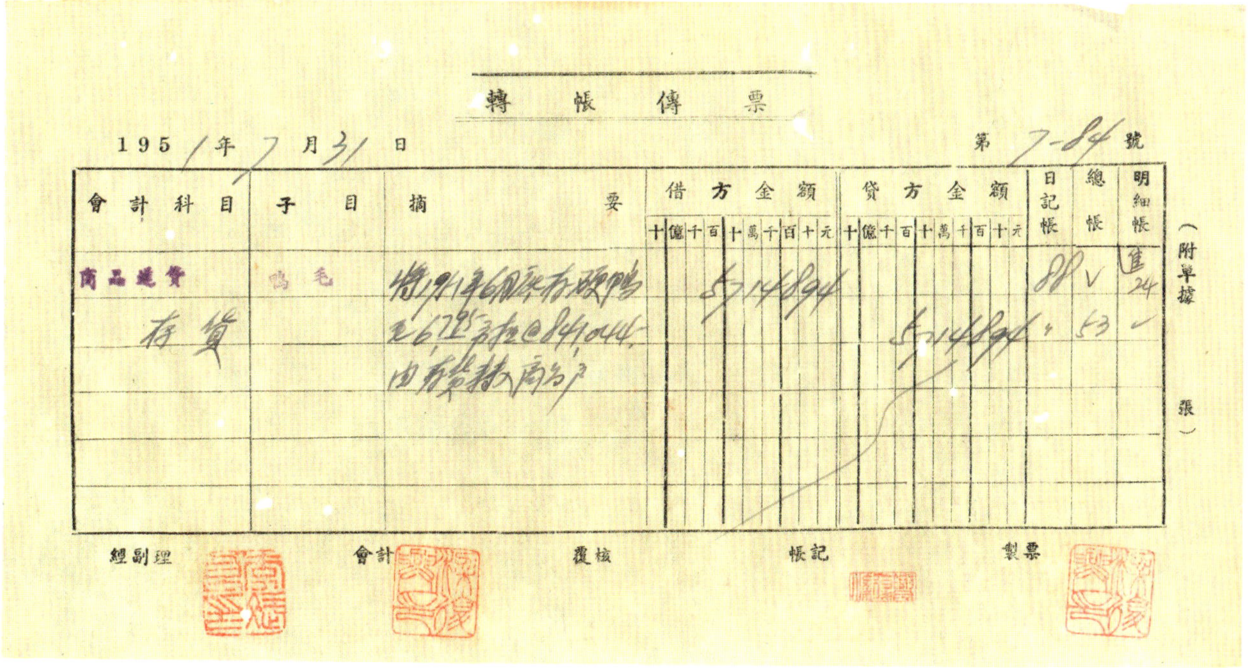

轉帳傳票

1951 年 7 月 31 日　　第 7-84 號

會計科目	子目	摘要	借方金額	貸方金額	日記帳	總帳	明細帳
商品進貨	鴨毛	將1951年6月來存破鴨毛6,725市担@84,044，由存貨轉入商品户	5714894		88	V	進 24
存貨				5714894	'	53	✓

（附單據　張）

經副理　會計　覆核　帳記　製票

0046 一九五一年七月三十一日仁益庄转账传票

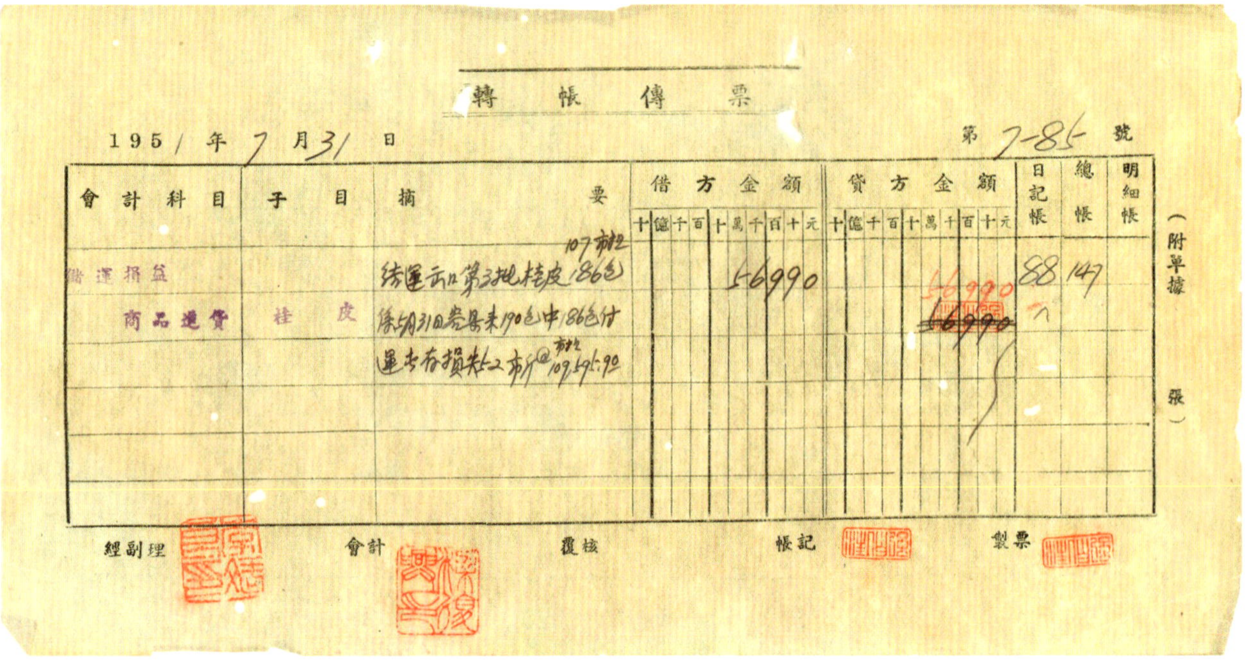

轉帳傳票

195/年 7 月 31 日　　第 7-85 號

會計科目	子目	摘要	借方金額	貸方金額	日記帳	總帳	明細帳
借運損益		结運云口第3批桂皮186包 107市斤	56990		88	147	
商品進貨	桂皮	係7月31日寄县来190包中186包付		56990			
		運去存損失2市斤@109,596.90					

（附單據　張）

經副理　會計　覆核　帳記　製票

0047 一九五一年七月三十一日仁益庄转账传票

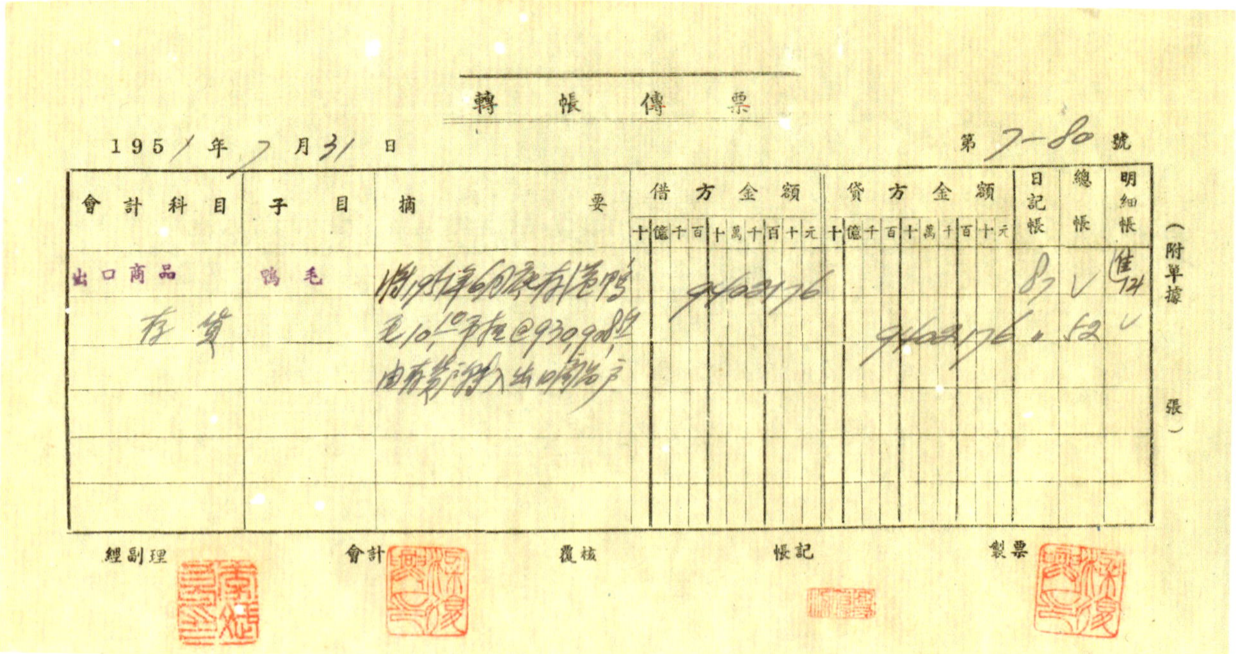

轉帳傳票

195/年 7 月 31 日　　第 7-80 號

會計科目	子目	摘要	借方金額	貸方金額	日記帳	總帳	明細帳
出口商品	鴨毛	[illegible]	940276		87	√	佳 74
存貨		[illegible]		940276	52		√

（附單據　張）

經副理　會計　覆核　帳記　製票

0048 一九五一年七月三十一日仁益庄转账传票

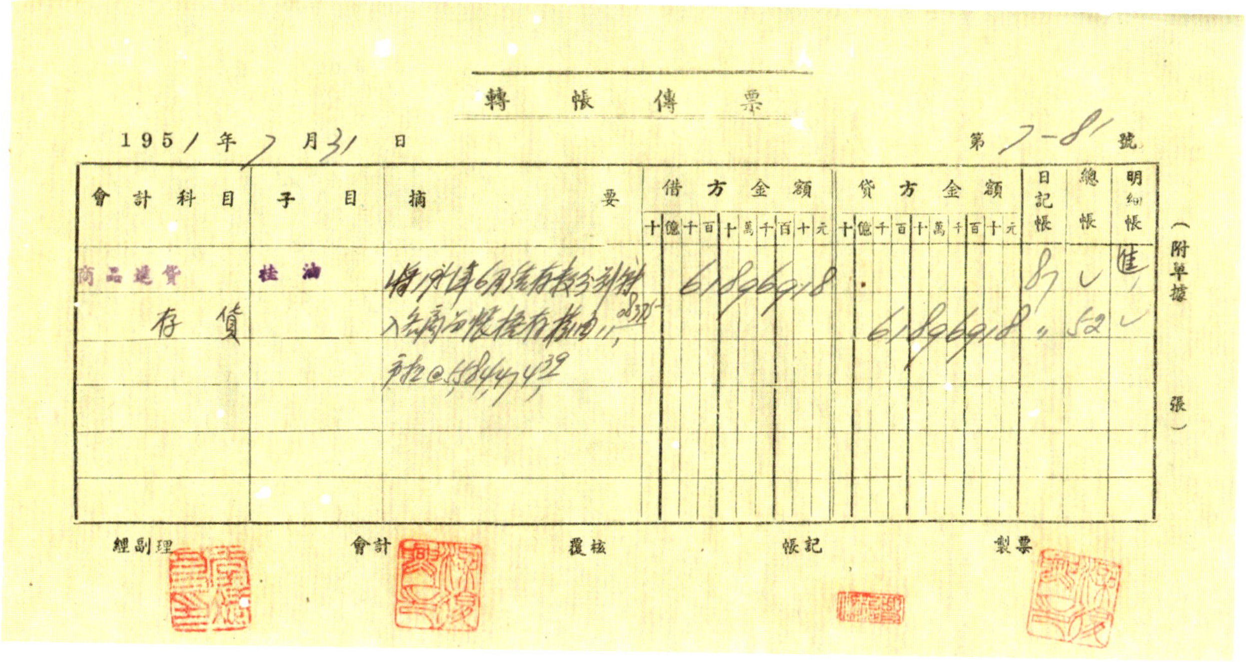

轉帳傳票

1951年7月31日　　第7-81號

會計科目	子目	摘要	借方金額	貸方金額	日記帳	總帳	明細帳
商品進貨	桂油	梧州本6月结存数分别转入各商品帐桂存桂油11,283.75斤拉@5,484,743.9	61,896,918		87	✓	佳1
存貨				61,896,918		52	✓

經副理　會計　覆核　帳記　製票

(附單據　張)

0049 一九五一年七月三十一日仁益庄转账传票

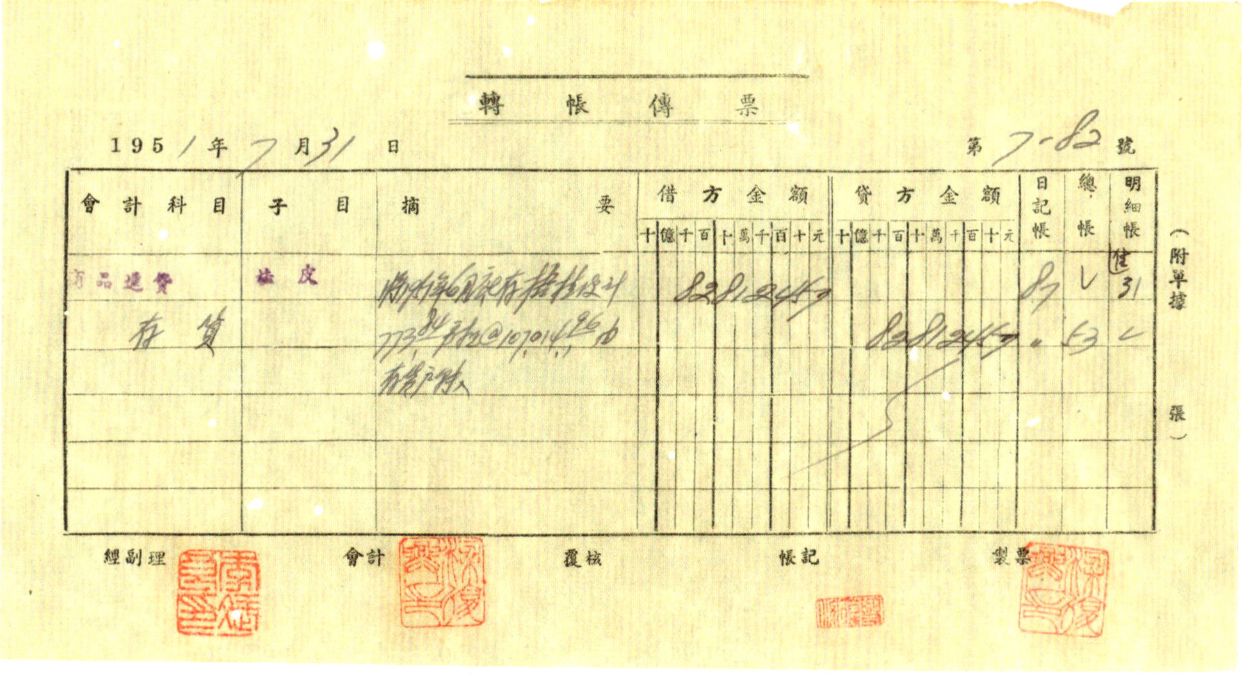

轉帳傳票

1951年7月31日　　第7-82號

會計科目	子目	摘要	借方金額	貸方金額	日記帳	總帳	明細帳
商品進貨	桂皮	梧州本6月结存桂枝计773.84斤拉@107,014.96由存货户转入	82,812,457		87	✓	佳31
存貨				82,812,457		63	✓

經副理　會計　覆核　帳記　製票

(附單據　張)

0050 一九五一年七月三十一日仁益庄转账传票

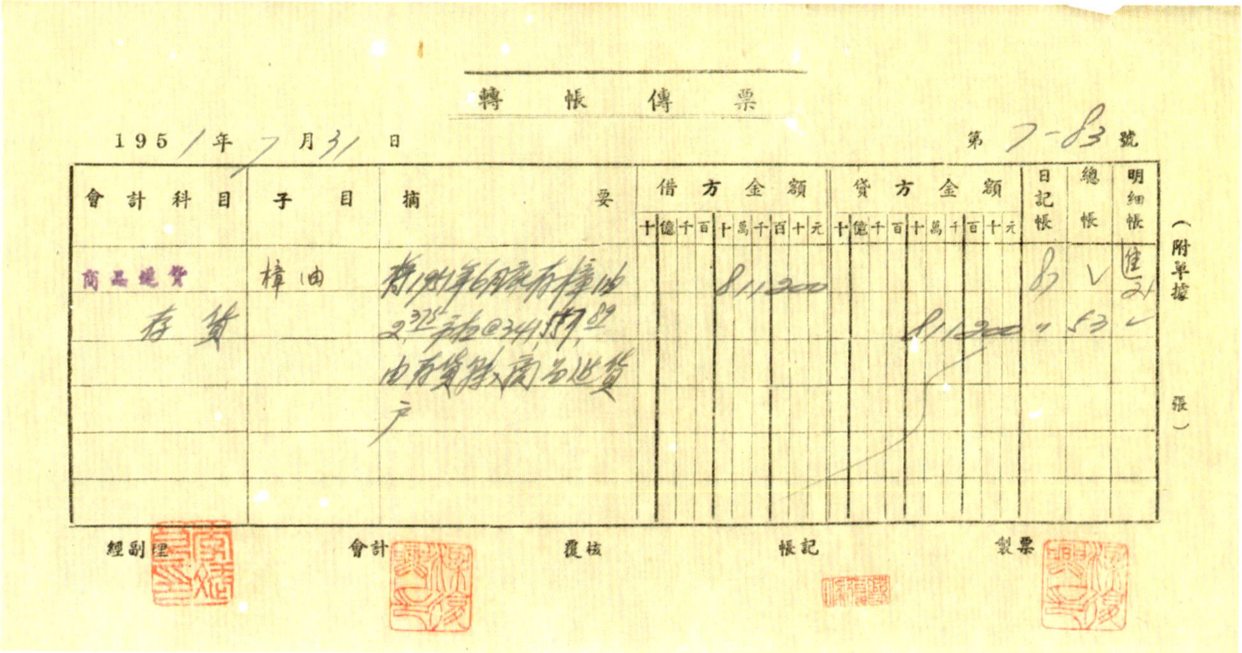

轉帳傳票

195 1 年 7 月 31 日　　　　第 7-83 號

會計科目	子目	摘要	借方金額（十億千百十萬千百十元）	貸方金額（十億千百十萬千百十元）	日記帳	總帳	明細帳
商品進貨	樟油	將1951年6月底存樟油2,375市担@341,557.89，	811200		87	✓	進21
存貨		由存貨轉入商品進貨户		811200	〃	53	✓

（附單據　張）

經副理　　會計　　覆核　　帳記　　製票

0051 一九五一年七月三十一日仁益庄转账传票

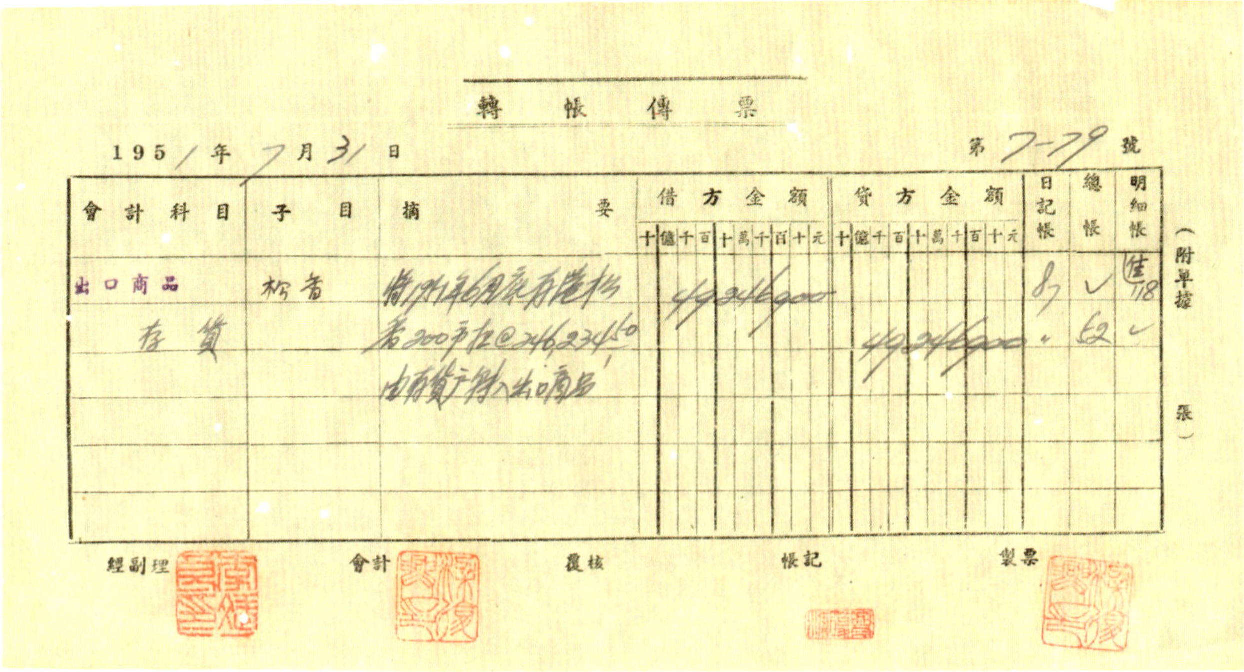

轉帳傳票

195 1 年 7 月 31 日　　　　第 7-79 號

會計科目	子目	摘要	借方金額（十億千百十萬千百十元）	貸方金額（十億千百十萬千百十元）	日記帳	總帳	明細帳
出口商品	松香	將1951年6月底存松香200市担@246,234.50，	49246900		87	✓	進18
存貨		由存貨轉入出口商品		49246900	〃	52	✓

（附單據　張）

經副理　　會計　　覆核　　帳記　　製票

0052 一九五一年七月三十一日仁益庄转账传票

轉帳傳票

1951年7月31日　　第7-77號

會計科目	子目	摘要	借方金額	貸方金額	日記帳	總帳	明細帳
出口商品	茴油	[illegible]茴油存[illegible]出口商品户 市担 @2,810,927.46	10880180		87	✓	60
存貨				10880180		52	✓

（附單據　張）

經副理　會計　覆核　帳記　製票

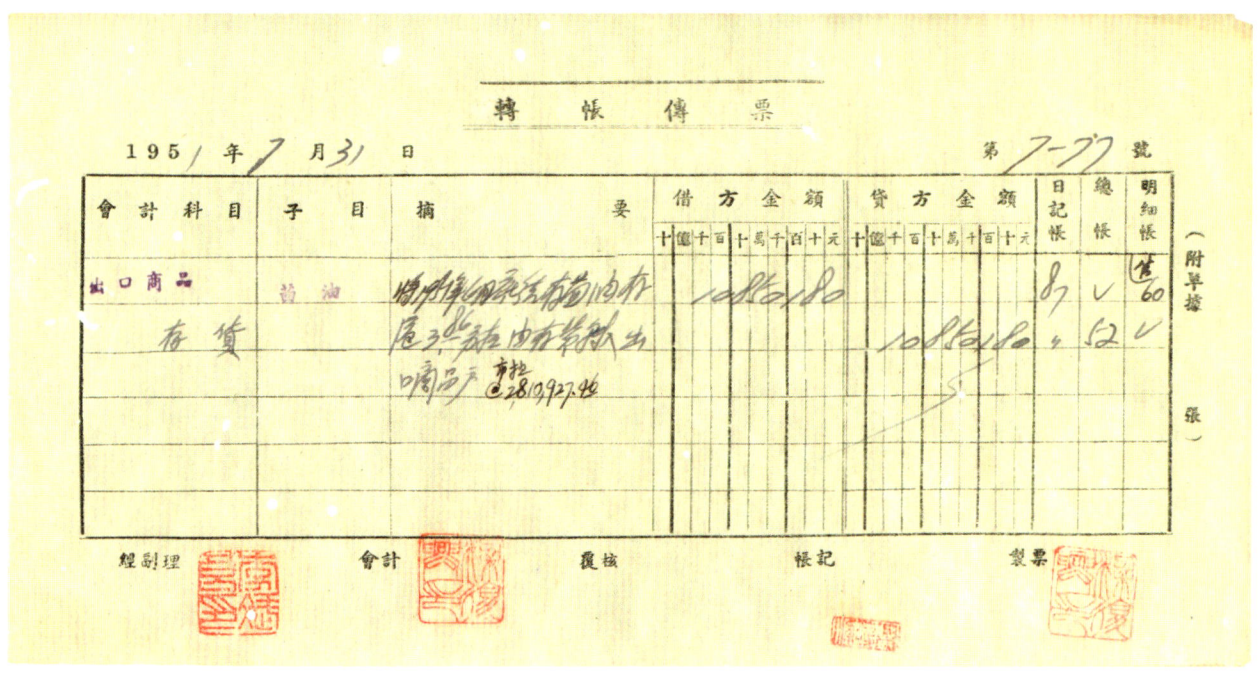

0053 一九五一年七月三十一日仁益庄转账传票

轉帳傳票

1951年7月31日　　第7-78號

會計科目	子目	摘要	借方金額	貸方金額	日記帳	總帳	明細帳
出口商品	[illegible]桂	[illegible]出口商品户	2091810		87	✓	83
存貨				2091810		52	✓

（附單據　張）

經副理　會計　覆核　帳記　製票

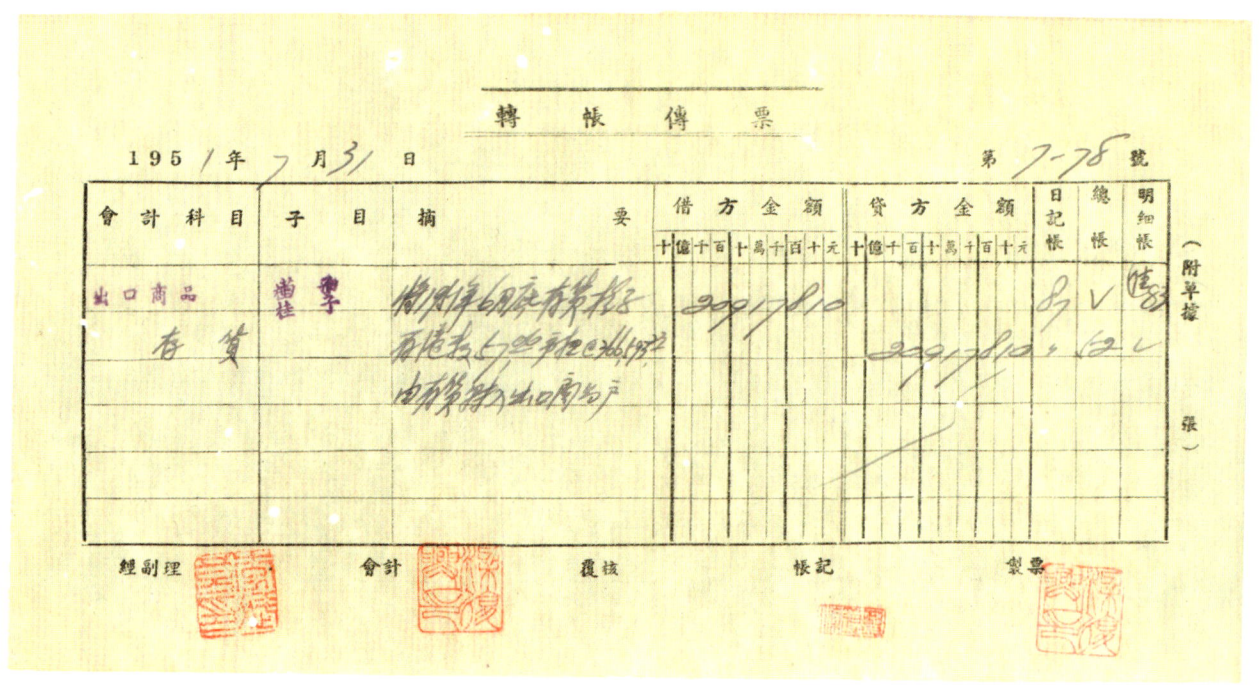

0054 一九五一年七月三十一日仁益庄转账传票

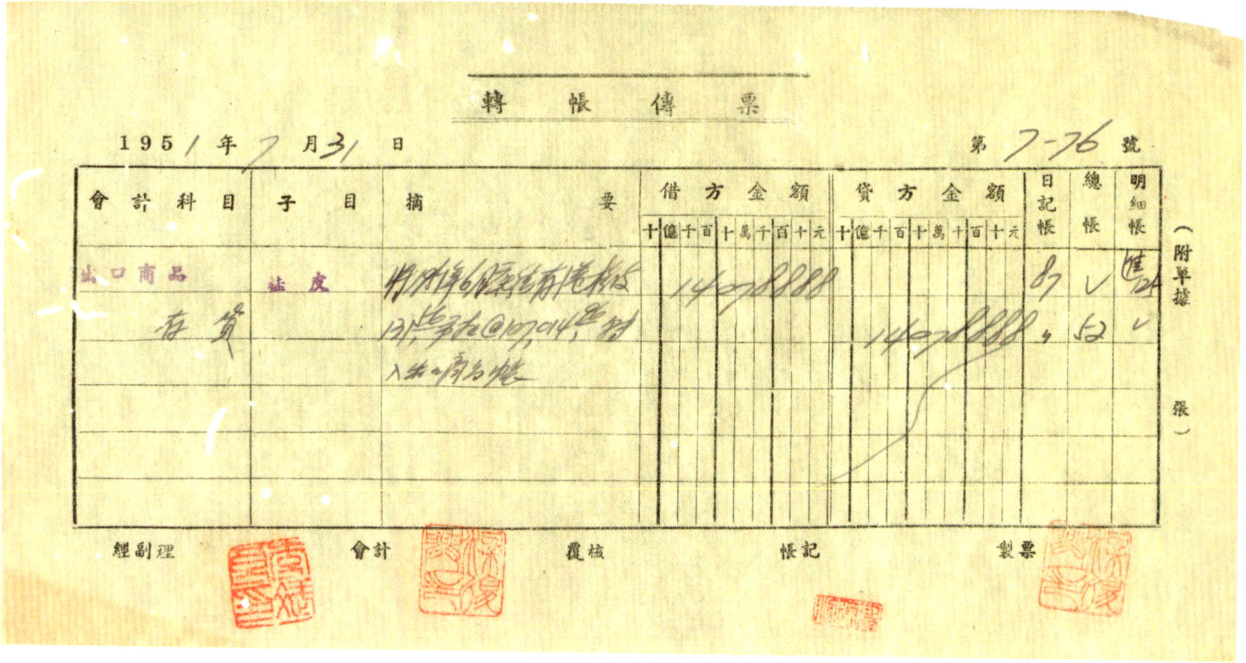

轉帳傳票

1951年7月31日　　第7-76號

會計科目	子目	摘要	借方金額	貸方金額	日記帳	總帳	明細帳
出口商品	桂皮	[illegible]	14078888		87	✓	[illegible]
存貨	——	[illegible]@107,014[illegible]		14078888	✓	52	✓
		入出口商品帳					

（附單據　張）

經副理　會計　覆核　帳記　製票

0055 一九五一年七月三十一日仁益庄转账传票

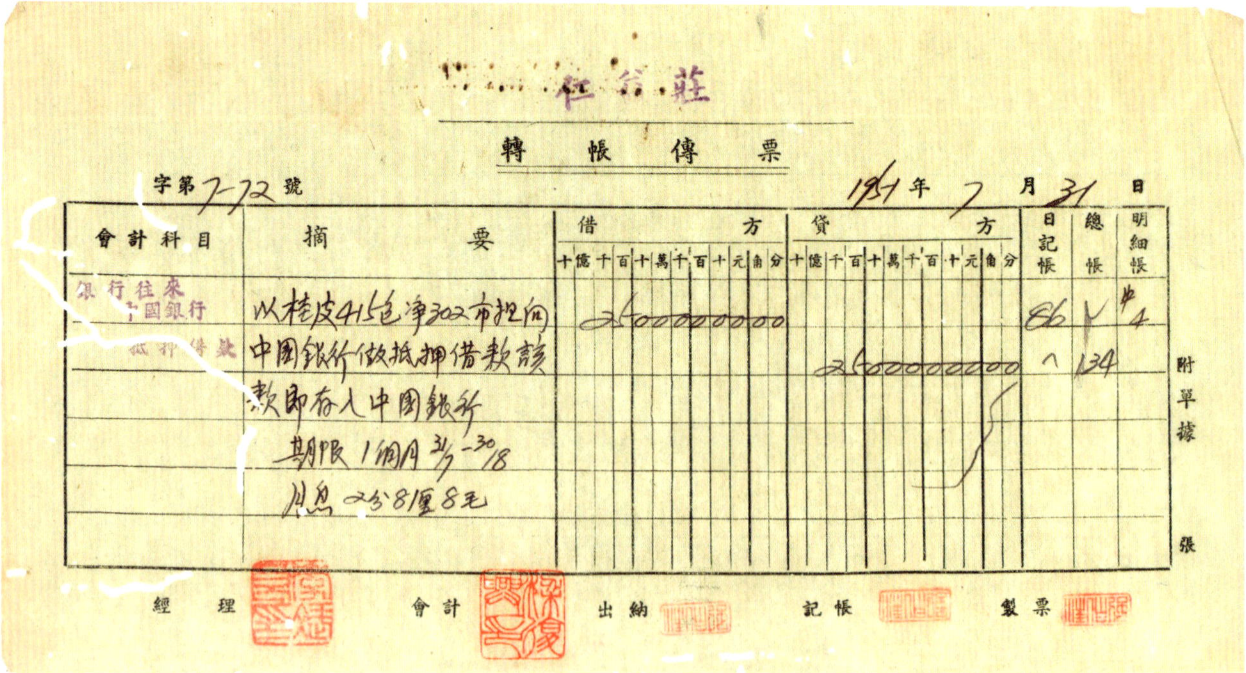

仁益莊

轉帳傳票

字第7-72號　　1951年7月31日

會計科目	摘要	借方	貸方	日記帳	總帳	明細帳
銀行往來 中國銀行	以桂皮415包淨302市担向	2600000000		86	✓	4
抵押借款	中国銀行做抵押借款該		2600000000	✓	134	
	款即存入中国銀行					
	期限1個月 31/7-30/8					
	月息2分8厘8毛					

附單據　張

經理　會計　出納　記帳　製票

0056 一九五一年七月三十一日仁益庄转账传票

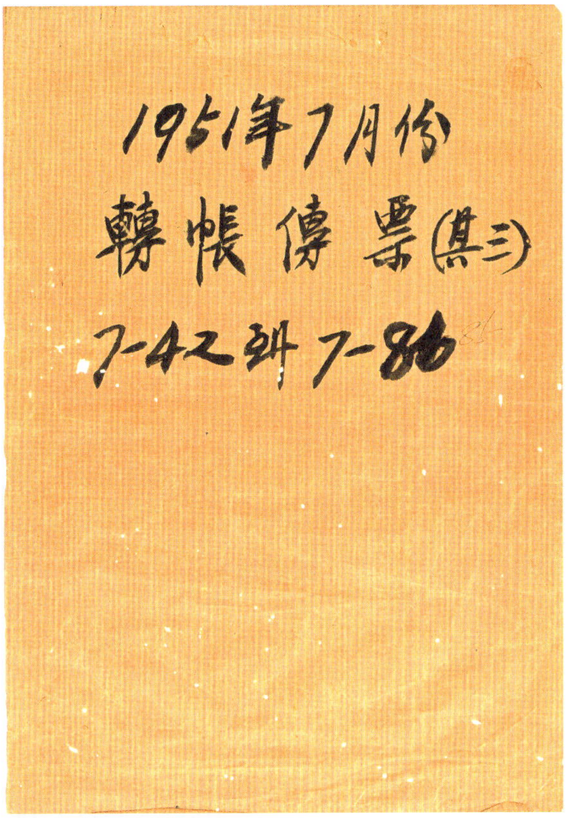

1951年7月份
轉帳傳票(其三)
7-42至7-86

0057 一九五一年七月份转账传票封面

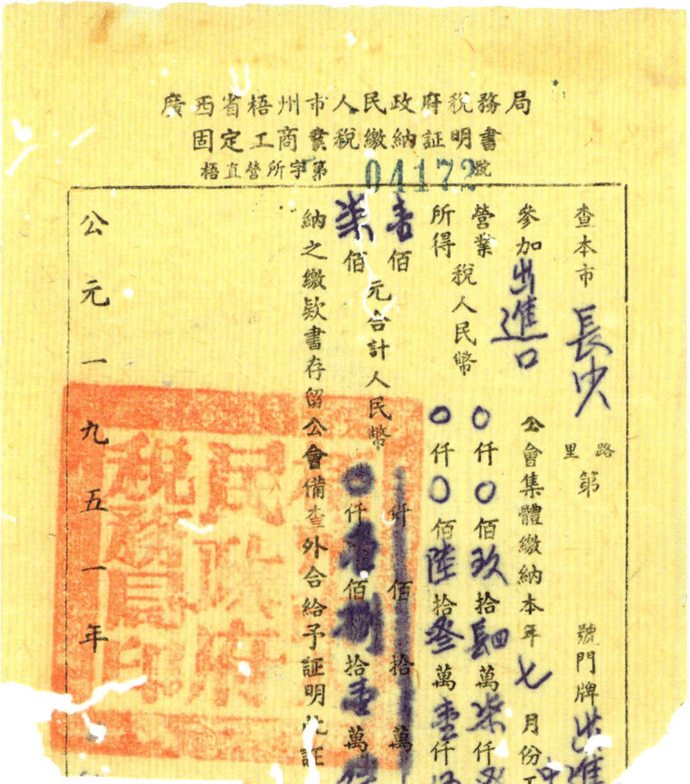

廣西省梧州市人民政府稅務局
固定工商業稅繳納証明書
梧直營所字第 04172 號

查本市 長安 路 里 第 號門牌 出進
參加 出進口 公會集體繳納本年 七 月份
營業 稅人民幣 〇仟〇佰玖拾貳萬柒仟叁
所得 稅人民幣 〇仟〇佰陸拾叁萬壹仟伍
壹 佰 元合計人民幣 仟 佰 拾 萬
柒 佰 〇仟壹佰捌拾壹萬
納之繳款書存留公會備查外合給予証明此証
公元一九五一年

0058 一九五一年七月仁益庄固定工商业税缴纳证明书

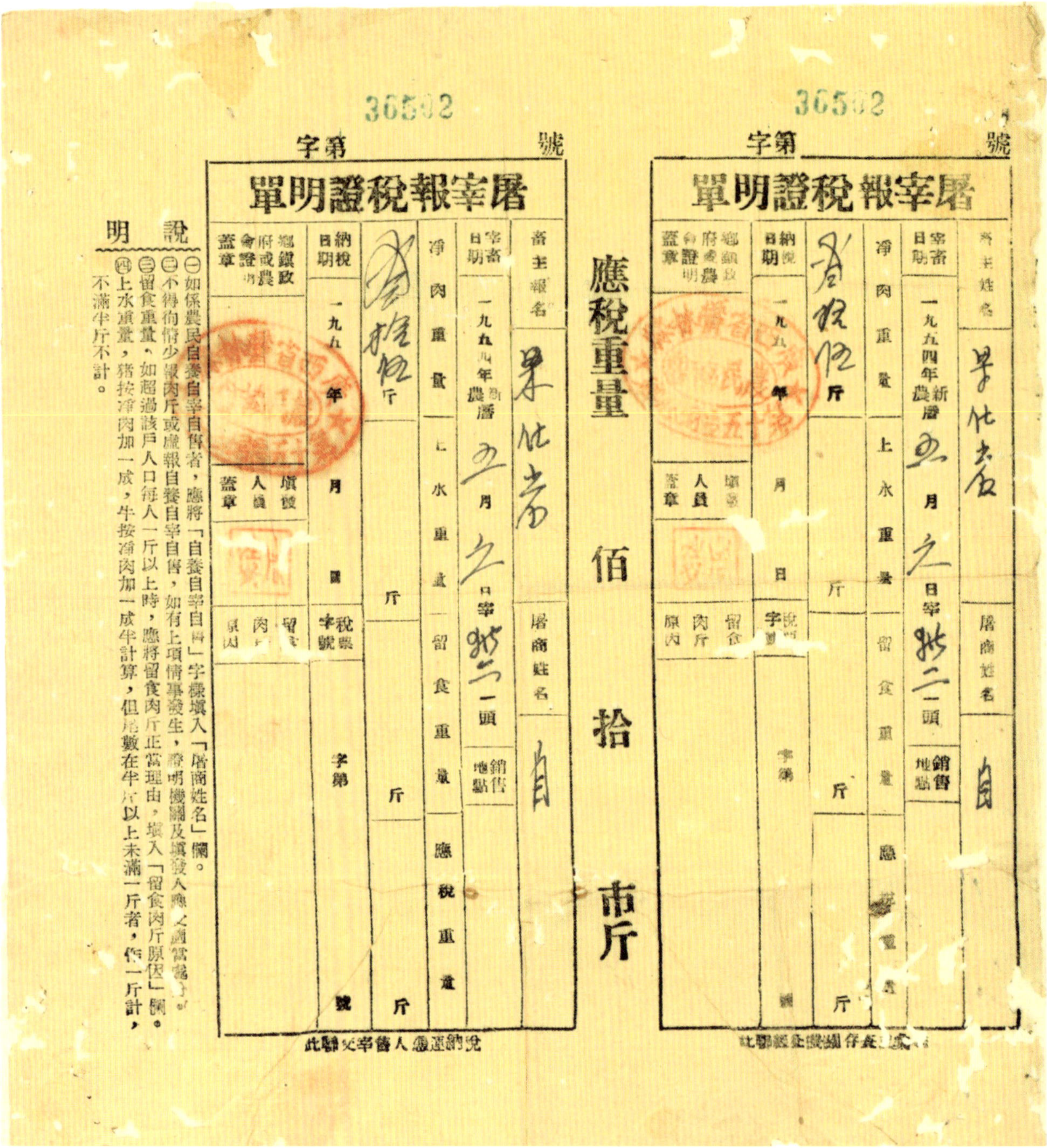

0001 一九五四年五月六日玉林梁仕岩屠宰报税证明单

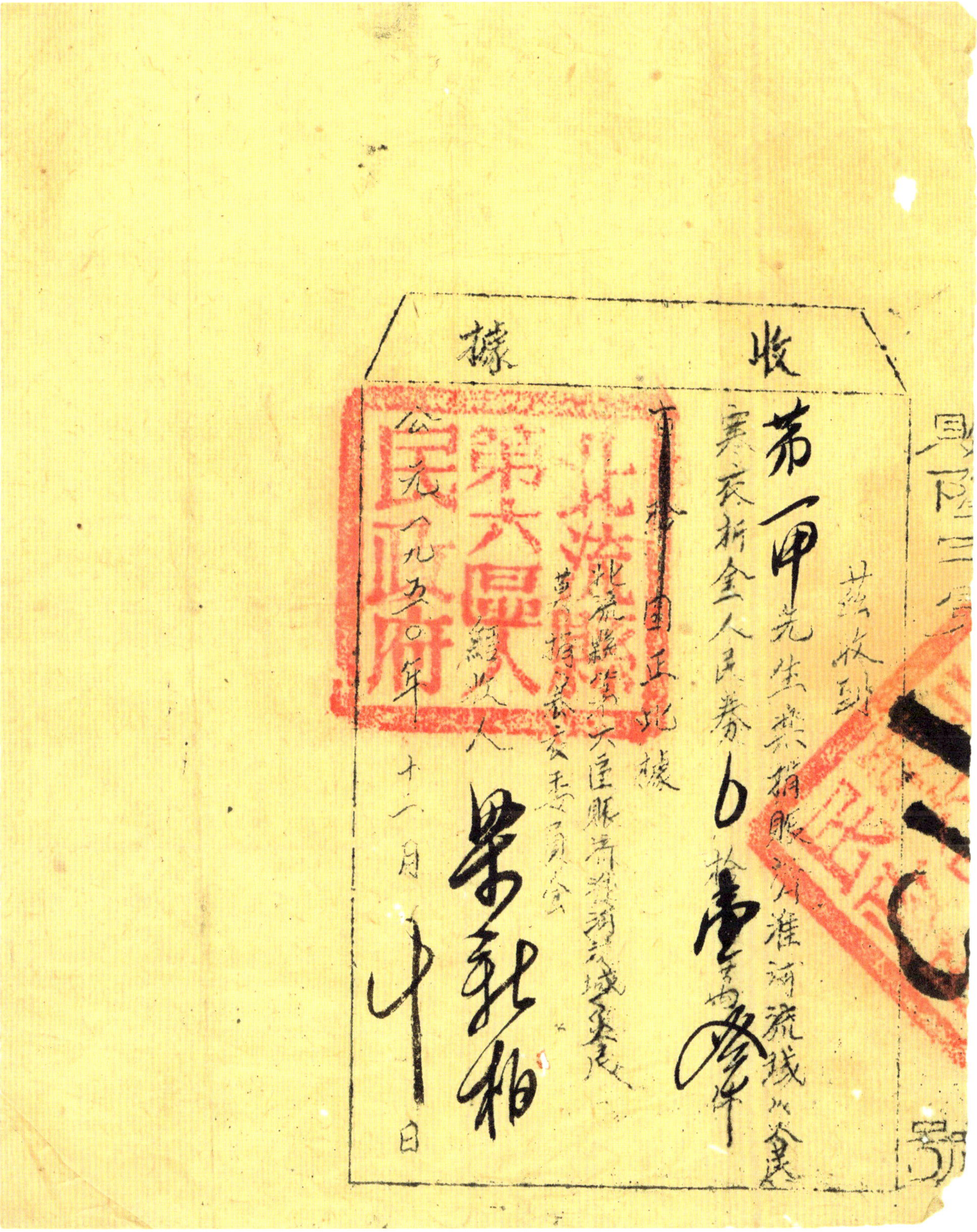

收據

兹收到

第一甲先生繳捐賑濟淮河流域以糧食寒衣折金人民券六拾壹萬叁仟

萬圓正 此據

北流縣第六區賑濟淮河流域寒衣糧食募捐委員會

經收人 吳秋柏

公元一九五〇年十二月十日

北流縣第六區人民政府

0001 一九五〇年十二月十日第一甲捐助救济淮河流域寒衣粮食收据

0002 一九五三年十二月二十八日北流县朱沃泉缴纳一九五三年度农业税收据

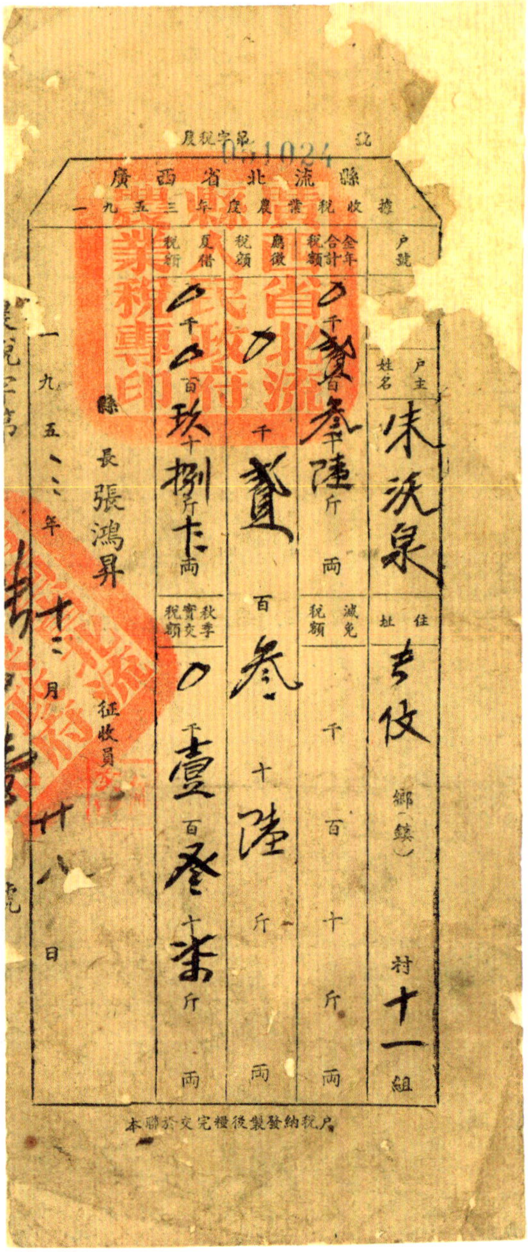
廣西省北流縣
一九五三年度農業稅收據
本聯於交完稅後發給納稅戶

0003 一九五六年一月二十九日北流县郑厚元货物税完税照

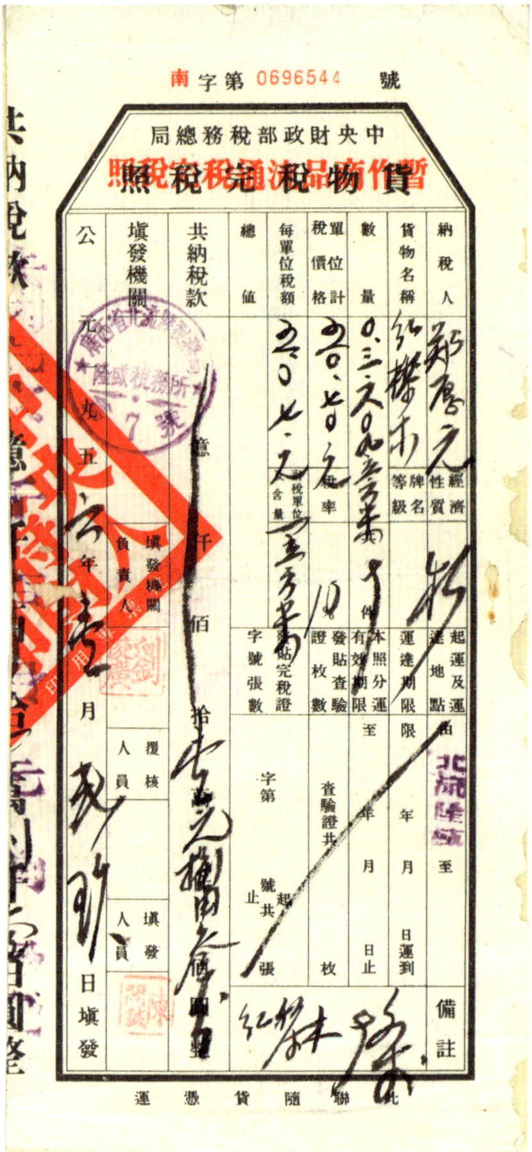
南字第0696544號
中央財政部稅務總局
貨物稅完稅照
暫代商品流通稅完稅照

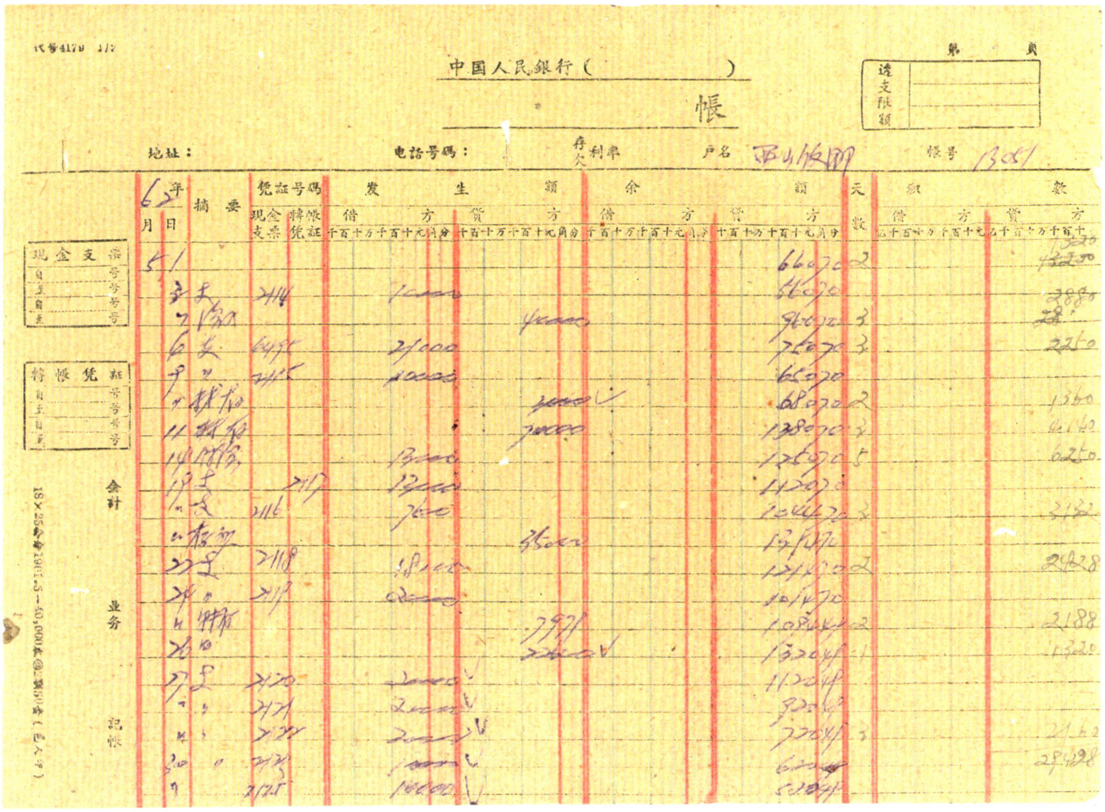

代号4170 1/2

中国人民银行（　　　　）

帐

第　页

透支限额

地址：　电話号碼：　存/欠利率　户名 西山饭馆　帐号 1305

年 月 日 | 摘要 | 凭証号碼（现金支票 / 轉帳凭証） | 发生额（借方 / 貸方） | 余额（借方 / 貸方） | 天数 | 积数（借方 / 貸方）

现金支票 自 号至 号 / 自 号至 号

特帳凭証 自 号至 号 / 自 号至 号

会计　业务　記帳

0001-1 一九六二年五月桂平西山饭馆对账单（1）

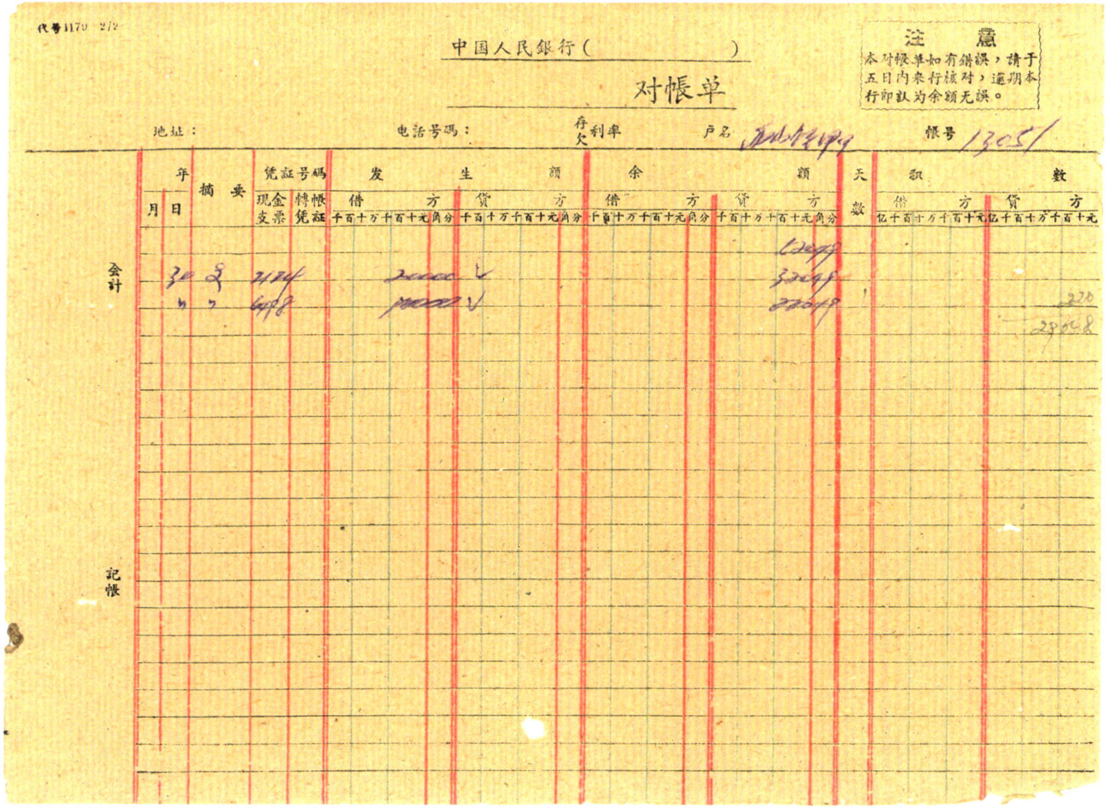

代号4170 2/2

中国人民银行（　　　　）

对帳单

注意

本对帳单如有錯误，請于五日内来行核对，逾期本行即认为余额无误。

地址：　电話号碼：　存/欠利率　户名　帐号 1305

年 月 日 | 摘要 | 凭証号碼（现金支票 / 轉帳凭証） | 发生额（借方 / 貸方） | 余额（借方 / 貸方） | 天数 | 积数（借方 / 貸方）

会计　記帳

0001-2 一九六二年五月桂平西山饭馆对账单（2）

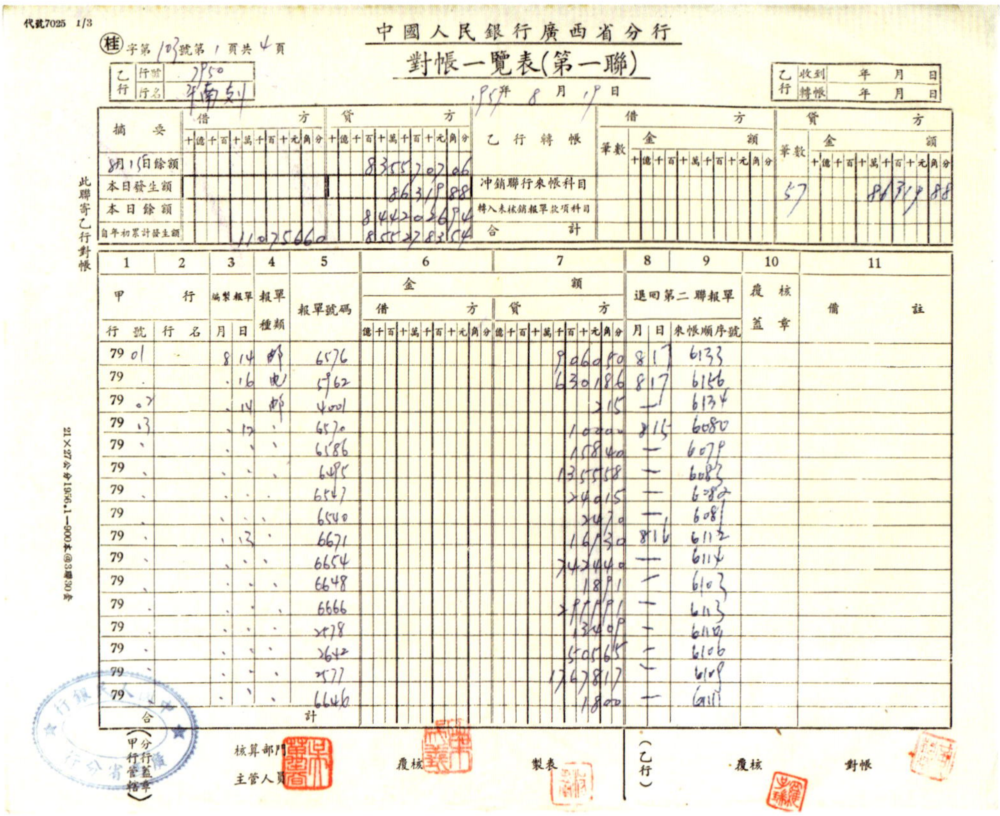

代號7025 1/3

㊣桂字第103號第1頁共4頁

中國人民銀行廣西省分行

對帳一覽表(第一聯)

乙行 行號 7850 行名 平南支

1951年8月19日

乙行 收到 年 月 日 轉帳 年 月 日

摘要	借方	貸方	乙行轉帳	借方 筆數	借方 金額	貸方 筆數	貸方 金額
8月15日餘額		83557076	冲銷聯行來帳科目			57	8631988
本日發生額		8631988	轉入未核銷報單款項科目				
本日餘額		84420264	合計				
自年初累計發生額	11075660	85527835					

此聯寄乙行對帳

1 甲行 行號	2 甲行 行名	3 編製報單 月	3 編製報單 日	4 報單種類	5 報單號碼	6 金額 借方	7 金額 貸方	8 退回第二聯報單 月	8 退回第二聯報單 日	9 來帳順序號	10 覆核蓋章	11 備註
7901		8	14	郵	6576		906090	8	17	6133		
79		、	16	电	5762		630186	8	17	6156		
7902		、	14	郵	4001		215	—		6134		
7913		、	17	、	6570		10200	8	15	6080		
79		、	、	、	6586		15840	—		6079		
79		、	、	、	6485		1355558	—		6083		
79		、	、	、	6547		24015	—		6082		
79		、	、	、	6540		2470	—		6081		
79		、	13	、	6671		16130	8	16	6112		
79		、	、	、	6654		742440	—		6114		
79		、	、	、	6648		1891	—		6103		
79		、	、	、	6666		211191	—		6113		
79		、	、	、	2478		13409	—		6110		
79		、	、	、	2642		50565	—		6106		
79		、	、	、	2577		1767817	—		6109		
79		、	、	、	6646		1800	—		6111		
合計												

21×27公分1956.1—900本@3聯30舍

(甲行分行管轄蓋章) 核算部門主管人員 覆核 製表

(乙行) 覆核 對帳

0001 一九五一年八月十九日平南支行对账一览表

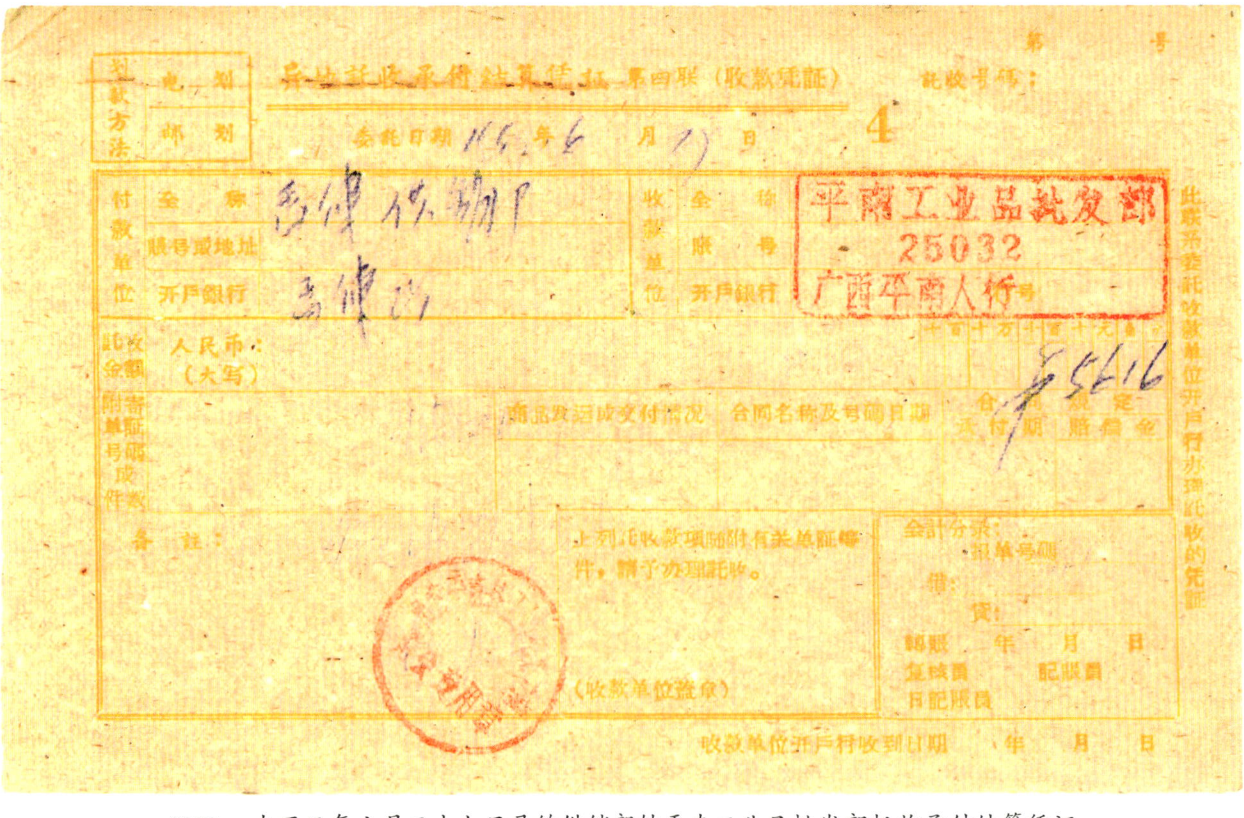

划款方法 电划 邮划

异地托收承付结算凭证 第四联(收款凭証) 第 号 托收号码:

委托日期 1952年6月27日 4

付款单位		收款单位	
全称	马练供销部	全称	平南工业品批发部
账号或地址		账号	25032
开户银行	马练	开户银行	广西平南人行

托收金额 人民币(大写) ¥5616

附寄单证号码或件数 | 商品发运或交付情况 | 合同名称及号码日期 | 合同规定支付额 赔偿金

备注:

上列托收款项随附有关单证等件,请予办理托收。

(收款单位盖章)

会计分录: 报单号码 借 贷 转账 年 月 日 复核员 记账员 开记账员

收款单位开户行收到日期 年 月 日

此联系委托收款单位开户行办理托收的凭证

0002 一九五二年六月二十七日马练供销部转平南工业品批发部托收承付结算凭证

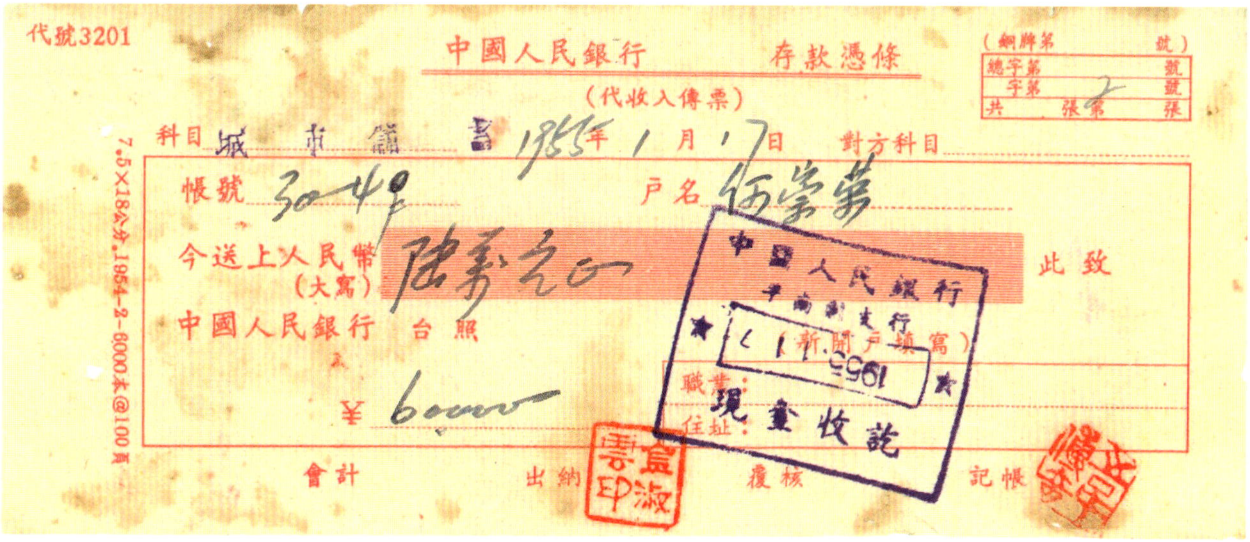

代號3201

中國人民銀行　存款憑條

（代收入傳票）

（鋼牌第　號）
總字第　號
字第　號
共　張第　張

科目 城市儲蓄 1955年1月17日 對方科目

帳號 3049　戶名 伍崇榮

今送上人民幣（大寫） 陸萬元正　此致

中國人民銀行　台照

（新開戶填寫）
職業
住址

¥ 60000

中國人民銀行 平南縣支行 1955 1 17 現金收訖

會計　出納　覆核　記帳

7.5×18公分.1954-2-6000本@100頁

0003 一九五五年一月十七日伍崇荣存款凭条

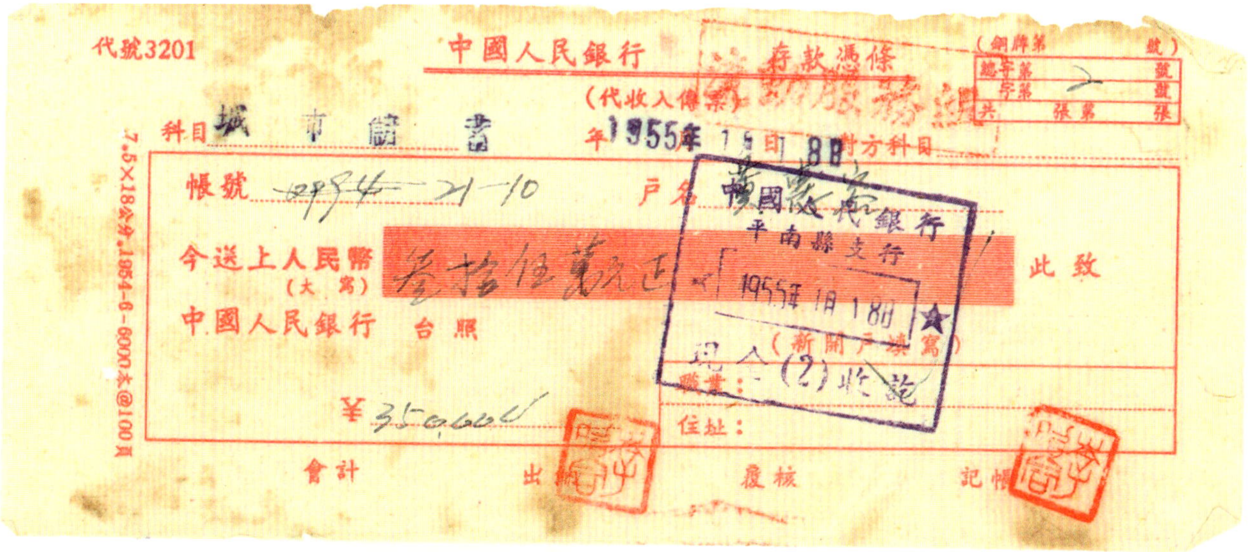

代號3201

中國人民銀行　存款憑條

（代收入傳票）

（鋼牌第　號）
總字第　號
字第　號
共　張第　張

科目 城市儲蓄 1955年1月18日 對方科目

帳號 21-10　戶名 黃惠容

今送上人民幣（大寫） 叁拾伍萬元正　此致

中國人民銀行　台照

（新開戶填寫）
職業
住址

¥ 350000

中國人民銀行 平南縣支行 1955年1月18日 現金（2）收訖

會計　出納　覆核　記帳

7.5×18公分.1954-6-6000本@100頁

0004 一九五五年一月十八日黄惠容存款凭条

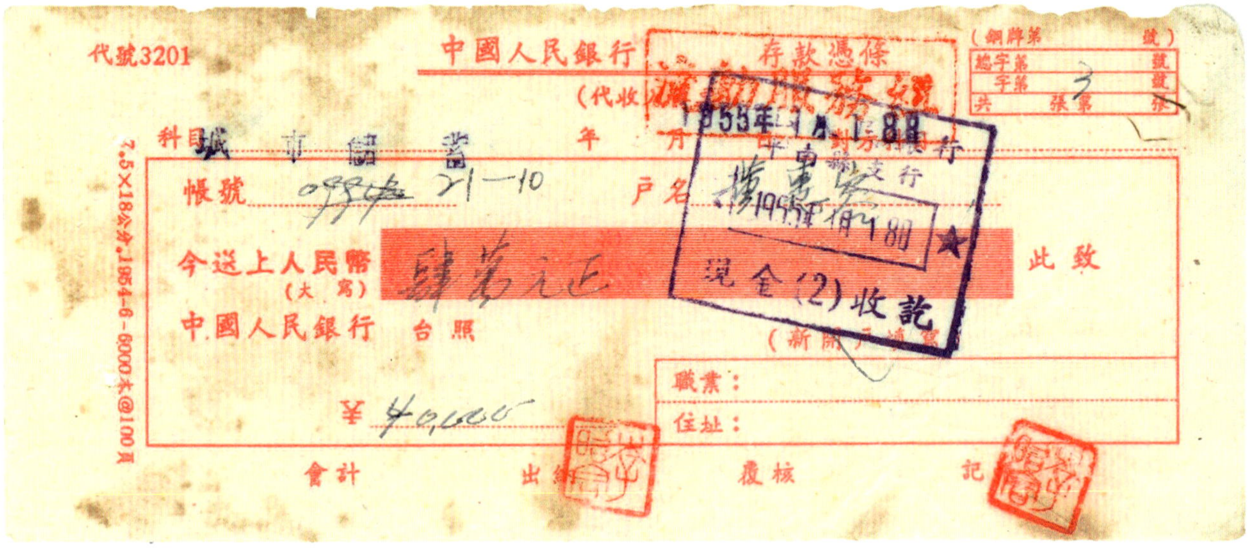
代號3201

中國人民銀行 存款憑條

流動服務組

(代收入傳票)

(編牌第 號)
總字第 號
字第 3 號
共 張第 張

科目 城市儲蓄 1955年1月18日 對方科目

帳號 0994 21—10 戶名 黄惠容

今送上人民幣(大寫) 肆萬元正 此致

中國人民銀行 台照

中國人民銀行
平南縣支行
1955年1月18日
現金(2)收訖

(新開戶填寫)

職業：

住址：

¥ 40,000

會計 出納 覆核 記帳

7.5×18公分.1954-6-6000本@100頁

0005 一九五五年一月十八日黄惠容存款凭条

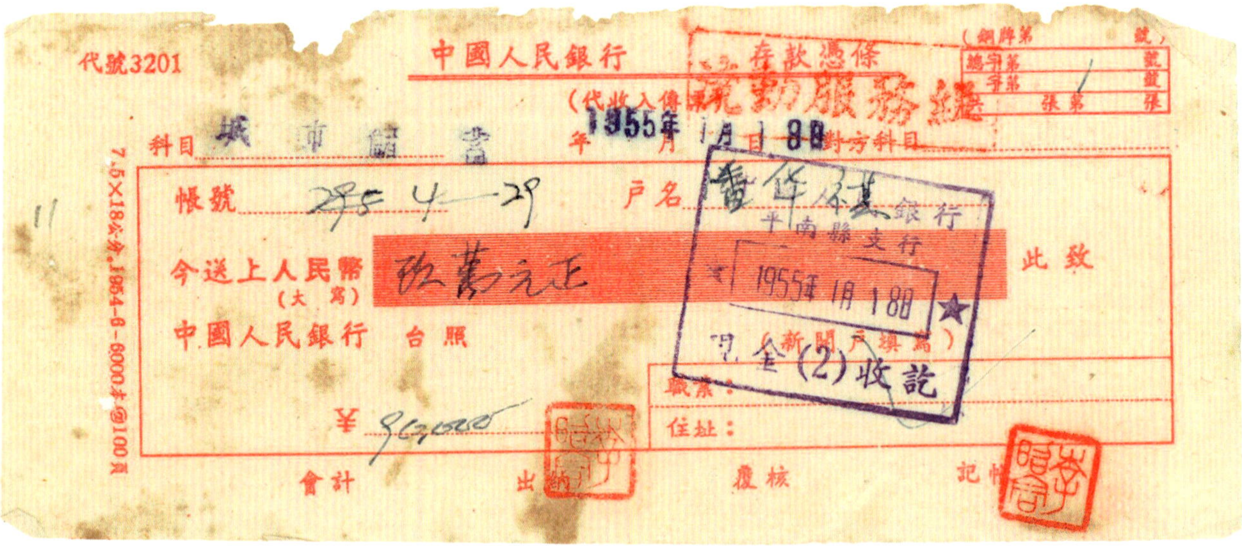
代號3201

中國人民銀行 存款憑條

流動服務組

(代收入傳票)

(編牌第 號)
總字第 號
字第 1 號
共 張第 張

科目 城市儲蓄 1955年1月18日 對方科目

帳號 2954—29 戶名 潘华祺

今送上人民幣(大寫) 玖萬元正 此致

中國人民銀行 台照

中國人民銀行
平南縣支行
1955年1月18日
現金(2)收訖

(新開戶填寫)

職業：

住址：

¥ 90,000

會計 出納 覆核 記帳

7.5×18公分.1954-6-6000本@100頁

0006 一九五五年一月十八日潘华祺存款凭条

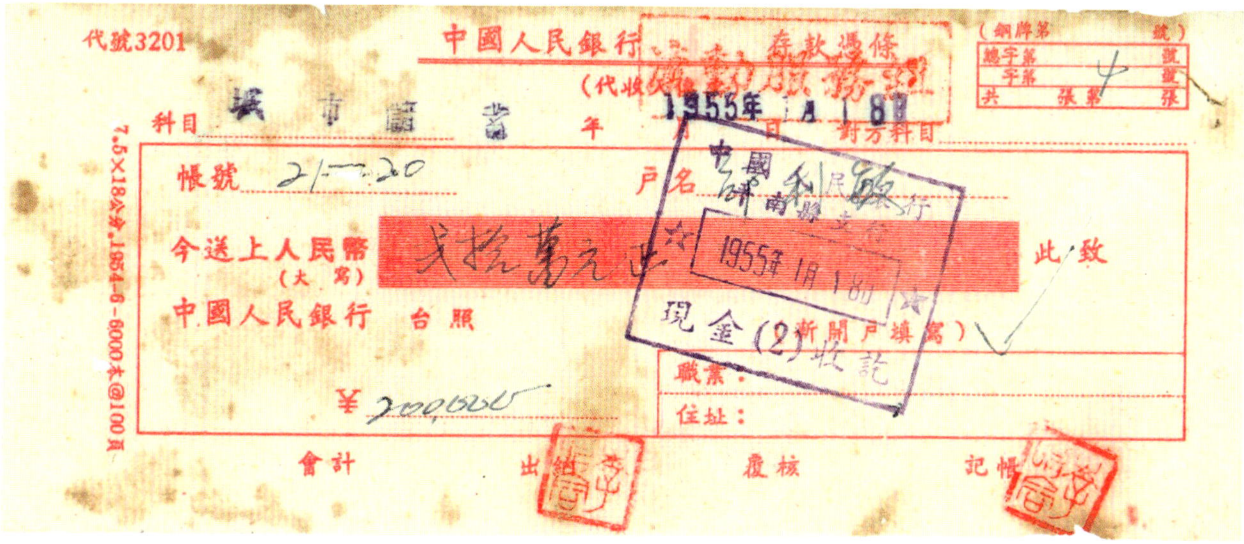

代號3201
中國人民銀行 存款憑條
(鋼牌第 號)
總字第 號
字第 號
共 張第 張
科目 年 月 日 對方科目
帳號 21-20 户名
今送上人民幣(大寫) 此致
中國人民銀行 台照
¥
(新開户填寫)
職業:
住址:
會計 出納 覆核 記帳
7.5×18公分.1954-6-6000本@100頁

0007 一九五五年一月十八日邵利敏存款凭条

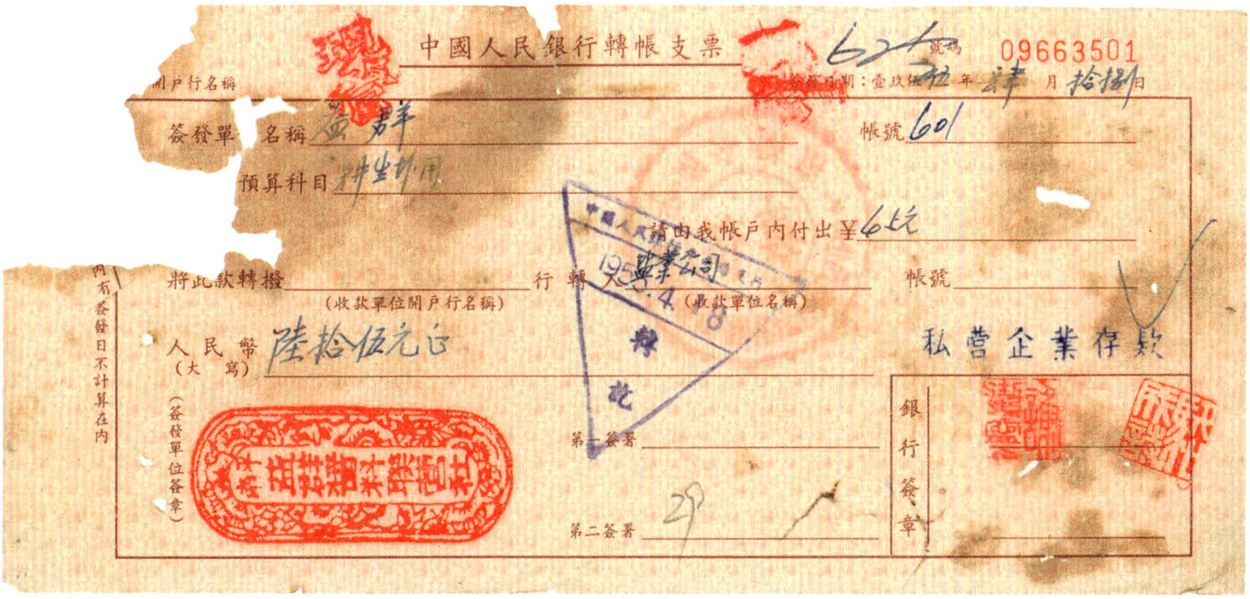

中國人民銀行轉帳支票 號碼 09663501
開户行名稱 簽發日期:壹玖伍伍年肆月拾捌日
簽發單位 名稱 益群 帳號 601
預算科目
請由我帳戶內付出¥65元
將此款轉撥 (收款單位開户行名稱) 行 轉入 (收款單位名稱) 帳號
人民幣(大寫) 陸拾伍元正
私營企業存款
(簽發單位簽章)
第一簽署
第二簽署
銀行簽章
內有簽發日不計算在內

0008 一九五五年四月十八日益群转账支票

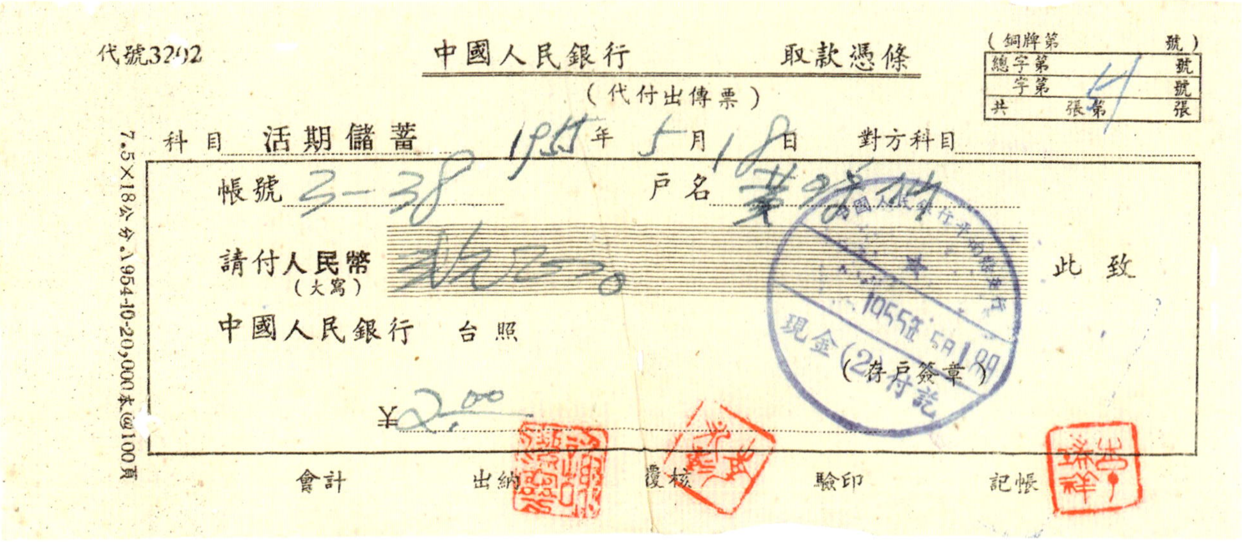

代號3202

中國人民銀行 取款憑條

（代付出傳票）

（銅牌第 號）
總字第 號
字第 號
共 張第 4 張

7.5×18公分·1954-10-20,000本@100頁

科目 活期儲蓄 1955年5月18日 對方科目

帳號 3-38 戶名 黄□似

請付人民幣（大寫） [illegible]

中國人民銀行 台照 此致

（存戶簽章）

¥2.00

會計 出納 覆核 驗印 記帳

0009 一九五五年五月十八日黄□似活期储蓄取款凭条

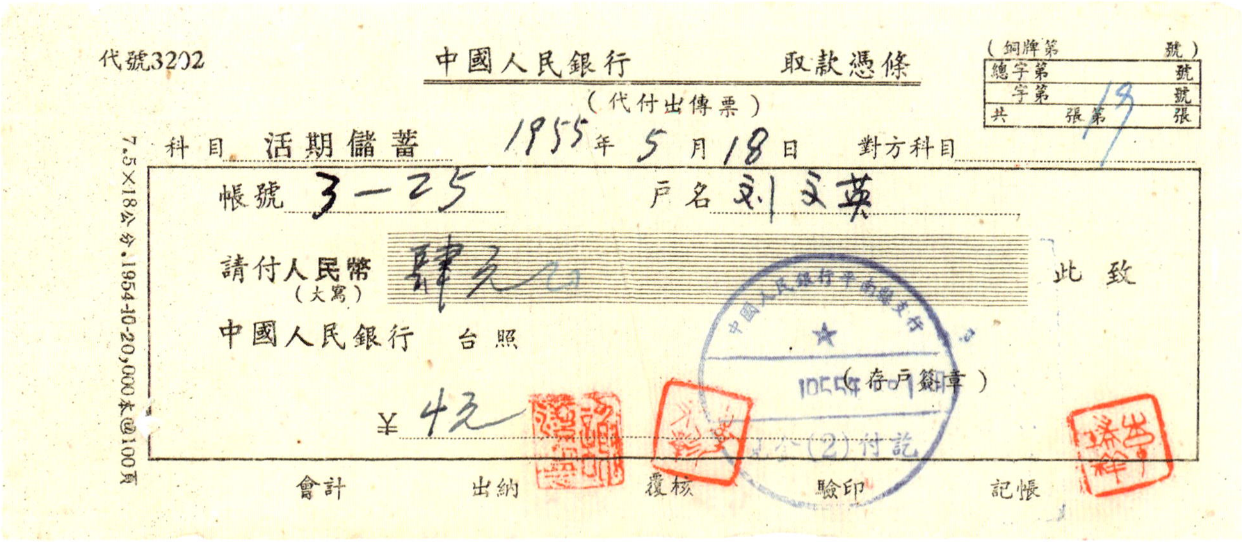

代號3202

中國人民銀行 取款憑條

（代付出傳票）

（銅牌第 號）
總字第 號
字第 號
共 張第 13 張

7.5×18公分·1954-10-20,000本@100頁

科目 活期儲蓄 1955年5月18日 對方科目

帳號 3-25 戶名 刘文英

請付人民幣（大寫） 肆元

中國人民銀行 台照 此致

（存戶簽章）

¥4元

會計 出納 覆核 驗印 記帳

0010 一九五五年五月十八日刘文英活期储蓄取款凭条

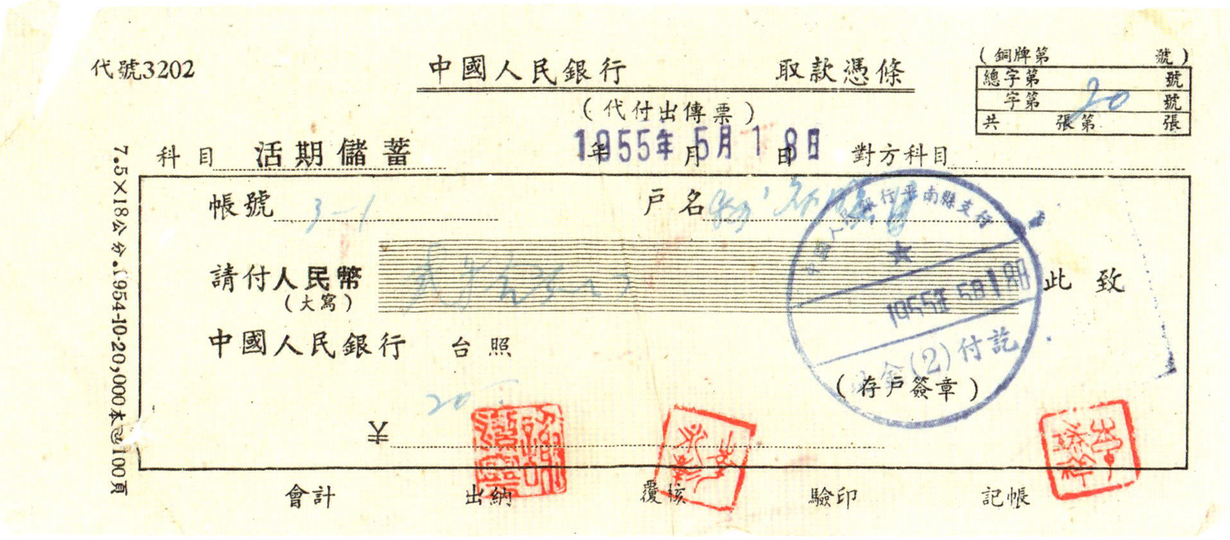
代號3202 中國人民銀行 取款憑條
（代付出傳票）
（銅牌第 號）
總字第 號
字第 20 號
共 張第 張
科目 活期儲蓄 1955年5月18日 對方科目
帳號 3-1 戶名
請付人民幣（大寫） 此致
中國人民銀行 台照
（存戶簽章）
¥
會計 出納 覆核 驗印 記帳
7.5×18公分·1954-10-20,000本@100頁

0011 一九五五年五月十八日物□□□活期储蓄取款凭条

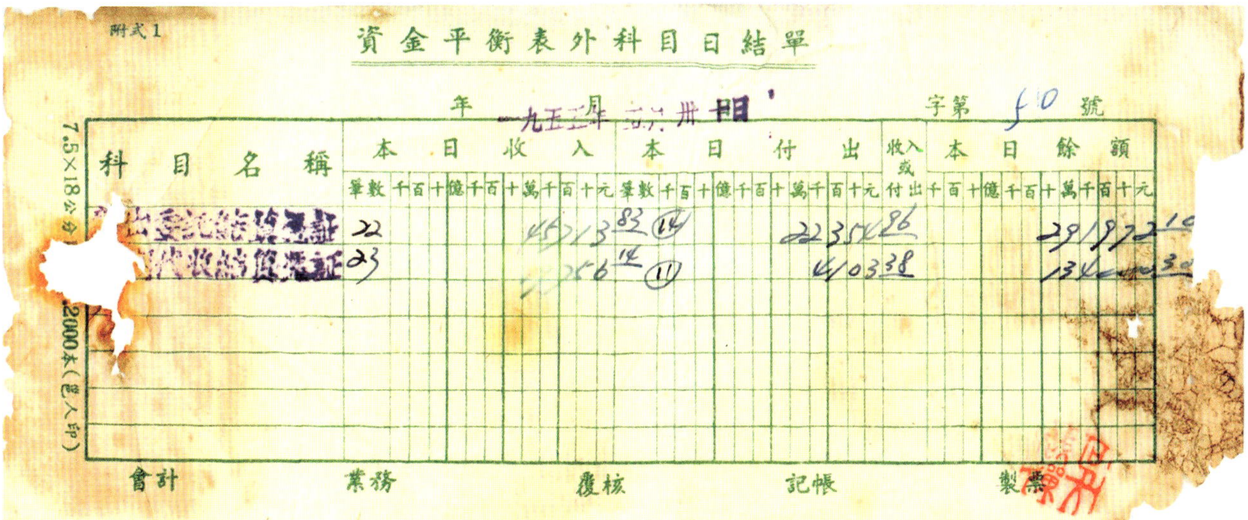
附式1
資金平衡表外科目日結單
年 月 日 字第 號
科目名稱 本日收入 本日付出 收入或付出 本日餘額
筆數 千 百 十 億 千 百 十 萬 千 百 十 元
付出委託結算憑証
代收結算憑証
會計 業務 覆核 記帳 製票
7.5×18公分 2000本

0012 一九五五年五月三十日付出委托结算凭证资金平衡表外科目日结单

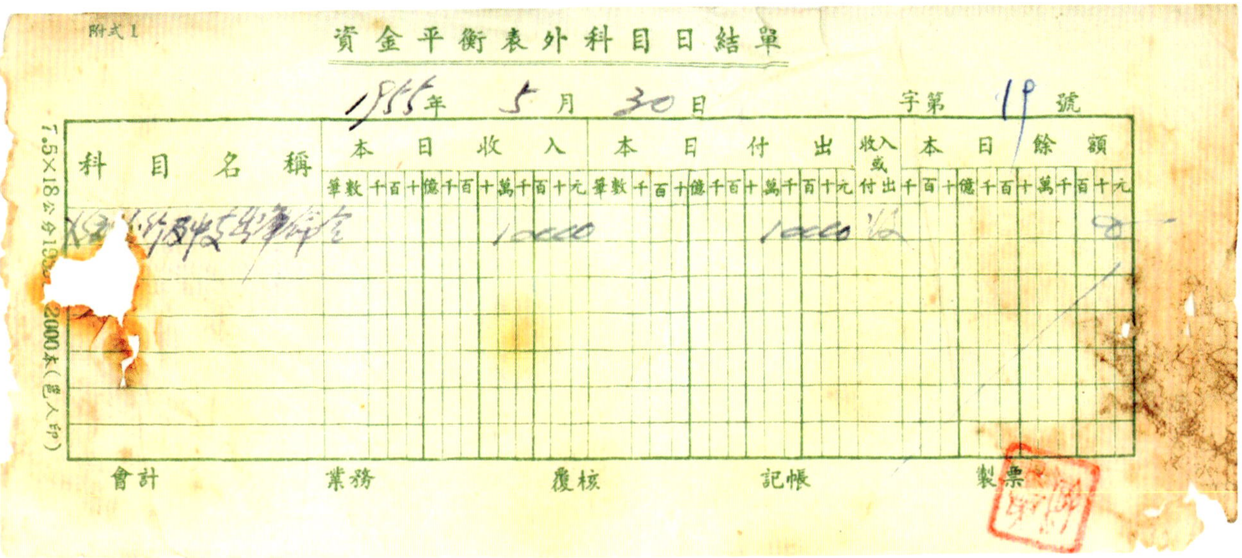

附式1

資金平衡表外科目日結單

1955年 5月 30日 字第 19 號

科目名稱 | 本日收入 | 本日付出 | 收入或付出 | 本日餘額

10000 | 10000

會計 業務 覆核 記帳 製票

7.5×18公分 ……2000本（昌人印）

0013 一九五五年五月三十日中支出库命令资金平衡表外科目日结单

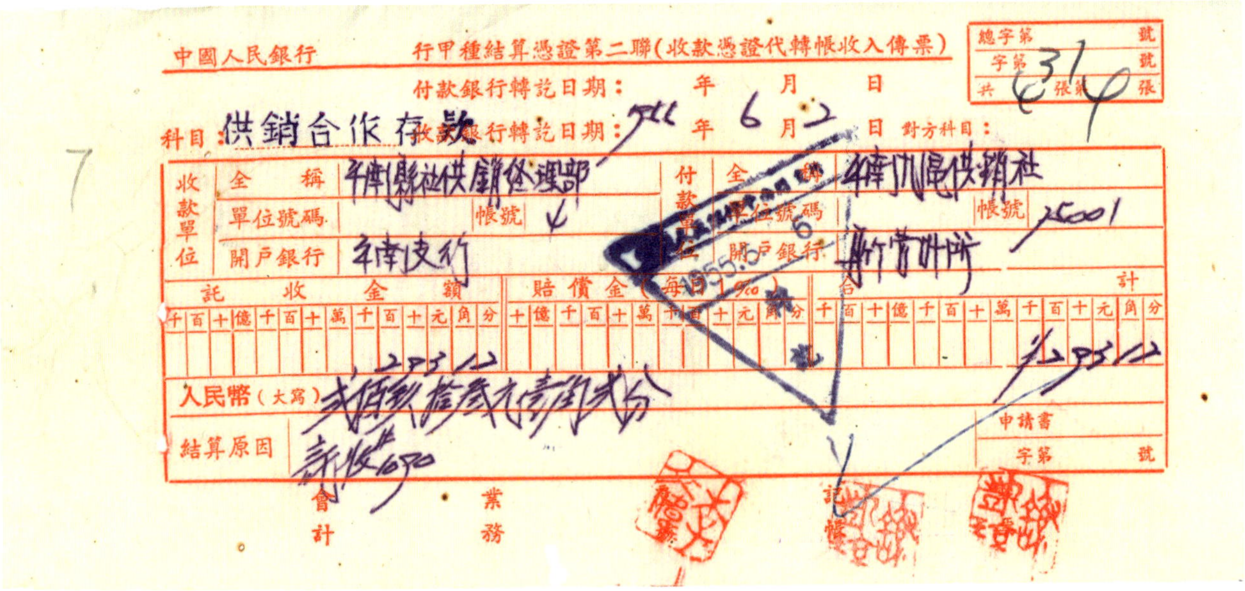

中國人民銀行 行甲種結算憑證第二聯（收款憑證代轉帳收入傳票）

總字第 號 字第 號 共 張第 張

付款銀行轉訖日期： 年 月 日

科目：供銷合作存款 收款銀行轉訖日期：55年 6月 2日 對方科目：

收款單位 全稱 平南縣社供銷經理部 單位號碼 帳號 開戶銀行 平南支行

付款單位 全稱 平南九區供銷社 單位號碼 帳號 15001 開戶銀行

託收金額 275.12 賠償金（每日 ‰） 合計 275.12

人民幣（大寫）貳佰柒拾伍元壹角貳分

結算原因

申請書 字第 號

會計 業務 記帳

0014 一九五五年六月二日九区供销社转平南县供销社经理部结算凭证

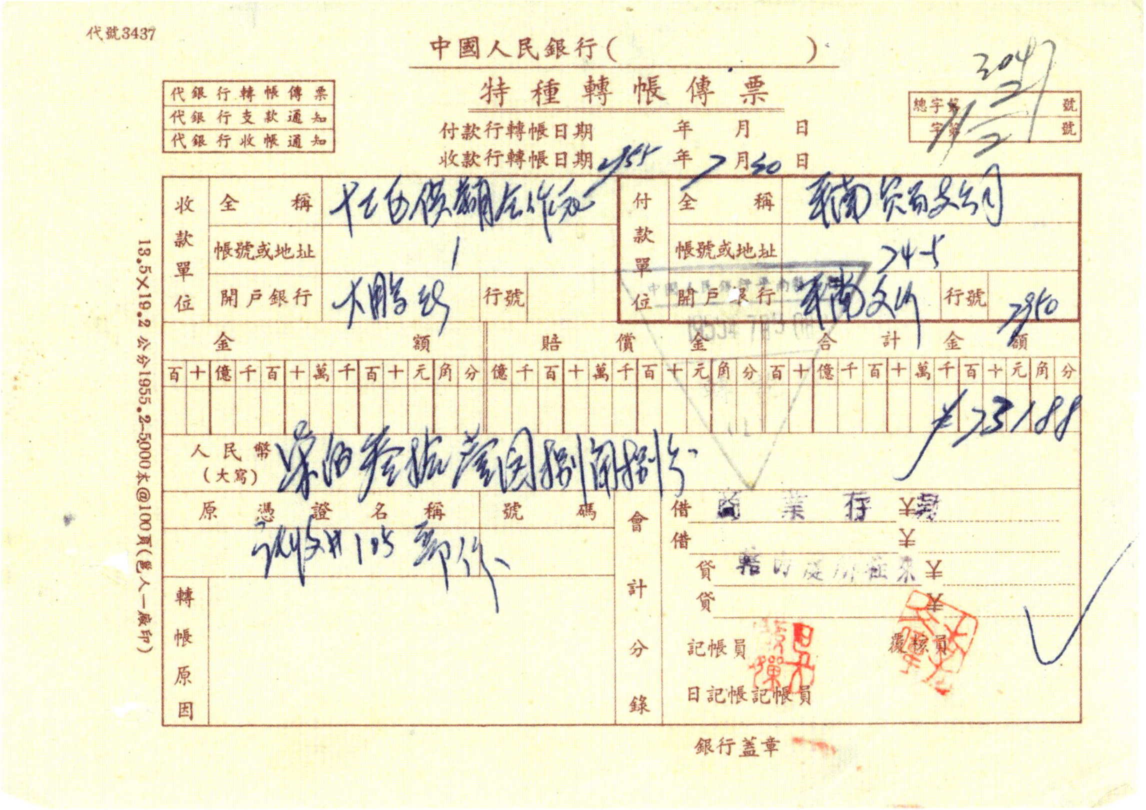
代號3437

中國人民銀行（ ）

特種轉帳傳票

代銀行轉帳傳票
代銀行支款通知
代銀行收帳通知

總字第 號
字第 號

付款行轉帳日期 年 月 日
收款行轉帳日期 55 年 7 月 30 日

收款單位			付款單位		
全稱			全稱		
帳號或地址			帳號或地址	245	
開戶銀行		行號	開戶銀行		行號

金額 / 賠償金 / 合計金額

人民幣（大寫）

原憑證名稱 號碼

轉帳原因

會計分錄：借 商業存 ¥；借 ¥；貸 ¥；貸 ¥

記帳員 覆核員 日記帳記帳員

銀行蓋章

18.5×19.2公分1955.2-5000本@100頁（邕人一廠印）

0015 一九五五年七月三十日平南贸易支公司转第十二区供销合作社特种转账传票

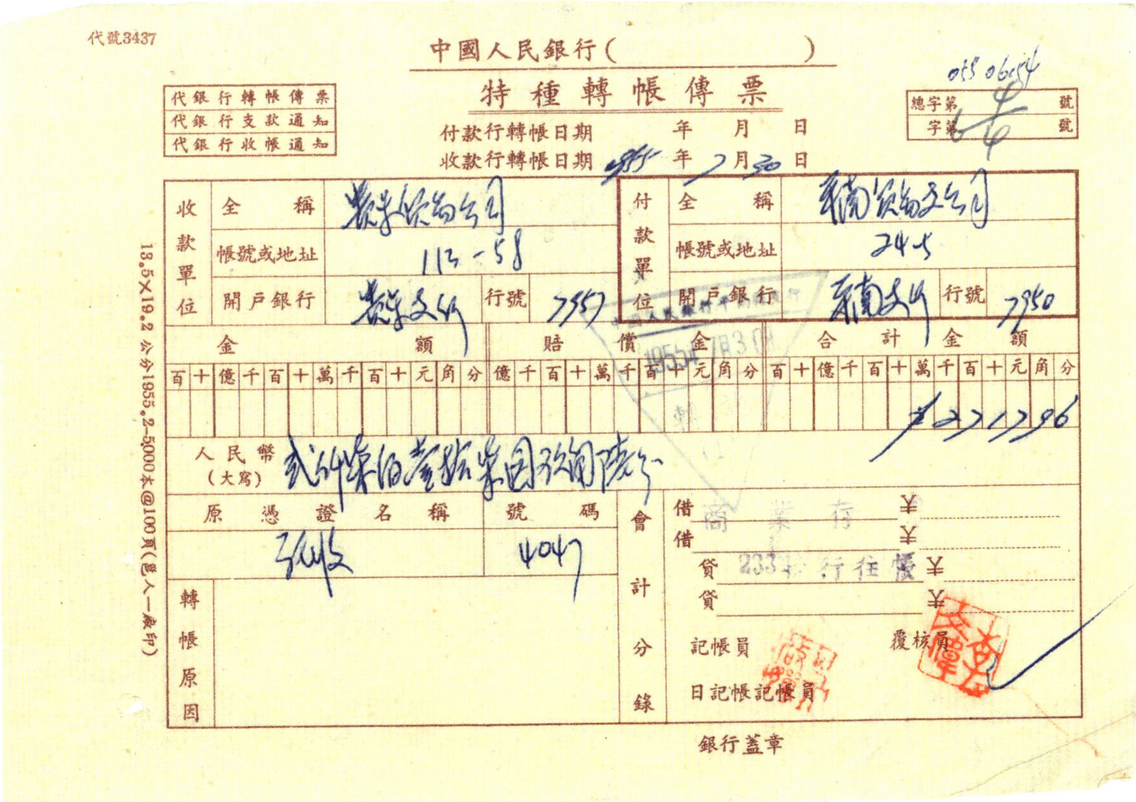
代號3437

中國人民銀行（ ）

特種轉帳傳票

代銀行轉帳傳票
代銀行支款通知
代銀行收帳通知

總字第 號
字第 號

付款行轉帳日期 年 月 日
收款行轉帳日期 55 年 7 月 30 日

收款單位			付款單位		
全稱			全稱		
帳號或地址	113-58		帳號或地址	245	
開戶銀行		行號	開戶銀行		行號

金額 / 賠償金 / 合計金額

人民幣（大寫）

原憑證名稱 號碼 4047

轉帳原因

會計分錄：借 商業存 ¥；借 ¥；貸 ¥；貸 ¥

記帳員 覆核員 日記帳記帳員

銀行蓋章

18.5×19.2公分1955.2-5000本@100頁（邕人一廠印）

0016 一九五五年七月三十日平南贸易支公司转贵县贸易公司特种转账传票

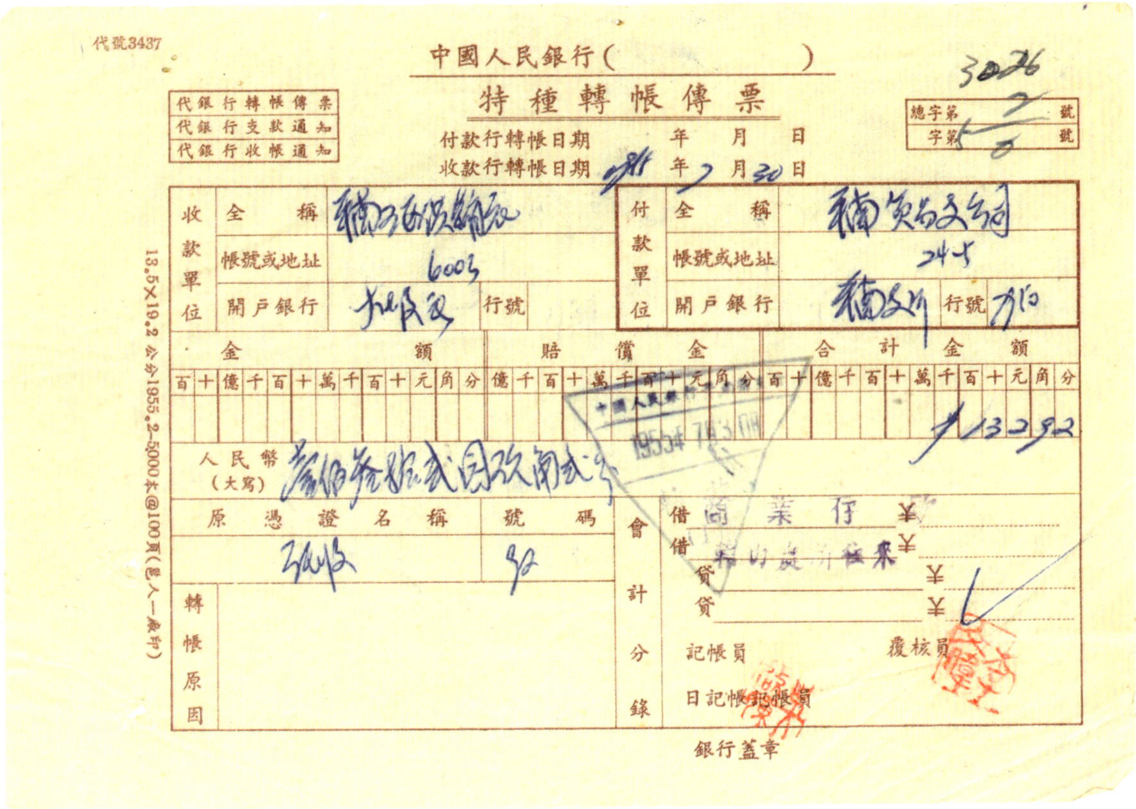

代號3437

中國人民銀行（　　　　）

特種轉帳傳票

代銀行轉帳傳票
代銀行支款通知
代銀行收帳通知

付款行轉帳日期　　年　月　日
收款行轉帳日期　　年　月　日

總字第　號
字第　號

收款單位			付款單位		
全稱			全稱		
帳號或地址			帳號或地址		
開戶銀行		行號	開戶銀行		行號

金額　賠償金額　合計金額

人民幣（大寫）

原憑證名稱	號碼

轉帳原因

會計分錄：借　借　貸　貸　¥
記帳員　覆核員　日記帳記帳員

銀行蓋章

13.5×19.2公分1955.2-5000本@100頁（邕人一廠印）

0017 一九五五年七月三十日平南贸易支公司转平南五区供销社特种转账传票

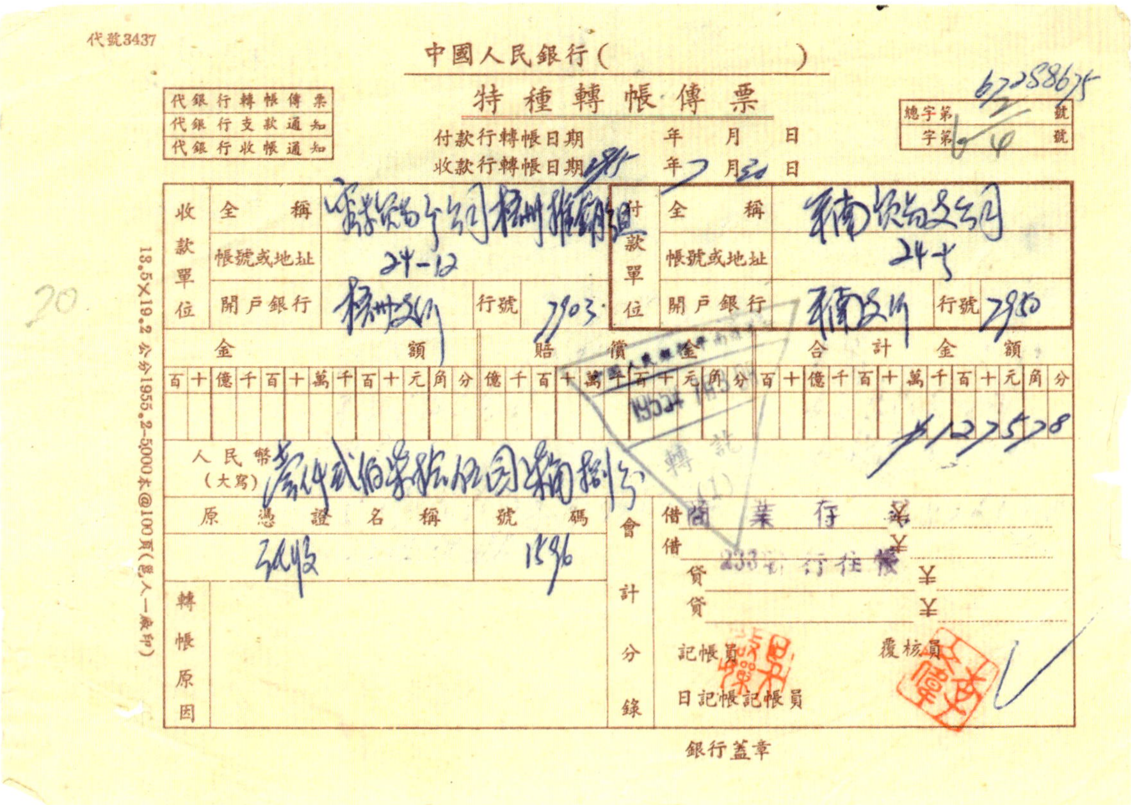

代號3437

中國人民銀行（　　　　）

特種轉帳傳票

代銀行轉帳傳票
代銀行支款通知
代銀行收帳通知

付款行轉帳日期　　年　月　日
收款行轉帳日期　　年　月　日

總字第　號
字第　號

收款單位			付款單位		
全稱			全稱		
帳號或地址			帳號或地址		
開戶銀行		行號	開戶銀行		行號

金額　賠償金額　合計金額

人民幣（大寫）

原憑證名稱	號碼

轉帳原因

會計分錄：借　借　貸　貸　¥
記帳員　覆核員　日記帳記帳員

銀行蓋章

13.5×19.2公分1955.2-5000本@100頁（邕人一廠印）

0018 一九五五年七月三十日平南贸易支公司转容县贸易分公司梧州推销组特种转账传票

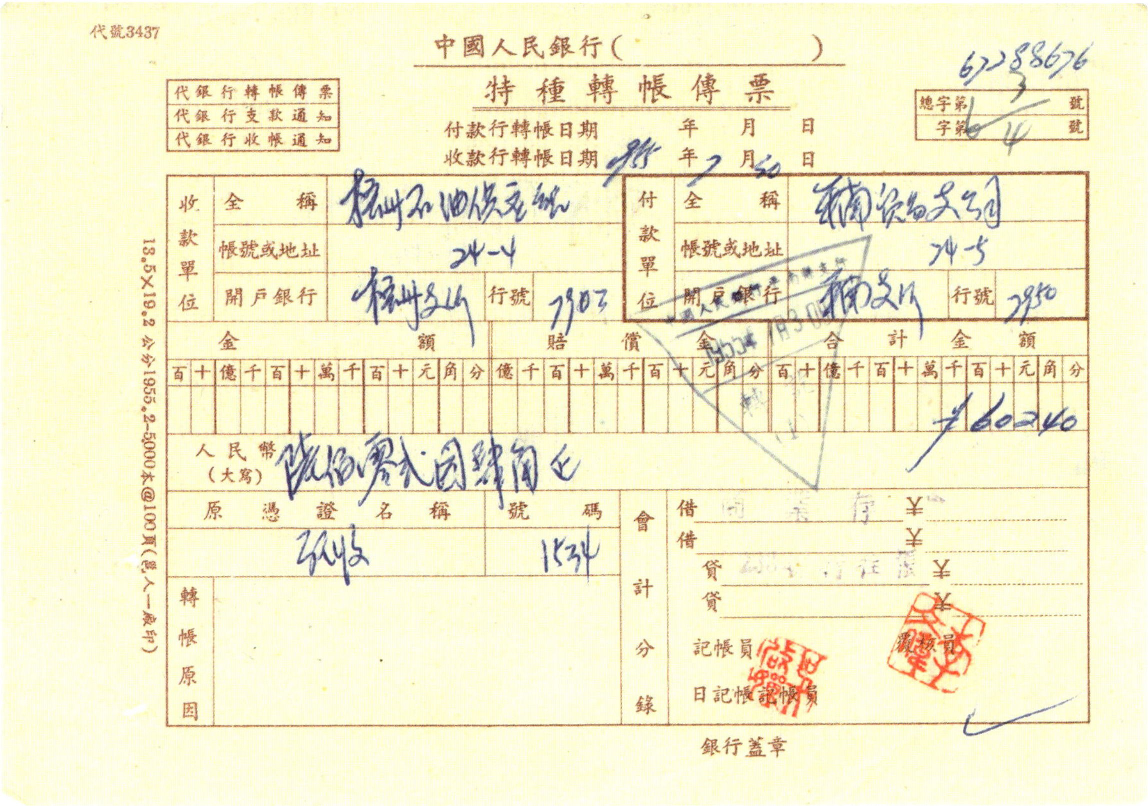

代號3437

中國人民銀行（　　　）

特種轉帳傳票

代銀行轉帳傳票
代銀行支款通知
代銀行收帳通知

總字第　號
字第　號

付款行轉帳日期　年　月　日
收款行轉帳日期 55 年 7 月 30 日

收款單位			付款單位		
全稱	梧州石油供應站		全稱	平南貿易支公司	
帳號或地址	24-4		帳號或地址	24-5	
開戶銀行	梧州支行	行號 7903	開戶銀行	平南支行	行號 2950

金額　賠償金額　合計金額 ¥60240

人民幣（大寫）陸佰零貳圓肆角正

原憑證名稱　號碼
托收　1534

轉帳原因

會計分錄
借　¥
借　¥
貸　¥
貸　¥
記帳員　復核員
日記帳記帳員

銀行蓋章

18.5×19.2公分1955.2-5000本@100頁（墨人一廠印）

0019 一九五五年七月三十日平南贸易支公司转梧州石油供应站特种转账传票

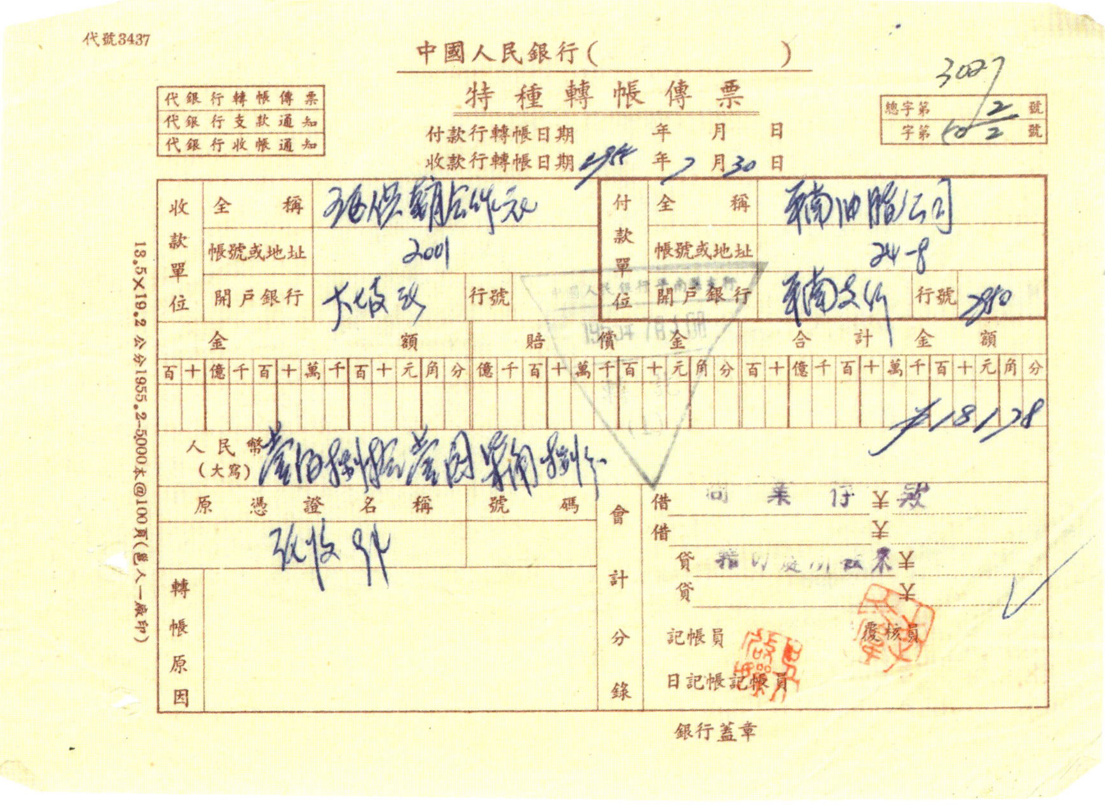

代號3437

中國人民銀行（　　　）

特種轉帳傳票

代銀行轉帳傳票
代銀行支款通知
代銀行收帳通知

總字第 2 號
字第 2 號

付款行轉帳日期　年　月　日
收款行轉帳日期 55 年 7 月 30 日

收款單位			付款單位		
全稱	五區供銷合作社		全稱	平南油脂公司	
帳號或地址	2001		帳號或地址	24-8	
開戶銀行	大安所	行號	開戶銀行	平南支行	行號 2950

金額　賠償金額　合計金額 ¥18178

人民幣（大寫）壹佰捌拾壹圓柒角捌分

原憑證名稱　號碼
托收

轉帳原因

會計分錄
借　¥
借　¥
貸　¥
貸　¥
記帳員　復核員
日記帳記帳員

銀行蓋章

18.5×19.2公分1955.2-5000本@100頁（墨人一廠印）

0020 一九五五年七月三十日平南油脂公司转五区供销合作社特种转账传票

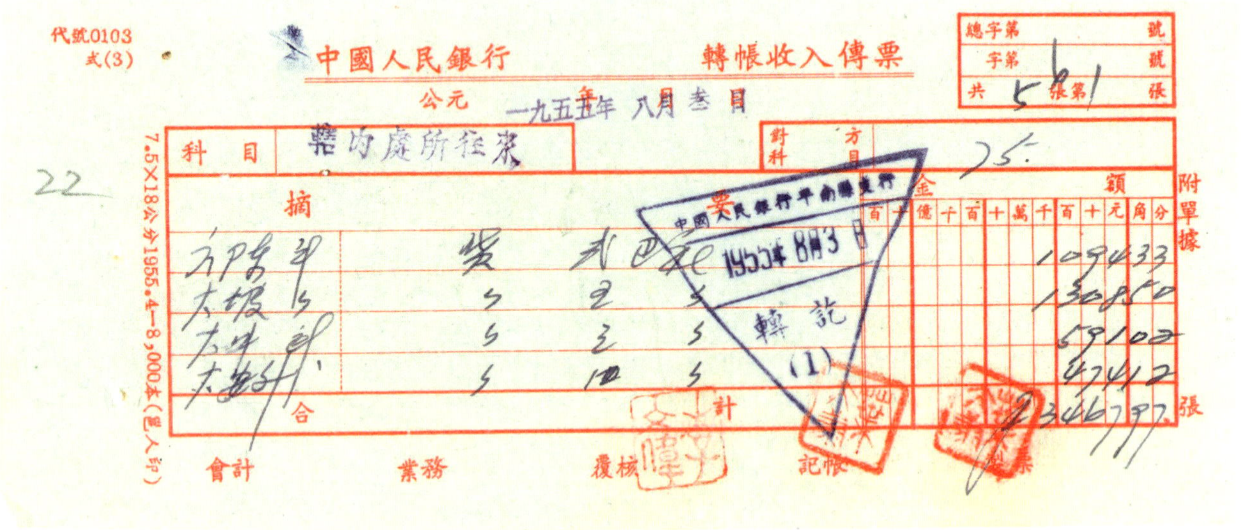
代號0103
式(3)
中國人民銀行 轉帳收入傳票
總字第 號
字第 號
共 5 張第 1 張
公元 一九五五年 八月叁日
科目 轄內處所往來
對方科目 25
摘要
金額
合計
會計 業務 覆核 記帳
附單據 張
7.5×18公分1955.4—8,000本(置入印)

0021 一九五五年八月三日平南县支行转账收入传票

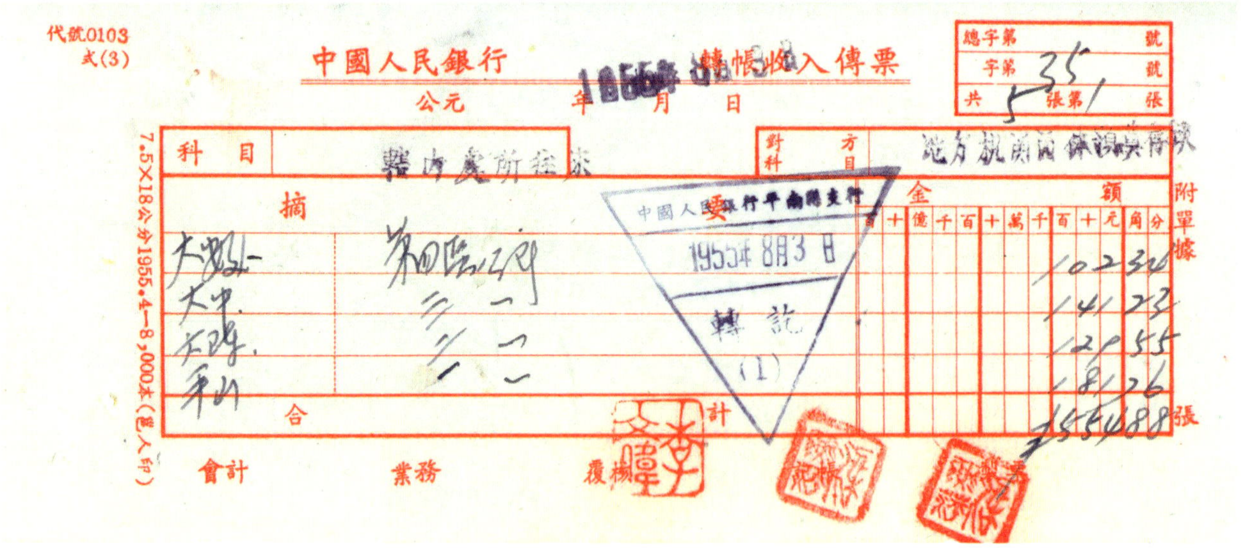
代號0103
式(3)
中國人民銀行 轉帳收入傳票
總字第 號
字第 35 號
共 5 張第 1 張
公元 年 月 日
科目 轄內處所往來
對方科目
摘要
金額
合計
會計 業務 覆核
附單據 張
7.5×18公分1955.4—8,000本(置入印)

0022 一九五五年八月三日平南县支行转账收入传票

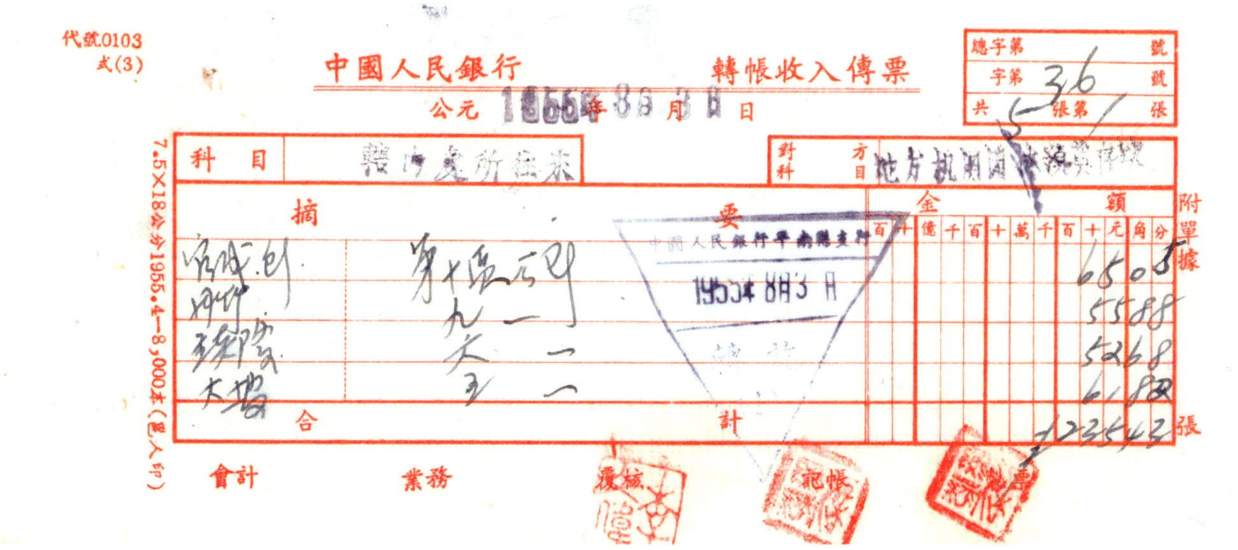
代號0103
式(3)

中國人民銀行 轉帳收入傳票

公元 1955年8月3日

總字第 號
字第 36 號
共 5 張第 1 張

科目：轄內支所往來
對方科目：地方机關團体預算存款

摘	要	金額
[illegible]	第十區公所	65.05
[illegible]	九 〃	55.88
[illegible]	六 〃	52.68
[illegible]	三 〃	61.82
合	計	235.43

附單據 張

會計 業務 覆核 記帳 製票

0023 一九五五年八月三日平南县支行转账收入传票

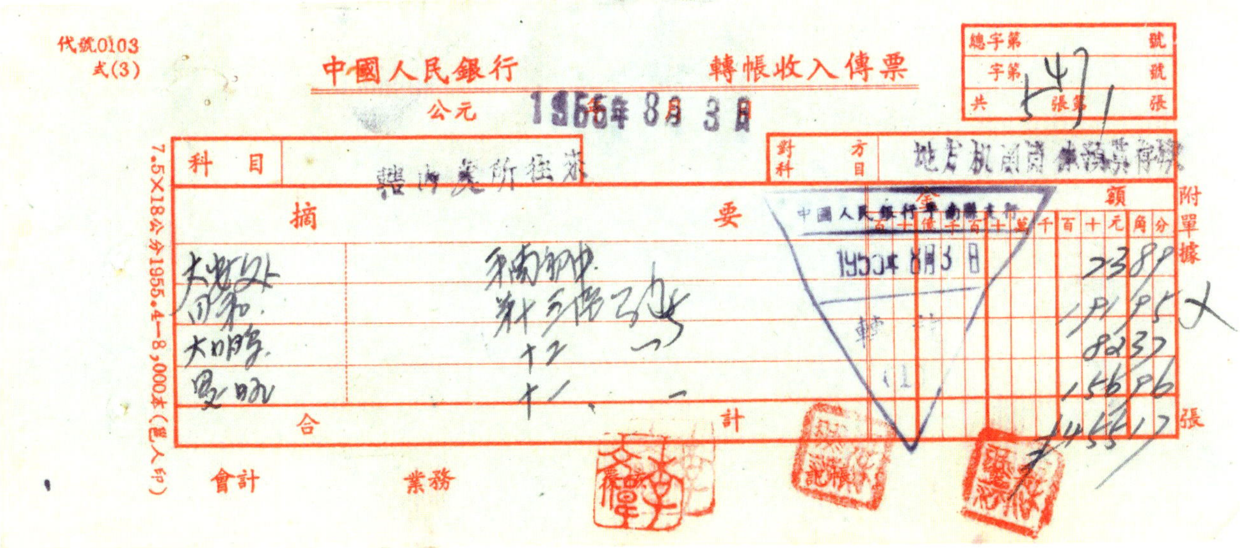
代號0103
式(3)

中國人民銀行 轉帳收入傳票

公元 1955年8月3日

總字第 號
字第 54 號
共 5 張第 1 張

科目：轄內支所往來
對方科目：地方机關團体預算存款

摘	要	金額
[illegible]	平南鎮中	23.89
[illegible]	第十三區公所	71.95
[illegible]	十二 〃	82.37
[illegible]	十一 〃	156.86
合	計	345.17

附單據 張

會計 業務

0024 一九五五年八月三日平南县支行转账收入传票

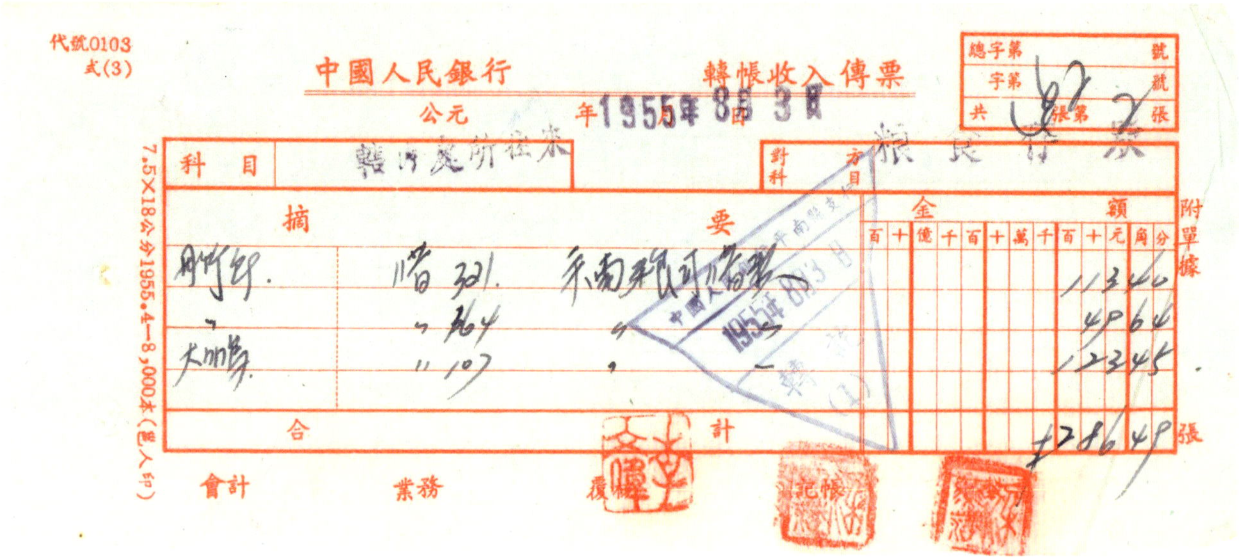
代號0103
式(3)
中國人民銀行　轉帳收入傳票
公元 1955年8月3日
總字第　號　字第　號　共　張第　張
科目　對方科目　糧食存款

摘要			金額
	嗜 331	平南糧所嗜款	113.40
	〃 264	〃	49.64
	〃 107	〃	122.45
合計			¥286.49

附單據　張
7.5×18公分1955.4—8,000本(邕人印)
會計　業務　覆核　記帳

0025 一九五五年八月三日平南县支行转账收入传票

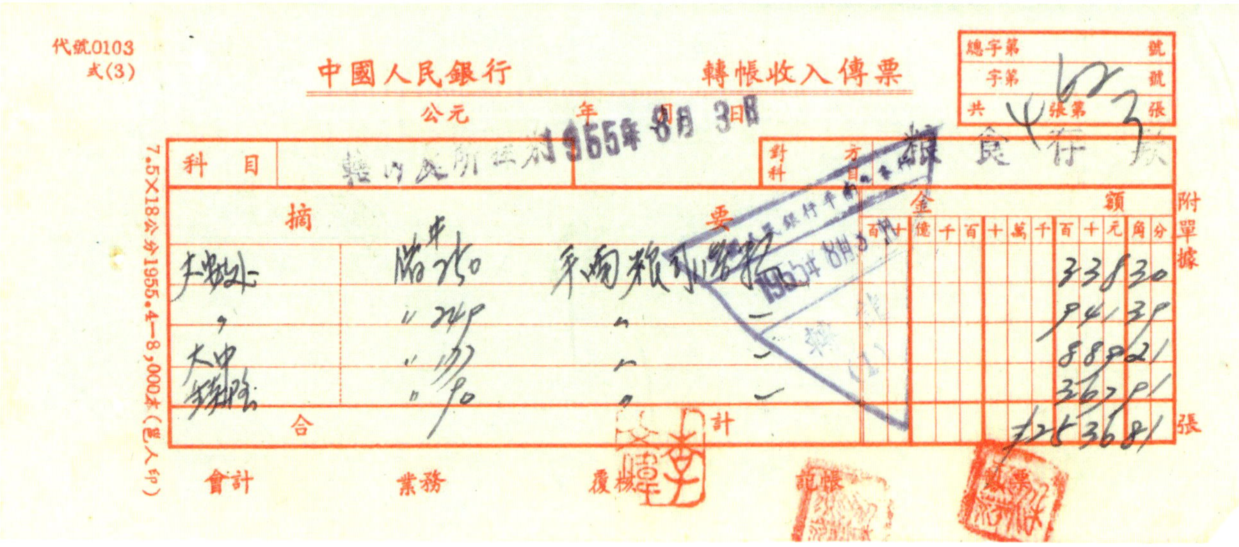
代號0103
式(3)
中國人民銀行　轉帳收入傳票
公元 1955年8月3日
總字第　號　字第　號　共　張第　張
科目　對方科目　糧食存款

摘要			金額
	嗜 250	平南糧所嗜款	338.30
	〃 249	〃	94.30
	〃	〃	880.21
	〃	〃	367.01
合計			¥1,536.81

附單據　張
7.5×18公分1955.4—8,000本(邕人印)
會計　業務　覆核　記帳

0026 一九五五年八月三日平南县支行转账收入传票

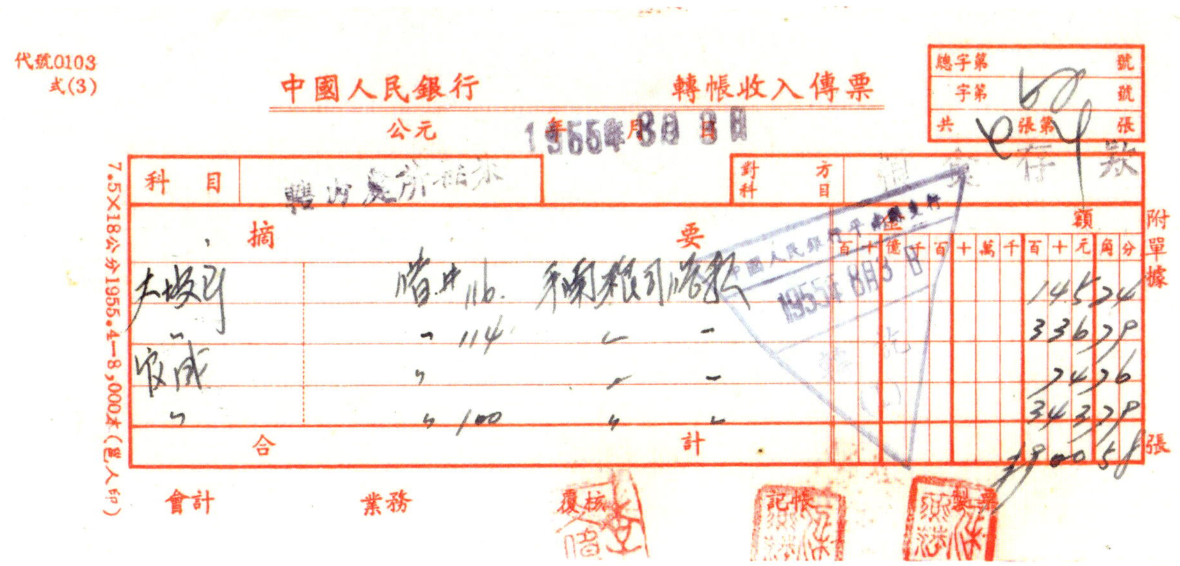
代號0103
式(3)

中國人民銀行 轉帳收入傳票

總字第 號
字第 號
共 張第 張

公元 1955年8月3日

科目：轄內支所往來　對方科目：個人存款

摘	要	金額
大坡	借卅116 稻粮預购款	145.24
〃	〃 114 〃 〃	336.78
官成	〃 〃 〃	74.76
〃	〃 100 〃 〃	342.78
合	計	900.56

附單據 張

會計　業務　覆核　記帳　製票

7.5×18公分1955.4—8,000本(置入印)

0027 一九五五年八月三日平南县支行转账收入传票

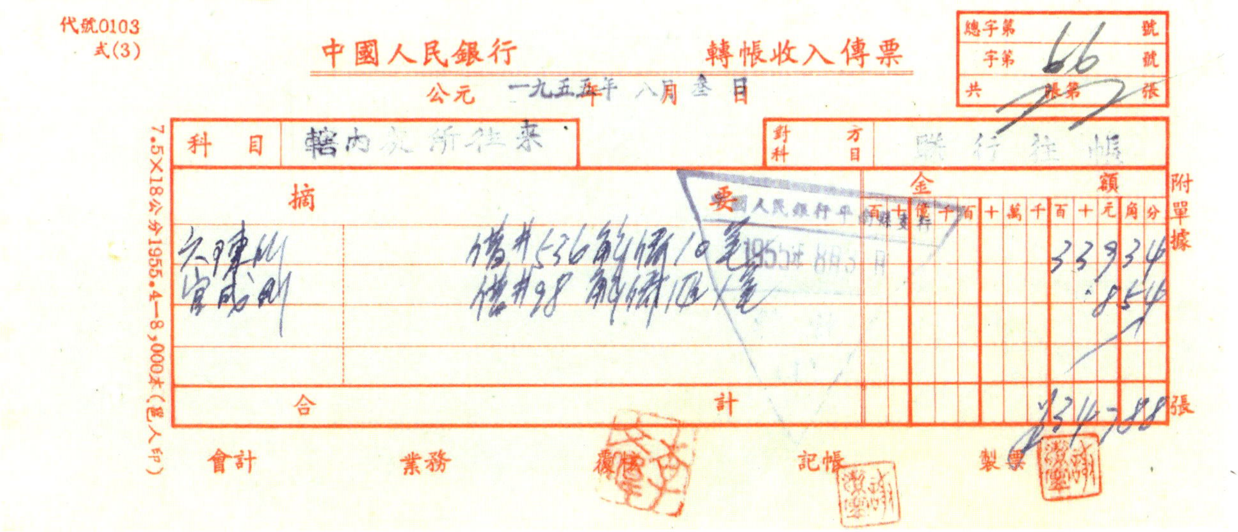
代號0103
式(3)

中國人民銀行 轉帳收入傳票

總字第 66 號
字第 號
共 張第 張

公元 一九五五年 八月叁日

科目：轄內支所往來　對方科目：聯行往帳

摘	要	金額
大坡	借卅536 解繳10笔	339.34
官成	借卅98 解繳12笔	8.54
合	計	347.88

附單據 張

會計　業務　覆核　記帳　製票

7.5×18公分1955.4—8,000本(置入印)

0028 一九五五年八月三日平南县支行转账收入传票

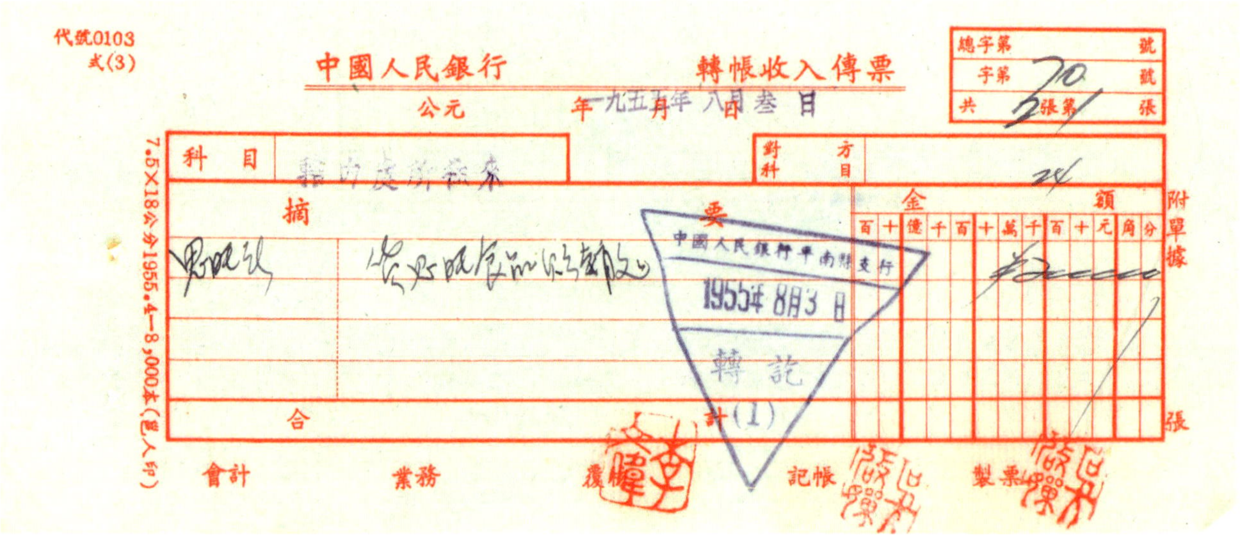

代號0103
式(3)

中國人民銀行 轉帳收入傳票

公元 一九五五年 八月 叁 日

總字第	號
字第 710	號
共 張第	張

科目		對方科目	
摘要		金額	
合計			

附單據 張

中國人民銀行平南縣支行 1955年8月3日 轉訖 (1)

會計 業務 復核 記帳 製票

7.5×18公分1955.4—8,000本(邕人印)

0029 一九五五年八月三日平南县支行转账收入传票

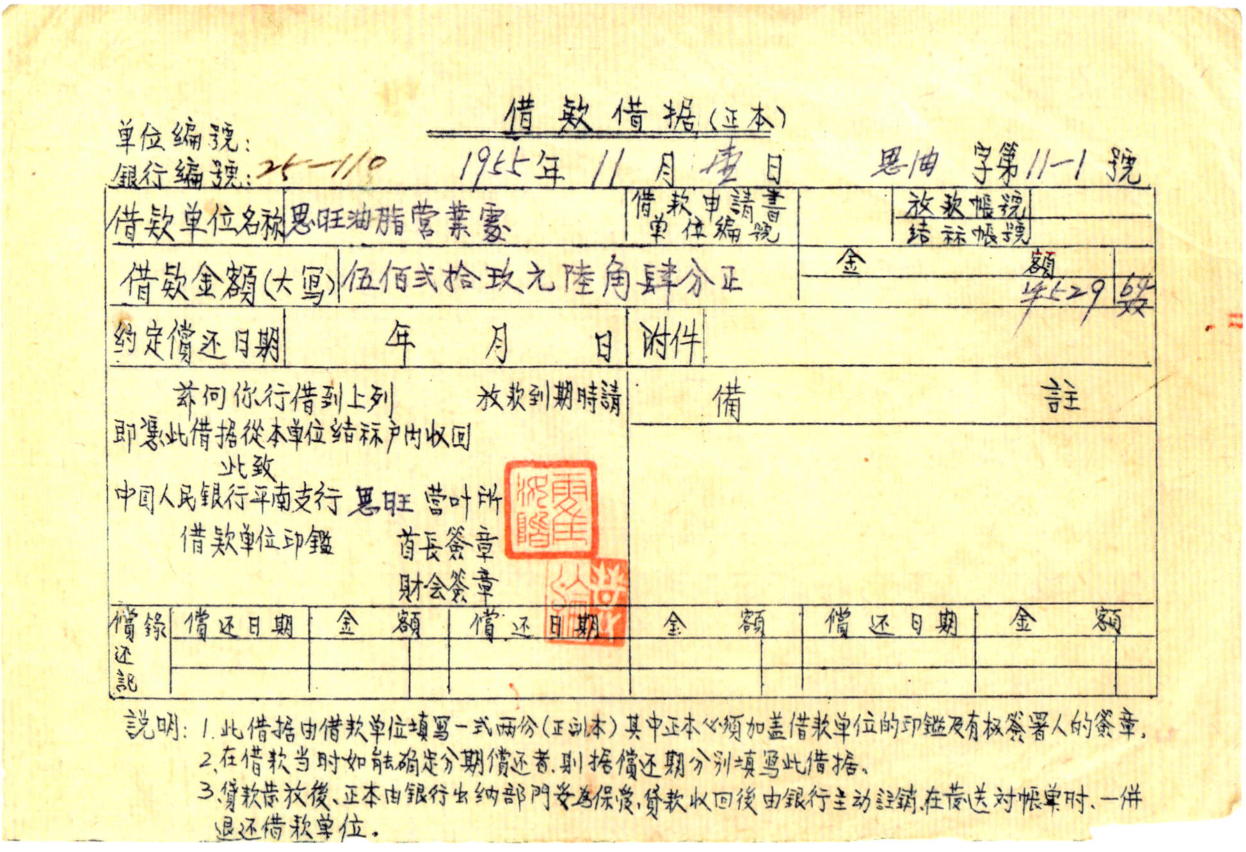

借款借据(正本)

单位编號:

銀行編號:25-110 1955年11月壹日 思油 字第11-1號

借款单位名称	思旺油脂營業處	借款申請書单位编號	放款帳號 / 结算帳號
借款金額(大寫)	伍佰弍拾玖元陸角肆分正	金額	¥529.64
约定償还日期	年 月 日	附件	

茲向你行借到上列 放款到期時請
即憑此借据從本單位结算户内收回
此致
中国人民銀行平南支行 思旺營业所
借款單位印鑑 首長簽章
財会簽章

備註

償還記錄	償还日期	金額	償还日期	金額	償还日期	金額

說明:1.此借据由借款單位填寫一式两份(正副本)其中正本必須加盖借款单位的印鑑及有权簽署人的簽章。
2.在借款当时如能确定分期償还者,則按償还期分别填寫此借据。
3.貸款発放後,正本由銀行出纳部門妥為保管,貸款收回後由銀行主动註銷,在寄送对帳单时,一併退还借款单位。

0030 一九五五年十一月一日思旺油脂营业处借款借据

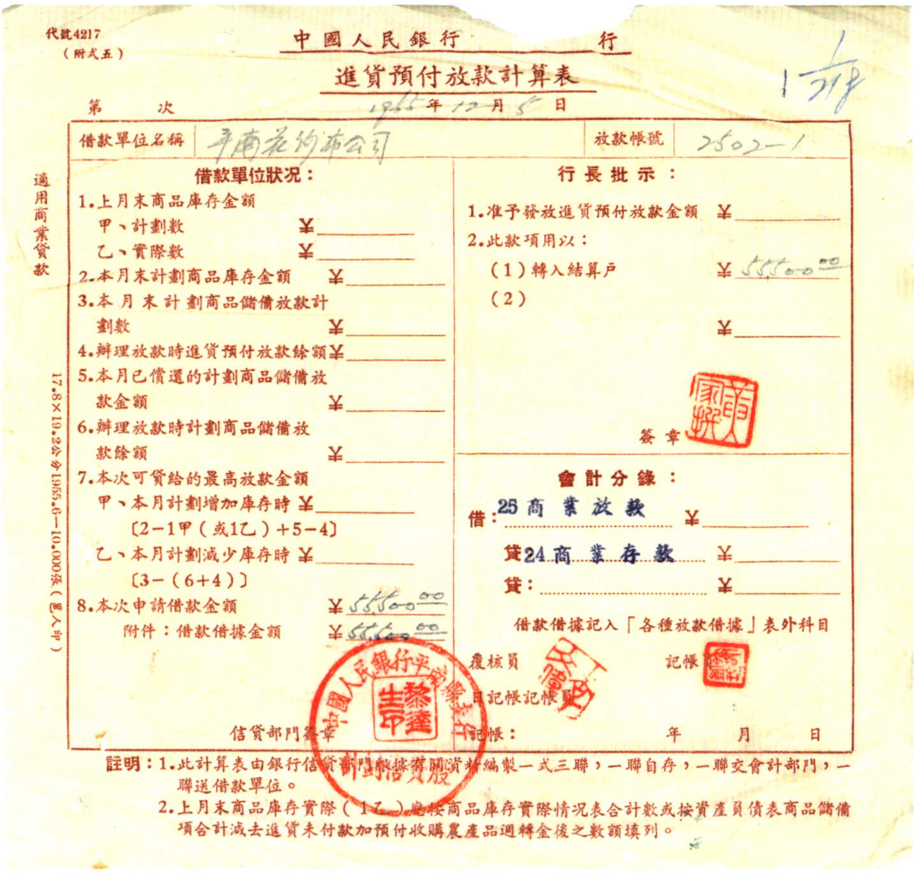

代號4217
（附式五）
中國人民銀行　　　行
進貨預付放款計算表
第　次　1955年12月5日
1/318
借款單位名稱　平南花紗布公司　放款帳號　2502—1
適用商業貸款
借款單位狀況：
1.上月末商品庫存金額
甲、計劃數　¥
乙、實際數　¥
2.本月末計劃商品庫存金額　¥
3.本月末計劃商品儲備放款計劃數　¥
4.辦理放款時進貨預付放款餘額¥
5.本月已償還的計劃商品儲備放款金額　¥
6.辦理放款時計劃商品儲備放款餘額　¥
7.本次可貸給的最高放款金額
甲、本月計劃增加庫存時¥
〔2－1甲（或1乙）＋5－4〕
乙、本月計劃減少庫存時¥
〔3－（6＋4）〕
8.本次申請借款金額　¥55500.00
附件：借款借據金額　¥55500.00
信貸部門簽章
行長批示：
1.准予發放進貨預付放款金額　¥
2.此款項用以：
（1）轉入結算戶　¥55500.00
（2）　¥
簽章
會計分錄：
借：25商業放款　¥
貸24商業存款　¥
貸：　¥
借款借據記入「各種放款借據」表外科目
覆核員　記帳員
日記帳記帳員
記帳：　年　月　日
17.8×19.2公分1955.6—10,000張（墨八市）
註明：1.此計算表由銀行信貸部門根據有關資料編製一式三聯，一聯自存，一聯交會計部門，一聯送借款單位。
2.上月末商品庫存實際（1乙）應按商品庫存實際情況表合計數或按資產負債表商品儲備項合計減去進貨未付款加預付收購農產品週轉金後之數額填列。

0031　一九五五年十二月五日平南花纱布公司进货预付放款计算表

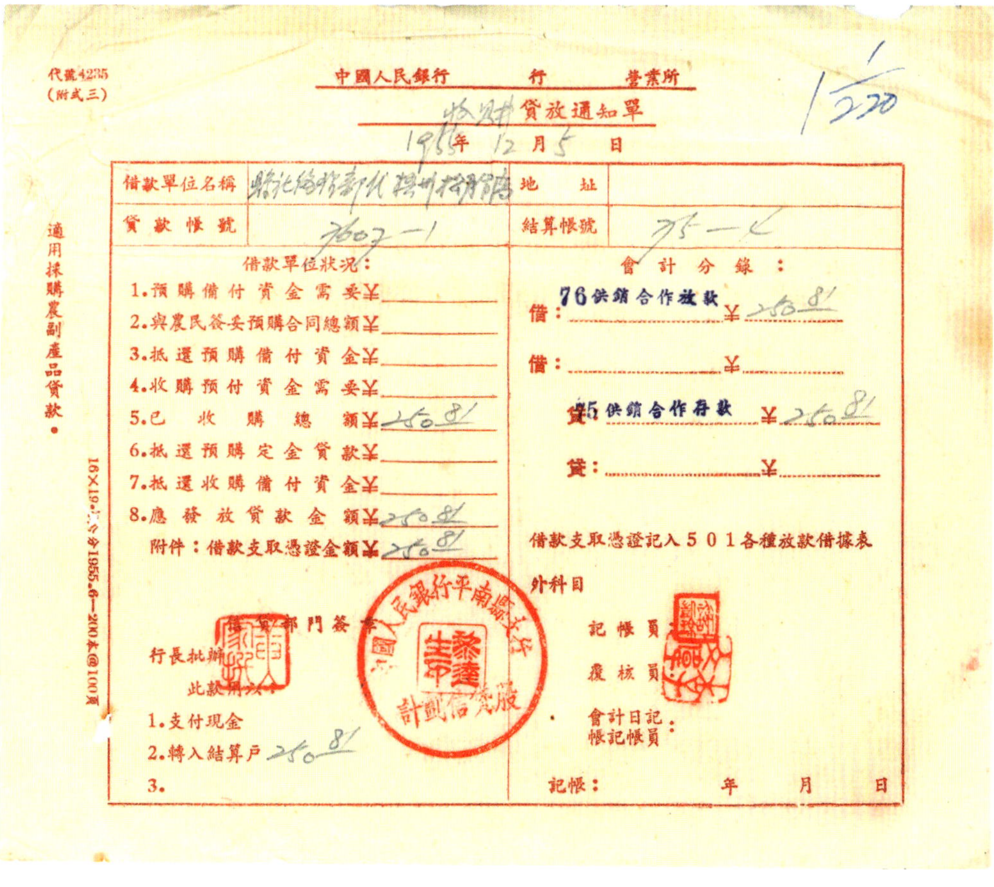

代號4235
（附式三）
中國人民銀行　　行　　營業所
收財貸放通知單
1955年12月5日
1/220
借款單位名稱　縣社經理部代梧州松脂廠　地址
貸款帳號　2607—1　結算帳號　75—6
適用採購農副產品貸款
借款單位狀況：
1.預購備付資金需要¥
2.與農民簽妥預購合同總額¥
3.抵還預購備付資金¥
4.收購預付資金需要¥
5.已收購總額¥250.81
6.抵還預購定金貸款¥
7.抵還收購備付資金¥
8.應發放貸款金額¥250.81
附件：借款支取憑證金額¥250.81
信貸部門簽章
行長批辦
此款用以：
1.支付現金
2.轉入結算戶250.81
3.
會計分錄：
借：76供銷合作放款¥250.81
借：　¥
貸：25供銷合作存款¥250.81
貸：　¥
借款支取憑證記入501各種放款借據表外科目
記帳員
覆核員
會計日記帳記帳員
記帳：　年　月　日
16×19公分1955.6—200本@100頁

0032　一九五五年十二月五日平南县社经理部代梧州松脂厂收账贷放通知单

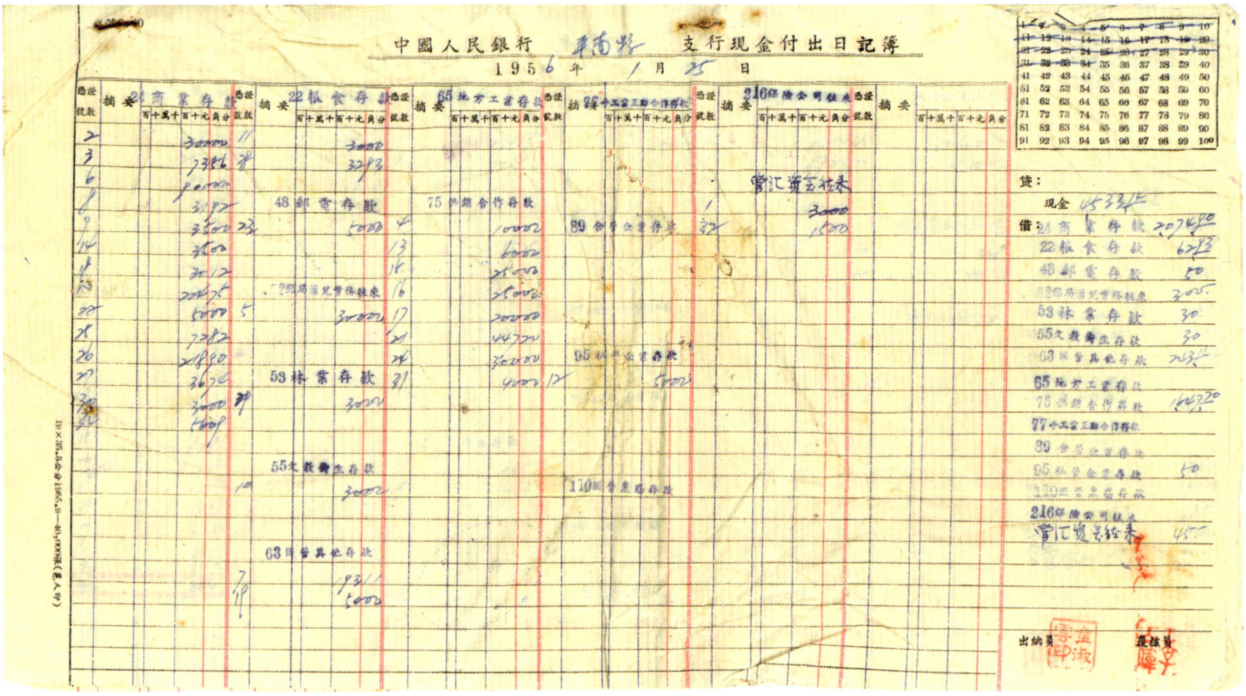
中國人民銀行 平南縣 支行現金付出日記簿
1956年 1月25日

0033 一九五六年一月二十五日平南县支行现金付出日记簿

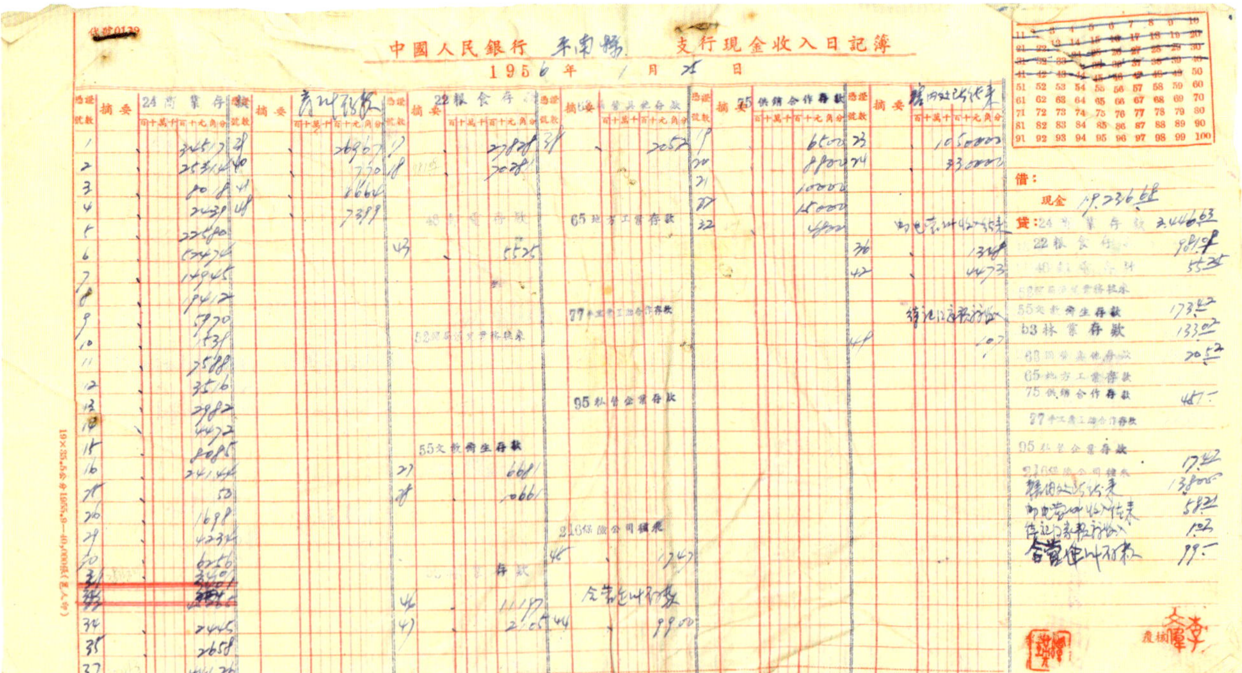
中國人民銀行 平南縣 支行現金收入日記簿
1956年 1月25日

0034 一九五六年一月二十五日平南县支行现金收入日记簿

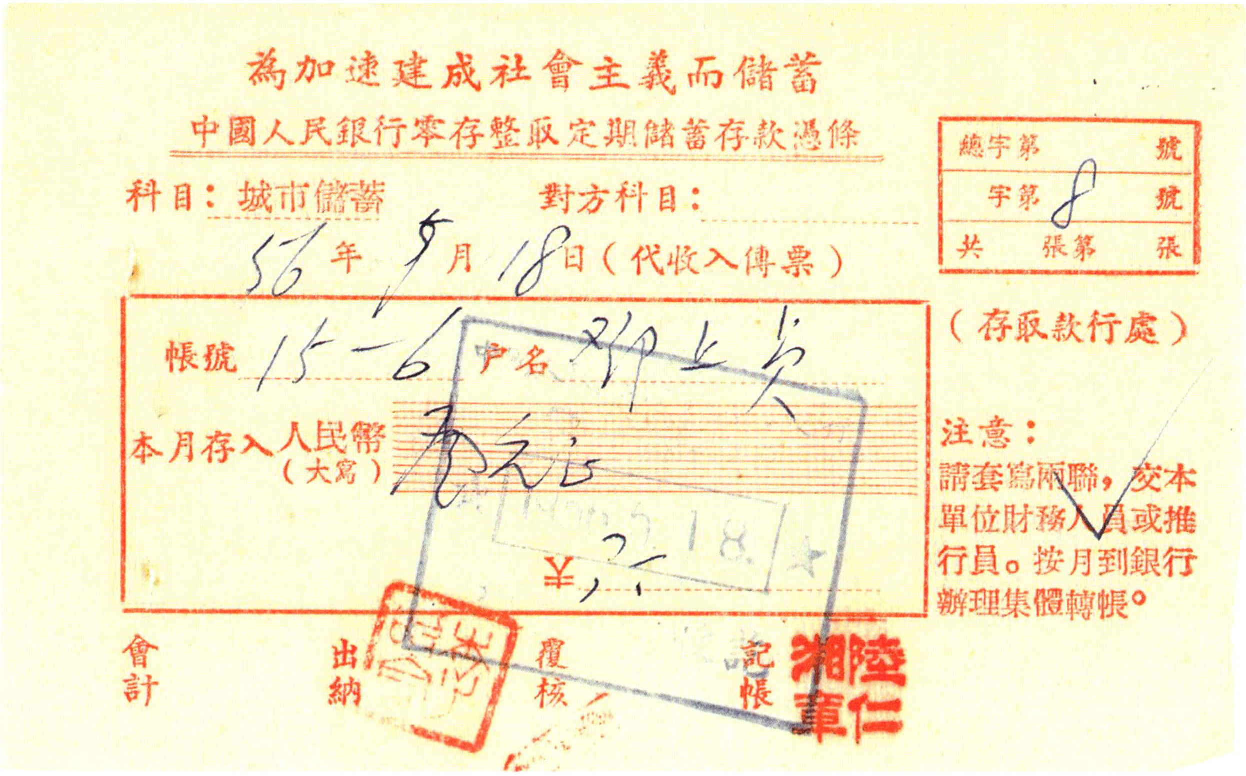

為加速建成社會主義而儲蓄

中國人民銀行零存整取定期儲蓄存款憑條

科目：城市儲蓄　　對方科目：

56年5月18日（代收入傳票）

總字第　號
字第 8 號
共　張第　張

（存取款行處）

帳號 15—6　户名 邓上贞

本月存入人民幣（大寫）壹元正

¥

注意：
請套寫兩聯，交本單位財務人員或推行員。按月到銀行辦理集體轉帳。

會計　出納　覆核　記帳

0035 一九五六年五月十八日邓上贞零存整取定期储蓄存款凭条

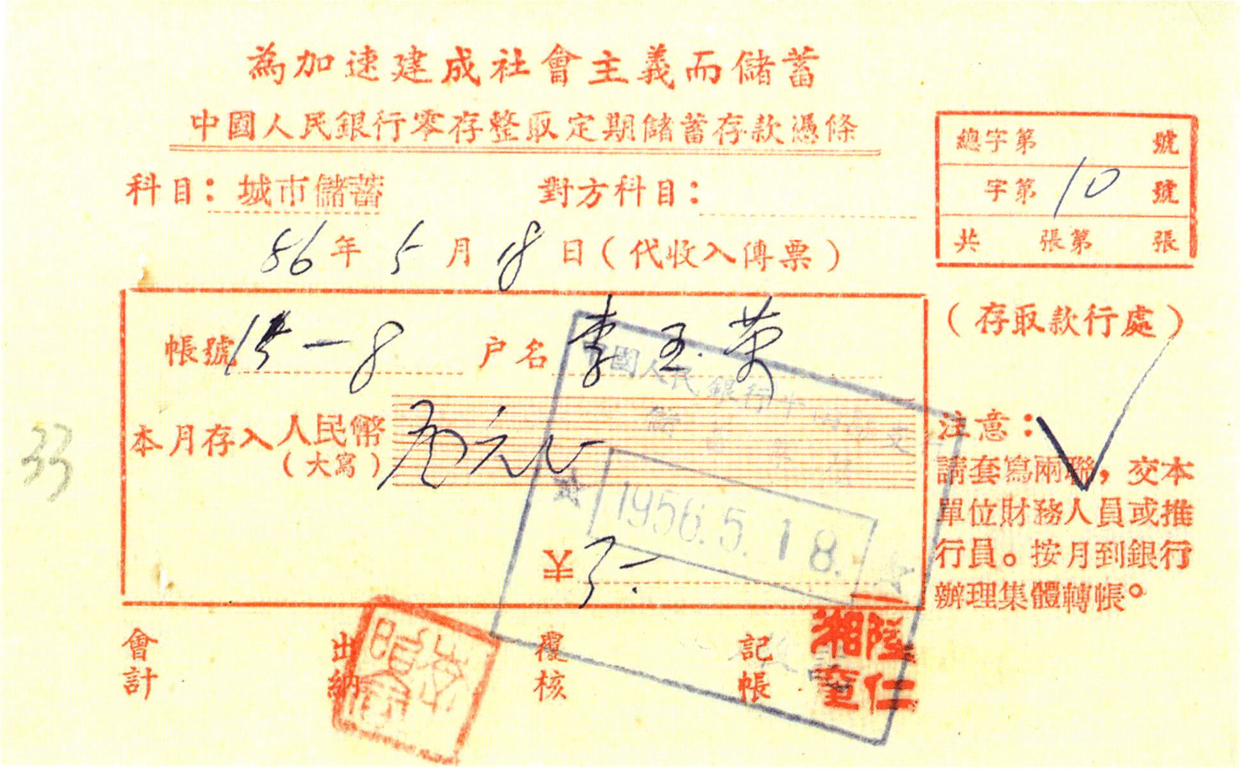

為加速建成社會主義而儲蓄

中國人民銀行零存整取定期儲蓄存款憑條

科目：城市儲蓄　　對方科目：

56年5月18日（代收入傳票）

總字第　號
字第 10 號
共　張第　張

（存取款行處）

帳號 15—8　户名 李玉荣

本月存入人民幣（大寫）壹元正

¥

1956.5.18.

注意：
請套寫兩聯，交本單位財務人員或推行員。按月到銀行辦理集體轉帳。

會計　出納　覆核　記帳

0036 一九五六年五月十八日李玉荣零存整取定期储蓄存款凭条

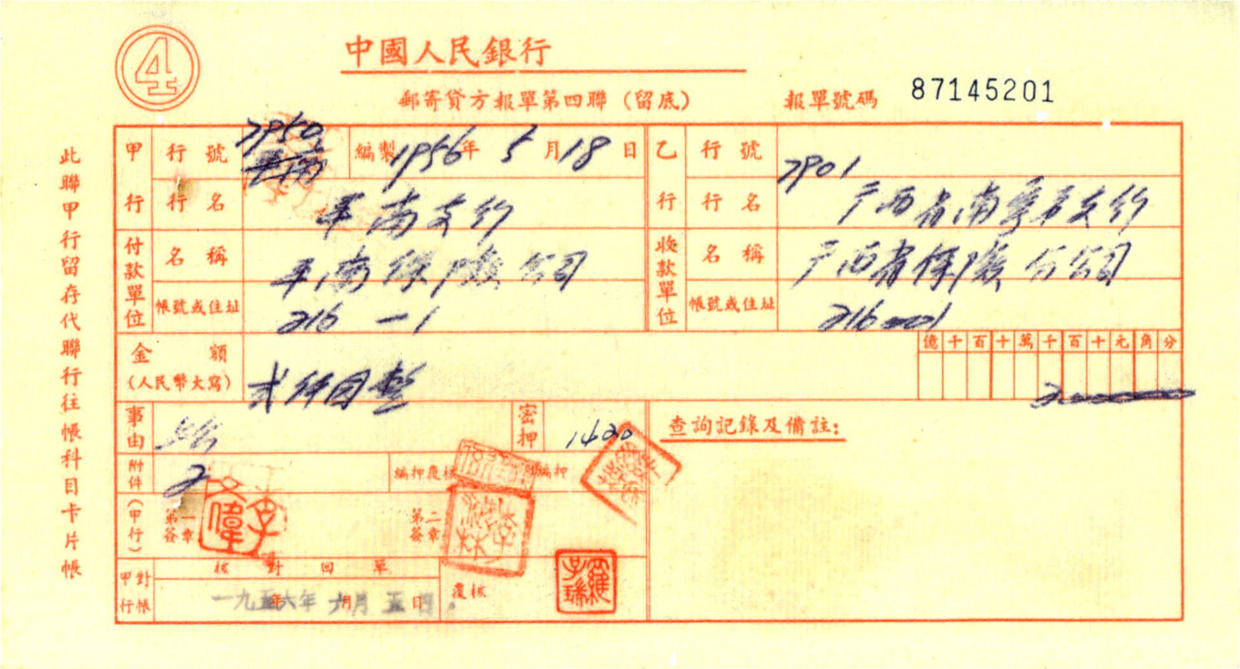

④ 中國人民銀行

郵寄貸方報單第四聯（留底）　報單號碼 87145201

此聯甲行留存代聯行往帳科目卡片帳

甲行	行號	7850 編製 1956年5月18日	乙行	行號	7801
	行名	平南支行		行名	广西省南宁市支行
付款單位	名稱	平南保險公司	收款單位	名稱	广西省保險分公司
	帳號或住址	216—1		帳號或住址	216—01
金額（人民幣大寫）		贰仟圆整	億千百十萬千百十元角分		2000
事由			密押	1620	查詢記錄及備註：
附件		2	編押覆核	編押	
（甲行）第一簽章			第二簽章		
甲行對帳		核對回單 一九五六年五月五日	覆核		

0037 一九五六年五月十八日平南支行转南宁市支行邮寄贷方报单

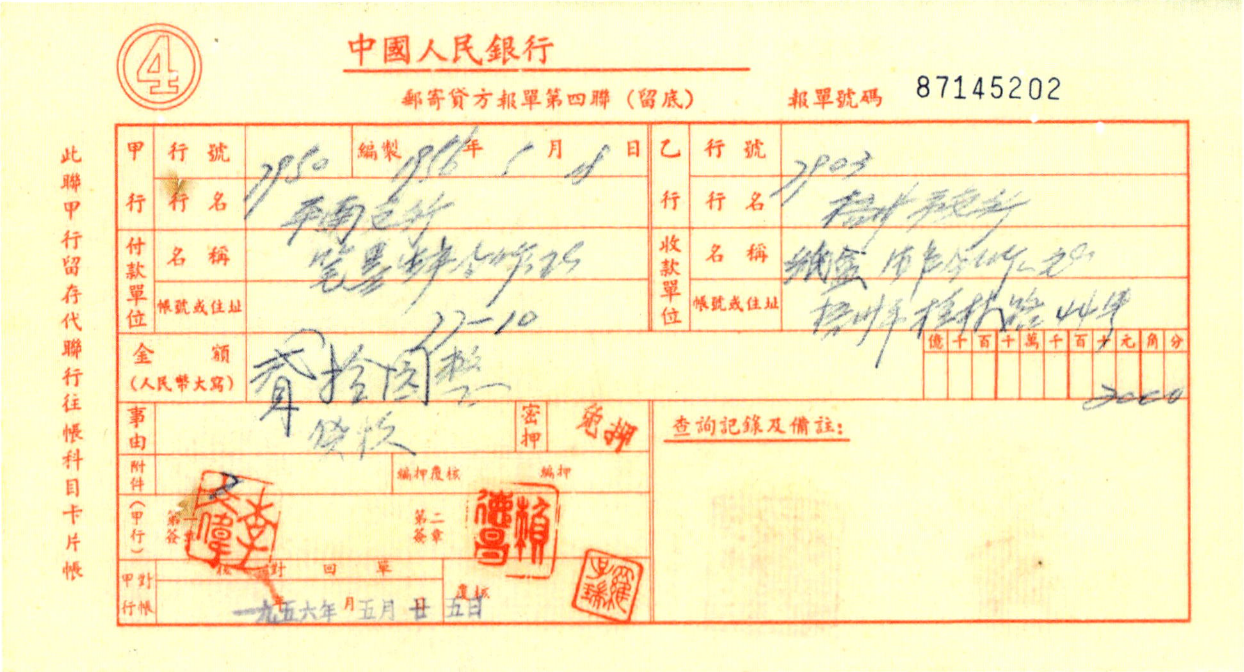

④ 中國人民銀行

郵寄貸方報單第四聯（留底）　報單號碼 87145202

此聯甲行留存代聯行往帳科目卡片帳

甲行	行號	7850 編製 1956年5月18日	乙行	行號	7803
	行名	平南支行		行名	梧州市支所
付款單位	名稱		收款單位	名稱	
	帳號或住址	77—10		帳號或住址	
金額（人民幣大寫）		貳拾圆整	億千百十萬千百十元角分		2000
事由		貸款	密押	免押	查詢記錄及備註：
附件			編押覆核	編押	
（甲行）第一簽章			第二簽章		
甲行對帳		核對回單 一九五六年五月廿五日	覆核		

0038 一九五六年五月十八日平南支行转梧州市支所邮寄贷方报单

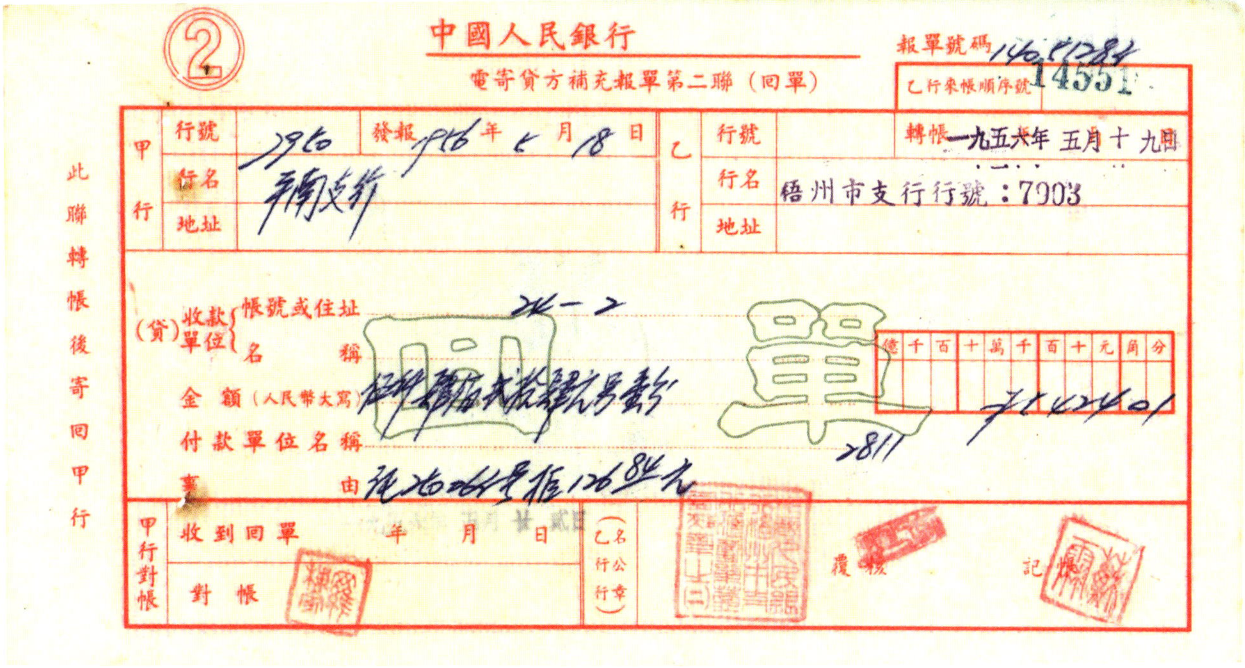

0039 一九五六年五月十八日平南支行转梧州支行电寄贷方补充报单

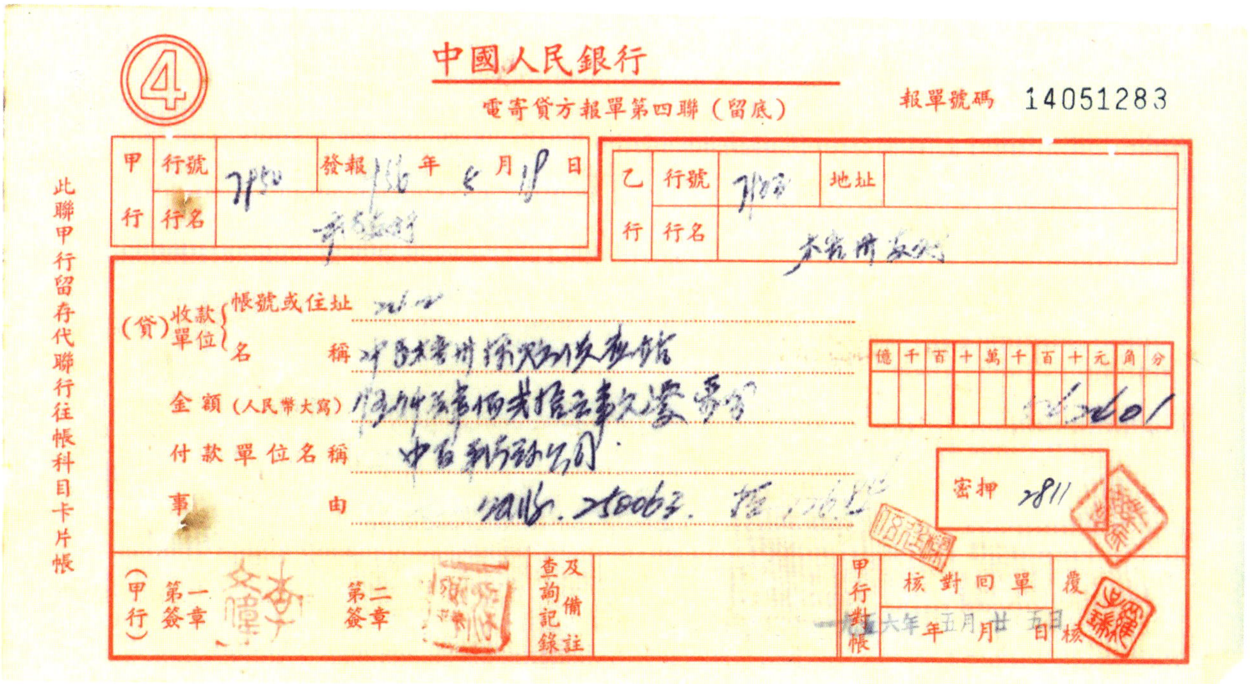

0040 一九五六年五月十八日平南支行转梧州支行电寄贷方报单

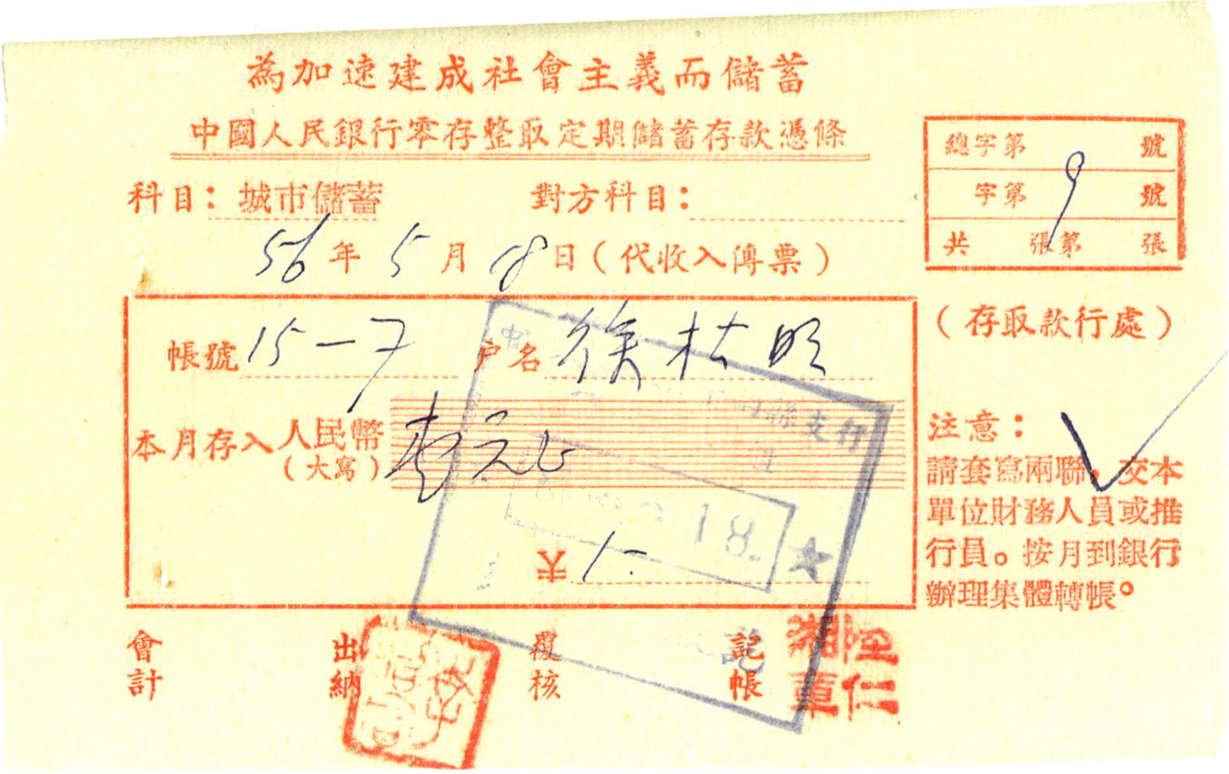

為加速建成社會主義而儲蓄

中國人民銀行零存整取定期儲蓄存款憑條

總字第　　號
字第 9 號
共　張第　張

科目：城市儲蓄　　對方科目：

56年5月18日（代收入傳票）

帳號 15-7　户名 徐松明

本月存入人民幣（大寫）壹元正

¥1.-

（存取款行處）

注意：請套寫兩聯，交本單位財務人員或推行員。按月到銀行辦理集體轉帳。

會計　出納　覆核　記帳

0041 一九五六年五月十八日徐松明零存整取定期儲蓄存款凭条

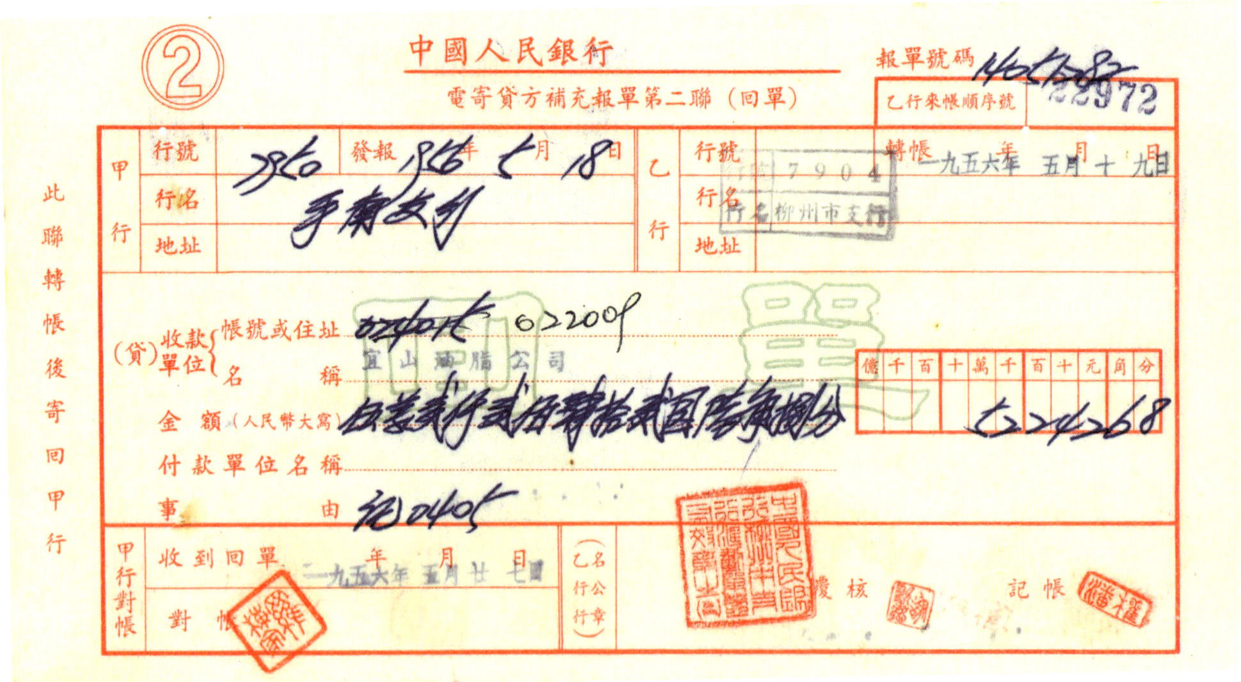

②

中國人民銀行

電寄貸方補充報單第二聯（回單）

報單號碼 [illegible]

乙行來帳順序號 22972

此聯轉帳後寄回甲行

甲行 行號 [illegible]　發報 56年5月18日　行名 平南支行　地址

乙行 行號 7904　行名 柳州市支行　地址

轉帳 一九五六年五月十九日

（貸）收款單位 帳號或住址 [illegible] 022009

名稱 宜山[illegible]脂公司

金額（人民幣大寫）[illegible]

億 千 百 十 萬 千 百 十 元 角 分 [illegible]

付款單位名稱

事由 [illegible]

甲行對帳 收到回單 一九五六年五月廿七日

對帳

（乙行名公行章）

覆核　記帳

0042 一九五六年五月十八日平南支行转柳州支行电寄贷方补充报单

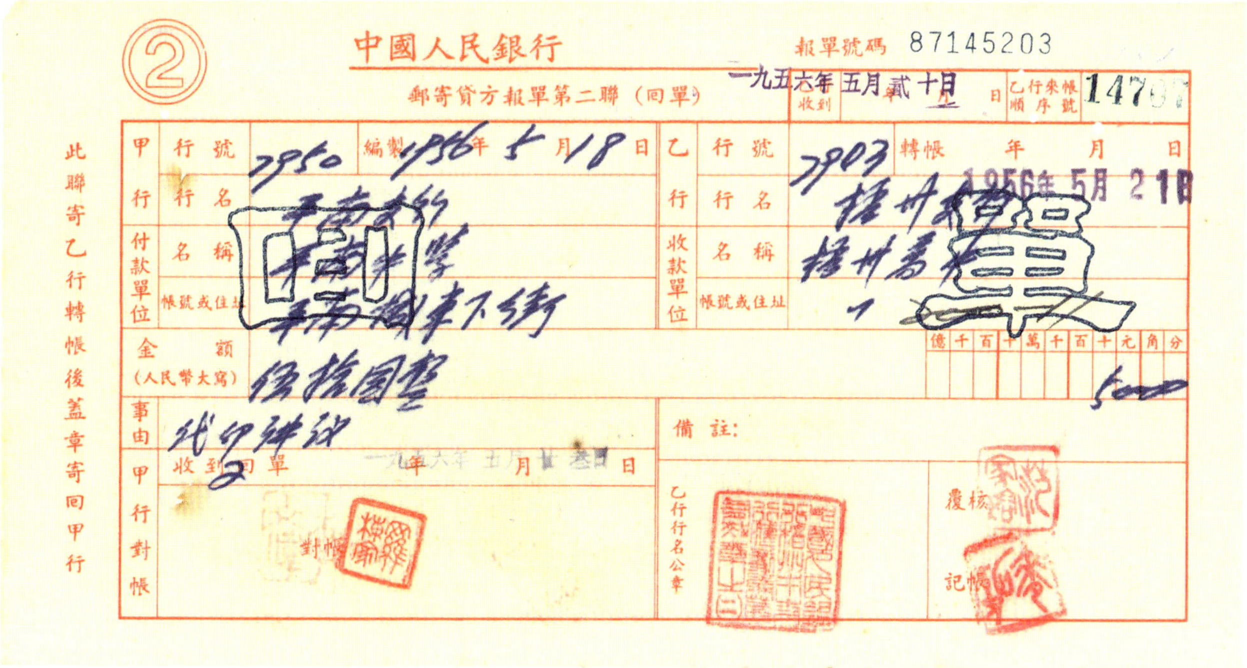
②
中國人民銀行
報單號碼 87145203
郵寄貸方報單第二聯（回單）
一九五六年五月貳十日 收到
乙行來帳順序號 14707

此聯寄乙行轉帳後蓋章寄回甲行

甲行 行號	2950 編製 1956年 5月 18日	乙行 行號	2903 轉帳 1956年5月21日
甲行 行名		乙行 行名	
付款單位 名稱	平南中学	收款單位 名稱	
帳號或住址		帳號或住址	
金額（人民幣大寫）	伍拾圆整	億 千 百 十 萬 千 百 十 元 角 分	5000
事由	代印讲议	備註：	
甲行封帳	收到回單 一九五六年 月 日 封帳	乙行行名公章	覆核 記帳

0043 一九五六年五月二十日平南中学委托梧州高中印刷讲义邮寄贷方报单

0044-1 一九五六年六月二十九日中国人民银行平南支行日计表（一）

代號：1320 1/4

中國人民銀行

日 計 表

第 148 號

1956 年 6 月 29 日

共3頁第1頁

1 科目代號	2 科目名稱	3 本日發生額 借方	4 本日發生額 貸方	5 餘額 借方	6 餘額 貸方
	一、基金				
3	固定資產基金				1887187
4	折舊基金				
	三、貨幣資金				
10	現金	2303874	2564288	3016470	
13	營業所現金				
14	運送中現金	500000	100000	500000	
	四、金銀及貴重品				
18	金銀	202 ~~2120~~		2218241	
19	貴重品				
	五、國營經濟的存放款業務				
22	糧食存款	1740242	2481323		1772278
23	糧食放款	500000	1700000	128721617	
24	商業存款	2858867	4780416		7388034
25	商業放款	2450000	1600000	134657325	
26	對外貿易存款				
27	對外貿易放款				
28	重工業存款				
29	重工業放款				
32	第二機械工業存款				
33	第二機械工業放款				
34	燃料工業存款				
35	燃料工業放款				
36	地質存款				
38	建築工程存款				
42	輕工業存款				
43	輕工業放款				
44	鐵道存款				
45	鐵道放款				
46	交通存款				
47	交通放款				
48	郵電存款				451153
50	郵電營業收入往來		17680		163388
51	郵電備付營業支出	3000			78185
52	郵局匯兌業務往來	60060	11803	4232761	
53	林業存款	150000	6788		4770532
54	林業放款				
55	文教衛生存款				
56	文教衛生放款				
63	國營其他存款	20334	318336		2058526
64	國營其他放款				
65	地方工業存款	30000	25208		181171
66	地方工業放款			2827146	
69	地方商業存款	76670	125252		678878
70	地方商業放款			6818000	
	農產品採購存款	1188210			2081107
	農產品採購放款			123542	
	合營工業存款				2047
	合營商業存款	1713188	2160300		1025140
	合營商業放款	2052817		2742817	
	六、合作經濟的存放款業務				
75	供銷合作存款	3270181	4050876		7823865
76	供銷合作放款	70828	567245	56687641	
77	手工業互助合作存款	188237	37468		477141
78	手工業互助合作放款			1430000	
83	其他合作存款	20663	12500		262851
84	其他合作放款				
	七、合營經濟的存放款業務				
89	合營企業存款				
90	合營企業放款				
	八、私營經濟的存放款業務				
95	私營企業存款				17673
96	私營企業放款			4000	

42×27公分1955.11—13,000套@4頁（邕人印）

會計 [印章]　　覆核　　製表 [印章]

0044-2 一九五六年六月二十九日中国人民银行平南支行日计表（2）

代號：1320 2/4

中國人民銀行

日計表

第 149 號

1956 年 6 月 29 日

共3頁第2頁

1 科目代號	2 科目名稱	3 本日發生額 借方	4 本日發生額 貸方	5 餘額 借方	6 餘額 貸方
	承前頁	18187531	20578696	406442660	28152888
	九、個體經濟的存放款業務				
101	個體手工業存款				
102	個體手工業放款			9015	
104	城市儲蓄	88670	117865		6673266
	十、農業存放款業務				
110	國營農業存款				3190941
111	國營農場放款			100000	
113	農業部所屬企業放款				
114	水利存款	60000			764812
115	水利放款			66087251	
116	農業互助合作存款				
117	集體農莊放款			28153408	
118	農業生產合作社放款			46148888	
119	農業互助組放款			211127	
120	牧業互助合作放款			14500	
122	個體農民放款			2813373	
123	農村儲蓄				
124	農民優待儲蓄				500
125	貧農合作基金放款			7236827	
	三十、代理農業銀行業務				
339	代理農貸資金				
341	代理國營農場放款				
346	代理水利放款				
348	代理農業生產合作社放款				
349	代理農業互助組放款				
350	代理牧業互助合作放款				
352	代理個體農民放款				
353	代理貧農合作基金放款				
355	代理信用合作放款				
	十一、代理地方放款業務				
130	地方託放款項				
131	代理地方放款				
	十二、催收款項				
136	過期放款		230000	161084	
137	應收未收利息				
	十三、外國企業及外交機構存款				
141	外國企業及外交機構存款				
	十四、外幣及國外業務往來				
145	外幣				
189	管滙資金往來	4586	4586	-0-	
	十五、國家預算及機關團體存款				
195	中央金庫款	778151	778151		-0-
196	地方金庫款	400000	587876		19214192
197	中央機關團體預算存款				
198	中央機關其他存款				
199	地方機關團體預算存款	484673	420096		1451098
200	地方機關其他存款	18000	13226		13837249
201	一般機關團體存款	22500	38108		1857995
202	特種存款	40000			359487
203	代理基本建設基金監理				
204	待記國家預算收入款項	188098	121180		12843
	十六、金融機構往來				
210	中國人民建設銀行存款				
211	中國農業銀行往來				
213	中國銀行往來				
214	交通銀行存款				
216	保險公司往來		15239		98587
217	信用合作社存款	108724			2674608
218	信用合作社放款			6753550	

會計 覆核 製表

0044-3 一九五六年六月二十九日中国人民银行平南支行日计表（3）

代號：1320 3/4

中國人民銀行

日計表

第 149 號

1956 年 6 月 29 日　　共3頁第3頁

1 科目代號	2 科目名稱	3 本日發生額 借方	4 本日發生額 貸方	5 餘額 借方	6 餘額 貸方
	承前頁	21401934	22908024	522707653	74288586
	十七、其他結算業務				
221	信用證結算存款				
222	保付結算存款				
223	特種帳戶結算存款				
224	異地劃撥款				
225	滙出滙款				
226	同縣滙款				
227	應解匯款		2000		230563 ~~226563~~
228	匯出特約滙款	6005			0
	十八、大修理基金存款				
231	大修理基金存款				
	十九、聯行往來				
233	聯行往帳	1006586	1820768		1435343666
234	聯行來帳	3343498		344481098	
235	已核對聯行來帳			456164285	
236	未核銷報單款項				187445
237	待查聯行款				
238	上年聯行往帳				
239	上年聯行來帳				
240	已核對上年聯行來帳				
241	未核銷上年報單款項				
242	同城行處往來				
243	轄內處所往來	3865924	4802135	501215443	
244	上年轄內處所往來				
245	滙劃往來				
246	預付特定滙款		120646	133518	
249	待轉發行貨幣	500000	500000	0	
250	待轉回籠貨幣	1000000	1000000	0	
	二十、專用款項				
255	公債本息款項			573	
256	轉業軍人現金券			510000	
	二一、其他資產				
261	待處理實物				
263	低值及易耗品			502270	
265	撥付農貸基金				
	二二、其他負債				
271	代保管款項				
272	久懸未取款項				34733
273	修理提存				
	二三、應收及應付款項				
280	應收及應付款項			187857	5840
	二五、固定資產				
287	房屋			5824154	
288	器具			171464	
	二六、固定資產損耗				
293	固定資產損耗				4098431
	二七、本行基本建設				
305	固定資產殘值變價收入				
	二八、預付款項				
310	預付待結帳款	21447	20000	84788	
311	儲存備用品				
312	待攤費用				
	二九、收入及支出				
316	業務收入				12416238
317	業務支出	10088		755174	
320	其他收入		224		52348
321	其他支出			1386	
322	損失款項			10400	
323	管理費用	16154		3845488	
324	業務費用	2161		56273	
330	年損益				
	合計	31173787	31173787	1526657862	1526657862

會計　　覆核　　製表

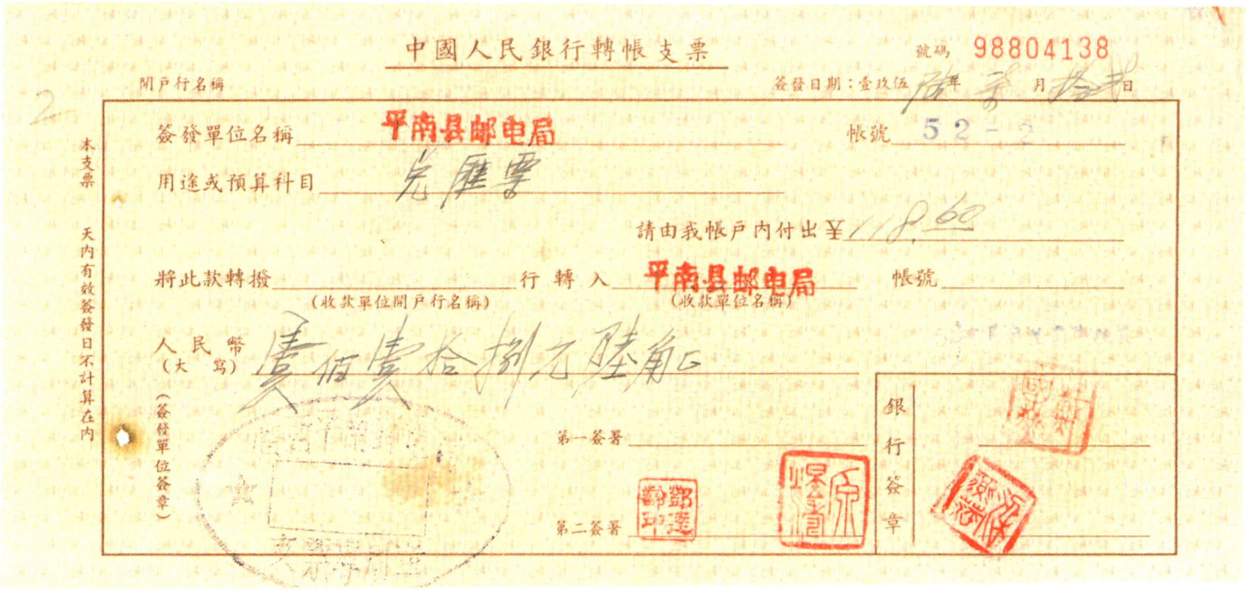

中國人民銀行轉帳支票　　號碼 98804138

開户行名稱　　簽發日期：壹玖伍陆年柒月拾贰日

本支票 天内有效簽發日不計算在内

簽發單位名稱 平南县邮电局　　帳號 52-2

用途或預算科目

請由我帳户內付出¥118.60

將此款轉撥＿＿＿行 轉入 平南县邮电局　帳號
（收款單位開户行名稱）（收款單位名稱）

人民幣（大寫）壹佰壹拾捌元陆角

（簽發單位簽章）

第一簽署

第二簽署

銀行簽章

0045 一九五六年七月十二日平南县邮电局转账支票

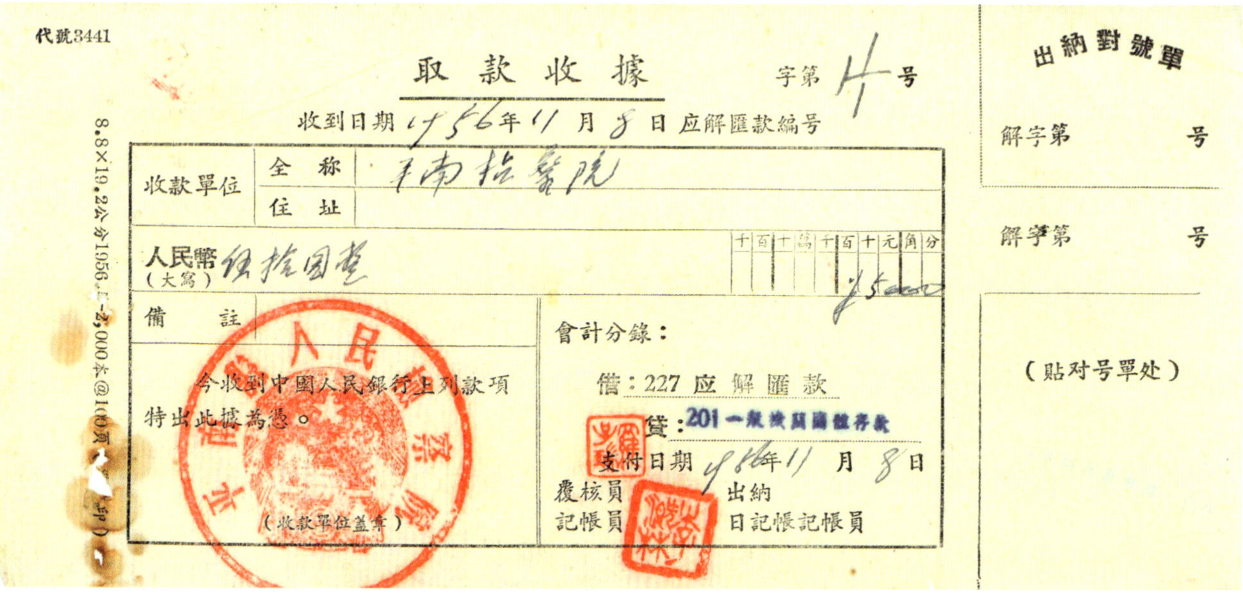

代號3441

取款收據　　字第 4 号

收到日期 1956年11月8日 应解匯款編号

收款單位	全称	平南检察院
	住址	
人民幣（大寫）	伍拾圆整	50.00
備註		

今收到中國人民銀行上列款項特出此據為憑。

（收款單位蓋章）

會計分錄：

借：227 应解匯款

貸：201 一般機關團體存款

支付日期 1956年11月8日

覆核員　　出納

記帳員　　日記帳記帳員

8.8×19.2公分1956.1-2,000本@100頁

出納對號單

解字第　　号

解字第　　号

（貼对号單处）

0046 一九五六年十一月八日平南县检察院取款收据

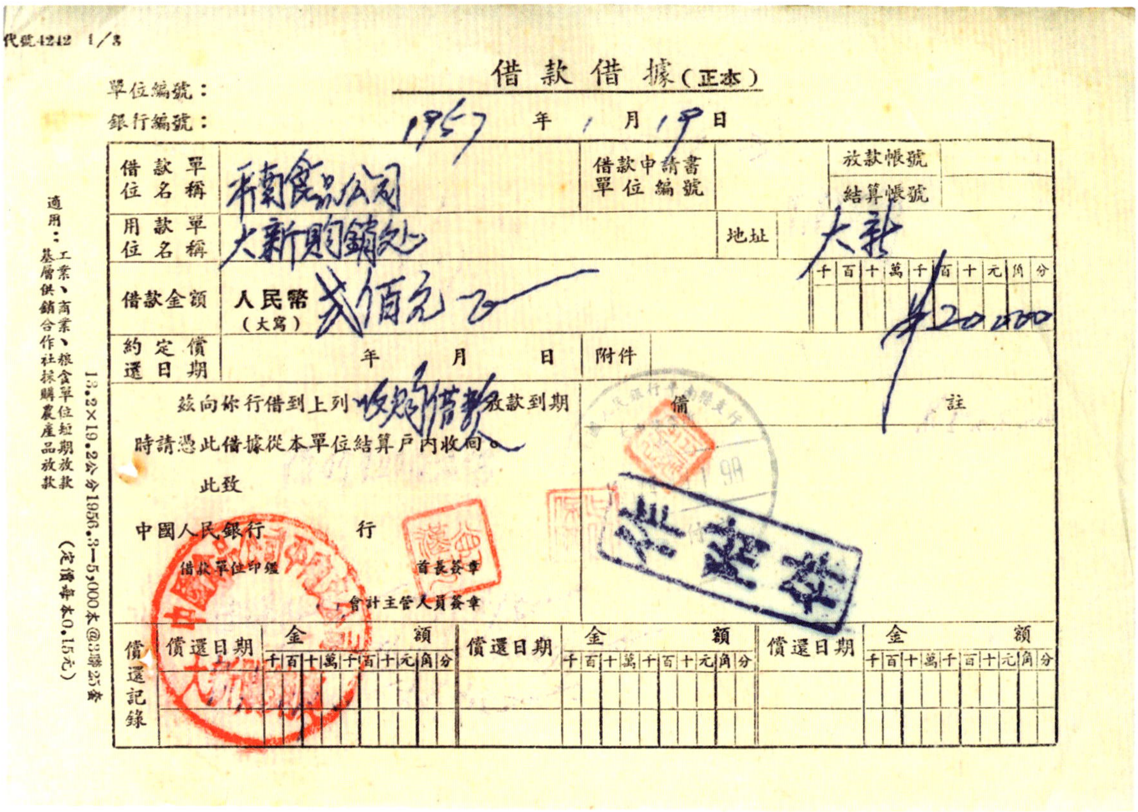

代號4212 1/3

借款借據（正本）

單位編號：
銀行編號：　　1957 年 1 月 19 日

借款單位名稱	平南食品公司	借款申請書單位編號		放款帳號	
				結算帳號	
用款單位名稱	大新購銷处		地址	大新	
借款金額	人民幣（大寫）贰佰元正			¥20000	
約定償還日期	年 月 日	附件			

茲向你行借到上列收购借款款到期時請憑此借據從本單位結算户內收回。

此致
中國人民銀行　　行

借款單位印鑑　　首長簽章　　會計主管人員簽章

備註

償還記錄：償還日期｜金額（千百十萬千百十元角分）｜償還日期｜金額｜償還日期｜金額

適用：工業、商業、糧食單位短期放款；基層供銷合作社採購農產品放款

13.2×19.2公分1956.3—5,000本@3聯25套（定價每本0.15元）

0047 一九五七年一月十九日平南食品公司借款借据

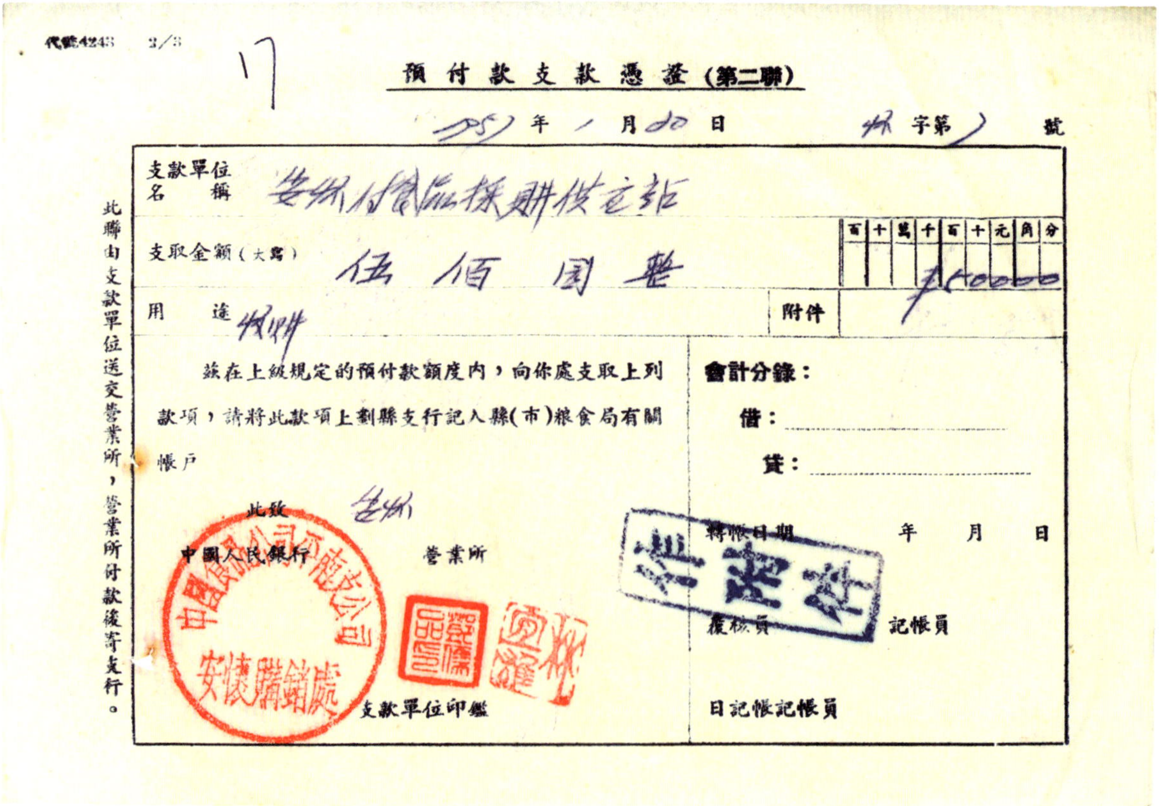

代號4243 3/3

預付款支款憑證（第二聯）

1957 年 1 月 20 日　　字第　　號

支款單位名稱	安怀付食品採購供应站	
支取金額（大寫）	伍佰圆整	¥50000
用途	收购	附件

茲在上級規定的預付款額度內，向你處支取上列款項，請將此款項上劃縣支行記入縣（市）糧食局有關帳戶

此致
中國人民銀行　安怀　營業所

支款單位印鑑

會計分錄：
借：
貸：
轉帳日期　年　月　日
覆核員　記帳員
日記帳記帳員

此聯由支款單位送交營業所，營業所付款後寄支行。

0048 一九五七年一月二十日安怀副食品采购供应站预付款支款凭证

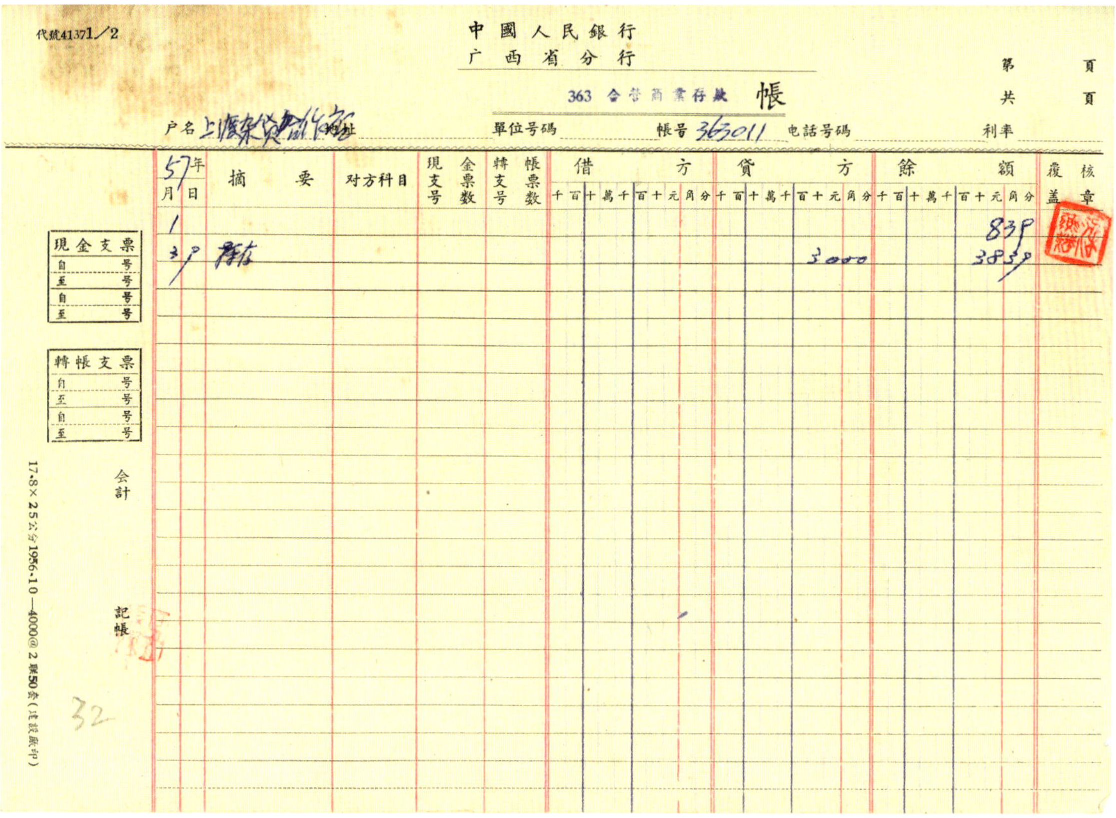
代號41371/2

中國人民銀行
广西省分行

363 合营商業存款 帳

第 頁
共 頁

户名 上渡杂货合作店 地址 單位号碼 帳号 363011 电話号碼 利率

57年 月	日	摘要	对方科目	現支号	金票数	轉支号	帳票数	借方	貸方	餘額	覆核盖章
1										838	
3	1	存款							3000	3838	

現金支票 自 号 至 号 自 号 至 号

轉帳支票 自 号 至 号 自 号 至 号

会計

記帳

17.8×25公分1956.10—4000@2襟50余(建設紙印)

0049 一九五七年一月上渡杂货合作店合营商业存款

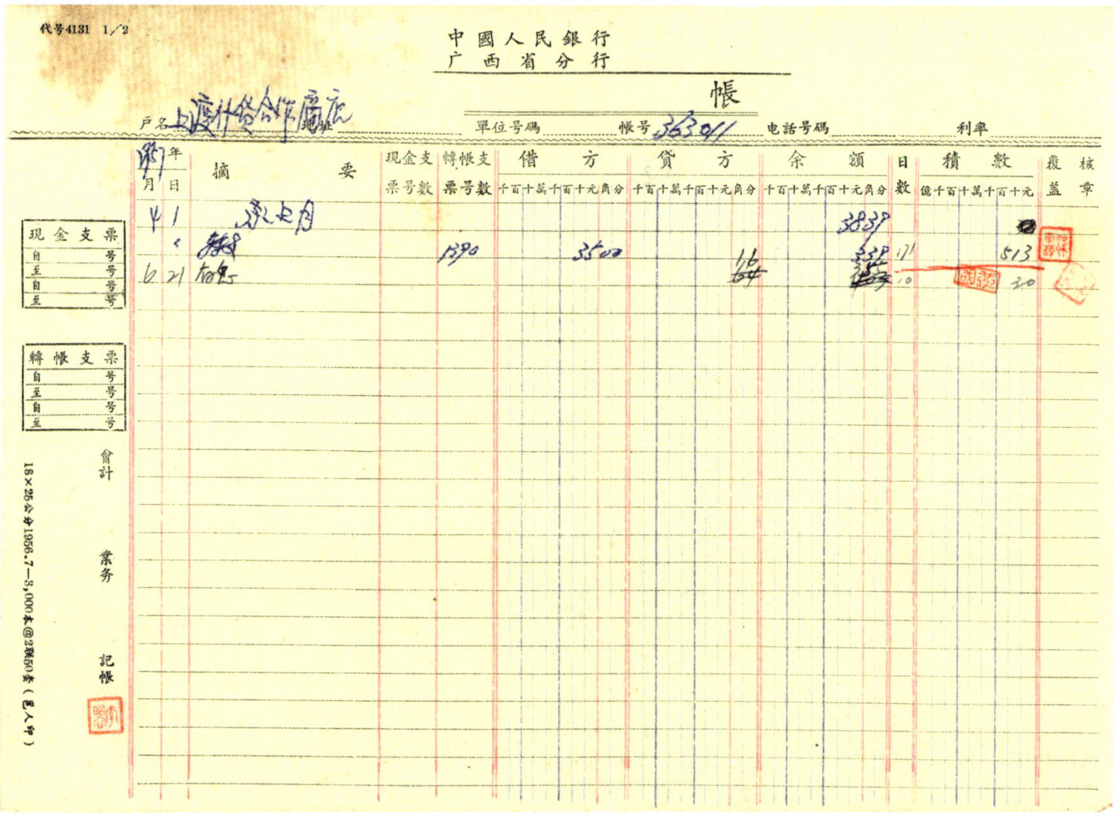
代号4131 1/2

中國人民銀行
广西省分行

帳

户名 上渡什货合作商店 地址 單位号碼 帳号 363011 电話号碼 利率

57年 月	日	摘要	現金支票号数	轉帳支票号数	借方	貸方	余额	日数	積数	覆核盖章
4	1	承上月					3838			
				1590	3500		338	17	513	
6	21	存款				164		10	20	

現金支票 自 号 至 号 自 号 至 号

轉帳支票 自 号 至 号 自 号 至 号

會計

業务

記帳

18×25公分1956.7—3,000本@2襟50余(建人印)

0050 一九五七年四月上渡杂货合作商店合营商业存款

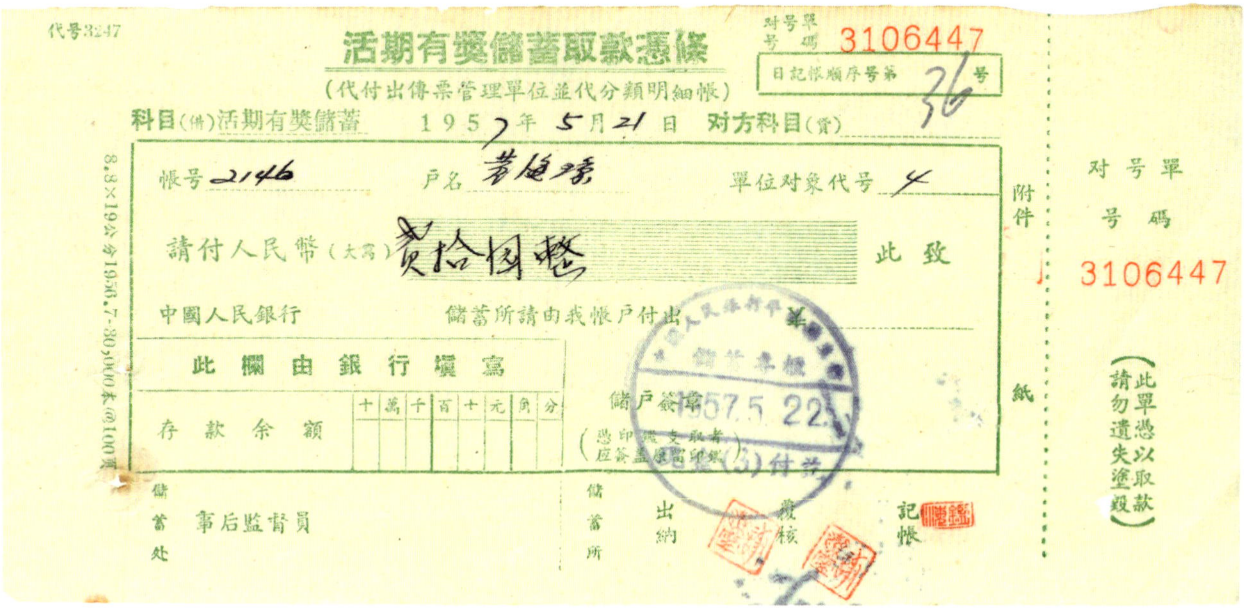
代号3247

活期有獎儲蓄取款憑條

（代付出傳票管理單位並代分類明細帳）

对号單号碼 3106447

日記帳順序号第 36 号

科目（借）活期有獎儲蓄 1957年5月21日 对方科目（貸）

帳号 2146 戶名 黄海琼 單位对象代号 4

請付人民幣（大寫）贰拾圆整 此致

中國人民銀行 儲蓄所請由我帳戶付出

此欄由銀行填寫

存款余額	十	萬	千	百	十	元	角	分

儲戶簽章（憑印鑑支取者應蓋原留印鑑）

1957.5.22

儲蓄處 事后監督員 儲蓄所 出納 覆核 記帳

附件 紙

对号單号碼 3106447

（此單憑以取款請勿遺失塗毀）

8.8×19公分19.5.7-30,000本@100頁

0051 一九五七年五月二十一日黄海琼活期有奖储蓄取款凭条

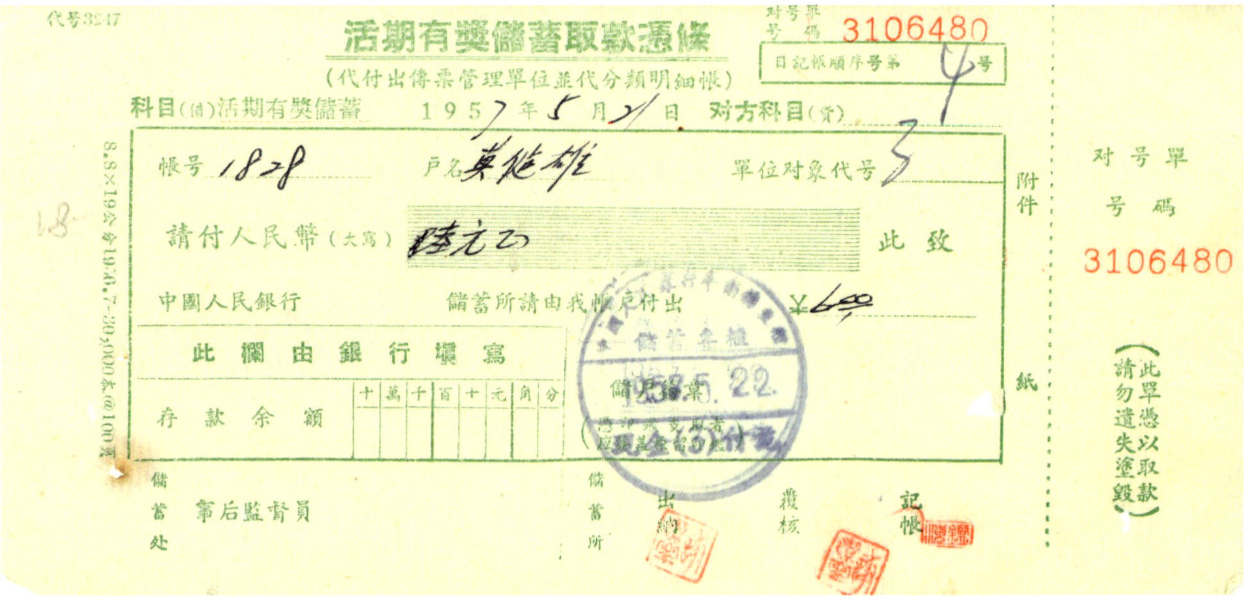
代号3247

活期有獎儲蓄取款憑條

（代付出傳票管理單位並代分類明細帳）

对号單号碼 3106480

日記帳順序号第 4 号

科目（借）活期有獎儲蓄 1957年5月21日 对方科目（貸）

帳号 1828 戶名 莫健雄 單位对象代号 3

請付人民幣（大寫） 此致

中國人民銀行 儲蓄所請由我帳戶付出 ¥6.00

此欄由銀行填寫

存款余額	十	萬	千	百	十	元	角	分

儲戶簽章（憑印鑑支取者應蓋原留印鑑）

5.22

儲蓄處 事后監督員 儲蓄所 出納 覆核 記帳

附件 紙

对号單号碼 3106480

（此單憑以取款請勿遺失塗毀）

8.8×19公分19.5.7-30,000本@100頁

0052 一九五七年五月二十一日莫健雄活期有奖储蓄取款凭条

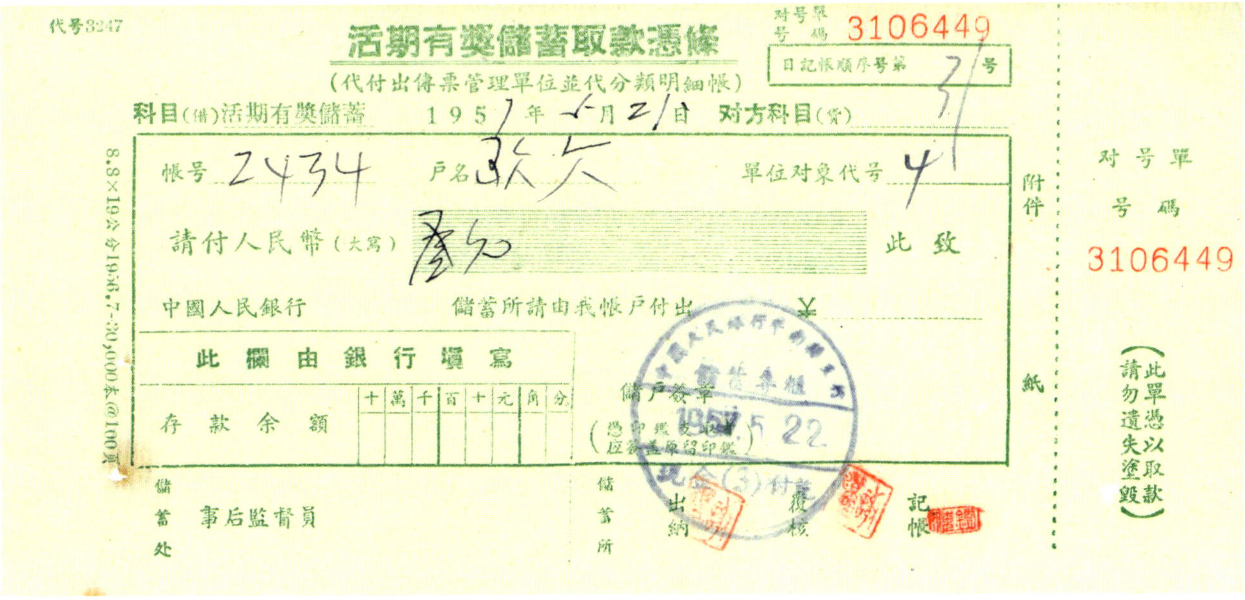

代号3247

活期有奬儲蓄取款憑條

（代付出傳票管理單位並代分類明細帳）

对号單号碼 3106449

日記帳順序号第 3 号

科目（借）活期有奬儲蓄 1957年5月21日 对方科目（貸）

帳号 2434 戶名 欧文 單位对象代号 4

請付人民幣（大寫） 此致

中國人民銀行 儲蓄所請由我帳戶付出 ¥

此欄由銀行塡寫

存款余額 十 萬 千 百 十 元 角 分

儲戶簽章（憑印鑑支取者应簽盖原留印鑑）

儲蓄处 事后監督員

儲蓄所 出納 覆核 記帳

附件 紙

8.8×19公分19.56.7-30,000本@100頁

对号單号碼 3106449

（此單憑以請勿遺失塗取毀款）

0053 一九五七年五月二十一日欧文活期有奖储蓄取款凭条

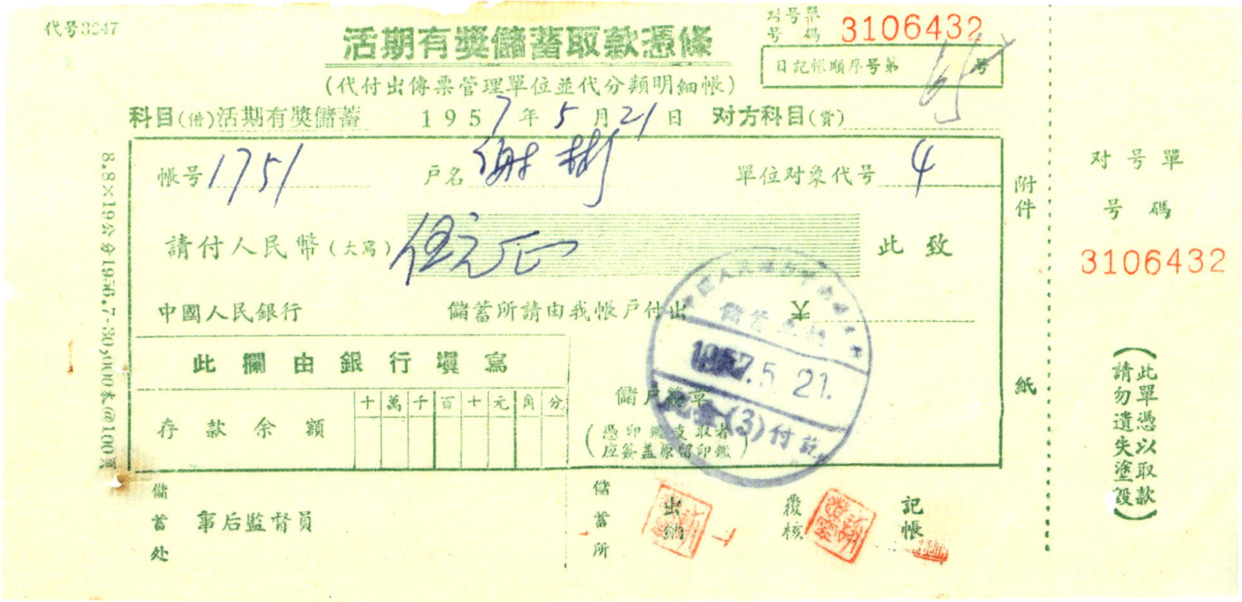

代号3247

活期有奬儲蓄取款憑條

（代付出傳票管理單位並代分類明細帳）

对号單号碼 3106432

日記帳順序号第 号

科目（借）活期有奬儲蓄 1957年5月21日 对方科目（貸）

帳号 1751 戶名 謝彬 單位对象代号 4

請付人民幣（大寫） 此致

中國人民銀行 儲蓄所請由我帳戶付出 ¥

此欄由銀行塡寫

存款余額 十 萬 千 百 十 元 角 分

儲戶簽章（憑印鑑支取者应簽盖原留印鑑）

儲蓄处 事后監督員

儲蓄所 出納 覆核 記帳

附件 紙

8.8×19公分19.56.7-30,000本@100頁

对号單号碼 3106432

（此單憑以請勿遺失塗取毀款）

0054 一九五七年五月二十一日谢彬活期有奖储蓄取款凭条

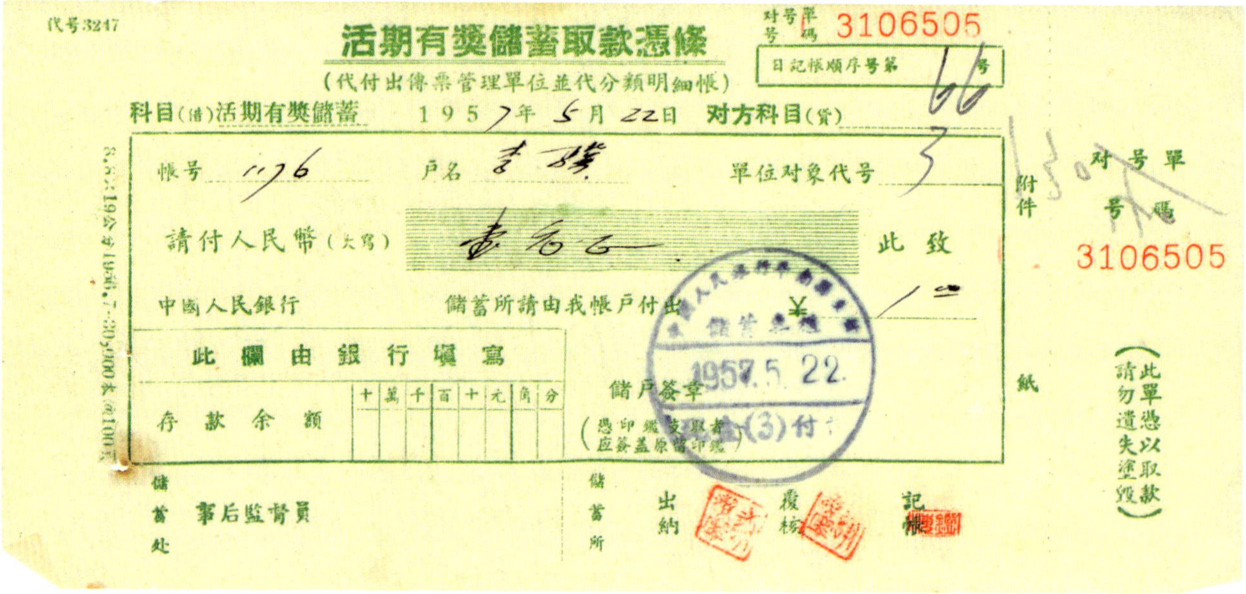

代号3247

活期有奬儲蓄取款憑條

(代付出傳票管理單位並代分類明細帳)

对号單號碼 3106505

日記帳順序号第 66 号

科目(借)活期有奬儲蓄 1957年5月22日 对方科目(貸)

帳号 176 戶名 李驥 單位对象代号 3

請付人民幣(大寫) 壹百元

此致

中國人民銀行 儲蓄所請由我帳戶付出 ¥ 100

此欄由銀行填寫

存款余額	十	萬	千	百	十	元	角	分

儲戶簽章

(憑印鑑支取者應簽蓋原留印鑑)

1957.5.22 (3)付

儲蓄處 事后監督員

儲蓄所 出納 覆核 記帳

附件 对号單號碼 3106505

(此單憑以取款請勿遺失塗毁)

0055 一九五七年五月二十二日李驥活期有奖储蓄取款凭条

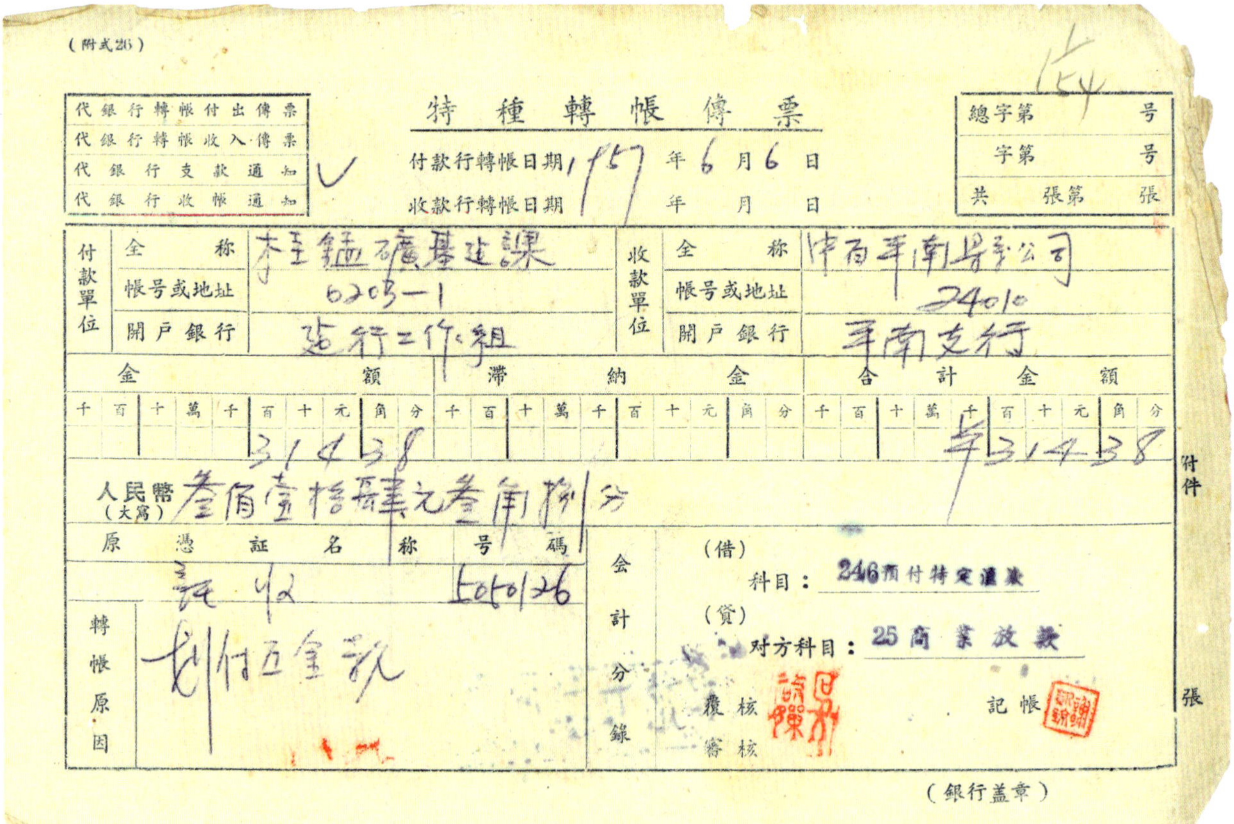

(附式26)

代銀行轉帳付出傳票
代銀行轉帳收入傳票
代銀行支款通知
代銀行收帳通知

特種轉帳傳票

付款行轉帳日期 1957年6月6日

收款行轉帳日期 年 月 日

總字第 号

字第 号

共 張第 張

付款單位		收款單位	
全稱	木圭錳礦基建課	全稱	中百平南公司
帳号或地址	6203-1	帳号或地址	24010
開戶銀行	本行工作組	開戶銀行	平南支行

金額	滯納金	合計金額
314.38		¥314.38

人民幣(大寫) 叁佰壹拾肆元叁角捌分

原憑証名稱	号碼
託收	5050126

轉帳原因 划付五金款

会計分錄

(借) 科目: 246 預付特定還款

(貸) 对方科目: 25 商業放款

覆核 審核 記帳

(銀行蓋章)

附件 張

0056 一九五七年六月六日木圭锰矿基建课转中百平南公司特种转账传票

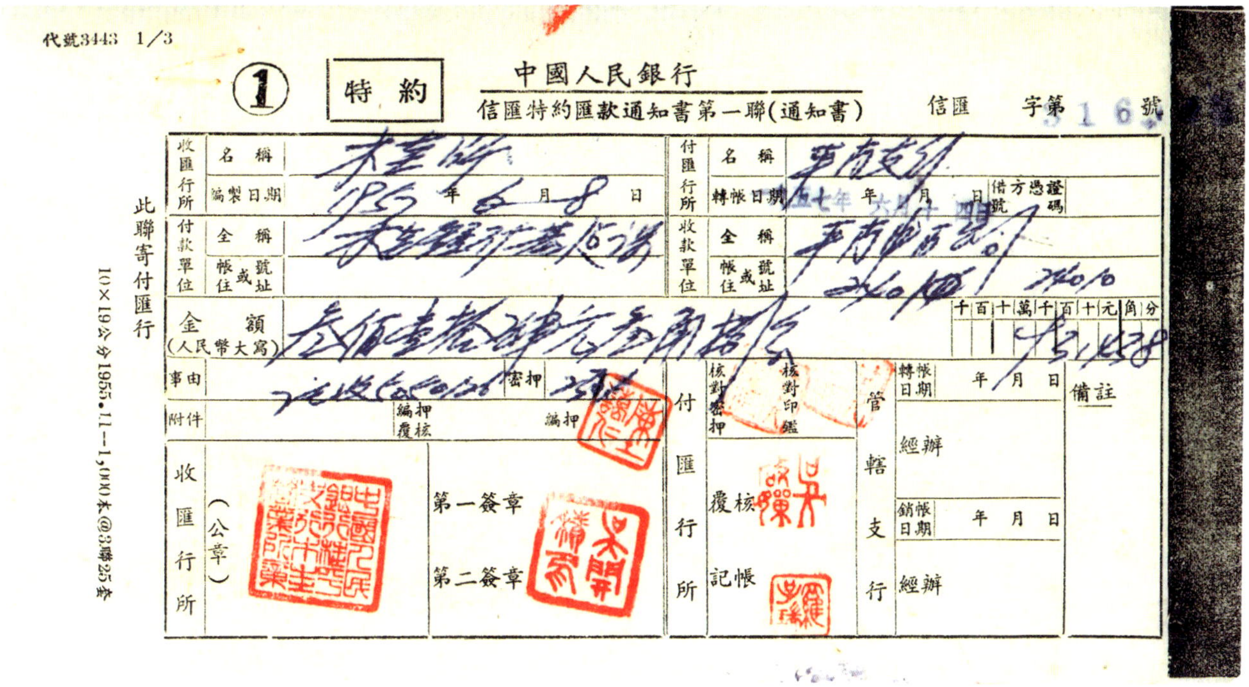
代號3443 1/3

① 特約 中國人民銀行

信匯特約匯款通知書第一聯（通知書） 信匯 字第 316 號

此聯寄付匯行

收匯行所	名稱		付匯行所	名稱	平南支行	
	編製日期	年 6 月 8 日		轉帳日期	年 月 日	借方憑證號碼
付款單位	全稱		收款單位	全稱		
	帳號或住址			帳號或住址	24010	
金額（人民幣大寫）						千 百 十 萬 千 百 十 元 角 分
事由		密押	付匯行所 核對密押 核對印鑑		管轄支行 轉帳日期 年 月 日	備註
附件		編押覆核 編押			經辦	
收匯行所 （公章）		第一簽章 第二簽章	覆核 記帳		銷帳日期 年 月 日 經辦	

10×19公分1955·11—1,000本@3聯25套

0057 一九五七年六月八日平南中百公司转木圭锰矿基建课信汇特约汇款通知书

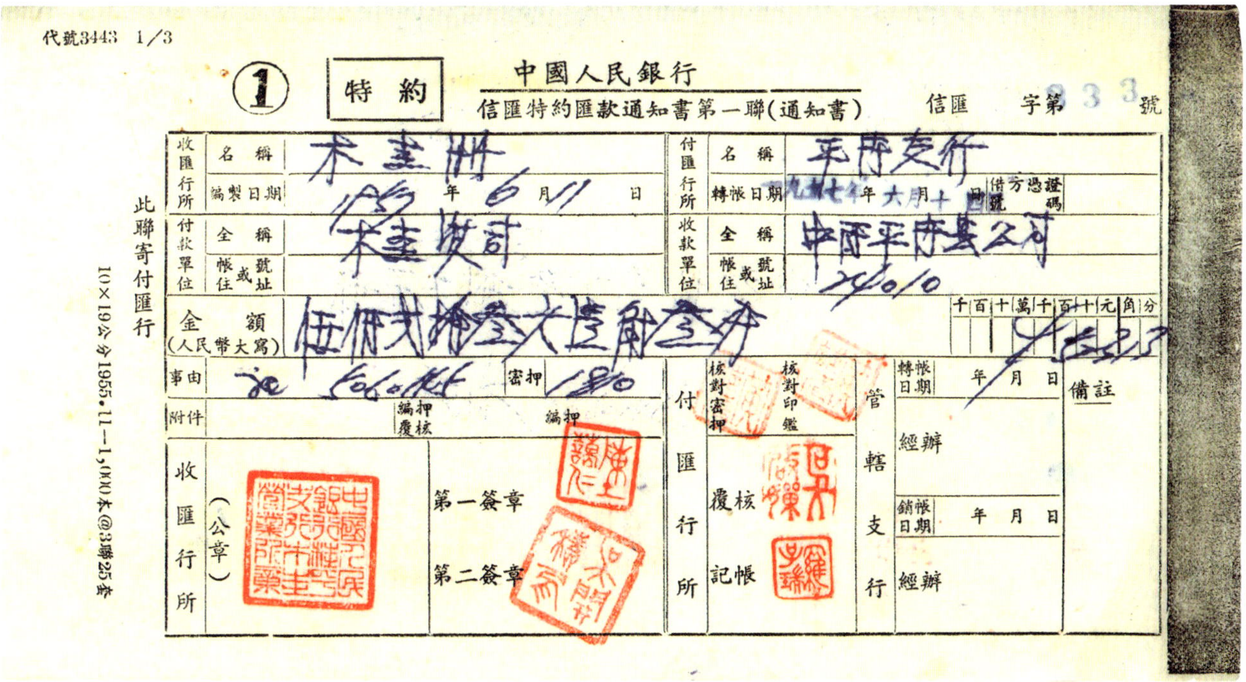
代號3443 1/3

① 特約 中國人民銀行

信匯特約匯款通知書第一聯（通知書） 信匯 字第 333 號

此聯寄付匯行

收匯行所	名稱	木圭	付匯行所	名稱	平南支行	
	編製日期	年 6 月 11 日		轉帳日期	一九五七年六月十 日	借方憑證號碼
付款單位	全稱		收款單位	全稱	中百平南县公司	
	帳號或住址			帳號或住址	24010	
金額（人民幣大寫）						千 百 十 萬 千 百 十 元 角 分
事由		密押	付匯行所 核對密押 核對印鑑		管轄支行 轉帳日期 年 月 日	備註
附件		編押覆核 編押			經辦	
收匯行所 （公章）		第一簽章 第二簽章	覆核 記帳		銷帳日期 年 月 日 經辦	

10×19公分1955·11—1,000本@3聯25套

0058 一九五七年六月十一日木圭资司转中百平南公司信汇特约汇款通知书

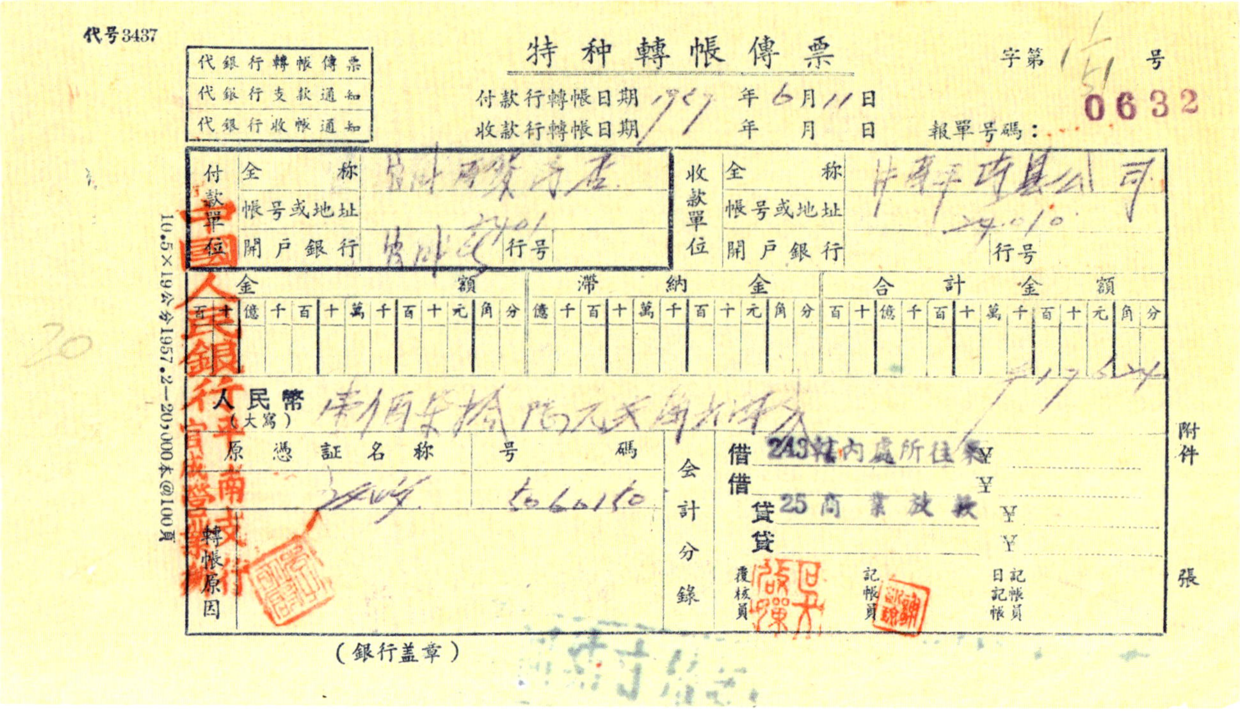

代号3437

特种轉帳傳票

字第 号 0632

代銀行轉帳傳票
代銀行支款通知
代銀行收帳通知

付款行轉帳日期 1957 年 6月11日
收款行轉帳日期 年 月 日 報單号碼：

付款單位		收款單位	
全称	官成百貨商店	全称	中百平南公司
帳号或地址		帳号或地址	24010
開戶銀行	行号	開戶銀行	行号

金額　滯納金　合計金額

人民幣（大寫）

原憑証名称　号碼

轉帳原因

会計分錄
借 243 内處所往來
借
貸 25 商業放款
貸

覆核員　記帳員　日記記帳員

附件 張

（銀行蓋章）

中國人民銀行平南支行官成營業所

10.5×19公分1957.2－20,000本@100頁

0059 一九五七年六月十一日官成百货商店转中百平南公司特种转账传票

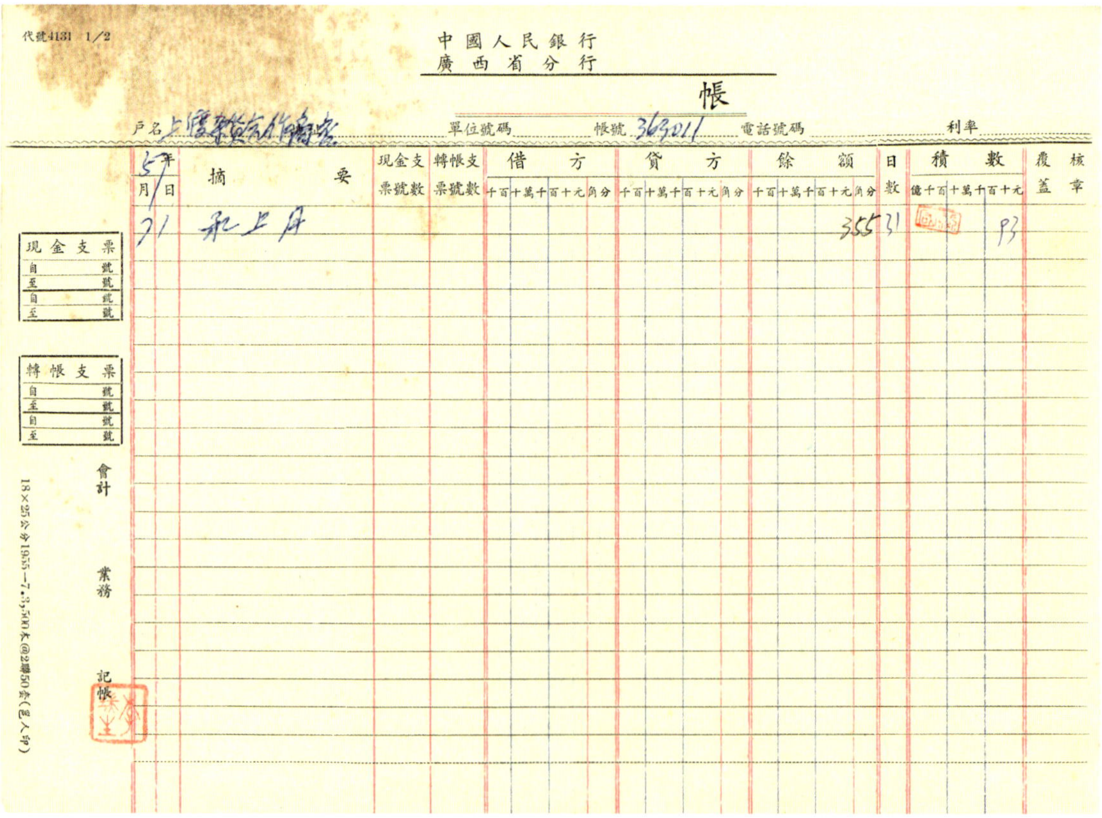

代號4131 1/2

中國人民銀行
廣西省分行

帳

戶名 上渡雜貨合作商店　單位號碼　帳號 363011　電話號碼　利率

年 月	日	摘要	現金支票號數	轉帳支票號數	借方	貸方	餘額	日數	積數	覆核蓋章
57 7	1	承上月					355	31	93	

現金支票 自 號 至 號 自 號 至 號

轉帳支票 自 號 至 號 自 號 至 號

會計　業務　記帳

18×25公分1955－7.3,500本@2聯50張（邕人印）

0060 一九五七年七月一日上渡杂货合作商店合营商业存款

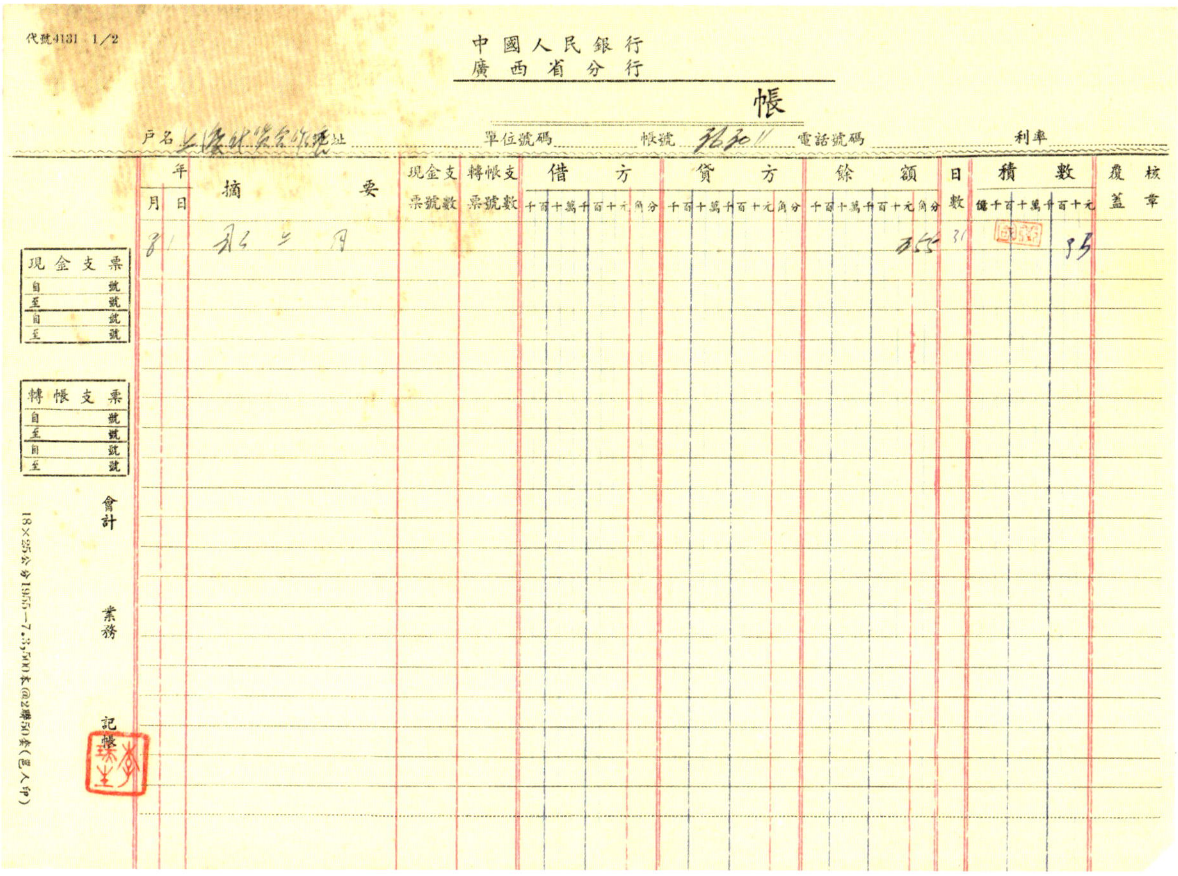

代號4131 1/2

中國人民銀行
廣西省分行

帳

戶名 上渡杂货合作商店 地址 單位號碼 帳號 [illegible] 電話號碼 利率

年 月	年 日	摘要	現金支票號數	轉帳支票號數	借方	貸方	餘額	日數	積數	覆核蓋章
8	1	承上月					365	31	95	

現金支票 自 號 至 號 自 號 至 號
轉帳支票 自 號 至 號 自 號 至 號
會計 業務 記帳
18×25公分 1955—7.35,000本 (2聯50套) (邕人印)

0061 一九五七年八月一日上渡杂货合作商店合营商业存款

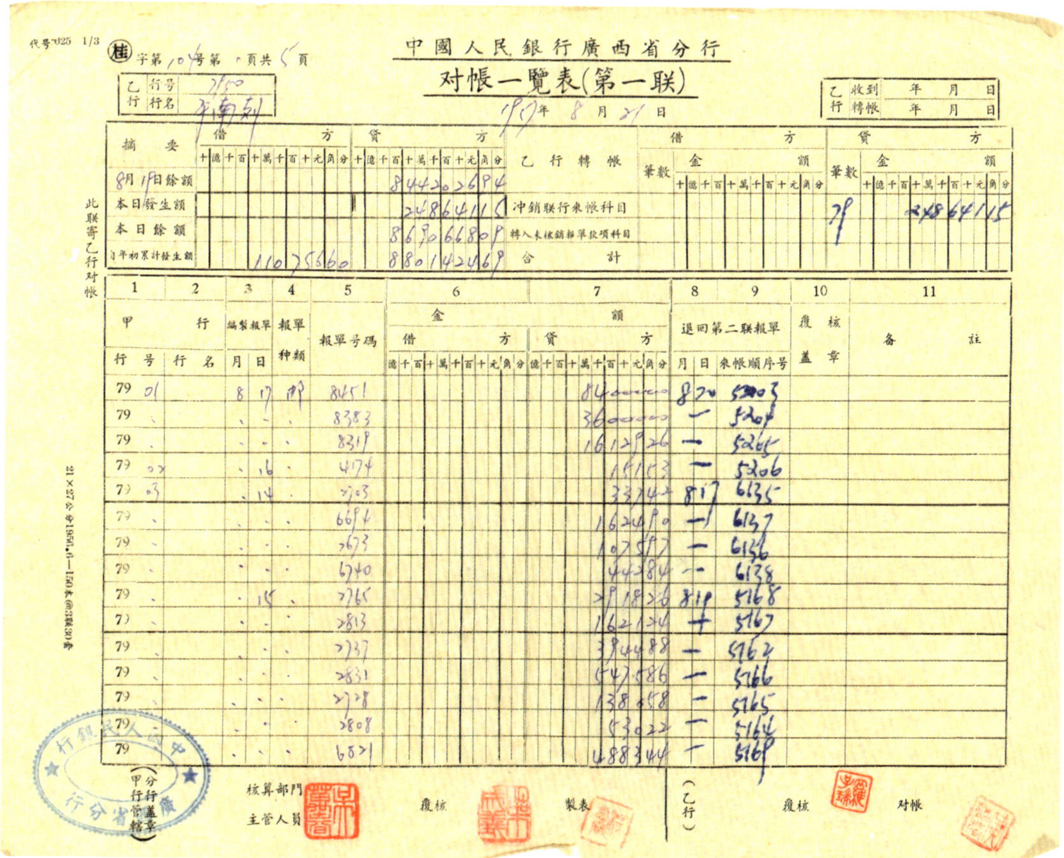

代号7025 1/3

桂 字第10号第 1 頁共 5 頁

中國人民銀行廣西省分行

对帳一覽表(第一联)

乙行 行号 2150 行名 平南支行

1957年 8 月 21 日

乙行 收到 年 月 日 轉帳 年 月 日

摘要	借方	貸方	乙行轉帳	借方 筆數	借方 金額	貸方 筆數	貸方 金額
8月1日餘額		84420694					
本日發生額		2486411	冲銷聯行來帳科目			19	2486415
本日餘額		86906808	轉入來帳銷帳單款項科目				
自年初累計發生額	11075660	88014246[illegible]	合計				

此聯寄乙行对帳

甲行 行号	甲行 行名	編製報單 月	編製報單 日	報單种類	報單号碼	金額 借方	金額 貸方	退回第二联報單 月	日	來帳順序号	覆核蓋章	备註
79 01		8	17	邮	8451		84000000	8	20	5203		
79					8383		36000000	—		5204		
79					8319		16129926	—		5205		
79 02			16		4174		151153	—		5206		
79 03			14		2703		33744	8	17	6135		
79					6694		1624190	—		6137		
79					2673		107587	—		6136		
79					6740		44284	—		6138		
79			15		2765		2918226	8	19	5168		
79					2813		1621124	—		5167		
79					2737		3944488	—		5163		
79					2831		1547586	—		5166		
79					2728		1385558	—		5165		
79					2808		153022	—		5164		
79					6821		488344	—		5169		

(甲行 分行管轄行蓋章) 核算部門主管人員 覆核 製表 (乙行) 覆核 对帳

21×27公分 1955.6—150本(2聯50套)

0062-1 一九五七年八月二十一日平南支行对账一览表（一）

0062-2 一九五七年八月二十一日平南支行对账一览表（2）

代号7026 1/3

桂字第 104号第 2頁共 5頁

乙行	
行号	7150
行名	

中國人民銀行广西省分行

对帳一覽表附頁（第一联）

1957年 8月 21日

此联寄乙行对帐

1 甲行 行号	2 行名	3 編制報單 月	日	4 報單种類	5 報單号碼	6 金額 借方	7 金額 貸方	8 退回第二联報單 月	日	9 來帳順序号	10 覆核蓋章	11 备註
79 03		8	15	邮	6815		12356	8	18	5170		
79 、		、	、	、	6775		4844	—		5163		
79 、		、	16	、	2860		665431	8	20	5213		
79 、		、	、	、	6866		2804	—		5208		
79 、		、	、	、	2882		74361	—		5212		
79 、		、	、	、	2786		10230	—		5209		
79 、		、	、	、	2749		34574	—		5211		
79 、		、	、	、	2798		379503	—		5210		
79 、		、	、	、	6902		2751	—		5214		
79		、	、	、	6876		8665	—		5215		
79 、		、	、	、	6882		413320	—		5207		
79 、		、	、	电	1678		15920	8	16	6131-3		
79 04		、	15	、	2217		1722389	8	16	6131		
79 、		、	、	邮	0674		128282	8	18	5171		
79 、		、	16	、	0745		35720	8	20	5217		
79 05		、	15	、	4937		1844	8	18	5172		
79 27		、	14	、	3273		248	—		5173		
79 47		、	15	、	1441		6832	—		5174		
79 、		、	、	、	1059		20000	—		5175		
79 、		、	16	、	9762		1466	8	20	5219		

21×27公分1957.2—500本@3联30张（巳入字）

0062-3 一九五七年八月二十一日平南支行对账一览表（3）

代号7026 1/3

桂字第 104号第 3頁共 5頁

乙行	
行号	7150
行名	

中國人民銀行广西省分行

对帳一覽表附頁（第一联）

1957年 8月 21日

此联寄乙行对帐

1 甲行 行号	2 行名	3 編制報單 月	日	4 報單种類	5 報單号碼	6 金額 借方	7 金額 貸方	8 退回第二联報單 月	日	9 來帳順序号	10 覆核蓋章	11 备註
79 48		8	15	邮	5360		23382	8	17	6140		
79 、		、	、	、	5359		82880	—		6141		
79 、		、	、	、	5369		14770	—		6142		
79 、		、	、	、	5368		250	—		6143		
79 、		、	16	、	5396		50320	8	18	5176		
79 、			、	、	5415		30881	—		5177		
79 、		、	、	、	5400		18720	—		5178		
79 、		、	、	、	5413		71447	—		5179		
79 、		、	、	、	5394		52888	—		5180		
79 、		、	、	、	5414		43177	—		5181		
79 、		、	、	、	5399		1210	—		5182		
79 、		、	、	、	5410		38258	—		5183		
79 、		、	17	、	5447		99430	8	20	5224		
79 、		、	、	、	5454		191743	—		5225		
79 、		、	、	、	5460		22887	—		5226		
79 49		、	14	、	7460		8804	8	16	6118		
79 、		、	、	、	7459		27140	—		6119		
79 、		、	15	、	7524		98	8	17	6144		
79 、		、	、	、	7466		361	—		6145		
79 、		、	、	、	7468		20881	—		6146		

21×27公分1957.2—500本@3联30张（巳入字）

0062–4 一九五七年八月二十一日平南支行对账一览表（4）

代号7026 1/3

桂字第104号第4頁共5頁

乙行 行号 7950 行名

中國人民銀行广西省分行

对帳一覽表附頁（第一联）

1957年8月21日

此联寄乙行对帐

1 甲行 行号	2 甲行 行名	3 編制報單 月	3 編制報單 日	4 報單种類	5 報單号碼	6 金額 借方	7 金額 貸方	8 退回第二联報單 月	8 退回第二联報單 日	9 來帳順序号	10 覆核盖章	11 备註
79 58		8	15	邮	3336		53884	8	22	5229		
79 53		、	、	、	7247		225	8	19	5185		
79 、		、	、	、	7638		22752	—		5186		
79 、		、	16	、	9175		2200	8	20	5230		
79 、		、	、	、	1174		37	—		5231		
79 55		、	17	、	9827		88	—		5233		
79 61		、	14	、	7458		41	—		5236		
79 73		、	15	、	1802		226882	8	21	7248		
79 87		、	14	、	3868		57778	8	16	6126		
79 、		、	、	、	3873		1418	—		6127		
79 、		、	、	、	3878		201471	—		6128		
79 、		、	、	、	3877		13496	—		6129		
79 、		、	15	、	3881		1661	8	17	6151		
79 、		、	、	、	3886		1000000	—		6152		
79 、			、	、	3885		6081	—		6153		
79 、		、	、	、	3887		24338	—		6154		
79 、		、	、	、	3888		419691	—		6155		
79 、		、	16	、	3897		60000	—	19	5188		
79 、		、	、	、	3893		9285	—		5190		
79 、		、	、	、	3905		6214	—		5195		

21×27公分1957.2—500本@3联30套（昆人印）

0062–5 一九五七年八月二十一日平南支行对账一览表（5）

代号7026 1/3

桂字第104号第5頁共5頁

乙行 行号 7950 行名

中國人民銀行广西省分行

对帳一覽表附頁（第一联）

1957年8月21日

此联寄乙行对帐

23

1 甲行 行号	2 甲行 行名	3 編制報單 月	3 編制報單 日	4 報單种類	5 報單号碼	6 金額 借方	7 金額 貸方	8 退回第二联報單 月	8 退回第二联報單 日	9 來帳順序号	10 覆核盖章	11 备註
79 87		8	16	邮	3904		2127	8	19	5191		
79 、		、	、	、	3901		53172	—		5192		
79 、		、	、	、	3903		17633	—		5193		
79 、		、	、	、	3902		2000000	—		5194		
79												
79												
79												
79												
79												
79												
79												
79												
79												
79												
79												
79												
79												
79												
79												
79												

21×27公分1957.2—500本@3联30套（昆人印）

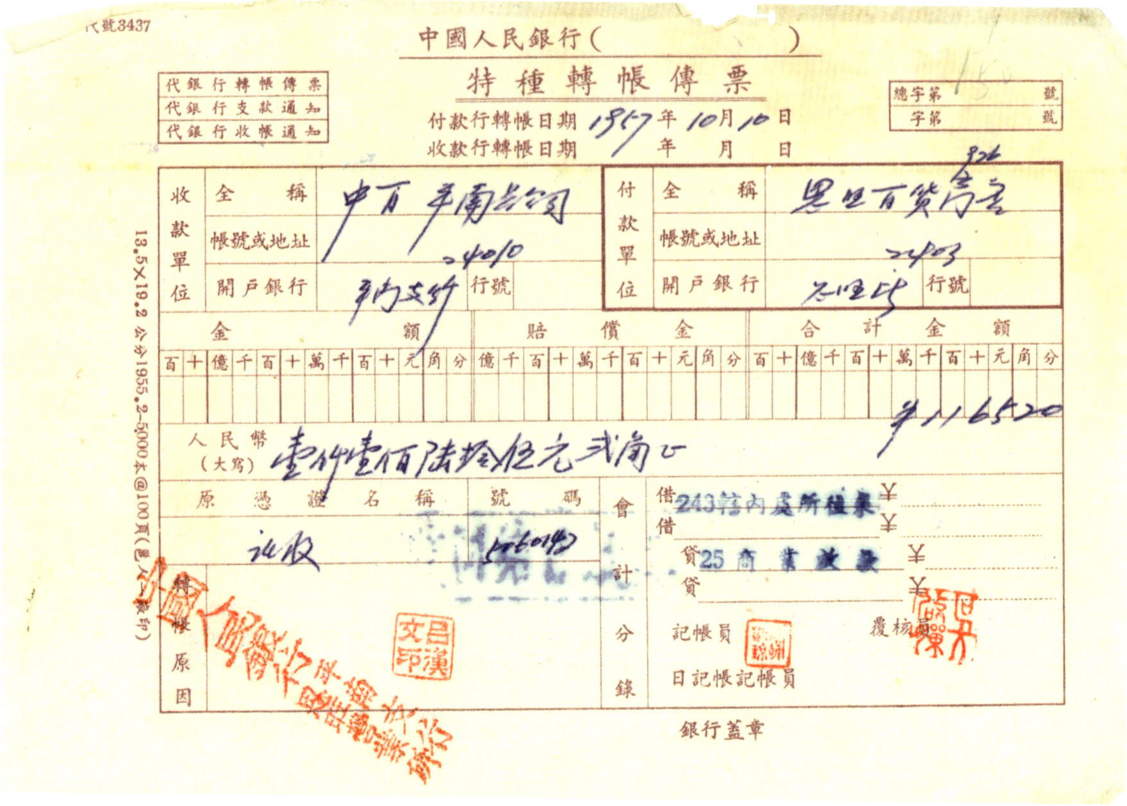

代號3437

中國人民銀行（　　　　）

特種轉帳傳票

代銀行轉帳傳票
代銀行支款通知
代銀行收帳通知

付款行轉帳日期 1957年10月10日
收款行轉帳日期 年 月 日

總字第 號
字第 號

收款單位		付款單位	
全稱	中百平南公司	全稱	思旺百货商店
帳號或地址	2401	帳號或地址	2403
開戶銀行	平南支行　行號	開戶銀行	思旺　行號

金額　賠償金額　合計金額 ¥1116520

人民幣（大寫） 壹仟壹佰陆拾伍元贰角正

原憑證名稱 收据　號碼

會計分錄：借 243 轄內處所往來 ¥；貸 25 商業存款 ¥
記帳員　覆核員
日記帳記帳員

轉帳原因

銀行蓋章

13.5×19.2公分1955.2—5000本@100頁（邕人一版印）

0063 一九五七年十月十日思旺百货商店转中百平南公司特种转账传票

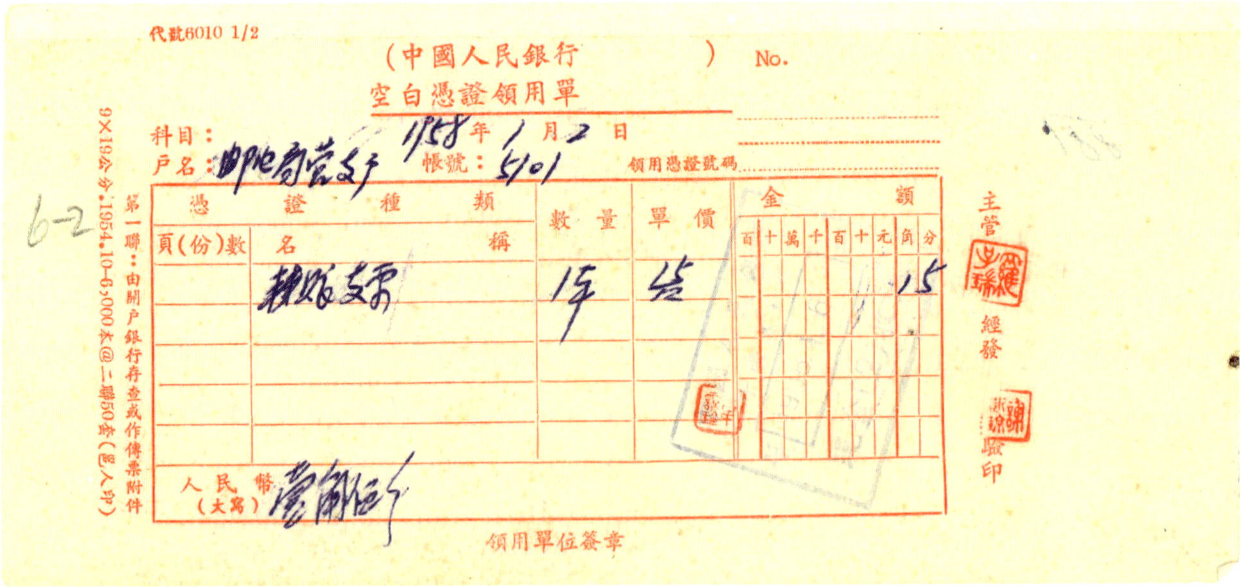

代號6010 1/2

（中國人民銀行　　　）No.

空白憑證領用單

科目：　1958年1月2日
戶名：郵電局營支戶　帳號：5101　領用憑證號碼

憑證種類 頁(份)數	名稱	數量	單價	金額
	转账支票	1本	15	15

人民幣（大寫） 壹角伍分

領用單位簽章

主管　經發　驗印

第一聯：由開戶銀行存查或作傳票附件

9×19公分1954.10—6,000本@二聯50套（邕人印）

0064 一九五八年一月二日平南县邮电局营支户空白凭证领用单

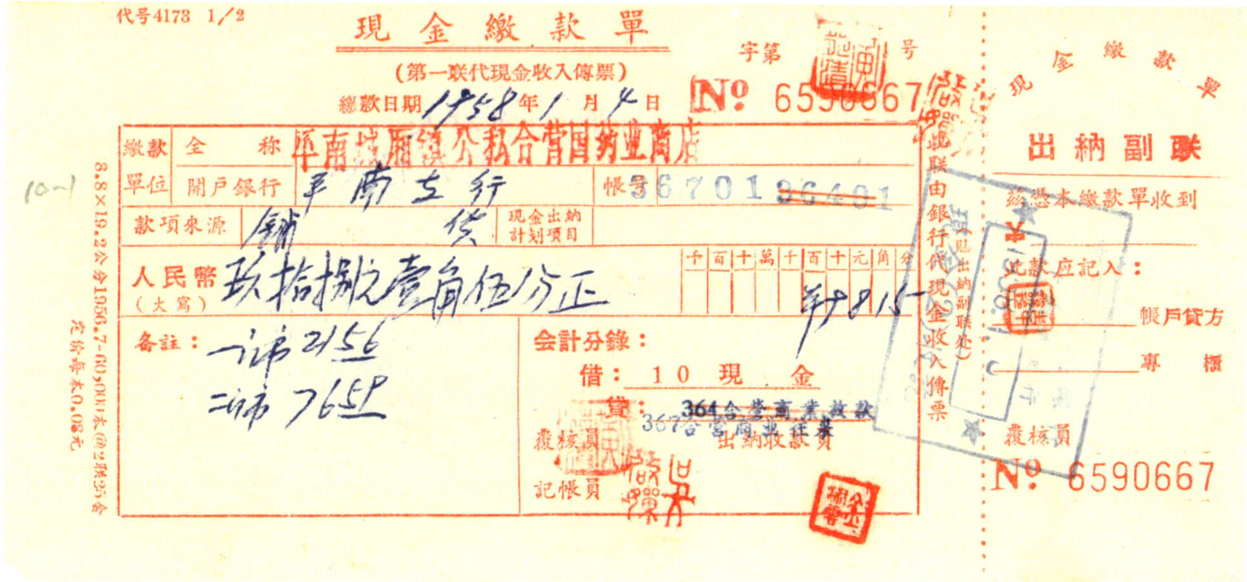

0065 一九五八年一月四日平南城厢镇公私合营国药业商店现金缴款单

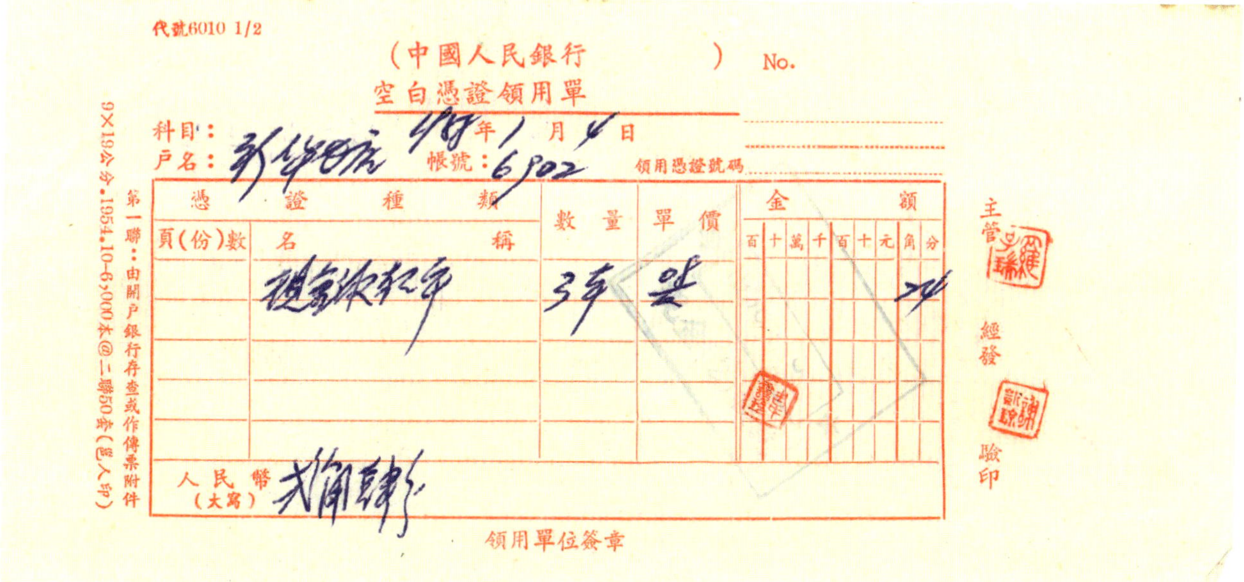

0066 一九五八年一月四日平南县新华书店空白凭证领用单

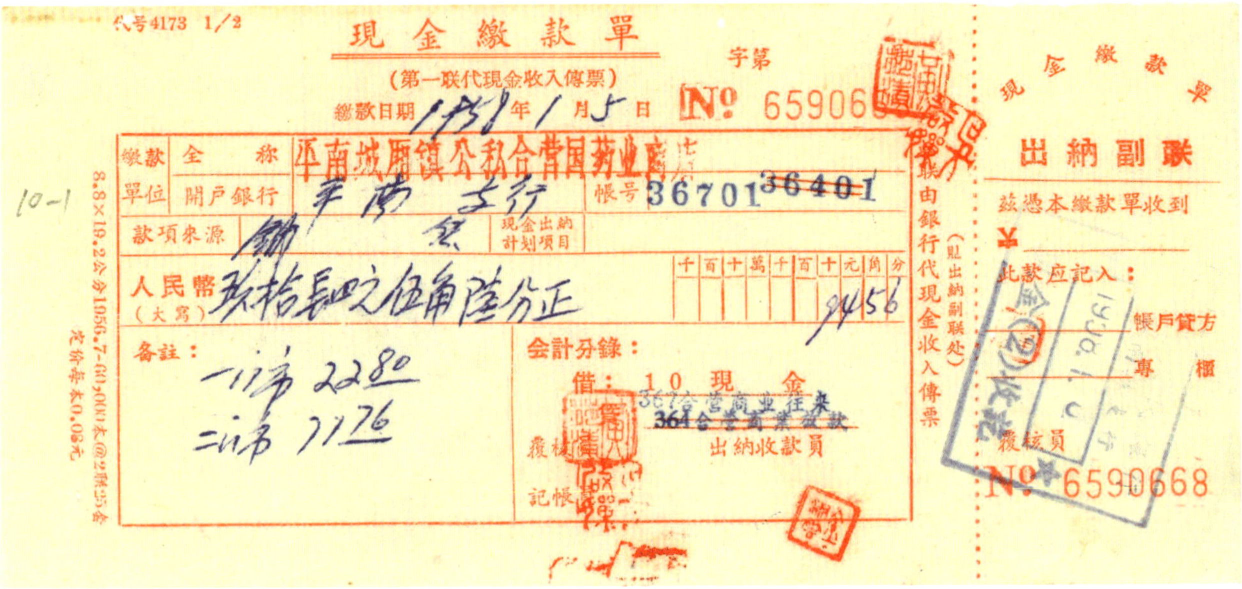
代号4173 1/2

現金繳款單

（第一联代現金收入傳票）

繳款日期 1958年1月5日　字第　號　№6590668

繳款單位	全称	平南城厢镇公私合营国药业商店	
	開戶銀行	平南支行	帳号 36701 36401
款項來源	销货	現金出納計划項目	
人民幣（大寫）	玖拾肆元伍角陆分正		9456

备註：一门市 22.80 二门市 71.76

会計分錄：借：10 現金　貸：367合营商业往来 364合营商业收款

出納收款員　覆核　記帳

8.8×19.2公分1956.7-60,000本@2联25余 定价每本0.08元

此联由銀行代現金收入傳票（貼出納副联处）

現金繳款單 出納副联 茲憑本繳款單收到 ¥ 此款应記入： 帳戶貸方 專 欄 覆核員 №6590668

0067 一九五八年一月五日平南城厢镇公私合营国药业商店现金缴款单

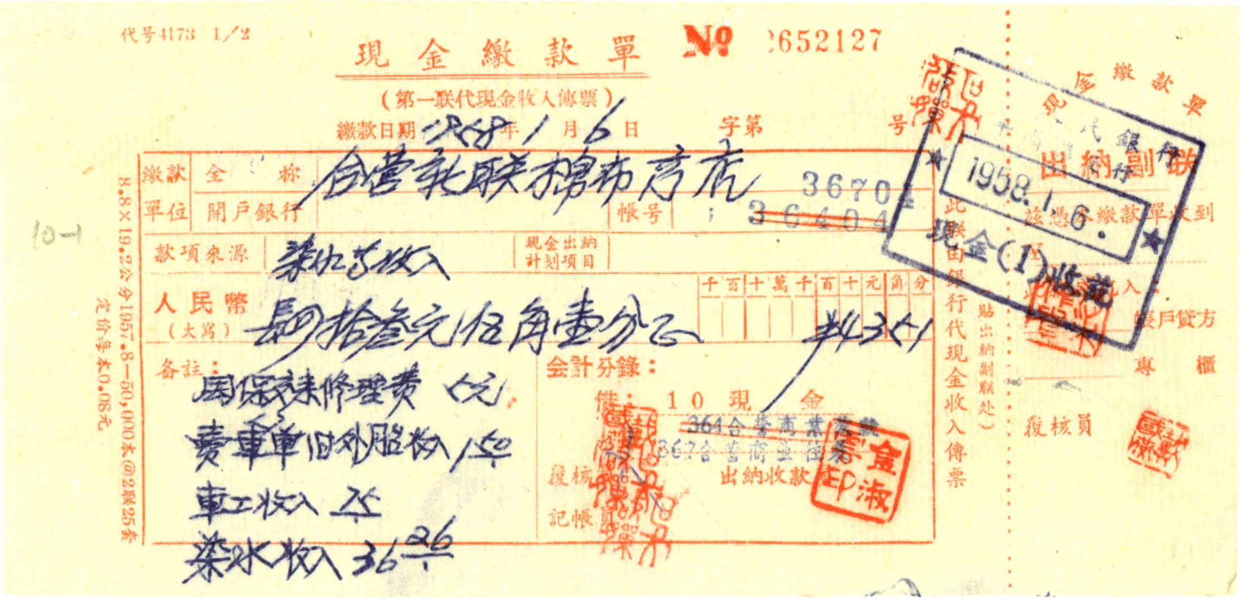
代号4173 1/2

現金繳款單　№ 652127

（第一联代現金收入傳票）

繳款日期 1958年1月6日　字第　号

繳款單位	全称	合营新联棉布商店	
	開戶銀行		帳号 36701 36404
款項來源	染坊收入	現金出納計划項目	
人民幣（大寫）	肆拾叁元伍角壹分正		4351

备註：国保染修理费 6元　卖車单旧织股收入 1.50　車工收入 25　染水收入 36.26

会計分錄：借：10 現金　貸：364合营商业收款 367合营商业往来

出納收款員　覆核　記帳員

8.8×19.2公分1957.8—50,000本@2联25余 定价每本0.08元

此联由銀行代現金收入傳票（貼出納副联处）

現金繳款單 出納副联 茲憑本繳款單收到 此款应記入： 帳戶貸方 專 欄 覆核員

0068 一九五八年一月六日合营新联棉布商店现金缴款单

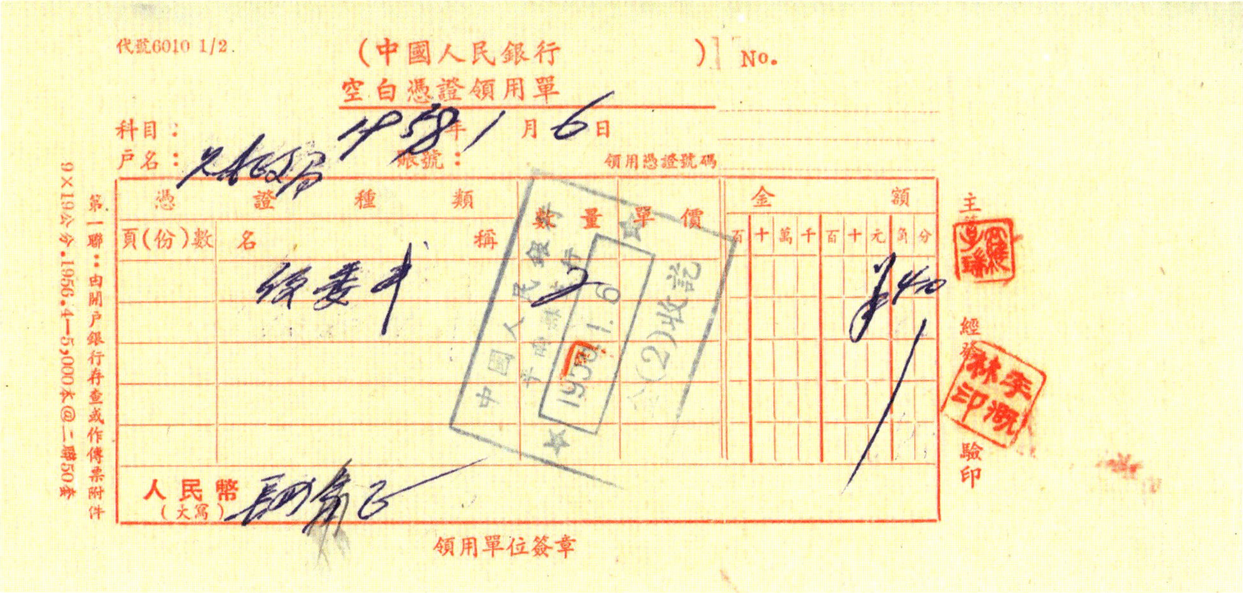

代號6010 1/2.

（中國人民銀行　　　　）No.

空白憑證領用單

科目：　1958年1月6日

戶名：　　　　賬號：　　　　領用憑證號碼

憑證種類		數量	單價	金額
頁(份)數	名稱			百 十 萬 千 百 十 元 角 分
		2		1.40

人民幣（大寫）

領用單位簽章

主管　經辦　驗印

第一聯：由開戶銀行存查或作傳票附件

9×19公分·1956.4—5,000本@二聯50章

0069 一九五八年一月六日平南县财政局空白凭证领用单

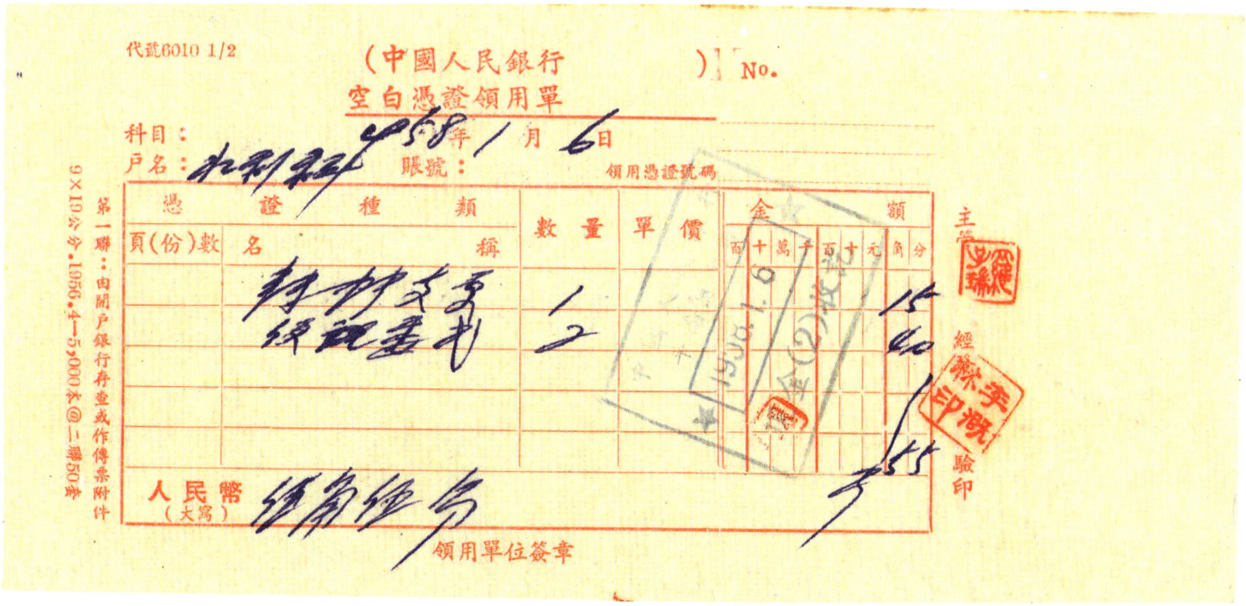

代號6010 1/2

（中國人民銀行　　　　）No.

空白憑證領用單

科目：　1958年1月6日

戶名：　　　　賬號：　　　　領用憑證號碼

憑證種類		數量	單價	金額
頁(份)數	名稱			百 十 萬 千 百 十 元 角 分
		1		15
		2		40
				55

人民幣（大寫）

領用單位簽章

主管　經辦　驗印

第一聯：由開戶銀行存查或作傳票附件

9×19公分·1956.4—5,000本@二聯50章

0070 一九五八年一月六日平南县水利科空白凭证领用单

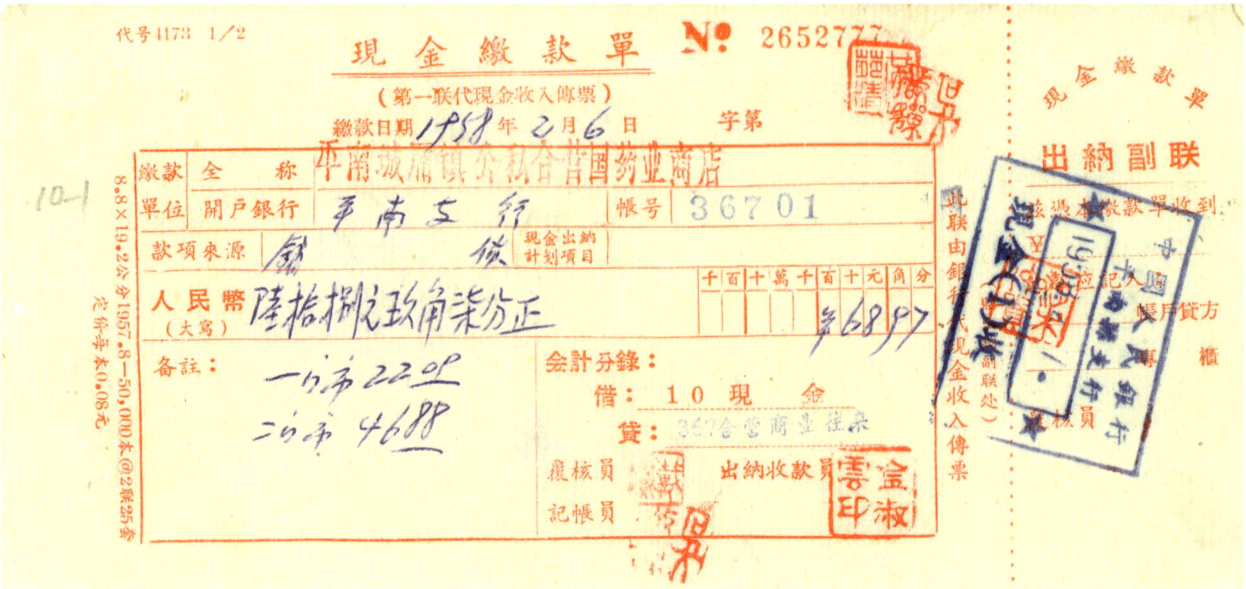
代号4173 1/2

現金繳款單 №2652777

（第一联代現金收入傳票）

繳款日期 1958年2月6日 字第 号

繳款單位	全称	平南城厢镇公私合营国药业商店		
	開戶銀行	平南支行	帳号	36701
款項來源	貨	現金出納計划項目		
人民幣（大寫）	陆拾捌元玖角柒分正			¥6897

备註：一月份 2209 二月份 4688

会計分錄：借：10 現金 貸：367合营商业往来

覆核員　出納收款員　記帳員

此联由銀行代現金收入傳票

現金繳款單 出納副联

兹憑本繳款單收到……入戶貸方

中國人民銀行平南縣支行 1958.2.6 現金（1）收訖

0071 一九五八年二月六日平南城厢镇公私合营国药业商店现金缴款单

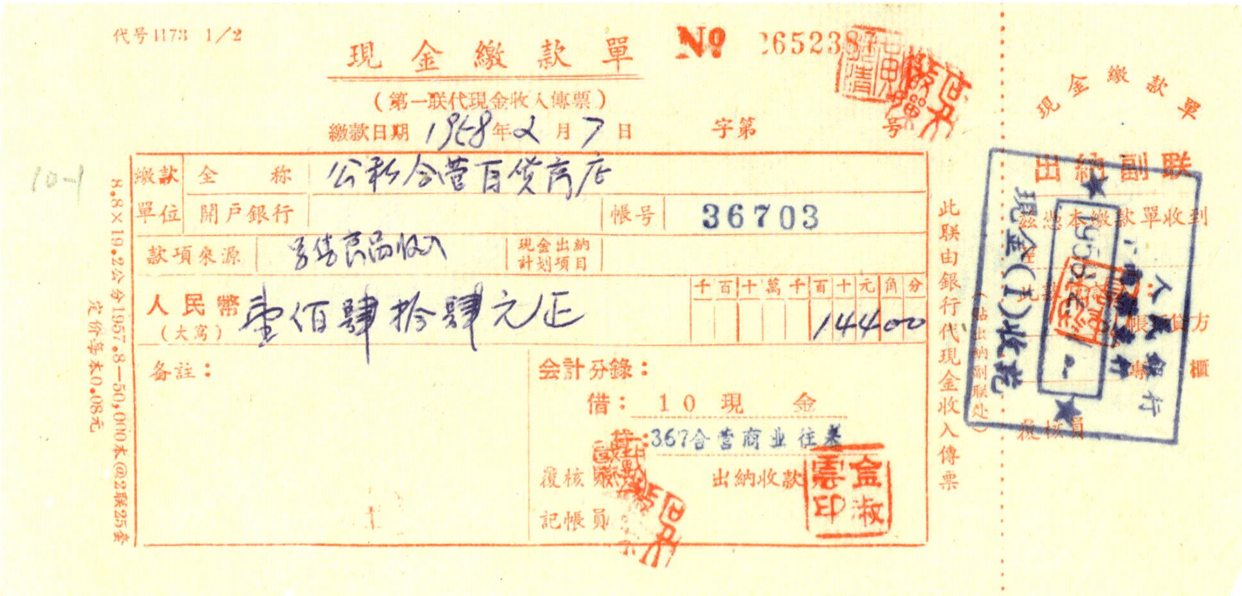
代号4173 1/2

現金繳款單 №2652387

（第一联代現金收入傳票）

繳款日期 1958年2月7日 字第 号

繳款單位	全称	公私合营百货商店		
	開戶銀行		帳号	36703
款項來源	销售商品收入	現金出納計划項目		
人民幣（大寫）	壹佰肆拾肆元正			14400

备註：

会計分錄：借：10 現金 貸：367合营商业往来

覆核員　出納收款員　記帳員

此联由銀行代現金收入傳票

現金繳款單 出納副联

兹憑本繳款單收到……入戶貸方

中國人民銀行 現金（1）收訖

0072 一九五八年二月七日公私合营百货商店现金缴款单

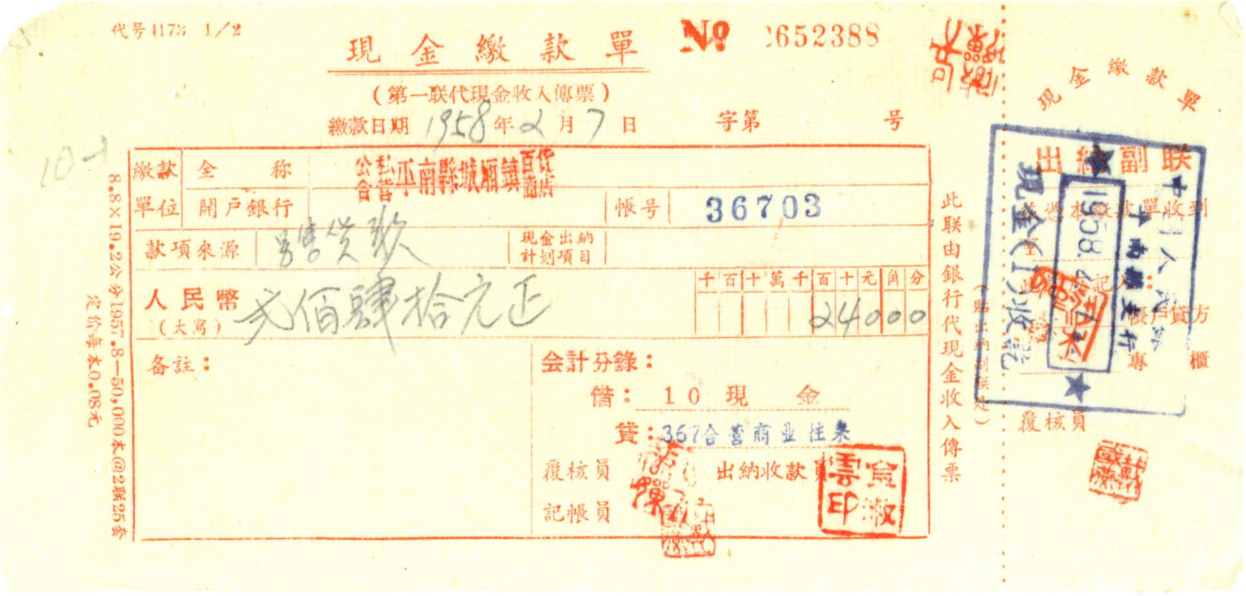

代号1173 1/2

現金繳款單 № 2652388

（第一联代現金收入傳票）

繳款日期 1958年2月7日 字第 号

繳款單位	全称	公私合营平南縣城厢鎮百貨商店		
	開戶銀行		帳号	36703
款項來源	销货款		現金出納計划項目	
人民幣（大寫）	贰佰肆拾元正			24000

备註：

会計分錄：

借：10 現金

貸：367合营商业往来

覆核員 出納收款員

記帳員

此联由銀行代現金收入傳票

8.8×19.2公分1957.8—50,000本@2联25套 定价每本0.08元

現金繳款單 出納副联

覆核員

0073 一九五八年二月七日平南县城厢镇百货商店现金缴款单

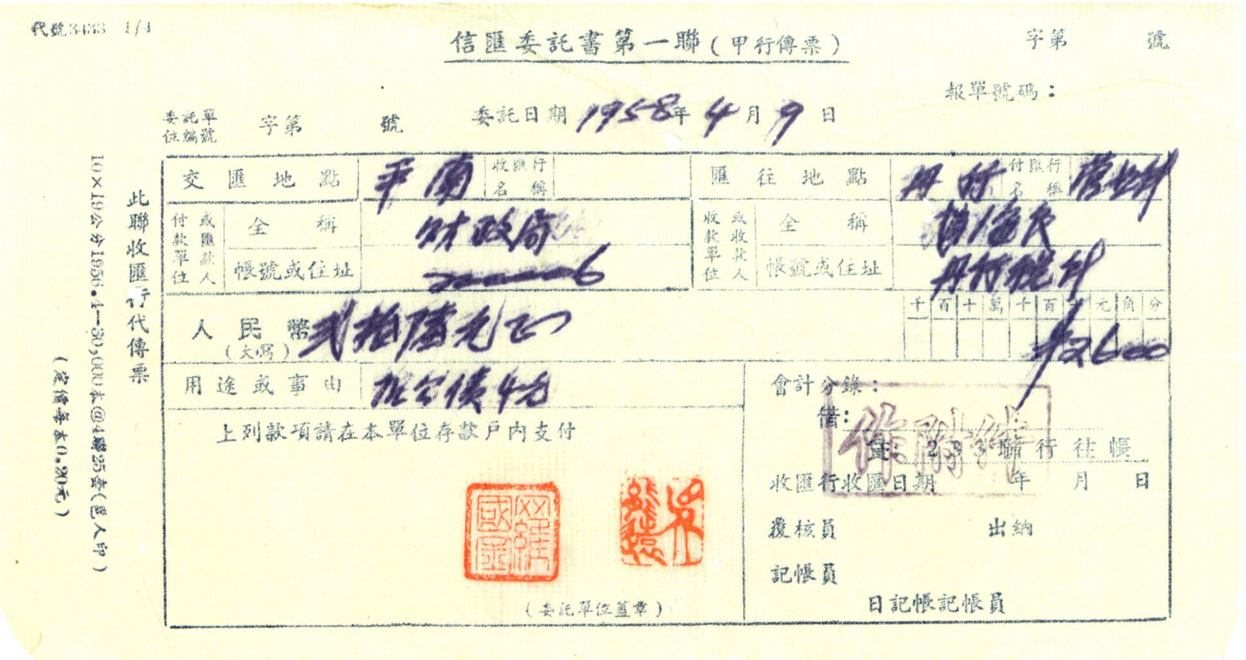

信匯委託書第一聯（甲行傳票） 字第 號

報單號碼：

委託單位編號 字第 號 委託日期 1958年4月9日

交匯地點	平南	收匯行名稱	匯往地點	丹竹	付匯行名稱
付款單位或匯款人 全稱	財政局		收款單位或收款人 全稱		
帳號或住址			帳號或住址	丹竹稅所	
人民幣（大寫）					
用途或事由					

上列款項請在本單位存款戶內支付

（委託單位蓋章）

會計分錄：

借：

貸：233聯行往帳

收匯行收匯日期 年 月 日

覆核員 出納

記帳員 日記帳記帳員

此聯收匯行代傳票

10×19公分1956.4—30,000本@4聯25套 （定價每本0.20元）

0074 一九五八年四月九日财政局转丹竹税所信汇委托书

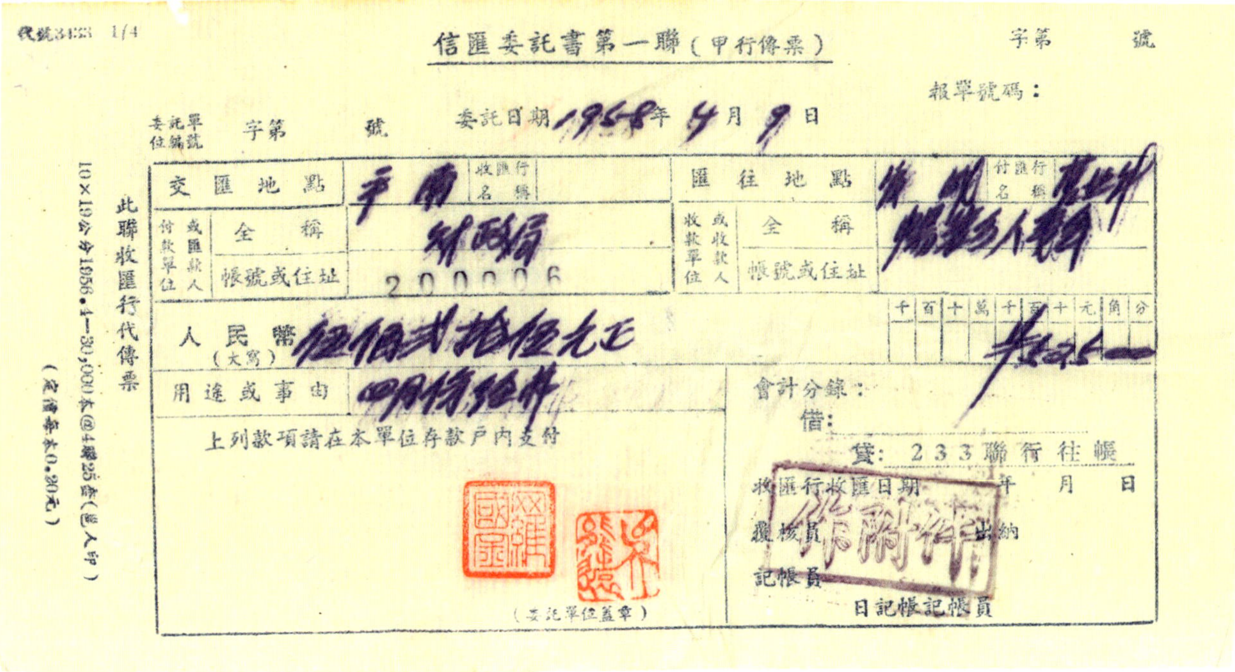

代號3433 1/4

信匯委託書第一聯（甲行傳票） 字第 號

報單號碼：

委託單位編號 字第 號 委託日期 1958年4月9日

交匯地點	平南	收匯行名稱		匯往地點		付匯行名稱	
付款單位或匯款人 全稱	財政局			收款單位或收款人 全稱			
帳號或住址	200006			帳號或住址			
人民幣（大寫）				千百十萬千百十元角分			
用途或事由							

上列款項請在本單位存款戶內支付

（委託單位蓋章）

會計分錄：
借：
貸：233聯行往帳
收匯行收匯日期 年 月 日
覆核員 出納
記帳員
日記帳記帳員

此聯收匯行代傳票

10×19公分1956.4—30,000本@4聯25套（鉛人印）（定價每本0.20元）

0075 一九五八年四月九日财政局转畅岩乡人委会信汇委托书

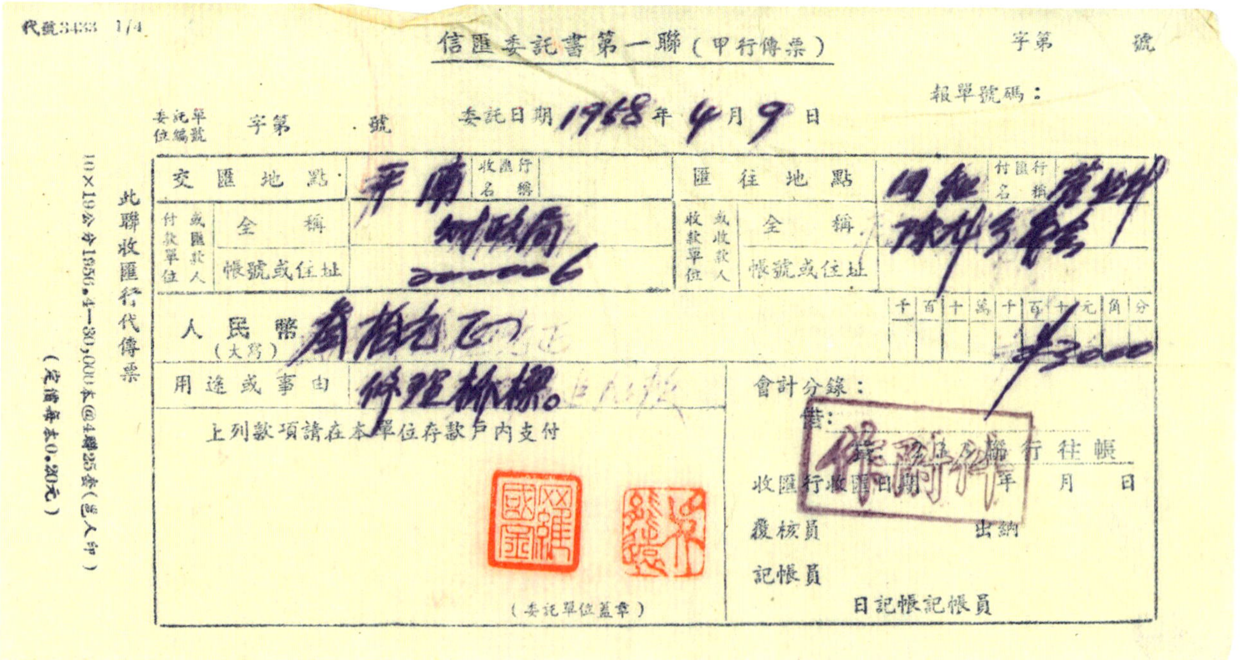

代號3433 1/4

信匯委託書第一聯（甲行傳票） 字第 號

報單號碼：

委託單位編號 字第 號 委託日期 1958年4月9日

交匯地點	平南	收匯行名稱		匯往地點		付匯行名稱	
付款單位或匯款人 全稱	財政局			收款單位或收款人 全稱			
帳號或住址				帳號或住址			
人民幣（大寫）				千百十萬千百十元角分			
用途或事由							

上列款項請在本單位存款戶內支付

（委託單位蓋章）

會計分錄：
借：
貸： 聯行往帳
收匯行收匯日期 年 月 日
覆核員 出納
記帳員
日記帳記帳員

此聯收匯行代傳票

10×19公分1956.4—30,000本@4聯25套（鉛人印）（定價每本0.20元）

0076 一九五八年四月九日财政局转陈龙乡人委会信汇委托书

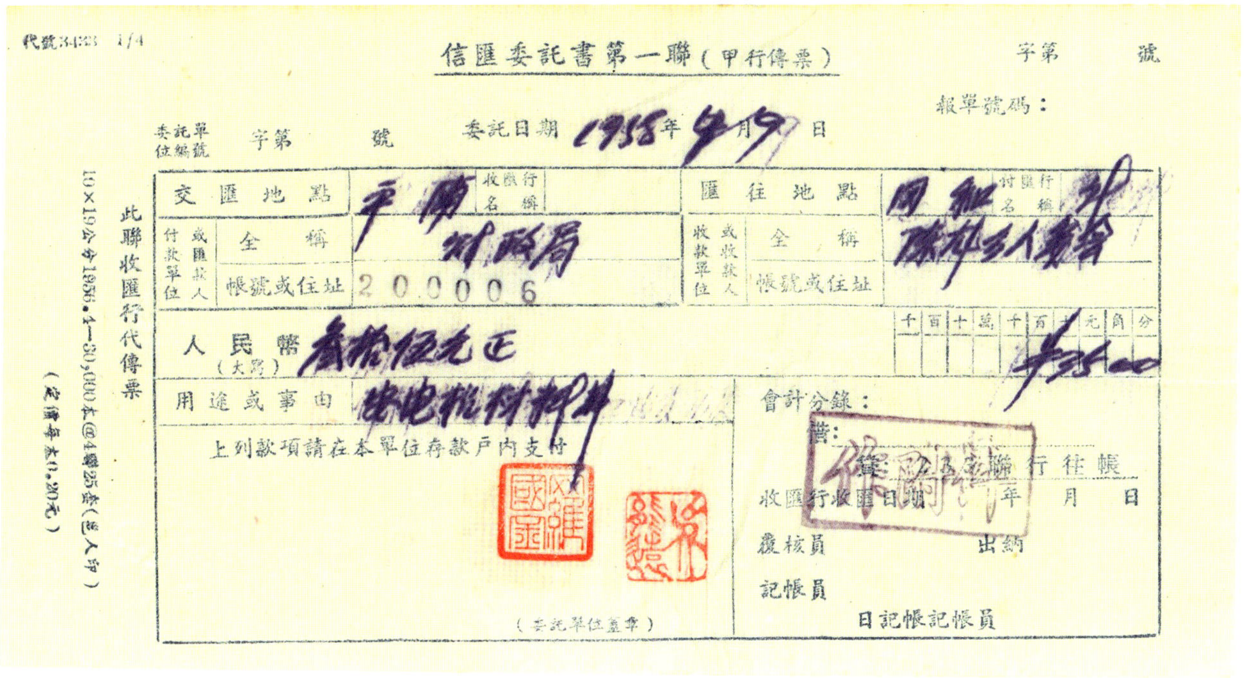

代號3433 1/4

信匯委託書第一聯（甲行傳票） 字第 號

報單號碼：

委託單位編號 字第 號 委託日期 1958年4月9日

交匯地點	平南	收匯行名稱		匯往地點	[illegible]	付匯行名稱	
付款單位或匯款人 全稱	財政局			收款單位或收款人 全稱	陈龙乡人委会		
帳號或住址	200006			帳號或住址			

人民幣（大寫） 叁拾伍元正

用途或事由 [illegible]

上列款項請在本單位存款戶內支付

（委託單位蓋章）

會計分錄：借： 貸：233 聯行往帳

收匯行收匯日期 年 月 日

覆核員 出納

記帳員 日記帳記帳員

此聯收匯行代傳票

19×19公分1956.4—30,000本@4聯25套（連人字）（定價每本0.20元）

0077 一九五八年四月九日财政局转陈龙乡人委会信汇委托书

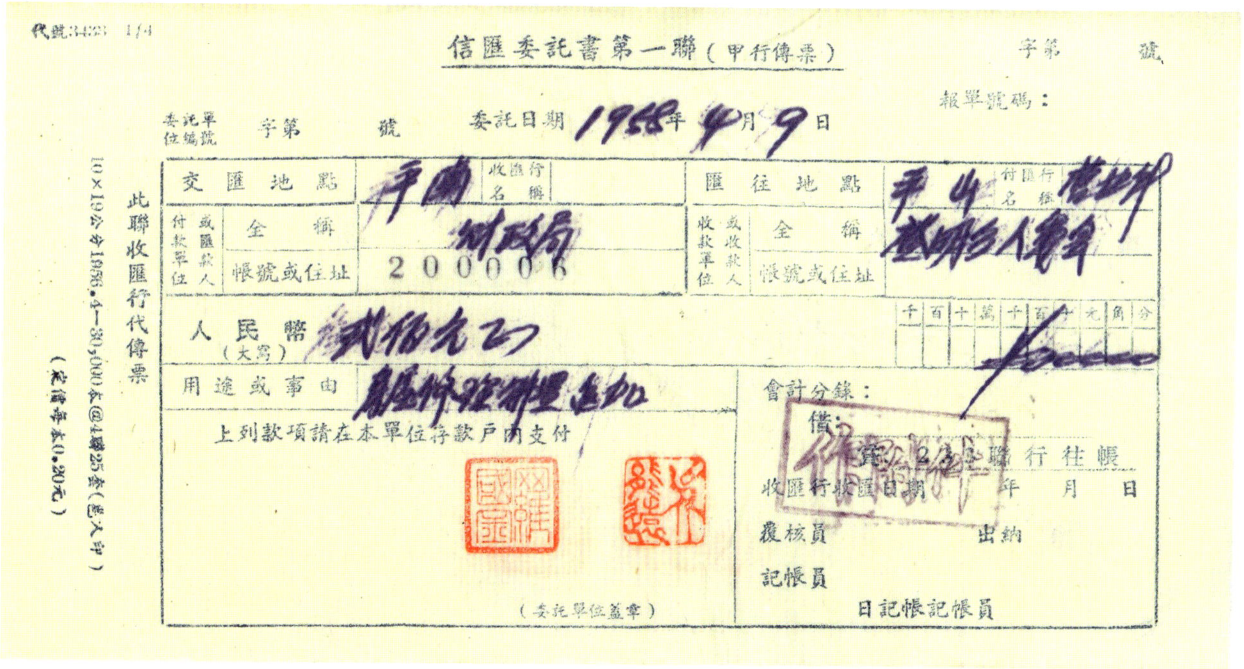

代號3433 1/4

信匯委託書第一聯（甲行傳票） 字第 號

報單號碼：

委託單位編號 字第 號 委託日期 1958年4月9日

交匯地點	平南	收匯行名稱		匯往地點	平山	付匯行名稱	
付款單位或匯款人 全稱	財政局			收款單位或收款人 全稱	登明乡人委会		
帳號或住址	200006			帳號或住址			

人民幣（大寫） [illegible]

用途或事由 [illegible]

上列款項請在本單位存款戶內支付

（委託單位蓋章）

會計分錄：借： 貸：233 聯行往帳

收匯行收匯日期 年 月 日

覆核員 出納

記帳員 日記帳記帳員

此聯收匯行代傳票

19×19公分1956.4—30,000本@4聯25套（連人字）（定價每本0.20元）

0078 一九五八年四月九日财政局转登明乡人委会信汇委托书

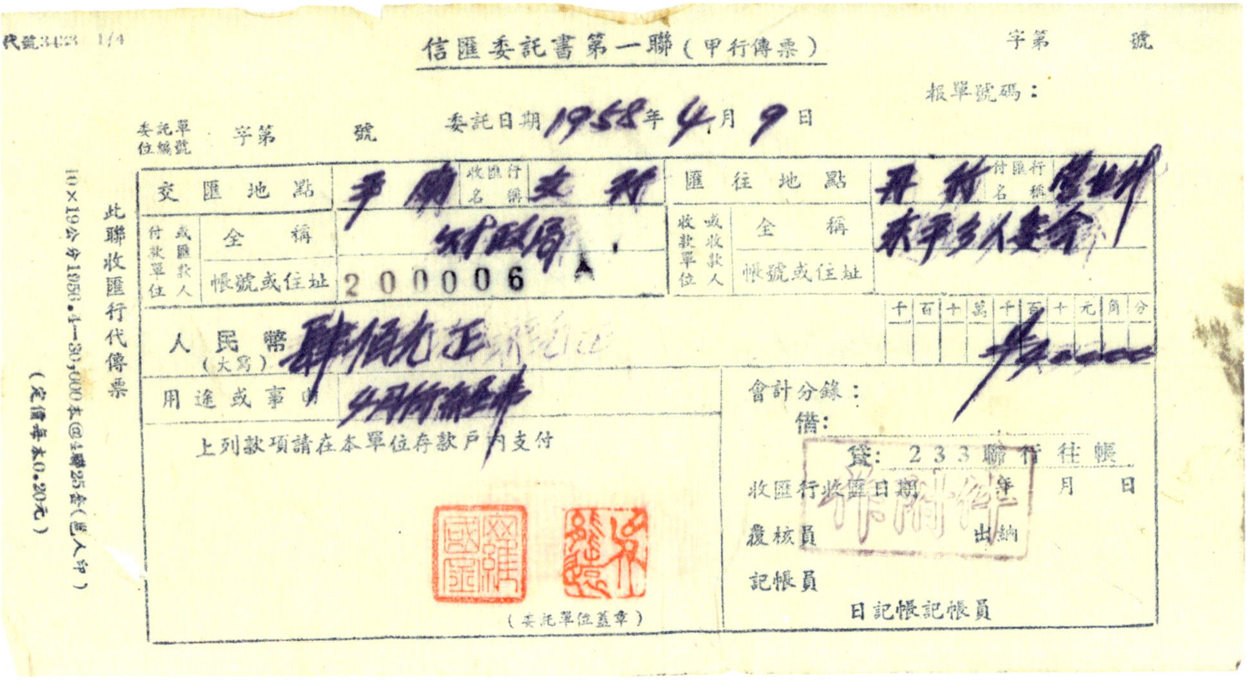
代號3433 1/4

信匯委託書第一聯（甲行傳票） 字第 號

報單號碼：

委託單位編號 字第 號 委託日期 1958年4月9日

交匯地點：平南 收匯行名稱：支行

匯往地點：丹竹 付匯行名稱：營業所

付款單位或匯款人 全稱：財政局 帳號或住址：200006

收款單位或收款人 全稱：東平乡人委会 帳號或住址：

千 百 十 萬 千 百 十 元 角 分

人民幣（大寫）肆佰元正

用途或事由：4月份經費

上列款項請在本單位存款戶內支付

（委託單位蓋章）

會計分錄：

借：

貸：233聯行往帳

收匯行收匯日期 年 月 日

覆核員 出納

記帳員

日記帳記帳員

此聯收匯行代傳票

10×19公分1956.4—30,000本@4聯25套（邕人印）

（定價每本0.20元）

0079 一九五八年四月九日财政局转东平乡人委会信汇委托书

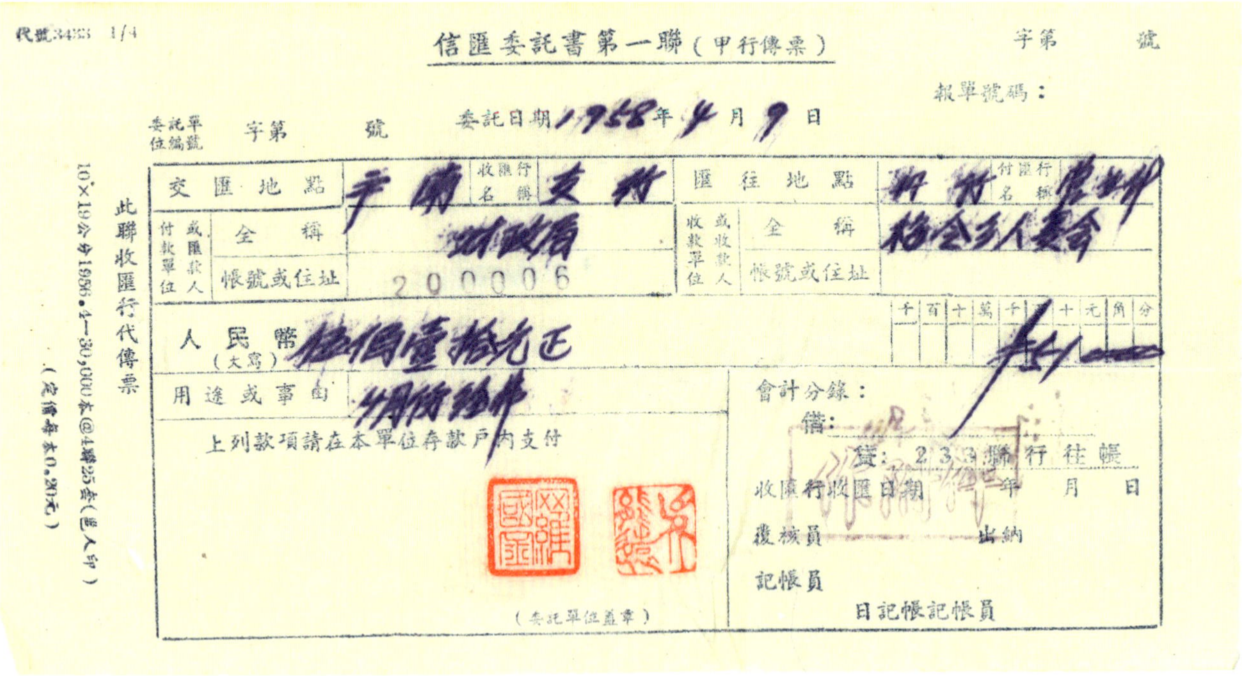
代號3433 1/4

信匯委託書第一聯（甲行傳票） 字第 號

報單號碼：

委託單位編號 字第 號 委託日期 1958年4月9日

交匯地點：平南 收匯行名稱：支行

匯往地點：丹竹 付匯行名稱：營業所

付款單位或匯款人 全稱：財政局 帳號或住址：200006

收款單位或收款人 全稱：梅令乡人委会 帳號或住址：

千 百 十 萬 千 百 十 元 角 分

人民幣（大寫）捌佰壹拾元正

用途或事由：4月份經費

上列款項請在本單位存款戶內支付

（委託單位蓋章）

會計分錄：

借：

貸：233聯行往帳

收匯行收匯日期 年 月 日

覆核員 出納

記帳員

日記帳記帳員

此聯收匯行代傳票

10×19公分1956.4—30,000本@4聯25套（邕人印）

（定價每本0.20元）

0080 一九五八年四月九日财政局转梅令乡人委会信汇委托书

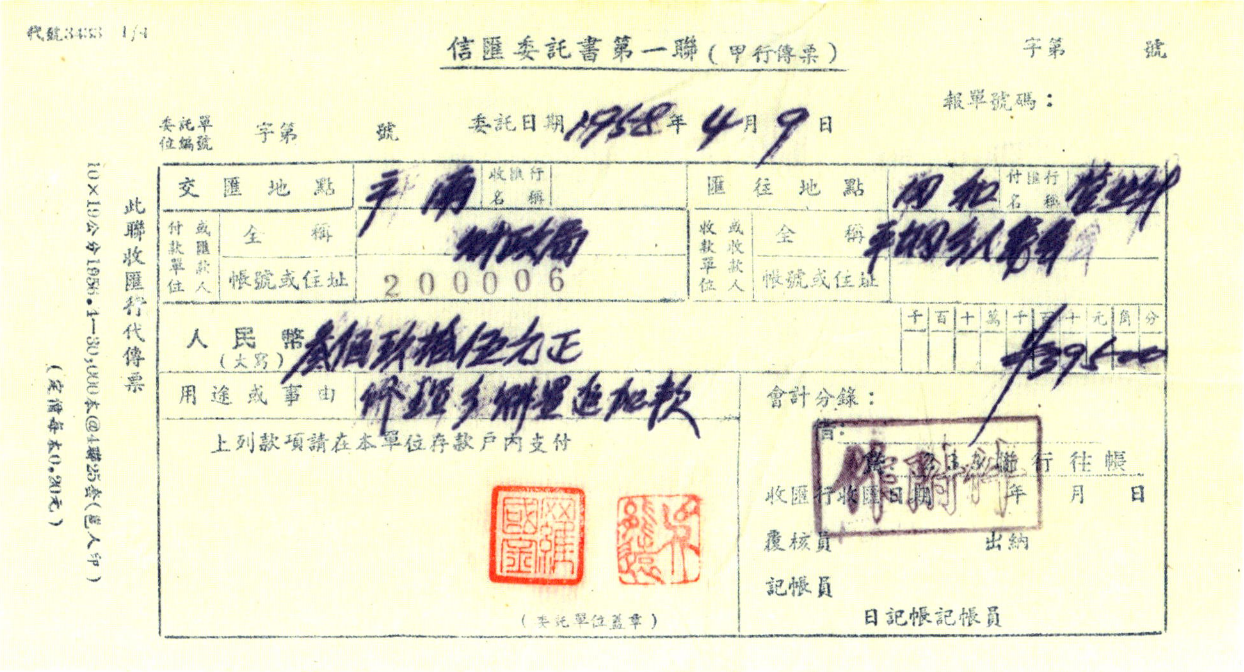
代號3433 1/4

信匯委託書第一聯（甲行傳票） 字第 號

報單號碼：

委託單位編號 字第 號 委託日期 1958年4月9日

交匯地點	平南	收匯行名稱	匯往地點		付匯行名稱
付款單位或匯款人 全稱	財政局		收款單位或收款人 全稱		
帳號或住址	200006		帳號或住址		
人民幣（大寫）				千 百 十 萬 千 百 十 元 角 分	
用途或事由			會計分錄：		

上列款項請在本單位存款戶內支付

（委託單位蓋章）

借：

貸： 往帳

收匯行收匯日期 年 月 日

覆核員 出納

記帳員

日記帳記帳員

此聯收匯行代傳票

10×19公分1956·4—30,000本@4聯25套（匯人甲）

（定價每本0.20元）

0081 一九五八年四月九日财政局转平垌乡人委会信汇委托书

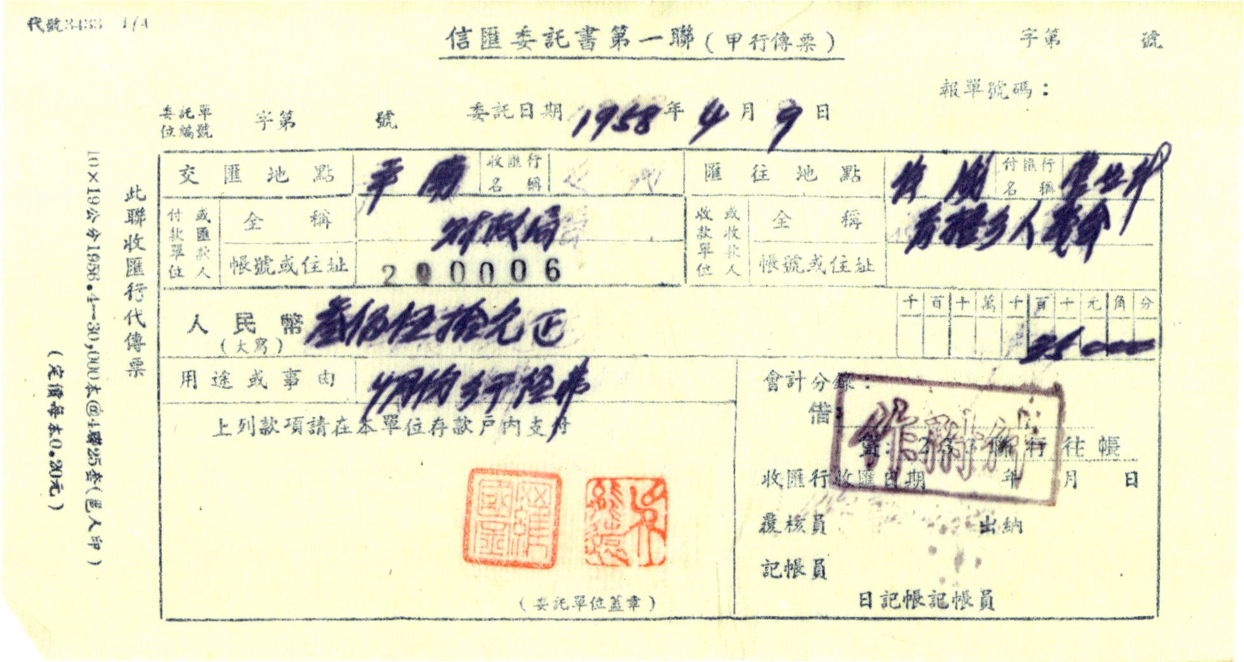
代號3433 1/4

信匯委託書第一聯（甲行傳票） 字第 號

報單號碼：

委託單位編號 字第 號 委託日期 1958年4月9日

交匯地點	平南	收匯行名稱	匯往地點		付匯行名稱
付款單位或匯款人 全稱	財政局		收款單位或收款人 全稱		
帳號或住址	200006		帳號或住址		
人民幣（大寫）				千 百 十 萬 千 百 十 元 角 分	
用途或事由			會計分錄：		

上列款項請在本單位存款戶內支付

（委託單位蓋章）

借：

貸： 往帳

收匯行收匯日期 年 月 日

覆核員 出納

記帳員

日記帳記帳員

此聯收匯行代傳票

10×19公分1956·4—30,000本@4聯25套（匯人甲）

（定價每本0.20元）

0082 一九五八年四月九日财政局转青梧乡人委会信汇委托书

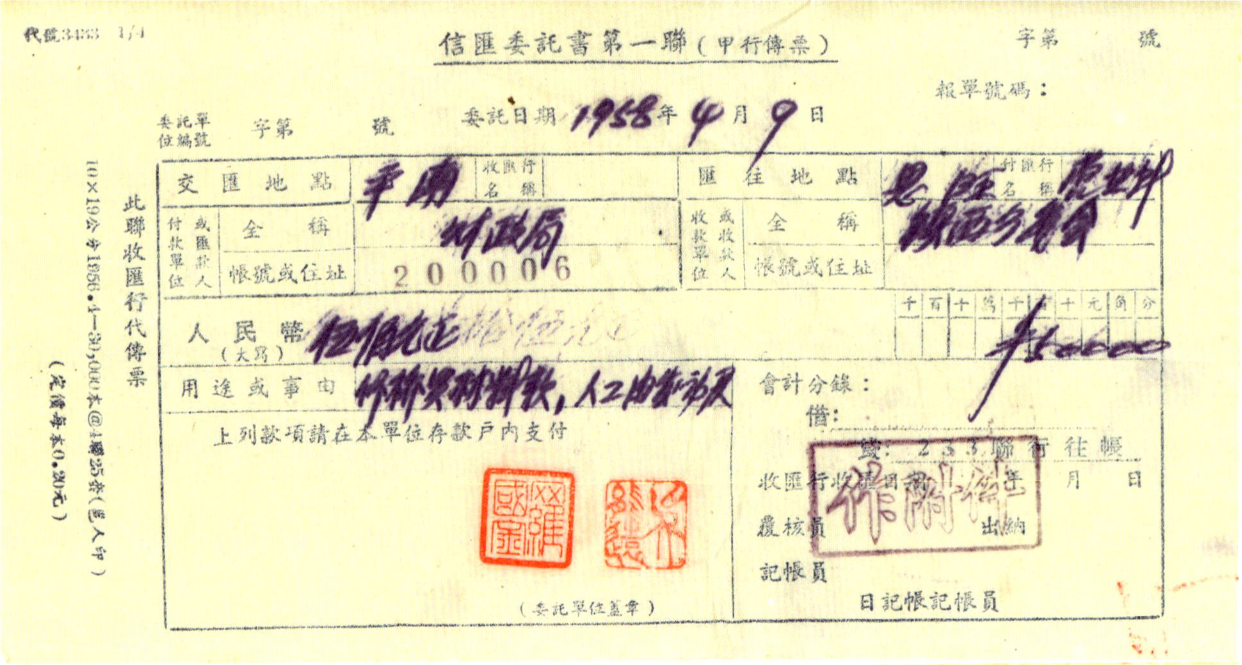
代號3433 1/4

信匯委託書第一聯（甲行傳票） 字第 號

報單號碼：

委託單位編號 字第 號 委託日期 1958年4月9日

此聯收匯行代傳票

交匯地點	平南	收匯行名稱		匯往地點		付匯行名稱	
付款單位或匯款人 全稱	財政局			收款單位或收款人 全稱	鎮西乡委会		
帳號或住址	200006			帳號或住址			

人民幣（大寫）

用途或事由

上列款項請在本單位存款戶內支付

（委託單位蓋章）

會計分錄：

借：

貸：

收匯行收匯日期 年 月 日

覆核員 出納

記帳員

日記帳記帳員

10×19公分1956.4—30,000本@4聯25套（邕人印）

（定價每本0.20元）

0083 一九五八年四月九日财政局转镇西乡委会信汇委托书

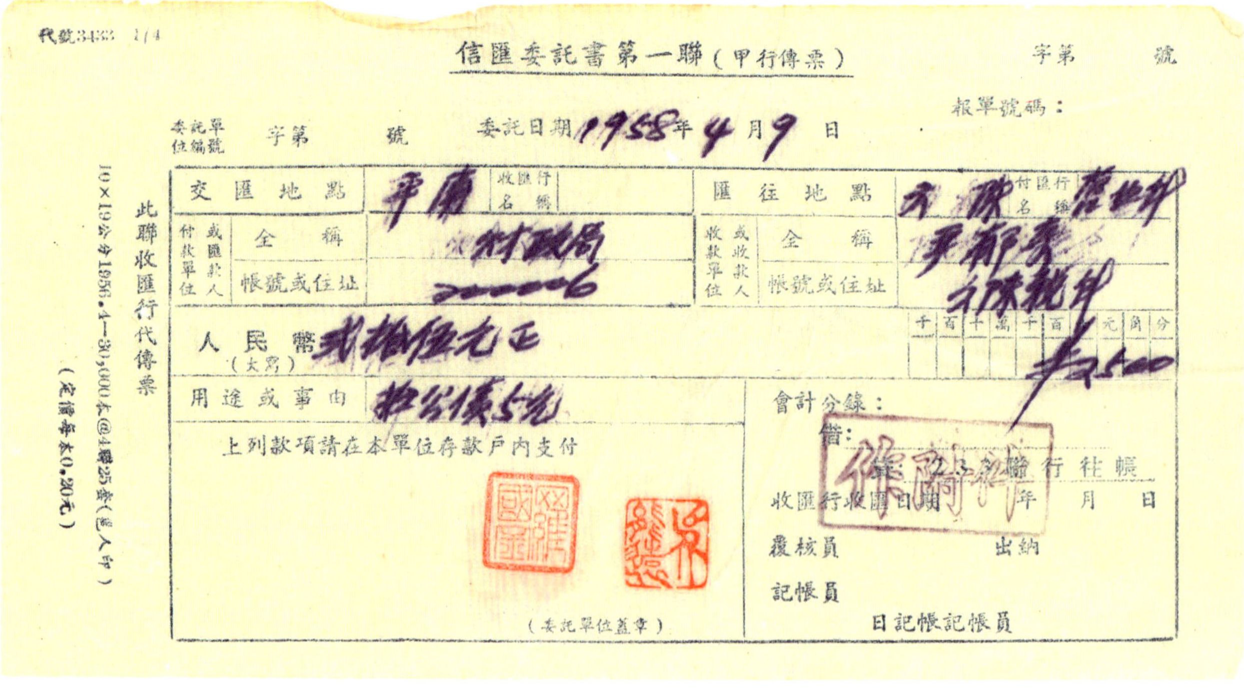
代號3433 1/4

信匯委託書第一聯（甲行傳票） 字第 號

報單號碼：

委託單位編號 字第 號 委託日期 1958年4月9日

此聯收匯行代傳票

交匯地點	平南	收匯行名稱		匯往地點		付匯行名稱	
付款單位或匯款人 全稱	財政局			收款單位或收款人 全稱			
帳號或住址	200006			帳號或住址			

人民幣（大寫）

用途或事由

上列款項請在本單位存款戶內支付

（委託單位蓋章）

會計分錄：

借：

貸：

收匯行收匯日期 年 月 日

覆核員 出納

記帳員

日記帳記帳員

10×19公分1956.4—30,000本@4聯25套（邕人印）

（定價每本0.20元）

0084 一九五八年四月九日财政局转严郁素信汇委托书

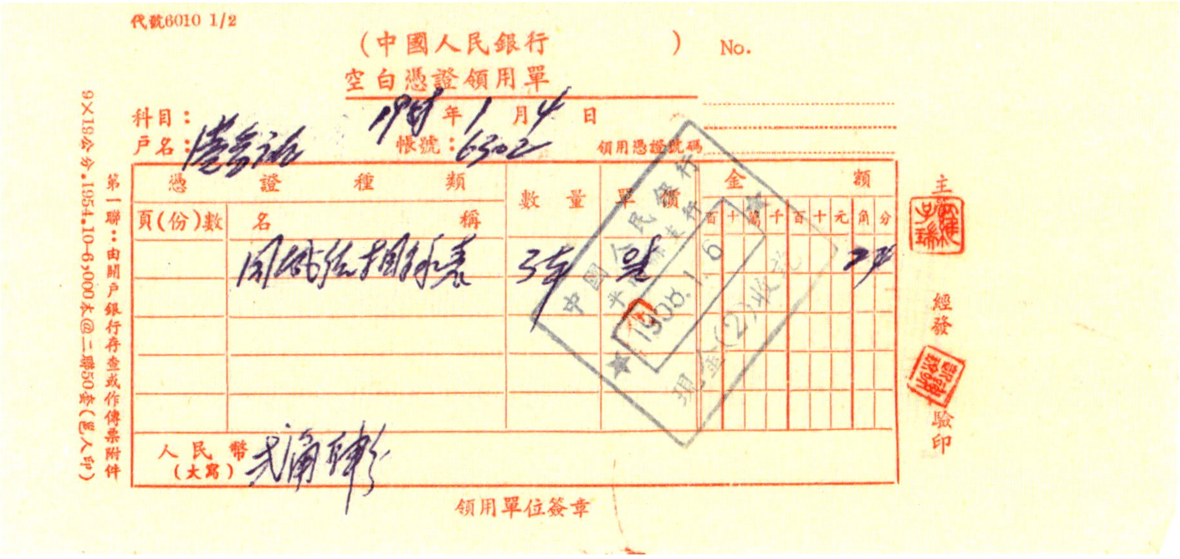
代號6010 1/2

（中國人民銀行 ） No.

空白憑證領用單

科目：
戶名：港务社 1959年1月4日 帳號：6302

領用憑證號碼

憑證種類		數量	單價	金額
頁(份)數	名稱			千 百 十 萬 千 百 十 元 角 分
	同城结算凭证	3本		

人民幣（大寫）

領用單位簽章

第一聯：由開戶銀行存查或作傳票附件

9×19公分·1954.10—6,000本@二聯50套（思人印）

主管 經發 驗印

0085 一九五九年一月四日平南县港务社空白凭证领用单

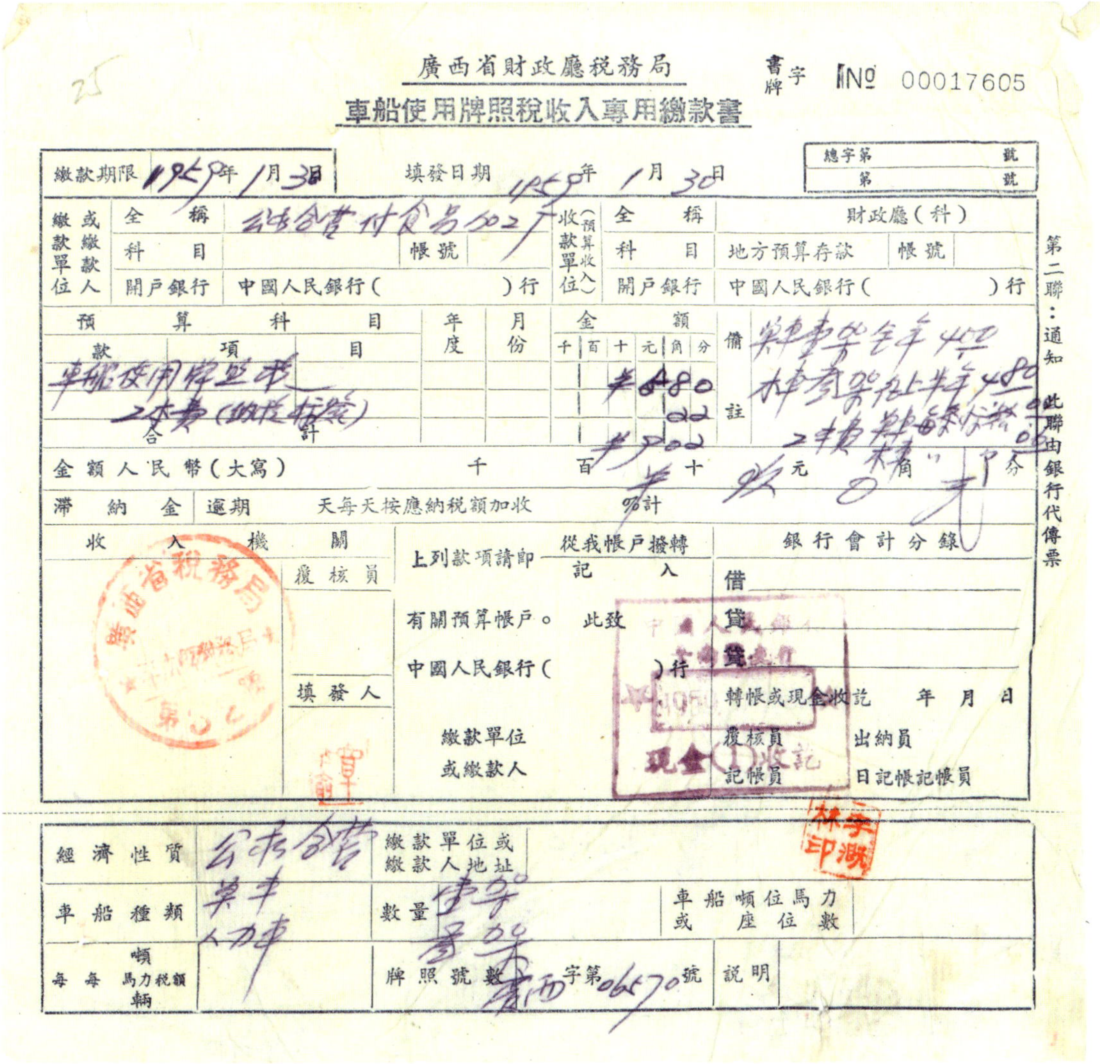
廣西省財政廳稅務局

書牌字 No 00017605

車船使用牌照稅收入專用繳款書

總字第 號 第 號

繳款期限 1959年1月31日 填發日期 1959年1月30日

繳款單位或繳款人	全稱		收款單位（預算收入）	全稱	財政廳（科）
	科目	帳號		科目	地方預算存款 帳號
	開戶銀行	中國人民銀行（ ）行		開戶銀行	中國人民銀行（ ）行

預算科目（款 項 目）	年度	月份	金額（千 百 十 元 角 分）	備註
車船使用牌照税			4 80	
合計				

金額人民幣（大寫） 千 百 十 元 角 分

滯納金 逾期 天每天按應納稅額加收 %計

收入機關 覆核員 填發人

上列款項請即從我帳戶撥轉記入有關預算帳戶。此致中國人民銀行（ ）行

繳款單位或繳款人

銀行會計分錄 借 貸 轉帳或現金收訖 年 月 日 覆核員 出納員 記帳員 日記帳記帳員

第二聯：通知 此聯由銀行代傳票

經濟性質	公私合营	繳款單位或繳款人地址	
車船種類		數量	車船噸位馬力或座位數
每噸馬力每輛稅額		牌照號數 字第06670號	說明

0086 一九五九年一月三十日食品加工厂缴纳车船使用牌照税收入专用缴款书

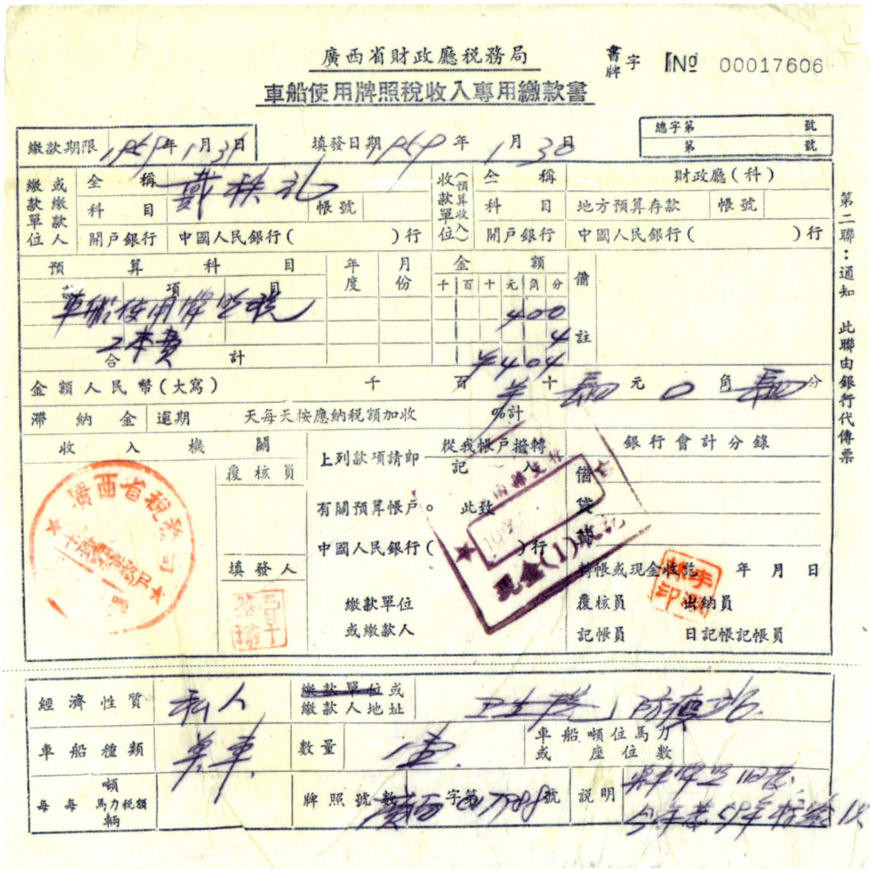
廣西省財政廳稅務局
車船使用牌照稅收入專用繳款書
書牌字 No 00017606
第二聯：通知 此聯由銀行代傳票

繳款期限 1959年1月31日　填發日期 1959年1月30日

繳款單位或繳款人	全稱	戴秩礼	
	科目		帳號
	開戶銀行	中國人民銀行（　）行	
收款單位（預算收入）	全稱	財政廳（科）	
	科目	地方預算存款	帳號
	開戶銀行	中國人民銀行（　）行	

預算科目 款 項 目	年度	月份	金額	備註
车船使用牌照税			400	
工本费			4	
合計			¥404	

金額人民幣（大寫）　肆元零角肆分
滯納金　逾期　天每天按應納稅額加收　%計
收入機關　覆核員　填發人
上列款項請即從我帳戶撥轉記入有關預算帳戶。此致中國人民銀行（　）行
繳款單位或繳款人
銀行會計分錄　借　貸　轉帳或現金收訖　年　月　日　覆核員　出納員　記帳員　日記帳記帳員
現金（1）收訖

經濟性質	私人	繳款單位或繳款人地址	江北　防疫站		
車船種類	单车	數量	壹	車船噸位馬力或座位數	
每噸每馬力稅額每輛		牌照號數	廣西字第07781號	說明	

0087 一九五九年一月三十一日戴秩礼缴纳车船使用牌照税收入专用缴款书

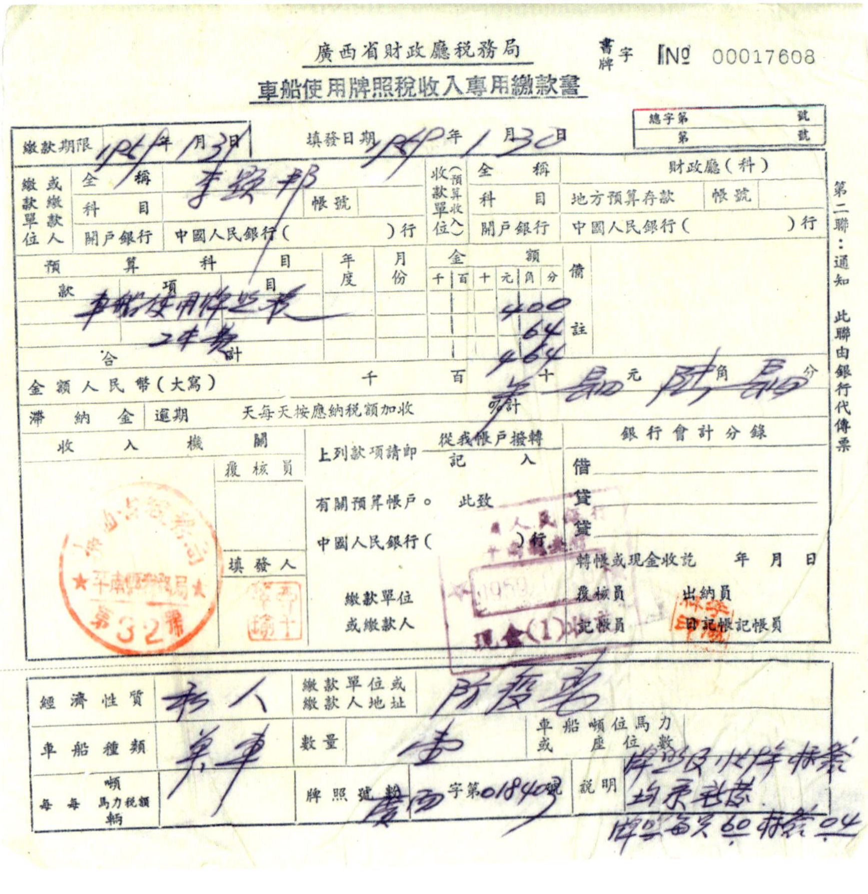
廣西省財政廳稅務局
車船使用牌照稅收入專用繳款書
書牌字 No 00017608
第二聯：通知 此聯由銀行代傳票

繳款期限 1959年1月31日　填發日期 1959年1月30日

繳款單位或繳款人	全稱	李显邦	
	科目		帳號
	開戶銀行	中國人民銀行（　）行	
收款單位（預算收入）	全稱	財政廳（科）	
	科目	地方預算存款	帳號
	開戶銀行	中國人民銀行（　）行	

預算科目 款 項 目	年度	月份	金額	備註
车船使用牌照税			400	
工本费			64	
合計			464	

金額人民幣（大寫）　肆元陆角肆分
滯納金　逾期　天每天按應納稅額加收　%計
收入機關　覆核員　填發人
上列款項請即從我帳戶撥轉記入有關預算帳戶。此致中國人民銀行（　）行
繳款單位或繳款人
銀行會計分錄　借　貸　轉帳或現金收訖　年　月　日　覆核員　出納員　記帳員　日記帳記帳員
現金（1）收訖

經濟性質	私人	繳款單位或繳款人地址	防疫站		
車船種類	单车	數量	壹	車船噸位馬力或座位數	
每噸每馬力稅額每輛		牌照號數	廣西字第01840號	說明	

0088 一九五九年一月三十一日李显邦缴纳车船使用牌照税收入专用缴款书

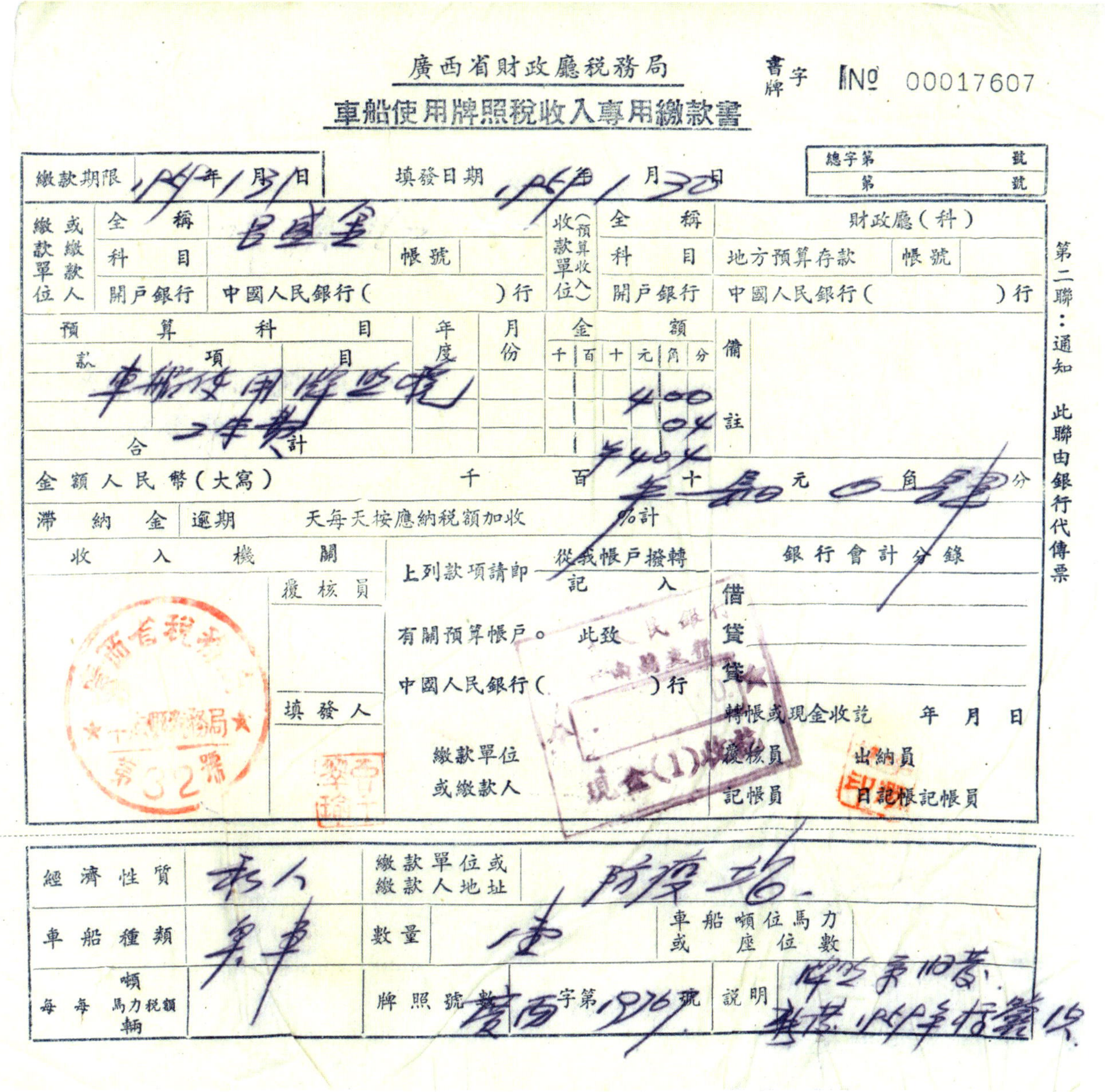

廣西省財政廳稅務局

車船使用牌照稅收入專用繳款書

書牌字 No 00017607

總字第　號
第　號

繳款期限 1959年1月31日　填發日期 1959年1月30日

繳款單位或繳款人			收款單位（預算收入）		
全稱	呂盛金		全稱	財政廳（科）	
科目		帳號	科目	地方預算存款	帳號
開戶銀行	中國人民銀行（　）行		開戶銀行	中國人民銀行（　）行	

預算科目 款	項	目	年度	月份	金額	備註
車船使用牌照稅					4.00	
					0.04	
合計					4.04	

金額人民幣（大寫）千　百　十　肆元　零角　肆分

滯納金　逾期　天每天按應納稅額加收　%計

收入機關　審核員　填發人

上列款項請即從我帳戶撥轉記入有關預算帳戶。此致

中國人民銀行（　）行

繳款單位或繳款人

銀行會計分錄　借　貸　貸

轉帳或現金收訖　年　月　日

審核員　出納員　記帳員　日記帳記帳員

經濟性質	私人	繳款單位或繳款人地址	防疫站		
車船種類	單車	數量	壹	車船噸位馬力或座位數	
每噸每馬力稅額每輛		牌照號數	廣西字第18767號	說明	

第二聯：通知　此聯由銀行代傳票

0089 一九五九年一月三十一日吕盛金缴纳车船使用牌照税收入专用缴款书

0090 一九五九年五月安怀人民公社信用部月计表

附表式：一

安怀 人民公社信用部（营业所） 编号：5

本月底存平均余额	
本月债款平均放款	

月 計 表

1959 年 5 月份 单位：元 第 页

1	2	3	4	5	6	7	8
会計科目		上月底余额		本月发生额		本月底余额	
代号	科目	借方	贷方	借方	贷方	借方	贷方
22	粮食往来	6869.18		9806.84	17167.66		4092.61
26	对外贸易往来						
28	预购定金放款	42824.75			5600	37224.75	
65	地方国营及合私营工业往来						
67	地方交通邮电往来						
68	地方国营其他企业往来						
69	地方国营及合私营商业往来						
125	贫农合作基金放款			27496		27496	
199	地方机关团体存款						
105	定期储蓄		1482	6	344		1821
106	活期储蓄		3969.16	7997.45	10054.32		6030.98
401	代收干部投资		5924				5934
210	金融机构往来			1878.20	551.24	776.96	
227	应解汇款及临时存款						
251	分行辖内往来						
243	支行辖内往来						
3	固定资产基金		420.45				420.45
10	现金	9506.53		72916.30	71914.68	10506.15	
18	金银						
287	房屋						
288	器具	420.45				420.45	
281	应收款项	5645.84			5635.84	10	
282	应付款项		2348.68	25.79	23032		0
318	各项收入		7490.89		1476.51		8918.60
319	各项支出	4031.89		15.89	2477.45	1570.54	
322	特殊费用	846.85		727.30	1138.85	0	
	信贷基金		18407.58	18407.58			0
	用部往来	16637.85		51604.68	68227.30	0	
804	公社工业往来	2124.89		2864.35	2604.10	3000	676.75
805	公社商业往来	20610.84		96976.50	124224.45	181456.24	17065.62
806	公社农业存款		420				420
807	公社农业放款	~~35487.66~~			~~24076~~	~~29991.66~~	
821	生产队农业放款	35487.56			27496	29915.6	
808	公社财务部存款		4637.35	8797.84	7720.89		3564.89
809	公社其他存款		14977.85	2849.84	3088.11		15210.85
812	社员个人放款						
817	信用分部存款			4016.61	28170.10		24153.49
818	信用分部放款			25049.24		25049.24	
16	人民银行往来		270474.16	100607.24	56248.88		22465.82
合計		330496.58	330496.58	433537.64	433537.64	254412.48	254412.48

主任 会計 製表

0091 一九五九年五月城厢人民公社信用部月计表

6/2

附表式：一

城厢人民公社信用部（营业所）　　编号：

月底存平均余额	
月信贷平均放款	

月计表

1959年5月份　　单位：元　第　页

1	2	3	4	5	6	7	8
会计科目		上月底余额		本月发生额		本月底余额	
科号	科目	借方	贷方	借方	贷方	借方	贷方
22	粮食往来						
26	对外贸易往来						
28	预购定金放款						
65	地方国营及合私营工业往来						
67	地方交通邮电往来						
68	地方国营其他企业往来						
69	地方国营及合私营商业往来					78717.27	
35	贫农合作基金放款			78717.27			
99	地方机关团体存款						
105	定期储蓄						1246.45
106	活期储蓄		464.20	4318.61	5100.86		
401	代收干部投资						
210	金融机构往来						
227	应解汇款及临时存款						
251	分行辖内往来						
243	支行辖内往来						292.86
3	固定资产基金		292.86				
10	现金	15405.54		20731.80	20135.85	20763.51	
18	金银						
287	房屋	292.86				292.86	
288	器具	57414.57	[illegible]		38811.67	17602.80	
281	应收款项		918.58	918.58			
282	应付款项			2284.82	397.54		4555.26
318	各项收入		6442.54	27.29			
319	各项支出	6274.30		528.84	718.24	6301.51	
322	待转费用	1544.04				1354.24	
21	公积基金	~~25153~~	35707.80	35707.80	5556.18	2338.80	-0-
804	公社工业往来	704738.?? [illegible]	[illegible]	23138.64	28748.84	64865.83	
805	公社商业往来		3466.33	1509.41	8840.66		3797.58
806	公社农业存款	296553.81		389322.22	25371.77	44215.86	
807	公社农业放款			175000		175000	
824	生产队农业放款		37252.80	8230.73	42882.41		381816.57
808	公社财务部存款		4335.26	5184.80	7854.21		7005.15
809	公社其他存款	361.45				361.45	
812	社员个人放款						22368.15
817	信用分部存款			2217.27	14540.42	156855.18	
818	信用分部放款			156855.18	26494.16		110036.37
816	人民银行往来		1105325.66	29100.44			
15	内部往来	1060080.66		26562.81	31164.37		-0-
20	损益		1135.97	111900.27	540.34		
	合计	1213828.06	1213828.06	1961103.50	1961103.50	1571551.38	1571551.38

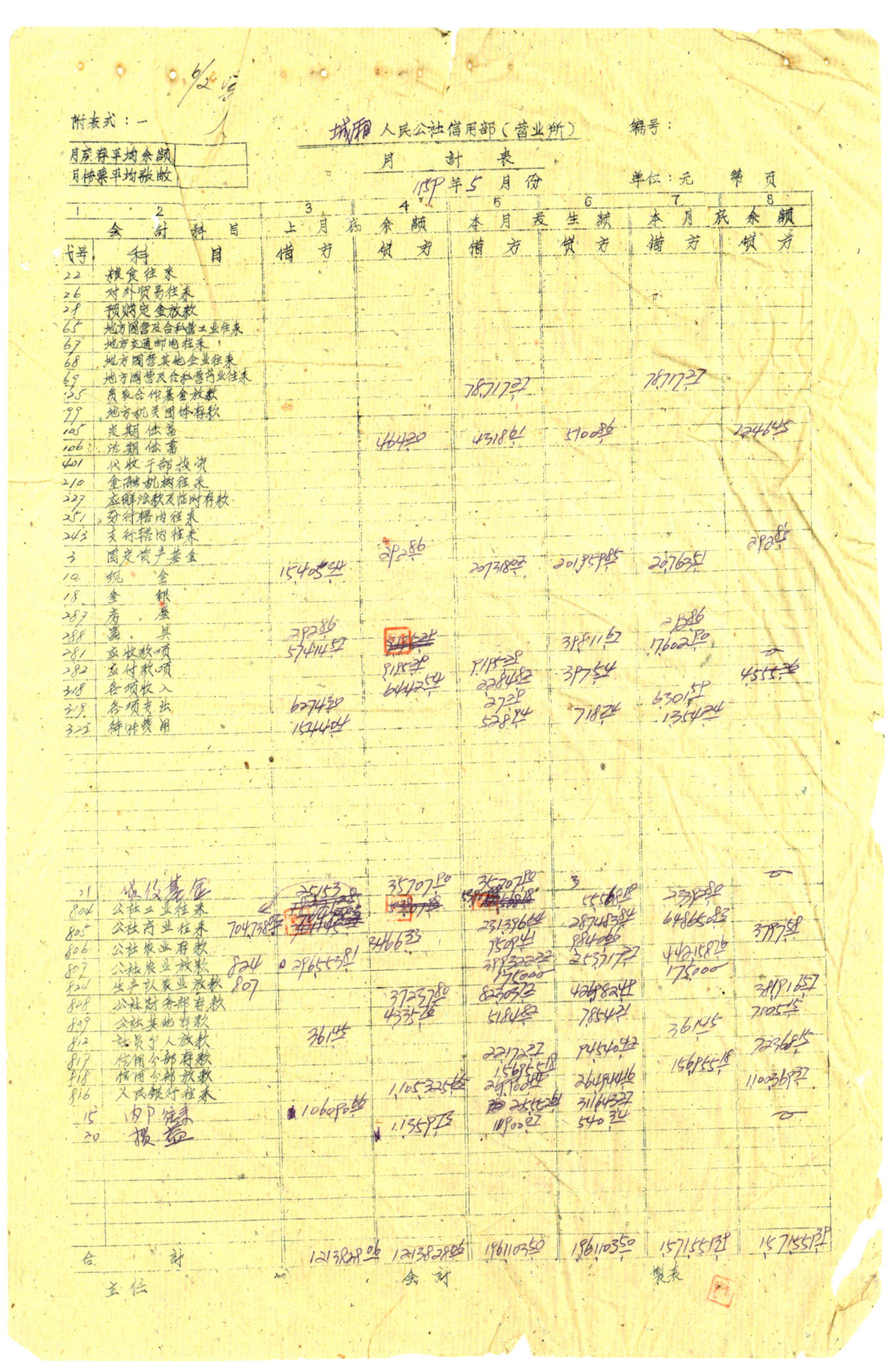

主任　　会计　　制表

0092 一九五九年五月大鹏人民公社信用部月计表

带来的

附表式：一

2	
本月底存平均余额	
本月传票平均张数	

大鹏人民公社信用部（营业所） 编号：

月 計 表

1959年5月份 单位：元 第 页

1	2	3	4	5	6	7	8
会計科目		上月底余额		本月发生额		本月底余额	
代号	科目	借方	贷方	借方	贷方	借方	贷方
22	粮食往来	117705.40		8000.29	3882.09	117823.60	
26	对外贸易往来						
29	预购定金放款			160022.13		160022.13	
65	地方国营及合私营工业往来						
67	地方交通邮电往来						
68	地方国营其他企业往来						
69	地方国营及合私营商业往来						
125	贫农合作基金放款			18563.69		18563.69	
199	地方机关团体存款		1.47	400.—	7000.—		6601.47
105	定期储蓄		3654.—	40.—	487.—		4101.—
106	活期储蓄		3928.84	1833.22	3649.24		4744.86
401	代收干部投资		7116.—				7116.—
210	金融机构往来	55.30		834.12	493.41	396.01	
227	应解汇款及临时存款			4784.78	9485.51		4700.73
251	分行辖内往来						
243	支行辖内往来						
3	固定资产基金		2600.35				2600.35
10	现金	14715.13		88681.24	77261.27	26135.10	
18	金银						
287	房屋	2163.28				2163.28	
288	器具	437.07				437.07	
281	应收款项	7048.46			4878.46	2170.—	
282	应付款项		3227.93	11387.16	8159.23		—0—
318	各项收入		9000.68		35.04		9035.72
319	各项支出	3862.07		17	3821.—	41.24	
323	特种费用	1077.13		195.34	1272.47	~	
804	公社工业往来	337.46	1594.69	624.80	1142.28		1785.41
805	公社商业往来	481925.12		9085.18	155271.50	337618.80	115.—
806	公社农业存款						
807	公社农业放款	33365.84		3400.—	36765.84	—0—	
826	生产队农业放款			20402.15		20402.15	
808	公社财务部存款		2309.99	12263.—	12256.06		2203.05
809	公社其他存款		2683.51	753.28	646.90		2577.13
812	社员个人放款	544.58				544.58	
817	信用分部存款			462.20	6703.84		6257.14
818	信用分部放款			833.24		833.24	
816	人民银行往来		580298.05	78913.11	75048.09		576893.03
815	内部往来		× 306856.16	109659.—	78962.84		—0—
	信贷基金		× 19987.21	19987.21			
	损益	× 387.04		1046.63	917.66	0	
合計		667097.88	667097.88	621987.23	621987.23	686050.89	686050.89

主任 会計 製表

0093 一九五九年五月官成人民公社信用部月计表

常捆

附表式：一

官成 人民公社信用部（营业所）　　编号：

本月底存平均余额	
本月储蓄平均张数	

月 計 表

1959年5月份　　单位：元　　第　页

1	2	3	4	5	6	7	8
会計科目		上月底余額		本月发生額		本月底余額	
代号	科目	借方	贷方	借方	贷方	借方	贷方
22	粮食往来	111,725.81		1,280.71	18,063.05	94,943.47	
26	对外贸易往来						
28	预购定金放款						
65	地方國营及合私营工业往来	42,589.87		36,714.92	2,143.44	27,392.35	
67	地方交通邮电往来						
68	地方國营其他企业往来						
69	地方國营及合私营商业往来						
125	贫农合作基金放款						
199	地方机关团体存款		103.87				103.87
105	定期储蓄		4,278.14	186.—	1,084.50		5,176.64
106	活期储蓄		6,592.87	7,769.46	7,265.81		6,089.22
401	代收干部投资		8,555.—				8,555.—
210	金融机构往来	1,760.—		1,040.—	2,013.95	786.05	
227	应解汇款及临时存款				30.—		30.—
251	分行辖内往来						
243	支行辖内往来						
3	固定资产基金		482.50				482.50
10	现金	23,384.69		116,957.80	100,531.28	39,811.21	
18	金銀	318.62		40.37		358.99	
287	房屋						
288	器具	482.50				482.50	
281	应收款项	12,550.55			12,438.51	112.04	
282	应付款项		457.24	1,319.14	912.75		50.85
318	各项收入	~~[illegible]~~	2,742.30		46.31		2,788.61
319	各项支出	4,026.33		14.80	4,859.75	181.67 ~~[illegible]~~	
322	特殊费用	1,220.10		213.64	1,433.74		
804	公社工业往来		1,919.01	10,644.09	7,632.09	3,560.24	1,285.53
805	公社商业往来	518,995.04	379.48	103,166.28	102,376.82	518,512.33	71.34
806	公社农业存款		997.21	1,554.53	557.32		0
807	公社农业放款	125,895.89		104,814.02	3,775.—	226,934.91	
826	生产队农业放款						~~[illegible].53~~
808	公社财务部存款		1,614.15	36,658.40	102,074.28		67,402.53
809	公社其他存款		3,410.97	17,442.50	3,608.82		14,403.47
812	社员个人放款	558.21				558.21	
817	信用分部存款			10,732.84	43,343.85		32,610.54
818	信用分部放款			43,912.45		43,912.44	
816	人民银行往来		813,886.65	994,643.27	106,039.60		818,181.4 0
801	信贷基金		×21,539.77	21,539.77		0	
815	内部往来	×28,121.74		55,914.40	84,036.14		
820	损益		×3,347.20	3,473.28	231.78		0
合計		877,128.95	877,128.95	1,645,219.11	1,645,219.11	961,869.05	961,869.05

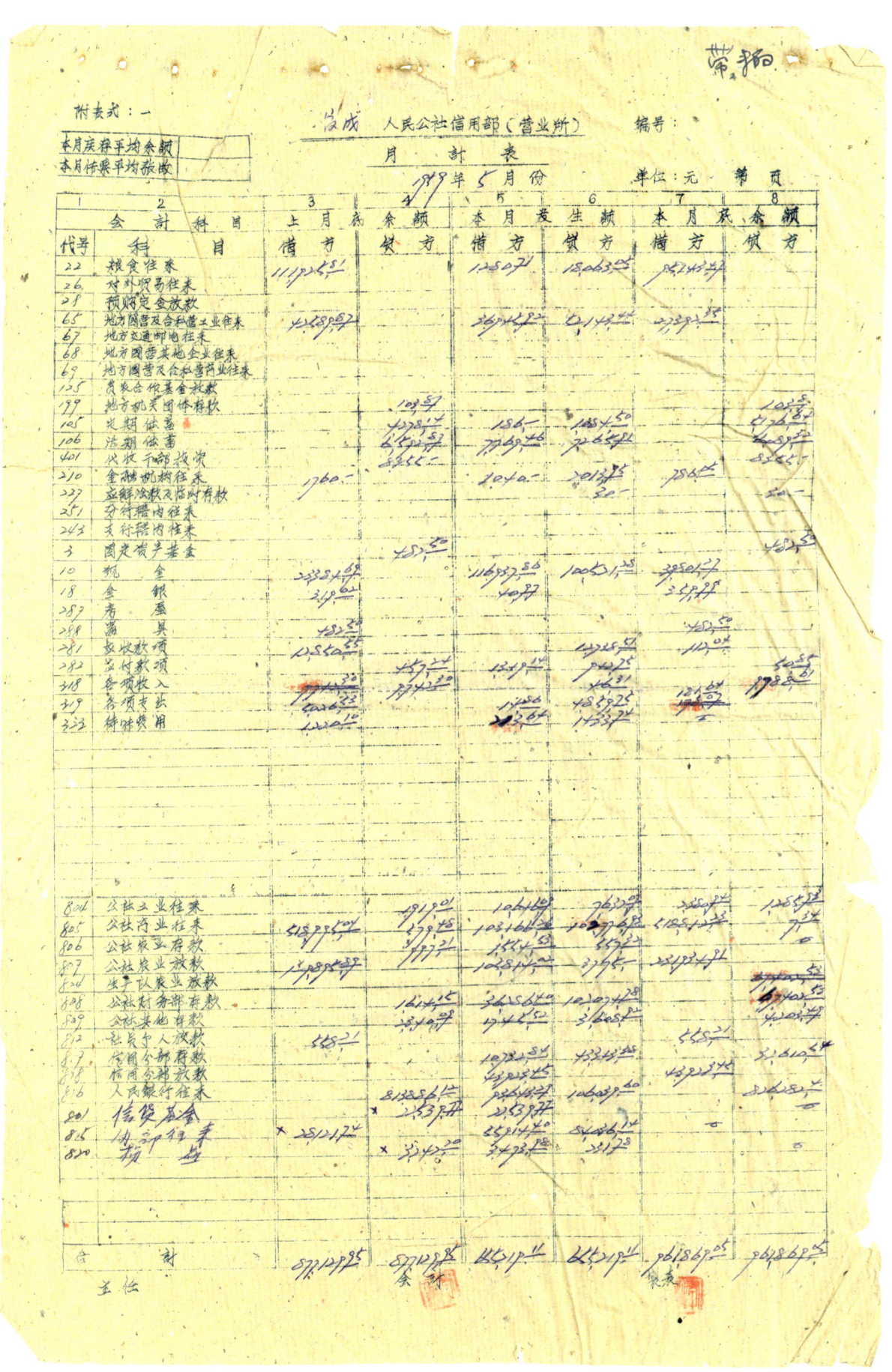

主任　　　　会計　　　　制表

0094 一九五九年五月思旺人民公社信用部月计表

苏明

附表式：一

思旺 人民公社信用部（营业所） 编号：

月底存款平均余额	
月贷款平均余额	

月 计 表

1959 年 5 月份 单位：元 第 页

1	2	3	4	5	6	7	8
会计科目		上月底余额		本月发生额		本月底余额	
代号	科目	借方	贷方	借方	贷方	借方	贷方
22	粮食往来	26884.53	183.37	21656.46	43828.74	4711.75	183.37
26	对外贸易往来						
28	预购定金放款			72274.04		72274.04	
65	地方国营及合私营工业往来						
67	地方交通邮电往来						
68	地方国营其他企业往来						
69	地方国营及合私营商业往来						
155	贫农合作基金放款			80991.-		80991.	
199	地方机关团体存款		2724.84	3876.55	4328.91		3177.30
105	定期储蓄		3447.00	88.-	816.-		4194.-
106	活期储蓄		10115.64	6804.34	8770.87		13042.17
401	代收干部投资		15251.10				15251.10
210	金融机构往来	3679.10		4830.-	3679.10	4830.	
227	应解汇款及临时存款				89.80		89.80
251	分行辖内往来						
243	支行辖内往来						
3	固定资产基金		765.68				765.68
10	现金	21152.13		167638.46	169286.87	19503.72	
18	金银						
287	房屋						
288	家具	765.68				765.68	
281	应收款项	26334.38		50.25	26334.38	50.25	
282	应付款项		786.24	2951.78	2170.75		5.20
318	各项收入		246.36	24.07	7.28		329.57
319	各项支出	14865.57		11.85	14788.02	89.40	
322	特种费用	1344.45		751.50	1595.75	-0.	
804	公社工业往来	9077.38	2697.66	11821.92	1860.06	9901.88	10201.30
805	公社商业往来	117327.37	3024.24	408574.32	391144.21	1134589.57	2836.33
806	公社农业存款						
807	公社农业放款	357373.04		21071.88	378445.02	.0	
826	生产队农业放款			319419.32		319419.32	
808	公社财务部存款		120973.57	57466.57	11144.45		73751.55
809	公社其他存款		4473.48	3891.66	3879.40		4360.93
812	社员个人放款	1132.91				1132.91	
817	信用分部存款			4700.20	46564.55		41864.35
818	信用分部放款			32731.57		32731.57	
816	人民银行往来	1385872	1399121.78	124364.78	236181.47		1510937.96
	内部往来	x ~~15256.01~~		141166.35	155175.98		
	信贷基金		x 30863.81	30863.81			
	合计	1593894.28	1593894.28	1517741.82	1517741.82	1680990.61	1680990.61

主任　　会计　　制表

0095 一九五九年五月镇隆人民公社信用部月计表

5月31报

附表式：一

本月底存平均余额	
本月传票平均张数	

人民公社信用部（营业所）　　编号：5

月　计　表

58年5月份　镇隆　　单位：元　　第　页

1	2	3	4	5	6	7	8
会计科目		上月底余额		本月发生额		本月底余额	
代号	科目	借方	贷方	借方	贷方	借方	贷方
22	粮食往来						
26	对外贸易往来	22049		33176.02	31013.66	24211.36	
28	预购定金放款						
65	地方国营及合私营工业往来						
67	地方交通邮电往来	6000	2004.18	18126.45	10535.44	15000	36181.?
68	地方国营其他企业往来						
69	地方国营及合私营商业往来						
125	贫农合作基金放款						
197	地方机关团体存款						
105	定期储蓄						
106	活期储蓄		2691	112	556		3135
401	代收干部投资		5023.32	5010.80	4453.25		4465.74
210	金融机构往来		6840				6840
223	应解汇款及临时存款			846	3349	6170	
251	分行辖内往来						
243	支行辖内往来						
3	固定资产基金						
10	现金		51455				51455
18	金银	10047.46		7253.10	7087.13	18430.61	
287	房屋						
288	器具						
281	应收款项	51455				51455	
282	应付款项	5580.11			5569.26	1025	
318	各项收入		23155	23155			—
319	各项支出		8416.73	4015.72	147.48		4168.44
322	特殊费用	4463.41		6.84	4316.81	153.44	
		7813		2206	1018.31	—	
804	公社工业往来	8000	1705.42	630	3184.69	8000	3257.78
805	公社商业往来	38010.37		7727.20	8484.16	36253.11	
806	公社农业存款						
807	公社农业放款	60760		11518.20	63943.22	112000	
824	生产队农业放款			63943.22		63943.22	
808	公社财务部存款		~~1465.50~~	3611.31	751.71		16558.46
809	公社其他存款		~~2315~~	8154.?	8368.?		2156.40
812	社员个人放款	5721.3				5721.3	
817	信用分部存款			644	1493.26		14288.26
818	信用分部放款			35158.15		35158.15	
816	人民银行往来						
	内阵来	18437.65	664218.18	799512.6?	18772.35		583048.07
	校资	62456		486261 / 72213	683022.6 / 13466.8	—	—
	股本基金		8442.86	8442.86		—	—
合计		518850.37	518850.??	582605.26	582605.26	642142.51	642142.51

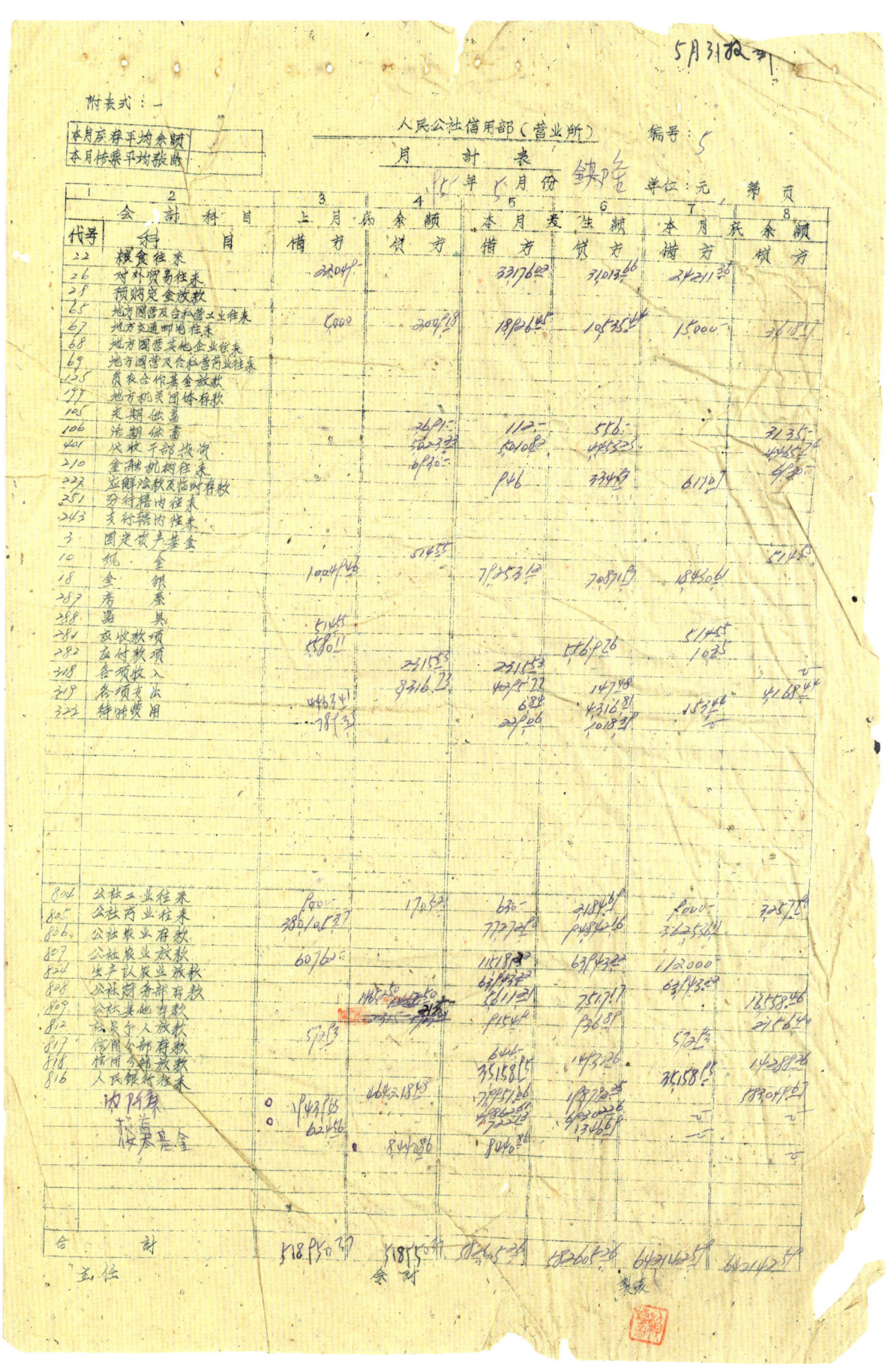

主任　　　　会计　　　　制表

0066 一九五九年五月平南支行丹弘营业部月计表

6/1 中午送到

附表式：一

中国人民银行平南支行丹弘营业所
人民公社信用部（营业所）　　编号：

本月库存平均余额	305.40
本月传票平均张数	134（每天）

月　計　表

1959 年 5 月份　　单位：元　　第　页

1	2	3	4	5	6	7	8
会計科目		上月底余额		本月发生额		本月底余额	
代号	科目	借方	贷方	借方	贷方	借方	贷方
22	粮食往来	48651.22	4.67	52133.68	50554.-	50226.28	
26	对外贸易往来						
28	预购定金放款			866518.11		866518.11	
65	地方国营及合私营工业往来	199143.46		214656.22	245488.83	190605.08	22294.22
67	地方交通邮电往来						
68	地方国营其他企业往来						
69	地方国营及合私营商业往来						
125	贫农合作基金放款			26316.11		26316.11	
199	地方机关团体存款						
105	定期储蓄		3578.-	885.-	872.-		3565.-
106	活期储蓄		17868.88 ~~24407.24~~	20310.22	24847.58		22506.10
401	代收干部投资		20394.50				20394.50
210	金融机构往来	1350.-		2504.-	1552.-	2302.-	
227	应解汇款及临时存款			7341.88	7930.24		588.56
251	分行辖内往来						
243	支行辖内往来						
3	固定资产基金		710.57				710.57
10	现金	21564.42		23894.05	222021.38	38483.06	
18	金银						
287	房屋						
288	器具	710.52				710.57	
281	应收款项	1657.88	2372.81		15634.48	23.48	
282	应付款项		~~[illegible]~~	10822.06	12707.28		4758.86
318	~~各项收入~~	~~16141.62~~	~~17552.70~~	~~47.22~~	3387.21		~~[illegible]~~
319	各项支出	~~[illegible]~~		87.48	15834.62	3754.42	
322	待摊费用	1293.50		526.02	1787.13	31.46	
	损益	x 1436.82		1919.26	3356.22	0	
	收益结余		x 21168.52	21168.52			
	各项收入		x 17552.70		15.-		27554.21
804	公社工业往来	31378.17	27237.06	75850.38	81708.01	40611.97	42327.63
805	公社商业往来	143003.43	3706.22	377874.38	1415631.86	393785.70	5219.58
806	公社农业存款					0	
807	公社农业放款	76461.88		31685.32	108147.21		
826	生产队农业放款			82978.15		82978.15	
808	公社财务部存款		137368.08	361430.21	569374.64		345291.81
809	公社其他存款		18444.33 ~~[illegible]~~	50633.13	54118.51		16919.71
812	社员个人放款	5538.18				5538.18	
817	信用分部存款			36865.34	9165.12		54730.83
818	信用分部放款			64571.88		64571.88	
816	人民银行往来		161917.22	753410.81	330927.26	~~[illegible]~~	119668.58
815	内部往来	x 45287.83		106508.33	151795.86	0	
合計		1849640.22	1849640.22	2405888.30	2405888.30	1763051.15	1763051.15

主任　　会計　　製表

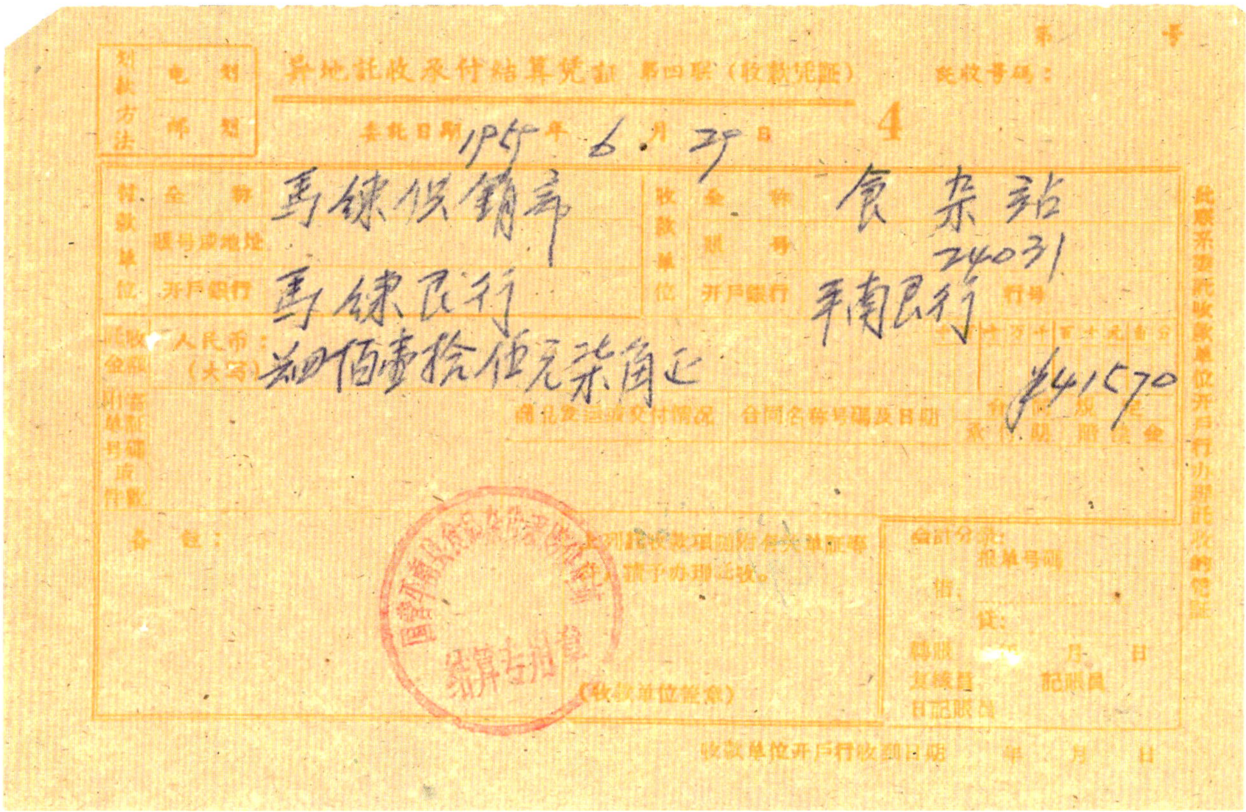

0097 一九五九年六月二十九日马练供销部转平南食杂站异地托收承付结算凭证

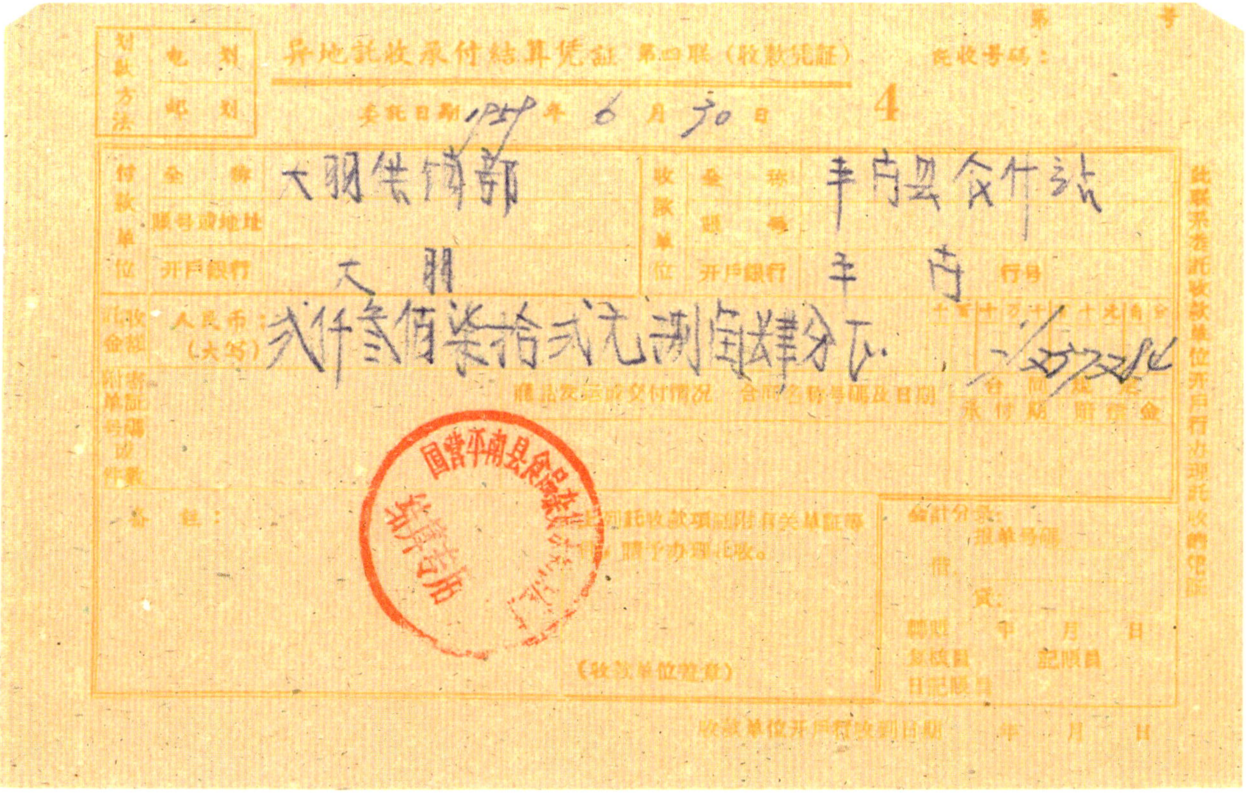

0098 一九五九年六月三十日大朋供销部转平南食杂站异地托收承付结算凭证

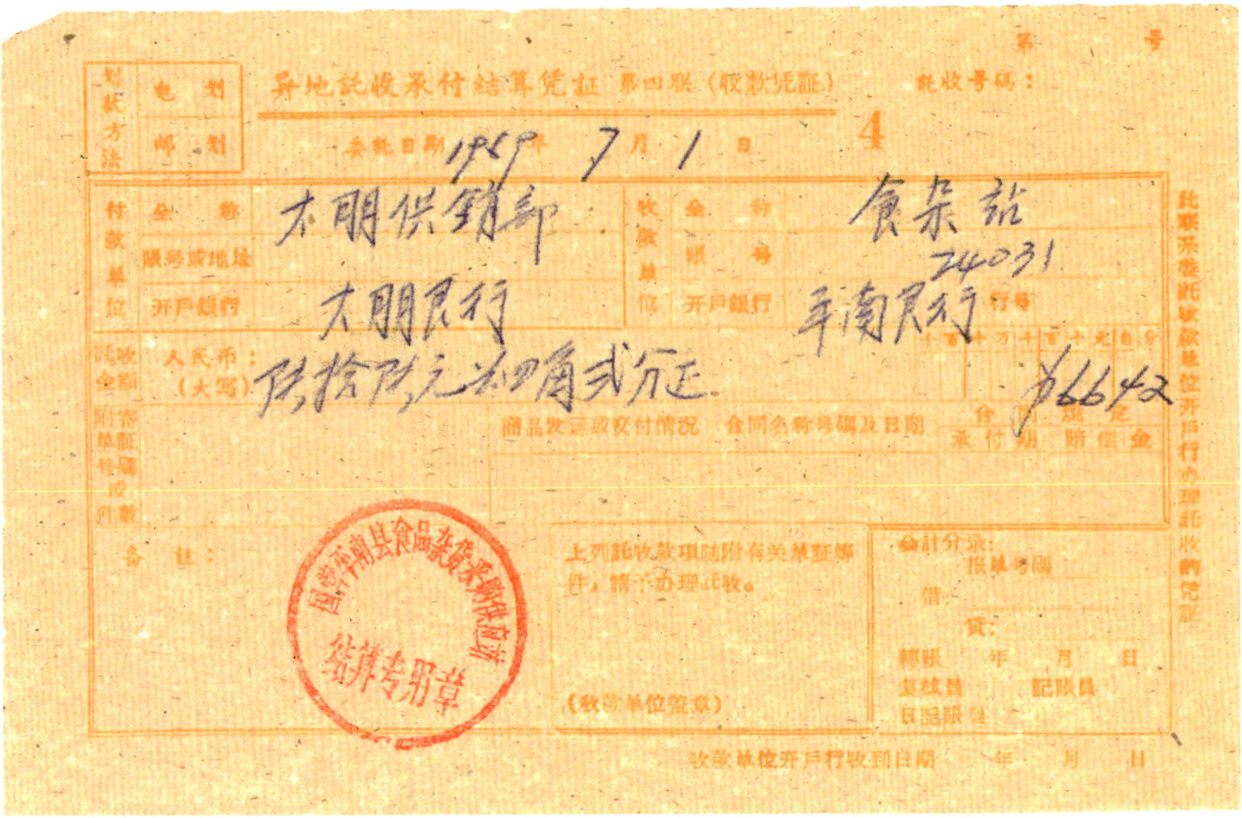

0099 一九五九年七月一日大朋供销部转平南食杂站异地托收承付结算凭证

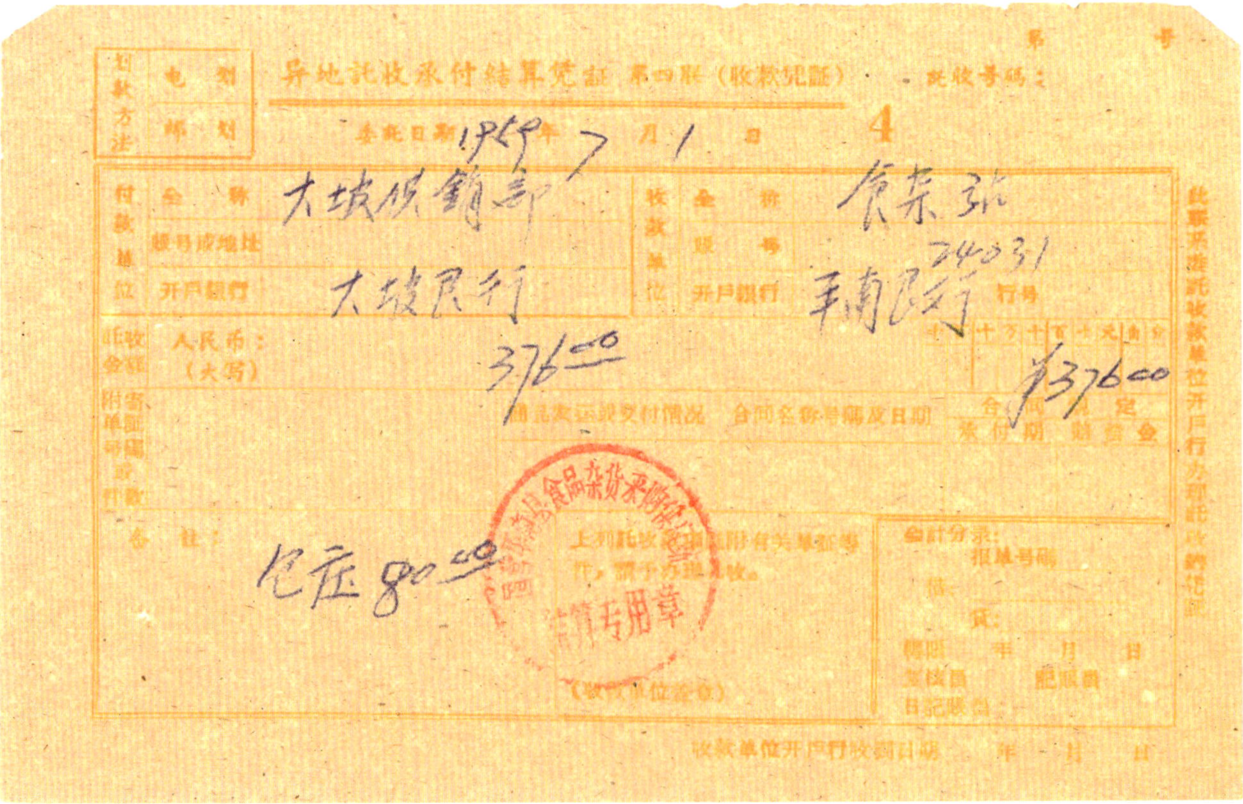

0100 一九五九年七月一日大坡供销部转平南食杂站异地托收承付结算凭证

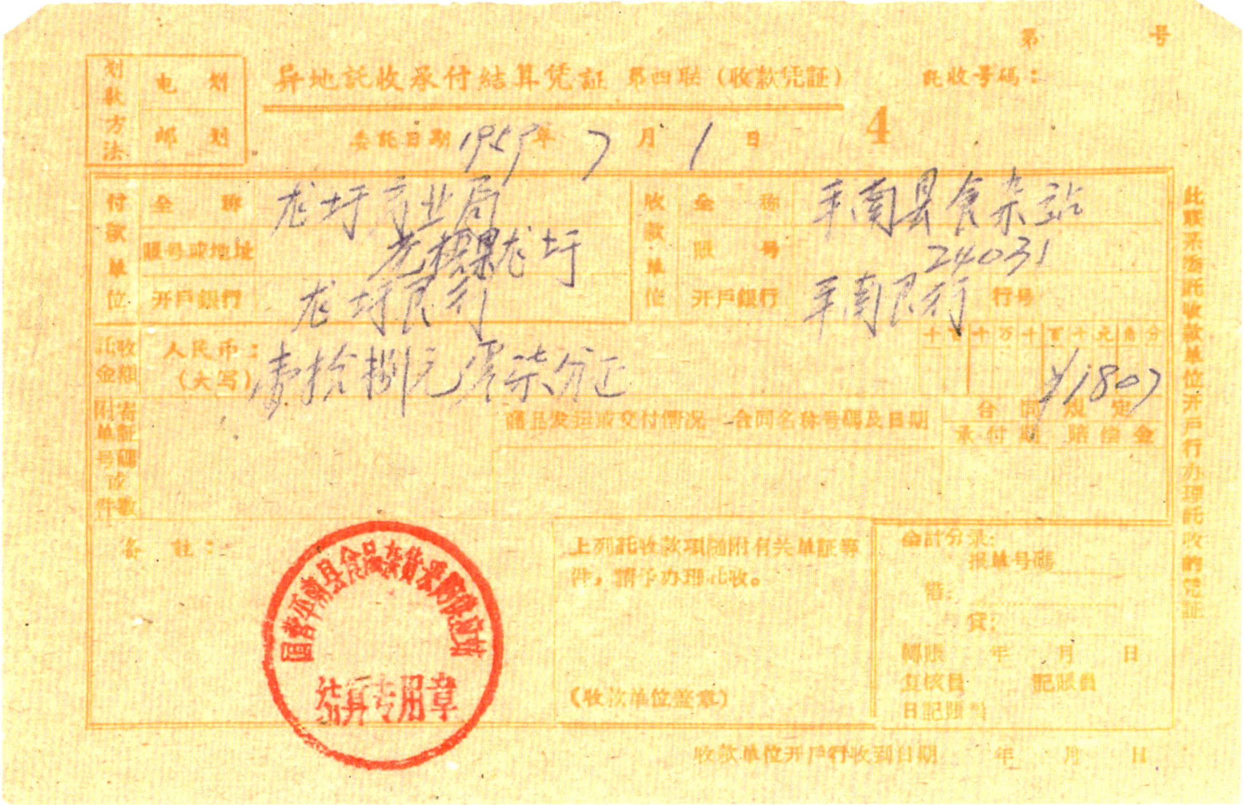

第 号

划款方法	电划 / 邮划

异地託收承付結算凭証 第四联（收款凭証） 託收号碼：

委託日期 1959年 7 月 1 日 4

付款单位	全称	龙圩商业局	收款单位	全称	平南县食杂站
	账号或地址	龙圩		账号	24031
	开户银行	龙圩民行		开户银行	平南民行 行号
託收金额	人民币（大写）	壹拾捌元零柒分正			¥1807
附寄单証号码或件数		商品发运或交付情况 合同名称号码及日期		合同规定 承付期	赔偿金

备注：

国营平南县食品杂货采购供应站 结算专用章

上列託收款项随附有关单証等件，請予办理託收。

（收款单位盖章）

会計分录：
报单号码
借：
贷：
轉账 年 月 日
复核员 記账员
日記账号

收款单位开户行收到日期 年 月 日

此联系委託收款单位开户行办理託收的凭証

0101 一九五九年七月一日龙圩商业局转平南食杂站异地托收承付结算凭证

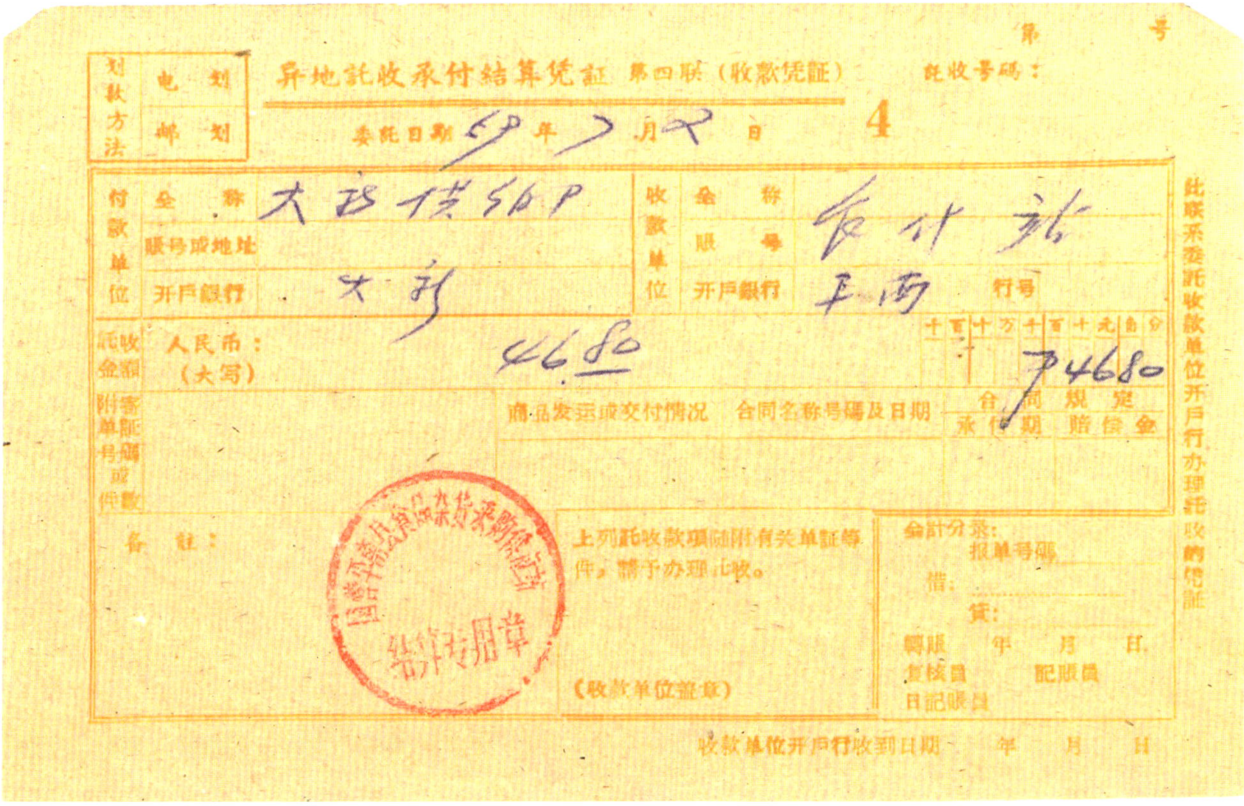

第 号

划款方法	电划 / 邮划

异地託收承付結算凭証 第四联（收款凭証） 託收号碼：

委託日期 59 年 7 月 2 日 4

付款单位	全称	大新供销部	收款单位	全称	食杂站
	账号或地址			账号	
	开户银行	大新		开户银行	平南 行号
託收金额	人民币（大写）	46.80			¥4680
附寄单証号码或件数		商品发运或交付情况 合同名称号码及日期		合同规定 承付期	赔偿金

备注：

国营平南县食品杂货采购供应站 结算专用章

上列託收款项随附有关单証等件，請予办理託收。

（收款单位盖章）

会計分录：
报单号码
借：
贷：
轉账 年 月 日
复核员 記账员
日記账号

收款单位开户行收到日期 年 月 日

此联系委託收款单位开户行办理託收的凭証

0102 一九五九年七月二日大新供销部转平南食杂站异地托收承付结算凭证

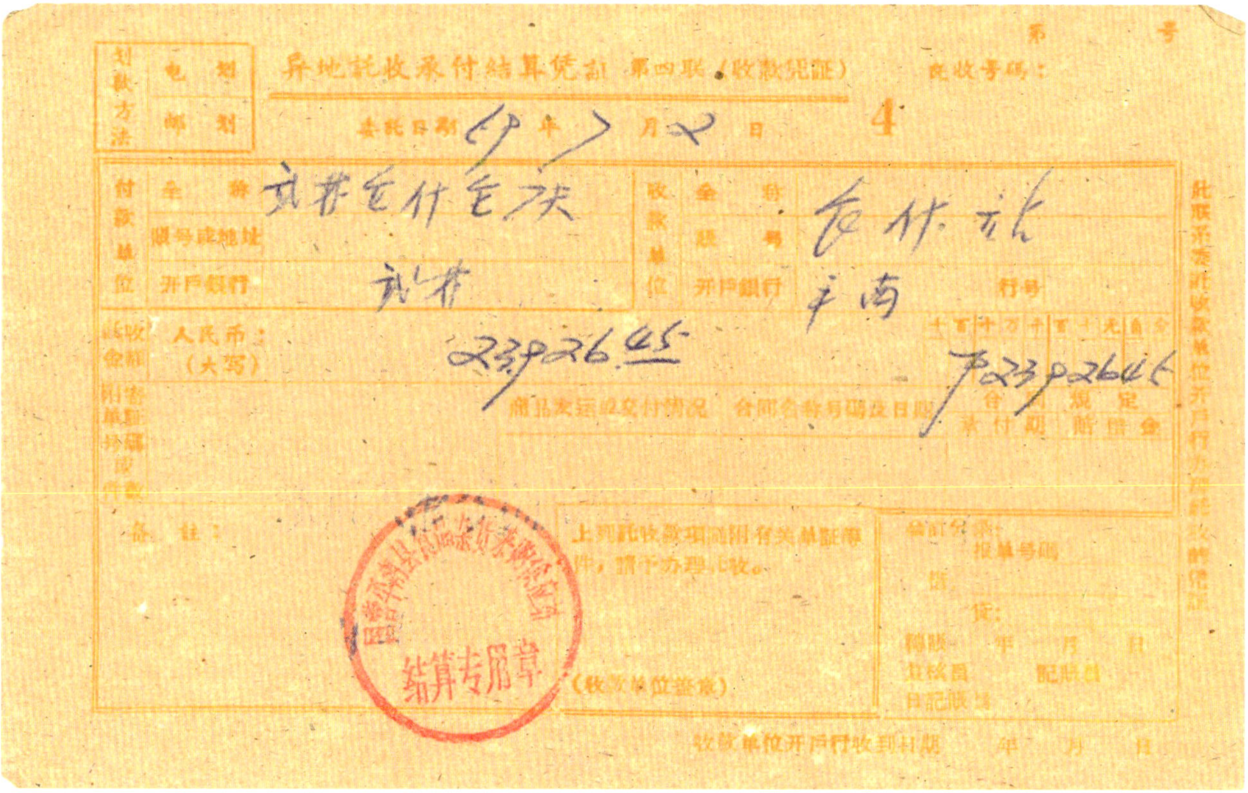

第　号

划款方法：电划　邮划

异地託收承付结算凭証　第四联（收款凭証）　託收号码：

委託日期 59 年 7 月 2 日　4

付款单位　全称：　账号或地址：　开户银行：

收款单位　全称：食什站　账号：　开户银行：平南　行号：

託收金额　人民币（大写）：2390.26.45　¥239026.45

附寄单证张数或册数　商品发运或交付情况　合同名称号码及日期　合同规定承付期　赔偿金

备注：

上列託收款项随附有关单証等件，请予办理託收。

（收款单位签章）

结算专用章

会计分录：报单号码　借：　贷：　转账　年　月　日　复核员　记账员　日记账员

收款单位开户行收到日期　年　月　日

此联系交託收款单位开户行办理託收的凭证

0103 一九五九年七月二日平南县食杂站异地托收承付结算凭证

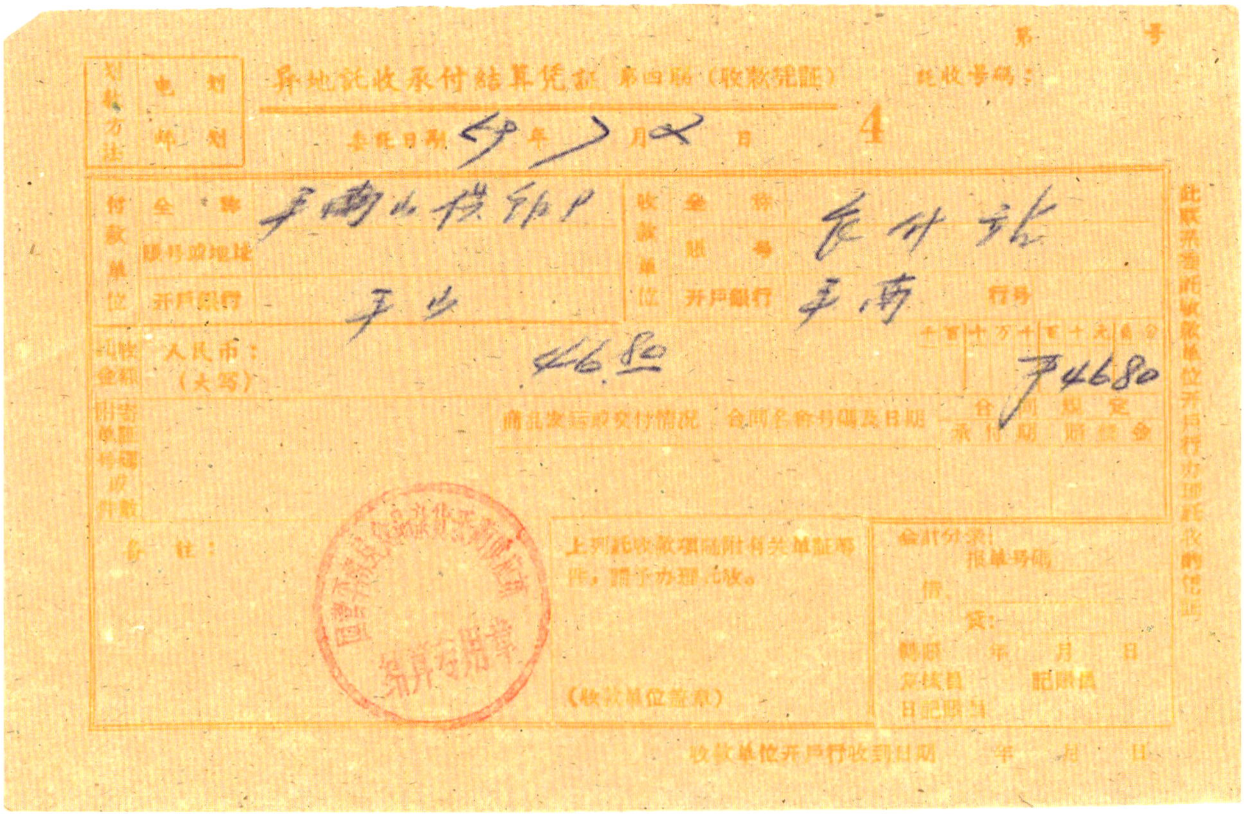

第　号

划款方法：电划　邮划

异地託收承付结算凭証　第四联（收款凭証）　託收号码：

委託日期 59 年 7 月 2 日　4

付款单位　全称：平南山供销社　账号或地址：　开户银行：平山

收款单位　全称：食什站　账号：　开户银行：平南　行号：

託收金额　人民币（大写）：46.80　¥4680

附寄单证张数或册数　商品发运或交付情况　合同名称号码及日期　合同规定承付期　赔偿金

备注：

上列託收款项随附有关单証等件，请予办理託收。

（收款单位签章）

结算专用章

会计分录：报单号码　借：　贷：　转账　年　月　日　复核员　记账员　日记账员

收款单位开户行收到日期　年　月　日

此联系交託收款单位开户行办理託收的凭证

0104 一九五九年七月二日平山供销社转平南食杂站异地托收承付结算凭证

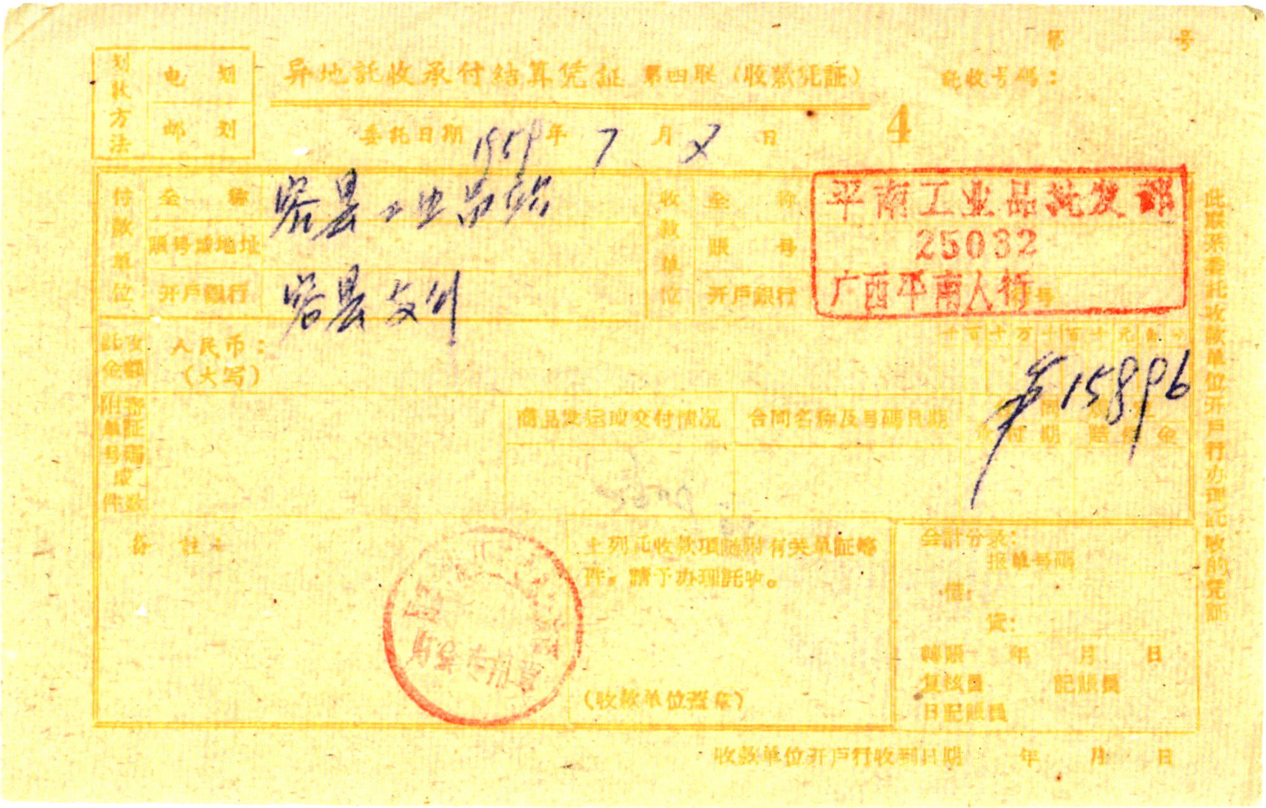

划款方法 电划 邮划

异地托收承付结算凭证 第四联（收款凭证） 第 号 托收号码：

4

委托日期 1959年 7月 2日

付款单位 全称 容县工业品站
账号或地址
开户银行 容县支行

收款单位 全称 平南工业品批发部
账号 25032
开户银行 广西平南人行

托收金额 人民币：（大写） ￥158.96

附寄单证张数或册数

商品发运或交付情况 合同名称及号码日期

备注：

上列托收款项随附有关单证等件，请予办理托收。

（收款单位盖章）

会计分录：报单号码 借： 贷： 转账 年 月 日 复核员 记账员 日记账员

收款单位开户行收到日期 年 月 日

此联系委托收款单位开户行办理托收的凭证

0105 一九五九年七月二日容县工业品站转平南工业品批发部异地托收承付结算凭证

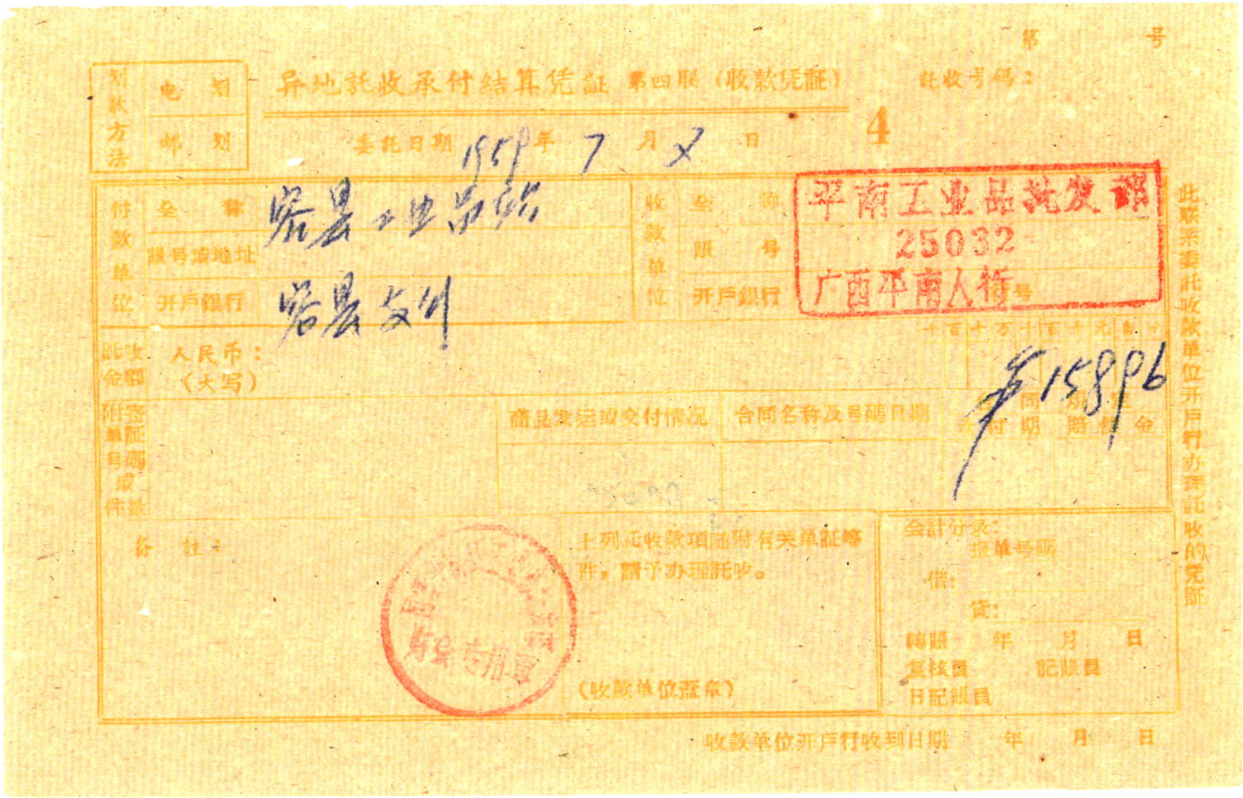

划款方法 电划 邮划

异地托收承付结算凭证 第四联（收款凭证） 第 号 托收号码：

4

委托日期 1959年 7月 2日

付款单位 全称 容县工业品站
账号或地址
开户银行 容县支行

收款单位 全称 平南工业品批发部
账号 25032
开户银行 广西平南人行

托收金额 人民币：（大写） ￥158.96

附寄单证张数或册数

商品发运或交付情况 合同名称及号码日期

备注：

上列托收款项随附有关单证等件，请予办理托收。

（收款单位盖章）

会计分录：报单号码 借： 贷： 转账 年 月 日 复核员 记账员 日记账员

收款单位开户行收到日期 年 月 日

此联系委托收款单位开户行办理托收的凭证

0106 一九五九年七月二日容县工业品站转平南工业品批发部异地托收承付结算凭证

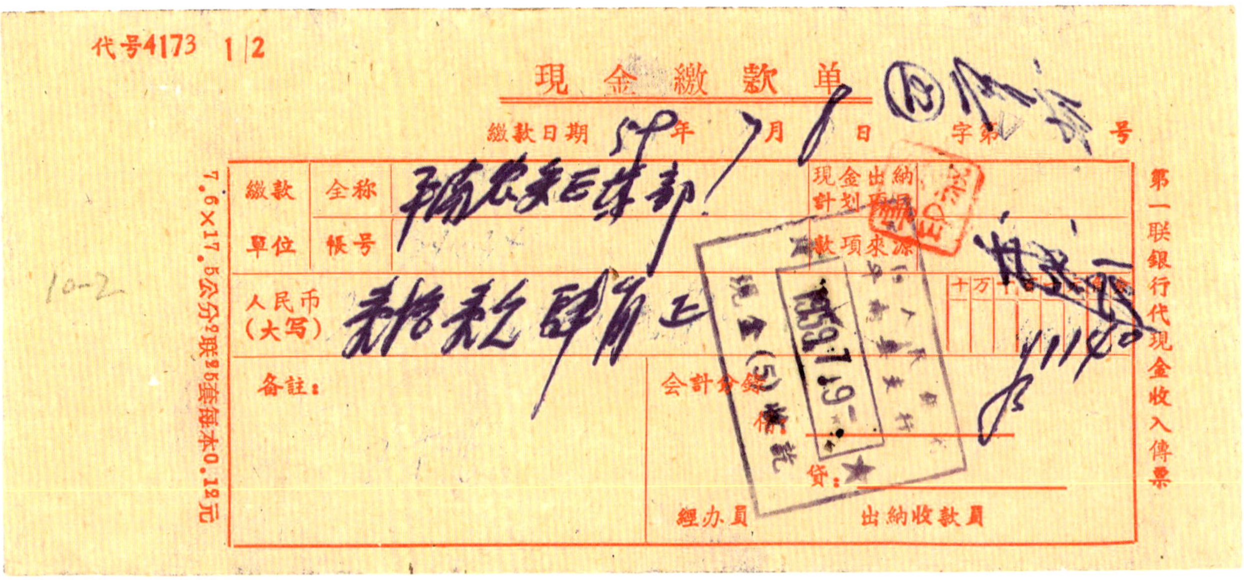

代号4173 1|2

現金繳款单

繳款日期 59 年 7 月 8 日 字第 号

繳款單位	全称	平南农采医药部	現金出納計划項目	
	帳号		款項來源	
人民币（大写）				
备註：			会計分錄	
			經办員	出納收款員

第一联 銀行代現金收入傳票

7.6×17.5公分 2联 25套每本0.18元

0107-1 一九五九年七月八日平南农采医药部现金缴款单（正面）

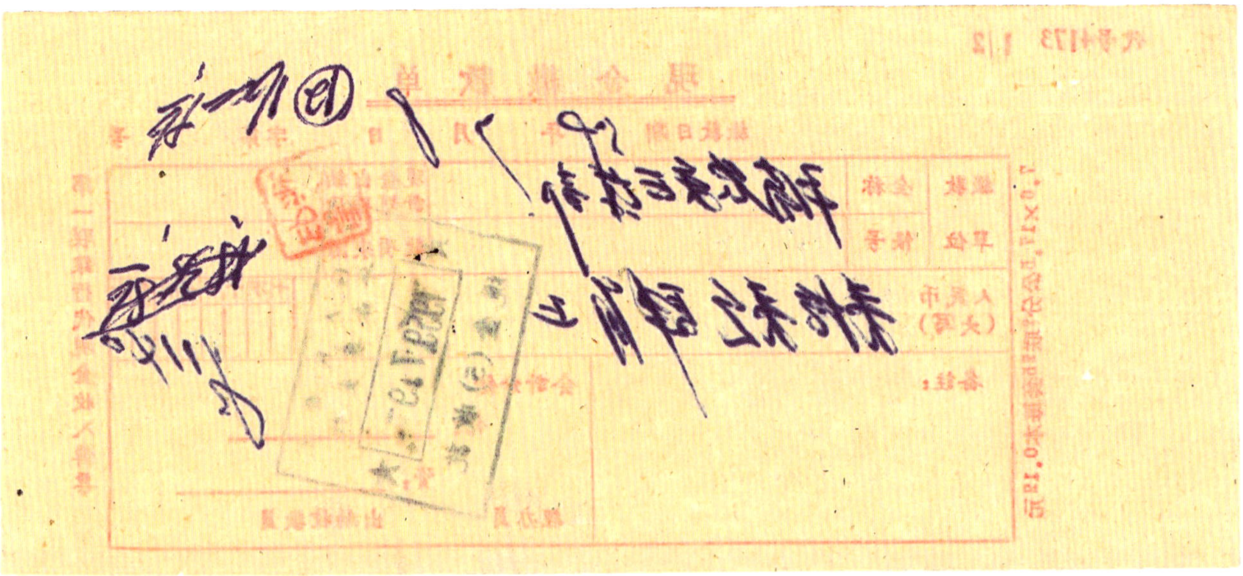

0107-2 一九五九年七月八日平南农采医药部现金缴款单（背面）

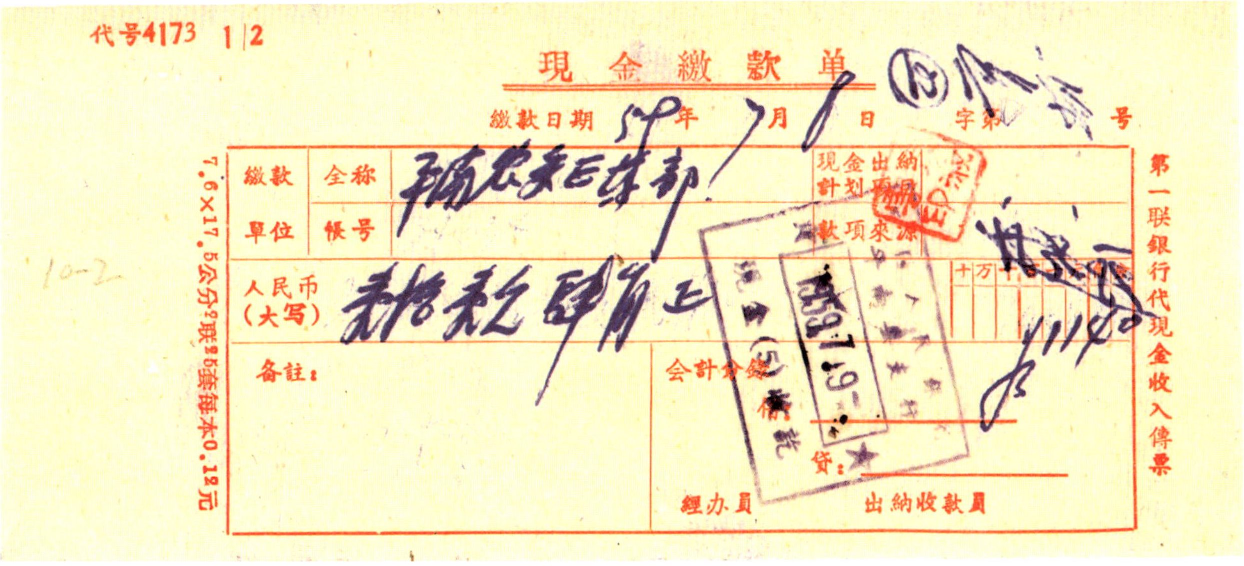

代号4173 1/2

現金繳款单

繳款日期 年 月 日 字第 号

繳款單位	全称		現金出納計划項目	
	帳号		款項來源	
人民币（大写）				十万千百十元角分
备註：		会計負責		
		經办員	出納收款員	

第一联銀行代現金收入傳票

0108 一九五九年七月八日平南农业工业部现金缴款单

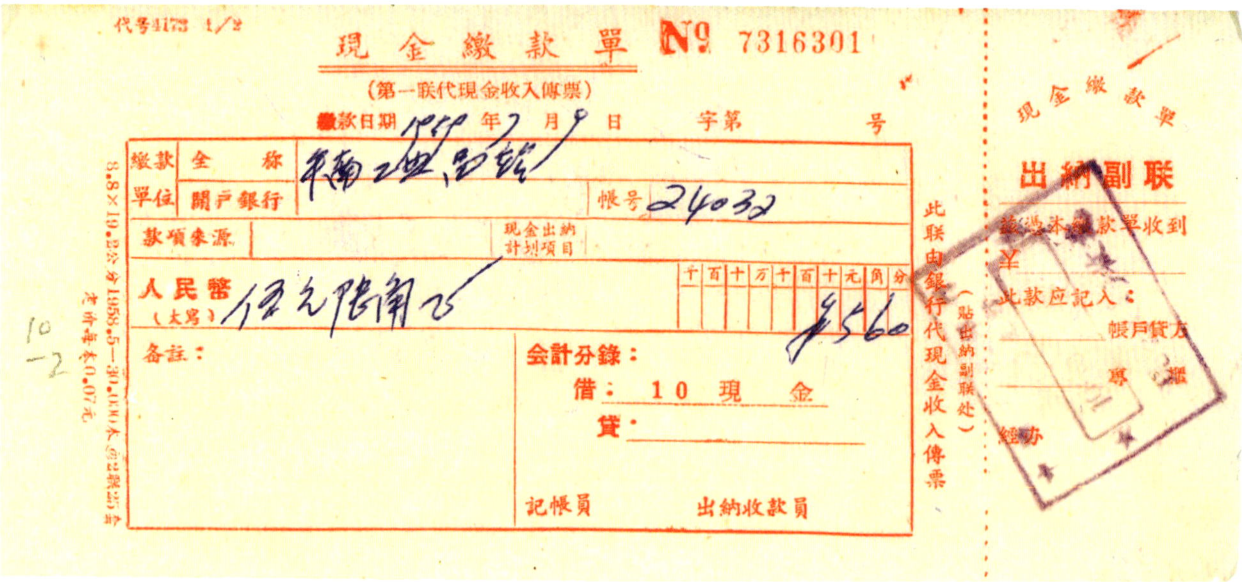

0109-1 一九五九年七月九日平南工业品站现金缴款单（正面）

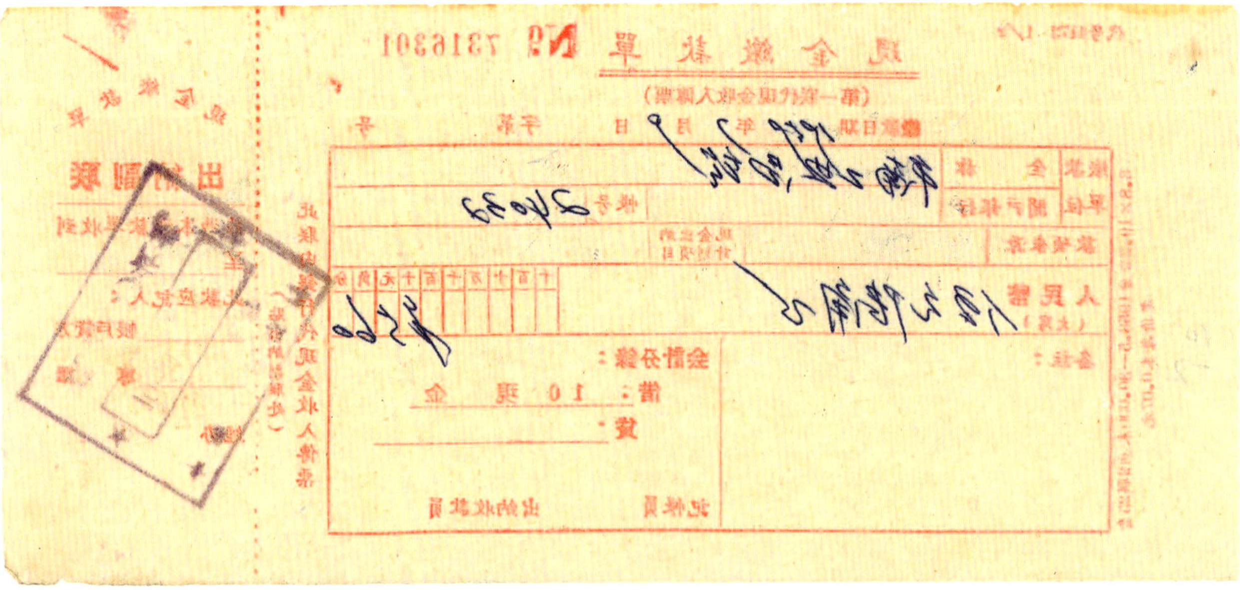

0109-2 一九五九年七月九日平南工业品站现金缴款单（背面）

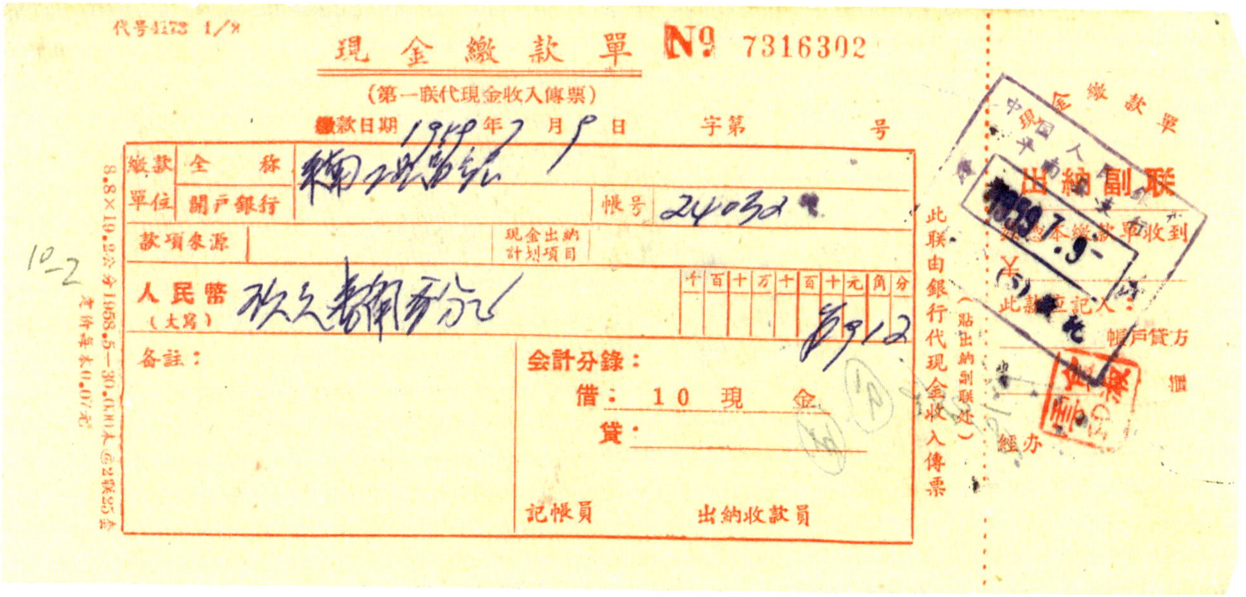
代号4173 1/2
现金缴款单 №7316302
（第一联代现金收入传票）
缴款日期 1959 年 7 月 9 日 字第 号

缴款单位	全称			
	开户银行		帐号	24032
款项来源		现金出纳计划项目		
人民币（大写）				
备注：		会计分录：借：10 现金 贷：		
		记帐员 出纳收款员		

此联由银行代现金收入传票（贴出纳副联处）
金缴款单 出纳副联 此款已收到 此款已记入 帐户贷方 经办

0110 一九五九年七月九日平南工业品站现金缴款单

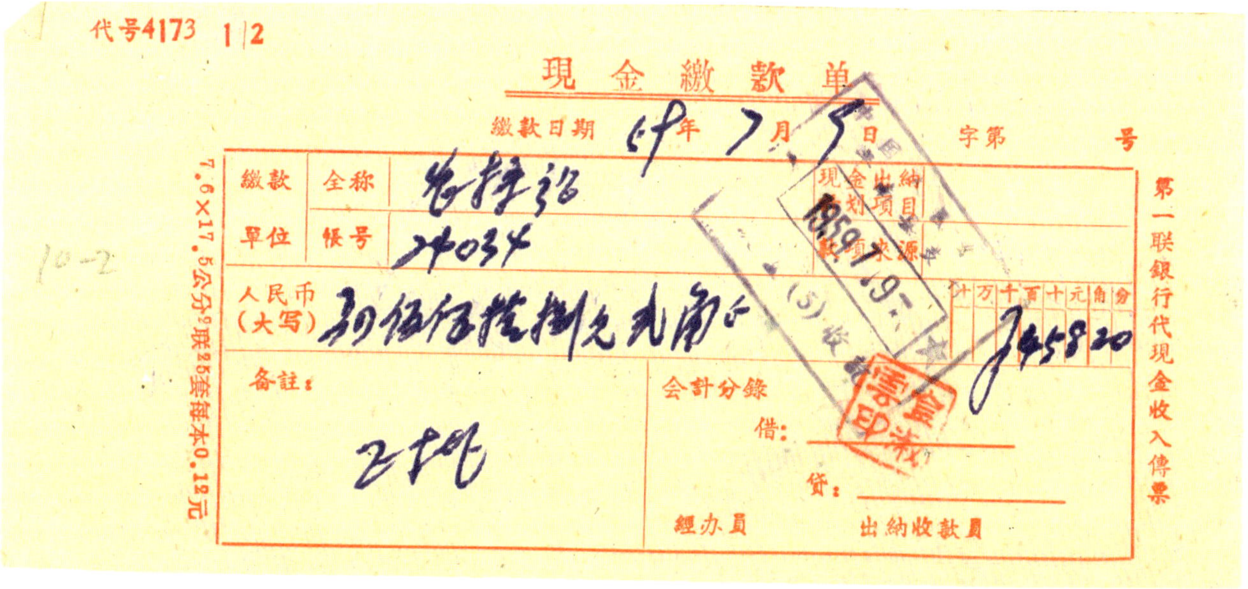
代号4173 1/2
现金缴款单
缴款日期 59 年 7 月 9 日 字第 号

缴款单位	全称		现金出纳计划项目
	帐号	24034	款项来源
人民币（大写）			458.20
备注：		会计分录 借： 贷：	
		经办员 出纳收款员	

第一联银行代现金收入传票
7.6×17.5公分2联25套每本0.12元

0111 一九五九年七月九日农业采购站现金缴款单

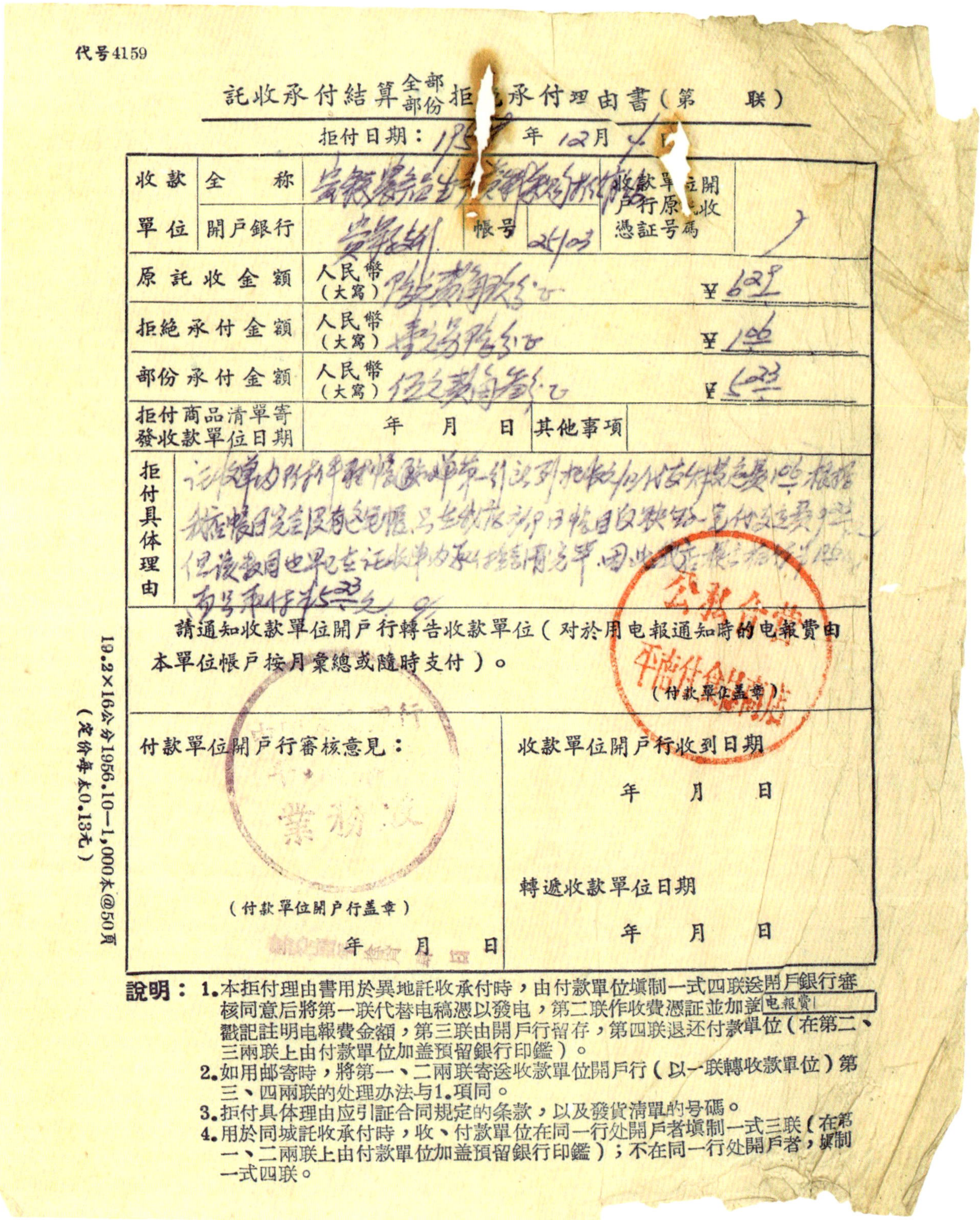

代号4159

託收承付結算全部/部份拒絶承付理由書（第　联）

拒付日期：19　年 12月 4 日

收款	全　称	[illegible]		收款單位開戶行原託收憑証号碼	
單位	開戶銀行	[illegible]	帳号	[illegible]	
原託收金額		人民幣（大寫）	[illegible]		¥ [illegible]
拒絶承付金額		人民幣（大寫）	[illegible]		¥ [illegible]
部份承付金額		人民幣（大寫）	[illegible]		¥ [illegible]
拒付商品清單寄發收款單位日期		年　月　日	其他事項		
拒付具体理由	[illegible]				

請通知收款單位開戶行轉告收款單位（对於用电報通知時的电報費由本單位帳戶按月彙總或隨時支付）。

（付款單位盖章）

付款單位開戶行審核意見： （付款單位開戶行盖章） 年　月　日	收款單位開戶行收到日期 年　月　日 轉遞收款單位日期 年　月　日

19.2×16公分1956.10—1,000本@50頁（定价每本0.13元）

說明：1.本拒付理由書用於異地託收承付時，由付款單位填制一式四联送開戶銀行審核同意后將第一联代替电稿憑以發电，第二联作收費憑証並加盖 電報費 戳記註明电報費金額，第三联由開戶行留存，第四联退还付款單位（在第二、三兩联上由付款單位加盖預留銀行印鑑）。

2.如用邮寄時，將第一、二兩联寄送收款單位開戶行（以一联轉收款單位）第三、四兩联的处理办法与1.項同。

3.拒付具体理由应引証合同規定的条款，以及發貨清單的号碼。

4.用於同城託收承付時，收、付款單位在同一行处開戶者填制一式三联（在第一、二兩联上由付款單位加盖預留銀行印鑑）；不在同一行处開戶者，填制一式四联。

0112 一九五九年十二月四日平南副食品商店托收承付结算部分拒绝承付理由书

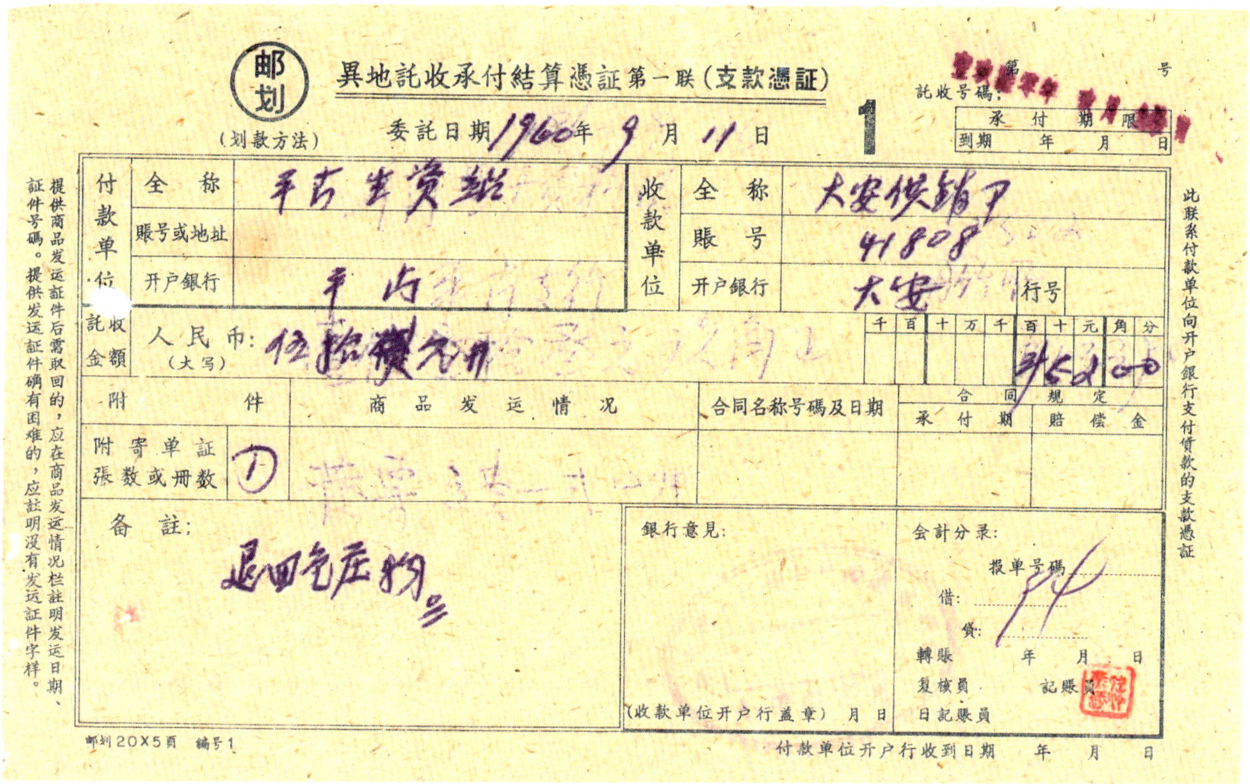

邮划
（划款方法）

异地託收承付结算凴証第一联（支款凴証）

託收号碼：　　第　　号

委託日期 1960年 9月 11日　　1

承付期限		
到期 年	月	日

付款单位	全称	平南生资站	收款单位	全称	大安供销部
	賬号或地址			賬号	41808
	开户銀行	平南		开户銀行	大安　行号
託收金額	人民币：（大写）	伍拾陆元			千 百 十 万 千 百 十 元 角 分　5600

附件	商品发运情况	合同名称号碼及日期	合同规定 承付期	合同规定 赔偿金
附寄单証張数或册数 ①				

备註：退回包庄物

銀行意見：

（收款单位开户行盖章）　月　日

会計分录：
报单号碼
借：
貸：
轉賬　年　月　日
复核員　記賬員
日記賬員

提供商品发运証件后需取回的，应在商品发运情况栏註明发运日期、証件号碼。提供发运証件确有困难的，应註明没有发运証件字样。

此联系付款单位向开户銀行支付貨款的支款凴証

邮划 20X5 頁　編号 1

付款单位开户行收到日期　年　月　日

0113 一九六〇年九月十一日平南生产资料站转大安供销部异地托收承付结算凭证

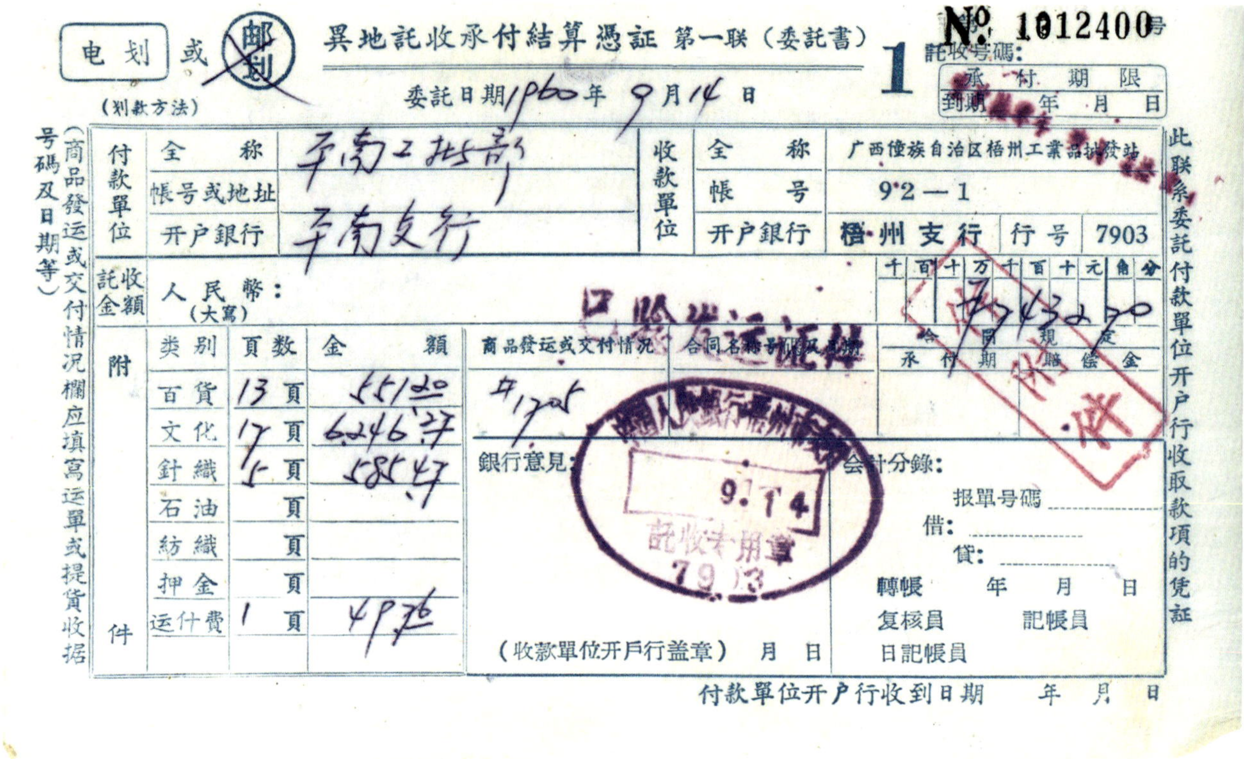

电划 或 邮划（划款方法）

异地託收承付結算凭証 第一联（委託書） 1

№ 1012400 号

託收号碼：

委託日期1960年9月14日

承付期限
到期 年 月 日

付款單位		收款單位	
全称	平南工批发部	全称	广西僮族自治区梧州工業品批发站
帳号或地址		帳号	9·2—1
开户銀行	平南支行	开户銀行	梧州支行 行号 7903

託收金額 人民幣：（大寫） 5743270

类别	頁数	金額
百貨	13 頁	55120
文化	17 頁	6246.37
針織	5 頁	585.47
石油	頁	
紡織	頁	
押金	頁	
运什費	1 頁	47.75

商品發运或交付情况：9/7.05

合同名称号碼

合同規定承付期 賠償金

銀行意見：

中国人民銀行梧州市支行 9.14 託收专用章 7903

（收款單位开戶行盖章） 月 日

会计分錄：

报單号碼

借：

貸：

轉帳 年 月 日

复核員 記帳員

日記帳員

付款單位开户行收到日期 年 月 日

（商品發运或交付情况欄应填寫运單或提貨收据号碼及日期等）

此联系委託付款單位开户行收取款項的凭証

附件

0114 一九六〇年九月十四日平南工业批发部转梧州工业品批发站异地托收承付结算凭证

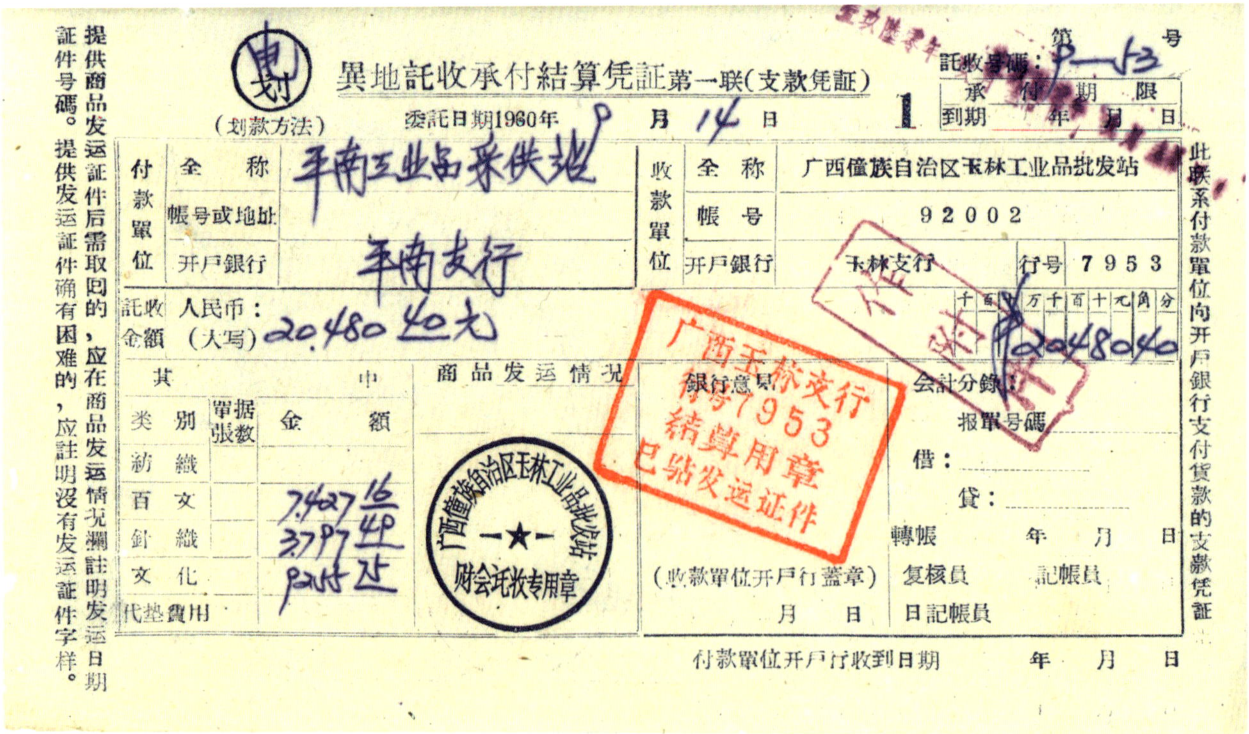

电划（划款方法）

異地託收承付結算凭証第一联（支款凭証） 1

第 号

託收号碼：P—13

委託日期1960年9月14日

承付期限
到期 年 月 日

付款單位		收款單位	
全称	平南工业品采供站	全称	广西僮族自治区玉林工业品批发站
帳号或地址		帳号	92002
开戶銀行	平南支行	开戶銀行	玉林支行 行号 7953

託收金額 人民币：（大写）20.480 40元 2048040

类别	單据張数	金額
紡織		
百文		7427.65
針織		3797.40
文化		9255.35
代垫費用		

商品发运情况

广西僮族自治区玉林工业品批发站 财会托收专用章

銀行意見

广西玉林支行 行号7953 結算用章 已站发运证件

（收款單位开戶行蓋章） 月 日

会計分錄：

报單号碼

借：

貸：

轉帳 年 月 日

复核員 記帳員

日記帳員

付款單位开戶行收到日期 年 月 日

提供商品发运証件后需取回的，应在商品发运情况欄註明发运日期証件号碼。提供发运証件确有困难的，应註明没有发运証件字样。

此联系付款單位向开戶銀行支付貨款的支款凭証

附件

0115 一九六〇年九月十四日平南工业品采供站转玉林工业品批发站异地托收承付结算凭证

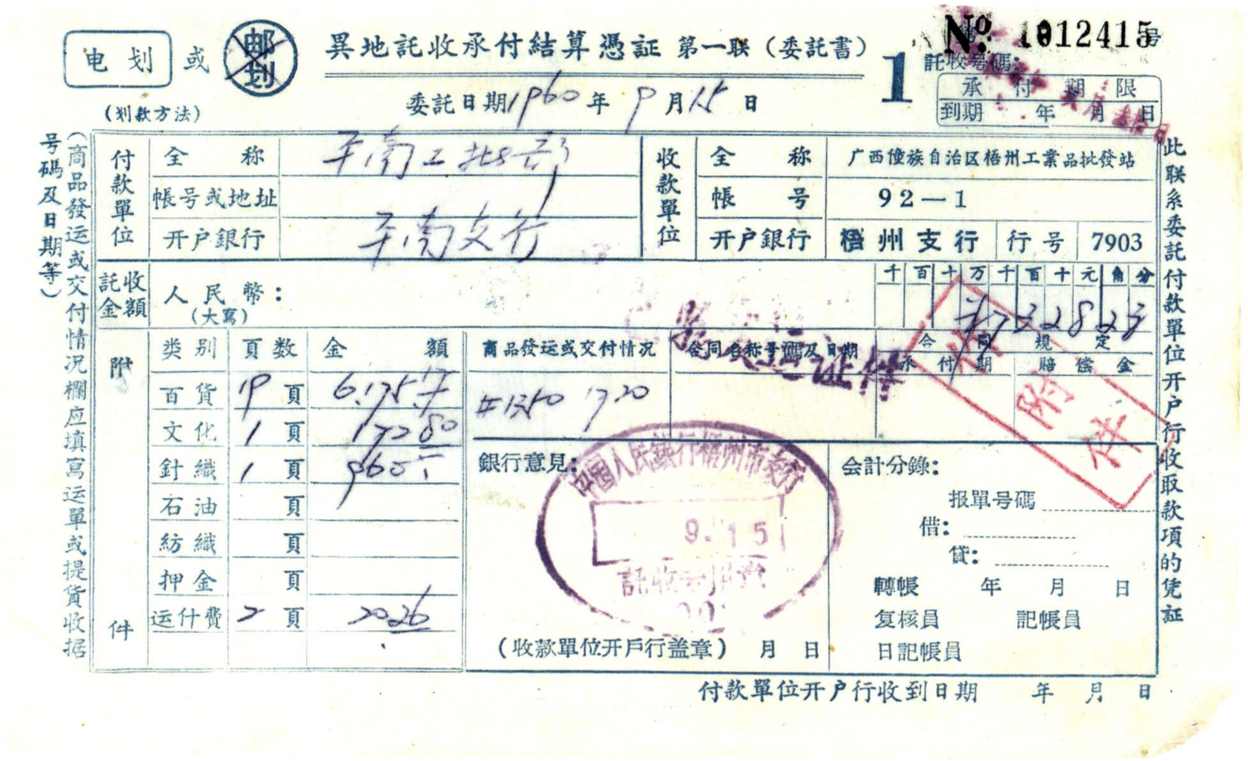

0116 一九六〇年九月十五日平南工业品批发部转梧州工业品批发站异地托收承付结算凭证

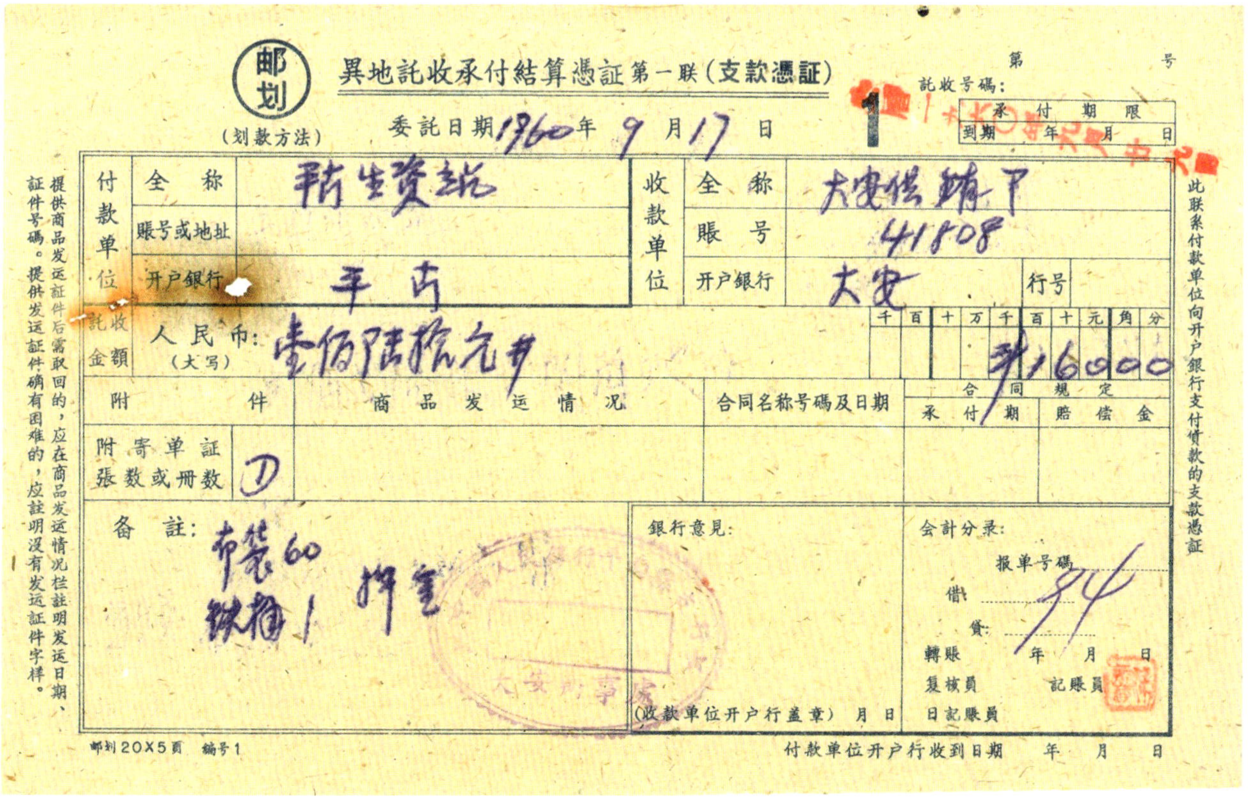

0117 一九六〇年九月十七日平南生产资料站转大安供销部异地托收承付结算凭证

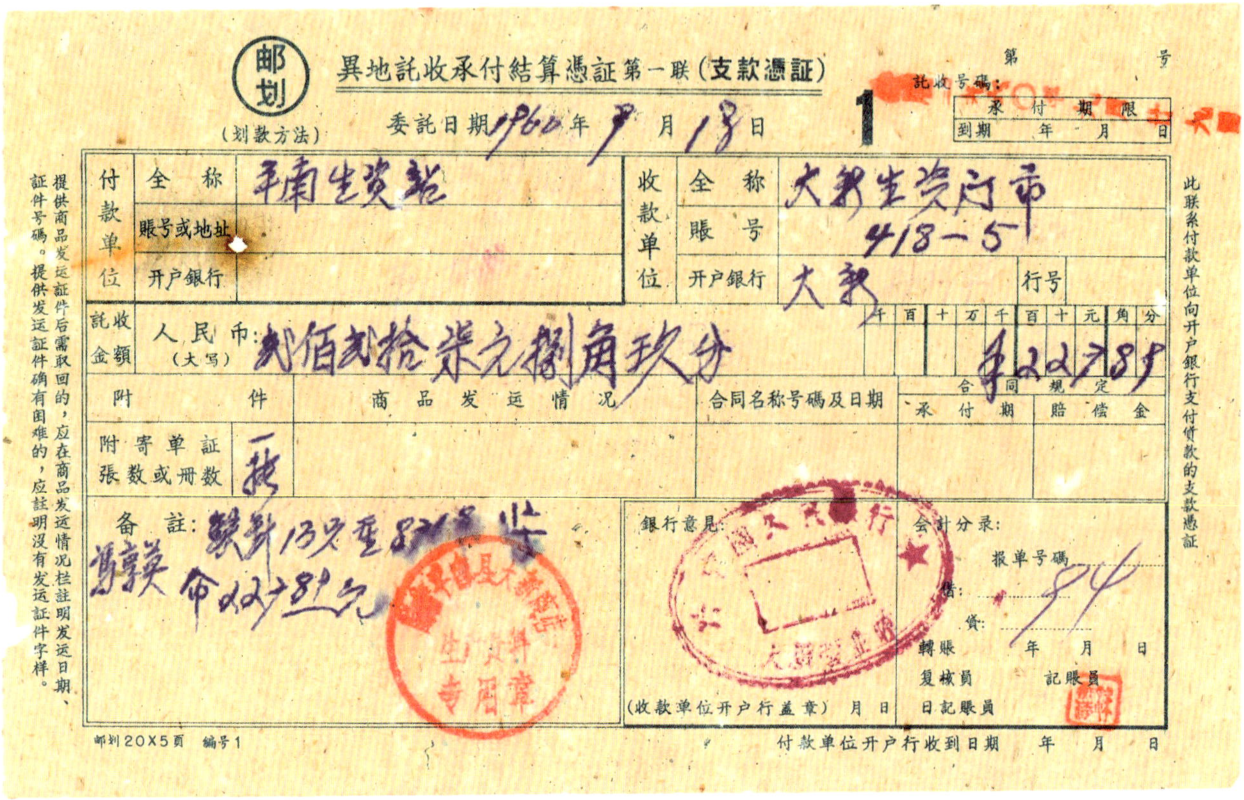

邮划（划款方法）

異地託收承付結算憑証第一联（支款憑証）

第　号

託收号碼：

委託日期1960年9月18日

承付期限 到期 年 月 日

付款单位 全称：平南生资站

账号或地址

开户银行

收款单位 全称：大新生资门市

账号：418-5

开户银行：大新　行号

託收金额 人民币（大写）：贰佰贰拾柒元捌角玖分　¥227.89

附件

商品发运情况

合同名称号碼及日期

合同规定 承付期 赔偿金

附寄单証張数或册数：一張

备註：

銀行意見：

会計分录：

报单号碼：94

借：

貸：

轉账 年 月 日

复核员 記账员

（收款单位开户行盖章）月 日

日記账員

提供商品发运証件后需取回的，应在商品发运情况栏註明发运日期、証件号碼。提供发运証件确有困难的，应註明没有发运証件字样。

此联系付款单位向开户银行支付貸款的支款憑証

邮划20X5頁　編号1

付款单位开户行收到日期 年 月 日

0118 一九六〇年九月十八日平南生产资料站转大新生产资料门市部异地托收承付结算凭证

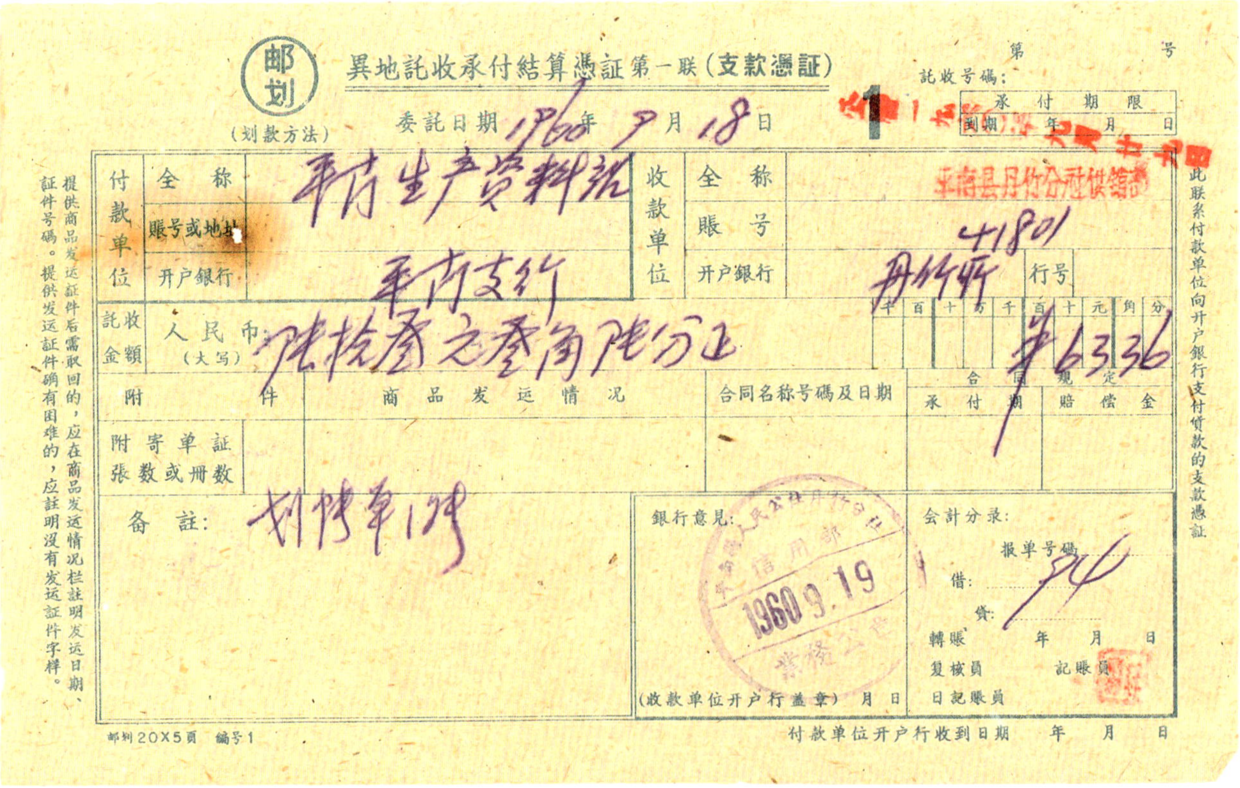

邮划（划款方法）

異地託收承付結算憑証第一联（支款憑証）

第　号

託收号碼：

委託日期1960年9月18日

承付期限 到期 年 月 日

付款单位 全称：平南生产资料站

账号或地址

开户银行：平南支行

收款单位 全称：平南县丹竹分社供销部

账号：41801

开户银行：丹竹所　行号

託收金额 人民币（大写）：陆拾叁元叁角陆分正　¥63.36

附件

商品发运情况

合同名称号碼及日期

合同规定 承付期 赔偿金

附寄单証張数或册数

备註：划帐单1張

銀行意見：

1960.9.19

会計分录：

报单号碼：94

借：

貸：

轉账 年 月 日

复核员 記账员

（收款单位开户行盖章）月 日

日記账員

提供商品发运証件后需取回的，应在商品发运情况栏註明发运日期、証件号碼。提供发运証件确有困难的，应註明没有发运証件字样。

此联系付款单位向开户银行支付貸款的支款憑証

邮划20X5頁　編号1

付款单位开户行收到日期 年 月 日

0119 一九六〇年九月十八日平南生产资料站转平南丹竹分社供销部异地托收承付结算凭证

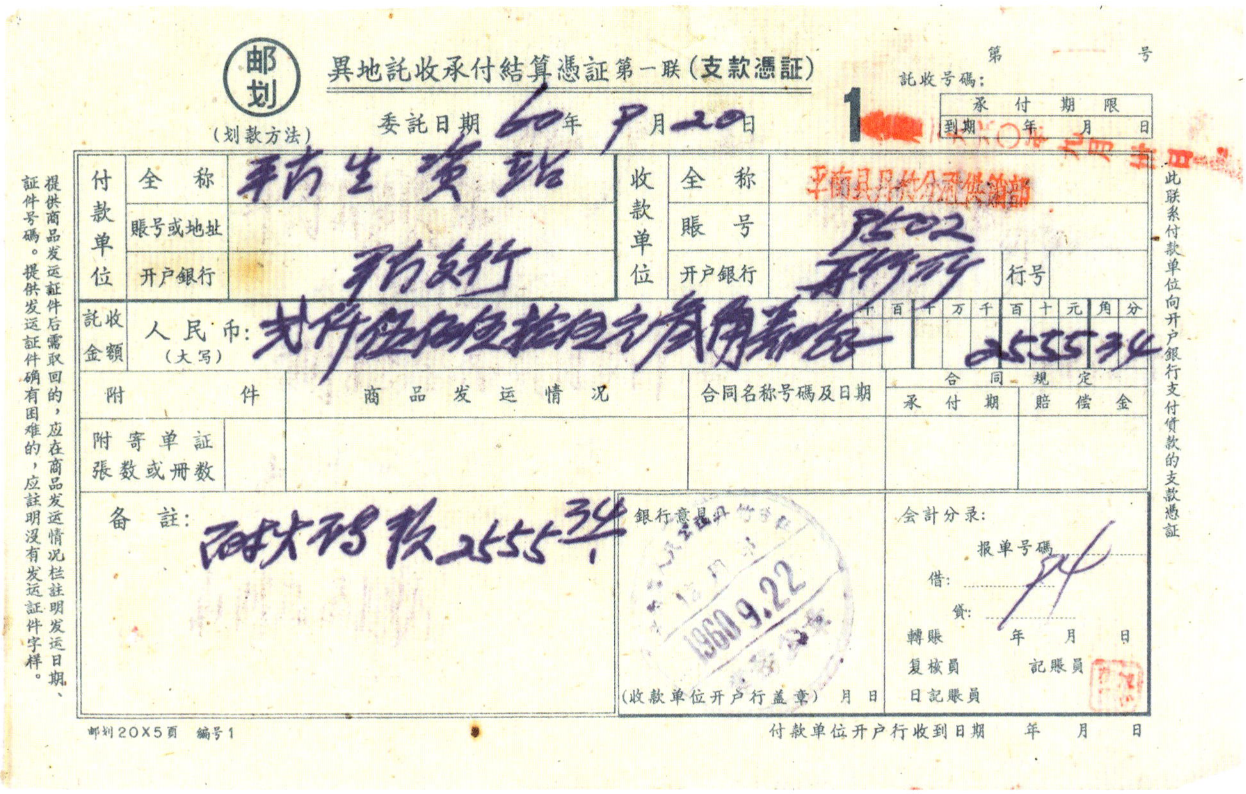
邮划
(划款方法)
異地託收承付結算憑証第一联(支款憑証)
第　号
託收号碼:
委託日期 60年 9月 20日
1
承付期限 到期 年 月 日

付款单位		收款单位	
全称	平南生资站	全称	平南县丹竹分社供销部
賬号或地址		賬号	2502
开户銀行	平南支行	开户銀行	丹竹营业所
		行号	

託收金額 人民币(大写): 贰仟伍佰伍拾伍元叁角肆分　2555.34

附件	商品发运情况	合同名称号碼及日期	合同规定 承付期	赔偿金
附寄单証張数或冊数				

备註: 2555.34
銀行意見　1960.9.22　(收款单位开户行盖章) 月 日
会计分录: 报单号碼 34 借: 貸: 轉賬 年 月 日 复核員 記賬員 日記賬員
提供商品发运証件后需取回的,应在商品发运情况栏註明发运日期、証件号碼。提供发运証件确有困难的,应註明没有发运証件字样。
此联系付款单位向开户银行支付貨款的支款憑証
邮划20X5百 编号1
付款单位开户行收到日期 年 月 日

0120 一九六〇年九月二十日平南县生产资料站转平南丹竹分社供销部异地托收承付结算凭证

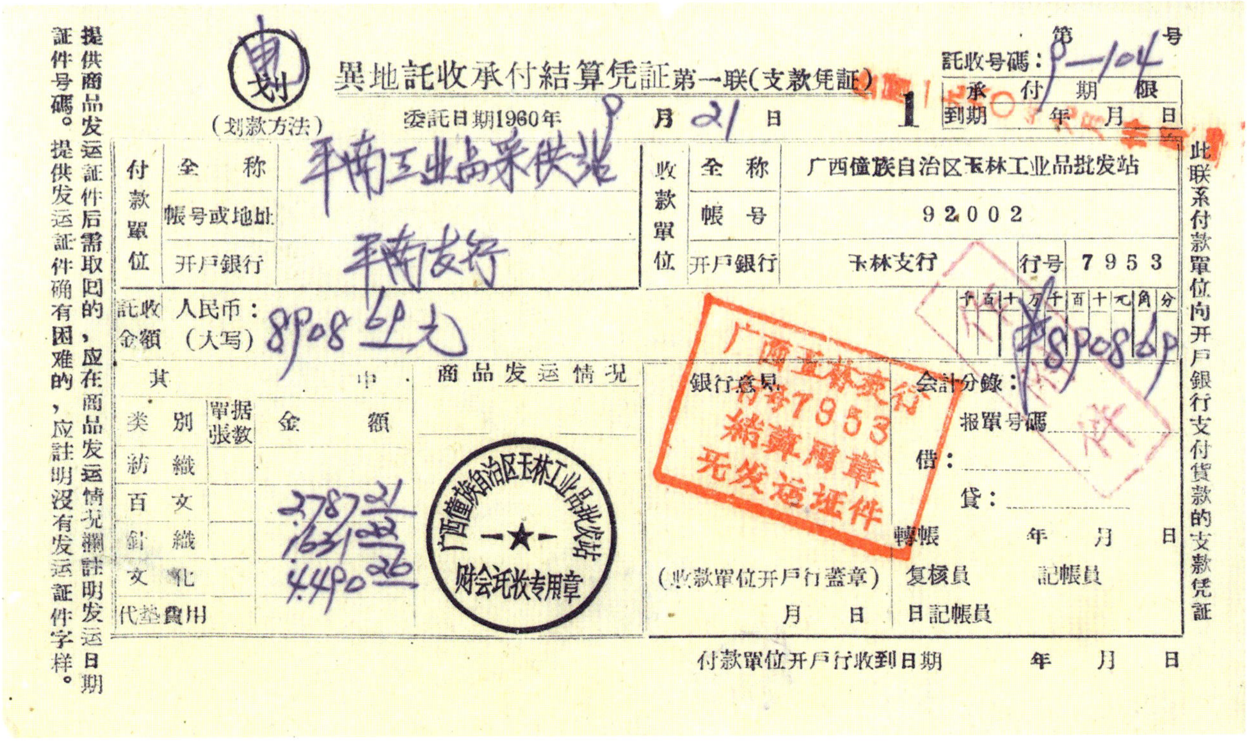
电划
(划款方法)
異地託收承付結算凭証第一联(支款凭証)
第　号
託收号碼: 9-104
委託日期1960年 9月 21日
1
承付期限 到期 年 月 日

付款單位		收款單位	
全称	平南工业品采供站	全称	广西僮族自治区玉林工业品批发站
帳号或地址		帳号	92002
开戶銀行	平南支行	开戶銀行	玉林支行　行号 7953

託收金額 人民币(大写): 8808.69元　8808.69

其中 类别	單据張数	金額
紡織		2787.21
百文		1631.22
針織		4490.26
文化		
代墊費用		

商品发运情况
銀行意見
广西玉林支行 行号7953 結算用章 无发运证件
广西僮族自治区玉林工业品批发站 财会托收专用章
(收款單位开戶行蓋章) 月 日
会計分錄: 报單号碼 借: 貸: 轉帳 年 月 日 复核員 記帳員 日記帳員
提供商品发运証件后需取回的,应在商品发运情况欄註明发运日期証件号碼。提供发运証件确有困难的,应註明没有发运証件字样。
此联系付款單位向开戶銀行支付貨款的支款凭証
付款單位开戶行收到日期 年 月 日

0121 一九六〇年九月二十一日平南工业品采供站转玉林工业品批发站异地托收承付结算凭证

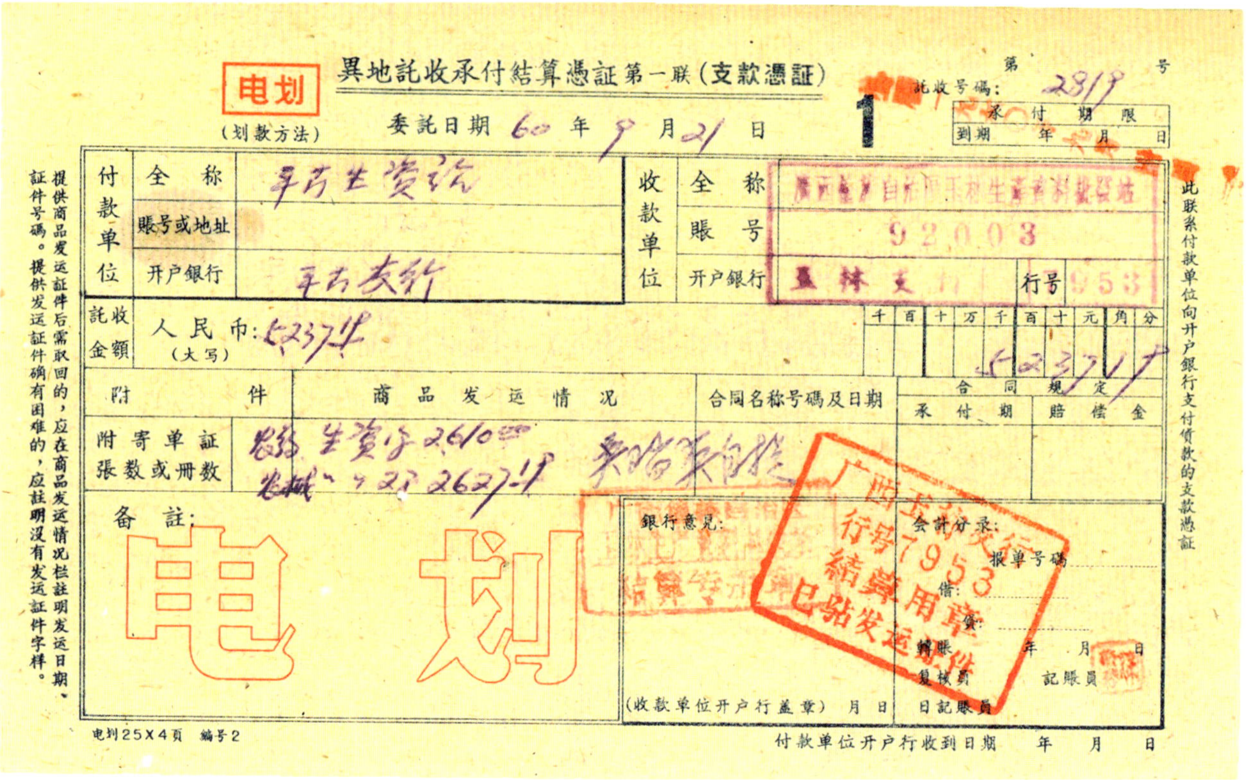
電划

異地託收承付結算憑証第一联（支款憑証）

第 号

（划款方法） 委託日期 60 年 9 月 21 日

託收号碼：2819

承付期限 到期 年 月 日

提供商品发运証件后需取回的，应在商品发运情况栏註明发运日期、証件号碼。提供发运証件确有困难的，应註明没有发运証件字样。

付款单位	全称	平南生资站	收款单位	全称	廣西僮族自治区玉林生產資料批發站	
	賬号或地址			賬号	92003	
	开户銀行	平南支行		开户銀行	玉林支行	行号 953
託收金額	人民币（大写）					

附件	商品发运情况	合同名称号碼及日期	合同规定 承付期	賠償金
附寄单証張数或册数				

备註：

電划

銀行意見： （收款单位开户行蓋章） 月 日

会計分录： 报单号碼 借： 貸： 轉賬 年 月 日 复核員 記賬員 日記賬員

廣西玉林支行 行号7953 結算用章 已站发运單件

此联系付款单位向开户銀行支付貨款的支款憑証

電划25X4頁 编号2

付款单位开户行收到日期 年 月 日

0122 一九六〇年九月二十一日平南生产资料站转玉林生产资料批发站异地托收承付结算凭证

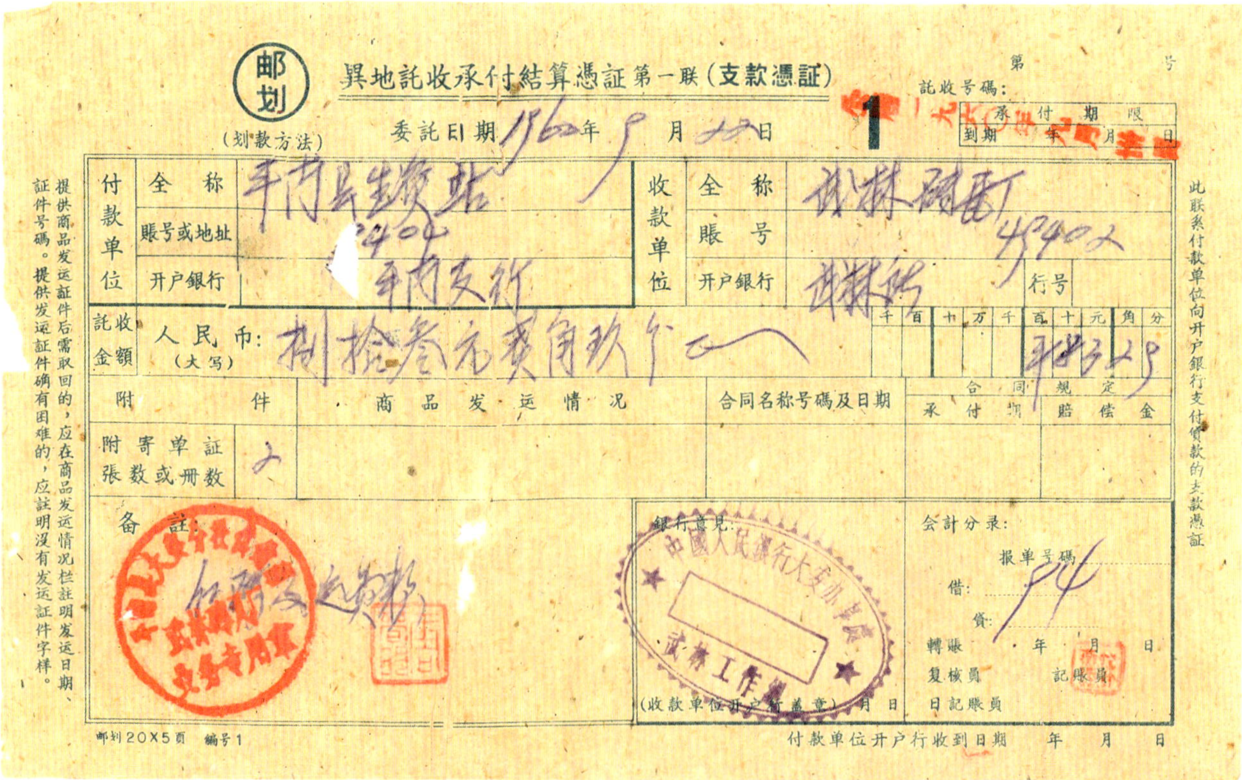
郵划

異地託收承付結算憑証第一联（支款憑証）

第 号

（划款方法） 委託日期 1960 年 9 月 22 日

託收号碼：

承付期限 到期 年 月 日

提供商品发运証件后需取回的，应在商品发运情况栏註明发运日期、証件号碼。提供发运証件确有困难的，应註明没有发运証件字样。

付款单位	全称	平南县生资站	收款单位	全称	武林供销部	
	賬号或地址			賬号		
	开户銀行	平南支行		开户銀行		行号
託收金額	人民币（大写）					

附件	商品发运情况	合同名称号碼及日期	合同规定 承付期	賠償金
附寄单証張数或册数				

备註：

銀行意見： 中國人民銀行 武林工作 （收款单位开户行蓋章） 月 日

会計分录： 报单号碼 借： 貸： 轉賬 年 月 日 复核員 記賬員 日記賬員

此联系付款单位向开户銀行支付貨款的支款憑証

郵划20X5頁 编号1

付款单位开户行收到日期 年 月 日

0123 一九六〇年九月二十二日平南生产资料站转武林供销部异地托收承付结算凭证

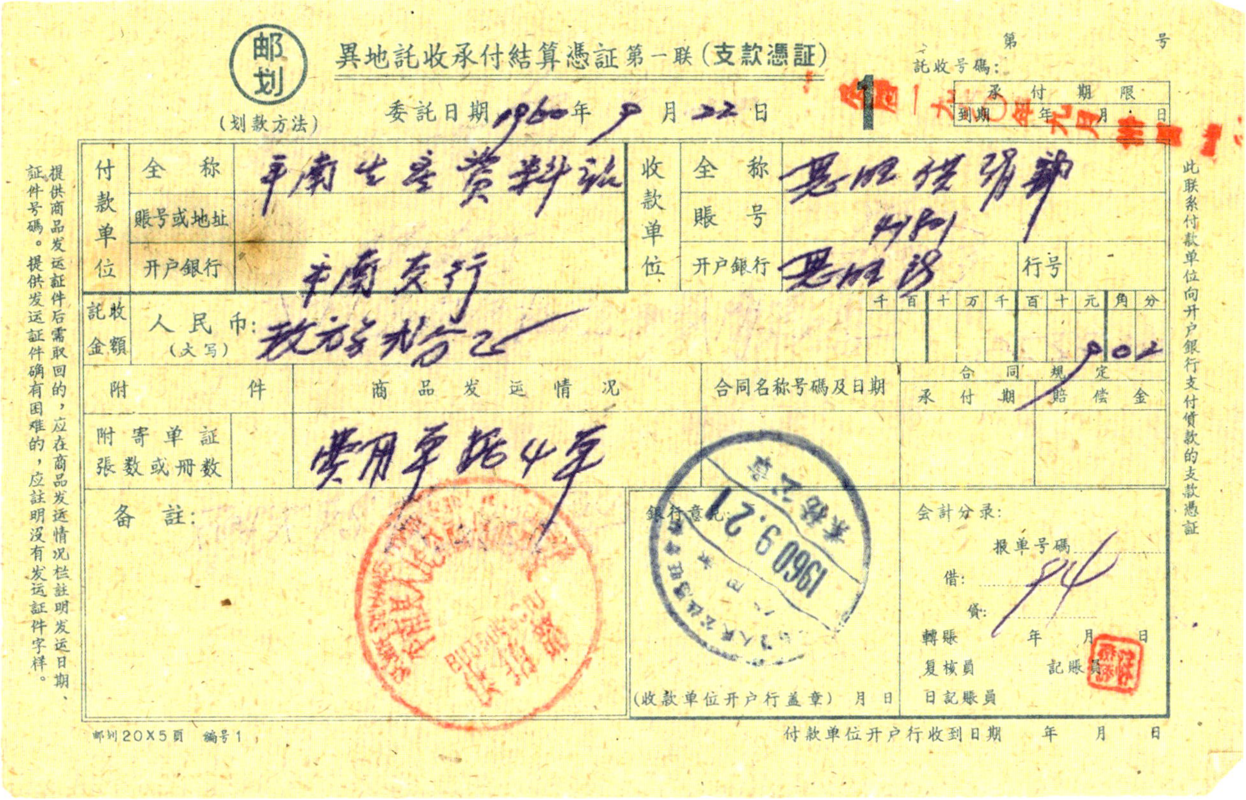

邮划（划款方法）

異地託收承付結算憑証第一联（支款憑証）

第 号 託收号碼：

委託日期 1960年9月22日

承付期限 到期 年 月 日

付款单位		收款单位	
全称	平南生产资料站	全称	思旺供销部
賬号或地址		賬号	4181
开户銀行	平南支行	开户銀行	思旺 行号

託收金額 人民币（大写）

附件 附寄单証張數或冊数 商品发运情况 合同名称号碼及日期 合同规定 承付期 赔偿金

备註 銀行意见 （收款单位开户行盖章） 月 日

会計分录： 报单号碼 借： 貸： 轉賬 年 月 日 复核員 記賬員 日記賬員

提供商品发运証件后需取回的，应在商品发运情况栏註明发运日期、証件号碼。提供发运証件确有困难的，应註明没有发运証件字样。

此联系付款单位向开户銀行支付貨款的支款憑証

邮划20X5页 编号1 付款单位开户行收到日期 年 月 日

0124 一九六〇年九月二十二日平南生产资料站转思旺供销部异地托收承付结算凭证

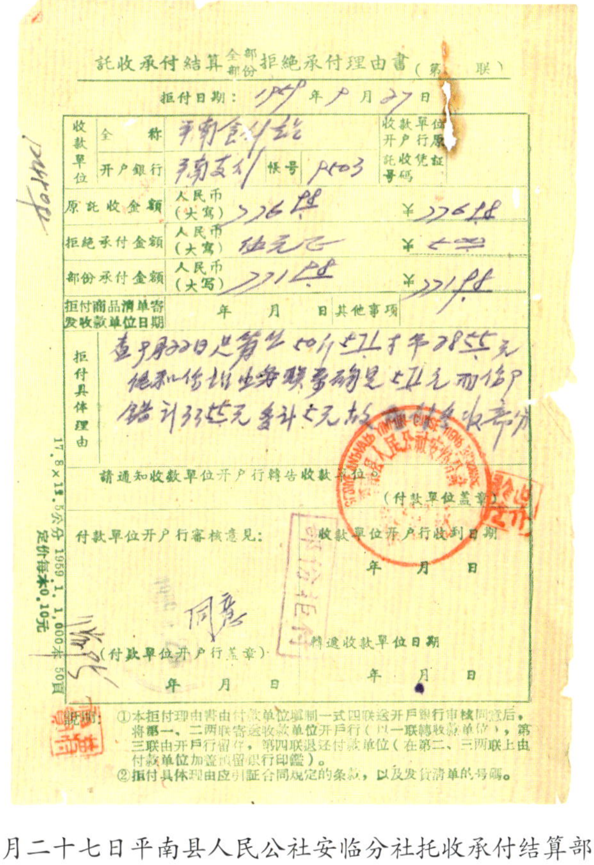

託收承付結算全部/部份拒絕承付理由書（第 联）

拒付日期：1960年9月27日

收款單位 全称 开户銀行 平南支行 帐号

收款單位开户行 託收凭证号碼

原託收金額 人民币（大寫） ¥

拒絕承付金額 人民币（大寫） ¥

部份承付金額 人民币（大寫） ¥

拒付商品清单寄发收款單位日期 年 月 日 其他事项

拒付具体理由

請通知收款單位开户行轉告收款單位。（付款單位蓋章）

付款單位开户行審核意見： 同意 （付款單位开户行蓋章） 年 月 日

收款單位开户行收到日期 年 月 日

轉遞收款單位日期 年 月 日

附注：①本拒付理由書由付款單位填制一式四联送开户銀行审核同意后，将第一、二两联寄送收款單位开户行（以一联轉收款單位），第三联由开户行留存，第四联退还付款單位（在第二、三两联上由付款單位加蓋預留銀行印鑑）。②拒付具体理由应引証合同规定的条款，以及发貨清单的号碼。

17.8×13.5公分 1959.1. 1,000本 50頁 定价每本0.10元

0125 一九六〇年九月二十七日平南县人民公社安临分社托收承付结算部分拒绝承付理由书

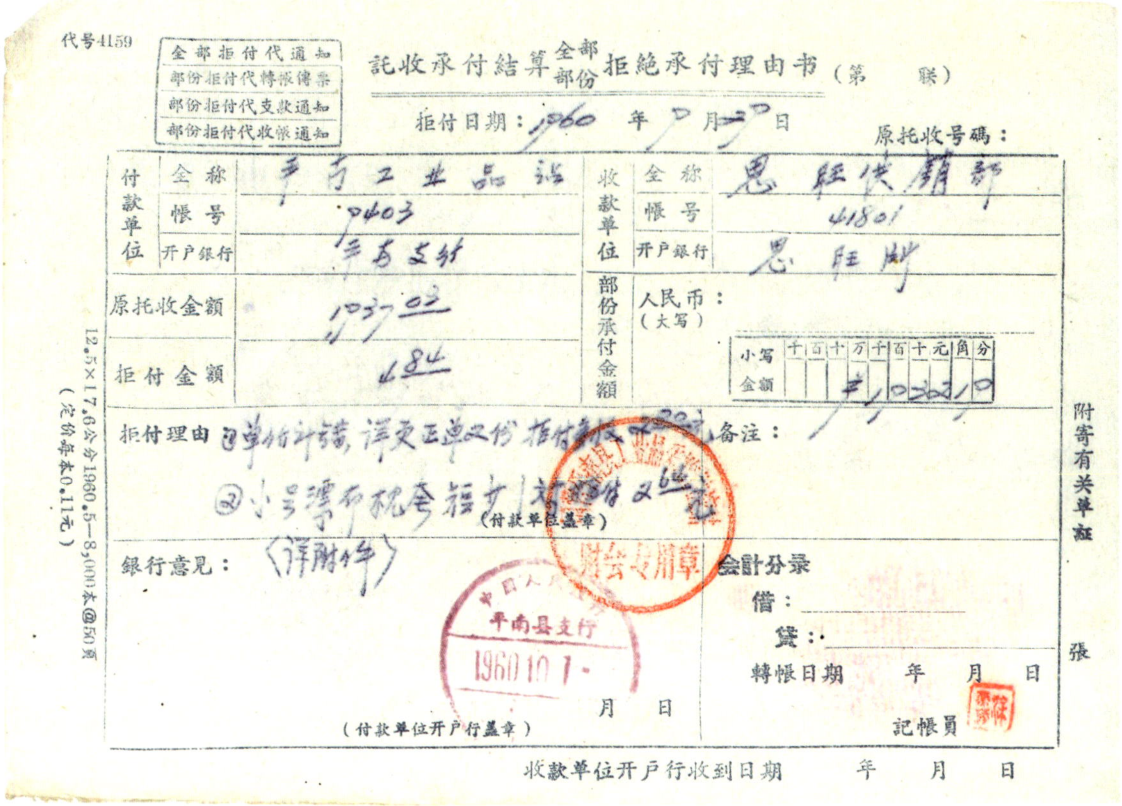

代号4159

全部拒付代通知
部份拒付代轉帳傳票
部份拒付代支款通知
部份拒付代收帳通知

託收承付結算全部部份拒絕承付理由书（第 联）

拒付日期：1960 年 9 月 29 日

原托收号碼：

付款单位	全称	平南工业品站	收款单位	全称	思旺供销部
	帳号	7403		帳号	41801
	开户银行	平南支行		开户银行	思旺所
原托收金额		1037.02	部份承付金额	人民币：（大写）	
拒付金额		6.84		小写金额	1030.18

拒付理由：①单价计错，详更正单1份 ②小号漂布机套福方……（付款单位盖章）

备注：

銀行意見：〈详附件〉

（付款单位开户行盖章） 月 日

会計分录 借： 貸： 轉帳日期 年 月 日 記帳員

收款单位开户行收到日期 年 月 日

附寄有关单证 張

12.5×17.6公分1960.5—8,000本@50頁（定价每本0.11元）

0126 一九六〇年九月二十九日平南工业品站托收承付结算部分拒绝承付理由书

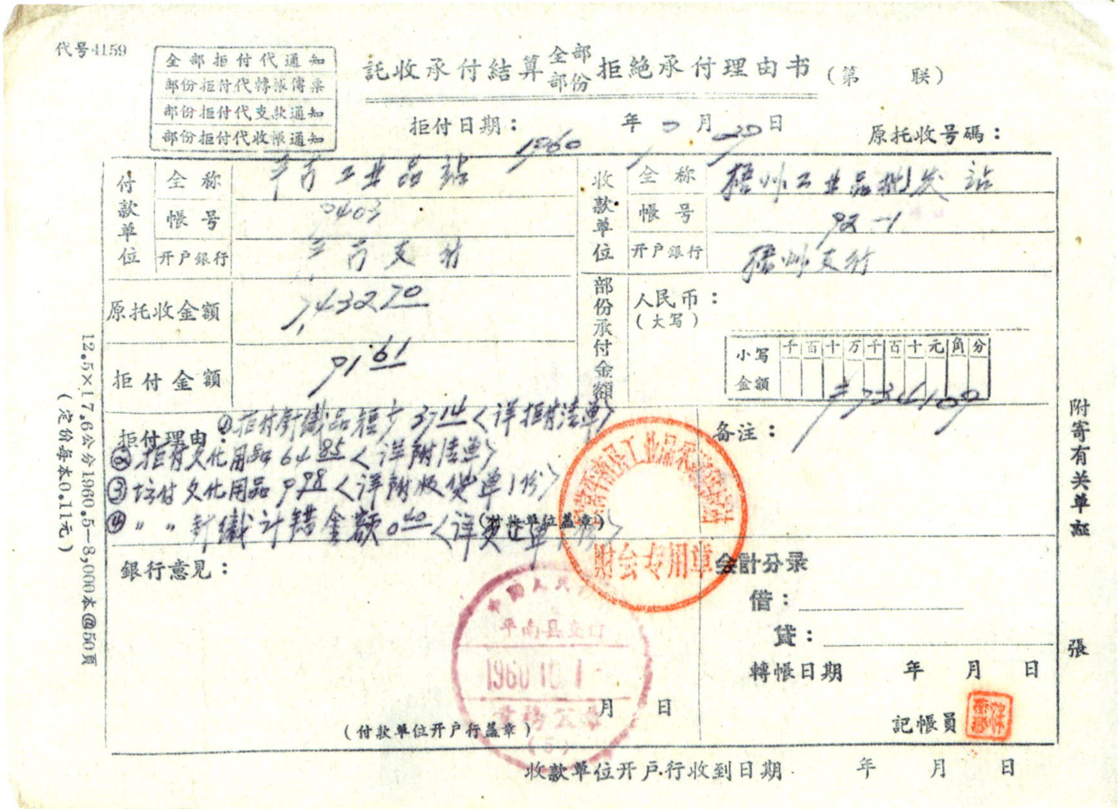

代号4159

全部拒付代通知
部份拒付代轉帳傳票
部份拒付代支款通知
部份拒付代收帳通知

託收承付結算全部部份拒絕承付理由书（第 联）

拒付日期：1960 年 9 月 29 日

原托收号碼：

付款单位	全称	平南工业品站	收款单位	全称	梧州工业品批发站
	帳号	7403		帳号	
	开户银行	平南支行		开户银行	梧州支行
原托收金额		1432.20	部份承付金额	人民币：（大写）	
拒付金额		71.61		小写金额	

拒付理由：①拒付针织品短少……〈详拒付清单〉 ②拒付文化用品64.85〈详附清单〉 ③拒付文化用品7.28〈详附收货单1份〉 ④〃〃针织计错金额0.……〈详更正单〉（付款单位盖章）

备注：

銀行意見：

（付款单位开户行盖章） 月 日

会計分录 借： 貸： 轉帳日期 年 月 日 記帳員

收款单位开户行收到日期 年 月 日

附寄有关单证 張

12.5×17.6公分1960.5—8,000本@50頁（定价每本0.11元）

0127 一九六〇年九月二十九日平南工业品站托收承付结算部分拒绝承付理由书

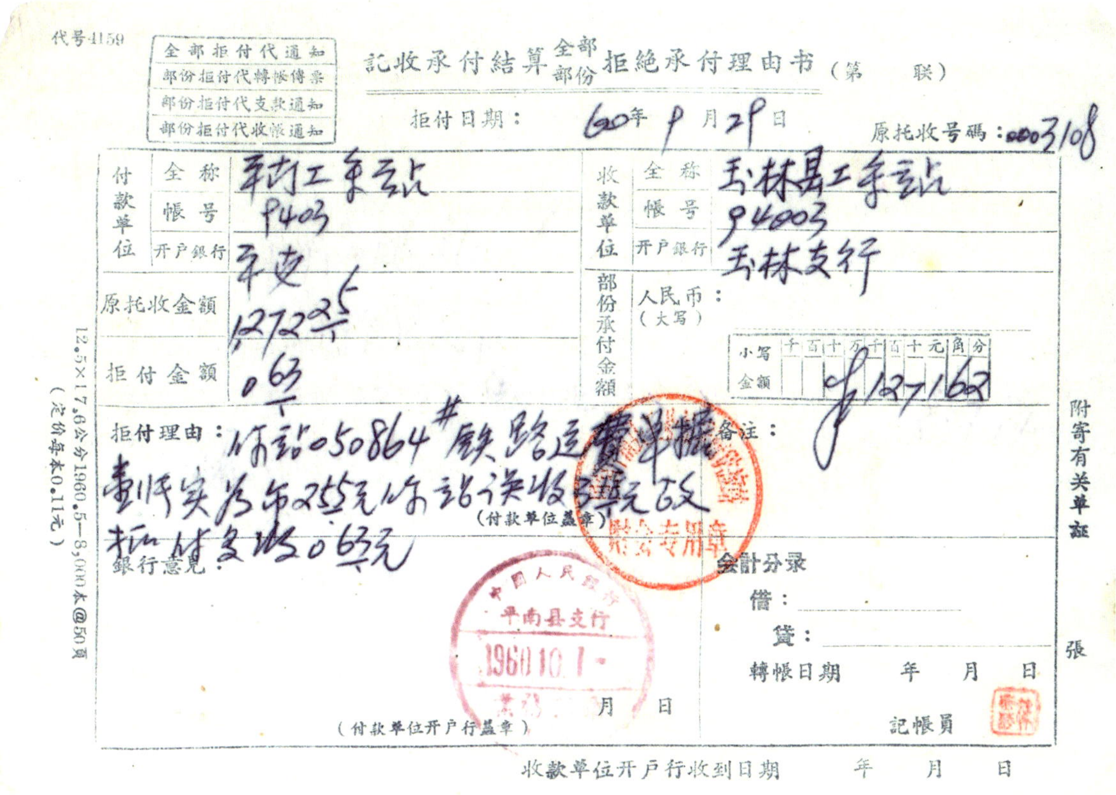

代号4159

全部拒付代通知
部份拒付代轉帳傳票
部份拒付代支款通知
部份拒付代收帐通知

託收承付結算全部/部份拒絶承付理由书（第　　联）

拒付日期：60年9月29日　　原托收号碼：0003108

付款单位		收款单位	
全称	平南工业品站	全称	玉林县工业品站
帐号	P403	帐号	94003
开户銀行	平南	开户銀行	玉林支行
原托收金额	1272.35	部份承付金额 人民币（大写）：	
拒付金額	0.63	小写金额	¥1271.62

拒付理由：依託0.50864#鉄路运费单据重量实为A255元依託误收3.8元故拒付多收0.63元

（付款单位盖章）　　备注：

銀行意見：

会計分录
借：
貸：
轉帳日期　年　月　日

（付款单位开户行盖章）　月　日　　記帳員

收款单位开户行收到日期　年　月　日

12.5×17.6公分1960.5—8,000本@50頁（定价每本0.11元）

0128 一九六〇年九月二十九日平南县工业站托收承付结算部分拒绝承付理由书

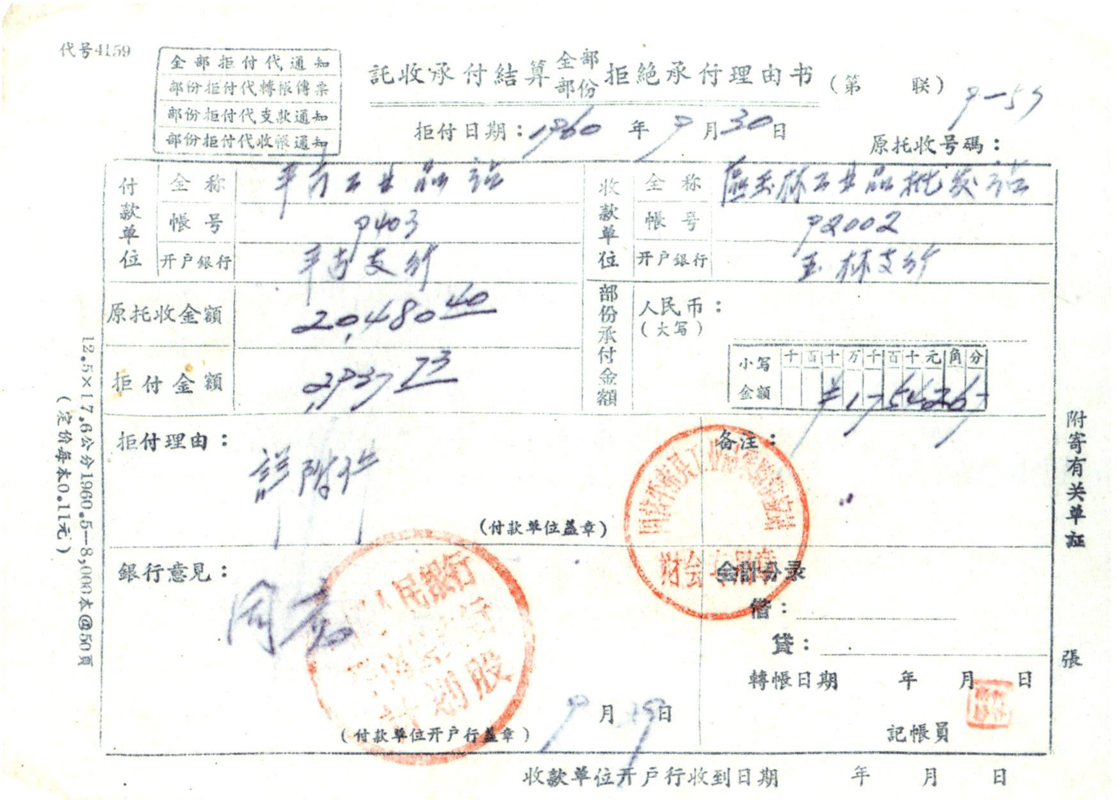

代号4159

全部拒付代通知
部份拒付代轉帳傳票
部份拒付代支款通知
部份拒付代收帐通知

託收承付結算全部/部份拒絶承付理由书（第　　联）　9—53

拒付日期：1960年9月30日　　原托收号碼：

付款单位		收款单位	
全称	平南工业品站	全称	広玉林工业品批发站
帐号	P403	帐号	P2002
开户銀行	平南支行	开户銀行	玉林支行
原托收金额	2048.00	部份承付金额 人民币（大写）：	
拒付金額	273.73	小写金额	¥1774.27

拒付理由：詳附件

（付款单位盖章）　　备注：

銀行意見：同意

会計分录
借：
貸：
轉帳日期　年　月　日

（付款单位开户行盖章）9月30日　　記帳員

收款单位开户行收到日期　年　月　日

12.5×17.6公分1960.5—8,000本@50頁（定价每本0.11元）

0129 一九六〇年九月三十日平南工业品站托收承付结算部分拒绝承付理由书

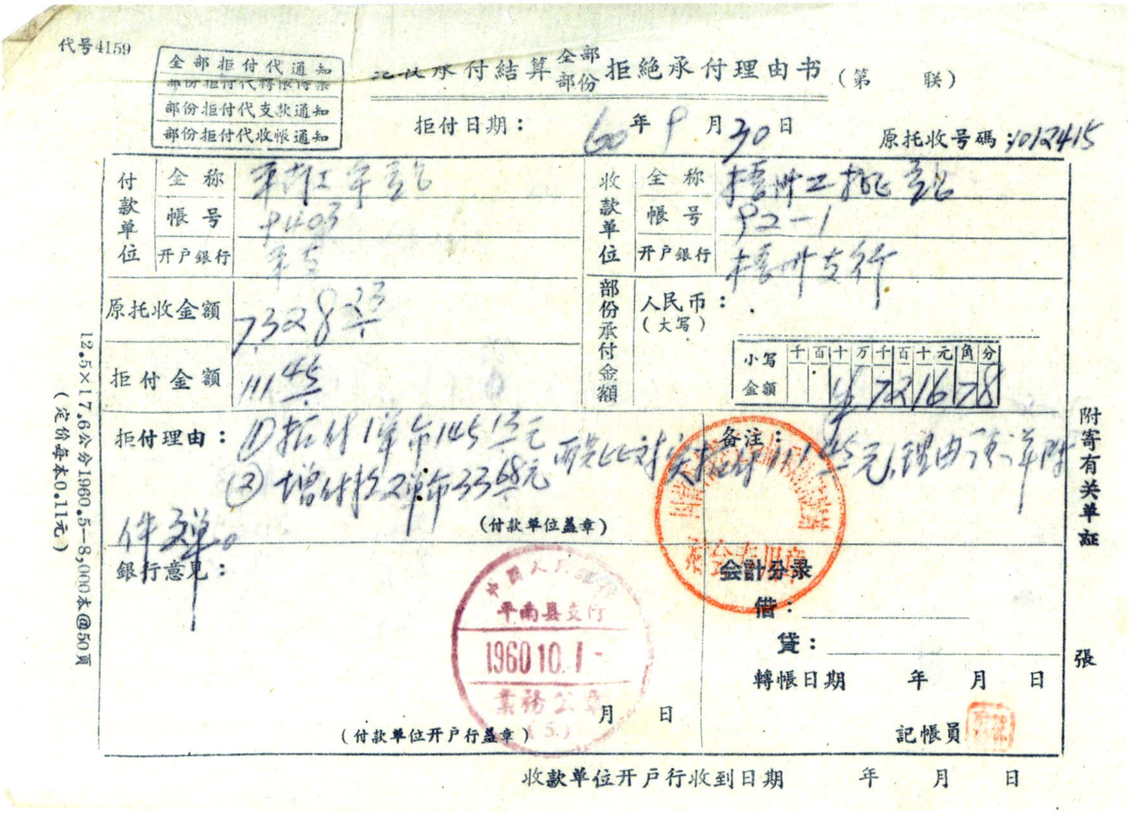

代号4159

全部拒付代通知
部份拒付代轉帳傳票
部份拒付代支款通知
部份拒付代收帳通知

託收承付結算全部部份拒絶承付理由书（第　联）

拒付日期：60年9月30日　原托收号碼：3012415

付款單位			收款單位		
全称			全称		
帳号			帳号	P2-1	
开户銀行			开户銀行		
原托收金額	7328.33		部份承付金額	人民币：（大写）	
拒付金額	111.45			小写金額	

拒付理由：

（付款單位盖章）

备注：

銀行意見：

中國人民銀行 平南县支行 1960.10.1 業務公章

（付款單位开户行盖章）　月　日

会計分录
借：
貸：
轉帳日期　年　月　日
記帳員

收款單位开户行收到日期　年　月　日

12.5×17.6公分1960.5—8,000本@50頁（定价每本0.11元）

附寄有关单証　張

0130 一九六〇年九月三十日平南工业站托收承付结算部分拒绝承付理由书

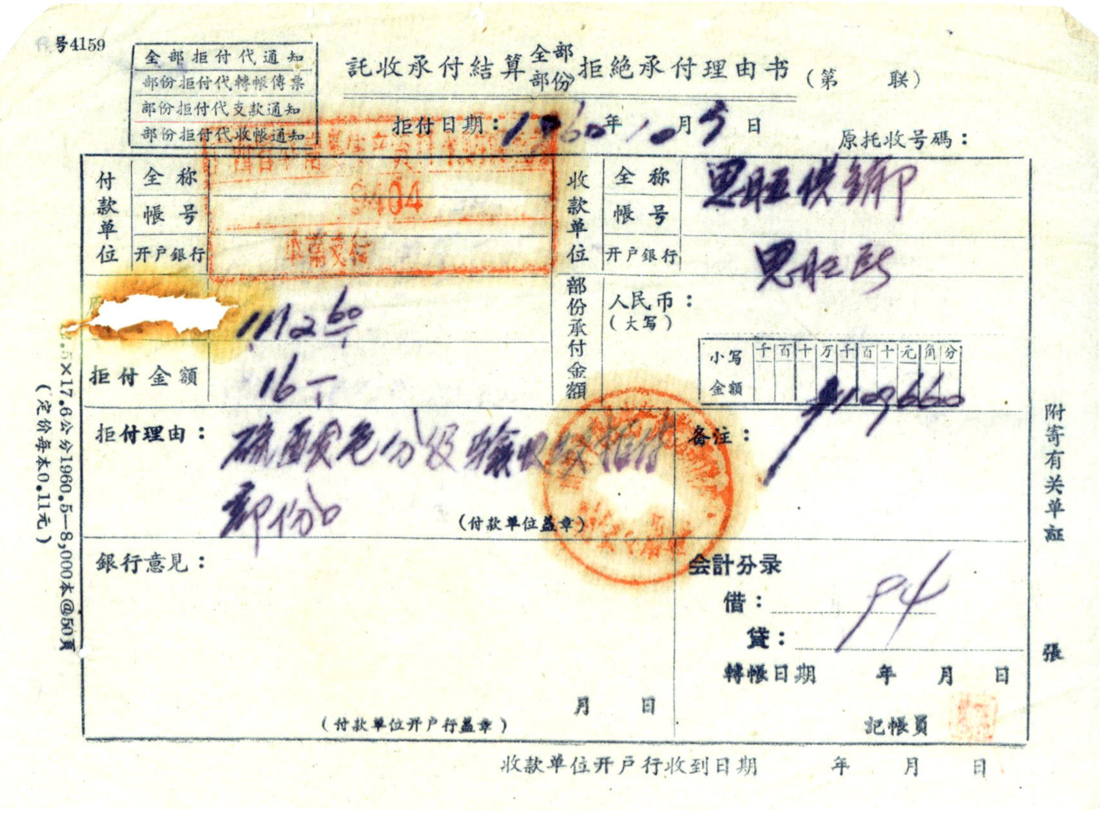

号4159

全部拒付代通知
部份拒付代轉帳傳票
部份拒付代支款通知
部份拒付代收帳通知

託收承付結算全部部份拒絶承付理由书（第　联）

拒付日期：1960年10月3日　原托收号碼：

付款單位			收款單位		
全称			全称		
帳号	9404		帳号		
开户銀行	平南支行		开户銀行		
[illegible]	1112.60		部份承付金額	人民币：（大写）	
拒付金額	16.00			小写金額	

拒付理由：

（付款單位盖章）

备注：

銀行意見：

（付款單位开户行盖章）　月　日

会計分录
借：
貸：
轉帳日期　年　月　日
記帳員

收款單位开户行收到日期　年　月　日

×17.6公分1960.5—8,000本@50頁（定价每本0.11元）

附寄有关单証　張

0131 一九六〇年十月三日平南生产资料合作社托收承付结算部分拒绝承付理由书

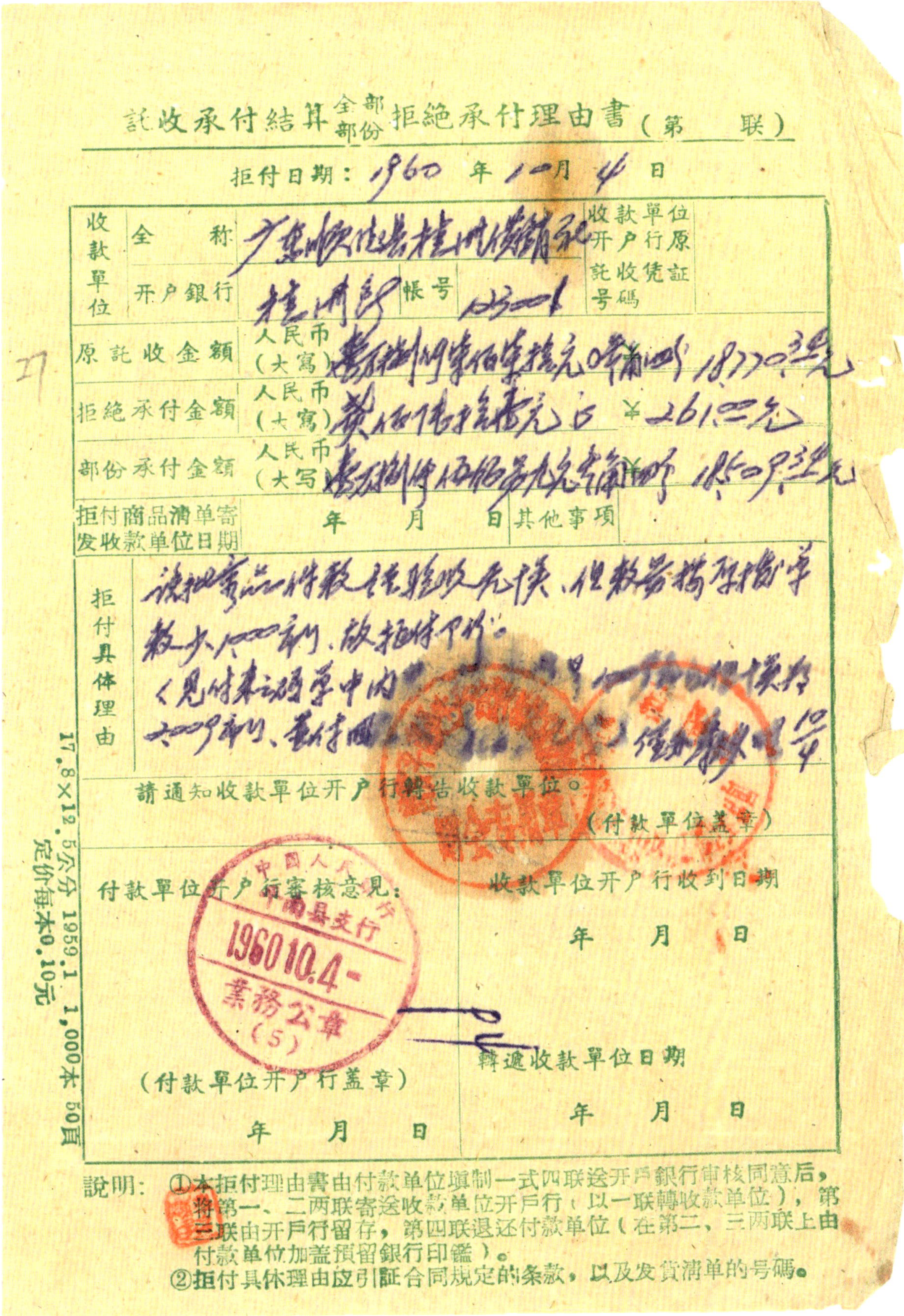

託收承付結算全部/部份拒絶承付理由書（第　　联）

拒付日期：1960 年 10 月 4 日

收款單位	全　称	[illegible]	收款單位开户行原託收凭証号碼
	开户銀行	桂[illegible]　帳号 [illegible]	
原託收金額	人民币（大寫）	[illegible] ¥18770.32元	
拒絶承付金額	人民币（大寫）	[illegible] ¥261.00元	
部份承付金額	人民币（大寫）	[illegible] ¥18509.32元	
拒付商品清单寄发收款單位日期	年　月　日	其他事項	
拒付具体理由	[illegible]		

請通知收款單位开户行轉告收款單位。

（付款單位蓋章）

付款單位开户行審核意見：

中國人民銀行平南县支行 1960 10.4 業務公章 (5)

（付款單位开户行蓋章）

年　月　日

收款單位开户行收到日期

年　月　日

轉递收款單位日期

年　月　日

說明：①本拒付理由書由付款單位填制一式四联送开戶銀行审核同意后，將第一、二两联寄送收款單位开戶行（以一联轉收款單位），第三联由开戶行留存，第四联退还付款單位（在第二、三两联上由付款單位加蓋預留銀行印鑑）。

②拒付具体理由应引証合同規定的条款，以及发貨清单的号碼。

17.8×12.5公分 1959.1 1,000本 50頁

定价每本0.10元

0132 一九六〇年十月四日平南生产资料采购站托收承付结算部分拒绝承付理由书

0133 一九六〇年有奖储蓄凭证粘贴单

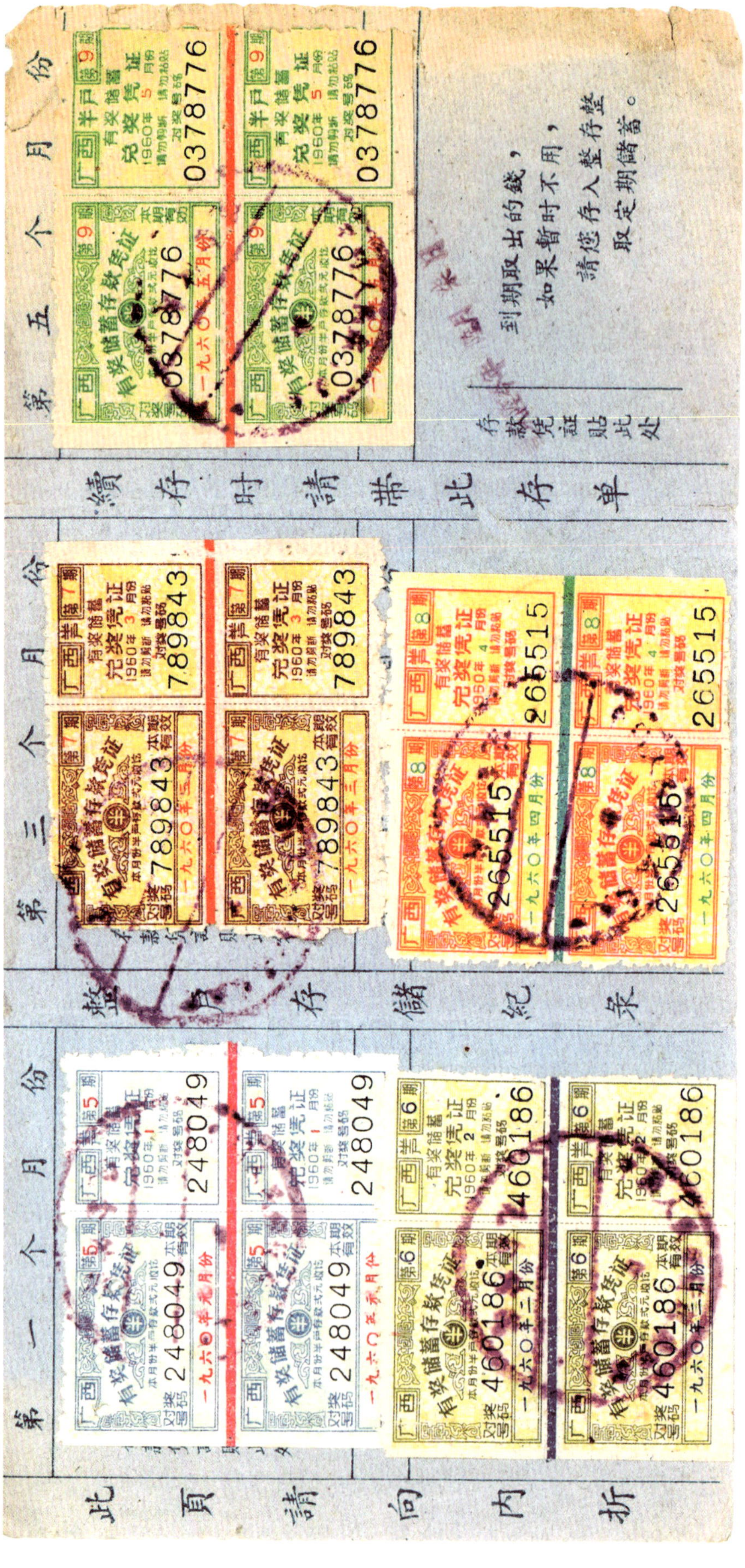

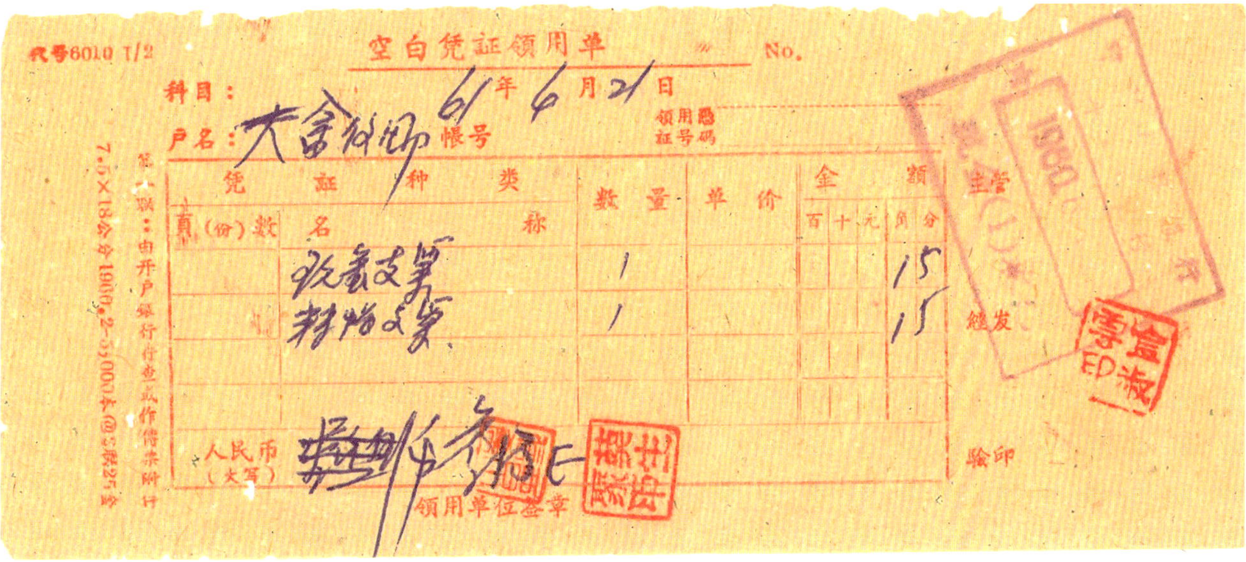
代号6010 1/2

空白凭証领用单 No.

科目： 61年6月21日

户名：大畲信用部 帐号 领用凭证号码

凭証种类		数量	单价	金额
頁（份）数	名称			百 十 元 角 分
		1		15
		1		15

人民币（大写）

领用单位签章

主管 签发 验印

7.5×18公分1960.2-5000本@5张25套 第一联：由开户银行作支取付借条附件

0134 一九六一年四月二十一日大畲信用部空白凭证领用单

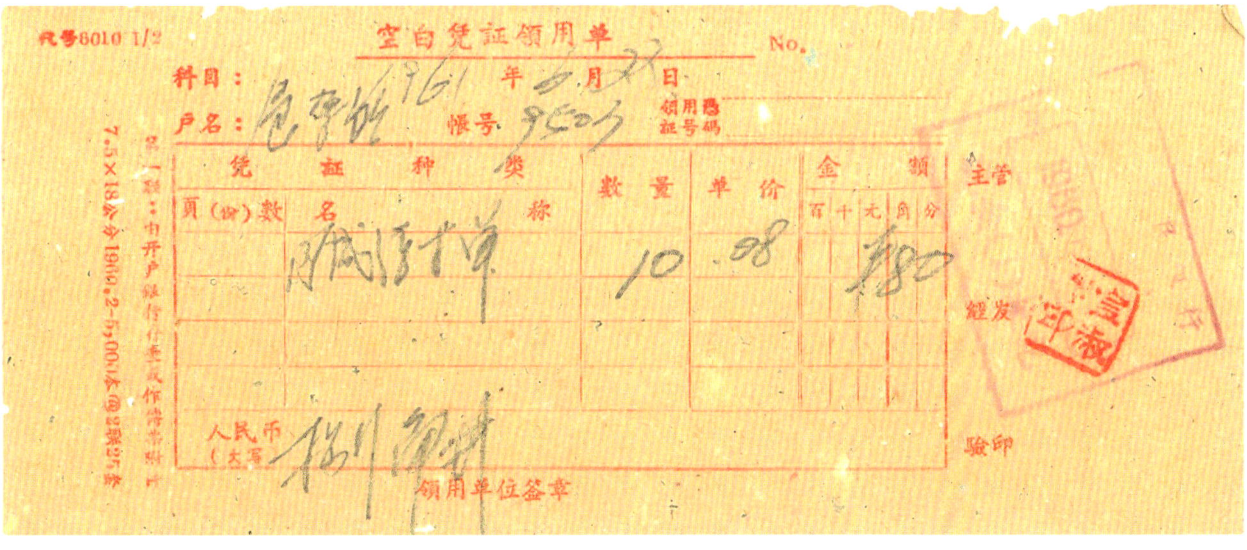
代号6010 1/2

空白凭証领用单 No.

科目： 1961 年 6 月 22 日

户名： 帐号 9507 领用凭证号码

凭証种类		数量	单价	金额
頁（份）数	名称			百 十 元 角 分
		10	.08	80

人民币（大写）

领用单位签章

主管 签发 验印

7.5×18公分1960.2-5000本@5张25套 第一联：由开户银行作支取付借条附件

0135 一九六一年六月二十二日食品杂货站空白凭证领用单

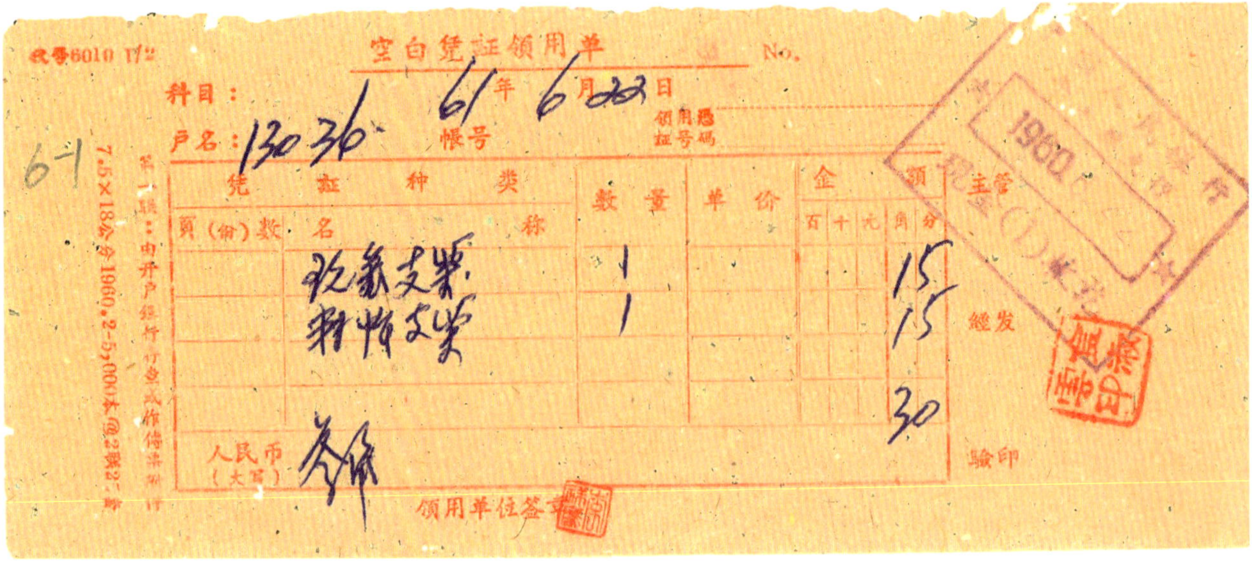

0136 一九六一年六月二十二日提取现金支票与转账支票空白凭证领用单

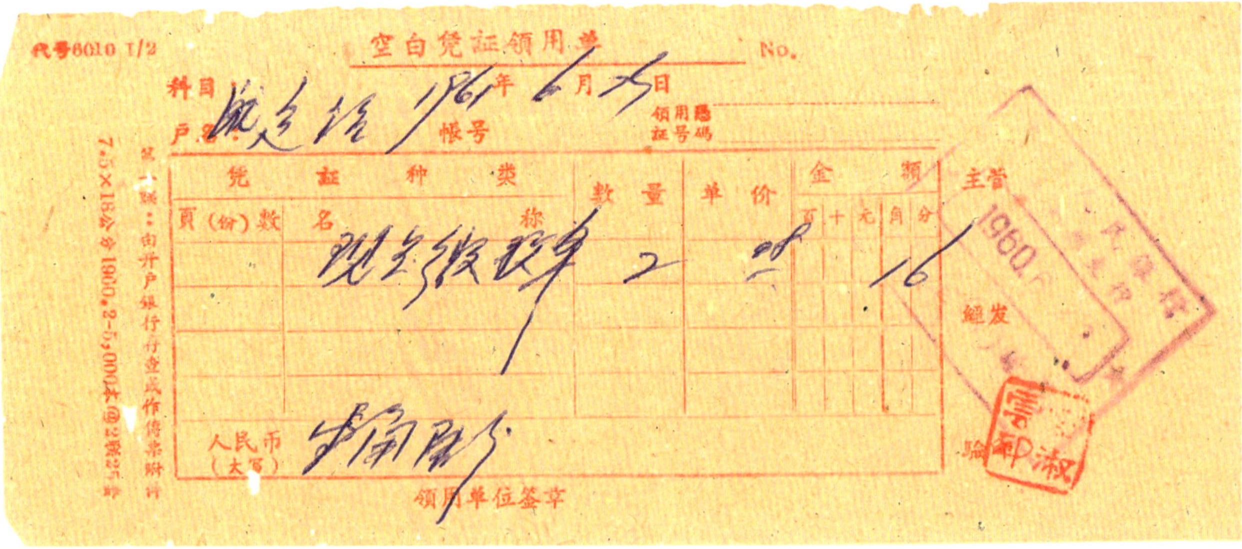

0137 一九六一年六月二十三日平南县航运站空白凭证领用单

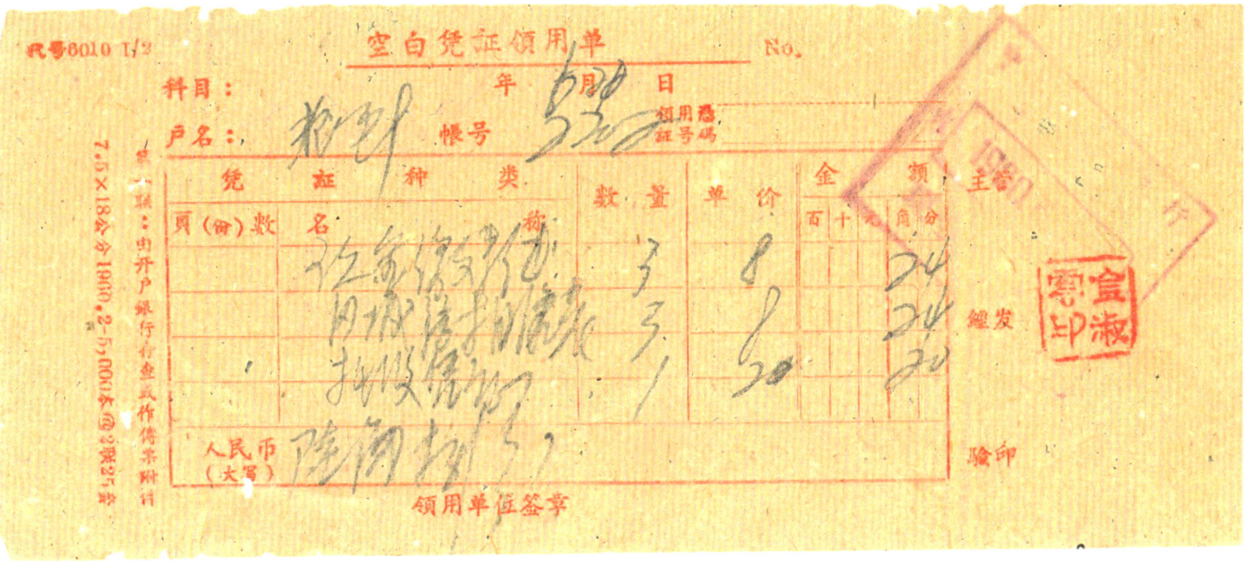

空白凭証领用单 No.

字号6010 1/2

科目： 年 月 日

户名： 帐号 领用凭证号码

凭証种类		数量	单价	金额	主管
頁（冊）数	名称			百 十 元 角 分	
					經发
人民币（大写）					驗印

领用单位签章

第一联：由开户银行行盘或作傳票附件

7.5×18公分

0138 一九六一年六月二十四日平南县粮所空白凭证领用单

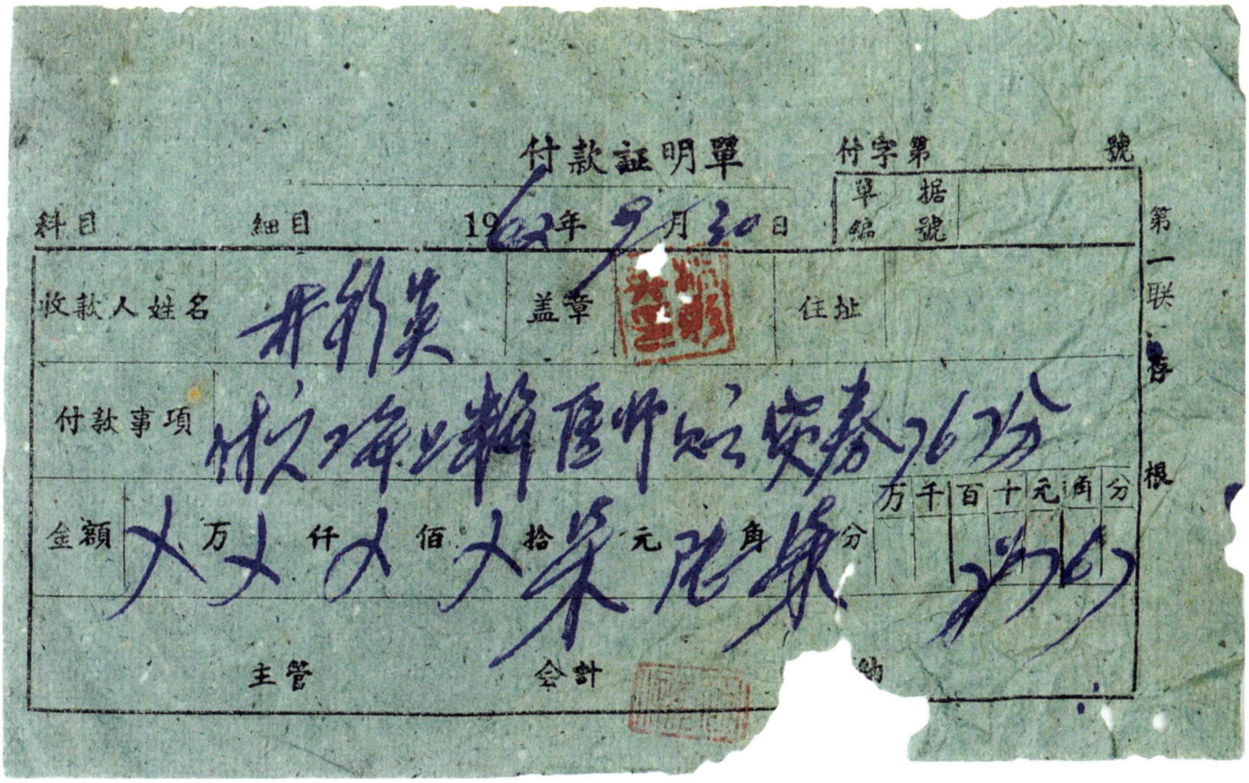

付款証明單 付字第 號

科目 細目 19 年 月 日 單据編號

收款人姓名		盖章		住址	
付款事項					
金額	万 仟 佰 拾 元 角 分			万 千 百 十 元 角 分	

主管 会計 經办

第一联 存根

0139 一九六二年九月三十日梁彩英收到医师购货费付款证明单

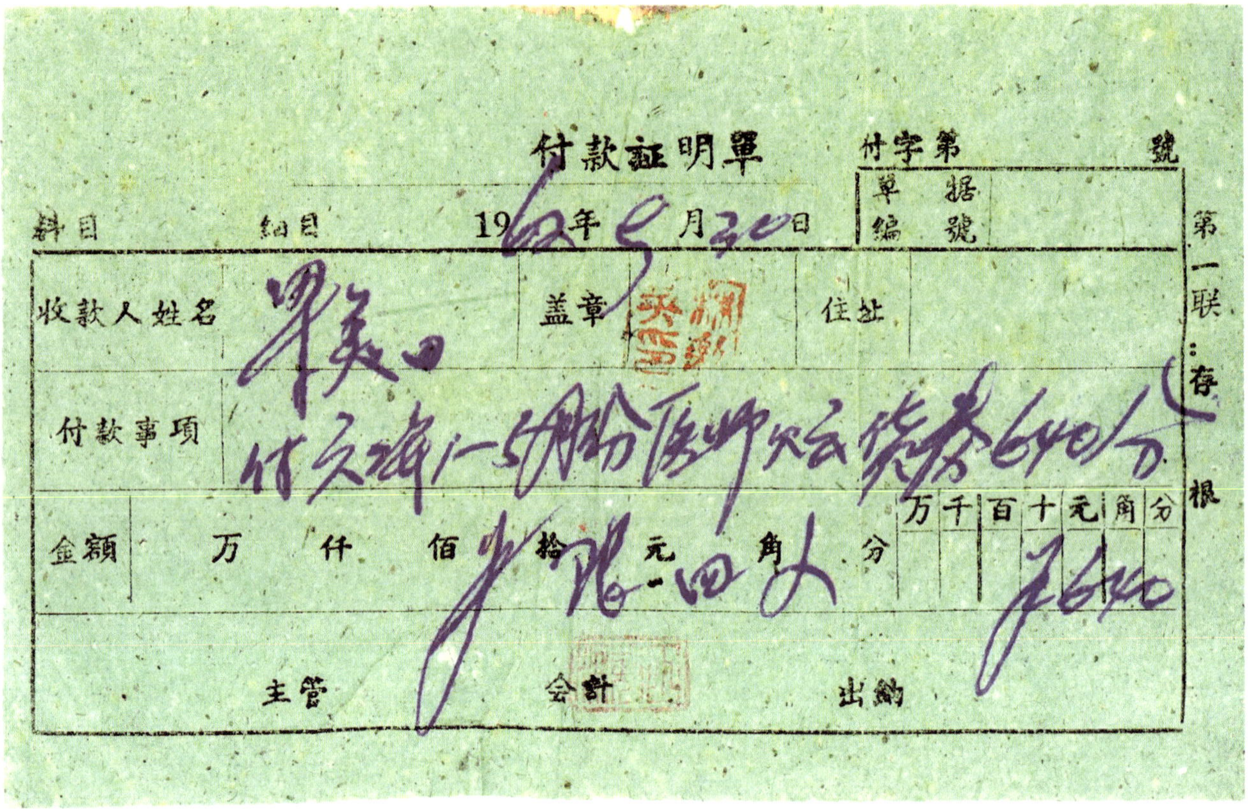

付款証明單　付字第　號

單據編號

科目　細目　19 62 年 9 月 30 日

收款人姓名	梁美田	蓋章		住址	
付款事項					
金額	万　仟　佰　拾　元　角　分				¥640

主管　會計　出納

第一联：存根

0140 一九六二年九月三十日梁美田收到医师购货费付款证明单

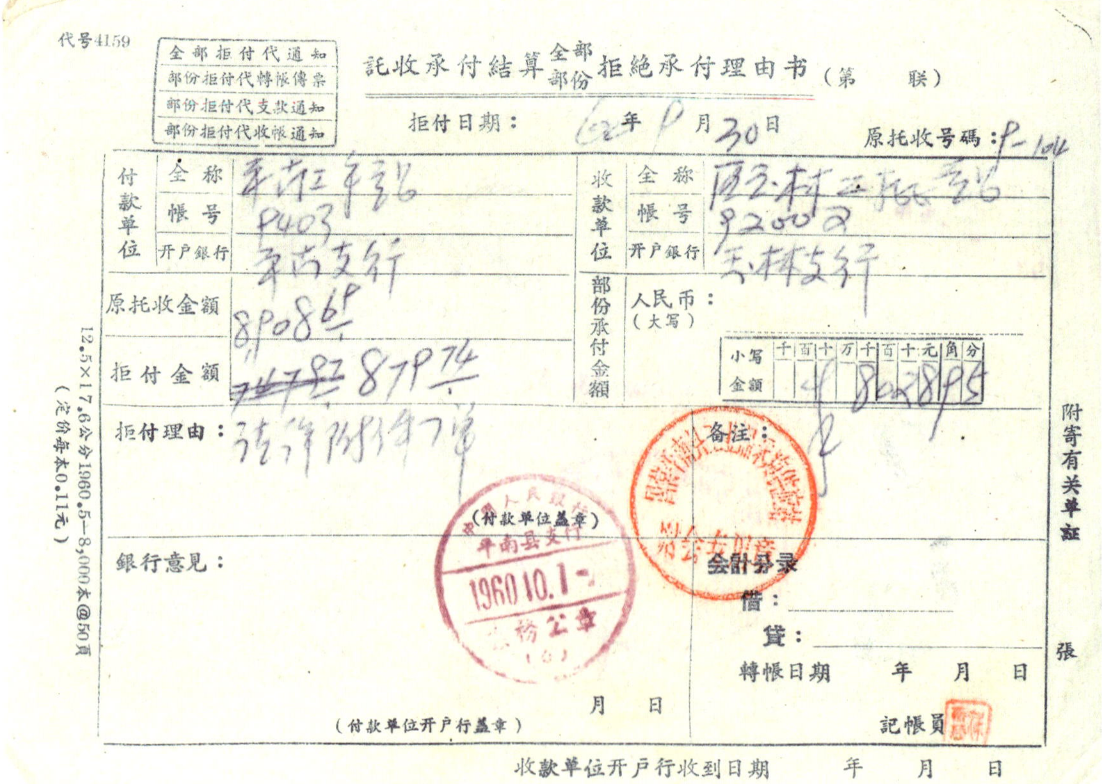

代号4159

全部拒付代通知
部份拒付代轉帳傳票
部份拒付代支款通知
部份拒付代收帳通知

託收承付結算全部/部份拒絶承付理由书（第　联）

拒付日期：62 年 9 月 30 日　原托收号碼：9-104

付款單位	全称		收款單位	全称	
	帳号	P403		帳号	92002
	开户銀行	平南支行		开户銀行	玉林支行
原托收金額		8808.65	部份承付金額	人民币：（大写）	
拒付金額		879.74		小写金額 千百十万千百十元角分	
拒付理由：			備注：		
銀行意見：			会計分录 借： 貸： 轉帳日期 年 月 日		

（付款單位盖章）

月　日

（付款單位开户行盖章）　記帳員

收款單位开户行收到日期　年　月　日

附寄有关單証　張

12.5×17.6公分1960.5—8,000本@50頁（定价每本0.11元）

0141 一九六二年九月三十日平南工业品站托收承付结算部分拒绝承付理由书

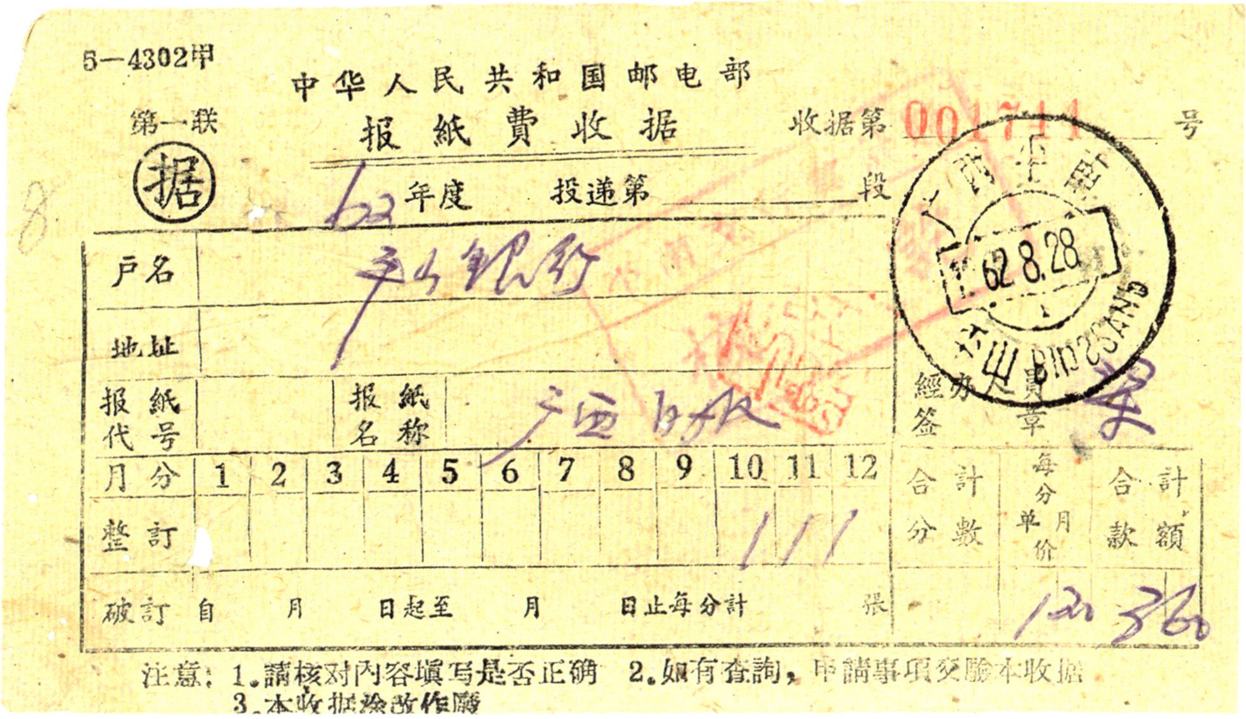

5—4302甲

中华人民共和国邮电部

第一联

报紙費收据

据

收据第 001711 号

62 年度 投递第 段

戶名	平山銀行											經办人	签章
地址													
报紙代号		报紙名称	广西日报										
月分	1	2	3	4	5	6	7	8	9	10	11	12	合計分數 / 每分月单价 / 合計款額
整訂										1	1	1	
破訂 自 月 日起至 月 日止每分計 張													12.36

注意：1.請核对内容填写是否正确 2.如有查詢，申請事項交驗本收据 3.本收据涂改作廢

0142 一九六二年平山银行缴交报纸费收据

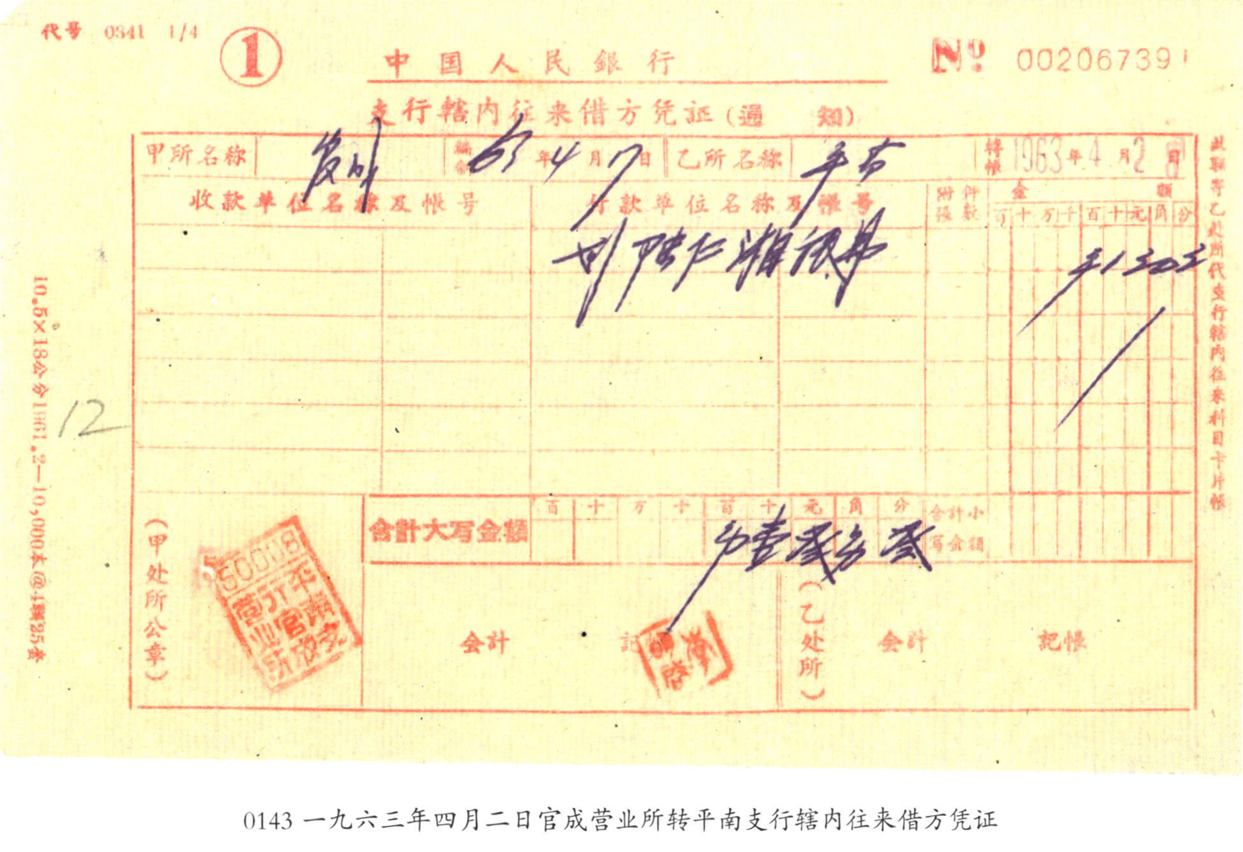

代号 0341 1/4

①

中国人民银行

№ 00206739

支行轄内往来借方凭証（通知）

甲所名称	官成	编号	63年4月2日	乙所名称	平南	特帐	1963年4月2日
收款单位名称及帐号		付款单位名称及帐号	寸陆仁淋银单	附件張數	金额 ¥1.30		
合計大写金額			壹元叁角		合計小写金額		
（甲处所公章）		会計	記帳	（乙处所）	会計	記帳	

10.5×18公分1961.2—10,000本@4開25本

此联寄乙处所代支行轄内往来科目卡片帐

0143 一九六三年四月二日官成营业所转平南支行辖内往来借方凭证

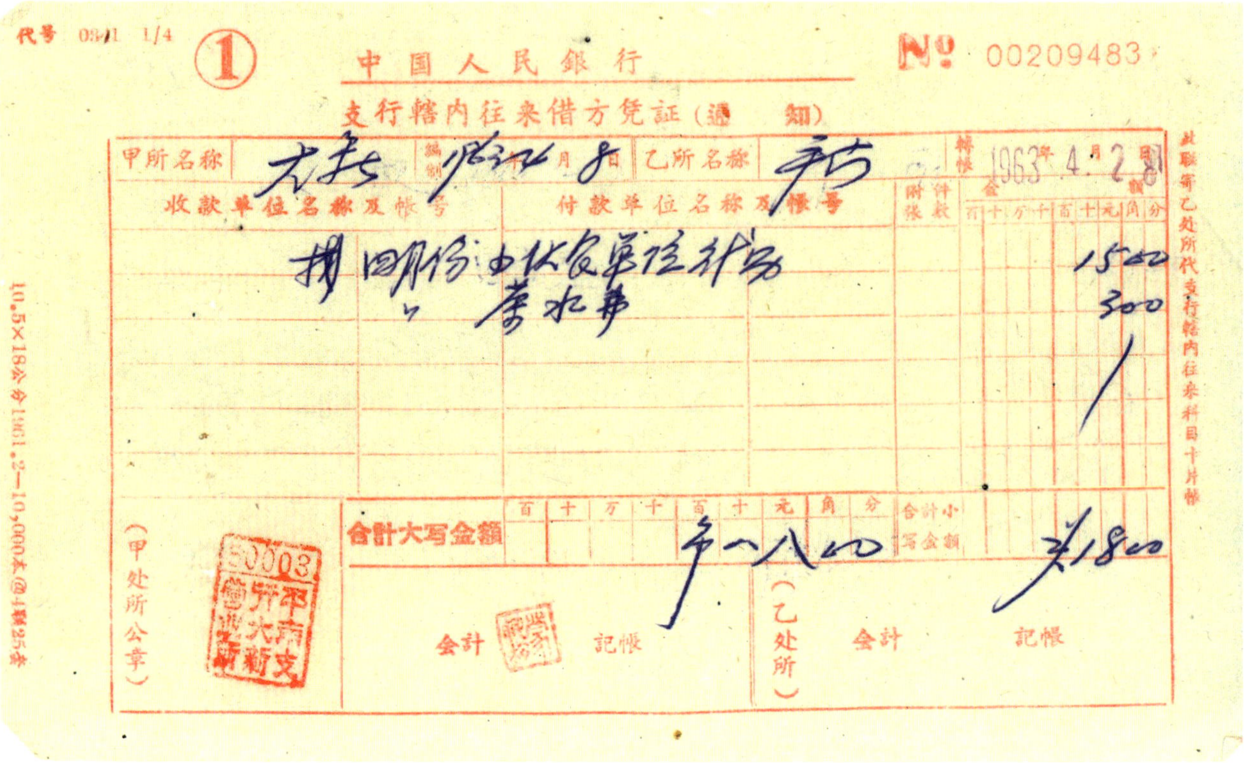

代号 0341 1/4

① 中国人民银行

支行辖内往来借方凭証（通知）

No 00209483

甲所名称	大新	编制 1963年4月8日	乙所名称	平南	转帐 1963年4月28日	
收款单位名称及帐号		付款单位名称及帐号			附件张数	金额
						1500
						300
合計大写金额					合計小写金额	¥1800

（甲处所公章） 会計 記帐

（乙处所） 会計 記帐

此联寄乙处所代支行辖内往来科目卡片帐

10.5×18公分1961.2—10,000本@4联25套

0144 一九六三年四月八日大新营业所转平南支行辖内往来借方凭证

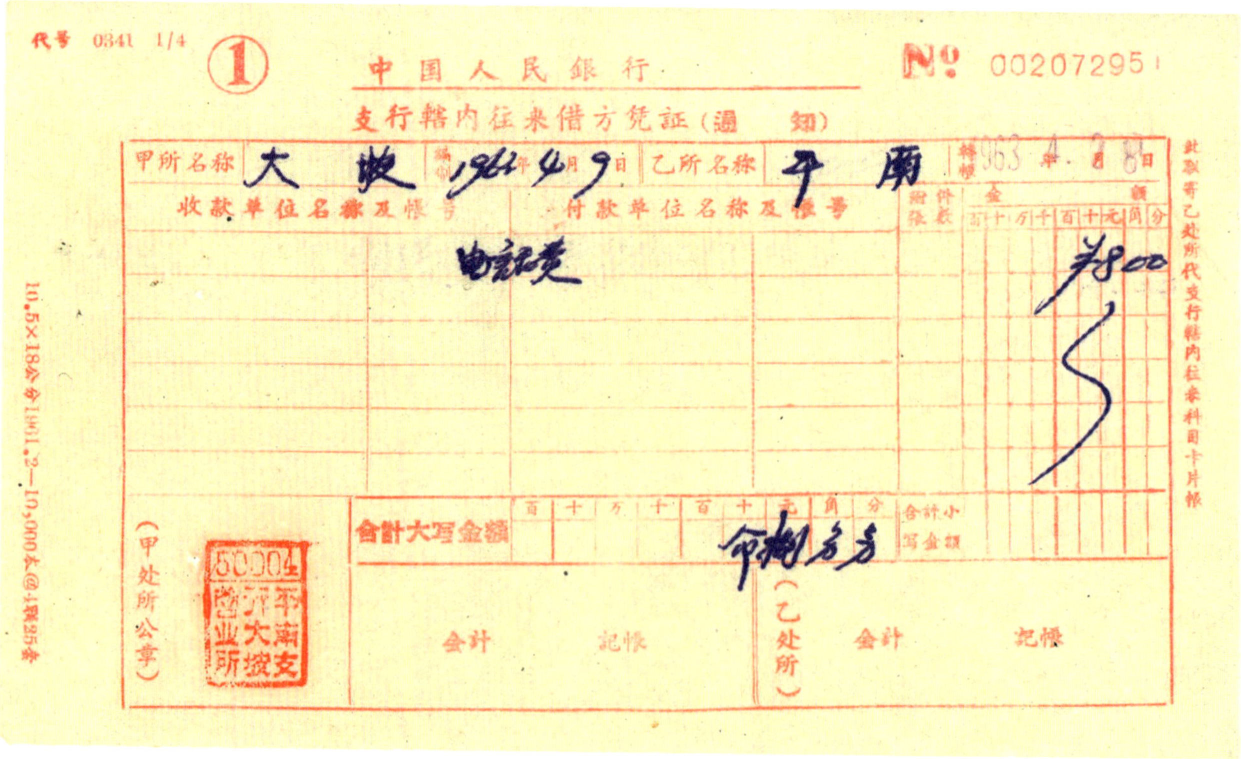

代号 0341 1/4

① 中国人民银行

支行辖内往来借方凭証（通知）

No 00207295

甲所名称	大坡	编制 1963年4月9日	乙所名称	平南	转帐 1963年4月28日	
收款单位名称及帐号		付款单位名称及帐号			附件张数	金额
	电報费					¥800
合計大写金额					合計小写金额	

（甲处所公章） 50004 平南支行大坡营业所 会計 記帐

（乙处所） 会計 記帐

此联寄乙处所代支行辖内往来科目卡片帐

10.5×18公分1961.2—10,000本@4联25套

0145 一九六三年四月九日大坡营业所转平南支行辖内往来借方凭证

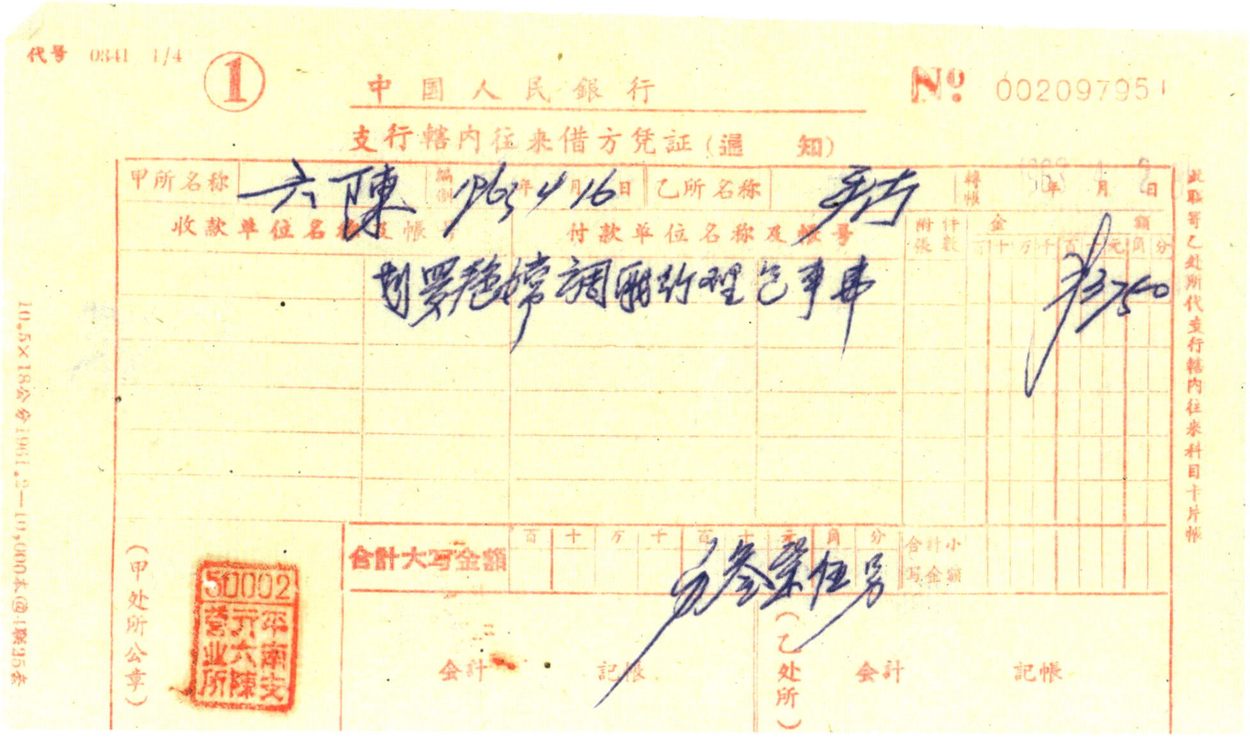

代号 0341 1/4

①

中国人民銀行

支行轄内往来借方凭証（通知）

№ 00209795

甲所名称	六陳	編制 1963 年 4 月 16 日	乙所名称	平南	轉帳 年 月 日
收款单位名称及帳号		付款单位名称及帳号		附件張數	金額
合計大写金額				合計小写金額	

（甲处所公章）

50002 平南支行六陳营业所

会計　記帳

（乙处所）

会計　記帳

10.5×18公分 1961.2—10,000本@4頁25張

此联寄乙处所代支行轄内往来科目卡片帳

0146 一九六三年四月十六日六陈营业所转平南支行辖内往来借方凭证

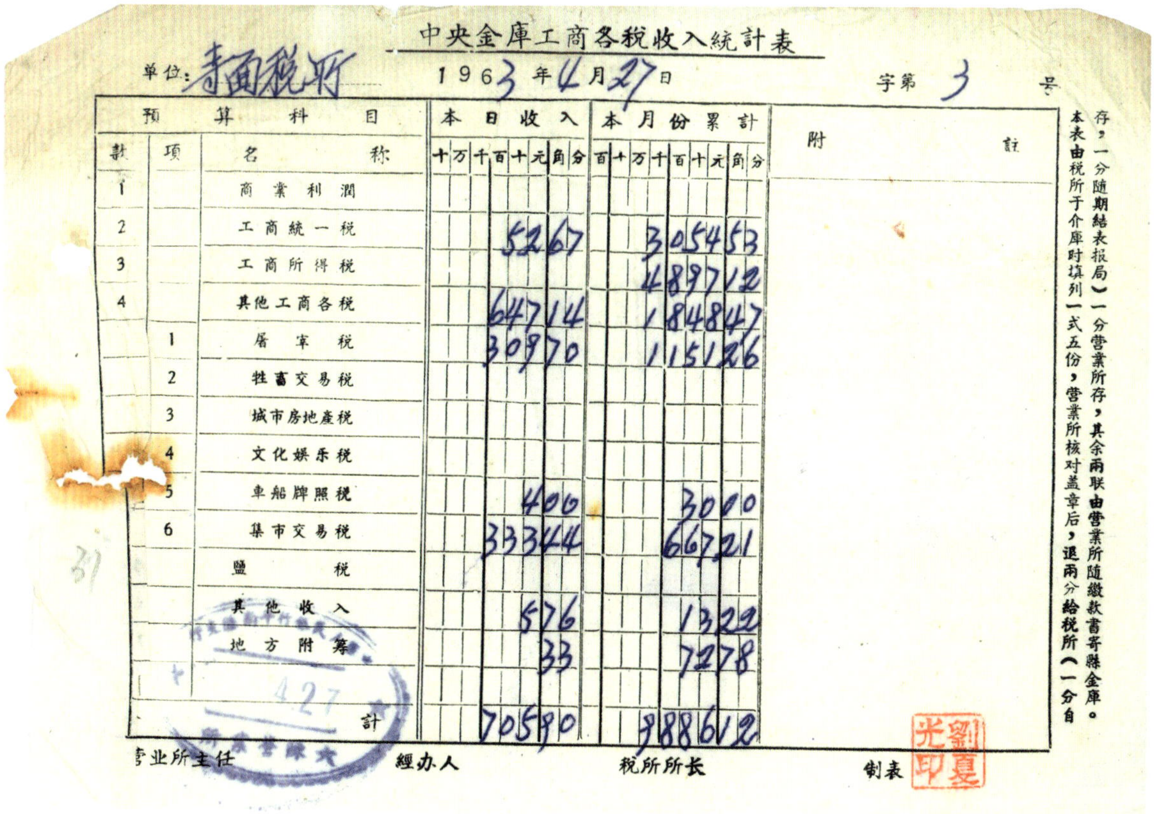

中央金庫工商各稅收入統計表

單位：寺面稅所　1963 年 4 月 27 日　字第 3 号

款	項	名称	本日收入	本月份累計
1		商業利潤		
2		工商統一稅	5267	305453
3		工商所得稅		489712
4		其他工商各稅	64714	184847
	1	屠宰稅	30970	115126
	2	牲畜交易稅		
	3	城市房地產稅		
	4	文化娛乐稅		
	5	車船牌照稅	400	3000
	6	集市交易稅	33344	66721
		鹽稅		
		其他收入	576	1322
		地方附筹	33	7278
		計	70590	988612

附註

营业所主任　經办人　稅所所长　制表

本表由稅所于介庫时填列一式五份，营業所核对蓋章后，退兩分給稅所（一分自存，一分隨期結表報局）一分營業所存，其余兩联由营業所隨繳款書寄縣金庫。

0147 一九六三年四月二十七日寺面税务所中央金库工商各税收入统计表

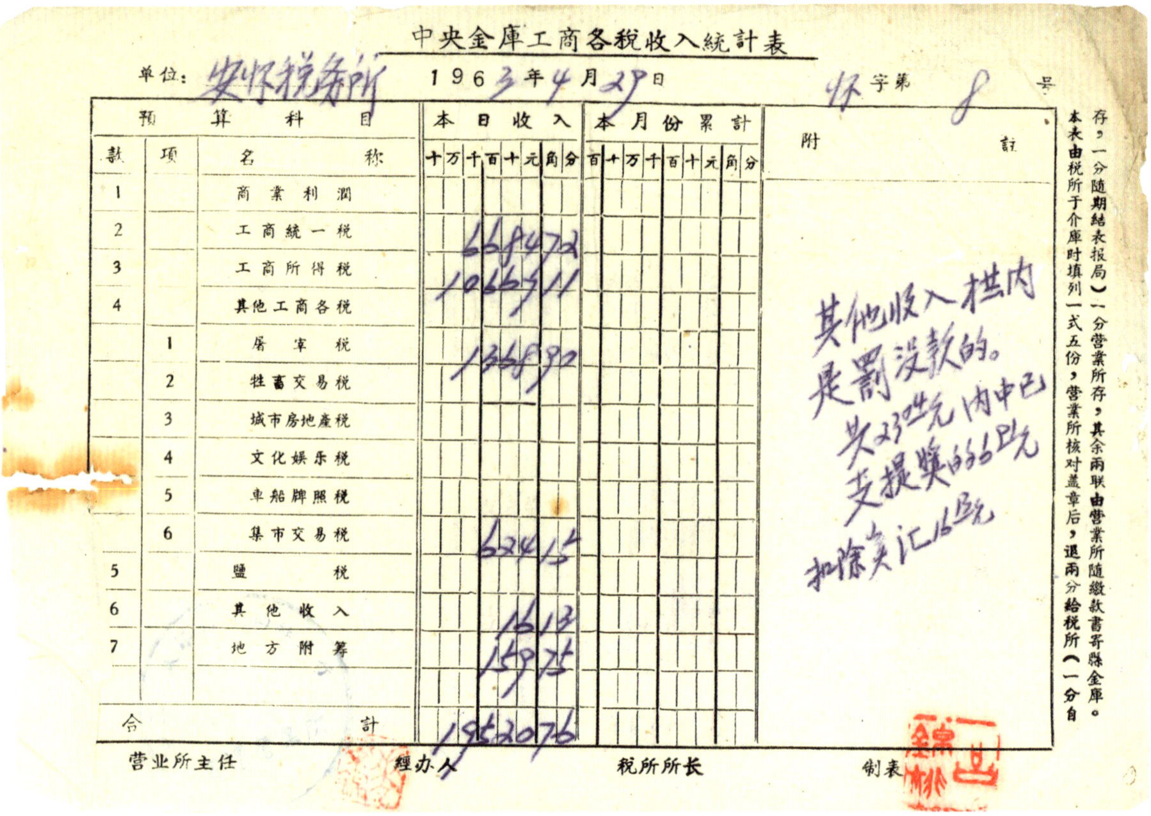

中央金庫工商各税收入統計表

單位：安怀税务所　　1963年4月29日　　怀字第8号

款	项	名称	本日收入	本月份累計
1		商業利潤		
2		工商統一税	6684.72	
3		工商所得税	10665.11	
4		其他工商各税		
	1	屠宰税	1368.90	
	2	牲畜交易税		
	3	城市房地產税		
	4	文化娱乐税		
	5	車船牌照税		
	6	集市交易税	624.15	
5		鹽税		
6		其他收入	16.13	
7		地方附筹	159.75	
		合計	19520.76	

附註：其他收入栏内是罚没款的。共23.04元内中已支提奖的6.91元扣除实汇16.13元

營业所主任　　經办人　　税所所长　　制表

本表由税所于介庫时填列一式五份，營業所核对蓋章后，退兩分給税所（一分自存，一分隨期結表報局）一分營業所存，其余兩联由營業所隨繳款書寄縣金庫。

0148 一九六三年四月二十九日安怀税务所中央金库工商各税收入统计表

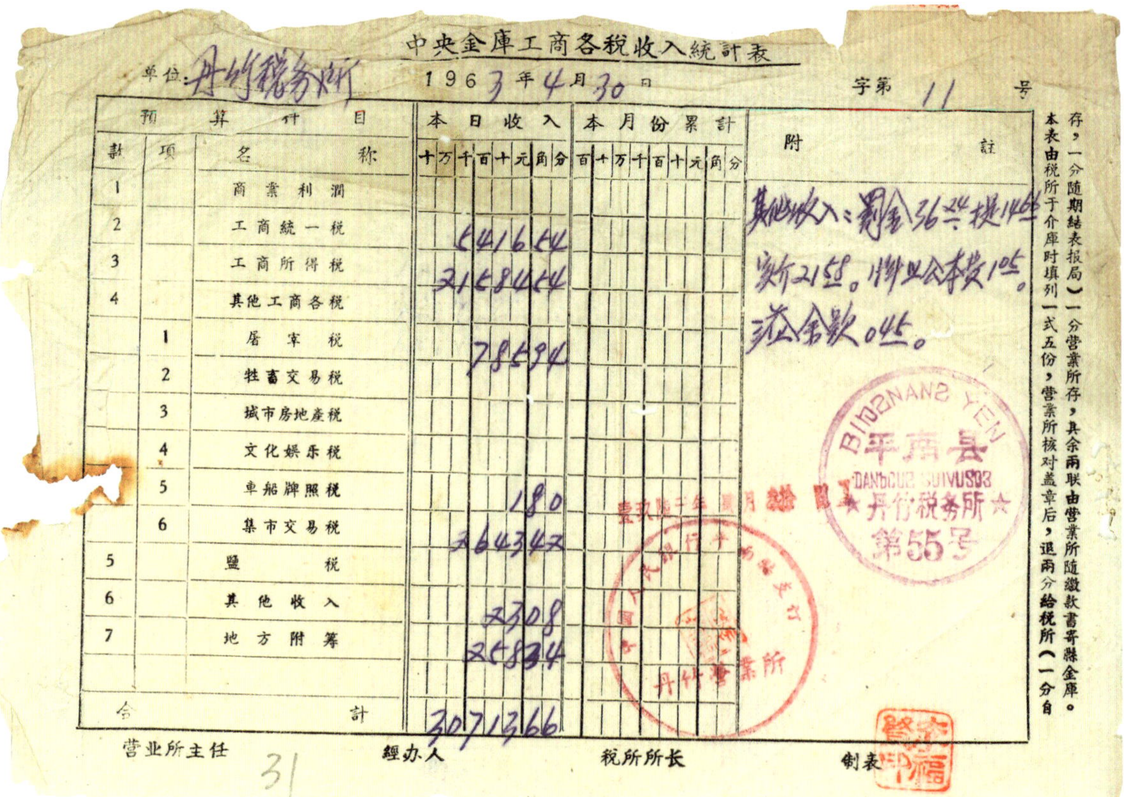

中央金庫工商各税收入統計表

單位：丹竹税务所　　1963年4月30日　　字第11号

款	项	名称	本日收入	本月份累計
1		商業利潤		
2		工商統一税	6416.64	
3		工商所得税	21684.64	
4		其他工商各税		
	1	屠宰税	785.94	
	2	牲畜交易税		
	3	城市房地產税		
	4	文化娱乐税		
	5	車船牌照税	1.80	
	6	集市交易税	2643.42	
5		鹽税		
6		其他收入	23.08	
7		地方附筹	268.34	
		合計	30713.66	

附註：其他收入：罚金56.24 提14.66 实析21.58。[illegible]业公杂费1.05。逃公舍款0.45。

營业所主任　31　經办人　　税所所长　　制表

本表由税所于介庫时填列一式五份，營業所核对蓋章后，退兩分給税所（一分自存，一分隨期結表報局）一分營業所存，其余兩联由營業所隨繳款書寄縣金庫。

0149 一九六三年四月三十日丹竹税务所中央金库工商各税收入统计表

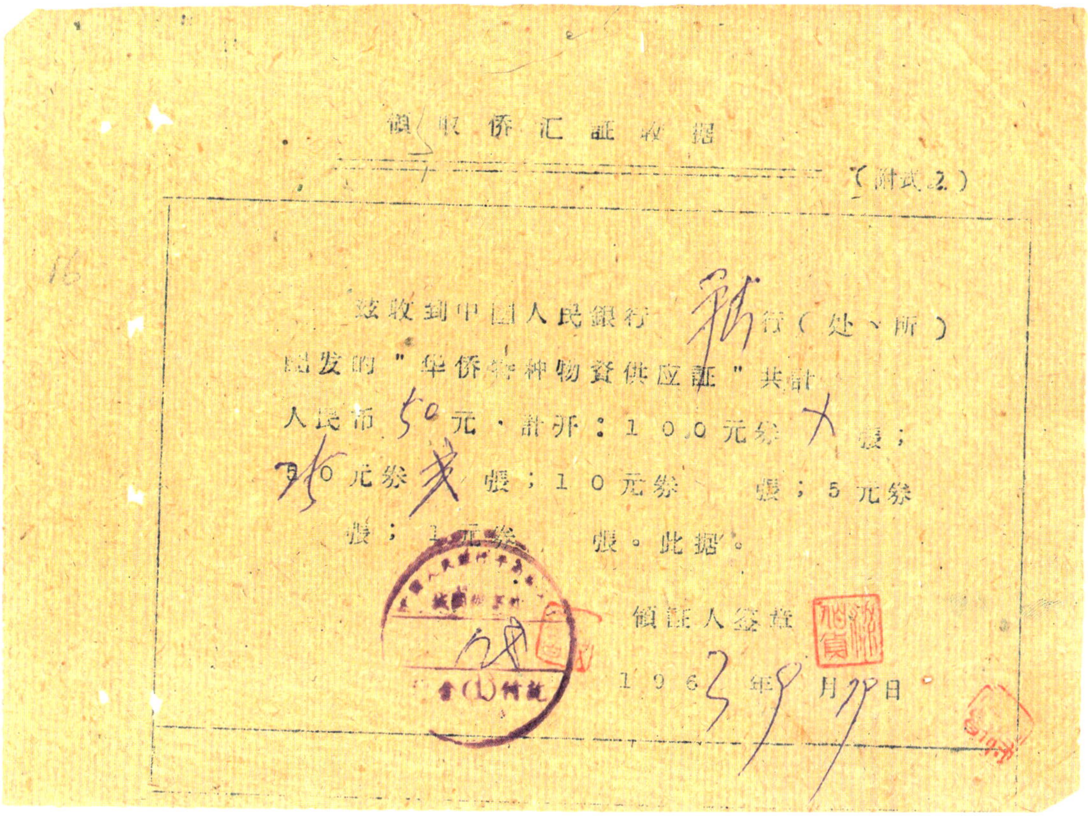

领取侨汇証收据

（附式2）

兹收到中国人民银行 行（处、所）

出发的"华侨特种物资供应証"共計

人民币50元，計开：100元券 張；

50元券 張；10元券 張；5元券

張；1元券 張。此据。

領証人签章

196 年 月 日

0150 一九六三年九月十九日平南县支行城南营业所盖戳领取侨汇证收据

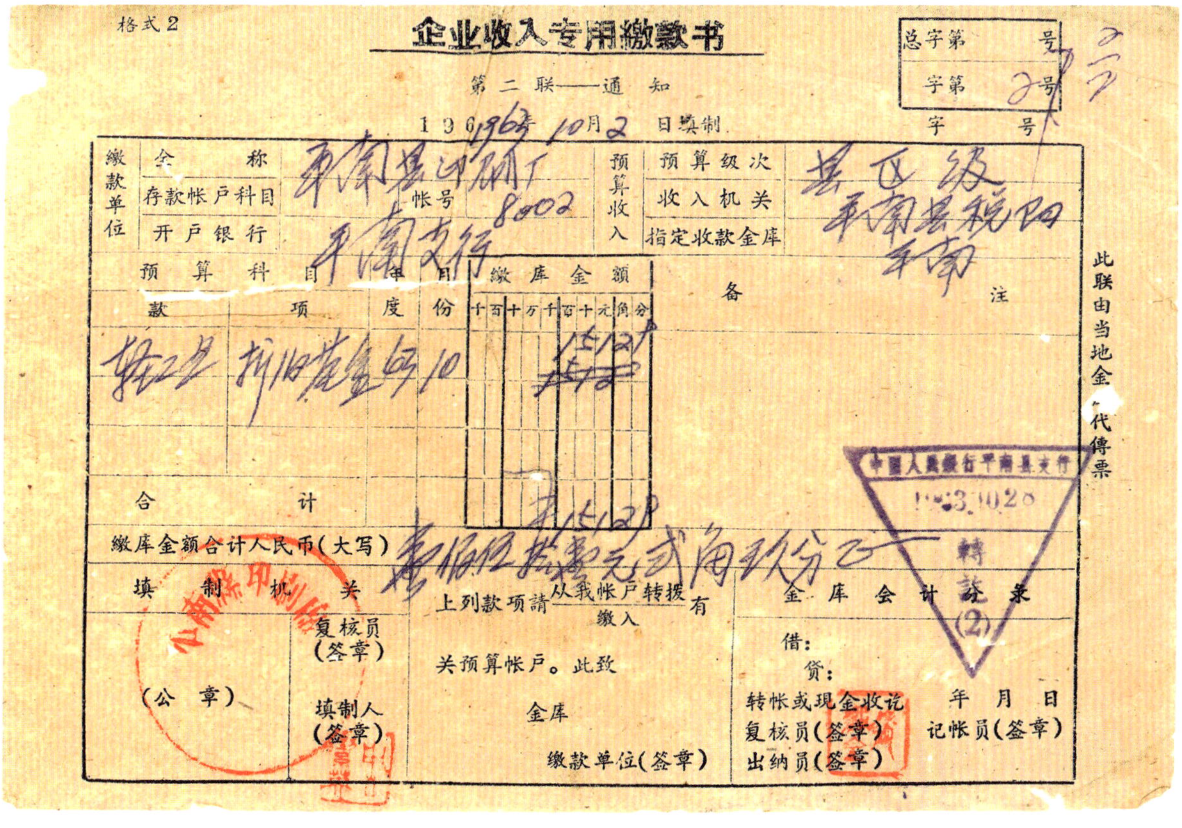

格式2

企业收入专用缴款书

第二联——通知

196 年 月 日填制

总字第 号

字第 号

字 号

缴款单位：全称 平南县印刷厂；存款帐户科目 帐号 8002；开户银行 平南支行

预算收入：预算级次 县区级；收入机关 平南县税局；指定收款金库 平南

预算科目：款、项、年度、月份；缴库金额；备注

合计

缴库金额合计人民币（大写）

填制机关（公章） 复核员（签章） 填制人（签章）

上列款项請从我帐户转拨缴入 有关预算帐户。此致 金库 缴款单位（签章）

金库会计记录 借： 贷： 转帐或现金收讫 年 月 日 复核员（签章） 出纳员（签章） 记帐员（签章）

此联由当地金库代傳票

中国人民银行平南县支行 1963.10.28 轉訖 (2)

0151 一九六三年十月二日平南县印刷厂转平南县税局企业收入专用缴款书

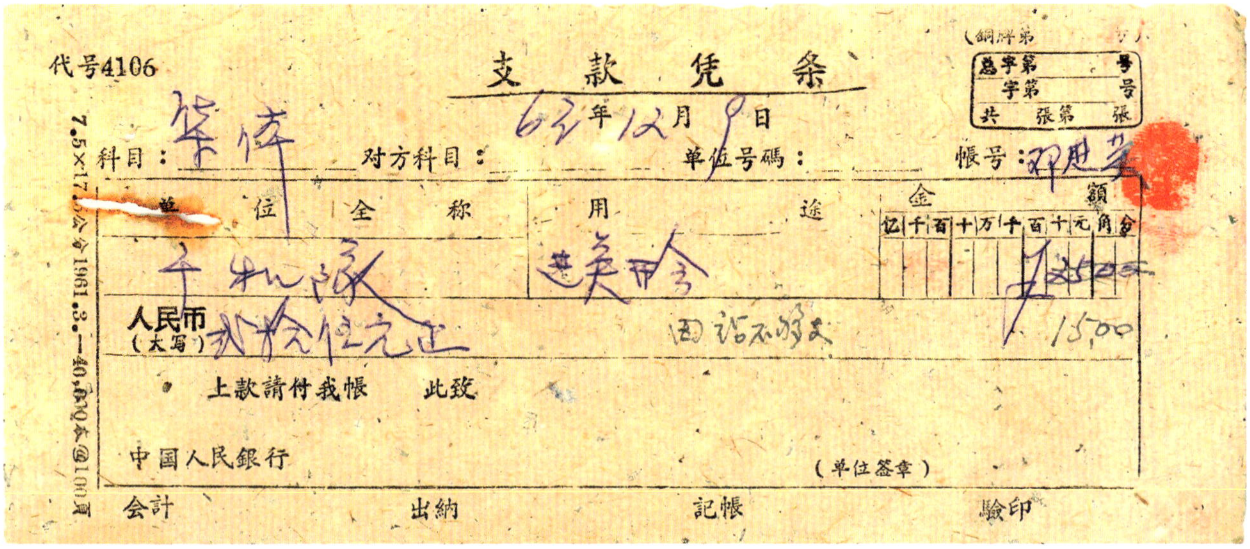

0152 一九六三年十二月九日千和队集体支款凭条

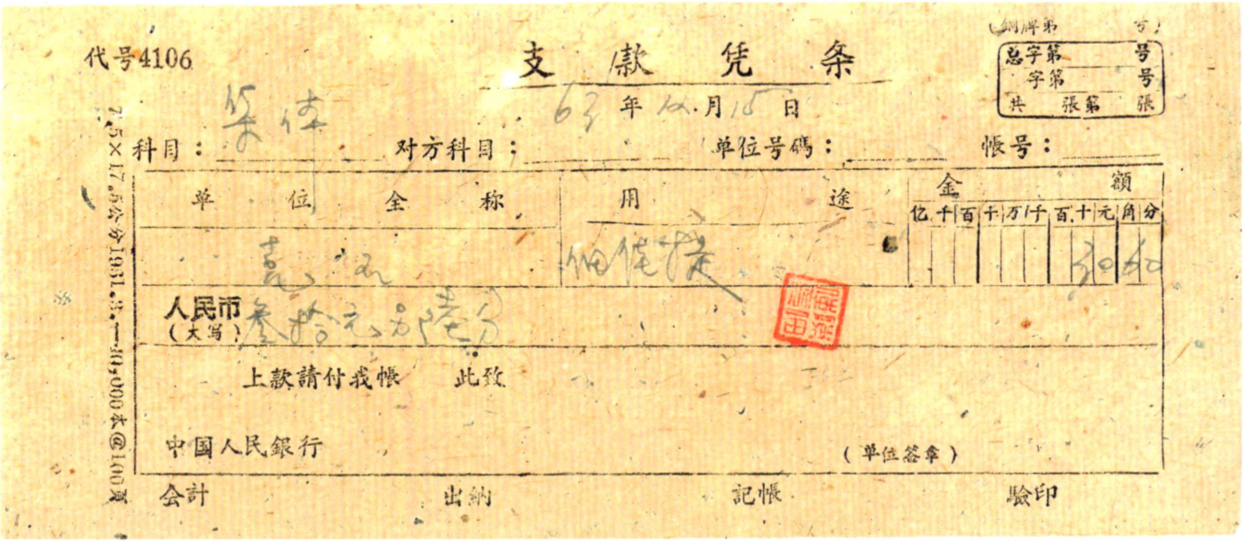

0153 一九六三年十二月十五日克石队集体支款凭条

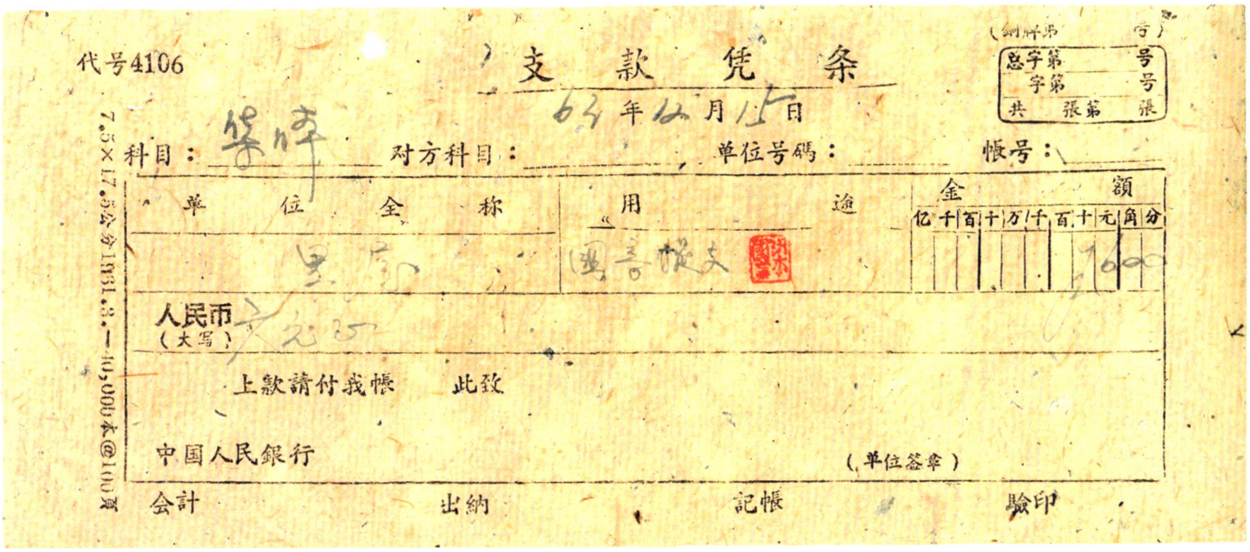
代号4106
7.5×17.5公分1931.3.—30,000本@100頁
支款凭条
（鋼牌第　　号）
总字第　　号
字第　　号
共　　張第　　張
年　　月　　日
科目：　　对方科目：　　单位号码：　　帐号：

单位全称	用途	金额（亿 十 百 十 万 千 百 十 元 角 分）

人民币（大写）
上款請付我帳　此致
中国人民銀行
（单位签章）
会計　出納　記帳　驗印

0154 一九六三年十二月十五日里屋队集体支款凭条

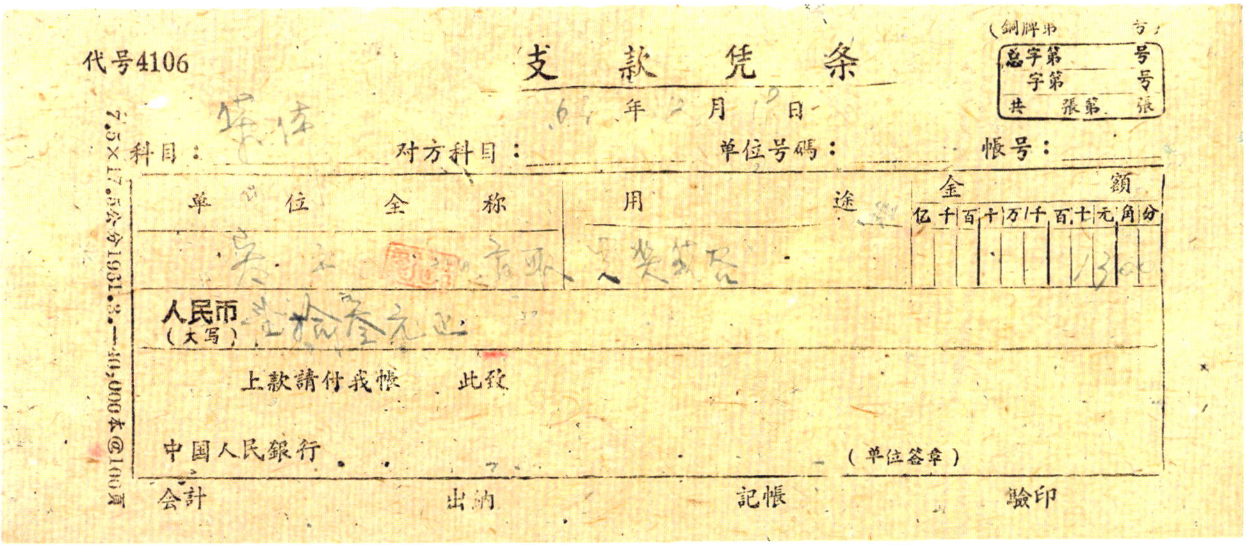
代号4106
7.5×17.5公分1931.3.—30,000本@100頁
支款凭条
（鋼牌第　　号）
总字第　　号
字第　　号
共　　張第　　張
年　　月　　日
科目：　　对方科目：　　单位号码：　　帐号：

单位全称	用途	金额（亿 十 百 十 万 千 百 十 元 角 分）

人民币（大写）
上款請付我帳　此致
中国人民銀行
（单位签章）
会計　出納　記帳　驗印

0155 一九六三年十二月十九日容平队集体备取支款凭条

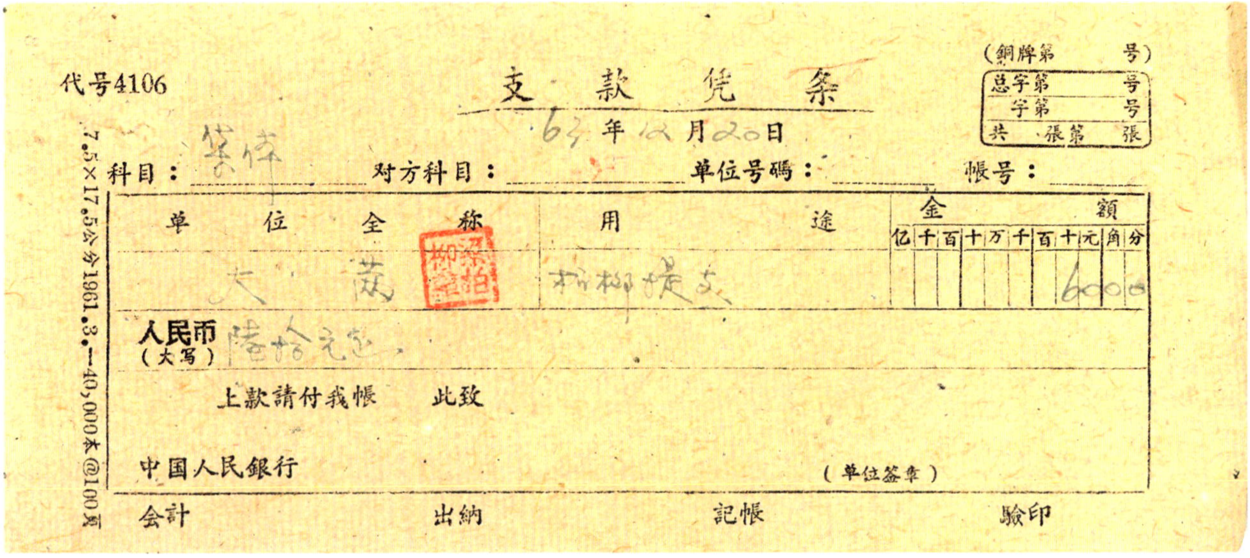

代号4106

支款凭条

（銅牌第　　号）
总字第　　号
字第　　号
共　張第　張

63年12月20日

7.5×17.5公分1961.3.—40,000本@100頁

科目：集体　对方科目：　单位号碼：　帳号：

单位全称	用途	金额 亿 千 百 十 万 千 百 十 元 角 分
大满	[illegible]	6000

人民币（大写）陆拾元正

上款請付我帳　此致

中国人民銀行　（单位签章）

会計　出納　記帳　驗印

0156 一九六三年十二月二十日大满队集体支款凭条

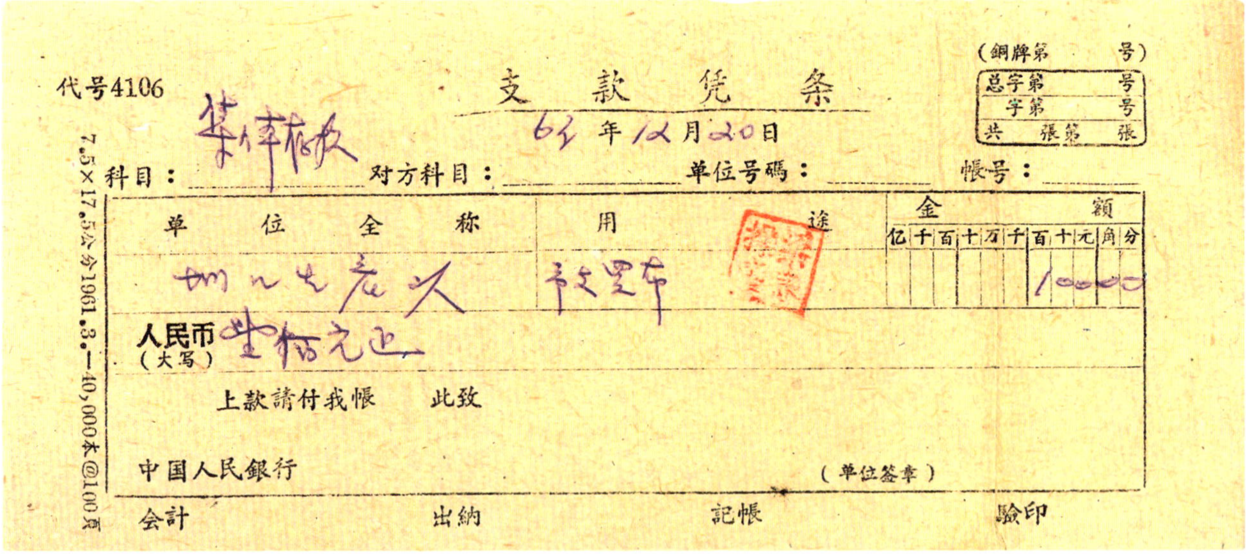

代号4106

支款凭条

（銅牌第　　号）
总字第　　号
字第　　号
共　張第　張

63年12月20日

7.5×17.5公分1961.3.—40,000本@100頁

科目：集体存款　对方科目：　单位号碼：　帳号：

单位全称	用途	金额 亿 千 百 十 万 千 百 十 元 角 分
圳上生产队	[illegible]	10000

人民币（大写）壹佰元正

上款請付我帳　此致

中国人民銀行　（单位签章）

会計　出納　記帳　驗印

0157 一九六三年十二月二十日圳上生产队集体支款凭条

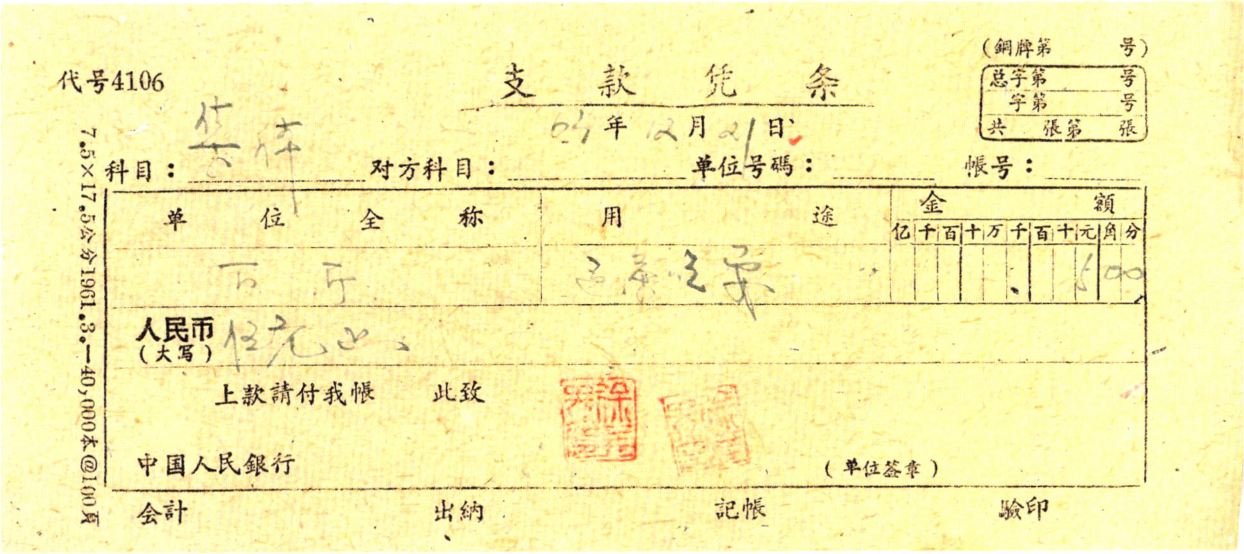

代号4106

支　款　凭　条

（銅牌第　号）
总字第　号
字第　号
共　張第　張

　年　月　日

科目：　对方科目：　单位号碼：　帳号：

单位全称	用途	金额（亿 千 百 十 万 千 百 十 元 角 分）

人民币（大写）

上款請付我帳　此致

中国人民銀行　（单位签章）

会計　出納　記帳　驗印

7.5×17.5公分1961.3.—40,000本@100頁

0158 一九六三年十二月二十一日石斤村民运茶饭费支款凭条

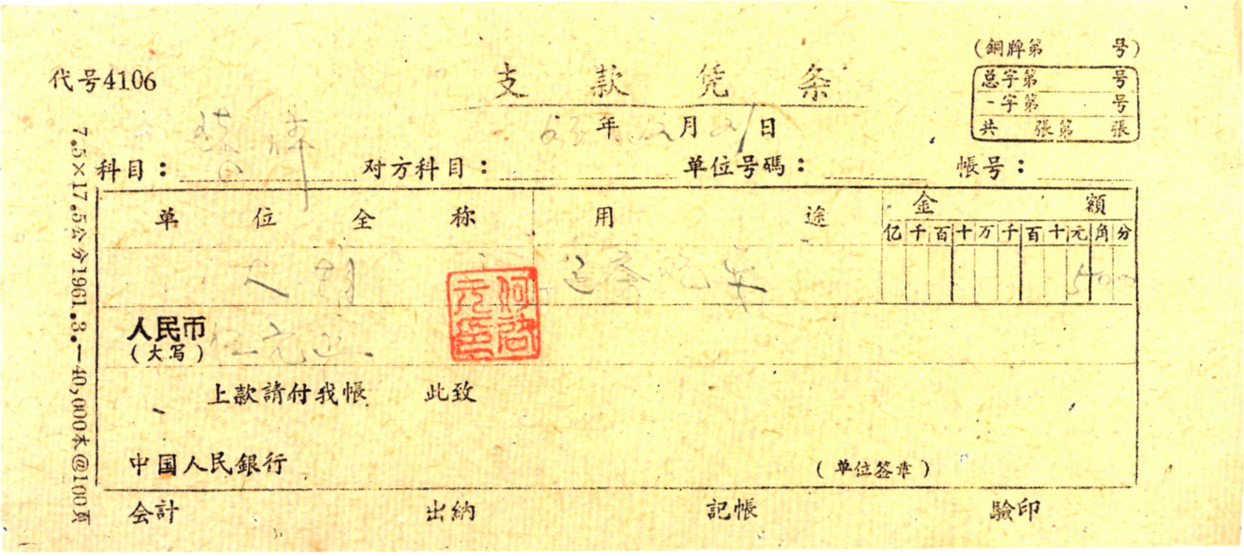

代号4106

支　款　凭　条

（銅牌第　号）
总字第　号
字第　号
共　張第　張

　年　月　日

科目：　对方科目：　单位号碼：　帳号：

单位全称	用途	金额（亿 千 百 十 万 千 百 十 元 角 分）

人民币（大写）

上款請付我帳　此致

中国人民銀行　（单位签章）

会計　出納　記帳　驗印

7.5×17.5公分1961.3.—40,000本@100頁

0159 一九六三年十二月二十一日大朋村民运茶饭费支款凭条

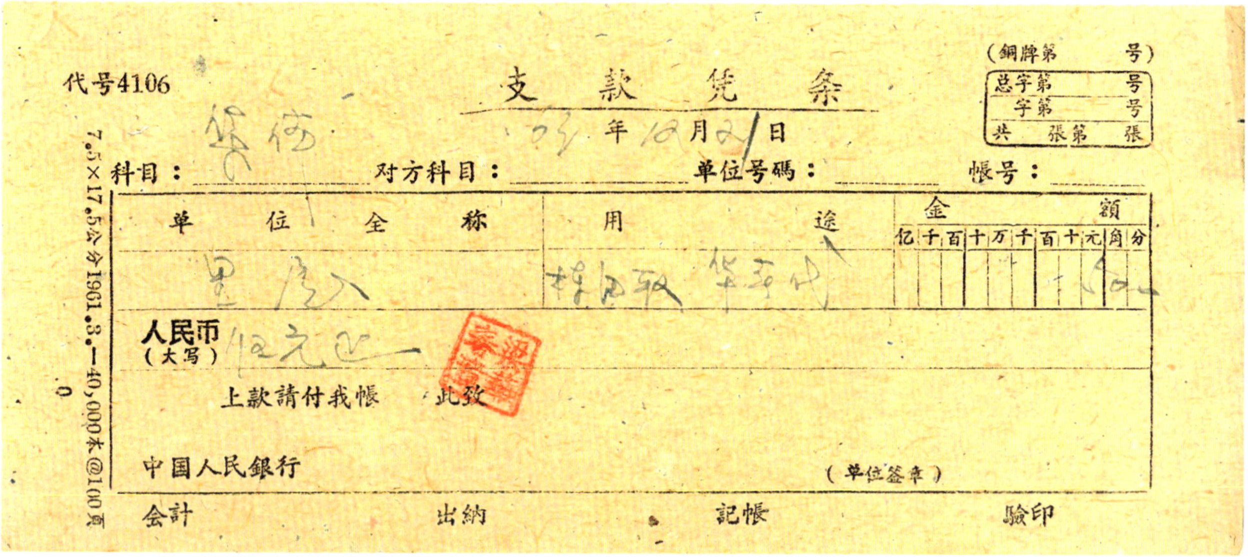

(銅牌第　号)
总字第　号
字第　号
共　張第　張

代号4106

支款凭条

63年12月21日

科目：集体　对方科目：　单位号碼：　帳号：

单位全称	用途	金额
里屋队		

人民币（大写）拾元正

上款請付我帳　此致

中国人民銀行　（单位签章）

会計　出納　記帳　驗印

7.5×17.5公分1961.3.—40,000本@100頁

0160 一九六三年十二月二十一日里屋队集体支款凭条

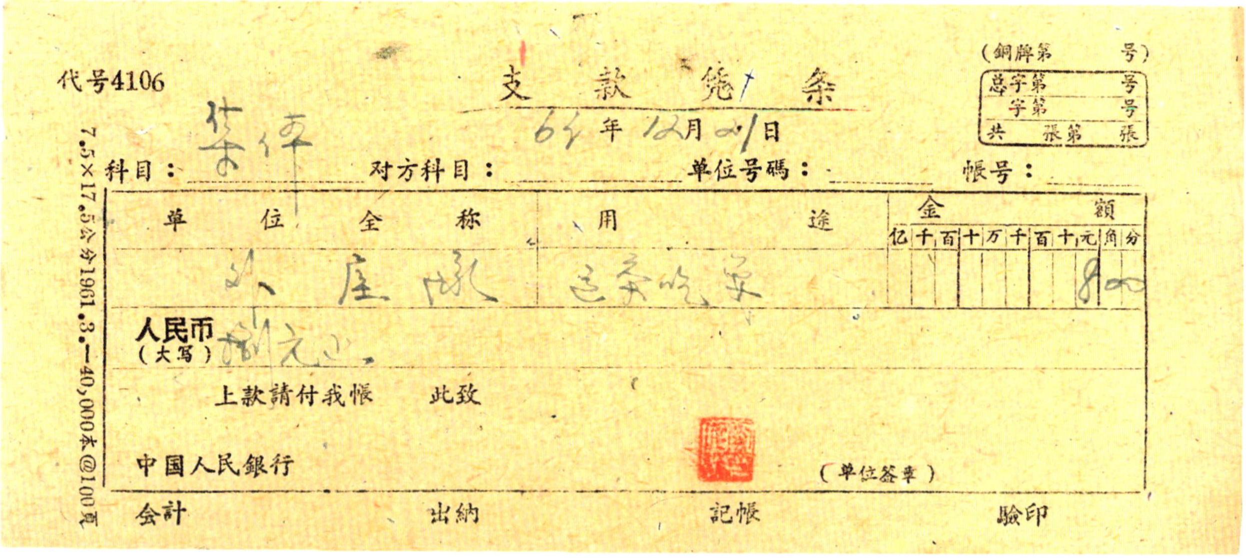

(銅牌第　号)
总字第　号
字第　号
共　張第　張

代号4106

支款凭条

63年12月21日

科目：集体　对方科目：　单位号碼：　帳号：

单位全称	用途	金额
外屋队		8.00

人民币（大写）捌元正

上款請付我帳　此致

中国人民銀行　（单位签章）

会計　出納　記帳　驗印

7.5×17.5公分1961.3.—40,000本@100頁

0161 一九六三年十二月二十一日外屋队集体支款凭条

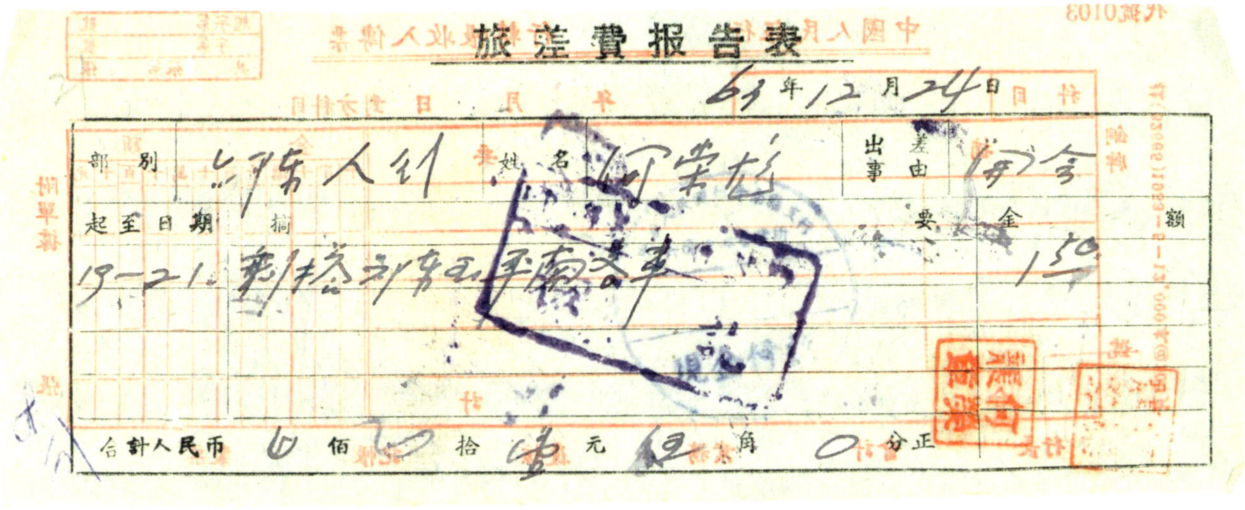

中國人民銀行

旅差費报告表

63年12月24日

部别		姓名		出差事由	开会
起至日期	摘要				金额

合計人民币 佰 拾 元 角 分正

0162 一九六三年十二月二十四日何荣彪旅差费报告表

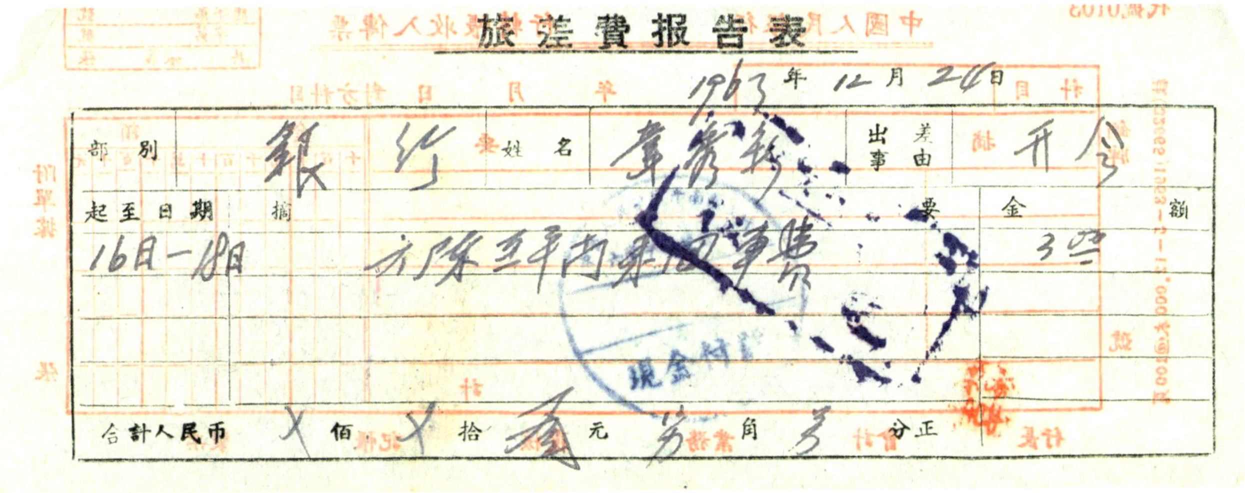

中國人民銀行

旅差費报告表

1963年12月24日

部别	银行	姓名		出差事由	开会
起至日期	摘要				金额
16日—18日					

合計人民币 佰 拾 元 角 分正

0163 一九六三年十二月二十四日章秀彩旅差费报告表

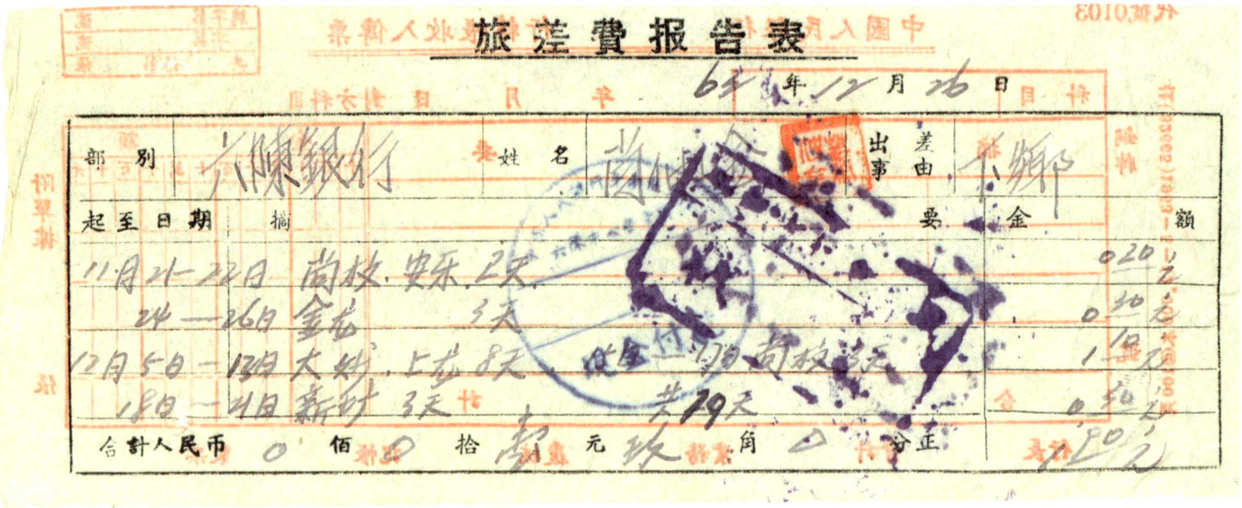

中國人民銀行 旅差費报告表

64年12月26日

部别 六陳銀行　姓名　出差事由 下鄉

起至日期　摘要　金额

11月21—22日 ……

24—26日 ……

12月5日—13日 ……

18日—21日 ……

合計人民币 0 佰 0 拾 壹 元 玖 角 0 分正

0164 一九六三年十二月二十六日肖仲金旅差费报告表

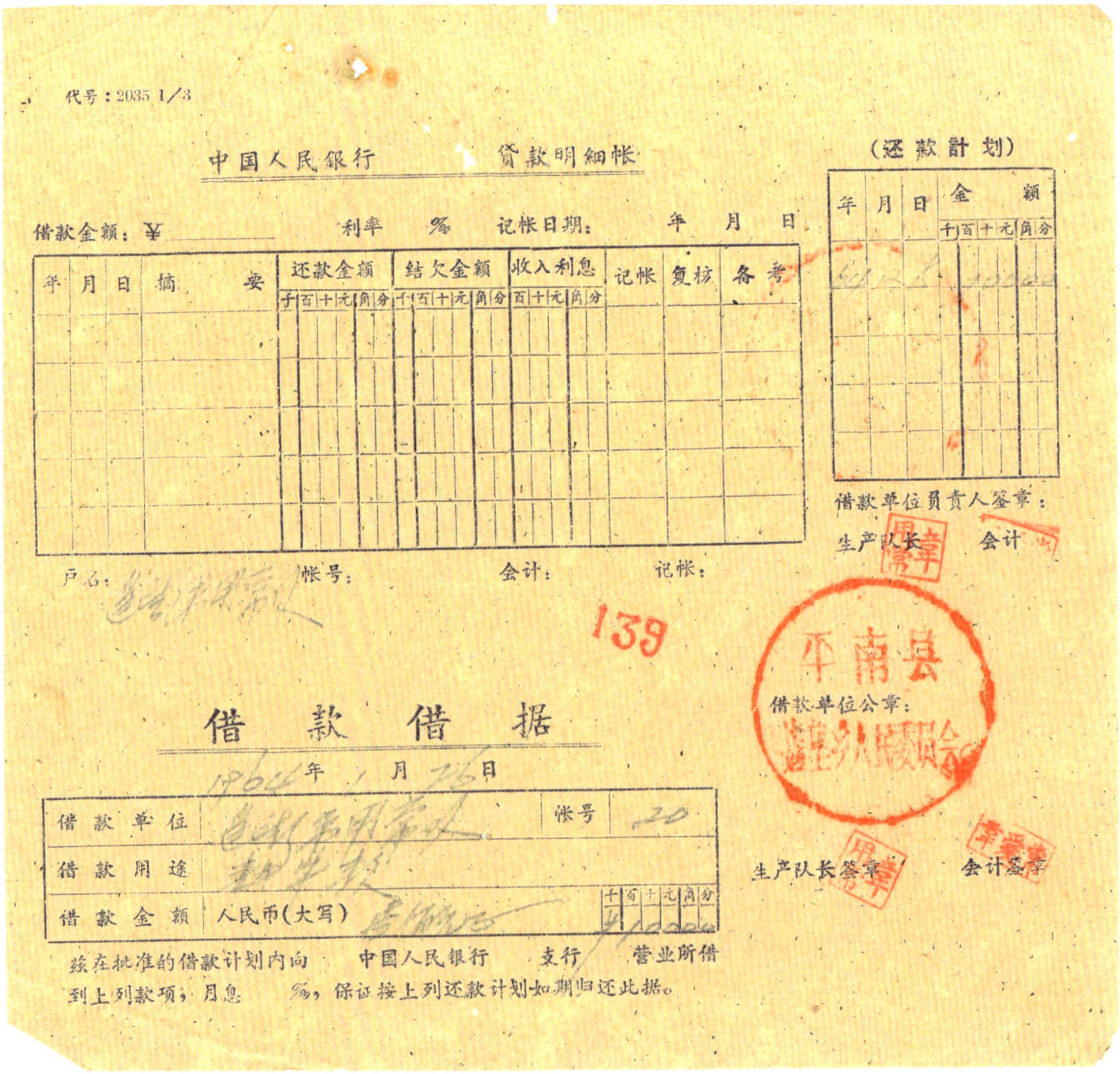

代号：2035 1/3

中国人民银行　貸款明細帐　（还款計划）

借款金额：¥　利率　‰　记帐日期：　年　月　日

年	月	日	摘要	还款金额	结欠金额	收入利息	记帐	复核	备考

年	月	日	金额

借款单位负责人签章：生产队长　会计

户名：　帐号：　会计：　记帐：

139

借款借据

1964年1月26日

借款单位		帐号	20
借款用途			
借款金额	人民币(大写)		

兹在批准的借款计划内向　中国人民银行　支行　营业所借到上列款项，月息　‰，保证按上列还款计划如期归还此据。

借款单位公章：平南县遥望乡人民委员会

生产队长签章　会计签章

0165 一九六四年一月二十六日平南县遥望乡人民委员会借款借据

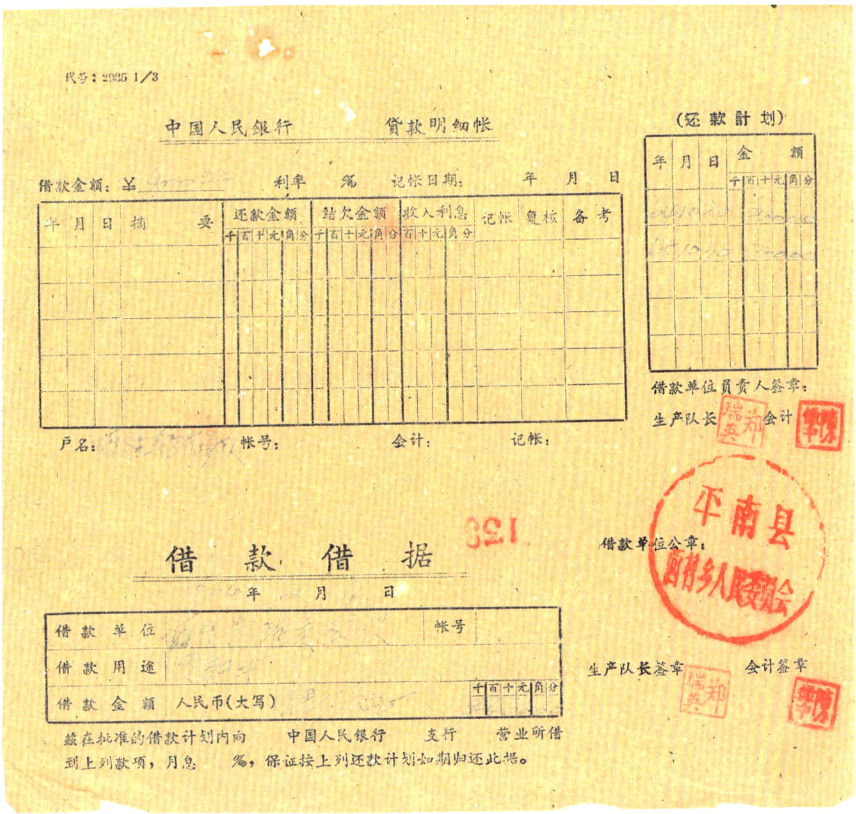
代号：2035 1/3

中国人民银行　　贷款明细帐

借款金额：￥　　利率　％　记帐日期：　年　月　日

年	月	日	摘要	还款金额	结欠金额	收入利息	记帐	复核	备考

户名：　帐号：　会计：　记帐：

（还款计划）

年	月	日	金额

借款单位负责人签章：
生产队长　会计

借款借据

年　月　日

借款单位		帐号	
借款用途			
借款金额	人民币(大写)		

兹在批准的借款计划内向　中国人民银行　支行　营业所借到上列款项，月息　％，保证按上列还款计划如期归还此据。

借款单位公章：
平南县西村乡人民委员会

生产队长签章　会计签章

0166 一九六四年二月十四日平南县西村乡人民委员会借款借据

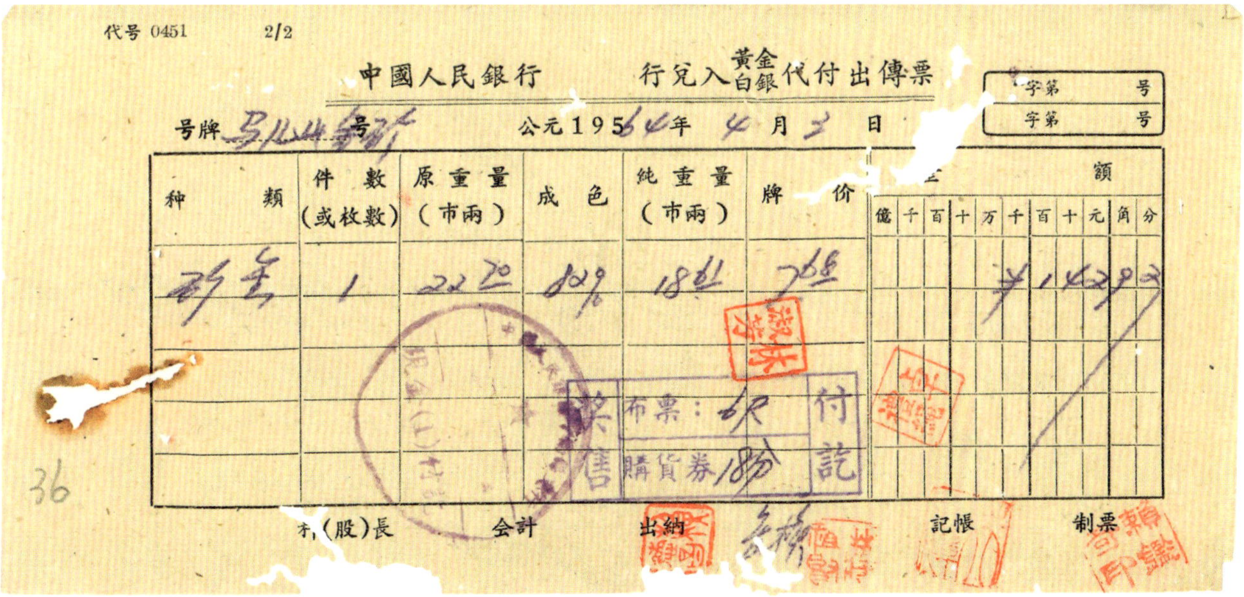
代号 0451　2/2

中國人民銀行　行兌入黃金白銀代付出傳票

字第	号
字第	号

号牌 马儿山金矿　公元1964年4月3日

种类	件数（或枚数）	原重量（市兩）	成色	純重量（市兩）	牌价	金額
矿金	1	2220	82%	1811	788	￥1429.97

奖售　布票：6尺　購貨券：18份　付讫

科(股)長　會計　出納　記帳　制票

36

0167 一九六四年四月三日马儿山金矿兑入黄金代付出传票

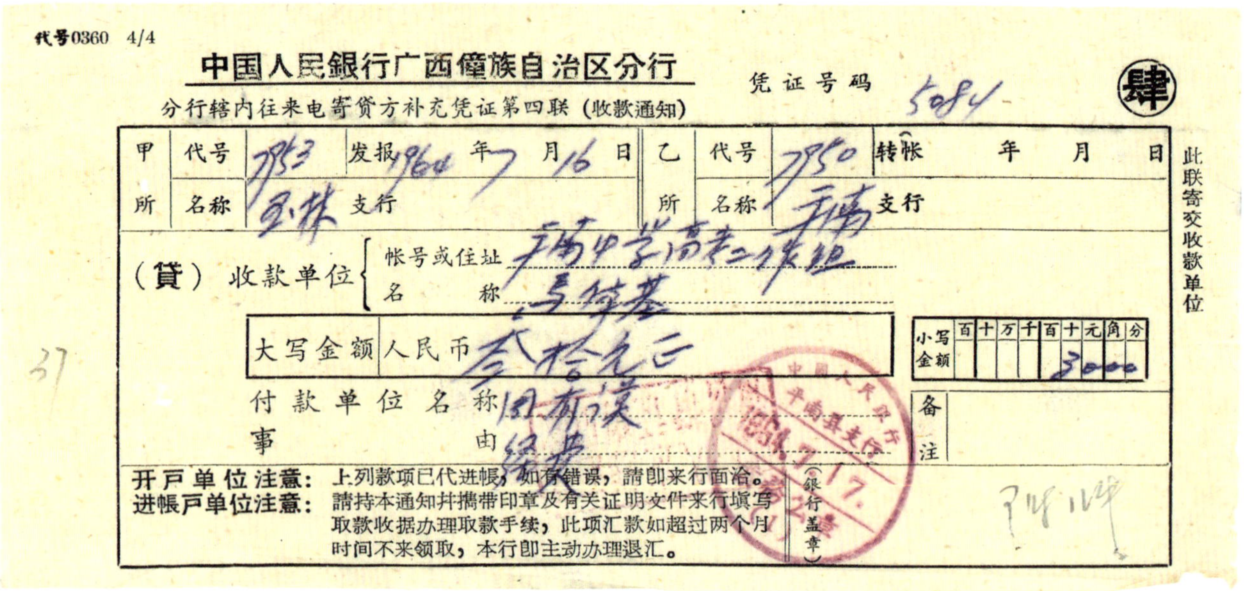

代号0360 4/4

中国人民银行广西僮族自治区分行

分行辖内往来电寄贷方补充凭证第四联（收款通知）

凭证号码 5084

肆

甲所	代号 7853 发报 1964 年 7 月 16 日	乙所	代号 7850 转帐 年 月 日
	名称 玉林 支行		名称 平南 支行

（貸）收款单位 帐号或住址 平南中学高老二作组
名 称

大写金额 人民币 叁拾元正

小写金额 30.00

付款单位名称

事 由

备注

开户单位注意：上列款项已代进帳，如有错误，請即来行面洽。

进帳戶单位注意：請持本通知并携带印章及有关证明文件来行填写取款收据办理取款手续，此项汇款如超过两个月时间不来领取，本行即主动办理退汇。

（银行盖章）

此联寄交收款单位

0168 一九六四年七月十六日中国人民银行广西分行辖内往来电寄贷方补充凭证

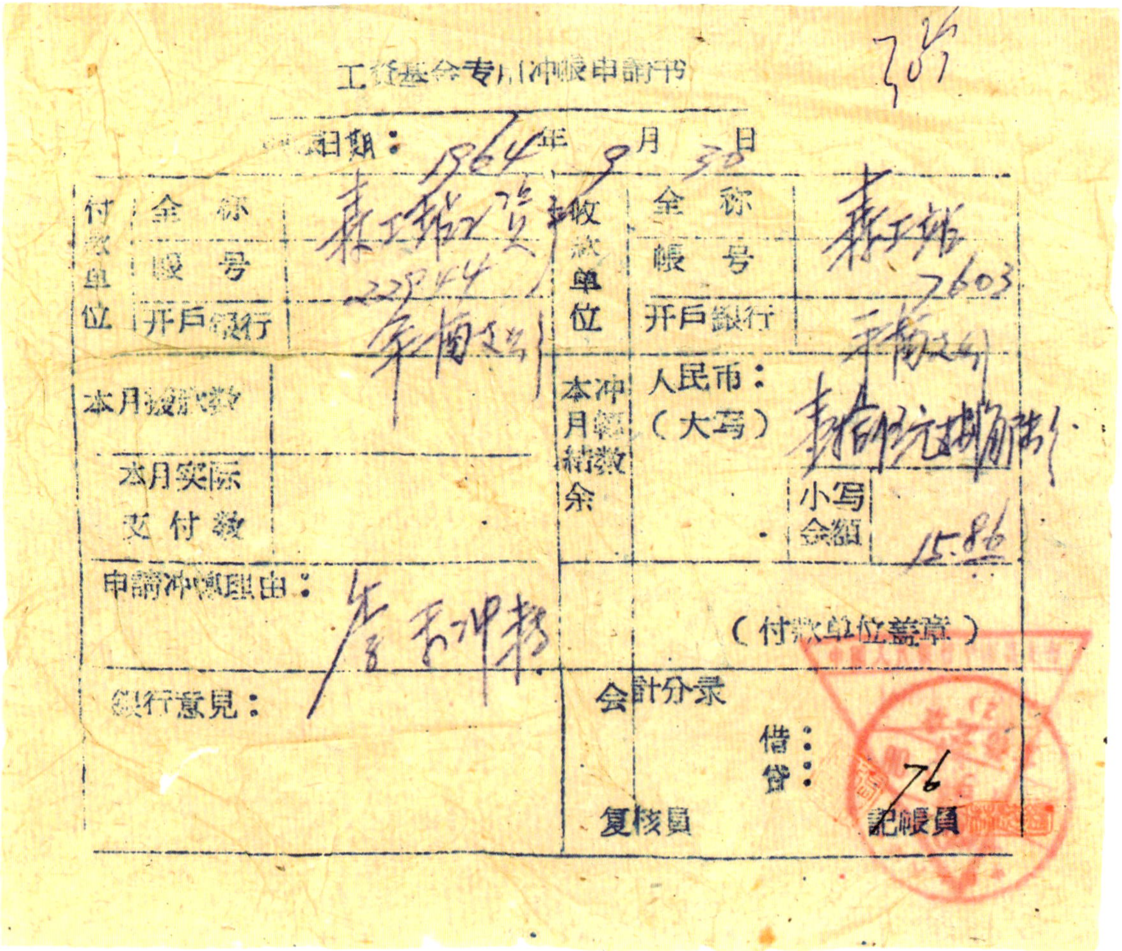

工資基金专用冲帳申請书

日期：1964年9月30日

付款单位	全称	森工站工资	收款单位	全称	森工站
	帳号	22744		帳号	7603
	开戶銀行	平南支行		开戶銀行	平南支行

本月提取数

本月实际支付数

本月超支結余 人民币：（大写）壹拾伍元捌角陆分

小写金額 15.86

申請冲帳理由：

銀行意見：

（付款单位蓋章）

会計分录

借：

貸：

复核員

記帳員

0169 一九六四年九月三十日森林工作站工资基金专用冲账申请书

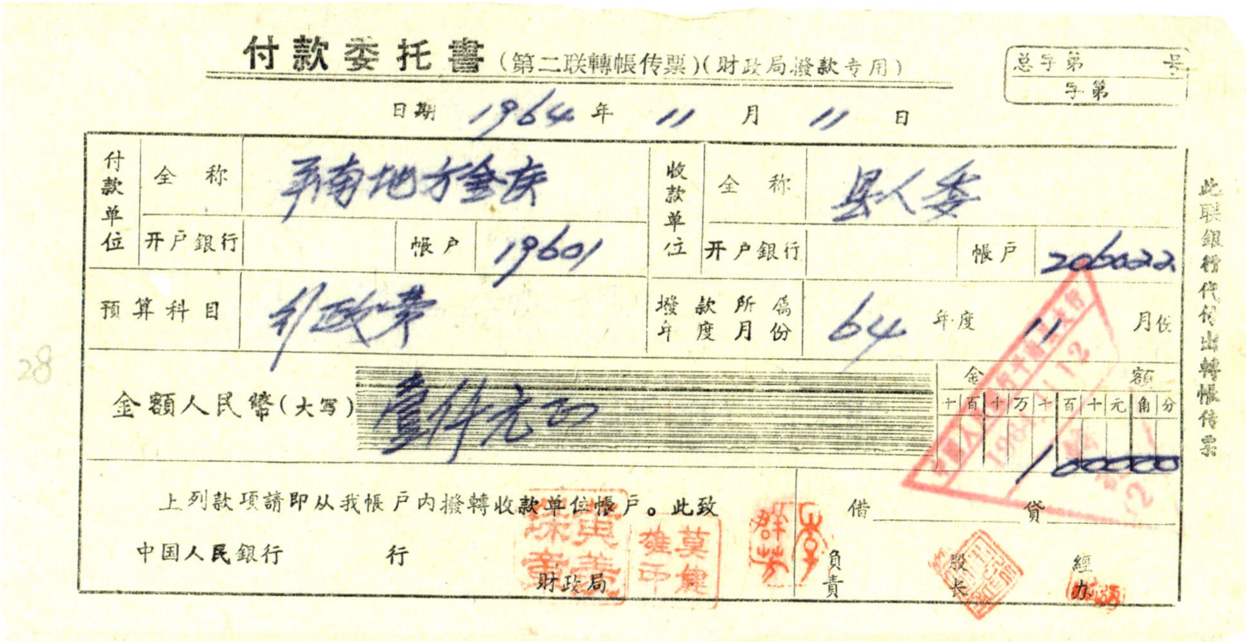

28

付款委托書（第二联轉帳传票）（財政局撥款专用）　总号第　号　号第

日期 1964 年 11 月 11 日

付款单位	全称	平南地方金库		收款单位	全称	县人委	
	开户銀行		帳户 19601		开户銀行		帳户 206022
預算科目		行政费		撥款所屬年度月份		64 年度	11 月份
金額人民幣（大写）		壹仟元正				金額	100000

上列款項請即从我帳户内撥轉收款单位帳户。此致

中国人民銀行　行

財政局　負責　股长　經办　借　貸

此联銀行代付出轉帳传票

0170 一九六四年十一月十一日平南地方金库付款委托书

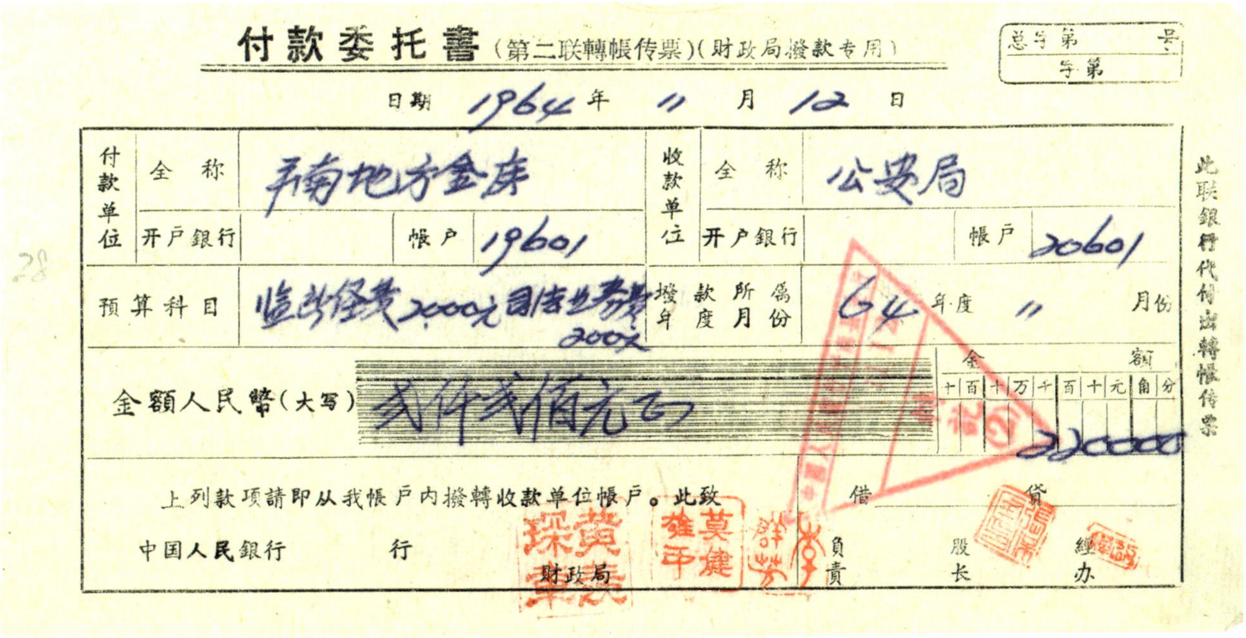

28

付款委托書（第二联轉帳传票）（財政局撥款专用）　总号第　号　号第

日期 1964 年 11 月 12 日

付款单位	全称	平南地方金库		收款单位	全称	公安局	
	开户銀行		帳户 19601		开户銀行		帳户 20601
預算科目		临时经费2000元 司法业务费200元		撥款所屬年度月份		64 年度	11 月份
金額人民幣（大写）		贰仟贰佰元正				金額	220000

上列款項請即从我帳户内撥轉收款单位帳户。此致

中国人民銀行　行

財政局　負責　股长　經办　借　貸

此联銀行代付出轉帳传票

0171 一九六四年十一月十二日平南地方金库付款委托书

0172 一九六四年十二月平南县马练区社会救济款报销花名册

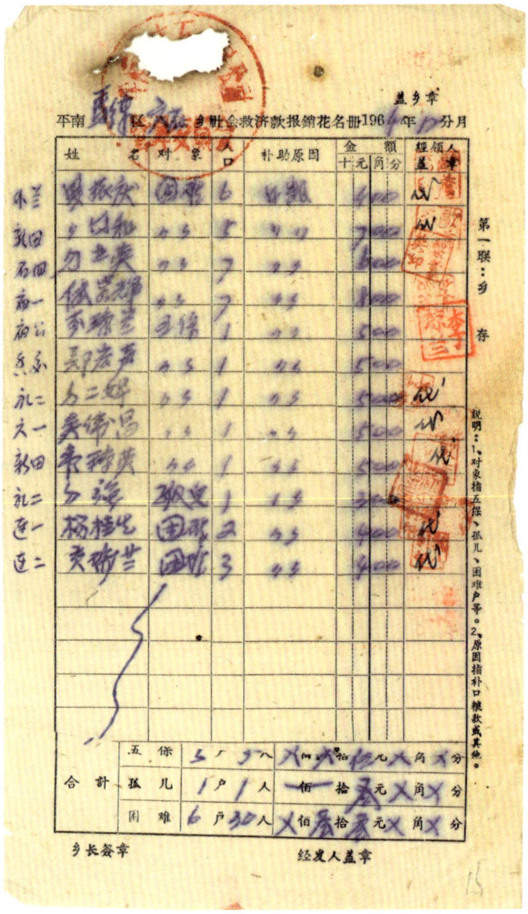

盖乡章

平南 区 乡社会救济款报销花名册196 年 月分

姓名	对象	人口	补助原因	金额 十元	角	分	经领人盖章
[illegible]	[illegible]	6	[illegible]	[illegible]			
[illegible]	[illegible]	5	[illegible]	[illegible]			
[illegible]	[illegible]	7	[illegible]	[illegible]			
[illegible]	[illegible]	7	[illegible]	[illegible]			
[illegible]	[illegible]	1	[illegible]	[illegible]			
[illegible]	[illegible]	1	[illegible]	[illegible]			
[illegible]	[illegible]	1	[illegible]	[illegible]			
[illegible]	[illegible]	1	[illegible]	[illegible]			
[illegible]	[illegible]	1	[illegible]	[illegible]			
[illegible]	[illegible]	1	[illegible]	[illegible]			
[illegible]	[illegible]	2	[illegible]	[illegible]			
[illegible]	[illegible]	3	[illegible]	[illegible]			

合計		
五保	户 人	佰 拾 元 角 分
孤儿	1户 1人	佰 拾 元 角 分
困难	6户 30人	佰 拾 元 角 分

第一联：乡存

说明：1、对象指五保、孤儿、困难户等。2、原因指补口粮款或其他。

乡长签章 经发人盖章

0173 一九六四年十二月平南县马练区优抚费报销花名册

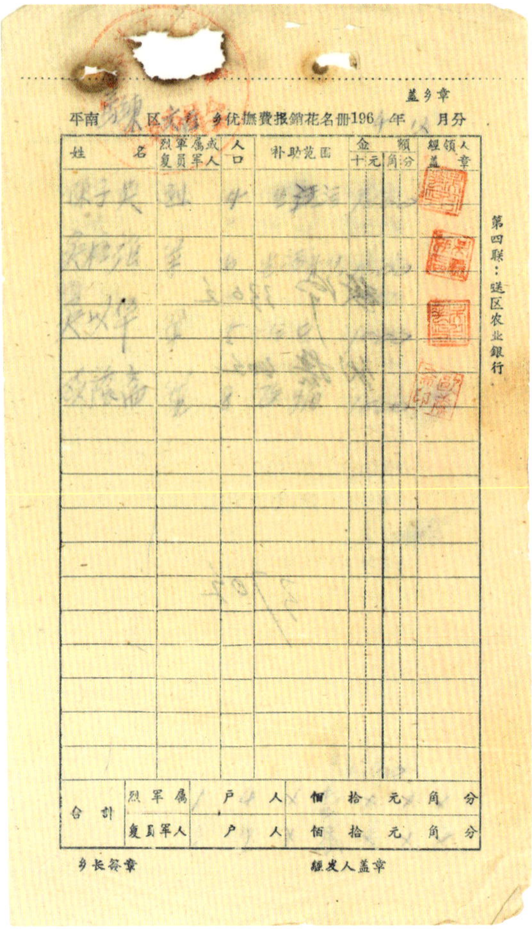

盖乡章

平南 区 乡优抚费报销花名册196 年 月分

姓名	烈军属或复员军人	人口	补助范围	金额 十元	角	分	经领人盖章

合計		
烈军属	户 人	佰 拾 元 角 分
复员军人	户 人	佰 拾 元 角 分

第四联：送区农业银行

乡长签章 经发人盖章

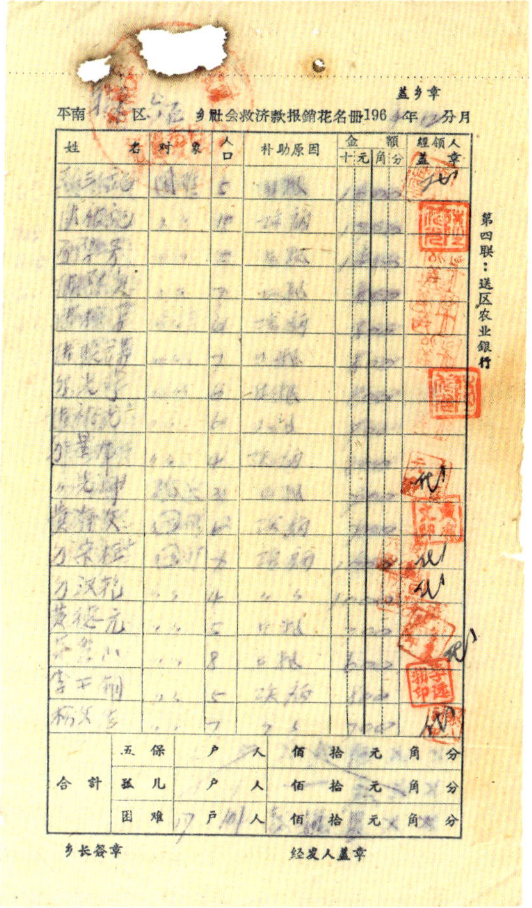

0174 一九六四年十二月平南县马练区社会救济款报销花名册

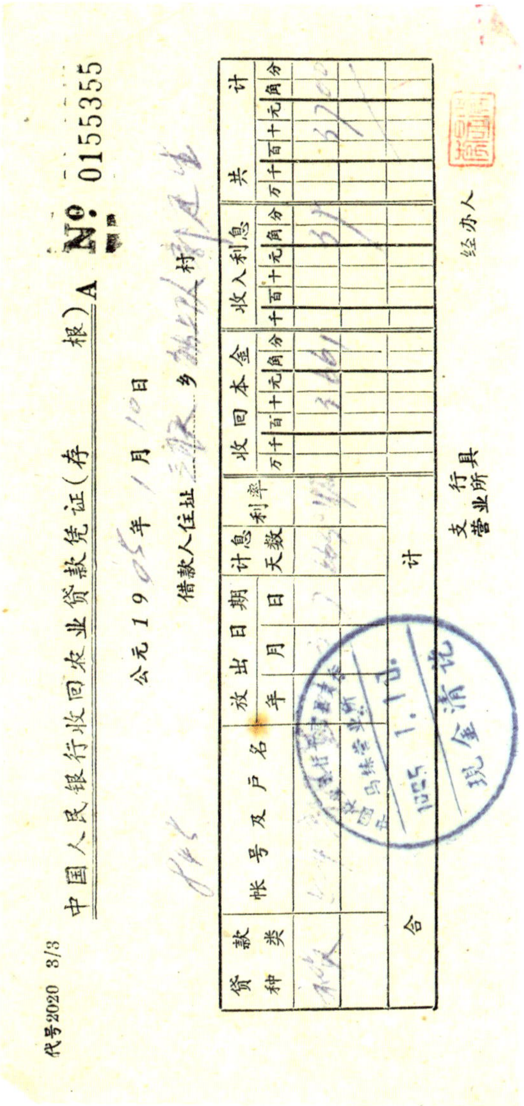

0175 一九六五年一月十日三联乡独上队收回农业贷款凭证

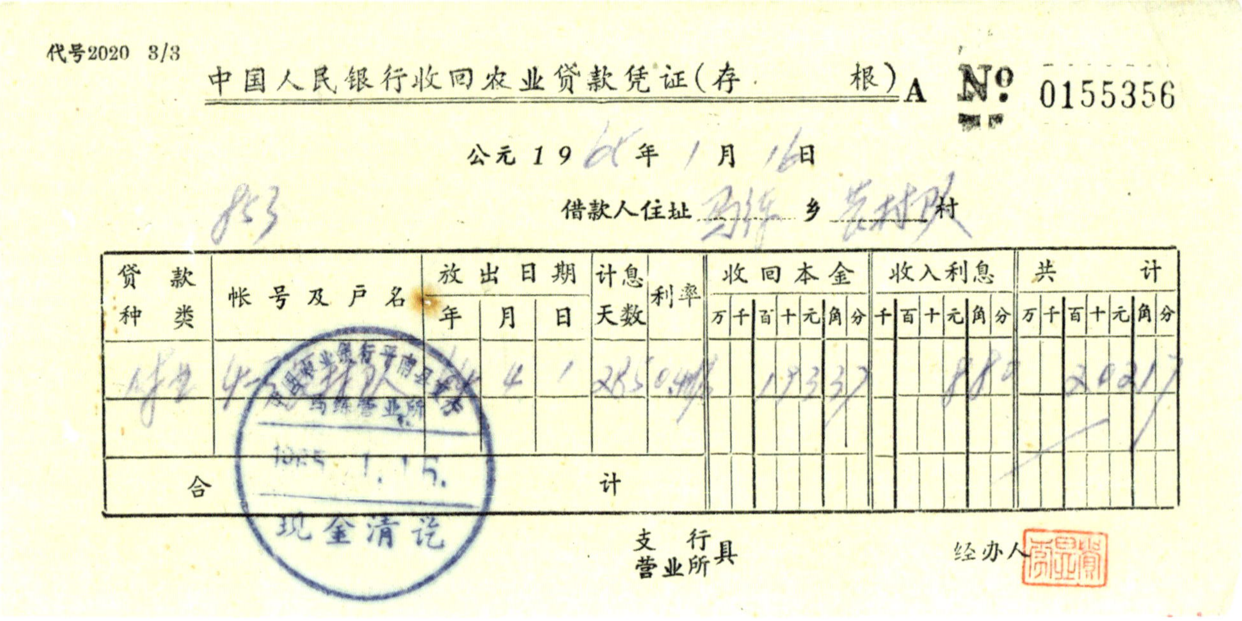

代号2020 3/3

中国人民银行收回农业贷款凭证（存　　根）A №0155356

公元19 65 年 1 月 16 日

853

借款人住址 马练 乡 花村队 村

贷款种类	帐号及户名	放出日期 年	月	日	计息天数	利率	收回本金	收入利息	共计
[illegible]	4- 花村队	[illegible]	4	1	285	0.48‰	17337	880	20217
合计									

支行营业所具　　经办人

0176 一九六五年一月十六日马练乡收回农业贷款凭证

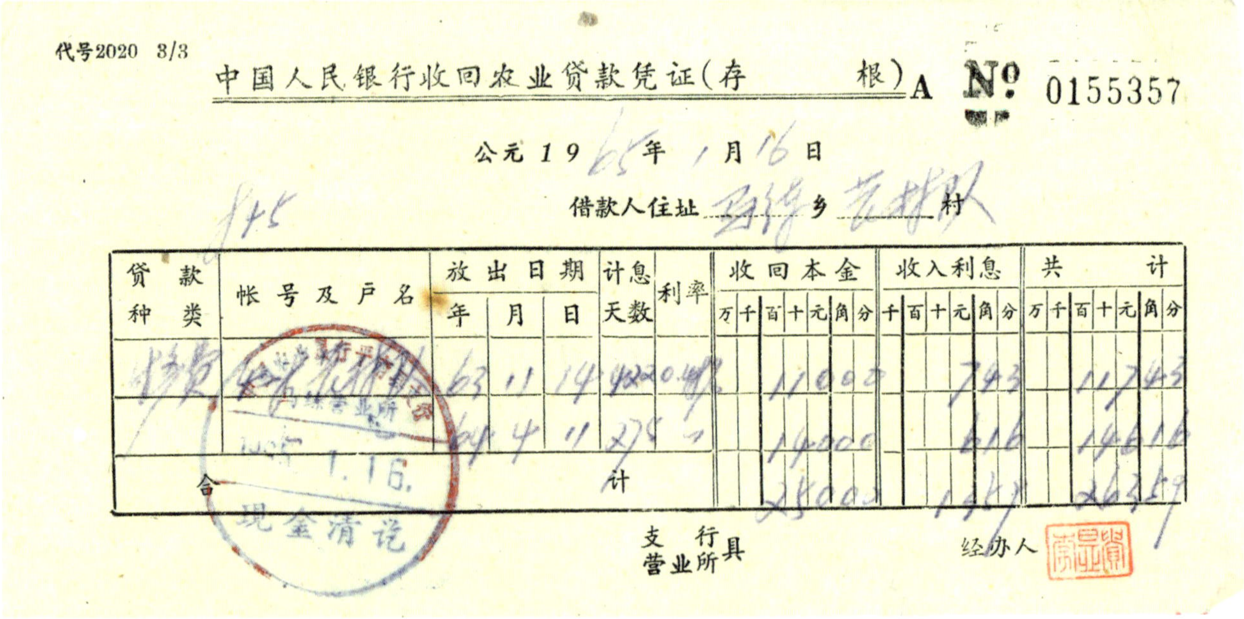

代号2020 3/3

中国人民银行收回农业贷款凭证（存　　根）A №0155357

公元19 65 年 1 月 16 日

845

借款人住址 马练 乡 花村队 村

贷款种类	帐号及户名	放出日期 年	月	日	计息天数	利率	收回本金	收入利息	共计
[illegible]	花村队	63	11	14	4??	0.48‰	11000	743	11743
		64	4	11	278	〃	14000	616	14616
合计							25000	1359	26359

支行营业所具　　经办人

0177 一九六五年一月十六日马练乡收回农业贷款凭证

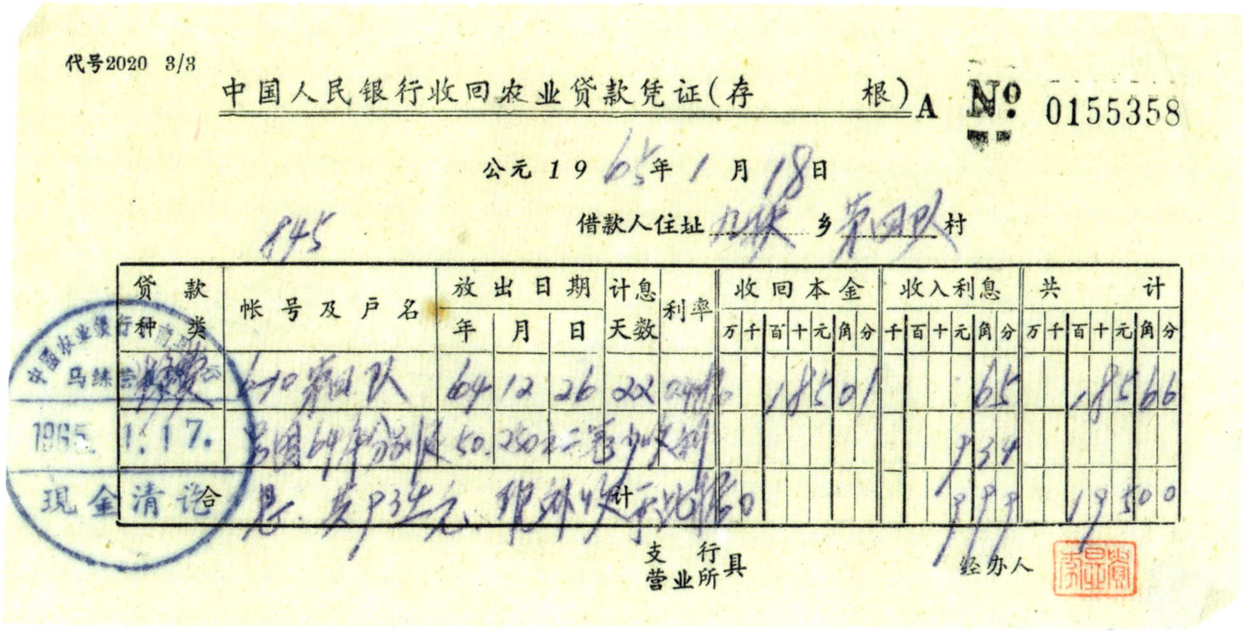
代号2020 3/3

中国人民银行收回农业贷款凭证（存 根）A №0155358

公元1965年1月18日

845

借款人住址 九扶 乡 第四队 村

贷款种类	帐号及户名	放出日期 年	月	日	计息天数	利率	收回本金	收入利息	共计
	4-10 第四队	64	12	26	22		185.01	.65	185.66
								7.34	
合						计		7.99	193.00

支行营业所 具　　经办人

现金清讫 1965.1.17.

0178 一九六五年一月十八日九扶乡第四队收回农业贷款凭证

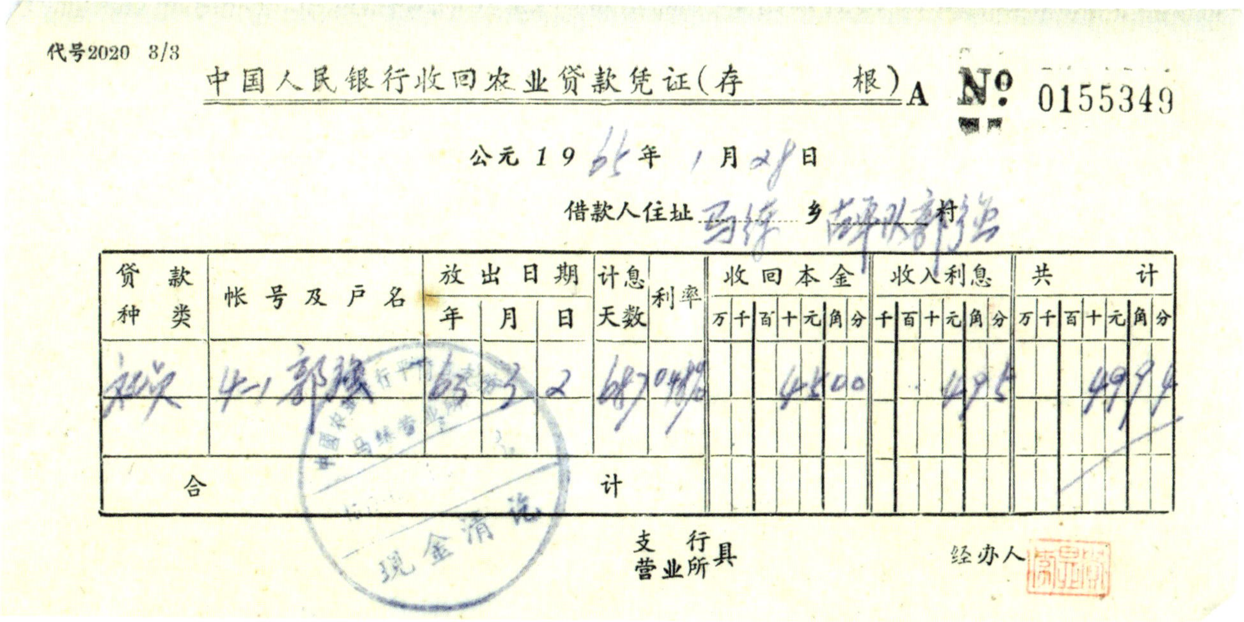
代号2020 3/3

中国人民银行收回农业贷款凭证（存 根）A №0155349

公元1965年1月28日

借款人住址 马练 乡 古单队 村

贷款种类	帐号及户名	放出日期 年	月	日	计息天数	利率	收回本金	收入利息	共计
	4-1 郭	63	3	2	687		45.00	4.95	49.95
合						计			

支行营业所 具　　经办人

现金清讫

0179 一九六五年一月二十八日马练乡古单队收回农业贷款凭证

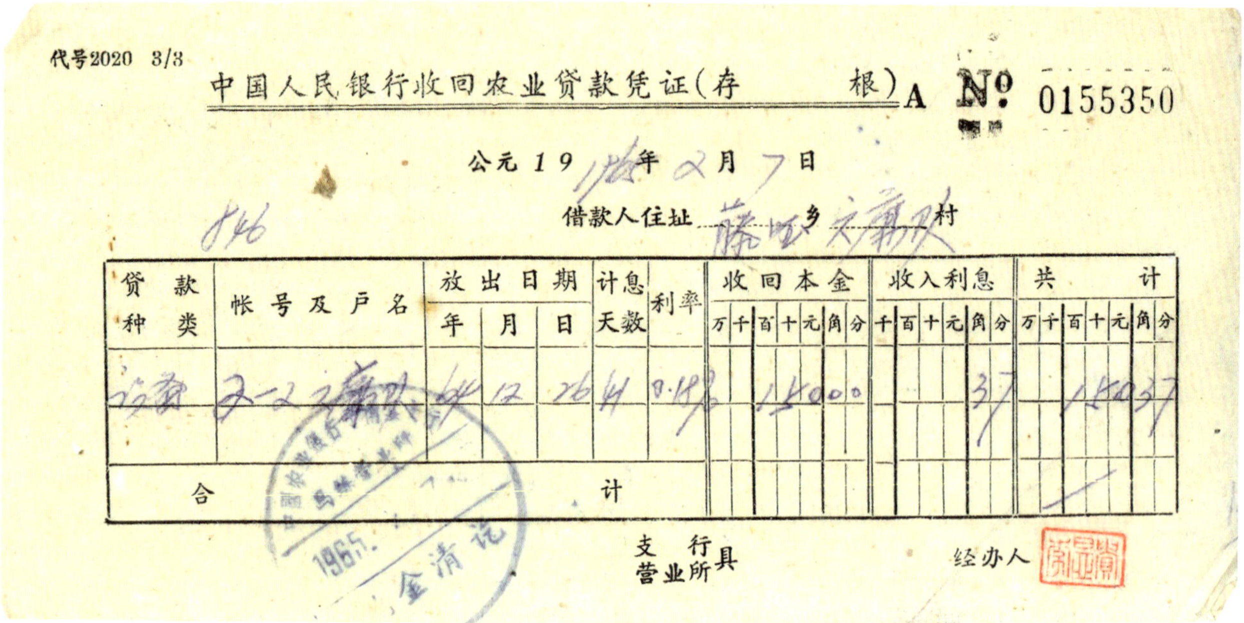

代号2020 3/3

中国人民银行收回农业贷款凭证（存 根）A № 0155350

公元19 65年 2月 7日

846

借款人住址 藤旺 乡 文廉队 村

贷款种类	帐号及户名	放出日期 年	月	日	计息天数	利率	收回本金	收入利息	共计
设备	2-2 文廉队	64	12	26	41	0.18	150.00	37	150.37
合					计				

支 行 营业所 具

经办人

0180 一九六五年二月七日藤旺乡文廉队收回农业贷款凭证

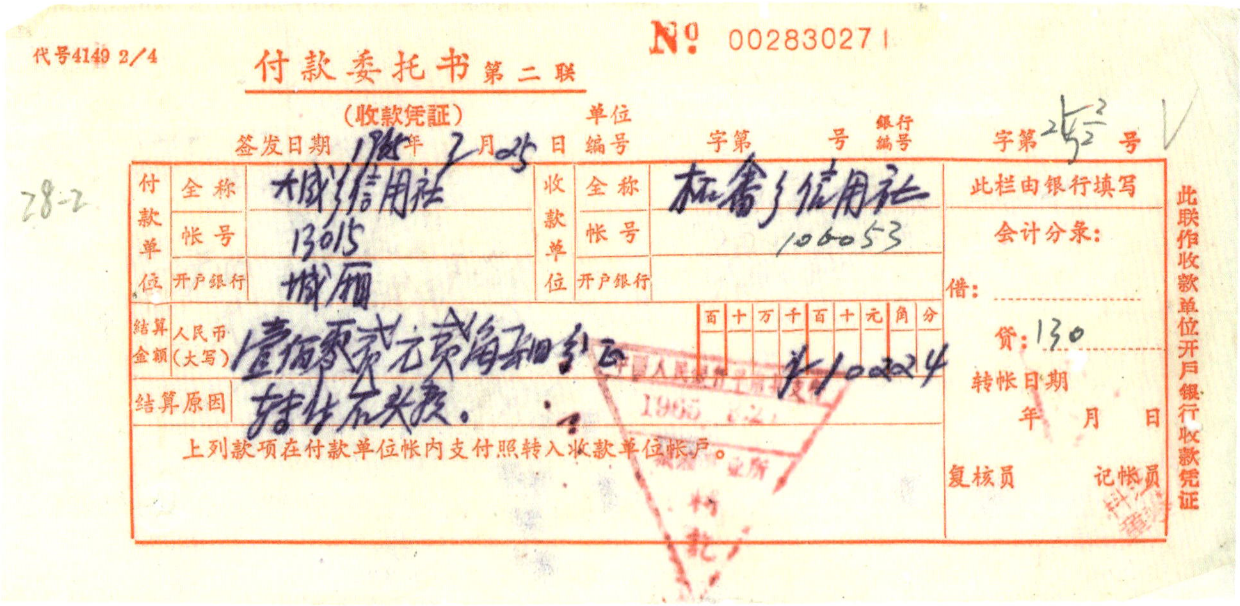

代号4149 2/4

付款委托书 第二联

（收款凭証）

№ 00283027

签发日期 1965年 2月 25日 单位编号 字第 号 银行编号 字第 2652 号

28-2

付款单位		收款单位		此栏由银行填写
全称	大成乡信用社	全称	柘畲乡信用社	会计分录:
帐号	13015	帐号	100053	借:
开户银行	城厢	开户银行		贷: 130

结算金额 人民币（大写）壹佰零贰元贰角肆分 ¥102.24

结算原因 转存存款。

上列款项在付款单位帐内支付照转入收款单位帐户。

转帐日期 年 月 日

复核员 记帐员

此联作收款单位开戶银行收款凭証

0181 一九六五年二月二十五日大成乡信用社转柘畲乡信用社付款委托书

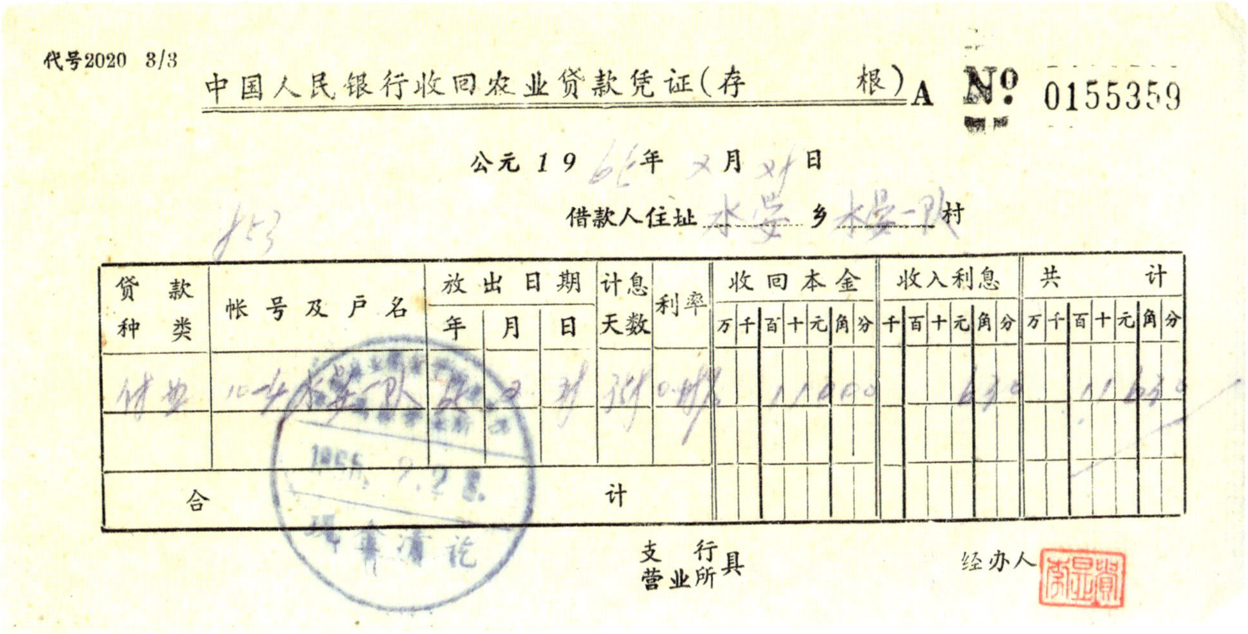

代号2020 3/3

中国人民银行收回农业贷款凭证(存 根) A №0155359

公元19 65年 2月 25日

853 借款人住址 水晏 乡 木晏一队 村

贷款种类	帐号及户名	放出日期 年	月	日	计息天数	利率	收回本金	收入利息	共计
付业	10-4 木晏一队	64	2	24	[illegible]	0.48‰	110.00	6.30	116.30
合计									

1965.2.25. 现金清讫

支行 营业所 具 经办人

0182 一九六五年二月二十五日水晏乡木晏一队收回农业贷款凭证

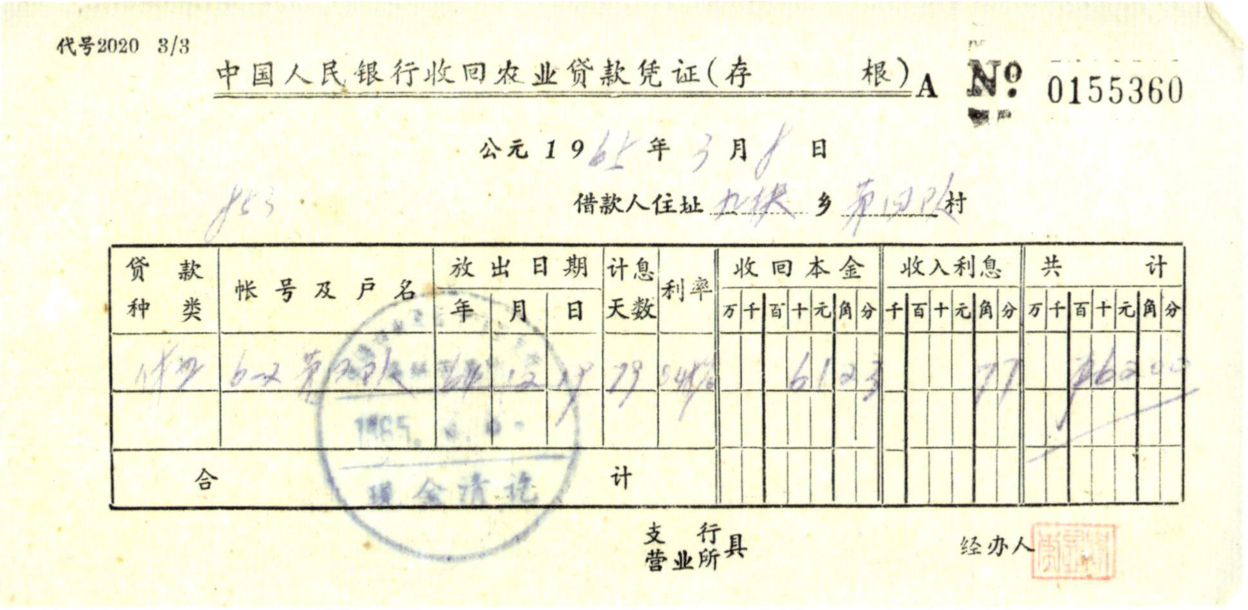

代号2020 3/3

中国人民银行收回农业贷款凭证(存 根) A №0155360

公元19 65年 3月 8日

853 借款人住址 九扶 乡 第四队 村

贷款种类	帐号及户名	放出日期 年	月	日	计息天数	利率	收回本金	收入利息	共计
付业	6-2 第四队	64	12	28	79	0.48‰	61.23	0.77	62.00
合计									

1965.3.8 现金清讫

支行 营业所 具 经办人

0183 一九六五年三月八日九扶乡第四队收回农业贷款凭证

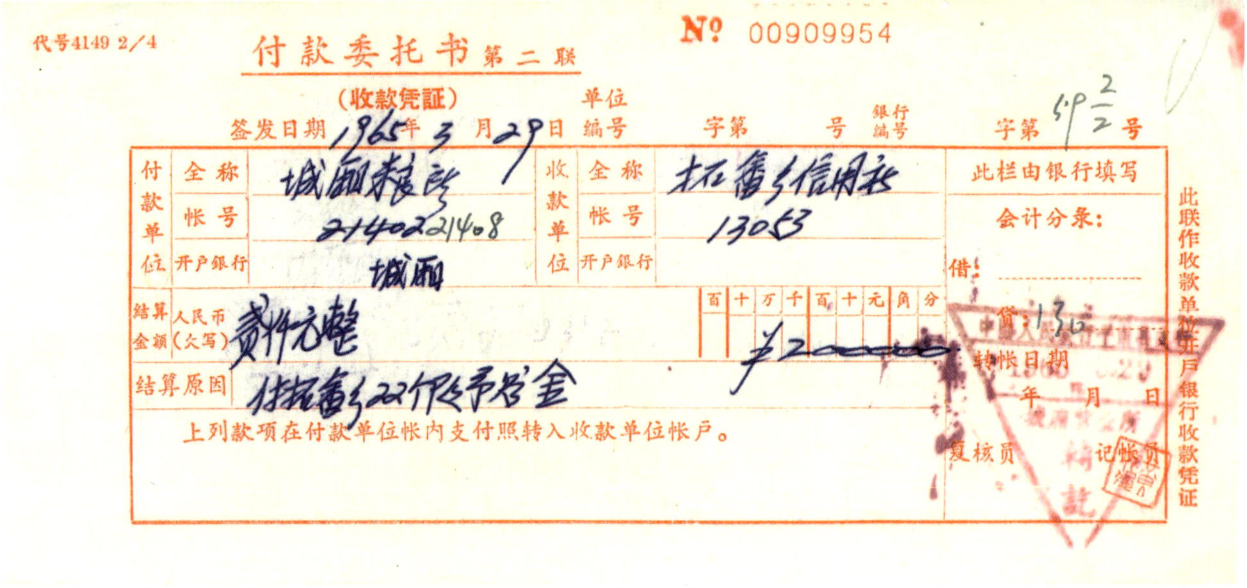

代号4149 2/4

付款委托书 第二联

(收款凭証)

№ 00909954

签发日期 1965年3月29日　单位编号 字第 号　银行编号 字第 5P 2/2 号

付款单位		收款单位		此栏由银行填写
全称	城厢粮所	全称	柘畲乡信用社	会计分录：
帐号	2140221408	帐号	13083	借：
开户银行	城厢	开户银行		貸：
结算金额 人民币(大写)	贰仟元整	百十万千百十元角分	¥2000.00	转帐日期 年 月 日
结算原因	付柘畲乡22队预订金			复核员 记帐员

上列款项在付款单位帐内支付照转入收款单位帐户。

此联作收款单位开户银行收款凭证

0184 一九六五年三月二十九日城厢粮所转柘畲乡信用社付款委托书

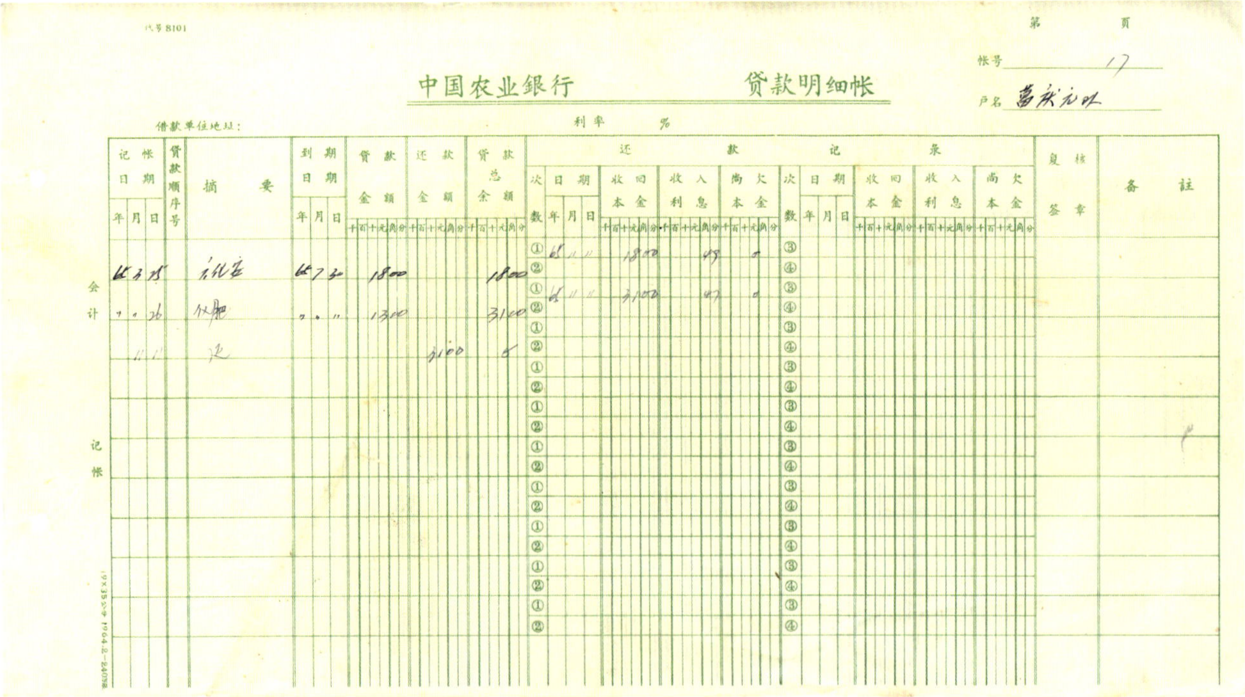

代号8101　第 页

中国农业银行　贷款明细帐

帐号 17

户名 葛庆元队

借款单位地址：　利率 %

记帐日期 年	月	日	贷款顺序号	摘要	到期日期 年	月	日	贷款金额	还款金额	贷款总余额	次数	日期 年	月	日	收回本金	收入利息	尚欠本金	复核签章	备註
											①	65	11	11	1800	49	0		
65	3	15		[illegible]	65	7	30	1800		1800	②								
											①	65	11	11	3100	47	0		
〃	〃	26		化肥	〃	〃	11	1300		3100	②								
	11	11		还					3100	0	①								

会计　记帐

0185 一九六五年葛庆元队贷款明细表

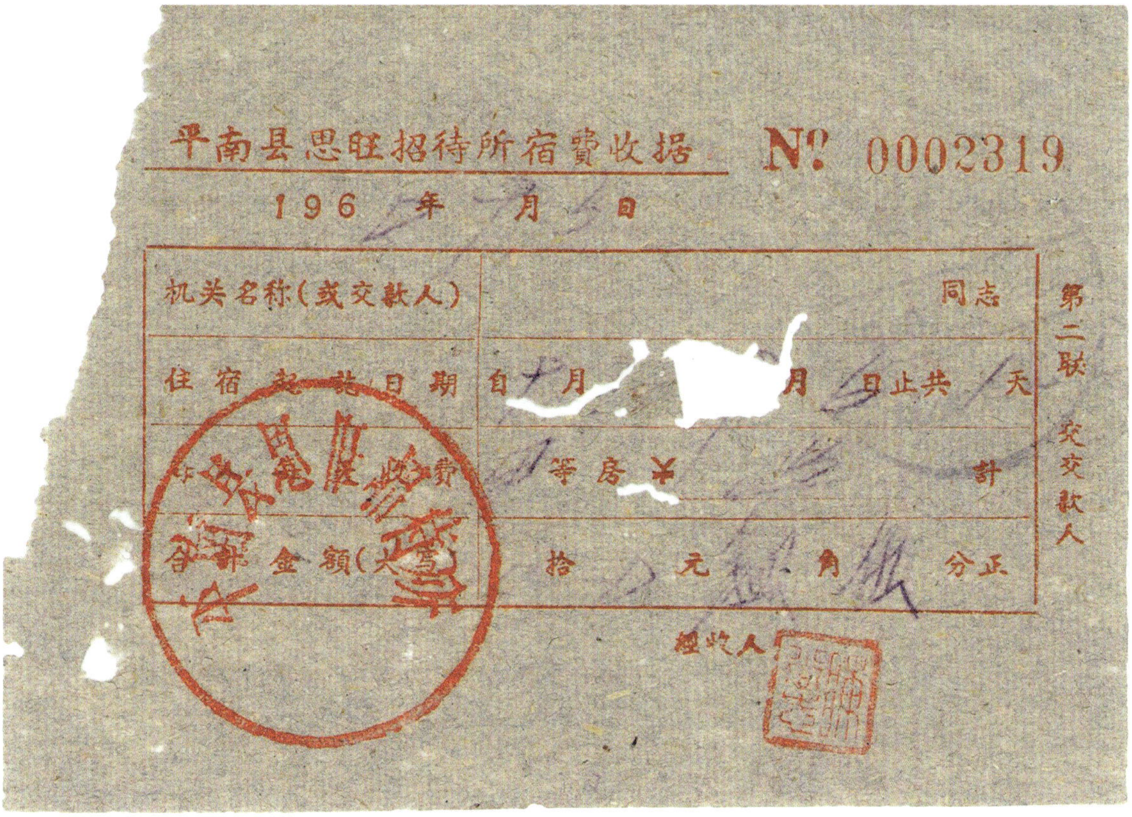
平南县思旺招待所宿费收据　№ 0002319
196　年　月　日

机关名称（或交款人）	同志
住宿起讫日期	自　月　日至　月　日止共　天
住　人　每天收费	等房 ¥　计
合计金额（大写）	拾　元　角　分正

经收人

第二联　交交款人

0186 一九六六年九月五日平南县思旺招待所宿费收据

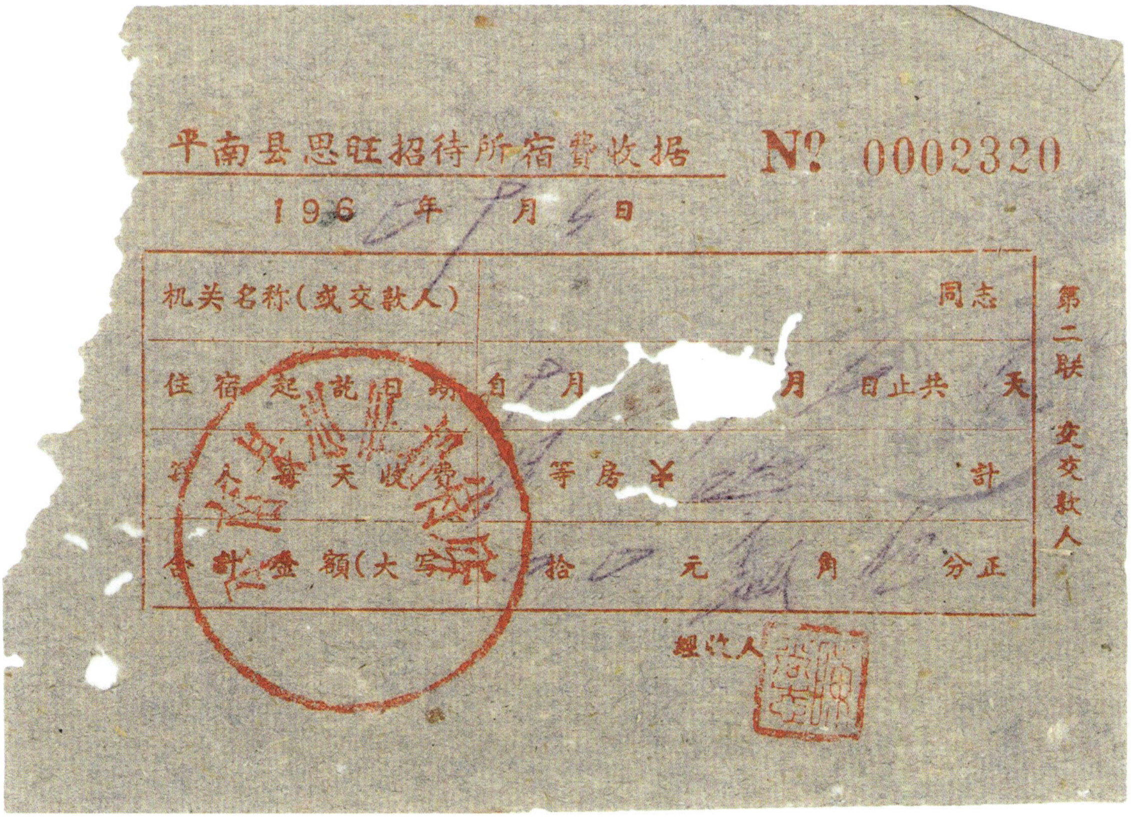
平南县思旺招待所宿费收据　№ 0002320
196　年　月　日

机关名称（或交款人）	同志
住宿起讫日期	自　月　日至　月　日止共　天
住　人　每天收费	等房 ¥　计
合计金额（大写）	拾　元　角　分正

经收人

第二联　交交款人

0187 一九六六年九月五日平南县思旺招待所宿费收据

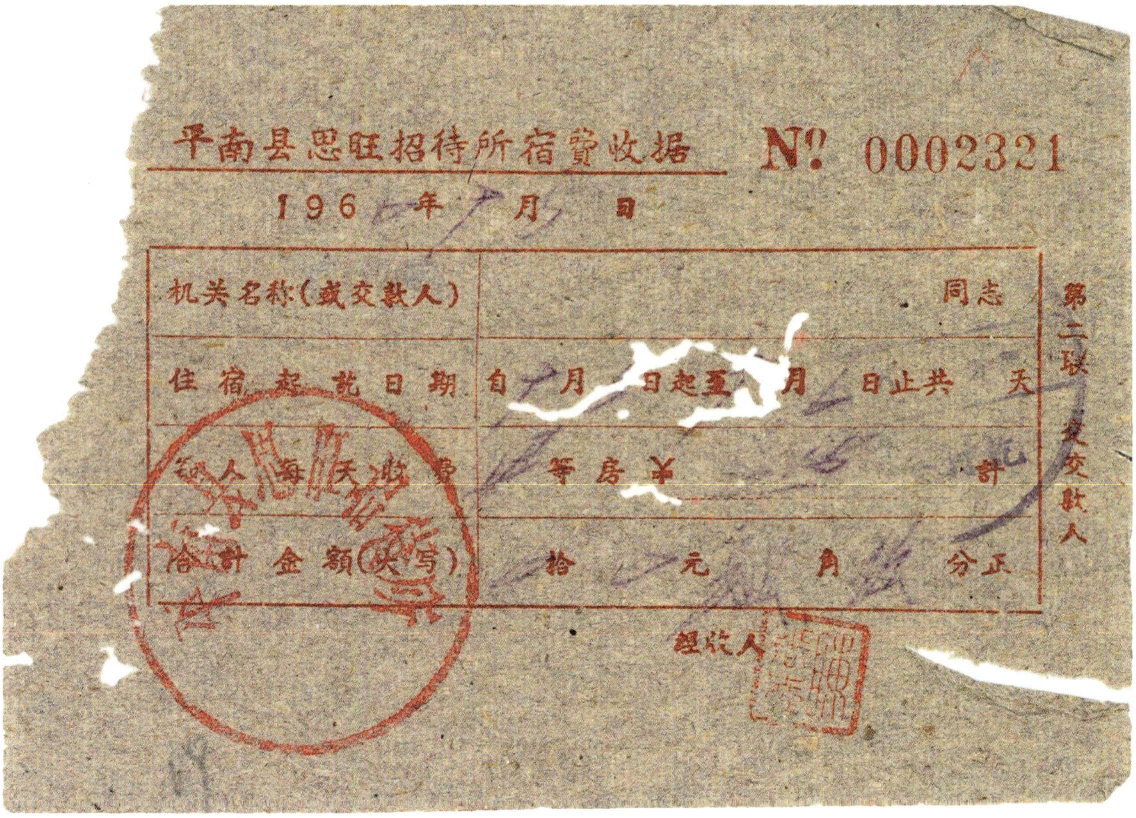
平南县思旺招待所宿费收据 Nº 0002321

196　年　月　日

机关名称（或交款人）	同志
住宿起讫日期	自　月　日起至　月　日止共　天
每人每天收费	等房 ¥　计
合计金额（大写）	拾　元　角　分正

经收人

第二联 交交款人

0188 一九六六年九月五日平南县思旺招待所宿费收据

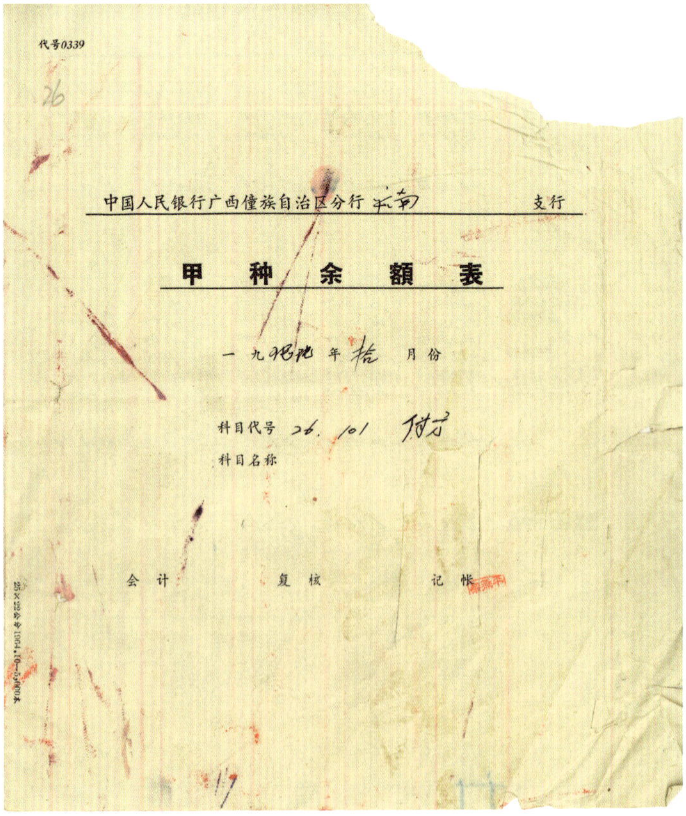
代号0339

中国人民银行广西僮族自治区分行 平南 支行

甲种余额表

一九六六年 拾 月份

科目代号 26.101

科目名称

会计　复核　记帐

0189-1 一九六六年十月中国人民银行广西分行平南支行甲种余额表封面

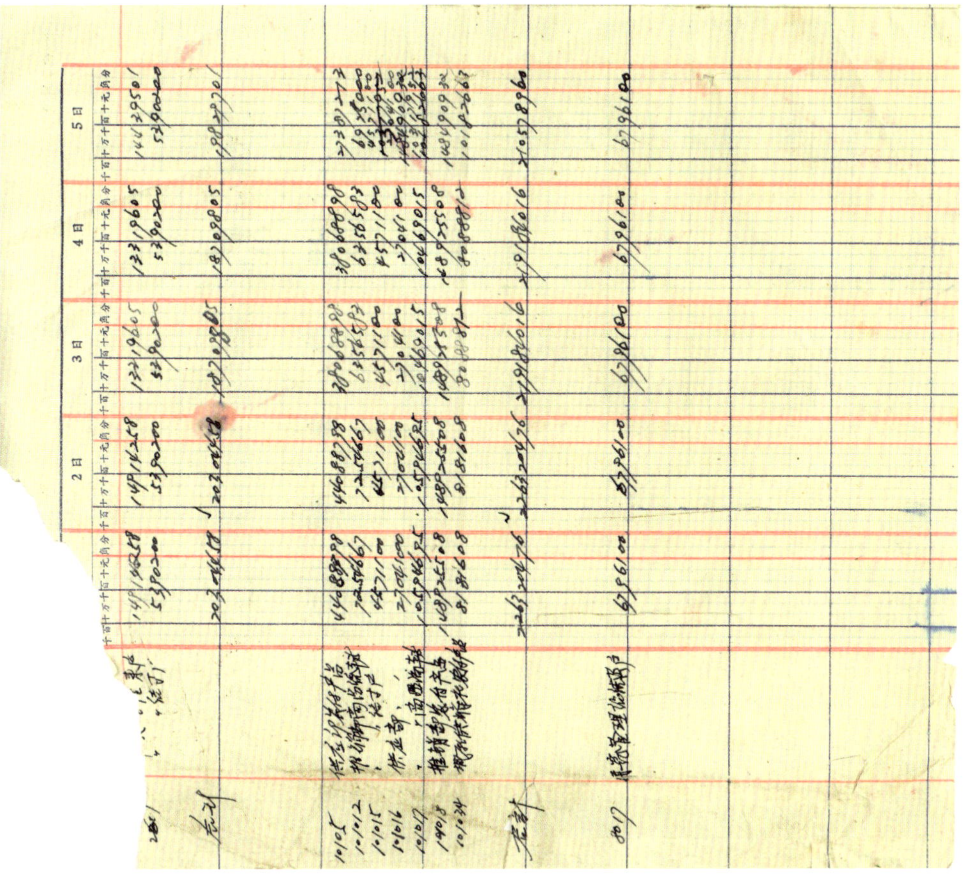

0189–2 一九六六年十月中国人民银行广西分行平南支行甲种余额表（1）

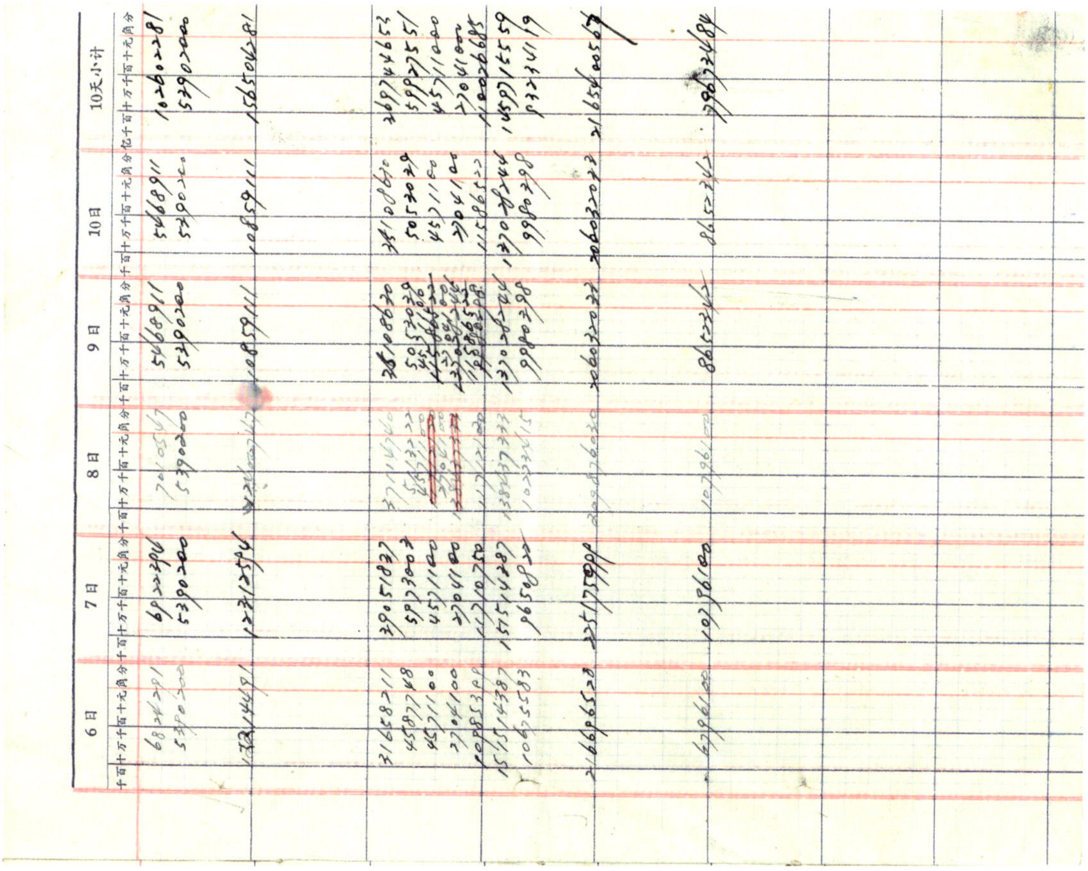

0189–3 一九六六年十月中国人民银行广西分行平南支行甲种余额表（2）

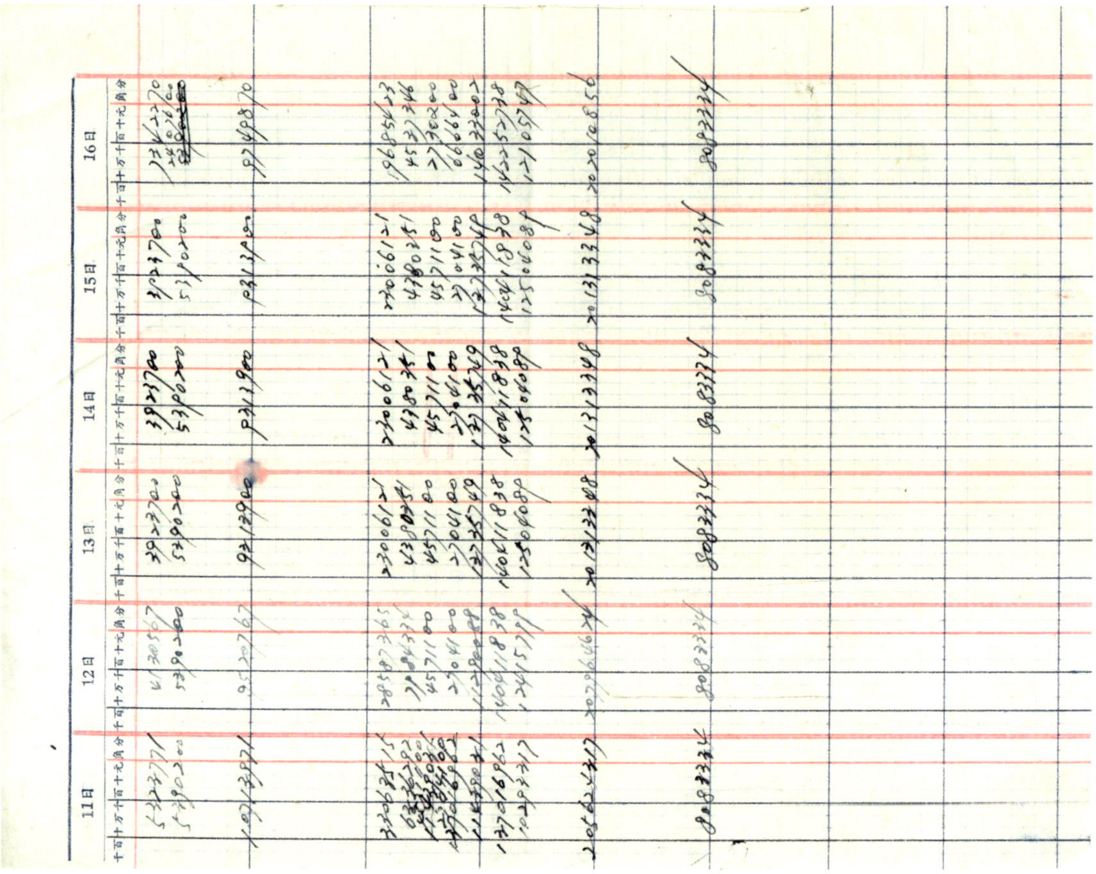

0189-4 一九六六年十月中国人民银行广西分行平南支行甲种余额表（3）

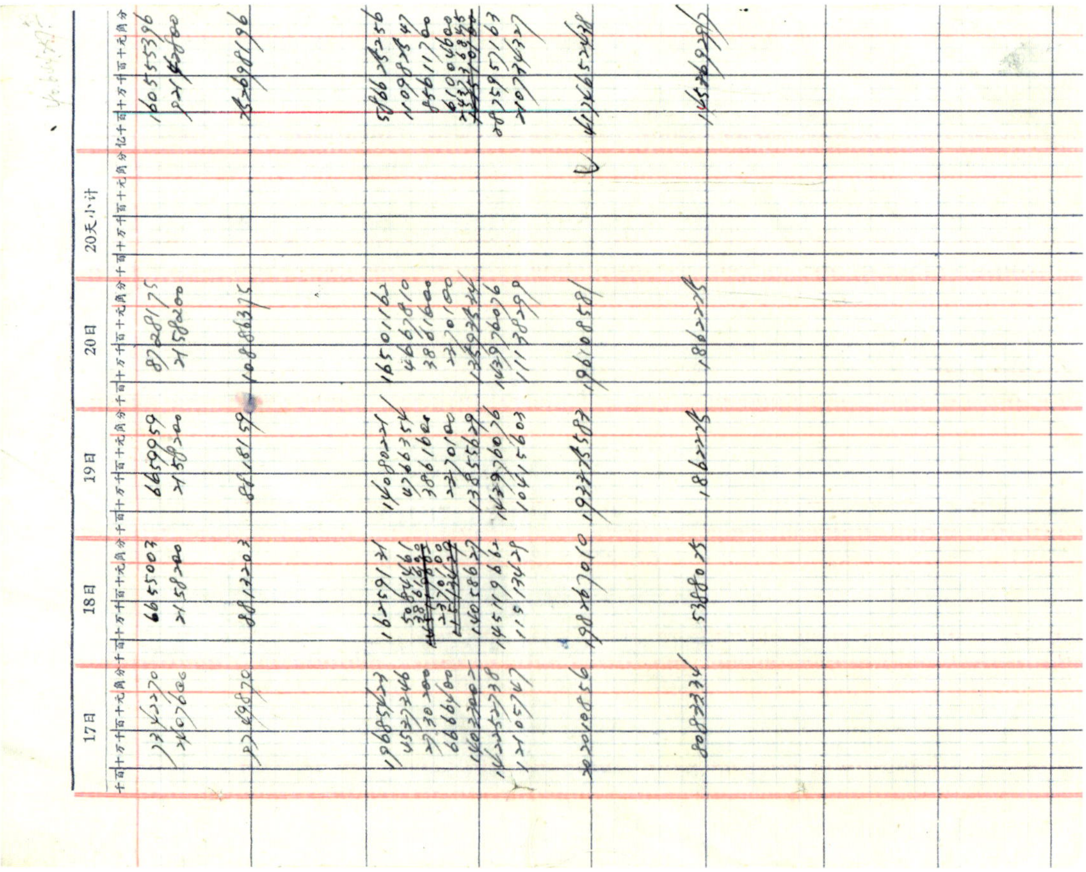

0189-5 一九六六年十月中国人民银行广西分行平南支行甲种余额表（4）

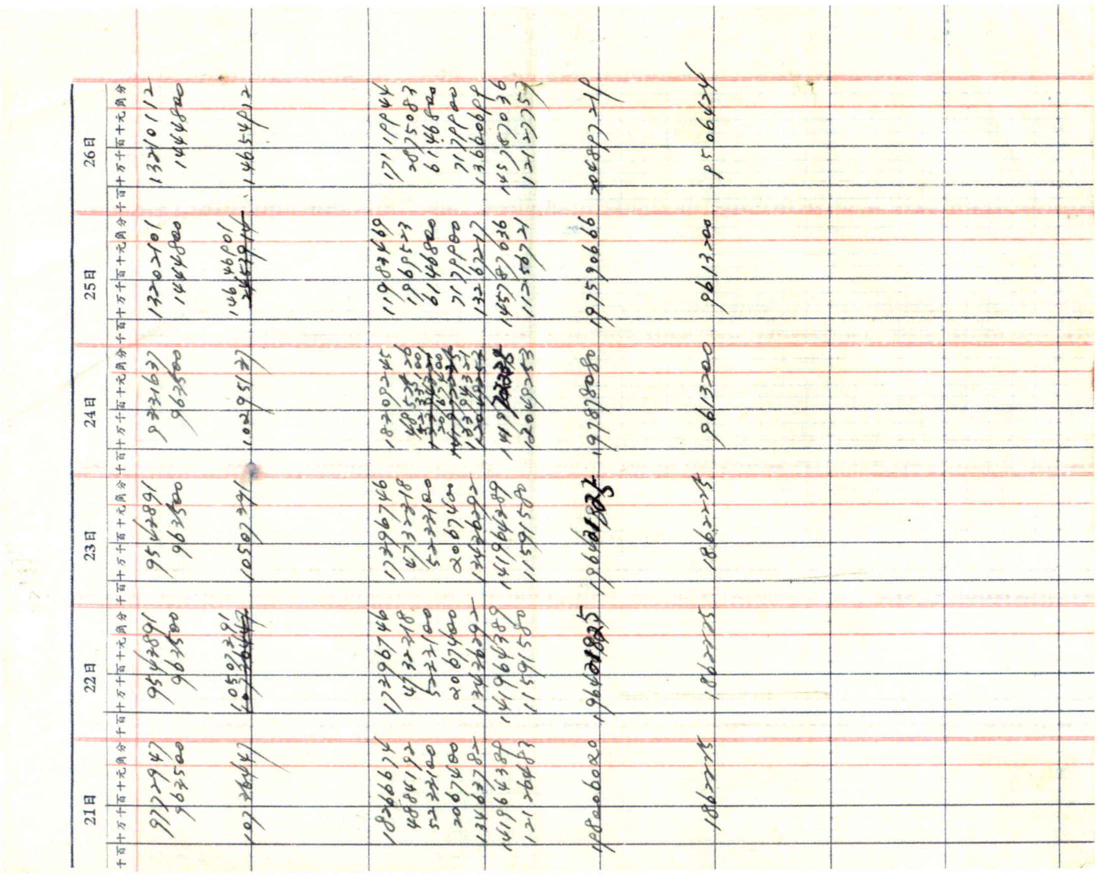

0189-6 一九六六年十月中国人民银行广西分行平南支行甲种余额表（5）

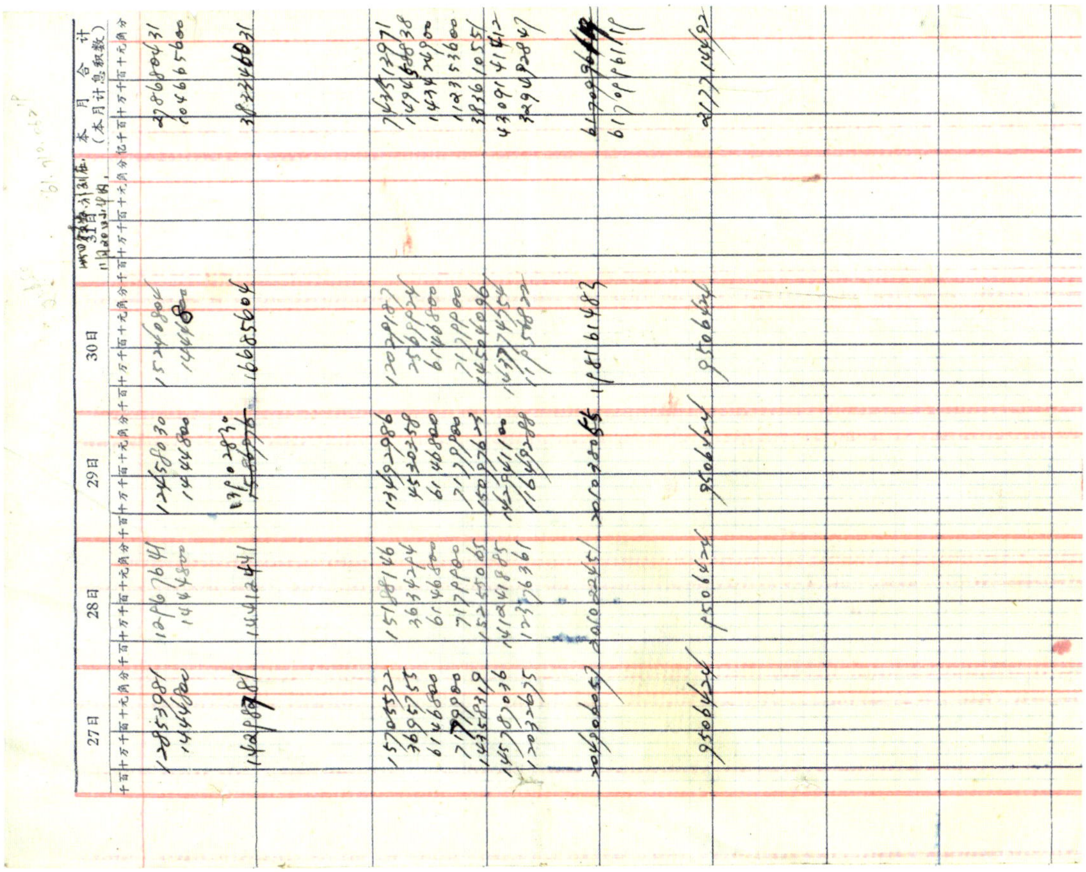

0189-7 一九六六年十月中国人民银行广西分行平南支行甲种余额表（6）

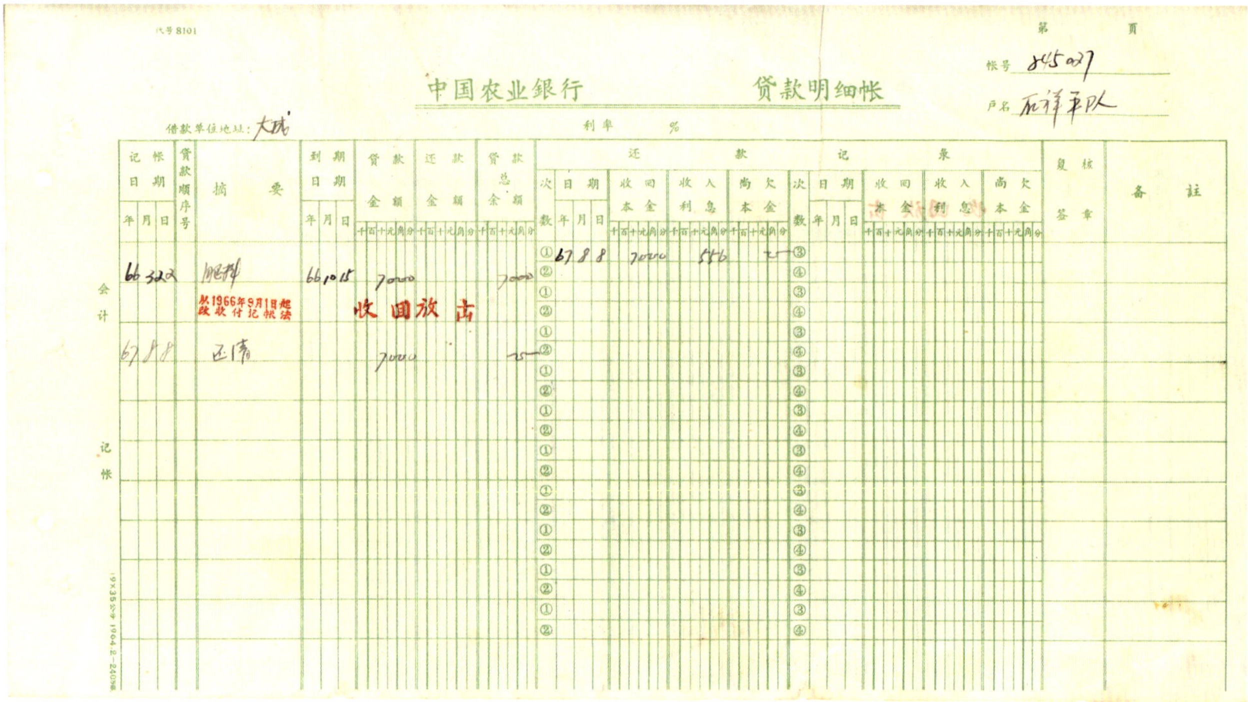
代号 8101　　第　页
中国农业银行　贷款明细帐
帐号 845027
户名 石祥平队
借款单位地址：[illegible]
利率　%

记帐日期 年 月 日	贷款顺序号	摘要	到期日期 年 月 日	贷款金额	还款金额	贷款总余额	次数	还款记录：日期 年 月 日	收回本金	收入利息	尚欠本金	复核签章	备注
66 5 22		[illegible]	66 10 15	7000		7000	①	67 8 8	7000	556	25		
		从1966年9月1日起改收付记帐法		收回放古									
67 8 8		还清			7000	25							

0190 一九六六年石祥平队贷款明细账

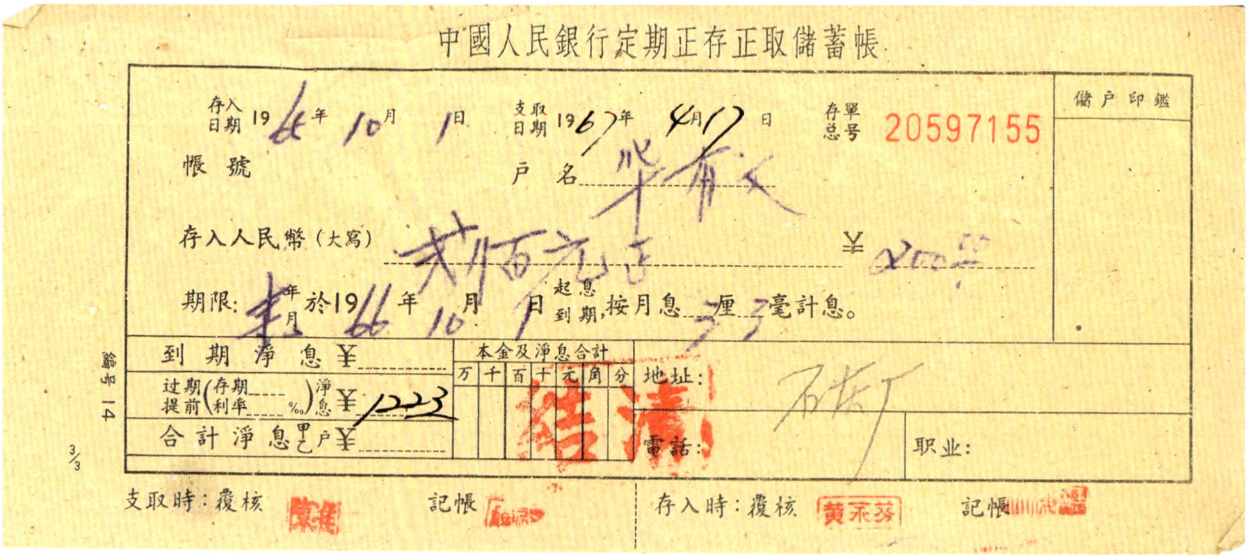
中國人民銀行定期正存正取儲蓄帳
存入日期 1966年10月1日　支取日期 1967年4月17日　存單總号 20597155　儲戶印鑑
帳號　戶名 华有文
存入人民幣（大寫）[illegible]　¥200.00
期限 半年 於1966年10月1日起息到期，按月息　厘　毫計息。
到期淨息¥
过期提前（存期　利率　%）淨息¥12.23
合計淨息甲乙戶¥
本金及淨息合計 万 千 百 十 元 角 分
地址：[illegible]
電話：　职业：
结清
顺号 14　3/3
支取時：覆核　記帳
存入時：覆核 黄采芬　記帳

0191 一九六七年四月十七日华有文定期整存整取储蓄账

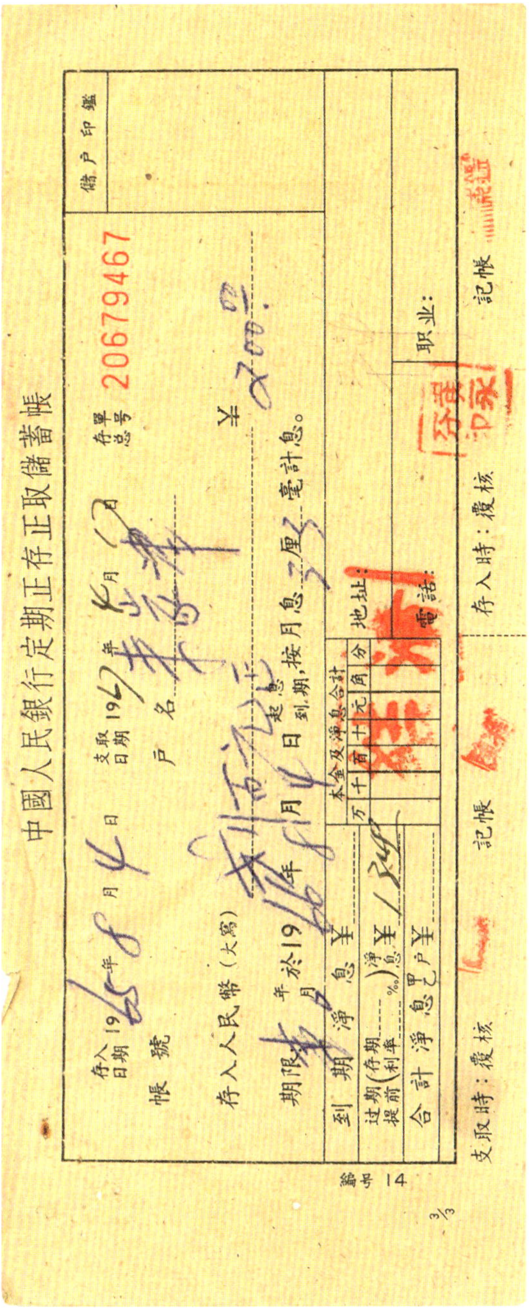
中國人民銀行定期正存正取儲蓄帳

存單總號 20679467

存入日期 19 年 月 日　支取日期 19 年 月 日

帳號　戶名

存入人民幣(大寫)　¥

期限 年 月 於19 年 月 日到期，按月息 厘 毫計息。

到期淨息 ¥　過期/提前(存期 利率 %)淨息 ¥　合計淨息已戶 ¥

本金及淨息合計

地址：　電話：　職业：

儲戶印鑑

支取時：覆核 記帳　存入時：覆核 記帳

編号 14

0192 一九六七年四月十七日李崇津定期整存整取储蓄账

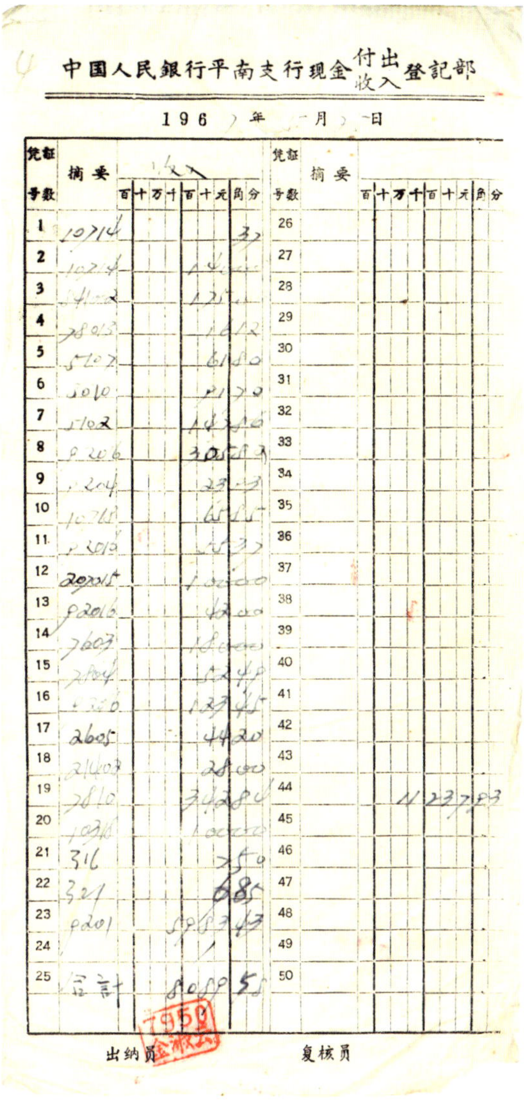
中国人民銀行平南支行現金付出收入登記部

196 年 月 日

凭証号數　摘要　百 十 万 千 百 十 元 角 分

出納員　复核員

0193 一九六七年五月二十五日中国人民银行平南支行现金收支登记部

0194 一九六七年五月二十五日中国人民银行平南支行现金收入登记部

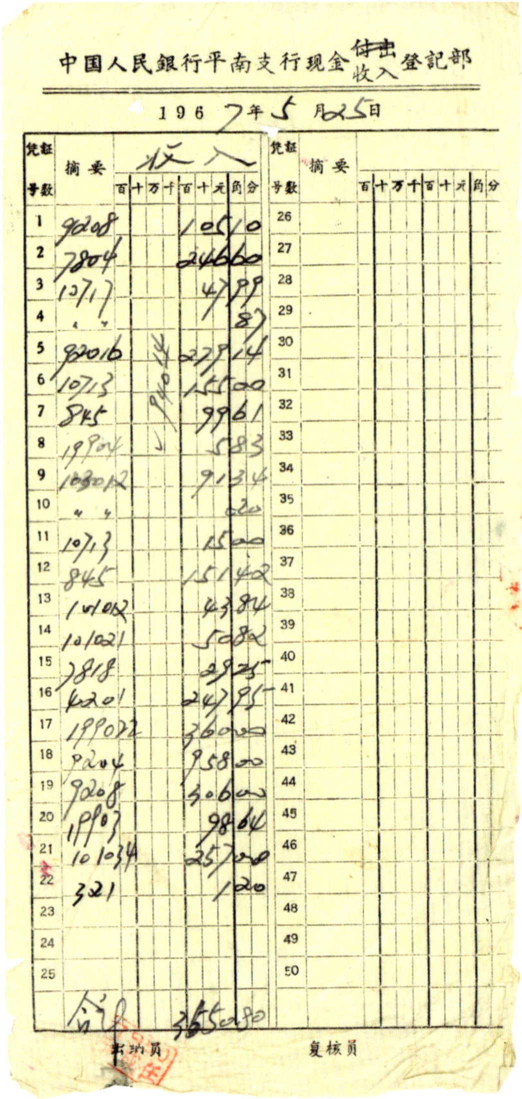
中国人民银行平南支行现金~~付出~~收入登記部

1967年5月25日

凭証号数	摘要 收入	金额
1	9208	105.10
2	7804	246.60
3	10717	47.99
4	〃	.87
5	92016	279.14
6	10713	155.00
7	845	99.61
8	19904	5.83
9	108012	91.34
10	〃	.20
11	10713	15.00
12	845	151.42
13	101012	43.84
14	101021	50.82
15	7818	29.25
16	4201	247.95
17	199072	360.00
18	9204	958.00
19	9208	306.00
20	19907	98.64
21	101034	257.00
22	321	1.20
23		
24		
25		
合计		3650.80

出納員　　　　復核員

0195 一九六七年五月二十五日中国人民银行平南支行现金收支登记部

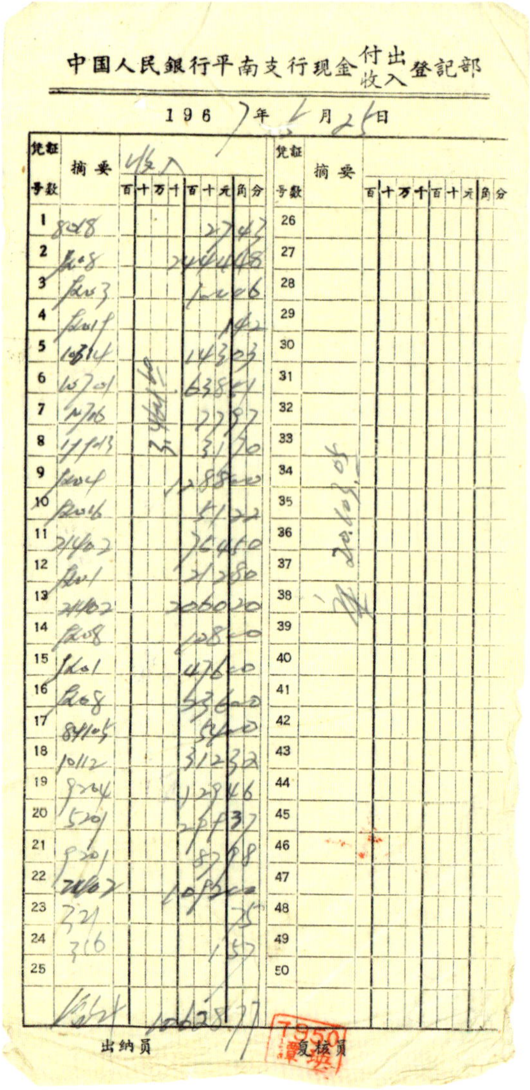
中国人民银行平南支行现金付出收入登記部

1967年6月26日

凭証号数	摘要 收入	金额
1	8218	27.47
2		
3		
4		
5		
6		
7		
8		
9		
10		
11		
12		
13		
14		
15		
16		
17	84105	
18	10112	312.32
19	9204	129.46
20	5201	
21	9201	
22		
23	321	.75
24	316	1.57
25		

出納員　　　　復核員

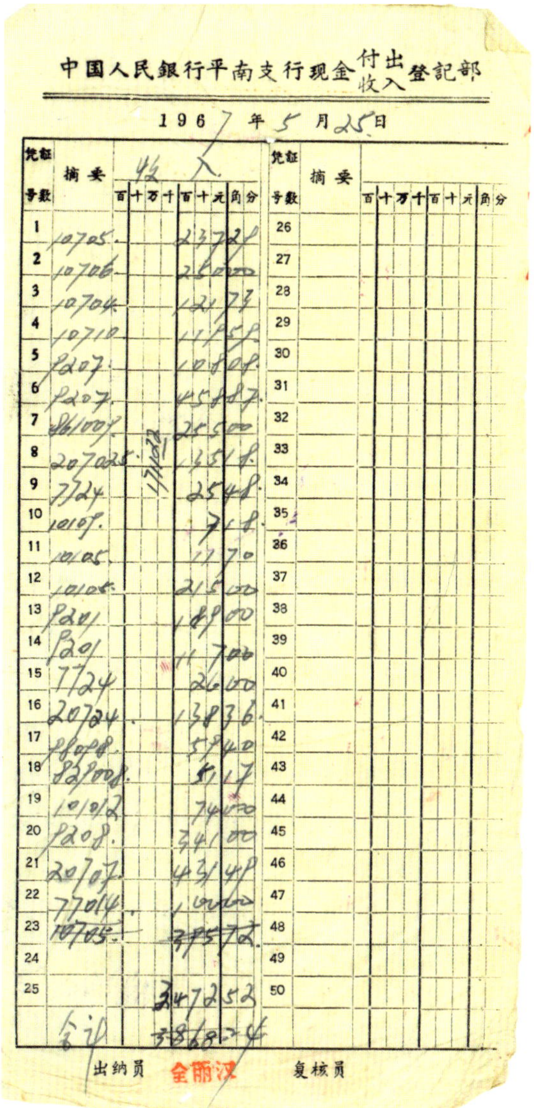
中国人民銀行平南支行现金付出收入登記部

1967 年 5 月 25 日

凭証号数 摘要 收入 百 十 万 千 百 十 元 角 分

凭証号数 摘要 百 十 万 千 百 十 元 角 分

合计

出纳员　复核员

0196 一九六七年五月二十五日中国人民银行平南支行现金收支登记部

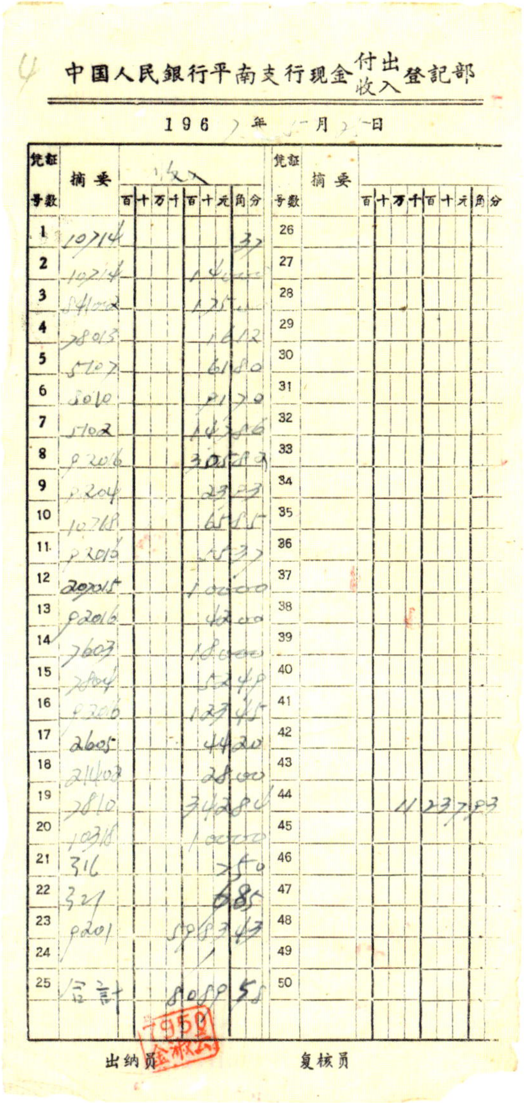
中国人民銀行平南支行现金付出收入登記部

196 年 月 日

凭証号数 摘要 收入 百 十 万 千 百 十 元 角 分

凭証号数 摘要 百 十 万 千 百 十 元 角 分

合計

出纳员　复核员

0197 一九六七年五月二十五日中国人民银行平南支行现金收支登记部

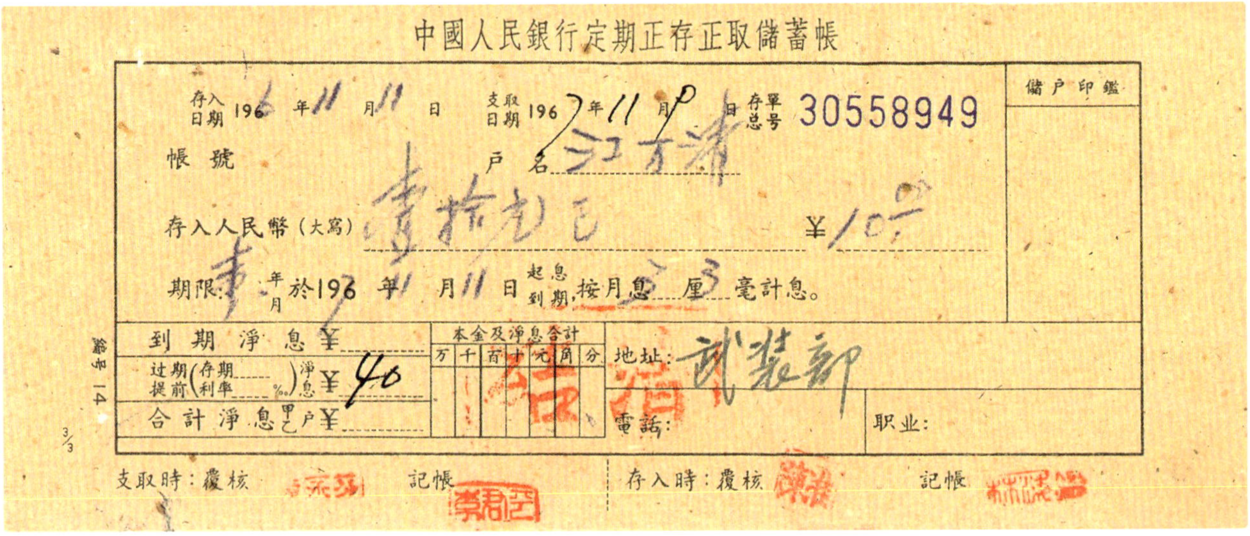
中國人民銀行定期正存正取儲蓄帳

存入日期 196 6 年 11 月 11 日　支取日期 196 7 年 11 月 9 日　存單总号 30558949　儲户印鑑

帳號　戶名 江万清

存入人民幣（大寫）壹拾元正　¥10

期限 壹年 於196 年 月 11 日 起息到期 按月息 厘 毫計息。

到期淨息¥

过期提前（存期利率 %）淨息¥ 40

合計淨息甲乙户¥

本金及淨息合計 万 千 百 十 元 角 分

地址：武装部

電話：　职业：

編号 14　3/3

支取時：覆核　記帳　存入時：覆核　記帳

0198 一九六七年十一月九日江万清定期整存整取储蓄账

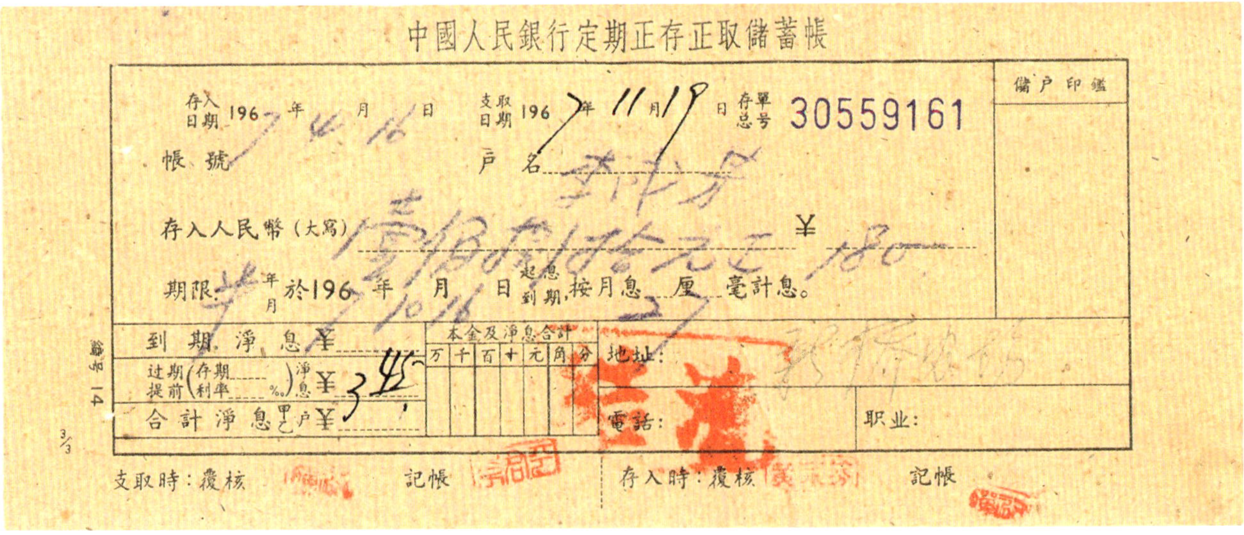
中國人民銀行定期正存正取儲蓄帳

存入日期 196 7 年 4 月 16 日　支取日期 196 7 年 11 月 19 日　存單总号 30559161　儲户印鑑

帳號　戶名 李成芳

存入人民幣（大寫）壹佰捌拾元正　¥180—

期限 半年 於196 年 月 日 起息到期 按月息 厘 毫計息。

到期淨息¥

过期提前（存期利率 %）淨息¥ 345

合計淨息甲乙户¥

本金及淨息合計 万 千 百 十 元 角 分

地址：

電話：　职业：

編号 14　3/3

支取時：覆核　記帳　存入時：覆核　記帳

0199 一九六七年十一月十九日李成芳定期整存整取储蓄账

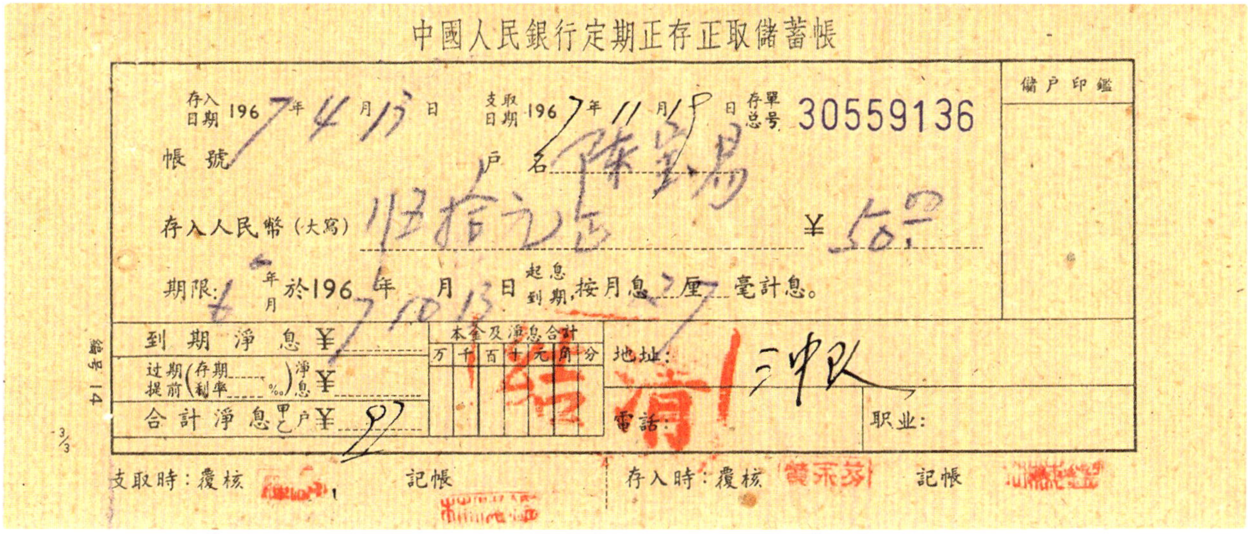
中國人民銀行定期正存正取儲蓄帳

存入日期 1967年4月17日　支取日期 1967年11月19日　存單总号 30559136　儲户印鑑

帳號　户名 陈宝易

存入人民幣（大寫）　¥

期限：　年月於196　年　月　日起息到期，按月息　厘　毫計息。

到期淨息¥　本金及淨息合計（万 千 百 十 元 角 分）　地址：

过期提前（存期利率　‰）淨息¥

合計淨息¥　電話：　职业：

支取時：覆核　記帳　存入時：覆核　記帳

0200 一九六七年十一月十九日陈宝易定期整存整取储蓄账

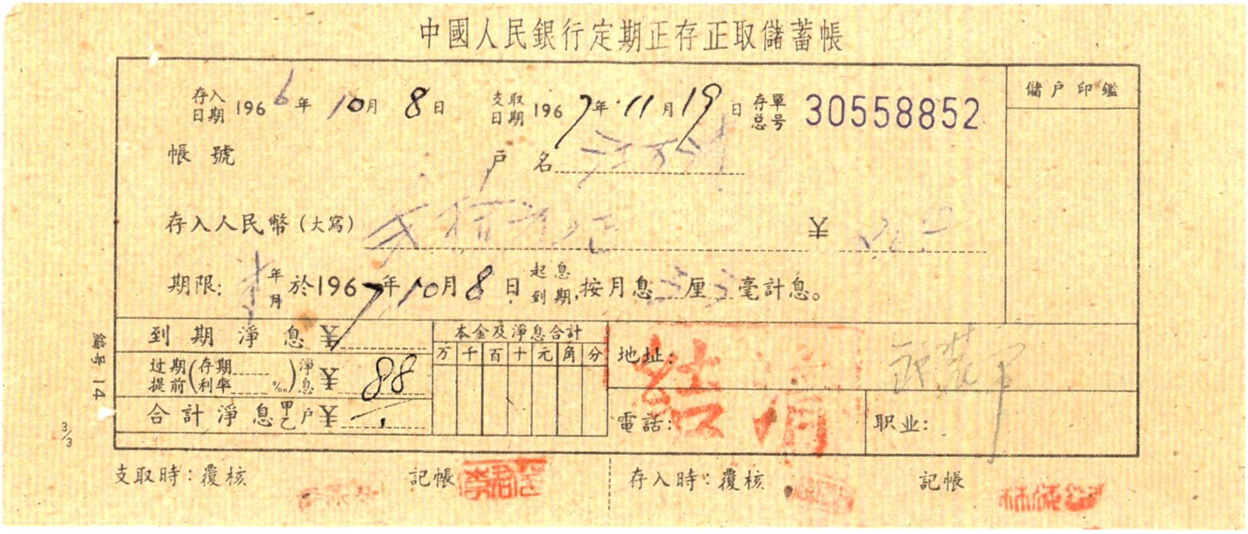
中國人民銀行定期正存正取儲蓄帳

存入日期 1966年10月8日　支取日期 1967年11月19日　存單总号 30558852　儲户印鑑

帳號　户名

存入人民幣（大寫）　¥

期限：　年月於1967年10月8日起息到期，按月息　厘　毫計息。

到期淨息¥　本金及淨息合計（万 千 百 十 元 角 分）　地址：

过期提前（存期利率　‰）淨息¥ 88

合計淨息¥　電話：　职业：

支取時：覆核　記帳　存入時：覆核　記帳

0201 一九六七年十一月十九日江万清定期整存整取储蓄账

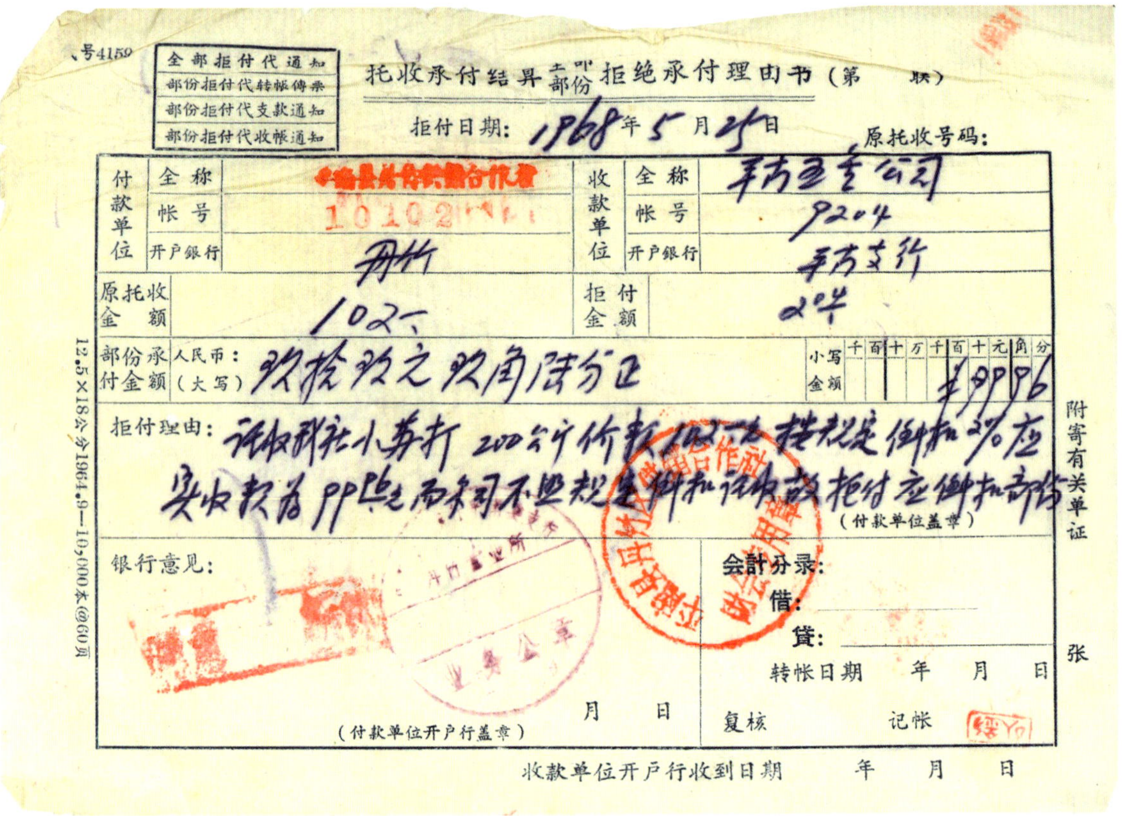
号4159

全部拒付代通知 / 部份拒付代转帐傳票 / 部份拒付代支款通知 / 部份拒付代收帐通知

托收承付结算全部部份拒绝承付理由书（第　联）

拒付日期：1968年5月25日　原托收号码：

付款单位	全称	平南县丹竹供销合作社	收款单位	全称	平南五金公司
	帐号	10102		帐号	9204
	开户银行	丹竹		开户银行	平南支行
原托收金额		102.-	拒付金额		2.04
部份承付金额	人民币：（大写）	玖拾玖元玖角陆分正	小写金额		¥99.96

拒付理由：

（付款单位盖章）

银行意见：	会計分录：借：贷：
月　日	转帐日期　年　月　日
（付款单位开户行盖章）	复核　记帐

收款单位开户行收到日期　年　月　日

附寄有关单证　张

12.5×18公分1964.9—10,000本@60頁

0202 一九六八年五月二十五日平南县丹竹供销合作社托收承付结算部分拒绝承付理由书

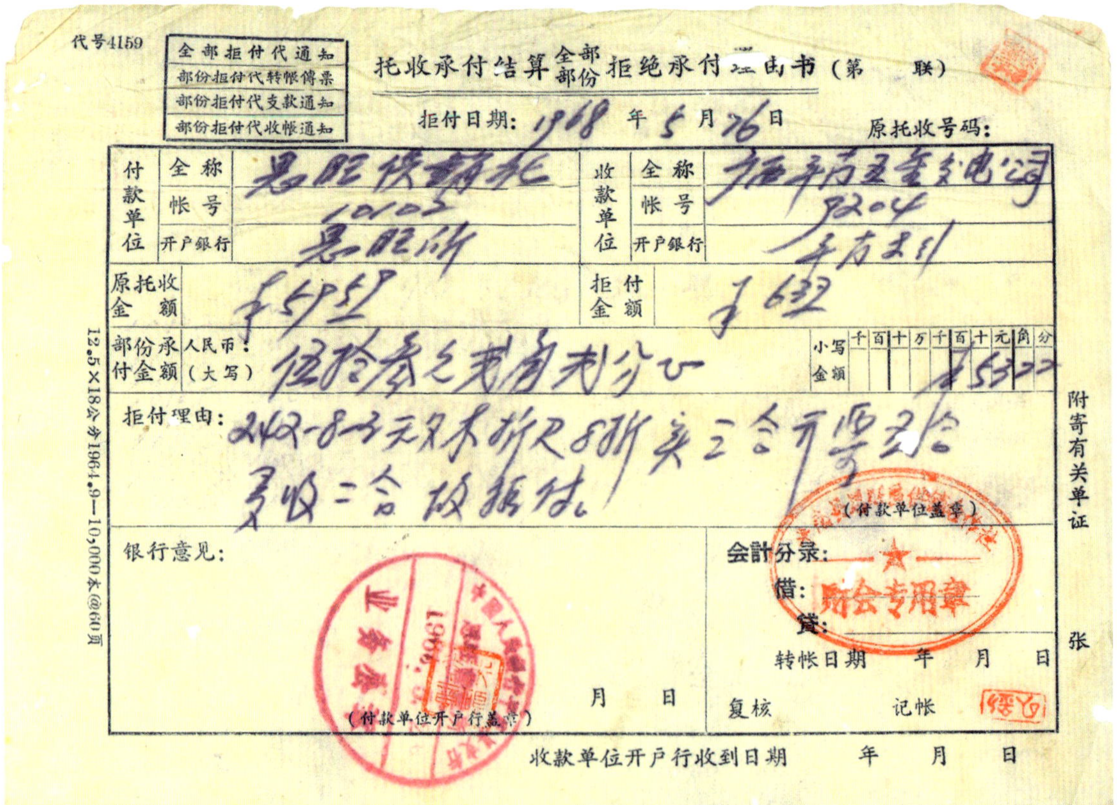
代号4159

全部拒付代通知 / 部份拒付代转帐傳票 / 部份拒付代支款通知 / 部份拒付代收帐通知

托收承付结算全部部份拒绝承付理由书（第　联）

拒付日期：1968年5月26日　原托收号码：

付款单位	全称	思旺供销社	收款单位	全称	广西平南县五金交电公司
	帐号	10103		帐号	9204
	开户银行	思旺所		开户银行	平南支行
原托收金额		¥51.51	拒付金额		¥6.32
部份承付金额	人民币：（大写）	伍拾叁元…角…分	小写金额		¥…

拒付理由：

（付款单位盖章）　财会专用章

银行意见：	会計分录：借：贷：
月　日	转帐日期　年　月　日
（付款单位开户行盖章）	复核　记帐

收款单位开户行收到日期　年　月　日

附寄有关单证　张

12.5×18公分1964.9—10,000本@60頁

0203 一九六八年五月二十六日思旺供销社托收承付结算全部部分拒绝承付理由书

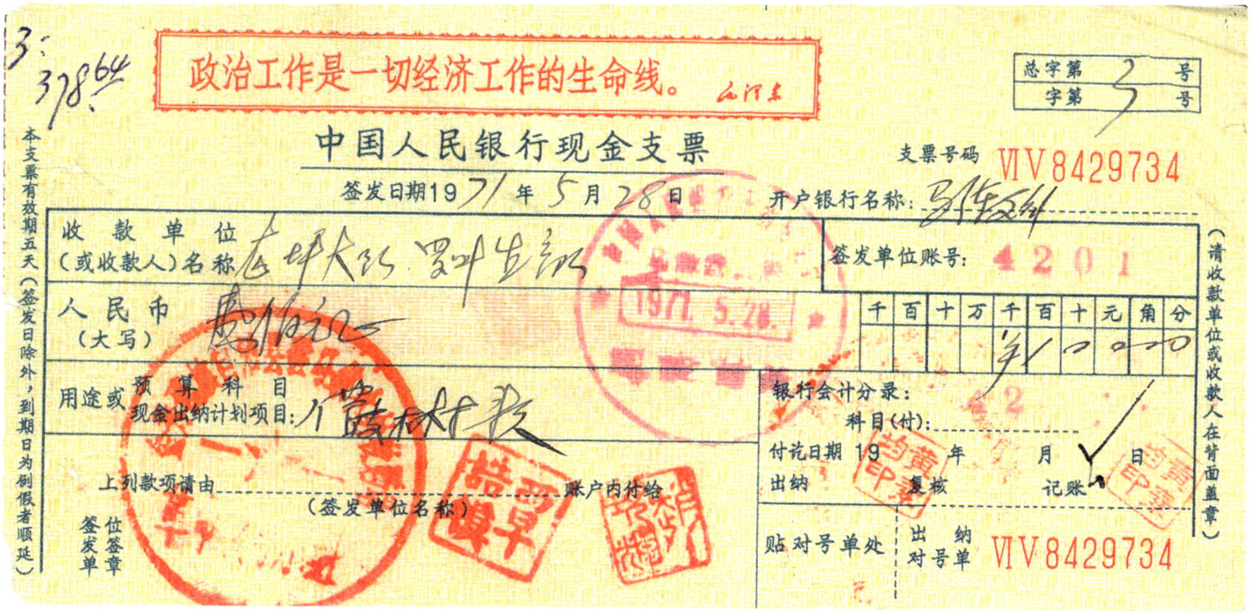
政治工作是一切经济工作的生命线。 毛泽东

总字第 号
字第 号

中国人民银行现金支票

支票号码 VIV8429734

签发日期19 年 月 日 开户银行名称：

收款单位（或收款人）名称

签发单位账号：4201

人民币（大写）

千 百 十 万 千 百 十 元 角 分

用途或预算科目现金出纳计划项目：

银行会计分录：

科目（付）：

付讫日期 19 年 月 日

出纳 复核 记账

上列款项请由 （签发单位名称） 账户内付给

签发单位签章

贴对号单处 出纳对号单 VIV8429734

本支票有效期五天（签发日除外，到期日为例假者顺延）

（请收款单位或收款人在背面盖章）

0204 一九七一年五月二十八日龙坪大队罗斗生产队现金支票

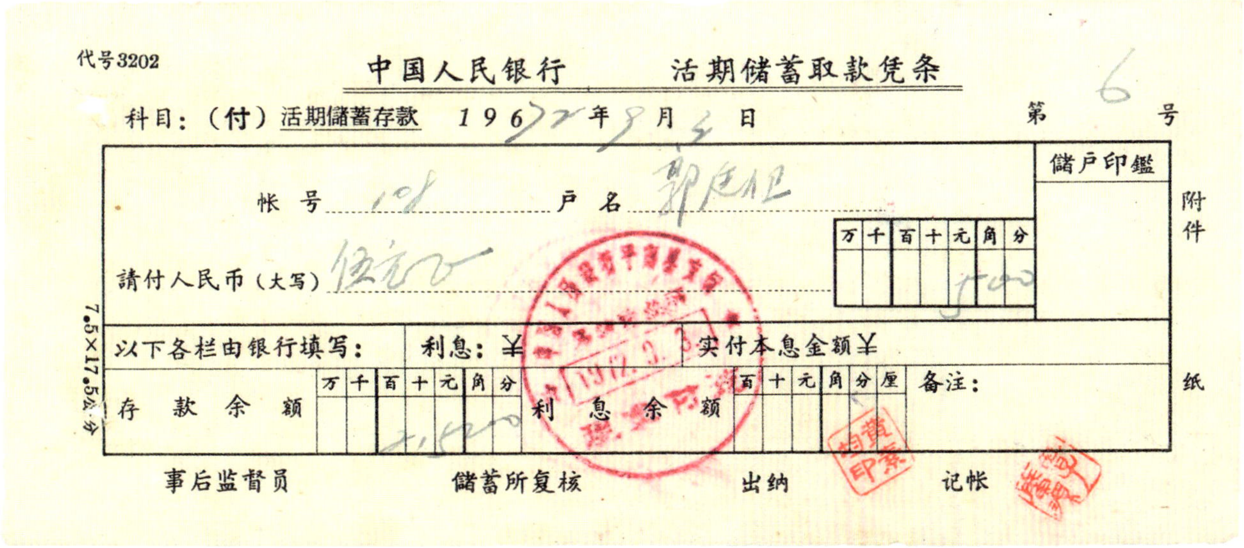
代号3202

中国人民银行 活期储蓄取款凭条

科目：（付）活期儲蓄存款 19 年 月 日 第 号

帐号	戶名
請付人民币（大写）	万 千 百 十 元 角 分
以下各栏由银行填写： 利息：¥	实付本息金额¥
存款余额 万 千 百 十 元 角 分	利息余额 百 十 元 角 分 厘
备注：	

儲戶印鑑

附件 纸

7.5×17.5公分

事后监督员 儲蓄所复核 出纳 记帐

0205 一九七二年九月三日郭庭但活期储蓄取款凭条

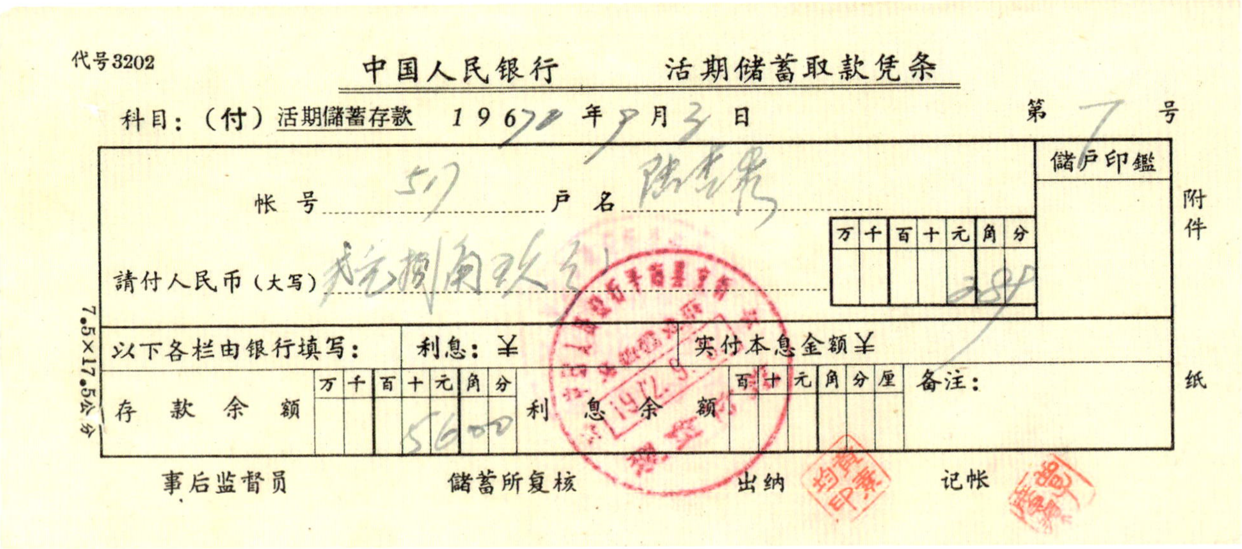

0206 一九七二年九月三日陆李秀活期储蓄取款凭条

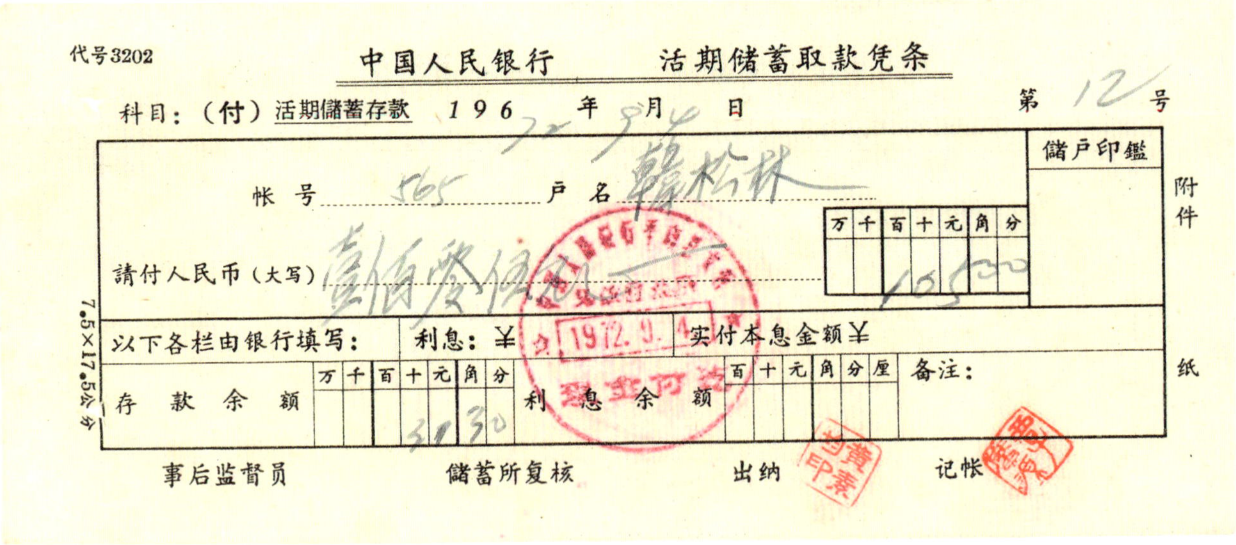

0207 一九七二年九月四日韩松林活期储蓄取款凭条

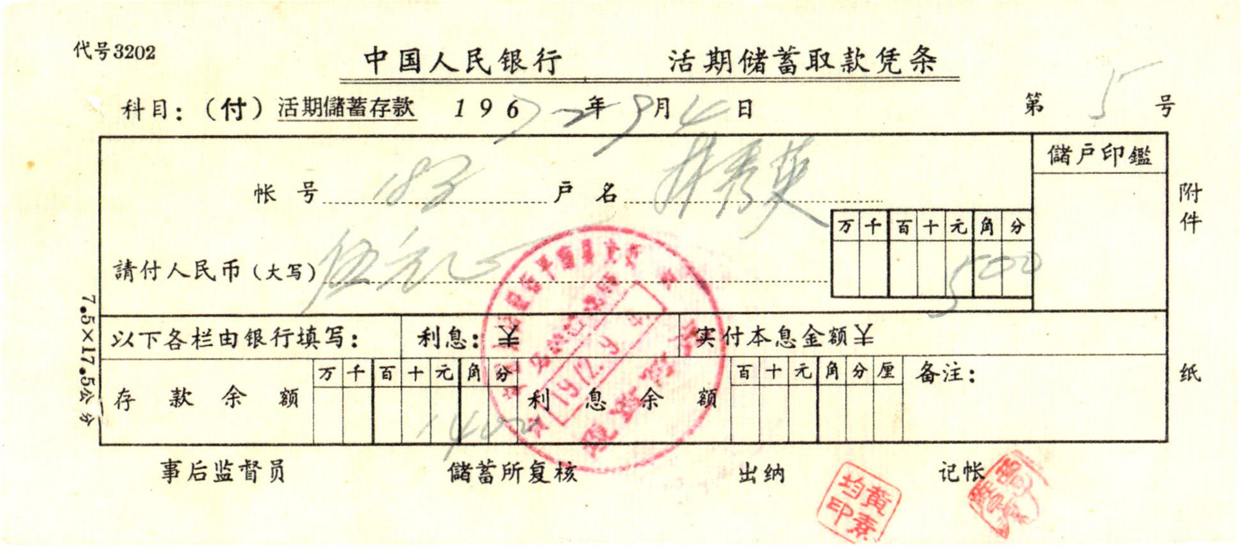
代号3202

中国人民银行　　活期储蓄取款凭条

科目：（付）活期储蓄存款　196 72 年 9 月 4 日　　第 5 号

帐号 183	户名 林秀英	储户印鑑
請付人民币（大写）伍元正	万 千 百 十 元 角 分 5 00	
以下各栏由银行填写：	利息：¥	实付本息金额¥
存款余额	利息余额	备注：

事后监督员　　储蓄所复核　　出纳　　记帐

附件　纸

7.5×17.5公分

0208 一九七二年九月四日林秀英活期储蓄取款凭条

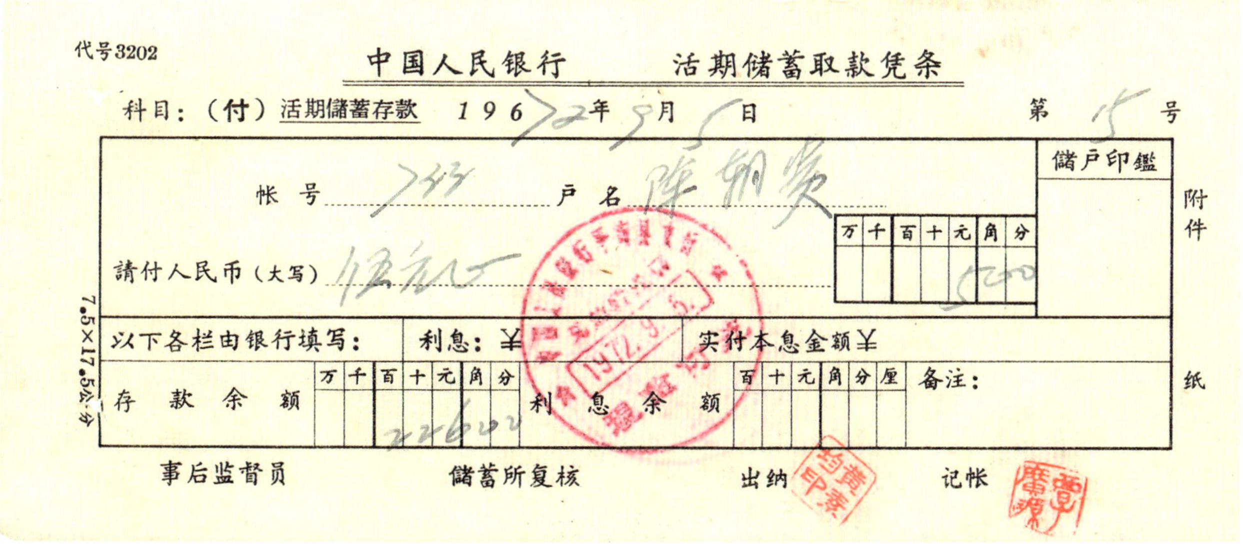
代号3202

中国人民银行　　活期储蓄取款凭条

科目：（付）活期储蓄存款　196 72 年 9 月 5 日　　第 15 号

帐号	户名 陈朝贤	储户印鑑
請付人民币（大写）伍元正	万 千 百 十 元 角 分 5 00	
以下各栏由银行填写：	利息：¥	实付本息金额¥
存款余额	利息余额	备注：

事后监督员　　储蓄所复核　　出纳　　记帐

附件　纸

7.5×17.5公分

0209 一九七二年九月五日陈朝贤活期储蓄取款凭条

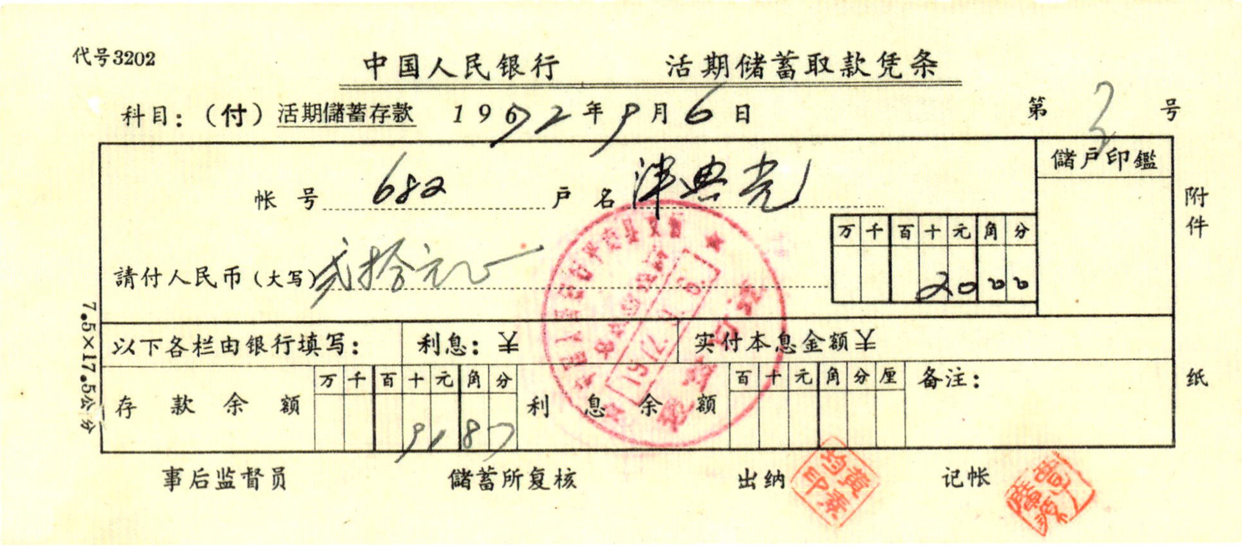

代号3202

中国人民银行　　活期储蓄取款凭条

科目：（付）活期储蓄存款　1972年9月6日　第3号

帐号 682　户名 津典光　储户印鉴

請付人民币（大写）

万 千 百 十 元 角 分　2000

附件

以下各栏由银行填写：　利息：¥　实付本息金额¥

存款余额　万 千 百 十 元 角 分　利息余额　百 十 元 角 分 厘　备注：

纸

7.5×17.5公分

事后监督员　储蓄所复核　出纳　记帐

0210 一九七二年九月六日津典光活期储蓄取款凭条

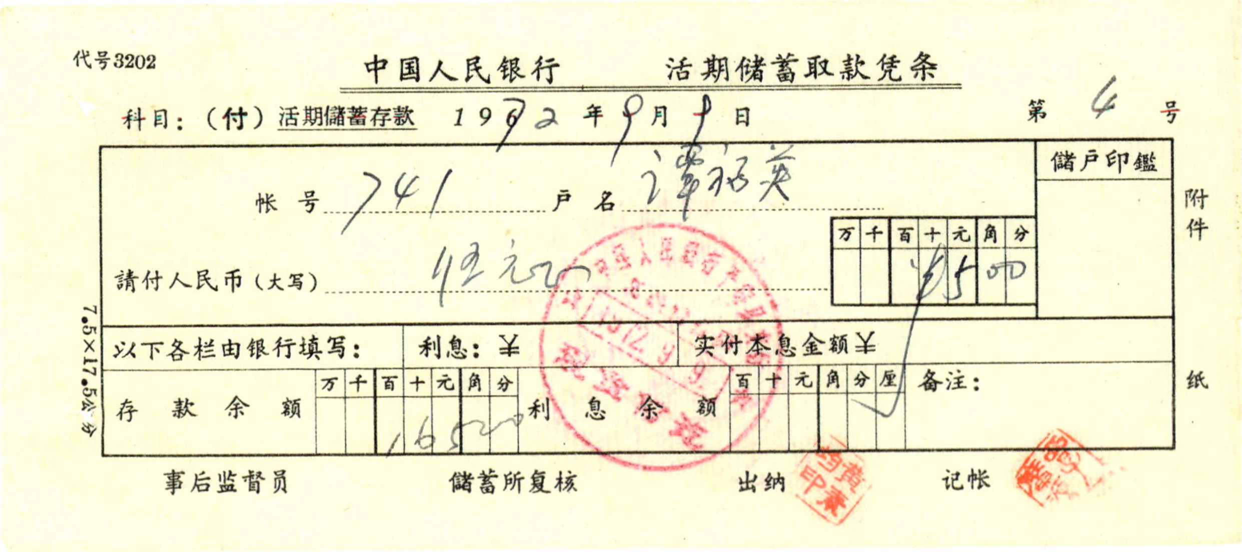

代号3202

中国人民银行　　活期储蓄取款凭条

科目：（付）活期储蓄存款　1972年9月9日　第4号

帐号 741　户名 谭福英　储户印鉴

請付人民币（大写）肆元正

万 千 百 十 元 角 分　400

附件

以下各栏由银行填写：　利息：¥　实付本息金额¥

存款余额　万 千 百 十 元 角 分　利息余额　百 十 元 角 分 厘　备注：

纸

7.5×17.5公分

事后监督员　储蓄所复核　出纳　记帐

0211 一九七二年九月九日谭福英活期储蓄取款凭条

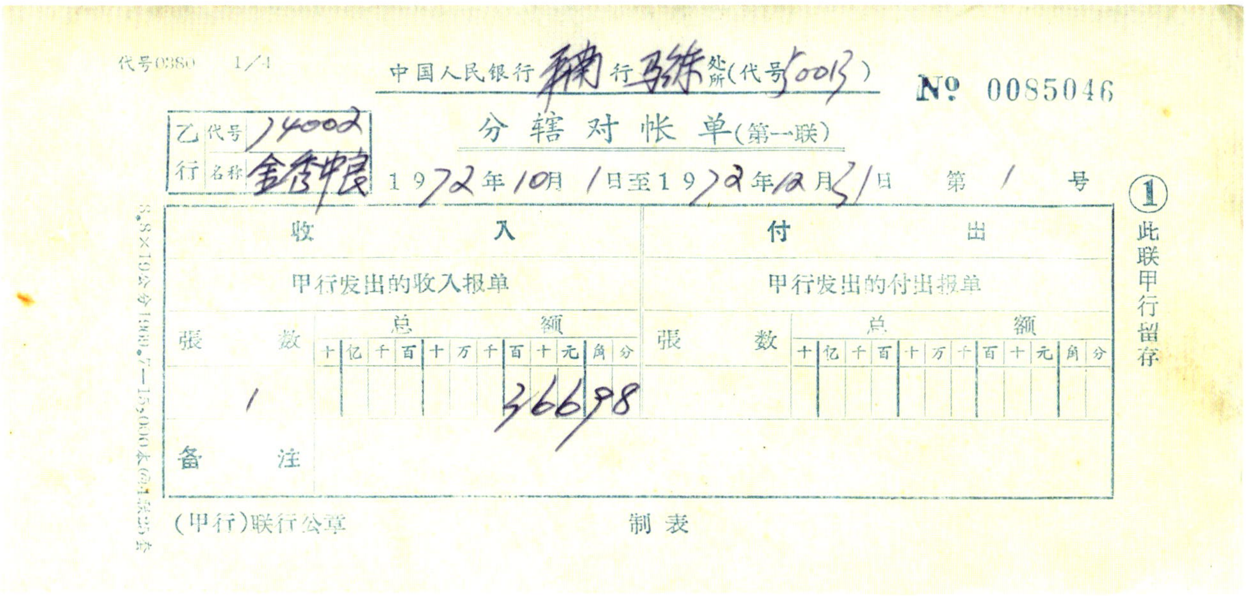

代号0380 1/4

中国人民银行 平南 行 马练 处所（代号50013）

№ 0085046

分辖对帐单（第一联）

乙行 代号 14002 名称 金秀中良

1972年10月1日至1972年12月31日 第 1 号

收入		付出	
甲行发出的收入报单		甲行发出的付出报单	
張数	总额	張数	总额
1	366.98		
备注			

（甲行）联行公章 制表

①此联甲行留存

0212 一九七二年十月至十二月中国人民银行平南行马练所分辖对账单

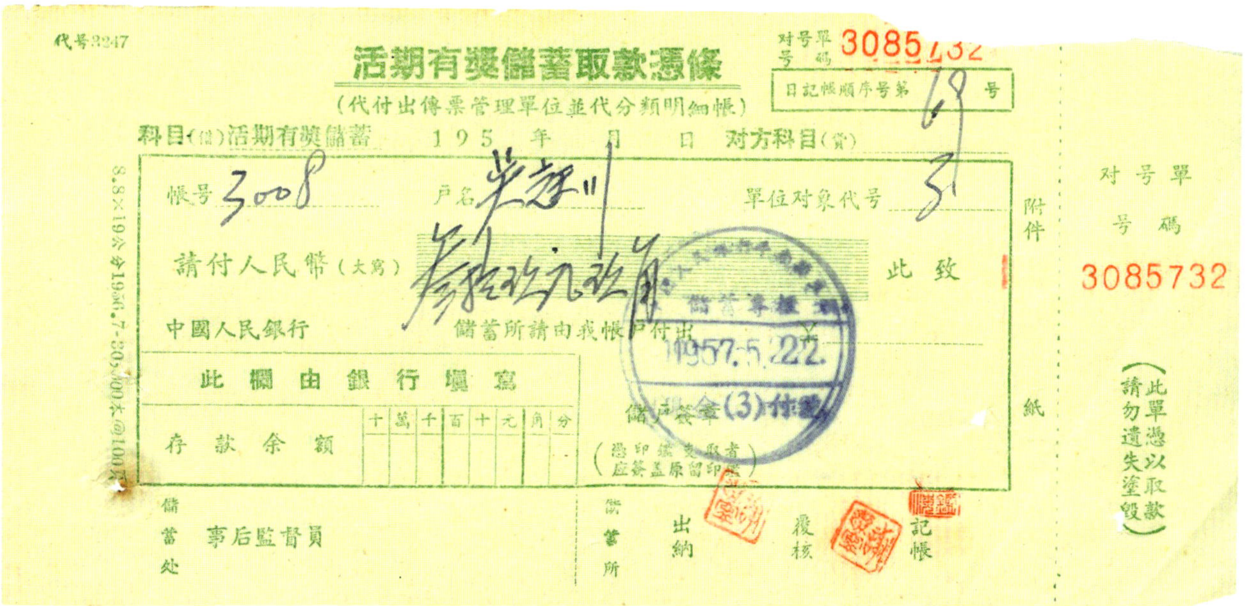

代号3247

活期有獎儲蓄取款憑條

（代付出傳票管理單位並代分類明細帳）

对号單号碼 3085732

日記帳順序号第 69 号

科目（借）活期有獎儲蓄 1957年5月22日 对方科目（貸）

帳号 3008 戶名 关耀川 單位对象代号 51

請付人民幣（大寫）叁拾玖元玖角 此致

中國人民銀行 儲蓄所請由我帳戶付出

此欄由銀行塡寫	
存款余額	

儲戶簽章

（憑印鑑支取者應簽蓋原留印鑑）

儲蓄处 事后監督員

儲蓄所 出納 覆核 記帳

附件 紙

对号單号碼 3085732

（此單憑以取款請勿遺失塗毀）

0213 关耀川活期有奖储蓄取款凭条

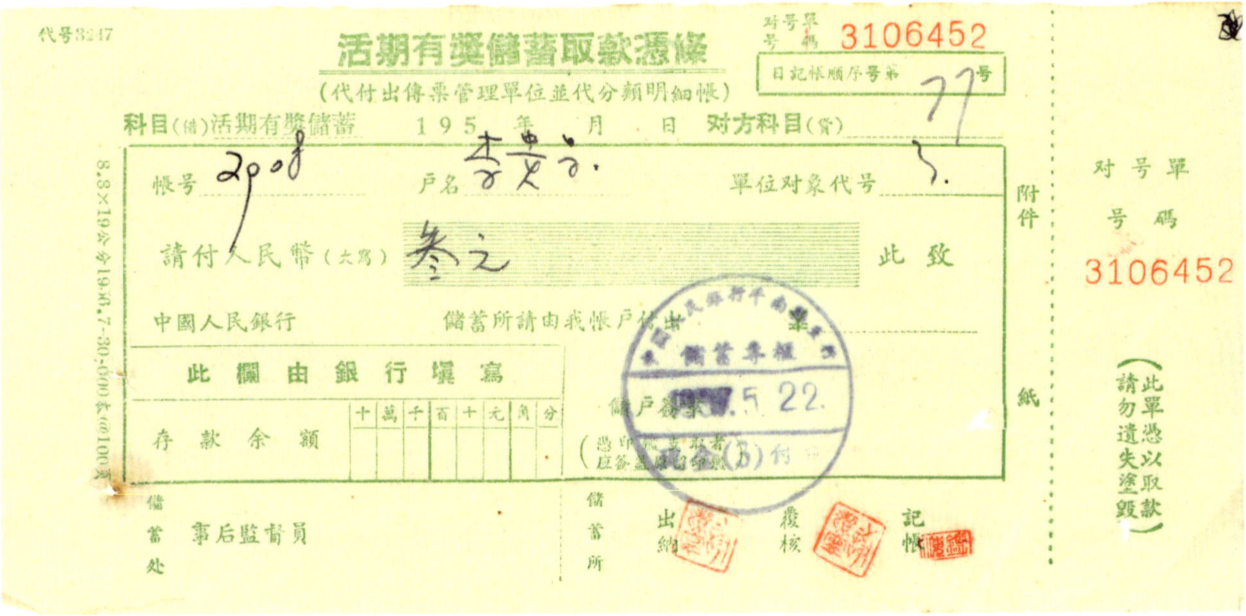

代号3247

活期有奬儲蓄取款憑條

（代付出傳票管理單位並代分類明細帳）

对号單号碼 3106452

日記帳順序号第 77 号

科目（借）活期有奬儲蓄 195 年 月 日 对方科目（貸）

帳号 2008 戶名 李貴学 單位对象代号 5.

請付人民幣（大寫） 叁元 此致

中國人民銀行 儲蓄所請由我帳戶付出

此欄由銀行填寫	十	萬	千	百	十	元	角	分
存款余額								

儲戶簽章

（憑印鑑支取者應簽蓋原留印鑑付款）

儲蓄處 事后監督員

儲蓄所 出納 覆核 記帳

8.8×19公分19.6.7-30,000本@100頁

附件 紙

对号單 号碼 3106452

（此單憑以取款請勿遺失塗毀）

0214 李贵学活期有奖储蓄取款凭条

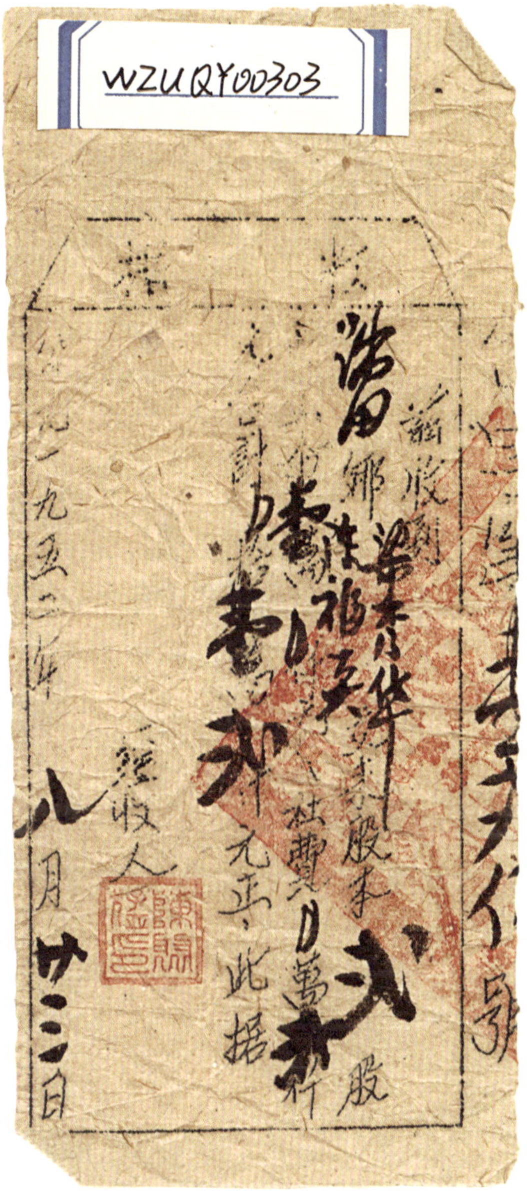

0001 一九五二年八月二十三日容县踏田乡梁秀华等收据

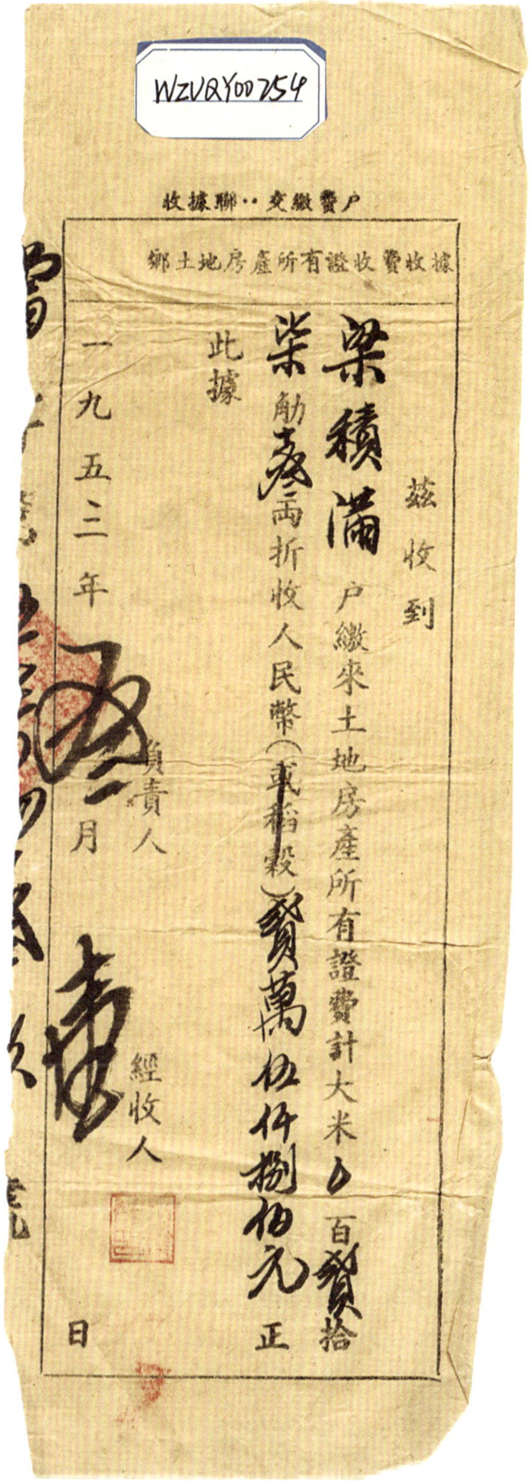

收據聯‥交繳費户

鄉土地房產所有證收費收據

茲收到

梁積滿户繳來土地房產所有證費計大米○百貳拾

棠舫叁両折收人民幣（或稻穀）貳萬伍仟捌佰元正

此據

負責人

經收人

一九五三年 月 日

0002 一九五三年三月一日容县梁积满土地房产所有证收费收据

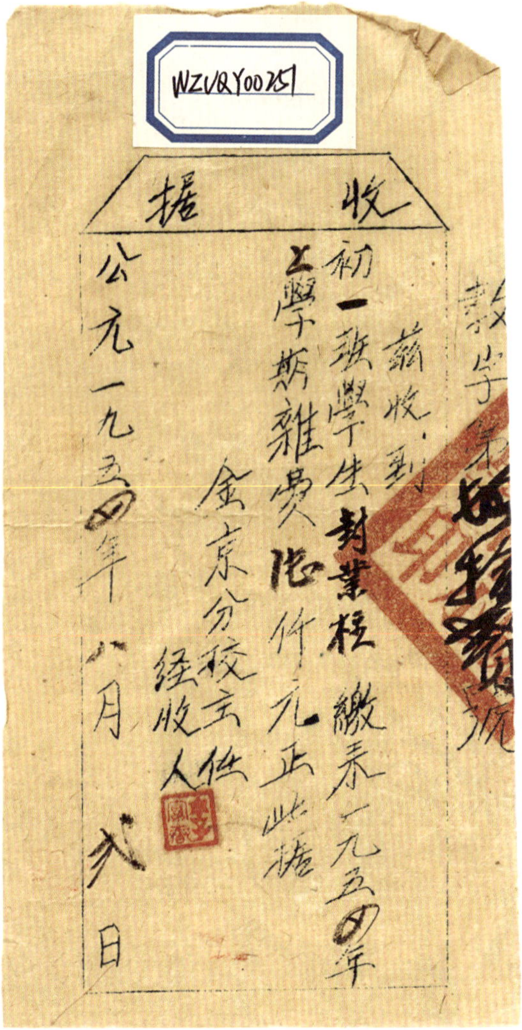

0003 一九五四年八月二日容县封业柱杂费收据

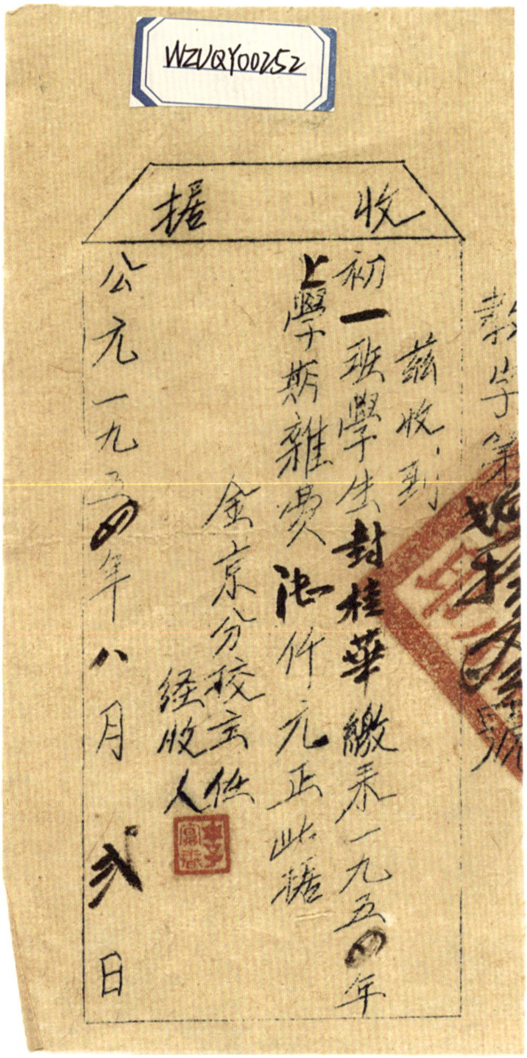

0004 一九五四年八月二日容县封桂华杂费收据

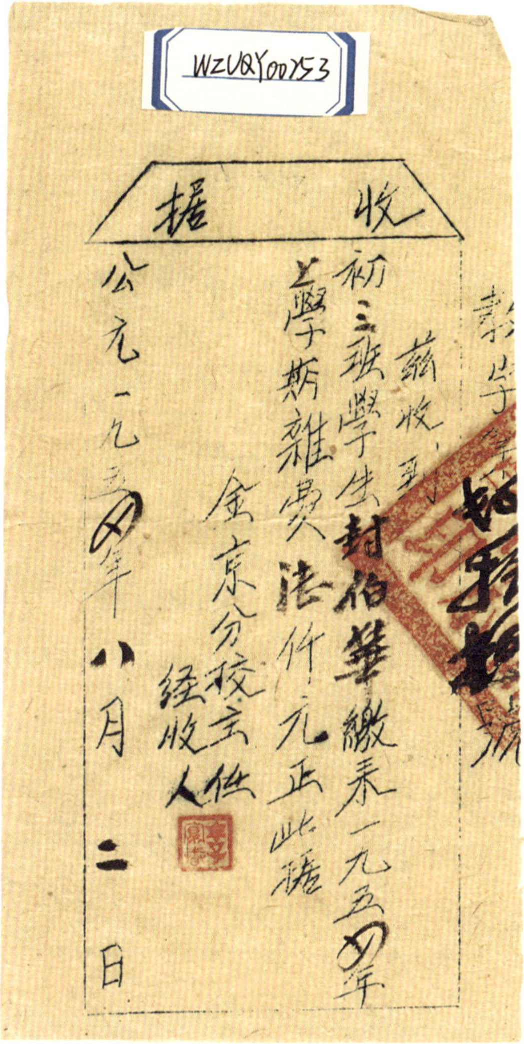
WZUQY00453

收据

兹收到
初三班学生封伯华缴来一九五四年上学期杂费法仟元正此据
金东分校宝仕
经收人
公元一九五四年八月二日

0005 一九五四年八月二日容县封伯华杂费收据

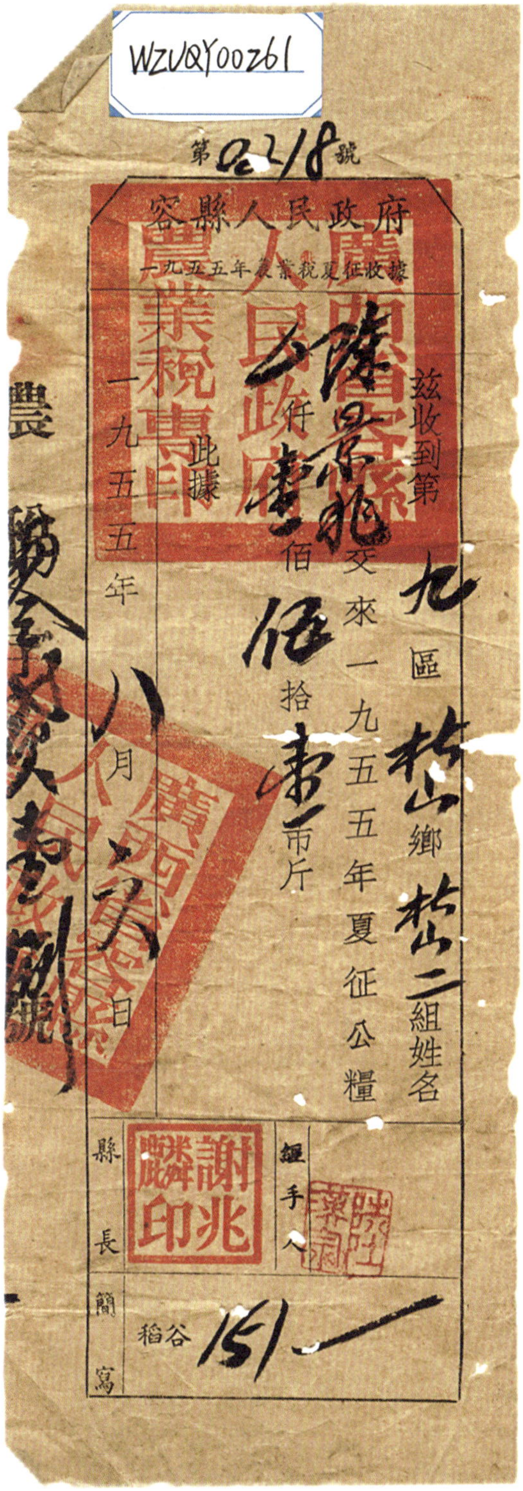
WZUQY00261

第0218號

容縣人民政府
一九五五年農業稅夏征收據

兹收到第九區　　鄉　　二組姓名陳景兆交來一九五五年夏征公糧　仟　佰　拾　市斤
此據
一九五五年八月六日
縣長 謝兆麟印
經手人
稻谷 151
簡寫

0006 一九五五年八月六日容县陈景兆农业税夏征收据

0001 一九五〇年一月二十三日王熙品交易税收据

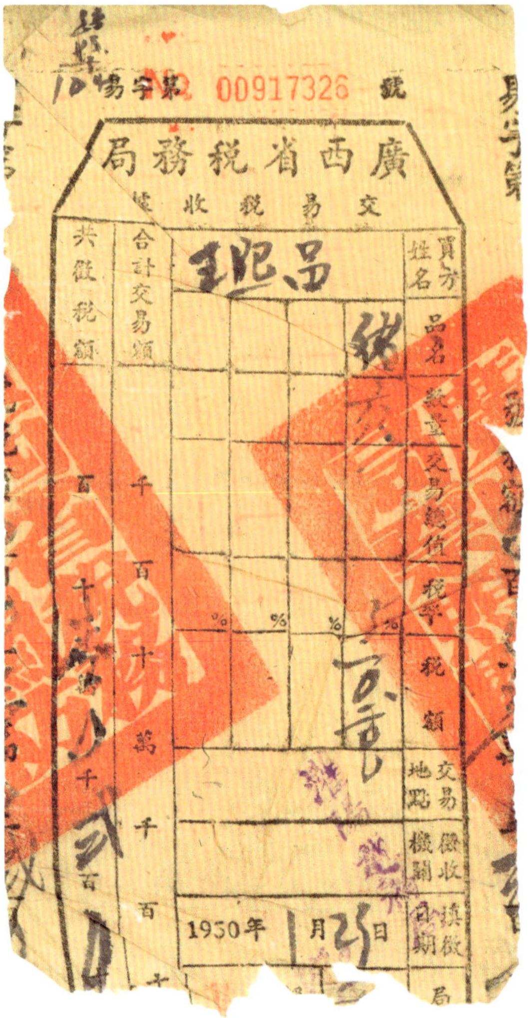

0002 一九五〇年二月一日灌阳县征收王熙品公粮收据

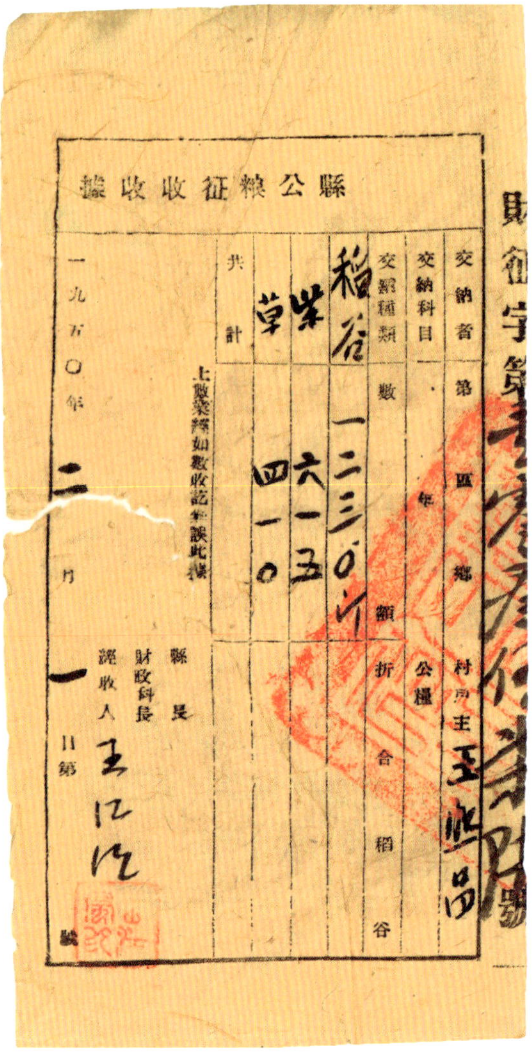

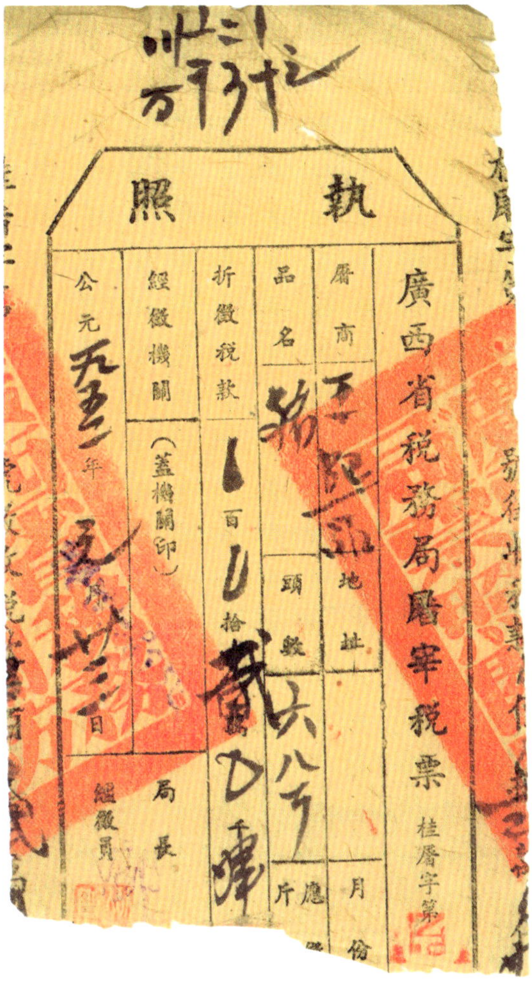

執照

廣西省稅務局屠宰稅票

桂屠字第 號

屠商 王熙品

品名 猪

地址

頭數 壹

應 斤

折徵稅款 百 拾

經徵機關（蓋機關印）

公元一九五一年一月二十三日

局長

經徵員

0003 一九五一年一月二十三日王熙品屠宰税票

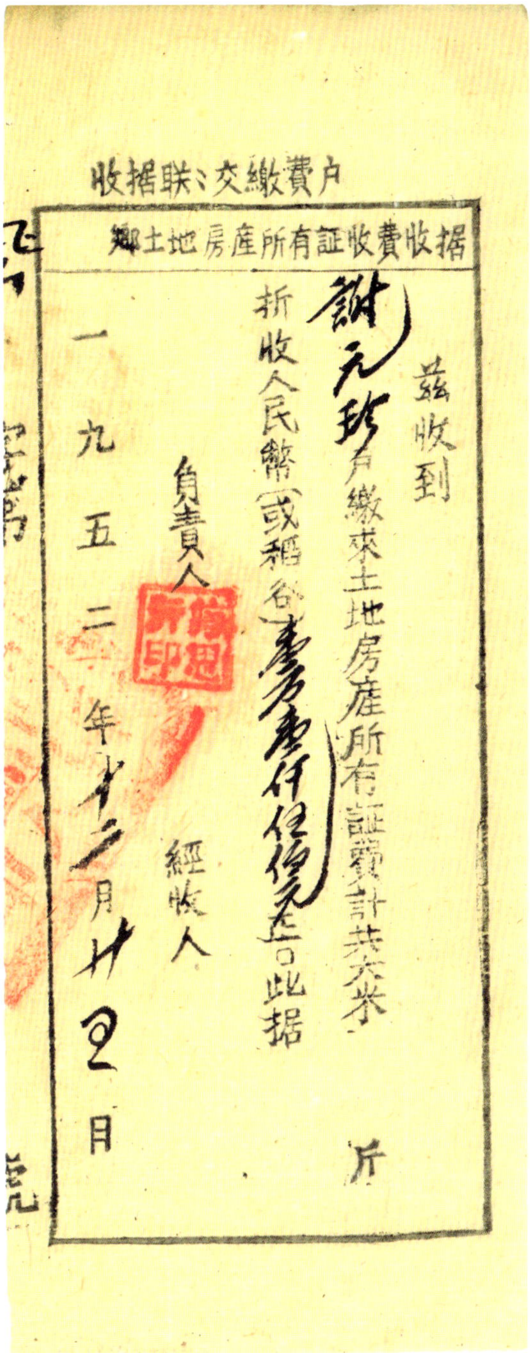

户費繳交之联据收

鄉土地房產所有証收費收據

茲收到

謝元珍户繳來土地房產所有証費計共大米 斤

折收人民幣（或稻谷）正此据

負責人

經收人

一九五二年十二月廿五日

0004 一九五二年十二月二十五日谢元珍土地房产所有证收费收据

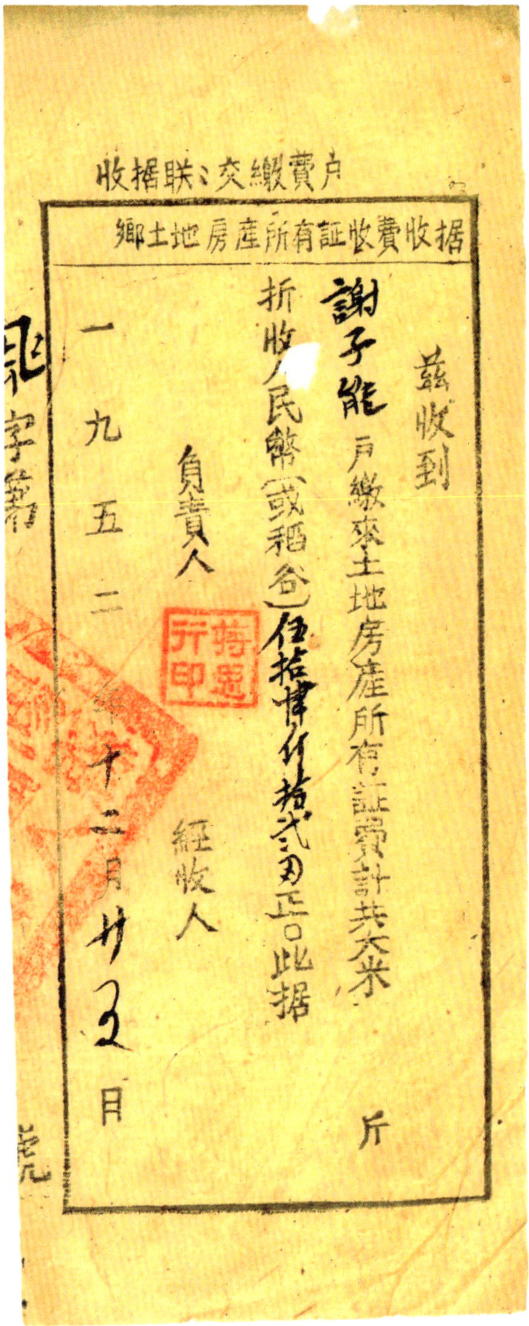

收据联：交缴费户

鄉土地房產所有證費收據

茲收到

謝子能 戶繳來土地房產所有證費計共大米 斤

折收人民幣（或稻谷）伍拾肆仟拾弍圆正此据

負責人 [印]

經收人

一九五二 年 十二 月 廿五 日

0005 一九五二年十二月二十五日谢子能缴纳土地房产所有证费收据

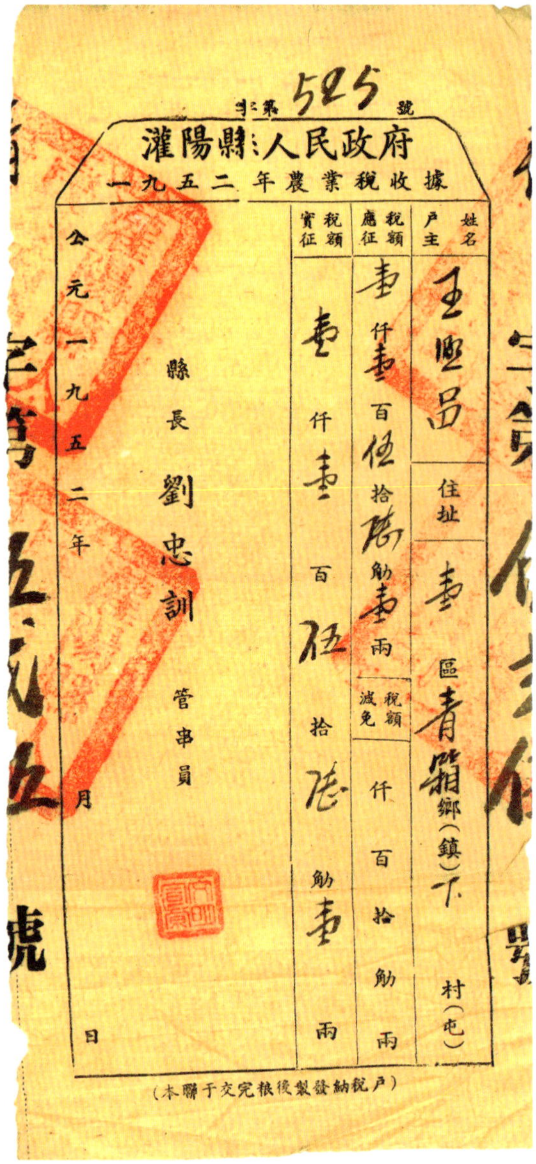

第525號

灌陽縣人民政府

一九五二年農業稅收據

姓名 户主	住址	稅額 應征	稅額 減免	稅額 實征
王熙品	壹 區 青箱 鄉（鎮） 下 村（屯）	壹仟壹百伍拾陸斤壹兩	仟 百 拾 斤 兩	壹仟壹百伍拾陸斤壹兩

縣長 劉忠訓

管串員

公元一九五二年 月 日

（本聯于交完後發給納稅户）

0006 一九五二年王熙品缴纳一九五二年农业税收据

字第 №000354 號

灌陽縣人民政府
一九五三年農業稅收據

姓名户主	稅額計征	稅額實征
谢元珍 住址 [illegible]區 [illegible]鄉(鎮) 杉木村(屯)	[illegible]仟[illegible]百[illegible]拾[illegible]觔[illegible]兩 稅額減免 仟 百 拾 觔 兩	[illegible]仟[illegible]百[illegible]拾[illegible]觔[illegible]兩

公元一九五三年十月十二日

縣長 周希量印

管串員 文明宣印

（本聯於交完糧後發給納稅户）

0007 一九五三年十月十二日谢元珍缴纳一九五三年农业税收据

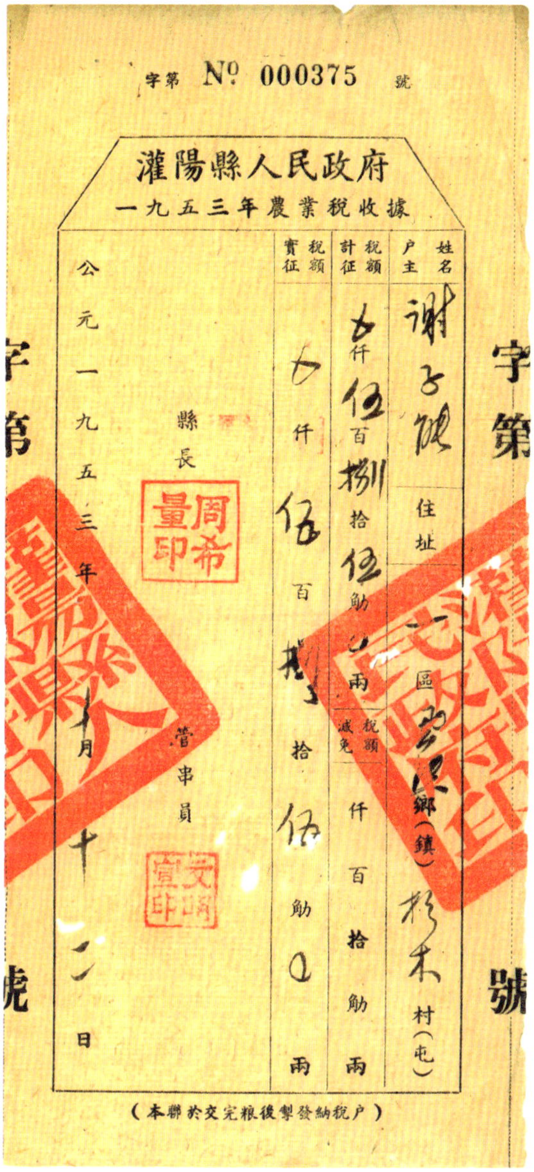
字第 №000375 號

灌陽縣人民政府
一九五三年農業稅收據

姓名户主	稅額計征	稅額實征
谢子能 住址 [illegible]區 [illegible]鄉(鎮) 杉木村(屯)	[illegible]仟[illegible]百[illegible]拾[illegible]觔[illegible]兩 稅額減免 仟 百 拾 觔 兩	[illegible]仟[illegible]百[illegible]拾[illegible]觔[illegible]兩

公元一九五三年十月十二日

縣長 周希量印

管串員 文明宣印

（本聯於交完糧後發給納稅户）

0008 一九五三年十月十二日谢子能缴纳一九五三年农业税收据

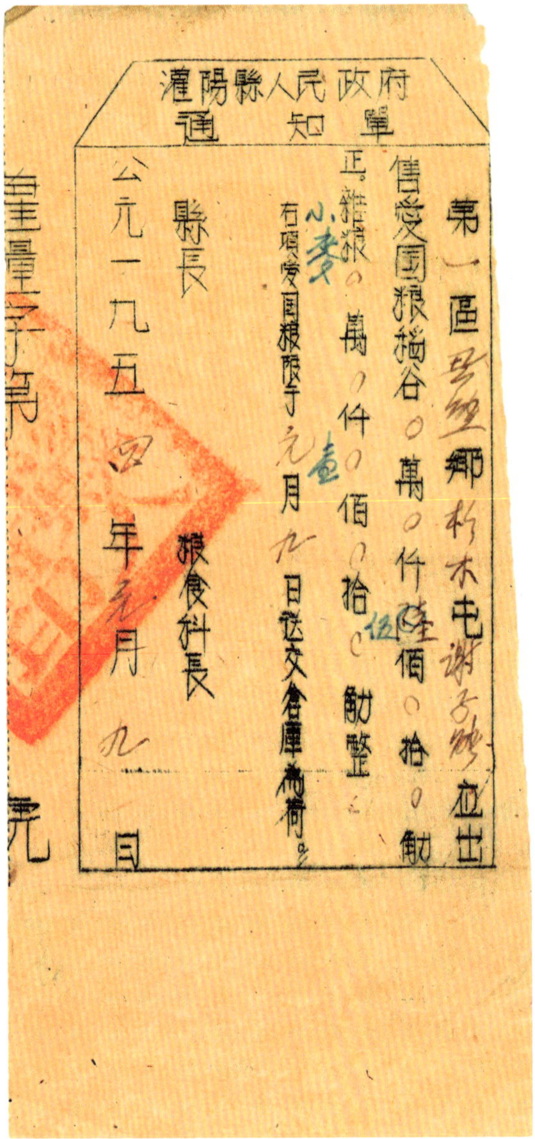
灌陽縣人民政府
通知單
第一區　　鄉杉木屯谢子能应出售爱国粮稻谷○萬○仟○佰○拾○斤正。雜粮○萬○仟○佰○拾伍斤整。
右項爱国粮限于元月九日送交倉庫為荷。
縣長
粮食科長
公元一九五四年元月九日

0009　一九五四年一月九日谢子能爱国粮稻谷出售通知单

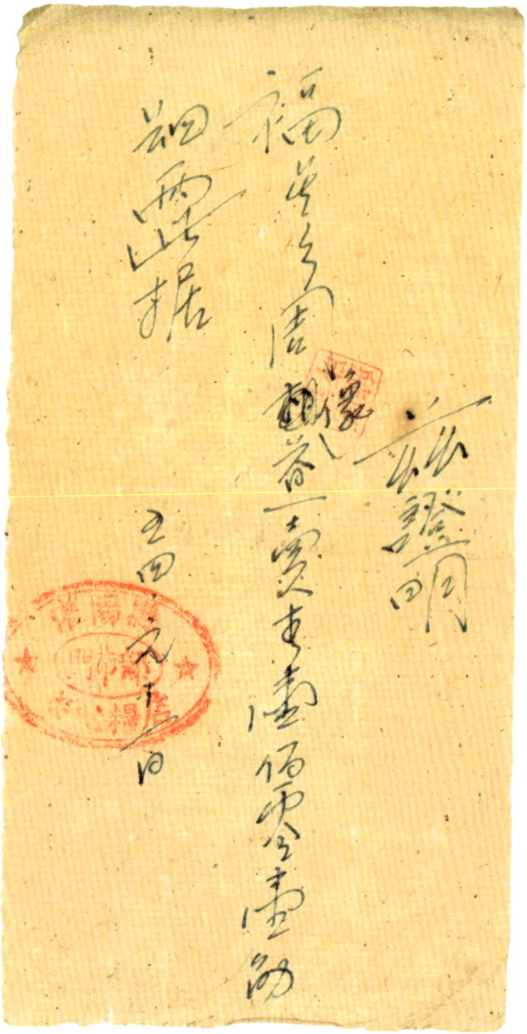
证明
福星乡周像益
收据
五四年元月十一日

0010　一九五四年一月十一日灌阳县福星乡周像益出售米谷证明

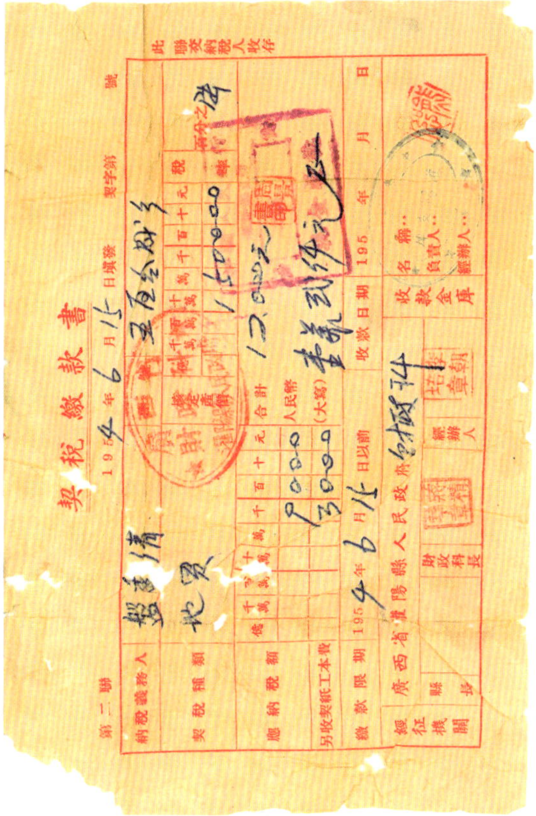
契稅繳款書

0011 一九五四年六月十五日灌阳县盘香清契税缴款书

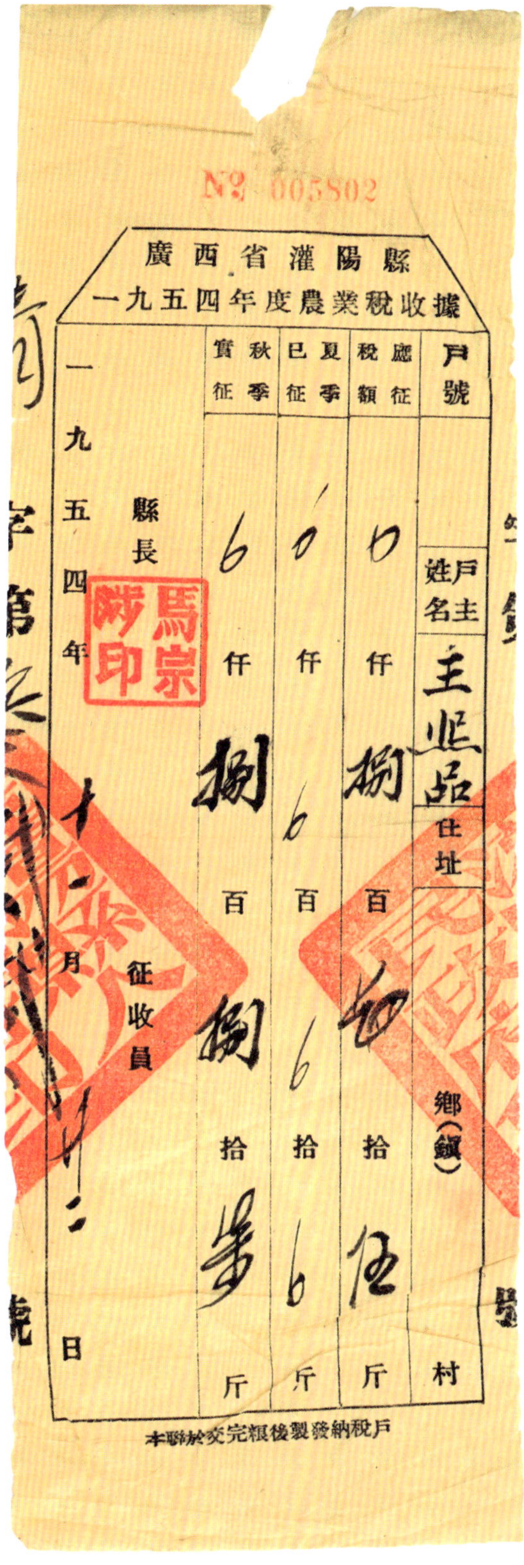
№ 005802

廣西省灌陽縣
一九五四年度農業稅收據

戶號	應征稅額	夏季已征	秋季實征
戶主姓名 王熙品	6仟 百 拾 斤	6仟 6百 6拾 6斤	6仟 百 拾 斤
住址 鄉(鎮) 村			

縣長 馬宗騰印
征收員
一九五四年十一月廿二日

本聯於交完糧後發給納稅戶

0012 一九五四年十一月二十二日王熙品缴交一九五四年度农业税收据

0013 一九五五年一月十二日周象仪牲畜交易税完税证

0014 一九五五年九月二十五日谢子能缴纳一九五五年度农业税收据

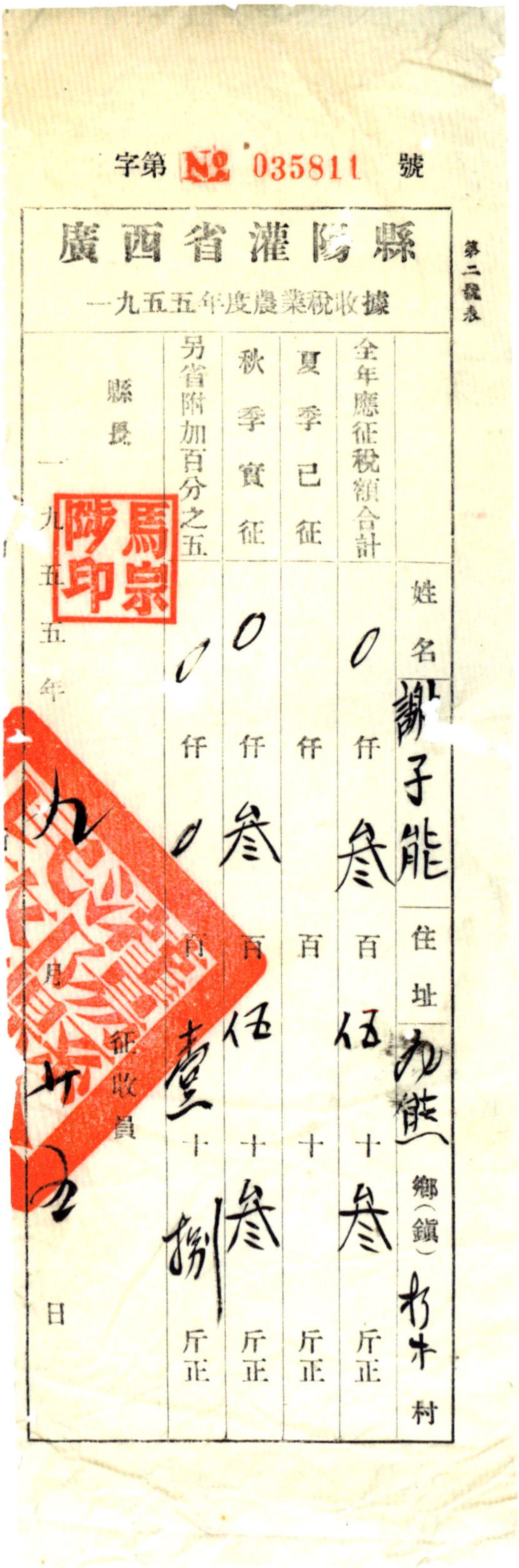

字第 № 035811 號

廣西省灌陽縣

一九五五年度農業稅收據

第二聯表

姓名	謝子能
住址	九[illegible]鄉(鎮)杉木村
全年應征稅額合計	0仟叁百伍十叁斤正
夏季已征	仟百十斤正
秋季實征	0仟叁百伍十叁斤正
另省附加百分之五	0仟0百壹十捌斤正

縣長 馬宗陟印

一九五五年九月廿五日

征收員

0001–1 一九五二年十二月三十日荔浦县顾素媛认购合作社股票（正面）

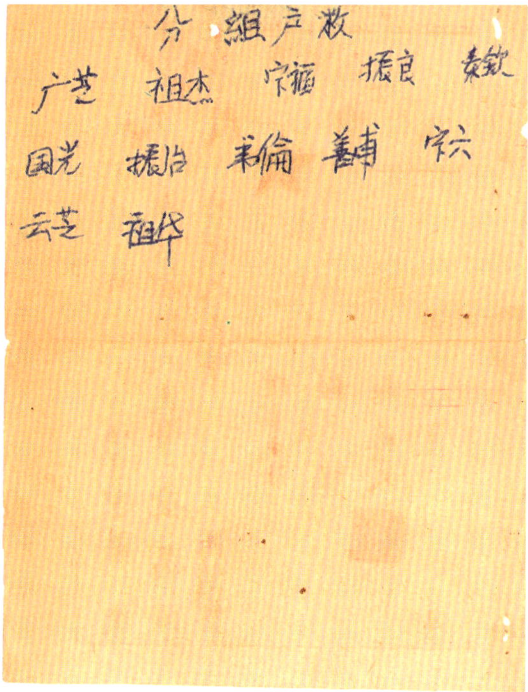

0001–2 一九五二年十二月三十日荔浦县顾素媛认购合作社股票（背面）

0002 一九五二年十二月三十日荔浦县韦祖杰认购合作社股票

0003 一九五三年一月六日荔浦县戴石氏、戴六凤认购合作社股票

0004 一九五五年六月三十日荔浦县罗□才购买树麸证明

証明
一九五五年六月卅日
茲據我鄉第五選區農民羅進才缺乏肥前往合作社購買樹扶
壹佰觔正 此証
鄉長 陳茂祥

0005 一九五六年五月七日荔浦县冯宋杰购买桐面证明

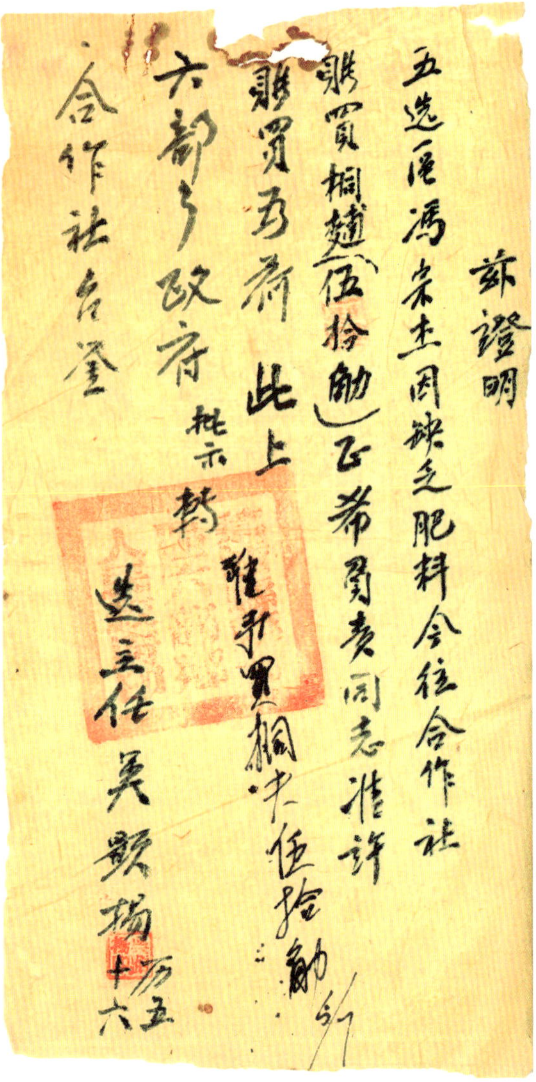
茲證明
五選區馮宋杰因缺乏肥料合往合作社
購買桐麸（伍拾觔）正希閣貴同志准許
購買為荷 此上
六都鄉政府
合作社台鑒
批示
准予買桐麸伍拾觔
選主任 吳顯揚
五 十六

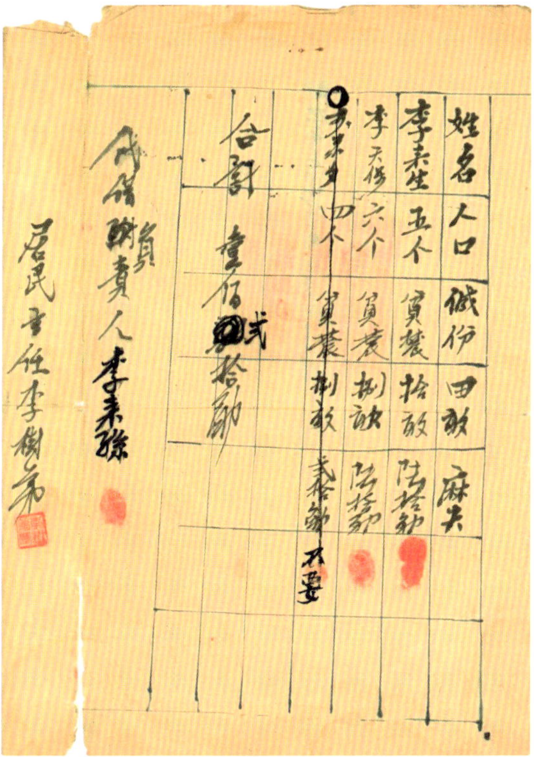

姓名	人口	成份	田畝	麻夫
李素生	五个	貧農	拾畝	陆拾斤
李[illegible]	六个	貧農	捌畝	陆拾斤
[illegible]	四个	貧農	捌畝	叁拾斤 不要
合計				壹佰贰拾斤

負責人 李[illegible]

居民主任 李[illegible]

0001—1 一九五三年五月十九日临桂九区周家乡三兴村李家贷借麻麸名单（正面）

临桂九区周家乡三兴村李家

公元一九五三年五月十九

臨桂縣第九區人民政府印

0001—2 一九五三年五月十九日临桂九区周家乡三兴村李家贷借麻麸名单（背面）

0002 一九五三年五月二十日临桂县周家乡三兴村赊借白麻麸借条

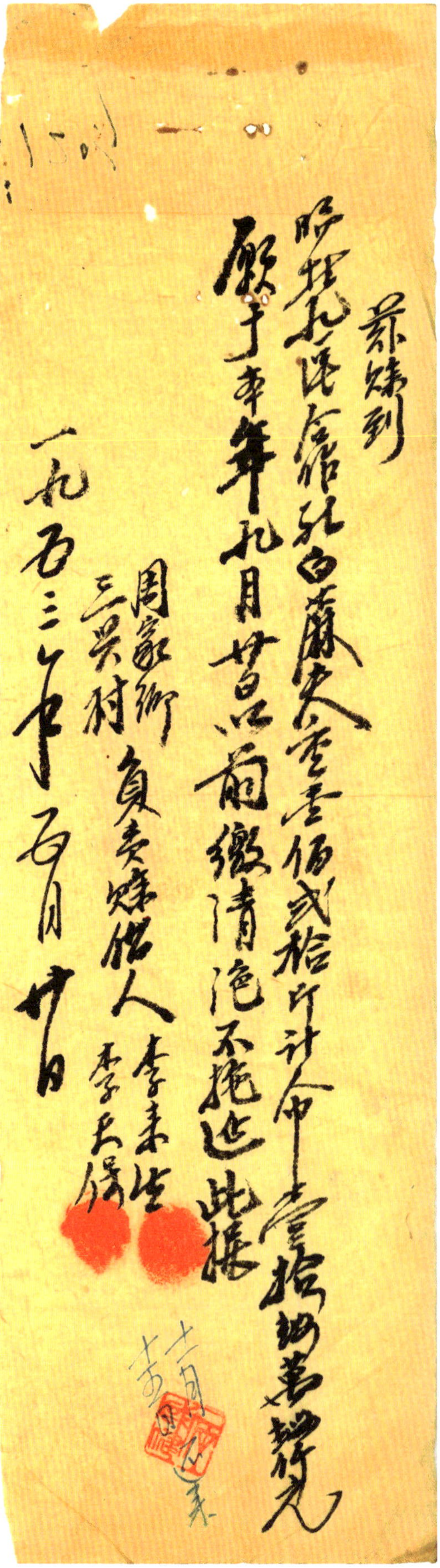

赊赊到
临桂九区合作社白麻麸壹佰贰拾斤计币壹拾捌万捌仟元
限于本年九月廿日前缴清绝不拖延此据
周家乡
三兴村负责赊借人 李来生 李天保
一九五三年五月廿日

0003—1 一九五三年五月二十二日临桂县九区大埠乡赊借白麻麸借条并附各村花名册（一）

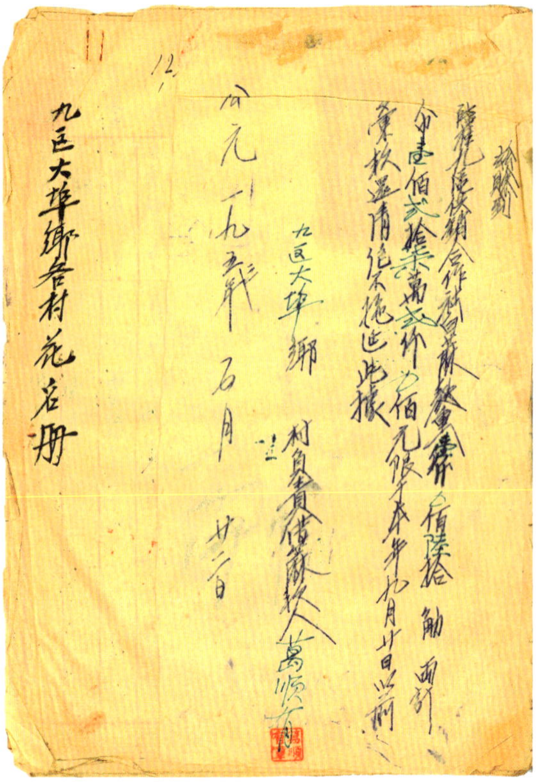

赊赊到
临桂九区供销合作社白麻麸壹仟陆佰陆拾斤 面计
人民币壹佰贰拾柒万贰仟九佰元限于本年九月廿日以前
全数缴清绝不拖延此据
九区大埠乡 村负责借赊人
公元一九五三年五月廿二日
九区大埠乡各村花名册

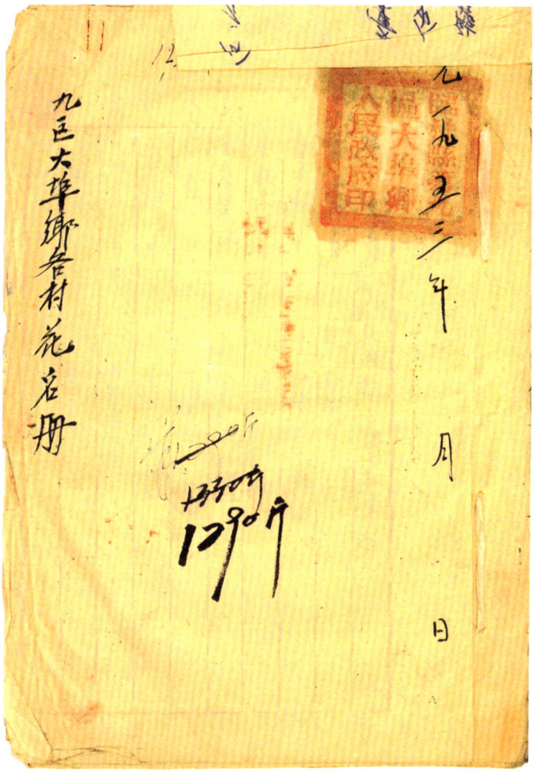

九区大埠乡各村花名册

一九五三年 月 日

大埠乡人民政府

12900斤

0003－2 一九五三年五月二十二日临桂县九区大埠乡赊借白麻麸借条并附各村花名册（2）

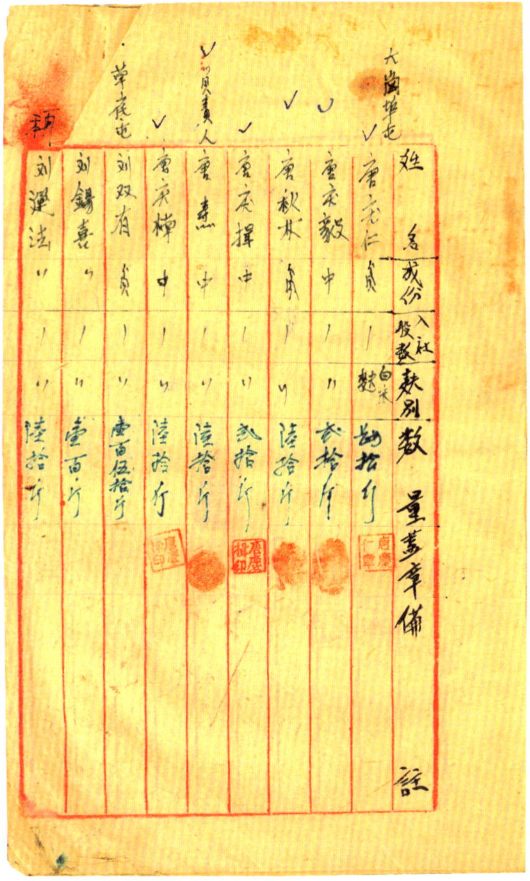

大岗埠屯

负责人

草庭屯

姓名	成份	入社股数	白麻麸别	数量	备注
唐宗仁	贫	1	白麻	捌拾斤	
唐宗毅	中	1	〃	贰拾斤	
唐秋林	贫	1	〃	陆拾斤	
唐宗撑	中	1	〃	贰拾斤	
唐志熙	中	1	〃	陆拾斤	
唐宗樟	中	1	〃	陆拾斤	
刘双有	贫	1	〃	壹百伍拾斤	
刘锡喜	〃	1	〃	壹百斤	
刘选法	〃	1	〃	陆拾斤	

0003－3 一九五三年五月二十二日临桂县九区大埠乡赊借白麻麸借条并附各村花名册（3）

0003-4 一九五三年五月二十二日临桂县九区大埠乡赊借白麻麸借条并附各村花名册（4）

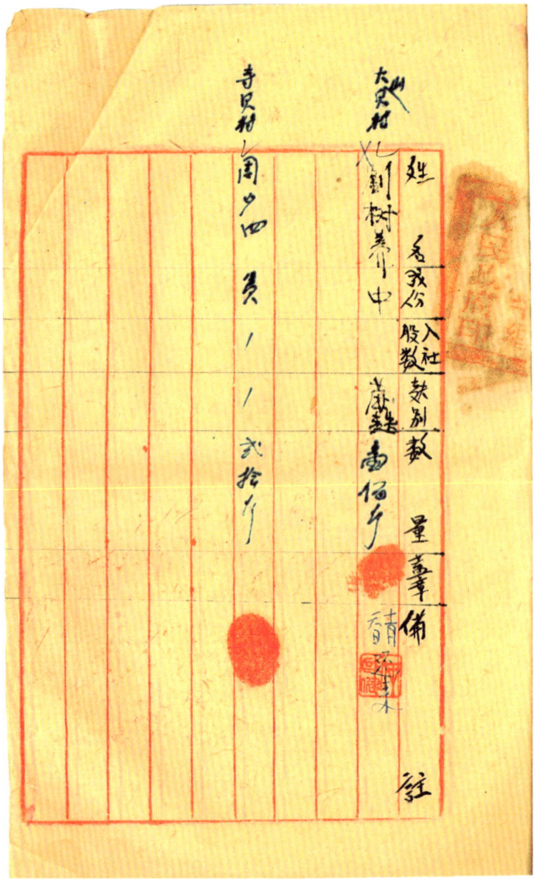

姓名	成份	入社股数	麸别数量	备注
大史村 刘树养	中		壹佰斤	
寺贝村 周少四	贫	1	1 贰拾斤	

0003-5 一九五三年五月二十二日临桂县九区大埠乡赊借白麻麸借条并附各村花名册（5）

0004 一九五三年六月六日临桂县大埠乡赊借白麻麸借条

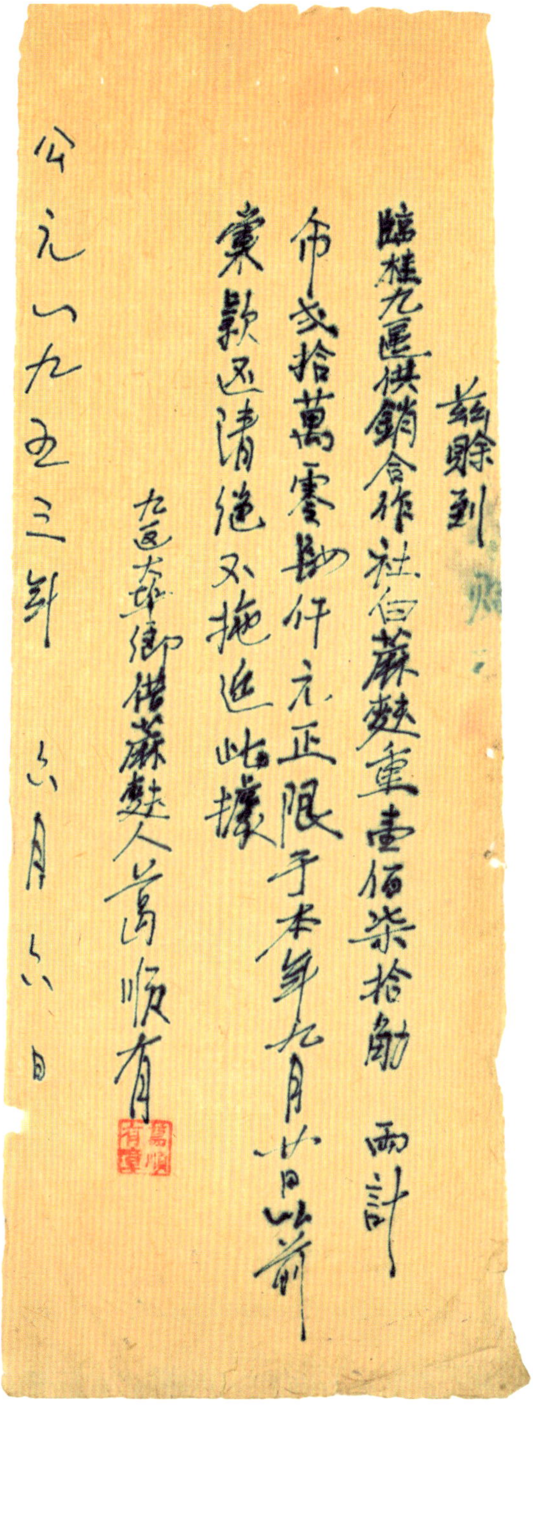
兹赊到
临桂九区供销合作社白麻麸重壹佰柒拾觔　两　計
币贰拾萬零肆仟元正限于本年九月卅日以前
業款还清绝不拖延此據
九区大埠乡借麻麸人葛顺有
公元一九五三年六月六日

0005 一九五三年六月九日临桂县大埠乡赊借白麻麸借条

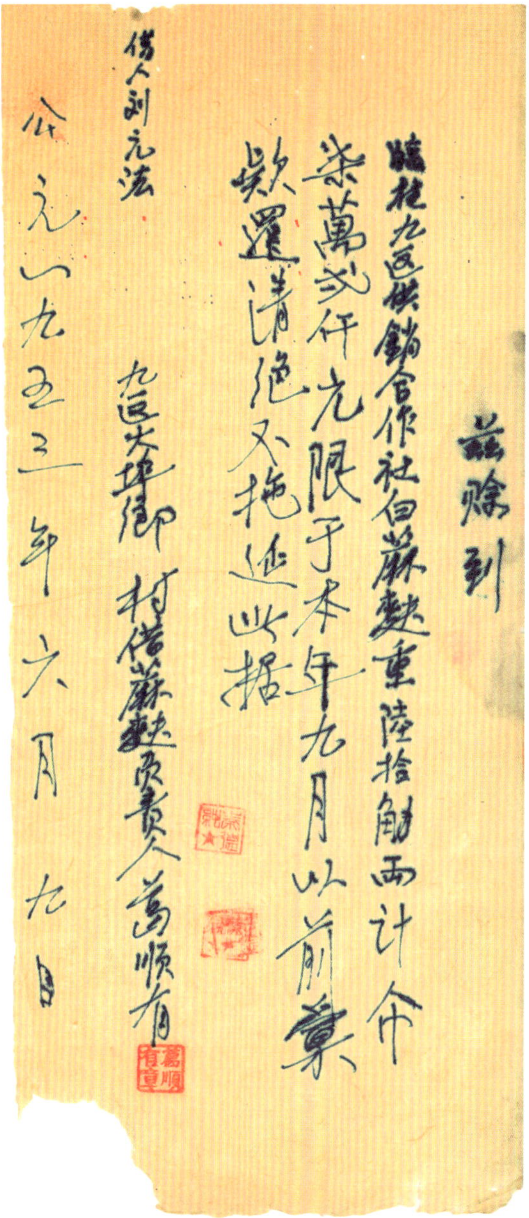
兹赊到
临桂九区供销合作社白麻麸重陆拾觔两计合币
柒萬贰仟元限于本年九月以前業
欵還清絕不拖延此据
九区大埠乡　村借麻麸负责人葛顺有
公元一九五三年六月九日
借人刘元法

0006 一九五三年六月九日临桂县罗安乡莫招福贷借肥料白麻麸证明

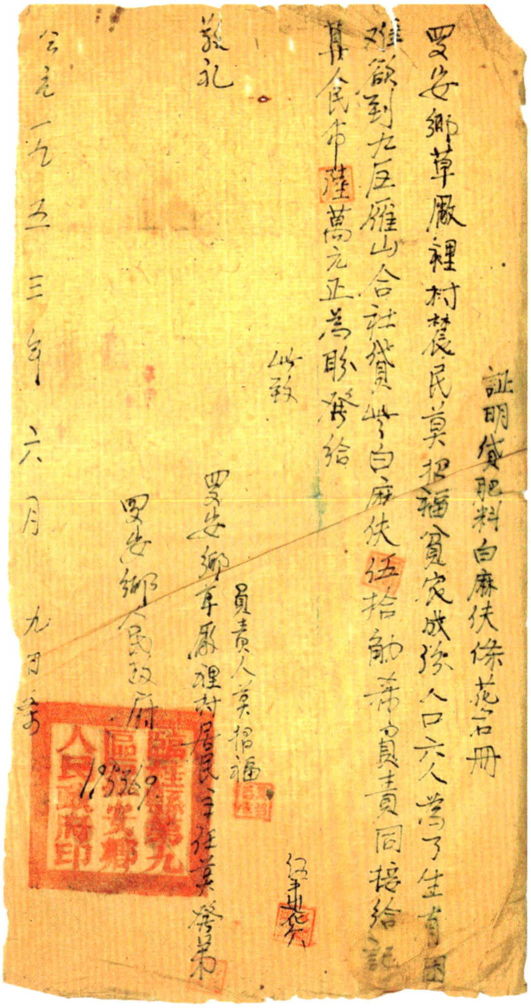

证明贷肥料白麻麸条存册

罗安乡草厰裡村农民莫招福实际成份人口六人为了生产困难欲到九区雁山合社贷借白麻麸伍拾觔希负责同志接给证其合民币陆万元正为盼发给

此致

敬礼

罗安乡草厰裡村居民莫 负责人莫招福

罗安乡人民政府

公元一九五三年六月九日

临桂县第九区罗安乡人民政府印

0007 一九五三年十一月十八日临桂县毛贱孩缴纳工本费契税缴款书

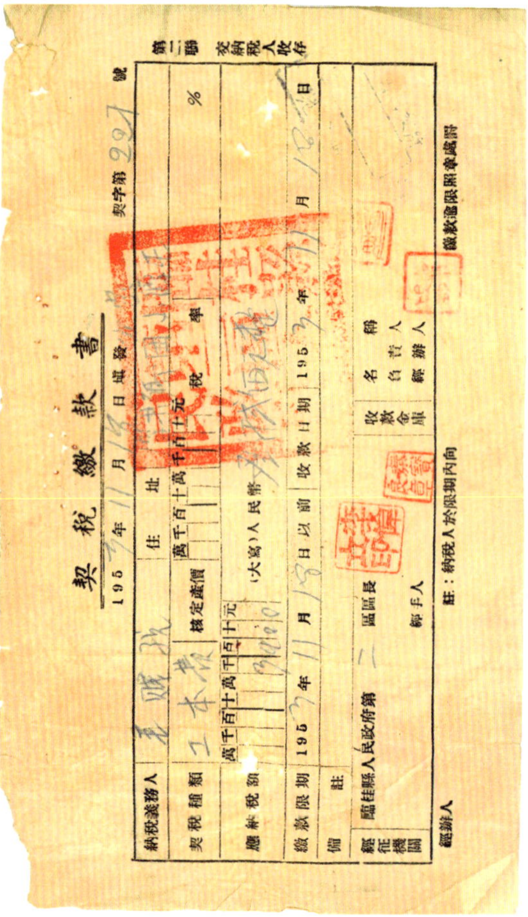

契税缴款书

第二联 交纳税人收存

契字第 号

195 年 月 日填發

納稅義務人	毛贱孩 住址
契稅種類	工本费 核定產價 萬千百十元 稅率 %
繳納稅額	萬千百十元 （大寫）人民幣
繳款限期	195 年 月 日以前 收款日期 195 年 月 日
備註	
稽征機關	臨桂縣人民政府第 二 區區長 經手人

收款金庫 名稱 負責人 經辦人

註：納稅人於限期內向 繳款
經辦人

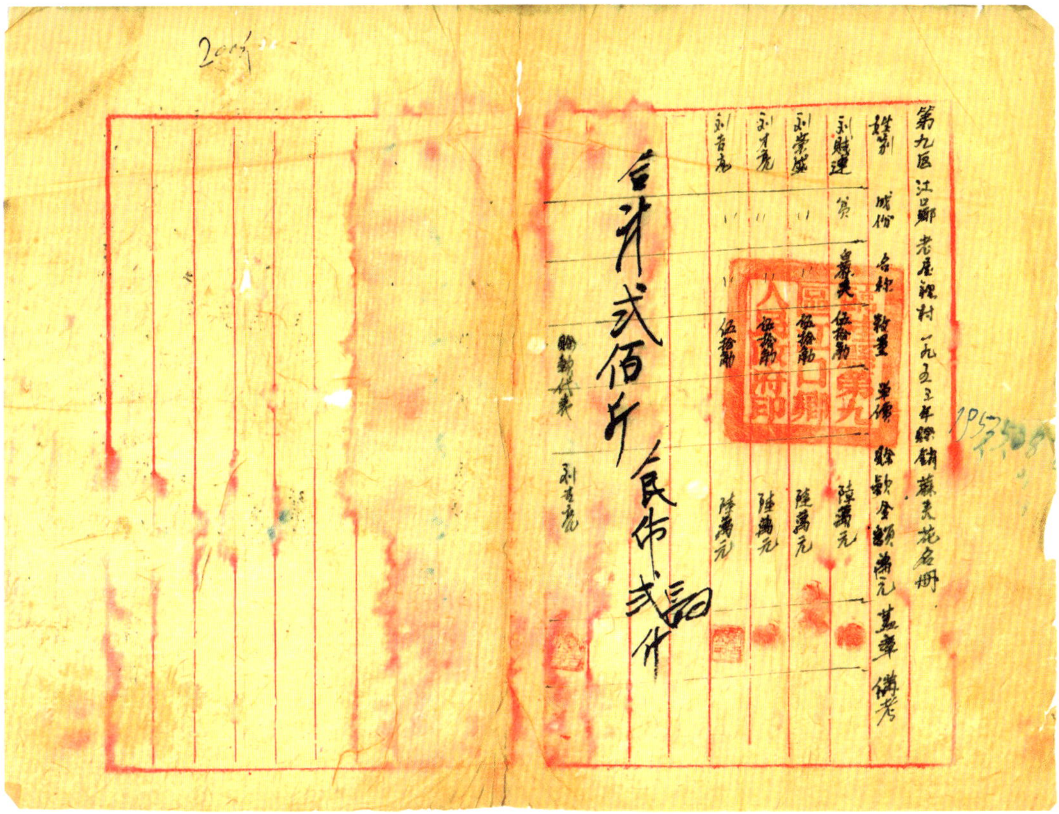

第九區江口鄉老屋裡村一九五三年購銷蔴夫花名冊

姓名	成份	名称	数量	单价	贷款全额	盖章	备考
刘财运	贫	白蔴夫	伍拾斤		陆萬元		
刘崇盛	〃	〃	伍拾斤		陆萬元		
刘才尧	〃	〃	伍拾斤		陆萬元		
刘告尧	〃	〃	伍拾斤		陆萬元		

0008 一九五三年临桂县江口乡老屋里村购销麻麸花名册

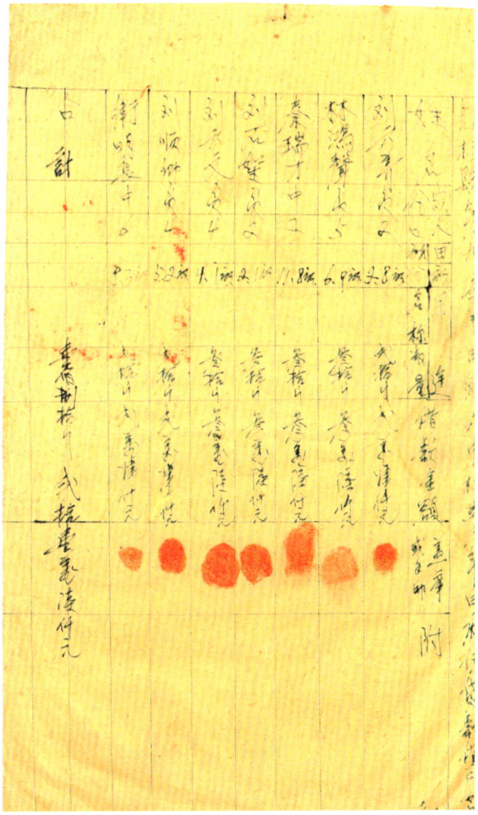

0009 一九五三年临桂县羊田乡六中村白麻麸借户名册

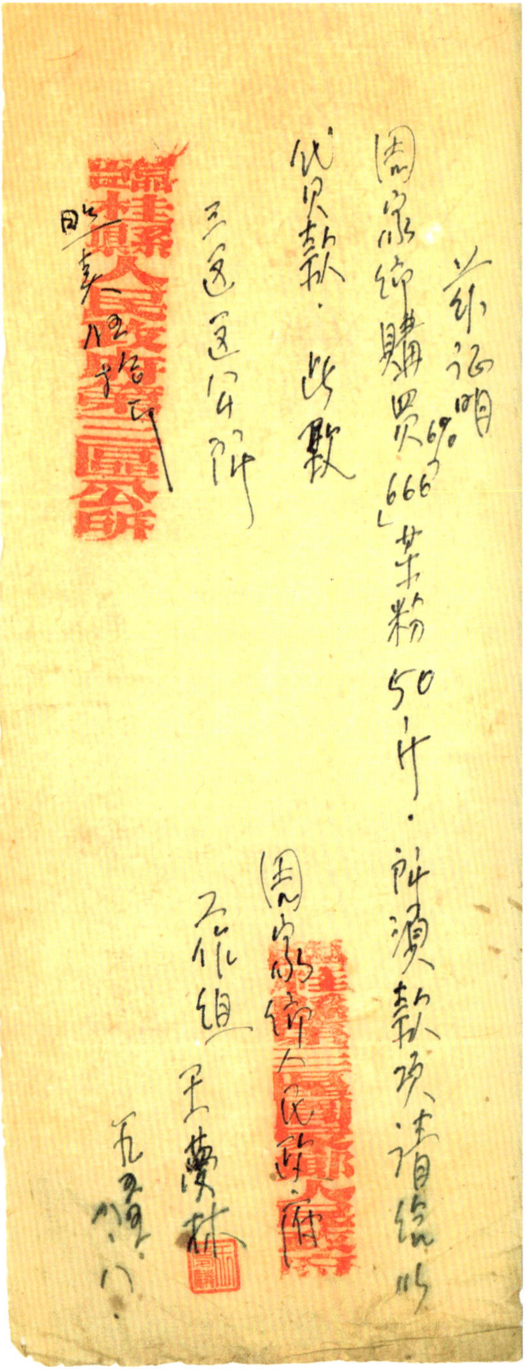
茲证明
周家乡购买666禾粉50斤，所须款项，请给以贷款。此致
三区区公所
临桂县第三区周家乡人民政府
工作组 王梦林
五五、八、八

0010 一九五五年八月八日临桂县周家乡购买禾粉贷款证明

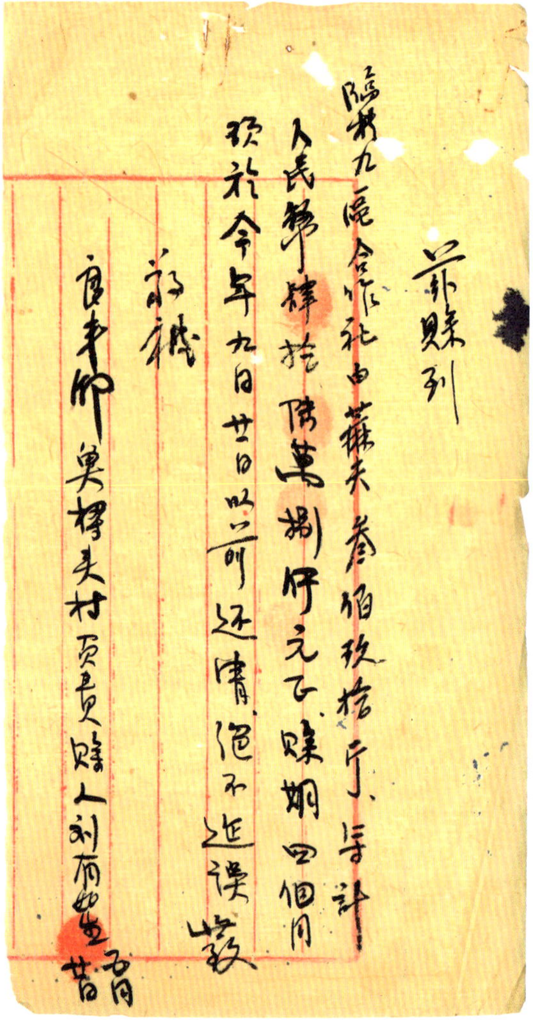
茲赊到
临桂九区合作社白麻夫参佰玖拾斤，每计
人民币肆拾陆万捌仟元，赊期四个月
款于今年九月廿日以前还清，绝不延误
敬礼
良丰乡莫樗头村负责赊人刘有杰 押

0011 五月二十日临桂县良丰乡莫蒋村赊借白麻麸借条

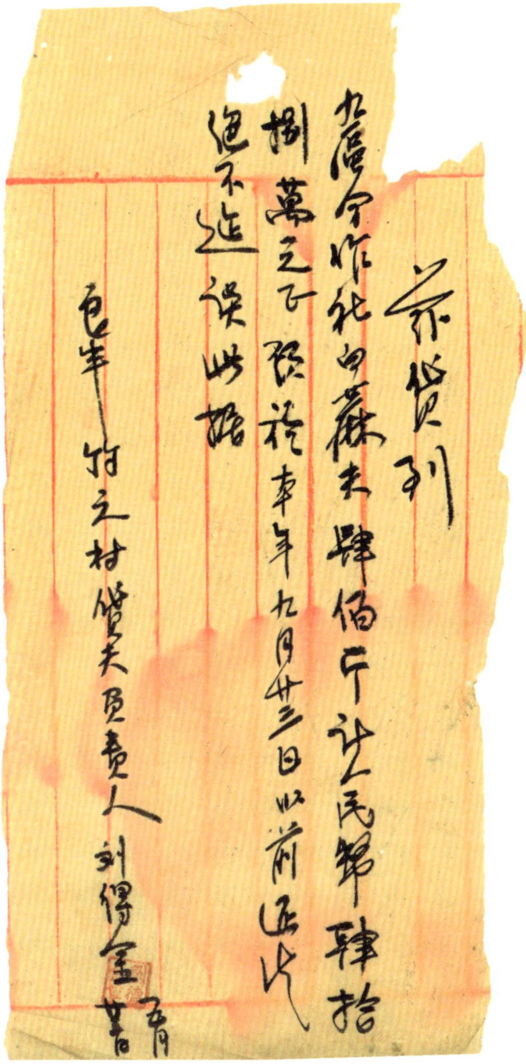
茲借到
九層合作社白麻麸肆佰斤計人民幣肆拾
捌萬元正 限於本年九月廿三日以前還清
絕不延誤 此據
良丰竹六村借貸負責人 劉得金 書

0012 五月二十二日临桂县良丰乡竹六村贷借白麻麸借条

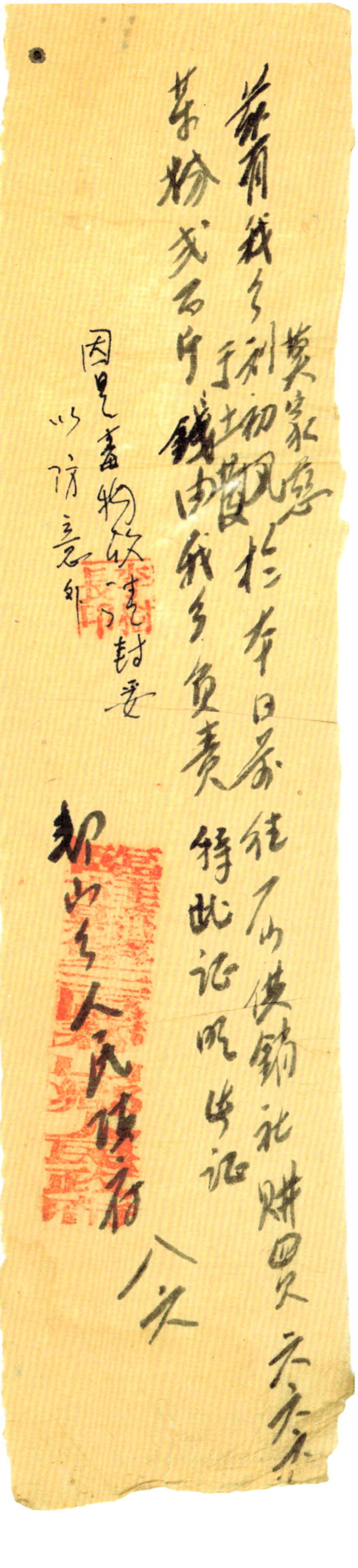
茲有我乡莫家慈
刘初凤於本日前往石仙供銷社購買禾
粉貳百斤手續由我乡負責 特此證明此證
因是畜物飼料 以防意外 封妥
邦山乡人民政府
八六

0013 八月六日临桂县邦山乡莫家慈、刘初凤购买禾粉介绍信

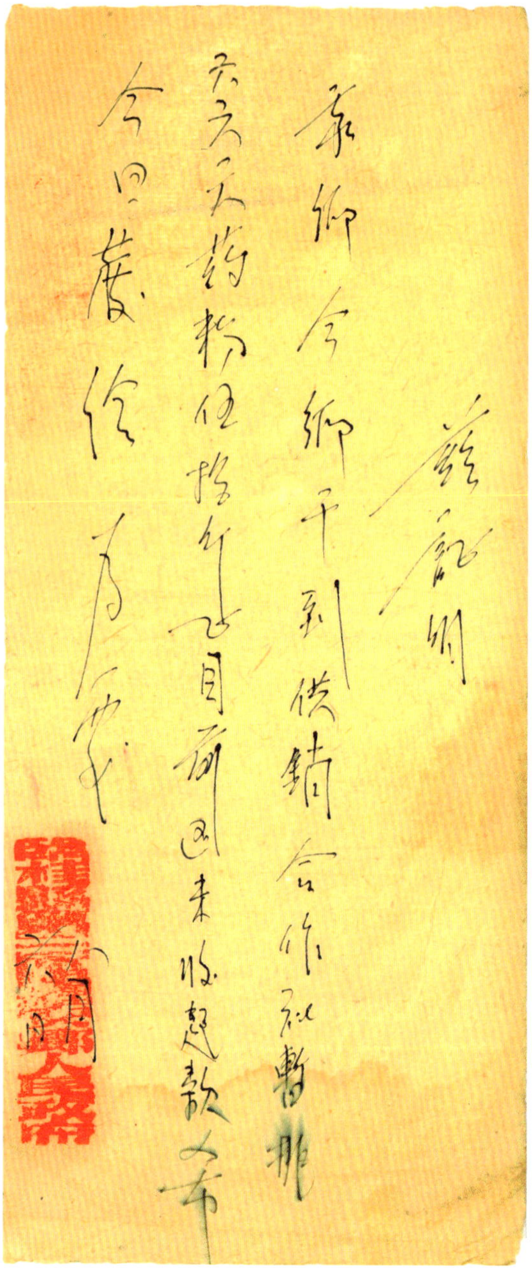

兹证明

东乡合乡干到供销合作社暂排

六六六药粉任指何地自回来收起款又带

合回发给为要

六日

0014 八月六日临桂县第四区暂排药粉证明

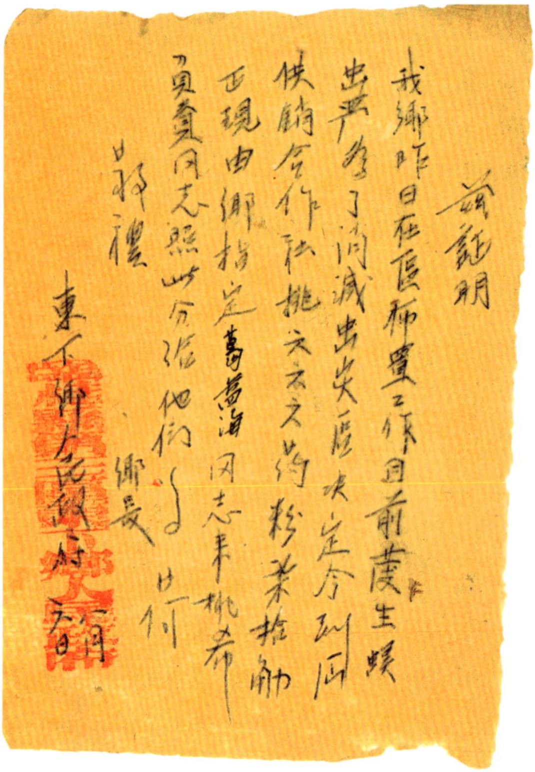

兹证明

我乡昨日在区布置工作因前发生蝗

虫严重为了消灭虫灾区决定今到区

供销合作社挑六六六药粉来给

西现由乡指定葛临海同志来挑希

负责同志照此分给他们

此致

敬礼

乡长

东下乡人民政府

0015 八月六日临桂县东下乡葛临海购买药粉证明

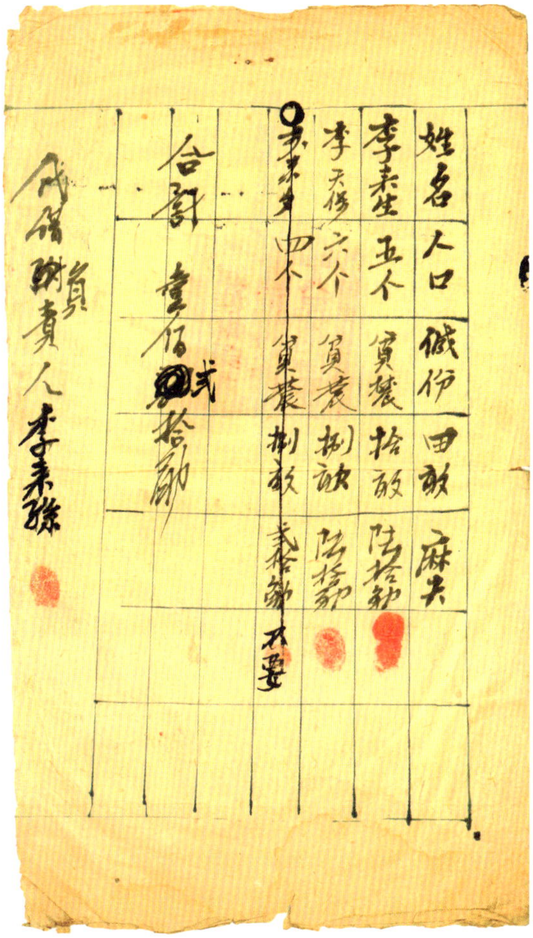

0016—1 贷借麻麸名单（正面）

0016—2 贷借麻麸名单（背面）

馬山縣第拾區供銷合作社

社員證

合作社是我們自己的經濟組織
目的是減免中間剝削改善生活

南寧市建設合營印刷廠承印

馬山縣第拾區供銷合作社

股票

一九五4年8月7日供銷字第 號

0001-1 一九五四年八月七日马山县第十区供销合作社股票封面

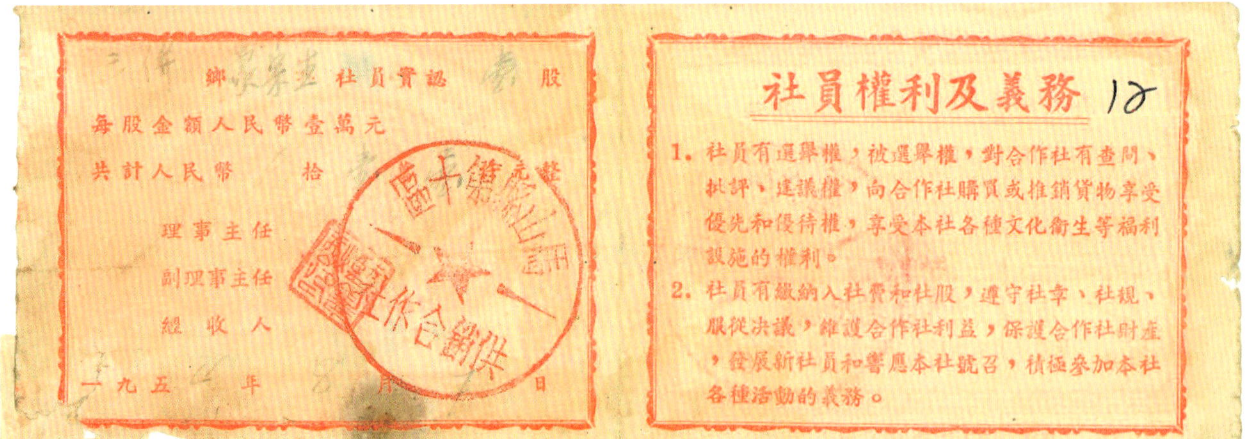
鄉 社員 實認 壹 股
每股金額人民幣壹萬元
共計人民幣 拾 元整
理事主任
副理事主任
經收人
一九五4年8月7日

社員權利及義務

1. 社員有選舉權，被選舉權，對合作社有查問、批評、建議權，向合作社購買或推銷貨物享受優先和優待權，享受本社各種文化衛生等福利設施的權利。
2. 社員有繳納入社費和社股，遵守社章、社規、服從決議，維護合作社利益，保護合作社財產，發展新社員和響應本社號召，積極參加本社各種活動的義務。

0001-2 一九五四年八月七日马山县第十区供销合作社股票内页

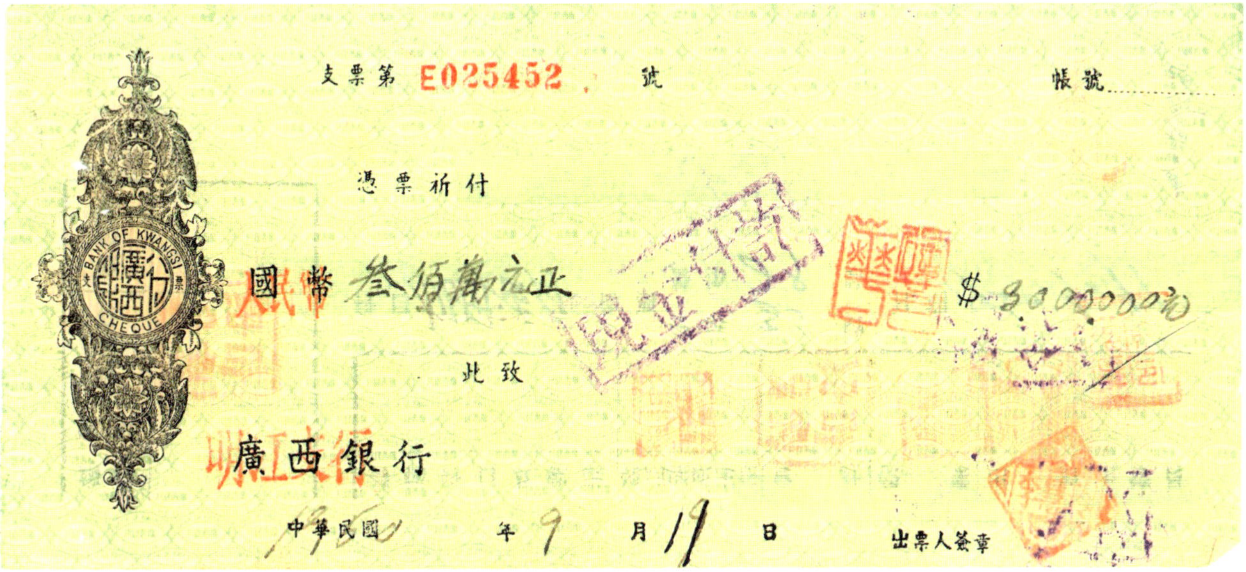

0002-1 一九六〇年九月十九日广西银行明江支行支票（正面）

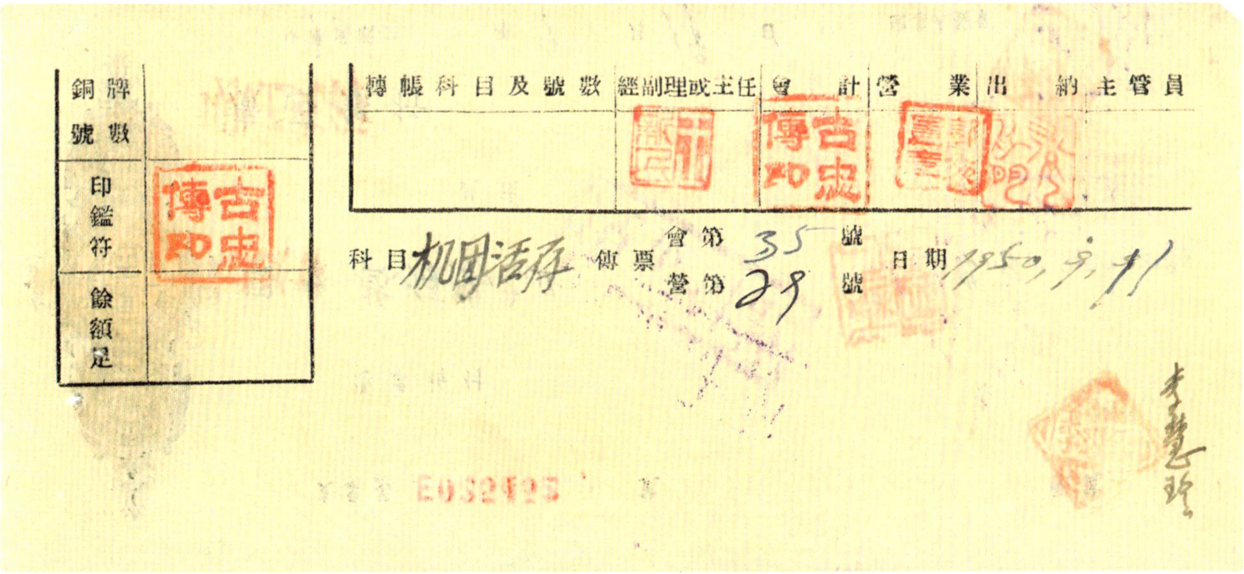

0002-2 一九六〇年九月十九日广西银行明江支行支票（背面为一九五〇年的转账凭据）

0003-1 一九六六年广西壮族自治区供销社伍市斤面值化肥奖售票（正面）

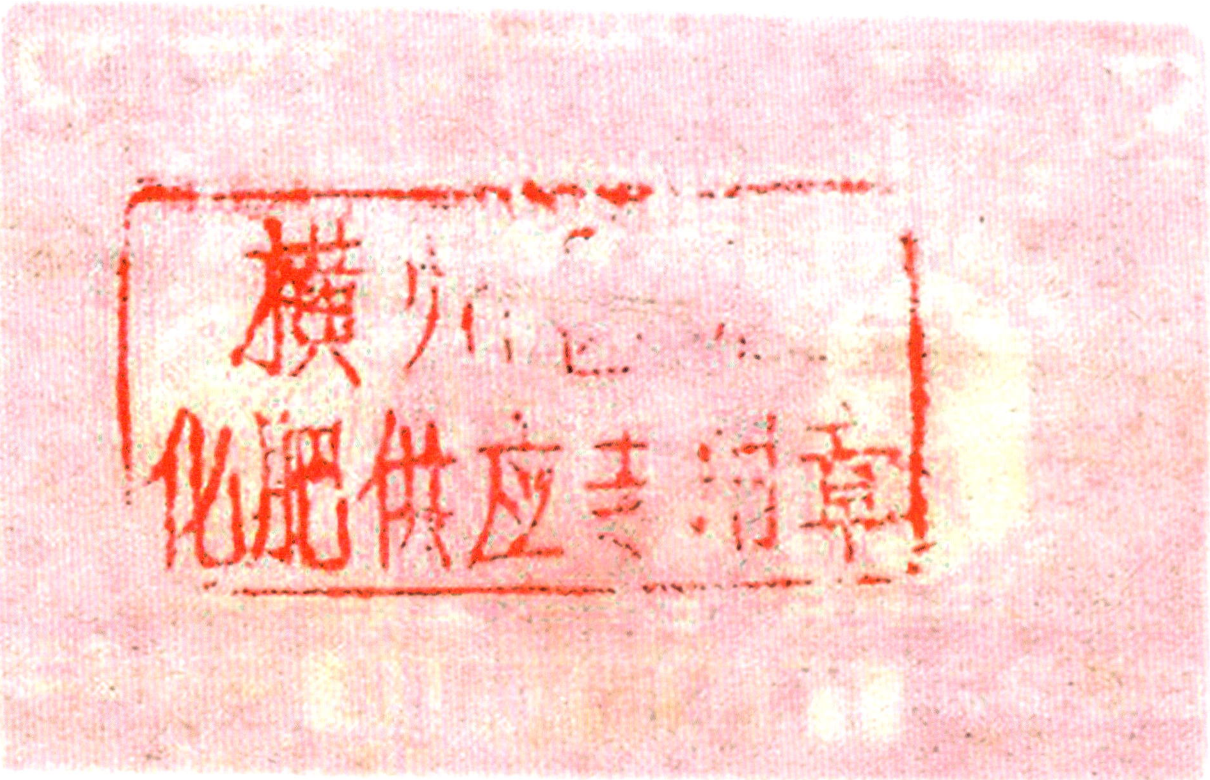

0003-2 一九六六年广西壮族自治区供销社伍市斤面值化肥奖售票（背面为横州化肥供销社盖戳）

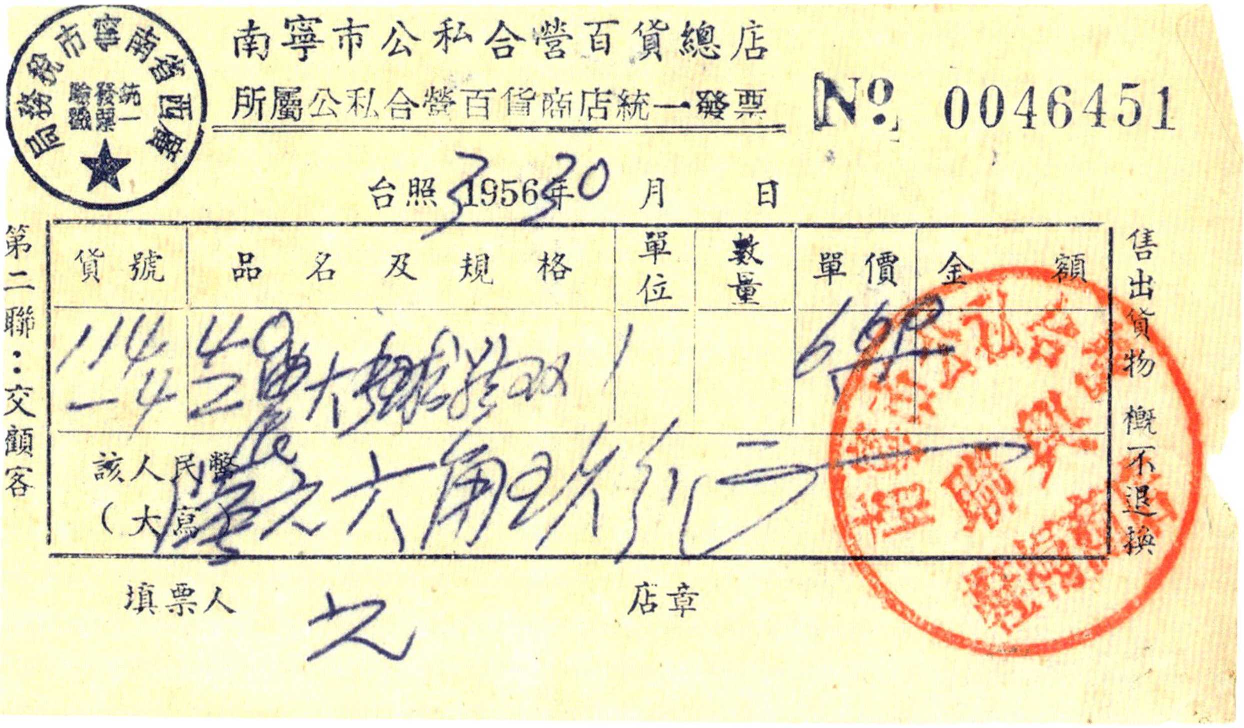
廣西省南寧市稅務局 統一發票驗證

南寧市公私合營百貨總店
所屬公私合營百貨商店統一發票

No. 0046451

台照 1956年 月 日

第二聯：交顧客

貨號	品名及規格	單位	數量	單價	金額

該人民幣
（大寫）

售出貨物概不退换

填票人 店章

0001 一九五六年三月三十日南宁市公私合营百货总店发票

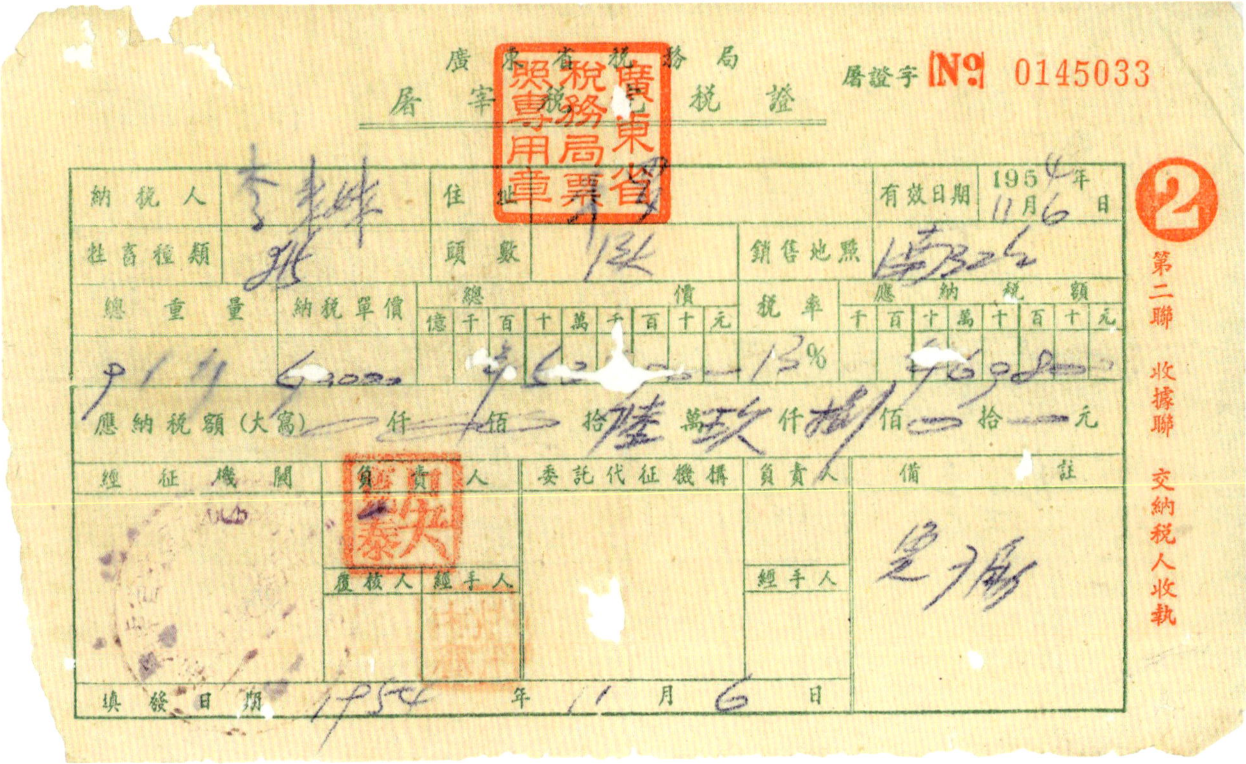

廣東省稅務局

屠宰稅　稅證

屠證字 № 0145033

廣東省稅務局票照專用章

納稅人	李来妹	住址		有效日期	1954年11月6日
牲畜種類		頭數		銷售地點	
總重量	納稅單價	總價（億 千 百 十 萬 千 百 十 元）		稅率	應納稅額（千 百 十 萬 千 百 十 元）
應納稅額（大寫）		仟　佰　拾　萬　仟　佰　拾　元			
經征機關	負責人	委託代征機構	負責人	備註	
	複核人　經手人		經手人		
填發日期	1954年11月6日				

2 第二聯 收據聯 交納稅人收執

0001 一九五四年十一月六日广东省税务局颁给江门市李来妹屠宰税免税证

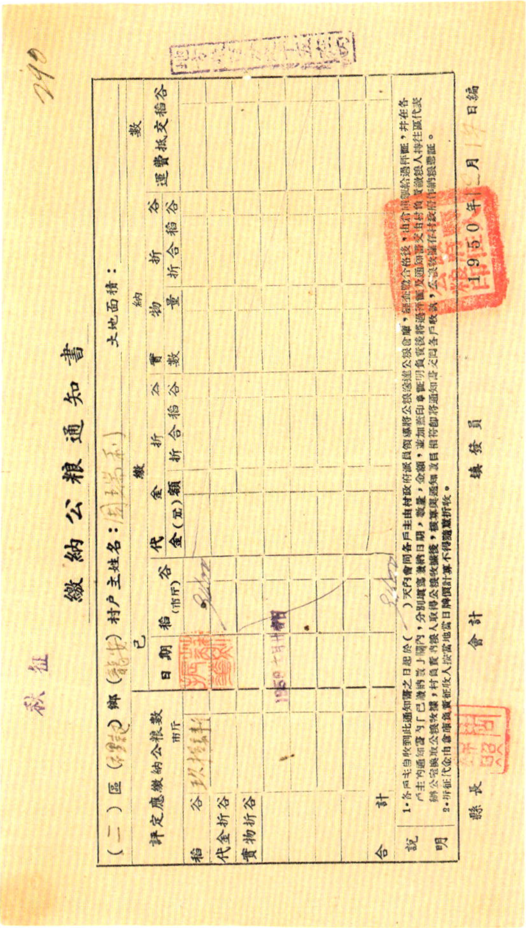
缴納公粮通知書

0001 一九五〇年十二月十七日里讴乡龙安村周瑞利缴纳公粮通知书

田租臨時通知書

張文常

農會啟

公元一九五二年七月十七日

0002 一九五二年七月十七日开平县张文常田租临时通知书

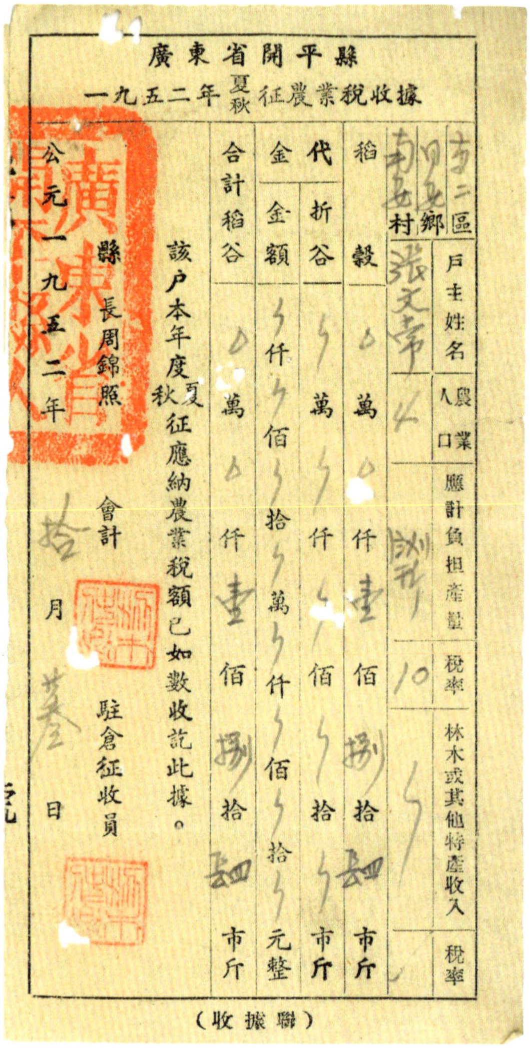
廣東省開平縣
一九五二年夏秋征農業稅收據

第二區 南安鄉 村	戶主姓名 張文常	農業人口 4	應計負担產量	稅率 10	林木或其他特產收入	稅率

稻穀 〇萬〇仟壹佰捌拾捌市斤
代 折谷 〇萬〇仟〇佰〇拾〇市斤
金額 〇仟〇佰〇拾〇萬〇仟〇佰〇拾〇元整
合計稻谷 〇萬〇仟壹佰捌拾捌市斤

該戶本年度夏秋征應納農業稅額已如數收訖此據。

縣長周錦照　會計　駐倉征收員

公元一九五二年拾月廿叁日

（收據聯）

0003 一九五二年十月二十三日开平县征收张文常夏秋农业税收据

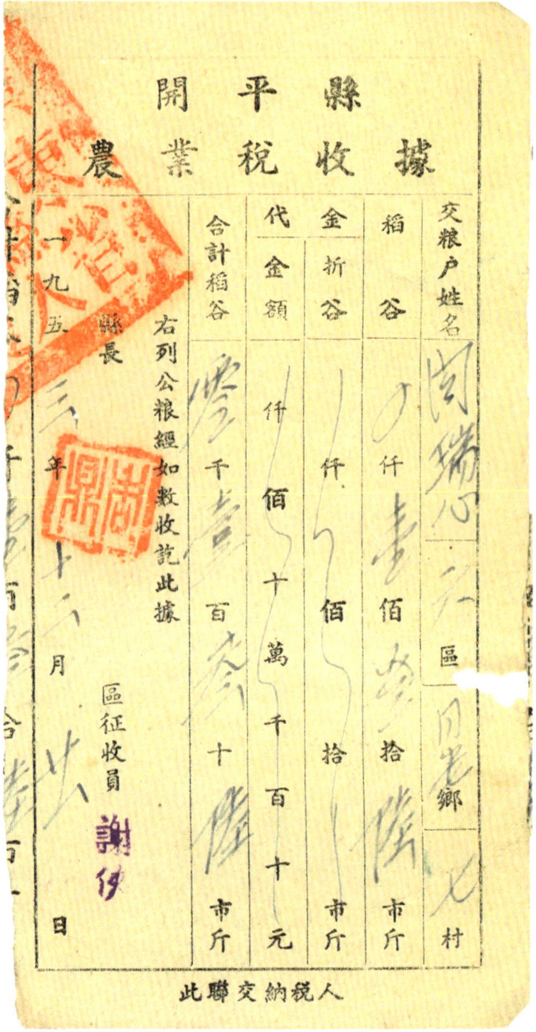
開平縣
農業稅收據

交粮户姓名 向瑞心　六區 月光鄉 七村

稻谷 〇仟壹佰叁拾陸市斤
折谷 仟 佰 拾 市斤
代金額 仟 佰 十 萬 千 百 十 元
合計稻谷 零千壹百叁十陸市斤

右列公粮經如數收訖此據

縣長　區征收員 謝

一九五三年十二月廿一日

此聯交納稅人

0004 一九五三年十二月二十一日开平县征收向瑞心农业税收据

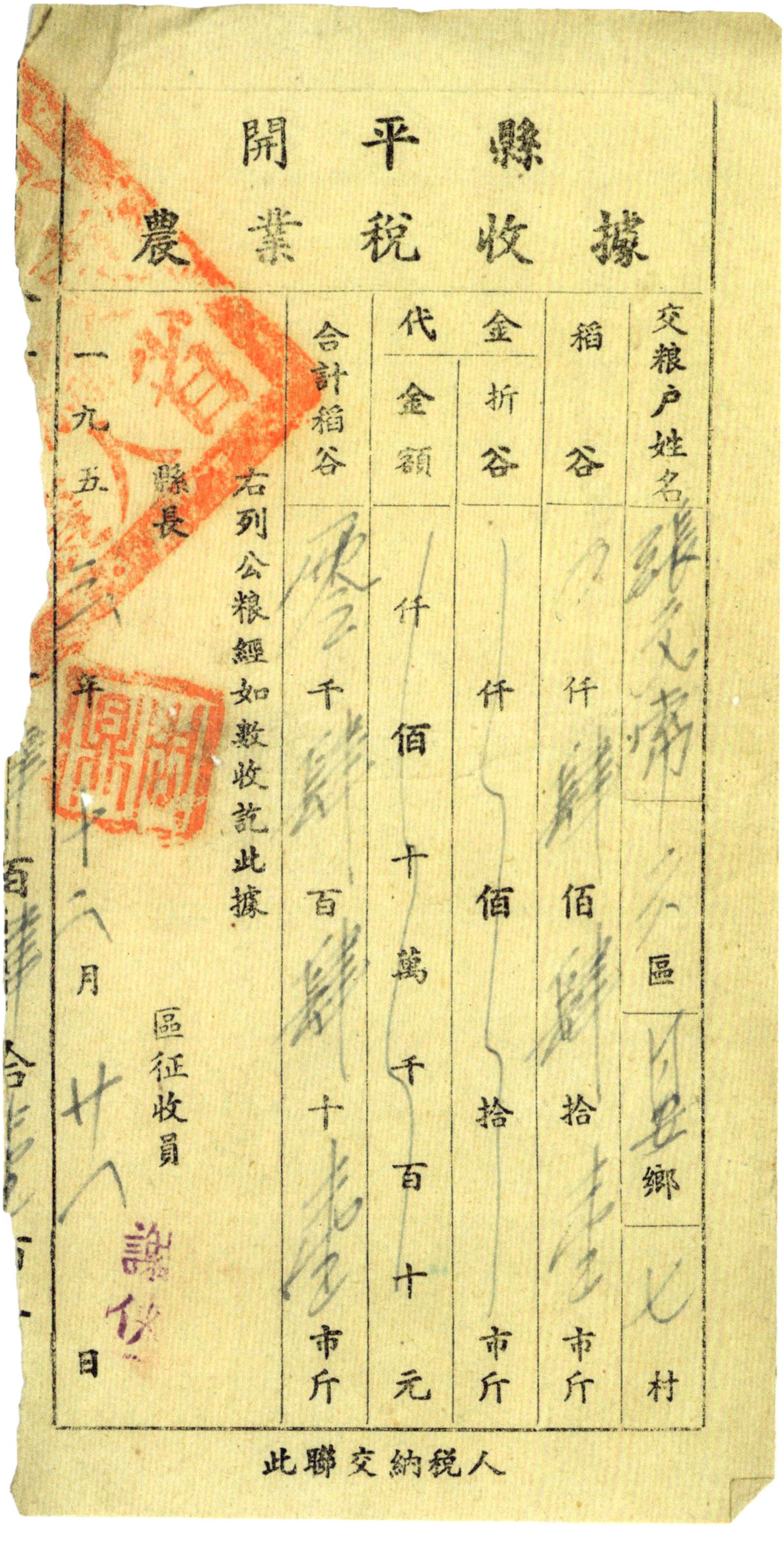
開平縣
農業稅收據

交粮户姓名 張文常 二區 鄉 村

稻谷 仟 佰 拾 市斤

金折谷 仟 佰 拾 市斤

代金金額 仟 佰 十 萬 千 百 十 元

合計稻谷 千 百 十 市斤

右列公粮經如數收訖此據

縣長

區征收員

一九五三年十二月廿一日

此聯交納稅人

0005 一九五三年十二月二十一日开平县征收张文常农业税收据

1001—1 一九五一年十二月二十一日新兴县第六区供销合作社社员证封面

1001—2 一九五一年十二月二十一日新兴县第六区供销合作社社员证内页

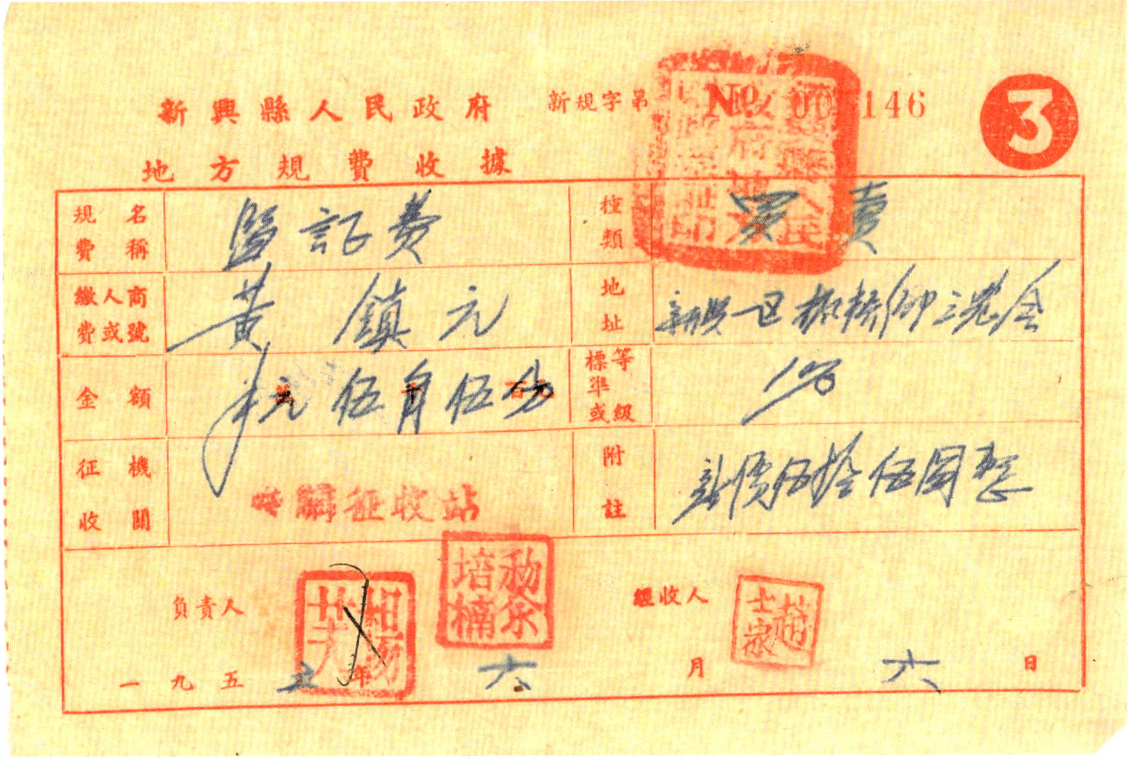

新興縣人民政府　新規字第 No 00[illegible]146　③

地方規費收據

規費名稱	鑑証費	種類	買賣
繳費人或商號	黃鎮元	地址	新興一区[illegible]
金額	柒元伍角伍分	標準或等級	1%
征收機關	[illegible]征收站	附註	契價伍拾伍圓整

負責人　　經收人

一九五六年　六　月　六　日

0002 一九五六年六月六日黄镇元缴纳鉴证费收据

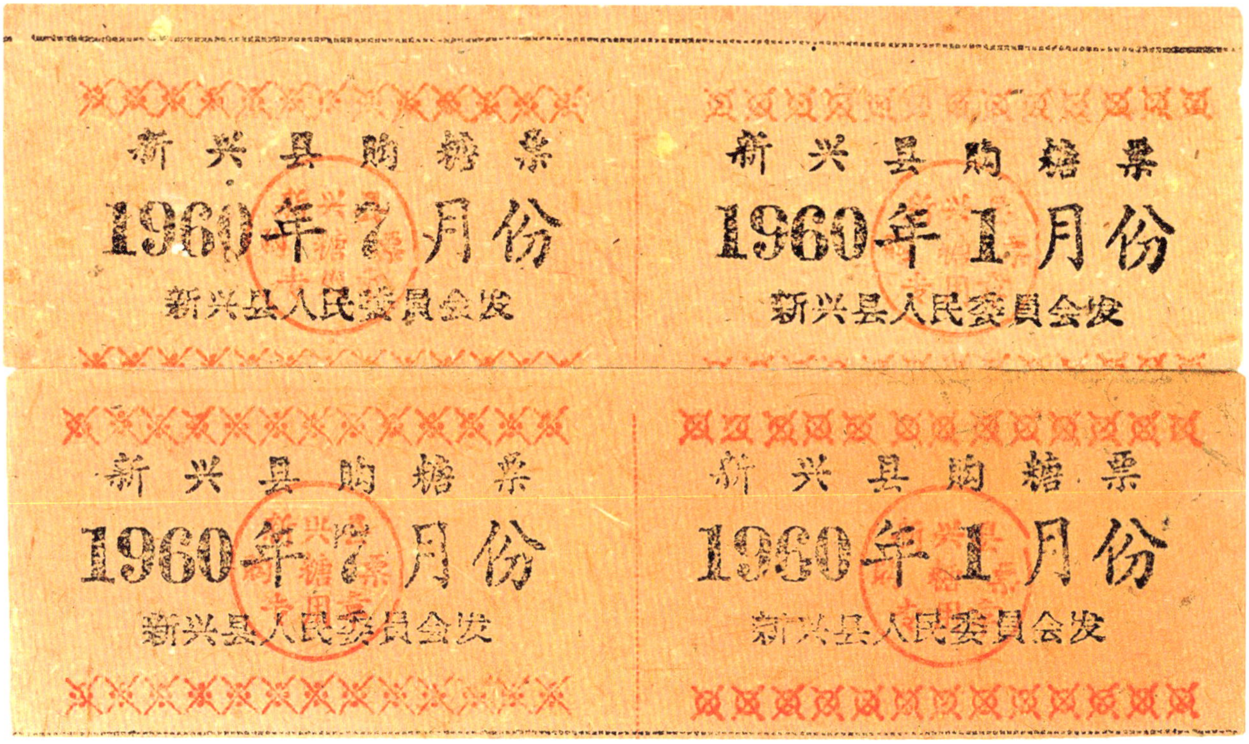

0003-1 一九六〇年发行新兴县购糖票（正面）

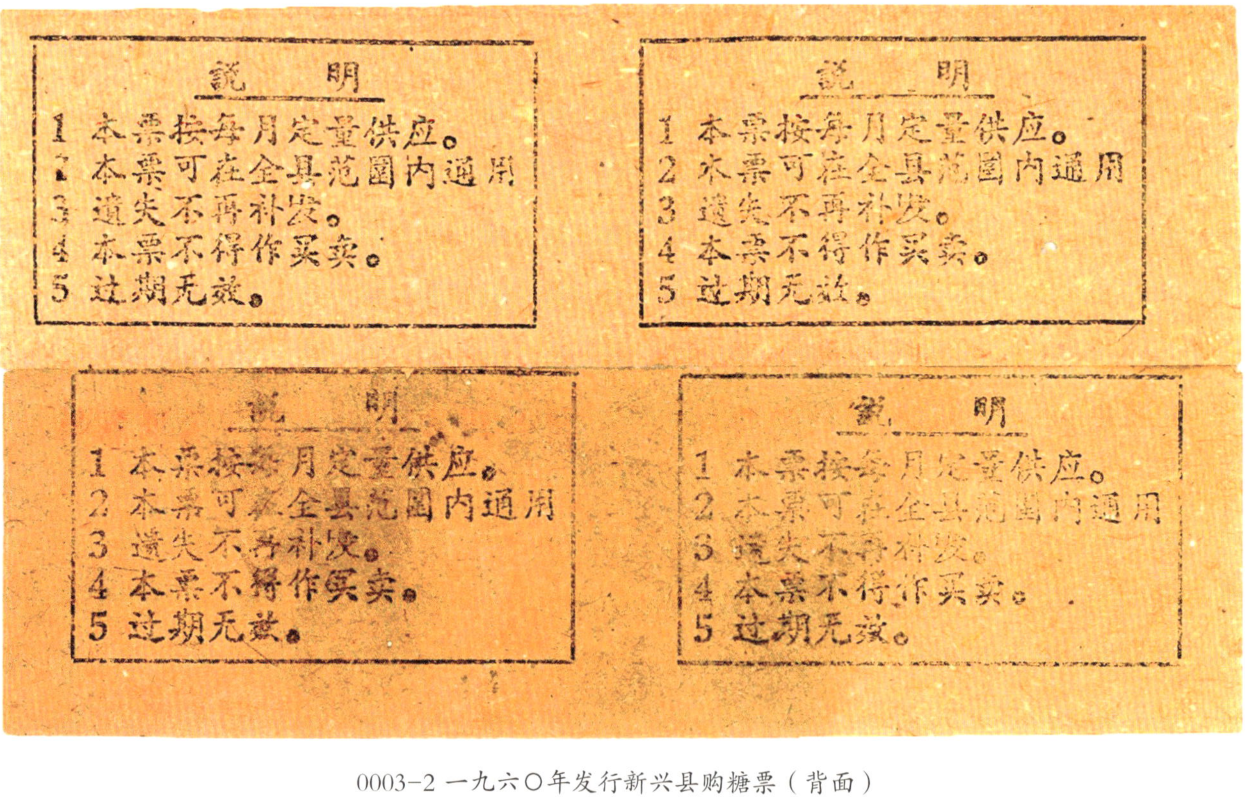

0003-2 一九六〇年发行新兴县购糖票（背面）

0004-1 新兴县二角面值饼类购买票（正面）

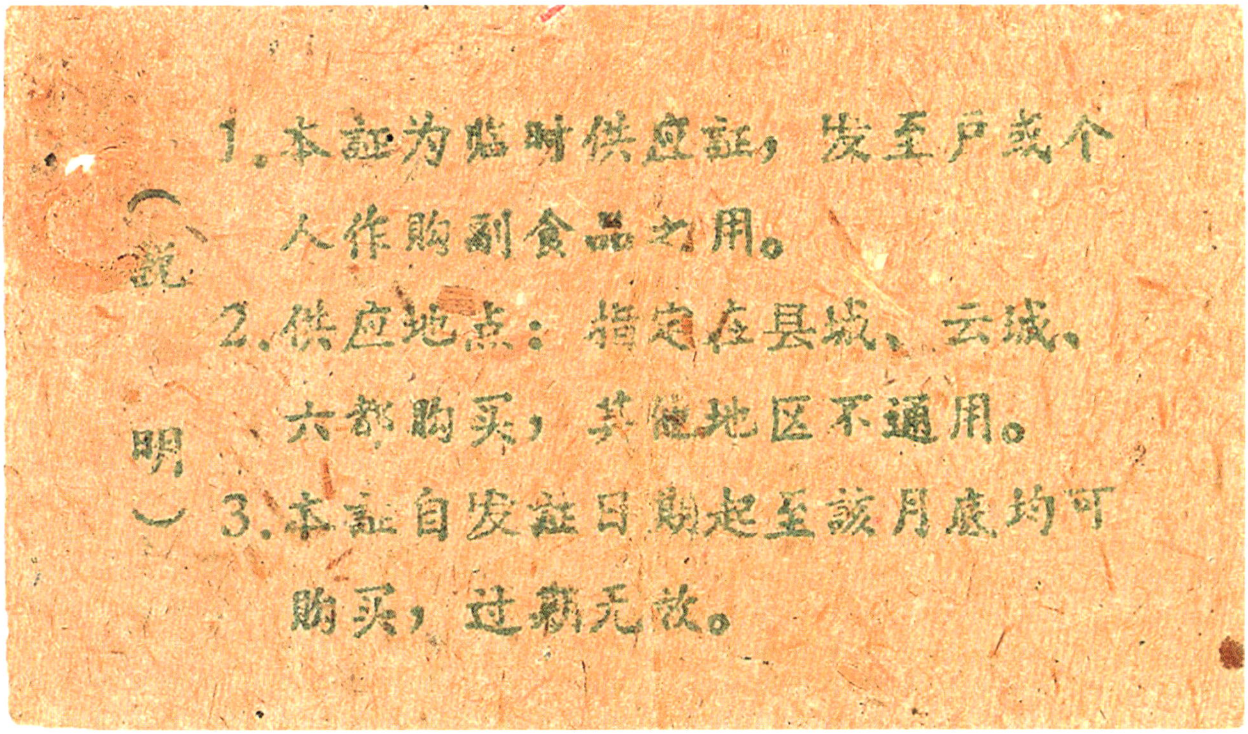

0004-2 新兴县二角面值饼类购买票（背面）

0005-1 新兴县伍分面值糖果票（正面）

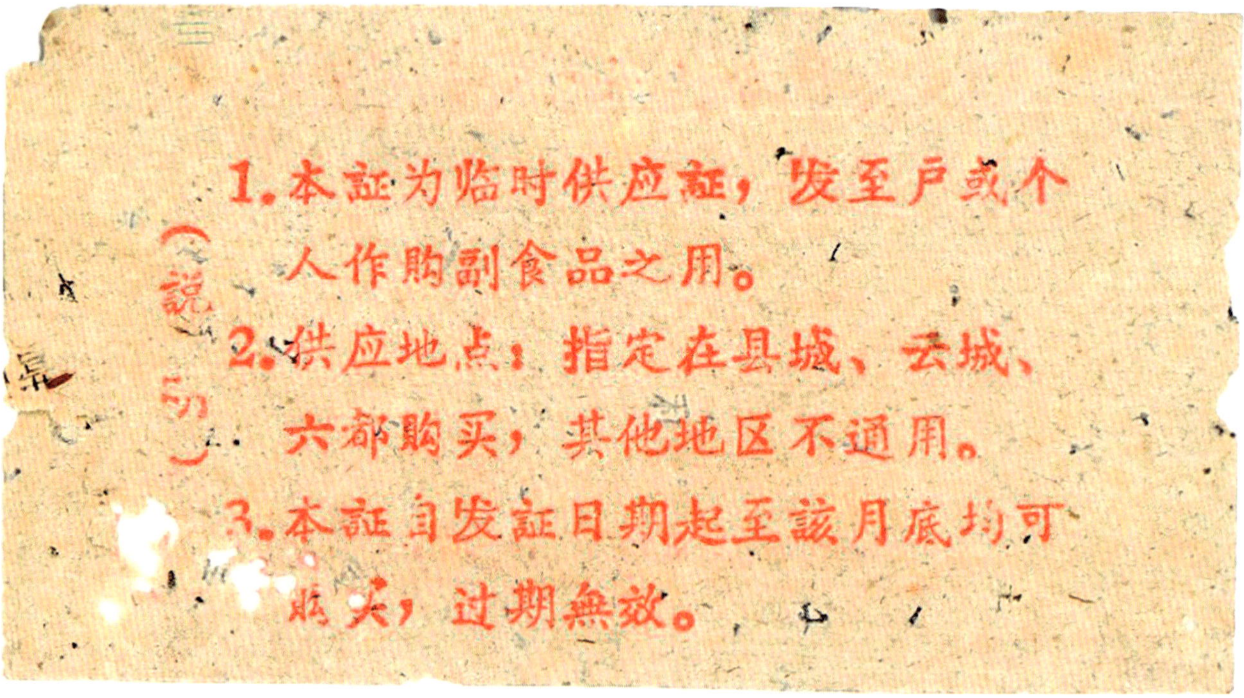

0005-2 新兴县伍分面值糖果票（背面）

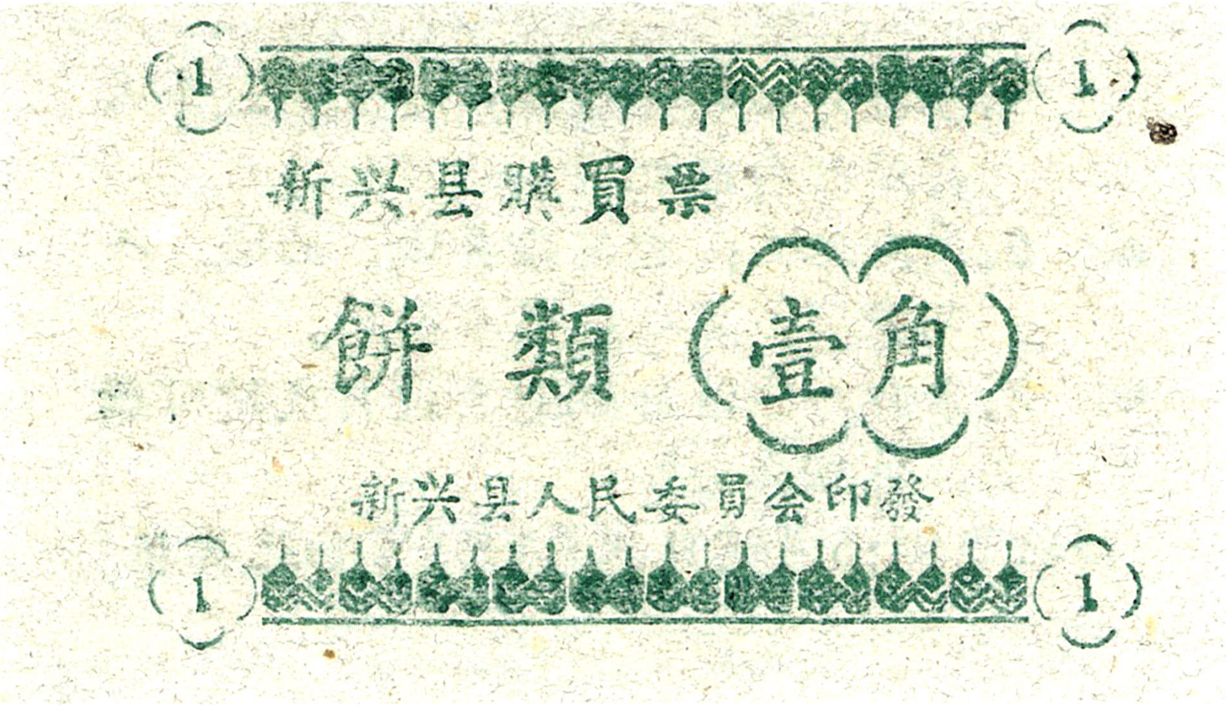

0006-1 新兴县一角面值饼类购买票（正面）

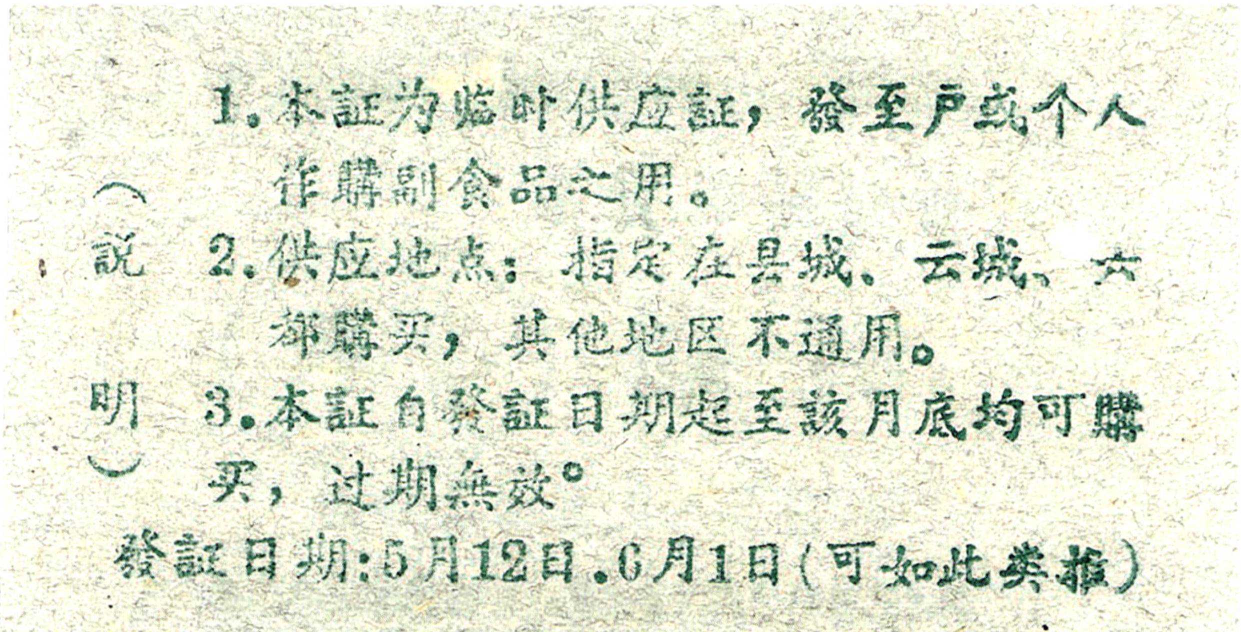
（説明）
1.本証为临时供应証，發至户或个人作購副食品之用。
2.供应地点：指定在县城、云城、六都購买，其他地区不通用。
3.本証自發証日期起至該月底均可購买，过期無效。
發証日期：5月12日.6月1日（可如此类推）

0006-2 新兴县一角面值饼类购买票（背面）

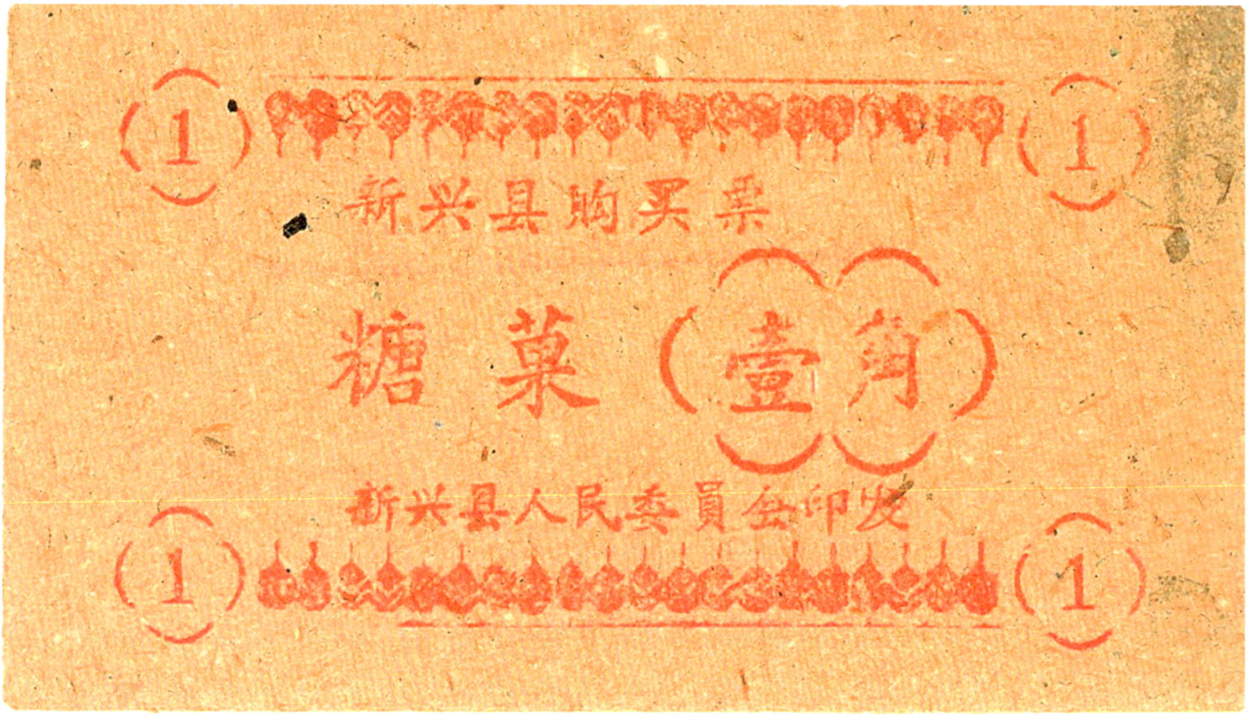

0007-1 新兴县一角面值糖果票（正面）

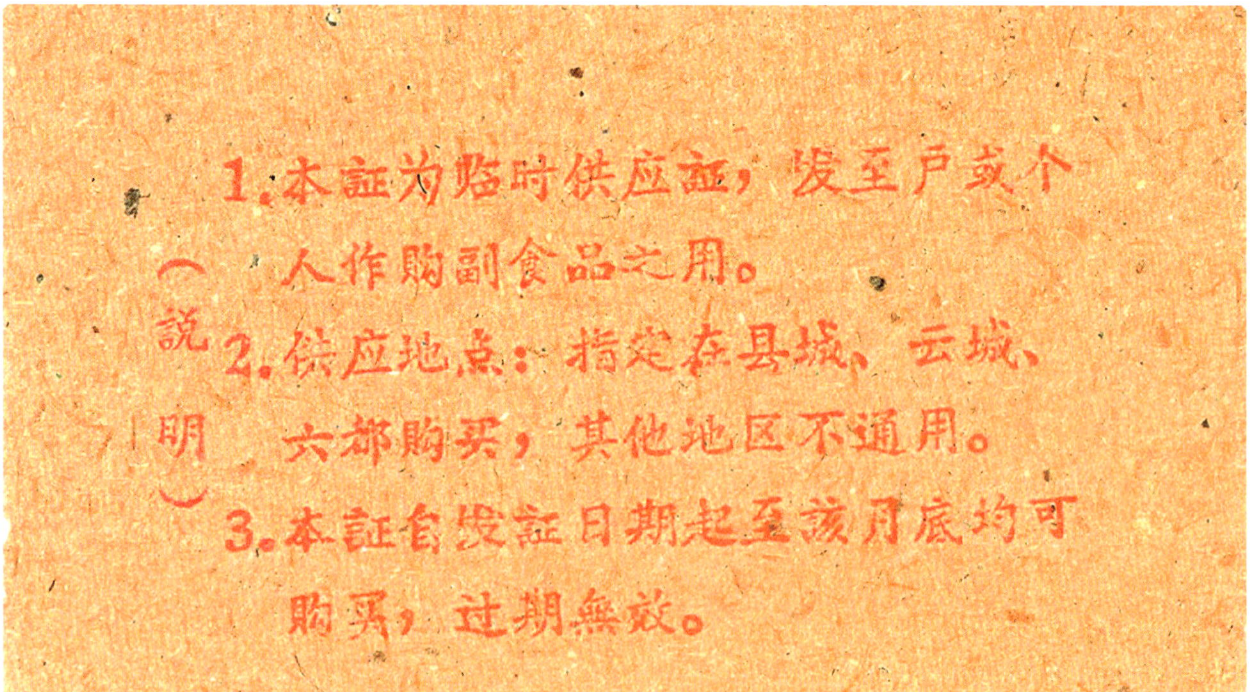

（說明）
1.本証为临时供应証，发至户或个人作购副食品之用。
2.供应地点：指定在县城、云城、六都购买，其他地区不通用。
3.本証自发証日期起至該月底均可购买，过期無效。

0007-2 新兴县一角面值糖果票（背面）

0008-1 新兴县二角面值饼票（正面）

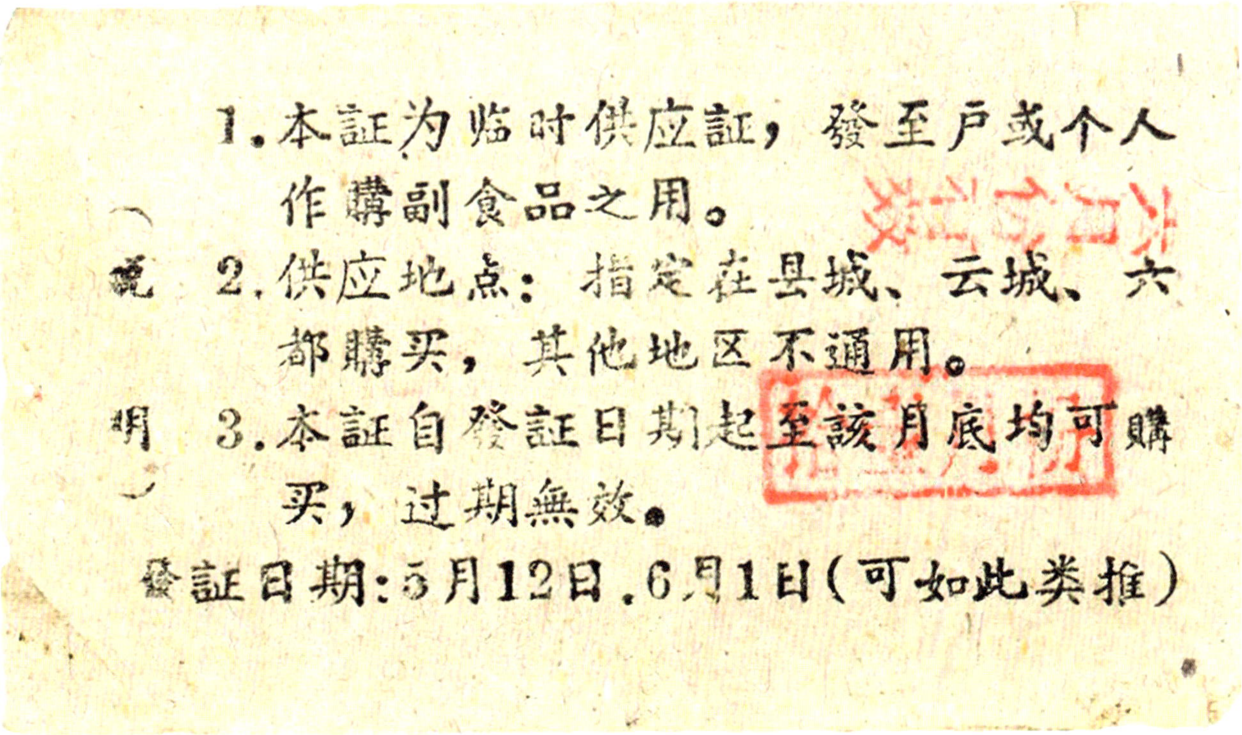

0008-2 新兴县二角面值饼票（背面）

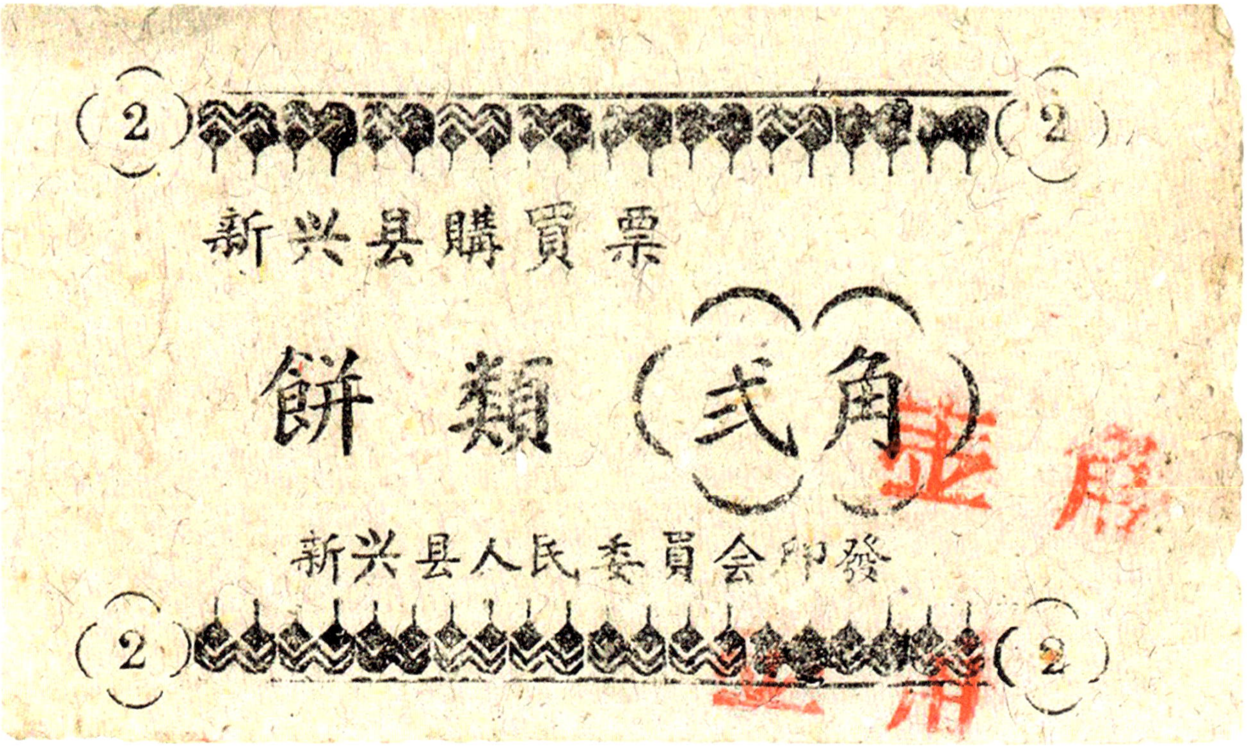

(2) (2)

新兴县購買票

餅類（弍角）

新兴县人民委員会印發

(2) (2)

0009-1 新兴县二角面值饼票（正面）

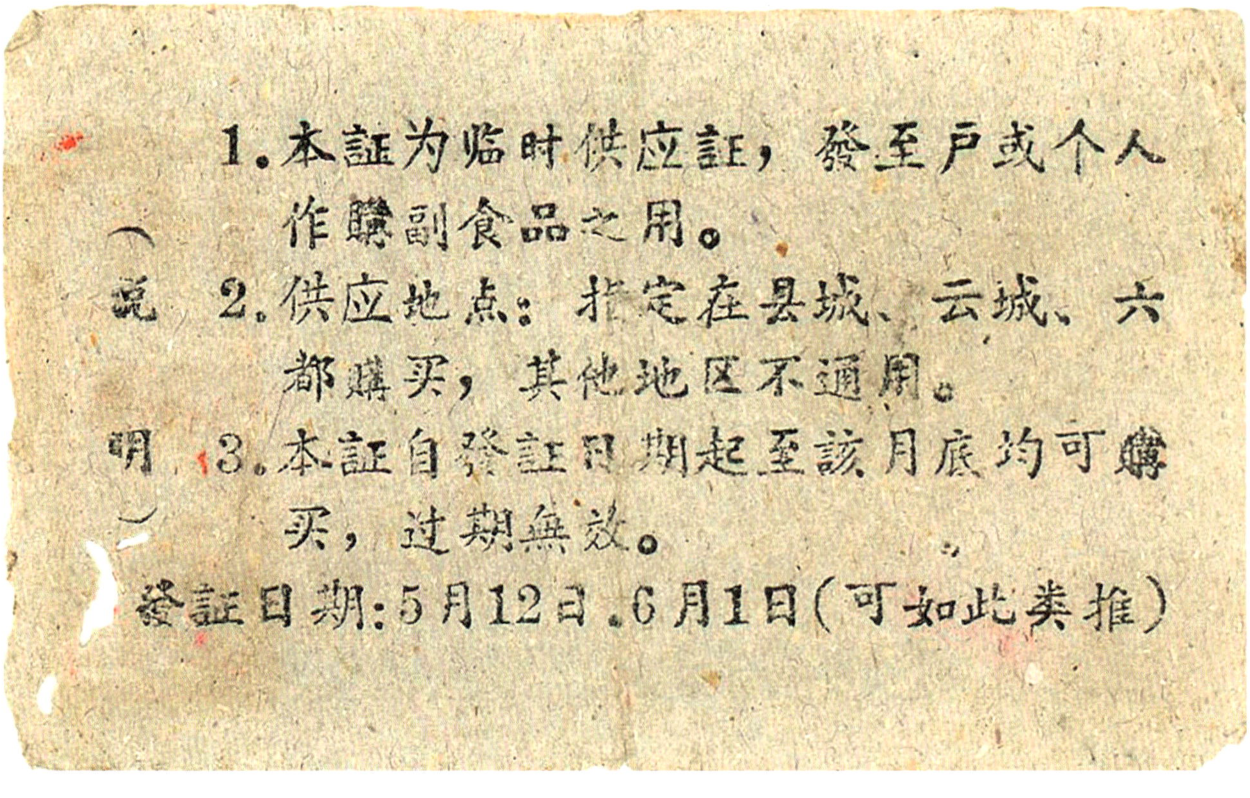

（說明）

1. 本証为临时供应証，發至户或个人作購副食品之用。

2. 供应地点：指定在县城、云城、六都購买，其他地区不適用。

3. 本証自發証日期起至該月底均可購买，过期無效。

發証日期：5月12日.6月1日（可如此类推）

0009-2 新兴县二角面值饼票（背面）

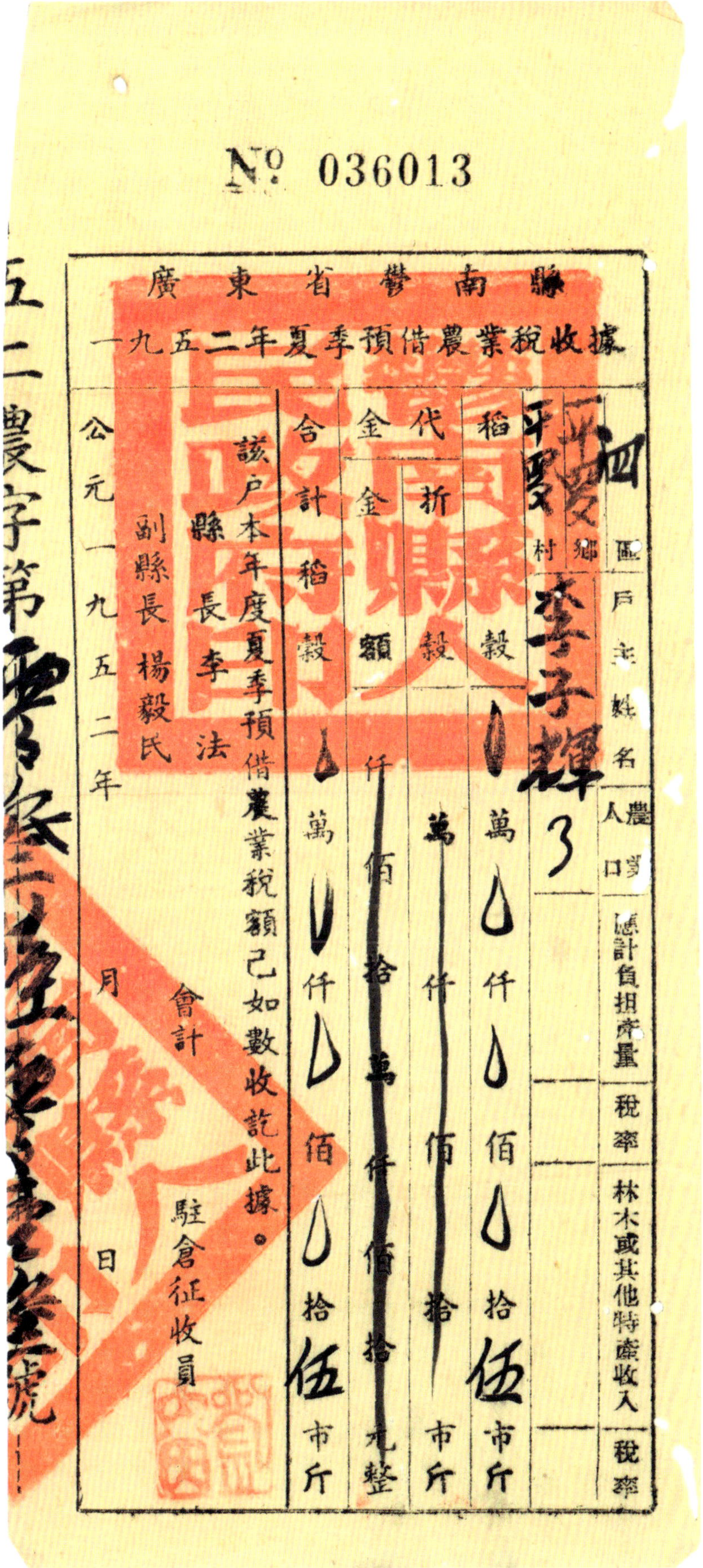

№ 036013

廣東省鬱南縣

一九五二年夏季預借農業税收據

四 區 平嶺 鄉 平嶺 村

戶主姓名 李子輝

農業人口 3

應計負担產量

税率

林木或其他特產收入

税率

稻穀 〇 萬 〇 仟 〇 佰 〇 拾 伍 市斤

代折稻穀 萬 仟 佰 拾 市斤

代金額 仟 佰 拾 萬 仟 佰 拾 元整

合計稻穀 〇 萬 〇 仟 〇 佰 〇 拾 伍 市斤

該戶本年度夏季預借農業税額已如數收訖此據。

縣長 李法

副縣長 楊穀氏

會計

駐倉征收員

公元一九五二年 月 日

五二農字第 號

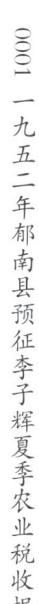

0001 一九五二年郁南县预征李子辉夏季农业税收据

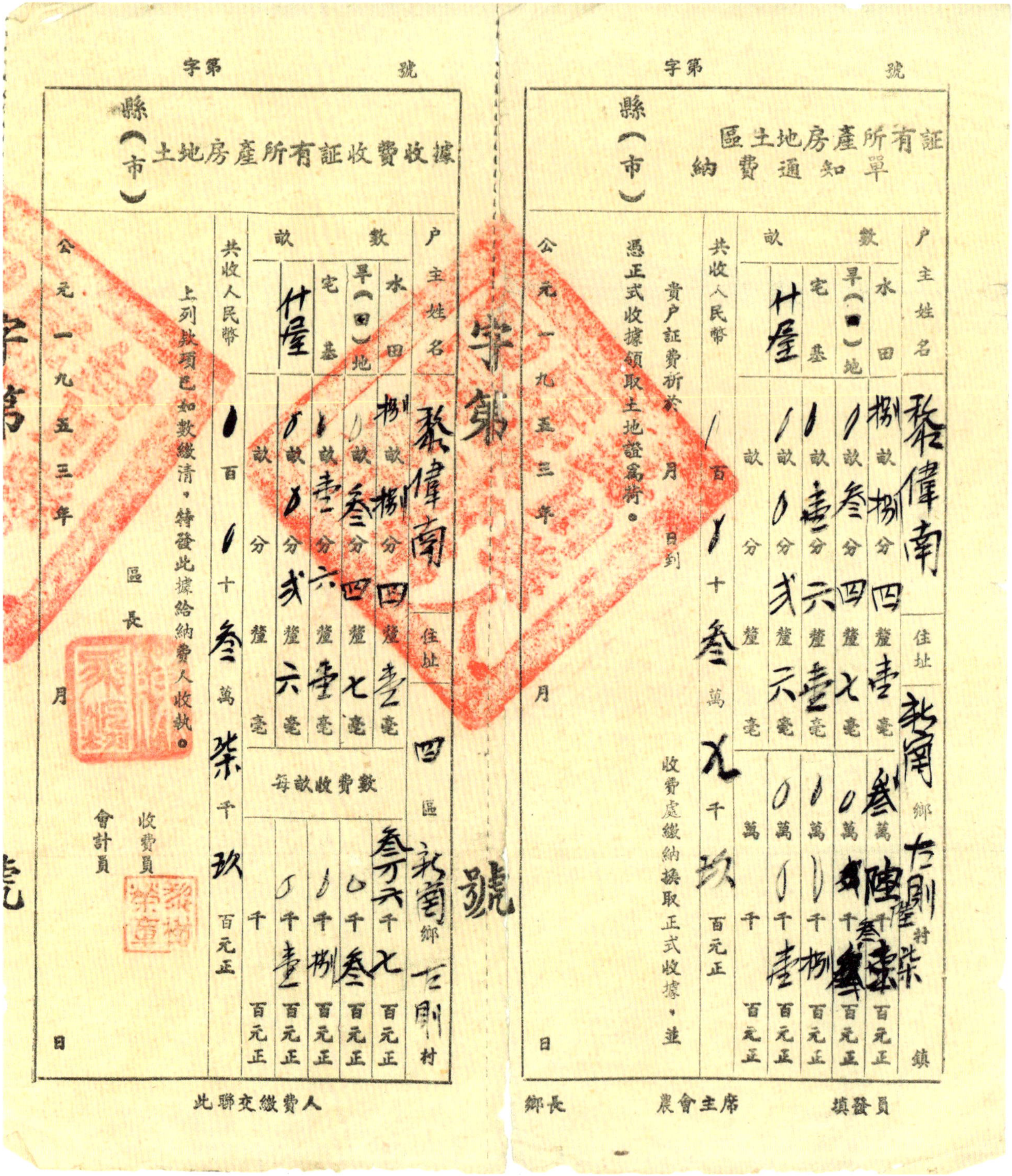

字第　　號

縣（市）土地房產所有証收費收據

户主姓名：黎偉南　住址：四區新周鄉大朗村

畝數：水田捌畝捌分四釐壹毫；旱（田）地1畝叁分四釐七毫；宅基1畝壹分六釐壹毫；什屋0畝0分弍釐六毫

共收人民幣1百1十叁萬柒千玖百元正

上列款項已如數繳清，特發此據給納費人收執。

區長　收費員　會計員

公元一九五三年　月　日

此聯交繳費人

字第　　號

縣（市）區土地房產所有証納費通知單

户主姓名：黎偉南　住址：新周鄉大朗村　鎮

畝數：水田捌畝捌分四釐壹毫；旱（田）地1畝叁分四釐七毫；宅基1畝壹分六釐壹毫；什屋0畝0分弍釐六毫

共收人民幣1百1十叁萬九千玖百元正

貴户証費祈於　月　日到收費處繳納換取正式收據，並憑正式收據領取土地證爲荷。

公元一九五三年　月　日

鄉長　農會主席　填發員

0002 一九五三年黎律南土地房产所有证缴费通知单及收费收据

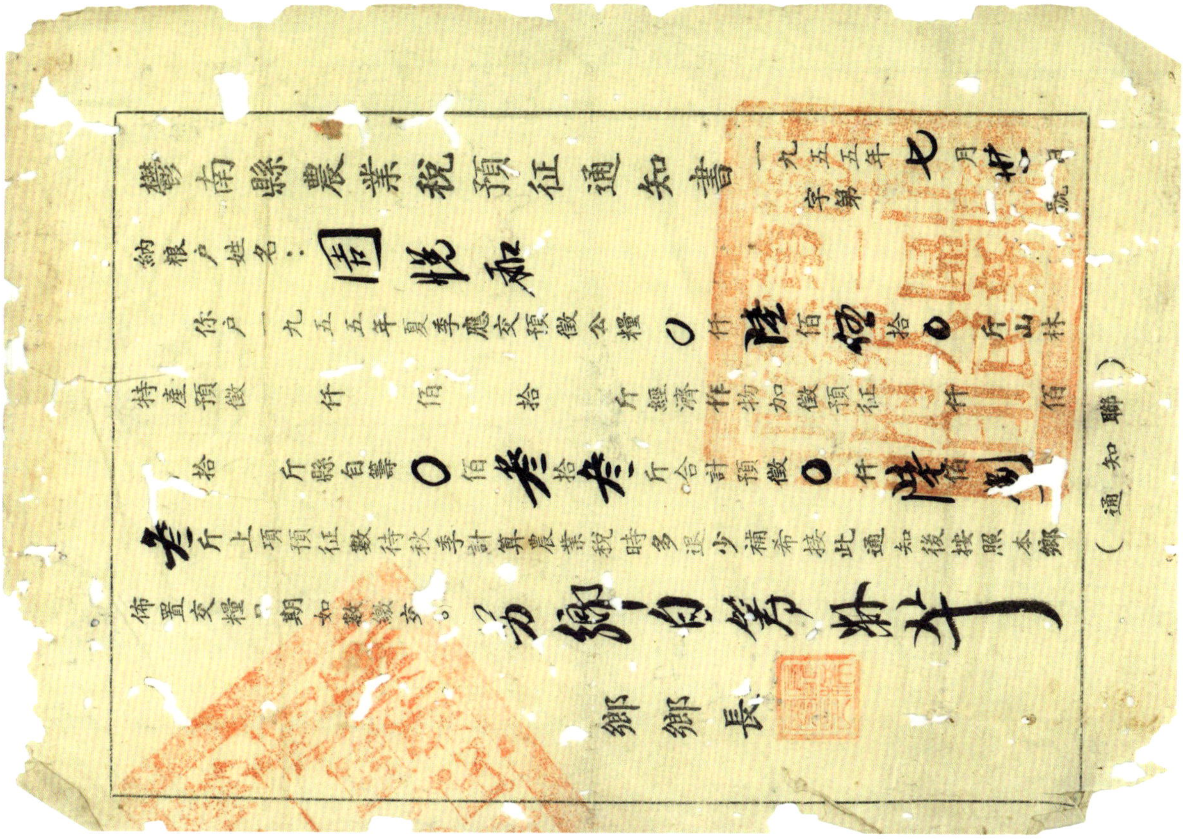

鬱南縣農業税預征通知書

納糧戶姓名：周悦和

（通知聯）

0003 一九五五年七月三十一日郁南县预征周悦和农业税通知书

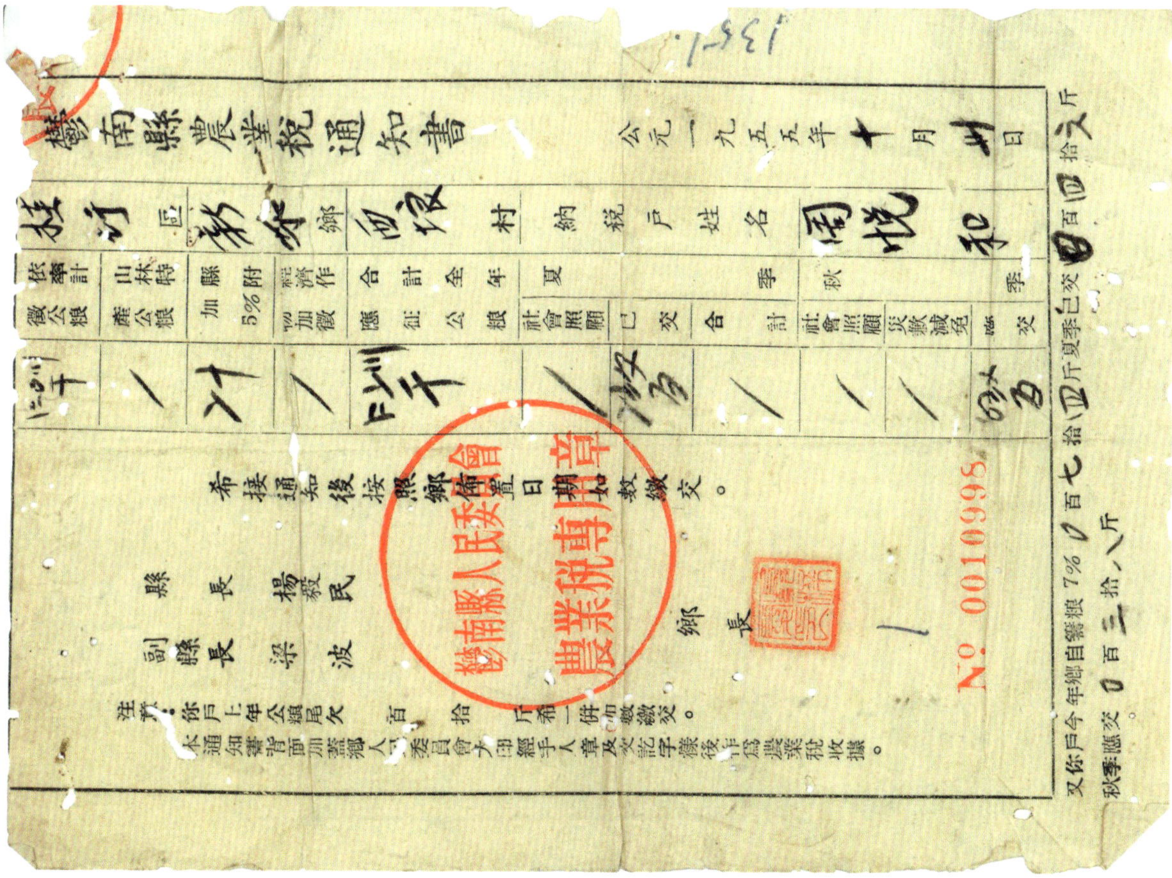

鬱南縣農業税通知書

公元一九五五年十月卅日

納税戶姓名 周悦和

縣長 楊殿民

副縣長 梁波

鄉長

鬱南縣人民委員會 農業税專用章

No. 0010995

0004 一九五五年十月三十日郁南县征收周悦和农业税通知书

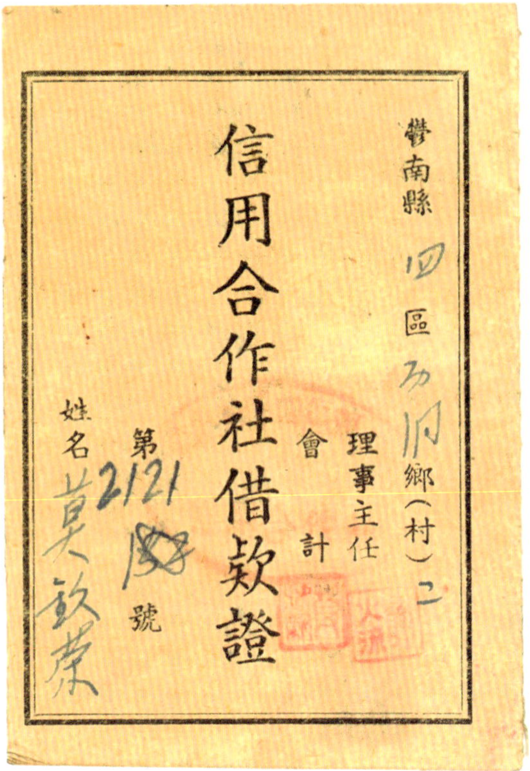

鬱南縣 四 區 历洞 鄉（村）二

信用合作社借款證

理事主任

會計

第 2121 號

姓名 莫玖荣

0005–1 一九六〇年郁南县第四区历洞乡莫玖荣信用合作社借款证

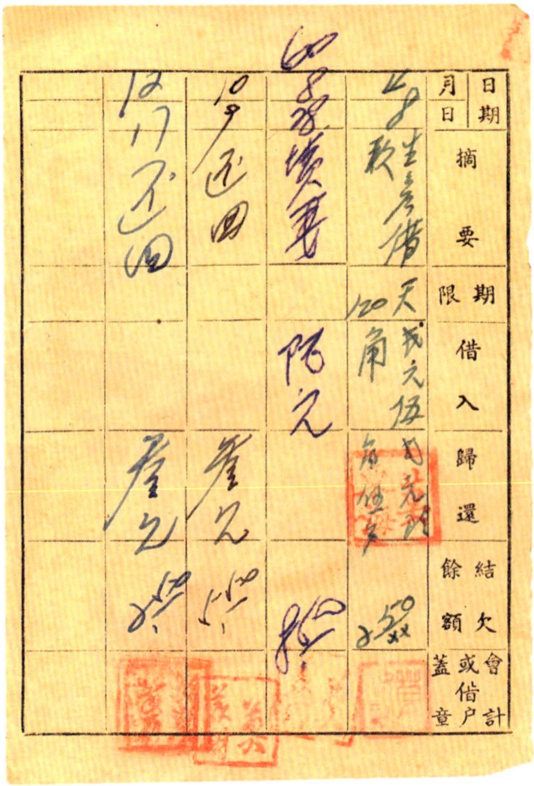

日期 月 日	摘要	期限	借入	歸還	結欠餘額	會計或借戶蓋章
60 8	秋生產借	天	20角	[illegible]	[illegible]	
60 8	還			陆元	[illegible]	
10 9	还回				叁元	
10 11	还回				叁元	

0005–2 一九六〇年郁南县第四区历洞乡莫玖荣信用合作社借款证记录页

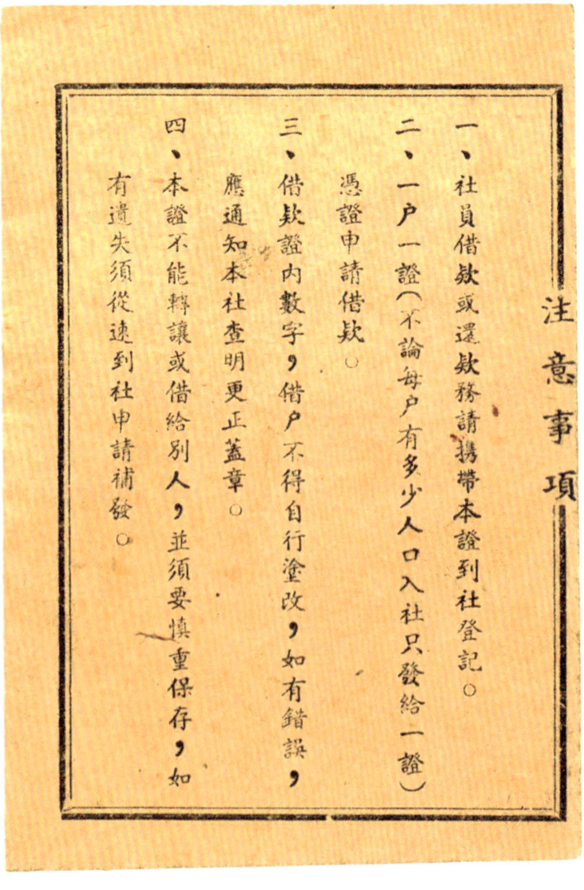

注意事項

一、社員借款或還款務請携帶本證到社登記。

二、一户一證（不論每户有多少人口入社只發給一證）憑證申請借款。

三、借款證內數字，借户不得自行塗改，如有錯誤，應通知本社查明更正蓋章。

四、本證不能轉讓或借給別人，並須要慎重保存，如有遺失須從速到社申請補發。

0005–3 一九六〇年郁南县第四区历洞乡莫玖荣信用合作社借款证注意事项

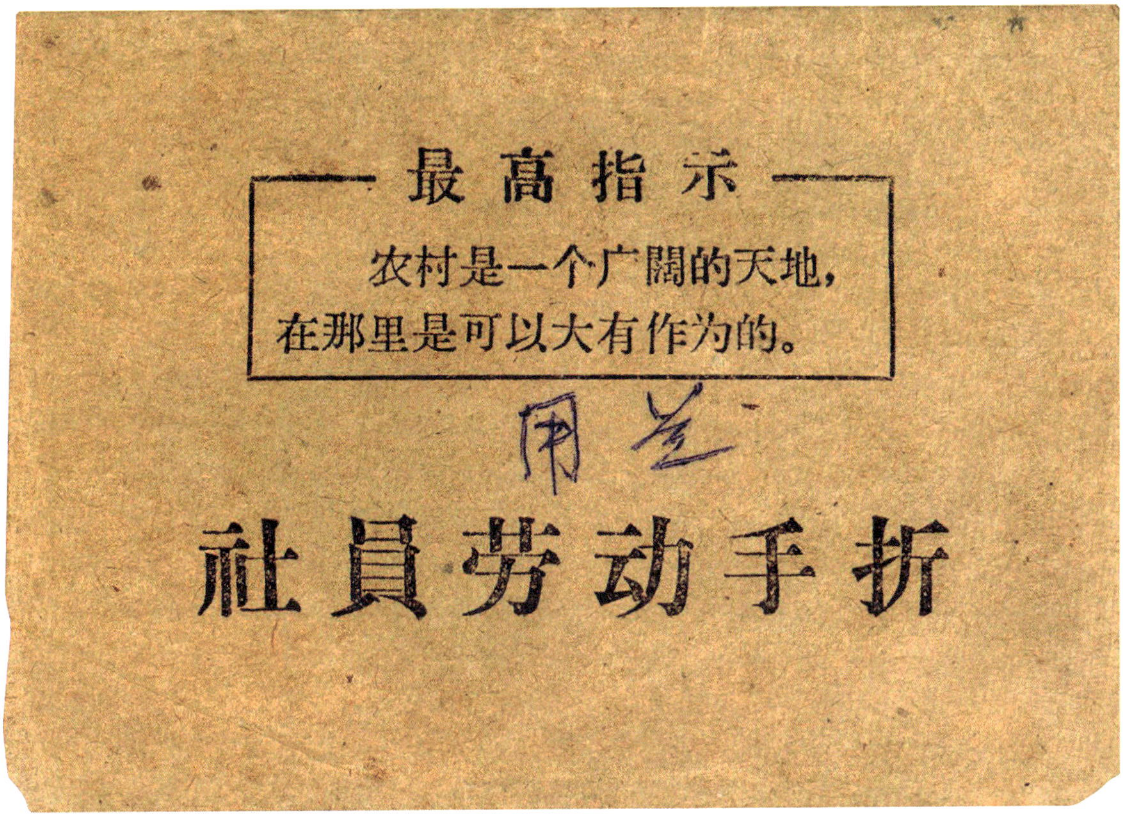
最高指示

农村是一个广闊的天地，
在那里是可以大有作为的。

社員劳动手折

0006-1 黎田兰社员劳动手折封面

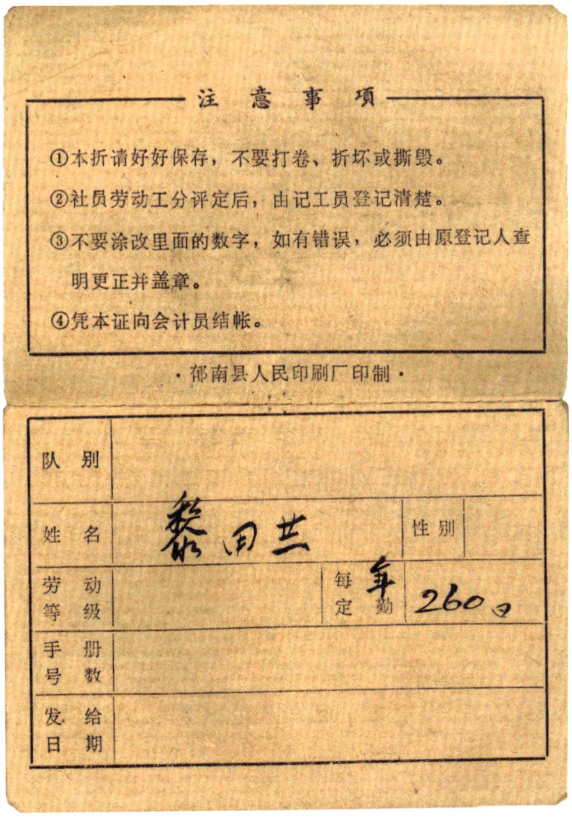
注意事項

①本折请好好保存，不要打卷、折坏或撕毁。

②社员劳动工分评定后，由记工员登记清楚。

③不要涂改里面的数字，如有错误，必须由原登记人查明更正并盖章。

④凭本证向会计员结帐。

·郁南县人民印刷厂印制·

队别			
姓名	黎田兰	性别	
劳动等级		每年定勤	260日
手册号数			
发给日期			

0006-2 黎田兰社员劳动手折内页

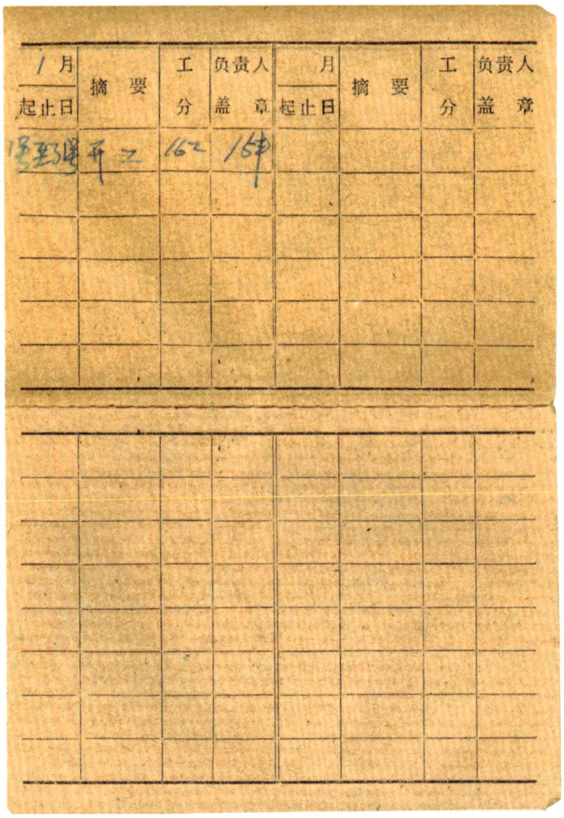

1月 起止日	摘要	工分	负责人盖章	月 起止日	摘要	工分	负责人盖章
18至31日	开工	162	[illegible]				

0006-3 黎田兰社员劳动手折一月份工作记录

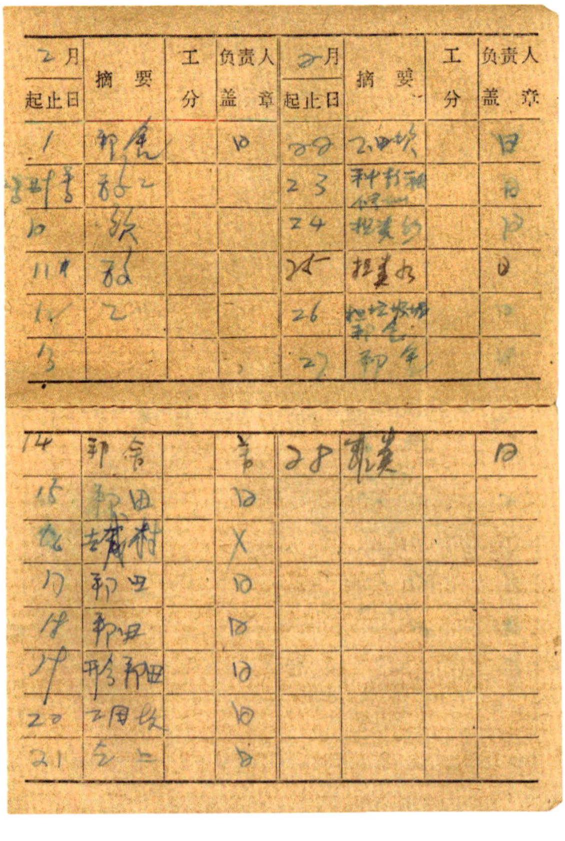

2月 起止日	摘要	工分	负责人盖章	2月 起止日	摘要	工分	负责人盖章
1	[illegible]		日	22	[illegible]		日
[illegible]	[illegible]			23	[illegible]		日
10	[illegible]			24	[illegible]		日
11	[illegible]			25	[illegible]		日
12	[illegible]			26	[illegible]		日
13				27	[illegible]		
14	[illegible]		[illegible]	28	[illegible]		日
15	耕田		日				
16	[illegible]		X				
17	耕田		日				
18	耕田		日				
19	[illegible]		日				
20	[illegible]		日				
21	[illegible]		日				

0006-4 黎田兰社员劳动手折二月份工作记录

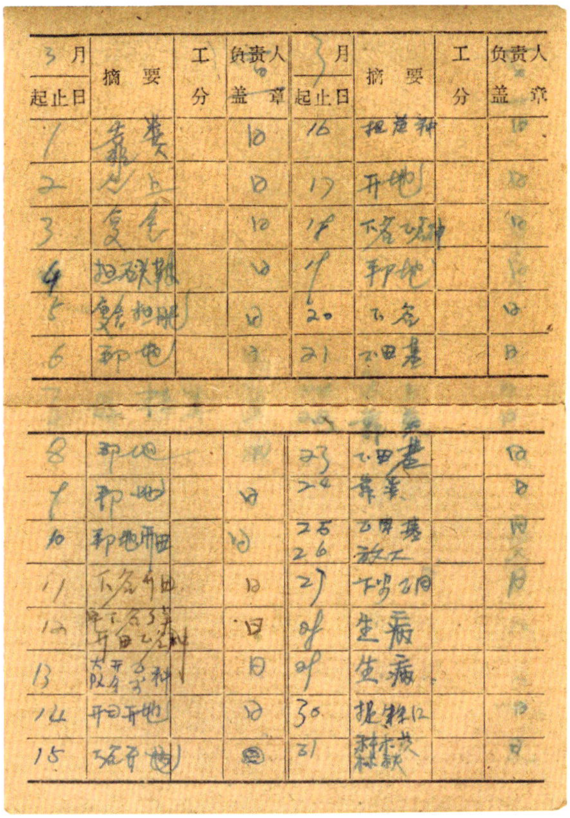

0006-5 黎田兰社员劳动手折三月份工作记录

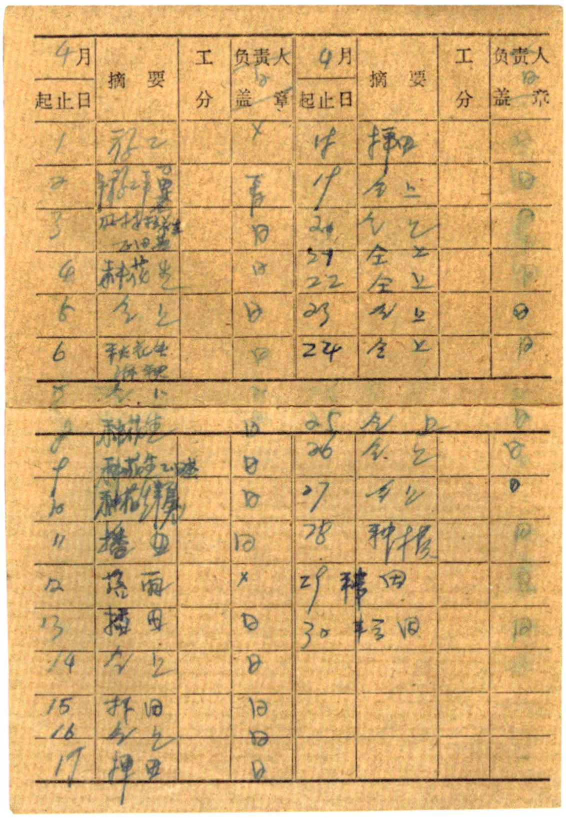

0006-6 黎田兰社员劳动手折四月份工作记录

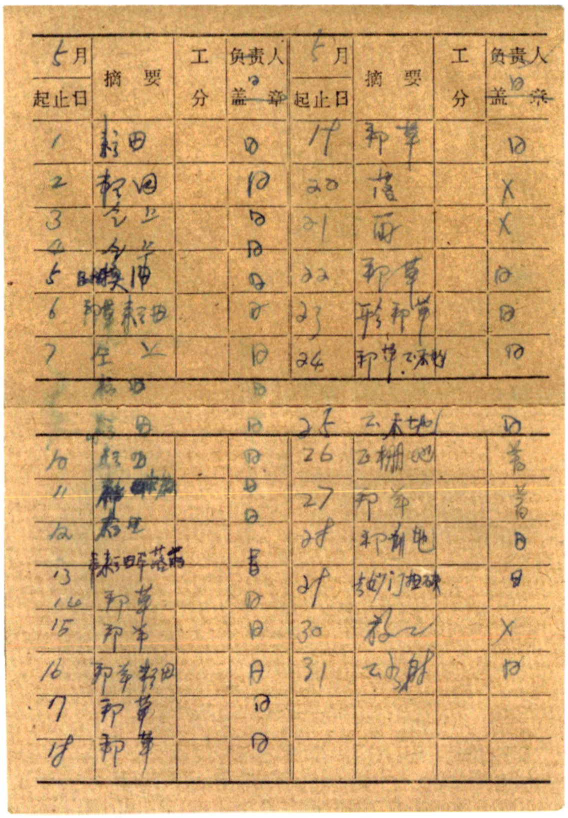

月 起止日	摘要	工分	负责人盖章	月 起止日	摘要	工分	负责人盖章

0006-7 黎田兰社员劳动手折五月份工作记录

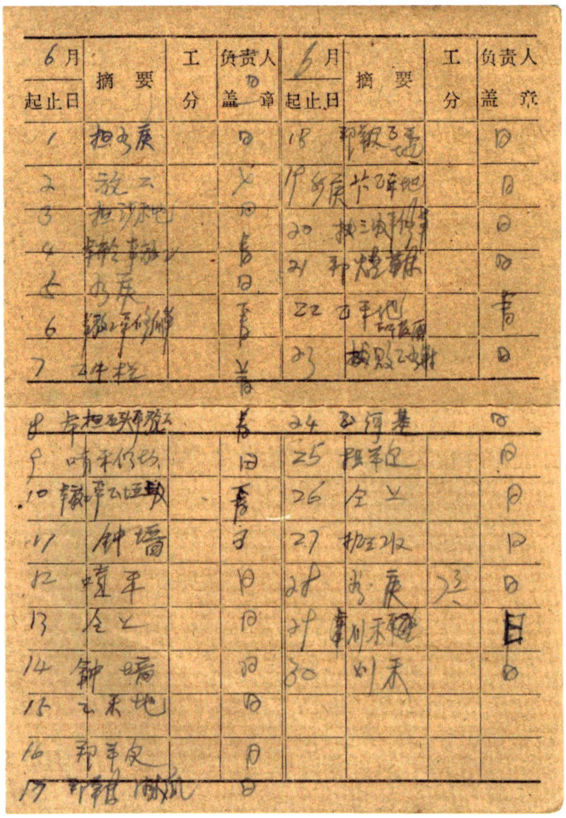

月 起止日	摘要	工分	负责人盖章	月 起止日	摘要	工分	负责人盖章

0006-8 黎田兰社员劳动手折六月份工作记录

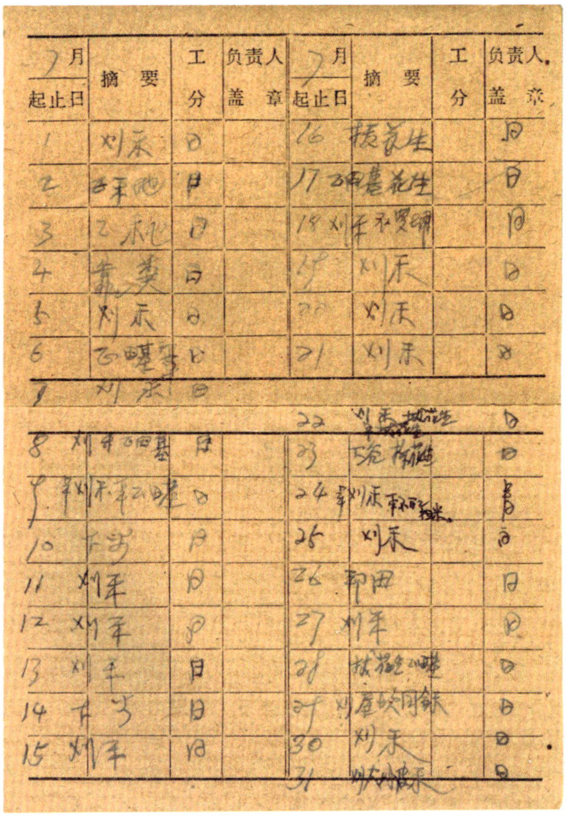

7月 起止日	摘要	工分	负责人盖章	7月 起止日	摘要	工分	负责人盖章
1	刈禾	日		16	摘花生		日
2	[illegible]	日		17	[illegible]花生		日
3	[illegible]	日		18	[illegible]		日
4	[illegible]	日		19	刈禾		日
5	刈禾	日		20	刈禾		日
6	[illegible]	日		21	刈禾		日
7	刈禾	日		22	[illegible]		日
8	[illegible]	日		23	[illegible]		日
9	[illegible]	日		24	[illegible]		日
10	[illegible]	日		25	刈禾		日
11	刈禾	日		26	耙田		日
12	刈禾	日		27	刈禾		日
13	刈禾	日		28	[illegible]		日
14	[illegible]	日		29	[illegible]		日
15	刈禾	日		30	刈禾		日
				31	[illegible]		日

0006-9 黎田兰社员劳动手折七月份工作记录

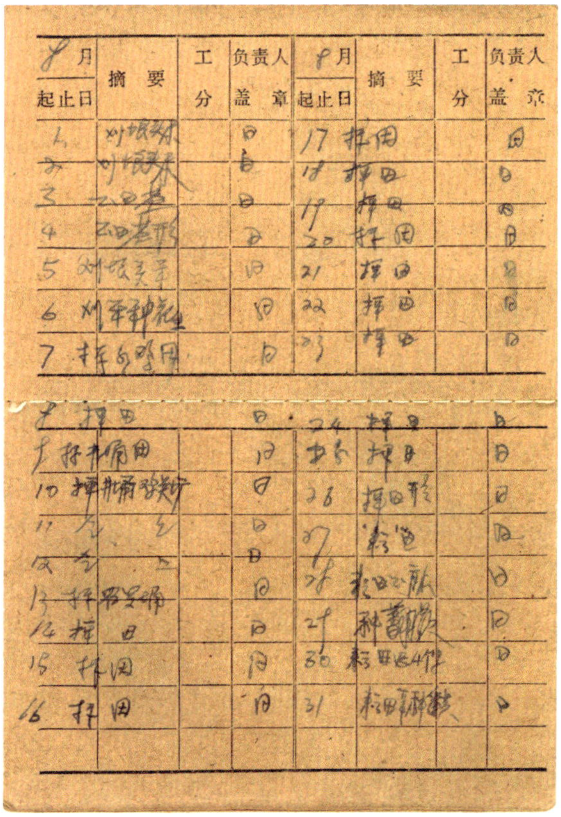

8月 起止日	摘要	工分	负责人盖章	8月 起止日	摘要	工分	负责人盖章
1	[illegible]		日	17	耙田		日
2	[illegible]		日	18	耙田		日
3	[illegible]		日	19	耙田		日
4	[illegible]		日	20	耙田		日
5	[illegible]		日	21	耙田		日
6	刈禾[illegible]		日	22	耙田		日
7	[illegible]		日	23	耙田		日
8	耙田		日	24	耙田		日
9	[illegible]		日	25	耙田		日
10	[illegible]		日	26	[illegible]		日
11	[illegible]		日	27	[illegible]		日
12	[illegible]		日	28	[illegible]		日
13	[illegible]		日	29	[illegible]		日
14	耙田		日	30	[illegible]		日
15	耙田		日	31	[illegible]		日
16	耙田		日				

0006-10 黎田兰社员劳动手折八月份工作记录

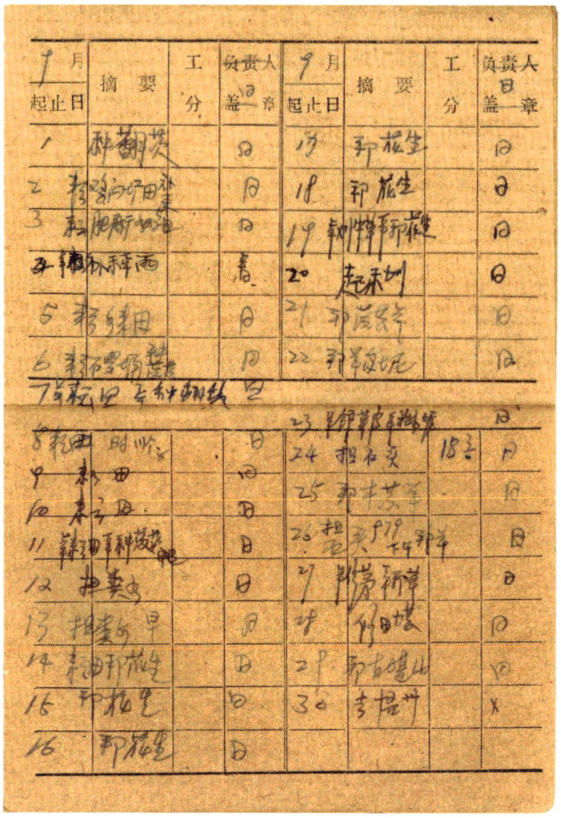

0006-11 黎田兰社员劳动手折九月份工作记录

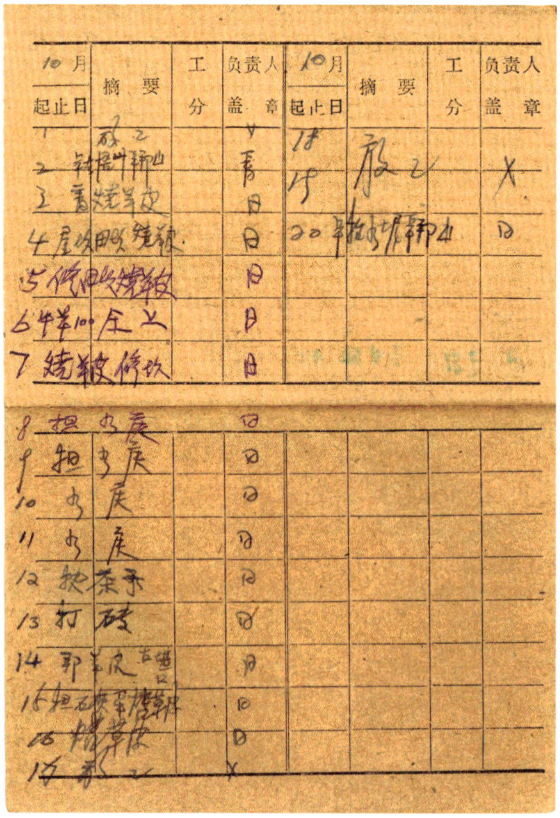

0006-12 黎田兰社员劳动手折十月份工作记录

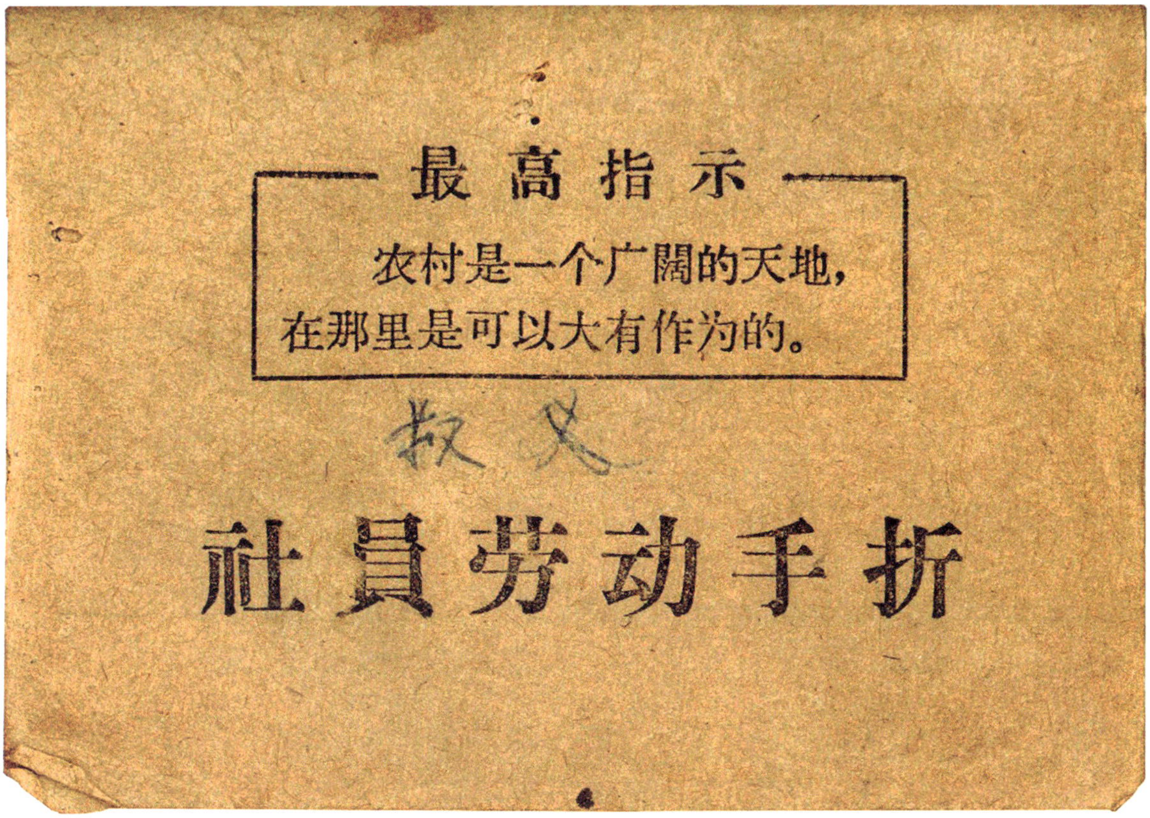

最高指示

农村是一个广闊的天地，在那里是可以大有作为的。

叔义

社員劳动手折

0007-1 黄叔义社员劳动手折封面

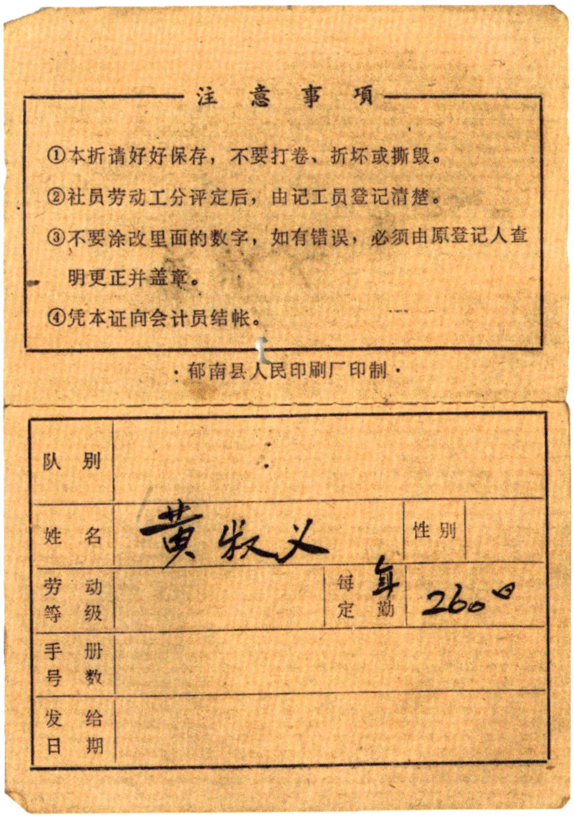

注意事項

①本折请好好保存，不要打卷、折坏或撕毁。

②社员劳动工分评定后，由记工员登记清楚。

③不要涂改里面的数字，如有错误，必须由原登记人查明更正并盖章。

④凭本证向会计员结帐。

·郁南县人民印刷厂印制·

队别					
姓名	黄叔义			性别	
劳动等级		每年定勤		260日	
手册号数					
发给日期					

0007-2 黄叔义社员劳动手折内页

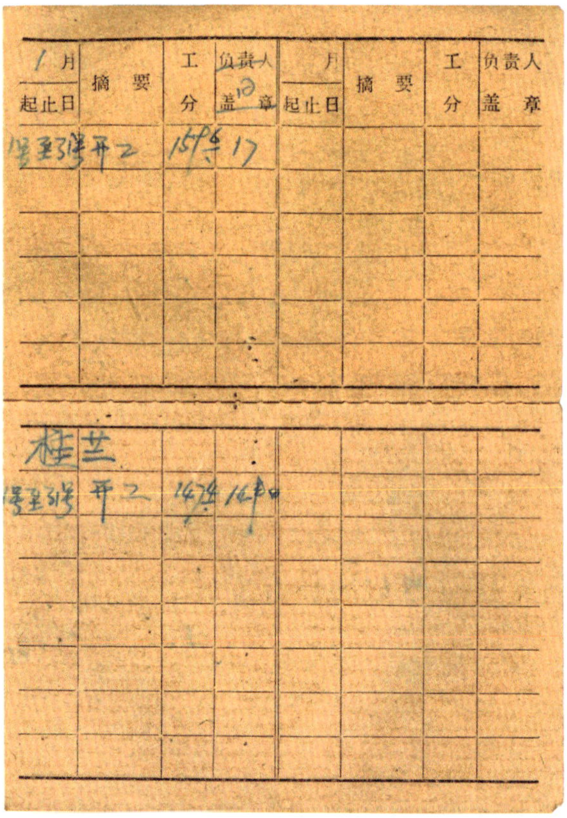

1月 起止日	摘要	工分	负责人盖章	月 起止日	摘要	工分	负责人盖章
1至3号	开工	15分	17				
桂兰							
1至3号	开工	14分	16				

0007-3 黄叔义社员劳动手折一月工作记录

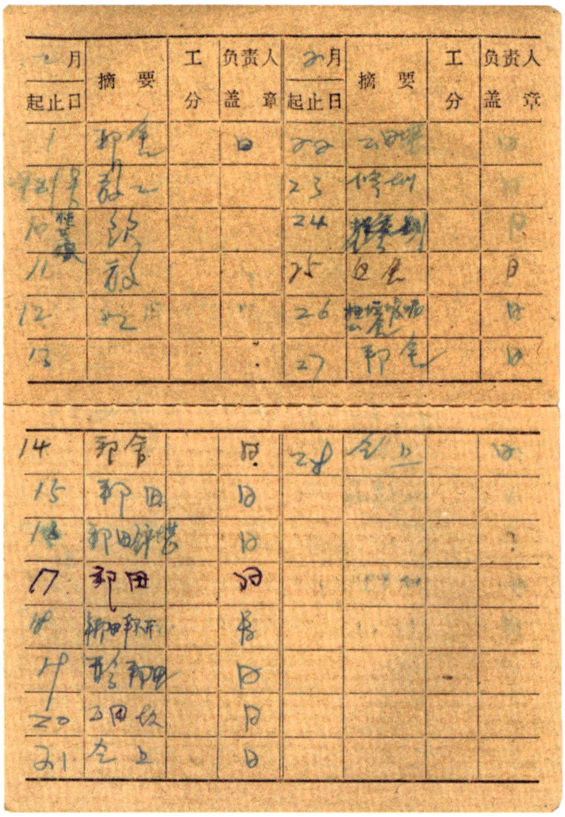

2月 起止日	摘要	工分	负责人盖章	2月 起止日	摘要	工分	负责人盖章
1	[illegible]		日	22	[illegible]		日
[illegible]	[illegible]			23	[illegible]		
10	[illegible]			24	[illegible]		
11	[illegible]			25	[illegible]		日
12	[illegible]			26	[illegible]		日
13				27	[illegible]		日
14	[illegible]		日	28	[illegible]		日
15	[illegible]		日				
16	[illegible]		日				
17	[illegible]		日				
18	[illegible]		[illegible]				
19	[illegible]		日				
20	[illegible]		日				
21	[illegible]		日				

0007-4 黄叔义社员劳动手折二月工作记录

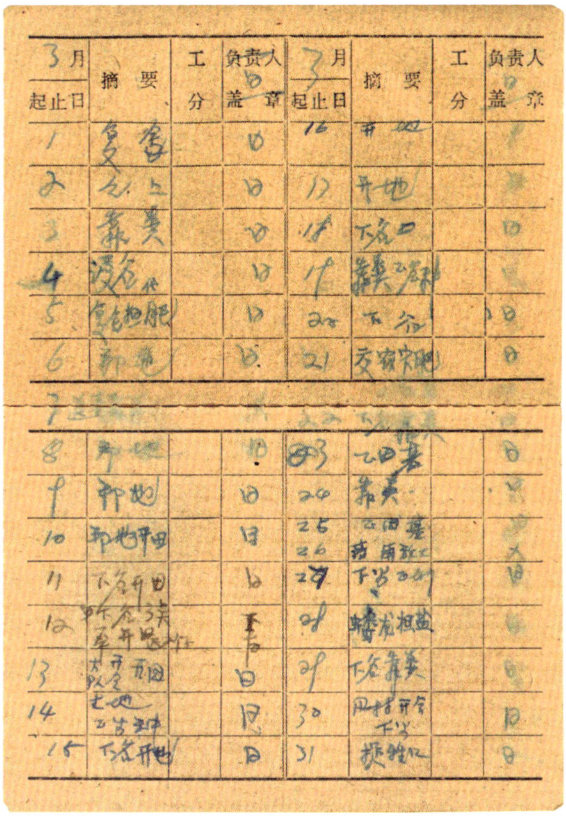

0007-5 黄叔义社员劳动手折三月工作记录

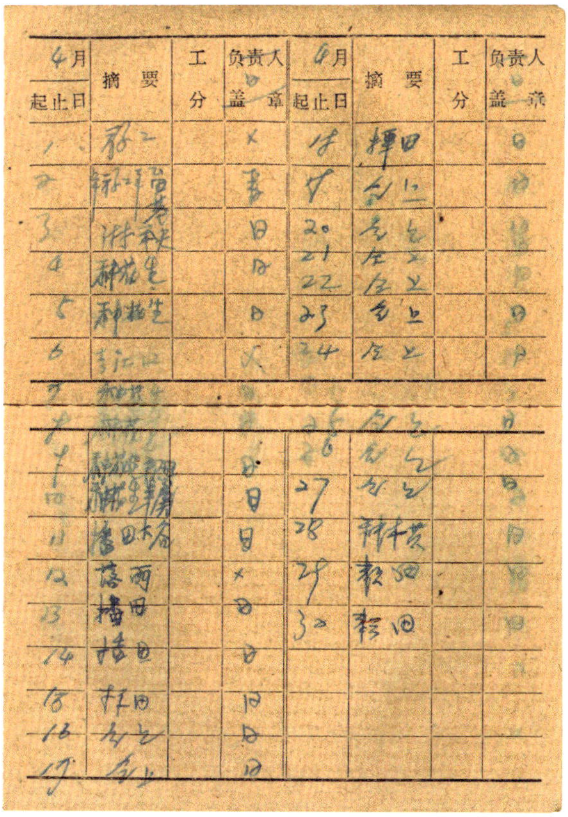

0007-6 黄叔义社员劳动手折四月工作记录

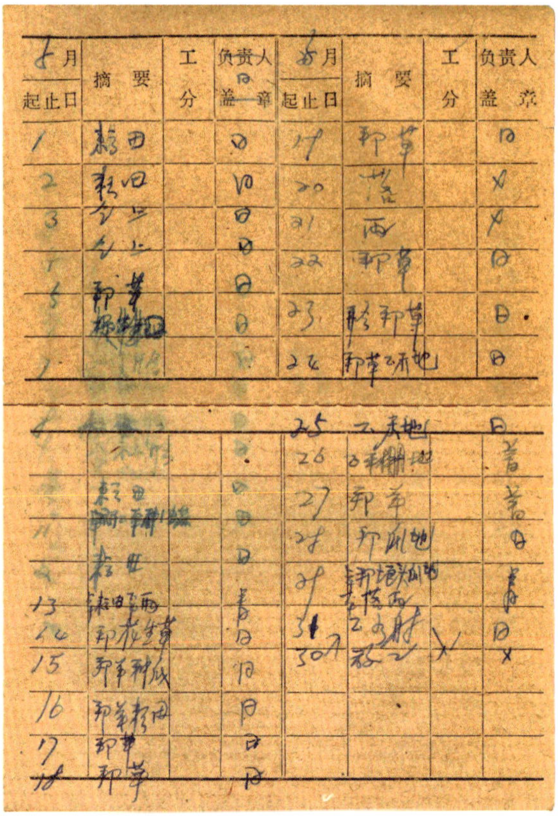

0007-7 黄叔义社员劳动手折五月工作记录

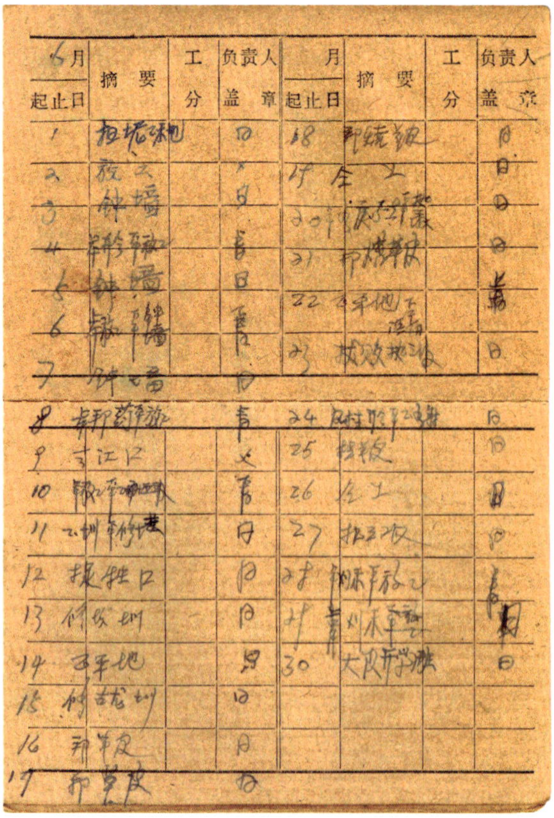

0007-8 黄叔义社员劳动手折六月工作记录

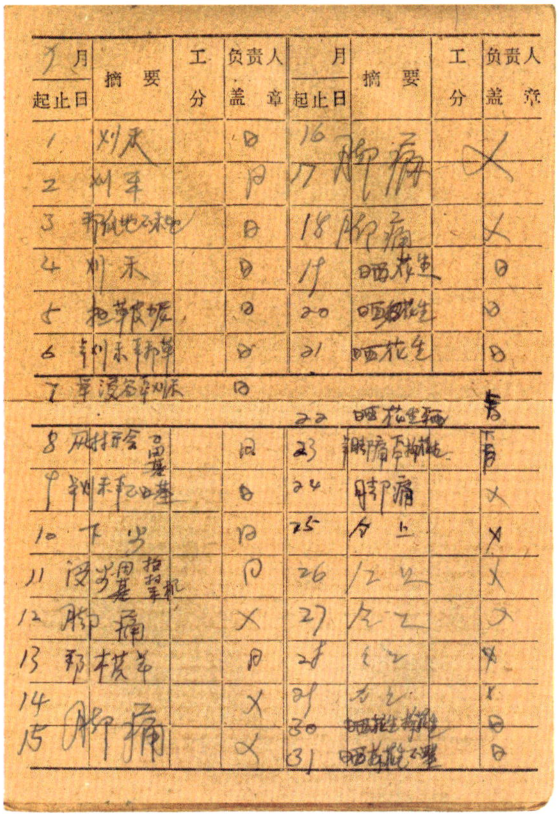

7月 起止日	摘要	工分	负责人盖章	月 起止日	摘要	工分	负责人盖章
1	刘庆		日	16	脚痛		X
2	刘苹		日	17			
3	[illegible]		日	18	脚痛		X
4	刘禾		日	19	晒花生		日
5	[illegible]		日	20	晒花生		日
6	[illegible]		日	21	晒花生		日
7	[illegible]		日	22	晒花生[illegible]		[illegible]
8	[illegible]		日	23	[illegible]		[illegible]
9	[illegible]		日	24	脚痛		X
10	[illegible]		日	25	仝上		X
11	[illegible]		日	26	仝上		X
12	脚痛		X	27	仝上		X
13	[illegible]		日	28	仝上		X
14	脚痛		X	29	仝上		X
15			X	30	晒花生[illegible]		日
				31	[illegible]		日

0007-9 黄叔义社员劳动手折七月工作记录

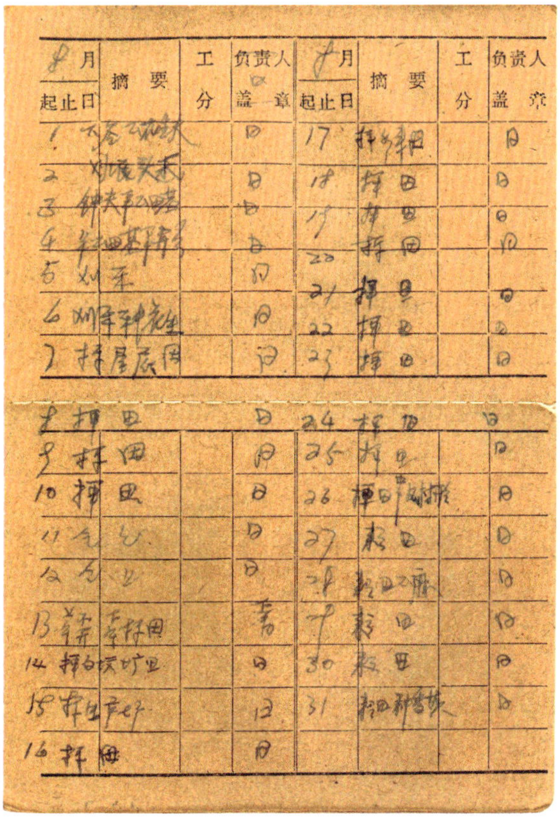

8月 起止日	摘要	工分	负责人盖章	8月 起止日	摘要	工分	负责人盖章
1	[illegible]		日	17	[illegible]		日
2	[illegible]		日	18	[illegible]田		日
3	[illegible]		日	19	[illegible]田		日
4	[illegible]		日	20	[illegible]田		日
5	刘苹		日	21	[illegible]田		日
6	[illegible]		日	22	[illegible]田		日
7	[illegible]		日	23	[illegible]田		日
8	[illegible]田		日	24	[illegible]田		日
9	[illegible]田		日	25	[illegible]田		日
10	[illegible]田		日	26	[illegible]		日
11	仝上		日	27	[illegible]田		日
12	仝上		日	28	[illegible]		日
13	[illegible]		[illegible]	29	[illegible]田		日
14	[illegible]		日	30	[illegible]田		日
15	[illegible]		日	31	[illegible]		日
16	[illegible]		日				

0007-10 黄叔义社员劳动手折八月工作记录

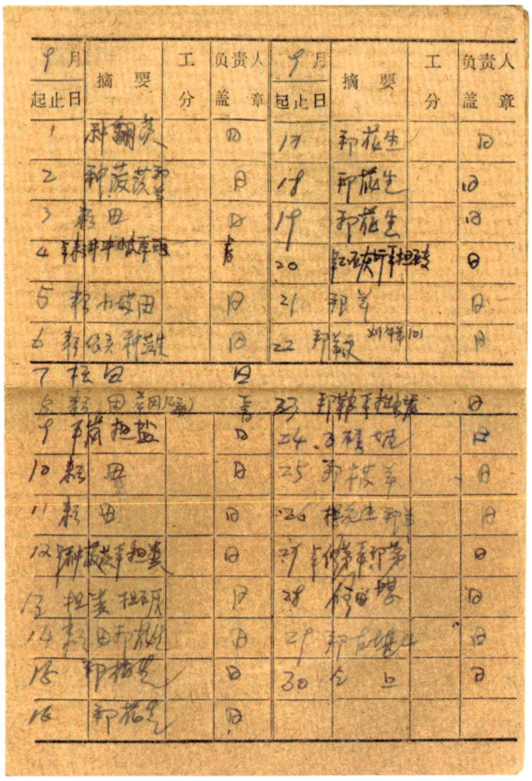

0007-11 黄叔义社员劳动手折九月工作记录

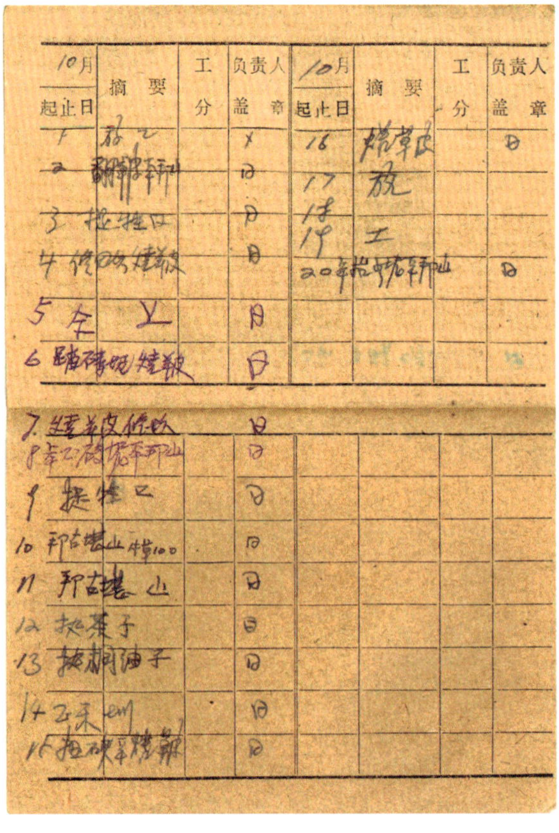

0007-12 黄叔义社员劳动手折十月工作记录

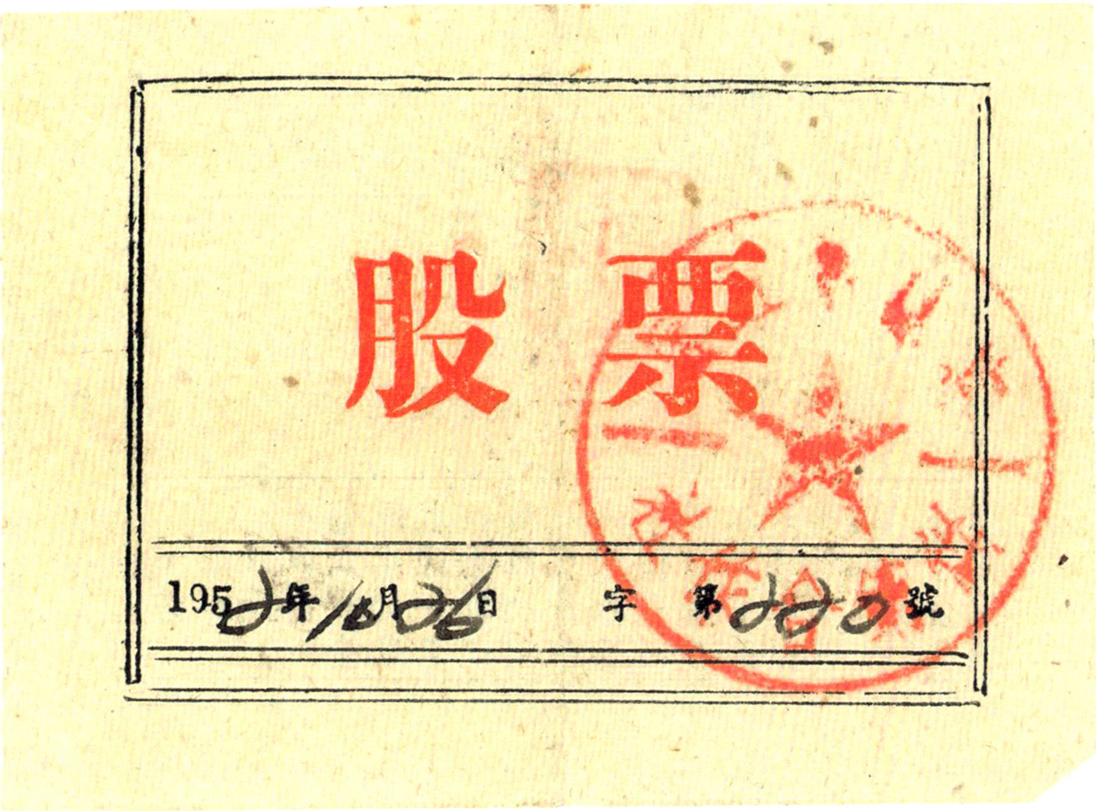

股票

1952年10月26日　字　第[illegible]號

0001-1 一九五二年十月二十六日肇庆德庆县梁秀华入供销合作社股票（正面）

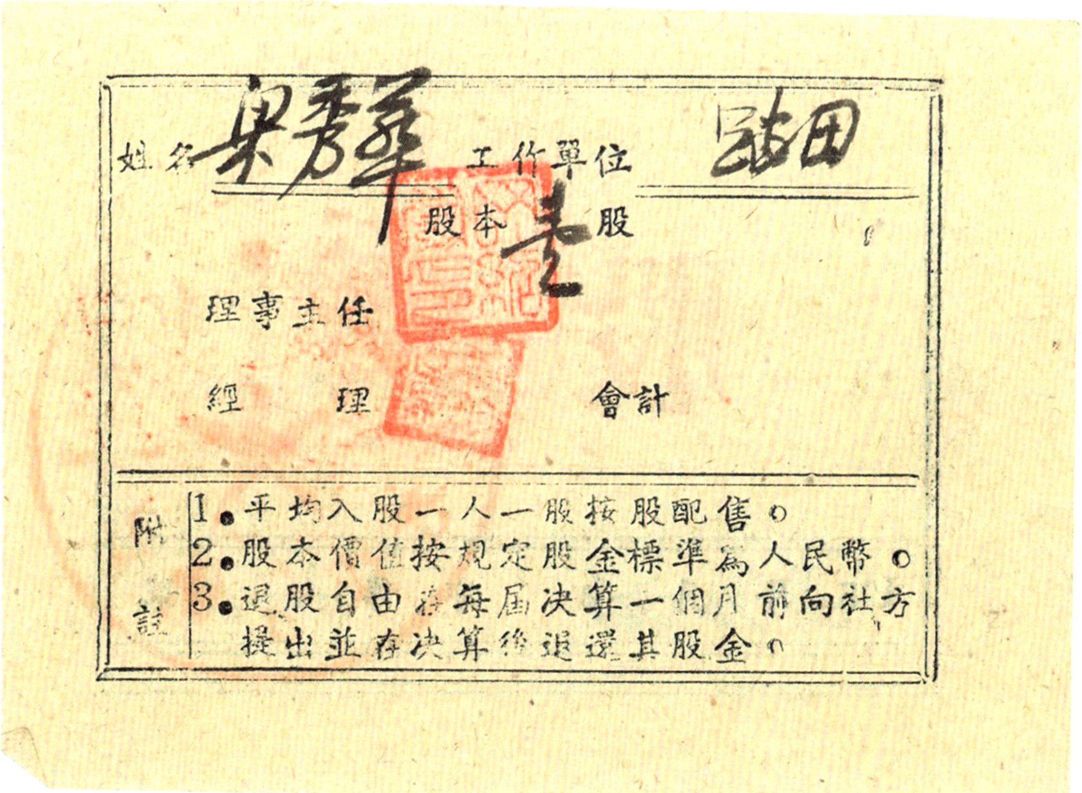

姓名　梁秀華　工作單位　[illegible]

股本　壹　股

理事主任

經　　理　　　會計

附註
1.平均入股一人一股按股配售。
2.股本價值按規定股金標準為人民幣　。
3.退股自由於每届決算一個月前向社方提出並於決算後退還其股金。

0001-2 一九五二年十月二十六日肇庆德庆县梁秀华入供销合作社股票（背面）

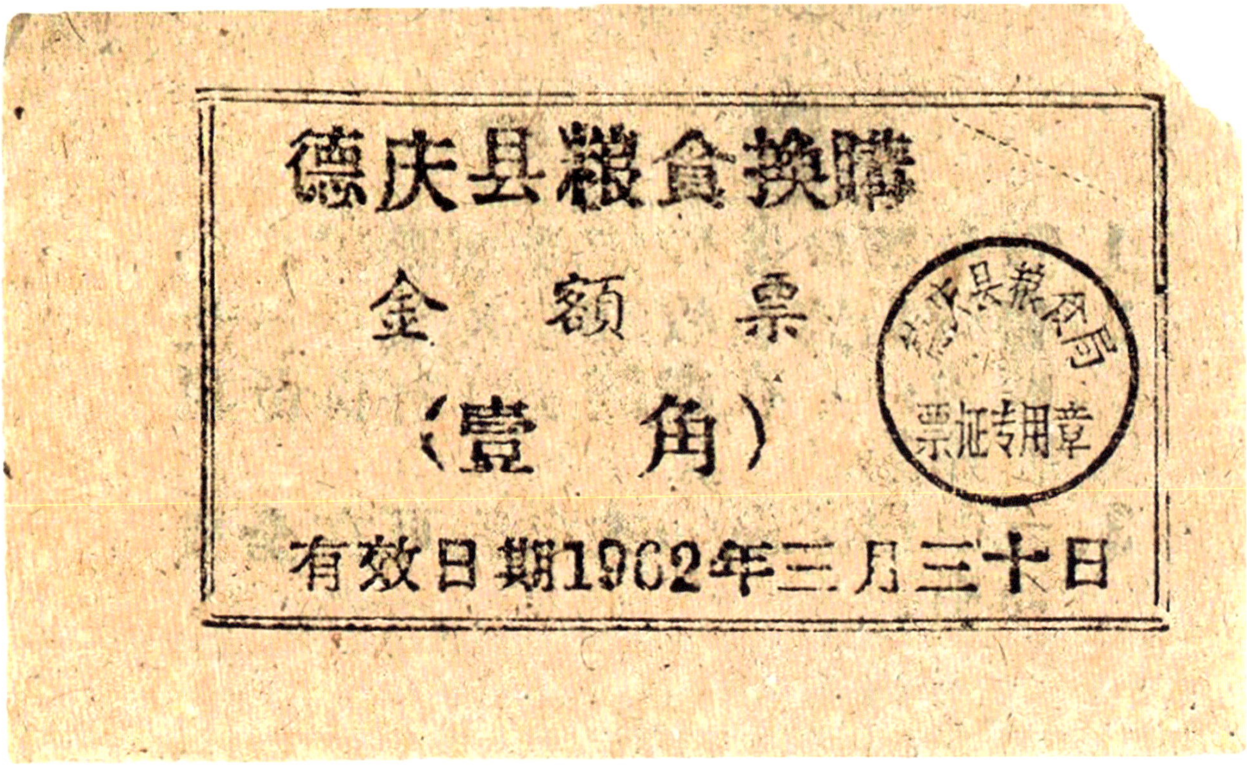

0002-1 德庆县壹角面额粮食换购金额票（正面）

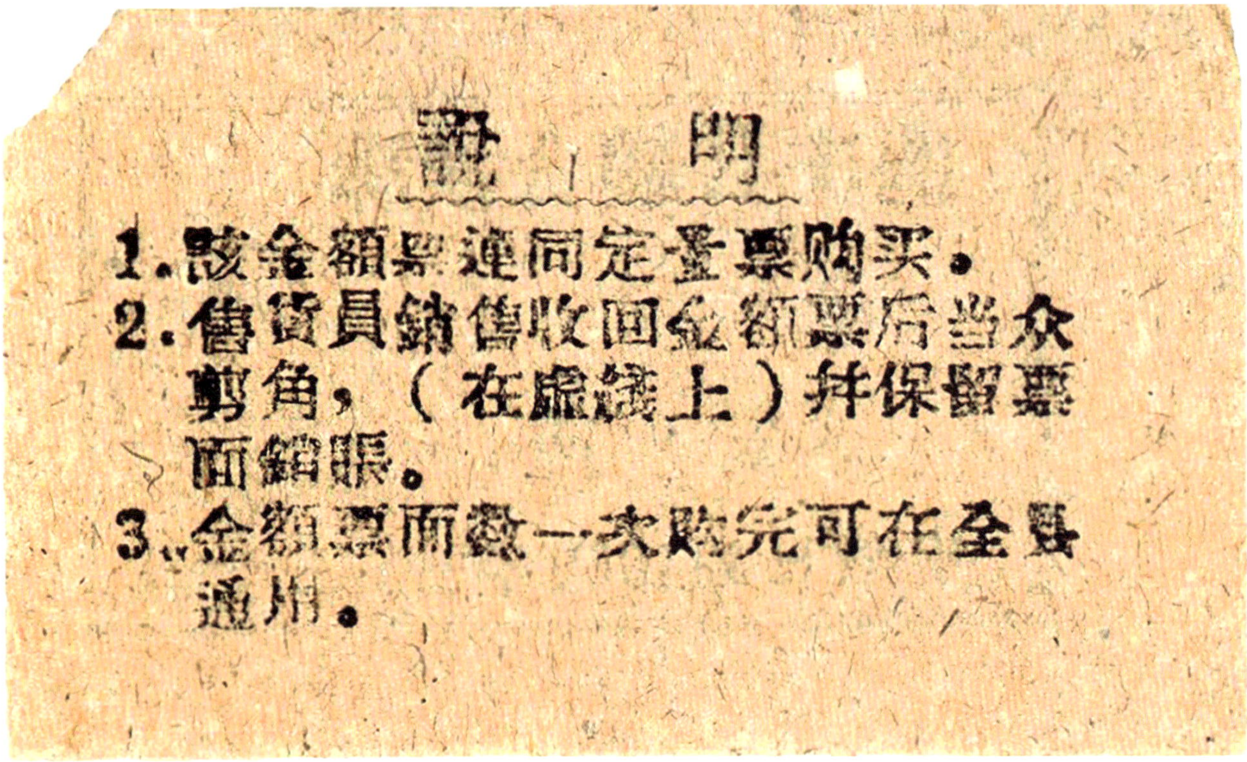

0002-2 德庆县壹角面额粮食换购金额票（背面）

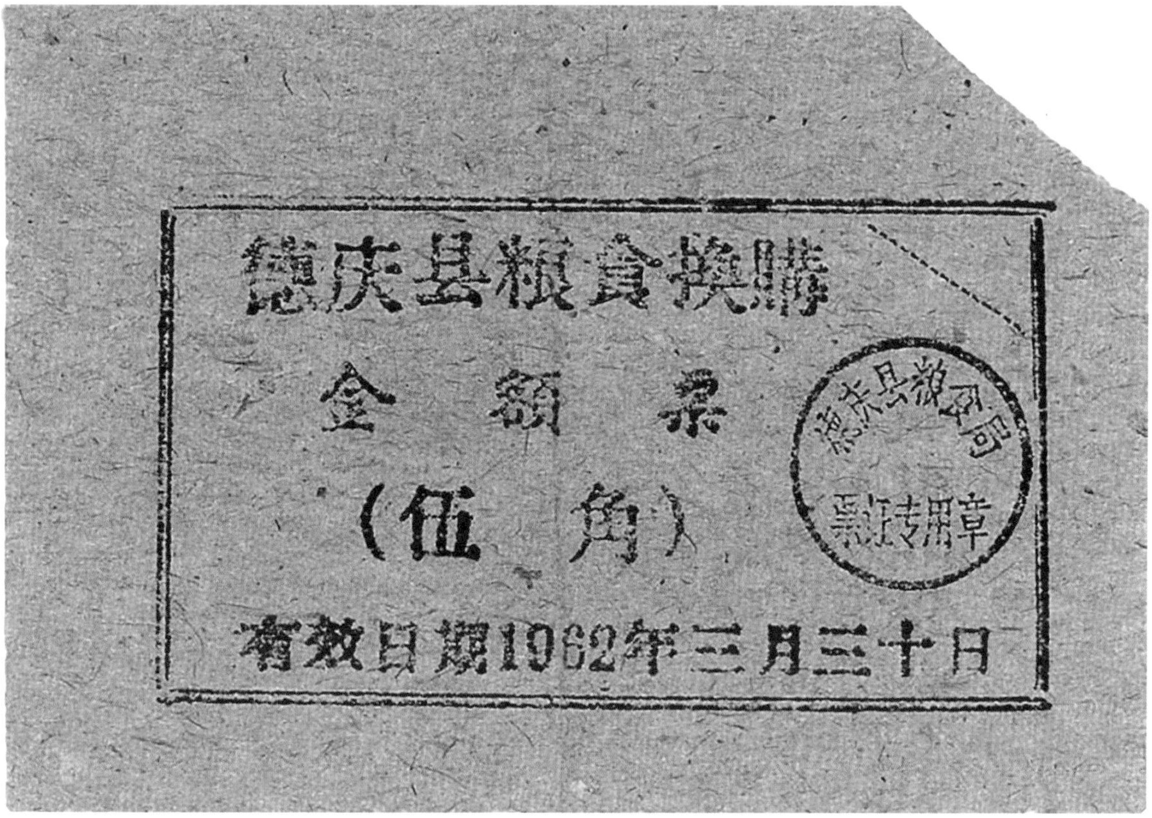

0003-1 德庆县伍角面额粮食换购金额票（正面）

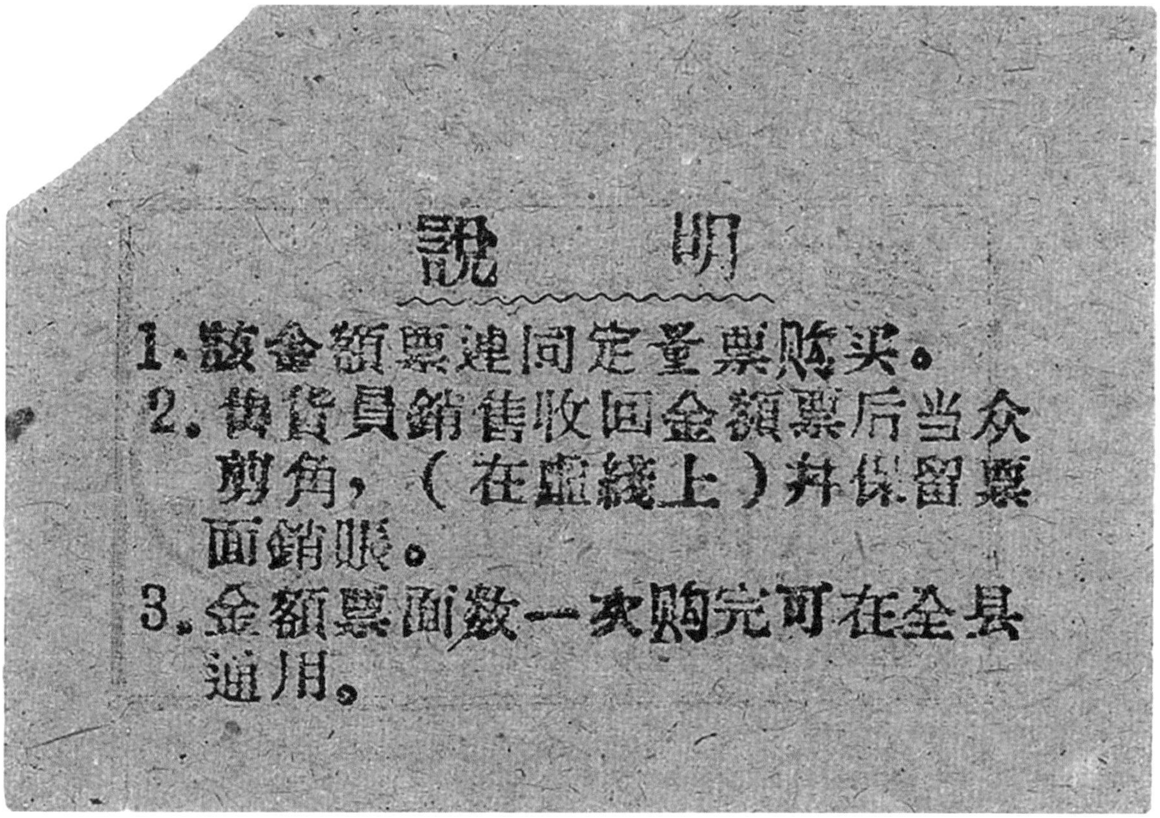

0003-2 德庆县伍角面额粮食换购金额票（背面）

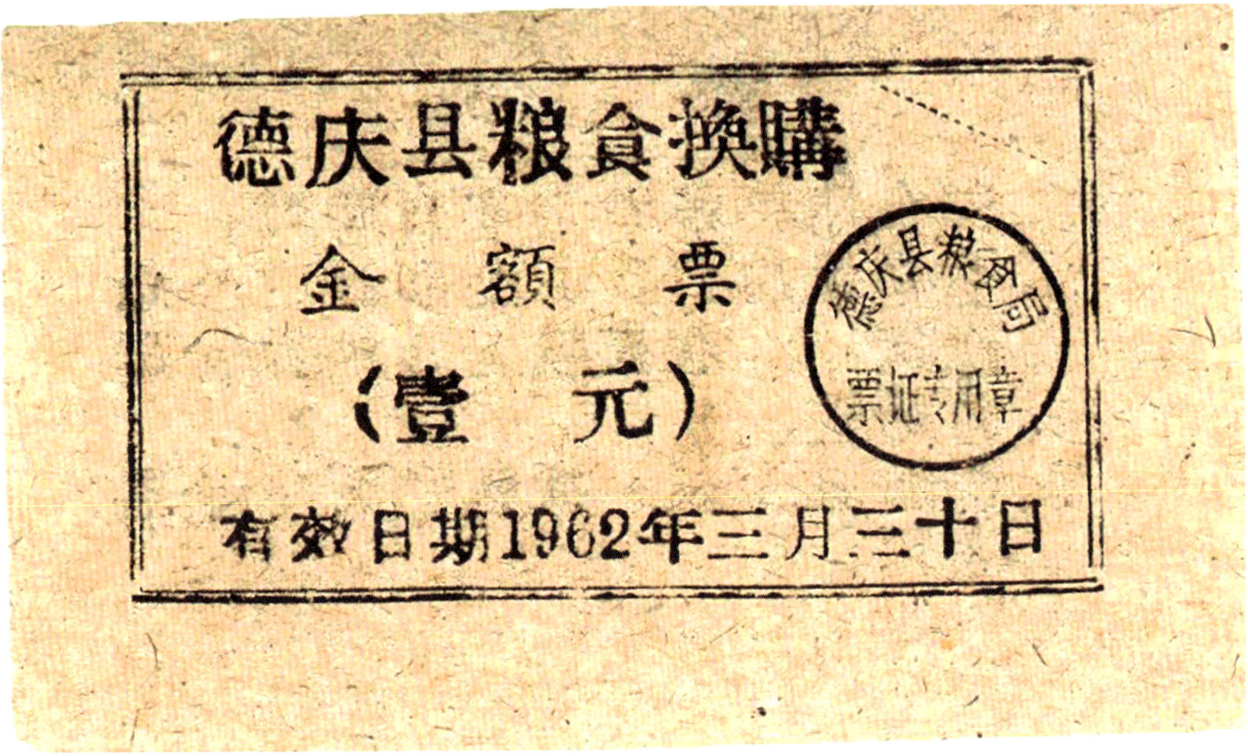

德庆县粮食换購

金额票

（壹元）

有效日期1962年三月三十日

0004-1 德庆县壹元面额粮食换购金额票（正面）

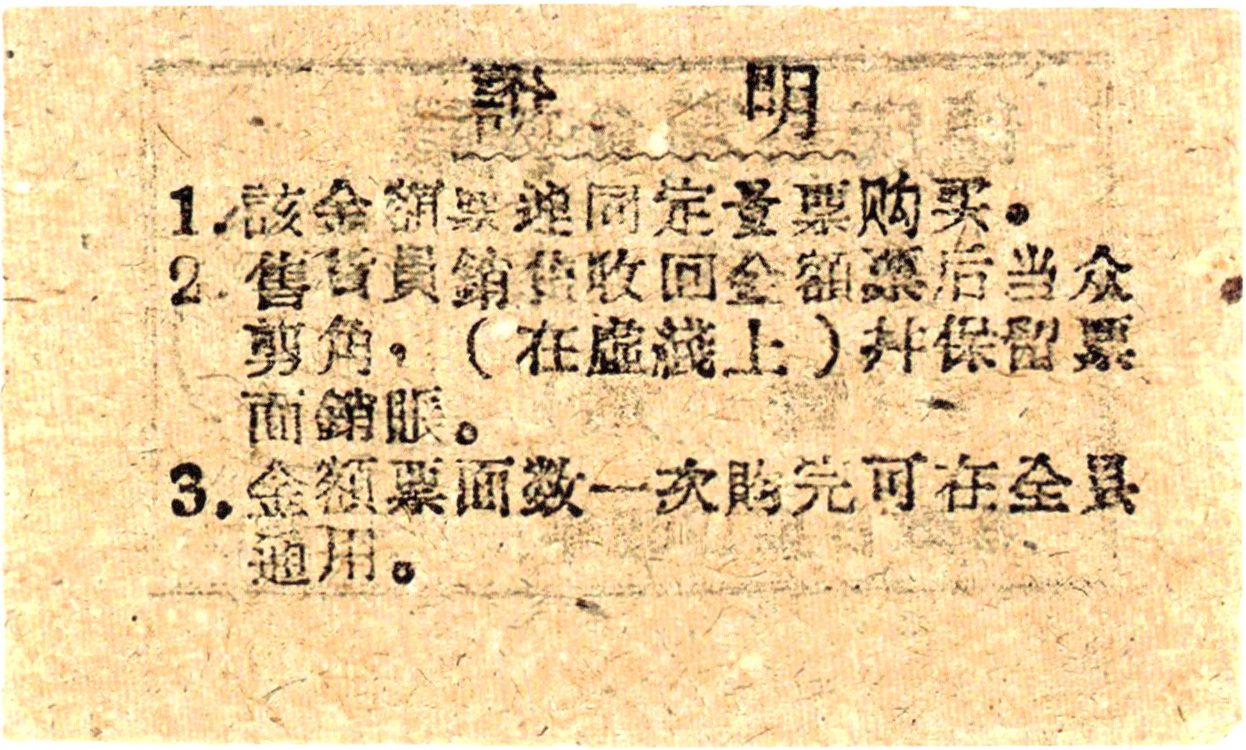

説明

1. 該金額票連同定量票购买。
2. 售貨員銷售收回金額票后当众剪角，（在虛綫上）并保留票面銷賬。
3. 金額票面数一次购完可在全县通用。

0004-2 德庆县壹元面额粮食换购金额票（背面）

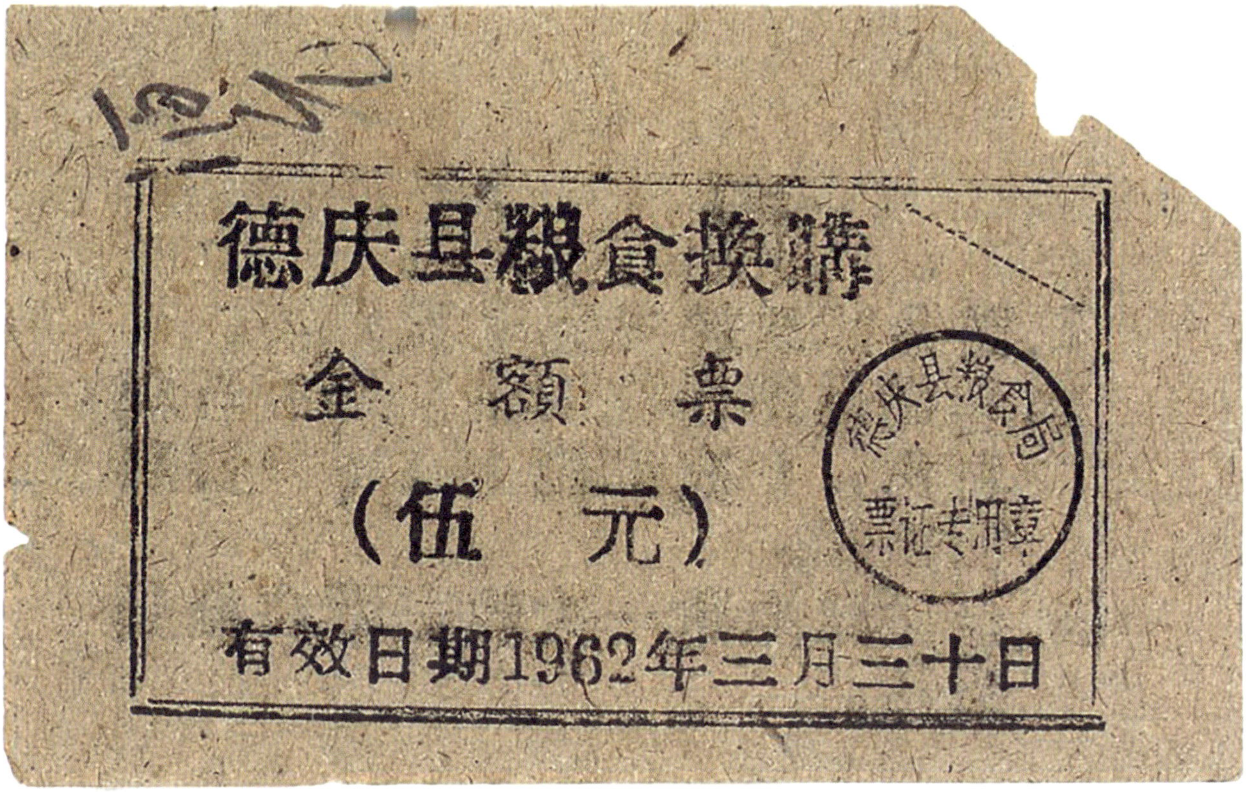

0005-1 德庆县伍元面值粮食换购金额票（正面）

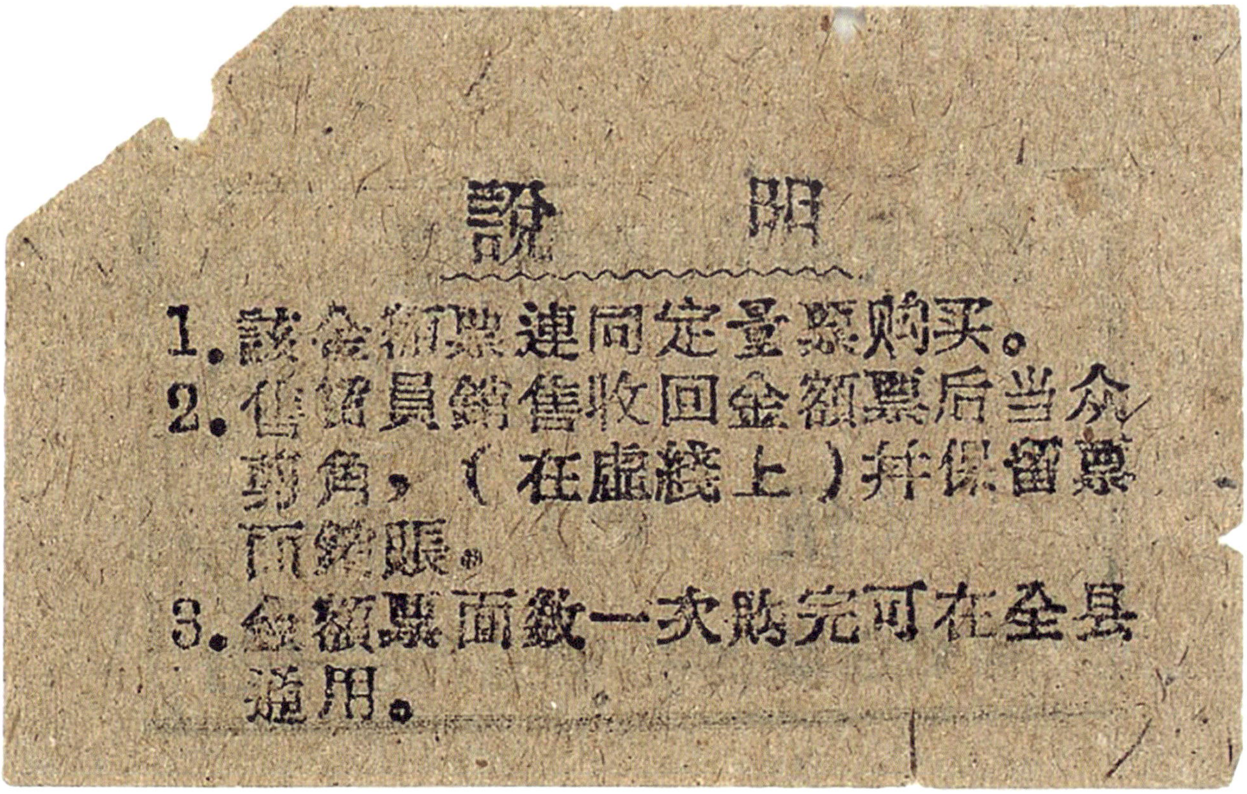

0005-2 德庆县伍元面值粮食换购金额票（背面）

1000 一九五六年二月二十三日封开县伍州垣返还猪仔本

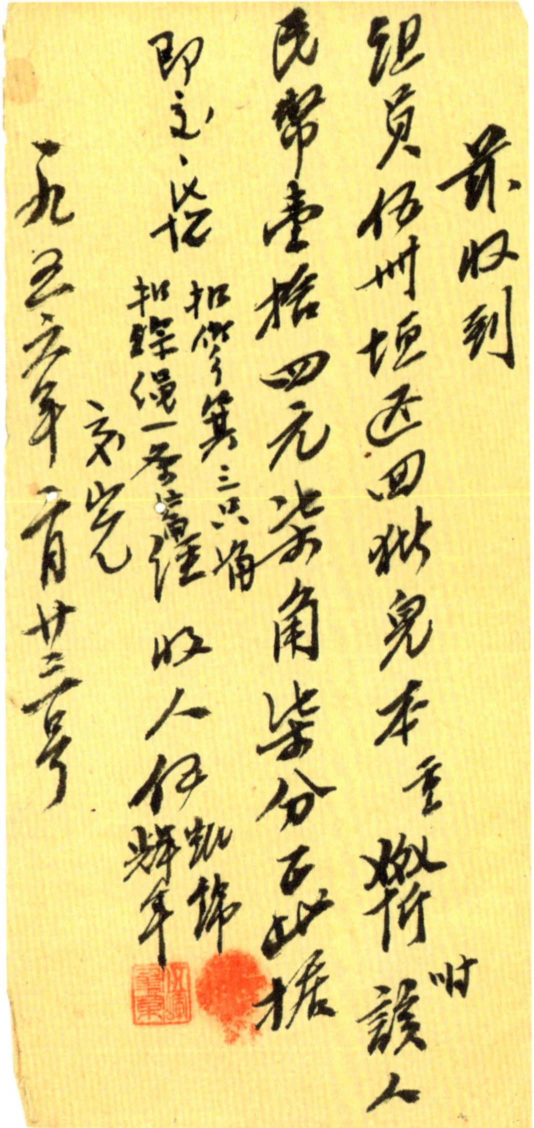

兹收到

组员伍州垣返回猪仔本[illegible]

民币壹拾四元柒角柒分正此据

即交[illegible]

[illegible]

收人伍凯锦

伍焕年

一九五六年二月廿三日

1002 一九七二年一月十一日封开县食品公司食品站猪、牛收购单

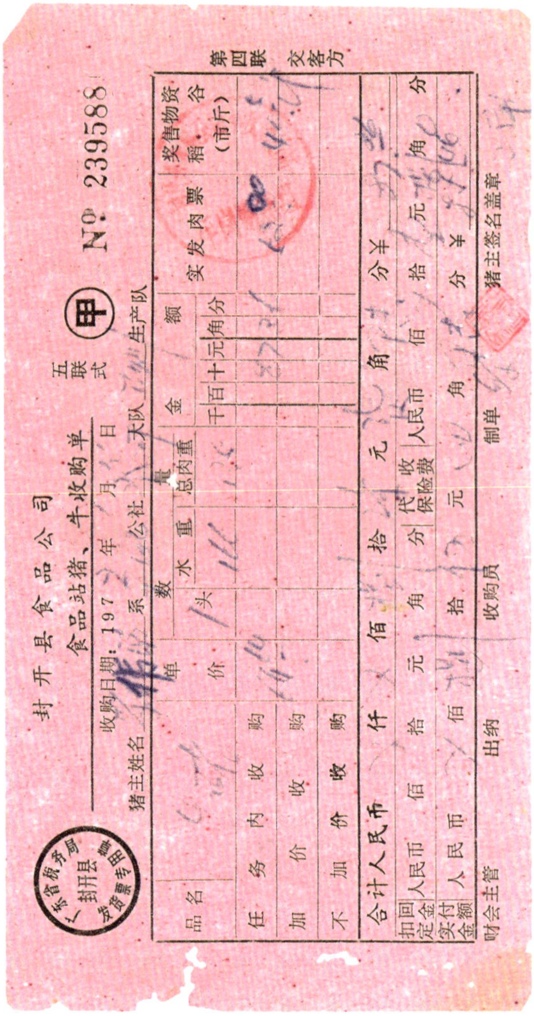

封开县食品公司

食品站猪、牛收购单

五联式 甲 No 239588

广东省税务局 封开县 发货票专用章

收购日期：197　年　月　日

猪主姓名　　系　　公社　　大队　　生产队

品名	单价	数量 头	数量 水重	数量 总肉重	金额 千	百	十	元	角	分	实发肉票	奖售物资 稻谷（市斤）
任务内收购												
加价收购												
不加价收购												

合计人民币　仟　佰　拾　元　角　分￥

扣回定金 人民币　佰　拾　元　角　分　代收保险费 人民币　佰　拾　元　角　分

实付金额 人民币　佰　拾　元　角　分￥

财会主管　出纳　收购员　制单　猪主签名盖章

第四联 交客方

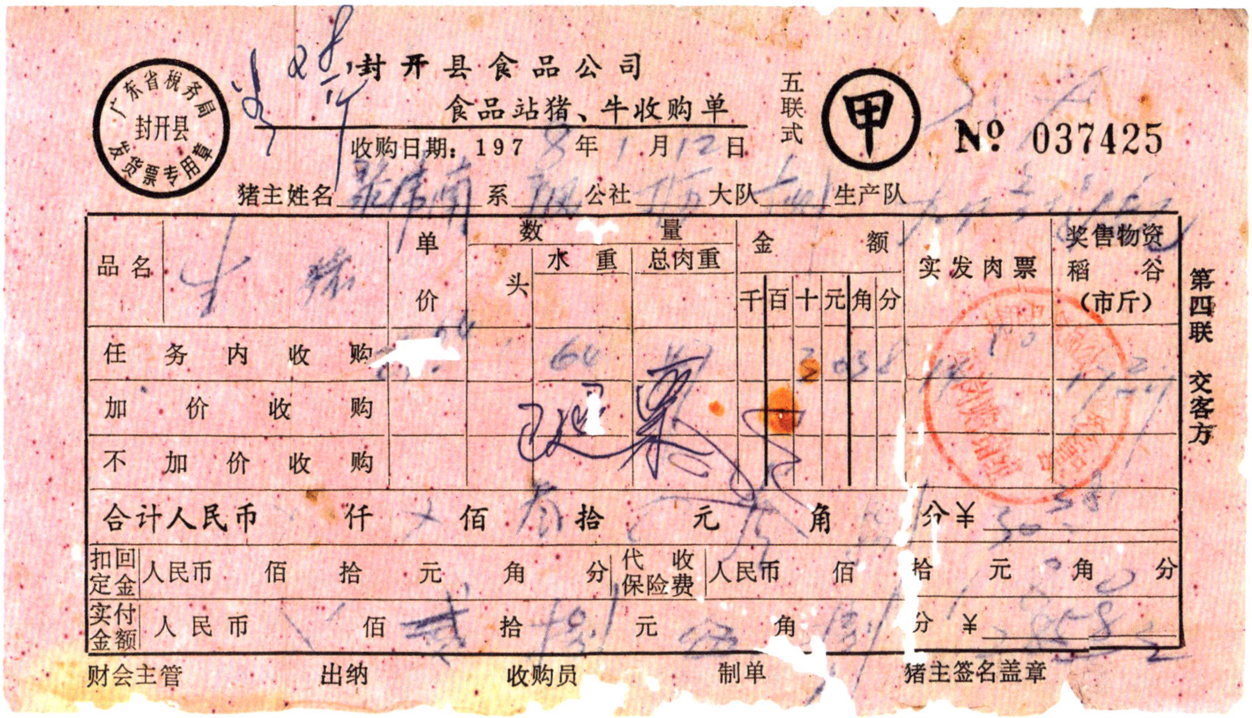

广东省税务局 封开县 发货票专用章

封开县食品公司
食品站猪、牛收购单

五联式 甲 №037425

收购日期：197 8 年 1 月 12 日

猪主姓名 系 公社 大队 生产队

品名	单价	数量 头	水重	总肉重	金额 千	百	十	元	角	分	实发肉票	奖售物资 稻谷 （市斤）
任务内收购												
加价收购												
不加价收购												

合计人民币 仟 佰 拾 元 角 分¥

扣回定金 人民币 佰 拾 元 角 分 代收保险费 人民币 佰 拾 元 角 分

实付金额 人民币 佰 拾 元 角 分¥

财会主管 出纳 收购员 制单 猪主签名盖章

第四联 交客方

0003 一九七八年一月十二日封开县食品公司食品站猪、牛收购单

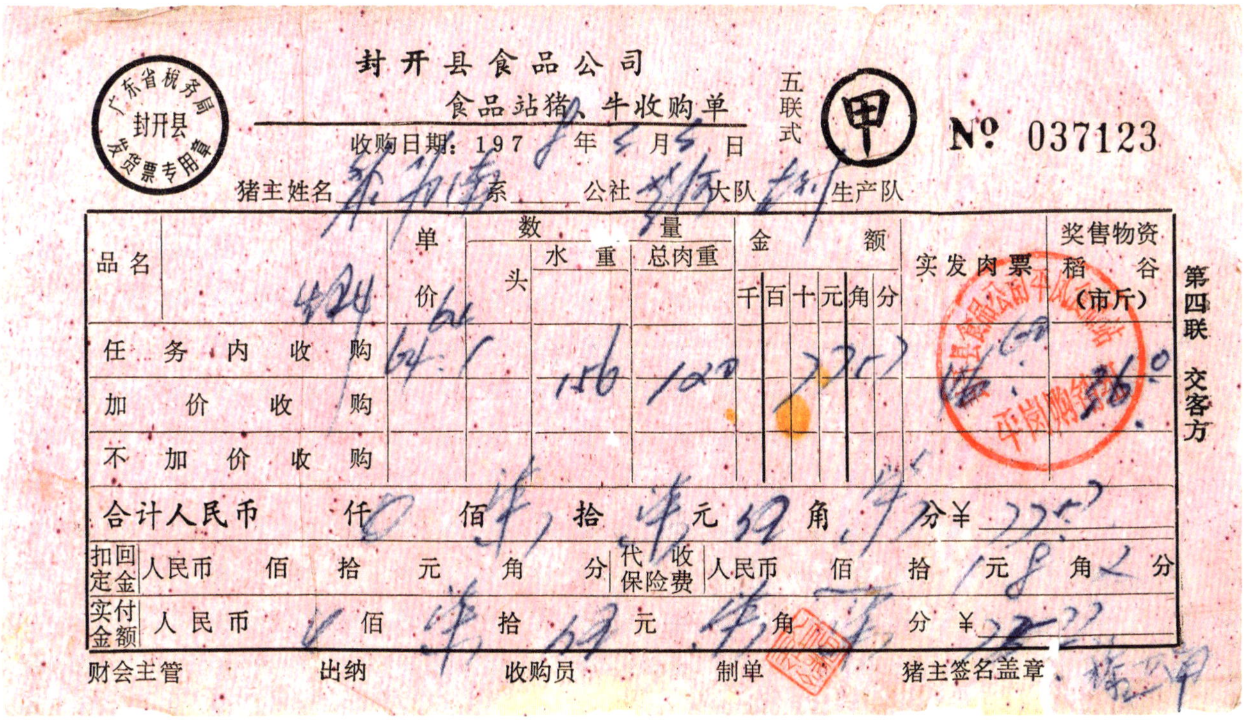

广东省税务局 封开县 发货票专用章

封开县食品公司
食品站猪、牛收购单

五联式 甲 №037123

收购日期：197 8 年 3 月 3 日

猪主姓名 系 公社 大队 生产队

品名	单价	数量 头	水重	总肉重	金额 千	百	十	元	角	分	实发肉票	奖售物资 稻谷 （市斤）
任务内收购												
加价收购												
不加价收购												

合计人民币 仟 佰 拾 元 角 分¥

扣回定金 人民币 佰 拾 元 角 分 代收保险费 人民币 佰 拾 元 角 分

实付金额 人民币 佰 拾 元 角 分¥

财会主管 出纳 收购员 制单 猪主签名盖章

第四联 交客方

0004 一九七八年三月三日封开县食品公司食品站猪、牛收购单

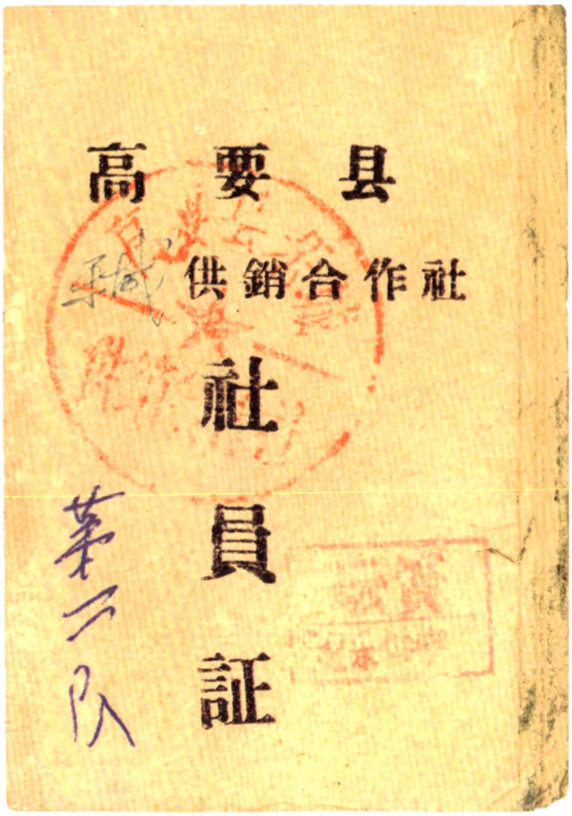

高要县

供銷合作社

社員証

第二队

0001-1 一九六二年六月二十五日高要县乐城供销合作社第二队社员证封面

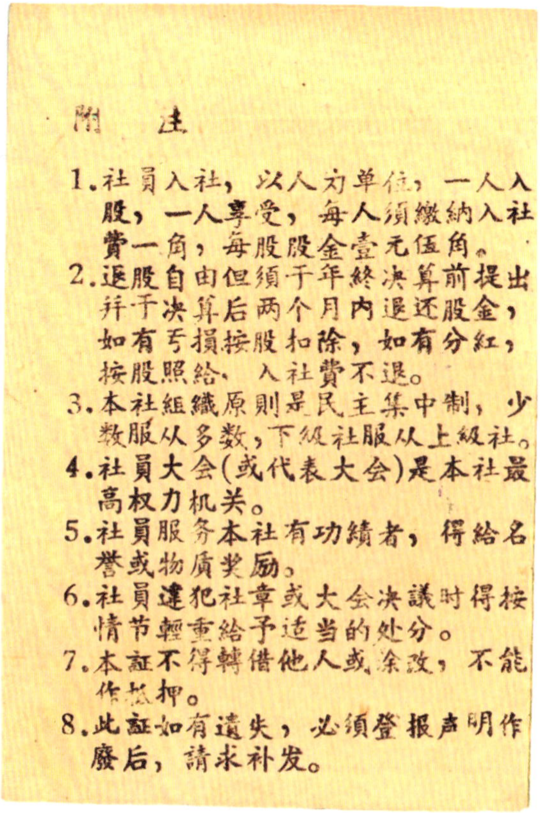

附　注

1. 社員入社，以人为单位，一人入股，一人享受，每人須繳納入社費一角，每股股金壹元伍角。
2. 退股自由但須于年終決算前提出并于決算后两个月内退还股金，如有亏損按股扣除，如有分紅，按股照給。入社費不退。
3. 本社組織原則是民主集中制，少数服从多数，下級社服从上級社。
4. 社員大会(或代表大会)是本社最高权力机关。
5. 社員服务本社有功績者，得給名誉或物质奖励。
6. 社員違犯社章或大会決議时得按情节輕重給予适当的处分。
7. 本証不得轉借他人或涂改，不能作抵押。
8. 此証如有遺失，必須登报声明作廢后，請求补发。

0001-2 一九六二年六月二十五日高要县乐城供销合作社第二队社员证附注

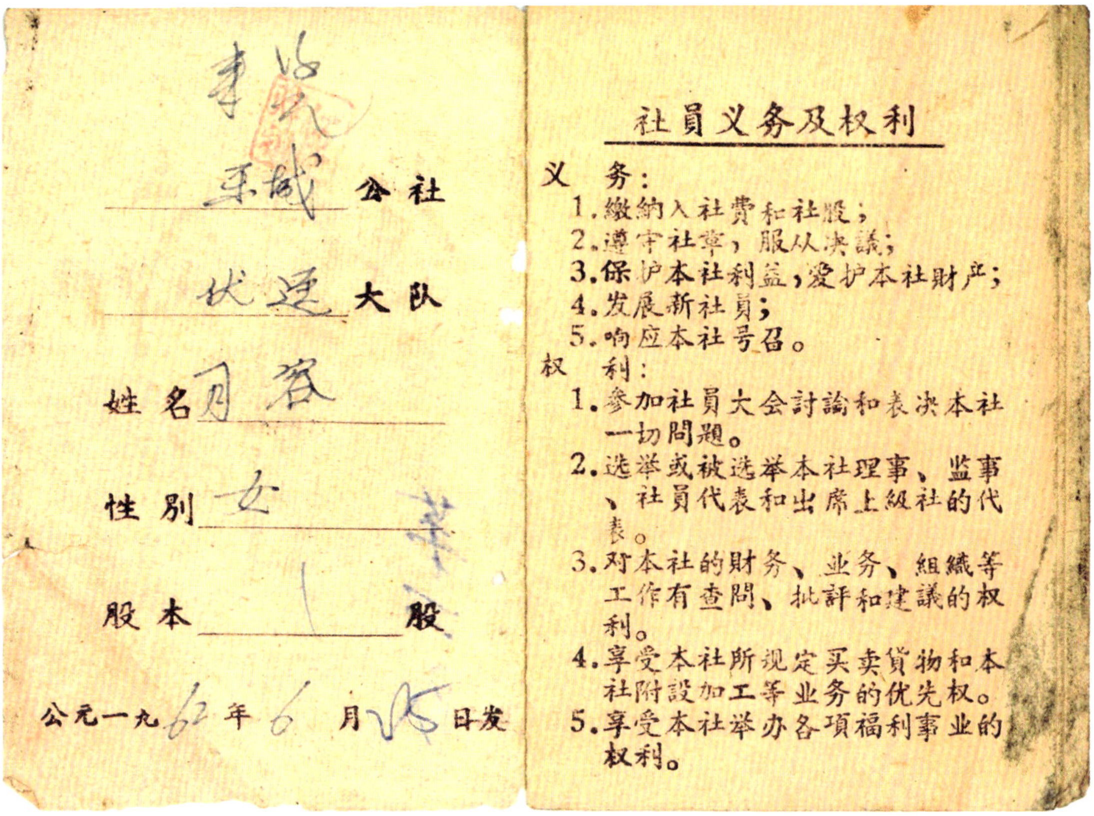

乐城 公社

伏廷 大队

姓名 月容

性别 女

股本 1 股

公元一九62年6月25日发

社員义务及权利

义　务：

1.繳納入社费和社股；
2.遵守社章，服从决議；
3.保护本社利益，爱护本社財产；
4.发展新社員；
5.响应本社号召。

权　利：

1.参加社員大会討論和表决本社一切問題。
2.选举或被选举本社理事、监事、社員代表和出席上級社的代表。
3.对本社的財务、业务、組織等工作有查問、批評和建議的权利。
4.享受本社所规定买卖貨物和本社附設加工等业务的优先权。
5.享受本社举办各項福利事业的权利。

0001-3 一九六二年六月二十五日高要县乐城供销合作社第二队社员证内页

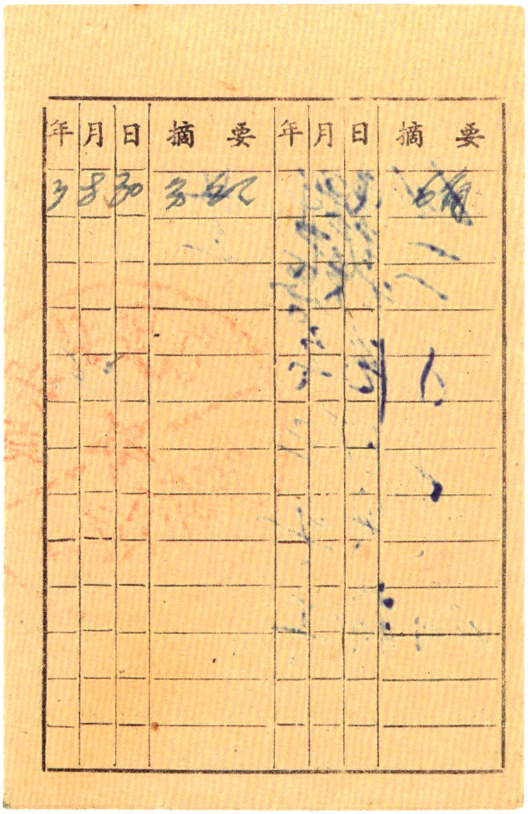

年	月	日	摘　要	年	月	日	摘　要
[illegible]	[illegible]	[illegible]	[illegible]				

0001-4 一九六二年六月二十五日高要县乐城供销合作社第二队社员证登记页（1）

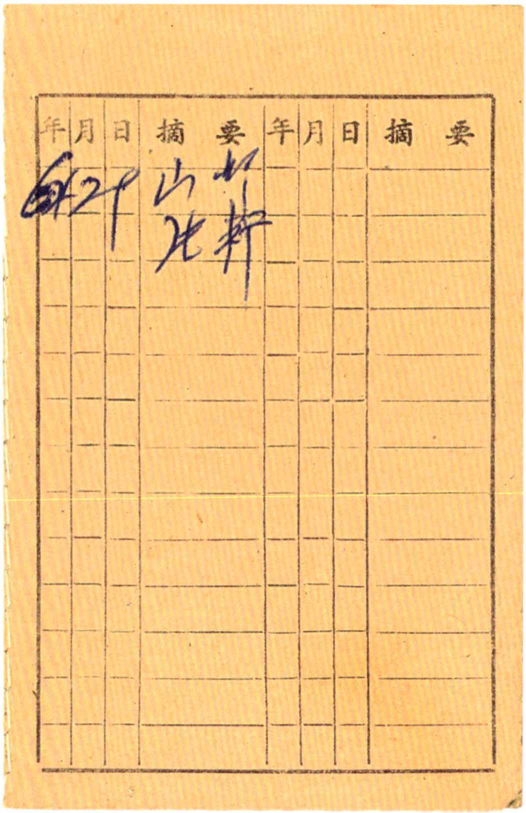

年	月	日	摘要	年	月	日	摘要

0001-5 一九六二年六月二十五日高要县乐城供销合作社第二队社员证登记页（2）

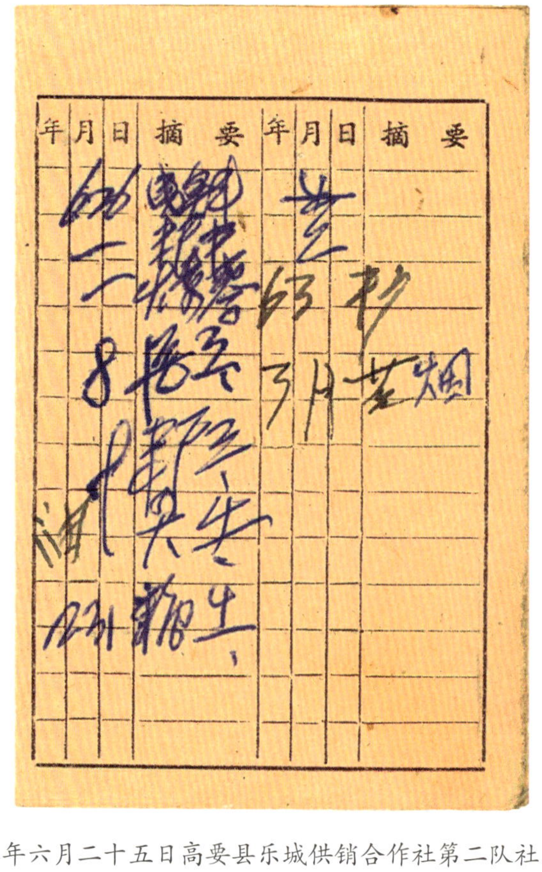

年	月	日	摘要	年	月	日	摘要

0001-6 一九六二年六月二十五日高要县乐城供销合作社第二队社员证登记页（3）

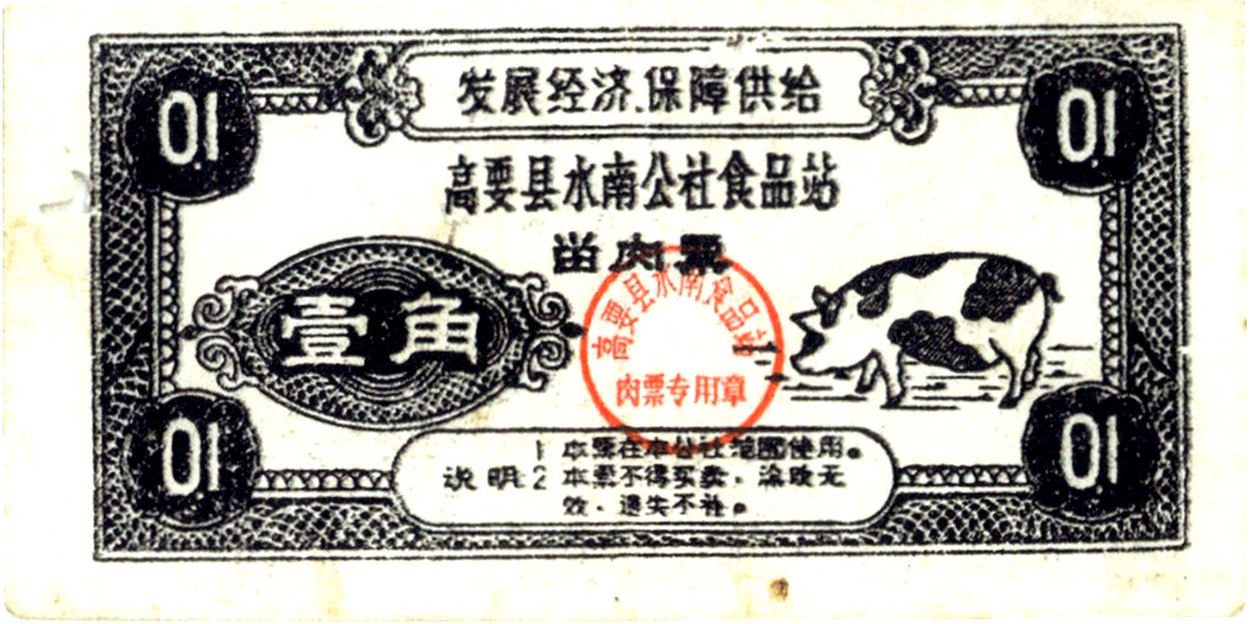

0002 高要县水南公社食品站壹角面额肉票

0003 高要县水南公社食品站式角面额肉票

0004 高要县水南公社食品站伍角面额肉票

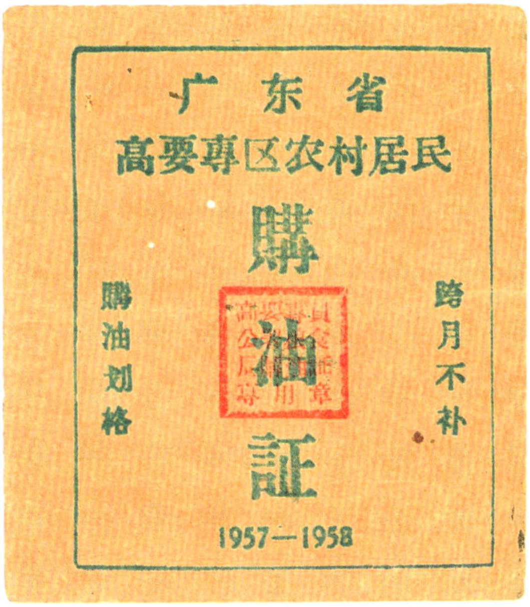

广东省
高要專区农村居民
購油證
購油划格
跨月不补
1957—1958

0005—1 高要专区农村居民购油证封面

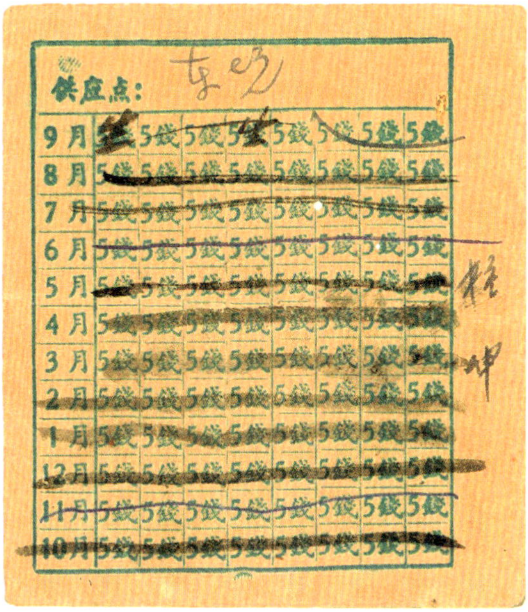

供应点：

9月	5錢	5錢	5錢	5錢	5錢	5錢	5錢	5錢
8月	5錢	5錢	5錢	5錢	5錢	5錢	5錢	5錢
7月	5錢	5錢	5錢	5錢	5錢	5錢	5錢	5錢
6月	5錢	5錢	5錢	5錢	5錢	5錢	5錢	5錢
5月	5錢	5錢	5錢	5錢	5錢	5錢	5錢	5錢
4月	5錢	5錢	5錢	5錢	5錢	5錢	5錢	5錢
3月	5錢	5錢	5錢	5錢	5錢	5錢	5錢	5錢
2月	5錢	5錢	5錢	5錢	5錢	5錢	5錢	5錢
1月	5錢	5錢	5錢	5錢	5錢	5錢	5錢	5錢
12月	5錢	5錢	5錢	5錢	5錢	5錢	5錢	5錢
11月	5錢	5錢	5錢	5錢	5錢	5錢	5錢	5錢
10月	5錢	5錢	5錢	5錢	5錢	5錢	5錢	5錢

0005—2 高要专区农村居民购油证登记页

广东省
高要專区农村居民
購油證
購油划格
跨月不补
1957—1958

0006—1 高要专区农村居民购油证封面

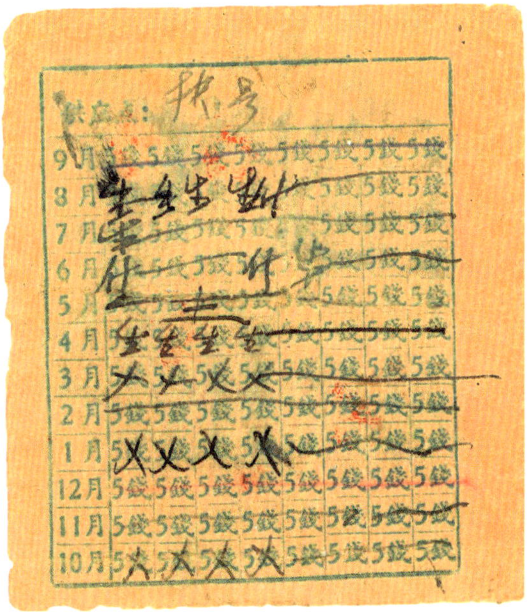

供应点：

9月	5錢	5錢	5錢	5錢	5錢	5錢	5錢	5錢
8月	5錢	5錢	5錢	5錢	5錢	5錢	5錢	5錢
7月	5錢	5錢	5錢	5錢	5錢	5錢	5錢	5錢
6月	5錢	5錢	5錢	5錢	5錢	5錢	5錢	5錢
5月	5錢	5錢	5錢	5錢	5錢	5錢	5錢	5錢
4月	5錢	5錢	5錢	5錢	5錢	5錢	5錢	5錢
3月	5錢	5錢	5錢	5錢	5錢	5錢	5錢	5錢
2月	5錢	5錢	5錢	5錢	5錢	5錢	5錢	5錢
1月	5錢	5錢	5錢	5錢	5錢	5錢	5錢	5錢
12月	5錢	5錢	5錢	5錢	5錢	5錢	5錢	5錢
11月	5錢	5錢	5錢	5錢	5錢	5錢	5錢	5錢
10月	5錢	5錢	5錢	5錢	5錢	5錢	5錢	5錢

0006—2 高要专区农村居民购油证登记页

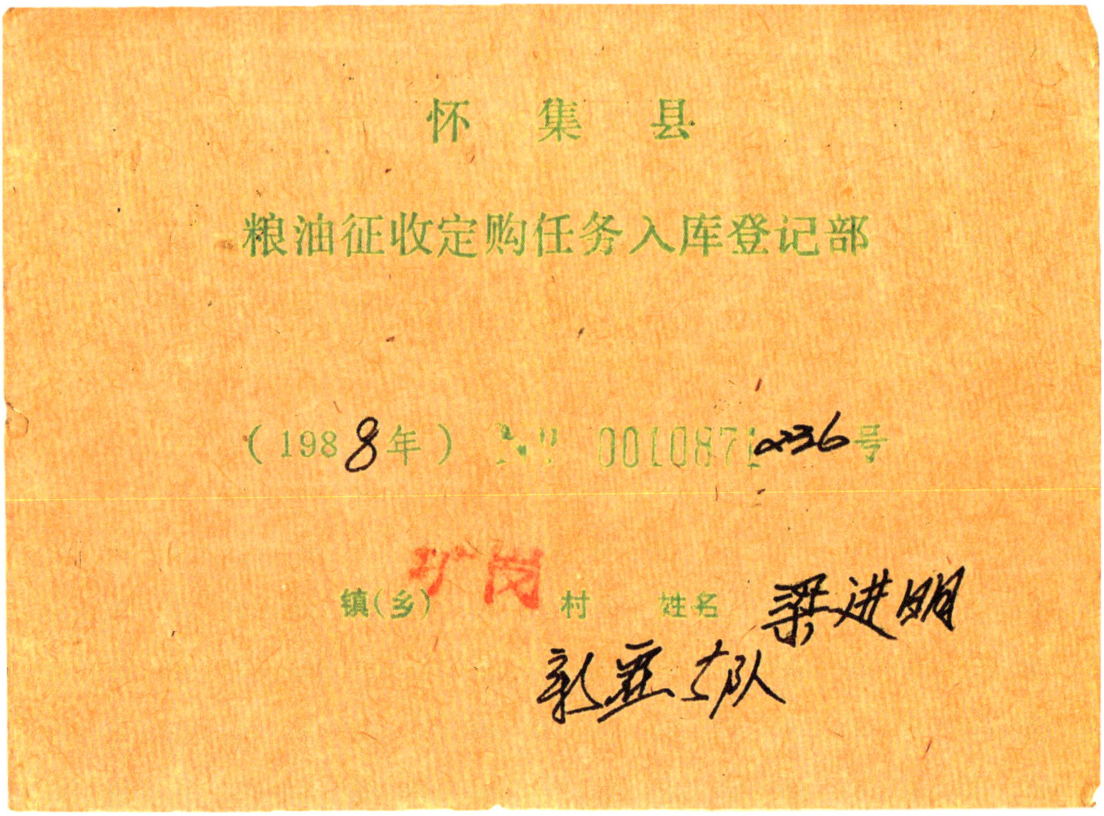

怀 集 县

粮油征收定购任务入库登记部

（198 8年） № 0010871 0236号

镇（乡）矿岗 村 姓名 梁进明

新安大队

0001-1 一九八八年怀集县粮油征收定购任务入库登记部

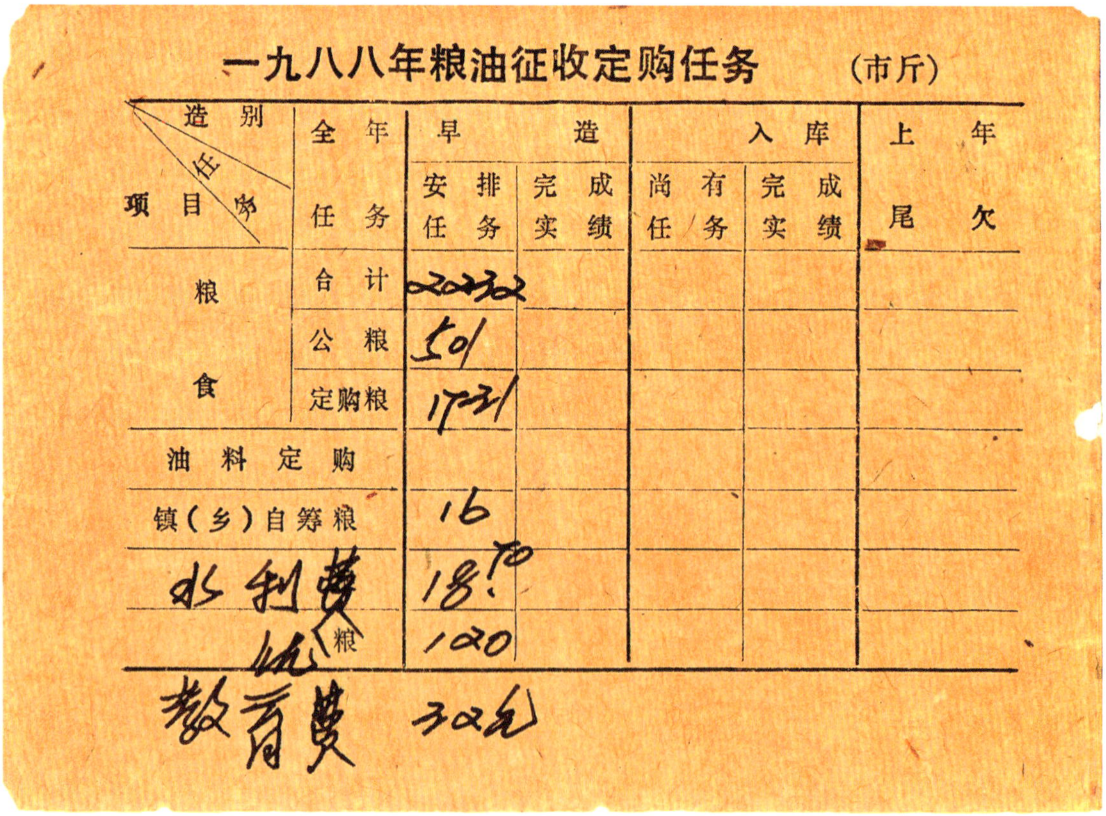

一九八八年粮油征收定购任务 （市斤）

项目 \ 任务 \ 造别	全年任务	早造 安排任务	早造 完成实绩	入库 尚有任务	入库 完成实绩	上年尾欠
粮食	合计	20232				
粮食	公粮	501				
粮食	定购粮	1731				
油料定购						
镇（乡）自筹粮		16				
水利费		18.70				
统粮		120				

教育费 320元

0001-2 一九八八年怀集县粮油征收定购任务入库登记部内页（1）

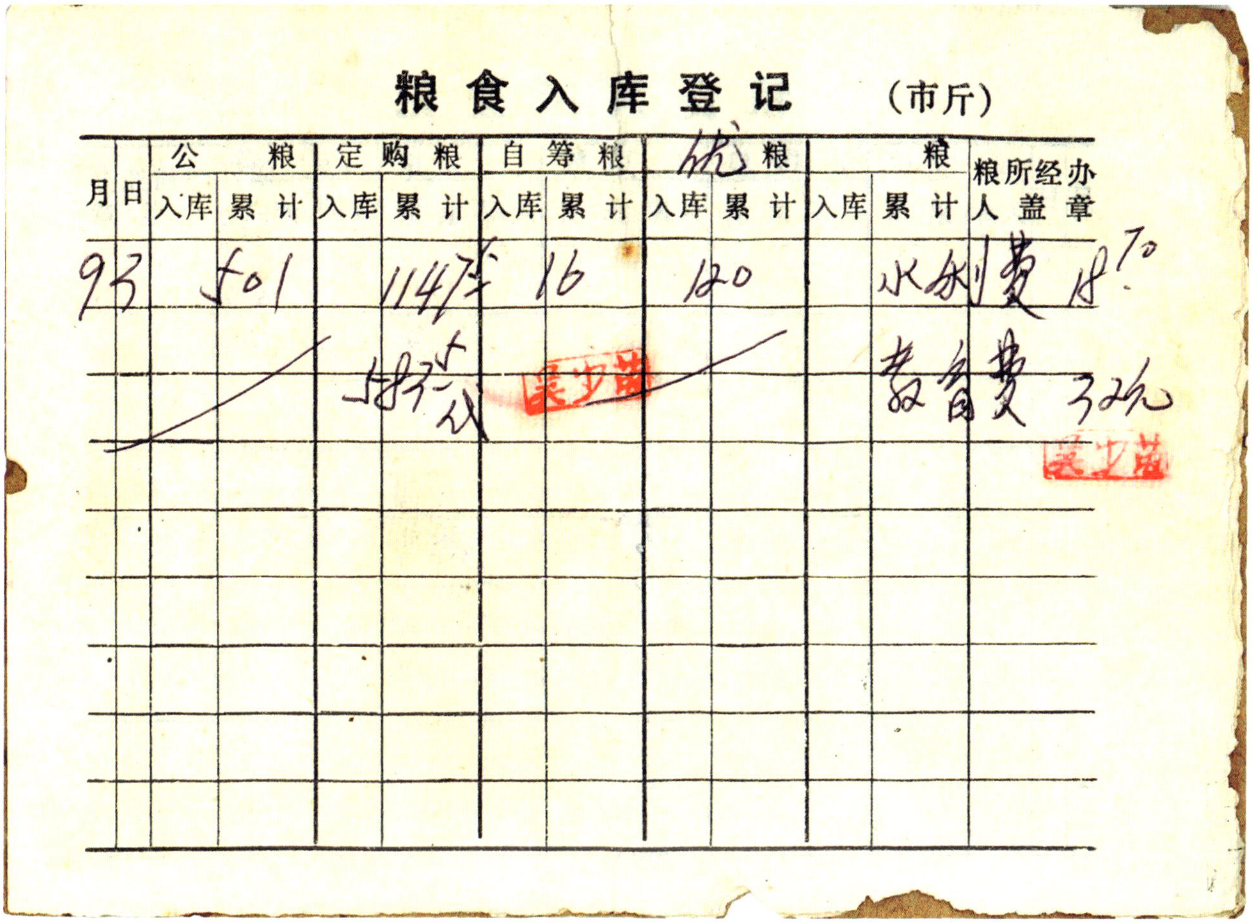

粮食入库登记 （市斤）

月	日	公粮		定购粮		自筹粮		优粮		粮		粮所经办人盖章
		入库	累计	入库	累计	入库	累计	入库	累计	入库	累计	
9	3		501		114斤		16		120		水利费	18.70
											教育费	32元

吴少苗

0001-3 一九八八年怀集县粮油征收定购任务入库登记部内页（2）

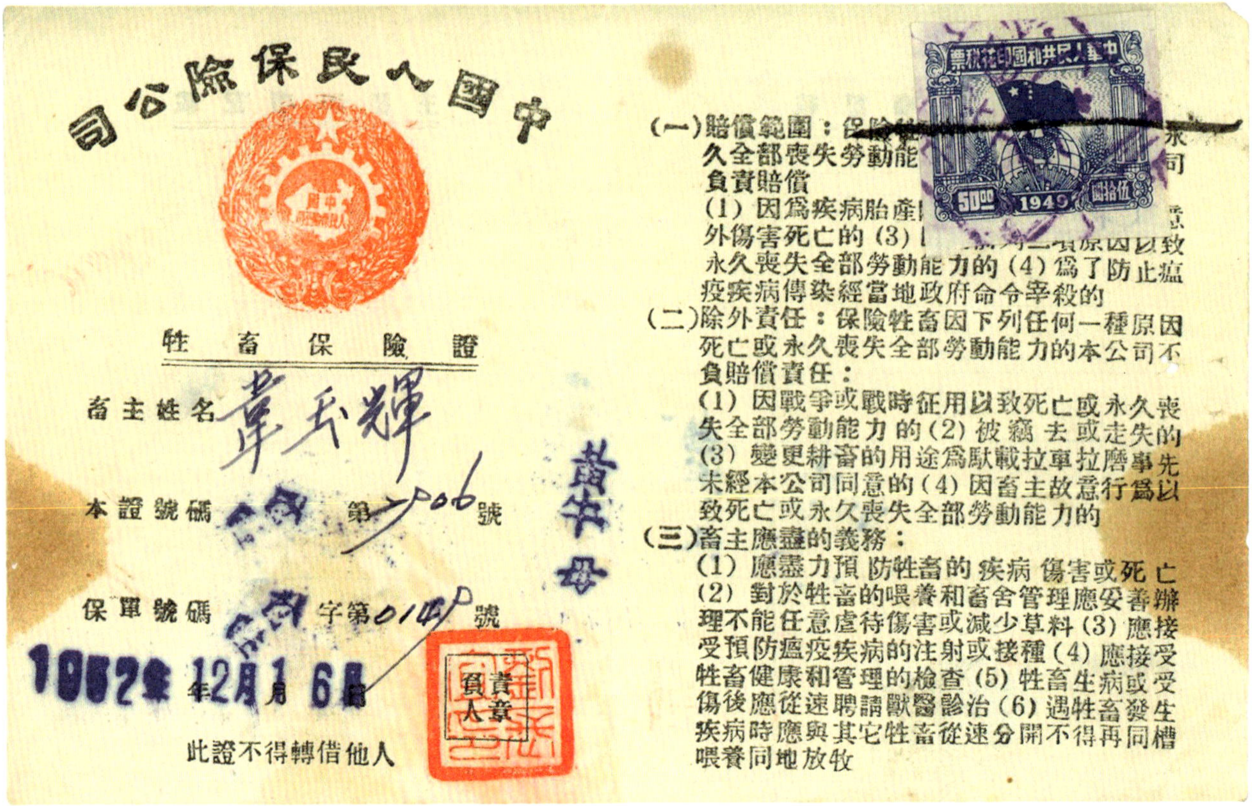

中國人民保險公司

牲畜保險證

畜主姓名 韋玉輝

本證號碼 第 2006 號

保單號碼 字第 0140 號

1952年 12月 16日

負責人章

此證不得轉借他人

(一)賠償範圍：保[illegible]
久全部喪失勞動能[illegible]
負責賠償
(1) 因爲疾病胎產[illegible]
外傷害死亡的 (3) [illegible]原因以致
永久喪失全部勞動能力的 (4) 爲了防止瘟
疫疾病傳染經當地政府命令宰殺的

(二)除外責任：保險牲畜因下列任何一種原因
死亡或永久喪失全部勞動能力的本公司不
負賠償責任：
(1) 因戰爭或戰時征用以致死亡或永久喪
失全部勞動能力的 (2) 被竊去或走失的
(3) 變更耕畜的用途爲馱載拉車拉磨事先
未經本公司同意的 (4) 因畜主故意行爲以
致死亡或永久喪失全部勞動能力的

(三)畜主應盡的義務：
(1) 應盡力預防牲畜的疾病傷害或死亡
(2) 對於牲畜的喂養和畜舍管理應妥善辦
理不能任意虐待傷害或減少草料 (3) 應接
受預防瘟疫疾病的注射或接種 (4) 應接受
牲畜健康和管理的檢查 (5) 牲畜生病或受
傷後應從速聘請獸醫診治 (6) 遇牲畜發生
疾病時應與其它牲畜從速分開不得再同槽
喂養同地放牧

0001 一九五二年十二月十六日韦玉辉牲畜保险证

0002—1 一九五四年十月二十四日中国人民银行货币定额储蓄存单（正面）

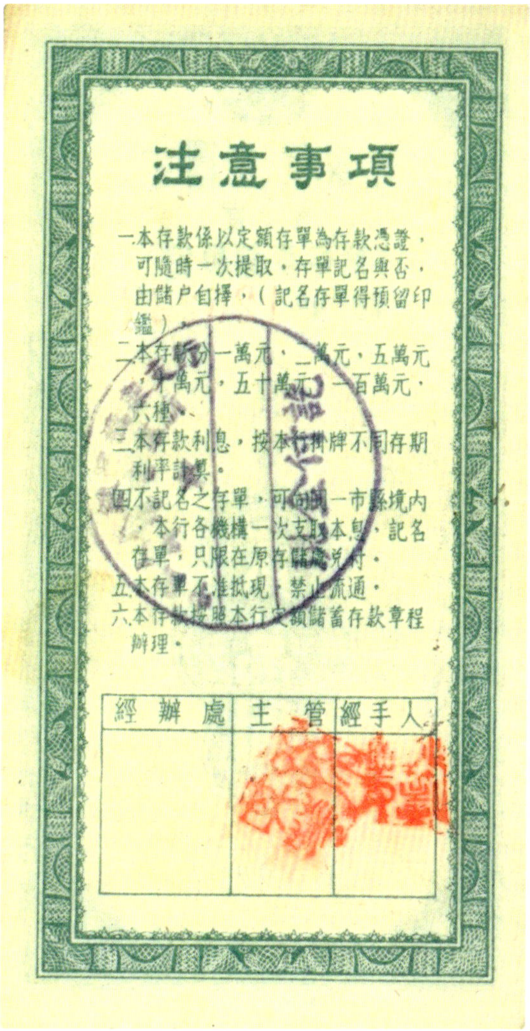

0002—2 一九五四年十月二十四日中国人民银行货币定额储蓄存单（背面）

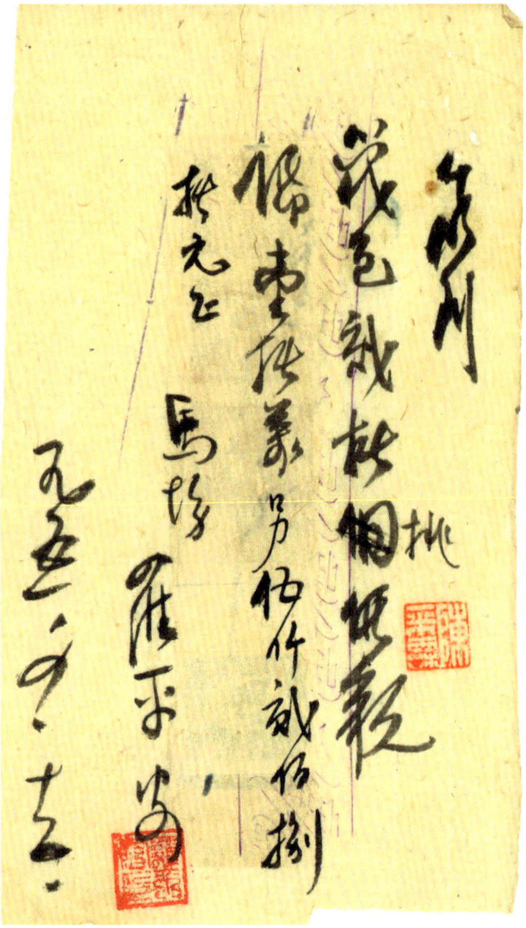

0003 一九五五年四月十五日罗平安收到篾包支付挑价款证明

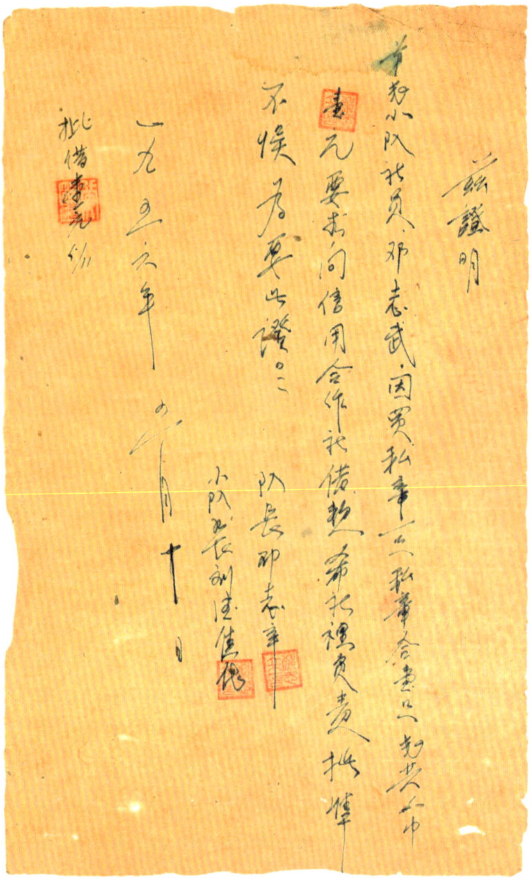

0004 一九五六年五月十日邓志武向信用社借款批条

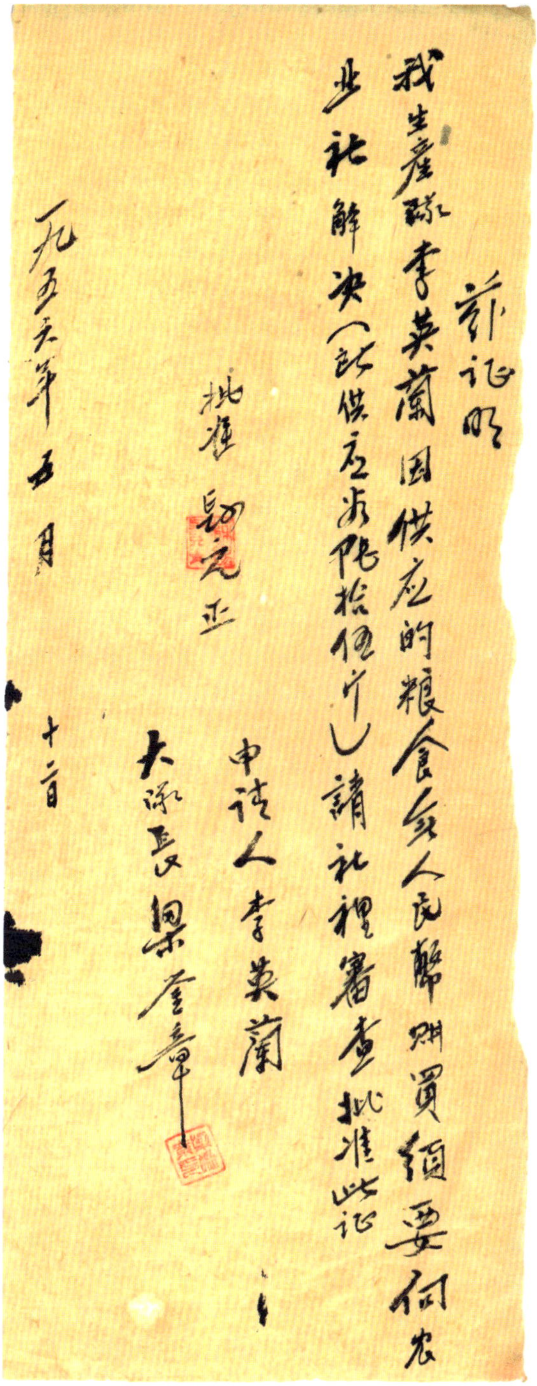
证明
我生產隊李英蘭因供应的粮食与人民幣购買須要向农业社解决(計供应斗陆拾伍斤)請社裡審查批准此证
批准
申请人 李英蘭
大隊長 梁
一九五六年五月十二日

0005 一九五六年五月十二日李英兰申请购买粮食证明

股金收据
No: 33020
茲收到 13 村 邓超根
股金 元 角
交來共 壹元壹角
此据
1956年10月5日

0006 一九五六年十月五日邓超根交壹元壹角社费收据

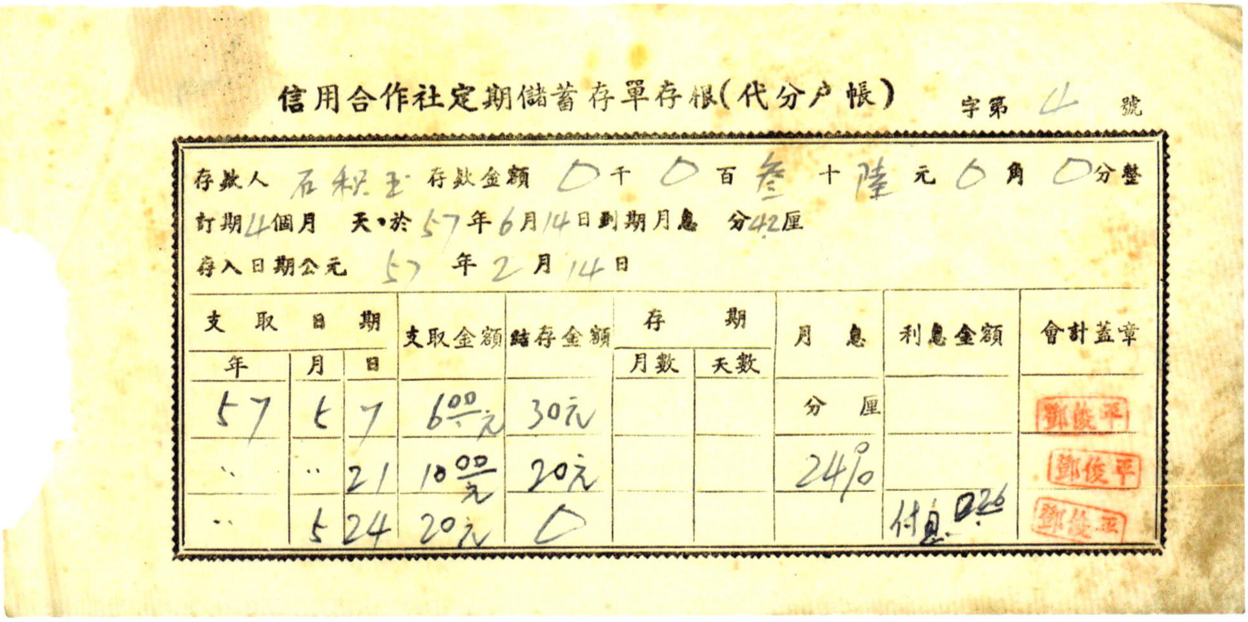

信用合作社定期儲蓄存單存根(代分户帳) 字第 4 號

存款人 石积玉 存款金額 0 千 0 百 叁 十 陸 元 0 角 0 分整

訂期 4 個月 天·於 57 年 6 月 14 日到期月息 分 42 厘

存入日期公元 57 年 2 月 14 日

支取日期			支取金額	結存金額	存期		月息	利息金額	會計蓋章
年	月	日			月數	天數			
57	6	7	6.00元	30元			分 厘		鄧俊平
〃	〃	21	10.00元	20元			24%		鄧俊平
〃	5	24	20元	0				付息0.26	鄧俊平

0007 一九五七年二月十四日石积玉信用合作社定期储蓄存单存根

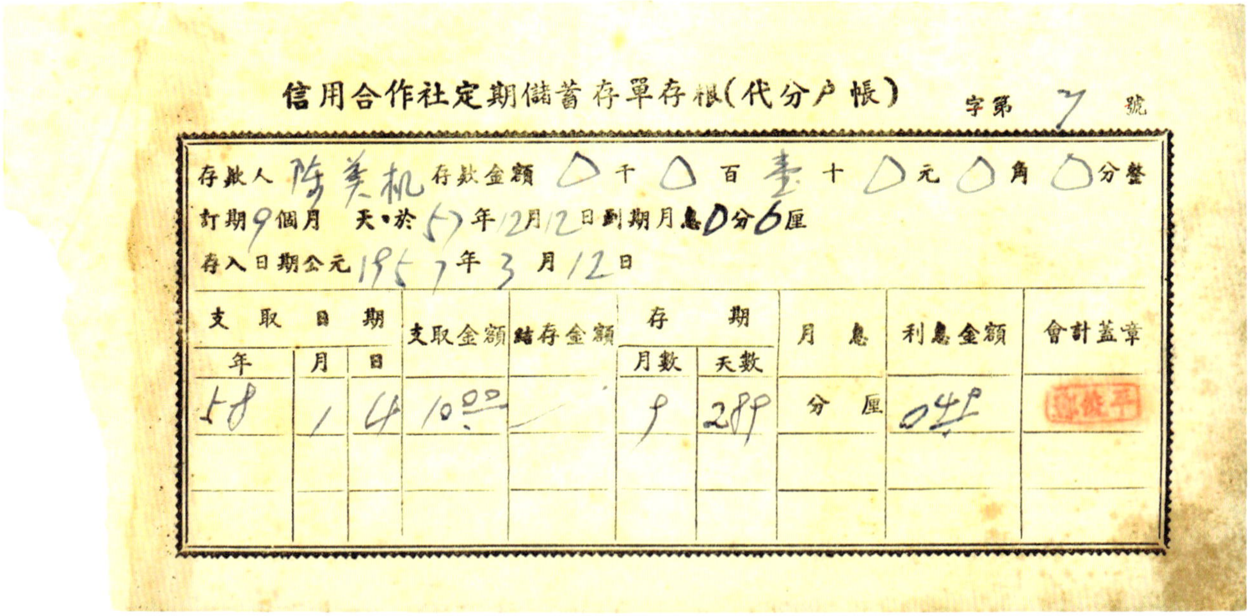

信用合作社定期儲蓄存單存根(代分户帳) 字第 7 號

存款人 陈美机 存款金額 0 千 0 百 壹 十 0 元 0 角 0 分整

訂期 9 個月 天·於 57 年 12月 12 日到期月息 0 分 6 厘

存入日期公元 1957 年 3 月 12 日

支取日期			支取金額	結存金額	存期		月息	利息金額	會計蓋章
年	月	日			月數	天數			
58	1	4	10.00	—	9	288	分 厘	0.45	鄧俊平

0008 一九五七年三月十二日陈美机信用合作社定期储蓄存单存根

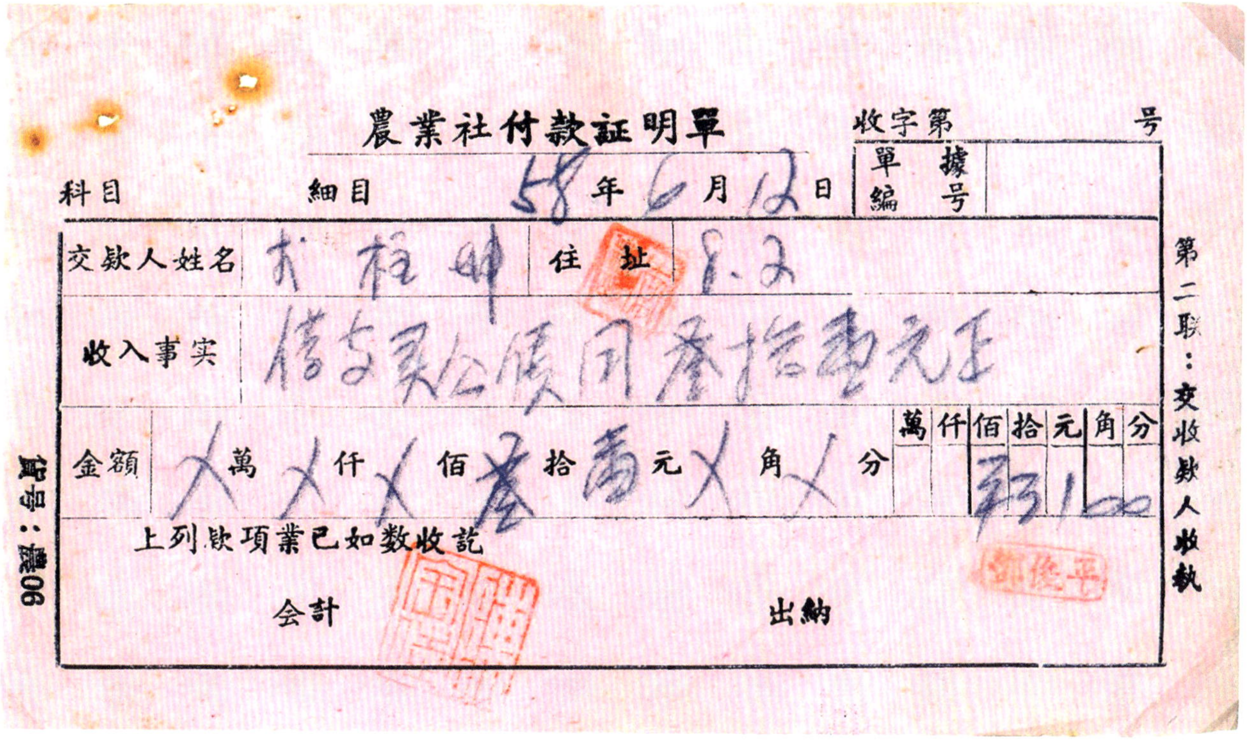

農業社付款証明單　收字第　号

科目　細目　58年6月12日　單據編号

交款人姓名	木柱坤	住址	8.2
收入事实	借支买公債用叁拾壹元正		
金額	X萬X仟X佰叁拾壹元X角X分		¥31.00

上列款項業已如数收訖

会計　出納

第二联：交收款人收执

貨号：農06

0009 一九五八年六月十二日木柱坤农业社付款证明单

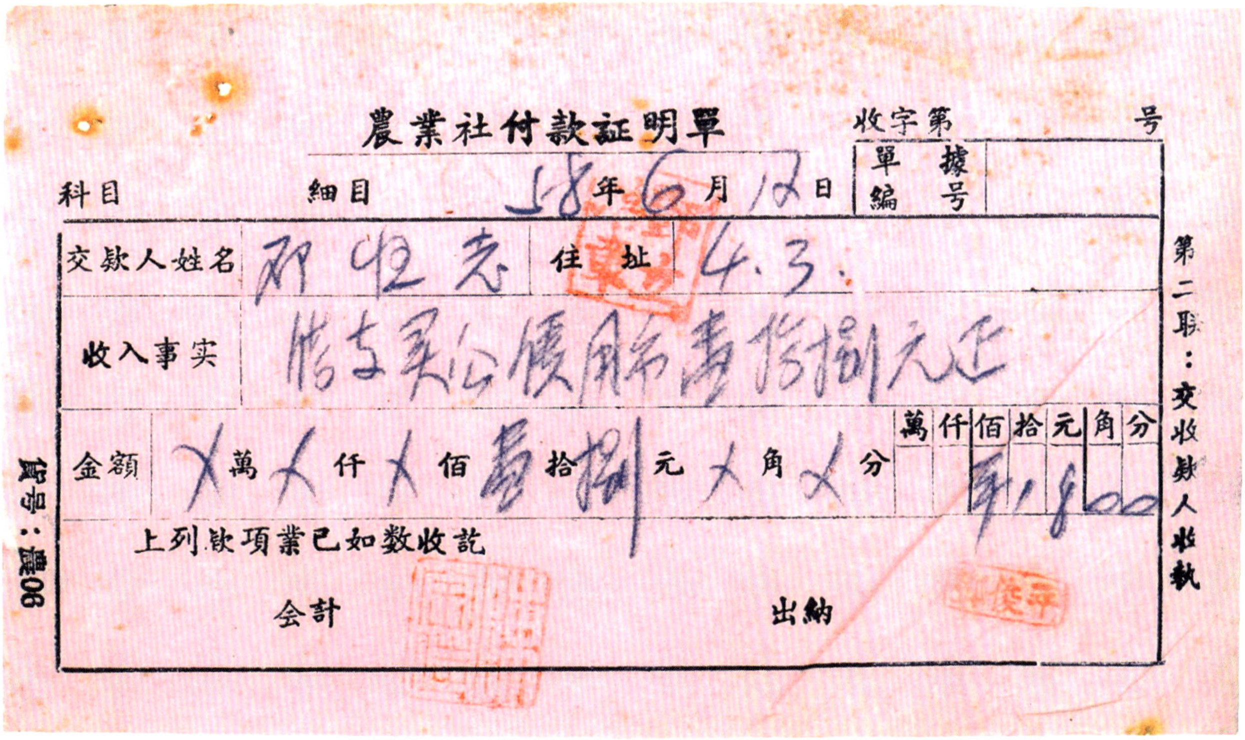

農業社付款証明單　收字第　号

科目　細目　58年6月12日　單據編号

交款人姓名	邓恒志	住址	4.3
收入事实	借支买公債用壹拾捌元正		
金額	X萬X仟X佰壹拾捌元X角X分		¥18.00

上列款項業已如数收訖

会計　出納

第二联：交收款人收执

貨号：農06

0010 一九五八年六月十二日邓恒志农业社付款证明单

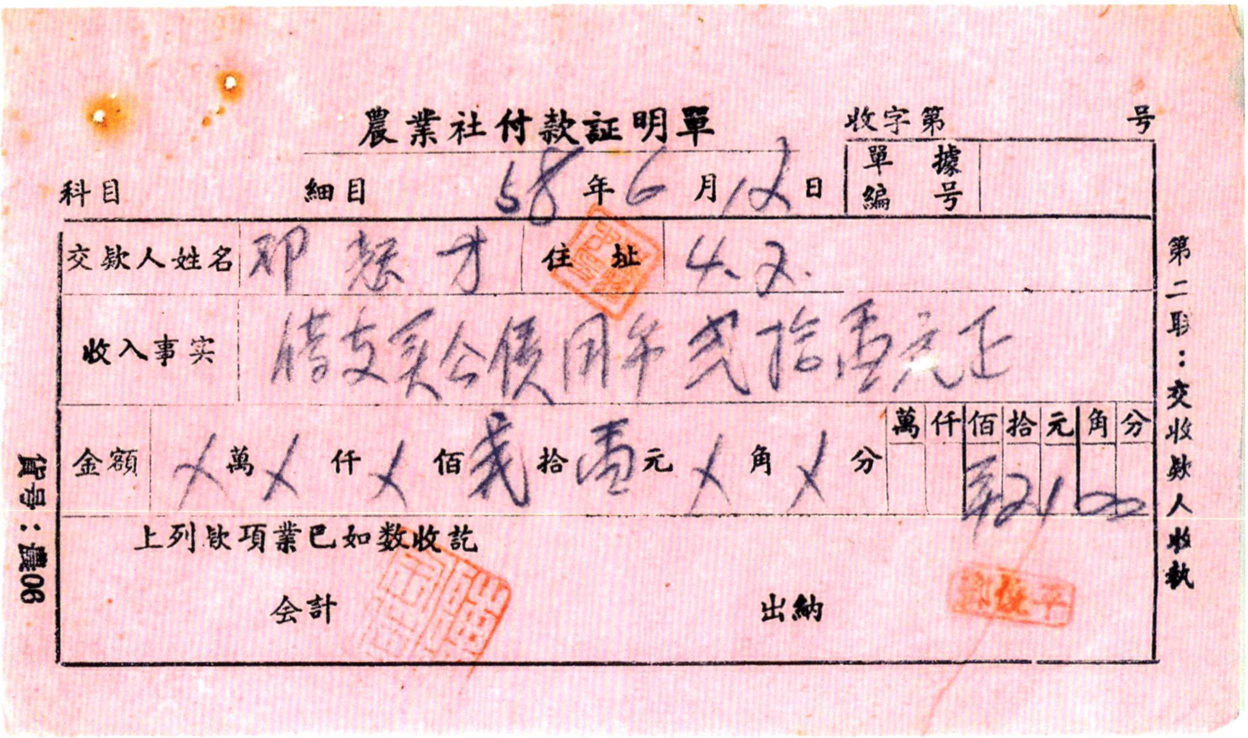

農業社付款証明單　收字第　号

科目　細目　58年6月12日　單據编号

交款人姓名	邓□才	住址	
收入事实	借支买公债用币贰拾壹元正		
金額	×萬×仟×佰贰拾壹元×角×分		2100

上列欵項業已如数收訖

会計　出納

第二联：交收款人收執

0011 一九五八年六月十二日邓□才农业社付款证明单

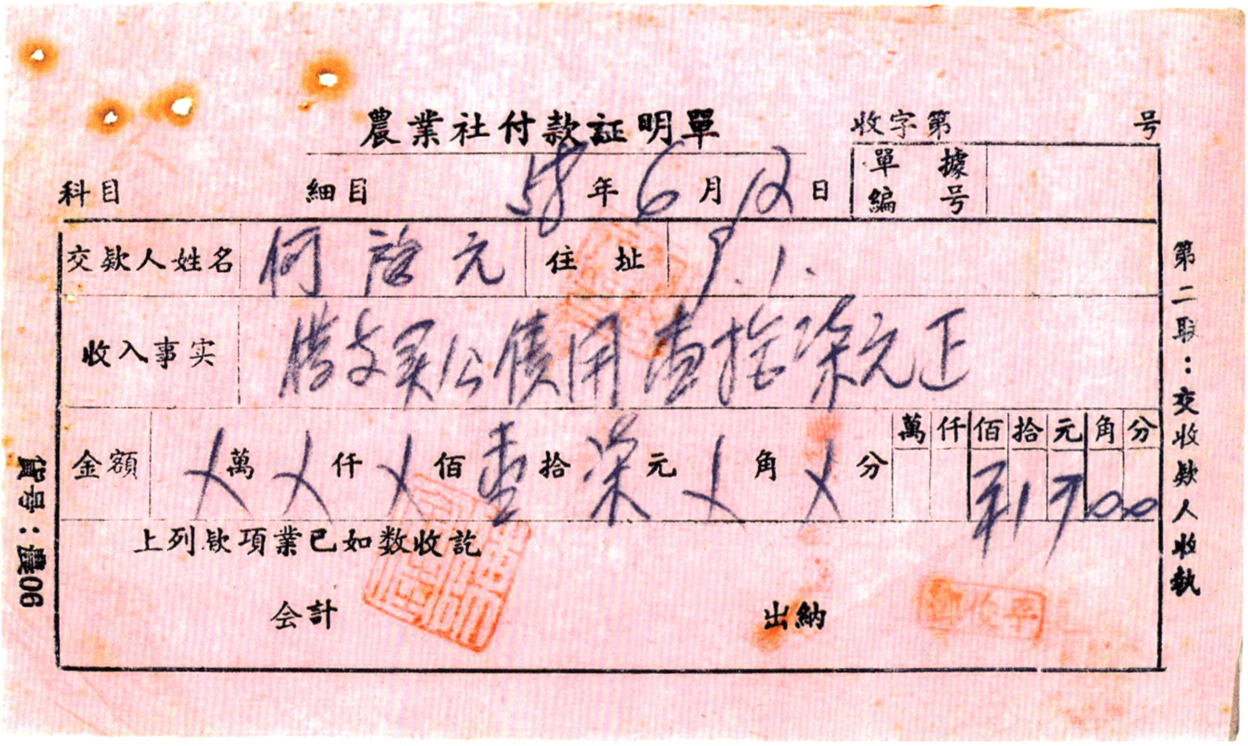

農業社付款証明單　收字第　号

科目　細目　58年6月12日　單據编号

交款人姓名	何启元	住址	
收入事实	借支买公债用壹拾柒元正		
金額	×萬×仟×佰壹拾柒元×角×分		1700

上列欵項業已如数收訖

会計　出納

第二联：交收款人收執

0012 一九五八年六月十二日何启元农业社付款证明单

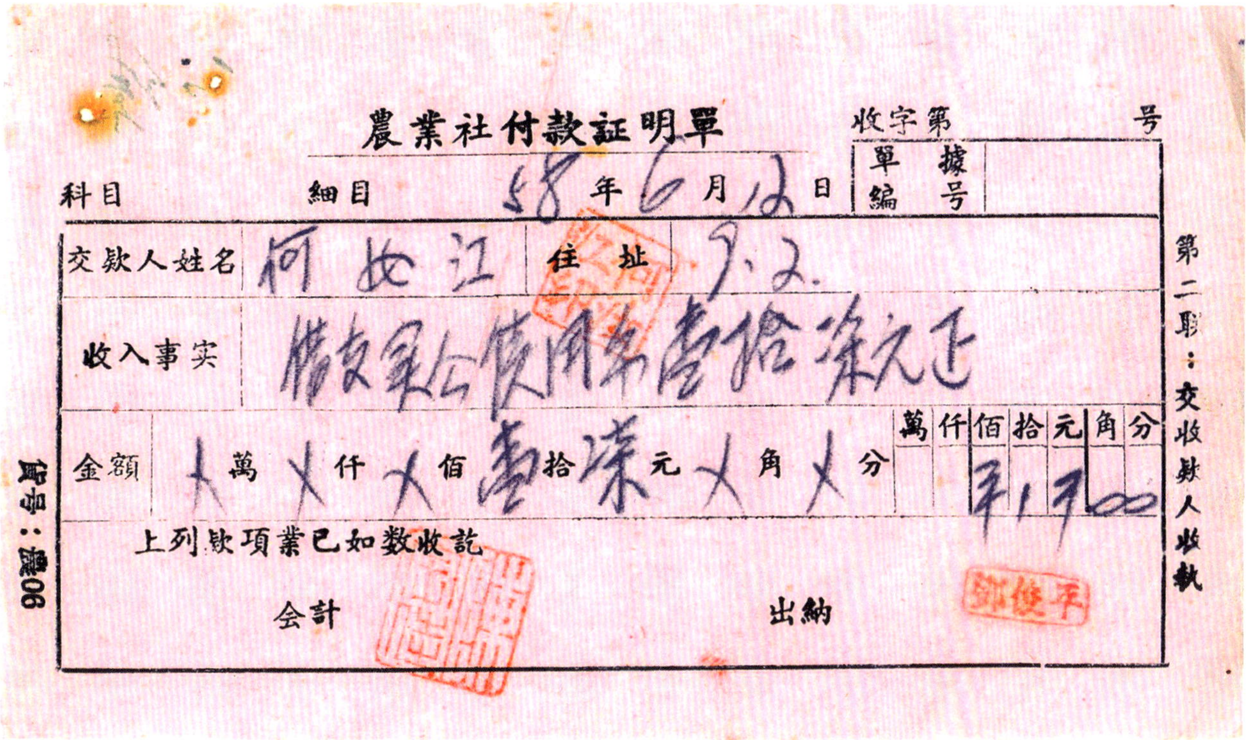
農業社付款証明單　收字第　号
科目　細目　58年6月12日　單據編号
交款人姓名　何汝江　住址　9.2.
收入事实　借支买公债用款壹拾柒元正
金額　×萬　×仟　×佰　壹拾　柒元　×角　×分　¥17.00
上列欵項業已如数收訖
会計　出納
第二联：交收款人收執
貨号：農06

0013 一九五八年六月十二日何汝江农业社付款证明单

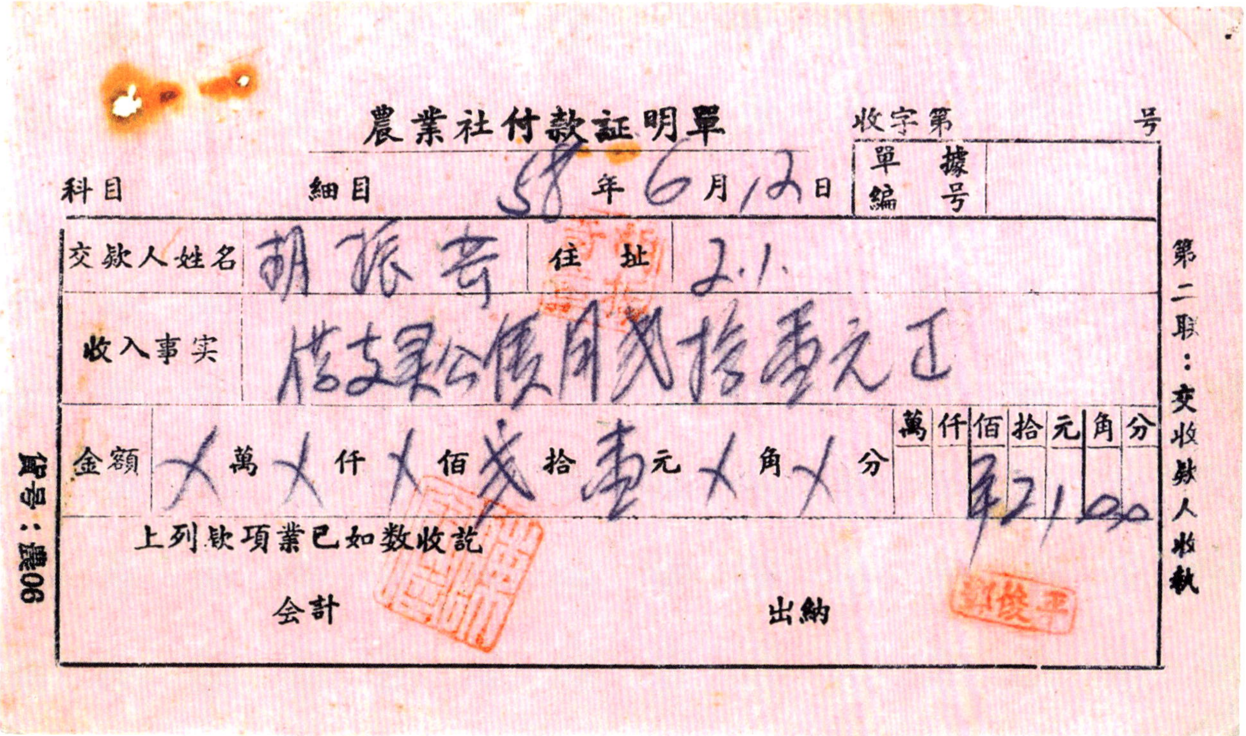
農業社付款証明單　收字第　号
科目　細目　58年6月12日　單據編号
交款人姓名　胡振奇　住址　2.1.
收入事实　借支买公债用款贰拾壹元正
金額　×萬　×仟　×佰　贰拾　壹元　×角　×分　¥21.00
上列欵項業已如数收訖
会計　出納
第二联：交收款人收執
貨号：農06

0014 一九五八年六月十二日胡振奇农业社付款证明单

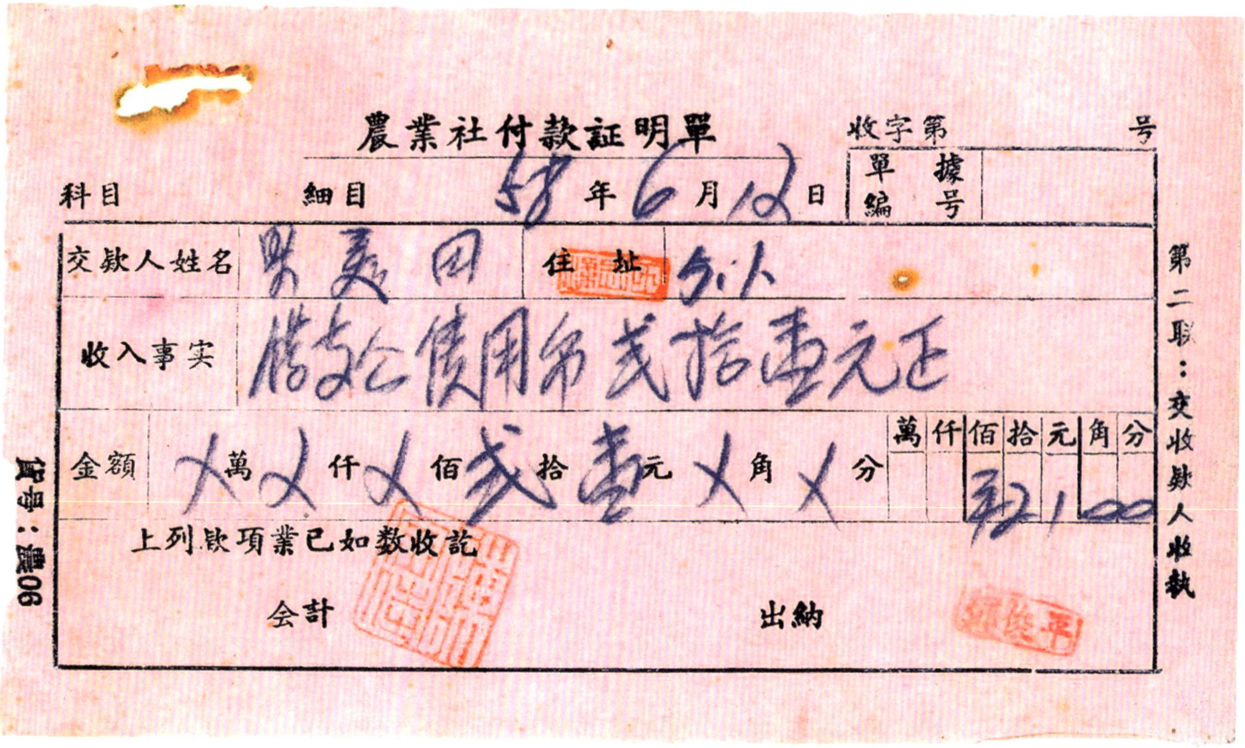

农业社付款証明单　收字第　号

科目　細目　58年6月12日　單據編号

交欵人姓名　梁美田　住址　仝人

收入事实　借支公債用币弍拾壹元正

金額　X萬X仟X佰弍拾壹元X角X分　¥21.00

上列欵項業已如数收訖

会計　出納　邹俊平

第二联：交收欵人收执

印号：农06

0015 一九五八年六月十二日梁美田农业社付款证明单

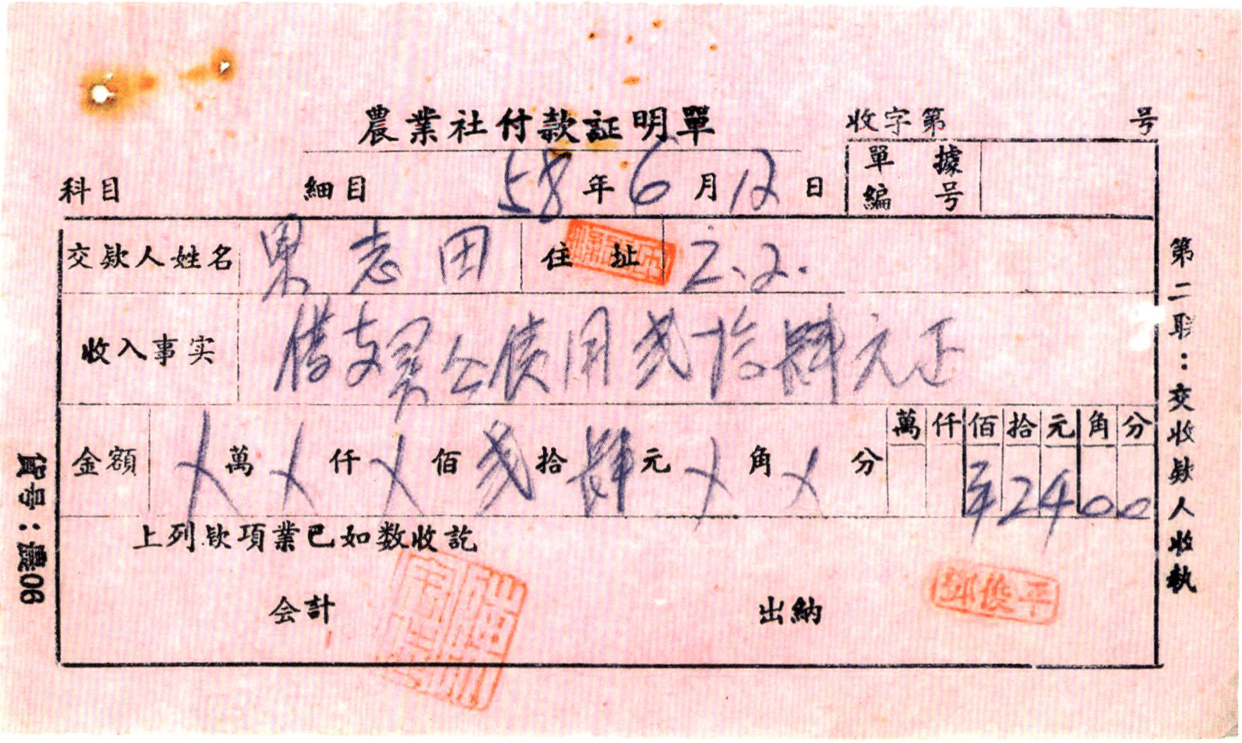

农业社付款証明单　收字第　号

科目　細目　58年6月12日　單據編号

交欵人姓名　梁志田　住址　乙.2.

收入事实　借支买公債用弍拾肆元正

金額　X萬X仟X佰弍拾肆元X角X分　¥24.00

上列欵項業已如数收訖

会計　出納　邹俊平

第二联：交收欵人收执

印号：农06

0016 一九五八年六月十二日梁志田农业社付款证明单

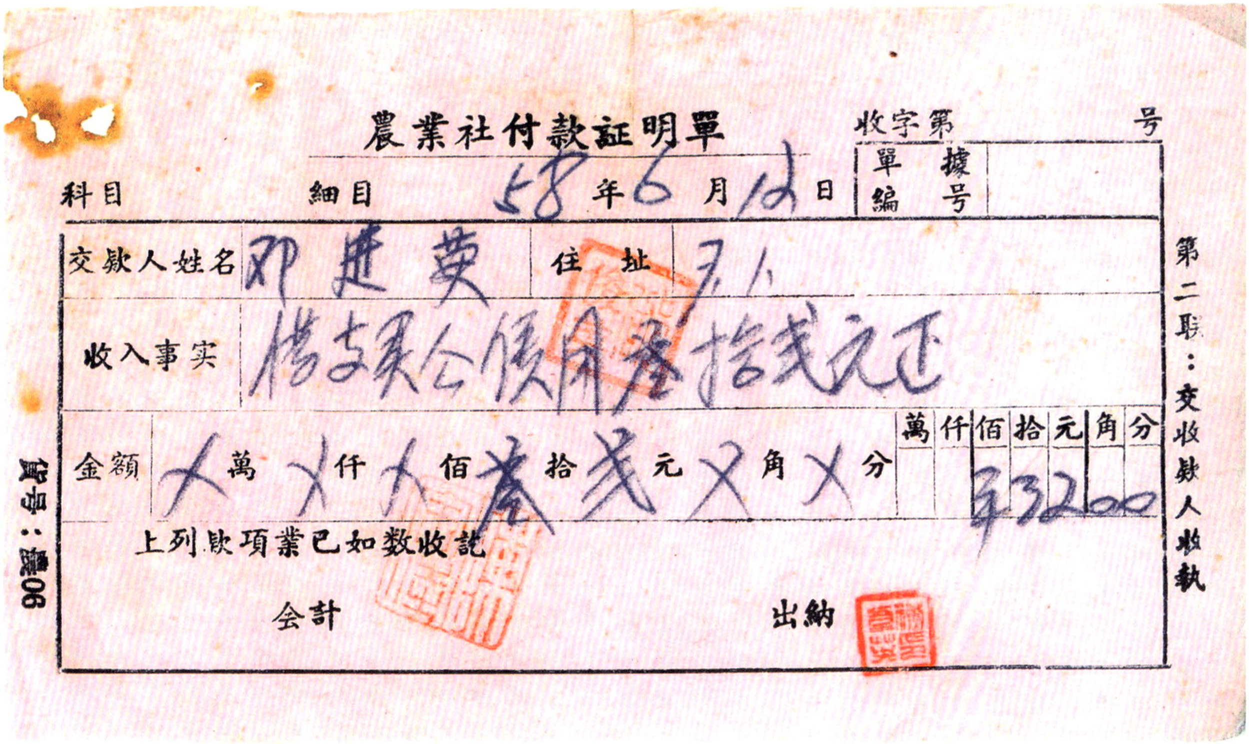

農業社付款証明單 收字第 号

科目 細目 58年6月12日 單據編号

交款人姓名 邓进英 住址

收入事实

金額 ×萬 ×仟 ×佰 叁拾 贰元 ×角 ×分 萬仟佰拾元角分 ¥3200

上列欵項業已如数收訖

会計 出納

第二联：交收款人收執

貨号：農06

0017 一九五八年六月十二日邓进英农业社付款证明单

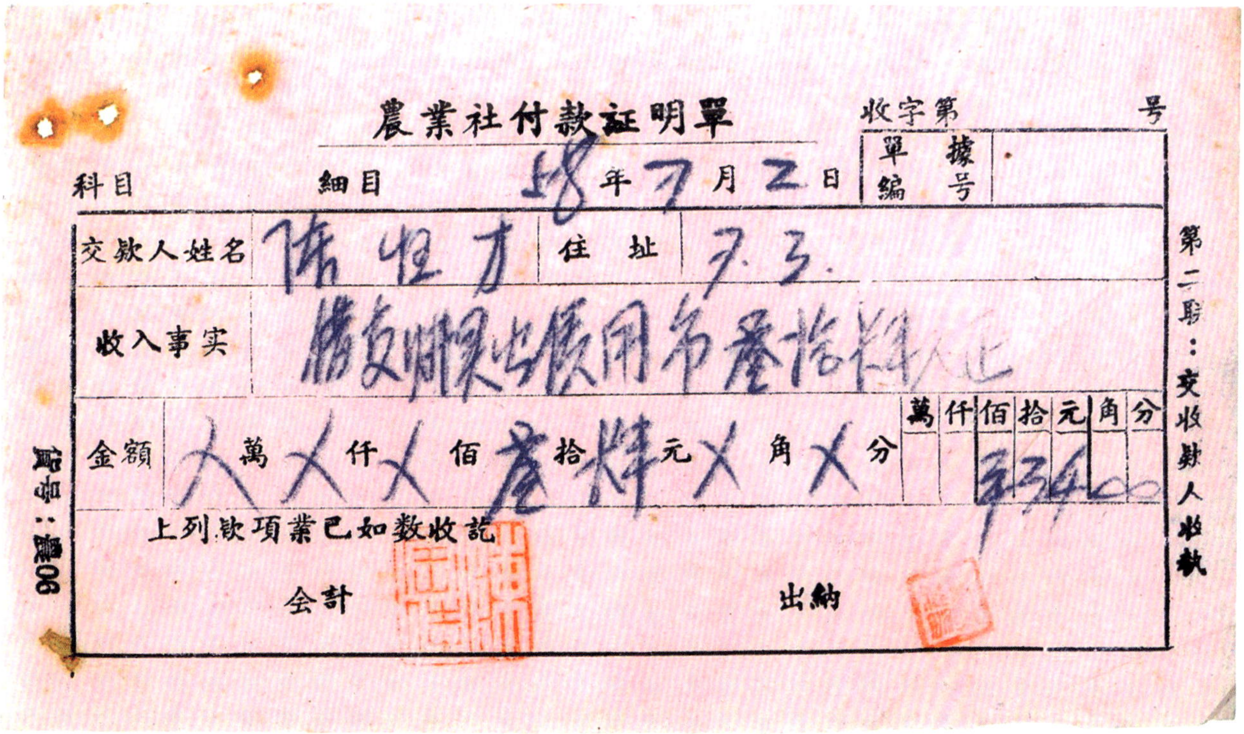

農業社付款証明單 收字第 号

科目 細目 58年7月2日 單據編号

交款人姓名 陈恒才 住址

收入事实

金額 ×萬 ×仟 ×佰 叁拾 肆元 ×角 ×分 萬仟佰拾元角分 ¥3400

上列欵項業已如数收訖

会計 出納

第二联：交收款人收執

貨号：農06

0018 一九五八年七月二日陈恒才农业社付款证明单

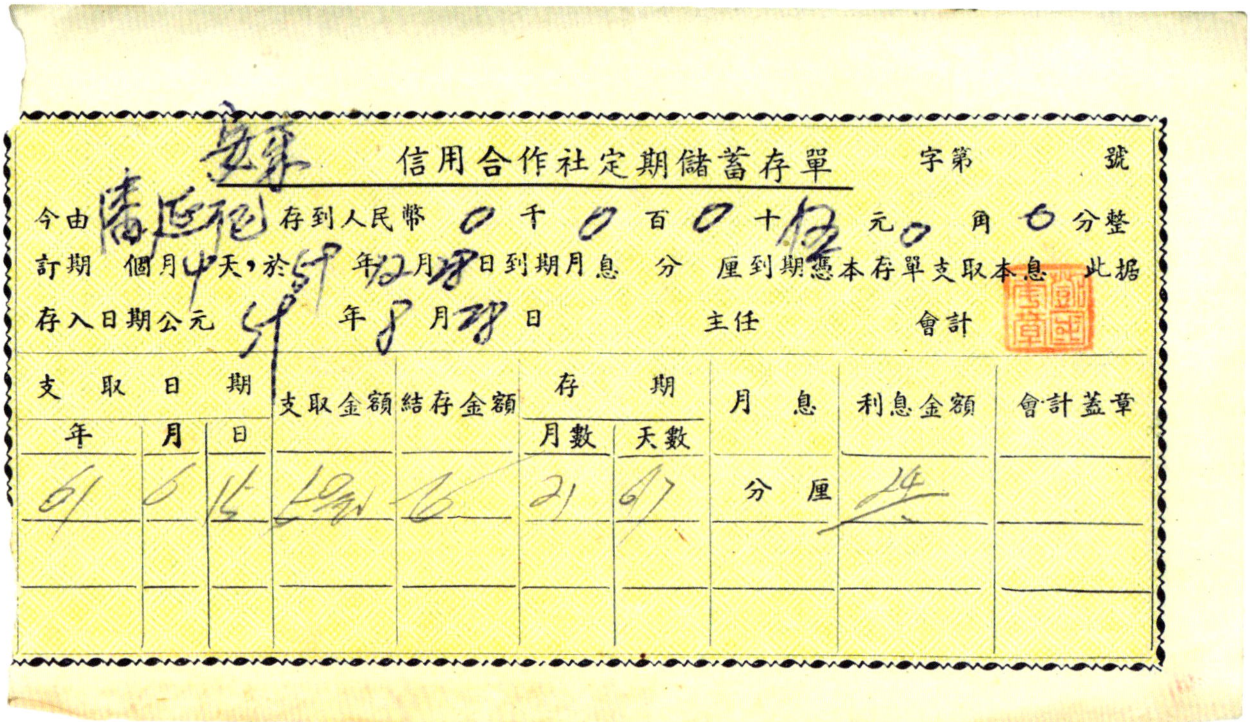

安乐

信用合作社定期儲蓄存單　字第　號

今由潘延纪存到人民幣 0 千 0 百 0 十 ... 元 0 角 0 分整

訂期　個月　天，於 59 年 12 月 28 日到期月息　分　厘到期憑本存單支取本息　此據

存入日期公元 59 年 8 月 28 日　主任　會計

支取日期			支取金額	結存金額	存期		月息	利息金額	會計蓋章
年	月	日			月數	天數			
61	6	15	[illegible]	6	21	67	分　厘	[illegible]	

0019 一九五九年八月二十八日潘延纪安乐信用合作社定期储蓄存单

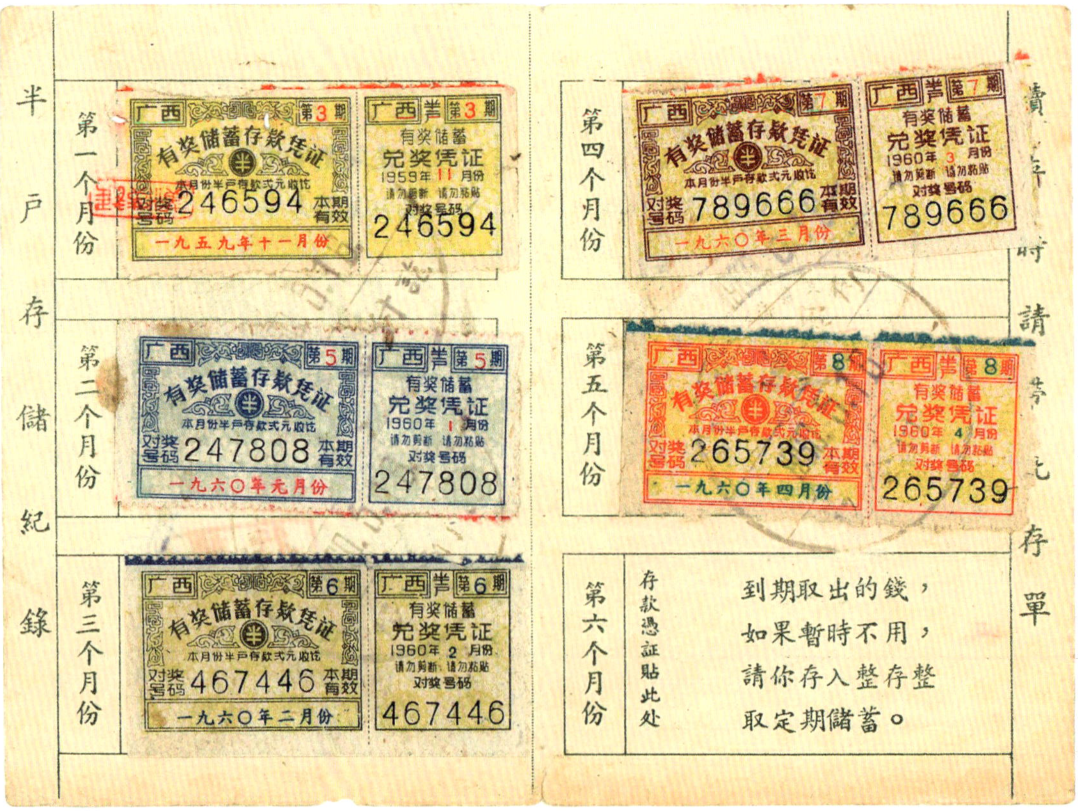

半戶存儲紀錄

第一個月份　广西　第3期　有奖储蓄存款凭证　本月份半户存款式元收讫　对奖号码 246594　本期有效　一九五九年十一月份　有奖储蓄　兑奖凭证　1959年11月份　请勿剪断　请勿贴　对奖号码 246594

第二個月份　广西　第5期　有奖储蓄存款凭证　本月份半户存款式元收讫　对奖号码 247808　本期有效　一九六〇年元月份　有奖储蓄　兑奖凭证　1960年1月份　对奖号码 247808

第三個月份　广西　第6期　有奖储蓄存款凭证　本月份半户存款式元收讫　对奖号码 467446　本期有效　一九六〇年二月份　有奖储蓄　兑奖凭证　1960年2月份　对奖号码 467446

第四個月份　广西　第7期　有奖储蓄存款凭证　本月份半户存款式元收讫　对奖号码 789666　本期有效　一九六〇年三月份　有奖储蓄　兑奖凭证　1960年3月份　对奖号码 789666

第五個月份　广西　第8期　有奖储蓄存款凭证　本月份半户存款式元收讫　对奖号码 265739　本期有效　一九六〇年四月份　有奖储蓄　兑奖凭证　1960年4月份　对奖号码 265739

第六個月份　存款憑証貼此处

到期取出的錢，
如果暫時不用，
請你存入整存整
取定期儲蓄。

0020 一九五九年十一月中国人民银行广西分行零存整取有奖储蓄存款凭证

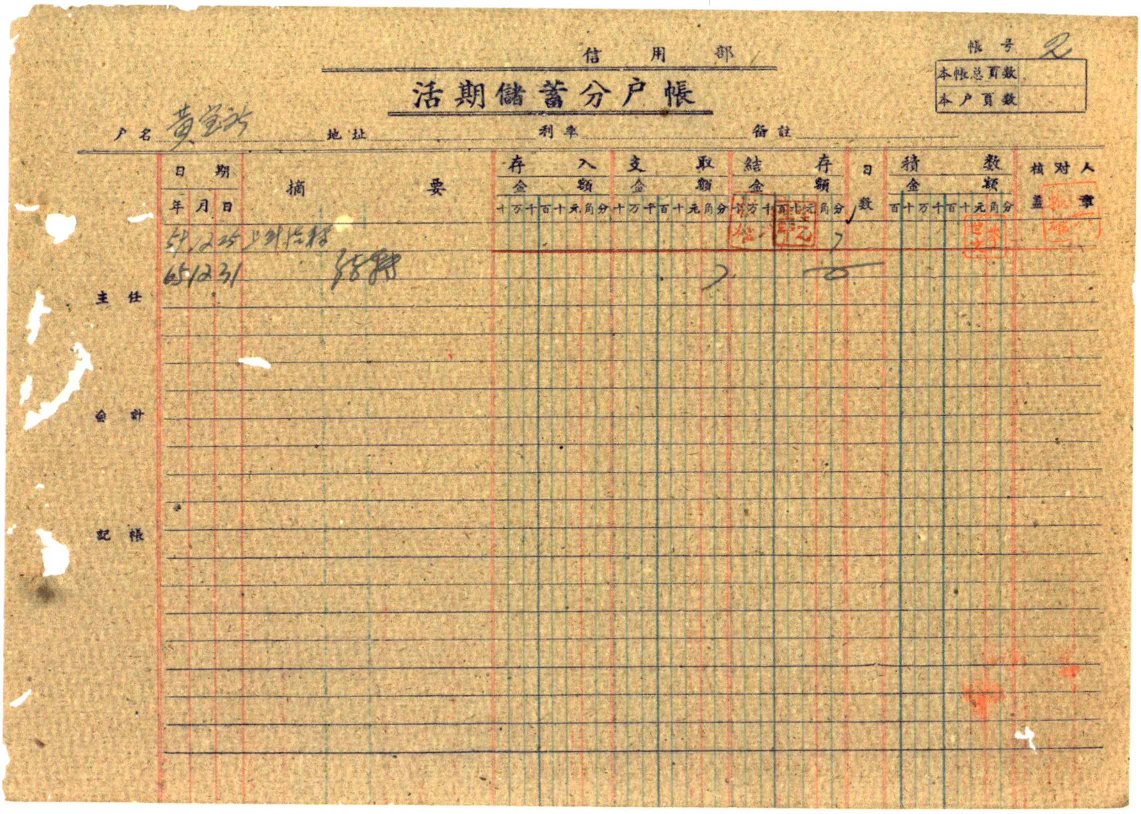

信用部

活期儲蓄分户帳

帳号 2

本帐总頁数

本户頁数

户名 黄宝新 地址 利率 备註

日期 年 月 日	摘要	存入 金額	支取 金額	結存 金額	日数	積数 金額	核对人 盖章

主任

会計

記帳

0021 一九五九年黄宝新信用部活期儲蓄分户账

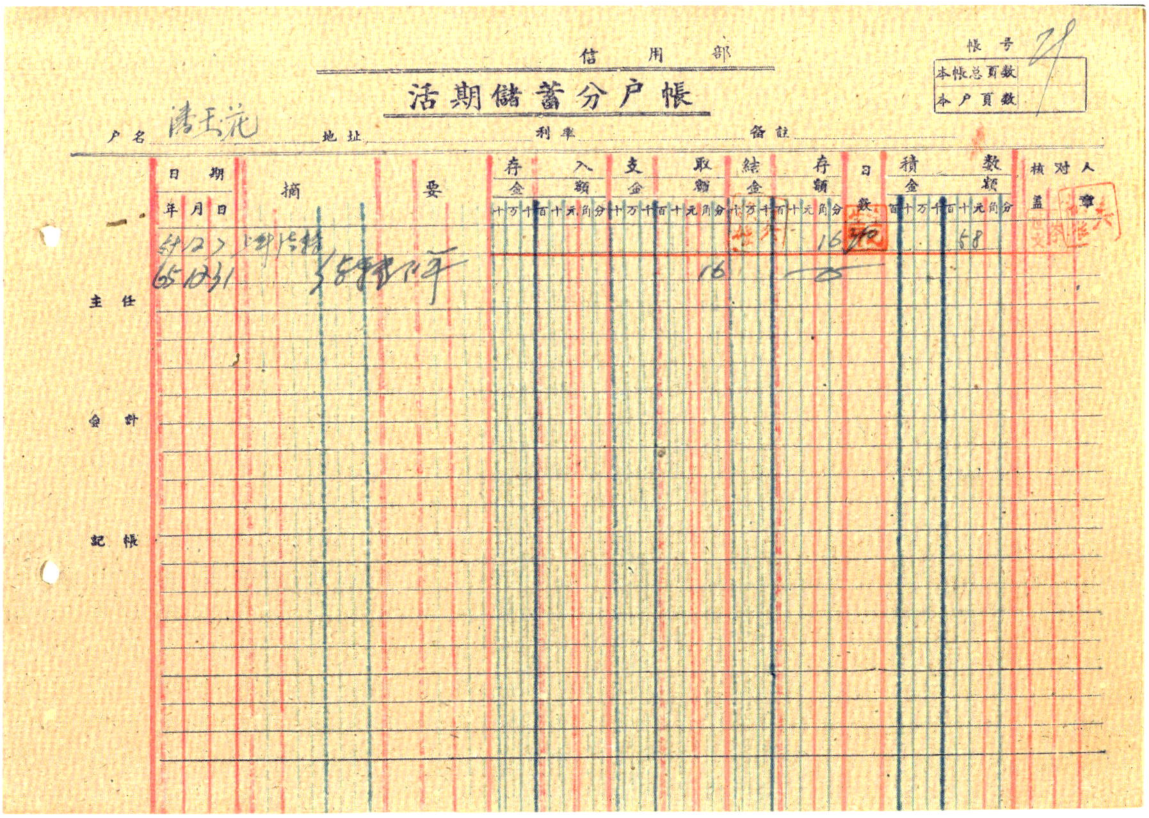

信用部

活期儲蓄分户帳

帳号 21

本帐总頁数

本户頁数

户名 潘玉花 地址 利率 备註

日期 年 月 日	摘要	存入 金額	支取 金額	結存 金額	日数	積数 金額	核对人 盖章

主任

会計

記帳

0022 一九五九年潘玉花信用部活期储蓄分户账

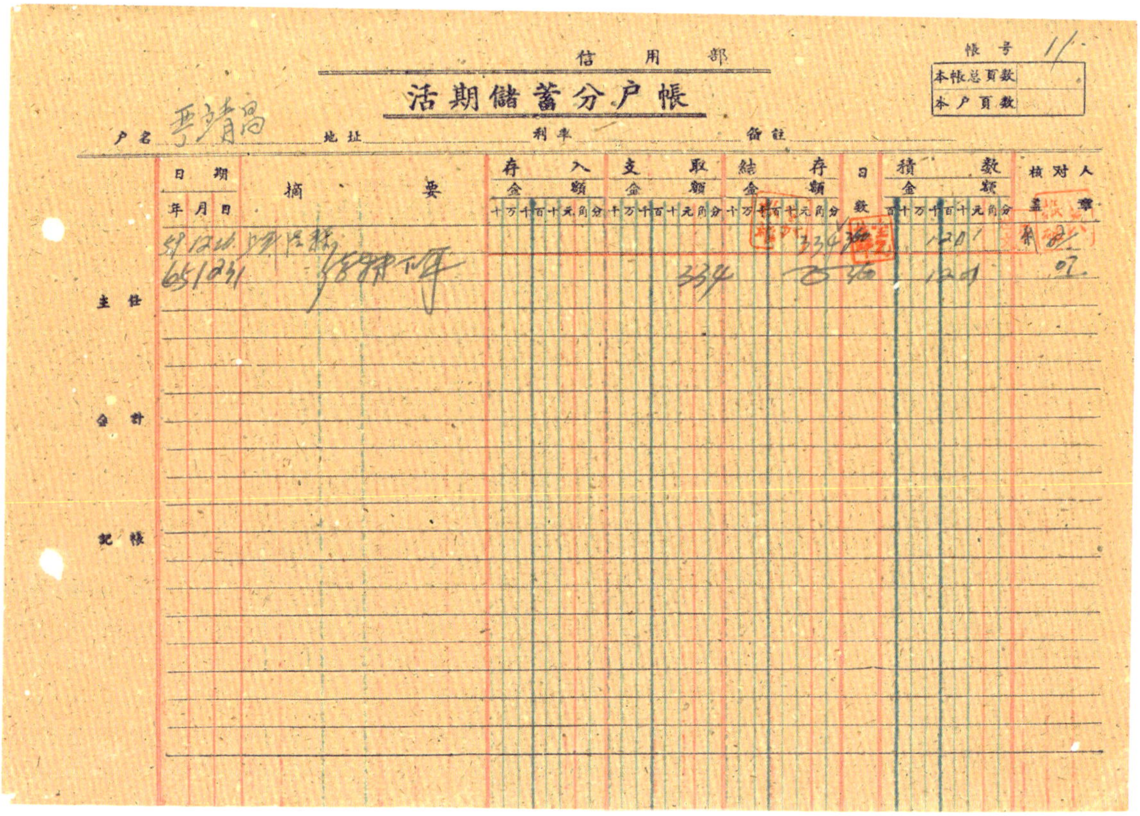

信用部

活期儲蓄分户帳

帳号 11

本帳总頁数
本户頁数

户名 严靖昌　地址　利率　備註

日期 年 月 日	摘要	存入 金額	支取 金額	結存 金額	日数	積数 金額	核对人 盖章
59 12 20	[illegible]			334	[illegible]	1201	[illegible]
65 12 31	[illegible]		334	[illegible]		1201	[illegible]

主任　会計　記帳

0023 一九五九年严靖昌信用部活期储蓄分户账

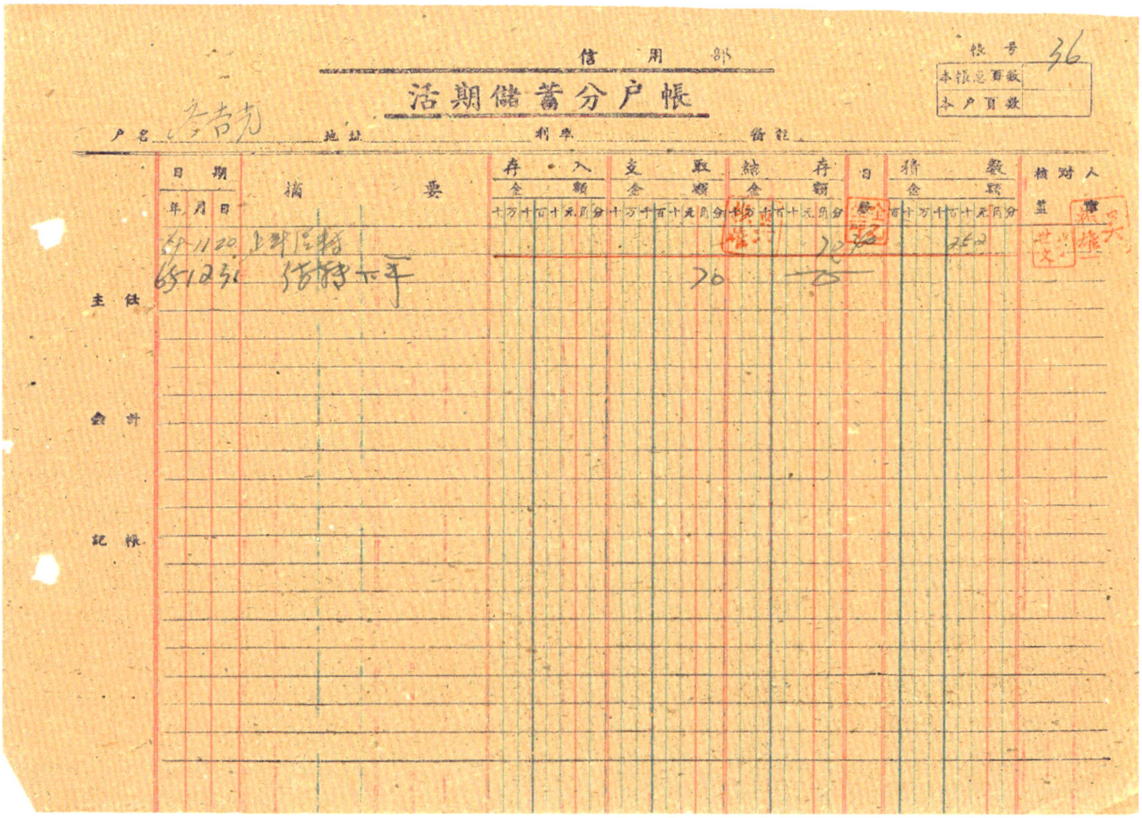

信用部

活期儲蓄分户帳

帳号 36

本帳总頁数
本户頁数

户名 岑吉光　地址　利率　備註

日期 年 月 日	摘要	存入 金額	支取 金額	結存 金額	日数	積数 金額	核对人 盖章
59 11 20	[illegible]			70	[illegible]	252	
65 12 31	[illegible]		70	[illegible]			

主任　会計　記帳

0024 一九五九年岑吉光信用部活期储蓄分户账

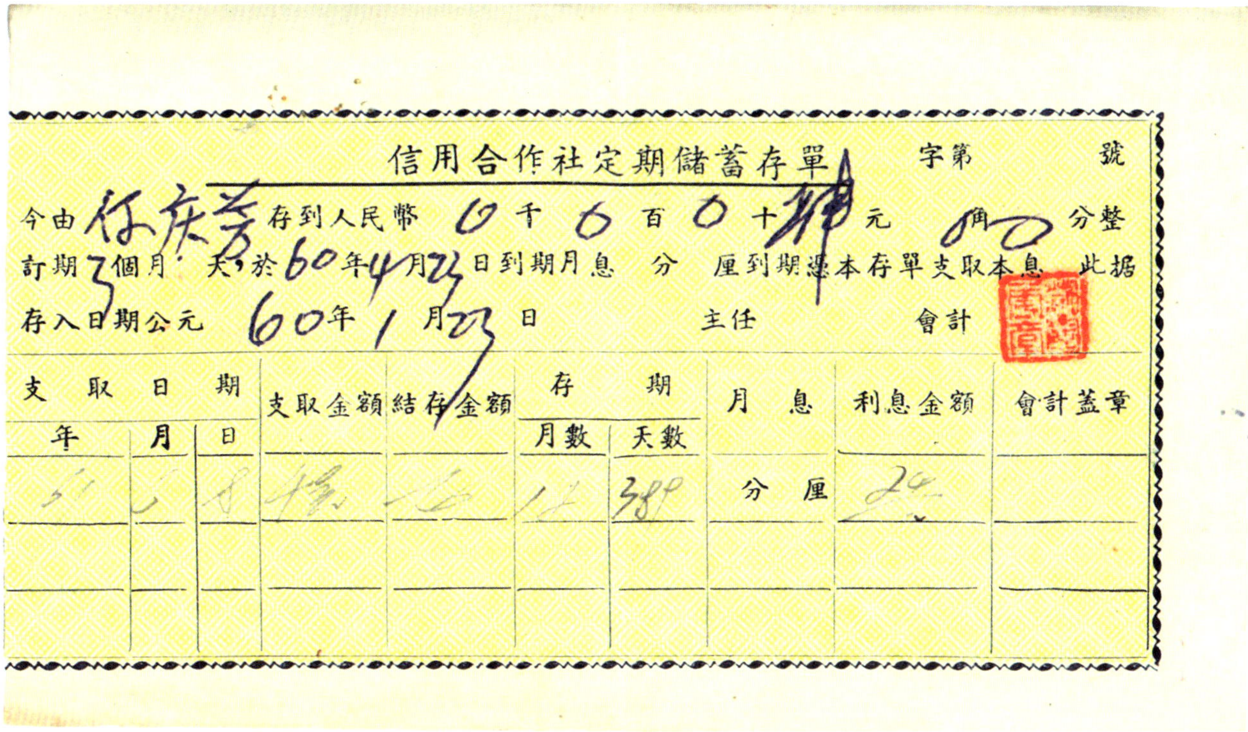
信用合作社定期儲蓄存單　字第　號

今由何庆芳存到人民幣 0 千 0 百 0 十　元　角　分整

訂期　個月　天，於60年4月　日到期月息　分　厘到期憑本存單支取本息　此據

存入日期公元 60 年 1 月 23 日　主任　會計

支取日期			支取金額	結存金額	存期		月息	利息金額	會計蓋章
年	月	日			月數	天數			
							分　厘		

0025 一九六〇年一月二十三日何庆芳信用合作社定期储蓄存单

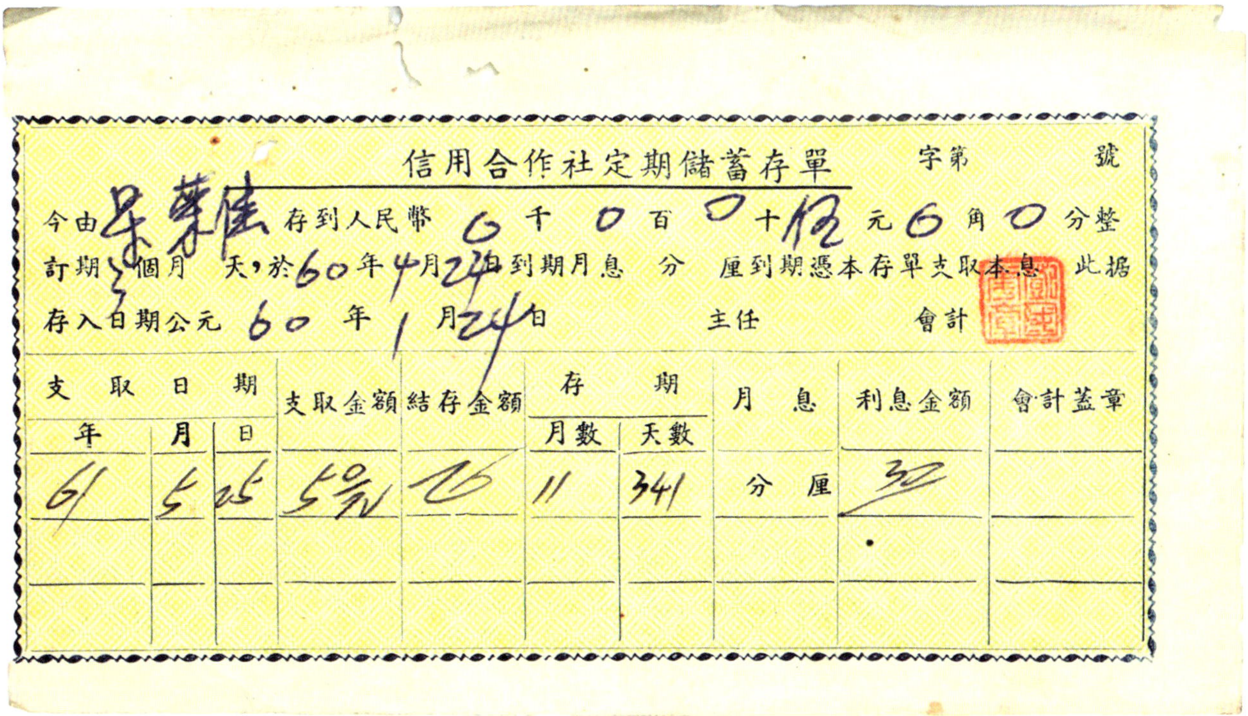
信用合作社定期儲蓄存單　字第　號

今由宋樂佳存到人民幣 0 千 0 百 0 十　元 6 角 0 分整

訂期　個月　天，於60年4月24日到期月息　分　厘到期憑本存單支取本息　此據

存入日期公元 60 年 1 月 24 日　主任　會計

支取日期			支取金額	結存金額	存期		月息	利息金額	會計蓋章
年	月	日			月數	天數			
61	5	25			11	341	分　厘		

0026 一九六〇年一月二十四日宋乐佳信用合作社定期储蓄存单

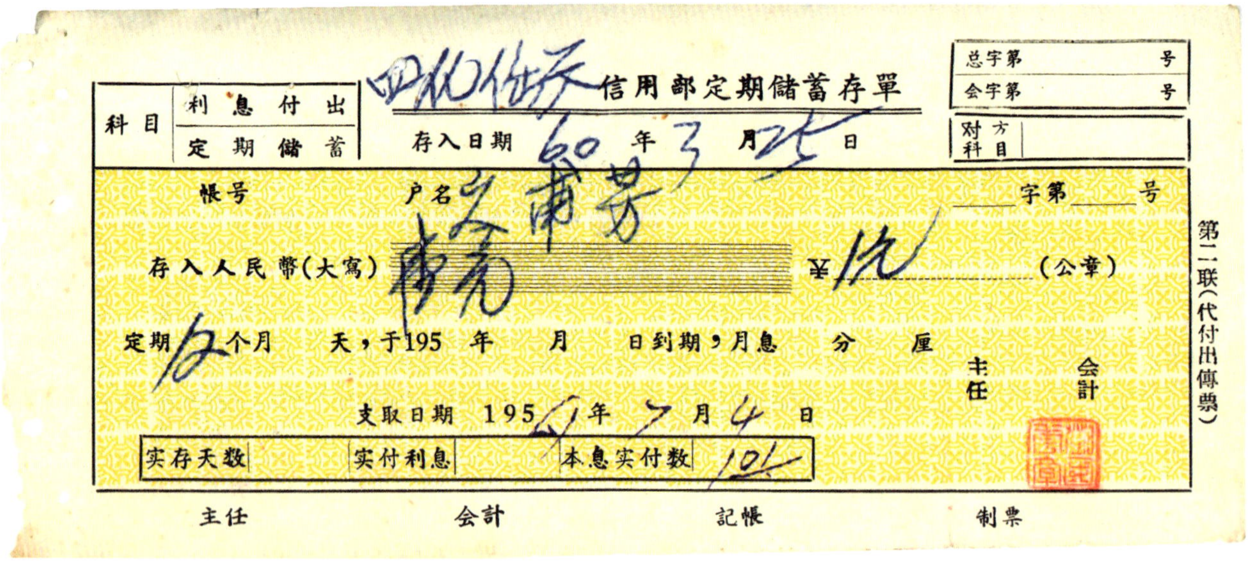
四化信用部 信用部定期儲蓄存單

总字第 号
会字第 号

科目	利息付出
	定期儲蓄

存入日期 60 年 3 月 25 日

对方科目

帳号 户名 字第 号

存入人民幣（大寫） ¥1元 （公章）

定期 6 个月 天，于195 年 月 日到期，月息 分 厘

主任 会計

支取日期 195 年 7 月 4 日

实存天数	实付利息	本息实付数 1.01

主任 会計 記帳 制票

第二联（代付出傳票）

0027 一九六〇年三月二十五日四化信用部定期储蓄存单

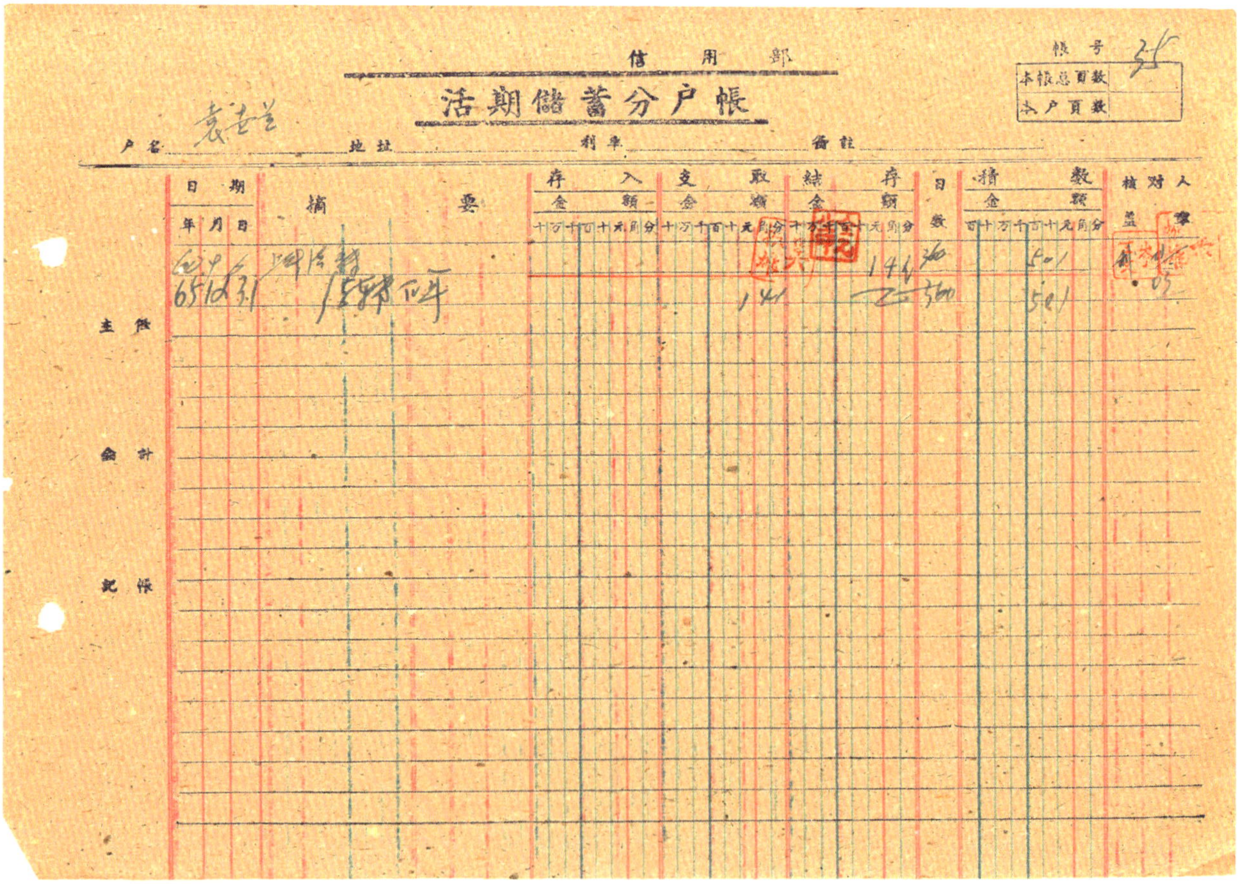
信用部

活期儲蓄分户帳

帳号
本帳总頁数
本户頁数

户名 袁世兰 地址 利率 备註

日期（年 月 日）	摘要	存入 金額	支取 金額	結存 金額	日数	積数 金額	核对人 盖章

主任

会計

記帳

0028 一九六〇年袁世兰信用部活期储蓄分户账

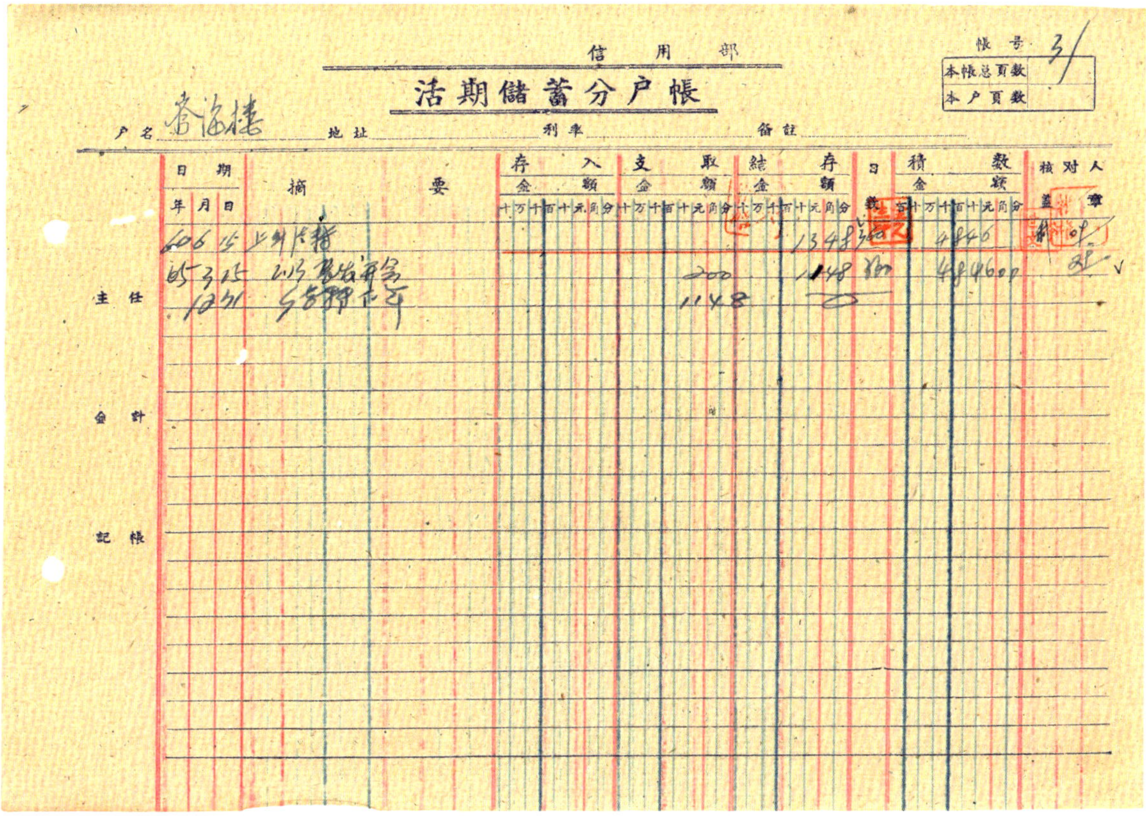
信用部
活期储蓄分户帐
帐号 3/
本帐总页数
本户页数
户名 岑海楼 地址 利率 备注
主任
会计
記帐

日期 年月日	摘要	存入 金额	支取 金额	結存 金额	日数	積数 金额	核对人盖章

0029 一九六〇年岑海楼信用部活期储蓄分户账

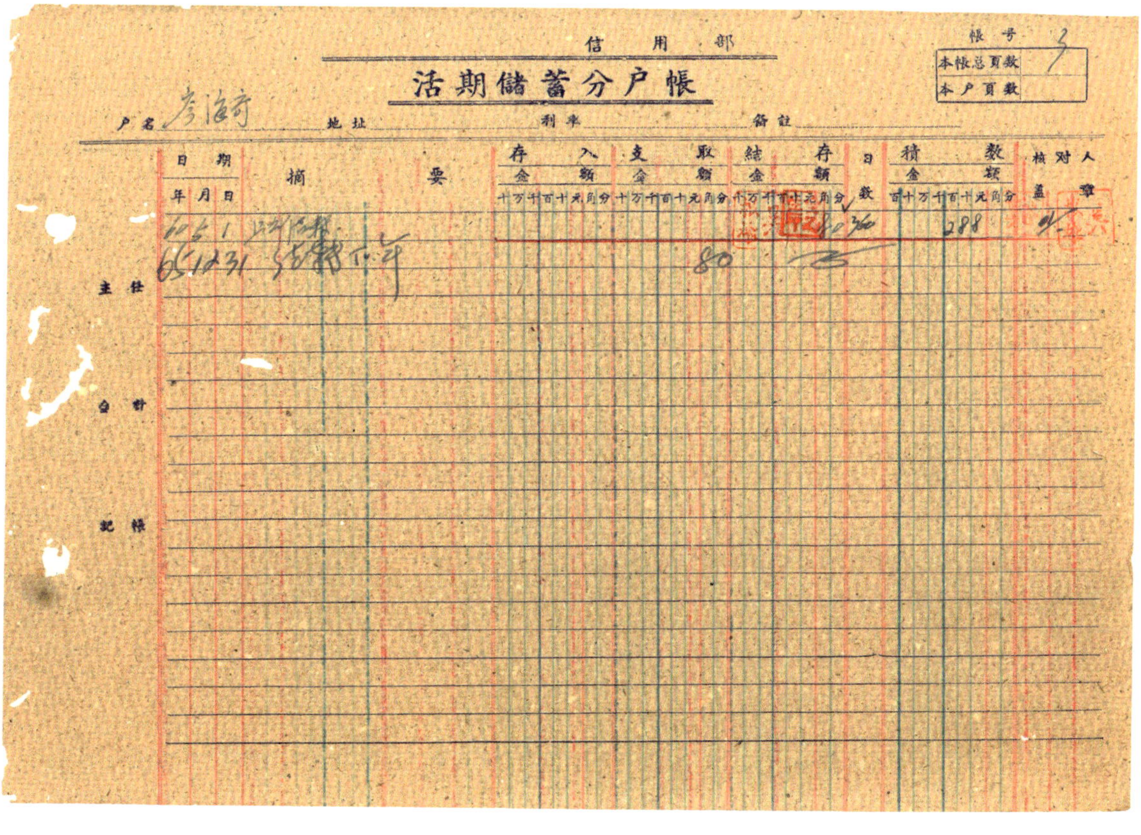
信用部
活期储蓄分户帐
帐号 3
本帐总頁数
本户頁数
户名 岑海奇 地址 利率 备注
主任
会計
記帐

日期 年月日	摘要	存入 金额	支取 金额	結存 金额	日数	積数 金额	核对人盖章

0030 一九六〇年岑海奇信用部活期储蓄分户账

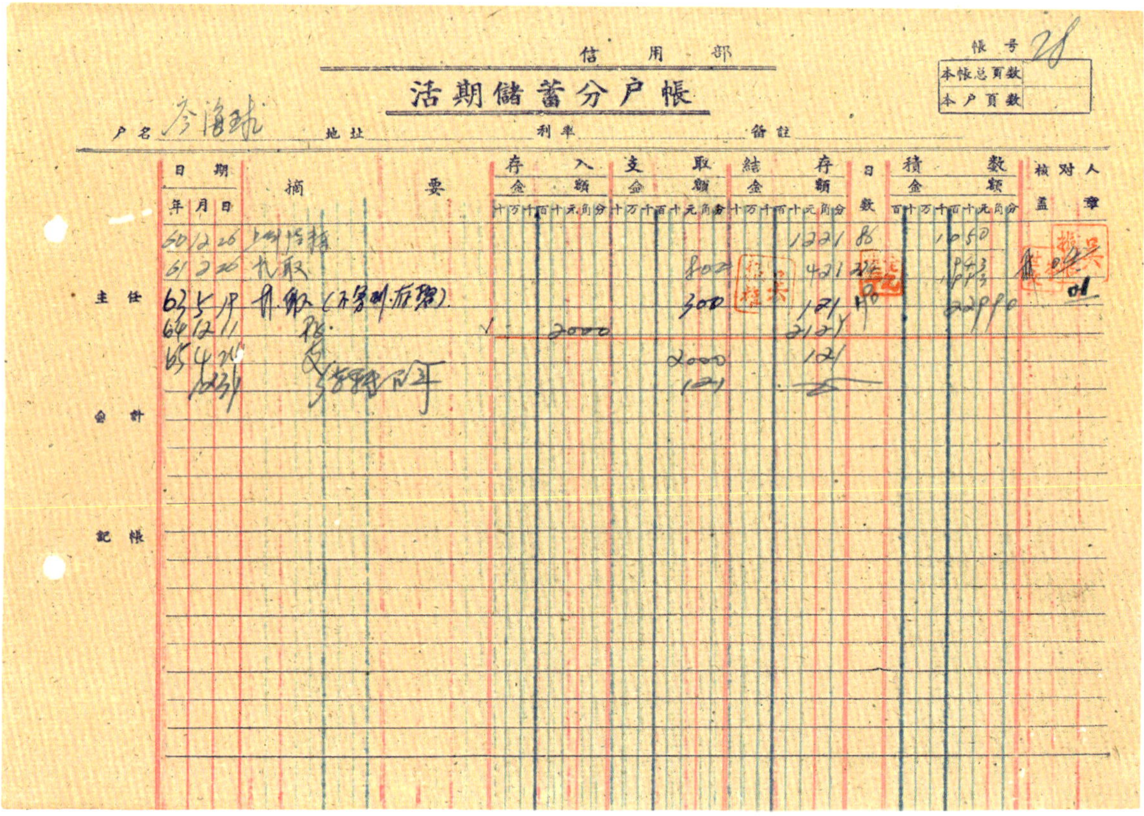

信用部

帐号 28

本帐总页数

本户页数

活期储蓄分户帐

户名 岑海球　地址　利率　备註

主任　会計　記帳

年	月	日	摘要	存入金额	支取金额	結存金额	日数	積数金额	核对人盖章
60	12	26	上年結轉			1221	86	10500	
61	2	20	扎取		800	421			
62	5	18	扎取（不分利·厉鹏）		300	121		22990	
64	12	11		2000		2121			
65	4	26			2000	121			
	12	31			121	—			

0031 一九六〇年岑海球信用部活期储蓄分户账

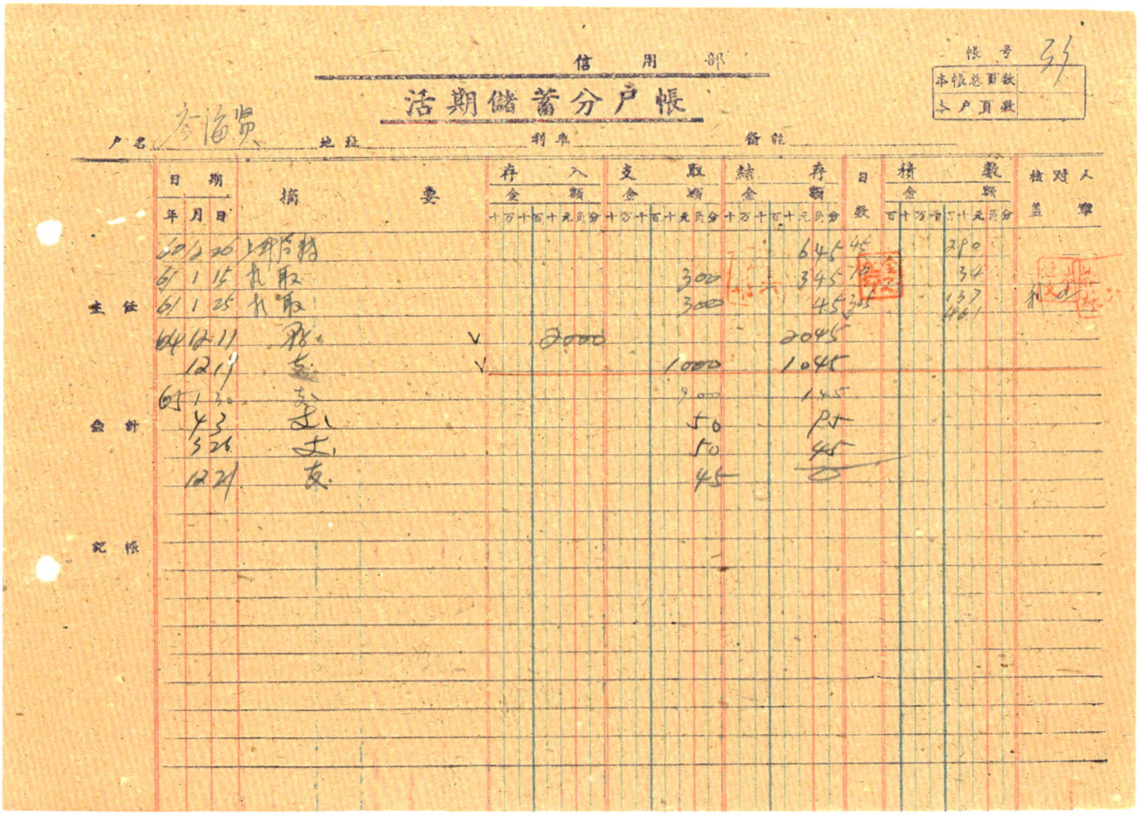

信用部

帐号 55

本帐总页数

本户页数

活期储蓄分户帐

户名 岑海贤　地址　利率　备註

主任　会計　記帳

年	月	日	摘要	存入金额	支取金额	結存金额	日数	積数金额	核对人盖章
60	12	26	上年結轉			645	45	290	
61	1	15	扎取		300	345	10	34	
61	1	25	扎取		300	45		137	
64	12	11		2000		2045			
	12	17	支		1000	1045			
65	1	30	支		900	145			
	4	3	支		50	95			
	5	26	支		50	45			
	12	21	支		45	—			

0032 一九六〇年岑海贤信用部活期储蓄分户账

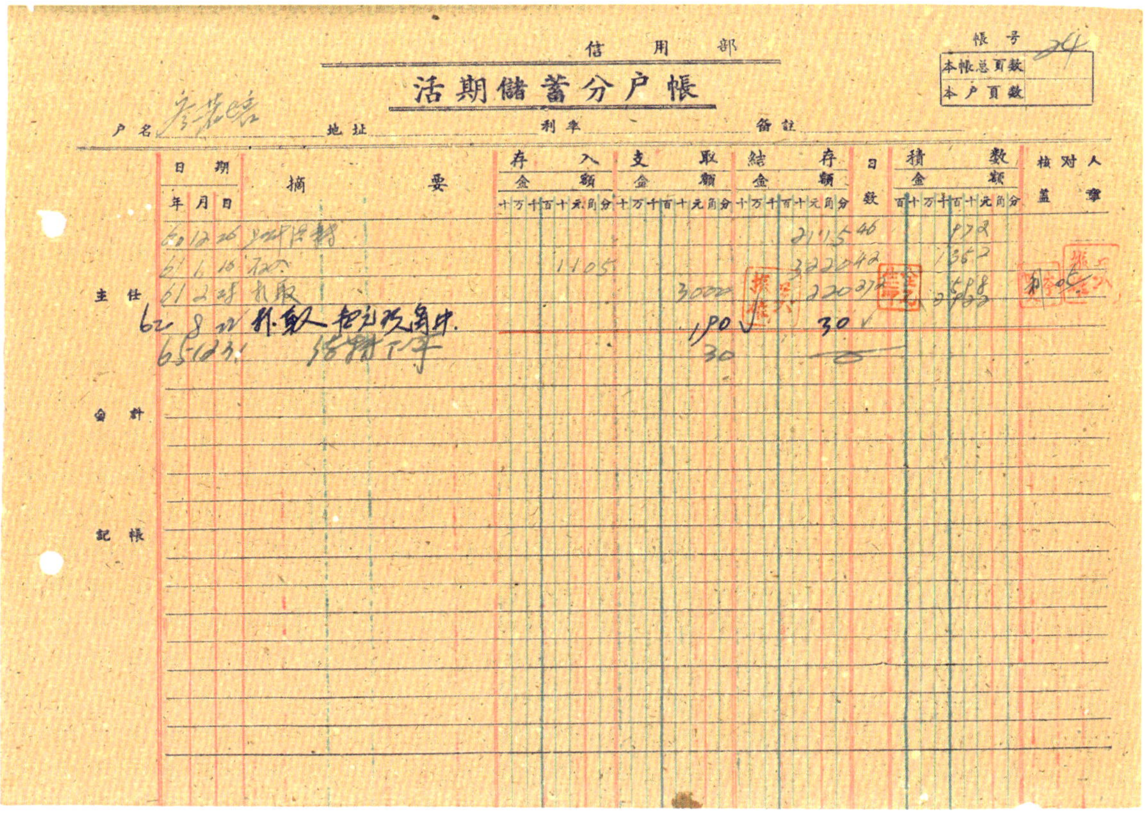
信用部
活期储蓄分户帐
帐号 24
本帐总页数
本户页数
户名 岑若培 地址 利率 备註
主任
会計
記帐
日期 年 月 日	摘要	存入金额	支取金额	結存金额	日数	積数金额	核对人盖章

0033 一九六〇年岑若培信用部活期储蓄分户账

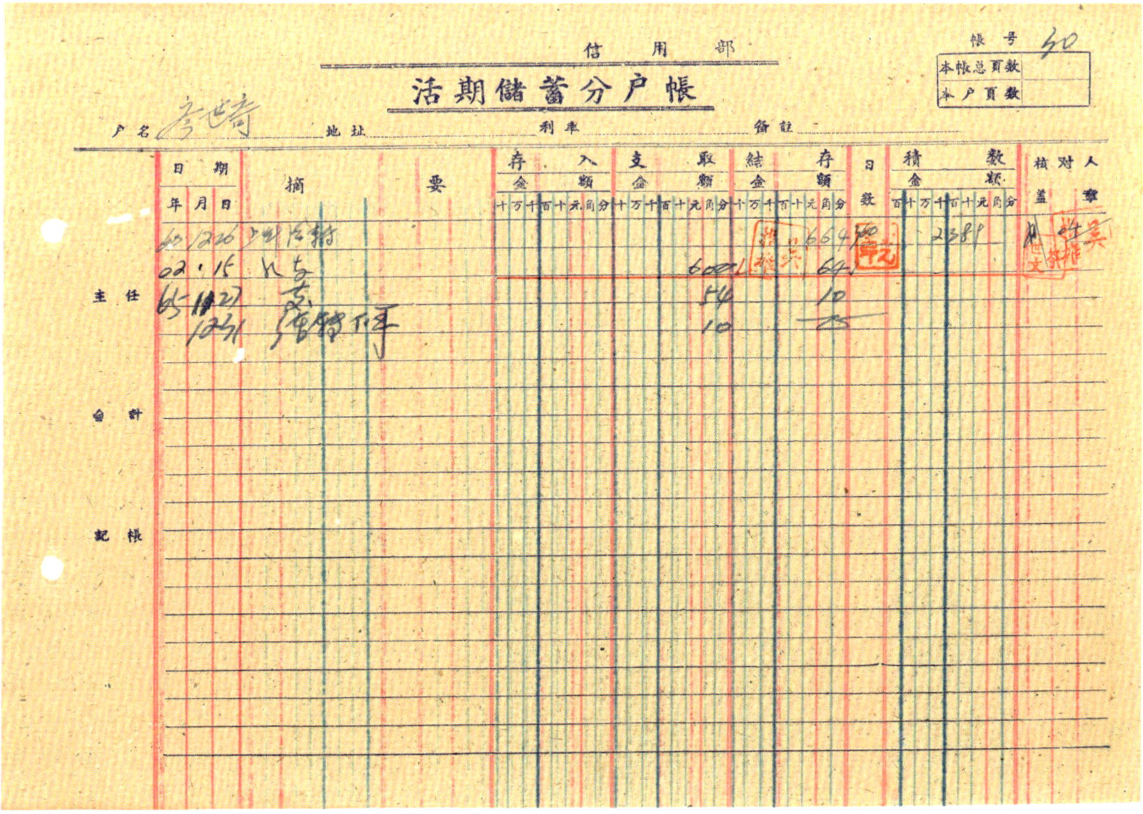
信用部
活期储蓄分户帐
帐号 50
本帐总页数
本户页数
户名 岑世奇 地址 利率 备註
主任
会計
記帐
日期 年 月 日	摘要	存入金额	支取金额	結存金额	日数	積数金额	核对人盖章

0034 一九六〇年岑世奇信用部活期储蓄分户账

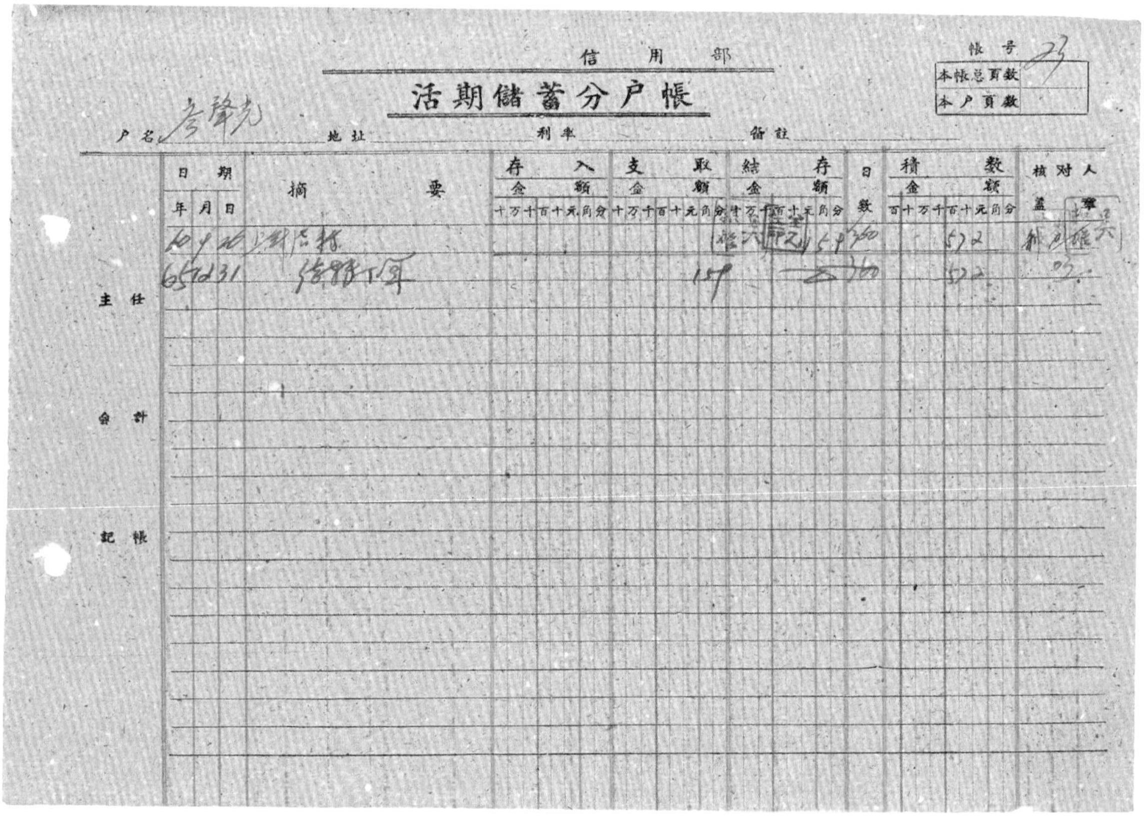

信用部

帐号 23

本帐总页数

本户页数

活期储蓄分户帐

户名 岑肇光　地址　利率　备註

日期 年	月	日	摘要	存入金额	支取金额	結存金额	日数	積数金额	核对人盖章
60	9	26	上期結存			154	360	572	
65	12	31	結存下年		154		360	572	

主任

会計

記帳

0035 一九六〇年岑肇光信用部活期储蓄分户账

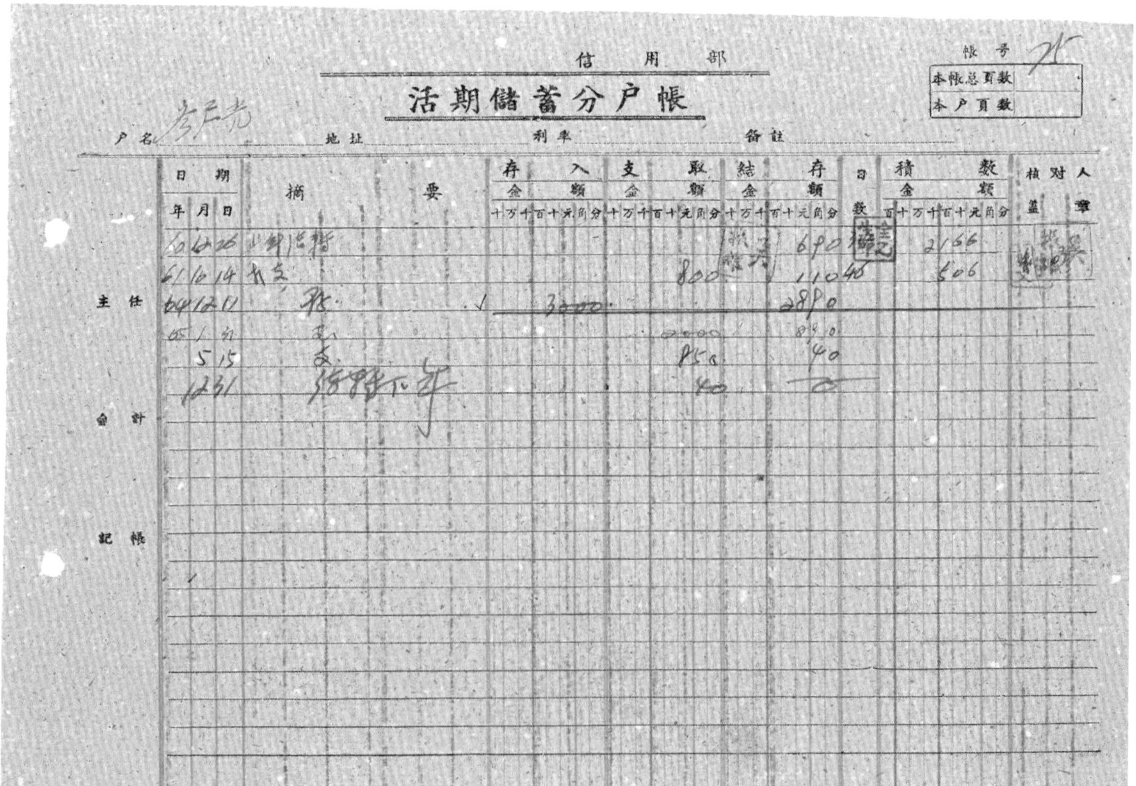

信用部

帐号 25

本帐总页数

本户页数

活期储蓄分户帐

户名 岑肇光　地址　利率　备註

日期 年	月	日	摘要	存入金额	支取金额	結存金额	日数	積数金额	核对人盖章
60	6	26	上期結存			690		2166	
61	6	14	支		800	110	40	506	
64	12	11	存	3000		2880			
65	1	[illegible]	支		2000	880			
	5	15	支		850	40			
	12	31	結存下年		40				

主任

会計

記帳

0036 一九六〇年岑肇光信用部活期储蓄分户账

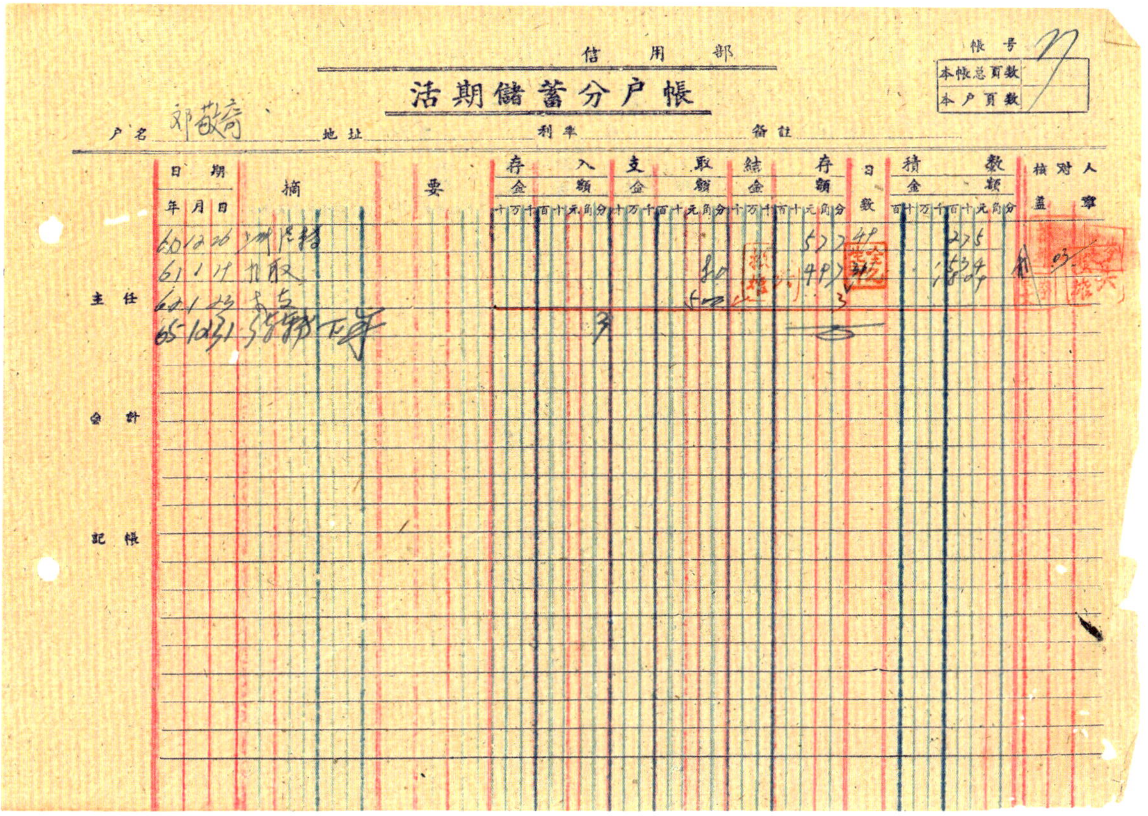

信用部

活期儲蓄分戶帳

帳号 17

本帳总頁數
本户頁數

户名 邓敬奇 地址 利率 备註

日期 年	月	日	摘要	存入金額	支取金額	結存金額	日數	積數金額	核对人盖章
60	12	26	上年结转			577 44		275	
61	1	14	支取		80	497		[illegible]	
6[illegible]	1	23	[illegible]						
65	12	31	结转下年						

主任
会計
記帳

0037 一九六〇年邓敬奇信用部活期储蓄分户账

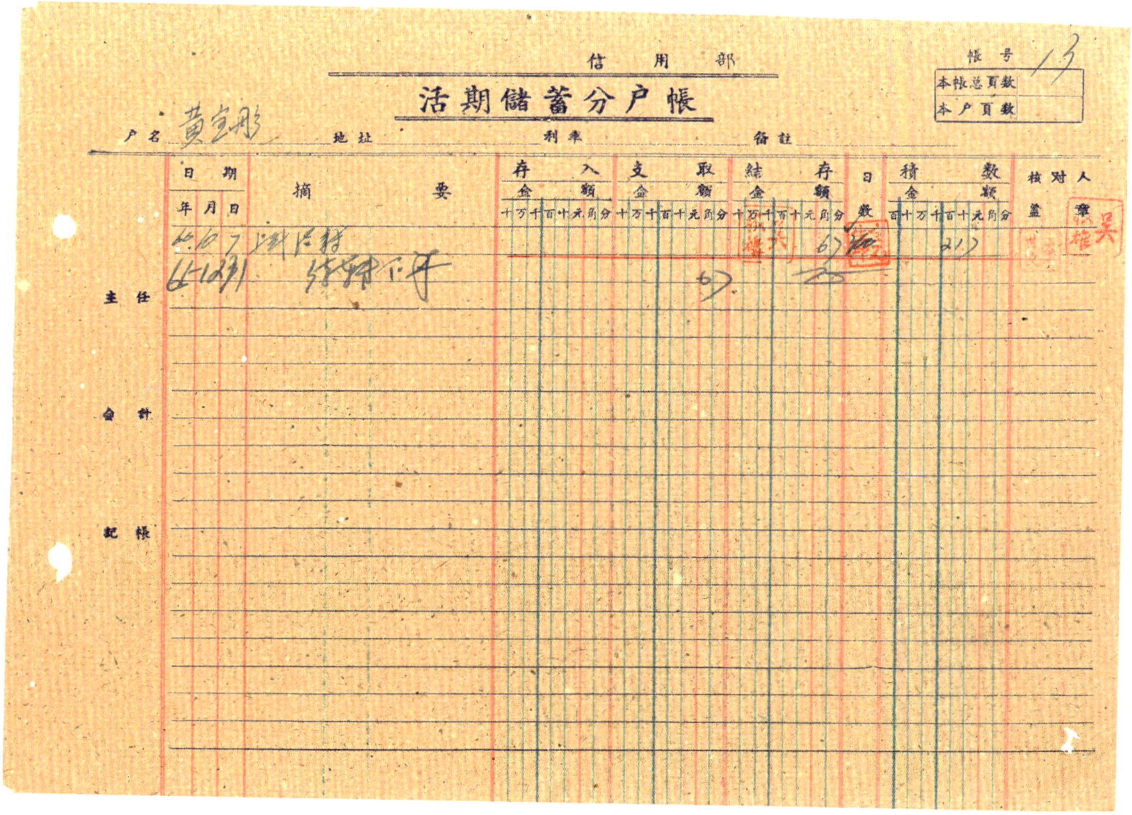

信用部

活期儲蓄分戶帳

帳号 13

本帳总頁數
本户頁數

户名 黄宝彤 地址 利率 备註

日期 年	月	日	摘要	存入金額	支取金額	結存金額	日數	積數金額	核对人盖章
[illegible]	6	7	上年结转			67		217	
65	12	31	结转下年		67				

主任
会計
記帳

0038 一九六〇年黄宝彤信用部活期储蓄分户账

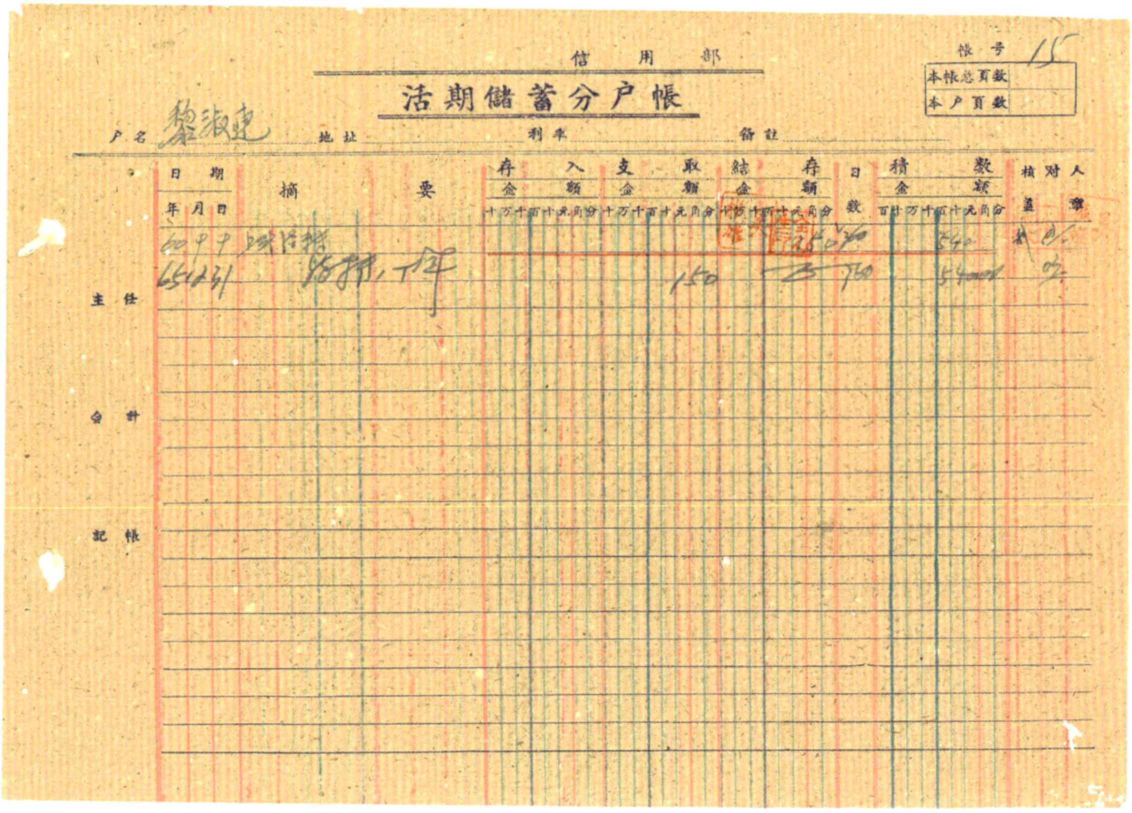

0039 一九六〇年黎淑连信用部活期储蓄分户账

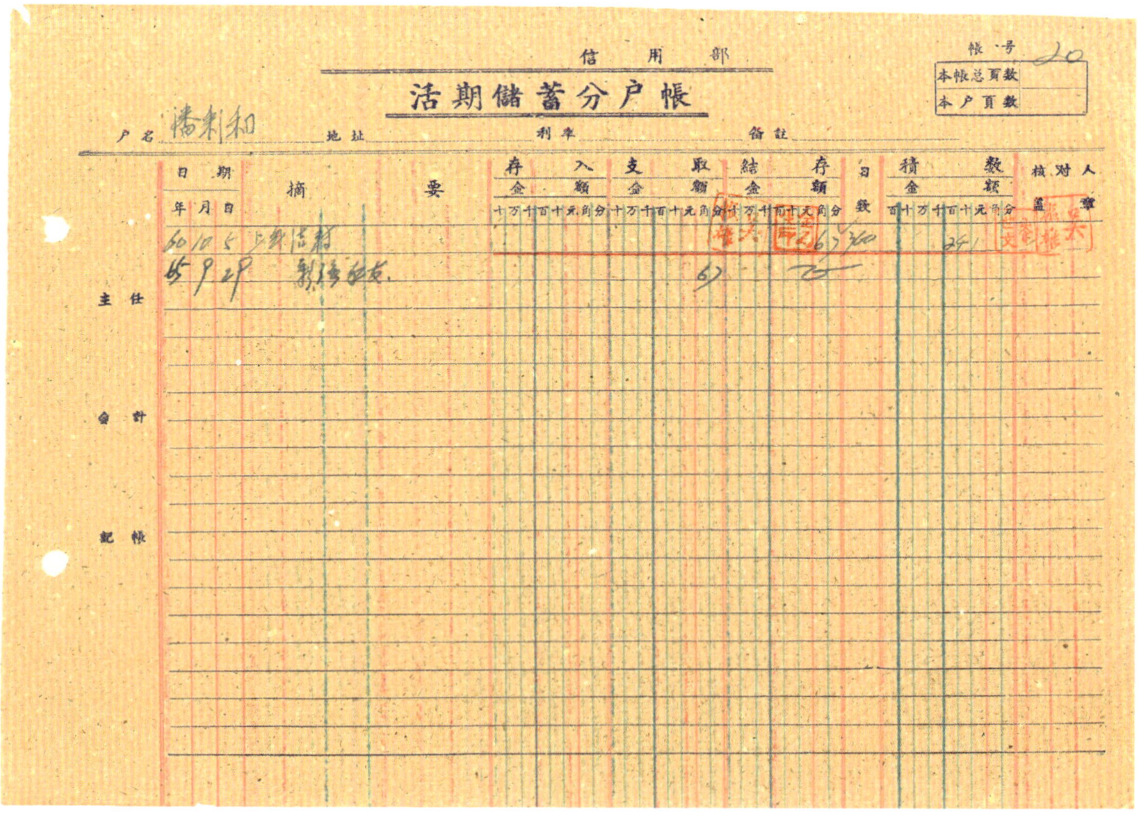

0040 一九六〇年潘彩和信用部活期储蓄分户账

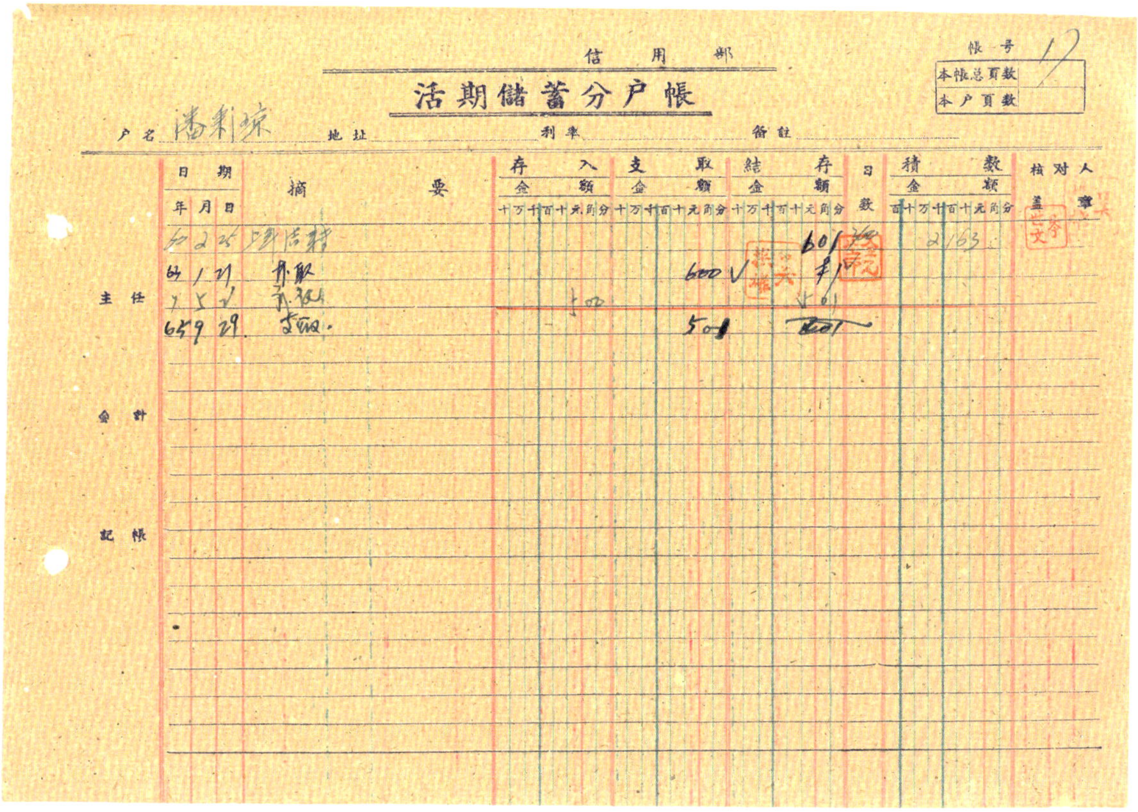

信用部

活期储蓄分户帳

帳号 17

本帳总頁数

本户頁数

户名 潘彩琼　地址　利率　备註

日期 年 月 日 | 摘要 | 存入 金额 | 支取 金额 | 結存 金额 | 日数 | 積数 金额 | 核对人 盖章

主任　会計　記帳

0041 一九六〇年潘彩琼信用部活期储蓄分户账

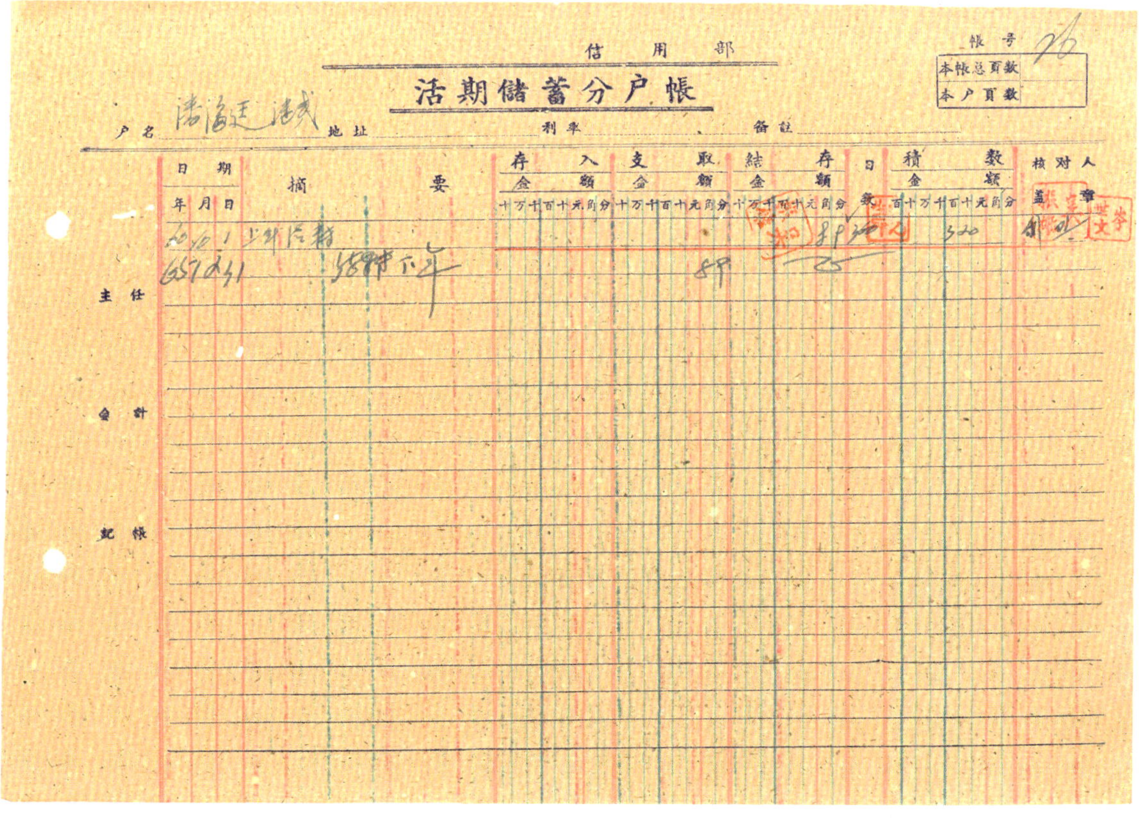

信用部

活期储蓄分户帳

帳号 26

本帳总頁数

本户頁数

户名 潘海廷　地址　利率　备註

日期 年 月 日 | 摘要 | 存入 金额 | 支取 金额 | 結存 金额 | 日数 | 積数 金额 | 核对人 盖章

主任　会計　記帳

0042 一九六〇年潘海廷信用部活期储蓄分户账

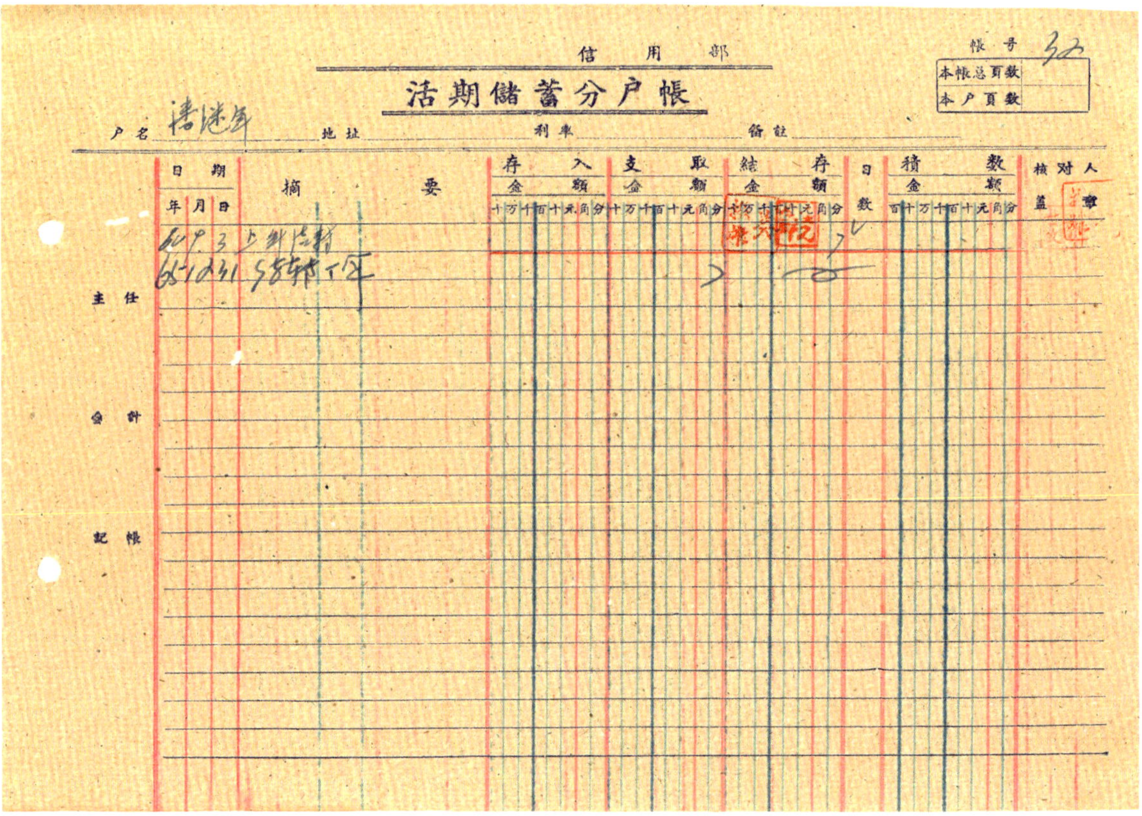

0043 一九六〇年潘继年信用部活期储蓄分户账

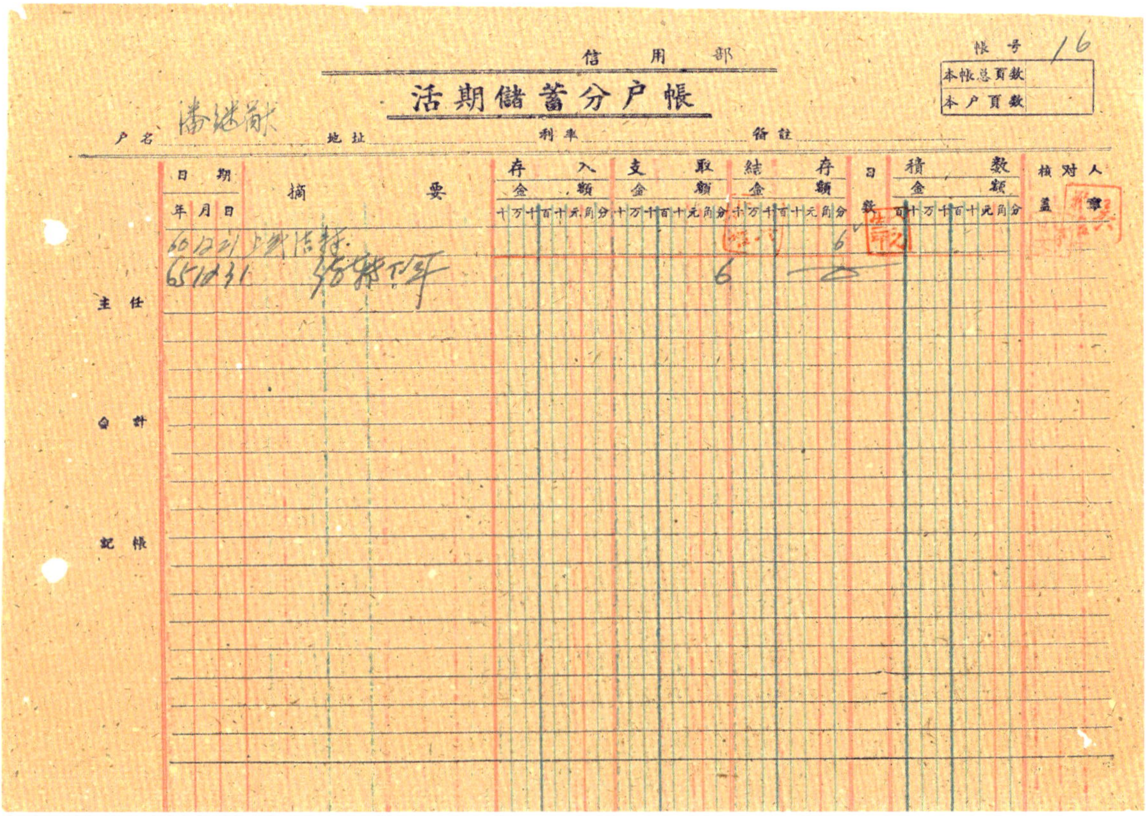

0044 一九六〇年潘继猷信用部活期储蓄分户账

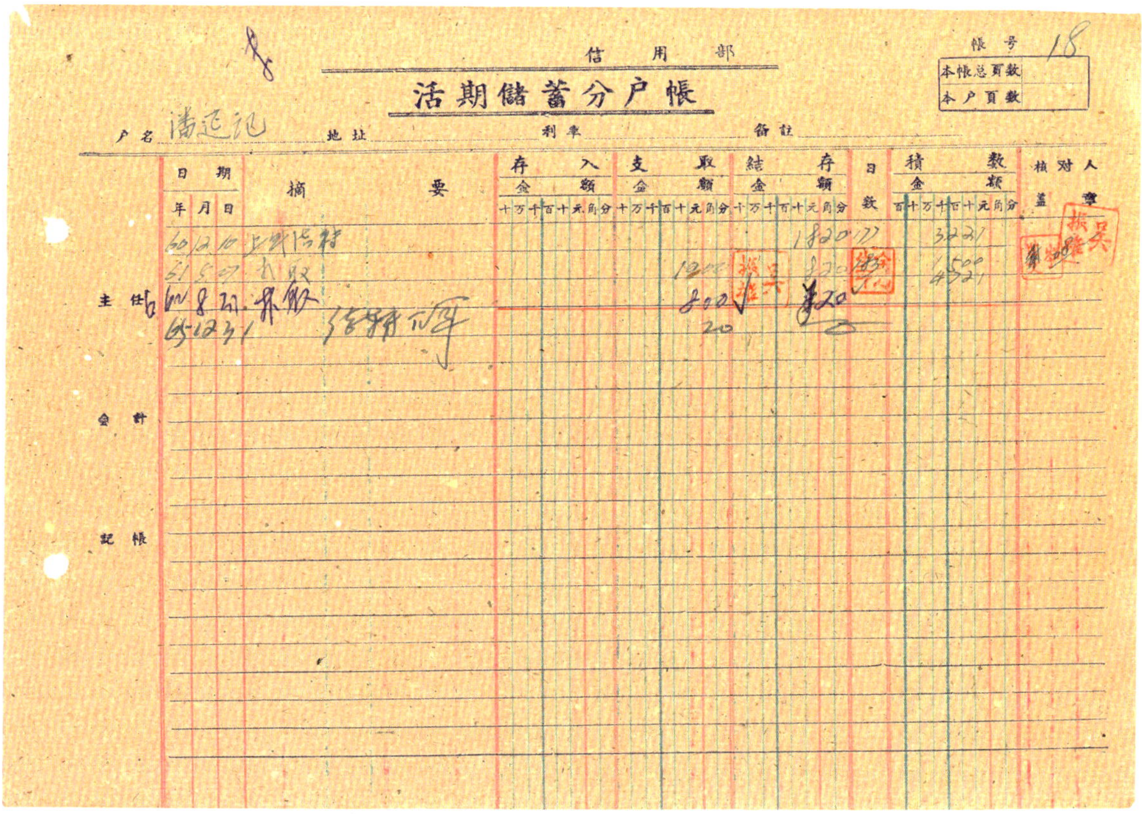

8

信用部

活期儲蓄分戶帳

帳号 18
本帳总頁数
本戶頁数

戶名 潘延记 地址 利率 备註

主任 会計 記帳

日期 年月日	摘要	存入金額	支取金額	結存金額	日数	積数金額	核对人盖章
60 12 10	上期结转			1820.17		3221	
61 5 07	支取		1200	620.17		4521	
61 8 31	支取		800	20			
65 12 31	结转		20	0			

0045 一九六〇年潘延记信用部活期储蓄分户账

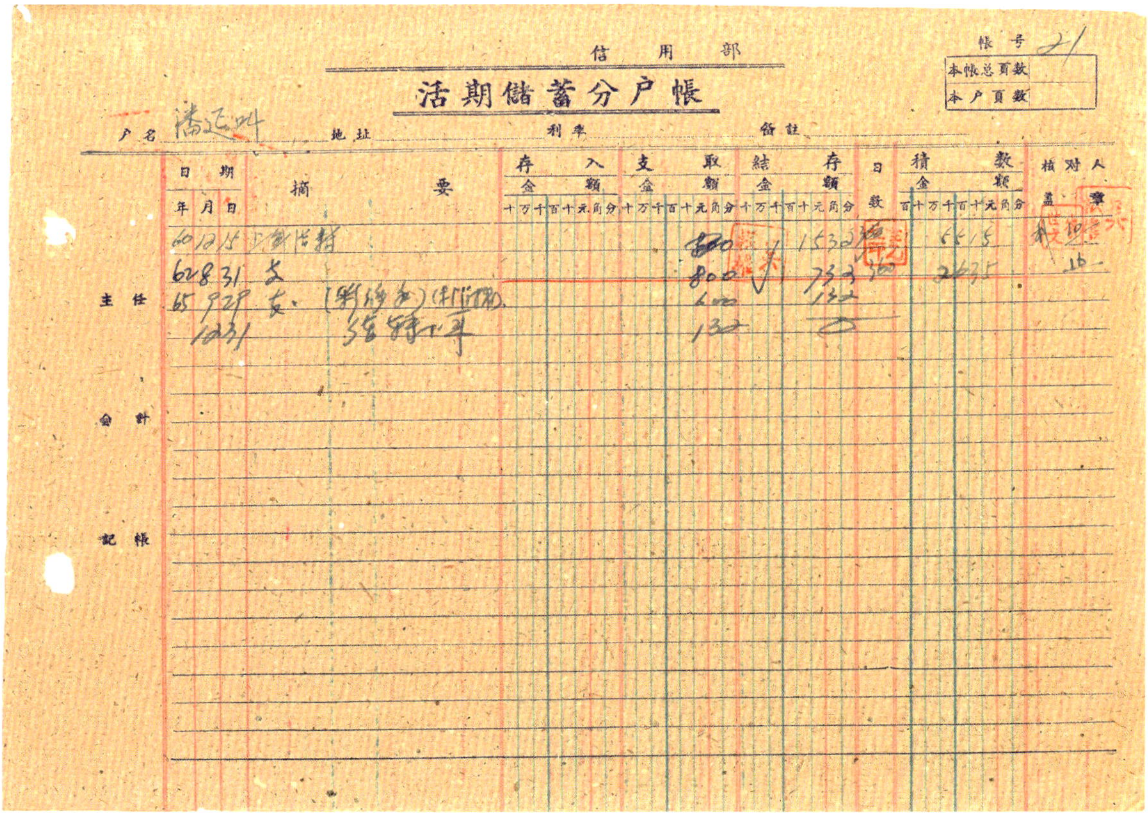

信用部

活期儲蓄分戶帳

帳号 21
本帳总頁数
本戶頁数

戶名 潘延叫 地址 利率 备註

主任 会計 記帳

日期 年月日	摘要	存入金額	支取金額	結存金額	日数	積数金額	核对人盖章
60 12 15	上期结转		800	1532		6615	
62 8 31	支		800	732		2635	
65 9 28	支		600	132			
12 31	结转		132	0			

0046 一九六〇年潘延叫信用部活期储蓄分户账

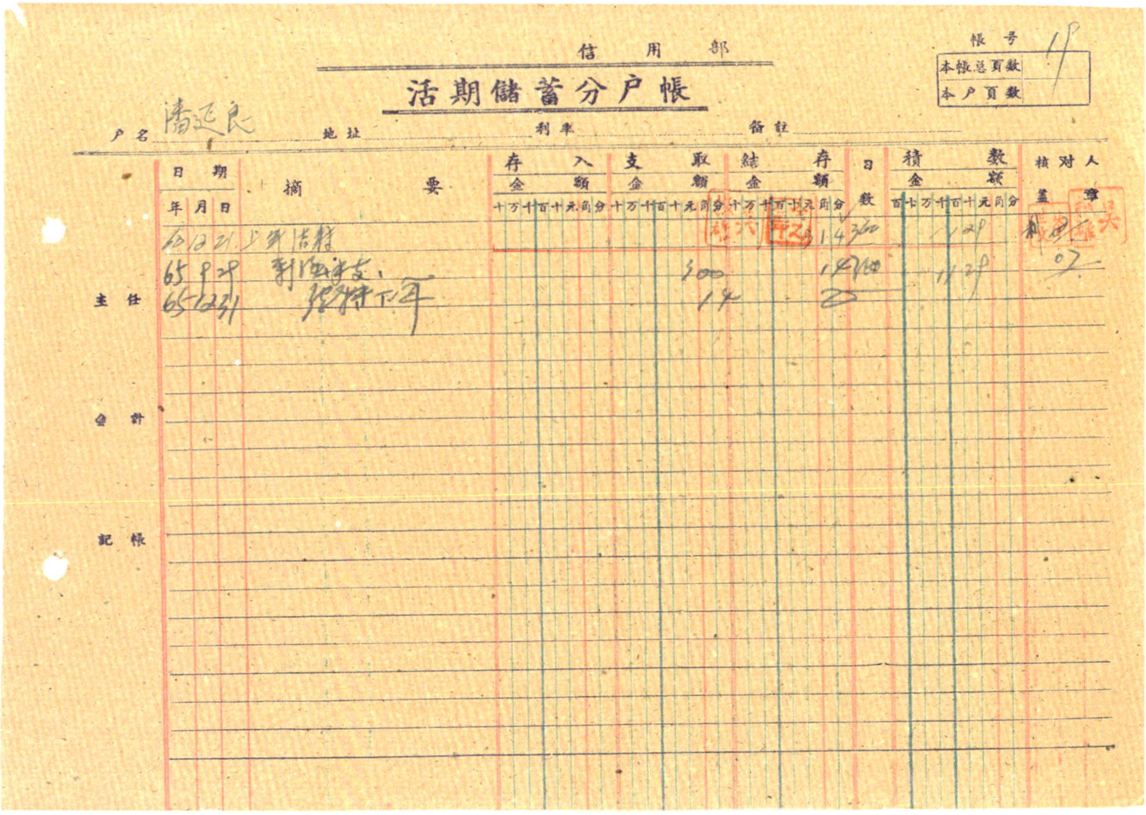
信用部

活期储蓄分户帐

帐号 1
本帐总页数
本户页数

户名 潘延良 地址 利率 备註

日期 年	月	日	摘要	存入金额	支取金额	结存金额	日数	积数金额	核对人盖章
60	12	21	上年结转			114360		1129	
65	9	28			100	14360		1129	
65	12	31	结转下年		14				

主任 会計 記帐

0047 一九六〇年潘延良信用部活期储蓄分户账

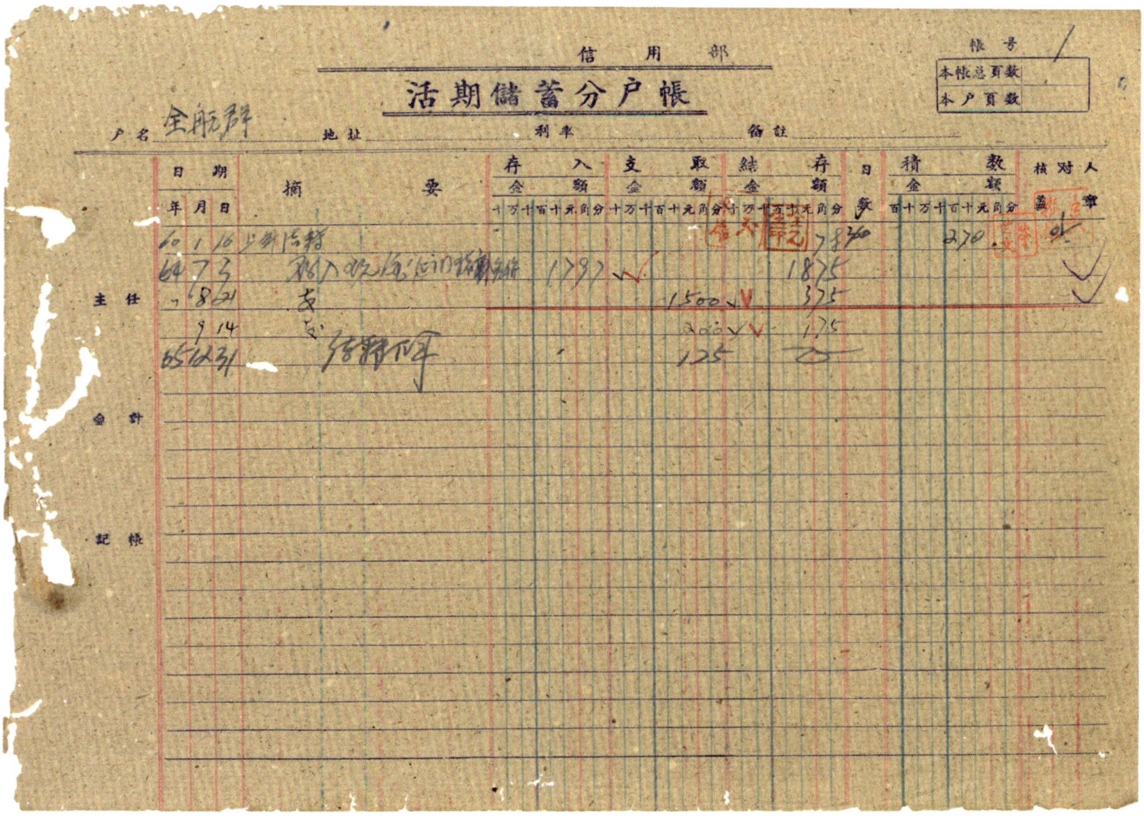
信用部

活期储蓄分户帐

帐号 1
本帐总页数
本户页数

户名 全航群 地址 利率 备註

日期 年	月	日	摘要	存入金额	支取金额	结存金额	日数	积数金额	核对人盖章
60	1	16	上年结转			7836		270	
64	7	3		1797		1875			
〃	8	21	支		1500	375			
	9	14	支		200	175			
65	12	31	结转下年		175				

主任 会計 記帐

0048 一九六〇年全航群信用部活期储蓄分户账

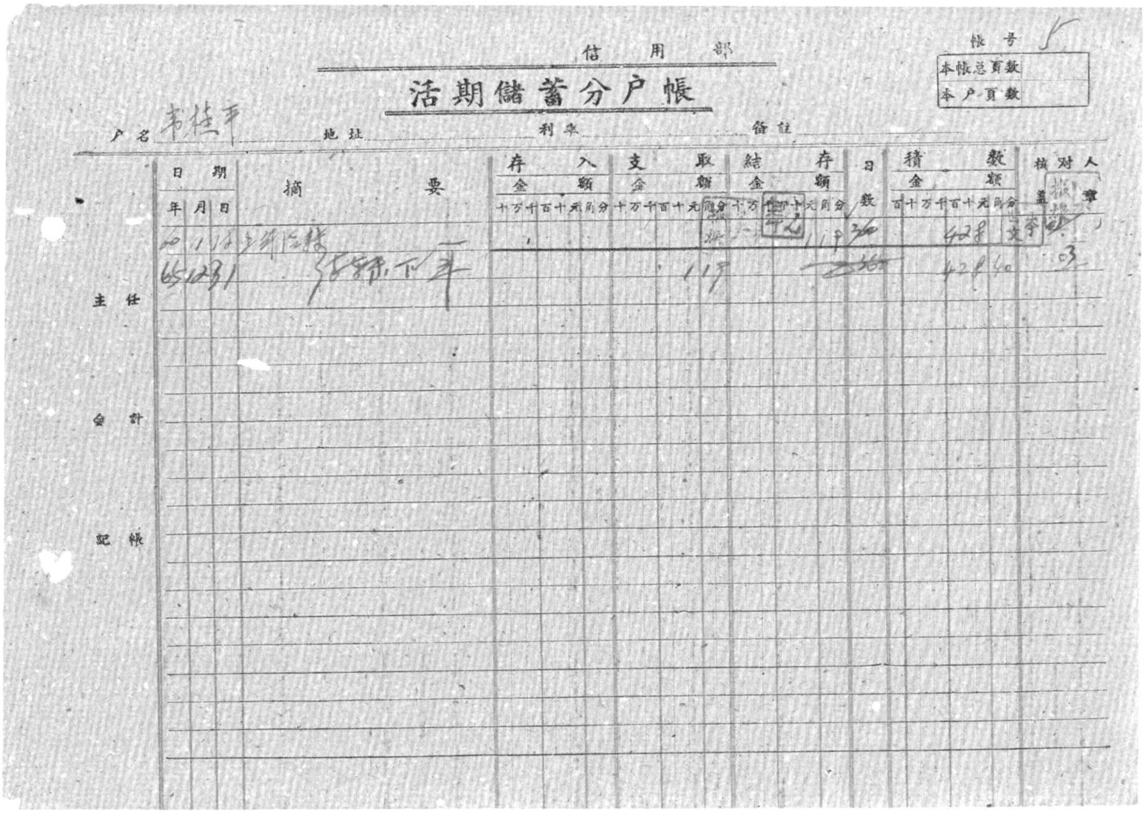

信用部

帐号 8

本帐总页数 / 本户页数

活期储蓄分户帐

户名 韦桂平　地址　利率　备註

日期 年	月	日	摘要	存入 金额	支取 金额	结存 金额	日数	积数 金额	核对人盖章
60	1	12	上年结转			117	36	428	
65	12	31	结账下年		117	~~36~~		428 40	03

主任　会計　記帳

0049 一九六〇年韦桂平信用部活期储蓄分户账

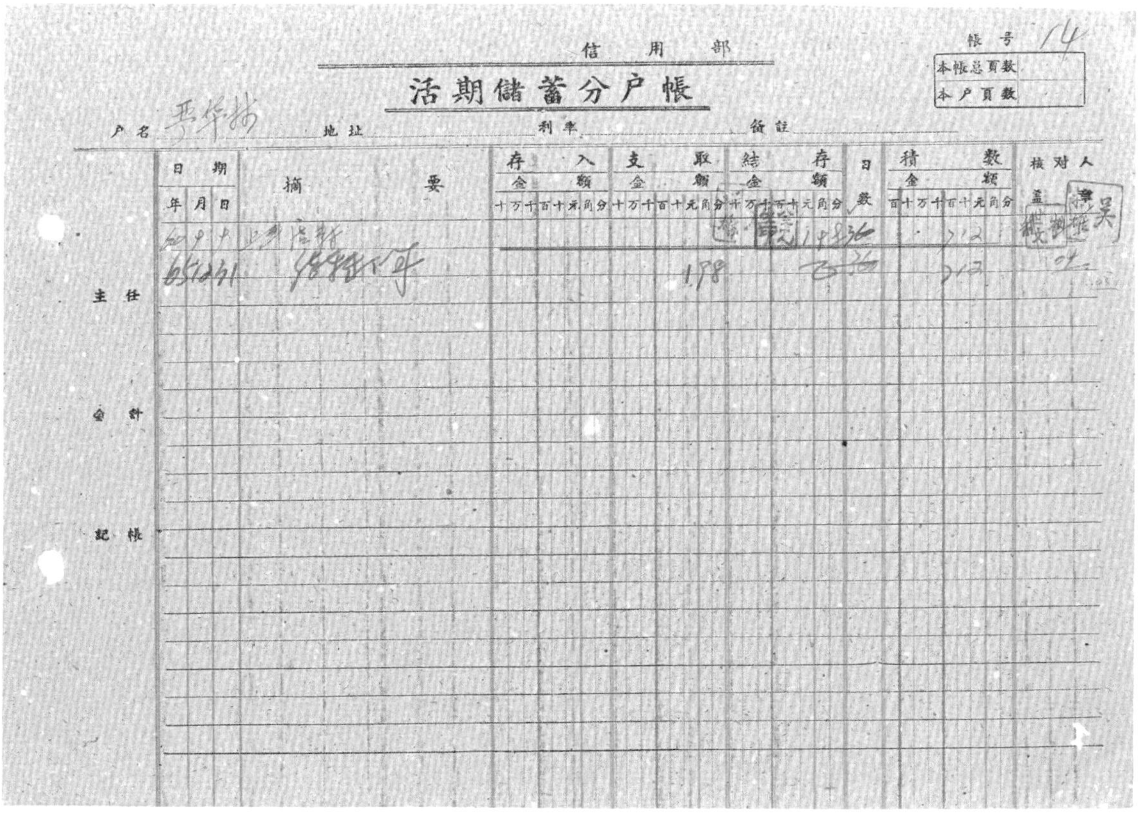

信用部

帐号 14

本帐总页数 / 本户页数

活期储蓄分户帐

户名 严华林　地址　利率　备註

日期 年	月	日	摘要	存入 金额	支取 金额	结存 金额	日数	积数 金额	核对人盖章
60	9	1	上年结转			1 88	36	312	
65	12	31	结账下年		1 88	~~36~~		312	04

主任　会計　記帳

0050 一九六〇年严华林信用部活期储蓄分户账

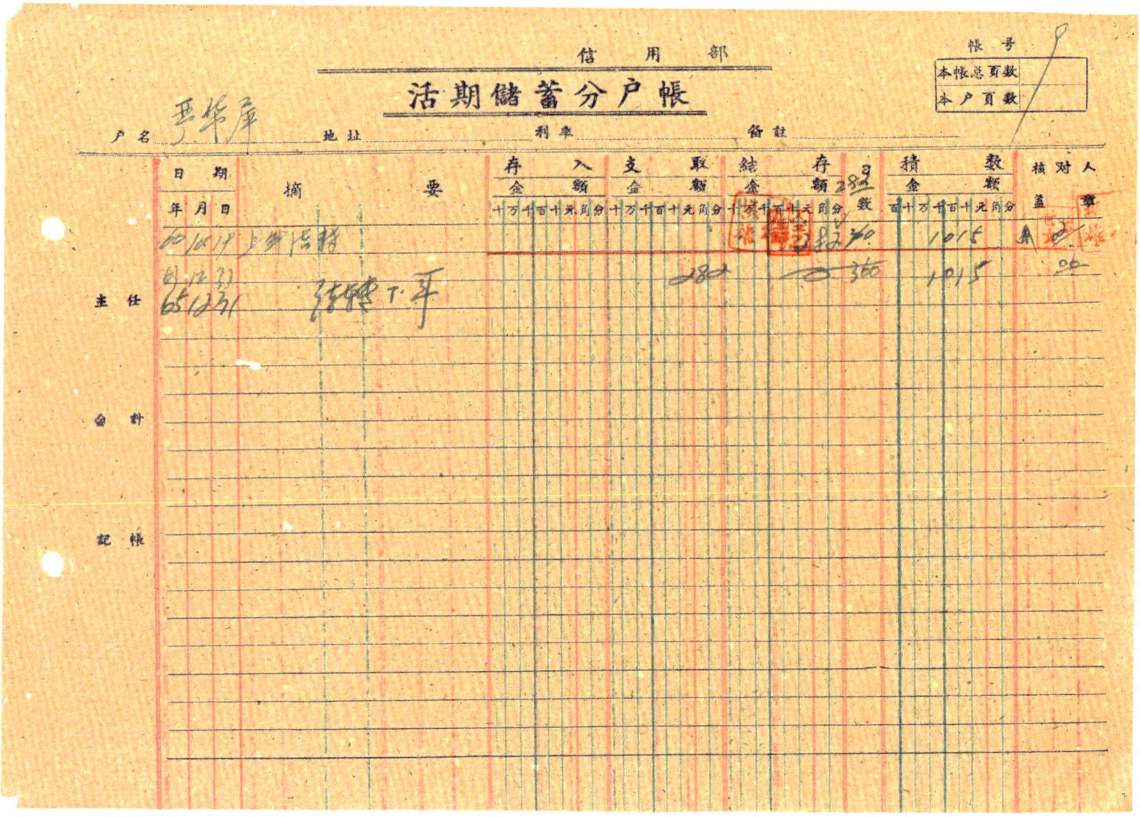

信　用　部

活期儲蓄分户帳

帳号　本帳总頁数　本户頁数

户名 严华屏　地址　利率　备註

日期 年月日	摘要	存入 金额	支取 金额	結存 金额	日数	積数 金额	核对人盖章
60 10 19	上期結轉			280		1015	
61 12 31			280	360		1015	
65 12 31	結轉下年						

主任　会計　記帳

0051 一九六〇年严华屏信用部活期储蓄分户账

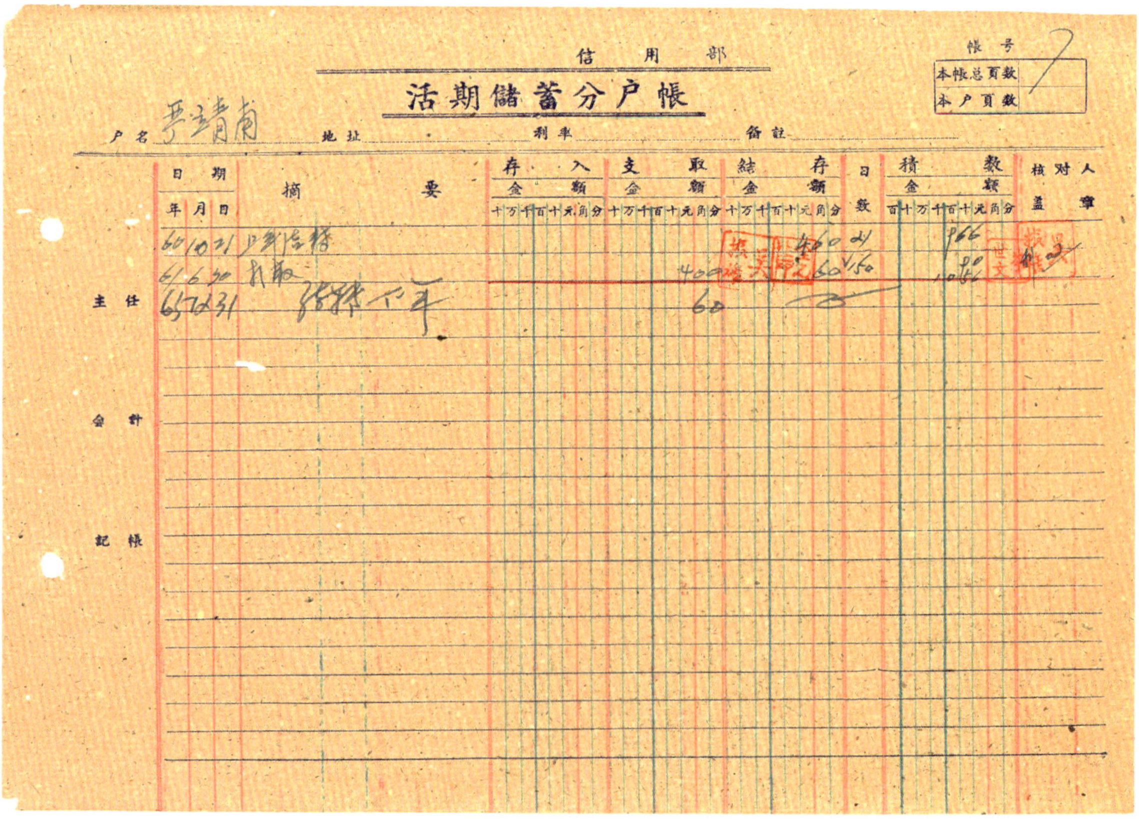

信　用　部

活期儲蓄分户帳

帳号　本帳总頁数　本户頁数

户名 严靖甫　地址　利率　备註

日期 年月日	摘要	存入 金额	支取 金额	結存 金额	日数	積数 金额	核对人盖章
60 10 31	上期結轉			460	24	966	
61 6 30	月取		400	60	150		
65 12 31	結轉下年		60				

主任　会計　記帳

0052 一九六〇年严靖甫信用部活期储蓄分户账

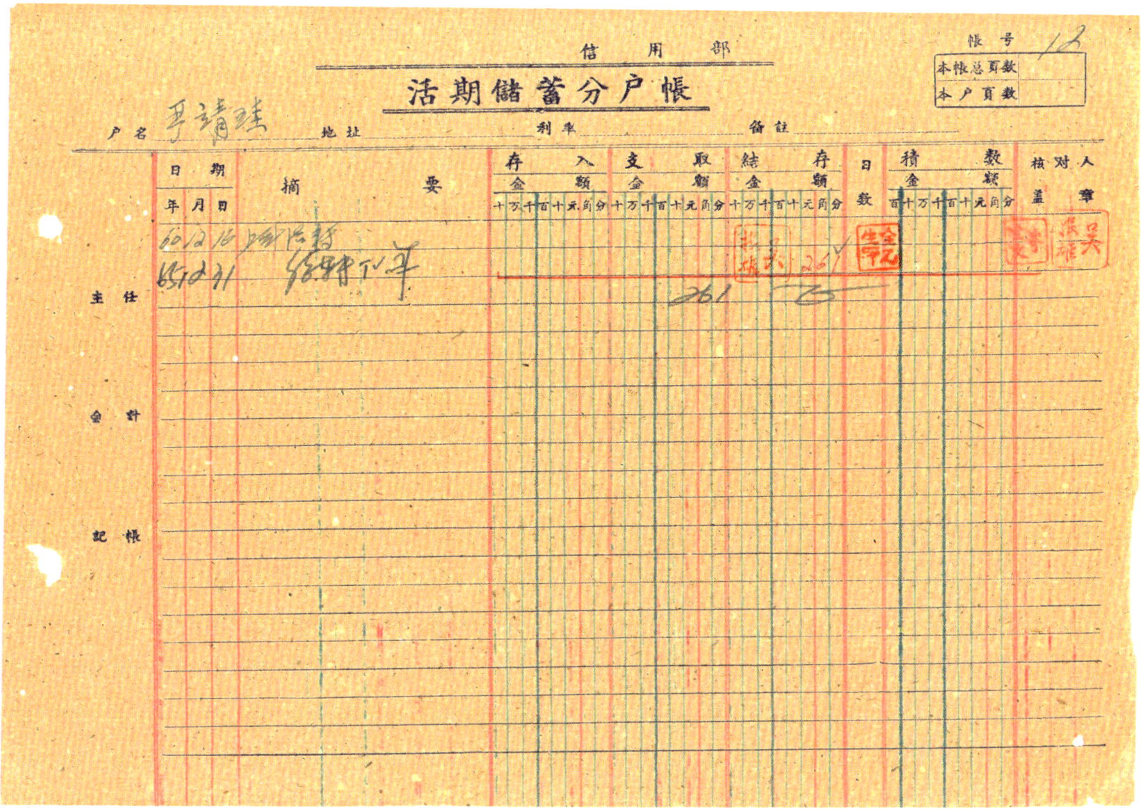
信用部
活期储蓄分户帐
帐号 18
本帐总页数
本户页数
户名 严靖珪 地址 利率 备注

日期 年	月	日	摘要	存入金额	支取金额	结存金额	日数	积数金额	核对人盖章
60	12	16	上年结转			261			
60	12	31	结转下年		261	—			

主任 会计 记帐

0053 一九六〇年严靖珪信用部活期储蓄分户账

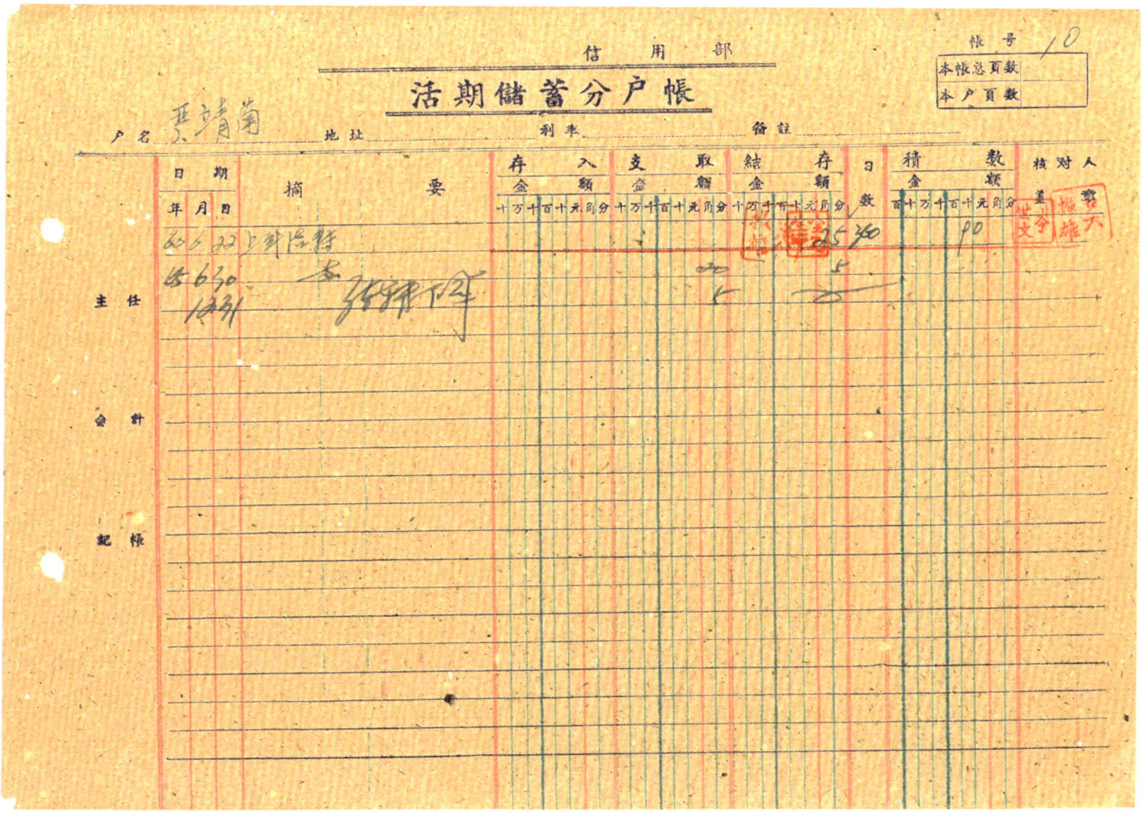
信用部
活期储蓄分户帐
帐号 10
本帐总页数
本户页数
户名 严靖南 地址 利率 备注

日期 年	月	日	摘要	存入金额	支取金额	结存金额	日数	积数金额	核对人盖章
60	6	22	上年结转			2540		90	
60	6 30 / 12	31	结转下年						

主任 会计 记帐

0054 一九六〇年严靖南信用部活期储蓄分户账

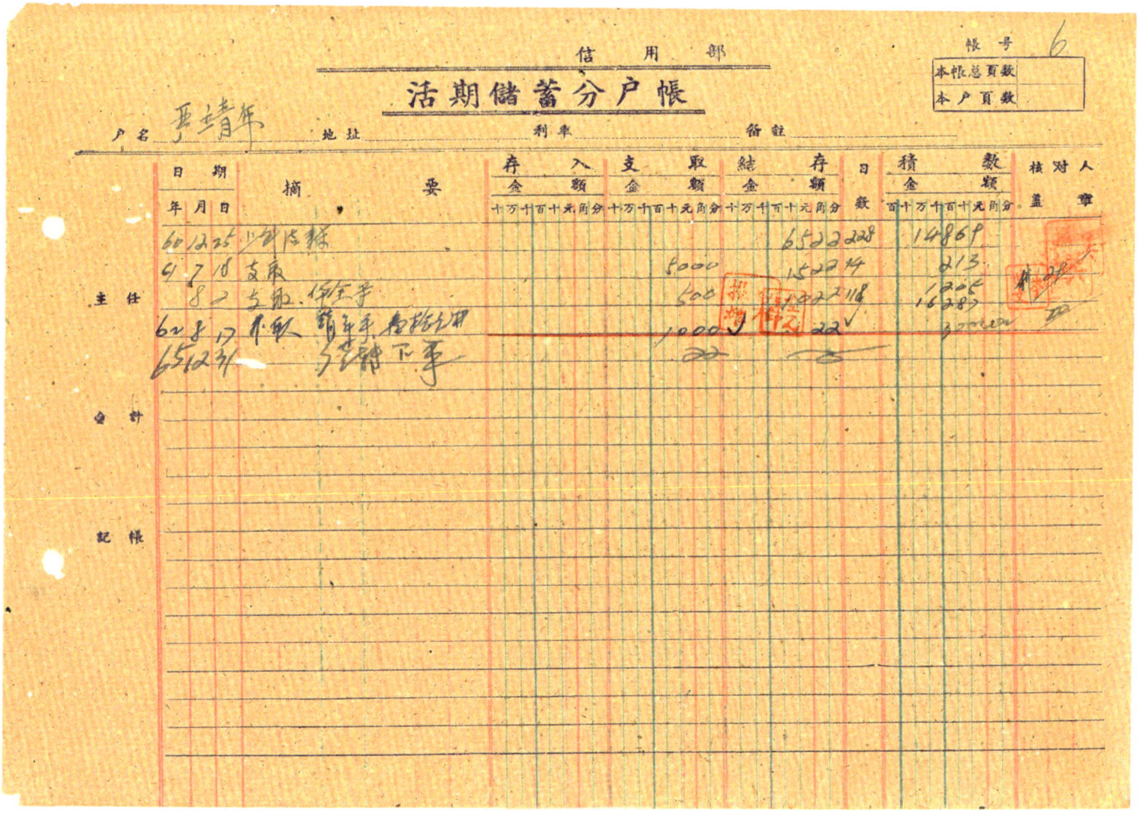

信用部

活期儲蓄分户帳

帳号 6

本帳总頁数

本戶頁数

戶名 严靖年　地址　利率　備註

日期 年月日	摘要	存入 金額	支取 金額	結存 金額	日数	積数 金額	核对人盖章
60 12 25	[illegible]			6522	228	14869	
61 7 18	支取		5000	1522	14	213	
8 2	支取 [illegible]		500	1022	118	[illegible]	
62 8 17	[illegible]		1000	22			
65 12 31	[illegible]						

主任　會計　記帳

0055 一九六〇年严靖年信用部活期储蓄分户账

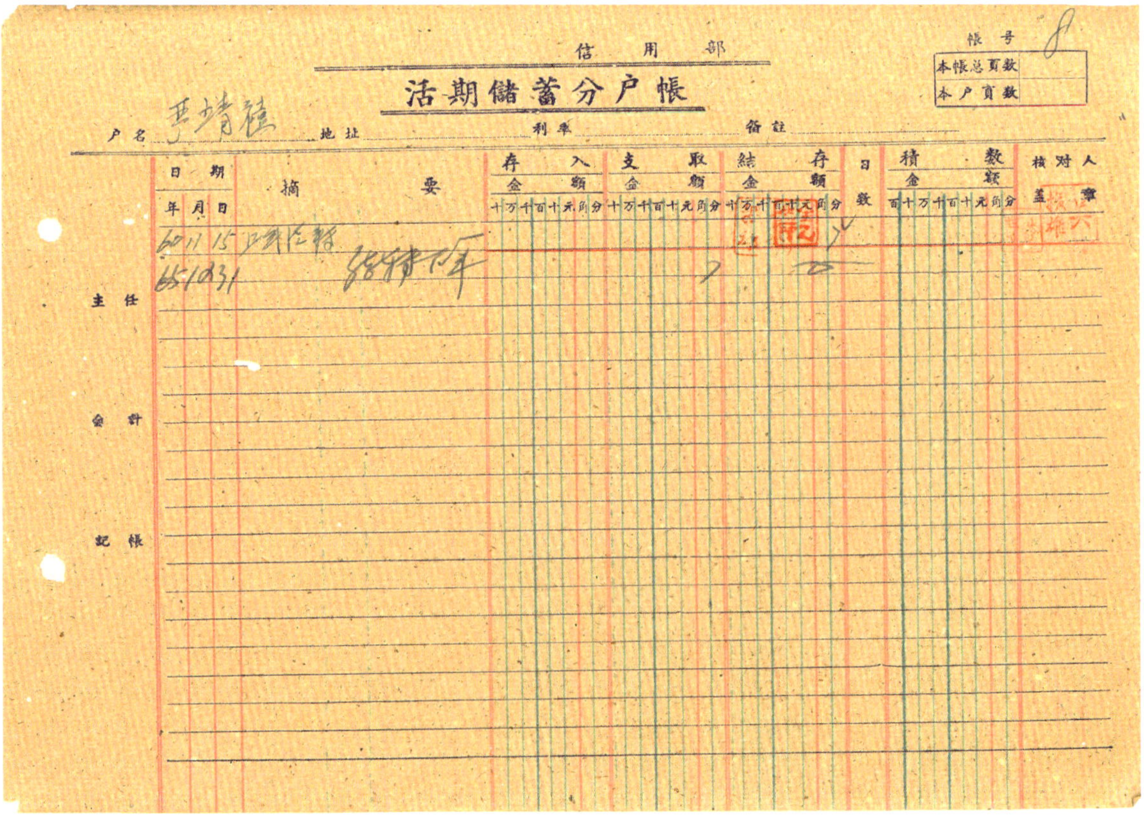

信用部

活期儲蓄分户帳

帳号 8

本帳总頁数

本戶頁数

戶名 严靖禧　地址　利率　備註

日期 年月日	摘要	存入 金額	支取 金額	結存 金額	日数	積数 金額	核对人盖章
60 11 15	[illegible]						
65 12 31	[illegible]						

主任　會計　記帳

0056 一九六〇年严靖禧信用部活期储蓄分户账

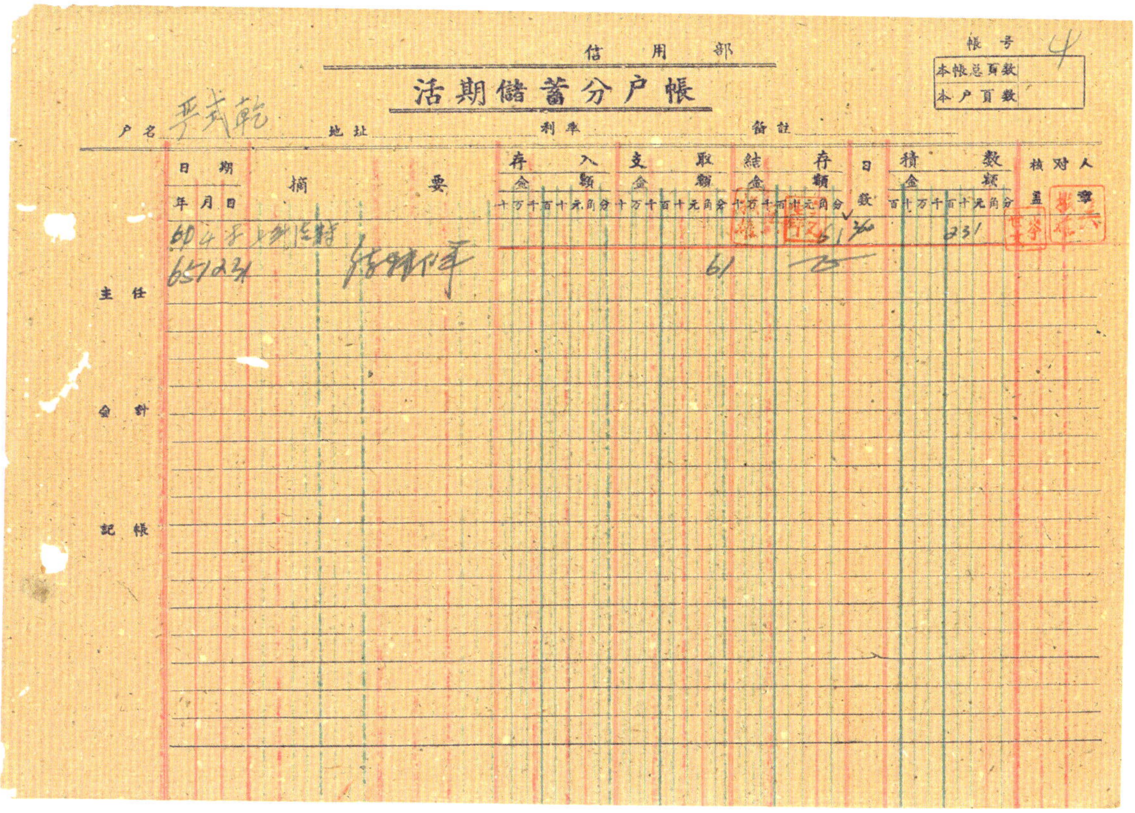
信　用　部
活期儲蓄分户帳
帳号 4
本帳總頁數
本户頁數
户名 严式乾　地址　利率　備註

日期 年月日	摘要	存入 金額	支取 金額	結存 金額	日數	積數 金額	核對人盖章
60 4 5	上年結轉			61	360	231	
65 12 31			61	—			

主任　會計　記帳

0057 一九六〇年严式乾信用部活期储蓄分户账

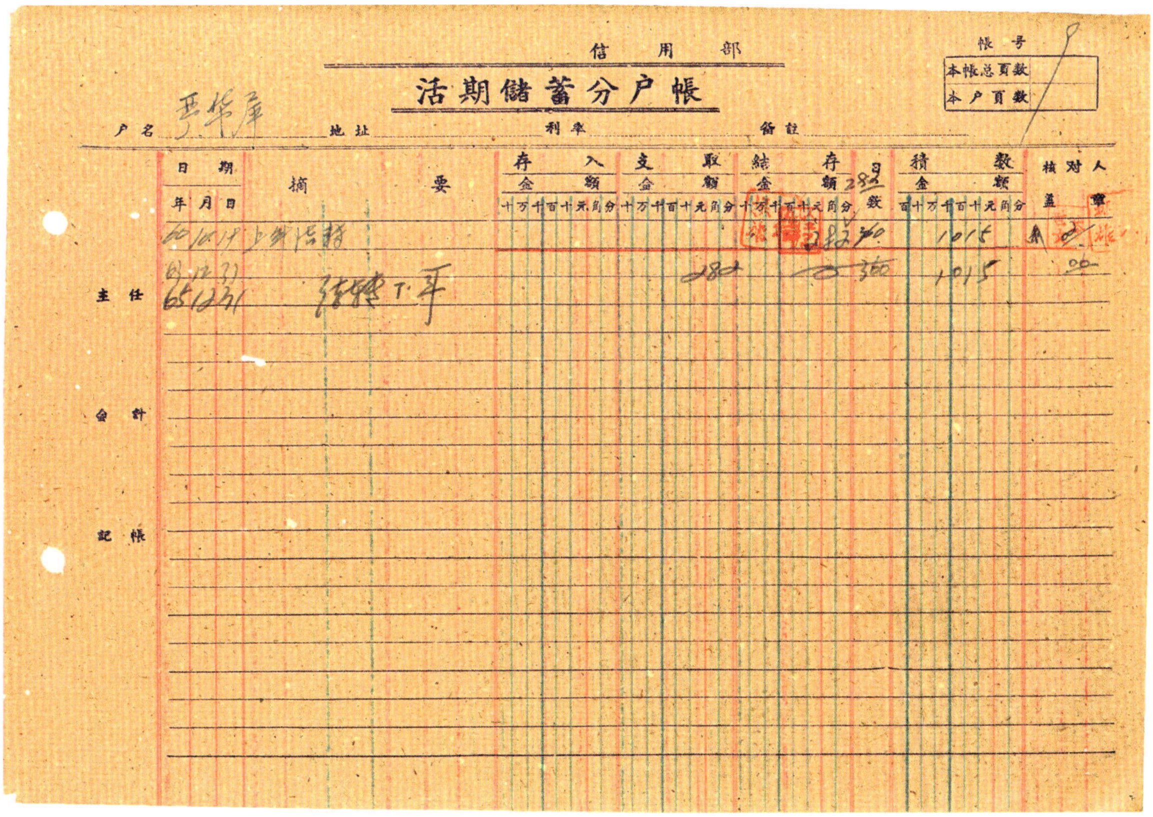
信　用　部
活期儲蓄分户帳
帳号 9
本帳總頁數
本户頁數
户名 严华屏　地址　利率　備註

日期 年月日	摘要	存入 金額	支取 金額	結存 金額	日數	積數 金額	核對人盖章
60 10 14	上年結轉			282	360	1015	
61 12 31 / 65 12 31			282	—	360	1015	

主任　會計　記帳

0058 一九六〇年严华屏信用部活期储蓄分户账

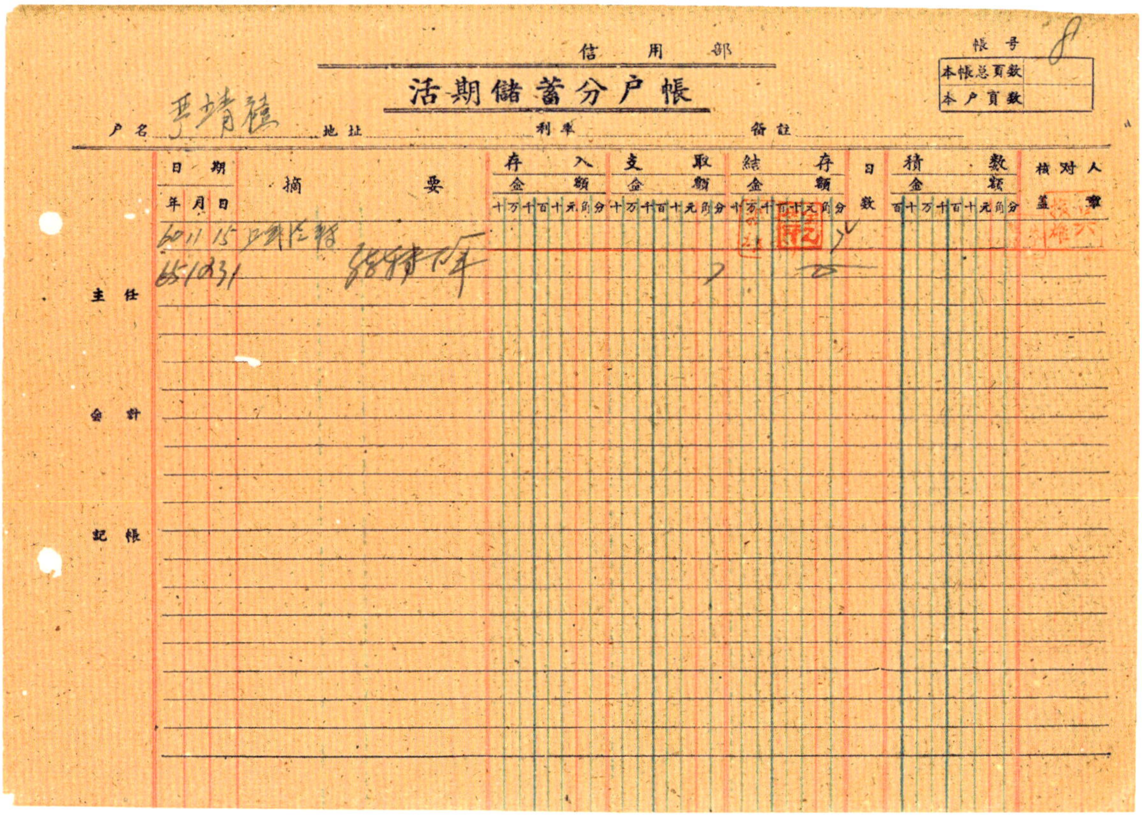

信用部

活期储蓄分户帐

帐号 8

本帐总页数

本户页数

户名 严靖禧 地址 利率 备註

日期 年	月	日	摘要	存入金额	支取金额	結存金额	日数	積数金额	核对人盖章
60	11	15	上期結轉						
65	12	31	結轉下年						

0059 一九六〇年严靖禧信用部活期储蓄分户账

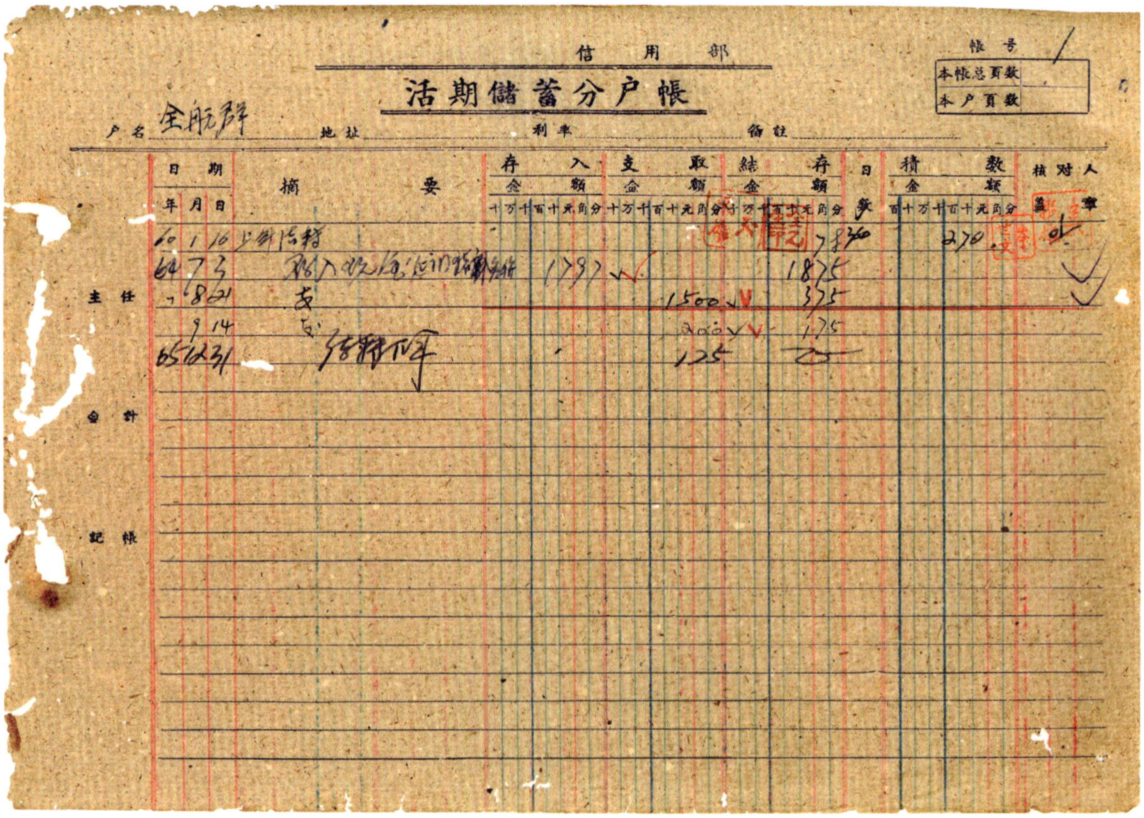

信用部

活期储蓄分户帐

帐号 1

本帐总页数

本户页数

户名 全航群 地址 利率 备註

日期 年	月	日	摘要	存入金额	支取金额	結存金额	日数	積数金额	核对人盖章
60	1	16	上期結轉			78		270	
64	7	3	[illegible]	1797		1875			
	8	21	支		1500	375			
	9	14	支		200	175			
65	12	31	結轉下年		125				

0060 一九六〇年全航群信用部活期储蓄分户账

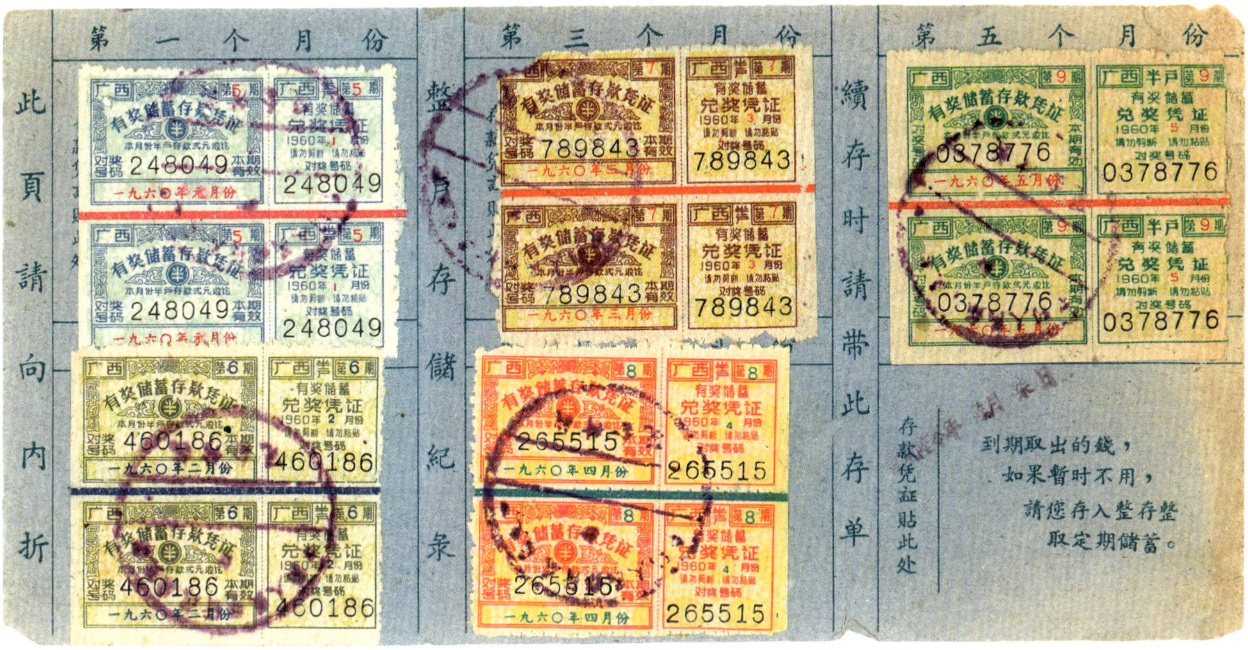
第一个月份 第三个月份 第五个月份

此頁請向內折

整存儲紀录

續存时請带此存单

存款凭証貼此处

到期取出的錢，
如果暫时不用，
請您存入整存整
取定期储蓄。

0061 一九六〇年中国人民银行广西分行零存整取有奖储蓄存款凭证

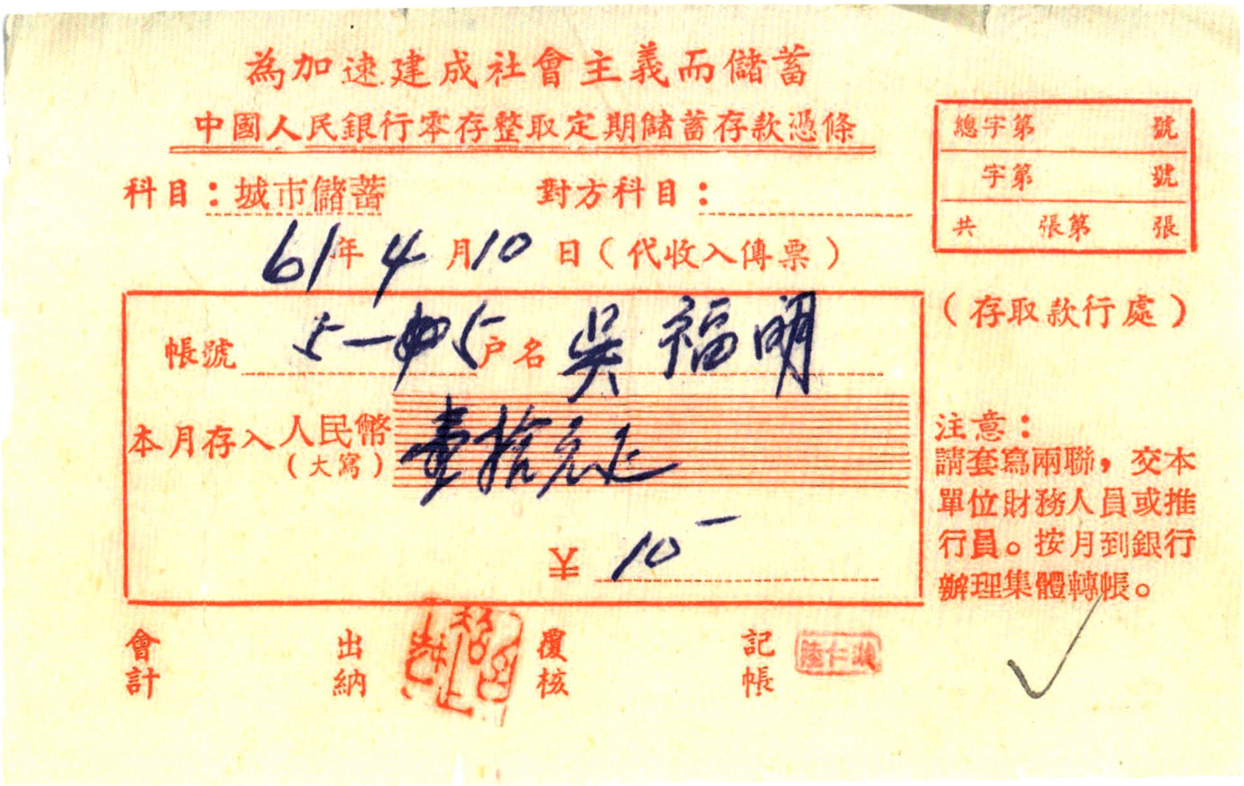
為加速建成社會主義而儲蓄

中國人民銀行零存整取定期儲蓄存款憑條

總字第 號
字第 號
共 張第 張

科目：城市儲蓄 對方科目：

61年4月10日（代收入傳票）

（存取款行處）

帳號 5— 戶名 吴福明

本月存入人民幣（大寫）壹拾元正

¥ 10—

注意：
請套寫兩聯，交本單位財務人員或推行員。按月到銀行辦理集體轉帳。

會計 出納 覆核 記帳

0062 一九六一年四月十日吴福明零存整取定期储蓄存款凭条

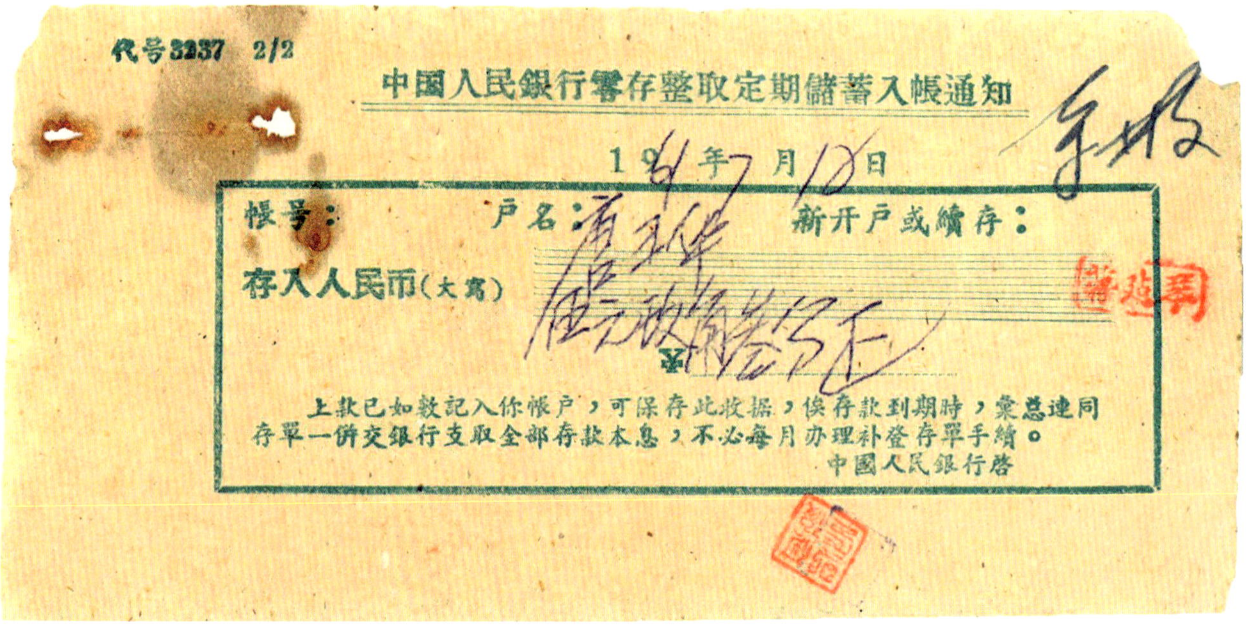
代号3237 2/2

中國人民銀行零存整取定期儲蓄入帳通知

1961年7月12日

帳号： 戶名：唐玉华 新开戶或續存：

存入人民币(大寫)

￥

上款已如數記入你帳戶，可保存此收据，俟存款到期時，彙总連同存單一併交銀行支取全部存款本息，不必每月办理补登存單手續。

中國人民銀行啓

0063 一九六一年七月十二日唐玉华零存整取定期储蓄入账通知

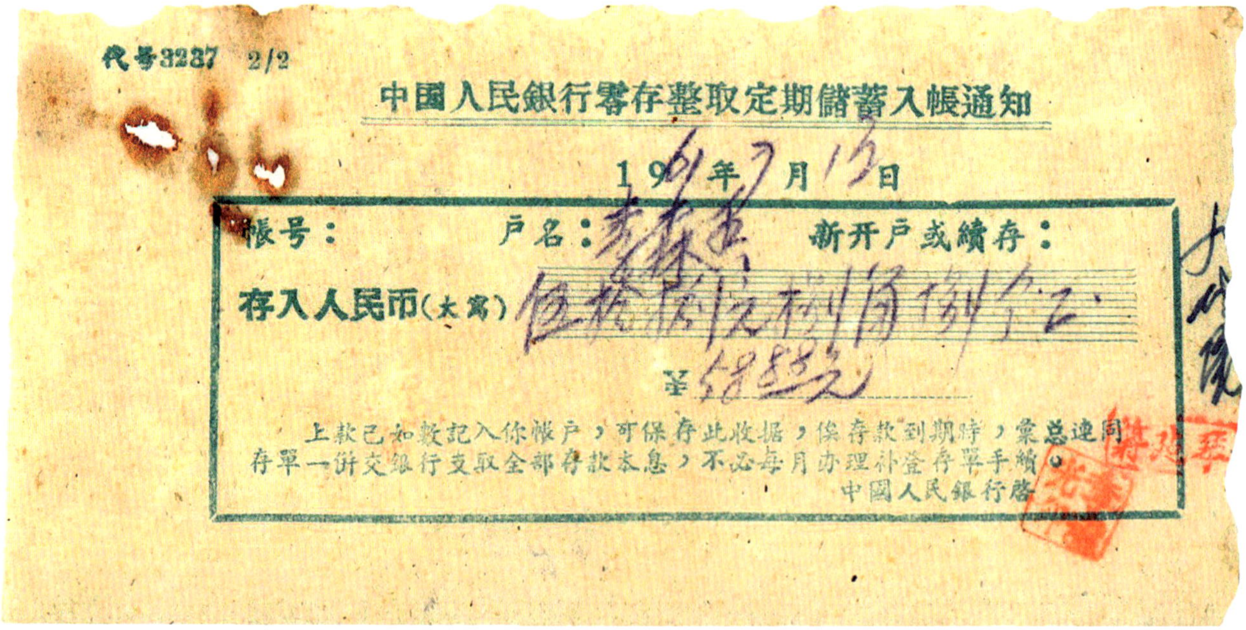
代号3237 2/2

中國人民銀行零存整取定期儲蓄入帳通知

1961年7月13日

帳号： 戶名：李森秀 新开戶或續存：

存入人民币(大寫)

￥

上款已如數記入你帳戶，可保存此收据，俟存款到期時，彙总連同存單一併交銀行支取全部存款本息，不必每月办理补登存單手續。

中國人民銀行啓

0064 一九六一年七月十三日李森秀零存整取定期储蓄入账通知

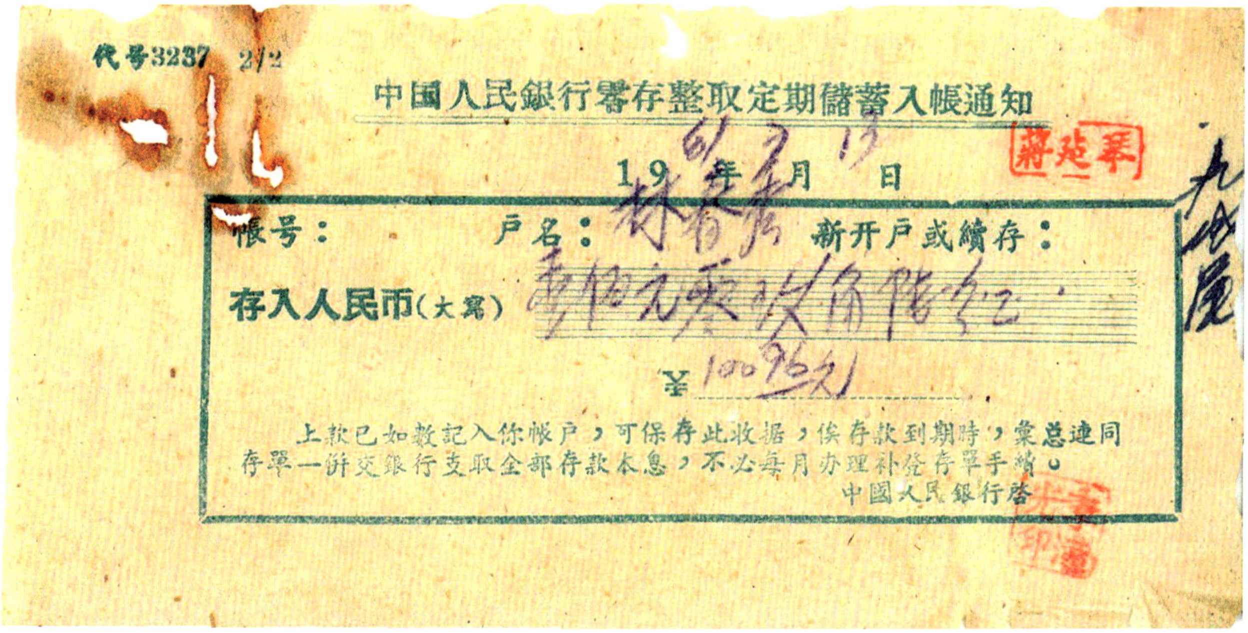
代号3237 2/2

中國人民銀行零存整取定期儲蓄入帳通知

19 年 月 日

帳号： 戶名： 新开戶或續存：

存入人民币（大寫）

¥

上款已如數記入你帳戶，可保存此收据，俟存款到期時，彙总連同存單一併交銀行支取全部存款本息，不必每月办理补發存單手續。

中國人民銀行啓

0065 一九六一年七月十三日林春秀零存整取定期储蓄入账通知

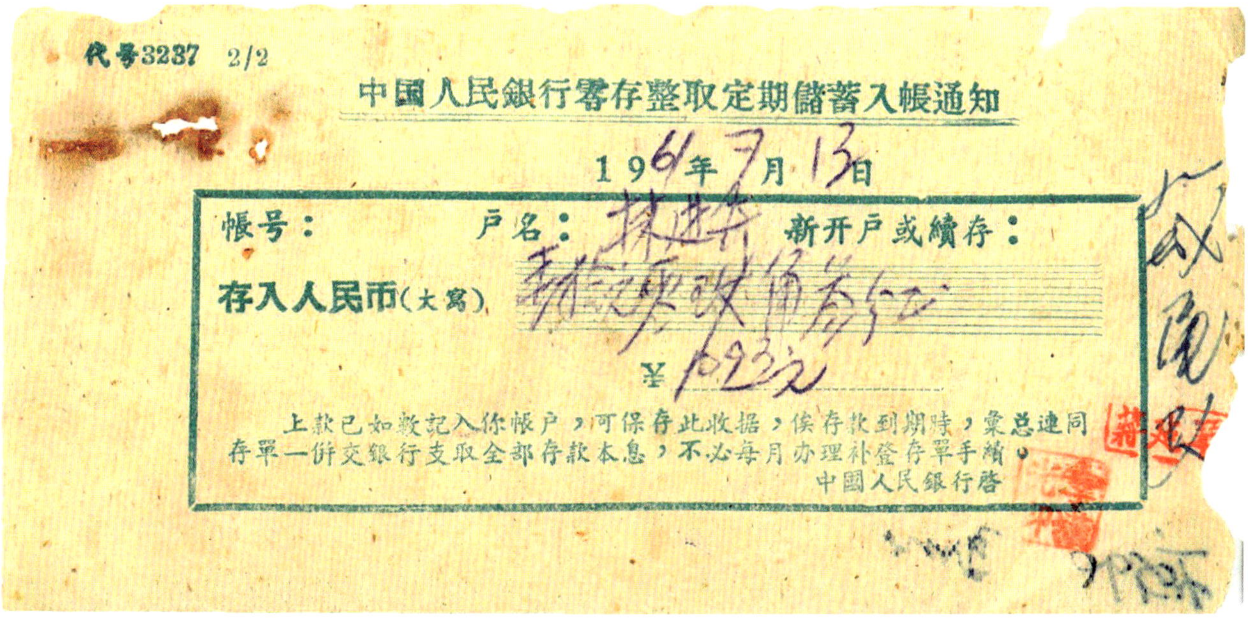
代号3237 2/2

中國人民銀行零存整取定期儲蓄入帳通知

1961年7月13日

帳号： 戶名：林进奇 新开戶或續存：

存入人民币（大寫）

¥

上款已如數記入你帳戶，可保存此收据，俟存款到期時，彙总連同存單一併交銀行支取全部存款本息，不必每月办理补發存單手續。

中國人民銀行啓

0066 一九六一年七月十三日林进奇零存整取定期储蓄入账通知

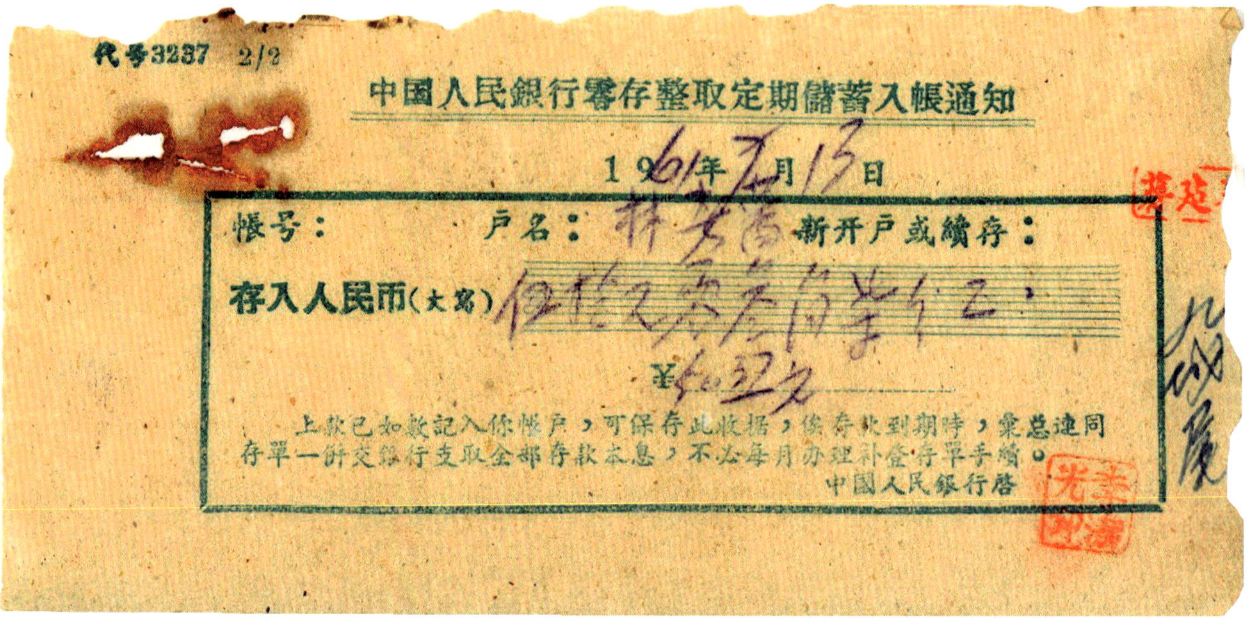

代号3237　2/2

中国人民銀行零存整取定期儲蓄入帳通知

1961年7月13日

帳号：　户名：林秀蓄　新开户或續存：

存入人民币（大寫）伍拾元零叁角贰分正

¥50.32元

上款已如數記入你帳户，可保存此收据，俟存款到期時，彙总連同存單一併交銀行支取全部存款本息，不必每月办理补登存單手續。

中國人民銀行啓

0067 一九六一年七月十三日林秀蓄零存整取定期储蓄入账通知

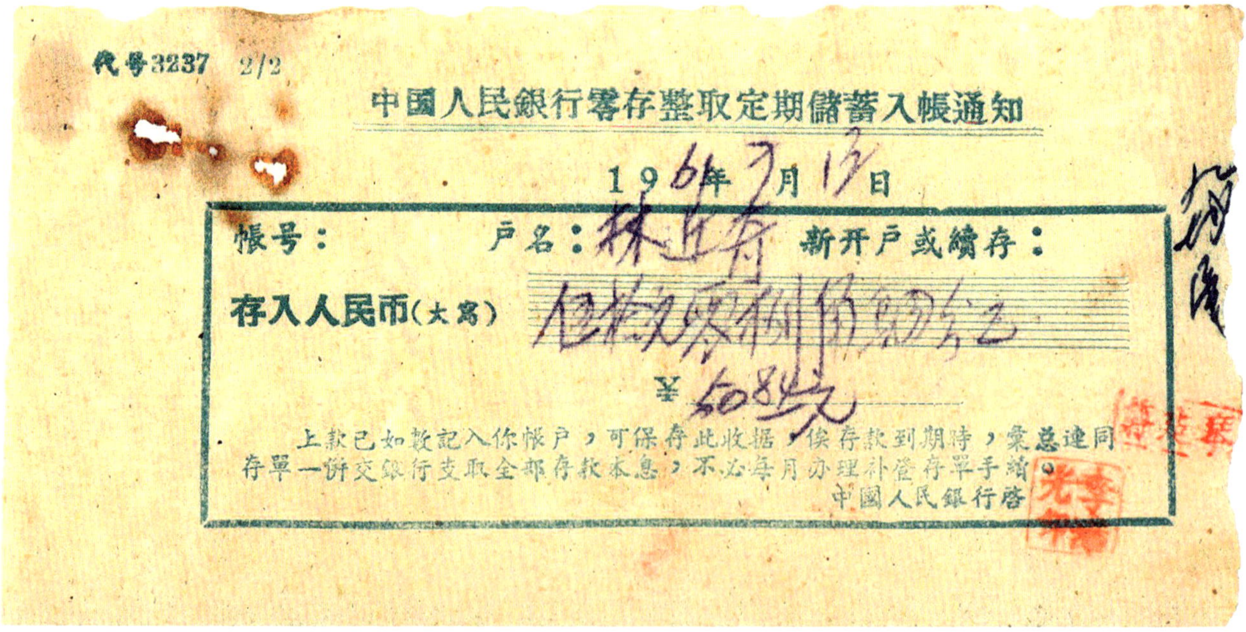

代号3237　2/2

中国人民銀行零存整取定期儲蓄入帳通知

1961年7月13日

帳号：　户名：林丘奇　新开户或續存：

存入人民币（大寫）伍拾元零捌角肆分正

¥50.84元

上款已如數記入你帳户，可保存此收据，俟存款到期時，彙总連同存單一併交銀行支取全部存款本息，不必每月办理补登存單手續。

中國人民銀行啓

0068 一九六一年七月十三日林丘奇零存整取定期储蓄入账通知

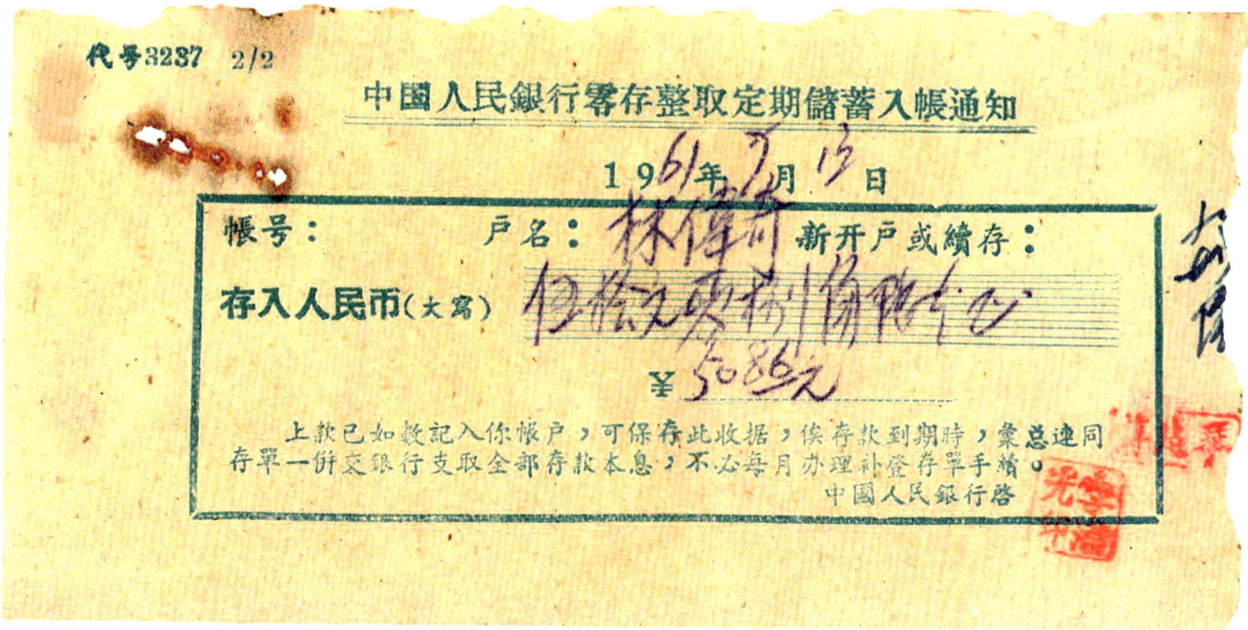

代号3237 2/2

中國人民銀行零存整取定期儲蓄入帳通知

19　年　月　日

帳号：　戶名：　新开戶或續存：

存入人民币（大寫）

¥

上款已如數記入你帳戶，可保存此收据，俟存款到期時，彙总連同存單一併交銀行支取全部存款本息，不必每月办理补簽存單手續。

中國人民銀行啓

0069 一九六一年七月十三日林伟奇零存整取定期储蓄入账通知

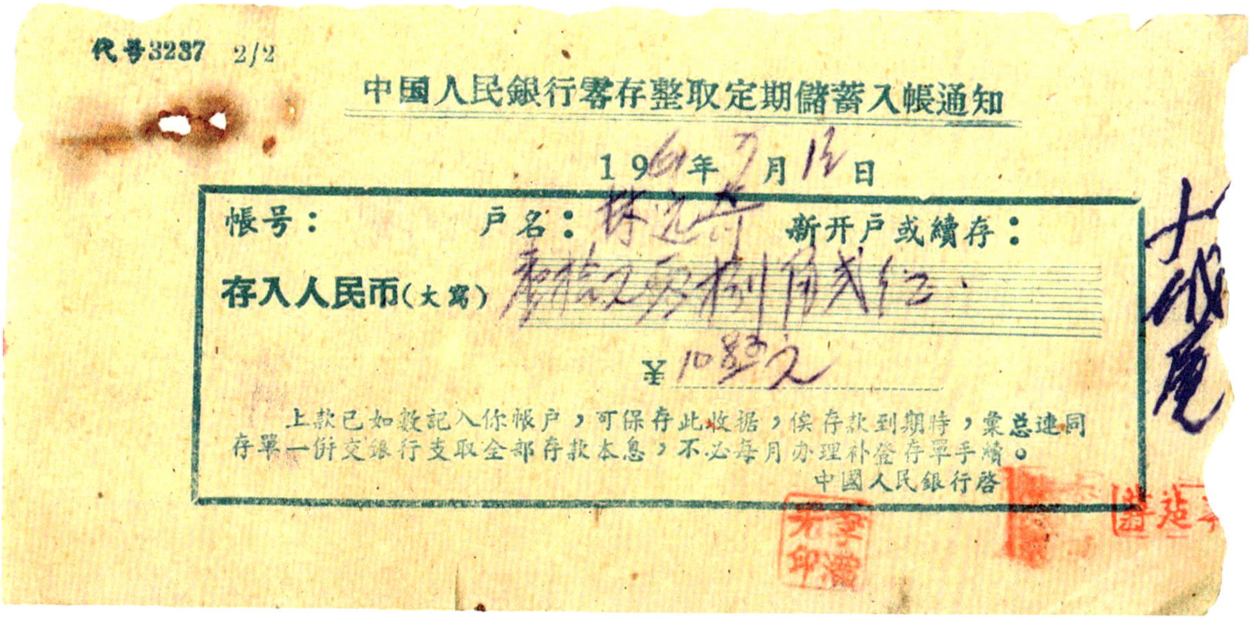

代号3237 2/2

中國人民銀行零存整取定期儲蓄入帳通知

19　年　月　日

帳号：　戶名：　新开戶或續存：

存入人民币（大寫）

¥

上款已如數記入你帳戶，可保存此收据，俟存款到期時，彙总連同存單一併交銀行支取全部存款本息，不必每月办理补簽存單手續。

中國人民銀行啓

0070 一九六一年七月十三日林远奇零存整取定期储蓄入账通知

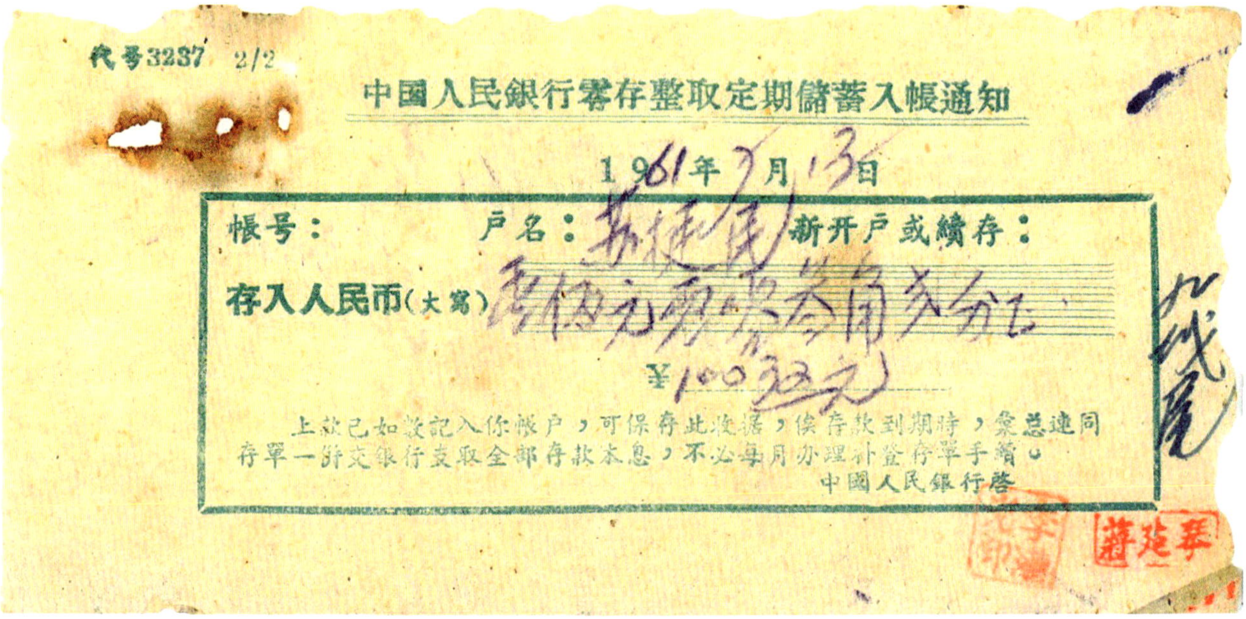

代号3237 2/2

中國人民銀行零存整取定期儲蓄入帳通知

1961年7月13日

帳号： 户名：苏健民 新开户或續存：

存入人民币（大寫）

¥

上款已如数記入你帳户，可保存此收据，俟存款到期時，稟慈連同存單一併交銀行支取全部存款本息，不必每月办理补登存單手續。

中國人民銀行啓

0071 一九六一年七月十三日苏健民零存整取定期储蓄入账通知

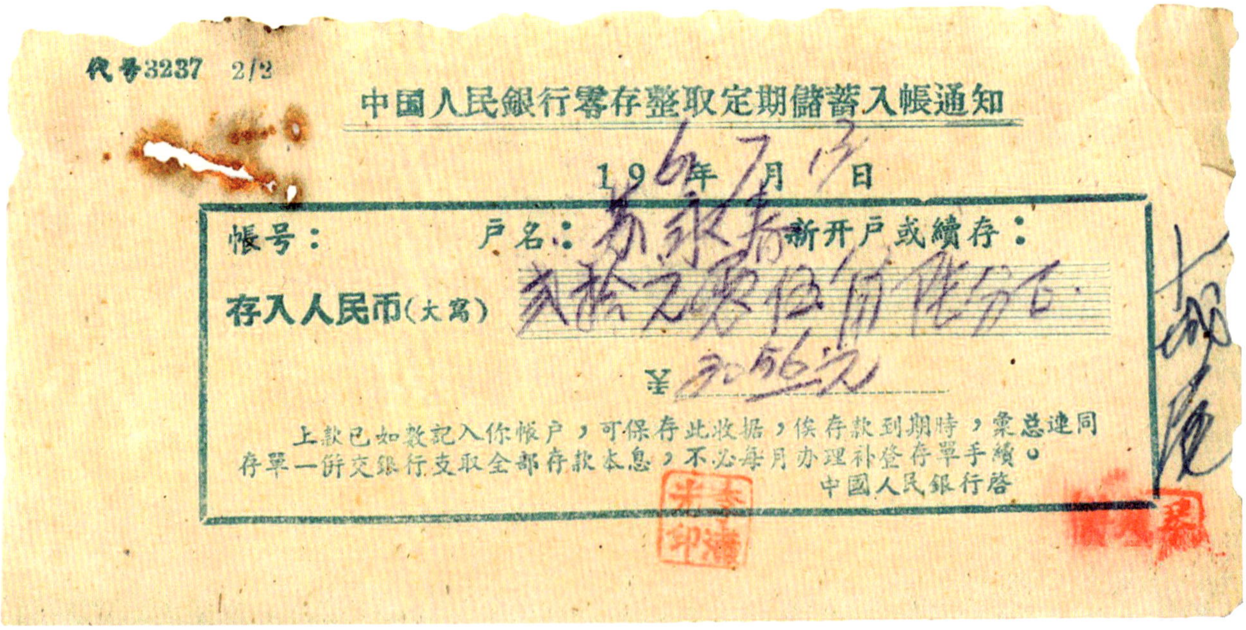

代号3237 2/2

中國人民銀行零存整取定期儲蓄入帳通知

1961年7月13日

帳号： 户名：苏永春 新开户或續存：

存入人民币（大寫）

¥

上款已如数記入你帳户，可保存此收据，俟存款到期時，稟慈連同存單一併交銀行支取全部存款本息，不必每月办理补登存單手續。

中國人民銀行啓

0072 一九六一年七月十三日苏永春零存整取定期储蓄入账通知

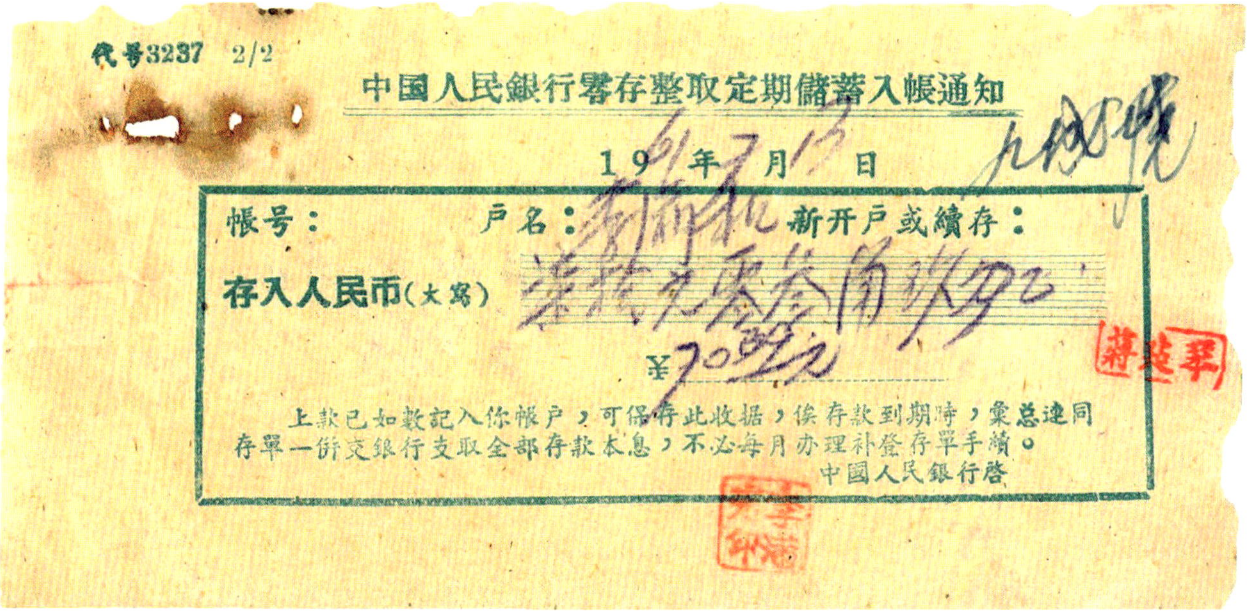
代号3237 2/2

中国人民銀行零存整取定期储蓄入帳通知

1961年7月13日

帳号： 戶名：蒋前和 新开戶或續存：

存入人民币(大寫)

¥

上款已如數記入你帳戶，可保存此收据，俟存款到期時，稟总連同存單一併交銀行支取全部存款本息，不必每月办理补發存單手續。

中國人民銀行啓

0073 一九六一年七月十三日蒋前和零存整取定期储蓄入账通知

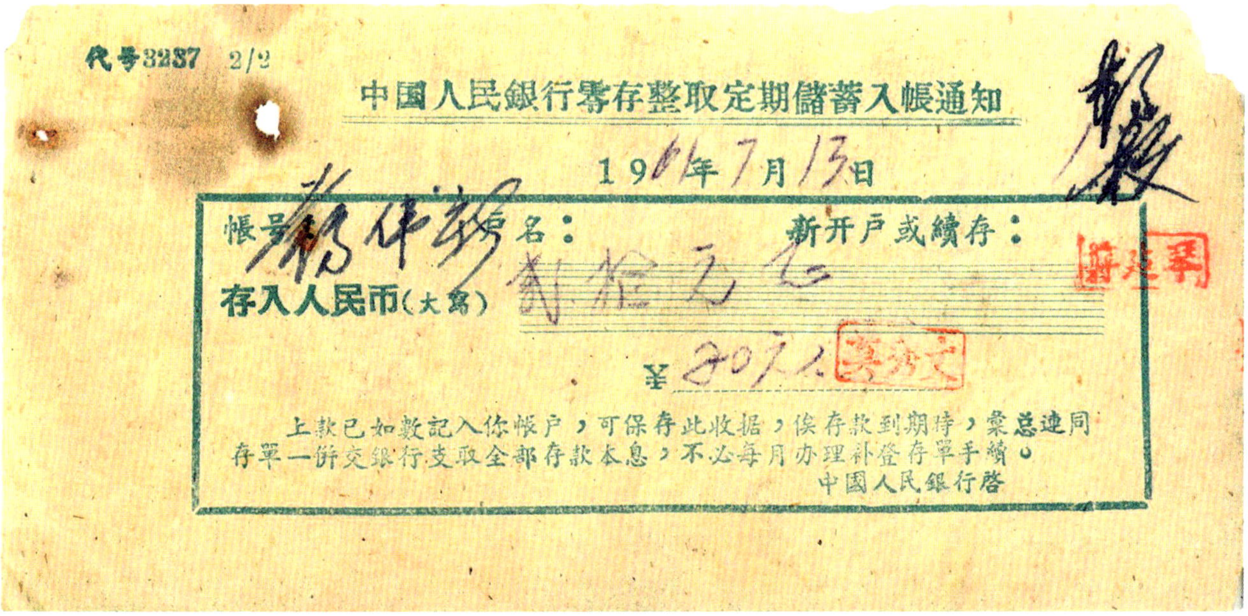
代号3237 2/2

中国人民銀行零存整取定期储蓄入帳通知

1961年7月13日

帳号：蒋伟新 戶名： 新开戶或續存：

存入人民币(大寫)

¥

上款已如數記入你帳戶，可保存此收据，俟存款到期時，稟总連同存單一併交銀行支取全部存款本息，不必每月办理补發存單手續。

中國人民銀行啓

0074 一九六一年七月十三日蒋伟新零存整取定期储蓄入账通知

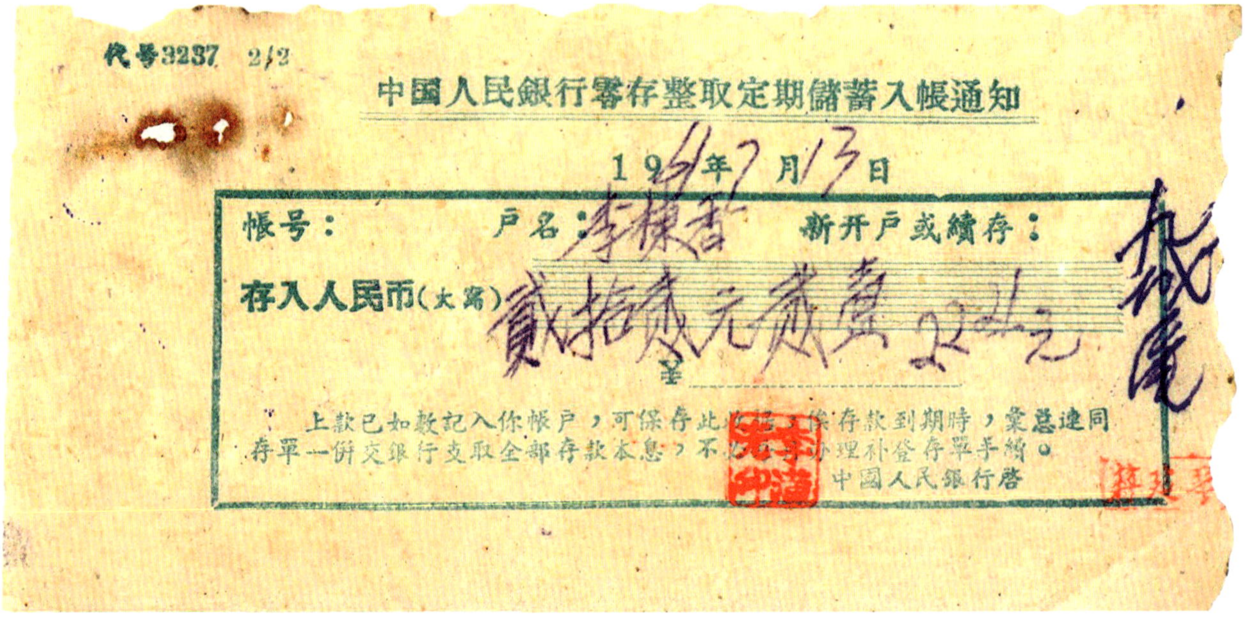

代号3237 2/2

中國人民銀行零存整取定期儲蓄入帳通知

19　年　月　日

帳号：　戶名：李棟香　新开戶或續存：

存入人民币（大寫）

¥

上款已如數記入你帳戶，可保存此收據，俟存款到期時，稟憑連同存單一併交銀行支取全部存款本息，不必每月办理补登存單手續。

中國人民銀行啓

0075 一九六一年七月十三日李栋香零存整取定期储蓄入账通知

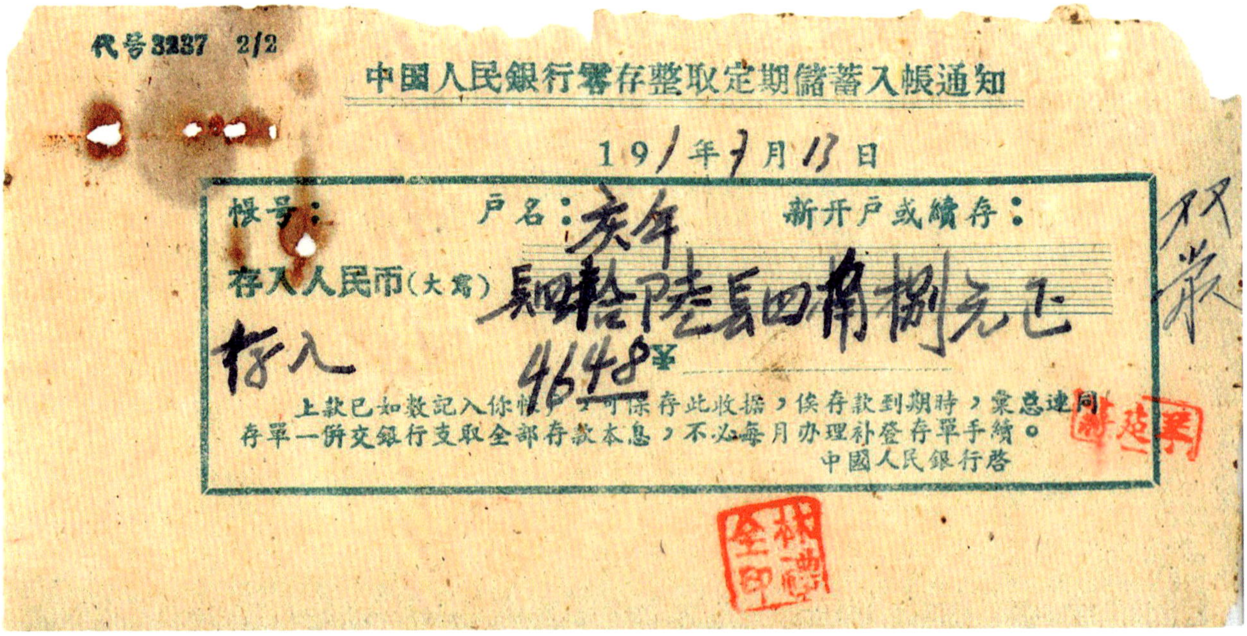

代号3237 2/2

中國人民銀行零存整取定期儲蓄入帳通知

19　年　月　日

帳号：　戶名：庆年　新开戶或續存：

存入人民币（大寫）

¥

上款已如數記入你帳戶，可保存此收據，俟存款到期時，稟憑連同存單一併交銀行支取全部存款本息，不必每月办理补登存單手續。

中國人民銀行啓

0076 一九六一年七月十三日庆年零存整取定期储蓄入账通知

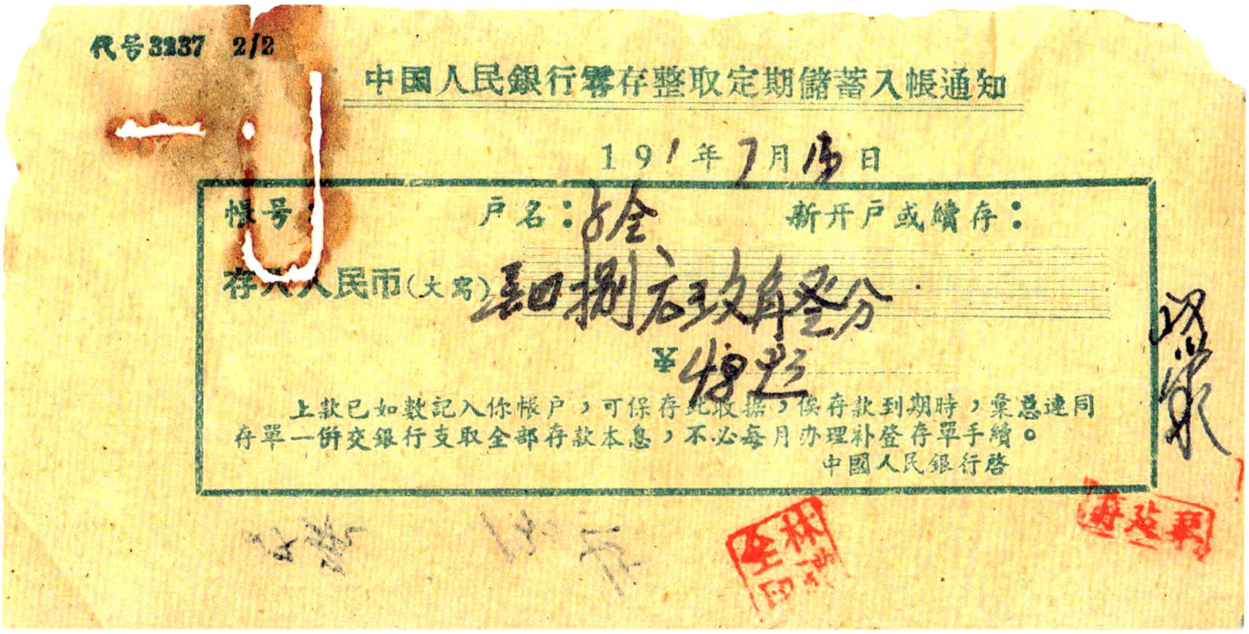
代号3237 2/2

中国人民銀行零存整取定期儲蓄入帳通知

19 年7月13日

帳号： 戶名：子全 新开戶或續存：

存入人民币（大寫）

¥

上款已如數記入你帳戶，可保存此收据，俟存款到期時，棄悬連同存單一併交銀行支取全部存款本息，不必每月办理补登存單手續。

中國人民銀行啓

0077 一九六一年七月十三日子全零存整取定期储蓄入账通知单

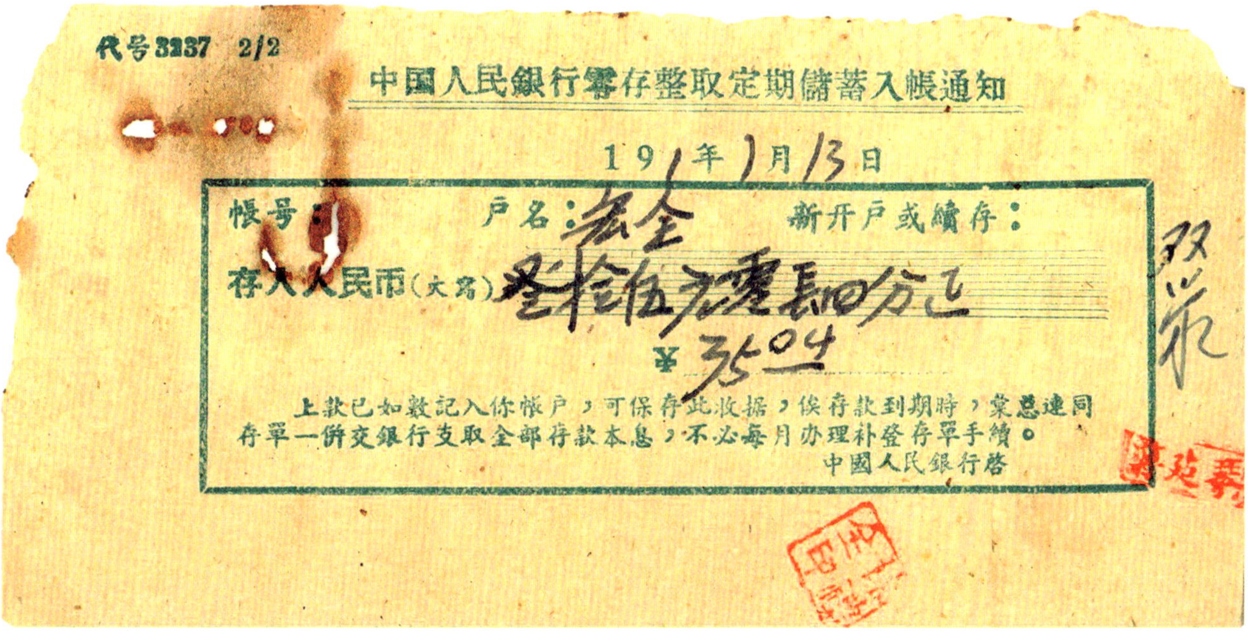
代号3237 2/2

中国人民銀行零存整取定期儲蓄入帳通知

19 年7月13日

帳号： 戶名：宏全 新开戶或續存：

存入人民币（大寫）

¥ 35.04

上款已如數記入你帳戶，可保存此收据，俟存款到期時，棄悬連同存單一併交銀行支取全部存款本息，不必每月办理补登存單手續。

中國人民銀行啓

0078 一九六一年七月十三日宏全零存整取定期储蓄入账通知

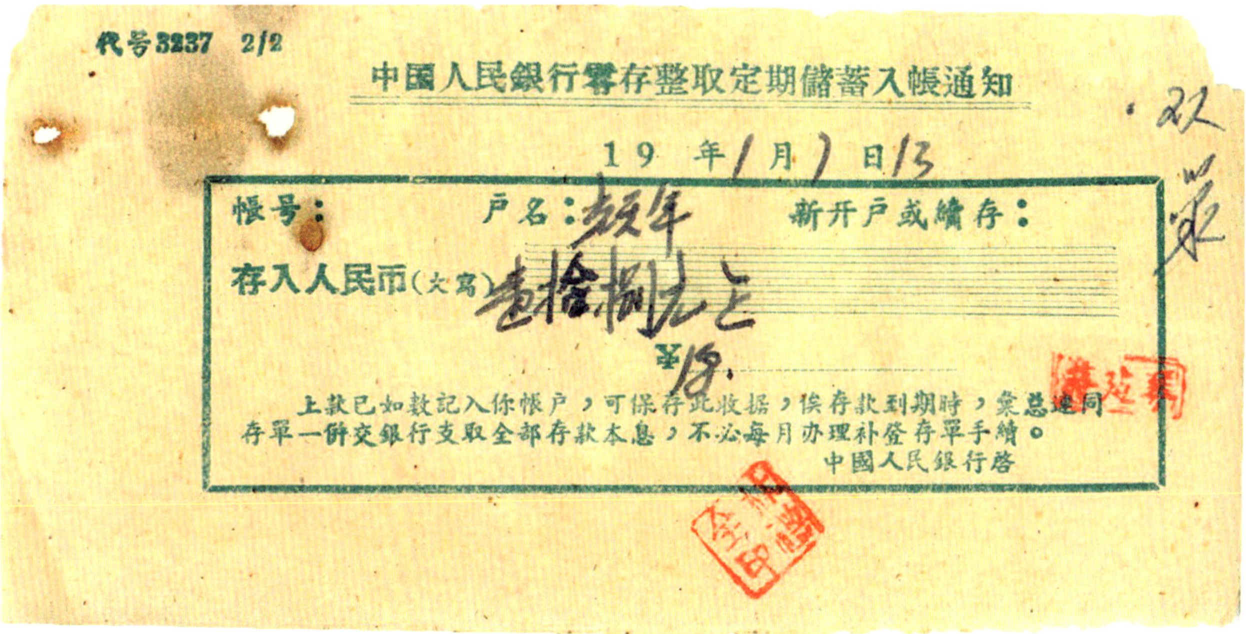

代号3237 2/2

中國人民銀行零存整取定期儲蓄入帳通知

19 年 月 日

帳号： 戶名： 新开戶或續存：

存入人民币（大寫）

上款已如數記入你帳戶，可保存此收据，俟存款到期時，彙悉連同存單一併交銀行支取全部存款本息，不必每月办理补發存單手續。

中國人民銀行啓

0079 一九六一年七月十三日龙天年零存整取定期储蓄入账通知

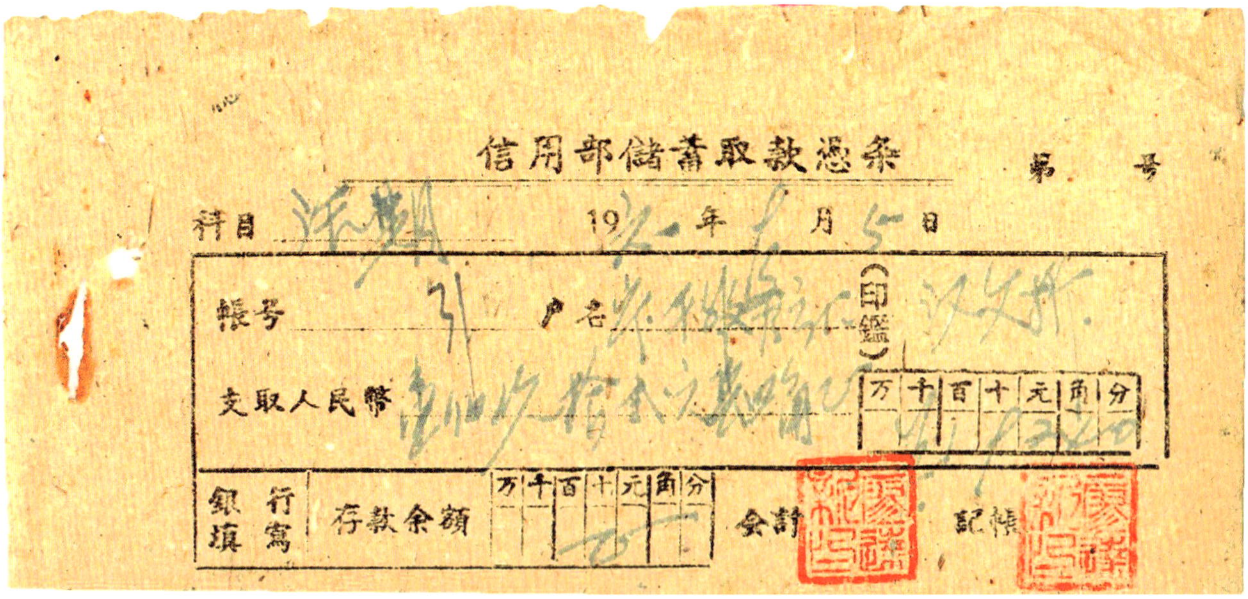

信用部储蓄取款憑条 第 号

科目 19 年 月 日

帳号 戶名 （印鑑）

支取人民幣 万 千 百 十 元 角 分

銀行填寫 存款余額 万 千 百 十 元 角 分 會計 記帳

0080 一九六一年九月五日信用部储蓄取款凭条

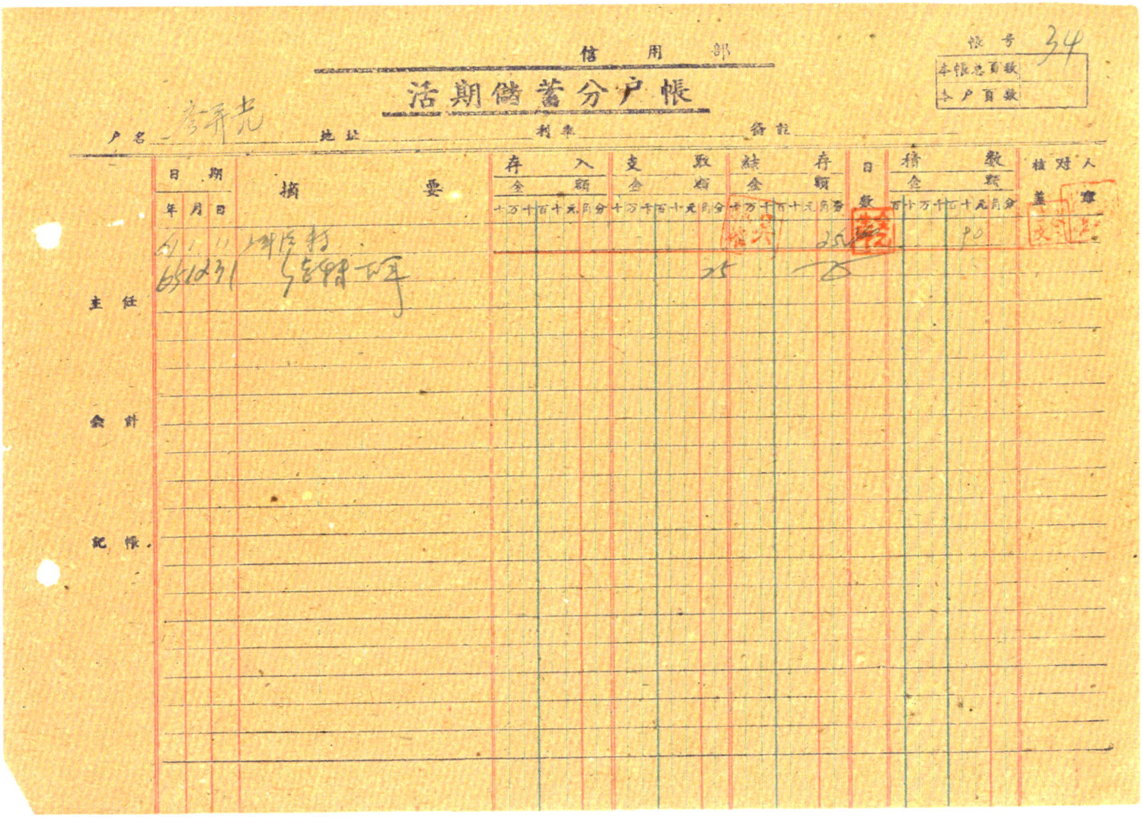
信用部
活期儲蓄分户帳
帳号 34
本帳总頁数
本户頁数
户名 岑开光 地址 利率 备註
日期 年 月 日 | 摘要 | 存入金額 | 支取金額 | 結存金額 | 日数 | 積数金額 | 核对人盖章
主任
会計
記帳

0081 一九六一年岑开光信用部活期储蓄分户账

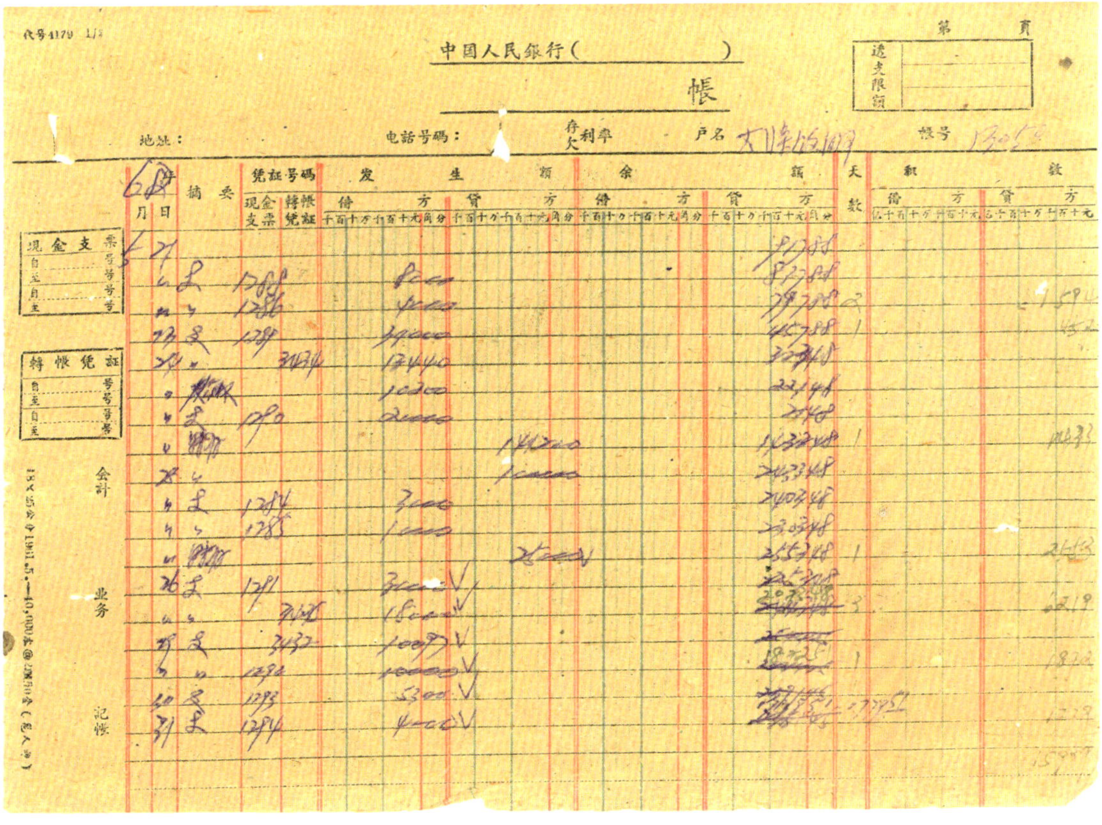
中国人民銀行（ ）
帳
第 頁
透支限額
地址： 电話号碼： 存/欠利率 户名 帳号
月 日 | 摘要 | 凭証号碼 現金支票 轉帳凭証 | 发生額 借方 貸方 | 余額 借方 貸方 | 天数 | 積数 借方 貸方
現金支票
轉帳凭証
会計
业务
記帳

0082 一九六二年大焕信用部对账单

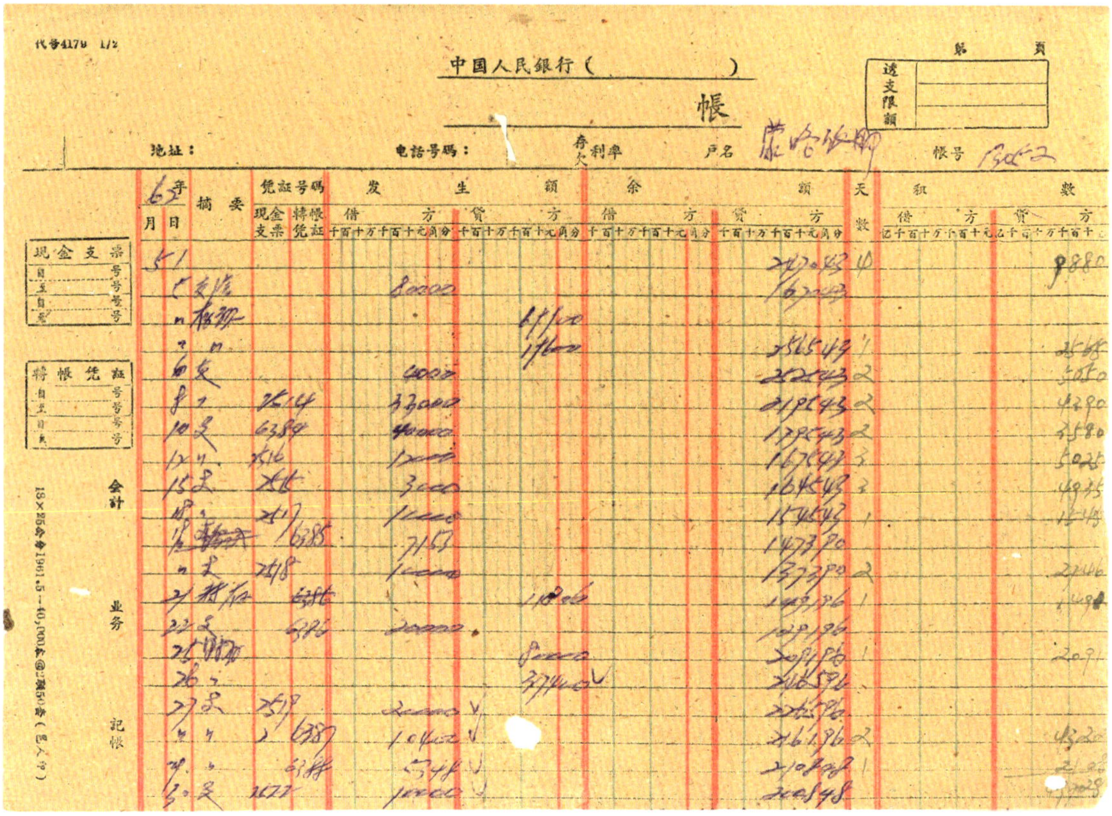

代号4179 1/2

中国人民银行（　　　　）

帐

第　　页

透支限额

地址：　电話号碼：　存欠利率　戶名 蒙略信用部　帐号

年 月 日	摘要	凭証号碼 現金支票	特帳凭証	发生额 借方	发生额 貸方	余额 借方	余额 貸方	天数	积数 借方	积数 貸方

現金支票 自　号 至　号

特帳凭証 自　号 至　号

会計　业务　記帐

0083 一九六二年蒙略信用部对账单

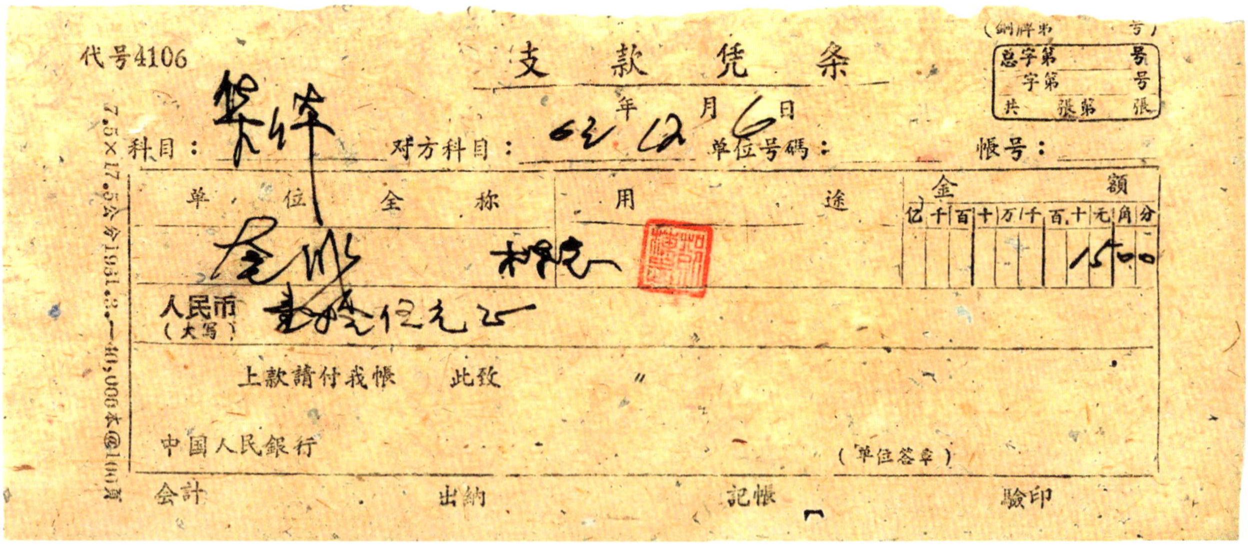

代号4106

支款凭条

（銅牌第　　号）

总字第　　号
字第　　号
共　張第　張

科目：　对方科目：　62年12月6日　单位号碼：　帐号：

单位全称	用途	金额 亿千百十万千百十元角分
		1500

人民币（大写）

上款請付我帐　此致

中国人民銀行　（单位签章）

会計　出納　記帳　驗印

0084 一九六三年十二月六日支款凭条

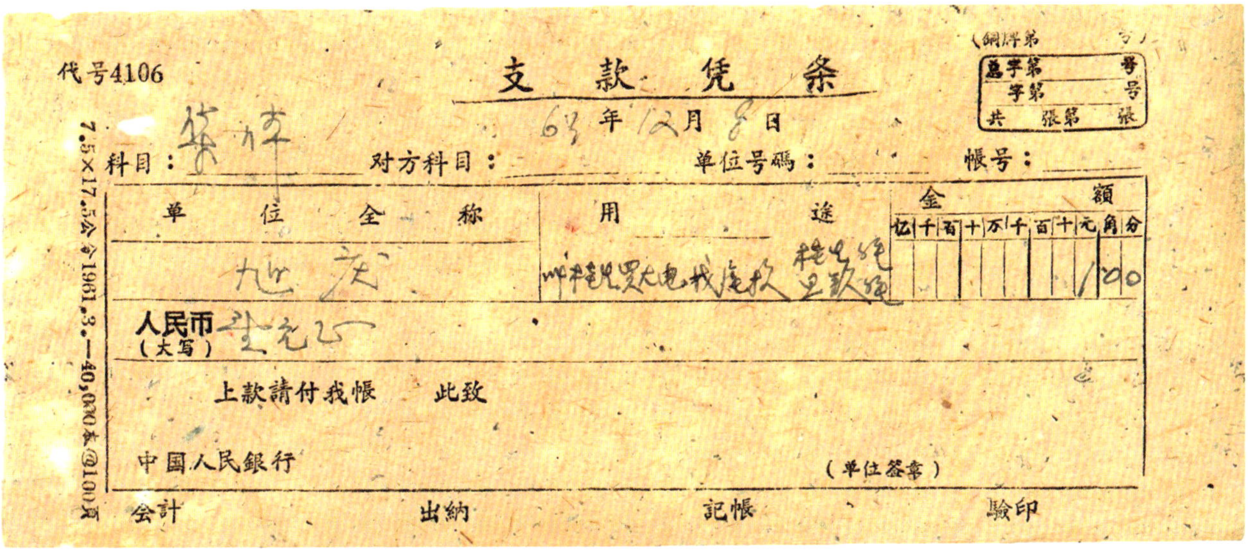
代号4106

支款凭条

63年12月8日

科目：　对方科目：　单位号码：　帐号：

（铜牌第　号）
总字第　号
字第　号
共　张第　张

单位全称	用途	金额（亿 千 百 十 万 千 百 十 元 角 分）
		1 00

人民币（大写）壹元正

上款請付我帳　此致

中国人民銀行

（单位签章）

会計　出納　記帳　驗印

7.5×17.5公分1961.3.—40,000本@100頁

0085 一九六三年十二月八日支款凭条

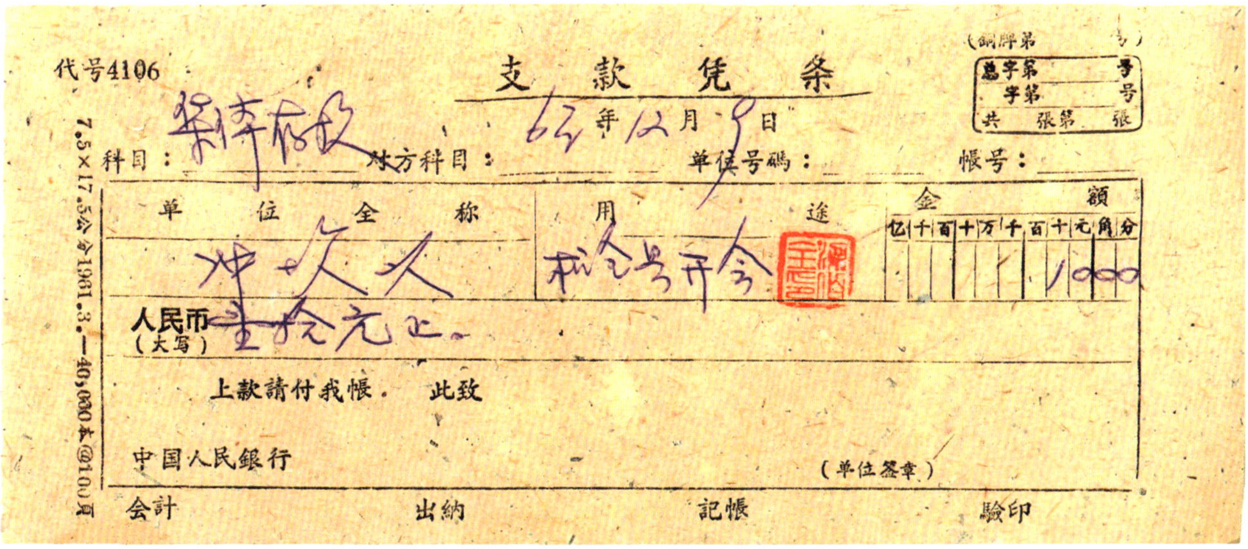
代号4106

支款凭条

63年12月9日

科目：　对方科目：　单位号码：　帐号：

（铜牌第　号）
总字第　号
字第　号
共　张第　张

单位全称	用途	金额（亿 千 百 十 万 千 百 十 元 角 分）
		10 00

人民币（大写）壹拾元正

上款請付我帳　此致

中国人民銀行

（单位签章）

会計　出納　記帳　驗印

7.5×17.5公分1961.3.—40,000本@100頁

0086 一九六三年十二月九日支款凭条

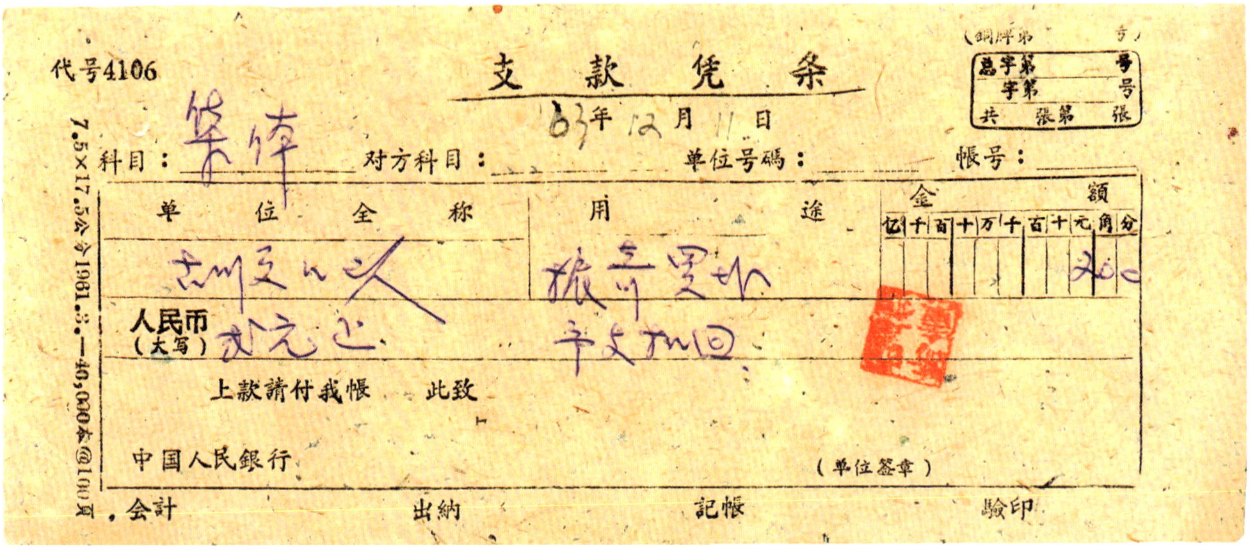
代号4106

支款凭条

（铜牌第　　号）
总字第　　号
字第　　号
共　　张第　　张

63年12月11日

科目：　　对方科目：　　单位号码：　　帐号：

单位全称	用途	金额（亿 千 百 十 万 千 百 十 元 角 分）

人民币（大写）

上款請付我帳　此致

中国人民銀行　（单位签章）

会計　出納　記帳　驗印

7.5×17.5公分1961.3.—40,000本@100頁

0087 一九六三年十二月十一日支款凭条

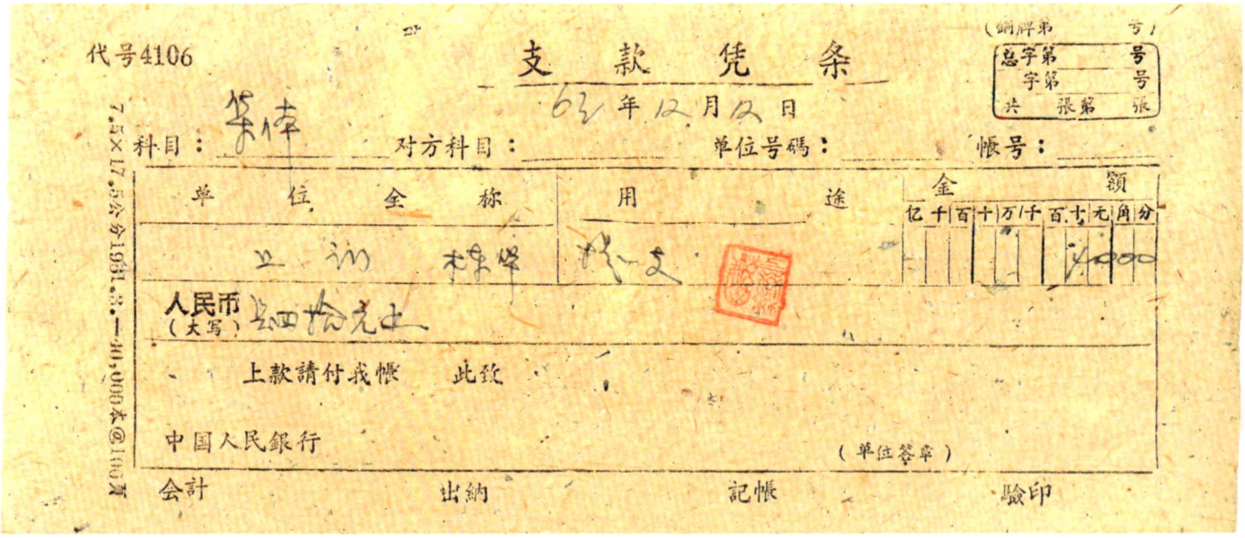
代号4106

支款凭条

（铜牌第　　号）
总字第　　号
字第　　号
共　　张第　　张

63年12月12日

科目：　　对方科目：　　单位号码：　　帐号：

单位全称	用途	金额（亿 千 百 十 万 千 百 十 元 角 分）

人民币（大写）

上款請付我帳　此致

中国人民銀行　（单位签章）

会計　出納　記帳　驗印

7.5×17.5公分1961.3.—40,000本@100頁

0088 一九六三年十二月十二日支款凭条

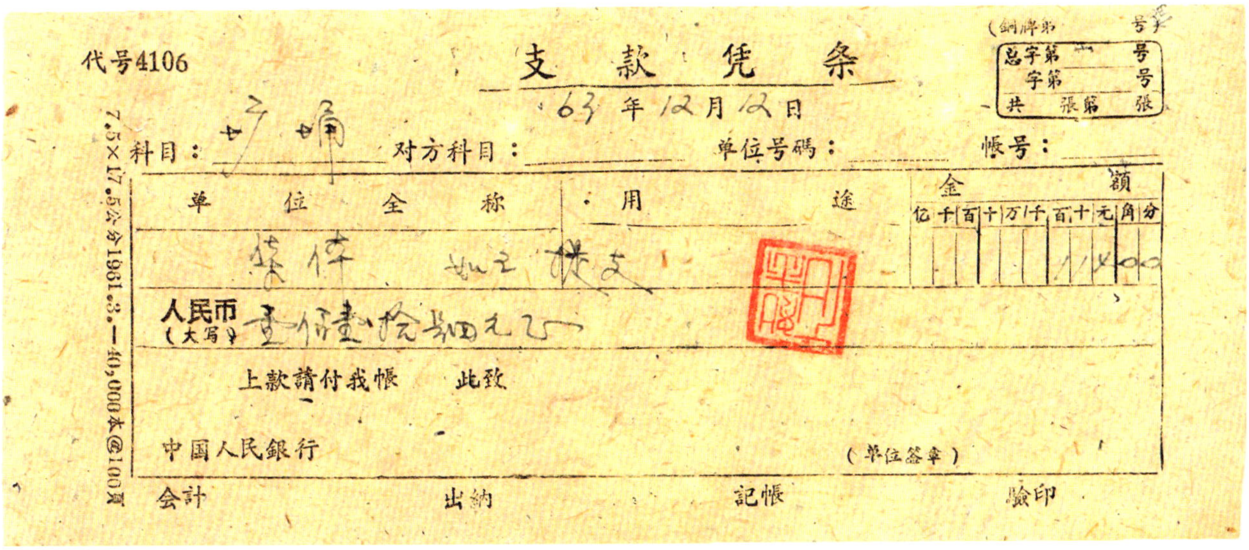

代号4106

支款凭条

（銅牌第　　号）
总字第　　号
字第　　号
共　張第　張

63年12月12日

7.5×17.5公分1961.3.—40,000本@100頁

科目：　对方科目：　单位号碼：　帳号：

单位全称	用途	金额 亿千百十万千百十元角分

人民币（大写）

上款請付我帳　此致

中国人民銀行　（单位签章）

会計　出納　記帳　驗印

0089 一九六三年十二月十二日支款凭条

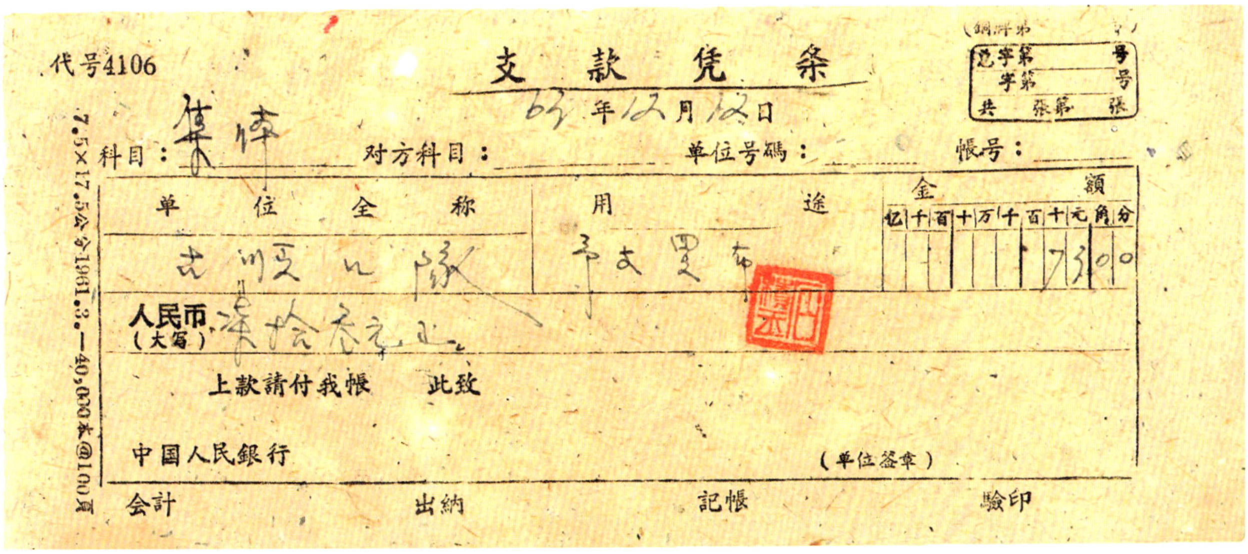

代号4106

支款凭条

（銅牌第　　号）
总字第　　号
字第　　号
共　張第　張

63年12月12日

7.5×17.5公分1961.3.—40,000本@100頁

科目：　对方科目：　单位号碼：　帳号：

单位全称	用途	金额 亿千百十万千百十元角分

人民币（大写）

上款請付我帳　此致

中国人民銀行　（单位签章）

会計　出納　記帳　驗印

0090 一九六三年十二月十二日支款凭条

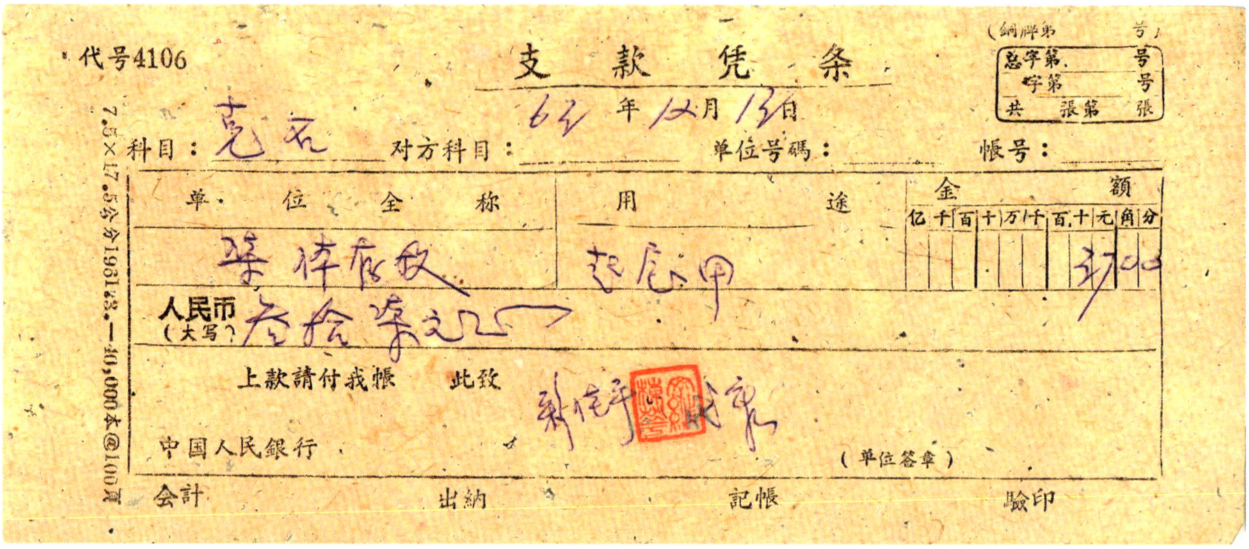

代号4106

支款凭条

（銅牌第　号）
总字第　号
字第　号
共　張第　張

年　月　日

科目：　对方科目：　单位号码：　帳号：

单位全称	用途	金额（亿 十 百 十 万 千 百 十 元 角 分）

人民币（大写）

上款請付我帳　此致

中国人民銀行

（单位签章）

会計　出納　記帳　驗印

7.5×17.5公分1961.3.—40,000本@100頁

0091 一九六三年十二月十三日支款凭条

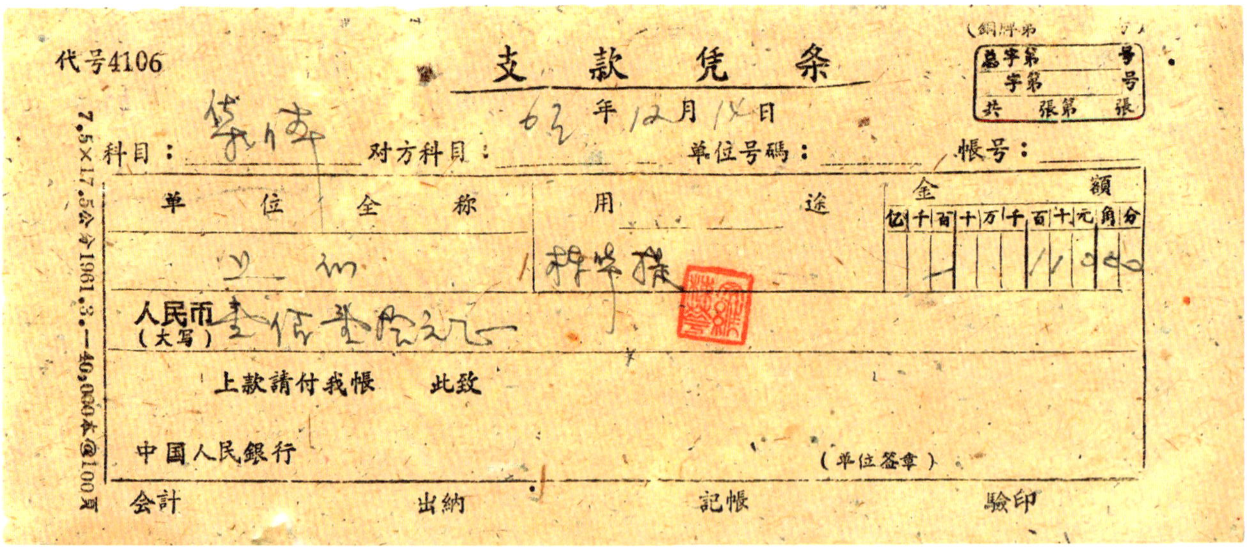

代号4106

支款凭条

（銅牌第　号）
总字第　号
字第　号
共　張第　張

年　月　日

科目：　对方科目：　单位号码：　帳号：

单位全称	用途	金额（亿 十 百 十 万 千 百 十 元 角 分）

人民币（大写）

上款請付我帳　此致

中国人民銀行

（单位签章）

会計　出納　記帳　驗印

7.5×17.5公分1961.3.—40,000本@100頁

0092 一九六三年十二月十四日支款凭条

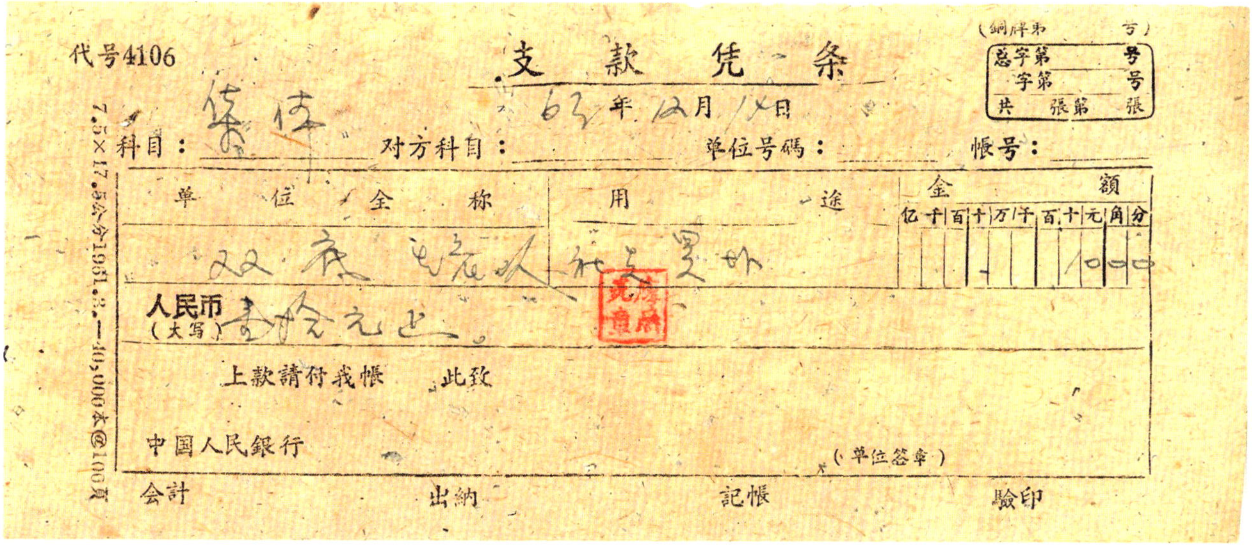

代号4106

支款凭条

63 年 12月 14日

（銅牌第 号）
總字第 号
字第 号
共 張第 張

7.5×17.5公分1951.3.—40,000本@100頁

科目： 对方科目： 单位号码： 帐号：

单位全称	用途	金额
		亿 千 百 十 万 千 百 十 元 角 分
		1000

人民币（大写）

上款請付我帳 此致

中国人民銀行 （单位簽章）

会計 出納 記帳 驗印

0093 一九六三年十二月十四日支款凭条

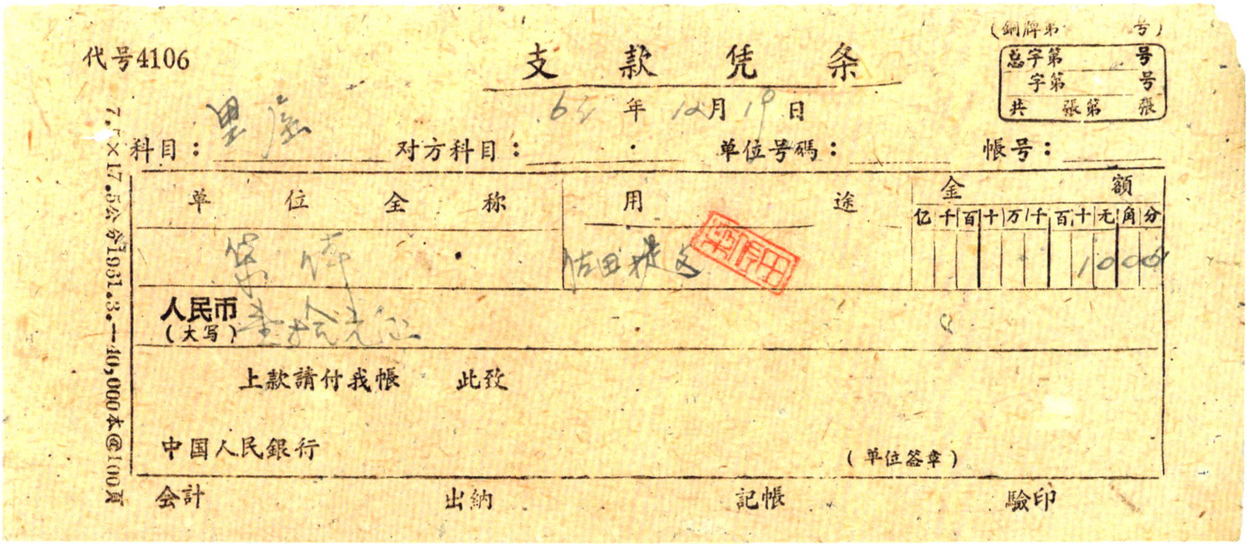

代号4106

支款凭条

63 年 12月 19日

（銅牌第 号）
總字第 号
字第 号
共 張第 張

7.5×17.5公分1951.3.—40,000本@100頁

科目： 对方科目： 单位号码： 帐号：

单位全称	用途	金额
		亿 千 百 十 万 千 百 十 元 角 分
		1000

人民币（大写）

上款請付我帳 此致

中国人民銀行 （单位簽章）

会計 出納 記帳 驗印

0094 一九六三年十二月十九日支款凭条

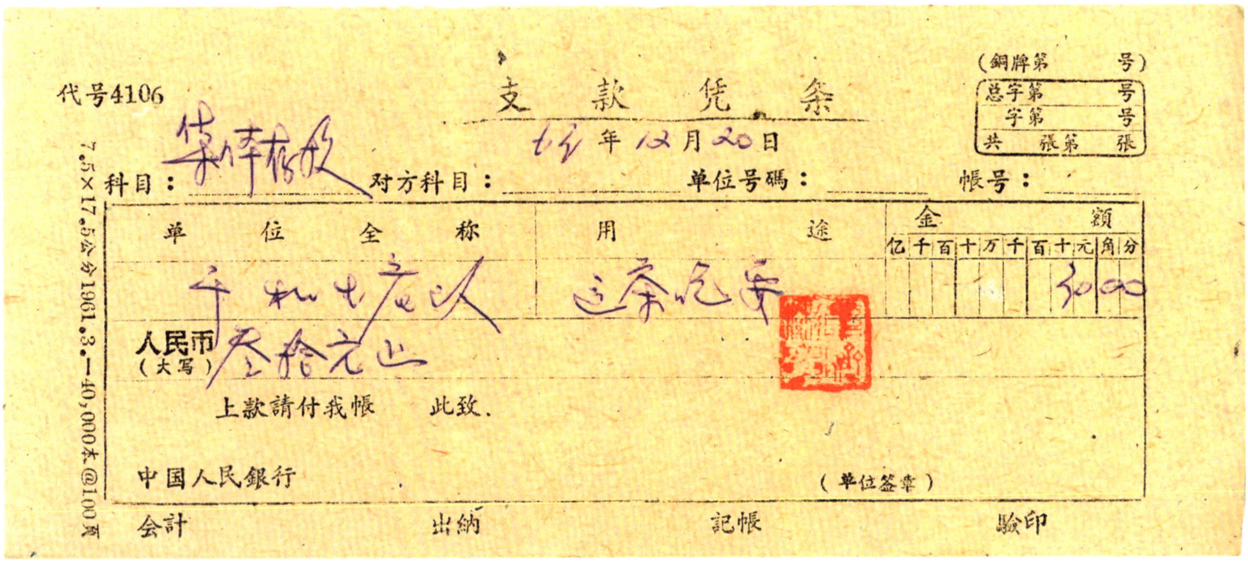
(銅牌第　号)
代号4106
支款凭条
总字第　号
字第　号
共　張第　張
63 年 12 月 20 日
7.5×17.5公分1961.3.—40,000本@100頁
科目：集体林股　对方科目：　单位号碼：　帳号：

单位全称	用途	金额
		亿 千 百 十 万 千 百 十 元 角 分
千秋七座队	运茶饭费	30 00

人民币（大写）叁拾元正
上款請付我帳　此致.
中国人民銀行　（单位签章）
会計　出納　記帳　驗印

0095 一九六三年十二月二十日支付凭条

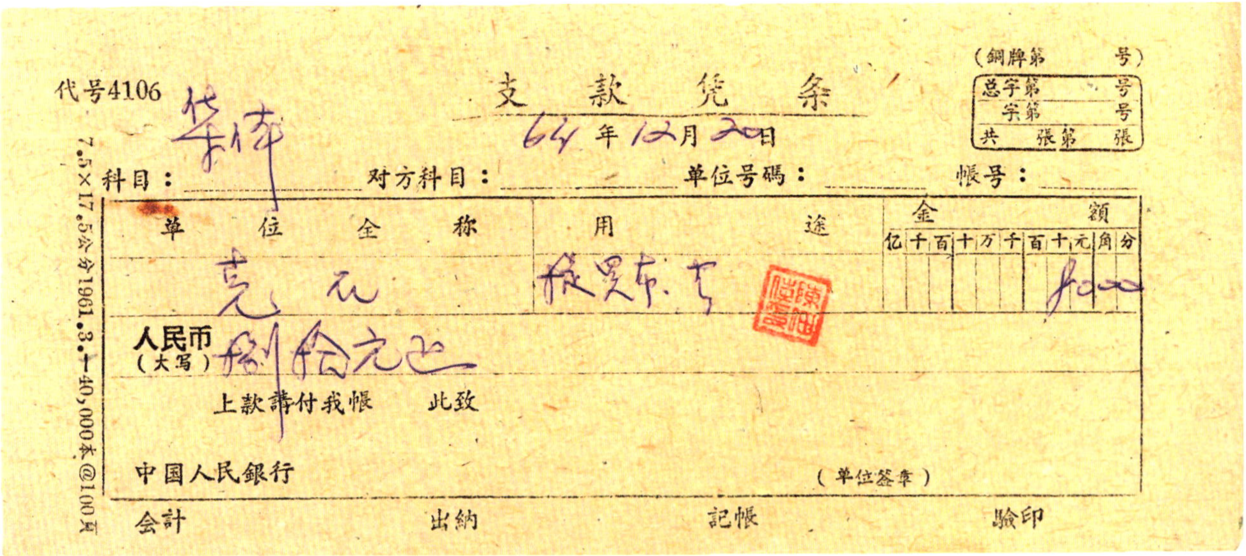
(銅牌第　号)
代号4106
支款凭条
总字第　号
字第　号
共　張第　張
64 年 12 月 20 日
7.5×17.5公分1961.3.—40,000本@100頁
科目：集体　对方科目：　单位号碼：　帳号：

单位全称	用途	金额
		亿 千 百 十 万 千 百 十 元 角 分
亮元	报买东西	80 00

人民币（大写）捌拾元正
上款請付我帳　此致
中国人民銀行　（单位签章）
会計　出納　記帳　驗印

0096 一九六三年十二月二十日支款凭条

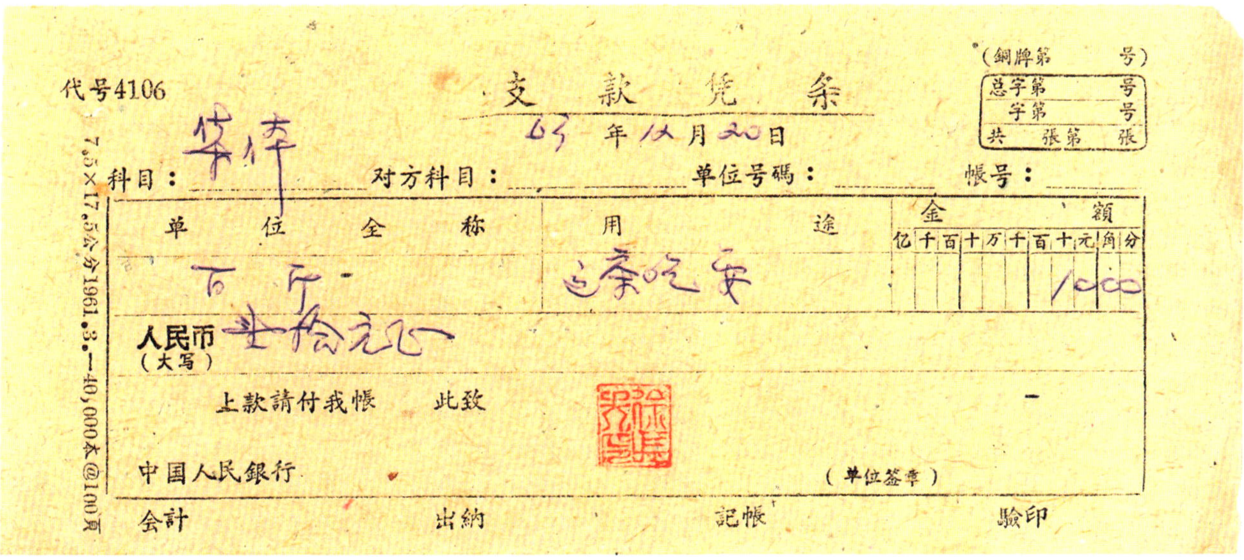

代号4106　　支款凭条　　（銅牌第　号）
总字第　号
字第　号
共　張第　張
63 年 12 月 20 日
7.5×17.5公分1961.3.—40,000本@100頁
科目：　对方科目：　单位号碼：　帳号：

单位全称	用途	金額
百斤	运秦吃安	1000

人民币（大写）壹拾元正
上款請付我帳　此致
中国人民銀行　（单位簽章）
会計　出納　記帳　驗印

0097 一九六三年十二月二十日支款凭条

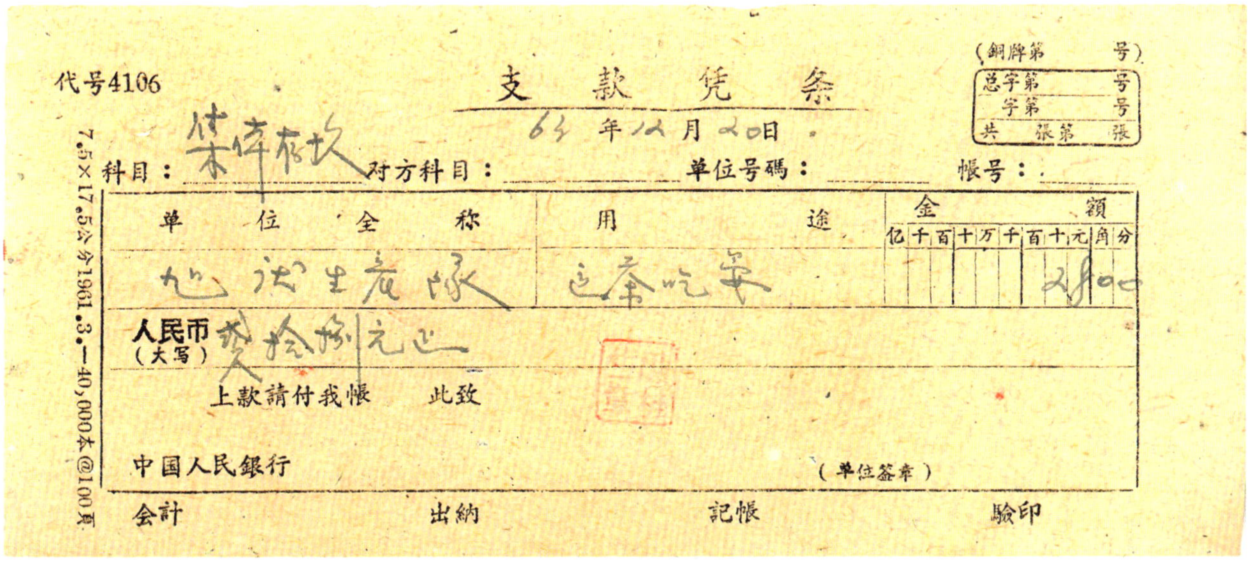

代号4106　　支款凭条　　（銅牌第　号）
总字第　号
字第　号
共　張第　張
63 年 12 月 20 日
7.5×17.5公分1961.3.—40,000本@100頁
科目：　对方科目：　单位号碼：　帳号：

单位全称	用途	金額
旭 [illegible]	运秦吃安	2800

人民币（大写）贰拾捌元正
上款請付我帳　此致
中国人民銀行　（单位簽章）
会計　出納　記帳　驗印

0098 一九六三年十二月二十日支款凭条

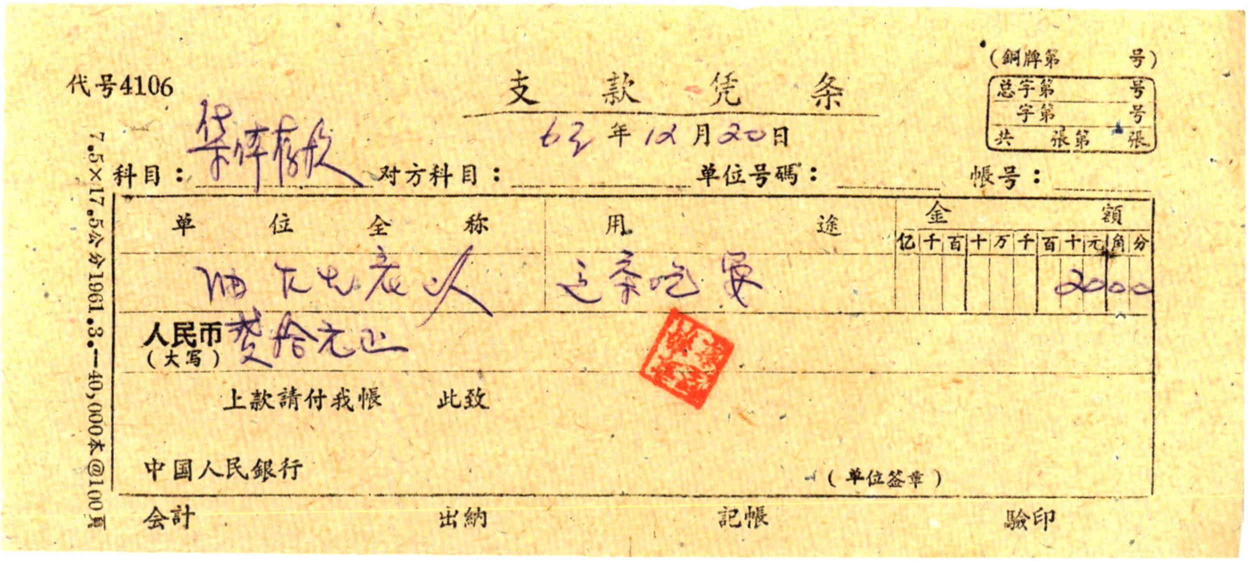

代号4106

支款凭条

（銅牌第　　号）
总字第　　号
字第　　号
共　張第　張

63年12月20日

7.5×17.5公分1961.3.—40,000本@100頁

科目：　对方科目：　单位号碼：　帳号：

单位全称	用途	金额
		20.00

人民币（大写）贰拾元正

上款請付我帳　此致

中国人民銀行　（单位签章）

会計　出納　記帳　驗印

0099 一九六三年十二月二十日支款凭条

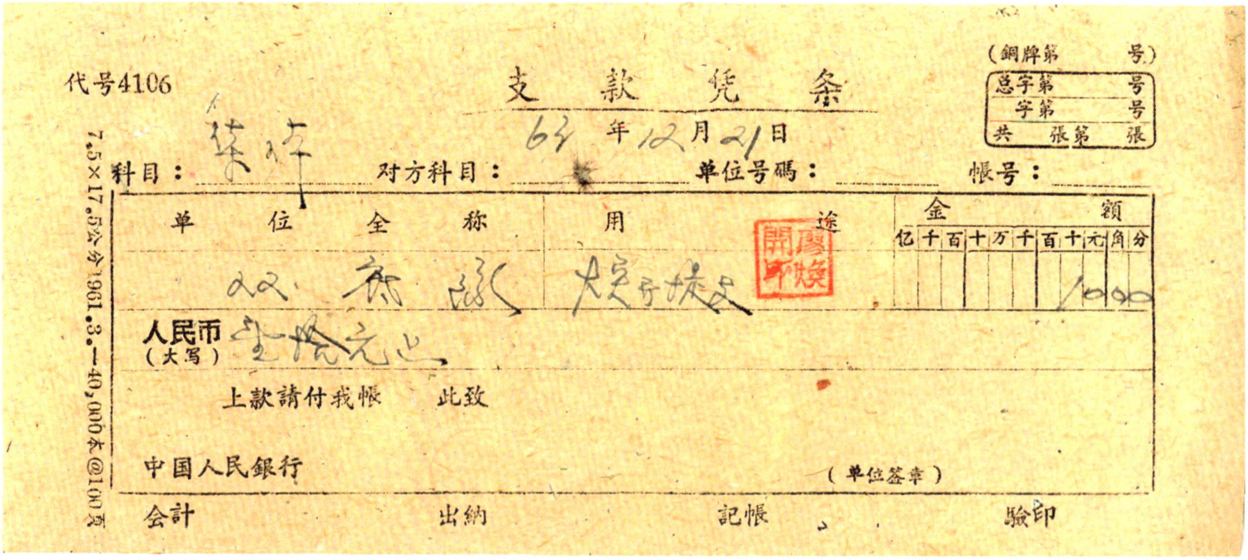

代号4106

支款凭条

（銅牌第　　号）
总字第　　号
字第　　号
共　張第　張

63年12月21日

7.5×17.5公分1961.3.—40,000本@100頁

科目：　对方科目：　单位号碼：　帳号：

单位全称	用途	金额
		10.00

人民币（大写）壹拾元正

上款請付我帳　此致

中国人民銀行　（单位签章）

会計　出納　記帳　驗印

0100 一九六三年十二月二十一日支款凭条

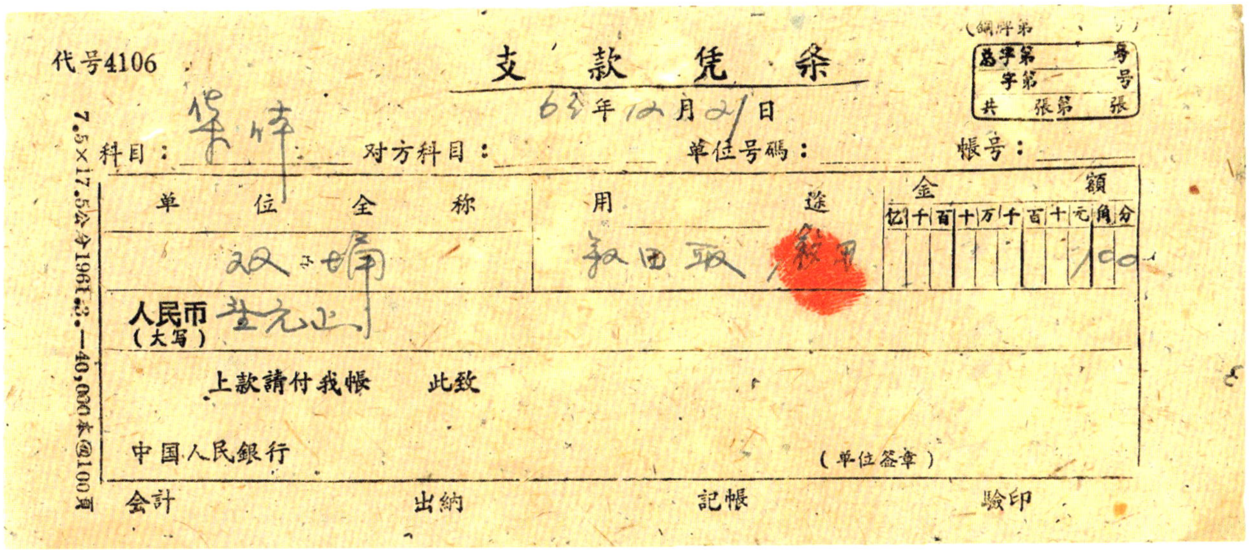

代号4106

支款凭条

（铜牌第　　号）
总字第　　号
字第　　号
共　张第　张

63年12月21日

7.5×17.5公分1961.3.—40,000本@100頁

科目：　　对方科目：　　单位号碼：　　帳号：

单位全称	用途	金額

人民币（大写）

上款請付我帳　此致

中国人民銀行　（单位签章）

会計　出納　記帳　験印

0101 一九六三年十二月二十一日支款凭条

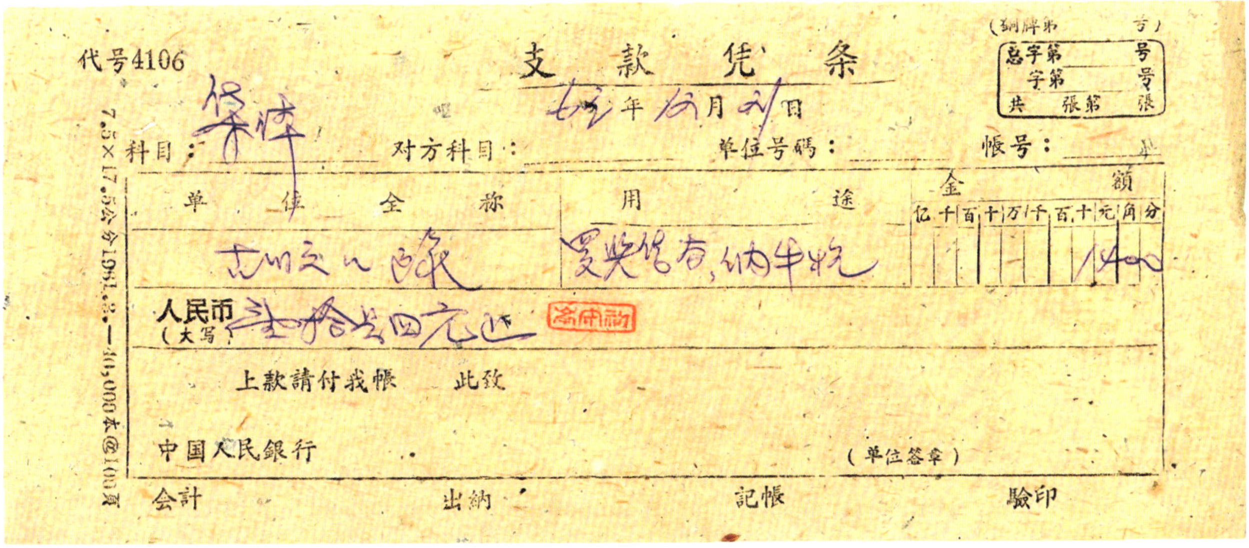

代号4106

支款凭条

（铜牌第　　号）
总字第　　号
字第　　号
共　张第　张

63年12月21日

7.5×17.5公分1961.3.—40,000本@100頁

科目：　　对方科目：　　单位号碼：　　帳号：

单位全称	用途	金額

人民币（大写）

上款請付我帳　此致

中国人民銀行　（单位签章）

会計　出納　記帳　験印

0102 一九六三年十二月二十一日支款凭条

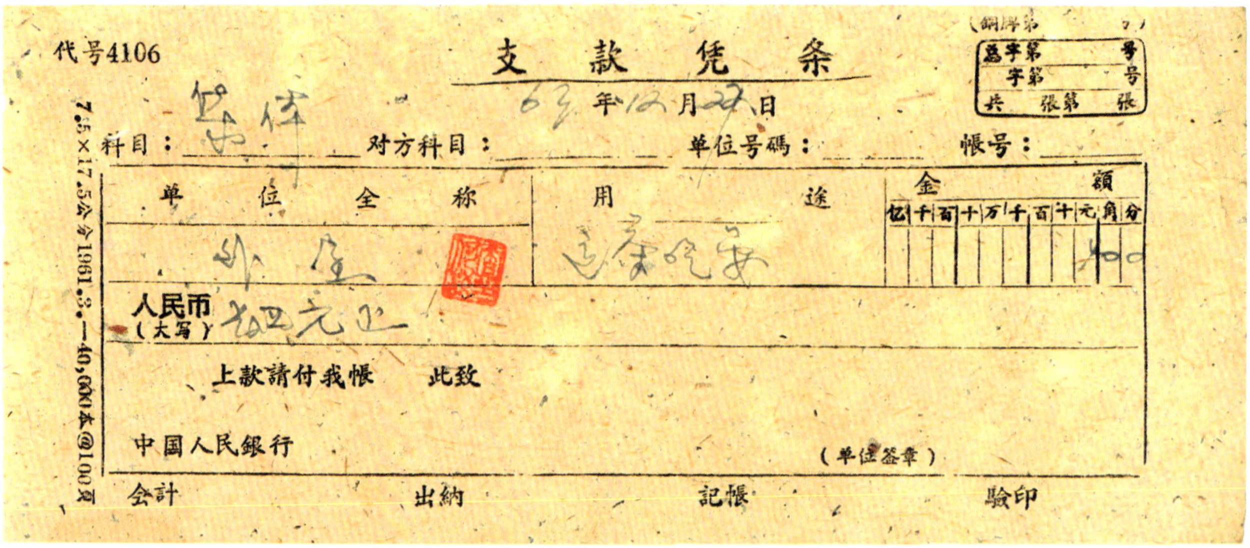

代号4106

支款凭条

（銅牌第 号）

总字第 号
字第 号
共 張第 張

63 年 12 月 22 日

7.5×17.5公分1961.3.—40,000本@100頁

科目： 对方科目： 单位号碼： 帳号：

单位全称	用途	金额
		亿 十 百 十 万 千 百 十 元 角 分
		400

人民币（大写） 肆元正

上款請付我帳 此致

中国人民銀行 （单位签章）

会計 出納 記帳 驗印

0103 一九六三年十二月二十二日支款凭条

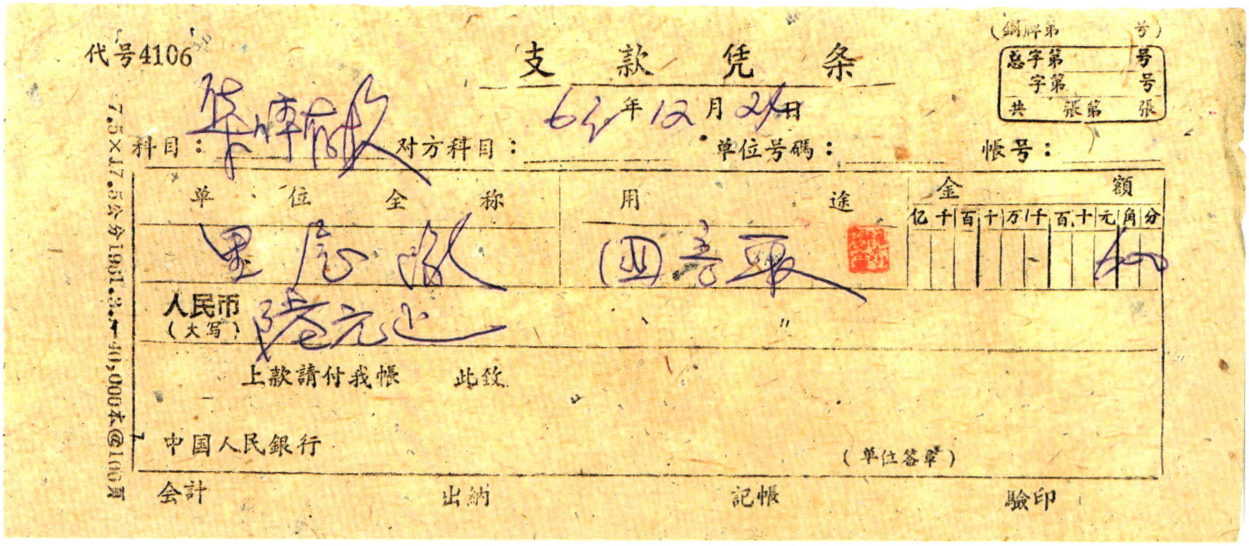

代号4106

支款凭条

（銅牌第 号）

总字第 号
字第 号
共 張第 張

63 年 12 月 24 日

7.5×17.5公分1961.3.—40,000本@100頁

科目： 对方科目： 单位号碼： 帳号：

单位全称	用途	金额
		亿 十 百 十 万 千 百 十 元 角 分
		400

人民币（大写） 肆元正

上款請付我帳 此致

中国人民銀行 （单位签章）

会計 出納 記帳 驗印

0104 一九六三年十二月二十四日支款凭条

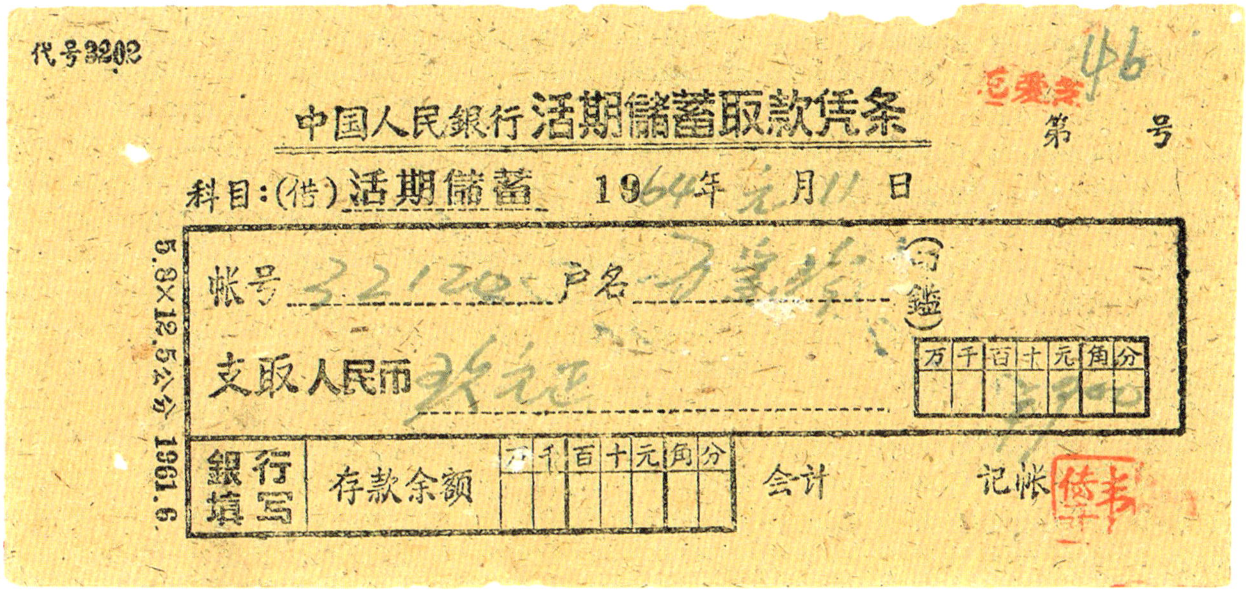
代号3202

中国人民银行活期储蓄取款凭条　　第　号

科目:(借)活期储蓄　1964年元月11日

帐号　　户名　　(印鉴)

支取人民币

万	千	百	十	元	角	分

银行填写　存款余额

万	千	百	十	元	角	分

会计　记帐

5.8×12.5公分　1961.6

0105 一九六四年一月十一日中国人民银行活期储蓄取款凭条

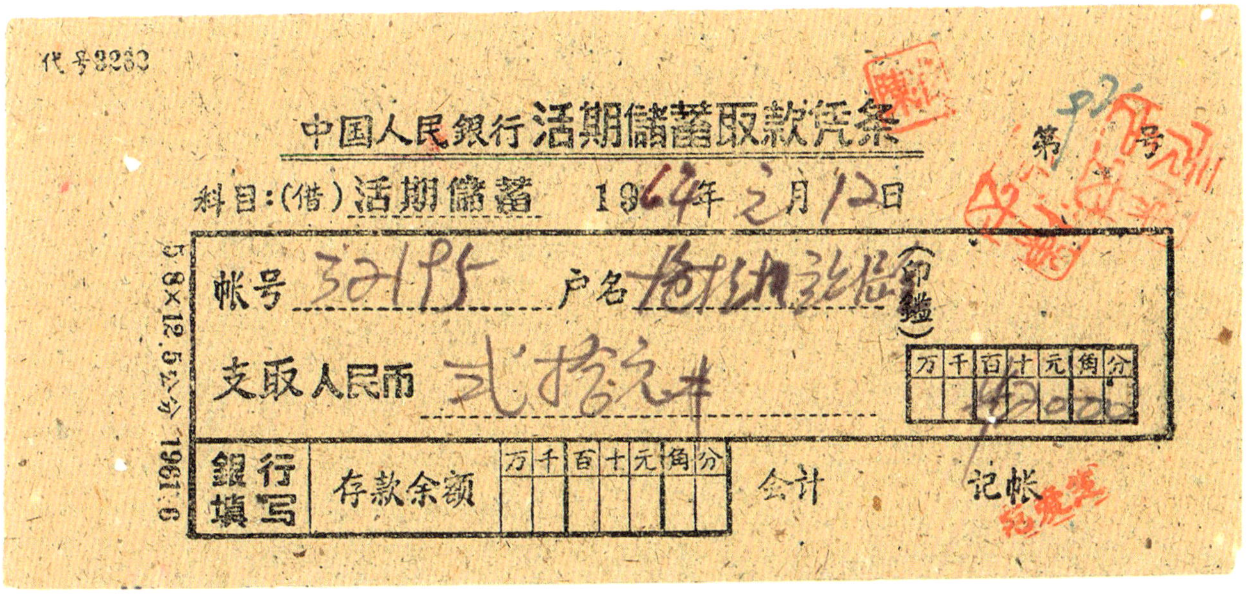
代号3203

中国人民银行活期储蓄取款凭条　　第　号

科目:(借)活期储蓄　1964年元月12日

帐号　　户名　　(印鉴)

支取人民币

万	千	百	十	元	角	分

银行填写　存款余额

万	千	百	十	元	角	分

会计　记帐

5.8×12.5公分　1961.6

0106 一九六四年一月十二日中国人民银行活期储蓄取款凭条

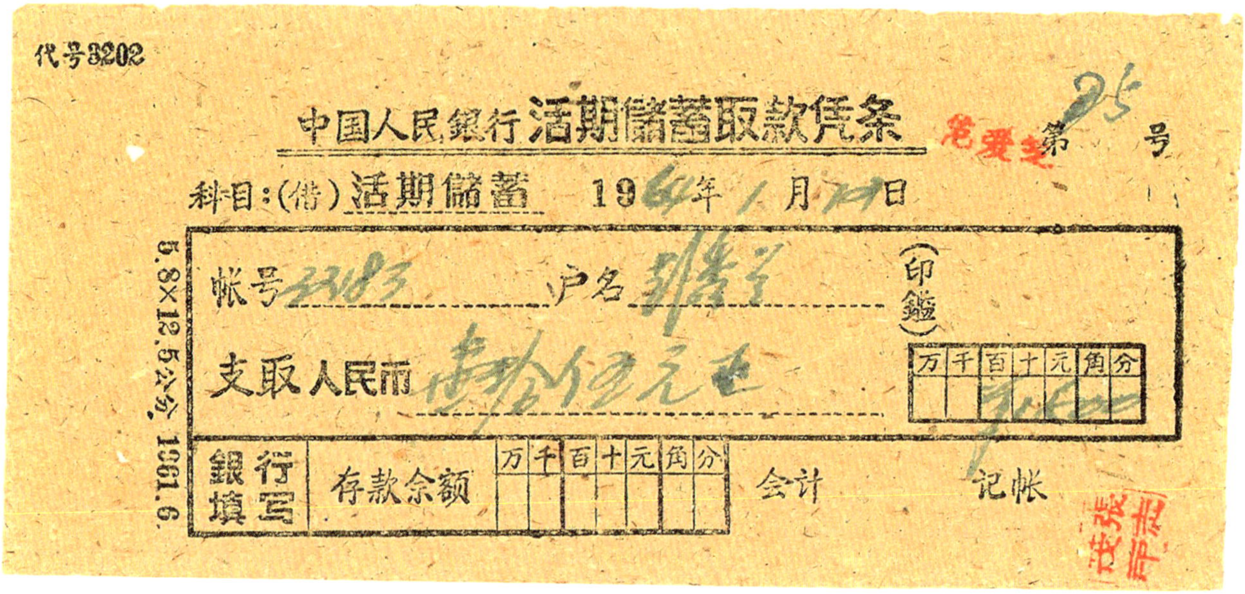
代号3202

中国人民银行活期储蓄取款凭条　　第 25 号

科目:(借)活期储蓄　　1964年1月12日

帐号　　户名　　(印鑑)

支取人民币

万	千	百	十	元	角	分

5.8×12.5公分 1961.6.

銀行填写	存款余额	万	千	百	十	元	角	分	会计	记帐

0107 一九六四年一月十二日中国人民银行活期储蓄取款凭条

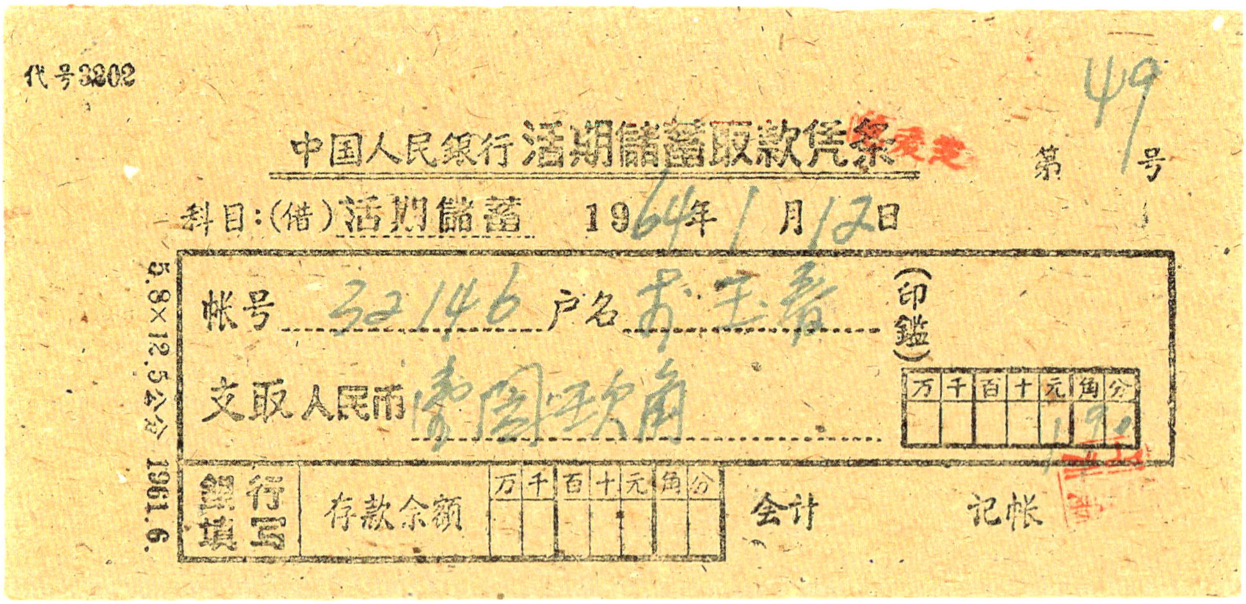
代号3202

中国人民银行活期储蓄取款凭条　　第 49 号

科目:(借)活期储蓄　　1964年1月12日

帐号 32146　　户名　　(印鑑)

支取人民币

万	千	百	十	元	角	分

5.8×12.5公分 1961.6.

銀行填写	存款余额	万	千	百	十	元	角	分	会计	记帐

0108 一九六四年一月十二日中国人民银行活期储蓄取款凭条

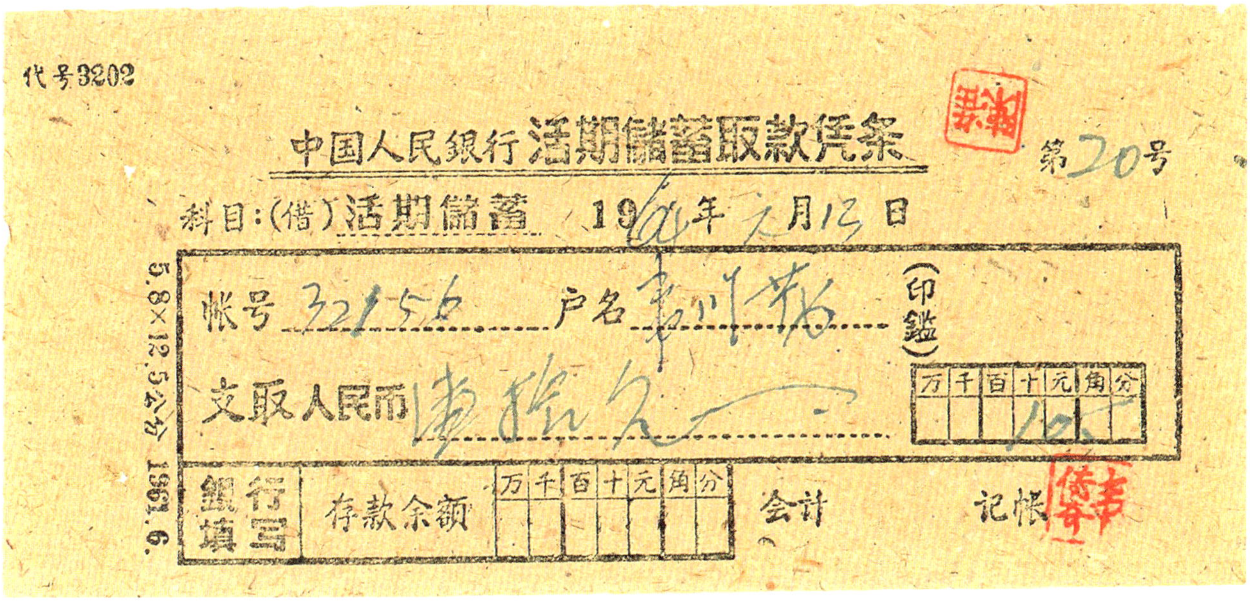

代号3202

中国人民银行活期储蓄取款凭条　第20号

科目：(借)活期储蓄　19　年　月　日

帐号 32156	户名	(印鉴)
支取人民币		万 千 百 十 元 角 分

银行填写	存款余额	万 千 百 十 元 角 分	会计	记帐

5.8×12.5公分 1961.6.

0109 一九六四年一月十三日中国人民银行活期储蓄取款凭条

0110-1 一九六七年广西壮族自治区通用粮票拾市斤（正面）

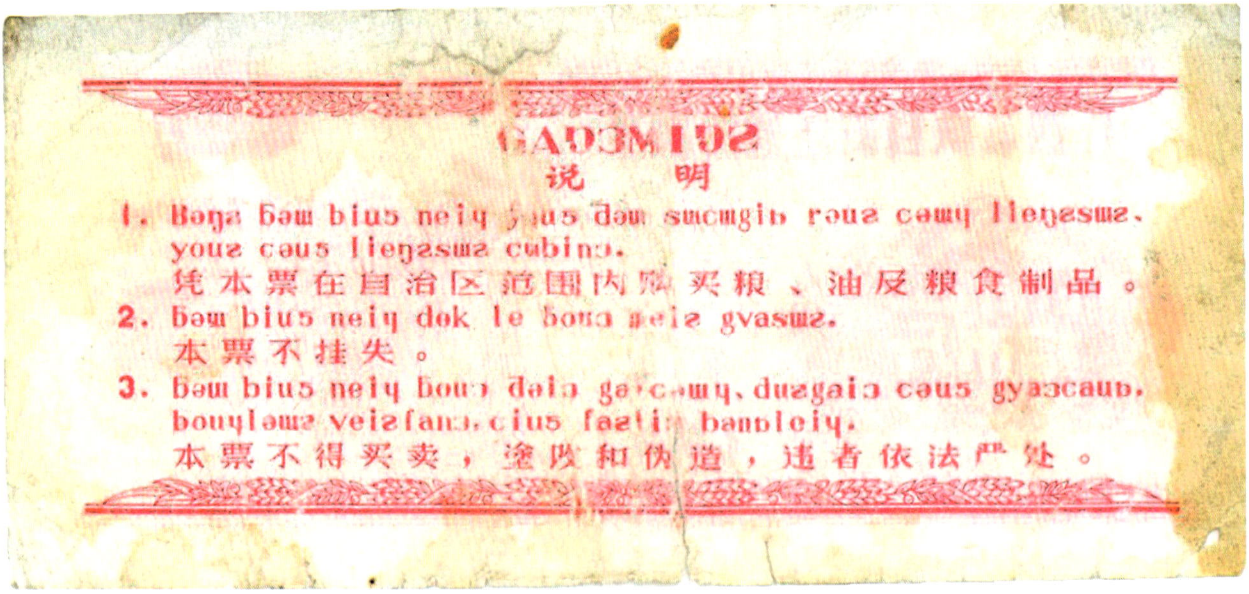

0110-2 一九六七年广西壮族自治区通用粮票拾市斤（背面）

0111-1 一九七三年广西壮族自治区十市斤面值奖售粮票（正面）

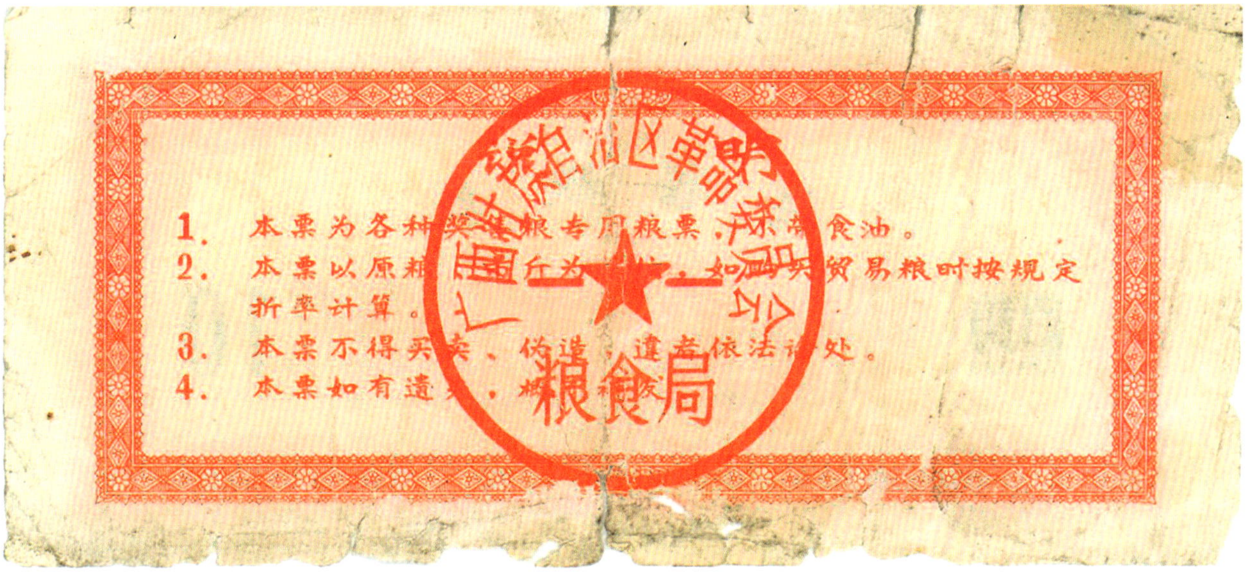

0111-2 一九七三年广西壮族自治区十市斤面值奖售粮票（背面）

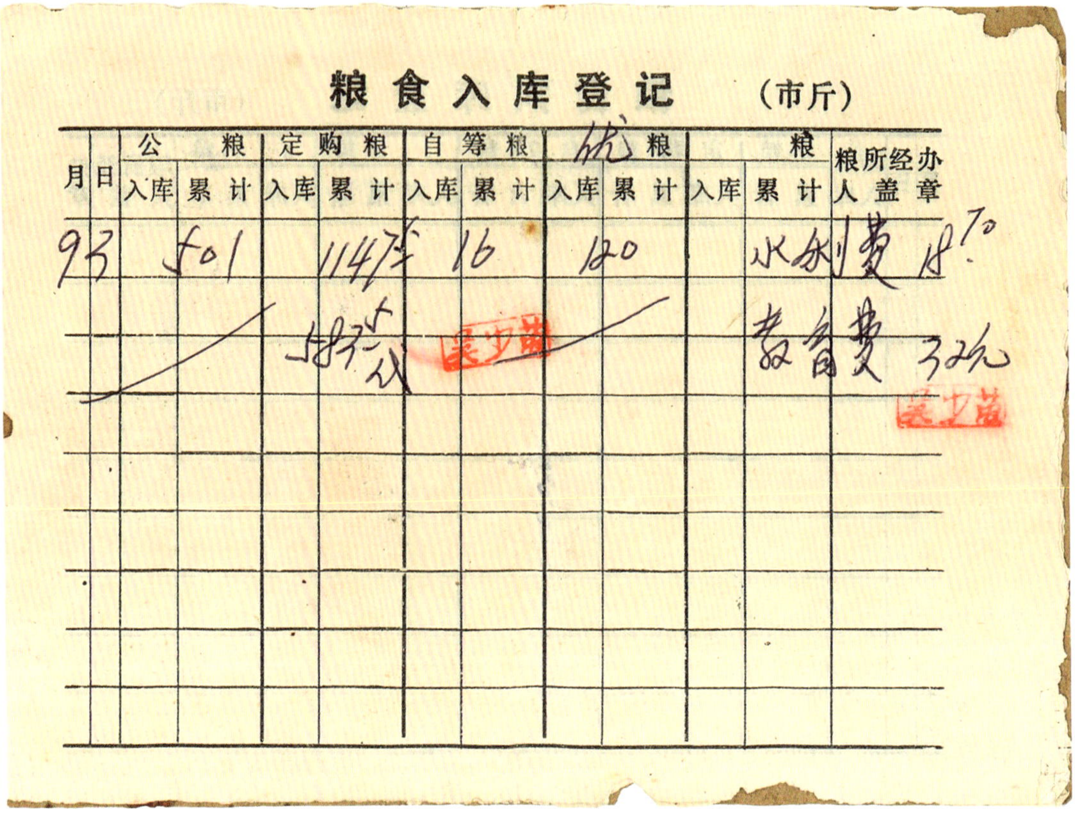

粮食入库登记 （市斤）

月	日	公粮 入库	公粮 累计	定购粮 入库	定购粮 累计	自筹粮 入库	自筹粮 累计	统粮 入库	统粮 累计	粮 入库	粮 累计	粮所经办人盖章
9	3		501		1141斤		16		120		水利费	18.70
					1817斤 代		吴少苗				教育费	32元 吴少苗

0112 粮食入库登记

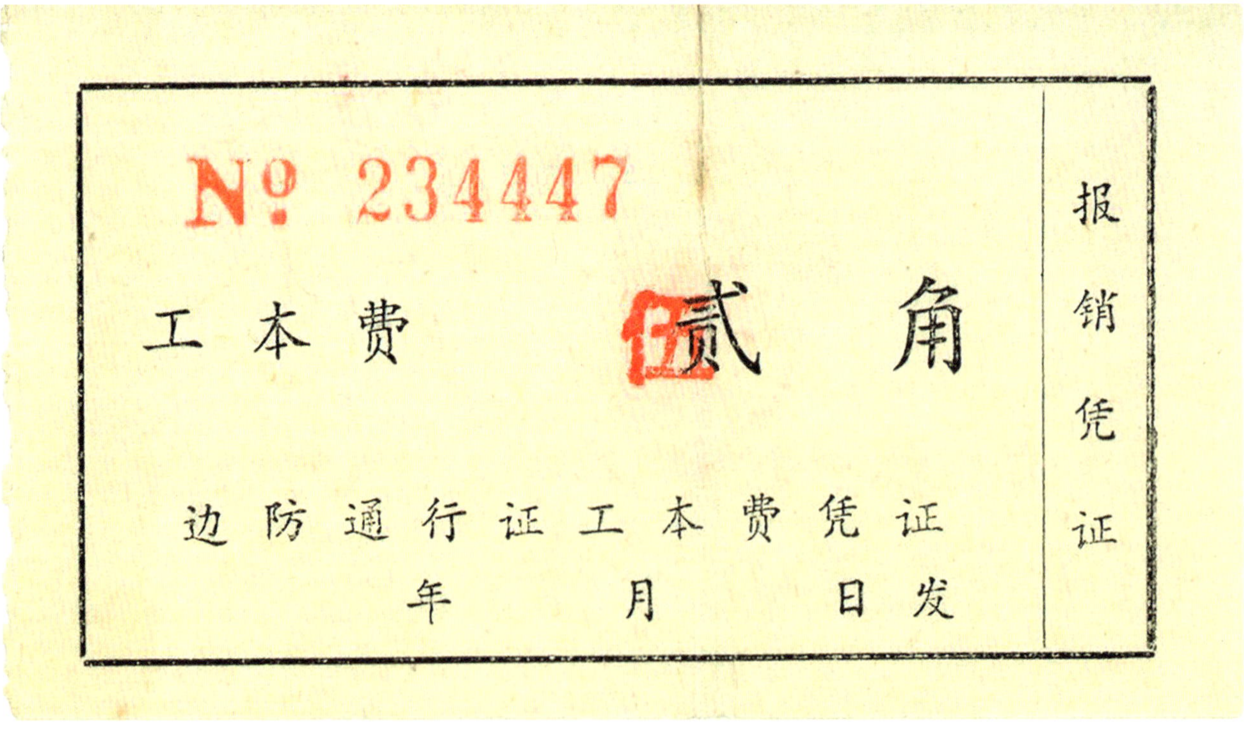

№ 234447

工本费 伍 贰角

边防通行证工本费凭证

年 月 日发

报销凭证

0113 伍角面值边防通行证工本费凭证

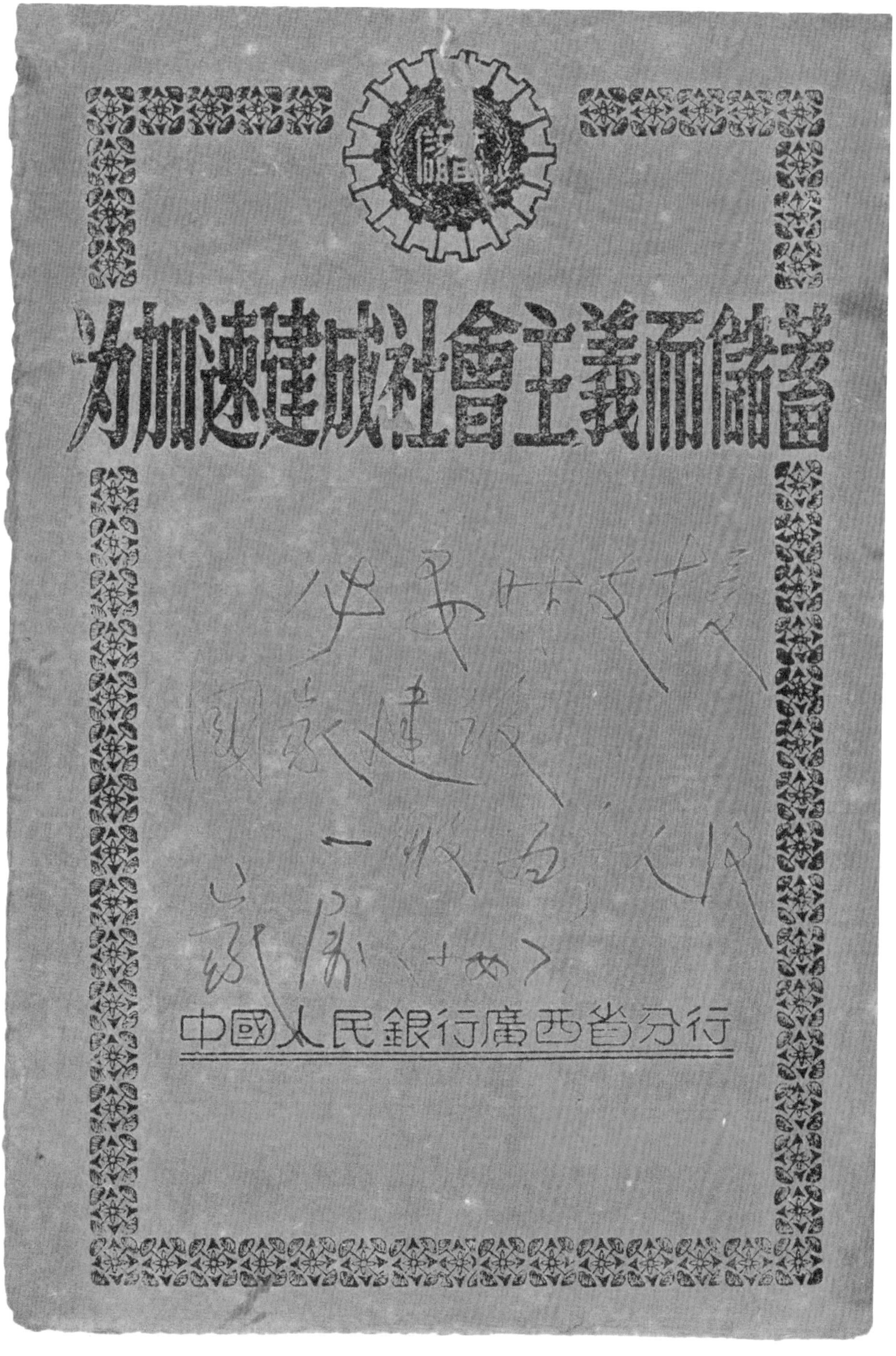

0114 中国人民银行广西省分行储蓄本封面

0115—1 中国人民银行广西省分行定额保本保值储蓄存单（正面）

定額保本保值儲蓄存單存根

號碼	面額	存入	兌付	經辦處	主管
0000000	伍萬元	年 月 日	年 月 日		
					經手人

存入日折實單位牌價 ＿＿＿＿ 折合單位 ＿＿＿＿ 個

中國人民銀行

廣西省分行

定額保本保值儲蓄存單

0000000

今存到

人民幣伍萬圓整

公元一九五　年　月　日

（存入日折實牌價 ＿＿＿＿）

0115—2 中国人民银行广西省分行定额保本保值储蓄存单（背面）

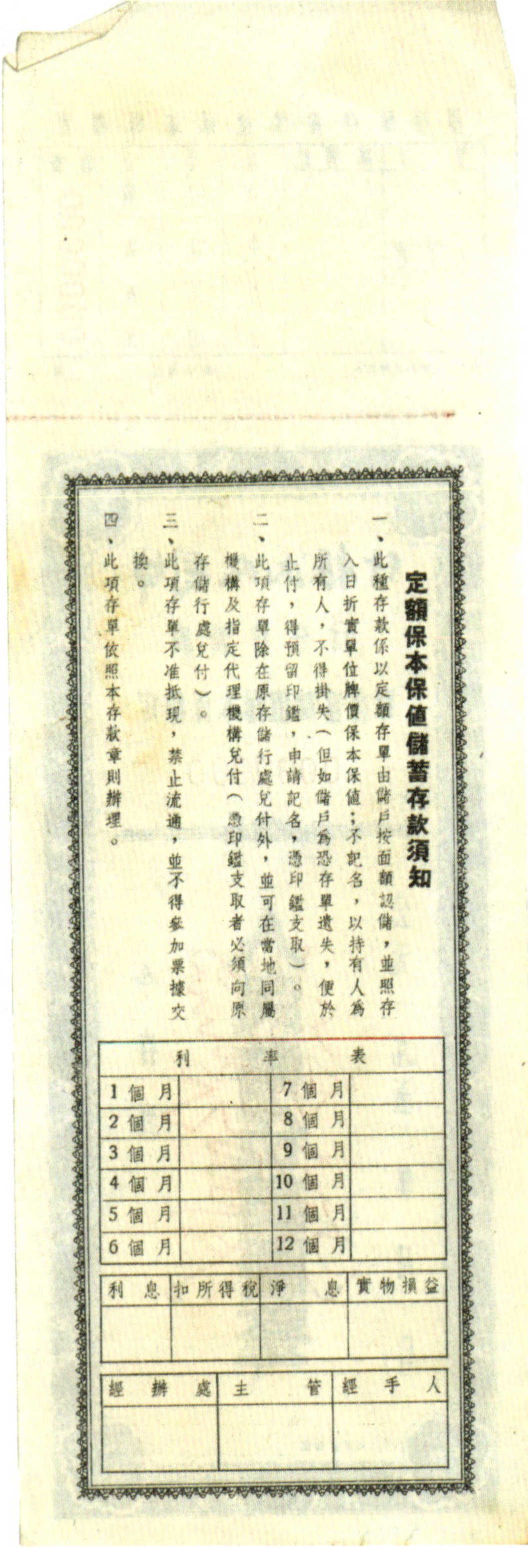

定額保本保值儲蓄存款須知

一、此種存款係以定額存單由儲戶按面額認儲，並照存入日折實單位牌價保本保值；不記名，以持有人為所有人，不得掛失（但如儲戶為恐存單遺失，便於止付，得預留印鑑，申請記名，憑印鑑支取）。

二、此項存單除在原存儲行處兌付外，並可在當地同屬機構及指定代理機構兌付（憑印鑑支取者必須向原存儲行處兌付）。

三、此項存單不准抵現，禁止流通，並不得參加票據交換。

四、此項存單依照本存款章則辦理。

利率表			
1個月		7個月	
2個月		8個月	
3個月		9個月	
4個月		10個月	
5個月		11個月	
6個月		12個月	

利息	扣所得稅	淨息	實物損益

經辦處	主管	經手人

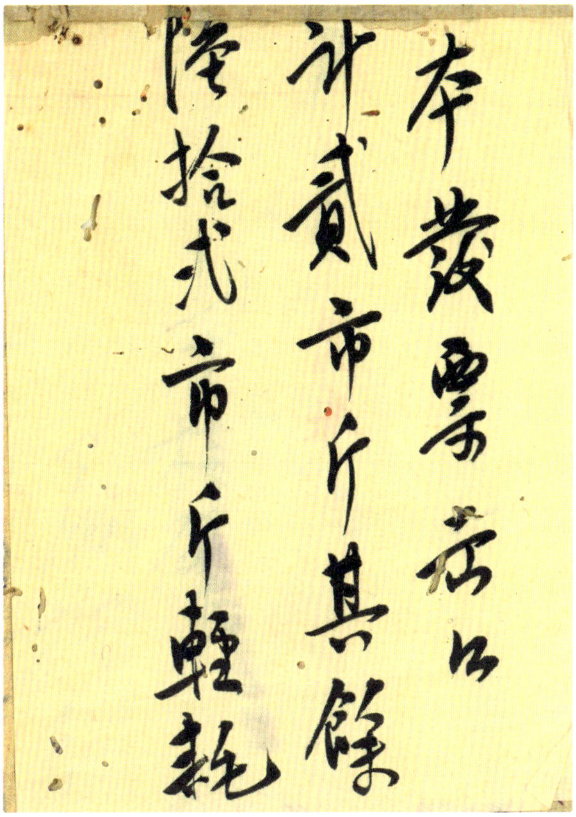
本發票存此
計貳市斤其餘
陸拾弍市斤輕耗

0116 发票说明

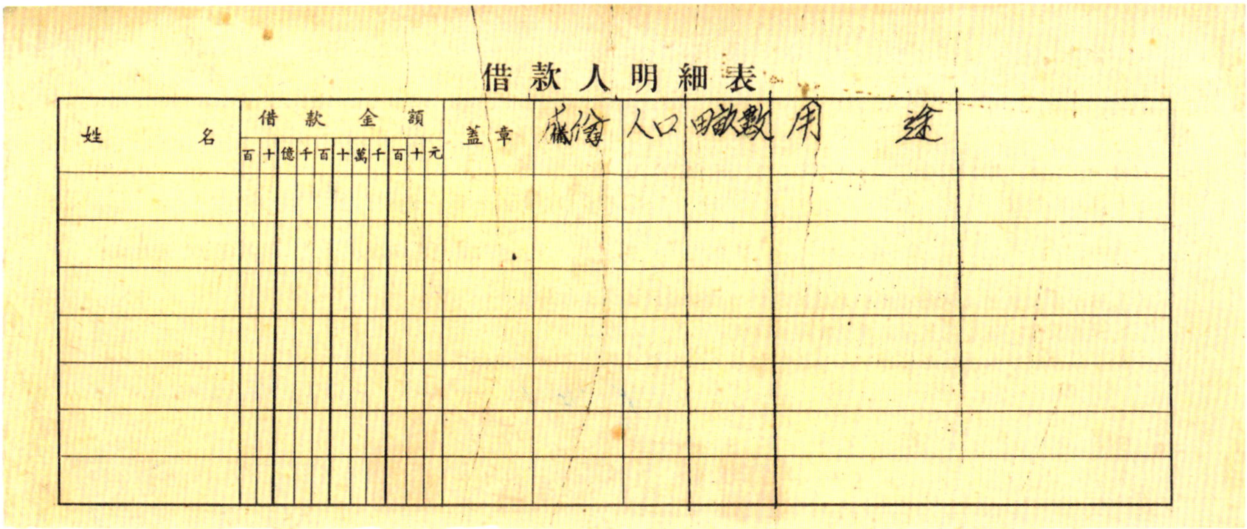
借款人明細表

姓名	借款金額											蓋章	成份	人口	田畝數	用途	
	百	十	億	千	百	十	萬	千	百	十	元						

0117 借款人明细表

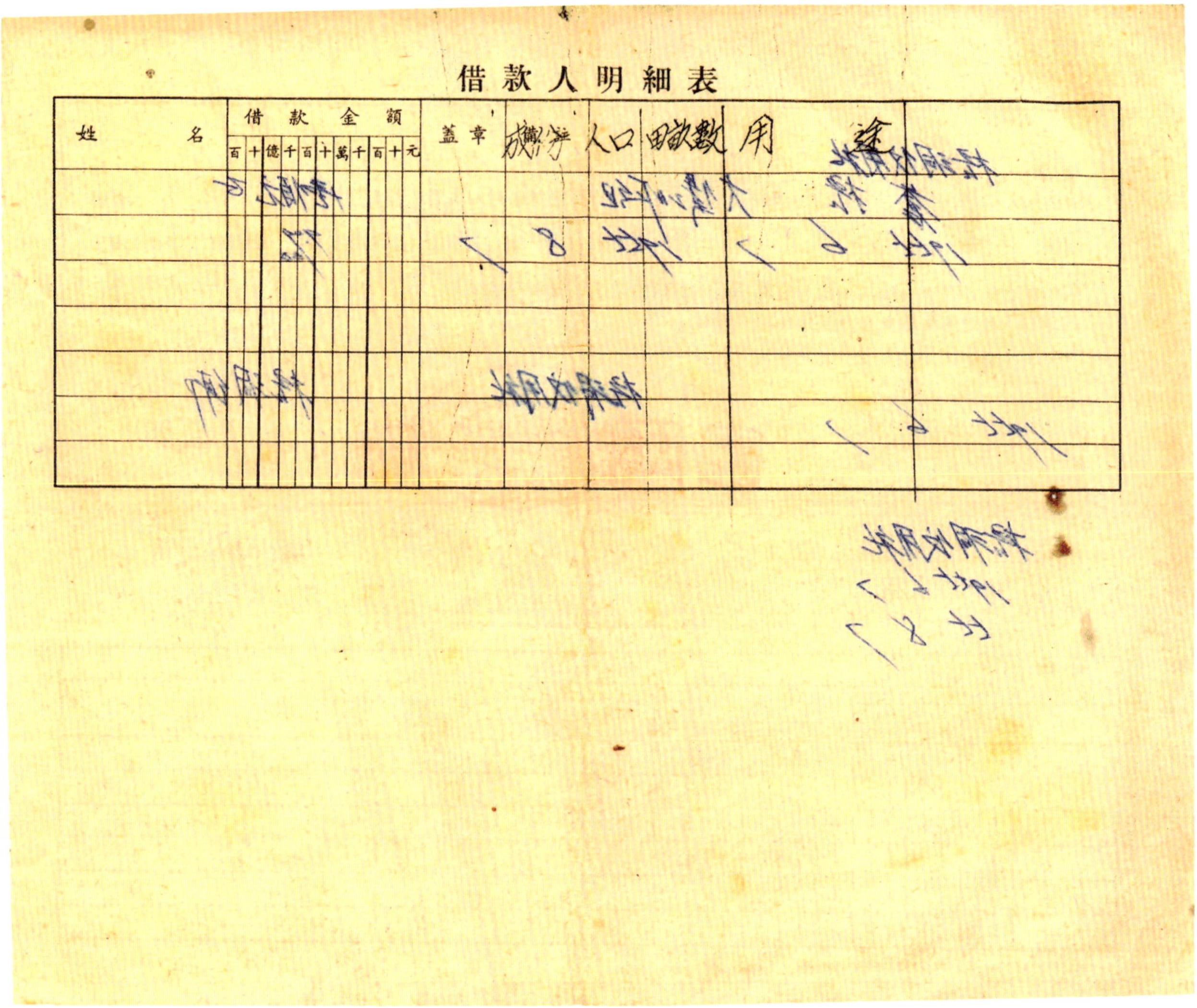

借款人明細表

姓名	借款金額											蓋章	族別	人口	田畝數	用途
	百	十	億	千	百	十	萬	千	百	十	元					

0118 借款人明细表

后　记

沧海桑田，民间老票据经历了一个由“故纸”到宝藏的历程。民间文献，因为散落民间的缘故，市场交易成为了征集它们的主要手段，市场价格的变动成为了观察它们的晴雨表。自二十世纪八十年代始，当时的梧州市及梧州地区关注这方面的人尚不多，一份契约（无论是清代、民国）打包买走时都是计几元钱一份，票据一般都是二至五元一张。

到了二十一世纪，民间文献的研究在全国各地成为热门话题，从二〇〇四年开始，契约及票证（据）价格一路走高，特别是二〇一三年到二〇一六年，由于各地高校研究部门大量征集，一份清代的官契上涨到三百至五百元，票据也要八十到一百元一张，而且这类东西往往在行家手里出现，出手慢一点就被别人买去了。

从市场中征集民间文献的乐趣无非是发现了价值较为重要的文献，如在走访市场中发现的苍梧县六堡的老票据，就反映了六堡农村从互助组到初级农业合作社、高级农业合作社、人民公社几个阶段，农村经济的发展情况；还有反映六堡茶叶生产发展的情况：从茶农个体经营到高级合作社茶厂集体经营的变化；该批票据还真实反映了新中国早期金融机构为了扶持农业生产，为解决山区群众看病困难、读书困难和生活困难及时发放贷（借）款的各类凭据及借条，这些小额贷款及借款，解决了山区农民在生产及生活中遇到的困难，充分说明了“人民政府为人民”的宗旨。本书的编纂虽然只耗时一年有余，但包含着四年的筹划及长达十几年的田野调查历程。

文献的搜集与整理得到了梧州市档案馆、苍梧县文物管理所、岑溪市文物管理所及余承宇先生的协助。该书的编辑出版，得到了西江流域民间文献研究中心学术委员会主席王建军博士的悉心指导。本书在编辑过程中，除了编著者们悉心校对外，西江流域民间文献研究中心工作人员吴织英、梁博、温潇婷、温月清、吴泉莹，湖南师范大学文学院二〇二三级硕士研究生张跃瀚（协助工作时为河北大学文学院二〇二三届本科生），贵州民族大学文学院二〇二一级硕士研究生吴东妮，广西师范大学文学院二〇二二级硕士研究生刘嘉燕等人参与了所有票据的扫描及信息录入，为本书的出版作了重要的贡献。该书从设计到编校的过程中，得到了中共梧州市委宣传部及梧州市社会科学界联合会的大力支持和协助。

由于编著者学识所限，书中仍然难免有许多的不足，希望读者能够指正。

编著者